Studien zum Privatrecht

Band 114

Ann-Kristin Mayrhofer

Außervertragliche Haftung für fremde Autonomie

Eine vergleichende Betrachtung
menschlicher, tierischer und technischer Agenten
unter besonderer Berücksichtigung von
Durchsetzungsrisiken

Mohr Siebeck

Ann-Kristin Mayrhofer, geboren 1993; Studium der Rechtswissenschaften an der Ludwig-Maximilians-Universität München und an der Université Panthéon-Assas (Paris 2); Referendariat beim Oberlandesgericht München; Wissenschaftliche Mitarbeiterin, Akademische Rätin a. Z. und Doktorandin am Lehrstuhl für Bürgerliches Recht, Zivilverfahrensrecht, Europäisches Privat- und Verfahrensrecht an der LMU München.

Diss., Ludwig-Maximilians-Universität München, 2023.

ISBN 978-3-16-162712-5 / eISBN 978-3-16-162713-2
DOI 10.1628/978-3-16-162713-2

ISSN 1867-4275 / eISSN 2568-728X (Studien zum Privatrecht)

Die Deutsche Nationalbibliothek verzeichnet diese Publikation in der Deutschen Nationalbibliographie; detaillierte bibliographische Daten sind über *https://dnb.de* abrufbar.

© 2023 Mohr Siebeck Tübingen. www.mohrsiebeck.com

Das Buch wurde von Gulde Druck in Tübingen auf alterungsbeständiges Werkdruckpapier gedruckt und gebunden.

Printed in Germany.

Vorwort

Die vorliegende Arbeit wurde Ende Januar 2023 an der Juristischen Fakultät der Ludwig-Maximilians-Universität München eingereicht und im Mai 2023 als Dissertation angenommen. Für die Drucklegung konnten Gesetzgebung, Rechtsprechung und Literatur bis Mitte Juli 2023 berücksichtigt werden.

Danken möchte ich vor allem meiner Doktormutter Frau *Prof. Dr. Beate Gsell* für die großartige Betreuung. Sie hat mich bei der Anfertigung dieser Arbeit stets inspiriert, ermutigt und beraten. Frau *Prof. Dr. Beate Gsell* hat meine fachliche und persönliche Entwicklung in den letzten Jahren wesentlich geprägt und ist für mich ein Vorbild.

Mein Dank gebührt auch Herrn *Prof. Dr. Andreas Spickhoff* für die Erstellung des Zweitgutachtens. Daneben danke ich meinen Kolleginnen und Kollegen, die mit mir am Lehrstuhl für Bürgerliches Recht, Zivilverfahrensrecht, Europäisches Privat- und Verfahrensrecht von Frau *Prof. Dr. Beate Gsell* gearbeitet haben und mir während der Anfertigung dieser Arbeit mit Rat und Tat zur Seite standen. Außerdem danke ich Frau *Dr. Victoria Ibold* für den wertvollen fächerübergreifenden Austausch. Auch sie gehört zu meinen Vorbildern.

Bedanken möchte ich mich weiterhin bei den Institutionen, die meine Dissertation unter anderem finanziell unterstützt haben: Genannt seien hier die Studienstiftung des deutschen Volkes, die mich in die Promotionsförderung aufgenommen hat, das Max-Planck-Institut Luxemburg für Internationales, Europäisches und Regulatorisches Verfahrensrecht, das mir einen sehr bereichernden Forschungsaufenthalt in Luxemburg ermöglicht hat, sowie die Studienstiftung *ius vivum* und der LMU Open Access Fonds; letztere haben die Kosten der Veröffentlichung mitgetragen.

Schließlich danke ich dem Verlag Mohr Siebeck für die Aufnahme in die Schriftenreihe *Studien zum Privatrecht (StudPriv)*.

Diese Arbeit ist Mathis gewidmet.

München, im Juli 2023   *Ann-Kristin Mayrhofer*

Inhaltsübersicht

Inhaltsverzeichnis

Abbildungsverzeichnis

Abkürzungsverzeichnis

BT	Bundestag
BT-Drs.	Bundestags-Drucksache
BVerfG	Bundesverfassungsgericht
BVerfGE	Entscheidungssammlung des Bundesverfassungsgerichts
BVerwG	Bundesverwaltungsgericht
BVerwGE	Entscheidungssammlung des Bundesverwaltungsgerichts
bzw.	beziehungsweise
CCS	Carbon Dioxide Capture and Storage
CCZ	Corporate Compliance Zeitschrift
CE	Conformité Européenne
ContStiG	Conterganstiftungsgesetz
CR	Computer und Recht
DAR	Deutsches Autorecht
DB	Der Betrieb
DCFR	Draft Common Frame of Reference
ders.	derselbe
DIN	Deutsches Institut für Normung
DJT	Deutscher Juristentag
Dok.	Dokument
dpa	Deutsche Presse-Agentur
DRiZ	Deutsche Richterzeitung
DS	Der Sachverständige
DSGVO	Datenschutz-Grundverordnung
-E	Entwurf
Ed.	Edition
EEG	Erneuerbare-Energien-Gesetz
EG	Europäische Gemeinschaft
Entsch.	Entscheidung
et al.	et alii/et aliae/et alia
etc.	et cetera
EU	Europäische Union
EuCML	Journal of European Consumer and Market Law
EuGH	Europäischer Gerichtshof
EuZ	Zeitschrift für Europarecht
EuZW	Europäische Zeitschrift für Wirtschaftsrecht
EWiR	Entscheidungen zum Wirtschaftsrecht
f.	folgender/folgende/folgendes
FamRZ	Zeitschrift für das gesamte Familienrecht
FAZ	Frankfurter Allgemeine Zeitung
ff.	folgende
Fn.	Fußnote
Fortgef.	Fortgeführt
FS	Festschrift
GbR	Gesellschaft bürgerlichen Rechts
GDV	Gesamtverband der Versicherer
-GegenE	Gegenentwurf
gem.	gemäß
GenTG	Gentechnikgesetz
GesR	GesundheitsRecht

GG	Grundgesetz
GmbH	Gesellschaft mit beschränkter Haftung
GPR	Zeitschrift für das Privatrecht der Europäischen Union
GPSG	Geräte- und Produktsicherheitsgesetz
GRUR	Gewerblicher Rechtsschutz und Urheberrecht
GRUR-RS	Gewerblicher Rechtsschutz und Urheberrecht – Rechtsprechungs-sammlung
GS	Geprüfte Sicherheit
GSA Fleisch	Gesetz zur Sicherung von Arbeitnehmerrechten in der Fleischwirt-schaft
GSG	Gerätesicherheitsgesetz
h.M.	herrschende Meinung
HaftPflG	Haftpflichtgesetz
HAG	Heimarbeitsgesetz
Hervorh. d.	Hervorhebung des
HGB	Handelsgesetzbuch
HIVHG	HIV-Hilfegesetz
HPflG	Haftpflichtgesetz
Hrsg.	Herausgeber
hrsg. v.	herausgegeben von
i.d.F.	in der Fassung
i.e.S.	im engen Sinn
i.V.m.	in Verbindung mit
InTeR	Zeitschrift für Innovations- und Technikrecht
IoT	Internet of Things
IT	Informationstechnologie/Information Technology
ITRB	IT-Rechtsberater
IWRZ	Zeitschrift für Internationales Wirtschaftsrecht
JA	Juristische Arbeitsblätter
JBl	Juristische Blätter
JETL	Journal of European Tort Law
JR	Juristische Rundschau
JURA	Juristische Ausbildung
JuS	Juristische Schulung
JW	Juristische Wochenschrift
JZ	Juristenzeitung
K & R	Kommunikation & Recht
KG	Kommanditgesellschaft/Kammergericht
KI	Künstliche Intelligenz
KI-HaftRL-E	Entwurf einer Richtlinie zur Anpassung der Vorschriften über au-ßervertragliche zivilrechtliche Haftung an künstliche Intelligenz
KI-HaftVO-E	Entwurf einer Verordnung über Haftung für den Betrieb von Sys-temen mit künstlicher Intelligenz
KI-VO-E	Entwurf einer Verordnung zur Festlegung harmonisierter Vor-schriften für künstliche Intelligenz und zur Änderung bestimmter Rechtsakte der Union
KpSG	Gesetz zur Demonstration der dauerhaften Speicherung von Koh-lendioxid
KSzW	Kölner Schrift zum Wirtschaftsrecht

Kza.	Kennzahl
LG	Landgericht
lit.	littera
LMK	Leitsätze mit Kommentierung
LR	Legal Revolutionary
MDR	Monatsschrift für Deutsches Recht/Medizinprodukteverordnung
MedR	Medizinrecht
MiLoG	Mindestlohngesetz
ML	Machine Learning/Maschinelles Lernen
MMR	Multimedia und Recht
MPG	Gesetz über Medizinprodukte
MPR	Zeitschrift für das gesamte Medizinprodukterecht
n.F.	neue Fassung
NIS	Netzwerk- und Informationssicherheit
NJ	Neue Justiz
NJOZ	Neue Juristische Online Zeitschrift
NJW	Neue Juristische Wochenschrift
NJW-RR	Neue Juristische Wochenschrift – Rechtsprechungsreport
Nr.	Nummer
NuR	Natur und Recht
NVwZ	Neue Zeitschrift für Verwaltungsrecht
NVwZ-RR	Neue Zeitschrift für Verwaltungsrecht – Rechtsprechungsreport
NZA	Neue Zeitschrift für Arbeits- und Sozialrecht
NZG	Neue Zeitschrift für Gesellschaftsrecht
NZM	Neue Zeitschrift für Miet- und Wohnungsrecht
NZS	Neue Zeitschrift für Sozialrecht
NZV	Neue Zeitschrift für Verkehrsrecht
o.Ä.	oder Ähnliche
OECD	Organisation for Economic Co-operation and Development/Organisation für wirtschaftliche Zusammenarbeit und Entwicklung
OGH	Oberster Gerichtshof der Republik Österreich
OLG	Oberlandesgericht
PETL	Principles of European Tort Law
PflVG	Pflichtversicherungsgesetz
PharmR	Pharma Recht
ProdHaftG	Produkthaftungsgesetz
ProdHaftRL	Produkthaftungsrichtlinie
ProdHaftRL-neu-E	Entwurf einer neuen Produkthaftungsrichtlinie
ProdSG	Produktsicherheitsgesetz
RDi	Recht Digital
RdTW	Recht der Transportwirtschaft
Restat	Restatement
RG	Reichsgericht
RGBl.	Reichsgesetzblatt
RGZ	Entscheidungssammlung des Reichsgerichts in Zivilsachen
RHaftPflG	Reichshaftpflichtgesetz
RL	Richtlinie
Rn.	Randnummer
RuP	Recht und Politik

RW	Rechtswissenschaft
S.	Seite/Satz
SchwarzArbG	Gesetz zur Bekämpfung der Schwarzarbeit und illegalen Beschäftigung
Schweizer OR 2020	Schweizer Obligationenrecht 2020
Sec.	Section
SGB	Sozialgesetzbuch
Slg	Sammlung der Rechtsprechung des Gerichtshofes und des Gerichts Erster Instanz
StGB	Strafgesetzbuch
StoffR	Zeitschrift für Stoffrecht
StVG	Straßenverkehrsgesetz
StVO	Straßenverkehrs-Ordnung
StVZO	Straßenverkehrs-Zulassungs-Ordnung
SZ	Süddeutsche Zeitung
TA	Technische Anleitung
TMG	Telemediengesetz
TranspR	Transportrecht
u.a.	und andere/unter anderem
UAbs.	Unterabsatz
Übers. d.	Übersetzung des
UFITA	Archiv für Medienrecht und Medienwissenschaft
UmweltHG	Umwelthaftungsgesetz
UmwG	Umwandlungsgesetz
UPR	Umwelt- und Planungsrecht
Urt.	Urteil
v.	vom
VDE	Verband der Elektrotechnik, Elektronik und Informationstechnik
VDI	Verein Deutscher Ingenieure
Verf.	Verfasser
VerlG	Gesetz über das Verlagsrecht
VersR	Versicherungsrecht
VG	Verwaltungsgericht
vgl.	vergleiche
VgV	Vergabeverordnung
VKI	Verteilte Künstliche Intelligenz
VO	Verordnung
VOB	Vergabe- und Vertragsordnung für Bauleistungen
Vol.	Volume
Vor	Vorbemerkung
VVG	Gesetz über den Versicherungsvertrag
WHG	Wasserhaushaltsgesetz
WM	Wertpapier-Mitteilungen. Zeitschrift für Wirtschafts- und Bankrecht
XAI	Explainable AI/Erklärbare KI
z.B.	zum Beispiel
ZEuP	Zeitschrift für Europäisches Privatrecht
ZfBR	Zeitschrift für deutsches und internationales Bau- und Vergaberecht

Einleitung

Neue Technologien werfen neue rechtliche Fragen auf. Sie regen aber auch dazu an, alte Fragen neu zu denken. So war es wohl insbesondere die Rechtsprechung zu Eisenbahnen, Feuerwerkskörpern und Waschmaschinen, die *Jansen* dazu veranlasste, die Struktur des Haftungsrechts grundlegend zu überprüfen.[1] Technische Entwicklungen „von der Schrift bis zu digitalen Netzwerken" scheinen auch ausschlaggebend gewesen sein für die Entscheidung *Zechs*, sich umfassend mit der rechtlichen Zuordnung von Information zu beschäftigen.[2] Heute scheint, wie *Hilgendorf* treffend feststellt, insbesondere die Digitalisierung zu der „Notwendigkeit zu führen […], rechtliche Begriffe und Prozesse zu explizieren, ein Phänomen, welches die juristische Methodenlehre nicht als Übergriff, sondern als Herausforderung begreifen sollte".[3] Teil der Digitalisierung ist die *Autonomisierung*.[4] Diese erfolgt insbesondere durch sog. Künstliche Intelligenz (KI). Frühere Definitionen von KI waren tendenziell zurückhaltend: Die Informatikerin *Rich* vertrat im Jahr 1983 die Auffassung, bei KI gehe es darum, „Computer dazu zu bringen, Dinge zu tun, die Menschen im Moment besser können".[5] *Hofstadter* zitierte im Jahr 1979 einen Satz des Informatikers *Tesler*, wonach KI „das, was gerade noch nicht geht", sei.[6] Heute wird der Begriff indes auch für eine Vielzahl von Anwendungen verwendet, die nahezu alltäglich geworden sind, z.B. Übersetzungsprogramme oder digitale Assistenten im *Smart Home*. Entsprechend nüchterner erscheint etwa die Definition des Europäischen Parlaments aus dem Jahr 2020, wonach ein KI-System „ein softwaregestütztes oder in Hardware-Geräte eingebettetes System, das ein Intelligenz simulierendes Verhalten zeigt, indem es u.a. Daten sammelt und verarbeitet, seine Umgebung analysiert und interpretiert und mit einem gewissen Maß an Autonomie Maßnahmen ergreift, um bestimmte Ziele zu

---

[1] *Jansen*, Die Struktur des Haftungsrechts, 2003, S. 1 ff.; vgl. auch *ders.*, AcP 202 (2002), 517 (517 ff.).

[2] Vgl. *Zech*, Information als Schutzgegenstand, 2012, S. 2.

[3] *Hilgendorf*, in: Beweis, 2019, S. 229 (236).

[4] Vgl. *Gutmann/Rathgeber/Syed*, in: Fallstudien zur Ethik in Wissenschaft, Wirtschaft, Technik und Gesellschaft, 2011, S. 185 (186 f.); *Kirn/Müller-Hengstenberg*, Rechtliche Risiken autonomer und vernetzter Systeme, 2016, S. 2.

[5] *Rich*, Artificial Intelligence, 1983, S. 1 (Übers. d. Verf.).

[6] *Hofstadter*, Gödel, Escher, Bach, 7. Aufl. 2000, S. 640.

erreichen" sei.[7] Wesentlich für die folgende Betrachtung ist – was in der Definition anklingt – dass die mit KI in Verbindung gebrachten Methoden, heute namentlich das Maschinelle Lernen, es ermöglichen, technische *Agenten* zu entwickeln, die aufgrund ihrer *Autonomie* menschlichen und tierischen Systemen immer ähnlicher zu werden scheinen.

Menschen und Tiere werden seit jeher verglichen[8] und heute wird der Vergleich erweitert auf technische Agenten. Ein klassisches Beispiel hierfür ist der sog. *Turing-Test*: Danach soll die „Intelligenz" einer Maschine dadurch überprüft werden, dass ein Mensch Fragen an zwei Systeme stellt, an einen Menschen und an eine Maschine. Kann der Fragesteller[9] anhand der Antworten die Maschine nicht von dem Menschen unterscheiden, hat die Maschine den Test bestanden.[10] Nicht nur bei der Beurteilung der konkreten Leistungsfähigkeit, sondern auch dann, wenn die Frage der Haftung für technische Agenten diskutiert wird, liegt es nahe, die Übertragbarkeit der für Menschen und Tiere entwickelten Konzepte zu überprüfen.[11] Insofern wirft die neue Frage der Haftung für technische Autonomie aber auch eine alte Frage auf, konkret die Frage nach der Recht- und Zweckmäßigkeit dieser Haftungskonzepte für Menschen und Tiere. Nur soweit diese gegeben ist, können die Konzepte als Modelle für die Haftung für technische Agenten dienen.[12] Die folgende Untersuchung wird deshalb zunächst den alten Fragen der Haftung für menschliche und tierische Autonomie nachgehen und aufbauend darauf die neuere Frage der Haftung für technische Autonomie adressieren.

---

[7] Art. 3 lit. a des Vorschlags für eine Verordnung des Europäischen Parlaments und des Rates über Haftung für den Betrieb von Systemen mit künstlicher Intelligenz (KI-HaftVO-E), Entschließung des Europäischen Parlaments v. 20.10.2020 mit Empfehlungen an die Kommission für eine Regelung der zivilrechtlichen Haftung beim Einsatz künstlicher Intelligenz, 2020/2014(INL).

[8] Siehe nur *Lorenz*, Die Naturwissenschaft vom Menschen: eine Einführung in die vergleichende Verhaltensforschung, 1992; *Bräuer*, Klüger als wir denken: Wozu Tiere fähig sind, 2014.

[9] Zur besseren Lesbarkeit wird in dieser Untersuchung auf eine geschlechtsspezifische Schreibweise verzichtet. Alle personenbezogenen Bezeichnungen sind selbstverständlich geschlechtsneutral zu verstehen.

[10] Vgl. *Turing*, Mind 1950, 433 und dazu *Larson*, The myth of artificial intelligence, 2021, S. 37 ff.

[11] Siehe schon *Lehman-Wilzig*, Futures 1981, 442 (447 ff.) zum U.S.-amerikanischen Recht und aus der jüngeren Literatur zum deutschen Recht nur *Hanisch*, Haftung für Automation, 2010, S. 46 f., 192 ff.; *Grützmacher*, CR 2016, 695 (697 f.); *Horner/Kaulartz*, CR 2016, 7 (8 f., 13); *Günther*, Roboter und rechtliche Verantwortung, 2016, S. 134 ff.

[12] Siehe auch *Karner*, in: Liability for Artificial Intelligence and the Internet of Things, 2019, S. 117 (120) zur europäischen Vereinheitlichung: „At the European level, a two-part process could be recommended. In a first step, it would need to be clarified that the rules of vicarious liability are equally applicable to machines which replace human labour. A second, longer-term step would involve consideration of a harmonisation of existing vicarious liability rules in the various European jurisdictions."

A. Zielsetzung und Eingrenzung der Untersuchung

Die Untersuchung der Haftung für fremde Autonomie kann auf einer Reihe bestehender Arbeiten, sowohl zur menschlichen[13] und tierischen[14] als auch zur technischen[15] Autonomie aufbauen. Diese Arbeiten konzentrieren sich in der Regel auf eine der drei Kategorien von Agenten, wenngleich sie auch Bezüge zu den jeweils anderen Agenten vornehmen.[16] Die folgende Untersuchung verfolgt das Ziel einer grundlegenden Analyse aller drei Träger von Autonomie, um die Frage der Haftung für fremde Autonomie umfassend und vergleichend zu betrachten.

Die Weite dieser Forschungsfrage bringt die Notwendigkeit bestimmter Eingrenzungen mit sich: Die Betrachtung beschränkt sich auf das Recht der *außervertraglichen* Haftung. Außerdem erfolgt sie auf dem Boden des Grundsatzes der *persönlichen Verantwortlichkeit* eines Menschen oder eines Verbandes, welcher das geltende Haftungsrecht dominiert.[17] Dieser Grundsatz ist zwar nicht in Stein gemeißelt und es erscheint nicht ausgeschlossen, dass die Funktionen des Haftungsrechts sich auch, in einer zunehmend vernetzten Welt möglicherweise sogar besser, durch eine Haftung von Kollektiven, d.h. Gemein-

---

[13] Siehe nur *Ulmer*, JZ 1969, 163; *Jakobs*, VersR 1969, 1061; *Vollmer*, JZ 1977, 371; *von Caemmerer*, in: Ernst von Caemmerer, Gesammelte Schriften, Bd. III, 1983, S. 284; *Kleindiek*, Deliktshaftung und juristische Person, 1997; *Spindler*, Unternehmensorganisationspflichten, 2001; *Matusche-Beckmann*, Das Organisationsverschulden, 2001; *Kötz*, ZEuP 2017, 283; *Koziol*, AcP 219 (2019), 376; *Firat*, Die deliktische Gehilfenhaftung gemäß § 831 BGB, 2021; *Steege*, Organisationspflichten und Organisationsverschulden, 2022.

[14] Siehe nur *Deutsch*, NJW 1978, 1998; *Lorenz*, Die Gefährdungshaftung des Tierhalters nach § 833 Satz 1 BGB, 1992; *Lehmann/Auer*, VersR 2011, 846.

[15] Siehe nur *Hanisch*, Haftung für Automation, 2010; *Schulz*, Verantwortlichkeit bei autonom agierenden Systemen, 2015; *Günther*, Roboter und rechtliche Verantwortung, 2016; *Grützmacher*, CR 2016, 695; *Thöne*, Autonome Systeme und deliktische Haftung, 2020; *Sommer*, Haftung für autonome Systeme, 2020; *Haagen*, Verantwortung für Künstliche Intelligenz, 2021; *Wagner*, VersR 2020, 717; *Zech*, Gutachten für den 73. DJT, 2020; *Linardatos*, Autonome und vernetzte Aktanten im Zivilrecht, 2021; *Beckers/Teubner*, Three Liability Regimes for Artificial Intelligence: Algorithmic Actants, Hybrids, Crowds, 2022; *Cappiello*, AI-systems and non-contractual liability, 2022; *Weingart*, Vertragliche und außervertragliche Haftung für den Einsatz von Softwareagenten, 2022; *Dötsch*, Außervertragliche Haftung für Künstliche Intelligenz am Beispiel von autonomen Systemen, 2023.

[16] Siehe nur *Hanisch*, Haftung für Automation, 2010, S. 46 f., 192 ff.; *Grützmacher*, CR 2016, 695 (697 f.); *Horner/Kaulartz*, CR 2016, 7 (8 f., 13); *Günther*, Roboter und rechtliche Verantwortung, 2016, S. 134 ff.

[17] Siehe nur *Armbrüster*, in: Intelligente Agenten und das Recht, 2016, S. 205 (221); *Koziol*, AcP 219 (2019), 376 (397); zur Verwendung des Begriffs „Verband" in dieser Arbeit siehe unten Kapitel 1, Fn. 38.

schaften von Rechtssubjekten,[18] verwirklichen lassen.[19] Mit der Abkehr vom Erfordernis der kausalen Zurechnung eines konkreten Schadens zu einem konkreten Rechtssubjekt wäre indes ein „grundlegender Paradigmenwechsel" verbunden.[20] Ob ein solcher generell oder jedenfalls in bestimmten Bereichen zweckmäßig ist,[21] bedarf einer eigenen Untersuchung, die nicht auf das Phänomen der autonomen Systeme beschränkt sein kann. Hinzu kommt, dass die persönliche Verantwortlichkeit voraussichtlich auch bei der Einführung einer kollektiven Haftung Bedeutung behalten würde.[22]

Betrachtet werden im Folgenden zunächst die beiden klassischen „Spuren" des Haftungsrechts, die Verschuldens- und die Gefährdungshaftung, wobei die Vorsatzhaftung ausgeklammert wird.[23] Im Zusammenhang mit technischer

---

[18] Begrifflich kann auch eine (rechtsfähige) Organisation als „Kollektiv" eingeordnet werden, vgl. *Ladeur*, in: Karl-Heinz Ladeur: Das Recht der Netzwerkgesellschaft, 2013, S. 393 (406 f.), wonach auch die Gefährdungshaftung eine „Kollektivhaftung" begründe. Hier soll der Begriff jedoch für Gemeinschaften, die über die Grenzen eines Rechtssubjekts hinaus reichen, verwendet werden.

[19] Vgl. im Zusammenhang mit technischen Agenten etwa *Spiecker gen. Döhmann*, CR 2016, 698 (703) zu einer „systemischen Haftung", bei der die „professionellen Teilhaber an der Bereitstellung und Nutzung von systemischer Digitalisierung" kollektiv und anteilig haften sollen; *Panezi*, in: Artificial Intelligence and the Law, 2021, S. 231 (250 ff.); *Beckers/Teubner*, Three Liability Regimes for Artificial Intelligence: Algorithmic Actants, Hybrids, Crowds, 2022, wo drei Haftungsregime vorgeschlagen werden: für isoliertes Agentenverhalten („autonomy risk") eine (strikte) Gehilfenhaftung des Nutzers bei einem Fehlverhalten des Agenten; für das Verhalten einer Mensch-Maschine-Assoziation („association risk") eine (strikte) Unternehmenshaftung, wobei im Außenverhältnis grundsätzlich der Hersteller haftet und im Innenverhältnis eine Verteilung nach Einfluss und Vorteilen erfolgt, sowie für das Verhalten von Multiagentensystemen („interconnectivity risk") eine Fonds- oder Versicherungslösung (für eine Übersicht siehe S. 139 ff.); eine Fondslösung erwägt z.B. auch *Linardatos*, ZIP 2019, 504 (509); zur Einführung einer „elektronischen Person" vgl. die Entschließung des Europäischen Parlaments v. 16.2.2017 mit Empfehlungen an die Kommission zu zivilrechtlichen Regelungen im Bereich Robotik, 2015/2103(INL), Nr. 59f; *John*, Haftung für künstliche Intelligenz, 2007, S. 372 ff.; *Kleiner*, Die elektronische Person, 2020, S. 145 ff.; *Linardatos*, Autonome und vernetzte Aktanten im Zivilrecht, 2021, S. 379 ff.; zur Kritik siehe nur *Riehm*, RDi 2020, 42; ablehnend auch der Beschluss des 73. DJT, Zivilrecht, C. 16.

[20] *Armbrüster*, in: Intelligente Agenten und das Recht, 2016, S. 205 (221) mit Blick auf eine mögliche Pool-Lösung für den Ausgleich von Verkehrsunfallschäden.

[21] Siehe die Beispiele bei *Beckers/Teubner*, Three Liability Regimes for Artificial Intelligence: Algorithmic Actants, Hybrids, Crowds, 2022, S. 128 f.

[22] Vgl. *Panezi*, in: Artificial Intelligence and the Law, 2021, S. 231 (250), wonach man sich nicht notwendigerweise zwischen individueller und kollektiver Haftung entscheiden müsse; siehe auch *Spiecker gen. Döhmann*, CR 2016, 698 (703) zu einer überlagernden individualisierten Haftung.

[23] Nach *Esser*, JZ 1953, 129 (129) steht das Haftungsrecht „unter der Spannung zweier Prinzipien, die erst nach klarer Trennung ihre eigene Aufgabe erfüllen können: der Gedanke persönlicher Verantwortung (Schuld) und die sozial gerechte Verteilung unvermeidbarer

Autonomie spielt außerdem die Produkthaftung nach dem ProdHaftG, die sich grundsätzlich als „Mischsystem" einordnen lässt, eine wesentliche Rolle.[24] Der Einsatz fremder Autonomie stellt das Haftungsrecht insbesondere insoweit vor Herausforderungen, als es um die *Durchsetzung* von Schadensersatzansprüchen geht. Diese kann an der fehlenden Greifbarkeit oder der fehlenden Haftungspotenz des Schädigers oder an der Unmöglichkeit der Aufklärung des Sachverhalts für den Geschädigten scheitern.[25] Hierauf liegt der Schwerpunkt dieser Untersuchung: Zum einen wird die Beweislastverteilung intensiv beleuchtet. Zum anderen wird eine Form der Haftung aufgegriffen, die insbesondere von *Koziol* herausgearbeitet und als „Sicherstellungshaftung" bezeichnet wurde.[26] Die Sicherstellungshaftung soll dem Haftungsadressaten nicht *materiell* das *Schadens*risiko zurechnen. Vielmehr wird ihm eine sog. *formelle* Haftung auferlegt, wodurch dem Geschädigten das *Durchsetzungs*risiko, also das Risiko, seine Ansprüche gegen den materiell Verantwortlichen nicht durchsetzen zu können, (teilweise) abgenommen wird.[27] Im Folgenden wird u.a. untersucht, welche Bedeutung dieser Haftungsform im Zusammenhang mit fremder Autonomie *de lege lata* zukommt und *de lege ferenda* zukommen kann. Nicht

---

Wagnisse (Gefährdung)"; zustimmend etwa *Bauer*, in: FS Ballerstedt, 1975, S. 305 (318). Heute wird überwiegend von „Mehrspurigkeit" oder „Vielspurigkeit" gesprochen, *Deutsch*, NJW 1992, 73 (77); *Canaris*, VersR 2005, 577 (577 f., 580); *Koziol*, AcP 219 (2019), 376 (377); siehe aber *Looschelders*, Schuldrecht, Besonderer Teil, 18. Aufl. 2023, S. 511, wonach Verschuldens- und Gefährdungshaftung „in der Praxis eine so große Bedeutung erlangt [hätten], dass von der *Zweispurigkeit* des deutschen Deliktsrechts gesprochen werden" könne.

[24] Die genaue Einordnung ist umstritten; für ein „Mischsystem" Staudinger BGB/*Oechsler*, 2021, Einl. zu §§ 1 ff. ProdHaftG Rn. 27; *Looschelders*, Schuldrecht, Besonderer Teil, 18. Aufl. 2023, S. 563; ähnlich MüKoBGB/*Wagner*, 8. Aufl. 2020, Einl. ProdHaftG Rn. 23: „Kombination aus Elementen der Verschuldens- und der strikten Haftung, wobei die Verschuldenshaftung klar dominiert"; siehe auch Produkthaftungshandbuch/*Graf von Westphalen*, 3. Aufl. 2012, § 45 Rn. 9: „teilweise eine Gefährdungshaftung, teilweise eine verschuldensunabhängige Haftung", die allerdings ein „rechtswidriges Handeln oder Unterlassen" voraussetze (Rn. 5); für eine Einordnung als „Gefährdungshaftung" siehe *Hollmann*, DB 1985, 2389 (2389); *Taschner*, NJW 1968, 611 (612); *Rolland*, Produkthaftungsrecht, 1990, § 1 ProdHaftG Rn. 7.

[25] *Koziol*, AcP 219 (2019), 376 (404 ff.); siehe dazu auch *Nagano*, in: Comparative Stimulations for Developing Tort Law, 2015, S. 177; *Green*, in: Comparative Stimulations for Developing Tort Law, 2015, S. 174, auf deren Ausführungen auch *Koziol* verweist, vgl. *Koziol*, a.a.O., S. 395.

[26] *Koziol*, AcP 219 (2019), 376; siehe auch *ders.*, ZEuP 2019, 518 (530 f.) sowie bereits *ders.*, in: Comparative stimulations for developing tort law, 2015, S. 182 (189 ff.): „supplementary liability"; aufgegriffen wurde der Gedanke z.B. bei *Picker*, GRUR 2021, 313 (316) zu § 60 Abs. 1 Abs. 6 EEG 2017; *Schneider*, NZG 2019, 1369 (1371, 1378 f.) zu menschenrechtsbezogenen Verkehrspflichten in der Lieferkette; *Hornkohl/Wern*, EuZW 2022, 994 (996 ff.) zu § 82 Abs. 4 DSGVO.

[27] Vgl. *Koziol*, AcP 219 (2019), 376 (403 ff.).

behandelt wird dagegen die Frage, inwieweit Aufklärungsprobleme in Abkehr vom „Alles-oder-Nichts-Prinzip" durch eine Proportionalhaftung gelöst werden könnten.[28] Auch damit wäre ein Paradigmenwechsel verbunden, der den Rahmen dieser Untersuchung verlässt.[29]

B. Methode und Gang der Untersuchung

Die Untersuchung beschränkt sich auf das deutsche Haftungsrecht, das allerdings, vor allem im Bereich der Produkthaftung, unionsrechtlich geprägt ist. An einzelnen ausgewählten Stellen wird darüber hinaus ein Blick in andere Rechtsordnungen geworfen, namentlich in die österreichische, schweizerische, französische und englische sowie in die U.S.-amerikanische Rechtsordnung. Weitere Impulse werden älteren und neueren Projekten zur Reform oder Vereinheitlichung des Haftungsrechts entnommen. Genannt seien hier der Referentenentwurf eines Gesetzes zur Änderung und Ergänzung schadensersatzrechtlicher Vorschriften in Deutschland aus dem Jahr 1967,[30] der Entwurf[31] (ABGB-E) und der Gegenentwurf[32] (ABGB-GegenE) eines neuen österreichischen Schadensersatzrechts aus den Jahren 2007 und 2008, der Entwurf eines Schweizer Obligationenrechts (Schweizer OR 2020) aus dem Jahr 2013,[33] die *Principles of European Tort Law* (PETL) der *European Group on Tort Law* aus dem Jahr 2005[34] sowie der *Draft Common Frame of Reference* (DCFR) aus dem Jahr 2009[35].

Im Zusammenhang mit der Haftung für technische Autonomie wird insbesondere auf die jüngeren Projekte der EU eingegangen: Im Oktober 2020

---

[28] Siehe dazu etwa *Wagner*, AcP 2017 (2017), 707 (738 f.); *Martín-Casals*, in: Liability for Artificial Intelligence and the Internet of Things, 2019, S. 201 (216 ff.); *Sommer*, Haftung für autonome Systeme, 2020, S. 470 ff.

[29] Vgl. auch die Beschlüsse des 66. DJT, 2006, Zivilrecht, V. 1. a) und b), wo eine Proportionalhaftung nach Wahrscheinlichkeitsgraden sowohl generell als auch im Arzthaftungsrecht abgelehnt wird.

[30] *BMJ*, Referentenentwurf eines Gesetzes zur Änderung und Ergänzung schadensersatzrechtlicher Vorschriften, 1967.

[31] Vgl. den Entwurf der beim Bundesministerium der Justiz eingerichteten Arbeitsgruppe zur Reform des Schadenersatzrechtes in Österreich, abgedruckt in der vorläufigen Endfassung v. Ende Juni 2007 in JBl 2008, 365. Zu einer früheren Fassung siehe Griss/Kathrein/Koziol (Hrsg.), Entwurf eines neuen österreichischen Schadensersatzrechts, 2006.

[32] Vgl. die „Vorschläge eines Arbeitskreises" bei Reischauer/Spielbüchler/Welser (Hrsg.), Reform des Schadensersatzrechts, Bd. III, 2008.

[33] Huguenin/Hilty (Hrsg.), Schweizer Obligationenrecht 2020: Entwurf für einen neuen allgemeinen Teil, 2013.

[34] European Group on Tort Law (Hrsg.), Principles of European Tort Law, 2005.

[35] Von Bar/Clive (Hrsg.), Principles, Definitions and Model Rules of European Private Law – Draft Common Frame of Reference (DCFR), 2009.

präsentierte das Europäische Parlament eine Entschließung mit Empfehlungen für eine Regelung der zivilrechtlichen Haftung beim Einsatz künstlicher Intelligenz, die auch einen Verordnungsvorschlag (KI-HaftVO-E) beinhaltet.[36] Im April 2021 veröffentlichte die Europäische Kommission einen Vorschlag für eine Verordnung zur Festlegung harmonisierter Vorschriften für künstliche Intelligenz (KI-VO-E).[37] Die Haftungsfrage ist darin nicht geregelt. Jedoch wurde im September 2022 von der Europäischen Kommission ein Vorschlag für eine (mindestharmonisierende) Richtlinie zur Anpassung der Vorschriften über außervertragliche zivilrechtliche Haftung an künstliche Intelligenz (KI-HaftRL-E) unterbreitet, der an den Verordnungsvorschlag anknüpft.[38] Gleichzeitig wurde ein Vorschlag für eine neue (vollharmonisierende) Produkthaftungsrichtlinie bekanntgemacht (ProdHaftRL-neu-E).[39] Da die Rechtsetzungs-

---

[36] Entschließung des Europäischen Parlaments v. 20.10.2020 mit Empfehlungen an die Kommission für eine Regelung der zivilrechtlichen Haftung beim Einsatz künstlicher Intelligenz, 2020/2014(INL).

[37] Vorschlag für eine Verordnung des Europäischen Parlaments und des Rates zur Festlegung harmonisierter Vorschriften für künstliche Intelligenz (Gesetz über künstliche Intelligenz) und zur Änderung bestimmter Rechtsakte der Union v. 21.4.2021, COM (2021) 206 final. Zum Stand des Verfahrens im Juli 2023: Am 6.12.2022 hat der Rat eine allgemeine Ausrichtung festgelegt, welche die Grundlage für die Vorbereitung der Verhandlungen mit dem Europäischen Parlament bilden soll (Ratsdok. Nr. 15698/22). Am 14.6.2023 hat das Europäische Parlament seinerseits Abänderungen des Kommissionsvorschlags angenommen (P9_TA[2023]0236). Wenn der Vorschlag im Folgenden zitiert wird, ist – soweit nicht anders angegeben – die ursprüngliche Fassung v. 21.4.2021 gemeint. Auf Änderungen in den Texten des Rates und des Europäischen Parlaments, die für diese Arbeit relevant sind, wird in den Fußnoten hingewiesen; für einen Überblick über den KI-VO-E siehe etwa Hilgendorf/Roth-Isigkeit (Hrsg.), Die neue Verordnung der EU zur Künstlichen Intelligenz, 2023.

[38] Vorschlag für eine Richtlinie des Europäischen Parlaments und des Rates zur Anpassung der Vorschriften über außervertragliche zivilrechtliche Haftung an künstliche Intelligenz (Richtlinie über KI-Haftung) v. 28.9.2022, COM (2022) 496 final. Zum Mindestharmonisierungsansatz siehe Art. 1 Abs. 4 sowie Erwägungsgrund 14 KI-HaftRL-E. Zum Stand des Verfahrens im Juli 2023: Verhandlungspositionen des Rats und des Europäischen Parlaments wurden noch nicht veröffentlicht. Wenn der Vorschlag im Folgenden zitiert wird, ist daher die ursprüngliche Fassung v. 28.9.2022 gemeint.

[39] Vorschlag für eine Richtlinie des Europäischen Parlaments und des Rates über die Haftung für fehlerhafte Produkte v. 28.9.2022, COM (2022) 495 final. Zum Vollharmonisierungsansatz siehe Art. 3 ProdHaftRL-neu-E. Abgelöst werden soll dadurch die Richtlinie 85/374/EWG des Rates v. 25.7.1985 zur Angleichung der Rechts- und Verwaltungsvorschriften der Mitgliedstaaten über die Haftung für fehlerhafte Produkte (ProdHaftRL). Zum Stand des Verfahrens im Juli 2023: Der Rat hat am 14.6.2023 ein Mandat für Verhandlungen mit dem Europäischen Parlament angenommen (Ratsdok. Nr. 10694/23). Auf Seiten des Europäischen Parlaments muss eine Abstimmung über eine Verhandlungsposition noch erfolgen; es existiert bisher lediglich ein Entwurf eines Berichts v. 5.4.2023 (PE745.537v01-00), auf den hier nicht eingegangen wird. Wenn der Vorschlag im Folgenden zitiert wird, ist – soweit nicht anders angegeben – die ursprüngliche Fassung v. 28.9.2022 gemeint. Auf

prozesse noch im Fluss sind, werden die Entwürfe im Folgenden nicht umfassend und abschließend erläutert und bewertet.[40] Vielmehr werden die vorgeschlagenen Regelungen in die in dieser Untersuchung – vor Veröffentlichung der beiden Richtlinienvorschläge – entwickelten Konzepte eingeordnet und insofern punktuell beleuchtet. Den genannten Projekten voraus ging insbesondere ein Weißbuch der Europäischen Kommission zur KI (2020),[41] ein Bericht über die Auswirkungen von u.a. KI speziell auf Sicherheit und Haftung (2020)[42] sowie ein Bericht der von der Kommission eingesetzten *Expert Group on Liability and New Technologies* zur Haftung für KI (2019).[43]

Sowohl bei der Ermittlung des Sachverhalts – was zeichnet die hier untersuchte Autonomie überhaupt aus? – als auch bei der Ermittlung des Rechts – wie wird für diese Autonomie gehaftet? – ist ein Rückgriff auf die Erkenntnisse anderer Disziplinen notwendig.[44] Im Laufe der Untersuchung werden insbesondere die Informatik sowie Konzepte aus der Philosophie und ökonomische Aspekte eine Rolle spielen.[45] Speziell die ökonomische Analyse des Rechts wird bei der Suche nach recht- und zweckmäßigen Lösungen mitberücksichtigt, die Arbeit wird jedoch auch ihre Ergänzungsbedürftigkeit, etwa um soziale Aspekte, im Auge behalten.[46] Da die Digitalisierung und die

---

Änderungen in dem Verhandlungsmandat des Rates, die für diese Arbeit relevant sind, wird in den Fußnoten hingewiesen.

[40] Für einen Überblick siehe etwa *Dheu/De Bruyne/Ducuing*, CiTiP Working Paper v. 6.10.2022; *Spindler*, CR 2022, 689; *Borges*, DB 2022, 2650 (zum ProdHaftRL-neu-E); *Hacker*, arXiv:2211.13960v5, 2023; *Staudenmayer*, NJW 2023, 894; *Dötsch*, Außervertragliche Haftung für Künstliche Intelligenz am Beispiel von autonomen Systemen, 2023, S. 401 ff.

[41] *Europäische Kommission*, Weißbuch zur Künstlichen Intelligenz v. 19.2.2020, COM (2020) 65 final.

[42] *Europäische Kommission*, Bericht über die Auswirkungen künstlicher Intelligenz, des Internets der Dinge und der Robotik in Hinblick auf Sicherheit und Haftung v. 19.2.2020, COM (2020) 64 final.

[43] *Expert Group (NTF)*, Liability for AI, 2019.

[44] Zur Bedeutung anderer Disziplinen für die rechtliche Betrachtung von KI siehe etwa *Beckers/Teubner*, Three Liability Regimes for Artificial Intelligence: Algorithmic Actants, Hybrids, Crowds, 2022, S. 14 ff.; *Hilgendorf*, in: Beweis, 2019, S. 229 (235).

[45] Insofern lässt sich von einem multi- und teilweise auch von einem interdisziplinären Ansatz sprechen, zu den Begrifflichkeiten siehe *Kirste*, in: Interdisziplinarität in den Rechtswissenschaften, 2016, S. 35 (57 ff.); *Hilgendorf*, JZ 2010, 913 (914).

[46] Zur ökonomischen Analyse des (Haftungs-)Rechts siehe nur *Taupitz*, AcP 196 (1996), 114; *Schäfer/Ott*, Lehrbuch der ökonomischen Analyse des Zivilrechts, 6. Aufl. 2020; zum Erfordernis der Ergänzung siehe etwa *Möllers*, Juristische Methodenlehre, 5. Aufl. 2023, S. 215, wonach das Effizienzkriterium „nicht die Frage, ob die Verteilung der Ressourcen gerecht oder ungerecht ist oder ethischen bzw. sozialen Vorstellungen entspricht" beantworte; *Beckers/Teubner*, Three Liability Regimes for Artificial Intelligence: Algorithmic Actants, Hybrids, Crowds, 2022, S. 16 f., wonach die ökonomische Analyse kein Monopol habe; sondern eine Vielzahl von Disziplinen einbezogen werden müssten, z.B. auch die

Autonomisierung maßgeblich durch *Innovationen* vorangetrieben werden, wird, insbesondere im Zusammenhang mit technischen Agenten, außerdem auf mögliche Auswirkungen von Haftungsregeln auf die Innovationstätigkeit eingegangen.[47] Herausforderungen bergen insbesondere die mit Innovationen – allgemein und speziell im Bereich der Autonomisierung – typischerweise einhergehende Ungewissheit[48] sowie die oft ungleiche Verteilung von Vor- und Nachteilen.[49] Eine weitere Schwierigkeit besteht darin, Lösungen zu entwickeln, die einerseits für ausreichend Rechtssicherheit sorgen, andererseits aber auch flexibel genug sind, um der Geschwindigkeit und Komplexität von Innovationen Rechnung zu tragen.[50]

Zu Beginn der Untersuchung werden die tatsächlichen Grundlagen dargestellt, die erforderlich sind, um die alten und neuen Fragen der Haftung für fremde Autonomie zu beantworten (Kapitel 1). Dabei wird ein weiter Blick über den juristischen Tellerrand hinaus in andere Disziplinen geworfen.[51] Um ein solides Fundament für die Betrachtung der Materie zu schaffen, wird an manchen Stellen auch über das hinausgegangen, was für die rechtliche Subsumtion zwingend notwendig erscheint. Die Analyse der Haftung für fremde Autonomie erfolgt dann in den weiteren drei Kapiteln. Beleuchtet wird zunächst die Haftung für fremde menschliche Autonomie (Kapitel 2) und anschließend die Haftung für tierische Autonomie (Kapitel 3). Nachdem diese

---

Soziologie und Philosophie; siehe auch *Esser/Schmidt*, Schuldrecht, Bd. I/1, 8. Aufl. 1995, S. 39; *Taupitz*, a.a.O., S. 126 zum Gedanken einer „sozialökonomischen Analyse des Rechts".

[47] Zur Bedeutung von Haftungsregeln für die Innovationstätigkeit vgl. etwa *Müller*, InTeR 2013, 58 (68); *Hoffmann-Riem*, Innovation und Recht – Recht und Innovation, 2016, S. 415 ff.; *Röthel*, in: Innovationsverantwortung, 2009, S. 335; siehe auch im Zusammenhang mit dem KI-HaftRL-E *Bomhard/Siglmüller*, RDi 2022, 506 (513), wo auf das Bedürfnis, „die EU als Innovationsstandort nicht zu gefährden", hingewiesen wird.

[48] *Hoffmann-Riem*, Innovation und Recht – Recht und Innovation, 2016, S. 336 ff.; *Müller*, InTeR 2013, 58 (59).

[49] *Droste-Franke/Gethmann*, Unikate 2013, 101 (102); vgl. auch die Stellungnahme des *Deutschen Ethikrates*, Biosicherheit – Freiheit und Verantwortung in der Wissenschaft, 7.5.2014, S. 66 f., wo die „Unsicherheit und Ungleichheit" als „Merkmale der modernen Forschung und Technik" hervorgehoben werden.

[50] Zur Schwierigkeit, Rechtssicherheit und technologische Entwicklung in Einklang zu bringen, siehe nur *Cappiello*, AI-systems and non-contractual liability, 2022, S. 14; dazu, dass die Haftung für autonome Systeme „eine Norm, die zwar für Rechtssicherheit sorgt, dabei aber in Bezug auf die komplexe technische Situation ausreichend flexibel ist", erfordert, *Weingart*, Vertragliche und außervertragliche Haftung für den Einsatz von Softwareagenten, 2022, S. 449; siehe auch Erwägungsgrund 8 KI-HaftRL-E zum „Ziel der Gewährleistung von Rechtssicherheit und der Vermeidung von Entschädigungslücken in Fällen, in denen KI-Systeme beteiligt sind".

[51] Dazu, dass ein solcher im Zusammenhang mit der „digitale[n] Transformation" erforderlich ist, siehe *Hilgendorf*, in: Beweis, 2019, S. 229 (236).

älteren Fragen beantwortet wurden, wird ausgehend davon der neueren Frage der Haftung für technische Autonomie nachgegangen (Kapitel 4).

Kapitel 1

Multidisziplinäre Grundlagen

In diesem Kapitel sollen zunächst der Begriff der Autonomie sowie weitere, damit zusammenhängende, Begriffe geklärt werden. Außerdem werden die für die (haftungs-)rechtliche Betrachtung relevanten Voraussetzungen und Folgen von Autonomie untersucht. Dabei wird ein multidisziplinärer Ansatz verfolgt. „Autonomie" dient hier als Begriff zur Beschreibung bestimmter Systeme.[1] Konkret geht es um die Haftung für menschliche, tierische und technische *Agenten*.[2] Agenten erhalten, wie andere Systeme,[3] einen *Input* aus der Umgebung und verarbeiten diesen anhand einer *Input-Output-Beziehung*, ihrer Verhaltensregel, zu einem *Output*.[4] Dieser Output hat dann verschiedene, mitunter schädliche, Auswirkungen auf die Umgebung.

---

[1] *Shala*, Die Autonomie des Menschen und der Maschine, 2014, S. 23; *Beierle/Kern-Isberner*, Methoden wissensbasierter Systeme: Grundlagen, Algorithmen, Anwendungen, 6. Aufl. 2019, S. 398.

[2] Der Begriff kommt von dem lateinischen Wort *agere* (tun, handeln, machen), vgl. *Russel/Norvig*, Artificial Intelligence: A modern approach, 4. Aufl. 2021, S. 21; zur agentenorientierten Programmierung von Software siehe *Weiß/Jakob*, Agentenorientierte Softwareentwicklung, 2005.

[3] Ein System kann definiert werden als „Modell einer Ganzheit, die (a) Beziehungen zwischen Attributen (Inputs, Outputs, Zustände etc.) aufweist, die (b) aus miteinander verknüpften Teilen bzw. Subsystemen besteht, und die (c) von ihrer Umgebung bzw. von einem Supersystem abgegrenzt wird", vgl. *Ropohl*, Allgemeine Technologie: Eine Systemtheorie der Technik, 3. Aufl. 2009, S. 77.

[4] Die Input-Output-Beziehungen können auch als „Entscheidungsprogramme" bezeichnet werden. Denkbar sind z.B. Konditionalprogramme („Wenn-dann"-Regeln) oder Zielprogramme („Um-zu"-Regeln), vgl. *Arlt/Schulz*, Die Entscheidung, 2019, S. 10 ff.; *Luhmann*, Organisation und Entscheidung, 2000, S. 260 ff.; zu verschiedenen (technischen) Agentenprogrammen siehe auch *Russel/Norvig*, Artificial Intelligence: A modern approach, 4. Aufl. 2021, S. 66 ff.; zum „Grundmodell: Eingabe, Verarbeitung, Ausgabe" vgl. *Zech*, Gutachten für den 73. DJT, 2020, A 21 ff.

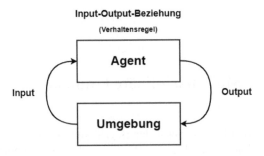

Abbildung 1: Ein Agent und seine Umgebung[5]

Die Agenten verfolgen bestimmte Zwecke.[6] Dabei verhalten sie sich, anders als andere Systeme, in gewisser Weise *autonom*. Autonomie ist eine, wenn nicht sogar *die* Voraussetzung von „*Agency*".[7] Autonomie ist ein mehrdimensionaler Begriff, der in Abhängigkeit vom Kontext unterschiedlich definiert wird.[8] Bei der folgenden haftungsrechtlichen Betrachtung geht es darum, die potenziell schädlichen Auswirkungen autonomen Verhaltens auf die Umgebung zu erfassen. Aus dieser Perspektive geht es um Autonomie als eine auf bestimmten Beobachtungen beruhende Zuschreibung und weniger um einen inneren Zustand des Systems.[9] Entscheidend ist dabei, dass das System aus Sicht des Beobachters selbst Entscheidungen trifft und dabei in gewisser Weise unabhängig von anderen (autonomen) Systemen ist (A.).[10] In dieser Arbeit

---

[5] Basierend auf *Wooldridge*, in: Multiagent systems, 2. Aufl. 2013, S. 3 (5); siehe auch *Beierle/Kern-Isberner*, Methoden wissensbasierter Systeme: Grundlagen, Algorithmen, Anwendungen, 6. Aufl. 2019, S. 398.

[6] *Wooldridge*, in: Multiagent systems, 2. Aufl. 2013, S. 3 (4): „*An* Agent *is a computer system that is* situated *in some* environment, and *that is capable of* autonomous action *in this environment in order to achieve its delegated objectives*."

[7] *Wooldridge*, in: Multiagent systems, 2. Aufl. 2013, S. 3 (5); *Floridi*, in: Machine ethics, 2011, S. 184 (192); siehe auch *Kirn/Müller-Hengstenberg*, Rechtliche Risiken autonomer und vernetzter Systeme, 2016, S. 97.

[8] Siehe etwa *Bumke*, in: Autonomie im Recht, 2017, S. 3 (19 ff.), der zwischen sechs Dimensionen von Autonomie unterscheidet: Autonomie könne als Zustand, Zurechnung, Gewährleistung, Legitimation und als Ideal verstanden werden und weise außerdem einen instrumentell-institutionellen Charakter auf; vgl. auch schon *Pohlmann*, in: Historisches Wörterbuch der Philosophie, Bd. I, 1971, S. 701 (713), wonach der Begriff „erst im Rahmen seines jeweiligen Problemkontextes zu seinem spezifischen Gehalt" komme.

[9] Vgl. auch *Kirn/Müller-Hengstenberg*, Rechtliche Risiken autonomer und vernetzter Systeme, 2016, S. 97: „relationales Konzept".

[10] Die unterschiedlichen Perspektiven, aus denen das System beobachtet und dessen Autonomie definiert werden kann, hebt beispielsweise *Floridi* hervor: Ein Thermostat, der schlicht auf Änderungen in der Umgebung reagiert, ist danach grundsätzlich nicht autonom.

sollen drei Träger von Autonomie betrachtet werden, nämlich Menschen, Tiere und Technologien (B.).[11] Autonomie i.S.v. Unabhängigkeit hat verschiedene Auswirkungen (C.), denen das Haftungsrecht gerecht werden muss. Dabei sind insbesondere die Risiken und Chancen von Autonomie (D.) zu berücksichtigen.

A. Autonomie als Unabhängigkeit

Bei der Definition von Autonomie kommt man an *Kant* kaum vorbei: Er definiert Autonomie als „die Beschaffenheit des Willens, dadurch derselbe ihm selbst (unabhängig von aller Beschaffenheit der Gegenstände des Wollens) ein Gesetz ist".[12] Nach *Kant* bedeutet Autonomie im Wesentlichen *Selbstgesetzgebung*.[13] Ausgehend davon wird (menschliche) Autonomie regelmäßig mit „Willensfreiheit" verknüpft.[14] Ob es eine solche gibt, ist aber letztlich ungeklärt.[15] Soweit es um rechtliche Verantwortung geht, wird die Willensfreiheit

---

Kann der Beobachter diese Änderungen allerdings nicht wahrnehmen, *erscheint* er für ihn als autonom, *Floridi*, in: Machine ethics, 2011, S. 184 (197). Auch *Kaminski* weist darauf hin, dass einem System ein bestimmtes Merkmal entweder deshalb zugeordnet werden kann, weil es ihm als Eigenschaft zukommt oder aber weil das System in einer bestimmten Weise eingeschätzt wird, *Kaminsiki*, in: Zur Philosophie informeller Technisierung, 2014, S. 58 (68).

[11] Auch anderen Systemen kann grundsätzlich Autonomie zugeschrieben werden, z.B. Organisationen (vgl. *Schwemmer*, AcP 221 [2021], 555 zum Konzept der dezentralen autonomen Organisationen auf der Blockchain) oder Lebewesen, die keine Menschen oder Tiere sind, etwa Pflanzen (vgl. *Penzlin*, Das Phänomen Leben: Grundfragen der Theoretischen Biologie, 2. Aufl. 2016, S. 429 ff.).

[12] *Kant*, Grundlegung zur Metaphysik der Sitten, 1870, S. 67. Den „Willen" definiert *Kant* als das „Vermögen, nur dasjenige zu wählen, was die Vernunft, unabhängig von der Neigung als praktisch nothwendig, d.i. als gut erkennt" (S. 34).

[13] *Kant*, Grundlegung zur Metaphysik der Sitten, 1870, S. 56: „Der Wille wird nicht lediglich dem Gesetze unterworfen, sondern so unterworfen, daß er auch als selbstgesetzgebend und eben um deswillen allererst dem Gesetze (davon er selbst sich als Urheber betrachten kann) unterworfen angesehen werden muss"; siehe dazu auch *Gransche/Shala/Hubig/Aspsancar/Harrach*, Wandel von Autonomie und Kontrolle durch neue Mensch-Technik-Interaktionen, 2014, S. 21. Dies entspricht der etymologischen Herkunft des Begriffes (*auto*: selbst, *nomos*: Gesetz) (*Gransche/Shala/Hubig/Aspsancar/Harrach*, a.a.O., S. 217).

[14] Vgl. dazu *Pohlmann*, in: Historisches Wörterbuch der Philosophie, Bd. I, 1971, S. 701 (711); *Gransche/Shala/Hubig/Aspsancar/Harrach*, Wandel von Autonomie und Kontrolle durch neue Mensch-Technik-Interaktionen, 2014, S. 21; *Shala*, Die Autonomie des Menschen und der Maschine, 2014, S. 17.

[15] Zur allgemeinen Diskussion um die Willensfreiheit siehe etwa die Sammelbände Walter (Hrsg.), Grundkurs Willensfreiheit, 2018; Kiesel/Ferrari (Hrsg.), Willensfreiheit, 2019; zur Diskussion im rechtlichen Kontext siehe etwa die Überblicke bei *Mahlmann*,

des Menschen grundsätzlich unterstellt,[16] was hier auch nicht in Frage gestellt werden soll.

Insbesondere wenn es um technische Systeme geht, ist der Autonomiebegriff weniger voraussetzungsvoll. Nach *Wooldridge* ist Autonomie die Fähigkeit, „ohne den Eingriff von Menschen oder anderen Systemen zu handeln".[17] Nach *Bekey* bezieht sich Autonomie auf „Systeme, die in der Lage sind, in der realen Umgebung, ohne jegliche Form der externen Kontrolle über längere Zeiträume zu operieren".[18] Autonomie wird nicht definiert als das Vorhandensein von Selbstbestimmung, sondern als das Fehlen von Fremdbestimmung, wobei mit Fremdbestimmung die Kontrolle durch andere Systeme gemeint ist. Vorteil dieses Verständnisses ist, dass die internen Prozesse des Systems nicht genau erforscht werden müssen. Es genügt, dass es Aktionen ausführen kann, ohne dass andere Systeme ihm im Einzelnen vorgeben, welcher Input nach welchen Input-Output-Regeln verarbeitet werden soll. Auch im Haftungsrecht ist das Autonomieverständnis ein idealtypisches: Die Verschuldenshaftung wird zwar mit dem „Gedanken der personalen Freiheit und Selbstverantwortung" verknüpft.[19] Die für die Haftung nach §§ 823 ff. BGB erforderliche Handlungsfähigkeit wird aber letztlich durch eine „Deutung" des Verhaltens bestimmt; dieses wird „als vom Willen beherrschbar gedacht und kann in diesem Sinn einem Menschen ‚zugerechnet'" werden.[20] Defizite bei der Einsichts- und Steuerungsfähigkeit, die nicht schon die Handlung ausschließen, werden nur nach Maßgabe von §§ 827 f. BGB berücksichtigt.[21] Schließlich ist die

---

Rechtsphilosophie und Rechtstheorie, 7. Aufl. 2023, S. 410 ff.; *Rüthers/Fischer/Birk*, Rechtstheorie, 12. Aufl. 2022, S. 396 f.

[16] Vgl. BVerfG, Urt. v. 19.3.2013 – 2 BvR 2628/10, BVerfGE 133, 168, juris Rn. 54 – „Deal im Strafprozess", wo, im Zusammenhang mit dem Strafrecht, die Existenz der „Eigenverantwortung des Menschen [...], der sein Handeln selbst bestimmt und sich kraft seiner Willensfreiheit zwischen Recht und Unrecht entscheiden kann", ohne weitere Diskussion unterstellt wird; *Hilgendorf*, in: Jenseits von Mensch und Maschine, 2012, S. 119 (129) spricht, mit Blick auf die strafrechtliche Schuld, von einer „Fiktion"; siehe auch *Rüthers/Fischer/Birk*, Rechtstheorie, 12. Aufl. 2022, S. 397, wonach für „das Grundverständnis des Rechts [...] die Kenntnis und Akzeptanz dieser axiomatischen, wissenschaftlich nichtableitbaren Grundlage der gesamten Rechtsordnung unverzichtbar" sei.

[17] Vgl. *Wooldridge*, in: Multiagent systems, 2. Aufl. 2013, S. 3 (5) (Übers. d. Verf.); kritisch zur Verwendung des Autonomiebegriffs für Systeme, die keinem „eigenen Willen folgen", *Foerster*, ZfPW 2019, 418 (421 f.).

[18] *Bekey*, Autonomous robots, 2005, S. 1 (Übers. d. Verf.).

[19] *Canaris*, VersR 2005, 577 (578); ähnlich *Esser/Weyers*, Schuldrecht, Bd. II/2, 8. Aufl. 2000, S. 129: „Mißbrauch der Willensfreiheit".

[20] *Larenz/Canaris*, Lehrbuch des Schuldrechts, Bd. II/2, 13. Aufl. 1994, S. 361. Ausreichend ist die „objektive Steuerbarkeit", vgl. BeckOK BGB/*Förster*, 66. Ed., 1.5.2023, § 823 Rn. 99.

[21] Vgl. *Deutsch*, Allgemeines Haftungsrecht, 2. Aufl. 1996, S. 290, wonach es sich bei der Verschuldensfähigkeit um „den Ansatz subjektiven Verschuldens, der einem vorwiegend objektiven Verschuldenssystem aufgepfropft worden ist", handle.

Fahrlässigkeit (§ 276 Abs. 2 BGB) weitgehend objektiviert: Maßgeblich für die Vermeidbarkeit und Vorhersehbarkeit[22] sind nicht die Fähigkeiten und Kenntnisse des Individuums, sondern des *Verkehrskreises*.[23]

Entscheidend ist letztendlich, dass Agenten in der Lage sind, selbst *Entscheidungen* zu treffen.[24] Die VDI-/VDE-Richtlinie 2653 definiert Autonomie als die „Eigenschaft eines Agenten, eigenverantwortlich zur Kontrolle über den internen Zustand und sein Verhalten zu entscheiden".[25] Eine Entscheidung setzt einen Möglichkeitsraum voraus.[26] Der Entscheider muss mehre Optionen haben und damit in gewisser Weise *unabhängig* sein.[27] Die Zwecke, die mit der Entscheidung verfolgt werden, muss sich der Entscheider aber – anders als wohl nach dem *Kant'*schen Verständnis – nicht notwendigerweise selbst setzen. Diese können auch von einem anderen stammen.[28] Der Agent entscheidet dann nur noch darüber, wie er die Ziele erreichen möchte. Das Unabhängigkeitskriterium[29] wird auch bei der Regulierung autonomer Systeme

---

[22] Dazu, dass die Fahrlässigkeit grundsätzlich die Vermeidbarkeit des Risikos und die Vorhersehbarkeit des Risikos und der Notwendigkeit, dieses zu vermeiden, voraussetzt, vgl. nur BeckOK BGB/*Lorenz*, 66. Ed., 1.5.2023, § 276 Rn. 28 ff.; BeckOGK BGB/*Schaub*, 1.6.2023, § 276 Rn. 60 ff.; anders *Brüggemeier*, Haftungsrecht, 2006, S. 59 f., 74 f., wonach es auf die Erkennbarkeit für die Fahrlässigkeit grundsätzlich nicht ankomme.

[23] Siehe nur BeckOK BGB/*Lorenz*, 66. Ed., 1.5.2023, § 276 Rn. 20 ff.; Staudinger BGB/*Caspers*, 2019, § 276 Rn. 29; *Schulz*, Verantwortlichkeit bei autonom agierenden Systemen, 2015, S. 133; vgl. auch schon Motive II, S. 27, wo von der „Sorgfalt eines ordentlichen Hausvaters" die Rede ist.

[24] Siehe auch *Hofstadter*, Gödel, Escher, Bach, 7. Aufl. 2000, S. 758, wo die Frage nach dem „freien Willen" eines Systems durch die Frage, ob das System „eine Wahl" trifft ersetzt wird.

[25] VDI/VDE 2653 – Agentensysteme in der Automatisierungstechnik, 2018, Blatt 1, S. 5. Mit dem internen Zustand ist dabei das Wissen des Agenten gemeint (S. 6). Siehe auch *Weiß/Jakob*, Agentenorientierte Softwareentwicklung, 2005, S. 11 f. zur Abgrenzung von Agenten und „Objekten".

[26] *Kaminski*, in: Technikanthropologie, 2018, S. 493 (494 f.); *Arlt/Schulz*, Die Entscheidung, 2019, S. 1; vgl. auch *Wagner*, VersR 2020, 717 (720): „Ein autonomer Agent trifft die Wahl zwischen alternativen Verhaltensweisen, die in einer bestimmten Handlungssituation zur Verfügung stehen, selbst und lässt sie sich nicht von einem anderen vorgeben."

[27] Vgl. *Kaminski*, in: Technikanthropologie, 2018, S. 493 (495).

[28] VDI/VDE 2653 – Agentensysteme in der Automatisierungstechnik, 2018, Blatt 1, S. 6; siehe auch *Wooldridge*, in: Multiagent systems, 2. Aufl. 2013, S. 3 (4).

[29] Siehe auch *Thöne*, Autonome Systeme und deliktische Haftung, 2020, S. 6, wo „(System-)Autonomie" als „Unabhängigkeit eines computerbasierten Systems von externer Steuerung und Einflussnahme" definiert wird; *Floridi*, in: Machine ethics, 2011, S. 184 (192), wonach Autonomie einen gewissen Grad an Komplexität und Unabhängigkeit von der Umgebung erfordere; *Beckers/Teubner*, Three Liability Regimes for Artificial Intelligence: Algorithmic Actants, Hybrids, Crowds, 2022, S. 21, wonach das Autonomierisiko Folge von unabhängigen Entscheidungen sei; *Kirn/Müller-Hengstenberg*, Rechtliche Risiken autonomer und vernetzter Systeme, 2016, S. 97, wonach Autonomie „den Grad der Unabhängigkeit von gezieltem Einfluss Dritter" beschreibe.

aufgegriffen: So definiert das StVG ein Kraftfahrzeug mit autonomer Fahrfunktion als ein solches, das „die Fahraufgabe ohne eine fahrzeugführende Person selbstständig in einem festgelegten Betriebsbereich erfüllen kann" und
über eine entsprechende technische Ausrüstung verfügt (§§ 1d Abs. 1, 1e
Abs. 2 StVG). Nach dem KI-HaftVO-E soll Autonomie voraussetzen, dass das
System „durch Interpretation bestimmter Eingaben und durch Verwendung einer Reihe vorab festgelegter Anweisungen funktioniert, *ohne durch solche Anweisungen beschränkt zu sein* [...]".[30]

Ist Unabhängigkeit im soeben erläuterten Sinne also die Voraussetzung von
Autonomie, stellt sich sodann die Frage, welche Fähigkeiten ein Agent aufweisen muss, um unabhängig zu sein. Weiterführend ist hier das Konzept von *Rus-
sel* und *Norvig*: „Soweit sich der Agent auf das Vorwissen seines Entwicklers
verlässt anstatt auf seine eigenen Perzeptionen und Lernprozesse" soll es danach an Autonomie fehlen. Agenten sollen Autonomie erwerben können, indem sie „lernen, was möglich ist, um unvollständiges oder unrichtiges Vorwissen zu kompensieren".[31] Damit sind zwei Merkmale angesprochen, die entscheidend für die Unabhängigkeit und damit die Autonomie eines Systems
sind: Die *Perzeptionsfähigkeit* (I.) und die *Lernfähigkeit* (II.).[32] Je nachdem,
wie stark diese Fähigkeiten ausgeprägt sind, kann ein System unterschiedliche
Grade an Unabhängigkeit und damit an Autonomie aufweisen (III.).

I.   *Unabhängigkeit durch Perzeptionsfähigkeit*

Die Perzeptionsfähigkeit betrifft den *Input* des Systems. Der Input eines Systems kann in einem expliziten Befehl eines anderen Systems bestehen. So verhält es sich bei herkömmlichen Technologien, die von ihrem Nutzer aktiviert
und deaktiviert und, in der Regel über vermittelnde Stellen, z.B. Tastaturen
oder Fernbedienungen, ganz genau instruiert werden. *Perzeptionsfähige Systeme* sind dagegen in der Lage, ihre Umgebung selbst wahrzunehmen und aus
dem wahrgenommenen Input eigenständig Informationen zu gewinnen.[33] Das

---

[30] Art. 3 lit. b KI-HaftVO-E (Hervorh. d. Verf.). Die Definition lautet weiter: „[...] wenngleich das Verhalten des Systems durch das ihm vorgegebene Ziel und andere relevante Vorgaben seines Entwicklers eingeschränkt wird bzw. auf die Erfüllung des Ziels ausgerichtet
ist".

[31] *Russel/Norvig*, Artificial Intelligence: A modern approach, 4. Aufl. 2021, S. 60 (Übers.
d. Verf.).

[32] Vgl. *Riehm/Meier*, in: DGRI Jahrbuch 2018, 2019, S. 1 (Rn. 4) zu den Fähigkeiten
neuer „cyberphysikalischer" Systeme: Fähigkeit zum Umgang mit unvollständigen Informationen und zum selbständigen Lernen; siehe auch die Definition autonomer Systeme bei
Sommer, Haftung für autonome Systeme, 2020, S. 37.

[33] Vgl. zu diesen Fähigkeiten von KI-Systemen (wenn auch ohne die Verwendung des
Begriffs „Perzeptionsfähigkeit") *Hochrangige Expertengruppe für künstliche Intelligenz*,
Eine Definition der KI: Wichtigste Fähigkeiten und Wissenschaftsgebiete, 2018, S. 2;

perzeptionsfähige System ist nicht darauf angewiesen, alle Informationen von einem anderen System zu erhalten, sondern kann diese selbst aus den Daten in seiner Umgebung gewinnen.[34] Hierdurch erhält es mehr Unabhängigkeit. Perzeptionsfähigkeit setzt zunächst Wahrnehmungsfähigkeit voraus. Diese erlangt ein Agent mittels Sensoren, z.B. Augen, Kameras oder Ultraschallgeräte, welche die Schnittstellen zur Umgebung bilden. Außerdem muss der Agent aus den Wahrnehmungen Schlussfolgerungen ziehen können, d.h. die erfassten Daten in Informationen umwandeln.[35] Beispielsweise muss ein (menschlicher oder technischer) Agent, der einen Raum reinigen soll, in der Lage sein, eine braune Stelle als „Schmutz" zu interpretieren.[36]

II. Unabhängigkeit durch Lernfähigkeit

Die Lernfähigkeit betrifft die *Input-Output-Beziehung*. Die Input-Output-Beziehung eines Systems kann *eindeutig* und *unveränderlich* sein, so dass auf einen bestimmten Input immer derselbe Output folgt. Dies ist typisch für herkömmliche Maschinen und Computerprogramme.[37] Bei diesen Systemen legt ein Algorithmus[38] unmittelbar fest, was das System in einer bestimmten Situation zu tun hat. Regelmäßig wird dieser Algorithmus durch einen vom Programmierer geschriebenen Code umgesetzt. Meistens ist dieser Algorithmus

---

ähnlich *Wooldridge*, in: Multiagent systems, 2. Aufl. 2013, S. 3 (5 ff.); *Zech*, Gutachten für den 73. DJT, 2020, A 23.

[34] Zu den Begriffen „Information" und „Daten" siehe *Oster*, JZ 2021, 167 (168): Daten sind danach eine „syntaktische Repräsentation einer Information in einem Zeichen" (z.B. gedruckter Text), wohingegen es sich bei Informationen um „Daten, denen mittels einer Decodierung eine Bedeutung zukommt" handelt (z.B. Bedeutung des Textes).

[35] Vgl. *Hochrangige Expertengruppe für künstliche Intelligenz*, Eine Definition der KI: Wichtigste Fähigkeiten und Wissenschaftsgebiete, 2018, S. 2.

[36] Vgl. *Wooldridge*, in: Multiagent systems, 2. Aufl. 2013, S. 3 (16); *Hochrangige Expertengruppe für künstliche Intelligenz*, Eine Definition der KI: Wichtigste Fähigkeiten und Wissenschaftsgebiete, 2018, S. 2. Bereits diese Fähigkeit zur Interpretation von Daten kann durch Lernen verändert werden, z.B. können bei der Bilderkennung künstliche neuronale Netze eingesetzt werden, siehe dazu unten B. III. 2. b) bb) (2).

[37] Vgl. *Riehm/Meier*, in: DGRI Jahrbuch 2018, 2019, S. 1 (Rn. 5).

[38] Unter einem Algorithmus versteht man eine Anweisung, die Daten in vordefinierter Form verarbeitet und zur Ausgabe von darauf basierenden Ergebnissen führt (*Kreutzer/Sirrenberg*, Künstliche Intelligenz verstehen, 2019, S. 6). Ein Algorithmus ist also eine Folge von (Rechen-)Schritten, die eine Eingabe in eine Ausgabe verwandeln (*Cormen/Leiserson/Rivest/Stein*, Algorithmen – Eine Einführung, 4. Aufl. 2013, S. 5). Ein klassisches Beispiel (aus der analogen Welt) ist ein Kochrezept (*Warnke*, Informatik, 2. Aufl. 1991, S. 15). Auf die Zutaten werden Schritt für Schritt verschiedene Regeln angewandt, so dass man am Ende ein bestimmtes Gericht erhält.

determiniert und deterministisch.[39] Er kann aber auch Zufallselemente enthalten, z.B. bei einem Auslosungstool (sog. randomisierter Algorithmus).[40] Dann
ist die Input-Output-Beziehung nicht mehr eindeutig. Sie bleibt aber grundsätzlich unveränderlich. Lernfähige Systeme zeichnen sich gegenüber solchen Systemen dadurch aus, dass sich die Input-Output-Beziehung *verändern* kann. Auf
den identischen Input kann zu einem späteren Zeitpunkt ein anderer Output
folgen, weil sich die Verhaltensregeln des Agenten weiterentwickelt haben
(sog. *Model-Drift*[41]).[42]

Ein System kann in verschiedener Weise lernen. In der Pädagogik und Psy-
chologie existieren hierzu unterschiedliche Konzepte.[43] Es kann u.a. danach
unterschieden werden, ob der Lernende passiv ist und ihm das Wissen durch
den Lehrenden vermittelt wird (Lernen durch Anweisung, 1.) oder ob der Lernende selbst aktiv wird, um Wissen zu generieren (Lernen durch Erfahrung,
2.).[44]

1. Lernen durch Anweisung

Zunächst kann der Lernende *angewiesen* werden, seine Verhaltensregeln zu
ändern. Ihm wird theoretisches Wissen vermittelt, das er anschließend anwenden kann.[45] So verhält es sich z.B., wenn einem Fahrschüler ein Text vorgelegt
wird, welcher die Straßenverkehrsregeln wiedergibt oder wenn ein selbstfahrendes Fahrzeug ein Update erhält, durch das die Input-Output-Beziehung des
Systems direkt geändert wird, indem ihm – vermittelt durch einen Programmcode – vorgeschrieben wird, auf einen bestimmten Input in bestimmter (anderer) Weise zu reagieren.

---

[39] Auf eine bestimmte Eingabe folgt stets die gleiche Ausgabe (determiniert) und auf eine
bestimmte Eingabe folgen auch immer die gleichen Rechenschritte (deterministisch), vgl.
Ernst/Schmidt/Beneken, Grundkurs Informatik, 7. Aufl. 2020, S. 501 f.

[40] Vgl. zu diesem Begriff *Ernst/Schmidt/Beneken*, Grundkurs Informatik, 7. Aufl. 2020,
S. 502; *Cormen/Leiserson/Rivest/Stein*, Algorithmen – Eine Einführung, 4. Aufl. 2013, S. 4,
117 f.

[41] Vgl. *Poretschkin/Mock/Wrobel*, in: Regulierung für Algorithmen und Künstliche Intelligenz, 2021, S. 175 (186). Der Begriff ist tendenziell negativ konnotiert, vgl. *Fraunhofer
IAIS*, Leitfaden zur Gestaltung vertrauenswürdiger Künstlicher Intelligenz, 2021, S. 87, 112.

[42] Vgl. *Riehm/Meier*, in: DGRI Jahrbuch 2018, 2019, S. 1 (Rn. 5); *Wischmeyer*, in: Regulating Artificial Intelligence, 2020, S. 75 (82); *Zech*, Gutachten für den 73. DJT, 2020,
A 43.

[43] Für einen Überblick siehe *Broßmann/Mödinger*, Praxisguide Wissensmanagement,
2011, S. 62 ff.

[44] Vgl. *Broßmann/Mödinger*, Praxisguide Wissensmanagement, 2011, S. 62.

[45] Vgl. *Broßmann/Mödinger*, Praxisguide Wissensmanagement, 2011, S. 63 f.

2. Lernen durch Erfahrung

Wenn im Folgenden von einem „lernfähigen" Agenten die Rede ist, soll damit allerdings gemeint sein, dass der Agent *durch Erfahrung* lernen kann. Lernen kann auch dadurch erfolgen, dass der Lernende sich mit einer Situation auseinandersetzen muss und dabei Wissen darüber sammelt, wie sich diese Situation am besten bewältigen lässt.[46] Dies ist z.b. der Fall, wenn ein Schüler versucht, Aufgaben zu lösen und anschließend ein Feedback bekommt oder wenn eine eingesperrte Katze verschiedene Möglichkeiten ausprobiert, sich zu befreien und schließlich Erfolg hat, wenn sie einen Riegel verschiebt.[47] Ähnlich funktioniert sog. Maschinelles Lernen, bei dem ein technisches System aus Erfahrungen lernt.[48] Diese Art von Lernfähigkeit schafft eine weitreichende Unabhängigkeit: Lernfähige Systeme sind nicht darauf angewiesen, dass ein anderes System ihre Input-Output-Beziehungen durch Anweisungen anpasst, sondern können diese selbst[49] an ihren Erfahrungen ausrichten. Hierdurch werden die Möglichkeitsräume erheblich erweitert.

III. Grade von Unabhängigkeit

Autonomie ist nicht nur ein mehrdimensionaler Begriff, sondern es existieren auch verschiedene *Grade* von Autonomie bzw. Unabhängigkeit. *Gransche et al.* unterscheiden beispielsweise zwischen Autonomie als „Freiheit der Zwecksetzung", als „Freiheit der Strategiewahl" und als „Freiheit der Mittelwahl/Mittelsetzung".[50] Auf der höchsten Stufe setzt Autonomie danach – ähnlich dem *Kant*'schen Verständnis – voraus, dass das System seine Zwecke selbst wählen kann. Die mittlere Stufe ist die „Freiheit des Entscheidens über optimale Strategien einer Gewährleistung der Zweckerfüllung".[51] Das System kann zwischen mehreren Input-Output-Beziehungen auswählen. Auf der niedrigsten Stufe sind dem System die Zwecke und Strategien vorgegeben, es wählt nur noch ein Mittel aus.[52] Konkreter wird die Abstufung, wenn man sie anhand der

---

[46] Vgl. *Broßmann/Mödinger*, Praxisguide Wissensmanagement, 2011, S. 65 f.

[47] Vgl. zum Beispiel der Katze *Lorenz*, Die Naturwissenschaft vom Menschen: eine Einführung in die vergleichende Verhaltensforschung, 1992, S. 282 f.

[48] Siehe dazu unten B. III. 2. b).

[49] Vgl. *Riehm/Meier*, in: DGRI Jahrbuch 2018, 2019, S. 1 (Rn. 5): „Fähigkeit zum *selbständigen* Lernen" (Hervorh. d. Verf.).

[50] *Gransche/Shala/Hubig/Aspsancar/Harrach*, Wandel von Autonomie und Kontrolle durch neue Mensch-Technik-Interaktionen, 2014, S. 217 f.; zu weiteren Konzepten einer Abstufung siehe etwa *Boden*, in: The philosophy of artificial life, 1996, S. 95 (102); *Ziemke*, Presence 1996, 564 (569).

[51] *Gransche/Shala/Hubig/Aspsancar/Harrach*, Wandel von Autonomie und Kontrolle durch neue Mensch-Technik-Interaktionen, 2014, S. 218.

[52] *Gransche/Shala/Hubig/Aspsancar/Harrach*, Wandel von Autonomie und Kontrolle durch neue Mensch-Technik-Interaktionen, 2014, S. 44. Ob dann noch von einer autonomen

Perzeptions- und der Lernfähigkeit vornimmt: Je mehr Perzeptions- und Lernfähigkeit das System aufweist, desto größer ist sein Möglichkeitsraum im Hinblick auf die entscheidungsrelevanten Daten (Input) und Strategien (Input-Output-Beziehungen) und desto unabhängiger ist es bei seiner Entscheidungsfindung. Ein System kann mehr oder weniger stark auf die Informationen eines
anderen angewiesen sein. Ein erwachsener Mensch kann seine Umgebung mit
allen Sinnen wahrnehmen. Sehr junge Katzen sind dagegen noch nicht in der
Lage, zu sehen und zu hören und insofern von Informationen ihrer Mutter abhängig. Ein reines Datenanalyse-Tool,[53] z.B. zur Auswertung von geologischen
Messdaten, verfügt über sehr wenig Perzeptionsfähigkeit. Es erhält seine Informationen in der Regel durch eine direkte Eingabe seines Nutzers. Ein selbstfahrendes Fahrzeug muss dagegen eine Vielzahl unterschiedlicher Daten mittels verschiedener Sensoren aufnehmen und verarbeiten. Insofern wird auch
unterschieden zwischen Systemen mit einem geschlossenen Anwendungsbereich und sog. *Open World*-Anwendungen.[54] Auch bei der Lernfähigkeit gibt
es Unterschiede. Ein System kann in der Lage sein, alle seine Verhaltensregeln
zu ändern oder nur einen Teil davon. Bestimmte Reiz-Reaktions-Mechanismen
sind Menschen und Tieren angeboren und nicht modifizierbar, ähnlich wie ein
autonomes Fahrzeug bestimmte unveränderliche Grundregeln kennt. Die Lernfähigkeit kann außerdem auf einen bestimmten Zeitraum beschränkt sein, z.B.
kann der Zustand eines Computerprogramms „eingefroren" werden, bevor es
in den Verkehr gebracht wird.[55] Der technische Agent lernt dann nur in der
Entwicklungs-, nicht aber in der Einsatzphase.

Entscheidung gesprochen werden kann, ist allerdings zweifelhaft. Der Möglichkeitsraum des
Systems ist in diesem Fall stark begrenzt.

[53] Datenanalyse-Tools ermöglichen es, aus Daten neue Erkenntnisse zu gewinnen. Bei
den Erkenntnissen kann es sich um Vorgänge in der Gegenwart bzw. Vergangenheit
(„Descriptive Analytics") oder der Zukunft („Predictive Analytics") handeln. Es kann aber
auch darum gehen, Ursachen („Diagnostic Analytics") oder Lösungen („Prescriptive Analytics") für bestimmte Vorgänge zu ermitteln, vgl. *Chunarkar-Patil/Bhosale*, Open Access
Journal of Science 2018, 326 (328 f.).

[54] Vgl. *Fraunhofer IAIS*, Leitfaden zur Gestaltung vertrauenswürdiger Künstlicher Intelligenz, 2021, S. 102, wo als Beispiele eine statische Maschine am Förderband und eine
„Smart Appliance", die von nicht geschulten Nutzern im Alltag verwendet wird, genannt
werden; zu insofern unterschiedlichen Agentenumgebungen siehe auch *Russel/Norvig*, Artificial Intelligence: A modern approach, 4. Aufl. 2021, S. 61 ff.; *Lohmann*, AJP 2017, 152
(154).

[55] Vgl. *Zech*, Gutachten für den 73. DJT, 2020, A 37; *Beierle*, Die Produkthaftung im
Zeitalter des Internet of Things, 2021, S. 210 f.

B. Menschliche, tierische und technische Autonomie

Bei autonomen Systemen kann es sich um Menschen, Tiere, sonstige Lebewesen, um Organisationen oder auch um Artefakte handeln.[56] Im Folgenden sollen, entsprechend dem weiteren Fortgang der Betrachtung, drei Träger von Autonomie näher beleuchtet werden: Menschen (I.), nicht-menschliche Tiere (II.) und autonome Technologien (III.).

I. Menschliche Autonomie

Nach der Abstufung von *Gransche et al.* sind Menschen in höchstem Maße autonom: Menschen können sich grundsätzlich sowohl ihre Zwecke selbst setzen[57] als auch über die Strategien zur Erreichung dieser Zwecke entscheiden und ausgehend davon bestimmte Mittel auswählen. Menschen sind weitgehend unabhängig von anderen Systemen. Sie können ihre Umgebung wahrnehmen und aus den Daten selbst Informationen generieren (Perzeptionsfähigkeit). Sie können ihre Input-Output-Beziehungen weiterentwickeln, und zwar nicht nur durch Anweisungen, sondern auch durch Erfahrung (Lernfähigkeit).[58]

II. Tierische Autonomie

Inwieweit Tiere sich selbst Zwecke setzen können, ist fraglich.[59] Das Verhalten von Tieren scheint jedenfalls stärker als das von Menschen von angeborenen Regeln bestimmt.[60] Auch Tiere sind allerdings in weitem Umfang unabhängig von der Kontrolle durch andere Systeme. Sie sind in der Lage, ihre Umgebung wahrzunehmen und aus den Wahrnehmungen Schlussfolgerungen zu ziehen (Perzeptionsfähigkeit). Neben den angeborenen Verhaltensweisen verfügen Tiere außerdem über angelernte Strategien, von denen sich einige auch im Laufe ihres Lebens verändern können (Lernfähigkeit).[61] Deutlich zeigt sich

---

[56] Siehe dazu schon oben Fn. 11.

[57] Vgl. *Kant*, Grundlegung zur Metaphysik der Sitten, 1870, S. 50 ff.; *Gransche/Shala/Hubig/Aspsancar/Harrach*, Wandel von Autonomie und Kontrolle durch neue Mensch-Technik-Interaktionen, 2014, S. 21, 218. Zur (hier nicht zu vertiefenden) Diskussion um die Willensfreiheit siehe bereits oben A, vor I.

[58] Die Autonomie kann allerdings nicht immer ausgelebt werden, vgl. nur §§ 827 f. BGB sowie *Pieper*, in: Lexikon der Bioethik, Bd. I, 1998, S. 289 (291) dazu, dass nicht zurechnungsfähige Menschen zwar keinen (vernünftigen) Gebrauch von ihrer Freiheit machen können, ihnen aber dennoch generell Autonomie zugeschrieben wird.

[59] Siehe nur *Balluch*, in: Das Handeln der Tiere, 2015, S. 203 (211).

[60] Vgl. *Randler*, Verhaltensbiologie, 2018, S. 65 f.

[61] Vgl. *Lorenz*, Die Naturwissenschaft vom Menschen: eine Einführung in die vergleichende Verhaltensforschung, 1992, S. 282 ff.; *Hume*, An Enquiry Concerning Human Understanding/Eine Untersuchung über den menschlichen Verstand, 2016, S. 269 f.; *Bräuer*, Klüger als wir denken: Wozu Tiere fähig sind, 2014, S. 26; *Randler*, Verhaltensbiologie, 2018, S. 66 f.

dies bei domestizierten Tieren, wie z.B. Hunden.[62] Auch Tieren wird deshalb grundsätzlich eine „Entscheidungsautonomie" zuerkannt.[63]

III. Technische Autonomie

Technische Autonomie ist im Vergleich zu menschlicher und tierischer Autonomie ein noch junges Phänomen. Wie sie entsteht, soll deshalb im Folgenden ausführlicher betrachtet werden. Technische Autonomie ist, anders als menschliche und tierische Autonomie, eine „künstliche" Autonomie (1.). Technische Agenten sind, wie menschliche und tierische Agenten, unabhängige Systeme (2.).

1. Technische Autonomie als „künstliche" Autonomie

Manch klassische Definition von Technik[64] scheint im Widerspruch zur Vorstellung von technischer Autonomie zu stehen: Nach *Luhmann* ist Technik eine „funktionierende Simplifikation", eine „feste Kopplung von kausalen Elementen, gleichviel auf welcher materiellen Basis diese Kopplung beruht".[65] Eine feste Kopplung zeichnet sich dadurch aus, dass auf eine bestimmte Ursache *immer* eine bestimmte Wirkung folgt.[66] Genau dies ist jedenfalls bei lernfähigen Systemen allerdings nicht der Fall, da sich ihre Input-Output-Beziehungen *verändern* können. *Rammert* versteht unter Technik die „Gesamtheit der in der Gesellschaft kreativ und künstlich eingerichteten Wirkzusammenhänge, die aufgrund ihrer Form, Funktionalität und Fixierung in verschiedenen Trägermedien zuverlässig und dauerhaft erwünschte Effekte hervorbringen".[67] Technik ist auch für ihn durch eine spezifische Beziehung zwischen Einwirkungen auf das System und Folgen gekennzeichnet.[68] Doch ist die Definition offener für Input-Output-Beziehungen, die veränderlich sind und erfasst somit auch lernfähige Agenten. Auch autonome Technologien beruhen auf einem

---

[62] *Balluch*, in: Das Handeln der Tiere, 2015, S. 203 (211).

[63] *Geese*, in: Das Handeln der Tiere, 2015, S. 227 (233); siehe auch die *Cambridge Declaration on Consciousness* v. 7.7.2021 zum Bewusstsein und intentionalen Verhalten von Tieren. Dabei unterscheiden sich die verschiedenen Tiere selbstverständlich voneinander: Ein Delphin verfügt über andere Perzeptions- und Lernfähigkeiten als eine Auster und ein Papagei scheint anders zu entscheiden als eine Taube, vgl. *Kurth/Dornenzweig/Wirth*, in: Das Handeln der Tiere, 2015, S. 7 (14); *Ksepka*, Die Evolution des Vogelhirns, Spektrum.de v. 16.8.2022.

[64] Die Begriffe „Technik" und „Technologie" werden hier synonym verwendet, vgl. *Hoffmann-Riem*, Innovation und Recht – Recht und Innovation, 2016, S. 199, auch zu verschiedenen Abgrenzungsversuchen.

[65] *Luhmann*, Organisation und Entscheidung, 2000, S. 370; *ders.*, Die Gesellschaft der Gesellschaft, 1998, S. 522 ff.

[66] *Luhmann*, Organisation und Entscheidung, 2000, S. 371.

[67] *Rammert*, Technik – Handeln – Wissen, 2. Aufl. 2016, S. 12.

[68] *Rammert*, Technik – Handeln – Wissen, 2. Aufl. 2016, S. 10.

grundsätzlich[69] unveränderlichen Code. Der Code bestimmt aber nicht unmittelbar die Verhaltensregel, sondern zunächst nur den Lernalgorithmus. Er gibt dem Agenten damit einen gewissen Möglichkeitsraum, innerhalb dessen er, in Abhängigkeit von seinen Erfahrungen, unterschiedliche Verhaltensregeln ausbilden kann. In die „feste Kopplung" schleichen sich – gewünscht – Ungewissheiten ein.[70]

Ein Merkmal, das bei *Rammert*, nicht aber bei *Luhmann* zu finden ist, ist die „Künstlichkeit". *Luhmanns* Technikbegriff „schließt menschliches Verhalten ein, soweit es ‚automatisch' abläuft und nicht durch Entscheidungen unterbrochen wird".[71] Soweit Technik mit einem bestimmten menschlichen Können gleichgesetzt wird, spricht man auch von einem *subjektiven Technikbegriff*.[72] Der subjektive Technikbegriff mag in bestimmten Zusammenhängen seine Berechtigung haben, im vorliegenden Kontext soll Technik allerdings rein *objektiv* verstanden werden.[73] Während menschliche und tierische Autonomie „naturgegeben" ist, wird technische Autonomie „künstlich", vom Menschen, erschaffen.[74]

---

[69] Der Code kann selbstverständlich von einem Menschen gezielt verändert werden, etwa im Wege eines Updates.

[70] *Von Foerster* unterscheidet zwischen „trivialen Maschinen" und „nicht-trivialen Maschinen". Die triviale Maschine zeichne sich durch eine eindeutige und unveränderliche Beziehung zwischen ihrem Input und ihrem Output aus. Sie entspricht der klassischen Webmaschine, dem herkömmlichen Pkw oder der Fußgängerampel, *von Foerster*, in: Heinz von Foerster: Wissen und Gewissen, 1993, S. 194 (206 ff.); siehe dazu auch *von Graevenitz*, ZRP 2018, 238 (239 ff.).

[71] *Luhmann*, Organisation und Entscheidung, 2000, S. 370. Die menschliche Lesefähigkeit sei ebenso eine Technik wie eine Druckpresse; vgl. *ders.*, Die Gesellschaft der Gesellschaft, 1998, S. 525.

[72] *Marburger*, Die Regeln der Technik im Recht, 1979, S. 8.

[73] Vgl. zu einem solchen Verständnis *Marburger*, Die Regeln der Technik im Recht, 1979, S. 8.

[74] Siehe auch *Allen*, in: Artificial Intelligence: Law and Regulation, 2022, S. 146 (151), wo betont wird, dass KI-Systeme „Artefakte" sind. *Luhmann* lehnt die Abgrenzung zwischen „Technik" und „Natur" ab, mit dem Hinweis darauf, dass sich die Phänomene zunehmend vermischen, *Luhmann*, Die Gesellschaft der Gesellschaft, 1998, S. 522. Diese Feststellung ist nicht von der Hand zu weisen (vgl. zum Beispiel von „künstlichen" Herzklappen *Karafyllis*, in: Biofakte, 2003, S. 11 [11 f.]). Die Systeme, die im Rahmen dieser Arbeit besprochen werden, lassen sich aber, trotz ihrer Beeinflussung durch natürliche Faktoren, namentlich durch die Daten in ihrer Umgebung, hinreichend klar als künstliche Systeme einordnen.

2. Technische Agenten als unabhängige Systeme

Autonome Technologien können sich, zumindest nach heutigem Stand, nicht selbst Zwecke setzen.[75] Die bislang entwickelten technischen Agenten sind grundsätzlich Ausprägungen der „schwachen" oder „angewandten" Künstlichen Intelligenz. Sie sind in der Lage, eine Aufgabe oder mehrere Aufgaben[76], z.B. Schach, die Reinigung des Fußbodens oder verschiedene Formen der Sprachverarbeitung, auf sehr gutem Niveau zu bewältigen. Wenn von „starker" oder „allgemeiner" KI die Rede ist, geht es dagegen darum, menschliche Fähigkeiten in allen oder zumindest in einer Vielzahl von Lebensbereichen zu imitieren und zu übertreffen oder darum, neue Bereiche zu entdecken.[77] Solche Systeme könnten möglicherweise in der Lage sein, selbständig über ihre Zwecke zu entscheiden. Hiervon und insbesondere von einer künstlichen „Superintelligenz"[78] dürften wir aktuell noch weit entfernt sein,[79] wenngleich sich konkrete Prognosen über die technische Entwicklung nur schwer aufstellen lassen.

Auch in einem schwachen Sinne „intelligente" Technologien sind jedoch zunehmend perzeptionsfähig (a) und lernfähig (b). Die Systeme erhalten einen immer größeren Möglichkeitsraum, innerhalb dessen sie, unabhängig von

---

[75] Siehe nur *Wooldridge*, in: Multiagent systems, 2. Aufl. 2013, S. 3 (4): „*delegated* objectives" (Hervorh. durch Verf.); *Allen*, in: Artificial Intelligence: Law and Regulation, 2022, S. 146 (151).

[76] Während die Systeme traditionell nur eine Aufgabe beherrschen sollten, z.B. die Übersetzung *oder* Zusammenfassung eines Textes („Single Task") werden zunehmend auch Modelle entwickelt, die mehrere Aufgaben, z.B. die Übersetzung *und* die Zusammenfassung eines Textes („Multi Task"), ausführen können. Beispiele sind die von *OpenAI* entwickelten Sprachverarbeitungsmodelle „GPT-2", „GPT-3" sowie deren Nachfolger, vgl. dazu *Radford/Wu/Child/Luan/Amodei/Sutskever*, Language Models are Unsupervised Multitask Learners, 2019; siehe auch *McCann/Keskar/Xiong/Socher*, arXiv:1806.08730v1, 2018 zum sog. „Natural Language Decathlon"; siehe auch noch vor und mit Fn. 99 zu „ChatGPT". Zu Schwierigkeiten bei der Regulierung von „Large Generative AI Models (LGAIMs)" vgl. *Hacker*, GRUR 2023, 289; *Möller-Klapperich*, NJ 2023, 144 (147 f.). Die allgemeine Ausrichtung des Rates zum KI-VO-E (Ratsdok. Nr. 15698/22) sieht u.a. mit Rücksicht auf solche Modelle spezielle Regelungen für sog. „KI-Systeme mit allgemeinem Verwendungszweck" („general purpose AI-systems") vor, vgl. insbesondere Art. 4a ff. Die Abänderungen des Europäischen Parlaments (P9_TA[2023]0236) berücksichtigen diese Kategorie ebenfalls; spezielle Regelungen sind aber vor allem für die dort außerdem eingeführte Kategorie der sog. „Basismodelle" („foundation models") vorgesehen, vgl. insbesondere Art. 28b.

[77] *Kreutzer/Sirrenberg*, Künstliche Intelligenz verstehen, 2019, S. 20; *Hochrangige Expertengruppe für künstliche Intelligenz*, Eine Definition der KI: Wichtigste Fähigkeiten und Wissenschaftsgebiete, 2018, S. 5; *Kaulartz/Bragelmann*, in: Rechtshandbuch Artificial Intelligence und Machine Learning, 2020, S. 1 (4).

[78] Vgl. *Kreutzer/Sirrenberg*, Künstliche Intelligenz verstehen, 2019, S. 20; zu Szenarien einer solchen „Superintelligenz" siehe nur *Bostrom*, Superintelligenz, 3. Aufl. 2018.

[79] Siehe insbesondere *Larson*, The myth of artificial intelligence, 2021, S. 33 ff.; zweifelnd auch schon *Hofstadter*, Gödel, Escher, Bach, 7. Aufl. 2000, S. 723 f.

ihrem Nutzer und Hersteller, Entscheidungen treffen können. Dabei sind die einzelnen Agenten unterschiedlich perzeptions- und lernfähig und damit auch unterschiedlich autonom.[80]

a) Perzeptionsfähigkeit: Der Input

Auch ein technischer Agent benötigt für die Perzeption zunächst Sensoren. Ein Staubsaugerroboter kann beispielsweise über Kameras und Infrarotentfernungsmesser verfügen.[81] Ein Sprachassistent erhält den Input über ein Mikrofon. Aus den Rohdaten, z.B. den Messergebnissen, kann der Agent Informationen gewinnen. Damit der Input weiterverarbeitet werden kann, muss er in Maschinensprache dargestellt werden. Die Eingaben müssen in elektronische Signale übersetzt werden.[82] Bei menschlicher Sprache als Eingabe besteht die Schwierigkeit bei dieser Übersetzung vor allem darin, den *Sinn* der Aussage zu erfassen. Eine Analyse der verwendeten Zeichen, etwa der Syntax einer Spracheingabe, genügt dabei nicht. Denn die Information, die hierdurch codiert wird, ist insbesondere abhängig vom Kontext, in dem die Zeichen gebraucht werden.[83] Der Prozess, mit dem menschliche Sprache verarbeitet wird, wird als sog. *Natural-Language-Processing* (*NLP*) bezeichnet.[84]

Die Anforderungen an die Perzeptionsfähigkeit hängen von der Umgebung ab, in der sich ein Agent bewegt. Bei reinen Datenanalyse-Tools, die z.B. gleichartige Verträge auf bestimmte Klauseln hin untersuchen, bereitet die Erfassung der Umgebungsdaten weniger Schwierigkeiten als im *Open World*-Kontext, z.B. im Straßenverkehr.[85] Während im ersten Fall die Möglichkeiten des Inputs stark begrenzt sind, muss im zweiten Fall eine Vielzahl von Parametern berücksichtigt werden.

---

[80] *Beckers/Teubner*, Three Liability Regimes for Artificial Intelligence: Algorithmic Actants, Hybrids, Crowds, 2022, S. 21 sprechen von „actants" anstatt von „full-fledged actors"; ähnlich *Linardatos*, Autonome und vernetzte Aktanten im Zivilrecht, 2021, S. 28 f. zum „Aktanten"; der Begriff „Aktant" wurde insbesondere von dem Soziologen und Philosophen *Latour* geprägt, vgl. etwa *Latour*, Die Hoffnung der Pandora, 2000, S. 219, wonach der Begriff „Agent" bei „nichtmenschlichen Wesen etwas ungewöhnlich" klinge.

[81] *Russel/Norvig*, Artificial Intelligence: A modern approach, 4. Aufl. 2021, S. 54.

[82] Programmierer arbeiten meist nicht direkt in der Maschinensprache, sondern verwenden entweder eine sog. Assemblersprache, die von einem Assembler in die Maschinensprache übersetzt werden kann, oder (im Regelfall) eine höhere Programmiersprache (z.B. Java, C++, Python), die eng an die menschliche Sprache angelehnt ist und durch einen sog. Compiler oder Interpreter in die Maschinensprache übertragen wird, vgl. zum Ganzen *Ernst/Schmidt/Beneken*, Grundkurs Informatik, 7. Aufl. 2020, S. 217 ff., 359 ff.

[83] Vgl. *Kreutzer/Sirrenberg*, Künstliche Intelligenz verstehen, 2019, S. 30 ff. zu vier Dimensionen der Kommunikation; siehe auch *Oster*, JZ 2021, 167 (170 ff.); *Larson*, The myth of artificial intelligence, 2021, S. 191 ff.

[84] *Kreutzer/Sirrenberg*, Künstliche Intelligenz verstehen, 2019, S. 28 ff. Bereits hierfür werden mitunter Verfahren des Maschinellen Lernens eingesetzt (siehe bereits Fn. 36).

[85] Siehe bereits vor und mit Fn. 54.

b) Lernfähigkeit: Die Input-Output-Beziehung

Die Input-Output-Beziehung kann dem Agenten direkt von seinem Entwickler einprogrammiert werden. Bei herkömmlichen Technologien enthält das System eine meist eindeutige und jedenfalls unveränderliche Verhaltensregel. Sein Verhalten und seine Leistungsfähigkeit sind damit abhängig von dem bereits vorhandenen (menschlichen) Wissen, auf das der Programmierer zugreifen kann und das sich als Programmcode darstellen lässt.[86] Lernfähige technische Agenten basieren auf einem anderen Ansatz, nämlich dem des Maschinellen Lernens (*Machine Learning*, ML). Grundlage sind Lernalgorithmen, die Beispieldaten erhalten und davon ausgehend eine Input-Output-Beziehung berechnen. Die Agenten werden nicht mehr nur programmiert, sondern außerdem anhand von Daten *trainiert*.[87] Das Verhalten des Agenten beruht damit nicht (nur) auf dem Wissen des Programmierers, sondern (auch) auf seinen eigenen Erfahrungen.[88] Im Folgenden sollen verschiedene Arten des Maschinellen Lernens (aa) sowie drei Beispiele für Lernmethoden (bb) vorgestellt werden.

aa) Arten des Maschinellen Lernens

Regelmäßig wird zwischen drei Arten des Maschinellen Lernens unterschieden, dem überwachten, dem nicht-überwachten und dem verstärkenden Lernen.[89] Beim überwachten Lernen (*Supervised Learning*) erhält der Algorithmus in der Trainingsphase bestimmte Trainingsdaten, die einen Input und den jeweils gewünschten Output enthalten. Basierend darauf entwickelt er ein Modell zur Verbindung von Input und Output und generiert so Verhaltensregeln. Die Trainingsdaten müssen vorab aufbereitet werden: Die richtigen Output-Ergebnisse werden den Input-Daten als sog. *Labels* mitgegeben.[90] Mitunter erfolgt auch eine weitergehende Aufbereitung, z.B. indem bestimmte Elemente in den Daten besonders gekennzeichnet werden (sog. Annotation). Soll die Aufgabe eines Agenten beispielsweise darin bestehen, anhand verschiedener Kriterien den Preis eines Autos vorherzusagen, muss der Trainer Informationen über die zu berücksichtigenden Attribute (*Features*) der Autos (z.B. Marke, Art des Motors, Motorleistung) sowie die bekannten Preise in maschinell lesbarer Form bereitstellen. Ausgehend davon stellt das System Beziehungen

---

[86] Zu verschiedenen Arten und Trägern von Wissen siehe etwa *Hoffmann-Riem*, in: Offene Rechtswissenschaft, 2010, S. 132 (140 ff.).

[87] *Zech*, Gutachten für den 73. DJT, 2020, A 18.

[88] Vgl. zu diesem Unterschied *Russel/Norvig*, Artificial Intelligence: A modern approach, 4. Aufl. 2021, S. 60.

[89] *Fraunhofer-Gesellschaft*, Maschinelles Lernen – Kompetenzen, Anwendungen und Forschungsbedarf, 2018, S. 25 ff.; *Kreutzer/Sirrenberg*, Künstliche Intelligenz verstehen, 2019, S. 7 f.

[90] *Fraunhofer-Gesellschaft*, Maschinelles Lernen – Kompetenzen, Anwendungen und Forschungsbedarf, 2018, S. 25.

zwischen den Attributen und dem Preis her.[91] Auf die Trainingsphase folgt in der Regel eine Testphase. Der Agent wird mit neuem Input konfrontiert, um zu überprüfen, ob er die Aufgabe mittels der gelernten Verhaltensregeln gut bewältigt.[92]

Anders als beim überwachten Lernen erhält der Algorithmus beim nicht-überwachten Lernen (*Unsupervised Learning*) keine vordefinierten Ergebnisse. Diese sind dem Trainer häufig gar nicht bekannt. Die Input-Daten werden dem System „unbeschriftet" zur Verfügung gestellt.[93] Es soll selbst Muster erkennen und Modelle bilden. Diese Muster können mitunter stark von den Regeln abweichen, die ein Mensch angewandt oder vermutet hätte.[94] Nicht-überwachtes Lernen kommt häufig beim sog. *Data Mining* zum Einsatz. Dabei geht es darum, aus vorhandenen Daten Wissen zu gewinnen, für den Menschen verständlich darzustellen und anzuwenden.[95] Dies kann es z.B. im Online-Handel ermöglichen, einem Kunden Produkte vorzuschlagen, die den zuvor gekauften Produkten ähneln.[96]

Beim verstärkenden Lernen (*Reinforcement Learning*) lernt der Agent durch „*Trial-and-Error*". Das System erhält Input-Daten, trifft eine Entscheidung und wird „belohnt", wenn die Aktion zu einer Annäherung an das Ziel des Trainers führt oder „bestraft", wenn die Aktion sich von dem Ziel entfernt. Es probiert Regeln aus und korrigiert diese im Laufe des Lernprozesses.[97] Auf diesem Verfahren beruht beispielsweise das Go-Programm *AlphaGo*. Durch die Simulation von zahlreichen Go-Partien, optimiert es seine Strategien und war in der Lage, das Brettspiel Go immer erfolgreicher zu spielen.[98] Ähnlich wurde auch *ChatGPT* trainiert, ein Chatbot, der mit dem Nutzer auch komplexe Dialoge führen soll.[99]

Der Lernprozess kann sich auf die Trainingsphase beschränken. So verhält es sich grundsätzlich beim überwachten Lernen. Der Zustand des Agenten wird „eingefroren".[100] In der Nutzungsphase lernt der Agent nicht mehr weiter. Sein

---

[91] *Kreutzer/Sirrenberg*, Künstliche Intelligenz verstehen, 2019, S. 7.

[92] *Hochrangige Expertengruppe für künstliche Intelligenz*, Eine Definition der KI: Wichtigste Fähigkeiten und Wissenschaftsgebiete, 2018, S. 4.

[93] *Kreutzer/Sirrenberg*, Künstliche Intelligenz verstehen, 2019, S. 7; *Fraunhofer-Gesellschaft*, Maschinelles Lernen – Kompetenzen, Anwendungen und Forschungsbedarf, 2018, S. 26.

[94] *Stiemerling*, in: Rechtshandbuch Artificial Intelligence und Machine Learning, 2020, S. 15 (18 f.).

[95] *Ertel*, Grundkurs Künstliche Intelligenz, 5. Aufl. 2021, S. 206.

[96] *Ertel*, Grundkurs Künstliche Intelligenz, 5. Aufl. 2021, S. 206.

[97] *Kreutzer/Sirrenberg*, Künstliche Intelligenz verstehen, 2019, S. 8.

[98] *Kreutzer/Sirrenberg*, Künstliche Intelligenz verstehen, 2019, S. 8.

[99] Vgl. *Beuth*, Wie gut ist der weltbeste Chatbot wirklich?, Spiegel Online v. 7.12.2022; vgl. zu „GPT-2", „GPT-3" und den Nachfolgern bereits Fn. 76.

[100] Vgl. *Zech*, Gutachten für den 73. DJT, 2020, A 37; *Beierle*, Die Produkthaftung im Zeitalter des Internet of Things, 2021, S. 210 f.

Verhalten bleibt somit fortan konstant, identischer Input führt grundsätzlich zu identischem Output.[101] Insbesondere beim verstärkenden Lernen lernt der Agent aber häufig auch während der Nutzungsphase (*weiter*lernender Agent).[102] Dies kann dazu führen, dass während seines Einsatzes ein identischer Input je nach dem Zeitpunkt der Eingabe zu unterschiedlichem Output führt.[103] Wiederum gibt es Abstufungen: Beispielsweise sind die Verhaltensregeln von digitalen Assistenten im *Smart Home* in der Regel teilweise „eingefroren", teilweise veränderlich. Außerdem gibt es hier Lernfortschritte, welche nur den individuellen Nutzer betreffen, z.B. dessen Musikgeschmack, und solche, die an andere Agenten weitergegeben werden und damit zu Veränderungen an allen Geräten führen, z.B. allgemeine Fortschritte bei der Spracherkennung.[104] Die Anpassung kann *kontinuierlich* erfolgen, d.h. der Agent verändert laufend sein Verhalten. Der Lernfortschritt kann aber auch *punktuell*, durch Updates des Entwicklers oder eines Dritten, aktiviert oder übertragen werden. Technische Agenten lernen während des Betriebs daher häufig sowohl durch Anweisung als auch durch Erfahrung weiter.

bb) Lernmethoden

Maschinelles Lernen kann auf verschiedenen Lernmethoden beruhen.[105] Im Folgenden sollen beispielhaft Entscheidungsbäume (1), künstliche neuronale Netze (2) und genetische Algorithmen (3) vorgestellt werden.

(1) Entscheidungsbäume

Eine Lernstrategie, die häufig beim überwachten Lernen eingesetzt wird, ist das Entscheidungsbaumverfahren.[106] Es kann z.B. verwendet werden, um die Kreditwürdigkeit eines potenziellen Darlehensnehmers zu beurteilen.[107] Ein Entscheidungsbaum hat mehrere Knoten, die durch Äste verbunden sind. Die Knoten repräsentieren verschiedene Attribute, z.B. das Einkommen des

---

[101] *Stiemerling*, in: Rechtshandbuch Artificial Intelligence und Machine Learning, 2020, S. 15 (27); zum „lebenslangen Lernen" siehe auch *Etzkorn*, MMR 2020, 360 (361).

[102] Nach *Floridi*, Machine ethics, 2011, S. 184 (192 f.) soll die Anpassungsfähigkeit („*Adaptibility*") sogar eine notwendige Voraussetzung von „*agency*" sein.

[103] *Stiemerling*, in: Rechtshandbuch Artificial Intelligence und Machine Learning, 2020, S. 15 (27); *Wischmeyer*, in: Regulating Artificial Intelligence, 2020, S. 75 (82).

[104] Zum „lernenden Kollektiv" im Kontext des autonomen Fahrens siehe *Wachenfeld/Winner*, in: Autonomes Fahren, 2015, S. 465 (483 f.); *Wagner*, AcP 217 (2017), 707 (733).

[105] Für einen Überblick siehe nur *Fraunhofer-Gesellschaft*, Maschinelles Lernen – Kompetenzen, Anwendungen und Forschungsbedarf, 2018, S. 29 ff.

[106] *Kreutzer/Sirrenberg*, Künstliche Intelligenz verstehen, 2019, S. 7.

[107] *Müller/Lenz*, Business Intelligence, 2013, S. 101 ff.; *Kaminski*, in: Datafizierung und Big Data, 2020, S. 151 (158 f.).

potenziellen Darlehensnehmers. Der Baum kann beispielsweise mit der Frage nach früheren Mahnverfahren als erstem Knoten beginnen. Von diesem gehen zwei Äste aus. Ist ein Mahnverfahren bekannt, zeigt das Blatt am Ende des Astes das Ergebnis „Zahlungsausfall = Ja" an. Ansonsten führt der Ast zu einem weiteren Knoten, der z.B. eine Verbeamtung abfragt.[108] Die Verzweigungsstruktur, die das Verhalten des Systems bestimmt, kann manuell programmiert werden. Dafür muss der Programmierer allerdings die Attribute und deren jeweilige Bedeutung für die Beurteilung der Kreditwürdigkeit[109] kennen. Beim Maschinellen Lernen entwickelt der Algorithmus das Modell dagegen selbst. Hierzu erhält er Trainingsdaten, welche die Attribute und die Kreditwürdigkeit verschiedener Personen (*Labels*) enthalten und baut ausgehend davon einen Entscheidungsbaum.[110]

(2) Künstliche neuronale Netze

Künstliche neuronale Netze können ebenfalls beim überwachten Lernen zum Einsatz kommen.[111] Sie eignen sich aber auch für das verstärkende Lernen.[112] Der Begriff des neuronalen Netzes stammt aus den Neurowissenschaften. Dort versteht man darunter ein Netz von miteinander verbundenen Neuronen (Nervenzellen), die als Teil des Nervensystems bestimmte Funktionen ausüben. In der KI-Forschung wird versucht, solche Netze künstlich nachzubilden.[113]

Ein künstliches neuronales Netz enthält mehrere Schichten. Diese Schichten bestehen jeweils aus einer bestimmten Anzahl an künstlichen Neuronen. Die Neuronen verschiedener Schichten sind durch Synapsen verbunden, welche mit Gewichten versehen sind. Die Neuronen der ersten Schicht (Eingabeschicht, *Input-Layer*) erhalten den Input aus der Umgebung. Die Neuronen der nachfolgenden Schichten (Verborgene Schichten, *Hidden Layers*) erhalten den Output der jeweils vorgeschalteten Schichten als Eingabe. Je nach Gewichtung werden verschiedene Neuronen in dieser Schicht aktiviert. Der Output der

---

[108] Vgl. das Beispiel bei *Müller/Lenz*, Business Intelligence, 2013, S. 102 f.
[109] Knoten, die in der Baumstruktur früher auftauchen, haben einen höheren Einfluss als spätere Knoten, *Kaminski*, in: Datafizierung und Big Data, 2020, S. 151 (159).
[110] *Kaminski*, in: Datafizierung und Big Data, 2020, S. 151 (159). Eine abgewandelte Lernmethode ist das sog. „Random-Forest"-Verfahren. Hier werden verschiedene Entscheidungsbäume kreiert und deren Ergebnisse anschließend kombiniert, um ein Gesamtergebnis zu erhalten. Die einzelnen Entscheidungsbäume berücksichtigen jeweils unterschiedliche Attribute; welche das sind, bestimmt regelmäßig der Zufall, vgl. dazu *Käde/von Maltzan*, CR 2020, 66 (69).
[111] *Hochrangige Expertengruppe für künstliche Intelligenz*, Eine Definition der KI: Wichtigste Fähigkeiten und Wissenschaftsgebiete, 2018, S. 4.
[112] *Kreutzer/Sirrenberg*, Künstliche Intelligenz verstehen, 2019, S. 8.
[113] *Kreutzer/Sirrenberg*, Künstliche Intelligenz verstehen, 2019, S. 4; *Lämmel/Cleve*, Künstliche Intelligenz, 5. Aufl. 2020, S. 190 f.

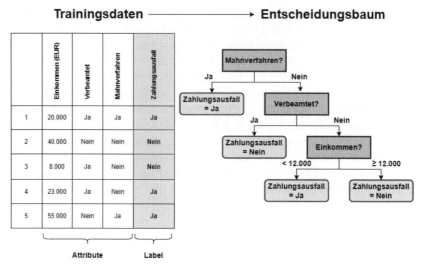

Abbildung 2: Trainingsdaten und Entscheidungsbaum[114]

Neuronen der letzten Schicht (Ausgabeschicht, *Output-Layer*) stellt schließlich das Ergebnis dar und wird an die Umgebung abgegeben.[115]

Der Output eines Neurons wird folgendermaßen bestimmt: Zunächst wird der Output jedes vorgeschalteten Neurons mit dem Gewicht der Synapse multipliziert. Anschließend werden diese Werte aufsummiert. So erhält das Neuron seinen Input. Auf diesen wird nun eine sog. Aktivitätsfunktion angewendet.[116] Das Ergebnis dieser Berechnung ist das Aktivitätslevel des Neurons, welches durch eine Ausgabefunktion in den Output transformiert wird.[117]

---

[114] Nach *Müller/Lenz*, Business Intelligence, 2013, S. 102.

[115] *Stiemerling*, in: Rechtshandbuch Artificial Intelligence und Machine Learning, 2020, S. 15 (19 f.).

[116] Dabei kann es sich z.B. um eine einfache binäre Schwellenwertfunktion oder – in der Praxis üblicher – eine Sigmoidfunktion handeln; siehe zu verschiedenen Funktionen *Rey/Wender*, Neuronale Netze, 3. Aufl. 2018, S. 20 f.

[117] In vielen Fällen wird als Ausgabefunktion eine Identitätsfunktion verwendet, so dass der Output dem Aktivitätslevel entspricht. Häufig enthält das Netz außerdem sog. Bias-Neuronen, vgl. dazu *Rey/Wender*, Neuronale Netze, 3. Aufl. 2018, S. 15 ff.; *Ertel*, Grundkurs Künstliche Intelligenz, 5. Aufl. 2021, S. 314.

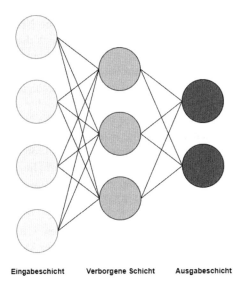

Eingabeschicht   Verborgene Schicht   Ausgabeschicht

Abbildung 3: Künstliches neuronales Netz mit einer verborgenen Schicht[118]

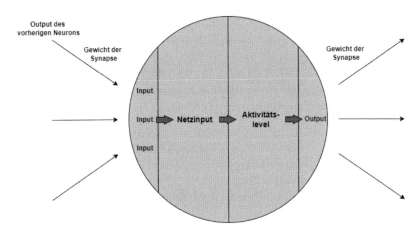

Abbildung 4: Funktionsweise eines Neurons[119]

---

[118] Nach *Rey/Wender*, Neuronale Netze, 3. Aufl. 2018, S. 17.
[119] Nach *Rey/Wender*, Neuronale Netze, 3. Aufl. 2018, S. 18.

Entscheidend für das Aktivitätslevel der einzelnen Neuronen – und damit für das Verhalten des gesamten Netzes – sind folglich die Gewichte.[120] Diese bestimmen die Regeln, nach denen das System Entscheidungen trifft. Die Ausgangsgewichte eines künstlichen neuronalen Netzes werden entweder manuell bestimmt oder – in der Praxis üblicher – mit Zufallszahlen besetzt.[121] Während des Lernvorgangs passt das neuronale Netz die Gewichte an.[122]

Künstliche neuronale Netze werden beispielsweise bei der Bilderkennung eingesetzt. Die Neuronen der Eingangsschicht funktionieren dabei ähnlich wie die Neuronen im menschlichen Sehnerv, die Neuronen der verborgenen Schichten ähnlich wie die weiter vom Sehnerv entfernt liegenden Neuronen im menschlichen Gehirn.[123] Den Pixeln des Bildes (Input) werden Werte zugeordnet, die dann zu einer Aussage über das dargestellte Objekt (Output) verarbeitet werden.[124] Ein künstliches neuronales Netz kann, wie der Entscheidungsbaum, auch zur Kreditwürdigkeitsprüfung eingesetzt werden.[125] Künstliche neuronale Netze können auch dabei helfen, den Verschleiß einer Maschine frühzeitig zu erkennen (automatische vorausschauende Wartung, *Predictive Maintenance*). Hierfür kann z.B. auf Grundlage von akustischen Signalen als Input des Agenten die Wahrscheinlichkeit einer Störung als Output berechnet werden.[126]

Die Anzahl an Schichten und Neuronen sowie die verwendeten Funktionen unterscheiden sich je nach der Art des zu lösenden Problems. Möglich ist es auch, dem künstlichen neuronalen Netz bestimmte Grundregeln bereitzustellen. Beispielsweise kann einem Gesichtserkennungsprogramm mitgeteilt werden, dass sich ein Mund stets unter der Nase befindet. Der Agent lernt dann nicht mehr nur durch Erfahrung, sondern auch durch Anweisung. Hierdurch kann die Entwicklung beschleunigt und kann die Leistungsfähigkeit des Agenten erhöht werden.[127] Ein Teilgebiet des Maschinellen Lernens ist das sog. *Deep Learning*. Die hier verwendeten Netze bestehen aus sehr vielen Schichten und besitzen besondere Optimierungsmethoden. Sie benötigen in der Regel

---

[120] *Stiemerling*, in: Rechtshandbuch Artificial Intelligence und Machine Learning, 2020, S. 15 (20).

[121] Vgl. *Acig*, Anwendung neuronaler Netze in der Finanzwirtschaft, 2001, S. 34.

[122] *Stiemerling*, in: Rechtshandbuch Artificial Intelligence und Machine Learning, 2020, S. 15 (20 f.). Ein gängiger Lernalgorithmus hierfür ist der „Backpropagation"-Algorithmus, vgl. dazu *Ertel*, Grundkurs Künstliche Intelligenz, 5. Aufl. 2021, S. 314 ff.

[123] *Kreutzer/Sirrenberg*, Künstliche Intelligenz verstehen, 2019, S. 5.

[124] Vgl. etwa *Ertel*, Grundkurs Künstliche Intelligenz, 5. Aufl. 2021, S. 291 ff. zu den sog. „Hopfield-Netzen".

[125] Siehe dazu *Acig*, Anwendung neuronaler Netze in der Finanzwirtschaft, 2001, S. 64 ff.

[126] *Bauberger*, Welche KI?, 2020, S. 24.

[127] *Kreutzer/Sirrenberg*, Künstliche Intelligenz verstehen, 2019, S. 10.

weniger Steuerung durch den Menschen und sind in der Lage, bessere Ergebnisse zu liefern.[128]

(3) Genetische Algorithmen

Eine weitere Lernstrategie, die sich wie das künstliche neuronale Netz an der Natur orientiert, ist die der *genetischen Algorithmen*. Grundlage ist der *„Survival of the Fittest"*-Gedanke. Ein Beispiel für den Einsatz solcher Algorithmen ist das sog. „Rucksack-Problem". Dabei geht es darum, eine bestimmte Anzahl (n) an Gütern mit einem bestimmten Wert und einem bestimmten Gewicht in einem Lkw zu transportieren. Ziel ist es, eine möglichst wertvolle Ladung zusammenzustellen, ohne den Lkw zu überfrachten. Der Agent soll entscheiden, ob ein Gut mitgenommen wird oder nicht. Die möglichen Lösungen (hier: eine Folge aus n „Ja"/„Nein"-Werten) werden als „Gene" von Individuen dargestellt. Zunächst wird eine „Elterngeneration" von Individuen mit zufällig ausgewählten Genen kreiert. Nun erlaubt man dieser Generation, sich „fortzupflanzen". Zur Bestimmung der „Mutter" werden zwei Individuen zufällig bestimmt. Deren Leistungsfähigkeit wird mit einer sog. Fitness-Funktion gemessen. Anschließend wird das stärkere Individuum ausgewählt (Selektion). Dasselbe geschieht für den „Vater". Die Gene werden nun vermischt (*Crossover*). Mit einer bestimmten Wahrscheinlichkeit tritt außerdem eine spontane Veränderung der Gene ein (Mutation). So wird eine „Kindergeneration" von Individuen mit unterschiedlichen Genen erzeugt. Das Verfahren wird über mehrere Generationen hinweg fortgesetzt.[129]

Die Methode erlaubt es regelmäßig, sehr gute Ergebnisse zu erzielen. Die „optimale" Lösung zu erreichen, ist allerdings schwierig. Eine (weitere) Mutation kann ein bereits ordentliches Ergebnis (weiter) verbessern, es aber auch wieder zerstören.[130] Genetische Algorithmen können insbesondere beim verstärkenden Lernen eingesetzt werden, auch in Kombination mit künstlichen neuronalen Netzen, um deren Leistungsfähigkeit zu verbessern.[131]

---

[128] *Kreutzer/Sirrenberg*, Künstliche Intelligenz verstehen, 2019, S. 8; *Hochrangige Expertengruppe für künstliche Intelligenz*, Eine Definition der KI: Wichtigste Fähigkeiten und Wissenschaftsgebiete, 2018, S. 4.

[129] *Von Rimscha*, Algorithmen kompakt und verständlich, 4. Aufl. 2017, S. 57 ff.

[130] *Von Rimscha*, Algorithmen kompakt und verständlich, 4. Aufl. 2017, S. 61 f., 65.

[131] *Iba*, Evolutionary Approach to Machine Learning and Deep Neural Networks, 2018, S. 90 ff.

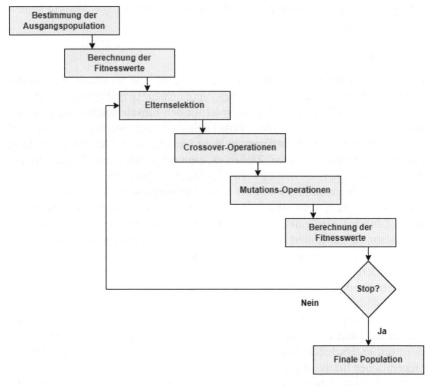

Abbildung 5: Funktionsweise eines genetischen Algorithmus[132]

C. Autonome Systeme und ihre Umgebung

Der Output autonomer Systeme hat Auswirkungen auf die Umgebung und damit auf andere (autonome) Systeme, die in dieser Umgebung agieren. Sind die Entscheidungen fehlerhaft (I.) entstehen mitunter Schäden und stellt sich die Haftungsfrage. Für die Beantwortung dieser Frage ist insbesondere relevant, dass die Entscheidungen für die anderen (autonomen) Systeme in gewisser Weise unvermeidbar (II.), unvorhersehbar (III.) und unerklärbar (IV.) sind. Diese Wirkungen sind nicht bei allen autonomen Systemen gleich, sondern abhängig von ihren Fähigkeiten und Einsatzbereichen. Maßgeblich ist außerdem, inwiefern das System mit anderen Systemen vernetzt ist (V.).

---

[132] Angelehnt an *Koch*, Genetische Algorithmen für das Order Batching-Problem in manuellen Kommissioniersystemen, 2014, S. 65.

I. Fehlerhafte Entscheidungen

Turing, einer der einflussreichsten Mathematiker des 20. Jahrhunderts, unterschied mit Blick auf Maschinen zwischen zwei Arten von Fehlern, nämlich „*Errors of Functioning*" (Funktionsfehler) und „*Errors of Conclusion*" (Fehlschlüsse).[133] Bei Funktionsfehlern verhält sich die Maschine entgegen ihrer Konzeption.[134] Bei Software resultieren solche Fehler insbesondere aus sog. *Bugs*, also aus Fehlern bei der Programmierung.[135] Auf Menschen und Tiere, die nicht „konzipiert" wurden, lässt sich diese Kategorie von Fehlern kaum übertragen. Bei Fehlschlüssen verhält sich die Maschine dagegen entsprechend ihrer Konzeption, doch der Output wird als „falsch" interpretiert[136] – etwa weil er einen Schaden verursacht. Solche Fehlentscheidungen, um die es im Folgenden hauptsächlich geht, unterlaufen auch Menschen und Tieren.[137] Sie beruhen regelmäßig darauf, dass es dem Agenten an Wissen über die Auswirkungen seines zukünftigen Verhaltens auf die Umgebung fehlt:[138] Die Ungewissheit kann daraus resultieren, dass der Zufall eine Rolle spielt (z.B. beim Münzwurf, sog. aleatorische Ungewissheit) oder daraus, dass dem Entscheider ein – theoretisch generierbares – Wissen fehlt (z.B. über die Wirkungen eines Medikaments, sog. epistemische Ungewissheit) und die Entscheidung deshalb auf unvollständigen oder unrichtigen Grundlagen beruht.[139]

---

[133] *Turing*, Mind 1950, 433 (449).

[134] *Turing*, Mind 1950, 433 (449).

[135] *Spindler*, CR 2015, 766 (769); *Nissenbaum*, Science and Engineering Ethics 1996, 25 (32 ff.); siehe auch *Weingart*, Vertragliche und außervertragliche Haftung für den Einsatz von Softwareagenten, 2022, S. 149, 196, die zwischen einem „Error" (Fehler, der die Funktionstüchtigkeit nicht beeinträchtigt) und einem „Bug" (Fehler, der die Funktionstüchtigkeit beeinträchtigt) unterscheiden möchte.

[136] *Turing*, Mind 1950, 433 (449). Als Beispiel führt Turing u.a. eine Maschine an, die so programmiert wird, dass sie fortlaufend den Output „0 = 1" ausgibt.

[137] Zur Schwierigkeit, „richtig" zu entscheiden, aus philosophischer und soziologischer Sicht siehe nur *von Foerster*, Understanding Understanding, 2003, S. 293; *Arlt/Schulz*, Die Entscheidung, 2019, S. VII.

[138] Vgl. *Müller*, in: Handwörterbuch der Betriebswirtschaft, TeilBd. 3, 5. Aufl. 1993, Kza. 3814; *Betsch/Funke/Plessner*, Denken – Urteilen, Entscheiden, Problemlösen, 2011, S. 69; *Luhmann*, Organisation und Entscheidung, 2000, S. 146; siehe auch *Teubner*, AcP 218 (2018), 155 (174); *Beckers/Teubner*, Three Liability Regimes for Artificial Intelligence: Algorithmic Actants, Hybrids, Crowds, 2022, S. 37, wo „Entscheidung unter Ungewissheit" bzw. „decisions under uncertainty" als *das* „rechtsrelevante Autonomiekriterium" bzw. „legally relevant criterion" eingeordnet wird.

[139] Vgl. *Hüllermeier/Waegeman*, Machine Learning 2021, 457 (458). Epistemische Ungewissheit kann grundsätzlich reduziert werden, aleatorische dagegen nicht. Die Ungewissheit kann außerdem subjektiv sein, also nur beim Entscheider bestehen. Unter Umständen besteht sie aber auch für alle oder bestimmte Träger von Autonomie, z.B. für alle Menschen, vgl. zur Subjektabhängigkeit von Gewissheit nur *Hoffmann-Riem*, in: Offene Rechtswissenschaft, S. 132 (135).

Die Perzeptions- und die Lernfähigkeit ermöglichen es dem autonomen System grundsätzlich, Fehlentscheidungen zu vermeiden, da hierdurch seine Wissensbestände erweitert werden und die Ungewissheit für den Entscheider damit reduziert wird.[140] Es bestehen aber weiterhin Grenzen und Herausforderungen. Das *perzeptionsfähige* System muss die Daten aus seiner Umgebung vollständig und richtig erfassen und interpretieren. Die Sensoren haben aber in der Regel Limitationen: Das menschliche Auge kann in der Dunkelheit die Umgebung schlechter erkennen, *LiDar*-Sensoren autonomer Fahrzeuge haben mitunter im Hellen mehr Schwierigkeiten.[141] Häufig sind die Informationen daher unrichtig oder unvollständig. Das *lernfähige* System muss, um neue Entscheidungskriterien bzw. Input-Output-Beziehungen zu bilden, bestimmen, welche Informationen überhaupt relevant sind (*Features*)[142] und wie es diese zu gewichten hat. Auch dabei kann es zu Schwierigkeiten kommen. Im Folgenden sollen zwei typische Probleme erläutert werden, nämlich die Verwendung von Heuristiken und Scheinkausalitäten (1.). Für die Haftungsfrage wird es u.a. darauf ankommen, inwiefern sich ungeeignete Entscheidungskriterien verhindern lassen. Bei lernfähigen Agenten hängen die Entscheidungskriterien wesentlich von den Trainingsdaten ab. Auf deren Rolle soll daher ebenfalls genauer eingegangen werden (2.).

1. *Heuristiken und Scheinkausalitäten als typische Quellen von Fehlentscheidungen*

Entscheidungen beruhen häufig auf *Heuristiken* („Daumenregeln").[143] Denn oft lässt sich eine Entscheidung nicht aufschieben, bis alle (theoretisch generierbaren) Informationen zur Verfügung stehen.[144] Ein Beispiel für eine menschliche Daumenregel ist die Verfügbarkeitsheuristik: Menschen beurteilen die Wahrscheinlichkeit eines Ereignisses häufig danach, ob ihnen leicht Beispiele dazu einfallen. Dies führt teilweise zu richtigen Ergebnissen, teilweise aber auch zu Fehlentscheidungen, z.B. wird man das Risiko des Scheiterns eines

---

[140] Vgl. *Riehm/Meier*, in: DGRI Jahrbuch 2018, 2019, S. 1 (Rn. 4), wo der „Umgang mit unvollständigen Informationen" als besondere Fähigkeit von KI-Systemen genannt wird.

[141] Siehe dazu, dass Sonnenlicht LiDar-Systeme stören kann, so dass die Bedingungen bei Nacht optimal sind, *Rojas* im Interview bei *Nefzger*, „Das Problem ist Uber", Spiegel Online v. 23.3.2018.

[142] Vgl. *Fraunhofer IAIS*, Leitfaden zur Gestaltung vertrauenswürdiger Künstlicher Intelligenz, 2021, S. 161.

[143] *Schröder*, in: Rechtshandbuch Artificial Intelligence und Machine Learning, 2020, S. 52 (55).

[144] Vgl. *Ertel*, Grundkurs Künstliche Intelligenz, 5. Aufl. 2021, S. 117: „In der Praxis wird eine schnell gefundene gute Lösung einer optimalen, aber nur mit großem Aufwand herbeigeführten, Entscheidung vorgezogen"; *Perrow*, Normale Katastrophen, 1992, S. 370 f.: Verhinderung einer „Lähmung des Entscheidungsprozesses".

Projekts unterschätzen, wenn bisher jedes Projekt geglückt ist.[145] Auch Tiere verwenden Heuristiken, z.b. muss ein Vogel bei der Jagd die Flugbahnen seiner Zielobjekte abschätzen.[146] Die Entscheidungen technischer Agenten beruhen ebenfalls auf Daumenregeln.[147] Um z.b. beim Schach den bestmöglichen Spielzug zu finden, müssten ausgehend von der aktuellen Position alle denkbaren Spielverläufe berechnet werden und müsste ermittelt werden, welcher Zug mit der höchsten Wahrscheinlichkeit zum Sieg führen würde. In der Praxis sind die hierfür erforderliche Zeit und Rechenleistung allerdings nicht vorhanden.[148] Deshalb berechnet ein Schachcomputer – insofern ähnlich wie ein menschlicher Spieler – nicht alle Partien, sondern nur bestimmte Züge, die unter Anwendung der Daumenregeln von vornherein vielversprechend erscheinen. Schachcomputer verfügen nicht nur über eine „Suchfunktion", sondern auch über eine „Bewertungsfunktion".[149] So wird zwar nicht der bestmögliche, aber zumindest ein zufriedenstellender Spielzug ausgewählt.[150] Ein technischer Agent, der z.b. die Kreditwürdigkeit einschätzen soll, kann auf Grundlage einer limitierten Anzahl von Kriterien meistens schnelle und richtige Entscheidungen treffen. Die fehlende Einbeziehung anderer Kriterien kann aber dazu führen, dass er sich im Einzelfall irrt.[151] Lernalgorithmen ermöglichen es den Systemen, die Heuristiken selbst zu entwickeln.[152] Hierdurch kann eine Verbesserung erreicht werden, es bleibt aber dabei, dass die Daumenregel nur eine Annäherung an die bestmögliche Lösung ermöglicht, indem sie einen Output

---

[145] *Tversky/Kahneman*, Science 1974, 1124 (1127 f.); *Jolls/Sunstein/Thaler*, Stanford Law Review 1998, 1471 (1518 f.); *Kahneman*, Schnelles Denken, langsames Denken, 2012, S. 531.

[146] *Gigerenzer*, in: Evolution: Theorie, Formen und Konsequenzen eines Paradigmas in Natur, Technik und Kultur, 2011, S. 195 (196 f.).

[147] *Schröder*, in: Rechtshandbuch Artificial Intelligence und Machine Learning, 2020, S. 52 (55).

[148] *Hochrangige Expertengruppe für künstliche Intelligenz*, Eine Definition der KI: Wichtigste Fähigkeiten und Wissenschaftsgebiete, 2018, S. 3; *Russel/Norvig*, Artificial Intelligence: A modern approach, 4. Aufl. 2021, S. 58 f.; *Lämmel/Cleve*, Künstliche Intelligenz, 5. Aufl. 2020, S. 127.

[149] *Kipper*, Künstliche Intelligenz – Fluch oder Segen?, 2020, S. 11 ff.; *Russel/Norvig*, Artificial Intelligence: A modern approach, 4. Aufl. 2021, S. 214 ff.; *Lämmel/Cleve*, Künstliche Intelligenz, 5. Aufl. 2020, S. 127.

[150] *Kirste/Schürholz*, in: Künstliche Intelligenz, 2019, S. 21 (23 f.).

[151] Sehr kritisch deshalb zum Einsatz von KI zur Lösung komplexer Probleme, z.b. der Erkennung von Affekten, *Crawford*, Atlas of AI, 2021, S. 179 unter Hinweis auf das Problem des „desire to oversimplify what is stubbornly complex, so that it can be easily computed, and packaged for the market".

[152] Vgl. etwa *Ertel*, Grundkurs Künstliche Intelligenz, 5. Aufl. 2021, S. 134 f.

generiert, der zwar mit hoher Wahrscheinlichkeit, aber nicht in allen Fällen zu Erfolg führen wird. Deshalb bleibt eine gewisse Fehlerquote.[153]

Ein weiteres Problem, das namentlich mit dem Lernen aus Erfahrungen verbunden ist, sind *Scheinkausalitäten*. Ein lernfähiges System entwickelt die Input-Output-Beziehung, indem es die Zusammenhänge zwischen verschiedenen Ereignissen beobachtet und diese Korrelationen seinen Entscheidungen als Kausalitäten zugrunde legt. Nicht immer ist diese Gleichsetzung allerdings gerechtfertigt.[154] Beobachtet ein Agent beispielsweise, dass Menschen, die in einem bestimmten Stadtviertel wohnen, ihre Kredite häufig nicht zurückzahlen können, könnte er daraus die Regel ableiten, dass dieser Wohnort (Ursache) die Zahlungsunfähigkeit verursacht (Wirkung). Indes *können* Korrelationen auf Kausalitäten beruhen, müssen dies aber nicht.[155] Theoretisch ist es auch denkbar, dass eine Person an diesem Ort wohnt (Wirkung), weil sie zahlungsunfähig ist (Ursache). Die Korrelation kann außerdem auch deshalb auftreten, weil Menschen mit geringerem Einkommen (Drittursache) einerseits häufiger in dem Stadtviertel wohnen, z.B. weil die Mieten dort niedrig sind, und andererseits häufiger zahlungsunfähig sind.[156] Außerdem sind in beinahe allen Fällen Multikausalitäten, d.h. eine Mehrheit von Ursachen für eine Wirkung, zu berücksichtigen.[157] Die Zahlungsfähigkeit hängt z.B. auch davon ab, ob eine Person Vermögen erbt oder aufgrund eines Schicksalsschlags Vermögen verliert. Auf Grundlage von Korrelationen können viele richtige Entscheidungen getroffen werden: Wird das Risiko der Zahlungsunfähigkeit anhand des Wohnorts vorhergesagt, werden statistisch häufig richtige Prognosen erfolgen. Im Einzelfall kann die Entscheidung aber völlig daneben liegen: Der Millionär aus dem betroffenen Viertel wird sehr wahrscheinlich falsch beurteilt werden.[158] Menschen sind verhältnismäßig gut darin, *intuitiv* Scheinkausalitäten zu

---

[153] Vgl. *Chagal-Feferkorn*, Stanford Law Review 2019, 61 (84): „[P]robabilities by nature inevitably get it wrong some of the time"; *Beckers/Teubner*, Three Liability Regimes for Artificial Intelligence: Algorithmic Actants, Hybrids, Crowds, 2022, S. 74; *Cappiello*, AI-systems and non-contractual liability, 2022, S. 11.

[154] *Martini*, JZ 2017, 1017 (1018); *Stiemerling*, in: Rechtshandbuch Artificial Intelligence und Machine Learning, 2020, S. 15 (30 f.); *Kahneman/Sibony/Sunstein*, Noise, 2021, S. 168 ff.

[155] Ausführlich zum Unterschied *Pearl/Mackenzie*, The book of why, 2018, passim.

[156] Vgl. *Martini*, JZ 2017, 1017 (1018); siehe auch *Larson*, The myth of artificial intelligence, 2021, S. 119 f.

[157] Vgl. *Rathmann*, in: Umwelt als System – System als Umwelt?, 2008, S. 55 (59); *Pearl*, Causality, 2. Aufl. 2009, S. 78 ff.; siehe auch *Spindler*, AcP 208 (2008), 283 (289 ff.).

[158] Vgl. zu statistischen Aussagen über Gruppen und ihre Grenzen bei der Beurteilung eines Individuums *Kaminski*, in: Datafizierung und Big Data, 2020, S. 151 (165 ff.); zu „überraschenden" Abweichungen vom Regelfall auch *Larson*, The myth of artificial intelligence, 2021, S. 121 ff.

identifizieren.[159] Bei Tieren sorgt der *Instinkt* für gewisse Korrekturen der Be-obachtungen.[160] Technische Agenten verfügen über keine solchen Mechanis-men und sind daher besonders anfällig für Scheinkausalitäten: Maschinelles Lernen beruht im Wesentlichen darauf, dass aus großen Datenmengen mit sta-tistischen Methoden *Korrelationen* ermittelt werden.[161] Dies führt dazu, dass in einzelnen – wenn auch statistisch wenigen – Fällen im Ergebnis fehlerhafte Entscheidungen getroffen werden. Die Systeme können von den probabilisti-schen Erwägungen nicht „spontan" abweichen, weil der Einzelfall Besonder-heiten aufweist.[162] Ein Bilderkennungsprogramm, das Hunde von Wölfen un-terscheiden soll und anhand von vielen Fotos trainiert wird, auf denen Wölfe im Schnee zu sehen sind, kann z.B. das Vorhandensein von Schnee als Ent-scheidungskriterium verwenden.[163] In den meisten Fällen wird es zutreffende Ergebnisse liefern, wenn der Hund aber auf dem Foto im Schnee zu sehen ist, wird es falsch entscheiden. Die Fähigkeit, Kausalzusammenhänge zu identifi-zieren, ermöglicht Menschen und Tieren außerdem Transferleistungen, also die Übertragung von Wissen aus einem in einen anderen Bereich. Aufgrund ihrer diesbezüglichen Defizite sind technische Agenten in der Regel nicht universell einsetzbar, sondern lediglich in der Lage, bestimmte Aufgaben zu erfüllen („schwache" Künstliche Intelligenz).[164] Und bei diesen Aufgaben handelt es sich regelmäßig um solche, die sich durch die Anwendung formalisierter Re-geln auf strukturierte Datensätze lösen lassen.[165] Intuitionen und Instinkte

---

[159] Vgl. *Stiemerling*, in: Rechtshandbuch Artificial Intelligence und Machine Learning, 2020, S. 15 (30 f.); *Brandstetter*, Max Planck Research 3/2021, 25 (26); *Rademacher*, AöR 142 (2017), 366 (375); *Pearl/Mackenzie*, The book of why, 2018, S. 1 ff.; 33; *Larson*, The myth of artificial intelligence, 2021, S. 130 f.; zum umgekehrten Fall siehe *Perrow*, Normale Katastrophen, 1992, S. 372: Intuition als „eine in unserem Bewußtsein verborgene Begrün-dung dafür, daß bestimmte Dinge, die nichts miteinander zu tun haben, kausal verknüpft sind".

[160] Vgl. zum tierischen Instinkt als Ergänzung zu Beobachtungen *Hume*, An Enquiry Con-cerning Human Understanding/Eine Untersuchung über den menschlichen Verstand, 2016, S. 275 f.; zu einer Untersuchung, die darauf hindeutet, dass Ratten gewisse Kausalzusam-menhänge erkennen können, siehe *Bräuer*, Klüger als wir denken: Wozu Tiere fähig sind, 2014, S. 27 f.; siehe aber auch *Pearl/Mackenzie*, The book of why, 2018, S. 1, wonach keine andere Spezies in einer dem Menschen vergleichbaren Weise zu kausalen Schlussfolgerun-gen („causal inference") in der Lage sei (vgl. auch S. 30, 33).

[161] Vgl. *Ernst*, in: Digitalisierung und Recht, 2017, S. 63 (67).

[162] *Kaminski*, in: Datafizierung und Big Data, 2020, S. 151 (166); *Larson*, The myth of artificial intelligence, 2021, S. 125 f.; *Chagal-Feferkorn*, Journal of Law, Technology and Policy 2018, 111 (145).

[163] *Kreutzer/Sirrenberg*, Künstliche Intelligenz verstehen, 2019, S. 4.

[164] *Stiemerling*, in: Rechtshandbuch Artificial Intelligence und Machine Learning, 2020, S. 15 (30 f.) sowie bereits oben B. III. 2.; zu den aus dem fehlenden kausalen Verständnis folgenden Grenzen von ML siehe auch *Pearl/Mackenzie*, The book of why, 2018, S. 358 ff.

[165] Vgl. *Kreutzer/Sirrenberg*, Künstliche Intelligenz verstehen, 2019, S. 4; zu KI-Anwen-dungen im sog. „Open World-Kontext" siehe auch *Fraunhofer IAIS*, Leitfaden zur

lassen sich nur schwer formalisieren.[166] Ähnliches gilt für „übergeordnete" Konzepte, die ebenfalls eine Generalisierung erlauben, z.B. Werte wie „Gerechtigkeit"[167] oder der „Sinn" eines Objekts, das erkannt werden soll.[168]

2. Die Rolle der Daten bei lernfähigen Agenten

Wie nahe die von den lernfähigen Agenten bei der Entscheidungsfindung zugrunde gelegten Kriterien den tatsächlichen Wirkzusammenhängen kommen, hängt insbesondere von den *Daten* ab, die Grundlage der Schlussfolgerungen sind. Dies gilt für Menschen, Tiere und insbesondere für technische Agenten, die, wie gesehen, ihre Beobachtungen nicht durch Intuitionen oder Instinkte korrigieren können. Maschinelles Lernen beruht auf der schnellen Verarbeitung einer großen Menge an Daten.[169] Damit hängt die Leistungsfähigkeit lernfähiger technischer Agenten stark von der Quantität und Qualität der

---

Gestaltung vertrauenswürdiger Künstlicher Intelligenz, 2021, S. 95, 102, 108, 119; *Larson*, The myth of artificial intelligence, 2021, S. 125 ff.

[166] Vgl. *Hofstadter*, Gödel, Escher, Bach, 7. Aufl. 2000, S. 645 zur Intuition eines Dame-Spielers, der seine „Züge aufgrund von geistigen Vorgängen wählt, die er selber nicht völlig versteht"; zur fehlenden Intuition von ML-Algorithmen vgl. *Pearl/Mackenzie*, The book of why, 2018, S. 125 (zum sog. *Bayes*'schen Netz).

[167] Vgl. *O'Neil*, Angriff der Algorithmen, 2016, S. 130 f.; *Kaplan*, Künstliche Intelligenz: Eine Einführung, 2017, S. 126; siehe auch die Entschließung des Europäischen Parlaments v. 16.2.2017 mit Empfehlungen an die Kommission zu zivilrechtlichen Regelungen im Bereich Robotik, 2015/2103(INL) unter T. dazu, dass sich auch die in den 1950er-Jahren von *Asimov* entwickelten sog. „Robotergesetze" nicht in einen Maschinencode umwandeln lassen.

[168] *Kreutzer/Sirrenberg*, Künstliche Intelligenz verstehen, 2019, S. 4. Den Unterschied zwischen menschlicher und maschineller „Intelligenz" verdeutlicht das Gedankenexperiment des „Chinesischen Zimmers", das der Philosoph *Searle* im Jahr 1980 vorstellte: Ein Mensch, der keinerlei Chinesisch spricht, ist in einem Zimmer eingeschlossen. Er erhält von außen ein Skript, eine Geschichte und Fragen zu der Geschichte, jeweils in Chinesisch. Außerdem erhält er ein Programm in seiner Muttersprache, das Instruktionen enthält, die es ihm ermöglichen, anhand der Formen der Schriftzeichen, den Fragen passende Antworten zuzuordnen. Obwohl er kein Chinesisch versteht, kann er die Fragen richtig beantworten, indem er Korrelationen zwischen den Symbolen herstellt, *Searle*, The Behavioral and Brain Sciences 1980, 417 (417 ff.). Dies wäre auch einem technischen Agenten möglich: Er gibt die richtigen Antworten, „verstanden" hat er sie aber nicht.

[169] Vgl. *Kaplan*, Künstliche Intelligenz: Eine Einführung, 2017, S. 44. Zunehmend wird allerdings auch an ML-Modellen geforscht, welche – ähnlich wie Menschen – weniger Daten zum Lernen benötigen (sog. „Few Shot Learning"). Als Beispiele können wiederum die Sprachverarbeitungsmodelle „GPT-2" und „GPT-3" sowie deren Nachfolger (siehe dazu bereits Fn. 76) genannt werden, vgl. *Brown/Mann/Ryder/Subbiah/Kaplan/Dhariwal/Neelakantan/Shyam/Sastry/Askell/Agarwal/Herbert-Voss/Krueger/Henighan/Child/ Ramesh/ Ziegler/ Wu/Winter/Hesse/Chen/Sigler/Litwin/Gray/Chess/Clark/Berner/McCandlish/Radford/ Sutskever/Amodei*, arXiv:2005.14165v4, 2020.

Trainingsdaten ab.[170] Erhält der Agent wenig oder wenig diversifizierte Daten, kann er Verhaltensregeln entwickeln, die zu Fehlentscheidungen führen. Die Entwickler müssen also Zugriff auf große und hochwertige Datenmengen haben (*Big Data*).[171] Mitunter werden die Daten nicht von demjenigen, der den Lernalgorithmus programmiert hat und das Training durchführt, bereitgestellt und gegebenenfalls aufbereitet, sondern von einem Dritten, einem Datenlieferanten.[172]

Die Auswahl der Trainingsdaten kann dazu führen, dass der Agent unerwünschte Vorurteile aufbaut. Beispielsweise wurde in den USA ein Agent, der Gerichtsurteile fällen sollte, anhand von alten Gerichtsurteilen trainiert. Während des Einsatzes wurde festgestellt, dass der Agent bei dunkelhäutigen Straftätern ein höheres Strafmaß auswählte. Die Vorurteile, welche die Richter in der Vergangenheit ihren Urteilen zugrunde legten, wurden auf den Agenten übertragen (*„Bias in, Bias out"*).[173] Insbesondere ist es schwierig, technische Agenten an gesellschaftliche Entwicklungen anzupassen, die noch neu sind und sich in den Trainingsdaten aus der Vergangenheit daher nicht widerspiegeln, z.B. die vollständige Gleichbehandlung aller Geschlechter.[174] Selbst wenn die Daten insofern „neutral" sind, ist es möglich, dass der Algorithmus unerwünschte Muster entwickelt, an die der menschliche Entwickler nicht gedacht hat.[175] Erinnert sei noch einmal an den Hund im Schnee.[176]

Die Datenabhängigkeit erleichtert außerdem gezielte Manipulationen durch geringfügige Änderungen der Datenlage: Um die Mustererkennung von Fahrzeugen zu falschen Klassifikationen zu verleiten, genügte es beispielsweise, auf einem Verkehrsschild Aufkleber anzubringen.[177] Nicht immer ist es möglich, die Verhaltensregeln vor dem Einsatz des Agenten zu überprüfen und

---

[170] Vgl. *Zech*, Gutachten für den 73. DJT, 2020, A 36.

[171] *Kreutzer/Sirrenberg*, Künstliche Intelligenz verstehen, 2019, S. 78 ff., auch zu den „5 Vs von Big Data" (Volume, Velocity, Variety, Veracity, Value).

[172] Vgl. *Zech*, NJW 2022, 502 (503).

[173] *Kreutzer/Sirrenberg*, Künstliche Intelligenz verstehen, 2019, S. 4 f.

[174] Vgl. *O'Neil*, Angriff der Algorithmen, 2016, S. 276 f., wonach Big Data-Prozesse die Vergangenheit „kodifizieren", jedoch nicht die Zukunft „erfinden" könnten, denn dies erfordere ein „moralisches Vorstellungsvermögen", welches nur der Mensch einbringen könne; siehe auch *Larson*, The myth of artificial intelligence, 2021, S. 116: „Knowledge gleaned from observations is always provisional. [...] The world changes."

[175] Vgl. *Knobloch*, Quasi-Experimente, 2011, S. 67, wonach auch der „Architekt" des Computermodells „außerordentlich überrascht werden" könne; siehe auch schon oben vor und mit Fn. 95.

[176] *Kreutzer/Sirrenberg*, Künstliche Intelligenz verstehen, 2019, S. 4.

[177] Vgl. *Eykholt/Evtimov/Fernandes/Li/Rahmati/Xiao/Prakash/Kohno/Song*, in: 2018 IEEE/CVF Conference on Computer Vision and Pattern Recognition (CVPR), 2018, S. 1625.

gegebenenfalls zu korrigieren. Wie noch zu zeigen ist, sind die Kriterien häufig gar nicht erst ermittelbar.[178]

Ein weiteres Problem ist die Gefahr der Überanpassung (*Overfitting*). Ein Agent, der mit einer großen Menge an Daten trainiert wird, kann während der Trainingsphase eine immer größere Anzahl an immer detaillierteren Regeln entwickeln, die er seiner Entscheidung zugrunde legt. Dies kann dazu führen, dass er die Trainingsdaten zwar nahezu perfekt bearbeitet, sein Modell sich allerdings schlecht auf neue Daten übertragen lässt.[179] Die Fehlerrate, die ein Entscheidungsbaum in der Testphase aufweist, wird beispielsweise durch die Erhöhung der Knotenanzahl regelmäßig reduziert, nimmt aber häufig ab einer bestimmten Baumgröße wieder zu. Dies lässt sich vermeiden, indem der Baum an einem bestimmten Punkt „abgeschnitten" wird.[180] Dadurch verliert das Modell allerdings an Komplexität, was wiederum zu einer Unteranpassung (*Underfitting*) führen kann. Der Entwickler, der ein Modell generieren will, das einerseits die richtigen Input-Output-Beziehungen entwickelt (geringe Verzerrung), andererseits unempfindlich gegenüber Schwankungen ist (hohe Varianz) steht regelmäßig vor einem Dilemma (*Bias-Variance Trade-Off*).[181]

Auch sog. *Data Leakage* kann zu fehlerhaften Entscheidungen führen. Dabei geht es darum, dass dem System in der Trainingsphase Informationen bereitgestellt werden, die es während seines Einsatzes nicht hat. Beispielsweise könnten die Daten, anhand derer ein Diagnosesystem im Medizinbereich trainiert wird, Informationen darüber enthalten, dass der Patient bereits im Zusammenhang mit der zu diagnostizierenden Krankheit operiert wurde. Das System wird die Daten, die dieses sog. *Giveaway Attribute* enthalten, weitgehend fehlerfrei verarbeiten, in der Praxis aber häufig versagen.[182]

II. Unvermeidbare Entscheidungen

Die Autonomie führt außerdem dazu, dass das Verhalten des Systems nicht (vollständig) *vermeidbar* ist. Im Haftungsrecht wird dies insbesondere relevant, wenn die Ersatzpflicht, wie bei der Fahrlässigkeitshaftung, an die Vermeidbarkeit geknüpft wird.[183] Die Vermeidbarkeit eines Verhaltens ist entscheidend für dessen Kontrollierbarkeit. Autonomie bedeutet, wie

---

[178] *Kreutzer/Sirrenberg*, Künstliche Intelligenz verstehen, 2019, S. 12 f. sowie unten III. 3.

[179] *Ertel*, Grundkurs Künstliche Intelligenz, 5. Aufl. 2021, S. 245.

[180] *Ertel*, Grundkurs Künstliche Intelligenz, 5. Aufl. 2021, S. 244 f.

[181] Vgl. *Kossen/Müller*, in: Wie Maschinen lernen, 2019, S. 119.

[182] Siehe zum Ganzen, auch zu Vermeidungsstrategien, *Kaufman/Rosset/Perlich*, in: KDD '11: Proceedings of the 17th ACM SIGKDD International Conference on Knowledge Discovery and Data Mining, 2011, S. 556.

[183] Zur Vermeidbarkeit als Element der Fahrlässigkeit siehe oben Fn. 22.

dargestellt,[184] Unabhängigkeit. Andere Systeme müssen das System nicht oder nur wenig unterstützen. Zugleich *können* sie es aber auch nicht oder nur wenig kontrollieren.[185] In der Durchführungsverordnung der Europäischen Kommission über die Vorschriften und Verfahren für den Betrieb unbemannter Luftfahrzeuge wird der „autonome Betrieb" ganz in diesem Sinne definiert als „Betrieb, bei dem das unbemannte Luftfahrzeug in Betrieb ist, ohne dass der Fernpilot eingreifen *kann*".[186] *Gransche et al.* setzen ihre drei Stufen von Autonomie explizit ins Verhältnis zu Kontrolle: Bei einem System, das sich selbst seine Zwecke setzt, erfolge lediglich eine normative Kontrolle, indem vorgegeben werde, was ge- und verboten ist. Bei einem System, das seine Strategien wählt, gehe es um strategische Kontrolle, z.B. indem durch Rückkopplungsmechanismen sichergestellt werde, dass die entwickelten Strategien aufgehen. Bei Systemen, die lediglich Mittel auswählen, werde operative Kontrolle ausgeübt, z.B. indem die Strategie verändert werde, wenn die nach der bestehenden Strategie ausgewählten Mittel nicht zielführend sind.[187] Je mehr von dieser Kontrolle ein System selbst übernimmt, desto weniger kann es von anderen Systemen kontrolliert werden.[188]

Kontrolle über ein System kann zunächst dadurch ausgeübt werden, dass dessen *Input* bestimmt wird, wie es z.B. bei Maschinen, die vom Nutzer explizite Eingaben, etwa durch einen Tastendruck, erhalten oder bei Menschen, die von ihrem Vorgesetzten genaue Anweisungen bekommen, der Fall ist. Außerdem kann Kontrolle ausgeübt werden, indem die *Input-Output-Beziehungen* festgelegt oder verändert werden, was z.B. der Softwareentwickler, der ein Programm mit einem Update anpasst oder ein Lehrer, der seinem Schüler eine Rechenregel vorgibt, bewirken kann. Schließlich kann die Kontrolle darin bestehen, dass der *Output* überprüft wird, bevor er seine Auswirkungen entfaltet, z.B. indem das Arbeitsergebnis eines Angestellten von seinem Vorgesetzten kontrolliert wird. Letzteres ist allerdings weniger eine Frage der Perzeptions- und Lernfähigkeit und damit der Autonomie als eine Frage der konkreten *Funktion* des Systems: Dessen Entscheidungen können nur *Empfehlungen* sein, die

---

[184] Siehe oben A.

[185] Vgl. *Weiß/Jakob*, Agentenorientierte Softwareentwicklung, 2005, S. 5; *Linardatos*, ZIP 2019, 504 (509).

[186] Vgl. Art. 2 Nr. 17 der Durchführungsverordnung (EU) 2019/947 der Kommission v. 24.5.2019 über die Vorschriften und Verfahren für den Betrieb unbemannter Luftfahrzeuge (Hervorh. d. Verf.).

[187] *Gransche/Shala/Hubig/Aspsancar/Harrach*, Wandel von Autonomie und Kontrolle durch neue Mensch-Technik-Interaktionen, 2014, S. 46 ff.

[188] *Shala* unterscheidet insofern zwischen Kontrolle von innen und Kontrolle von außen. Bei ersterer werde das System von einem anderen überwacht, bei letzterer überwache es sich selbst, insbesondere indem es aus Erfahrungen lerne. Autonomie führe zu einer Reduktion der Kontrolle über das System von außen, durch andere Systeme, *Shala*, Die Autonomie des Menschen und der Maschine, 2014, S. 29 f.

von einem anderen umgesetzt werden müssen, sie können aber auch weitergehende Wirkungen auf die Umgebung entfalten, ohne dass die Mitwirkung eines anderen nötig ist.[189] Im ersten Fall ist zwar nicht das Verhalten vermeidbar, wohl aber dessen (schädliche) Auswirkung. Ist diese auch vorhersehbar, besteht trotz der Autonomie ein hohes Maß an Kontrolle.[190]

Auf menschliche Agenten kann grundsätzlich nur normative Kontrolle ausgeübt werden.[191] Es kann versucht werden, durch Befehle, z.B. durch Normen oder durch stärker einzelfallbezogene Anweisungen, auf den Menschen einzuwirken, was insbesondere dann erfolgversprechend erscheint, wenn die Nichtbefolgung mit negativen Konsequenzen verbunden ist. Die Entscheidung darüber, die Befehle zu befolgen, liegt aber beim angewiesenen Menschen selbst.[192] Hat der Arbeitgeber z.B. seinem Angestellten die Absicherung der Baustelle überlassen und sich entfernt, hat er es nicht mehr in der Hand, den Baukran selbst ausreichend zu befestigen und ein Umstürzen zu vermeiden.

Ähnliches gilt für Tiere: Lässt der Hundehalter seinen Hund frei laufen, kann er regelmäßig nicht vermeiden, dass dieser ein Kind anfällt. Menschen können auf Tiere einwirken, indem sie ihnen Befehle erteilen und bestimmte Verhaltensregeln beibringen. Allerdings ist die normative Kontrolle von Tieren grundsätzlich schwieriger. Denn die in menschlicher Sprache formulierte Information muss zunächst in einen für das Tier verständlichen Input übersetzt werden.[193] Dass ein Verhalten aus menschlicher Sicht richtig ist, kann einem Hund nicht einfach mitgeteilt werden, vielmehr muss er dieses Verhalten mit einer in sonstiger Weise positiven Erfahrung, z.B. dem Erhalt von Nahrung, verbinden.[194]

Bei technischen Agenten sind die Kontrollmöglichkeiten sehr unterschiedlich ausgeprägt. Für die Vermeidbarkeit ist wesentlich, inwieweit mit der Autonomie eine *Automatisierung* verbunden ist. Es kann unterschieden werden zwischen vier Formen von Technisierung: Instrumentalisierung, Maschini-

---

[189] Siehe dazu auch unten vor und mit Fn. 201.

[190] Zur Vorhersehbarkeit siehe sogleich III.

[191] Unter Umständen kann Menschen allerdings die Möglichkeit, die Autonomie auszuleben, genommen sein, vgl. dazu oben Fn. 58.

[192] Vgl. *Gransche/Shala/Hubig/Aspsancar/Harrach*, Wandel von Autonomie und Kontrolle durch neue Mensch-Technik-Interaktionen, 2014, S. 43; siehe auch *Pieper*, in: Lexikon der Bioethik, Bd. I, 1998, S. 289 (291) dazu, dass durch Sanktionen gegen Verbrecher die personale Autonomie als solche nicht aberkannt wird.

[193] Dazu, dass Tiere der menschlichen Sprache entbehren, siehe *Schmid*, Von den Aufgaben der Tierpsychologie, 1921, S. 4; *Bräuer*, Klüger als wir denken: Wozu Tiere fähig sind, 2014, S. 107 ff.

[194] Zum Lernen von Tieren siehe *Randler*, Verhaltensbiologie, 2018, S. 171 ff.; *Bräuer*, Klüger als wir denken: Wozu Tiere fähig sind, 2014, S. 219 ff.; siehe auch *Hume*, An Enquiry Concerning Human Understanding/Eine Untersuchung über den menschlichen Verstand, 2016, S. 269 f. zu den Schlussfolgerungen von Tieren aus Erfahrungen.

sierung, Automatisierung und Autonomisierung.[195] Die Zwecke des technischen Systems werden bei allen Formen von dem Willen des Herstellers und
des Nutzers bestimmt. Während der Nutzer bei der Instrumentalisierung außerdem vollständige Kontrolle über Input und Input-Output-Beziehung hat (z.B.
Hammer), nimmt sein Einfluss ab der Maschinisierung (z.B. Auto mit Warn-
system) ab. Automatisierung liegt vor, wenn ein System die Zwecke realisiert,
ohne dass der Nutzer dieses fortlaufend hierzu anhält (z.B. Aufzug, automatische Gangschaltung).[196] Ist das System einmal aktiviert, lässt sich der Output
und lassen sich regelmäßig auch dessen Auswirkungen auf die Umgebung nicht
mehr vermeiden. Automatisierung setzt nicht zwingend Perzeptions- oder
Lernfähigkeit voraus.[197] Technische Autonomie benötigt allerdings eine gewisse Automatisierung.[198] Denn das autonome System muss in der Lage sein,
automatisch den Input aus seiner Umgebung aufzunehmen bzw. seine Input-
Output-Beziehungen automatisch anzupassen. Umgekehrt kann mittels Autonomie mehr Automatisierung erreicht werden.[199] Die Fähigkeit des Systems,
selbst Input-Output-Beziehungen zu entwickeln, um die Zwecke des Menschen
zu erreichen, ermöglicht es, mehr Prozesse der Technik zu überlassen. Autonome Systeme, die z.B. auf künstlichen neuronalen Netzen beruhen, müssen
ihre Tätigkeit, wenn sie einen ihnen unbekannten Input erhalten, in der Regel
nicht abbrechen, sondern können versuchen, einen passenden Output zu generieren.[200]

Ein technischer Agent kann allerdings auch autonom einen Output generieren und die Auswirkungen seines Outputs auf die Umgebung können dennoch
in hohem Maße der Kontrolle durch einen Menschen unterliegen. Dies ist z.B.
der Fall, wenn ein Datenanalyse-Tool einem Menschen lediglich Informationen liefert, die der Mensch bei seiner Entscheidungsfindung verwenden kann
oder dem Menschen eine bestimmte Entscheidung empfiehlt, welche dieser

---

[195] Siehe dazu *Gutmann/Rathgeber/Syed*, in: Fallstudien zur Ethik in Wissenschaft, Wirtschaft, Technik und Gesellschaft, 2011, S. 185.

[196] *Gutmann/Rathgeber/Syed*, in: Fallstudien zur Ethik in Wissenschaft, Wirtschaft, Tech-
nik und Gesellschaft, S. 185. Es bestehen dabei „fließende Übergänge und Mischformen"
(S. 185); siehe auch *Zech*, Gutachten für den 73. DJT, 2020, A 19: Automatisierung als
„Selbsttätigkeit (ohne menschliche Mitwirkung)".

[197] Zum Unterschied siehe auch *Kirn/Müller-Hengstenberg*, Rechtliche Risiken autonomer und vernetzter Systeme, 2016, S. 2.

[198] *Ziemke*, Presence 1996, 564 (568); *Steels*, Robotics and Autonomous Systems 1995,
3 (unter 3.).

[199] Vgl. *Kaplan*, Künstliche Intelligenz, 2017, S. 32: Fortschritt der KI als „ein stetiges
Voranschreiten der Automatisierung"; siehe auch *Zech*, Gutachten für den 73. DJT, 2020,
A 19.

[200] Dadurch sind sie leistungsfähiger als herkömmliche Technologien, es besteht aber
auch die Gefahr eines völlig unpassenden Ergebnisses, was z.B. bei einem System, das Um-
weltereignisse vorsehen soll, gravierende Folgen haben kann, *Haider*, in: Innovationssymposium Künstliche Intelligenz Begleitheft, 2021, S. 24 (24).

dann selbst umsetzen muss.[201] Hier sind, je nach *Funktion* des Systems, zahlreiche Abstufungen denkbar, etwa kann dem Menschen auch für einen gewissen Zeitraum ein Vetorecht eingeräumt werden.[202] Die eingeschränkten Auswirkungen des Outputs des Systems auf die Umgebung ändern nichts an seiner Autonomie – es trifft selbständig eine Entscheidung für die Informationen oder die Empfehlung –, führen aber zu einem geringeren Grad an Automatisierung. Der Output, z.B. die Empfehlung, ist zwar unvermeidbar, ohne die Mitwirkung des Menschen wirkt sich dies allerdings nicht weiter aus. Indes ist der Mensch sich nicht immer der technischen Grenzen bewusst und häufig geneigt, dem Vorschlag des Systems ohne Weiteres zu folgen (sog. *Automatisierungsbias*).[203] Unter Umständen fehlt es ihm auch schlicht an den zur Überprüfung erforderlichen Ressourcen, insbesondere an ausreichend Zeit – man denke etwa an einen überlasteten Arzt, der mithilfe eines Computers über eine Operation entscheidet.[204] Die Möglichkeit der Vermeidung der schädlichen Auswirkungen des Verhaltens besteht in diesen Fällen, sie wird aber nicht wahrgenommen. Von der Vermeidungsmöglichkeit wird in der Regel auch dann kein Gebrauch gemacht, wenn sich die schädlichen Auswirkungen nicht vorhersehen lassen, z.B. weil nicht nachvollzogen werden kann, dass das System bei seiner Entscheidung falsche, zu einem Schaden führende Kriterien angewandt hat. Die Kontrolle über ein Verhalten bzw. über die Auswirkungen eines Verhaltens setzt nicht nur die Vermeidbarkeit sondern auch die *Vorhersehbarkeit* des Verhaltens bzw. der Auswirkungen voraus, worauf sogleich näher eingegangen wird.

III. Unvorhersehbare Entscheidungen

Das *Verhalten* autonomer Systeme ist in der Regel nicht (vollständig) vorhersehbar. Bereits angesprochen wurde die Ungewissheit, die für den *Entscheider*

---

[201] Vgl. *OECD*, Recommendation of the Council on Artificial Intelligence, adopted on 22.5.2019, 2022, OECD/LEGAL/0449 (unter I.), wonach KI-Systeme „predictions, recommendations, or decisions influencing real or virtual environments" machen könnten; ähnlich das Gutachten der *Datenethikkommission der Bundesregierung*, 2019, S. 161 f., wo zwischen algorithmenbasierten, algorithmengetriebenen und algorithmendeterminierten (und damit vollständig automatisierten) Entscheidungen unterschieden wird; siehe auch noch Kapitel 4, Fn. 1174 zur Differenzierung im KI-HaftRL-E.

[202] Siehe etwa die zehn Abstufungen bei *Ball/Callaghan*, in: 2012 Eighth International Conference on Intelligent Environments, 2012, S. 114.

[203] Vgl. dazu etwa *Bahner/Hüper/Manzey*, International Journal of Human-Computer Studies 2008, 688; siehe auch *Kaminski*, in: Datafizierung und Big Data, 2020, S. 151 (170); Art. 14 Abs. 4 lit. b KI-VO-E; Stellungnahme der *Bundesrechtsanwaltskammer* zum Verordnungsentwurf zur Festlegung von harmonisierten Regeln für künstliche Intelligenz, Stellungnahme Nr. 52/2021, August 2021, S. 8.

[204] Vgl. *Manzeschke*, in: Ärztliche Tätigkeit im 21. Jahrhundert – Profession oder Dienstleistung, 2018, S. 289 (302); *Kaminski*, in: Technikanthropologie, 2018, S. 493 (500).

mit einer Entscheidung verbunden ist.[205] Hier geht es nun um die Ungewissheit für diejenigen, welche der Entscheidung eines anderen Systems *ausgesetzt* sind. In diesem Sinne beschreiben *Hubig* und *Harrach* „Systemautonomie" als „Wissensdefizit der Subjekte, die aufgrund dieses Defizits nicht mehr mit den Systemen interagieren können, sondern ihren Effekten unterliegen".[206] Nach *Beckers* und *Teubner* soll technische Autonomie voraussetzen, dass „ein Programmierer das Verhalten des Softwareagenten weder nachträglich erklären noch für die Zukunft voraussagen kann, sondern nur noch ex post korrigieren kann".[207] Die Unvorhersehbarkeit ist ein zentrales, wenn nicht sogar *das* zentrale Merkmal autonomer Systeme. Im Haftungsrecht wird sie insbesondere relevant, wenn die Ersatzpflicht, wie bei der Fahrlässigkeitshaftung, an die Vorhersehbarkeit *ex ante* geknüpft wird.[208] Auch die Vorhersehbarkeit ist entscheidend für die *Kontrollierbarkeit*: Selbst wenn der Nutzer eines autonomen Fahrzeugs die technische Möglichkeit hat, dieses zu stoppen, das Verhalten also vermeidbar ist, wird er dies nicht tun, wenn er nicht mit einer Fehlentscheidung gerechnet hat.[209] Unter Umständen können allerdings die *Auswirkungen* eines grundsätzlich unvorhersehbaren Outputs auf die Umgebung vorhergesehen und kontrolliert werden. Diese Möglichkeit ist wiederum abhängig von der konkreten *Funktion* des Systems.[210] Die Unvorhersehbarkeit kann im Haftungsrecht auch Schwierigkeiten bereiten, wenn es, wie beim Pflichtwidrigkeitszusammenhang, darum geht, *ex post* festzustellen, ob der Austausch eines Verhaltens gegen ein anderes (hypothetisches) Verhalten einen Schaden verhindert hätte.[211] Insofern kommt dem Beweisrecht eine entscheidende Bedeutung zu.[212]

---

[205] Siehe oben I.

[206] *Hubig/Harrach*, in: Zur Philosophie informeller Technisierung, 2014, S. 41 (49).

[207] *Beckers/Teubner*, Three Liability Regimes for Artificial Intelligence: Algorithmic Actants, Hybrids, Crowds, 2022, S. 38, Übers. nach *Teubner*, AcP 218 (2018), 155 (164); ähnlich *Wagner*, VersR 2020, 717 (720); *Oster*, UFITA 2018, 14 (19); *Günther*, Roboter und rechtliche Verantwortung, 2016, S. 38. Zur Erklärbarkeit siehe sogleich IV.

[208] Zur Vorhersehbarkeit als Element der Fahrlässigkeit siehe oben Fn. 22.

[209] Zur Erkennbarkeit eines Risikos als „Aufgreifkriterium", als „Schwelle, ab der Überlegungen angestellt werden müssen", siehe MüKoBGB/*Grundmann*, 9. Aufl. 2022, § 276 Rn. 68.

[210] Umgekehrt kann die Unvorhersehbarkeit auch *nur* die Auswirkungen des Outputs auf die Umgebung betreffen, z.B. weil nicht bekannt ist, wie die Emissionen einer Anlage mit der Umwelt interagieren. Diese Schwierigkeit ist aber keine Besonderheit *autonomer* Systeme und soll deshalb nicht vertieft werden.

[211] Zum Pflichtwidrigkeitszusammenhang siehe noch unten Kapitel 2, A. II. 1. a) bb); siehe etwa zu den zahlreichen hypothetischen Verhaltensweisen eines Kraftfahrzeugfahrers (menschlicher Agent), der mit zu geringem Abstand einen Fahrradfahrer überholt hat, *Koziol*, in: Comparative stimulations for developing tort law, 2015, S. 199 (202).

[212] Vgl. auch zur Beweisnot in der Konstellation einer unterlassenen Aufklärung, bei der grundsätzlich die hypothetische Entscheidung eines menschlichen Agenten festgestellt

Um den Output eines Systems vorherzusagen, ist entscheidend, wie viel der Vorhersagende über den Input sowie die Input-Output-Beziehung weiß. Das Wissen kann aus einer *Einsicht in das Innere des Systems* oder aus *äußeren Beobachtungen des Systems* resultieren. Einsicht ist vorhanden, wenn das Systeminnere in dem Sinne transparent ist, dass die Kausalzusammenhänge, die das Verhalten des Systems bestimmen, unter Anwendung der bekannten Denk-[213] und Naturgesetze[214], bestimmbar sind.[215] Ein Mangel an Einsicht in das Systeminnere (*Black Box*-Effekt)[216] kann mitunter durch eine Beobachtung des Systems kompensiert werden.[217] Die Beobachtung eines zunächst intransparenten Geschehens kann es erlauben, Korrelationen festzustellen und hiervon, mithilfe eines Basiswissens über Denk- und Naturgesetze und mithilfe von aus Erfahrungswissen gewonnenen Erfahrungssätzen[218], auf Wirkzusammenhänge zu schließen.[219] Bei herkömmlichen Technologien hat der *Experte* meist Einsicht in das System: Anhand seines technischen Wissens – gegebenenfalls

---

werden muss, BGH, Urt. v. 5.7.1973 – VII ZR 12/73, BGHZ 61, 118, juris Rn. 19; *Grunsky*, Grundlagen des Verfahrensrechts, 2. Aufl. 1974, S. 429; *Schwab*, NJW 2012, 3274 (2375).

[213] Denkgesetze sind die „in Logik und Mathematik entwickelten formalen Transformationsregeln, welche in allen Welten und damit unabhängig vom jeweiligen Erfahrungsbereich gültig sind: 2 + 2 = 4, mag man nun Äpfel, Birnen, Juristen oder Akten zusammenzählen", *Rüßmann*, RuP 1982, 62 (62).

[214] Zum Begriff des Naturgesetzes siehe etwa *Vollmer*, Philosophia naturalis 2000, 205. Naturgesetze sind im Ausgangspunkt „(Beschreibungen von) Regelmäßigkeiten im Verhalten realer Systeme" (S. 206). Sie sind jedenfalls „als wahr akzeptierbar" (S. 212 ff.); siehe auch OLG Düsseldorf, Urt. v. 20.12.2002 – 14 U 99/02, VersR 2003, 912, juris Rn. 40, wo solche Gesetze als „naturwissenschaftlich gesichert, d.h. in den maßgeblichen Fachkreisen allgemein anerkannt" beschrieben werden.

[215] Vgl. *Fischel*, Psyche und Leistung der Tiere, 1938, S. 245.

[216] Vgl. *Europäische Kommission*, Weißbuch zur Künstlichen Intelligenz v. 19.2.2020, COM (2020) 65 final, S. 14.

[217] Vgl. zu diesem Unterschied *Kaminski*, in: Technik – Macht – Raum, 2018, S. 317 (328 f.).

[218] Erfahrungssätze sind z.B. „Regeln der allgemeinen Lebenserfahrung oder durch besondere Sachkunde erworbene Regeln, etwa ökonomische Erfahrungssätze", vgl. BGH, Urt. v. 11.12.2018 – KZR 26/17, NJW 2019, 661, juris Rn. 49 – „Schienenkartell I". Anders als Naturgesetze (vgl. Fn. 214) beruhen sie nicht auf naturwissenschaftlichen Methoden und müssen nicht „als wahr akzeptierbar" sein, vielmehr handelt es sich um Wahrscheinlichkeitsaussagen, vgl. MüKoZPO/*Prütting*, 6. Aufl. 2020, § 286 Rn. 58 ff., siehe auch noch unten vor und mit Fn. 276 zu „Erfahrungsgrundsätzen".

[219] Beispielsweise kann aus der Beobachtung, dass rauchende Menschen häufiger an Lungenkrebs erkranken, ein Kausalzusammenhang ermittelt werden, wenn gewisse andere Ursache-Wirkung-Beziehungen bekannt sind (z.B. bestimmte Auswirkungen von bestimmten Substanzen im Tabakrauch) und Drittvariablen (z.B. genetische Dispositionen) ausgeschlossen werden können, vgl. *Pearl*, Causality, 2. Aufl. 2009, S. 83 f; ausführlich zur Debatte *Pearl/Mackenzie*, The book of why, 2018, S. 167 ff.; siehe auch *Spindler*, AcP 208 (2008), 283 (290), wonach mit Abnahme des Wissens der Zugriff auf die Ursache-Wirkungs-Beziehungen „makroskopischer" werden müsse.

ergänzt durch das Wissen anderer Experten[220] – kann er den Output vorhersagen. Der *Laie* hat diese Einsicht regelmäßig nicht, kennt aber immerhin die Aufgabe des Systems und kann mithilfe dieser Kenntnis, die gegebenenfalls durch Beobachtungen ergänzt wird, ebenfalls prognostizieren, wie sich das System verhalten wird.[221] Jedenfalls kann er einen Experten konsultieren.[222] Bei autonomen Systemen ist die Prognose schwieriger.[223] Bei einer starken Perzeptionsfähigkeit kann bereits unklar sein, welchen Input das System empfängt. Autonome Systeme sind außerdem häufig *Black Boxes*, so dass eine Einsicht in die Input-Output-Beziehungen nicht möglich ist. Zwar bleibt es möglich, Wissen aus Beobachtungen zu generieren. Bei *lernfähigen* Systemen kommt allerdings hinzu, dass ungewiss ist, inwieweit sich die Input-Output-Beziehungen in Zukunft verändern werden.[224] Die Kenntnis des Inputs und der Input-Output-Beziehung zu einem bestimmten Zeitpunkt ermöglicht hier zwar unter Umständen eine *Erklärung* des vergangenen Verhaltens,[225] jedoch keine vollständige Prognose des künftigen Verhaltens.

Die Unvorhersehbarkeit ist nicht immer gleich ausgeprägt. Insbesondere bestehen Unterschiede zwischen Menschen (1.), Tieren (2.) und technischen Agenten (3.).

---

[220] Vgl. *Kaminski*, in: Datafizierung und Big Data, 2020, S. 151 (162): „Die soziale Arbeitsteilung in den Wissenschaften führt dazu, dass Wissenschaftlerinnen in ihrer Expertise füreinander wie eine Black Box erscheinen. Die Expertise wird jedoch in der Regel in technischer Form weitergegeben (als Daten, als Algorithmus, als Modell, als mathematische Technik etc.).“

[221] *Dennett* unterscheidet insofern zwischen dem sog. „Physical Stance“ und dem sog. „Design Stance“ als Strategien der Verhaltensvorhersage, vgl. *Dennett*, The Intentional Stance, 1987, S. 15 ff. *Kaminski* unterscheidet in ähnlicher Weise zwischen einem „epistemischen“ und einem nur „praktischen“ Verstehen, vgl. *Kaminski*, in: Datafizierung und Big Data, 2020, S. 151 (157 ff.).

[222] Vgl. *Weber*, in: Max Weber: Wissenschaft als Beruf, S. 2018, 37 (59) zum Glauben des Laien, „daß man, wenn man *nur wollte*, es jederzeit erfahren *könnte*“.

[223] *Dennett* möchte insofern auf einen sog. „Intentional Stance“ zurückgreifen: Diese Strategie besteht darin, die Systeme als rationale Agenten („Rational Agents“) zu behandeln, die über bestimmte Überzeugungen („Beliefs“) und Wünsche („Desires“) verfügen und ausgehend hiervon in jeder Situation die bestmögliche Aktion auswählen, vgl. *Dennett*, The Intentional Stance, 1987, S. 15 ff.; *ders.*, in: The Oxford Handbook of Philosophy of Mind, 2009, S. 339; siehe dazu auch *Beckers/Teubner*, Three Liability Regimes for Artificial Intelligence: Algorithmic Actants, Hybrids, Crowds, 2022, S. 35 f. Dazu, dass die Möglichkeit des praktischen und epistemischen Verstehens durch „transklassische Technik“ verändert wird, vgl. *Kaminski*, in: Datafizierung und Big Data, 2020, S. 151 (158 ff.).

[224] *Sommer*, Haftung für autonome Systeme, 2020, S. 46; *Wischmeyer*, in: Regulating Artificial Intelligence, 2020, S. 75 (82).

[225] Siehe dazu sogleich IV.

1. Menschliche Autonomie

Bei Menschen lässt es sich verhältnismäßig gut vorhersehen, welchen Input sie empfangen und wie sie diesen zu einem Output verarbeiten werden. Zunächst ist eine gewisse Einsicht in das Systeminnere möglich: Menschen sind zwar an sich nicht transparent und damit *Black Boxes*.[226] Sie können aber zumindest Auskunft darüber geben, wie sie Input und Output verknüpfen und dadurch, sofern sie aufrichtig sind, die *Black Box* etwas öffnen.[227] Dies erleichtert grundsätzlich die Verhaltensvorhersage. Manche Entscheidungskriterien sind den menschlichen Entscheidern allerdings selbst nicht bewusst und können deshalb auch nicht durch Befragungen aufgedeckt werden.[228] Die Einsicht in das System hat Grenzen. Dennoch sind Menschen, und zwar nicht nur Psychologen, sondern auch Laien, in der Lage, das Verhalten anderer Menschen jedenfalls rudimentär zu erklären und ausgehend davon vorherzusagen („Alltagspsychologie").[229] Grund dafür ist, dass sowohl ein Basiswissen als auch eine große Menge an Erfahrungen vorhanden sind und somit Rückschlüsse aus Beobachtungen möglich sind:[230] Zunächst sind Menschen in der Lage, die Perspektive anderer Menschen einzunehmen (Empathie).[231] Sie haben dieselben oder zumindest ähnliche Wahrnehmungsmöglichkeiten und Bedürfnisse. Die „Einfühlung des einen in den anderen" ermöglicht es, Verhaltensweisen jedenfalls abzuschätzen[232] und zwar auch dann, wenn das Wissen über die Verhaltensregeln nur implizit vorhanden ist, wenn also die Menschen die Regeln, die sie anwenden, nicht explizit formalisieren und kommunizieren können.[233] Hinzu kommt,

---

[226] Zum Menschen als „Black Box" siehe *Wischmeyer*, AöR 143 (2018), 1 (54); *Greco*, RW 2020, 29 (45).

[227] *Bathaee*, Harvard Journal of Law & Technology 2018, 889 (892) zur Möglichkeit der Befragung von Menschen.

[228] Vgl. *Kahneman*, Schnelles Denken, langsames Denken, 2012, S. 278: „Weil wir nur wenig direktes Wissen darüber besitzen, was in unserem Kopf geschieht, werden wir nie wissen, dass wir unter ganz geringfügig anderen Bedingungen ein anderes Urteil oder eine andere Entscheidung getroffen hätten"; dazu, dass Menschen auch für sich selbst „Black Boxes" sind, siehe *Wischmeyer*, AöR 143 (2018), 1 (54); *Greco*, RW 2020, 29 (45).

[229] Zur „folk psychology" siehe etwa *Morton*, in: The Oxford Handbook of Philosophy of Mind, 2009, S. 713 sowie *Dennett*, in: The Oxford Handbook of Philosophy of Mind, 2009, S. 339 (339); *ders.*, The Intentional Stance, 1987, S. 43.

[230] Vgl. auch *Hume*, An Enquiry Concerning Human Understanding/Eine Untersuchung über den menschlichen Verstand, 2016, S. 217 ff. zur Gleichförmigkeit und Regelmäßigkeit menschlichen Handelns.

[231] *Hildebrandt*, Smart technologies and the end(s) of law, 2016, S. 54.

[232] *Rammert*, Technik – Handeln – Wissen, 2. Aufl. 2016, S. 202; siehe auch *Tutt*, Administrative Law Review 2017, 69 (103).

[233] Zum Unterschied zwischen explizitem und implizitem Wissen siehe nur *Hoffmann-Riem*, in: Offene Rechtswissenschaft, 2010, S. 132 (140 ff.); vgl. auch *Ertel*, Grundkurs Künstliche Intelligenz, 5. Aufl. 2021, S. 76 zum Wissen, das „intuitiv" ist sowie das Beispiel

dass die Input-Output-Beziehungen anhand einer „Normativität" und „Normalität" bestimmt werden können.[234] Grundsätzlich kann unterstellt werden, dass Menschen die geltenden Rechtsnormen kennen und einhalten möchten.[235] Dasselbe gilt für die „Regeln des gesellschaftlichen Lebens".[236] Dabei spielen etablierte Institutionen, soziale Rollen und kulturelle Muster eine entscheidende Rolle.[237] Bestimmte Fehlentscheidungen lassen sich so relativ gut vorhersagen. Beispielsweise verwenden Menschen ähnliche Heuristiken und agieren aufgrund ähnlicher Gefühle, was es erlaubt, sich darauf in gewisser Weise einzustellen.[238] Selbstverständlich gibt es auch insofern Grenzen: Die Deliktsstatistiken zeigen, dass auf normgemäßes Verhalten nicht stets vertraut werden kann. Und von einem vergangenen Verhalten kann auch nicht immer auf das zukünftige geschlossen werden.[239] Menschen sind in der Lage, in

---

der Intuitionen eines Dame-Spielers bei *Hofstadter*, Gödel, Escher, Bach, 7. Aufl. 2000, S. 640.

[234] Dazu, dass Erwartungen an das Verhalten anderer „im Modus der Normalität" und „im Modus der Normativität" erfolgen können und zu den Unterschieden der beiden Modi, siehe *Luhmann*, Das Recht der Gesellschaft, 1993, S. 134 ff.; zur Bedeutung der „Normalität" für dasjenige, was erwartet wird und erwartet werden darf, siehe auch *Ladeur*, Recht – Wissen – Kultur, 2016, S. 39 ff., 76; *Dennett* schlägt entsprechend vor, bei der Verhaltensvorhersage nach dem „Intentional Stance" (vgl. Fn. 223) zunächst die Überzeugungen und Wünsche zugrunde zu legen, die das System haben *sollte*, *Dennett*, The Intentional Stance, 1987, S. 19 f.

[235] Im Haftungsrecht wird dies auch durch den „Vertrauensgrundsatz" ausgedrückt. Bei der Wahl des eigenen Verhaltens darf im Allgemeinen darauf vertraut werden, dass auch alle anderen die rechtlichen Ge- und Verbote einhalten, siehe nur MüKoBGB/*Wagner*, 8 Aufl. 2020, § 823 Rn. 481 sowie unten Kapitel 2, A. II. 1. a) aa).

[236] *Rammert*, Technik – Handeln – Wissen, 2. Aufl. 2016, S. 207, der auf die Strukturtheorie *Giddens* verweist; siehe dazu *Giddens*, Die Konstitution der Gesellschaft: Grundzüge einer Theorie der Strukturierung, 3. Aufl. 1997, S. 73 zu „Techniken oder verallgemeinerbare Verfahren, die in der Ausführung/Reproduktion sozialer Praktiken angewendet werden"; nach *Schulz-Schaeffer*, Vergesellschaftung und Vergemeinschaftung künstlicher Agenten, 2000, S. 9 sind die „praktisch verfügbaren Handlungsoptionen […] begrenzt durch ein allgemeines Wissen darüber, was in der fraglichen Situation als angemessen gilt".

[237] *Hildebrandt*, Smart technologies and the end(s) of law, 2016, S. 58; *Bathaee*, Harvard Journal of Law & Technology 2018, 889 (892): „[W]e can draw on heuristics to help understand and interpret their conduct".

[238] Siehe auch *Weber*, in: Max Weber: Gesammelte Aufsätze zur Wissenschaftslehre, 1982, S. 427 ff. zum „Verständnis" menschlichen Verhaltens. „Verstehen" könnten wir nicht nur „zweckrationales Handeln", sondern auch „den typischen Ablauf der Affekte und ihre typischen Konsequenzen für das Verhalten" (S. 428). *Weber* unterscheidet allerdings „Verstehen", das durch Deutung gewonnen werde, und „kausales ‚Erklären'" (S. 436 ff.).

[239] Vgl. etwa zur Inkonsistenz von Richtern bei ihren Entscheidungen *Dhami/Ayton*, Journal of Behavioral Decision Making 2001, 141 (152); allgemein zu „Zufallsstreuungen" („Noise") in menschlichen Entscheidungen *Kahneman/Rosenfield/Gandhi/Blaser*, Harvard Business Review 10/2016, 38; *Kahneman/Sibony/Sunstein*, Noise, 2021, passim.

unvorhersehbarer Weise „aus prästabilisierten Harmonien auszubrechen".[240]
Außerdem entscheiden Menschen nicht alle gleich.[241] Wie gut ein Mensch das
Verhalten eines bestimmten anderen Menschen vorhersehen kann, hängt insbesondere von der Beziehung ab, welche die Menschen zueinander haben. Die
Aktionen eines völlig Fremden kann man kaum prognostizieren, das Verhalten
des Angestellten, der befragt und beobachtet werden kann, wesentlich besser.[242]

2. Tierische Autonomie

Das Verhalten von Tieren erscheint im Vergleich dazu schwieriger vorhersehbar. Auch Tiere sind zunächst *Black Boxes*. Befragungen scheiden hier von
vornherein aus.[243] Auch ein „Einfühlen" hilft nur wenig bei der Prognose: Menschen wissen, wie es ist, ein Mensch zu sein, aber nicht, was in einem Hund
oder einem Pferd vorgeht.[244] Tieren kann außerdem keine Orientierung an
Rechtsnormen und gesellschaftlichen Gepflogenheiten unterstellt werden.
Zwar können sie ihr Verhalten an „sozialen Regeln" ausrichten, die sie im Umgang mit anderen Tieren oder mit Menschen entwickelt haben.[245] Diese unterscheiden sich jedoch von denen der Menschen und sind, wenn sie dem Tier
nicht gerade vom Betroffenen antrainiert wurden, schwieriger zu erkennen. Regelmäßig beruht das tierische Verhalten auf Instinkten, die darauf gerichtet
sind, die tierischen Bedürfnisse zu erfüllen.[246] Diese Bedürfnisse mag der
Mensch kennen und gewisse elementare Bedürfnisse sogar teilen. Wie sie aber
genau zusammenspielen, wann z.B. bei einem domestizierten Hund der Jagd-
instinkt gegenüber dem erlernten Gehorsam Oberhand gewinnt, lässt sich nur
schwer abschätzen. Die Schwierigkeiten erscheinen, für Laien und für Experten, größer als beim Menschen, auch wenn Menschen ebenfalls „unberechen-

---

[240] *Schulz-Schaeffer*, Vergesellschaftung und Vergemeinschaftung künstlicher Agenten,
2000, S. 9.

[241] Siehe auch *Thaler*, Journal of Economic Perspectives 2016, 133 (133); *Kahne-
man/Rosenfield/Gandhi/Blaser*, Harvard Business Review 10/2016, 38 (43) zum sog. „false
consensus effect", der irrtümlichen Annahme, dass die anderen mit einem übereinstimmen.

[242] Vgl. *Hume*, An Enquiry Concerning Human Understanding/Eine Untersuchung über
den menschlichen Verstand, 2016, S. 227, wonach die „unregelmäßigsten und unerwartets-
ten Entschlüsse eines Menschen […] von dem verstanden [würden], der alle Einzelheiten
seines Charakters und seiner Lage kennt".

[243] Vgl. *Schmid*, Von den Aufgaben der Tierpsychologie, 1921, S. 4.

[244] Siehe auch *Nagel*, What is it like to be a bat?, The Philosophical Review 1974, 435
(438 ff.) zum Beispiel einer Fledermaus.

[245] Vgl. *Balluch*, in: Das Handeln der Tiere, 2015, S. 203 (217).

[246] Vgl. *Hanisch*, Haftung für Automation, 2010, S. 202; *Günther*, Roboter und rechtliche
Verantwortung, 2016, S. 139 sowie schon *Hume*, An Enquiry Concerning Human Under-
standing/Eine Untersuchung über den menschlichen Verstand, 2016, S. 269 f.

bar"[247] sein können. Die Tierpsychologie ist „von vornherein weit ungünstiger daran als die menschliche, ihr Gegenstand undurchsichtiger als jener, der Analogieschluß unsicherer".[248] Dass sich menschliche Kriterien nicht ohne weiteres auf Tiere übertragen lassen, zeigt eindrücklich das Beispiel des um das Jahr 1900 lebenden Pferdes „Kluger Hans". Dieses war in der Lage, Rechenaufgaben im Ergebnis richtig zu lösen, etwa durch das Klopfen seiner Hufe. „Kluger Hans" galt zunächst als Sensation; erst eine Kommission von Experten fand heraus, dass das Pferd keineswegs wie ein Mensch rechnen konnte, sondern vielmehr auf minimale und unwillkürliche Änderungen der Mimik und Gestik seiner Fragesteller reagierte.[249]

3. Technische Autonomie

Auch technische Autonomie führt zu Unvorhersehbarkeit.[250] Diese ist in mancher Hinsicht geringer als beim Menschen und beim Tier: Wie dargestellt, werden den Agenten die Zwecke von einem Menschen vorgegeben.[251] Die heutigen Anwendungen „schwacher" Künstlicher Intelligenz dienen der Lösung *bestimmter* Probleme. Der Möglichkeitsraum autonomer Technologien ist daher im Vergleich zu Menschen und Tieren eingeschränkt. Während eine menschliche Reinigungskraft, die von ihrem Vorgesetzten zu Reinigungsarbeiten in eine Wohnung geschickt wird, dort einen Diebstahl begehen kann[252] oder ein Blindenhund sich von der Leine losreißen und ein Kind anfallen kann, sind diese Optionen Reinigungsrobotern und Robotern, die Blinde begleiten, in der Regel verwehrt. Zwar wird der Möglichkeitsraum immer stärker erweitert; geforscht wird etwa an der Entwicklung von Alltagsrobotern, welche eine große Bandbreite an Aufgaben ausführen können.[253] Menschliche oder tierische Dimensionen erreicht er jedoch noch nicht. Innerhalb dieses Möglichkeitsraums führen

---

[247] Zur Unberechenbarkeit als typische Tiergefahr siehe nur BGH, Urt. v. 27.1.2015 – VI ZR 467/13, NJW 2015, 1824, juris Rn. 12; BGH, Urt. v. 24.4.2018 – VI ZR 25/17, NJW 2018, 3439, juris Rn. 9.

[248] *Schmid*, Von den Aufgaben der Tierpsychologie, 1921, S. 4.

[249] Vgl. *Samek/Müller*, in: Explainable AI: Interpreting, Explaining and Visualizing Deep Learning, 2019, S. 5 (7); *Crawford*, Atlas of AI, 2021, S. 1 ff.; zur gesamten Untersuchung siehe *Pfungst*, Das Pferd des Herrn von Osten (Der kluge Hans), 1907.

[250] Deutlich *Beckers/Teubner*, Three Liability Regimes for Artificial Intelligence: Algorithmic Actants, Hybrids, Crowds, 2022, S. 48; siehe auch statt vieler *Reichwald/Pfisterer*, CR 2016, 208 (212); *Sosnitza*, CR 2016, 764 (765); *Günther*, Roboter und rechtliche Verantwortung, 2016, S. 38; *Graf von Westphalen*, ZIP 2020, 737 (741 f.); *Grützmacher*, CR 2021, 433 (435).

[251] Siehe oben B. III. 2.

[252] Vgl. OLG Hamm, Urt. v. 16.6.2009 – I-9 U 200/08, NJW-RR 2010, 454, juris Rn. 16, wo dieser Fall (leicht abgeändert: Handwerker) genannt wird.

[253] Vgl. etwa die Projekte von *Tesla* („Optimus"), *Google Research/Everyday Robots* (Roboteralgorithmus „PaLM-SayCan") oder *Boston Dynamics* („Atlas").

die Perzeptionsfähigkeit, die Lernfähigkeit und der *Black Box*-Effekt allerdings dazu, dass die (Fehl-)Entscheidungen technischer Agenten schwer prognostizierbar sind:[254]

Während der Nutzer einer herkömmlichen Technologie meist weiß, welchen Input das System erhält (z.B. welche Taste gedrückt wird), ist dies bei *perzeptionsfähigen* Systemen oft nicht der Fall. Welche Daten das autonome Fahrzeug verwendet, um zu entscheiden, ob es den Bremsvorgang einleiten soll, ist dem Nutzer regelmäßig unbekannt, wohingegen bei einem herkömmlichen Fahrzeug klar ist, dass das Betätigen der Bremse Auslöser hierfür ist. Insofern kann der Nutzer möglicherweise einen Experten konsultieren, der zumindest weiß, welchen Input das System generell verarbeiten kann. Eine konkrete Vorhersage kann aber auch für diesen schwierig sein,[255] insbesondere, wenn sich die Umgebung des Agenten verändern kann (*Data-* oder *Concept-Drift*).[256]

Die *Lernfähigkeit* trägt ebenfalls zur Unvorhersehbarkeit bei. Herkömmliche Technologien zeichnen sich, auch bei hoher Automatisierung, durch eine eindeutige und unveränderliche Input-Output-Beziehung aus. Auf einen identischen Input folgt der gleiche Output.[257] Zwar kann es sein, dass der Anwender das Ergebnis nicht kennt, namentlich wenn die Technologie, z.B. ein Taschenrechner, die Aufgabe hat, ihm eine Information zu erteilen. Doch kann er sich darauf verlassen, dass bei der Eingabe derselben Daten jedes Mal dasselbe Ergebnis erzielt wird. Dies ist bei lernenden Agenten, deren Lernfortschritt nicht „eingefroren" wurde,[258] anders (*Model-Drift*).[259] Solange bekannt ist, *wie* das System seine Verhaltensregeln verändert, lässt sich auch diese Schwierigkeit möglicherweise mithilfe von Experten überwinden. In der Praxis sind einer Berechnung aller Veränderungen allerdings Grenzen gesetzt.[260] Zudem

---

[254] Zu diesen drei Aspekten siehe auch *Wischmeyer*, in: Regulating Artificial Intelligence, 2020, S. 75 (80 ff.), mit anderer Terminologie.

[255] Vgl. *Chagal-Feferkorn*, Stanford Law Review 2019, 61 (96).

[256] Vgl. zum „Concept-Drift" *Poretschkin/Mock/Wrobel*, in: Regulierung für Algorithmen und Künstliche Intelligenz, 2021, S. 175 (186). Während sich beim „Data Drift" der Input verändert, ändern sich beim „Concept-Drift" die Input-Output-Beziehungen, die der Agent zugrunde legen *sollte*. Beispielsweise können sich bei einem System, welches das Kaufverhalten der Nutzer vorhersagen soll, die Nutzer verändern („Data-Drift") oder die Nutzerpräferenzen („Concept-Drift", vgl. dazu *Fraunhofer IAIS*, Leitfaden zur Gestaltung vertrauenswürdiger Künstlicher Intelligenz, 2021, S. 138, wo allerdings nicht zum „Data-Drift" abgegrenzt wird). Zum „Model-Drift", bei dem sich die Input-Output-Beziehung, die der Agent den Entscheidungen zugrunde *legt*, verändert siehe oben A. II. „Model-Drift" kann bei weiterlernenden Systemen durch „Data-Drift" oder „Concept-Drift" verursacht werden.

[257] *Von Foerster*, in: Heinz von Foerster: Wissen und Gewissen, 1993, S. 194 (206); *Riehm/Meier*, in: DGRI Jahrbuch 2018, 2019, S. 1 (Rn. 6).

[258] Siehe dazu oben vor und mit Fn. 100.

[259] *Wischmeyer*, in: Regulating Artificial Intelligence, 2020, S. 75 (82).

[260] Zur hohen Anzahl an Rechenschritten als Quelle epistemischer Opazität siehe *Kaminski*, in: Technik – Macht – Raum, 2018, S. 317 (328 f.).

erfolgen gewisse Anpassungen auch zufällig[261], ein Beispiel hierfür ist die Mutation bei genetischen Algorithmen[262]. Hieraus resultieren unüberwindbare aleatorische Ungewissheiten.[263]

Hinzu kommt, dass sich bei einer Reihe von Lernalgorithmen die Input-Output-Beziehung von vornherein nicht ermitteln lässt – und damit auch nicht ihre möglichen Anpassungen. Auch die technischen Agenten sind oft *Black Boxes*. Moderne Technologien bestehen häufig aus einer Vielzahl von Komponenten, deren (Inter-)Aktionen nur teilweise prognostiziert werden können.[264] Die Kausalzusammenhänge lassen sich, unter Anwendung der bekannten Denk- und Naturgesetze, nicht bestimmen, weil sie zu komplex sind.[265] Bei autonomen Technologien kommt hinzu, dass die verwendeten (Lern-)Algorithmen mitunter *nicht interpretierbar* sind, dass sie also dem Menschen von vornherein keine Einsicht in den Zusammenhang von Input und Output des trainierten Systems gewähren.[266] Die epistemische, aus den Grenzen des menschlichen Wissens folgende Ungewissheit[267] bzw. Opazität[268] ist hier deutlich höher als bei anderen Technologien. Dabei bestehen allerdings Unterschiede zwischen den verwendeten Lernmethoden: Bei Entscheidungsbäumen lassen sich die Verhaltensregeln in der Regel offenlegen.[269] Ihre Struktur ist jedenfalls für einen Experten verständlich, so dass nachvollzogen werden kann, anhand welcher Kriterien eine Entscheidung getroffen wurde und künftige Entscheidungen prognostiziert werden können.[270] Anders ist dies bei künstlichen neuronalen Netzen. Die numerischen Werte der Gewichte geben keine Auskunft über die

---

[261] *Zech*, Gutachten für den 73. DJT, 2020, A 42 f.

[262] Siehe dazu oben B. III. 2. b) bb) (3).

[263] Vgl. *Hüllermeier/Waegeman*, Machine Learning 2021, 457 (458, 463).

[264] Vgl. *Kaminski*, in: Nachdenken über Technik, 3. Aufl. 2013, S. 186 (192) dazu, dass „Entdeckungen technisch derart voraussetzungsreich werden, daß kein einzelner Wissenschaftler diese Voraussetzungen zu überblicken in der Lage ist (siehe das Beispiel CERN)".

[265] *Ladeur*, in: Karl-Heinz Ladeur: Das Recht der Netzwerkgesellschaft, 2013, S. 455 (473).

[266] Zu diesen zwei Quellen epistemischer Opazität siehe *Kaminski*, in: Technik – Macht – Raum, 2018, S. 317 (323 ff.). Der Begriff wurde zunächst von *Humphreys* im Zusammenhang mit Computersimulationen verwendet. Prozesse seien „epistemisch opak", wenn es für einen Menschen unmöglich ist, jedes Element des Berechnungsprozesses, der den Output produziert, zu untersuchen und zu begründen, *Humphreys*, Synthese 2009, 615 (618); zum Unterschied zwischen der *Interpretierbarkeit* des Verfahrens als Ganzes und der *Erklärbarkeit* einer einzelnen Entscheidung siehe *Fraunhofer IAIS*, Leitfaden zur Gestaltung vertrauenswürdiger Künstlicher Intelligenz, 2021, S. 63.

[267] *Hüllermeier/Waegeman*, Machine Learning 2021, 457 (458).

[268] Vgl. *Kaminski*, in: Datafizierung und Big Data, 2020, S. 151 (161 f.).

[269] *Kaminski*, in: Datafizierung und Big Data, 2020, S. 151 (159 f.); *Wischmeyer*, in: Regulating Artificial Intelligence, 2020, S. 75 (81).

[270] *Kaminski*, in: Datafizierung und Big Data, 2020, S. 151 (159 f.); *Hacker/Krestel/Grundmann/Naumann*, Artificial Intelligence and Law 2020, 415 (434 f.).

materiellen Entscheidungskriterien.[271] Der Mensch ist deshalb meist nicht in der Lage, die Entscheidungsfindung durch den Computer vollständig zu verstehen.[272] Künstliche neuronale Netze führen deshalb in der Regel zu *Black Boxes* und zwar auch für Experten.[273] Bei der Wahl eines Lernalgorithmus kommt es häufig zum *Trade-off* zwischen Interpretierbarkeit einerseits und Leistungsfähigkeit andererseits: Der Entwickler muss sich entscheiden, ob es ihm wichtiger ist, dass sich die Entscheidungskriterien offen legen lassen oder dass möglichst viele richtige Ergebnisse erreicht werden.[274] Entscheidungsbäume sind zwar regelmäßig interpretierbar. Insbesondere wenn die Menge der zu verwendenden Attribute sehr hoch ist, wie etwa bei der Bilderkennung, hat ihre Leistungsfähigkeit jedoch Grenzen.[275] Künstliche neuronale Netze sind meist leistungsstärker.[276]

Mit Blick auf die Möglichkeiten, diese Schwierigkeiten zu überwinden, unterscheiden sich technische Agenten stark von Menschen: Sie können, wie Tiere, nicht befragt werden.[277] Ebenso ist ein „Einfühlen" nicht möglich. Technische Agenten verhalten sich zwar teilweise nach Regeln, die Menschen

---

[271] *Kaminski*, in: Datafizierung und Big Data, 2020, S. 151 (160 f.).

[272] Siehe nur *Gesellschaft für Informatik*, Technische und rechtliche Betrachtungen algorithmischer Entscheidungsverfahren, Studien und Gutachten im Auftrag des Sachverständigenrats für Verbraucherfragen, 2018, S. 72; *Bathaee*, Harvard Journal of Law & Technology 2018, 889 (891 ff.); *Chagal-Feferkorn*, Journal of Law, Technology and Policy 2018, 111 (133); *Käde/von Maltzan*, CR 2020, 66 (69); *Wischmeyer*, in: Regulating Artificial Intelligence, 2020, S. 75 (81); *Hacker/Krestel/Grundmann/Naumann*, Artificial Intelligence and Law 2020, 415 (435); *Fraunhofer IAIS*, Leitfaden zur Gestaltung vertrauenswürdiger Künstlicher Intelligenz, 2021, S. 64.

[273] Vgl. *Bathaee*, Harvard Journal of Law & Technology 2018, 889 (891 f., 907); *Sommer*, Haftung für autonome Systeme, 2020, S. 46. Wenn angeführt wird, es gebe „kein Naturgesetz, das besagt, dass neuronale Netze grundsätzlich ‚schwarze Kästen' (*Black Box*es) sind, deren Verhalten für Menschen nicht verständlich sein können" (vgl. *Stiemerling*, in: Rechtshandbuch Artificial Intelligence und Machine Learning, 2020, S. 15 [26]), ist dies richtig. In einem stärker praktischen Sinn liegt Opazität aber schon dann vor, wenn „nicht ausgemacht [ist], dass es Experten gibt oder, beim gegenwärtigen Stand der Mathematik, geben kann, welche in der Lage sind, sie aufzuhellen", vgl. *Kaminski*, in: Datafizierung und Big Data, 2020, S. 151 (162).

[274] *Kreutzer/Sirrenberg*, Künstliche Intelligenz verstehen, 2019, S. 24; *Hacker/Krestel/Grundmann/Naumann*, Artificial Intelligence and Law 2020, 415 (433); *Wischmeyer*, in: Regulating Artificial Intelligence, 2020, S. 75 (90); *Fraunhofer IAIS*, Leitfaden zur Gestaltung vertrauenswürdiger Künstlicher Intelligenz, 2021, S. 65, 72.

[275] Vgl. *Fraunhofer-Gesellschaft*, Maschinelles Lernen – Kompetenzen, Anwendungen und Forschungsbedarf, 2018, S. 82, wonach in der Praxis Entscheidungsbäume präferiert würden, wenn auf Genauigkeit verzichtet werden kann.

[276] *Kreutzer/Sirrenberg*, Künstliche Intelligenz verstehen, 2019, S. 4.

[277] Vgl. *Hanisch*, Haftung für Automation, 2010, S. 91, der darauf hinweist, dass technische Agenten keine „Erinnerungen" haben.

vertraut sind, teilweise aber auch völlig anders.[278] Für Menschen ist es daher kaum möglich, ihre Perspektive einzunehmen.[279] Weil autonome Agenten anders erkennen und lernen, kommt es zu, aus menschlicher Sicht, „erstaunlichen" Verhaltensweisen.[280] Minimale, mit bloßem Auge nicht sichtbare Unterschiede der Pixel von Fotos können z.B. dazu führen, dass ein Bilderkennungsprogramm einen Schulbus einmal als „Schulbus" und einmal als „Strauß" einordnet.[281] Ob und wann solche Verhaltensweisen vorkommen, ist in der Regel ungewiss.[282] Erinnert sei auch noch einmal an den Aufkleber auf dem Verkehrsschild.[283] Ein weiteres Beispiel ist der sog. *Move 37* des Go-Programms *AlphaGo*, der sogar die Experten der Branche überraschte.[284] Anschaulich ist schließlich das sog. *Evolved Radio*: *Bird* und *Layzell* wollten mit genetischen Algorithmen einen Oszillator erzeugen. Allerdings entwickelte sich das System zu einem Empfänger von Radiowellen.[285] Selbst wenn die Entscheidungen technischer Agenten zu den gleichen Ergebnissen gelangen, beruhen sie häufig auf anderen Kriterien als menschliche Entscheidungen: In der Informatik wird insofern nicht selten eine Parallele zwischen KI-Systemen und dem Verhalten des Pferdes „Kluger Hans" gezogen.[286] In der Tat scheint sich technische Autonomie mit Blick auf die Vorhersehbarkeit eher tierischer Autonomie anzunähern: Bei Tieren sind „Extreme" zu beobachten, die mit den „erstaunlichen"

---

[278] *Weyer*, in: Das Tätigsein der Dinge, 2009, S. 61 (81); siehe auch *Tutt*, Administrative Law Review 2017, 69 (103), wonach kein „similar edge of intuiting how algorithms will behave" bestehe; *Hilgendorf*, in: Beweis, 2019, S. 229 (235) zu den „unbegründete[n] Erwartungen, die oft darauf hinauslaufen, von unseren ‚neuen Begleitern' dieselben Verhaltensmuster, dasselbe Hintergrundwissen und dieselben Reaktionen zu erwarten wie von Menschen"; *Beckers/Teubner*, Three Liability Regimes for Artificial Intelligence: Algorithmic Actants, Hybrids, Crowds, 2022, S. 46, wonach zwischen Menschen und technischen Agenten kein „genuine understanding" bestehe (vgl. auch S. 28 ff.).

[279] *Hildebrandt*, Smart technologies and the end(s) of law, 2016, S. 54 f.

[280] *Kaminski*, in: Datafizierung und Big Data, 2020, S. 151 (166 ff.).

[281] Man spricht hier von „adversarialen Beispielen", vgl. *Larson*, The myth of artificial intelligence, 2021, S. 165 zu dem System „AlexNet"; siehe auch *Kaminski*, in: Datafizierung und Big Data, 2020, S. 151 (167).

[282] *Kaminski*, in: Datafizierung und Big Data, 2020, S. 151 (167).

[283] Siehe oben I. 2.

[284] Vgl. *Esposito*, Zeitschrift für Soziologie 2017, 249 (262); siehe auch *Dennett*, in: The Oxford Handbook of Philosophy of Mind, 2009, S. 339 (340 f.), der darauf hinweist, dass Schachcomputer in der Lage sein können, die Situation besser zu erfassen als ein Mensch.

[285] Während des Lernprozesses empfing es Signale nahe gelegener Computer und stellte offenbar fest, dass es, um einen oszillierenden Output zu generieren, günstiger war, diese aufzufangen und zu verstärken, anstatt selbst oszillierende Signale zu erzeugen, vgl. zum Ganzen *Bird/Layzell*, in: Proceedings of the 2002 Congress on Evolutionary Computation, CEC '02, 2002, S. 1836.

[286] Siehe etwa *Samek/Müller*, in: Explainable AI: Interpreting, Explaining and Visualizing Deep Learning, 2019, S. 5 (7 f.); *Crawford*, Atlas of AI, 2021, S. 3 ff.

Verhaltensweisen[287] von technischen Agenten vergleichbar sind:[288] Jeweils existiert zwar ein Grundverständnis der Kausalzusammenhänge – dass Tiere auf die Mimik von Menschen und Bilderkennungsprogramme auf Veränderungen von Pixeln reagieren, ist bekannt – die genauen Wirkmechanismen sind aber oft auch den Experten nicht klar.[289]

Bei technischen Agenten sind typischerweise auch nur wenig Erfahrungen vorhanden, aus welchen, in Verbindung mit einem Basiswissen, Rückschlüsse gezogen werden können.[290] Erfahrungswissen kann grundsätzlich im „Laborbetrieb" und im Realbetrieb gewonnen werden:[291] Vor ihrem Einsatz können technische Agenten in einer gesicherten Umgebung getestet werden.[292] Beim Maschinellen Lernen wird, wie dargestellt, zwischen der Trainings- und der Nutzungsphase eine *Testphase* durchgeführt, in der das Verhalten des Agenten überprüft wird.[293] Häufig ist es allerdings nicht möglich, sämtliche Einsatzumgebungen nachzubilden, man denke etwa an den Straßenverkehr.[294] Während der *Einsatzphase* kann der Agent zwar weiter beobachtet werden. Alle Verhaltensregeln lassen sich aber auch dadurch kaum bestimmen:[295] Um die Entscheidungskriterien aufdecken zu können, muss zunächst in Erfahrung gebracht werden, welchen Input der Agent zu dem beobachtbaren Output verarbeitet hat. Beim perzeptionsfähigen Agenten ist jedoch oft auch nachträglich nicht bestimmbar, welche Daten er verarbeitet hat. Die Ermittlung des Inputs wird erheblich erleichtert, wenn der Entwickler Vorkehrungen trifft, die eine

---

[287] *Kaminski*, in: Datafizierung und Big Data, 2020, S. 151 (166 ff.).

[288] Vgl. *Birnbacher*, in: Robotik und Gesetzgebung, 2013, S. 263 (305), wonach sowohl Tiere als auch Roboter „teilautonom" seien, in dem Sinne, dass sie in der Regel „nicht vollständig steuer- und kontrollierbar" seien, sondern „über bestimmte Freiheitsgrade" verfügen würden.

[289] Vgl. *Kaminski*, in: Datafizierung und Big Data, 2020, S. 151 (167).

[290] Vgl. aus Sicht der Versicherer *Ebert*, in: Künstliche Intelligenz und Robotik, 2020, S. 529 (536).

[291] Zu den technischen Möglichkeiten des Testens von Software und zum „Auditing" im Betrieb siehe nur *Gesellschaft für Informatik*, Technische und rechtliche Betrachtungen algorithmischer Entscheidungsverfahren, Studien und Gutachten im Auftrag des Sachverständigenrats für Verbraucherfragen, 2018, S. 58 ff.

[292] Siehe etwa Art. 53 KI-VO-E zur Einrichtung sog. „KI-Reallabore" oder „Sand Boxes". Diese sollen „eine kontrollierte Umgebung [bieten], um die Entwicklung, Erprobung und Validierung innovativer KI-Systeme für einen begrenzten Zeitraum vor ihrem Inverkehrbringen oder ihrer Inbetriebnahme nach einem spezifischen Plan zu erleichtern"; ausführlich hierzu *Botta*, ZfDR 2022, 391.

[293] Siehe oben B. III. 2. b) aa).

[294] Vgl. *Wachenfeld/Winner*, in: Autonomes Fahren, 2015, S. 465 (475) zu den Grenzen des sog. „Brute Force-Testens"; siehe etwa auch *Kirn/Müller-Hengstenberg*, Rechtliche Risiken autonomer und vernetzter Systeme, 2016, S. 242 f.; *Panezi*, in: Artificial Intelligence and the Law, 2021, S. 231 (244).

[295] Kritisch zur Möglichkeit der nachträglichen Korrektur des Verhaltens unerklärbarer Systeme *Tutt*, Administrative Law Review 2017, 69 (103).

automatische Protokollierung der Prozesse im System ermöglichen (*Logging by Design*).[296] Indes sind solchen Aufzeichnungen technische Grenzen (Beispiel: Speicherkapazität) und rechtliche Grenzen (Beispiel: Datenschutz) gesetzt.[297] Um die Kriterien zu ermitteln, muss es außerdem möglich sein, aus den beobachteten Korrelationen zwischen Input und Output auf die Input-Output-Beziehung, d.h. auf einen Kausalzusammenhang, zu schließen, was mangels ausreichenden Basiswissens über die Gesetzmäßigkeiten nicht immer möglich ist.[298] Zwar ist damit zu rechnen, dass mit zunehmender Einsatzzeit eines Systems mehr Erfahrungen gesammelt werden, die es, in Verbindung mit theoretischen Fortschritten, erlauben, Erfahrungssätze zu bilden.[299] Aufgrund der Vielzahl an unterschiedlichen Systemen mit unterschiedlichen Eigenschaften werden Erfahrungen mit einem System aber nur begrenzt Informationen über die künftigen Verhaltensweisen anderer Systeme liefern.

Zumindest perspektivisch erscheint es allerdings nicht unmöglich, die *Black Box*, zumindest teilweise, zu öffnen: Der Forschungszweig der Erklärbaren KI (*Explainable AI, XAI*) versucht, Methoden zu entwickeln, auch bei grundsätzlich nicht interpretierbaren Lernalgorithmen jedenfalls die einzelnen

---

[296] Siehe dazu etwa *Lutz*, NJW 2015, 119 (120); *Horner/Kaulartz*, InTeR 2016, 22 (26); *Günther*, Roboter und rechtliche Verantwortung, 2016, S. 193 f.; *Yuan*, RW 2018, 477 (500); *Thöne*, Autonome Systeme und deliktische Haftung, 2020, S. 252 f; *Expert Group (NTF)*, Liability for AI, 2019, S. 47 f; § 63a StVG sieht bereits eine Pflicht zur Speicherung von Daten bei hoch- und vollautomatisierten Fahrzeugen vor (vgl. dazu *Wagner*, AcP 217 [2017], 707 [748]); siehe auch Anhang IV, Abschnitt 1, CAT.GEN.MPA.195 der Verordnung (EU) Nr. 965/2012 der Kommission v. 5.10.2012 zur Festlegung technischer Vorschriften und von Verwaltungsverfahren in Bezug auf den Flugbetrieb gemäß der Verordnung (EG) Nr. 216/2008 des Europäischen Parlaments und des Rates zum Flugverkehr; Art. 10 der Richtlinie 2002/59/EG des Europäischen Parlaments und des Rates v. 27.6.2002 über die Einrichtung eines gemeinschaftlichen Überwachungs- und Informationssystems für den Schiffsverkehr und zur Aufhebung der Richtlinie 93/75/EWG des Rates zum Schiffverkehr; Art. 12 KI-VO-E und dazu *Grützmacher*, CR 2021, 433 (436, 441) sowie *Spindler*, CR 2021, 361 (367).

[297] Siehe etwa *Hanisch*, Haftung für Automation, 2010, S. 91; *Reichwald/Pfisterer*, CR 2016, 208 (211 f.); *Grützmacher*, CR 2016, 695 (697); *ders.*, CR 2021, 433 (436); *Sosnitza*, CR 2016, 764 (770 f.); *Expert Group (NTF)*, Liability for AI, 2019, S. 47 f; *Sommer*, Haftung für autonome Systeme, 2020, S. 444 ff.; *Veith*, Künstliche Intelligenz, Haftung und Kartellrecht, 2021, S. 97; *Weingart*, Vertragliche und außervertragliche Haftung für den Einsatz von Softwareagenten, 2022, S. 195 f.

[298] Vgl. *Linardatos*, GPR 2022, 58 (65), wonach es etwa für einen Menschen allein aufgrund der Aufzeichnung nicht möglich sei „zu erkennen, ob das Systemverhalten auf eine fehlerhafte Korrelation zurückzuführen oder kausal-logisch bedingt ist"; *Ebers*, in: German National Reports on the 21st International Congress of Comparative Law, 2022, S. 157 (183), wonach die Opazität der Erklärbarkeit durch Speicherung Grenzen setze.

[299] Siehe auch *Kaminski*, Technik als Erwartung, 2010, S. 189, wonach durch Vertrautheit mit (herkömmlicher) Technik „Macken, Störungen und kleinen Defekte wegroutinisiert werden" könnten.

Entscheidungen *erklärbar* zu machen.[300] Die *Black Box* wird dadurch (etwas) geöffnet.[301] Die Methoden müssen in der Regel von dem Entwickler in das System integriert werden.[302] Ein Beispiel ist der *LIME*-Ansatz (*Local Interpretable Model-agnostic Explanations*). Bei dieser Methode wird ein lokales, menschlich verständliches Modell des von dem Lernalgorithmus entwickelten Originalmodells ermittelt.[303] So kann z.B. bei der Texterkennung bestimmt werden, welche Wörter für die Entscheidung eine besondere Bedeutung gespielt haben. Solche Ansätze haben aktuell aber noch Grenzen.[304] Die *LIME*-Methode erfordert etwa eine hohe Rechenleistung.[305] Deshalb wird darüber hinaus vermehrt an einer allgemeinen Theorie künstlicher neuronaler Netze geforscht,[306] welche die *Black Box* generell beseitigen könnte.

IV. Unerklärbare Entscheidungen

Autonomie ist nicht nur mit Unvorhersehbarkeit *ex ante*, sondern auch mit fehlender Erklärbarkeit *ex post* verbunden.[307] Auch diese Eigenschaft spielt für die haftungsrechtliche Betrachtung eine wesentliche Rolle, namentlich im Zusammenhang mit der nachträglichen Aufklärung des Sachverhalts. Erklärbarkeit und Vorhersehbarkeit hängen zusammen, so dass hier zunächst auf die obigen Ausführungen verwiesen werden kann: Steht fest, warum sich ein System in einer bestimmten Situation in einer bestimmten Weise verhalten hat, können daraus grundsätzlich Vorhersagen für zukünftige *Outputs* generiert werden. Durch die Fähigkeit mancher Agenten, weiterzulernen, wird der Zusammenhang zwischen der Erklärbarkeit und der Vorhersehbarkeit des Outputs allerdings aufgeweicht: Voraussetzung dafür, dass bei einem identischen Input ein identisches Verhalten erwartet werden kann, ist, dass die Input-Output-Beziehungen eindeutig und unveränderlich sind, was beim weiterlernenden Agenten gerade nicht der Fall ist. Bei Systemen, deren Output überprüft werden kann, bevor er Auswirkungen auf die Umgebung entfaltet, kann die Erklärbarkeit des

---

[300] Vgl. *Fraunhofer IAIS*, Leitfaden zur Gestaltung vertrauenswürdiger Künstlicher Intelligenz, 2021, S. 64.

[301] Zu Abstufungen siehe auch *Tutt*, Administrative Law Review 2017, 69 (107) zur Unterscheidung zwischen „White Box", „Grey Box" und „Black Box"; *Bathaee*, Harvard Journal of Law & Technology 2018, 889 (905 f.), der zwischen „Strong Black Boxes" und „Weak Black Boxes" unterscheidet.

[302] *Käde/von Maltzan*, CR 2020, 66 (70).

[303] *Samek/Müller*, in: Explainable AI: Interpreting, Explaining and Visualizing Deep Learning, 2019, S. 5 (12).

[304] *Wischmeyer*, in: Regulating Artificial Intelligence, 2020, S. 75 (88).

[305] *Samek/Müller*, in: Explainable AI: Interpreting, Explaining and Visualizing Deep Learning, 2019, S. 5 (12).

[306] Vgl. *Yaida*, Die neuronalen Netze verstehen, FAZ v. 5.12.2021.

[307] *Beckers/Teubner*, Three Liability Regimes for Artificial Intelligence: Algorithmic Actants, Hybrids, Crowds, 2022, S. 38; *Teubner*, AcP 218 (2018), 155 (164).

Outputs außerdem die Vorhersehbarkeit der *Auswirkungen* des Verhaltens erleichtern. Diese Möglichkeit ist wiederum abhängig von der konkreten *Funktion* des Systems.

Ex post steht in der Regel mehr Wissen zur Verfügung als *ex ante*:[308] Zum einen kann auch auf die Erkenntnisse aus der zu erklärenden Entscheidung zurückgegriffen werden, z.B. auf eine durch eine anschließende Befragung aufgedeckte, vorab nicht prognostizierbare Verhaltensregel oder auf *Logfiles*, welche Aufzeichnungen über den Input erhalten, der zuvor nicht erkannt werden konnte. Zum anderen stehen grundsätzlich mehr zeitliche und personelle Ressourcen zur Verfügung. Insbesondere kann der Laie, der eine Entscheidung eines technischen Agenten nicht vorhersehen konnte, auf das Wissen von Experten zurückgreifen, um diese Entscheidung zumindest nachträglich erklärbar zu machen.[309] Diesbezüglich zeigt sich allerdings ein weiterer Unterschied zwischen herkömmlichen Technologien und intransparenten Agenten: Das Verhalten herkömmlicher Technologien kann für den Nutzer ebenfalls unvorhersehbar und zunächst unerklärbar sein:[310] Ein herkömmliches Kraftfahrzeug und sogar ein einfacher Taschenrechner sind für den Laien insofern *Black Boxes*, als er die technischen Wirkzusammenhänge, welche diesen Systeme zugrunde liegen, nicht durchschaut. Insofern existieren aber in der Regel Experten, welche die *Black Box* öffnen und dem Laien das fehlende Wissen vermitteln können,[311] z.B. als Sachverständige in einem Gerichtsverfahren[312]. Bei autonomen *Black Boxes*, insbesondere bei technischen Agenten, ist dies aufgrund der genannten epistemischen und aleatorischen Ungewissheiten dagegen oft nicht der Fall. Hier ist die Entscheidung in vielen Fällen auch für den Experten nachträglich unerklärbar.[313]

V. Vernetzte Entscheidungen

Autonome Agenten sind selbst komplexe Systeme und häufig außerdem in komplexe Gesamtsysteme eingebettet.[314] Agenten operieren in der Regel in

---

[308] Vgl. *Wagner*, in: Zivilrechtliche und rechtsökonomische Probleme des Internet und der künstlichen Intelligenz, 2019, S. 1 (10) im Zusammenhang mit dem Produktsicherheitsrecht.

[309] *Zech*, Gutachten für den 73. DJT, 2020, A 44.

[310] Vgl. *Tutt*, Administrative Law Review 2017, 69 (102).

[311] Vgl. dazu bereits oben vor und mit Fn. 222.

[312] Vgl. *Buiten*, in: Regulierung für Algorithmen und Künstliche Intelligenz, 2021, S. 149 (171).

[313] Vgl. *Bathaee*, Harvard Journal of Law & Technology 2018, 889 (891 f.); *Kaminski*, in: Datafizierung und Big Data, 2020, S. 151 (158 ff.); *Beckers/Teubner*, Three Liability Regimes for Artificial Intelligence: Algorithmic Actants, Hybrids, Crowds, 2022, S. 48.

[314] Vgl. zu diesen beiden Dimensionen der Komplexität von KI-Systemen *Expert Group (NTF)*, Liability for AI, 2019, S. 32 f.; sie sind übertragbar auf andere autonome Systeme; zur zunehmenden Komplexität von Software *Weiß/Jakob*, Agentenorientierte

Mehragentenumgebungen.[315] Dabei können sich insbesondere Organisationen und Netzwerke bilden. Bei einer *Organisation* handelt es sich um eine auf gewisse Dauer angelegte Verbindung von Agenten, die bestimmte übergeordnete Organisationszwecke verfolgt.[316] Beispiele sind Wirtschaftsunternehmen, Behörden, private Haushalte, Wildpferdherden oder bestimmte Industrie 4.0.-Anwendungen[317]. Die Arbeitsteilung erfolgt regelmäßig dadurch, dass die Organisationsträger (Geschäftsherren, gegebenenfalls handelnd durch ihre Organwalter[318]) Zuständigkeiten an die Organisationsmitglieder (unselbständige Gehilfen) übertragen. Außerdem können Zuständigkeiten an Agenten delegiert werden, die außerhalb der Organisation stehen (selbständige Gehilfen). *Netzwerke* beruhen dagegen grundsätzlich nicht auf Delegationsbeziehungen.[319] Beispiele sind Spediteure, die sich unentgeltlich Kapazität zur Verfügung stellen, in der Hoffnung auf Reziprozität,[320] Großbaustellen, auf denen mehrere Subunternehmer über einen längeren Zeitraum hinweg zusammenarbeiten,[321] Tiere, die sich gegenseitig reinigen und in der Zukunft möglicherweise auch „intelligente" technische Verkehrssysteme[322].

Die Entstehung von Organisationen, Netzwerken und anderen Kooperationsformen beeinflusst die genannten Auswirkungen der Autonomie, sowohl was die Beziehungen zwischen den Mitgliedern angeht als auch im Verhältnis

---

Softwareentwicklung, 2005, S. 8; zum Unterschied zwischen Kompliziertheit und Komplexität *Oster*, UFITA 2018, 14 (19).

[315] Vgl. zu (technischen) Agenten in „single-agent" und „multiagent" Umgebungen *Russel/Norvig*, Artificial Intelligence: A modern approach, 4. Aufl. 2021, S. 62 f.; siehe auch *Wooldridge*, in: Multiagent systems, 2. Aufl. 2013, S. 3 (8 f.).

[316] Vgl. *Brüggemeier*, AcP 191 (1991), 33 (34): „jede integrierte Mehrpersonenbeziehung [...], die auf formal-vertraglicher Grundlage beruht, über eine hierarchische Binnenstruktur verfügt und soziale Zwecke personell ausdifferenziert verfolgt, insbes. in der Form arbeitsteiliger Aufgabendelegation".

[317] Vgl. *Eymann*, Digitale Geschäftsagenten, 2003, S. 45 zum „Distributed Problem Solving" im Fertigungsumfeld; zur Parallele von vernetzten KI-Systemen und Organisationen siehe auch *Linardatos*, ZIP 2019, 504 (509).

[318] Zur Zurechnung des Verhaltens von Organwaltern eines Verbandes an den Verband als Organisationsträger gem. § 31 BGB siehe unten Kapitel 2, A. I. 2. b). Wenn im Folgenden vom Organisationsträger, Unternehmer, etc. die Rede ist, kann damit auch ein Verband bezeichnet sein, der nur mittels natürlicher Personen handeln kann.

[319] *Ladeur*, in: Karl-Heinz Ladeur: Das Recht der Netzwerkgesellschaft, 2013, S. 333 (345), wonach als Netzwerk „primär nicht-hierarchische Beziehungen zwischen privaten oder öffentlichen Akteuren, Ressourcen und Entscheidungen verstanden werden [sollten], deren Selbstkoordination emergente, nicht unabhängig vom Prozess ihrer Hervorbringung denkbare Regeln, Handlungsmuster und Erwartungen erzeugen kann"; siehe auch die Definitionen bei *Luhmann*, Organisation und Entscheidung, 2000, S. 25; *Teubner*, ZHR 2001, 550 (554 f.).

[320] *Krebs/Jung/Aedtner/Schultes*, KSzW 2015, 15 (23).

[321] *Becker*, KSzW 2015, 114 (122).

[322] Vgl. dazu das Fallbeispiel bei *Kirn/Müller-Hengstenberg*, MMR 2014, 225 (231 f.).

zu Außenstehenden. Die Effekte sind vielfältig und beeinflussen die Haftungsbegründung und vor allem die Durchsetzung von Ersatzansprüchen. Die Zugehörigkeit zum selben Gesamtsystem kann beispielsweise die Vorhersehbarkeit und Vermeidbarkeit des Verhaltens eines anderen Mitglieds verbessern. Für Außenstehende kann die Zusammenarbeit dagegen dazu führen, dass der auf sie einwirkende Output schwer vorhersehbar und erklärbar ist:[323] Wenn viele Agenten einen Input in ein System liefern, ist es schwierig, festzustellen, wer für einen Output des Systems verantwortlich ist (sog. *Problem of Many Hands*[324]). Das System kann ein emergentes Verhalten zeigen, das nicht mehr aus den Aktionen der einzelnen Agenten hergeleitet werden kann, sondern eine gewisse Eigendynamik aufweist. Klassisches Beispiel für dieses Phänomen ist ein Ameisenhaufen, dessen Verhalten sich nicht schlicht aus dem Laufmuster einzelner Ameisen ermitteln lässt.[325] Ähnlich kann in einem Mehragentensystem, in dem Entscheidungen z.B. durch Verhandlungen mehrerer Agenten getroffen werden, allein aufgrund der Kenntnis des Inputs und der Input-Output-Beziehungen der einzelnen Agenten kaum eine Aussage über die Entscheidung des Gesamtsystems getroffen werden.[326]

Technische Agenten sind im Vergleich zu herkömmlichen Technologien häufiger untereinander vernetzt.[327] Der Forschungsbereich der sog. *Verteilten Künstlichen Intelligenz* (VKI) beschäftigt sich explizit mit der Verteilung von Aufgaben auf mehrere Agenten, die innerhalb einer Umgebung agieren und zusammen ein Gesamtsystem bilden.[328] Grundsätzlich wird zwischen zwei Ansätzen der VKI unterschieden. Beim verteilten Problemlösen (*Distributed Problem Solving*) geht es darum, ein Problem aufzuspalten, die Teilprobleme auf einzelne Agenten zu verteilen und die Teillösungen anschließend zu einer

---

[323] Vgl. auch *Kirn/Müller-Hengstenberg*, Rechtliche Risiken autonomer und vernetzter Systeme, 2016, S. 99 zur „Autonomie von Multiagentensystemen" als eigene Ebene von Autonomie neben u.a. der technischen Autonomie.

[324] Vgl. zur moralischen Verantwortlichkeit *Thompson*, The American Political Science Review 1980, 905 (905) zum Regierungshandeln; *Nissenbaum*, Science and Engineering Ethics 1996, 25 (28 ff.) zur Entwicklung von Computerprogrammen; zur rechtlichen Verantwortlichkeit bei KI-Systemen *Allen*, in: Artificial Intelligence: Law and Regulation, 2022, S. 146 (149).

[325] *Eymann*, Digitale Geschäftsagenten, 2003, S. 50.

[326] Vgl. *Eymann*, Digitale Geschäftsagenten, 2003, S. 50.

[327] Vgl. *Beckers/Teubner*, Three Liability Regimes for Artificial Intelligence: Algorithmic Actants, Hybrids, Crowds, 2022, S. 17 ff., die unterscheiden zwischen individuellem, hybridem und kollektivem Verhalten von Maschinen: Bei hybridem Verhalten gehe es um die Interaktion von Mensch und Maschine, bei kollektivem Verhalten um die Vernetzung von Maschinen; siehe dazu auch schon *Teubner*, AcP 218 (2018), 155 (163 ff.).

[328] Vgl. *Müller*, in: Verteilte Künstliche Intelligenz, 1993, S. 9 (9 f.); *Schulz-Schaeffer*, Vergesellschaftung und Vergemeinschaftung künstlicher Agenten, 2000, S. 2 ff.

Gesamtlösung zu kombinieren.[329] Im Fall von Multiagentensystemen (*Multi Agent Systems*) generieren die einzelnen Agenten Lösungen für Probleme in ihrer jeweiligen Umgebung, die nicht durch eine übergeordnete Einheit, sondern durch eine emergente Lösungskombination zu einer Gesamtlösung des Systems zusammengeführt werden.[330] Unterschieden werden kann außerdem zwischen geschlossenen und offenen Systemen: *Geschlossene* Systeme zeichnen sich dadurch aus, dass die beteiligten Agenten von vornherein festgelegt sind. Sie werden von einer Person oder von mehreren vertraglich verbundenen Personen betrieben. Die Zusammensetzung des Systems kann nachträglich nicht ohne Mitwirkung aller Betreiber verändert werden.[331] Beispiele sind eine *Smart Factory* eines einzelnen Unternehmens mit verschiedenen, vernetzten Maschinen oder eine geschlossene *Smart Home*-Lösung eines Nutzers. *Offene* Systeme werden nicht nur von einer Person oder vertraglich verbundenen Personen betrieben. Die Agenten können durch die Entscheidung ihres Nutzers oder durch eigene Entscheidung ausgetauscht werden.[332] Ein „intelligentes" Straßenverkehrsnetz[333] oder ein automatisiertes Wertschöpfungsnetz mehrerer Unternehmen[334] können z.B. offene Systeme sein.

D. Fremde Autonomie als Risiko und Chance

Das Haftungsrecht ist, wie in der Einleitung angedeutet, Teil des staatlichen Risiko-[335] und Innovationsmanagements[336]. Im Kern geht es dabei darum, die

---

[329] Vgl. *Müller*, in: Verteilte Künstliche Intelligenz, 1993, S. 9 (9 f.); siehe auch *Eymann*, Digitale Geschäftsagenten, 2003, S. 41 ff.; *Kirn/Müller-Hengstenberg*, MMR 2014, 225 (226); *Cormen/Leiserson/Rivest/Stein*, Algorithmen – Eine Einführung, 4. Aufl. 2013, S. 30 ff. zur „Teile-und-Beherrsche-Methode" („divide and conquer") beim Entwurf von Algorithmen.

[330] Vgl. *Müller*, in: Verteilte Künstliche Intelligenz, 1993, S. 9 (9 f.); siehe auch *Eymann*, Digitale Geschäftsagenten, 2003, S. 49 ff.; *Kirn/Müller-Hengstenberg*, MMR 2014, 225 (226).

[331] Vgl. *Eymann*, Digitale Geschäftsagenten, 2003, S. 27; nach *Wagner*, VersR 2020, 717 (734) werden geschlossene Systeme als „Bündel von Hard- und Software" in den Verkehr gebracht.

[332] Vgl. *Wagner*, VersR 2020, 717 (734); *Eymann*, Digitale Geschäftsagenten, 2003, S. 27; siehe auch *Schulz-Schaeffer*, Vergesellschaftung und Vergemeinschaftung künstlicher Agenten, 2000, S. 16 ff., der neben dieser auf die Zugangsmöglichkeit bezogenen Offenheit auch eine Offenheit hinsichtlich der Kommunikationsmöglichkeiten beleuchtet.

[333] Vgl. das Fallbeispiel bei *Kirn/Müller-Hengstenberg*, MMR 2014, 225 (230 f.) sowie *Rammert*, Zeitschrift für wirtschaftlichen Fabrikbetrieb 2002, 404.

[334] Vgl. *Grolik/Stockheim/Wendt/Albayrak/Fricke*, Wirtschaftsinformatik 2001, 143.

[335] Vgl. nur WBGU-Gutachten 1998, BT-Drs. 14/3285, S. 236.

[336] Vgl. nur *Hoffmann-Riem*, Innovation und Recht – Recht und Innovation, 2016, S. 415 ff.

Regulierung so auszugestalten, dass einerseits *Risiken* begegnet wird, andererseits aber auch *Chancen* genutzt werden.[337] Im Folgenden wird daher zunächst näher beleuchtet, welche spezifischen Risiken (I.) und Chancen (II.) mit fremder Autonomie verbunden sind, bevor in den anschließenden Kapiteln darauf eingegangen wird, wie das Haftungsrecht mit diesen „Autonomierisiken" und „Autonomiechancen" *de lege lata* umgeht und *de lege ferenda* umgehen kann.

I. Fremde Autonomie als Risiko

Der Begriff „Risiko" wird – ganz ähnlich wie „Autonomie" – nicht immer gleich verwendet. Deshalb werden sogleich zunächst die Grundlagen definiert (1.), nach denen die haftungsrechtliche Beurteilung der Schadensrisiken (2.) und Durchsetzungsrisiken (3.) erfolgen soll.

1. Prämissen der haftungsrechtlichen Risikobewertung

Im Ausgangspunkt ist ein Risiko eine „mögliche Veränderung zum Schlechten".[338] Über die genaue Definition besteht allerdings keine Einigkeit, weder zwischen den verschiedenen Disziplinen[339] noch innerhalb der Rechtswissenschaft.[340] Unklar ist auch die begriffliche Abgrenzung des „Risikos" von der „Gefahr".[341] Jedenfalls im haftungsrechtlichen Kontext kann auf eine Unterscheidung verzichtet werden. Im Folgenden werden die Begriffe daher – entsprechend dem allgemeinen Sprachgebrauch – synonym verwendet.[342]

---

[337] Zum Zusammenspiel von „Innovationsoffenheit" und „Innovationsverantwortung" siehe nur *Hoffmann-Riem*, Innovation und Recht – Recht und Innovation, 2016, S. 28 ff.

[338] *Deutsch*, Allgemeines Haftungsrecht, 2. Aufl. 1996, S. 134, 410; ähnlich *Münzberg*, Verhalten und Erfolg als Grundlagen der Rechtswidrigkeit und Haftung, 1966, S. 164; *Jungermann/Slovic*, in: Risiko ist ein Konstrukt, 1993, S. 89 (91).

[339] Für einen Überblick vgl. *Jung*, Bundesgesundheitsblatt – Gesundheitsforschung – Gesundheitsschutz 2003, 542 (543 ff.).

[340] Vgl. *Di Fabio*, Risikoentscheidungen im Rechtsstaat, 1994, S. 52, wonach die „Rechtswissenschaft dem Risiko eher noch ratlos gegenüber" stehe; so auch *Mrasek-Robor*, Technisches Risiko und Gewaltenteilung, 1997, S. 20.

[341] Siehe z.B. *Ladeur*, Das Umweltrecht der Wissensgesellschaft, 1995, S. 72 ff., wonach durch den Risikobegriff eine „quantitative Erweiterung des Gefahrenbegriffs um die entfernten Schadensmöglichkeiten" erfolge (S. 73); ähnlich *Hoffmann-Riem*, Innovation und Recht – Recht und Innovation, 2016, S. 353 f.: „Verringerung der Anforderungen an die Eintrittswahrscheinlichkeit der Rechtsgüterbeeinträchtigung". Zum Teil wird auch danach differenziert, ob die Möglichkeit eines Schadenseintritts auf Entscheidungen (Risiko) oder auf die Umwelt (Gefahr) zurückzuführen ist, vgl. *Luhmann*, Soziologie des Risikos, 2003, S. 30 ff.; ähnlich *Wilhelmi*, Risikoschutz durch Privatrecht, 2009, S. 2.

[342] So auch *Reus*, Das Recht in der Risikogesellschaft, 2010, S. 27; dazu, dass die Begriffe häufig synonym verwendet werden, siehe auch *Hilgendorf*, in: Gefahr, 2020, S. 9 (10 f.).

Ein Risiko wird grundsätzlich quantifiziert, indem man die *Wahrscheinlichkeit des Schadenseintritts* mit der drohenden *Schadenshöhe* multipliziert.[343] Der Begriff „Wahrscheinlichkeit" wird unterschiedlich verstanden.[344] Für die folgende Betrachtung genügt allerdings die Feststellung, dass es bei der Wahrscheinlichkeitsbeurteilung darum geht, auf Grundlage von bestimmten Tatsachen eine Aussage über die Häufigkeit eines bestimmten Ereignisses zu treffen.[345] In der Praxis ist das Wahrscheinlichkeitsurteil meist keine exakte Berechnung (z.B. 95 %, 50 %), sondern ein auf Heuristiken beruhender „Grad an Überzeugung"[346] (z.B. „an Sicherheit grenzende Wahrscheinlichkeit",[347] „überwiegende Wahrscheinlichkeit"[348]).[349]

Auch die Beurteilung der Schadenshöhe erfolgt regelmäßig im Wege der Schätzung.[350] „Schäden" sind im haftungsrechtlichen Kontext grundsätzlich die Folgen der Verletzung eines von einer Schadensersatznorm geschützten Rechtsgutes. Das Haftungsrecht dient primär dem („gerechten") Ausgleich und der (effizienten) Verhinderung solcher Schäden (Ausgleichs- und Präventionsfunktion).[351] Wenn in dieser Untersuchung von *Schadensrisiken* die Rede ist,

---

[343] Siehe nur VDI 3780 – Technikbewertung: Begriffe und Grundlagen, 2000, S. 16; *Jung*, Bundesgesundheitsblatt – Gesundheitsforschung – Gesundheitsschutz 2003, 542 (545); Erwägungsgrund 32 KI-VO-E sowie Art. 3 Abs. 1 Nr. 1a der Abänderungen des Europäischen Parlaments (P9_TA[2023]0236); Erwägungsgrund 75 und 76 der Verordnung (EU) 2016/679 des Europäischen Parlaments und des Rates v. 27.4.2016 zum Schutz natürlicher Personen bei der Verarbeitung personenbezogener Daten, zum freien Datenverkehr und zur Aufhebung der Richtlinie 95/46/EG (DSGVO); siehe auch zur sog. „Je-desto-Formel" BVerwG, Urt. v. 6.9.1974 – I C 17.73, BVerwGE 47, 31, juris Rn. 23. Es existieren allerdings auch Ansätze, die das Wahrscheinlichkeitskriterium eliminieren wollen, mit dem Argument, dass sich die Wahrscheinlichkeit oft nur schwer oder gar nicht einschätzen lasse; zur Diskussion siehe etwa *Heyerdahl*, Journal of Risk Research 2022, 252.

[344] Zu verschiedenen Wahrscheinlichkeitsbegriffen vgl. den Überblick bei *Köller/Nissen/Rieß/Sadorf*, Probabilistische Schlussfolgerungen in Schriftgutachten, 2004, S. 6 ff.

[345] Vgl. zum Beweisrecht *Huber*, Das Beweismaß im Zivilprozeß, 1983, S. 113; *Musielak*, JA 2010, 561 (563).

[346] Vgl. *Daase/Kessler*, Security Dialogue 2007, 411 (418).

[347] Vgl. BGH, Urt. v. 21.9.1973 – IV ZR 136/72, NJW 1973, 2249, juris Rn. 12 zum Vollbeweis nach § 286 ZPO.

[348] Vgl. BGH, Urt. v. 7.6.2006 – XII ZR 47/04, NJW-RR 2006, 1238, juris Rn. 13 zu § 287 ZPO.

[349] Zu möglichen Skalen siehe etwa *Huber*, Das Beweismaß im Zivilprozess, 1983, S. 114 ff.; *Köller/Nissen/Rieß/Sadorf*, Probabilistische Schlussfolgerungen in Schriftgutachten, 2004, S. 32 ff.

[350] Siehe beispielsweise zu den Schwierigkeiten bei der Bewertung von immateriellen Rechtsgütern *Schäfer/Ott*, Lehrbuch der ökonomischen Analyse des Zivilrechts, 6. Aufl. 2020, S. 176; vgl. auch *Scherzberg*, ZUR 2005, 1 (3), wonach „bereits der Begriff des ‚nachteiligen Effekts' eine ethisch oder kulturell basierte Definition" erfordere.

[351] Zur Ausgleichsfunktion vgl. *Deutsch*, Allgemeines Haftungsrecht, 2. Aufl. 1996, S. 14; *Larenz/Canaris*, Lehrbuch des Schuldrechts, Bd. II/2, 13. Aufl. 1994, S. 352;

ist grundsätzlich die Gefahr der Verletzung von in diesem Sinne geschützten Rechtsgütern gemeint. Eine nähere Auseinandersetzung mit der Frage, welche Folgen nach §§ 249 ff. BGB ausgeglichen werden können, wird allerdings unterbleiben.

Ein Risiko kann jedoch auch andere negative Ereignisse betreffen, z.B. Schwierigkeiten bei der Durchsetzung von Ansprüchen. Zu den *Durchsetzungsrisiken*, auf denen ein Schwerpunkt dieser Arbeit liegt, gehört neben dem Risiko der fehlenden Greifbarkeit und der fehlenden Haftungspotenz des Schädigers insbesondere das Risiko der Unaufklärbarkeit des Sachverhalts.[352] Die Durchsetzungsrisiken sind entscheidend für das Erreichen der Zwecke des Haftungsrechts: Kann der potenzielle Schädiger beispielsweise davon ausgehen, dass sein haftungsbegründendes Verhalten *ex post* nicht festgestellt werden kann, hat er wenig Anreiz dazu, sich den Haftungsregeln anzupassen.[353]

In den Natur- und Wirtschaftswissenschaften wird grundsätzlich unterschieden zwischen Risiken und anderen Formen der Unsicherheit: Allen Unsicherheitstypen ist gemein, dass unklar ist, ob und wann ein unerwünschtes Ereignis eintritt. Bei *Risiken i.e.S.* kann die Unsicherheit berechnet werden, da sich verlässliche Aussagen über die Schadenswahrscheinlichkeit und die Schadenshöhe treffen lassen. Im Fall von *Ungewissheit* ist dagegen nicht bekannt, mit welcher Wahrscheinlichkeit negative Ereignisse eintreten werden.[354] Die Sozialwissenschaften beziehen häufig auch Ungewissheit in den Risikobegriff ein. Damit wird insbesondere der Tatsache Rechnung getragen, dass eine exakte

---

Brüggemeier, Haftungsrecht, 2006, S. 9; Erman BGB/*Wilhelmi*, 16. Aufl. 2020, Vor § 823 Rn. 12a; *Rohe*, AcP 201 (2001), 117 (125); kritisch *Schäfer/Ott*, Lehrbuch der ökonomischen Analyse des Zivilrechts, 6. Aufl. 2020, S. 165 ff.; zur Präventionsfunktion vgl. MüKoBGB/*Wagner*, 8. Aufl. 2020, Vor § 823 Rn. 66; *Schäfer/Ott*, a.a.O., S. 168 f.; siehe aber auch *Brüggemeier*, a.a.O., S. 10, wonach „die empirische Evidenz für eine Präventionsfunktion unverändert schwach" sei; Beschlüsse des 66. DJT, 2006, Zivilrecht, I. 1. a) und b), wonach die Verhaltenssteuerung im Präventionsinteresse nicht im Allgemeinen, sondern nur in Sonderbereichen Aufgabe des Schadensersatzrechts sein soll; als weitere Funktionen des Haftungsrechts werden z.B. die Rechtsverfolgung (vgl. *Deutsch*, a.a.O., S. 15 sowie unten Kapitel 2, A. III. 2. b] aa]) und die Schadensstreuung (vgl. *Schäfer/Ott*, a.a.O., S. 177 ff.; *Zech*, Gutachten für den 73. DJT, 2020, A 87 f.) genannt.

[352] Vgl. *Koziol*, AcP 219 (2019), 376 (418).

[353] Vgl. *Wahrendorf*, Die Prinzipien der Beweislast im Haftungsrecht, 1976, S. 17; *Prölss*, Beweiserleichterungen im Schadensersatzprozeß, 1966, S. 78; *Gräns*, Das Risiko materiell unrichtiger Urteile, 2002, S. 84 ff.; *Friedl*, Beweislastverteilung unter Berücksichtigung des Effizienzkriteriums, 2003, S. 163.

[354] Vgl. *Müller*, in: Handwörterbuch der Betriebswirtschaft, TeilBd. 3, 5. Aufl. 1993, Kza. 3814; *Panezi*, in: Artificial Intelligence and the Law, 2021, S. 231 (246 f.). Die Einschränkung des Risikobegriffs geht insbesondere zurück auf *Knight*, Risk, uncertainty and profit, 7. Aufl. 1948, S. 19 f., der zwischen messbaren Risiken und nicht-messbarer Ungewissheit („uncertainty") unterschied. Teilweise wird noch weiter differenziert zwischen Ungewissheit (i.e.S.) und Unwissenheit, vgl. *Jung*, Bundesgesundheitsblatt – Gesundheitsforschung – Gesundheitsschutz 2003, 542 (546).

Quantifizierung von Schadenshöhe und -wahrscheinlichkeit in den seltensten Fällen möglich ist, berechenbare Risiken also in der Praxis eine geringe Rolle spielen.[355] Im Folgenden soll der Risikobegriff daher ebenfalls weit verstanden werden. Dass die Abschätzungssicherheit der Risiken unterschiedlich ist, soll hier durch die folgende, etwas offenere und fließende Einteilung ausgedrückt werden:[356] *Reale Risiken* sind die berechenbaren oder zumindest auf gesicherter Tatsachengrundlage einschätzbaren Risiken.[357] Bei *hypothetischen Risiken* besteht dagegen Ungewissheit im Hinblick auf die Existenz oder das Ausmaß eines Risikos. Die Ungewissheit kann z.B. daraus resultieren, dass das Risiko von Tatsachen abhängig ist, welche weder nachgewiesen sind noch ausgeschlossen werden können.[358] Außerdem können komplexe Abhängigkeiten verschiedener Faktoren dazu führen, dass sich die Auswirkungen einer Tatsache nicht anhand der bekannten Denk- und Naturgesetze einschätzen lassen. Hypothesen sind zu unterscheiden von bloßen Spekulationen.[359] Um eine Hypothese über ein Risiko aufzustellen, muss aufgrund der vorhandenen Informationen zumindest angegeben werden können, worin der mögliche Schaden bestehen und über welche Wirkzusammenhänge er verursacht werden kann. Ein Beispiel für hypothetische Risiken sind elektromagnetische Felder. Die genauen Auswirkungen auf den Menschen sind (noch) nicht bekannt. Allerdings wurden bestimmte Kausalzusammenhänge erforscht, z.B. der Einfluss von niederfrequenten Felder auf elektrische Ströme im Organismus, und wurden bestimmte Beobachtungen gemacht, z.B. das häufig Auftreten von Kopfschmerzen.[360] Dagegen beruhten zu Beginn der Covid 19-Pandemie viele Aussagen über deren Auswirkungen auf bloßen Spekulationen.[361] Solche Risiken sollen

---

[355] Vgl. *Scherzberg*, ZUR 2005, 1 (3); *Mrasek-Robor*, Technische Risiken und Gewaltenteilung, 1997, S. 34.

[356] Vgl. auch die Stellungnahme des *Deutschen Ethikrates*, Vulnerabilität und Resilienz in der Krise – Ethische Kriterien für Entscheidungen in einer Pandemie, 4.4.2022, S. 225, wonach es zwischen Risiken und Ungewissheiten „ein weites Spektrum fließender Übergänge" gebe; ähnlich WBGU-Gutachten 1998, BT-Drs. 14/3285, S. 285 zum teilweise fließenden Übergang zwischen „bekannten" und „unbekannten Risiken".

[357] *Jung*, Bundesgesundheitsblatt – Gesundheitsforschung – Gesundheitsschutz 2003, 542 (546 f.); ähnlich *Hubig*, Universitas 1994, 310 (313 ff.).

[358] Vgl. *Hubig*, Universitas 1994, 310 (313 ff.).

[359] Vgl. *van den Daele*, in: Rechtliches Risikomanagement, 1999, S. 259 (266); zur Abgrenzung siehe auch *Kelle*, Empirisch begründete Theoriebildung, 1994, S. 152 f. und dem folgend *Strübing*, Pragmatistische Wissenschafts- und Technikforschung, 2005, S. 90; siehe auch *Sandberg*, Wissenschaftliches Arbeiten von Abbildung bis Zitat, 3. Aufl. 2017, S. 24 f.

[360] Zu Elektrosmog als Beispiel hypothetischer Risiken *Hubig*, Universitas 1994, 310 (315); zu den Auswirkungen elektromagnetischer Felder auf den Menschen siehe auch die hierzu online veröffentlichten Informationen der *World Health Organization (WHO)* v. 4.8.2016.

[361] Vgl. *Pasternack/Beer*, Die externe Kommunikation der Wissenschaft in der bisherigen Corona-Krise (2020/2021), 2022, S. 63.

im Folgenden als nur *befürchtete Risiken* bezeichnet werden. Hypothetische und nur befürchtete Risiken sind wiederum zu unterscheiden von *unbekannten Risiken*. Um solche handelt es sich, wenn *ex ante* ausgeschlossen wurde, dass ein Risiko vorliegt oder man ein Risiko schlicht nicht in Betracht gezogen hat, sich später aber herausstellt, dass ein Risiko vorhanden ist.[362] So hielt man Asbest lange Zeit für unschädlich.[363] Während bei hypothetischen Risiken und befürchteten Risiken bekannt ist, dass man nichts bzw. nicht alles weiß, fehlt es bei unbekannten Risiken an einem Wissen über das eigene Nicht-Wissen.[364]

Schließlich ist die Risikobeurteilung abhängig vom Bewerter.[365] Mit der sog. *objektiven Risikobewertung*, auf die vor allem in den Natur- und Wirtschaftswissenschaften rekurriert wird, ist grundsätzlich die Beurteilung durch Experten gemeint.[366] Auch diese können aber zu unterschiedlichen Einschätzungen gelangen, z.B. weil sie nicht über identische Daten verfügen oder für die Bewertung des Schadensausmaßes andere Verfahren anwenden.[367] In den Sozialwissenschaften wird regelmäßig die Sichtweise von Laien in die Risikobewertung einbezogen.[368] Ein objektiv geringes Risiko kann vom Durchschnittsbürger *subjektiv* als groß eingeschätzt werden und umgekehrt ein objektiv großes Risiko als gering. Das Produkt aus Schadenswahrscheinlichkeit und Schadenshöhe ist bei der Benutzung von Haushaltsleitern höher als bei der Benutzung von Eisenbahnen, dennoch werden Eisenbahnen in der Regel als gefährlicher wahrgenommen.[369] Beispielsweise werden gewohnte Risiken und Risiken, die aktiv eingegangen werden, tendenziell unterschätzt, neue Risiken und Risiken, denen man nicht ausweichen kann, dagegen überschätzt.[370] Die in diesem Sinne

---

[362] Vgl. *van den Daele*, in: Rechtliches Risikomanagement, 1999, S. 259 (267): „Unbekannte Risiken sind per definitionem unbestimmt. Wie groß sie sind, kann man ebensowenig wissen, wie ob es diese Risiken überhaupt gibt."

[363] Vgl. *Schäfer/Ott*, Lehrbuch der ökonomischen Analyse des Zivilrechts, 6. Aufl. 2020, S. 266 f.

[364] Zu diesem „Metawissen" *Wessling*, Individuum und Information, 1991, S. 49 ff.; *Kühn-Gerhard*, Eine ökonomische Betrachtung des zivilrechtlichen Haftungsproblems „Entwicklungsrisiko", 2000, S. 121 ff.; zum „Wissen um das Nichtwissen" siehe auch *Scherzberg*, in: Staatsrechtslehre und die Veränderung ihres Gegenstandes, 2004, S. 214 (223); vgl. auch *Hoffmann-Riem*, Innovation und Recht – Recht und Innovation, 2016, S. 310 zur Unterscheidung zwischen spezifischem und unspezifischem Nicht-Wissen.

[365] *Debus*, in: Risiko im Recht, 2011, S. 11 (13).

[366] Vgl. *Zwick*, in: Gefahr, 2020, S. 29 (37).

[367] Vgl. WBGU-Gutachten 1998, BT-Drs. 14/3285, S. 179; zu Schwierigkeiten bei der „objektiven" Risikobewertung siehe auch *Zwick*, in: Gefahr, 2020, S. 29 (37 ff.); *Nida-Rümelin/Weidenfeld*, Die Realität des Risikos, 2021, S. 25.

[368] *Jung*, Bundesgesundheitsblatt – Gesundheitsforschung – Gesundheitsschutz 2003, 542 (547); siehe auch *Di Fabio*, Risikoentscheidungen im Rechtsstaat, 1994, S. 54.

[369] Vgl. *Zöllner*, in: FS Krejci, Bd. II, 2001, S. 1355 (1365).

[370] Siehe etwa *Marburger*, Die Regeln der Technik im Recht, 1979, S. 140; *Jungermann/Slovic*, in: Risiko ist ein Konstrukt, 1993, S. 89 (97 ff.); *Hubig*, Universitas 1994, 310

subjektive Risikobewertung beeinflusst maßgeblich die Risikoakzeptanz und das Konfliktpotenzial eines Risikos.[371] Sie ist bei der (haftungsrechtlichen) Risikoregulierung daher zumindest mitzuberücksichtigen.[372]

2. Schadensrisiken durch fremde Autonomie

Autonome Entscheidungen sind, wie erläutert, potenziell fehlerhaft[373] und mit der Möglichkeit einer „Veränderung zum Schlechten" in Form von *Schäden* im oben erläuterten Sinne verbunden.[374] Autonomierisiken zeichnen sich *generell* dadurch aus, dass sie in gewisser Weise unbeherrschbar sind (a). Außerdem können sie sich typischerweise verändern, was die Abschätzungssicherheit verringert (b). Ob ein autonomes System mit einem großen Risiko einhergeht oder nicht, hängt dagegen von seiner Funktion und seinem Einsatzbereich und damit stärker vom *Einzelfall* ab (c).

---

(316); VDI 3780 – Technikbewertung: Begriffe und Grundlagen, 2000, S. 17; *Dietz*, Technische Risiken und Gefährdungshaftung, 2006, S. 20; *Coleman*, A human algorithm, 2019, S. 172.

[371] Zum unterschiedlichen „Mobilisierungspotential" siehe etwa WBGU-Gutachten 1998, BT-Drs. 14/3285, S. 12, 55.

[372] Vgl. *van den Daele*, in: Rechtliches Risikomanagement, 1999, S. 259 (262), wonach man die Unterschiede „auch bei rechtlicher Regulierung berücksichtigen" dürfe; *Okrent*, Science 1980, 372 (374), der zwar grundsätzlich quantitative Kriterien befürwortet, aber einräumt, dass diese nicht alles abdecken; VDI 3780 – Technikbewertung: Begriffe und Grundlagen, 2000, S. 17, wonach in „einer demokratischen Gesellschaft [...] die Bereitschaft der Betroffenen, Risiken hinzunehmen, für die Bestimmung des zu tolerierenden Risikos maßgeblich [ist], auch wenn die Risikowahrnehmung durch emotionale und irrationale Faktoren mitbedingt ist"; *Kahneman*, Schnelles Denken, langsames Denken, 2012, S. 182, wonach Politiker bestrebt sein müssten, „die Bevölkerung nicht nur gegen reale Gefahren, sondern auch vor Ängsten zu schützen"; *Steege*, NZV 2022, 257 (258), wonach der unterschiedliche Risikozugang von Experten und Laien zu beachten sei, wenn die Bevölkerung neue Technologien akzeptieren soll; Stellungnahme des *Deutschen Ethikrates*, Vulnerabilität und Resilienz in der Krise – Ethische Kriterien für Entscheidungen in einer Pandemie, 4.4.2022, S. 233, wonach die „Frage nach der Akzeptabilität von (Rest-)Risiken nicht allein von der Verwaltung zu beantworten [sei], sondern gesellschaftlich ausgehandelt werden" müsse. Zur Bedeutung bei der Gefährdungshaftung siehe unten Kapitel 4, C. I. 2. a) bb).

[373] Siehe oben C. I.

[374] Dazu, dass es keine risikofreien Entscheidungen gibt, siehe nur *Luhmann*, Soziologie des Risikos, 2003, S. 37.

a) Autonomierisiken als generell unbeherrschbare Risiken

Mit Autonomie ist grundsätzlich eine Abnahme von Kontrolle verbunden.[375] Die *Unbeherrschbarkeit* des Verhaltens für andere Systeme[376] ist ein *generelles* Merkmal des Autonomierisikos,[377] auch wenn es im Einzelfall unterschiedlich ausgeprägt ist.

Die Unbeherrschbarkeit führt regelmäßig zu einem sog. *Restrisiko*: Dabei handelt es sich um das Risiko, das daraus folgt, dass die „Wahrscheinlichkeit eines künftigen Schadens nicht mit letzter Sicherheit auszuschließen ist".[378] Auch wenn alle möglichen und zumutbaren Maßnahmen ergriffen werden, können, sofern die riskante Aktivität nicht ganz unterlassen wird, Ereignisse eintreten, die Schäden verursachen. Klassisches Beispiel eines Restrisikos ist das Risiko eines Atomkraftwerks:[379] Auch bei Wahrung der erforderlichen Sorgfalt kann z.B. ein Ausfall aller Kühlsysteme dazu führen, dass gesundheitsschädliche Strahlung in die Umwelt gelangt.[380] Genauso kann trotz sorgfältiger Auswahl, Überwachung und Anleitung eines menschlichen Blindenführers, eines Blindenhundes oder eines Blindenroboters der geführte Blinde von dem Agenten in gefährlicher Weise auf die Straße geführt werden. Ist der Agent mit anderen (autonomen) Systemen vernetzt, kann, wie dargestellt, die Unbeherrschbarkeit der Risiken noch größer werden (Vernetzungsrisiko[381]).[382]

---

[375] Siehe oben C. II. und III.

[376] Dass das System sich grundsätzlich *selbst* beherrschen kann, wird im Zusammenhang mit der Haftung für fremde menschliche Autonomie relevant, siehe dazu unten Kapitel 2, B. I. 2.

[377] Siehe nur *Zech*, Gutachten für den 73. DJT, 2020, A 42; *Beckers/Teubner*, Three Liability Regimes for Artificial Intelligence: Algorithmic Actants, Hybrids, Crowds, 2022, S. 21; *Schirmer*, JZ 2019, 711 (711); *Hofmann*, CR 2020, 282 (283); jeweils zur technischen Autonomie; regelmäßig wird der Fokus auf die Unvorhersehbarkeit gelegt; weiter dagegen *Dötsch*, Außervertragliche Haftung für Künstliche Intelligenz am Beispiel von autonomen Systemen, 2023, S. 75, wonach „nicht jedes verwirklichte Autonomierisiko auf einem ‚unvorhersehbaren' und ‚unkontrollierbaren' Verhalten des Systems" beruhe.

[378] BVerfG, Beschl. v. 8.8.1978 – 2 BvL 8/77, BVerfGE 49, 89, juris Rn. 112 – „Kalkar I"; siehe auch *Hoffmann-Riem*, Innovation und Recht – Recht und Innovation, 2016, S. 355.

[379] BVerfG, Beschl. v. 8.8.1978– 2 BvL 8/77, BVerfGE 49, 89, juris Rn. 112 – „Kalkar I".

[380] Vgl. *Nida-Rümelin/Schulenburg*, in: Handbuch Technikethik, 2. Aufl. 2021, S. 24 (26).

[381] Zu diesem Begriff im Zusammenhang mit technischer Autonomie siehe nur *Zech*, Gutachten für den 73. DJT, 2020, A 46 f.; *Teubner*, AcP 218 (2018), 155 (201 ff.); *Beckers/Teubner*, Three Liability Regimes for Artificial Intelligence: Algorithmic Actants, Hybrids, Crowds, 2022, S. 111 ff.; *Riehm/Meier*, in: DGRI Jahrbuch 2018, 2019, S. 1 (Rn. 28).

[382] Siehe dazu oben C. V. Dazu, dass das „Autonomierisiko" (vgl. Fn. 377) durch Vernetzungen vergrößert werden kann, siehe *Dötsch*, Außervertragliche Haftung für Künstliche Intelligenz am Beispiel von autonomen Systemen, 2023, S. 75, wonach das „Vernetzungsrisiko" kein eigenständiges Risiko, sondern eine Ausprägung des „Autonomierisikos" sei.

Umgekehrt kann bei bestimmten Systemen das Restrisiko trotz der Autonomie gering sein, nämlich dann, wenn zwar nicht der Output, aber dessen *Auswirkung* auf die Umgebung kontrolliert werden kann. Hierfür kommt es insbesondere auf die konkrete *Funktion* des Agenten und teilweise auch auf die Erklärbarkeit der Entscheidungen an.[383]

b) Autonomierisiken als typischerweise schwer abschätzbare Risiken

Autonomierisiken sind typischerweise schwer abschätzbar.[384] Grund dafür ist insbesondere die Dynamik, die mit dem Einsatz autonomer Systeme verbunden ist: Zwar lassen sich die drohenden Schäden regelmäßig anhand des Einsatzbereichs des Systems eingrenzen. Und anhand von Tests kann grundsätzlich auch die Wahrscheinlichkeit des Eintritts von Schäden bestimmt werden. Diese Tests beziehen sich aber auf einen bestimmten Zeitpunkt und auf eine bestimmte Umgebung. Verändert sich im Laufe der Zeit die Umgebung (*Data-Drift, Concept-Drift*), welche der perzeptionsfähige Agent wahrnimmt, oder verändert sich der lernende Agent selbst (*Model-Drift*), verändern sich auch die Risiken im Hinblick auf die Agenten. Wie dargestellt, können diese Veränderungen nur schwer prognostiziert werden.[385] Eine mögliche Vernetzung, namentlich der Eintritt in ein (offenes) Mehragentensystem, kann die Dynamik noch verstärken. Oft können daher *ex ante* nur Hypothesen über die Risiken während des Einsatzes des Agenten aufgestellt werden. Mitunter kann auch nur spekuliert werden oder sind die Risiken völlig unbekannt, etwa weil in der Umgebung des Agenten Einflussfaktoren auftreten, mit denen nicht gerechnet werden konnte. Mit Autonomie sind daher oft sog. „Risiken zweiter Ordnung" verbunden: Es besteht die Gefahr, dass sich die Beurteilung der Risiken im Nachhinein als unvollständig oder unrichtig herausstellt.[386]

c) Autonomierisiken als im Einzelfall objektiv und subjektiv große Risiken

Dagegen sind Autonomierisiken nicht generell groß. Die Risikogröße ist vielmehr Frage des Einzelfalls. Die Größe des mit dem Einsatz eines autonomen Systems verbundenen Risikos hängt zunächst von der Umgebung ab, in welcher es operiert, also von seinem *Einsatzbereich*. Dieser beeinflusst maßgeblich die Höhe des drohenden Schadens sowie die Wahrscheinlichkeit eines

---

[383] Siehe oben C. II., III., IV.

[384] Siehe nur *Haider*, in: Innovationssymposium Künstliche Intelligenz Begleitheft, 2021, S. 24 (24); *Tutt*, Administrative Law Review 2017, 69 (103).

[385] Siehe dazu oben C. III.

[386] Siehe nur *Scherzberg*, in: Die Staatsrechtslehre und die Veränderung ihres Gegenstandes, 2004, S. 214 (222); *Löbbecke*, Die Zurechnung des Entwicklungsrisikos im Umweltrecht, 2006, S. 175.

Schadenseintritts: Im Straßenverkehr ist das Risiko z.B. grundsätzlich größer als in dem Wohnzimmer einer Privatperson.[387]

Inwieweit das autonome System *innerhalb dieser Umgebung* eine Risikoerhöhung im Vergleich zur Situation *ohne* das autonome System bewirkt, ist differenziert zu beurteilen. Je schlechter die Auswirkungen einer Aktivität beherrschbar sind, desto höher ist grundsätzlich die Wahrscheinlichkeit, dass der Schaden eintritt und nicht von anderen (autonomen) Systemen rechtzeitig durch konkrete Sicherheitsmaßnahmen abgewendet werden kann. Auch die Schadenshöhe kann steigen, da bei Eintritt eines Schadens nicht durch ein frühes Eingreifen ein noch höherer Schaden vermieden werden kann.[388] Wie gesehen, sind die Auswirkungen der Verhaltensweisen der autonomen Systeme je nach *Funktion* unterschiedlich gut beherrschbar. Und selbst bei schlecht beherrschbaren Auswirkungen hängt die Frage, ob eine Risikoerhöhung eintritt, weiterhin vom Verhältnis des autonomen Systems zu den anderen – ebenfalls risikobehafteten – (autonomen) Systemen ab:

Ersetzt das autonome System ein anderes System vollständig (*Substitution*), ist für die Risikoerhöhung entscheidend, welches System häufiger oder höhere Schäden verursacht, das ersetzende oder das ersetzte. Übernimmt ein autonomes Fahrzeug die Aufgaben des menschlichen Fahrers oder ein Spürhund die Arbeit des Polizisten, ist also zunächst entscheidend, wer die Aufgaben sicherer ausführen kann. Findet keine vollständige Ersetzung statt – etwa, weil das autonome System auf Anweisungen des anderen Systems angewiesen ist –, addieren sich die Wirkungen der Verhaltensweisen der einzelnen Systeme und damit auch die Risiken (*Summation*).[389] Trifft z.B. ein autonomes Fahrzeug seine Entscheidung nicht nur auf Grundlage der eigenen Wahrnehmung der Verkehrslage, sondern berücksichtigt auch die Mitteilungen anderer Fahrzeuge und Infrastruktureinrichtungen, summieren sich die Risiken, die mit den jeweiligen Einzelentscheidungen verbunden sind: Nicht nur ein Fehler des Fahrzeugs, sondern auch ein Fehler der Verkehrsampel kann dazu führen, dass das Fahrzeug einen Schaden (mit-)verursacht.[390] Über die bloße Summierung der Wirkungen der einzelnen Systeme hinaus können durch das Zusammenwirken

---

[387] Zu hohen und häufigen Schäden im Straßenverkehr siehe *Deutsch*, Allgemeines Haftungsrecht, 2. Aufl. 1996, S. 411; zur hohen Wahrscheinlichkeit siehe auch *Larenz/Canaris*, Lehrbuch des Schuldrechts, Bd. II/2, 13. Aufl. 1994, S. 607.

[388] *Haagen*, Verantwortung für Künstliche Intelligenz, 2021, S. 221.

[389] Zu (negativen) Summationseffekten siehe *Neutze*, Das zivilrechtliche Haftungssystem für Überträge und Einträge gentechnisch veränderter Organismen, 2012, S. 116; Produkthaftungshandbuch/*Foerste*, 3. Aufl. 2012, § 25 Rn. 168; *Diederichsen*, in: FS Schmidt, 1976, S. 1 (15 f.); BeckOGK UmweltHG/*Nitsch*, 1.5.2023, § 1 Rn. 63; MüKoStGB/*Schmitz*, 4. Aufl. 2022, Vor § 324 Rn. 34: linearer Anstieg.

[390] Zu Schädigungen durch fremde Daten siehe *Zech*, Gutachten für den 73. DJT, 2020, A 46 f.

weitere Effekte auftreten (*Synergismus*).[391] Da die Arbeitsteilung eine Koordination der Verhaltensweisen erfordert, entsteht insbesondere das Risiko von
Fehlern an den Schnittstellen zwischen den einzelnen Bereichen.[392] Diese können daraus resultieren, dass die Aufgaben nicht klar verteilt oder die Tätigkeiten nicht aufeinander abgestimmt sind.[393] Insbesondere besteht das Risiko einer
Fehlkommunikation: Eine Information kann auf dem Transportweg unterge-
hen, den Empfänger zu spät erreichen oder von diesem nicht wie vom Absender
bezweckt verstanden werden. Beispielsweise kann eine Ampel einem autonomen Fahrzeug zutreffend mitteilen, die Kreuzung sei gerade nicht frei. Versteht
dieses Fahrzeug die Mitteilung nicht – etwa weil die Agenten eine unterschiedliche Sprache verwenden[394] –, kann das autonome Fahrzeug dennoch entscheiden, in die Kreuzung einzufahren. Bei der Entwicklung intelligenter Verkehrs-
systemen wird für die sog. *Car2X*-Kommunikation insbesondere auf Mobil-
funklösungen gesetzt.[395] Diese werden zwar laufend weiterentwickelt,[396] dennoch bleibt ein Ausfall möglich. Die Arbeitsteilung kann, wenn die Aufgaben-
bereiche nicht klar abgetrennt sind, außerdem zu einer *Verantwortungsdiffu-*
sion führen: Denn „[w]enn alle verantwortlich sind, besteht [...] die Gefahr,
dass sich niemand verantwortlich fühlt".[397] Aufgrund der Beteiligung anderer
Agenten, die ebenfalls schadensvermeidend tätig werden können, ergreifen die
Akteure die ihnen möglichen und zumutbaren Maßnahmen nicht.[398] Dieser Effekt kann egoistische Gründe haben, aber auch daraus resultieren, dass Zurückhaltung darin besteht, das Verhalten eines anderen – etwa eines höherrangigen

---

[391] Zu (negativen) Synergieeffekten siehe *Neutze*, Das zivilrechtliche Haftungssystem für
Überträge und Einträge gentechnisch veränderter Organismen, 2012, S. 116; Produkthaf-
tungshandbuch/*Foerste*, 3. Aufl. 2012, § 25 Rn. 168; *Diederichsen*, in: FS Schmidt, 1976,
S. 1 (15 f.); *Linardatos*, ZIP 2019, 504 (509); BeckOGK UmweltHG/*Nitsch*, 1.5.2023, § 1
Rn. 63; MüKoStGB/*Schmitz*, 4. Aufl. 2022, Vor § 324 Rn. 35: überproportionaler Anstieg;
für ein Beispiel siehe BGH, Urt. v. 26.1.1999 – VI ZR 376/97, BGHZ 140, 309, juris Rn. 16
zum Risiko einer Heilmaßnahme, das sich „gerade aus dem Zusammenwirken zweier Fach-
richtungen und einer Unverträglichkeit der von ihnen verwendeten Methoden oder Instrumente ergibt"; vgl. auch *Ebert*, in: Künstliche Intelligenz und Robotik, 2020, S. 529 (535)
zum „Kumulrisiko".

[392] Vgl. *Becker*, KSzW 2015, 114 (114).

[393] *Becker*, KSzW 2015, 114 (115).

[394] Zur Kommunikation in geschlossenen und offenen Agentensystemen siehe etwa
Schulz-Schaeffer, Vergesellschaftung und Vergemeinschaftung künstlicher Agenten, 2000,
S. 10 ff.

[395] *Clausen/Klinger*, in: Digitalisierung, 2018, S. 385 (395).

[396] Vgl. etwa zum Potenzial der fünften Generation Mobilfunk (5G) *Freund/Hau-*
stein/Kasparick/Mahler/Schulz-Zander/Thiele/Wiegand/Weiler, in: Digitalisierung, 2018,
S. 89 (90).

[397] *Rauer*, in: Politik und Verantwortung, 2017, S. 436 (441); zur Verantwortungsdiffusion als Folge der Vernetzung siehe auch *Sommer*, Haftung für autonome Systeme, 2020,
S. 45.

[398] Vgl. WBGU-Gutachten 1998, BT-Drs. 14/3285, S. 182.

Agenten – infrage zu stellen.[399] Solche Risiken bestehen vor allem beim Zusammenwirken mehrerer Menschen, sind aber auch bei der Koordination technischer Agenten denkbar. Auch hier gibt es eigennützige Agenten, die ihre individuellen Ziele über die Ziele des Gesamtsystems stellen.[400] Zu einer Verantwortungsdiffusion kann es auch im Mensch-Maschine-Verhältnis kommen: Ein menschlicher Arzt, der eine Empfehlung eines Diagnosesystems erhält, wird häufig geneigt sein, dieser zu folgen (Automatisierungsbias).[401]

Auch mit diesen Effekten ist indes nicht stets eine Risikoerhöhung verbunden. Die Verteilung einer Aufgabe auf mehrere Systeme kann auch dazu führen, dass die Aufgabe sicherer ausgeführt wird.[402] Die mit der Arbeitsteilung verbundene Spezialisierung und der Austausch von Informationen ermöglichen es, gemeinsam Probleme zu lösen, die jeder Einzelne nicht hätte bewältigen können.[403] Die Arbeitsteilung kann nicht nur negative Summations- und Synergieeffekte haben, sondern auch positiv dazu führen, dass Risiken verringert werden (*antagonistische Effekte*).[404] Im Beispiel des autonomen Fahrzeugs, das Mitteilungen von einer Ampel erhält, reduziert sich das Risiko, das damit verbunden ist, dass das Fahrzeug die Umgebung selbst falsch wahrnehmen kann. Insbesondere die Überprüfung des Outputs eines Systems durch ein anderes kann die Sicherheit fördern. Um zu beurteilen, ob durch den Einsatz eines autonomen Systems eine Risikoerhöhung gegenüber dem *Status Quo* stattfindet, sind die positiven und negativen Wirkungen der Arbeitsteilung auf das Sicherheitsniveau deshalb in jedem *Einzelfall* gegenüberzustellen und zu saldieren.

Die Unbeherrschbarkeit eines Risikos kann dazu führen, dass das Risiko für diejenigen, die die Kontrolle verlieren, als besonders gravierend erscheint, beeinflusst also die *subjektive Risikowahrnehmung* und die Risikoakzeptanz.[405] Allerdings wird der Kontrollverlust nicht immer als erhöhtes Risiko wahrgenommen. Der Patient fühlt sich in der Regel sicherer, wenn er seine

---

[399] Vgl. *Thaler*, Misbehaving, 2018, S. 446 f. zum Beispiel eines Flugzeugs, das abstürzte, weil der Bordingenieur „zu schüchtern war, um die Autorität des Kapitäns, seines ‚Vorgesetzten', in Frage zu stellen".

[400] *Eymann*, Digitale Geschäftsagenten, 2003, S. 50 ff. Beispiele sind bestimmte Produktions-, Logistik- und Handelsagenten in Wertschöpfungsnetzen, vgl. *Grolik/Stockheim/Wendt/Albayrak/Fricke*, Wirtschaftsinformatik 2001, 143 (150); *Eymann*, a.a.O., S. 93 ff.

[401] Siehe dazu bereits oben unter C. II.

[402] Vgl. *Kötz*, ZEuP 2017, 293 (300) zum „Outsourcing".

[403] Siehe *Rammert*, Zeitschrift für wirtschaftlichen Fabrikbetrieb 2002, 7 (8), wonach Intelligenz ein „kollektives Phänomen" sei; zur VKI siehe bereits oben C. V.

[404] Vgl. *Diederichsen*, in: FS Schmidt, 1976, S. 1 (15); *Neutze*, Das zivilrechtliche Haftungssystem für Überträge und Einträge gentechnisch veränderter Organismen, 2012, S. 116.

[405] Vgl. *Jung*, Bundesgesundheitsblatt – Gesundheitsforschung – Gesundheitsschutz 2003, 542 (547); *Jungermann/Slovic*, in: Risiko ist ein Konstrukt, 1993, S. 89 (98 f.): Kontrollierbarkeit als Faktor; *Hubig*, Universitas 1994, 310 (316): „Unterbewertung" bei aktiven Wagnissen, „Überbewertung" bei passiven Betroffenheitsrisiken.

Behandlung in die Hände eines Arztes gibt, als wenn er selbst Maßnahmen ergreift. Anders ist dies unter Umständen, wenn der Patient einem technischen Agenten seine Rechtsgüter aussetzt. Entscheidend ist hier das *Vertrauen*:[406] Worauf vertraut wird, wird einerseits normativ, andererseits aufgrund von positiven Erfahrungen in der Vergangenheit bestimmt.[407] Von dem menschlichen Arzt wird erwartet, dass seine Behandlung gelingt, weil dies der Normativität bzw. der Normalität entspricht. Im Hinblick auf den – objektiv möglicherweise weniger riskanten – technischen Behandler fehlt es dagegen meist noch an (rechtlichen und tatsächlichen) Leitlinien, die positive Erwartungen und damit Vertrauen schaffen. Maßgeblich für diese Erwartungen kann auch die Erklärbarkeit des künftigen Verhaltens sein: Der Arzt kann die Gründe seines Vorgehens in einer dem Patienten verständlichen Weise erläutern, wohingegen dies vielen technischen Agenten nicht möglich ist.[408] Hier kann nur auf die statistische Zuverlässigkeit vertraut werden.[409] Die Akzeptanz kann außerdem von der Gestaltung der Technik abhängen. Nutzerfreundliche Schnittstellen können ein Gefühl von Beherrschbarkeit und Sicherheit vermitteln.[410]

3. Durchsetzungsrisiken durch fremde Autonomie

Hinsichtlich der *Durchsetzungsrisiken* kann zunächst eine grundlegende Unterscheidung zwischen menschlichen Agenten einerseits und tierischen und technischen Agenten andererseits getroffen werden: Übernimmt ein Mensch eine Aufgabe, kommt dieser selbst – neben dem Delegierenden – als Haftungssubjekt in Betracht. Tiere und technische Agenten sind dagegen nicht rechtsfähig.[411] Die Frage der Greifbarkeit und der Haftungspotenz stellt sich deshalb von vornherein nur beim Handeln von Menschen. Die Unvorhersehbarkeit und die Unvermeidbarkeit des menschlichen Verhaltens führen auch hier dazu, dass

---

[406] Vgl. *Mrasek-Robor*, Technische Risiken und Gewaltenteilung, 1997, S. 31: „Akzeptanz hängt immer mit Vertrauen zusammen"; zur Bewältigung von Ungewissheit durch Vertrauen siehe *Giddens*, Konsequenzen der Moderne, 1996, S. 43 ff., 102 ff.; *Lahno*, Ethical Theory and Moral Practice 1991, 171 (187); *Kamsinski*, Technik als Erwartung, 2010, S. 212 ff.

[407] Vgl. *Luhmann*, Rechtssoziologie, 1987, S. 31 ff. zu sog. normativen und kognitiven Erwartungen.

[408] Vgl. *Samek/Müller*, in: Explainable AI: Interpreting, Explaining and Visualizing Deep Learning, 2019, S. 5 (8).

[409] Vgl. *Kaminski*, in: Datafizierung und Big Data, 2020, S. 151 (165 ff.) zu den Unterschieden zwischen begründeten und statistisch zuverlässigen Entscheidungen.

[410] Vgl. *Abel/Hirsch-Kreinsen/Wienzek*, Akzeptanz von Industrie 4.0., Abschlussbericht zu einer explorativen empirischen Studie über die deutsche Industrie, 2019, S. 14 f.; *Hacker/Krestel/Grundmann/Naumann*, Artificial Intelligence and Law 2020, 415 (417).

[411] Zur hier ausgeklammerten Frage einer elektronischen Person siehe oben Einleitung, Fn. 19. Dazu, dass bei Produkten aber – anders als bei Tieren – ein Hersteller als Haftungssubjekt in Betracht kommt, siehe *Horner/Kaulartz*, CR 2016, 7 (14).

das Risiko nicht vollständig durch ein anderes System beherrschbar ist: Ein Mensch kann sich plötzlich an einen unauffindbaren Ort absetzen oder unerwartet zahlungsunfähig werden. Im Übrigen ist die Risikobeurteilung wiederum stark einzelfallabhängig: Die Größe des Durchsetzungsrisikos hängt zunächst von dem Schadensrisiko ab – je höher und wahrscheinlicher der drohende Schaden, desto größer ist auch die Gefahr, dass Ersatzansprüche nicht (vollständig) beglichen werden. Weiterhin kommt es, ähnlich wie beim Schadensrisiko, auf das Verhältnis zwischen den autonomen Systemen an. Eine genauere Bewertung soll daher auch insoweit erst im Rahmen der rechtlichen Betrachtung der menschlichen Autonomie erfolgen.[412]

Alle autonomen Systeme bergen grundsätzlich Herausforderungen mit Blick auf die Aufklärbarkeit: Die Perzeptions- und Lernfähigkeit sowie der *Black Box*-Effekt und die Vernetzung erschweren die Erklärbarkeit und zwar häufig auch für Experten, so dass es für Gerichte trotz der Möglichkeit des Rückgriffs auf Sachverständige schwierig ist, die generellen Risiken festzustellen und die konkreten Kausalzusammenhänge nachzuvollziehen.[413] Kann die „Wahrheit"[414] im Prozess nicht ermittelt und deshalb ein Tatbestandsmerkmal weder bejaht noch verneint werden (*non liquet*), ist eine Beweislastentscheidung zu Lasten desjenigen, der die (materielle) Beweislast trägt, erforderlich.[415] Hiermit ist das Risiko von Fehlentscheidungen verbunden.[416] Die Frage, wie dieses

---

[412] Siehe Kapitel 2, B. II. 1. a).

[413] Zur oft fehlenden Erklärbarkeit siehe oben C. IV.; zu Beweisschwierigkeiten im Zusammenhang mit autonomen Technologien siehe nur *Horner/Kaulartz*, CR 2016, 7 (9); *Riehm/Meier*, in: DGRI Jahrbuch 2018, 2019, S. 1 (Rn. 28); *Linardatos*, ZIP 2019, 504 (509); *Beckers/Teubner*, Three Liability Regimes for Artificial Intelligence: Algorithmic Actants, Hybrids, Crowds, 2022, S. 21; *Sommer*, Haftung für autonome Systeme, 2020, S. 45 f.; *Haagen*, Verantwortung für Künstliche Intelligenz, 2021, S. 40 ff.; *Hofmann*, CR 2020, 282 (283); zur menschlichen Arbeitsteilung siehe nur BGH, Urt. v. 26.11.1968 – VI ZR 212/66, BGHZ 51, 91, juris Rn. 36 – „Hühnerpest"; Staudinger BGB/*Bernau*, 2022, § 831 Rn. 7; *Koziol*, Grundfragen des Schadenersatzrechts, 2010, S. 223; zu einer soziologischen Sicht siehe *Luhmann*, Funktionen und Folgen formaler Organisation, 4. Aufl. 1995, S. 185, wonach die Arbeitsteilung zu einer Verwebung von Fäden führe, die sich nicht mehr aufdröseln lasse und es unmöglich mache, ein Scheitern auf eine bestimmte Ursache zurückzuführen.

[414] Dazu, dass es um eine „prozessordnungsgemäß gewonnene Wahrheit" geht, siehe MüKoZPO/*Prütting*, 6. Aufl. 2020, § 284 Rn. 8; zum Regelbeweismaß siehe noch unten Kapitel 2, Fn. 277.

[415] Vgl. *Reinecke*, Die Beweislastverteilung im Bürgerlichen Recht und im Arbeitsrecht als rechtspolitische Regelungsaufgabe, 1976, S. 19. Ob Beweislastregeln zum materiellen Recht oder zum Prozessrecht gehören, ist umstritten, siehe etwa *Diederichsen*, VersR 1966, 211 (215 ff.); MüKoZPO/*Prütting*, 6. Aufl. 2020, § 286 Rn. 140 ff.

[416] Vgl. *Reinecke*, Die Beweislastverteilung im Bürgerlichen Recht und im Arbeitsrecht als rechtspolitische Regelungsaufgabe, 1976, S. 19, 53; *Leipold*, Beweismaß und Beweislast im Zivilprozess, 1985, S. 49.

Fehlentscheidungsrisiko verhindert oder zumindest verringert werden kann, wird ein Schwerpunkt dieser Untersuchung sein.[417]

II. Fremde Autonomie als Chance

Die Autonomierisiken werden also insbesondere durch ihre Unbeherrschbarkeit gekennzeichnet. Mit der Abnahme von Kontrolle sind allerdings auch spezifische Autonomiechancen verbunden: Die Unvermeidbarkeit autonomen Verhaltens kann eine Entlastung bewirken (1.) und dessen Unvorhersehbarkeit ermöglicht Innovationen (2.).

1. Unvermeidbarkeit und Entlastung

Die Unvermeidbarkeit autonomer Entscheidungen führt dazu, dass das Verhalten des Systems nicht beherrscht werden *kann*. Damit ist allerdings auch verbunden, dass das System nicht kontrolliert werden *muss*. Der Einsatz eines autonomen Systems führt zu einer *Entlastung* desjenigen, der eine Tätigkeit delegieren kann:[418] Der Rechtsanwalt, der für eine Aktiengesellschaft eine Compliance-Strategie entwickelt, entlastet den Vorstand dieses Unternehmens. Der Suchhund, der einen Verletzten aufspürt, entlastet die menschlichen Einsatzkräfte. Das Datenanalyse-Tool, das anhand von Röntgenbildern eine Diagnose stellt, entlastet den Arzt. Die Entlastung kann einen erheblichen Effizienzgewinn mit sich bringen: Vor der Entwicklung von *Predictive Maintenance*-Anwendungen erforderte die Vorhersage von Störungen einer Maschine, soweit sie überhaupt möglich war, einen hohen manuellen Arbeitsaufwand.[419] Der Einsatz bestimmter Lernalgorithmen ermöglicht es außerdem auch, in wenigen Stunden Chip-Designs zu erstellen, während menschliche Ingenieure hierfür regelmäßig mehrere Monate benötigen.[420]

Auch Instrumentalisierung, Maschinisierung und Automatisierung bewirken eine Entlastung.[421] Hat ein Mensch sich dafür entschieden, eine bestimmte Technologie anzuwenden, ist es dieser überlassen, einem bestimmten Input einen Output zuzuordnen. Der Mensch muss allerdings regelmäßig den Input bereitstellen (Nutzer der Technik) und die Input-Output-Beziehung definieren

---

[417] Siehe dazu Kapitel 2, A. II. 1. c), Kapitel 3, B., Kapitel 4, A. VI., B. III., C. I. 4.

[418] Siehe nur *Weiß/Jakob*, Agentenorientierte Softwareentwicklung, 2005, S. 5 (zur technischen Autonomie).

[419] Vgl. *Hänisch*, in: Industrie 4.0, 2017, S. 9 (14 ff.).

[420] Vgl. *Jung*, Google: KI ersetzt menschliche Entwickler beim Chip-Design, ZDNet v. 14.6.2021.

[421] Zum Entlastungseffekt von Technik siehe etwa *Husserl*, in: Edmund Husserl: Die Krisis der europäischen Wissenschaften und die transzendentale Phänomenologie, 1954, S. 18 (45 ff.); dazu *Kaminski*, in: Nachdenken über Technik, 3. Aufl. 2013, S. 186 (191); *Weber*, in: Max Weber: Wissenschaft als Beruf, 2018, S. 37 (58); *Luhmann*, Die Gesellschaft der Gesellschaft, 1998, S. 527.

(Entwickler der Technik). Autonomie ermöglicht es, auch dies dem technischen System zu überlassen.[422] Dies unterscheidet Maschinelles Lernen auch von der sog. *Symbolischen Künstlichen Intelligenz*, welche die KI-Forschung von den 1950er- bis zu den 1980er-Jahren dominierte. Bei der Symbolischen KI wird die Aufgabe der Bildung von Verhaltensregeln nicht auf das System übertragen, sondern es wird versucht, das vorhandene menschliche Wissen über Denk- und Naturgesetze sowie Erfahrungssätze zu formalisieren und technischen Agenten manuell einzuprogrammieren.[423] Hier wird zwar der Nutzer von der Entwicklung von Verhaltensregeln befreit, diese Aufgabe fällt aber auf den Programmierer zurück. Da sich nicht alle Regeln formalisieren und einem System einprogrammieren lassen, geraten Systeme, die nur auf dem symbolischen Ansatz beruhen, außerdem schnell an ihre Grenzen.[424] Die neuere KI-Forschung versucht deshalb, wie dargestellt, Systeme zu entwickeln, die selbst Input-Output-Beziehungen hervorbringen.[425] So wird auch der Entwickler entlastet, der beim Maschinellen Lernen lediglich den Lernalgorithmus und die Trainingsdaten vorgeben muss.[426] Aktuell geht ein Trend dahin, Ansätze der Symbolischen KI mit Maschinellem Lernen zu kombinieren und so die Stärken der menschlichen und maschinellen Regelbildung zu vereinen (sog. Neurosymbolische KI).[427]

---

[422] Vgl. auch *Kirn/Müller-Hengstenberg*, Rechtliche Risiken autonomer und vernetzter Systeme, 2016, S. 98 zur gezielten Ausstattung eines Systems mit „Autonomie-sichernden Funktionen" durch den Entwickler (*Autonomie by Design*).

[423] Vgl. *Görz/Schneeberger/Schmid*, Handbuch der Künstlichen Intelligenz, 5. Aufl. 2014, S. 6 ff.; siehe auch *Larson*, The myth of artificial intelligence, 2021, S. 106 ff.; Überblick über die Geschichte der Künstlichen Intelligenz bei *Cappiello*, AI-systems and non-contractual liability, 2022, S. 7 ff.

[424] Zur Schwierigkeit, menschliche Verhaltensregeln zu formalisieren, siehe bereits oben C. III. 1.

[425] *Ziemke*, Presence 1996, 564 (566). Als Meilenstein der Symbolischen KI gilt der von *Weizenbaum* im Jahr 1966 entwickelte Chatbot „ELIZA". Dieses Programm war in der Lage, die Eingaben des Nutzers auf bestimmte Schlüsselwörter hin zu untersuchen und anschließend, mithilfe von festgelegten Regeln, passende Antworten zu generieren. Enthält ein Text keines der bekannten Schlüsselwörter, wird es jedoch schwierig, eine korrekte Antwort zu geben; eine passende Regel ist dann nicht vorhanden; siehe zum Ganzen *Weizenbaum*, Communications of the ACM 1966, 36; siehe auch *Larson*, The myth of artificial intelligence, 2021, S. 110 ff. Chatbots, die z.B. auf künstlichen neuronalen Netzen beruhen, sind dagegen in der Lage, eigenständig Verbindungen zwischen Fragen und Antworten als Verhaltensregeln zu generieren.

[426] Zum Maschinellen Lernen siehe oben B. III. 2 b).

[427] Vgl. *Hitzler/Eberhart/Ebrahimi/Sarker/Zhou*, National Science Review 2022, nwac035; *Cappiello*, AI-systems and non-contractual liability, 2022, S. 11 ff.

2. Unvorhersehbarkeit und Innovation

Neben der Entlastung von alten Aufgaben kann Autonomie auch dazu führen, dass „etwas gänzlich Neues" entdeckt wird.[428] Unvorhersehbares Verhalten kann *Innovationen* bewirken,[429] mit denen, wie bereits angedeutet, nicht nur (neue) Risiken, sondern auch (neue) Chancen einhergehen.[430] Wird eine Aufgabe von einem Menschen an einen anderen Menschen delegiert, ist dies zwar mit dem Risiko verbunden, dass dieser einen unerwünschten Output generiert. Es besteht aber auch die Chance, dass er, da er Verhaltensregeln anwendet, die der andere nicht kennt, positiv überraschende Ergebnisse hervorbringt. Dasselbe kann für Nutztiere, z.b. Spürhunde, und insbesondere auch für technische Systeme gelten.

Auch insofern unterscheidet sich Autonomisierung von anderen Formen der Technisierung: Bei herkömmlichen Technologien sind die unvorhersehbaren Folgen in der Regel „Nebenwirkungen",[431] die nicht auf der Funktion des Systems beruhen, sondern darauf, dass es in unvorhergesehener Weise mit seiner Umgebung interagiert.[432] Bei autonomen Systemen ist die Unvorhersehbarkeit dagegen in gewisser Weise erwünscht.[433] Autonome Systeme sollen leistungsfähiger werden, indem sie in die Lage versetzt werden, auf Veränderungen in der Umgebung (Perzeptionsfähigkeit) und auf Erfahrungen (Lernfähigkeit) zu

---

[428] *Teubner*, AcP 218 (2018), 155 (176); siehe auch *Beckers/Teubner*, Three Liability Regimes for Artificial Intelligence: Algorithmic Actants, Hybrids, Crowds, 2022, S. 39; *Esposito*, Zeitschrift für Soziologie 2017, 249 (257).

[429] Vgl. auch die Definitionen von Innovationen als „folgenreiche Neuerungen" (*Hoffmann-Riem*, Innovation und Recht – Recht und Innovation, 2016, S. 23) oder als etwas „signifikant" Neues (*Müller*, InTeR 2013, 58 [60]).

[430] Vgl. *Hoffmann-Riem*, Innovation und Recht – Recht und Innovation, 2016, S. 26. Teilweise wird unterschieden zwischen „reinen Risiken" und „spekulativen Risiken", wobei erstere „nur negative Abweichungen zulassen, während bei spekulativen Risiken (Wagnis-Risiko) auch positive Abweichungen (Chancen) auftreten können", vgl. *Söder*, Risikomanagement in der Gefahrgutlogistik, 1996, S. 46.

[431] Vgl. WBGU-Gutachten 1998, BT-Drs. 14/3285, S. 287.

[432] Traditionell besteht gerade darin der Vorteil des „künstlich" erschaffenen Wirkzusammenhangs gegenüber der natürlichen und chaotischen, Umgebung, vgl. *Luhmann*, Die Gesellschaft der Gesellschaft, 1998, S. 527 zur „strikten Kopplung"; ähnlich *von Foerster*, in: Heinz von Foerster: Wissen und Gewissen, 1993, S. 194 (206 ff.) zu den „trivialen Maschinen" (vgl. bereits Fn. 70).

[433] Vgl. *Esposito*, Zeitschrift für Soziologie 2017, 249 (257); *Teubner*, AcP 218 (2018), 155 (176); *Beckers/Teubner*, Three Liability Regimes for Artificial Intelligence: Algorithmic Actants, Hybrids, Crowds, 2022, S. 39 f.; *Chagal-Feferkorn*, Journal of Law, Technology and Policy 2018, 111 (134); *Thöne*, Deliktische Haftung für autonome Systeme, 2020, S. 207; *Weingart*, Vertragliche und außervertragliche Haftung für den Einsatz von Softwareagenten, 2022, S. 220.

reagieren.[434] Autonomes Verhalten beinhaltet insbesondere die Möglichkeit, neues Wissen zu generieren.[435] Neues Wissen kann wiederum mehr Freiheit und mehr Sicherheit schaffen.[436] Wenn moderne Schachprogramme Strategien anwenden, die menschliche Spieler bislang nicht in Erwägungen gezogen haben, können Menschen daraus lernen und ihr eigenes Spielverhalten verbessern.[437] Genauso können Mediziner, die künstliche Assistenzsysteme verwenden, neue Erkenntnisse über den menschlichen Körper erlangen. Durch den Einsatz autonomer Technologien in der Logistik können Transportwege optimiert und umweltschädliche Emissionen reduziert werden.[438] Im Bereich der DNA-Sequenzierung wurden durch die Auswertung von Daten mittels Künstlicher Intelligenz neue Hypothesen generiert, an welche die weitere Forschung anknüpfen kann.[439] *Deep Learning* ermöglichte außerdem erhebliche Fortschritte bei der Erforschung der Proteinfaltung[440] und der Entwicklung von Antibiotika[441]. Mithilfe sog. Generativen KI (*Generative AI*) sollen technische Agenten selbst Texte, Bilder und sogar Entwürfe für körperliche Gegenstände oder Medikamente kreieren.[442]

---

[434] Vgl. *Beckers/Teubner*, Three Liability Regimes for Artificial Intelligence: Algorithmic Actants, Hybrids, Crowds, 2022, S. 47, wonach einem Algorithmus ausreichend Freiheit eingeräumt werden müsse, damit die Beziehung zwischen Mensch und Algorithmus ihr „creative potential" entfalten könne; *Hartmann*, in: KI & Recht kompakt, 2020, S. 29 (103), wonach es dann, wenn die Parameter der Entscheidung bestimmt werden könnten, keiner KI bedürfe.

[435] Vgl. *Ernst*, in: Digitalisierung und Recht, 2017, S. 63 (67) zum Algorithmus als „Mittel zur Wissensgenerierung"; *Beckers/Teubner*, Three Liability Regimes for Artificial Intelligence: Algorithmic Actants, Hybrids, Crowds, 2022, S. 48, wonach ein technischer Agent über Informationen verfügen könne, die für den Menschen unbekannt sind.

[436] *Hoffmann-Riem*, in: Offene Rechtswissenschaft, 2010, S. 132 (144).

[437] Zu *AlphaZero* siehe *Kasparov*, Chess, a Drosophila of reasoning, Science 2018, 1087: „But the knowledge it generates is information we can all learn from. AlphaZero is surpassing us in a profound and useful way".

[438] *Haider*, in: Innovationssymposium Künstliche Intelligenz Begleitheft, 2021, S. 24 (24).

[439] *Broemel/Trute*, Berliner Debatte Initial 2016, 50 (59).

[440] Das Programm „AlphaFold" des Unternehmens *DeepMind* soll in der Lage sein, anhand der Abfolge von Aminosäuren die Struktur eines Proteins mit hoher Genauigkeit vorherzusagen, vgl. *Jumper/Evans/Pritzel/Green/Figurnov/Ronneberger/Tunyasuvunakool/Bates/Žídek/Potapenko/Bridgland/Meyer/Kohl/Ballard/Cowie/Romera-Paredes/Nikolov/Jain/Adler/Back/Petersen/Reiman/Clancy/Zielinski/Steinegger/Pacholska/Berghammer/Bodenstein/Silver/Vinyals/Senior/Kavukcuoglu/Kohli/Hassabis*, Nature 2021, 583.

[441] Vgl. *Stokes/Yang/Swanson/Jin/Cubillos-Ruiz/Donghia/MacNair/French/Carfrae/Bloom-Ackermann/Tran/Chiappino-Pepe/Badran/Andrews/Chory/Church/Brown/Jaakkola/Barzilay/Collins*, Cell 2020, 688.

[442] Beispielsweise gelang es einer Künstlichen Intelligenz, ein Medikament zur Behandlung von Zwangsstörungen zu entwickeln, vgl. *Goasduff*, The 4 Trends That Prevail on the

Inwieweit ein autonomes System neues Wissen generieren kann, lässt sich *ex ante* häufig nur schwer kalkulieren. Ob z.B. ein medizinisches Assistenzsystem tatsächlich neue Zusammenhänge entdecken wird, ist ungewiss. Grundsätzlich kann eine Chance – als Pendant zum Risiko[443] – als Produkt aus der Wahrscheinlichkeit des Eintritts einer positiven Folge und der Höhe des Nutzens beschrieben werden. Auch Chancen können sich in ihrer Abschätzungssicherheit unterscheiden. Chancen können hypothetisch sein, über Chancen kann spekuliert werden und Chancen können auch unbekannt sein.[444] Chancen können außerdem – wiederum ähnlich wie Risiken – von verschiedenen Personengruppen unterschiedlich bewertet werden.

Keine Chancen scheint dagegen der *Black Box*-Effekt mit sich zu bringen. Er steht dem Wissensgewinn und insbesondere der Entwicklung leistungsfähigerer Systeme vielmehr entgegen.[445] Bei den Entdeckungen der technischen Agenten handelt es sich zunächst nur um statistische Korrelationen.[446] Um herauszufinden, ob damit auch *Kausal*zusammenhänge verbunden sind, ist weitere Forschung erforderlich.[447] Die Möglichkeit, eine von der Technologie ermittelte Korrelation – mithilfe von menschlicher Intuition[448] – auf Kausalitätselemente zu überprüfen, setzt aber grundsätzlich voraus, dass sich die Input-Output-Beziehungen im Nachhinein ermitteln und in für einen Menschen verständlicher Weise darstellen lassen. Die Erklärbarkeit des autonomen Verhaltens befördert somit den Wissens- und damit auch den Freiheits- und Sicherheitsgewinn. Wenn der Assistenzarzt einen Diagnosefehler begeht und hinterher ausführt, dass er ein bestimmtes Symptom nicht einordnen konnte, kann bei der zukünftigen Ausbildung der Assistenzärzte dieses Wissen vermittelt werden. Kann nicht aufgeklärt werden, worauf der Fehler beruhte, muss entweder der Einsatz von Assistenzärzten bei vergleichbaren Operationen künftig ganz

---

Gartner Hype Cycle for AI, 2021, gartner.com v. 22.9.2021, Trend Nr. 2; zu „ChatGPT" siehe oben vor und mit Fn. 99.

[443] Vgl. *Hubig*, Universitas 1994, 310.

[444] Das Antibiotikum Penicillin und die Röntgenstrahlen wurden beispielsweise „zufällig" entdeckt, vgl. *Froböse*, Wichtige Entdeckungen basieren auf Zufällen, WELT v. 11.7.2008.

[445] Vgl. *Fraunhofer-Gesellschaft*, Maschinelles Lernen – Kompetenzen, Anwendungen und Forschungsbedarf, 2018, S. 81 ff.

[446] *Rademacher*, AöR 142 (2017), 366 (375, 389), *Broemel/Trute*, Berliner Debatte Initial 2016, 50 (57); kritisch zur Generierung von Wissen mittels KI *Larson*, The myth of artificial intelligence, 2021, S. 266 ff.

[447] *Rademacher*, AöR 142 (2017), 367 (389), wonach die „spezifische Stärke von Big Data" darin liege, „unerwartete Zusammenhänge aufzuzeigen und nutzbar zu machen; [...] nicht darin, Zusammenhänge zu erklären"; siehe auch *Broemel/Trute*, Berliner Debatte Initial 2016, 50 (59) sowie das Zitat des Medizininformatikers *Pryss* bei *Brandstetter*, Max Planck Research 3/2021, 25 (29): „Thinking about cause and effect always ends up being the human's job".

[448] Siehe dazu oben C. I. 1.

unterbleiben oder das Risiko von Fehlern weiter in Kauf genommen werden. Aus Fehlern von Tieren und nicht erklärbaren technischen Systemen kann deshalb grundsätzlich weniger gut gelernt werden. Warum der stets friedliche Hund plötzlich einen Passanten angefallen hat und warum ein technischer Agent einen Straftäter fälschlicherweise nicht als rückfallgefährdet eingestuft hat, lässt sich im Nachhinein häufig nicht klären. Fehlende Erklärbarkeit schließt die Nützlichkeit neuer Technologien nicht aus, schränkt diese aber ein.[449]

E. Zusammenfassung von Kapitel 1 und Ausblick

Autonomie ist ein mehrdimensionaler Begriff. In dieser Untersuchung bezeichnet Autonomie in erster Linie die *Unabhängigkeit* eines Systems von anderen Systemen. Diese Unabhängigkeit erlangt ein System durch Perzeptions- und Lernfähigkeit, wobei hier mit Lernfähigkeit das Lernen durch Erfahrungen gemeint ist. Die folgende Betrachtung fokussiert sich auf drei Träger von Autonomie, die verschiedene Grade von Autonomie aufweisen können: Menschen, Tiere und technische Agenten. Während die menschliche und tierische Autonomie eine „natürliche" ist, wird die technische Autonomie „künstlich" geschaffen: Technische Agenten erlangen ihre Perzeptionsfähigkeit insbesondere durch Sensoren, mithilfe derer sie aus den Umgebungsdaten selbständig Informationen generieren können. Die Lernfähigkeit beruht auf mathematischen Verfahren des Maschinellen Lernens.

Autonome Systeme interagieren mit ihrer Umgebung. Die Entscheidungen eines autonomen Systems können fehlerhaft sein und Schäden verursachen. Dies wirft sodann die Haftungsfrage auf. Bei der Beantwortung dieser Frage wird zu berücksichtigen sein, dass die Entscheidungen in der Regel nicht vollständig vermeidbar, vorhersehbar und erklärbar sind. Verstärkt werden diese Effekte durch die Vernetzung eines Systems mit anderen Systemen.

Mit Autonomie gehen Risiken und Chancen einher. Der Risiko- bzw. Gefahrenbegriff wird hier in einem weiten Sinne verstanden. Autonome Systeme sind aufgrund der Unvermeidbarkeit und Unvorhersehbarkeit regelmäßig mit unbeherrschbaren *Schadensrisiken* (Restrisiken) verbunden. Die Risiken unterliegen aufgrund der möglichen Veränderung der Umgebung und der Agenten selbst einer dynamischen Entwicklung, was die Abschätzungssicherheit grundsätzlich verringert. Die Risikogröße hängt im Wesentlichen vom Einsatzbereich der Systeme ab und die Risikoerhöhung davon, inwieweit der Agent andere Systeme ersetzt oder ergänzt. Der Einsatz von autonomen Systemen führt

---

[449] Als die Dampfmaschine entwickelt wurde, waren die Details ihrer Funktionsweise noch nicht vollständig bekannt. Das später zunehmende Wissen beschleunigte den Fortschritt aber erheblich, vgl. *Yaida*, Die neuronalen Netze verstehen, FAZ v. 5.12.2021.

außerdem zu *Durchsetzungsrisiken*: Bestehende Schadensersatzansprüche können mitunter nicht durchgesetzt werden, weil sich der Sachverhalt nicht aufklären lässt. Bei menschlichen Agenten kommt hinzu, dass diese zwar möglicherweise selbst schadensersatzpflichtig, jedoch für den Geschädigten nicht greifbar oder nicht haftungspotent sind. Die *Chancen* von Autonomie liegen darin, dass zum einen andere Systeme entlastet werden, zum anderen neues Wissen generiert werden kann.

Die Steuerung der „Autonomierisiken" bei gleichzeitiger Förderung der „Autonomiechancen" wird eine zentrale Herausforderung der nun folgenden haftungsrechtlichen Betrachtung menschlicher, tierischer und technischer Autonomie sein. Dabei wird zu berücksichtigen sein, dass Haftungsregeln unterschiedliche Auswirkungen haben können:[450] Auf Schädigerseite kann die Aussicht auf eine Ersatzpflicht abschreckend wirken. Hierdurch kann die Haftung einerseits Risiken vermeiden, andererseits aber auch Chancen vereiteln.[451] Auf Geschädigtenseite kann die Erwartung eines Ersatzanspruchs vertrauensstiftend wirken. Damit kann die Haftung die gesellschaftliche Akzeptanz eines Risikos erhöhen und Chancen fördern.[452] Neben solchen *Effizienzgedanken* sind bei der Auslegung und Schaffung von Haftungsnormen auch *Vorteilsgedanken* zu berücksichtigen:[453] Ein Ausgleich von Schäden kann dazu führen, dass die Risiken und Chancen autonomer Systeme innerhalb der Gesellschaft stärker verteilt werden.[454] Die Wirkungen der Haftungstatbestände hängen zudem wesentlich von den *Durchsetzungsrisiken* ab. Auf deren Verteilung liegt im Folgenden ein Schwerpunkt. Insbesondere werden Beweislastregeln und eine Sicherstellungshaftung entwickelt werden.

---

[450] Vgl. zu den möglichen Auswirkungen auf Innovationen *Wagner*, VersR 2020, 717 (718); siehe *Hoffmann-Riem*, Innovation und Recht – Recht und Innovation, 2016, S. 415 ff.

[451] Zur Innovationshemmung durch Haftung siehe *Hoffmann-Riem*, Innovation und Recht – Recht und Innovation, 2016, S. 415 ff.; vgl. auch zum „Chilling effect" *Bathaee*, Harvard Journal of Law & Technology 2018, 889 (932); *Chagal-Feferkorn*, Stanford Law Review 2019, 61 (82); jeweils mit Blick auf das U.S.-amerikanische Recht.

[452] Vgl. *Zech*, Gutachten für den 73. DJT, 2020, A 87 f.; *Burchardi*, EuZW 2022, 685 (689); *Beckers/Teubner*, Three Liability Regimes for Artificial Intelligence: Algorithmic Actants, Hybrids, Crowds, 2022, S. 8; Erwägungsgrund 4 KI-HaftRL-E.

[453] Zur Ergänzungsbedürftigkeit der ökonomischen Analyse siehe bereits oben Einleitung, B.

[454] Vgl. *Ladeur*, in: Karl-Hein Ladeur: Das Recht der Netzwerkgesellschaft, 2013, S. 393 (413); *Röthel*, in: Innovationsverantwortung, 2009, S. 335 (353); siehe auch *Hoffmann-Riem*, Innovation und Recht – Recht und Innovation, 2016, S. 420.

Kapitel 2

Haftung für menschliche Autonomie

Im Zusammenhang mit menschlicher Autonomie stellt sich die Frage der Haftung des *Geschäftsherrn*, der sich fremder menschlicher Autonomie für seine eigenen Zwecke bedient. Bei dem eingesetzten Menschen kann es sich um einen *unselbständigen* oder einen *selbständigen Gehilfen* handeln. Ersterer ist, etwa als Arbeitnehmer, in die Organisation des Geschäftsherrn eingegliedert (intraorganisationale Arbeitsteilung); bei letzterem handelt es sich um einen Externen, z.B. einen Subunternehmer (interorganisationale Arbeitsteilung, *Outsourcing*).[1] Im Folgenden wird die grundsätzlich[2] verschuldensabhängige Haftung des Geschäftsherrn *de lege lata* beleuchtet (A.) und anschließend eine mögliche Erweiterung *de lege ferenda* diskutiert (B.).

A. Verschuldensabhängige Haftung des Geschäftsherrn

Das deutsche Haftungsrecht kennt außerhalb von Sonderverbindungen (§ 278 BGB) keinen Grundsatz der Haftung für fremdes (haftungsbegründendes) Verhalten.[3] Für fremde menschliche Autonomie haftet der Geschäftsherr grundsätzlich nur insoweit als er selbst rechtswidrig und schuldhaft gehandelt hat (§§ 823 Abs. 1, 831 Abs. 1 S. 2 BGB),[4] wobei im Folgenden lediglich die Fahrlässigkeitshaftung behandelt wird. Die Frage, in welchem Verhältnis Widerrechtlichkeit, Verschulden, Pflichtverletzung und Fahrlässigkeit zueinander

---

[1] Vgl. zu den Begriffen der Intra- und Inter-Organisationsbeziehungen *Brüggemeier*, AcP 191 (1991), 33 (33 f.).

[2] Zu Ausnahmen siehe etwa § 3 HaftPflG, § 480 HGB, § 3 Abs. 1 BinSchG, § 33 Abs. 2 BJagdG.

[3] Siehe nur *Esser*, Schuldrecht, 2. Aufl. 1960, S. 214: „Niemandem kann fremdes Tun oder Lassen ohne besondere Zurechnungsgründe zur Verantwortung gereichen."

[4] Siehe nur *Jakobs*, VersR 1969, 1061 (1061); *Esser/Weyers*, Schuldrecht, Bd. II/2, 8. Aufl. 2000, S. 209; Staudinger BGB/*Bernau*, 2022, § 831 Rn. 5 („individualistische[s] Haftungskonzept"); siehe auch BGH, Urt. v. 8.3.1951 – III ZR 65/50, BGHZ 1, 248, juris Rn. 4 zum „beherrschenden Grundsatz […], daß man für das schädigende Verhalten anderer Personen bei unerlaubten Handlungen grundsätzlich (Ausnahmen: §§ 31, 89 und 831 BGB) nicht haftet, sondern nur für das eigene Verschulden". § 831 BGB macht hiervon allerdings keine Ausnahme.

stehen, soll hier nicht vertieft werden.[5] Die „Lehre vom Erfolgsunrecht", wonach die Rechtswidrigkeit der Handlung[6] aus der ursächlichen Verletzung eines durch § 823 Abs. 1 BGB geschützten Interesses folge und nur bei Vorliegen eines Rechtfertigungsgrundes entfalle,[7] kann, zumindest wenn sie streng interpretiert wird, heute als überholt angesehen werden.[8] Mit der „Lehre vom Handlungsunrecht" wird hier daher vorausgesetzt, dass der Schädiger eine Verhaltenspflicht missachtet hat.[9] Diese Verhaltenspflicht oder

---

[5] Zur eher dogmatischen Bedeutung dieser Frage, vgl. nur Soergel BGB/*Spickhoff*, 13. Aufl. 2005, § 823 Rn. 18.

[6] Gegenstand eines Rechtswidrigkeitsurteils kann grundsätzlich sowohl ein Erfolg als auch ein Verhalten sein, vgl. *Deutsch*, Allgemeines Haftungsrecht, 2. Aufl. 1996, S. 153 ff. Weitgehend Einigkeit besteht heute darüber, dass Gegenstand der Widerrechtlichkeit bei § 823 Abs. 1 BGB zumindest auch die Verletzungs*handlung* ist, vgl. *Münzberg*, Verhalten und Erfolg als Grundlagen der Rechtswidrigkeit und Haftung, 1966, S. 53 ff.; *Zippelius*, AcP 157 (1958/59), 390 (395); *Deutsch*, a.a.O., S. 160 f.; BeckOGK BGB/*Spindler*, 1.5.2023, § 823 Rn. 78; MüKoBGB/*Wagner*, 8. Aufl. 2020, § 823 Rn. 11 ff.; für einen zustands- bzw. erfolgsbezogenen Rechtswidrigkeitsbegriff allerdings *Thöne*, Autonome Systeme und deliktische Haftung, 2020, S. 141 ff.; *Jansen*, AcP 202 (2002), 517 (544 ff.); *Jaun*, Haftung für Sorgfaltspflichtverletzung, 2007, S. 394 f. Das sog. „Schutzbereichsunrecht", das angibt, ob ein Erfolg unter die §§ 823 ff. BGB fällt, kann jedenfalls verwendet werden, um eine „Querverbindung zu anderen Ausgleichssystemen" herzustellen, etwa der Gefährdungshaftung oder dem Bereicherungsrecht, vgl. MüKoBGB/*Wagner*, a.a.O., § 823 Rn. 10; zur Bedeutung des Erfolgsunrechts außerhalb des Schadensersatzrechts siehe auch *Koziol*, Grundfragen des Schadensersatzrechts, 2010, S. 175 f.

[7] Vgl. RG, Urt. v. 30.12.1901 – VI 285/01, RGZ 50, 60 (65); BGH, Beschl. v. 4.3.1957 – GSZ 1/56, BGHZ 24, 21, juris Rn. 15 – „Straßenbahn-Fall"; *Bindokat*, JZ 1958, 553 (553 ff.); Jauernig BGB/*Teichmann*, 18. Aufl. 2021, § 823 BGB Rn. 48 (siehe aber auch sogleich Fn. 8).

[8] Soweit dieser Lehre heute noch formal gefolgt wird, werden unerwünschte Ergebnisse durch eine Einschränkung der Zurechnung des Verletzungserfolgs verhindert; vgl. *Brox/Walker*, Besonderes Schuldrecht, 47. Aufl. 2023, S. 650 ff., wonach bei mittelbaren Eingriffen und beim Unterlassen die Zurechnung des Erfolgs zu dem Verhalten des Schädigers eine Verkehrspflichtverletzung voraussetze; siehe auch die Ausnahmen bei Jauernig BGB/*Teichmann*, 18. Aufl. 2021, § 823 BGB Rn. 49 f. In der Regel werden dadurch die Ergebnisse der sog. „Kombinationslehre" (siehe sogleich Fn. 9) erreicht.

[9] Siehe nur *Münzberg*, Verhalten und Erfolg als Grundlagen der Rechtswidrigkeit und Haftung, 1966, S. 75 ff.; *Nipperdey*, NJW 1967, 1985 (1989 ff.); *Bauer*, in: FS Ballerstedt, 1975, S. 305 (313); *Esser/Weyers*, Schuldrecht, Bd. II/2, 8. Aufl. 2000, S. 171 f.; Erman BGB/*Wilhelmi*, 16. Aufl. 2020, § 823 Rn. 7; MüKoBGB/*Wagner*, 8. Aufl. 2020, § 823 Rn. 21; *Looschelders*, Schuldrecht, Besonderer Teil, 18. Aufl. 2023, S. 516 f. Auch die sog. „Kombinationslehre", wonach zwischen unmittelbaren und mittelbaren Eingriffen sowie zwischen Eingriffen durch positives Tun und durch Unterlassen unterschieden werden soll (vgl. BeckOGK BGB/*Spindler*, 1.5.2023, § 823 Rn. 79; *Larenz/Canaris*, Lehrbuch des Schuldrechts, Bd. II/2, 13. Aufl. 1994, S. 386 f.; *Deutsch*, Allgemeines Haftungsrecht, 2. Aufl. 1996, S. 167 f.; Staudinger BGB/*Bernau*, 2022, § 831 Rn. 122; *von Caemmerer*, Wandlungen des Deliktsrecht, 1964, S. 131 ff.) begegnet Bedenken. Zweifelhaft ist bereits, ob es „unmittelbare" Eingriffe überhaupt gibt, da jeder Kausalverlauf von einer Mehrzahl

von Ursache-Wirkungs-Beziehungen, die in vielfältiger Weise zusammenwirken, geprägt ist und deshalb jeder Eingriff irgendwie „vermittelt" ist. Jeder Erfolg wird durch eine Vielzahl von Verhaltensweisen verursacht. Umgekehrt verursacht jedes Verhalten unzählige Erfolge. Wenn von „Unmittelbarkeit" gesprochen wird, impliziert dies – ähnlich wie bei der Annahme einer „Alleinkausalität" – eine wertende Vorselektion (vgl. *Schulin*, Der natürliche, vorrechtliche Kausalitätsbegriff im zivilen Schadensersatzrecht, 1976, S. 90 ff.). Die „relevanten" Bedingungen werden von den „juristisch von vornherein uninteressanten" ausgesondert (*Bydlinksi*, Probleme der Schadensverursachung nach deutschem und österreichischem Recht, 1964, S. 11; siehe auch aus der Systemtheorie *Rathmann*, in: Umwelt als System – System als Umwelt?, 2008, S. 55 [59], wonach faktisch „immer nur selektiv Ereignisse als Ursache herausgegriffen [würden], niemals alle Ursachen"). Bestimmte Verhaltensweisen erscheinen von vornherein (haftungsrechtlich) irrelevant und werden deshalb als mögliche „Mittler" – oder „Mitverursacher" – nicht berücksichtigt. Dass eine wertfreie Unterscheidung kaum möglich ist, zeigen auch die vielen unterschiedlichen Abgrenzungsversuche (siehe nur *U. Huber*, in: FS E.R. Huber, 1973, S. 253 [276]; *Fraenkel*, Tatbestand und Zurechnung bei § 823 Abs. 1 BGB, 1979, S. 242; *Larenz/Canaris*, a.a.O., S. 401 f.; *Deutsch*, a.a.O., S. 155). „Unmittelbare" Kausalverläufe sind regelmäßig einfacher zu steuern, was bei der Haftungsfrage zweifellos zu berücksichtigen ist. Dies kann aber bei der Bestimmung der Verhaltenspflichten geschehen (vgl. MüKoBGB/*Wagner*, a.a.O., § 823 Rn. 22; *Looschelders*, a.a.O., S. 516; siehe auch *Nipperdey*, a.a.O., S. 1991, wonach sich hinter dem Begriff der Unmittelbarkeit rechtsdogmatisch eine positive Rechtswidrigkeitsprüfung verberge). Auch eine historische Auslegung zwingt nicht zu diesem Verständnis: Nach den Motiven zum BGB-Entwurf ist „zweifellos widerrechtlich […] die Verletzung des einem anderen zustehenden absoluten Rechtes" (Motive II, S. 726). Dabei hatte man in der Tat Eingriffe vor Augen, die sich durch eine „unmittelbare Richtung […] gegen das Recht des Geschädigten" auszeichneten (Motive II, S. 728). Die „mit der technischen Entwicklung des Verkehrs und der Steigerung der Verkehrsgefahren" einhergehenden Probleme hatte man noch nicht im Blick (vgl. BGH, Beschl. v. 4.3.1957 – GSZ 1/56, BGHZ 24, 21, juris Rn. 16 – „Straßenbahn-Fall"). Daraus folgt aber nicht, dass der Veränderung der Sachlage durch eine Differenzierung zwischen „unmittelbaren" und „mittelbaren" Eingriffen Rechnung zu tragen ist. Auch die Unterscheidung zwischen positivem Tun und Unterlassen lässt sich kaum bewerkstelligen (siehe zu Abgrenzungsversuchen etwa *Deutsch*, a.a.O., S. 74; jurisPK-BGB/*Lange*, 10. Aufl. 2023, 1.2.2023, § 823 Abs. 1 Rn. 49). Eine solche Unterscheidung war außerdem von vornherein nicht intendiert (vgl. die Gleichstellung in den Motiven zum BGB-Entwurf, Motive II, S. 727).

„Verkehrspflicht"[10] entspricht grundsätzlich der Sorgfaltspflicht i.S.v. § 276 Abs. 2 BGB und ist damit auch maßgeblich für die Fahrlässigkeit.[11] Ausgangspunkt für die Verhaltenspflichten ist die *Zuständigkeit* einer Person für eine Gefahr, die regelmäßig daraus folgt, dass die Person eine Gefahr „schafft".[12]

---

[10] Ausführlich zu den „Verkehrspflichten" *von Bar*, Verkehrspflichten, 1980; zur Entwicklung der Verkehrspflichten siehe auch den Überblick bei *Firat*, Die deliktische Gehilfenhaftung gemäß § 831 BGB, 2021, S. 147 ff. Teilweise wird vertreten, die Verkehrspflichten seien bei § 823 Abs. 2 BGB anzusiedeln, vgl. *von Bar*, a.a.O., S. 157 ff.; dagegen spricht, dass hierdurch § 823 Abs. 2 BGB zu einer Generalklausel würde; ablehnend auch BGH, Urt. v. 27.1.1987 – VI ZR 114/86, NJW 1987, 2671, juris Rn. 12; *Larenz/Canaris*, Lehrbuch des Schuldrechts, Bd. II/2, 13. Aufl. 1994, S. 405; MüKoBGB/*Wagner*, 8. Aufl. 2020, § 823 Rn. 532. Sog. „Verkehrssicherungspflichten" sind grundsätzlich eine Art von „Verkehrspflichten", vgl. BGH, Urt. v. 9.11.1967 – III ZR 98/67, NJW 1968, 443, juris Rn. 19; *von Bar*, a.a.O., S. 45 (etwas anders die Einordnung bei BGH, Urt. v. 12.7.2007 – I ZR 18/04, BGHZ 173, 188, juris Rn. 36).

[11] Der BGH verlangt für die Erfüllung von Verkehrspflichten die Maßnahmen, die „ein verständiger, umsichtiger, vorsichtiger und gewissenhafter Angehöriger der betroffenen Verkehrskreise für ausreichend halten darf", vgl. BGH, Urt. v. 25.2.2014 – VI ZR 299/1, NJW 2014, 2104, juris Rn. 9; BGH, Urt. v. 3.6.2008 – VI ZR 223/07, NJW 2008, 3775, juris Rn. 9, BGH, Urt. v. 31.10.2006 – VI ZR 223/05, NJW 2007, 762, juris Rn. 11. Damit entspricht der Maßstab grundsätzlich dem der Fahrlässigkeit (in diese Richtung auch die Ausführungen bei BGH, Urt. v. 19.1.2021 – VI ZR 210/18, VersR 2021, 452, juris Rn. 13; BGH, Beschl. v. 4.3.1957 – GSZ 1/56, BGHZ 24, 21, juris Rn. 19 – „Straßenbahn-Fall). In der Literatur wird dagegen teilweise vorgeschlagen, die Verkehrspflichten auf der Ebene der Rechtswidrigkeit „unabhängig von ihrer Erfüllbarkeit durch den Durchschnittsverkehrsteilnehmer aufzustellen" (*Larenz/Canaris*, Lehrbuch des Schuldrechts, Bd. II/2, 13. Aufl. 1994, S. 369 f., wo die Grenze im „Menschenunmöglichen" gesehen wird; für einen strengeren Maßstab auch *Looschelders*, Schuldrecht, Besonderer Teil, 18. Aufl. 2023, S. 520 f.; Staudinger BGB/*Hager*, 2017, § 823 Rn. A 6). Erst durch das Fahrlässigkeitserfordernis als Teil des Verschuldens werde „das Höchstmaß der äußeren und inneren Sorgfalt auf das Maß herabgesetzt […], das im Verkehr als Standard gilt" (*Deutsch*, Allgemeines Haftungsrecht, 2. Aufl. 1996, S. 259, siehe auch schon S. 20 f.). Dem liegt die im deutschen Recht traditionell betonte Trennung von Rechtswidrigkeit und Verschulden zugrunde (vgl. BeckOGK BGB/*Schaub*, 1.6.2023, § 276 Rn. 27; ausführlich zu dieser Trennung *Jansen*, Die Struktur des Haftungsrechts, 2003, S. 450 ff.). Auf der Grundlage der Lehre vom Handlungsunrecht begründet die Fahrlässigkeit aber regelmäßig die Rechtswidrigkeit, vgl. *Nipperdey*, NJW 1957, 1777 (1780), wonach die „Fahrlässigkeit die Rechtswidrigkeit der unvorsätzlichen Handlung" sei. Dazu, dass sich Verkehrspflichten bei § 276 Abs. 2 BGB ansiedeln lassen, siehe auch *U. Huber*, in: FS E.R. Huber, 1973, S. 253 (268); *Esser/Weyers*, Schuldrecht, Bd. II/2, 8. Aufl. 2000, S. 173 f.; *Wagner*, Deliktsrecht, 14. Aufl. 2021, S. 55; *Schäfer/Ott*, Lehrbuch der ökonomischen Analyse des Zivilrechts, 6. Aufl. 2020, S. 212, 215; *Bomhard/Siglmüller*, RDi 2022, 506 (510 f.); kritisch *Brüggemeier*, Haftungsrecht, 2006, S. 52, wonach für die „Fahrlässigkeit als Fehlverhalten oder Verschuldensform […] eine Verhaltenspflicht ohne Bedeutung" sei. Denkbar ist es, zu unterscheiden, wenn die Verhaltenspflicht aus einem Gesetz folgt, vgl. dazu BeckOGK BGB/*Schaub*, a.a.O., § 276 Rn. 81.

[12] Siehe nur BGH, Urt. v. 22.10.1974 – VI ZR 149/73, NJW 1975, 108, juris Rn. 8: „,schafft', d.h. sie selbst hervorruft oder andauern lässt"; ähnlich BGH, Urt. v. 19.12.1989

Diese Gefahrsteuerungszuständigkeit kann an einen Gehilfen delegiert werden
(I.). Die Delegation führt nicht automatisch zu einer Haftung für dessen Verhalten, sondern begründet neue Gefahrsteuerungspflichten (II.) sowie Sicherstellungspflichten (III.) des Geschäftsherrn, für deren Intensität insbesondere
der Einfluss auf und die Vorteile aus der fremden menschlichen Autonomie
sowie der Vertrauensgrundsatz eine Rolle spielen. Die Zulässigkeit der Delegation und die damit verbundene Entstehung von Gefahrsteuerungspflichten
sind im Grundsatz allgemein anerkannt, so dass es diesbezüglich im Folgenden
vor allem darum geht, noch verbleibende Unebenheiten zu glätten, teilweise
auch schlicht dadurch, dass neue Begründungen für gemeinhin akzeptierte Ergebnisse geliefert werden.[13] Die Sicherstellungspflichten sind demgegenüber
stärker umstritten und bedürfen deshalb einer grundlegenderen Herleitung und
Ausdifferenzierung.

I. Zulässigkeit der Delegation von Gefahrsteuerungszuständigkeiten

Bevor auf die Voraussetzungen einer Delegation von Gefahrsteuerungspflichten eigegangen wird (2.), werden im Folgenden die dogmatische Konstruktion
der Delegation und deren Wirkungen (1.) präzisiert. In der Rechtsprechung und
der Literatur ist die Zulässigkeit der Delegation grundsätzlich anerkannt,[14]

– VI ZR 182/89, NJW 1990, 1236, juris Rn. 11; BGH, Urt. v. 19.1.2021 – VI ZR 194/18,
NJW 2021, 1090 Rn. 8. Die Zuständigkeit wird nicht nur anhand einer „natürlichen Kausalität" für die Gefahr (siehe dazu noch unten unter II. 1. a] bb]), sondern wertend bestimmt,
vgl. die Beispiele bei *Schäfer/Ott*, Lehrbuch der ökonomischen Analyse des Zivilrechts,
6. Aufl. 2020, S. 214; *Blaschczok*, in: Die Präventivwirkung zivil- und strafrechtlicher Sanktionen, 1999, S. 156 (165); siehe auch Staudinger BGB/*Hager*, 2021, § 823 Rn. E 25 zur
Notwendigkeit eines „Aufgreifkriteriums"; MüKoBGB/*Wagner*, 8. Aufl. 2020, § 823
Rn. 453 für eine „normativ begründete Zuständigkeit". In der Literatur wurden *Entstehungs-
gründe* für die Verkehrspflichten herausgearbeitet, vgl. *von Bar*, Verkehrspflichten, 1980,
S. 112 ff.; *Larenz/Canaris*, Lehrbuch des Schuldrechts, Bd. II/2, 13. Aufl. 1994, S. 411 f.;
Kleindiek, Deliktshaftung und juristische Person, 1997, S. 200 ff. Die Kriterien entsprechen
meist denjenigen, die auch für die Bestimmung des *Inhalts* der Pflichten maßgeblich sind,
vgl. MüKoBGB/*Wagner*, a.a.O., § 823 Rn. 452. Grundsätzlich sollte es bei der Gefahrsteuerungszuständigkeit aber nur um eine grobe Vorauswahl gehen – gröber als nach der „Kombinationslehre" (vgl. Fn. 9) –, um den Kreis der möglichen Ersatzpflichtigen auf die ernstlich
in Betracht kommenden Personen einzugrenzen und die Haftungsfrage dadurch handhabbarer zu machen.
[13] Vgl. etwa die Einordnung der Beweislastumkehr gem. § 831 Abs. 1 S. 2 BGB als Beweislastverteilung nach Fehlentscheidungsrisiken unter II. 1. c) aa) (2).
[14] Vgl. nur BGH, Urt. v. 7.10.1975 – VI ZR 43/74, NJW 1976, 46, juris Rn. 22 ff.; BGH,
Urt. v. 4.6.1996 – VI ZR 75/95, NJW 1996, 2646, juris Rn. 12; BGH, Urt. v. 22.7.1999 – III
ZR 198/98, BGHZ 142, 227, juris Rn. 13; BGH, Urt. v. 22.1.2008 – VI ZR 126/07, NJW
2008, 1440, juris Rn. 9; *Ulmer*, JZ 1969, 163 (171); *Larenz/Canaris*, Lehrbuch des Schuldrechts, Bd. II/2, 13. Aufl. 1994, S. 419 f.; MüKoBGB/*Wagner*, 8. Aufl. 2020, § 823 Rn. 522;
Staudinger BGB/*Hager*, 2021, § 823 Rn. E 59.

teilweise wird sie allerdings begrenzt. Dass diese „Delegationsverbote" nicht überzeugen, wird im letzten Teil dieses Abschnitts gezeigt (3.).

1. Konstruktion und Wirkungen der Delegation

Für die Konstruktion der Delegation bestehen zwei Ansätze: Der erste Ansatz geht von einer *Übertragung* der Verkehrspflicht aus. Der primär Verpflichtete übertrage seine Verkehrspflicht auf einen Gehilfen, mit der Folge, dass diese Pflicht nun den Dritten treffe.[15] Nach dem zweiten Ansatz soll der Delegierende weiterhin Adressat der ursprünglichen Verkehrspflicht bleiben. Der Delegierende *erfülle* die ursprüngliche Verkehrspflicht durch die Einschaltung eines Gehilfen.[16] Beide Ansätze führen zu einer Haftung des Delegierenden für ein Auswahl-, Überwachungs- und Anleitungsverschulden und zu einer Haftung des Delegationsempfängers für die nicht ordnungsgemäße Ausführung seiner Aufgaben.[17] Nach dem Übertragungs-Ansatz begründet die Übertragung *neue* Pflichten, nämlich Auswahl-, Überwachungs- und Anleitungspflichten.[18] Und nach dem Erfüllungs-Ansatz werden, wenn der Delegationsempfänger nicht ordnungsgemäß ausgewählt, überwacht und angeleitet wurde, die *ursprünglichen* Pflichten durch die Einschaltung nicht erfüllt.[19] Nach dem Übertragungs-Ansatz wird der Dritte schon durch die Delegation Inhaber einer Verkehrspflicht. Nach dem Erfüllungs-Ansatz muss die Verkehrspflicht des Gehilfen zwar gesondert begründet werden. Die tatsächliche Übernahme der Aufgabe wird aber in der Regel als hierfür ausreichend angesehen.[20]

Beide Ansätze überzeugen nicht vollkommen. Wird ein Gehilfe zwar ordnungsgemäß eingeschaltet, bleibt dieser aber untätig, begegnet die Annahme

---

[15] Vgl. die Formulierung in BGH, Urt. v. 2.10.1984 – VI ZR 125/83, NJW 1985, 270, juris Rn. 11 f.; BGH, Urt. v. 3.11.1992 – VI ZR 44/92, NJW-RR 1993, 346, juris Rn. 16 ff., BGH, Urt. v. 22.1.2008 – VI ZR 126/07, NJW 2008, 1440, juris Rn. 9; siehe allerdings auch BGH, Urt. v. 7.10.1975 – VI ZR 43/74, NJW 1976, 46, juris Rn. 25, wo der BGH davon spricht, es seien „seine Verkehrssicherungspflichten, die er [der Delegierende] durch den Dritten erfüllen lässt"; für eine Übertragung wohl MüKoBGB/*Wagner*, 8. Aufl. 2020, § 823 Rn. 527; BeckOGK BGB/*Spindler*, 1.5.2023, § 823 Rn. 439 f.

[16] *Larenz/Canaris*, Lehrbuch des Schuldrechts, Bd. II/2, 13. Aufl. 1994, S. 420; *Wilhelmi*, Risikoschutz durch Privatrecht, 2009, S. 215.

[17] Vgl. Staudinger BGB/*Hager*, 2021, § 823 Rn. E 60; in diese Richtung auch BGH, Urt. v. 21.5.1985 – VI ZR 235/83, VersR 1985, 839, juris Rn. 13.

[18] MüKoBGB/*Wagner*, 8. Aufl. 2020, § 823 Rn. 527; BeckOGK BGB/*Spindler*, 1.5.2023, § 823 Rn. 440 ff.; zu diesen Pflichten siehe etwa BGH, Urt. v. 7.10.1975 – VI ZR 43/74, NJW 1976, 46, juris Rn. 23; BGH, Urt. v. 2.10.1984 – VI ZR 125/83, NJW 1985, 270, juris Rn. 11; BGH, Urt. v. 4.6.1996 – VI ZR 75/95, NJW 1996, 2646, juris Rn. 12; BGH, Urt. v. 22.1.2008 – VI ZR 126/07, NJW 2008, 1440, juris Rn. 9; BGH, Urt. v. 13.6.2017 – VI ZR 395/16, NJW 2017, 2905, juris Rn. 9.

[19] *Larenz/Canaris*, Lehrbuch des Schuldrechts, Bd. II/2, 13. Aufl. 1994, S. 420; *Wilhelmi*, Risikoschutz durch Privatrecht, 2009, S. 215.

[20] *Larenz/Canaris*, Lehrbuch des Schuldrechts, Bd. II/2, 13. Aufl. 1994, S. 421 f.

des Erfüllungs-Ansatzes, die ursprüngliche Pflicht sei nun erfüllt, Bedenken. Der Übertragungs-Ansatz kann wiederum nicht erklären, warum die *übernommenen* Pflichten des Delegationsempfängers von *dessen* Verkehrskreis, und nicht von dem des Delegierenden, abhängig sind.[21] Im außervertraglichen Haftungsrecht kann indes nur ein solcher Pflichtenmaßstab, der auf den in der konkreten Situation für die Gefahr Zuständigen und nicht auf einen möglicherweise zuvor Zuständigen abstellt, überzeugen. Der Rechtsverkehr darf – anders als im Vertragsrecht[22] – nicht darauf vertrauen, dass der Maßstab des ursprünglich Zuständigen gilt. Er muss seine Erwartungen am Verkehrskreis des Delegationsempfängers ausrichten.[23] Die Gefahrsteuerungspflichten des Gehilfen sind nicht nur „abgeleiteter Natur".[24] Sie sind „allgemeine Rechtspflichten"[25], die nach den allgemeinen Grundsätzen und damit nach *seinem* Verkehrskreis zu beurteilen sind.

Überzeugend ist es anzunehmen, dass durch die Delegation keine Pflichten, sondern *Zuständigkeiten* für bestimmte Gefahren übertragen werden. Aus diesen generellen Zuständigkeiten folgen dann konkrete Sorgfaltspflichten nach § 276 Abs. 2 BGB, die von der Person des (nun) Zuständigen abhängen. Gehört der Gehilfe einem Verkehrskreis an, von dem weniger erwartet werden kann als vom Verkehrskreis des Delegierenden, z.B. weil er sich noch in der Ausbildung befindet,[26] ist allerdings regelmäßig eine Haftung des Delegierenden wegen eines Auswahlverschuldens gegeben: Welchem Verkehrskreis eine Person angehört, ist in der Regel erkennbar, insbesondere für den Geschäftsherrn, der einen Gehilfen auswählt.[27] Der Delegierende ist infolge der Übertragung der *Zuständigkeit* nicht mehr für die Gefahr, auf die sich diese bezieht (z.B. eine Sachgefahr) zuständig. Er wird aber zuständig für die Gefahr des Delegationsempfängers (Personengefahr) und muss *diese* im Rahmen des Möglichen

---

[21] Vgl. Staudinger BGB/*Hager*, 2021, § 823 Rn. E 60; in diese Richtung auch *Wilhelmi*, Risikoschutz durch Privatrecht, 2009, S. 216 f.; BGH, Urt. v. 21.5.1985 – VI ZR 235/83, NJW-RR 1986, 190, juris Rn. 10.

[22] Im Vertragsrecht erfolgt nach § 278 BGB eine Verhaltenszurechnung und kommt es insofern nach h.M. für die Bestimmung des Sorgfaltsmaßstabs auf die Person des Geschäftsherrn an, siehe nur BGH, Urt. v. 15.12.1959– VI ZR 222/58, BGHZ 31, 358, juris Rn. 20; MüKoBGB/*Grundmann*, 9. Aufl. 2022, § 278 Rn. 50; Jauernig BGB/*Stadler*, 18. Aufl. 2021, § 278 BGB Rn. 13; a.A. *Looschelders*, Schuldrecht, Allgemeiner Teil, 20. Aufl. 2022, S. 205 f.

[23] Staudinger BGB/*Hager*, 2021, § 823 Rn. E 60.

[24] BGH, Urt. v. 17.1.1989 – VI ZR 186/88, NJW-RR 1989, 394, juris Rn. 12.

[25] Vgl. BGH, Urt. v. 28.4.1953 – I ZR 47/52, BGHZ 9, 301, juris Rn. 4; BGH, Urt. v. 9.5.1957 – II ZR 327/55, BGHZ 24, 188, juris Rn. 11 zur Unterscheidung zwischen Vertrags- und Deliktsrecht.

[26] Vgl. BGH, Urt. v. 14.11.1978 – VI ZR 133/77, BGHZ 73, 1, juris Rn. 22; BeckOK BGB/*Lorenz*, 66. Ed., 1.5.2023, § 276 Rn. 22.

[27] Vgl. *Deutsch*, Fahrlässigkeit und erforderliche Sorgfalt, 1963, S. 140; zu den Besonderheiten im Verhältnis Geschäftsherr-Verrichtungsgehilfe siehe noch unten II. 1. a) aa).

und Zumutbaren steuern. Dieses Verständnis der Delegation ist auch gut vereinbar mit dem Wortlaut der §§ 831 Abs. 2, 832 Abs. 2, 834, 838 BGB. Dort ist nicht von einer Übernahme von „Pflichten" die Rede. Vielmehr geht es um bestimmte Zuständigkeiten („Besorgung von [...] Geschäften", „Führung der Aufsicht", „Unterhaltung") für Menschen (§§ 831 Abs. 2, 832 Abs. 2 BGB), Tiere (§ 834 BGB) oder Sachen (§ 838 BGB).

2. Voraussetzungen der Delegation

Die genannten Wirkungen der Delegation setzen eine erkennbare Übertragung der Zuständigkeiten voraus (a). Die Delegation ist insbesondere abzugrenzen von der Wahrnehmung eigener Zuständigkeiten mittels einer anderen Person (b) sowie von der Kooperation mehrerer Akteure (c).

a) Erkennbare Übertragung der Gefahrsteuerungszuständigkeiten

Nach dem BGH setzt die Delegation voraus, „dass der in die Verkehrssicherungspflicht Eintretende faktisch die Verkehrssicherung für den Gefahrenbereich übernimmt und im Hinblick hierauf Schutzvorkehrungen durch den primär Verkehrssicherstellungspflichtigen unterbleiben, weil sich dieser auf das Tätigwerden des Beauftragten verlässt".[28] Ein wirksamer Vertrag ist nach der überzeugenden h.M. nicht erforderlich.[29] Entscheidend ist vielmehr, ob der Delegierende und der Delegationsempfänger die Delegation als verbindlich ansehen durften bzw. mussten.[30] Dann kann bzw. muss auch der Rechtsverkehr von einer Delegation ausgehen.[31] Dem entspricht es, wenn der BGH für die Delegation verlangt, dass die Absprache „klar und eindeutig" ist.[32] Geht der Delegationsempfänger irrtümlich davon aus, eine Delegation sei nicht erfolgt, kann

---

[28] BGH, Urt. v. 22.1.2008 – VI ZR 126/07, NJW 2008, 1440, juris Rn. 9; siehe auch BGH, Urt. v. 17.1.1989 – VI ZR 186/88, NJW-RR 1989, 394, juris Rn. 12.

[29] BGH, Urt. v. 22.1.2008 – VI ZR 126/07, NJW 2008, 1440, juris Rn. 9; BGH, Urt. v. 13.6.2017 – VI ZR 395/16, NJW 2017, 2905, juris Rn. 9; *Ulmer*, JZ 1969, 163 (172); MüKoBGB/*Wagner*, 8. Aufl. 2020, § 823 Rn. 523 ff.; BeckOGK BGB/*Spindler*, 1.5.2023, § 823 Rn. 439.

[30] Vgl. *Ulmer*, JZ 1969, 163 (172), der auf die „objektiv berechtigte Erwartung des Erstgaranten" abstellt; ähnlich BeckOGK BGB/*Spindler*, 1.5.2023, § 823 Rn. 439, wonach zu vermeiden sei, „dass der jeweils andere fälschlicherweise davon ausgeht, die Gefahrensicherung werde schon erledigt".

[31] Vgl. *Ulmer*, JZ 1969, 163 (172) zum „Schutz des Vertrauens des Verkehrs auf die gefahrenabwehrende Tätigkeit sei es des Erstgaranten, sei es desjenigen [...], auf den sich der Erstgarant berechtigter Weise verlassen darf"; dem folgend zu § 838 BGB BeckOGK BGB/*Petershagen*, 1.6.2023, § 838 Rn. 6.

[32] BGH, Urt. v. 22.1.2008 – VI ZR 126/07, NJW 2008, 1440, juris Rn. 9; ähnlich BGH, Urt. v. 4.6.1996 – VI ZR 75/95, NJW 1996, 2646, juris Rn. 12; BeckOGK BGB/*Spindler*, 1.5.2023, § 823 Rn. 439; siehe auch *Ulmer*, JZ 1969, 163 (172), wonach ein „Mindestmaß an Übereinkunft" erforderlich sei.

er haften, wenn er den Irrtum vermeiden musste. Unterliegt der Delegierende einem fahrlässigen Irrtum, ist er grundsätzlich ersatzpflichtig.[33]

Umstritten ist allerdings, ob auch bei §§ 831 Abs. 2, 832 Abs. 2, 834 BGB, wo der Wortlaut einen „Vertrag" verlangt, die tatsächliche Übertragung genügt.[34] Richtigerweise ist der gleiche Maßstab anzulegen wie allgemein für die Übertragung von Gefahrsteuerungszuständigkeiten. Warum bei Personen- und Tiergefahren der Verkehrsschutz durch das Erfordernis eines wirksamen Rechtsgeschäfts eingeschränkt werden sollte, ist nicht ersichtlich. Richtig ist zwar, dass dort mit der Übernahme nicht nur Pflichten, sondern auch Beweislastumkehrungen einhergehen.[35] Dies gilt aber auch für § 838 BGB, wo der Wortlaut keinen „Vertrag" verlangt.[36] Der Hinweis auf den „Vertrag" macht lediglich deutlich, dass für die Beweislastumkehr eine einseitige Übernahme nicht genügt, sondern es einer Absprache bedarf.[37] Aufgrund der weiterreichenden Folgen der Delegation können an die Erkennbarkeit der Übernahme für den Delegationsempfänger außerdem höhere Anforderungen gestellt werden. Letztlich ist aber auch hier entscheidend, ob der Rechtsverkehr erwarten darf, dass der Delegationsempfänger die Zuständigkeiten wahrnimmt.

---

[33] Vgl. BGH, Urt. v. 24.2.1972 – III ZR 137/70, NJW 1972, 1321, juris Rn. 17, wonach „nach Sinn und Zweck der Verkehrssicherungspflichten solche Streitigkeiten nicht dazu führen dürfen, daß zunächst niemand tätig wird"; siehe auch BGH, Urt. v. 25.9.1967 – III ZR 95/66, VersR 1967, 1155, juris Rn. 20; BGH, Urt. v. 8.12.1987 – VI ZR 79/87, NJW-RR 1988, 471, juris Rn. 9. Indes haftet der Delegierende nicht bei sämtlichen Streitigkeiten, sondern nur, wenn er erkennen musste, dass die Absprache nicht klar genug war; vgl. auch MüKoBGB/*Wagner*, 8. Aufl. 2020, § 823 Rn. 526, wonach diese Rechtsprechung zu einer „erheblichen Ausdehnung der Haftung des primär Sicherungspflichtigen" führe.

[34] Dagegen *Larenz/Canaris*, Lehrbuch des Schuldrechts, Bd. II/2, 13. Aufl. 1994, S. 484; BeckOGK BGB/*Spindler*, 1.5.2023, § 831 Rn. 64; dafür *Ulmer*, JZ 1969, 163 (172); MüKoBGB/*Wagner*, 8. Aufl. 2020, § 831 Rn. 59, § 832 Rn. 22; differenzierend Staudinger BGB/*Bernau*, 2022, § 831 Rn. 180 f., wonach auch eine „wirksame Übernahmeverpflichtung (Selbstbindung), dh rechtsgeschäftliche, Vertrauen begründende Gewährsübernahme, statt eines Übernahmevertrags, genügen" könne, nicht aber eine „Gefälligkeit" und außerdem zwischen den verschiedenen Unwirksamkeitsgründen zu unterscheiden sei.

[35] *Larenz/Canaris*, Lehrbuch des Schuldrechts, Bd. II/2, 13. Aufl. 1994, S. 484.

[36] Dazu, dass dort ein Vertrag nicht erforderlich ist, siehe MüKoBGB/*Wager*, 8. Aufl. 2020, § 838 Rn. 4; BeckOGK BGB/*Petershagen*, 1.6.2023, § 838 Rn. 6; a.A. wohl Jauernig BGB/*Teichmann*, 18. Aufl. 2020, § 838 Rn. 1: „vertraglich".

[37] Aus den Materialien zum BGB-Entwurf ergibt sich, dass die „freiwillige Uebernahme der Obhut über eine aufsichtsbedürftige Person, die häufig nur in der Vornahme einer oder einzelner Handlungen bestehe" nicht ausreichen soll, Protokolle II, Bd. II, S. 596 zu § 832 BGB (§ 710 BGB-E). Dass eine rechtsgeschäftliche Übertragung erforderlich ist, folgt daraus allerdings nicht, vgl. MüKoBGB/*Wagner*, 8. Aufl. 2020, § 831 Rn. 59.

b) Abgrenzung von der Wahrnehmung eigener Zuständigkeiten

Die Delegation von Zuständigkeiten ist von der Wahrnehmung der Zuständigkeit einer Person durch eine andere Person abzugrenzen. Außerhalb von Sonderverbindungen erfolgt eine solche *Verhaltenszurechnung* grundsätzlich nur dann, wenn die zuständige Person selbst nicht handlungsfähig ist. Dies ist der Fall bei Verbänden.[38] Um Verbände und natürliche Personen haftungsrechtlich gleichzustellen,[39] rechnet § 31 BGB den Verbänden das Verhalten ihrer Organe bzw. der Organwalter zu.[40] Mit dem Vorteil der Handlungsfähigkeit soll der Nachteil der Außenhaftung korrespondieren.[41] Durch die Beauftragung des Organwalters delegiert der Verband keine Gefahrsteuerungszuständigkeiten.[42] Vielmehr nimmt der Organwalter die Zuständigkeiten für den Verband wahr – die der Verband anders gar nicht wahrnehmen kann – und erfüllt bzw. verletzt die korrespondierenden Sorgfaltspflichten *des Verbandes* – die der Verband auch nicht anders erfüllen bzw. verletzen kann.[43] Für den Maßstab kommt es entsprechend – anders als bei der Delegation – auf den Verband und nicht auf den Organwalter an.[44]

---

[38] Der Begriff „Verband" soll im Folgenden als Oberbegriff für die unter § 31 BGB fallenden Organisationen verwendet werden, vgl. *Teubner*, ZHR 1990, 295 (316), zu den betroffenen Organisationen siehe sogleich bb). Die Handlungsfähigkeit wird unterschiedlich konstruiert: Nach der Vertretertheorie ist der Verband selbst nicht handlungsfähig, sondern muss durch handlungsfähige natürliche Personen vertreten werden. Dagegen ist nach der Organtheorie der Verband selbst handlungsfähig, indem er durch seine Organe handelt, vgl. zum Ganzen *Kleindiek*, Deliktshaftung und juristische Person, 1997, S. 151 ff.; *Beuthien*, NJW 1999, 1142.

[39] Zu dieser Intention siehe nur *Brüggemeier*, AcP 191 (1991), 33 (64); MüKoBGB/*Leuschner*, 9. Aufl. 2021, § 31 Rn. 1.

[40] Allgemein wird unterschieden zwischen dem „Organ" als „abstrakte Verbandsinstitution" und dem „Organwalter" als „konkret agierende Person". Die Handlungsfähigkeit der Organisation wird grundsätzlich mittels einer „doppelten Zurechnung" hergestellt: Das Verhalten der Organwalter gilt als Verhalten des Organs und dieses wiederum als Verhalten der Organisation, vgl. *Schürnbrand*, Organschaft im Recht der privaten Verbände, 2012, S. 45 f. Organe sind also zunächst nur „Durchgangssubjekte der Zurechnung", *Schürnbrand*, a.a.O., S. 58.

[41] Zu diesem Gedanken siehe Motive I, S. 103; BeckOGK BGB/*Offenloch*, 1.2.2023, § 31 Rn. 3 ff.; speziell zur Begründung einer *Verhaltenszurechnung* mit diesem Gedanken siehe BeckOGK BGB/*Offenloch*, a.a.O., § 31 Rn. 106; *Kleindiek*, Deliktshaftung und juristische Person, 1997, S. 204.

[42] Siehe etwa *Lutter*, ZHR 1993, 464 (474 ff.); *Kleindiek*, Deliktshaftung und juristische Person, 1997, S. 434 ff., wonach keine „Übernahme" von Pflichten erfolge.

[43] Vgl. *E. Schmidt*, AcP 170 (1970), 502 (523); siehe auch *Kleindiek*, Deliktshaftung und juristische Person, 1997, S. 436, wonach die „juristische Person kein selbständiger Vertrauensträger" sei.

[44] Zur Verletzung von Verkehrspflichten *des Verbands* durch den Organwalter siehe Staudinger BGB/*Schwennicke*, 2019, § 31 Rn. 43 f.; MüKoBGB/*Leuschner*, 9. Aufl. 2021, § 31 Rn. 21.

Nach überwiegender Ansicht soll die Haftung nach §§ 823 Abs. 1, 31 BGB allerdings auch dadurch begründet werden können, dass der Organwalter im Zusammenhang mit seiner Tätigkeit *eigene* Pflichten verletzt.[45] Danach ermöglicht § 31 BGB nicht nur die soeben erläuterte *Verhaltenszurechnung*, sondern auch eine *Ausdehnung der Haftung des Organwalters auf den Verband*. Dies soll aus dem Wortlaut der Vorschrift folgen.[46] In den Motiven zum BGB-Entwurf wird außerdem darauf hingewiesen, dass der Verband die Geschädigten nicht „auf den häufig unergiebigen Weg der Belangung des Vertreters" verweisen dürfe.[47] Ob der Wortlaut die Haftungsausdehnung vorgibt, ist zweifelhaft. Die Rede ist nur von einer „zum Schadensersatz verpflichtende[n] Handlung", nicht aber von einer Schadensersatzpflicht des Organwalters selbst (anders als etwa in § 480 S. 1 HGB).[48] Jedenfalls mit Blick auf den Zweck von § 31 BGB ist der Vorschrift lediglich eine Verhaltenszurechnung zu entnehmen. Nach den Motiven zum BGB-Entwurf sollen die Geschädigten deshalb nicht auf den Organwalter verwiesen werden, weil der Verband „durch die Vertretung die Möglichkeit gewinne, im Rechtsverkehr aufzutreten".[49] Dieser Gedanke rechtfertigt jedoch keine Haftungsausdehnung. Diese hätte zwar den Vorteil, dass der Geschädigte sich nicht nur an den Organwalter, sondern auch an den Verband halten könnte und so davor geschützt würde, dass ersterer nicht identifizierbar, nicht greifbar oder nicht haftungspotent ist.[50] Indes können diese Schwierigkeiten auch bei der Durchsetzung von Ansprüchen gegen andere Mitarbeiter des Verbands auftreten. Sie bestehen außerdem unabhängig davon, ob der Unternehmensträger eine natürliche Person ist oder nicht. Eine

---

[45] *Kleindiek*, Deliktshaftung und juristische Person, 1997, S. 204 f.,355 ff. („zwei Grundtypen"); BeckOGK BGB/*Offenloch*, 1.2.2023, § 31 Rn. 106 f.; MüKoBGB/*Leuschner*, 9. Aufl. 2021, § 31 Rn. 21; siehe auch aus der Rechtsprechung einerseits BGH, Urt. v. 20.4.1971 – VI ZR 232/69, NJW 1971, 1313, juris Rn. 14, wo der BGH ein „eigenes Organisationsverschulden" des Verbands bejaht (in Richtung einer Verhaltenszurechnung), andererseits BGH, Urt. v. 8.7.1986 – VI ZR 47/85, BGHZ 98, 148, juris Rn. 19, wo die „Verbreiterung der Haftungsmasse" als Ziel des § 31 BGB genannt wird (in Richtung einer Haftungsausdehnung).

[46] BeckOGK BGB/*Offenloch*, 1.2.2023, § 31 Rn. 107.

[47] Motive I, S. 103 und dazu *Kleindiek*, Deliktshaftung und juristische Person, 1997, S. 244 f., 343 f.

[48] Siehe aber BGH, Urt. v. 13.1.1987 – VI ZR 303/85, BGHZ 99, 298, juris Rn. 14, wonach § 31 BGB „keine haftungsbegründende, sondern eine haftungszuweisende Norm, die einen Haftungstatbestand voraussetzt" sei und es „[u]nerläßliche Voraussetzung" sei, dass „das Organ, also eine natürliche Person, eine zum Schadensersatz verpflichtende Handlung begangen hat".

[49] Motive I, S. 103.

[50] Vgl. Motive I, S. 103; BGH, Urt. v. 8.7.1986 – VI ZR 47/85, BGHZ 98, 148, juris Rn. 19; zur Schwierigkeit für Außenstehende, die „faktische Verteilung der Verantwortung" in Organisationen zu erkennen, siehe aus soziologischer Perspektive *Luhmann*, Funktionen und Folgen formaler Organisation, 4. Aufl. 1995, S. 188.

solche Sicherstellungshaftung[51] kann § 31 BGB daher nicht entnommen werden. Die Beschränkung des § 31 BGB auf eine Verhaltenszurechnung lässt sich methodisch durch eine restriktive Auslegung des Merkmals „in Ausführung der ihm zustehenden Verrichtungen" erreichen. Nach dem BGH ist hierfür ein „innerer Zusammenhang zwischen dem Handeln und dem allgemeinen Rahmen der ihm übertragenen Obliegenheiten" erforderlich.[52] Mit Blick auf den Normzweck ist dieser Zusammenhang zu verneinen, wenn der Organwalter lediglich eigene Pflichten verletzt, ohne zugleich Pflichten des Verbands zu verletzen.[53]

Verletzt der Organwalter nur Pflichten des Verbands, aber keine eigenen Pflichten, haftet nur der Verband, nicht aber der Organwalter. Allein durch die Beauftragung entstehen keine Gefahrsteuerungszuständigkeiten des Organwalters, aus denen Sorgfaltspflichten folgen.[54] Denn wie gesehen, werden ihm die Zuständigkeiten des Verbandes nicht übertragen. Eine Eigenhaftung kommt in Betracht, wenn mit seiner Position eine „Garantenstellung zum Schutz Außenstehender vor Gefährdung oder Verletzung ihrer Schutzgüter" einhergeht.[55] Er muss selbst, unabhängig von seiner Organstellung, eine Gefahr „geschaffen" haben und deshalb zuständig sein.[56] Maßgeblich ist insbesondere, inwieweit er das Vertrauen des Rechtsverkehrs in Anspruch nimmt.[57] Haftet der Organwalter selbst, kann der Geschädigte sowohl gegen den Verband als auch gegen den Organwalter vorgehen, allerdings jeweils wegen der Verletzung unterschiedlicher Pflichten.[58]

§ 31 BGB wird sowohl im Hinblick auf das Zurechnungsausgangs- als auch im Hinblick auf das Zurechnungsendsubjekt weit ausgelegt. Jedoch überzeugt mit Blick auf den Normzweck weder die insbesondere von der Rechtsprechung

---

[51] Siehe dazu oben Einleitung, A. sowie unten III. und B. II.

[52] BGH, Urt. v. 8.7.1986 – VI ZR 47/85, BGHZ 98, 148, juris Rn. 12; ähnlich BGH, Urt. v. 30.10.1967 – VII ZR 82/65, BGHZ 49, 19, juris Rn. 19 – „Teilzahlungsverkäufer": „objektiver Zusammenhang".

[53] Vgl. auch BeckOGK BGB/*Offenloch*, 1.2.2023, § 31 Rn. 107, wo zwar eine Haftungserstreckung bejaht wird, jedoch darauf hingewiesen wird, dass dann, wenn das haftungsbegründende Merkmal nur beim „Vertreter" vorliegt, „genau zu prüfen" sei, ob die Handlung „in Ausführung" der ihm zustehenden Verrichtungen begangen wurde.

[54] *Mertens/Mertens*, JZ 1990, 488 (488); *Kleindiek*, Deliktshaftung und juristische Person, 1997, S. 440; MüKoBGB/*Leuschner*, 9. Aufl. 2021, § 31 Rn. 21; a.A. wohl *Brüggemeier*, AcP 191 (1991), 33 (64 ff.).

[55] BGH, Urt. v. 5.12.1989 – VI ZR 335/88, BGHZ 109, 297, juris Rn. 16, kritisch zur Abgrenzung des BGH in dieser Entscheidung *Mertens/Mertens*, JZ 1990, 488 (489).

[56] Vgl. Staudinger BGB/*Schwennicke*, 2019, § 31 Rn. 83 f., wo eine „über seine Organrolle hinausgehende persönliche Garantenpflicht" verlangt wird; zur „Schaffung" einer Gefahr siehe oben Fn. 12.

[57] Vgl. *Mertens/Mertens*, JZ 1990, 488 (489).

[58] Zur Gesamtschuld und zu dem Ausgleich im Innenverhältnis siehe BeckOGK BGB/*Offenloch*, 1.2.2023, § 31 Rn. 146 ff.

befürwortete Ausdehnung auf sog. „Repräsentanten" (aa) noch die in der Literatur teilweise vorgeschlagene Ausdehnung auf natürliche Personen (bb).

aa) Zurechnungsausgangssubjekt: Keine Ausdehnung auf „Repräsentanten"

Eine rein formale Anknüpfung der Eigenschaft als „verfassungsmäßig berufener Vertreter" i.S.v. § 31 BGB an die Satzung wird zu Recht abgelehnt, denn hierdurch könnte die Zurechnung durch eine entsprechende Gestaltung verhindert werden.[59] Nach dem BGH soll es genügen, dass „dem Vertreter durch die allgemeine Betriebsregelung und Handhabung bedeutsame, wesensmäßige Funktionen der juristischen Person zur selbständigen, eigenverantwortlichen Erfüllung zugewiesen sind, daß er also die juristische Person auf diese Weise repräsentiert"[60] („Repräsentanten"[61]). Bei einer solchen Sachlage sei es „unangemessen", dem Verband eine Entlastung nach § 831 Abs. 1 S. 2 BGB zu erlauben.[62] Diese extensive Auslegung bzw. Analogie[63] wird berechtigterweise kritisiert. Die Rechtsprechung schießt damit über das Ziel des § 31 BGB – haftungsrechtliche Gleichbehandlung – hinaus und stellt den Verband *schlechter* als eine natürliche Person, welche im Allgemeinen nicht für „Repräsentanten" einzustehen hat.[64] Die Abgrenzung zwischen „Vertreter" i.S.v. § 31 BGB und sonstigem Organisationsmitglied hat vielmehr danach zu erfolgen, ob die Person dem Verband (bzw. dessen Organwaltern) gegenüber *weisungsgebunden*

---

[59] *Kleindiek*, Deliktshaftung und juristische Person, 1997, S. 351; *Schürnbrand*, Organschaft im Recht der privaten Verbände, 2012, S. 113; MüKoBGB/*Leuschner*, 9. Aufl. 2021, § 31 Rn. 14.

[60] Siehe nur BGH, Urt. v. 30.10.1967 – VII ZR 82/65, BGHZ 49, 19, juris Rn. 11 – „Teilzahlungsverkäufer"; BGH, Urt. v. 14.3.2013 – III ZR 296/11, BGHZ 196, 340, juris Rn. 12.

[61] Zum Begriff vgl. MüKoBGB/*Leuschner*, 9. Aufl. 2021, § 31 Rn. 15; Staudinger BGB/*Schwennicke*, 2019, § 31 BGB Rn. 22.

[62] BGH, Urt. v. 30.10.1967 – VII ZR 82/65, BGHZ 49, 19, juris Rn. 11 – „Teilzahlungsverkäufer".

[63] Vgl. *Kleindiek*, Deliktshaftung und juristische Person, 1997, S. 347 f.; MüKoBGB/*Leuschner*, 9. Aufl. 2021, § 31 Rn. 15; Staudinger BGB/*Schwennicke*, 2019, § 31 BGB Rn. 23.

[64] BeckOGK BGB/*Offenloch*, 1.2.2023, § 31 Rn. 42.1; *Schürnbrand*, Organschaft im Recht der privaten Verbände, 2012, S. 113 spricht davon, die Vorschrift werde „funktionalisiert" oder „zweckentfremdet"; siehe auch schon *von Bar*, Verkehrspflichten, 1980, S. 257, wonach „die gesetzliche Ausgangslage geradezu in ihr Gegenteil verkehrt worden" sei. Eine allgemeine Repräsentantenhaftung war gerade nicht intendiert, vgl. Motive I, S. 104; Protokolle II, Bd. I, S. 523. Eine solche findet sich beispielsweise in § 1306 Abs. 5 ABGB-E, wo eine Haftung *aller* Geschäftsherren für das Fehlverhalten von Personen, die in ihrem Tätigkeitsbereich eine leitende Stellung mit eigenen Entscheidungs- und Weisungsbefugnissen einnehmen, vorgesehen ist; ähnlich schon der Vorschlag von *Nitschke*, NJW 1969, 1737 (1742).

ist.[65] Denn bei weisungsgebundenen Organisationsmitgliedern richtet sich die Haftung sowohl bei natürlichen Personen als auch bei Verbänden nach § 831 Abs. 1 BGB.[66] Es besteht keine Rechtfertigung für eine extensive Auslegung und keine für eine Analogie notwendige Regelungslücke.[67]

Die Weisungsgebundenheit setzt nach der Rechtsprechung des BGH zu § 831 BGB voraus, dass der Geschäftsherr „dem Gehilfen die Arbeit entziehen bzw. diese beschränken sowie Zeit und Umfang seiner Tätigkeit bestimmen kann".[68] Eine inhaltliche Einflussnahme ist dabei nicht erforderlich; aufgrund der unterschiedlichen Spezialisierungen von Geschäftsherr und Gehilfe ist sie häufig gar nicht möglich.[69] Das Weisungsrecht darf sich aber auch nicht in einer Befugnis zur Ernennung oder Abberufung des Gehilfen erschöpfen, sondern muss sich zumindest auf die äußeren Modalitäten der Tätigkeit, z.B. auf Mittel, Ort und Zeit beziehen.[70] Wird ein Mitarbeiter von einem anderen Mitarbeiter in diesem Sinne angewiesen, ist nicht der angewiesene Mitarbeiter, sondern allenfalls der anweisende Mitarbeiter ein Organwalter i.S.d. § 31 BGB.[71] § 31 BGB ist damit auf Personen in der obersten Hierarchieebene anwendbar, dort wo es an einer natürlichen Person als weisungsbefugter Delegierender fehlt und deshalb eine Lücke in der Haftungskette besteht. Der an Weisungen eines anderen Verbandsmitglieds gebundene Filialleiter ist folglich kein taugliches Zurechnungsausgangssubjekt,[72] wohl aber ein auch hinsichtlich

---

[65] A.A. BGH, Urt. v. 12.7.1977 – VI ZR 159/75, NJW 1977, 2259, juris Rn. 16; zur Einbeziehung jedenfalls des besonderen Vertreters i.S.v. § 30 BGB vgl. Staudinger BGB/*Schwennicke*, 2019, § 31 Rn. 20.

[66] Siehe auch *Kleindiek*, Deliktshaftung und juristische Person, 1997, S. 351, wonach es dem Gesetzgeber bei der Formulierung des § 31 BGB um eine rechtssichere Abgrenzung zwischen Verrichtungsgehilfen und „Vertretern" gegangen sei. *Kleindiek* befürwortet aber eine Anwendung bereits dann, wenn dem Betroffenen „ein Teilbereich der Vermögensverwaltung in eigener Verantwortung übertragen wird und wenn er unter Einsatz von Mitteln der juristischen Person oder im Hinblick auf deren Vorteile Schäden zu Lasten Dritter verursacht". (S. 353).

[67] Siehe auch *Schürnbrand*, Organschaft im Recht der privaten Verbände, 2012, S. 113.

[68] BGH, Urt. v. 10.3.2009 – VI ZR 39/08, NJW 2009, 1740, juris Rn. 11 – „Herzinfarkt"; siehe auch BGH, Urt. v. 30.6.1966 – VII ZR 23/65, BGHZ 45, 311, juris Rn. 10; BGH, Urt. v. 10.12.2013 – VI ZR 534/12, NJW-RR 2014, 614, juris Rn. 12.

[69] Vgl. *Kleindiek*, Deliktshaftung und juristische Person, 1997, S. 353; *Kötz*, ZEuP 2017, 283 (283 f.).

[70] Vgl. *Kötz*, ZEuP 2017, 283 (293) zur Abgrenzung von Verrichtungsgehilfen von selbständigen Unternehmern.

[71] Vgl. auch OLG München, Urt. v. 27.3.1975 – 1 U 1190/74, NJW 1977, 2123, juris Rn. 82 ff. zur Haftung eines Krankenhauses für die Aufsichtspflichtverletzung des Chefarztes; siehe auch BGH, Urt. v. 6.2.1991 – IV ZR 49/90, NJW-RR 1991, 668, juris Rn. 19 zur Verletzung einer Verkehrssicherungspflicht durch den Vereinsvorstand, der mit dem Mähen des Rasens eine Person beauftragte, welche den Rasenmäher nicht fahren durfte.

[72] A.A. BGH, Urt. v. 12.7.1977 – VI ZR 159/75, NJW 1977, 2259, juris Rn. 16.

der äußeren Modalitäten seiner Tätigkeit weisungsunabhängiger Chefarzt.[73] Dem vom BGH bei der Ausdehnung betonten Verkehrsschutz[74] ist dadurch Rechnung zu tragen, dass dann, wenn „bedeutsame, wesensmäßige Funktionen" einem Dritten zur „selbständigen, eigenverantwortlichen Erfüllung" übertragen werden, an die sorgfältige Auswahl, Anleitung und Überwachung hohe Anforderungen gestellt werden. Im Übrigen sind die Grenzen der Haftung – genauso wie bei natürlichen Personen, die ebenfalls arbeitsteilige Prozesse einrichten können – *de lege lata* hinzunehmen.

bb) *Zurechnungsendsubjekt: Keine Ausdehnung auf natürliche Personen*

§ 31 BGB findet nach h.M. nicht nur auf den Verein, sondern (analog) auch auf sonstige juristische Personen und andere Verbände Anwendung.[75] Nach dem Normzweck ist eine Anwendung in der Tat angezeigt, wenn eine „grundsätzlich handlungsunfähige rechtlich verselbständigte Vermögensmasse den Nutzen aus dem Verhalten seiner Organe zieht".[76] Auf natürliche Personen soll § 31 BGB dagegen nach der überzeugenden h.M. keine Anwendung finden. Hier ist der „Gleichlauf von Handlungsfähigkeit (…) und Verantwortlichkeit" gewahrt.[77] Nur wenn man § 31 BGB auf alle „Repräsentanten" anwendet, entsteht eine Ungleichbehandlung der verschiedenen Unternehmensträger, welche eine Erstreckung auf natürliche Personen erforderlich machen könnte.[78] Denn

---

[73] BGH, Urt. v. 22.4.1980 – VI ZR 121/78, BGHZ 77, 74, juris Rn. 16; kritisch zum Kriterium der Weisungsabhängigkeit *Spindler*, Unternehmensorganisationspflichten, 2001, S. 607.

[74] Vgl. nur BGH, Urt. v. 22.4.1980 – VI ZR 121/78, BGHZ 77, 74, juris Rn. 16.

[75] Für einen Überblick siehe Staudinger BGB/*Schwennicke*, 2019, § 31 BGB Rn. 101 ff.; BeckOGK BGB/*Offenloch*, 1.2.2023, § 31 Rn. 7 ff.; zur AG siehe BGH, Urt. v. 9.5.2005 – II ZR 287/02, NJW 2005, 2450, juris Rn. 15; zur OHG und KG siehe BGH, Urt. v. 8.2.1952 – ZR 92/51, NJW 1952, 537 (538): „gewohnheitsrechtliche[r] Satz"); zur Außen-GbR siehe BGH, Urt. v. 24.2.2003 – II ZR 385/99, BGHZ 154, 88, juris Rn. 17 ff.; vgl. auch die Erweiterung in § 89 BGB.

[76] MüKoBGB/*Leuschner*, 9. Aufl. 2021, § 31 Rn. 5; siehe auch Staudinger BGB/*Schwennicke*, 2019, § 31 BGB Rn. 101 ff.

[77] BeckOGK BGB/*Offenloch*, 1.2.2023, § 31 Rn. 41; Staudinger BGB/*Schwennicke*, 2019, § 31 BGB Rn. 113; MüKoBGB/*Leuschner*, 9. Aufl. 2021, § 31 Rn. 11. *Leuschners* Argument, hierdurch werde eine „unbeschränkte persönliche Repräsentantenhaftung" erzielt, überzeugt indes nicht; eine solche wird auch durch die Anwendung auf Verbände, deren Mitglieder persönlich haften, erreicht, vgl. *Nitschke*, NJW 1969, 1737 (1739).

[78] Vgl. *Spindler*, Unternehmensorganisationspflichten, 2001, S. 608; *Firat*, Die deliktische Gehilfenhaftung gemäß § 831 BGB, 2021, S. 194 (jeweils eine Analogie ablehnend). Diese Ungleichbehandlung wird teilweise für mit Art. 3 Abs. 1 GG unvereinbar gehalten, vgl. *Nitschke*, NJW 1969, 1737 (1742); *Reuber*, Die haftungsrechtliche Gleichbehandlung von Unternehmensträgern, 1990, S. 115 f.; *Schürnbrand*, Organschaft im Recht der privaten Verbände, 2012, S. 115 f. weist ebenfalls auf den „Wertungswiderspruch" hin, eine

durch viele dieser Repräsentanten wird der Verband nicht handlungsfähig, sondern vielmehr „handlungsfähiger".[79] Eine solche Ausdehnung auf Verbandsmitglieder, deren Mitwirkung an der Tätigkeit des Verbandes nicht zu einer Haftungslücke führt, ist aber, wie soeben gesehen, abzulehnen.[80]

Sondervorschriften sehen eine strengere Haftung des Geschäftsherrn – natürliche Person oder Verband – beim Einsatz bestimmter Personen vor. Beispiele sind die Haftung des Betreibers eines Bergwerks, eines Steinbruchs, einer Gräberei oder einer Fabrik (§ 3 HaftPflG) und die Haftung des Reeders und des Schiffeigners (§ 480 S. 1 HGB, § 3 Abs. 1 BinSchG). In der Literatur wird vereinzelt vorgeschlagen, eine Repräsentantenhaftung von natürlichen Personen mittels einer Gesamtanalogie zu diesen Vorschriften zu konstruieren.[81] Dies überzeugt nicht. Zum einen handelt es sich bei den genannten Vorschriften um Ausnahmetatbestände, welche eher einen Umkehrschluss gegen eine allgemeine Haftung für andere Personen, sei es auch nur für „Repräsentanten", nahelegen.[82] Zum anderen bewirken diese Regelungen, wie später noch gezeigt wird,[83] keine Verhaltenszurechnung, sondern (nur) eine Haftungsausdehnung und vermeiden daher, anders als § 31 BGB, keine rechtliche Haftungslücke, sondern tatsächliche Durchsetzungsschwierigkeiten.

c) Abgrenzung von Delegation und Kooperation

Die Delegation von Gefahrsteuerungszuständigkeiten ist außerdem abzugrenzen von der bloßen *Kooperation*. Die Gefahrsteuerungszuständigkeiten werden dabei nicht übertragen, sondern durch Kooperation mit einem anderen – der wiederum eigene Zuständigkeiten ausübt – wahrgenommen.[84] Auch die Kooperation begründet Gefahrsteuerungspflichten: Die Betroffenen schaffen das

---

Erstreckung auf natürliche Personen würde aber seiner Ansicht nach die „verbandsrechtliche Grundkonzeption der Vorschrift" sprengen.

[79] *Nitschke*, NJW 1969, 1737 (1739); *Reuber*, Die haftungsrechtliche Gleichbehandlung von Unternehmensträgern, 1990, S. 320 f.; *Schürnbrand*, Organschaft im Recht der privaten Verbände, 2012, S. 112.

[80] Vgl. oben aa).

[81] *Martinek*, Repräsentantenhaftung, 1979, S. 225 ff. zu § 2 RHaftPflG, § 485 HGB a.F., § 3 Abs. 1 BinSchG. Ob in den schifffahrtsrechtlichen Vorschriften der Repräsentationsgedanke zum Ausdruck kommt, ist allerdings zweifelhaft, vgl. zum Anwendungsbereich des § 480 HGB Oetker HGB/*Paschke*, 7. Aufl. 2021, § 480 Rn. 2.

[82] *Spindler*, Unternehmensorganisationspflichten, 2001, S. 608; auf den Charakter als „Sondervorschriften" weist auch *Schürnbrand*, Organschaft im Recht der privaten Verbände, 2012, S. 116 hin. Er erwägt eine teleologische Reduktion des § 831 Abs. 1 S. 2 BGB bei „schuldhaften Delikten des Mitarbeiters" als „das geringere Übel"; siehe auch schon *E. Schmidt*, AcP 170 (1970), 502 (523 f.), wonach den Vorschriften kein einheitliches Prinzip zu entnehmen sei.

[83] Siehe unten III. 1. sowie B. II. 2. c).

[84] Zu verschiedenen Formen der Arbeitsteilung siehe bereits oben Kapitel 1, C. V.

Risiko von Problemen an der Schnittstelle und sind entsprechend für diese Schnittstelle zuständig. Hieraus folgen Koordinationspflichten.[85] Die Pflichten sind aber regelmäßig weniger intensiv als die Pflichten des Delegierenden, denn die Beteiligten können weniger Einfluss aufeinander nehmen und profitieren weniger von der Tätigkeit des anderen.[86] Kooperationsbeziehungen basieren meist auf der ungesicherten Erwartung von Reziprozität.[87] Durch Kooperation können *Netzwerke* entstehen, mit denen spezifische (haftungs-)rechtliche Probleme verbunden sind, auf die hier nicht weiter eingegangen wird.[88] Schwerpunkt dieser Arbeit ist die *Delegation* von Aufgaben an autonome Systeme.

3. Keine Delegationsverbote

Die Delegierbarkeit von Gefahrsteuerungszuständigkeiten wird von der Rechtsprechung und einem Teil der Literatur begrenzt.[89] Nach *von Bar* kann eine „haftungsbefreiende" Delegation als solche eine schuldhafte Pflichtverletzung des Delegierenden begründen[90]: Verkehrspflichten würden an „besondere abstrakte Gefahrenlagen" anknüpfen und sollen deshalb, ähnlich wie eine Gefährdungshaftung, zu Erfolgseinstandspflichten führen können.[91] Nach *Brüggemeier* soll speziell die Pflicht des Herstellers, „nur fehlerfreie Produkte auf den Markt kommen zu lassen" nicht delegierbar sein. Es handle sich dabei um eine „den Produzenten ausschließlich und persönlich treffende Berufs-/Verkehrspflicht als Teil des Unternehmer-/Unternehmensrisikos".[92] Das gleiche soll für

---

[85] Siehe etwa *Becker*, KSzW 2015, 114 (119) zu den Pflichten in „Netzwerken".

[86] Vgl. *Teubner*, Netzwerk als Vertragsverbund, 2004, S. 49 zur „unbestimmten Erwartung künftiger Netzvorteile" bei der Kooperation innerhalb von Netzwerken.

[87] Vgl. *Teubner*, Netzwerk als Vertragsverbund, 2004, S. 49 zur Kooperation innerhalb von Netzwerken.

[88] Siehe dazu etwa *Becker*, KSzW 2015, 114 (119); *Teubner*, ZHR 1990, 295 (311 ff.) zur Haftung beim Franchising; siehe auch *Beckers/Teubner*, Three Liability Regimes for Artificial Intelligence: Algorithmic Actants, Hybrids, Crowds, 2022, S. 99 ff. zu einer Netzwerkhaftung beim Verhalten von Mensch-Maschinen-Assoziationen (vgl. bereits Einleitung, Fn. 19).

[89] Vgl. auch zum Institut der „non-delegable duties" im englischen Recht *Brüggemeier*, Haftungsrecht, 2006, S. 126; *Kötz*, ZEuP 2017, 283 (296 ff.); siehe auch § 55 Restat 3d of Torts, comment b zum U.S.-amerikanischen Recht. Die vom American Law Institute formulierten „Restatements" sind selbst keine Rechtsquellen, sondern sollen die geltende Rechtslage wiedergeben und gegebenenfalls auch zukünftige Entwicklungen vorzeichnen, vgl. *Hay*, U.S.-amerikanisches Recht, 7. Aufl. 2020, S. 12 f.

[90] *Von Bar*, Verkehrspflichten, 1980, S. 270 ff.

[91] *Von Bar*, Verkehrspflichten, 1980, S. 270 f.

[92] *Brüggemeier*, WM 1982, 1294 (1297). Von der „Persönlichkeit" von Pflichten im Bereich der außervertraglichen Haftung zu sprechen, erscheint fragwürdig. Außerhalb von Sonderverbindungen darf der Verkehr zwar darauf vertrauen, dass Gefahren gesteuert werden, aber nicht darauf, dass dies durch eine bestimmte Person geschieht (vgl. bereits oben 1.).

andere Berufspflichten, etwa die „händlerspezifischen Verkehrspflichten"[93] gelten. *Jakobs* spricht sich gegen die Delegierbarkeit von Auswahl- und Überwachungspflichten aus.[94] Auch der BGH verneint die Delegierbarkeit bestimmter Zuständigkeiten. So obliege die „Pflicht zur allgemeinen Oberaufsicht" in jedem Fall dem Geschäftsherrn bzw. einem Organwalter i.S.v. § 31 BGB. Der Geschäftsherr könne diese Pflicht „auch einem sorgfältig ausgewählten leitenden Angestellten [...] nicht mit der Folge überlassen, daß er sich selbst einer Haftung entzieht"[95] (sog. körperschaftlicher Organisationsmangel[96]). Genauso müsse der Herausgeber eines „besonders gefährlichen Beitrags" diesen „entweder selbst überprüfen oder dem damit beauftragten Dritten Organstellung i.S. von §§ 30, 31 BGB verschaffen, so daß er für sein Verschulden ohne Entlastungsmöglichkeit einzustehen hat".[97]

Mitunter wird auch auf § 278 BGB rekurriert. Dieser ist nach Wortlaut, Systematik und gesetzgeberischer Intention auf Sonderverbindungen beschränkt.[98] Dennoch wird versucht, die Vorschrift zumindest in bestimmten Konstellationen heranzuziehen. *Prölss* befürwortet etwa eine Anwendung, wenn „auf Grund einer Verkehrssicherungspflicht eine besondere Maßnahme zu treffen ist".[99] *Vollmer* erwägt – bei Vorliegen bestimmter Voraussetzungen – eine „dem § 278 BGB entsprechende Haftungskanalisierung" bei Verkehrssicherungspflichten, die sich auf Risiken beziehen, die „mit besonderen Schadensgefahren verbunden sind".[100] Die Entwicklung von

---

[93] *Brüggemeier*, WM 1982, 1294 (1307).

[94] *Jakobs*, VersR 1969, 1061 (1066 f.), wonach die „Feststellung, dass die Auswahl- oder Überwachungsperson versagt hat, [..] bereits die Feststellung des Mangels in der Auswahl und Überwachung von Verrichtungspersonen" sei und damit auch „bereits die Feststellung, daß die im Verkehr erforderliche Sorgfalt nicht beobachtet ist".

[95] Siehe nur BGH, Urt. v. 17.10.1967 – VI ZR 70/66, NJW 1968, 247, juris Rn. 27 – „Schubstrebe"; vgl. bereits RG, Urt. v. 14.12.1911 – VI 75/11, RGZ 78, 107 (109) – „Kutscher-Fall", wonach die „allgemeinen Aufsichtsanordnungen" regelmäßig die Aufgabe des Geschäftsherrn selbst bzw. der Organwalter seien; ähnlich RG, Urt. v. 25.2.1915 – VI 526/14, RGZ 87, 1 (4).

[96] Vgl. *Spindler*, Unternehmensorganisationspflichten, 2001, S. 603; MüKoBGB/*Wagner*, 8. Aufl. 2020, § 823 Rn. 124.

[97] BGH, Urt. v. 8.7.1980 – VI ZR 158/78, NJW 1980, 2810, juris Rn. 63 – „Das Medizin-Syndikat II".

[98] Siehe nur BGH, Urt. v. 25.10.1951 – III ZR 95/50, BGHZ 4, 1, juris Rn. 9 – „Gutsverwalter-Fall"; *Larenz/Canaris*, Lehrbuch des Schuldrechts, Bd. II/2, 13. Aufl. 1994, S. 419 f.

[99] *Prölss*, Die Haftung für fremdes Verhalten ohne eigene Tatbestandsverwirklichung im Privatrecht, 1979, S. 53.

[100] *Vollmer*, JZ 1977, 371 (375). Der Begriff der „Haftungskanalisierung" bezeichnet die Konzentration der Haftung im Außenverhältnis auf eine Person. Eine „rechtliche" Haftungskanalisierung bewirkt, dass dem Geschädigten *nur* Ansprüche gegen eine Person zustehen, vgl. *Weitnauer*, DB 1961, 666 (668). Daneben existieren schwächere Formen der Kanalisierung, z.B. indem die Haftung *auch* demjenigen auferlegt wird, gegen den Ansprüche

Verkehrssicherungspflichten habe der Gesetzgeber bei der Begrenzung des § 278 BGB auf Sonderverbindungen nicht einkalkuliert.[101] Diese Pflichten würden, ähnlich wie Vertragspflichten, ein Erfolgsmoment – Herstellung eines sicheren Zustands – aufweisen.[102]

Den Ansätzen ist gemein, dass es jeweils um die Delegation *wesentlicher Zuständigkeiten*, insbesondere um Zuständigkeiten für *große Gefahren* geht.[103] In den vom BGH behandelten Fällen sind im Fall einer Fehlsteuerung der Gefahr durch den Delegationsempfängers entweder Schäden sehr wahrscheinlich, da das Verhalten des Gehilfen Auswirkungen auf eine Vielzahl von anderen Personen hat (Aufsicht über Mitarbeiter) oder es sind, aufgrund der Besonderheiten der Tätigkeit, hohe Schäden zu befürchten (gefährlicher Beitrag). Indes würden solche Delegationsverbote eine verschuldensunabhängige Haftung des Delegierenden durch Richterrecht begründen. Zwar geht es nicht um eine Gefährdungshaftung i.e.S. – die Haftung scheint jeweils abhängig von einem Verschulden des Mitarbeiters zu sein.[104] Dennoch würde es ohne gesetzliche Ermächtigung zur alleinigen Aufgabe des Richters gemacht, zu beurteilen, wann eine Gefahr nach ihrer Größe und Beschaffenheit eine verschärfte Haftung rechtfertigt. Dies läuft dem Enumerationsprinzip zuwider.[105] Eine (analoge) Anwendung des § 278 BGB scheitert auch bei Verkehrs(sicherungs)pflichtverletzungen an der gesetzgeberischen Grundentscheidung gegen eine Haftung für fremdes Verhalten.[106] Die Unterscheidung zwischen schädlichen Verkehrs(sicherungs)pflichtverletzungen und anderen, insbesondere „unmittelbaren"

---

vernünftigerweise gerichtet werden oder indem die Haftung mehrerer durch eine Person (z.B. einen Versicherer) gedeckt wird, vgl. *Weitnauer*, a.a.O., S. 667 f.; *Vollmer*, a.a.O., S. 374 f.

[101] *Prölss*, Die Haftung für fremdes Verhalten ohne eigene Tatbestandsverwirklichung im Privatrecht, 1979, S. 54.

[102] *Vollmer*, JZ 1977, 371 (374).

[103] Siehe auch MüKoBGB/*Wagner*, 8. Aufl. 2020, § 823 Rn. 121, wonach es darauf ankomme, „ob die übertragene Aufgabe von einem Gewicht ist, dass die Stellung des Gehilfen eine repräsentantengleiche hätte sein sollen".

[104] Vgl. *Vollmer*, JZ 1977, 371 (376). Die Gefährdungshaftung beruht dagegen auf einer unbeherrschbaren Gefahr, vgl. dazu unten B. I. 1.

[105] Dazu, dass die Gefährdungshaftung im deutschen Recht dem Enumerationsprinzip folgt, siehe nur BGH, Urt. v. 25.1.1971 – III ZR 208/68, BGHZ 55, 229, juris Rn. 13; *Larenz/Canaris*, Lehrbuch des Schuldrechts, Bd. II/2, 13. Aufl. 1994, S. 601 f.; *Looschelders*, Schuldrecht, Besonderer Teil, 18. Aufl. 2023, S. 630; *Veith*, Künstliche Intelligenz, Haftung und Kartellrecht, 2021, S. 119 f.; *BMJ*, Referentenentwurf eines Gesetzes zur Änderung und Ergänzung schadensersatzrechtlicher Vorschriften, Bd. II, 1967, S. 2 ff.; anders z.B. das U.S.-amerikanische Recht, vgl. § 20 Restat 3d of Torts, wo eine Generalklausel für „abnormally dangerous activities" vorgesehen ist.

[106] Ausführlich zur Unzulässigkeit einer Analogie *Firat*, Die deliktische Gehilfenhaftung gemäß § 831 BGB, 2021, S. 185 ff.

Schädigungen, wie sie etwa der Konzeption von *Prölss*[107] und *von Bar*[108] zugrunde liegt, ist kaum rechtssicher möglich.[109] Jeweils werden Sorgfaltspflichten nach § 276 Abs. 2 BGB verletzt.[110] Der BGB-Gesetzgeber hatte die Verkehrs(sicherungs)pflichten Ende des 19. Jahrhunderts möglicherweise nicht im Blick, wohl aber Eingriffe durch Unterlassen sowie die Verletzung von Schutzgesetzen i.S.v. § 823 Abs. 2 BGB,[111] bei denen es ebenfalls um „mittelbare" Schädigungen gehen kann. Auch insoweit hat er aber, aus § 831 BGB ersichtlich, an einer Haftung für eigenes Verschulden festgehalten.[112]

Die Delegation wesentlicher Zuständigkeiten führt allerdings dazu, dass die Anforderungen an die Auswahl, Überwachung und Anleitung des Delegationsempfängers sehr hoch sind. Im Einzelfall kann die Zuständigkeit zur „allgemeinen Oberaufsicht" möglicherweise nur vom Unternehmensträger selbst oder von einem Organwalter i.S.v. § 31 BGB ordnungsgemäß wahrgenommen werden, mit der Folge, dass die Auswahl einer anderen Person pflichtwidrig ist. Regelmäßig ist der gewöhnliche Angestellte aber genauso gut oder sogar besser geeignet, die Zuständigkeiten wahrzunehmen.[113] Ein generelles Delegationsverbot lässt sich aus der Größe der Gefahr oder sonstigen Besonderheiten nicht ableiten.

II. *Gefahrsteuerungspflichten des Delegierenden*

Im Folgenden werden nun die bereits mehrfach angesprochenen Gefahrsteuerungspflichten des Delegierenden sowie die für die Verteilung der Durchsetzungsrisiken relevanten Beweisfragen näher beleuchtet, wobei zunächst die intraorganisationale (1.) und anschließend die interorganisationale (2.) Arbeitsteilung untersucht wird.[114]

---

[107] *Prölss*, Die Haftung für fremdes Verhalten ohne eigene Tatbestandsverwirklichung im Privatrecht, 1979, S. 53 ff.

[108] *Von Bar*, Verkehrspflichten, 1980, S. 270 ff.

[109] Siehe dazu bereits oben Fn. 9 zur sog. Kombinationslehre.

[110] Vgl. MüKoBGB/*Wagner*, 8. Aufl. 2020, § 823 Rn. 530.

[111] Vgl. Motive II, S. 725 ff.

[112] Vgl. Motive II, S. 736 f; *E. Schmidt*, AcP 170 (1970), 502 (520 f.); kritisch zum körperschaftlichen Organisationsmangel auch *Kleindiek*, Deliktshaftung und juristische Person, 1997, S. 329: „von vornherein verfehlte Kategorie".

[113] Vgl. *von Bar*, Verkehrspflichten, 1980, S. 36 f.; *Kleindiek*, Deliktshaftung und juristische Person, 1997, S. 329; siehe auch *Spindler*, Unternehmensorganisationspflichten, 2001, S. 603, wonach „mit dem Fehlen eines organschaftlichen Vertreters keine Erhöhung eines Risikos verbunden [sei], dem es mit Verkehrspflichten entgegenzusteuern gälte".

[114] Zu Abgrenzungsschwierigkeiten zwischen unselbständigen und selbständigen Gehilfen siehe etwa *Koziol*, in: Comparative stimulations for developing tort law, 2015, S. 182 (187); *Kötz*, ZEuP 2017, 283 (292 ff.).

1. Intraorganisationale Arbeitsteilung

Mit Blick auf die Delegation von Zuständigkeiten innerhalb einer Organisation lässt sich weiter differenzieren zwischen den Pflichten nach § 831 BGB (a) und den Pflichten nach § 823 Abs. 1 BGB (b),[115] für die jeweils unterschiedliche Beweislastregeln gelten (c).

a) Besondere Sorgfaltspflichten gem. § 831 BGB

§ 831 BGB bewirkt weder – wie etwa § 31 BGB – eine Verhaltenszurechnung noch – wie etwa § 480 S. 1 HGB – eine Haftungsausdehnung, sondern regelt zunächst die schadensursächliche (bb) Verletzung bestimmter Auswahl-, Überwachungs-[116] und Anleitungspflichten (aa).[117]

---

[115] § 831 BGB ist nach h.M. *lex specialis* gegenüber § 823 Abs. 1 BGB, vgl. Jauernig BGB/*Staudinger*, 11. Aufl. 2021, § 831 Rn. 2; Staudinger BGB/*Bernau*, 2022, § 831 Rn. 9; *Matusche-Beckmann*, Das Organisationsverschulden, 2001, S. 98; *Speer*, Organisationspflichten und Organisationsverschulden, 2022, S. 161; a.A. *Jakobs*, VersR 1969, 1061 (1062).

[116] § 831 Abs. 1 S. 2 BGB erwähnt nur die Auswahl sowie die Beschaffung von Vorrichtungen oder Gerätschaften und die Leitung, sofern der Geschäftsherr Vorrichtungen oder Gerätschaften zu beschaffen oder die Ausführung der Verrichtung zu leiten hat. Indes besteht weitgehend Einigkeit, dass § 831 BGB allgemein auch Pflichten zur Überwachung und gegebenenfalls zur Anleitung umfasst, vgl. BGH, Beschl. v. 4.3.1957 – GSZ 1/56, BGHZ 24, 21, juris Rn. 20 f. – „Straßenbahn-Fall"; BGH, Urt. v. 30.1.1996 – VI ZR 408/94, NJW-RR 1996, 867, juris Rn. 15 f.; BeckOGK BGB/*Spindler*, 1.5.2023, § 831 Rn. 41; *Looschelders*, Schuldrecht, Besonderer Teil, 18. Aufl. 2023, S. 588 f.; a.A. *von Bar*, Verkehrspflichten, 1980, S. 242 f., wonach die Aufsichtspflichten als Verkehrspflichten zu § 823 Abs. 2 BGB gehören sollen (siehe dazu oben Fn. 10). Begründet wird dies damit, dass der Gehilfe nicht nur bei seiner Bestellung, sondern während der gesamten Zeit des Tätigwerdens ordnungsgemäß ausgewählt sein müsse, was nur dadurch gewährleistet werden könne, dass der Gehilfe überwacht und, sollten Defizite erkennbar sein, angeleitet wird, vgl. RG, Urt. v. 14.12.1911 – VI 75/11, RGZ 78, 107 (109) – „Kutscher-Fall"; RG, Urt. v. 7.4.1930 – VI 400/29, RGZ 128, 149 (153, unter A. 2.); MüKoBGB/*Wagner*, 8. Aufl. 2020, § 831 Rn. 41; nach *Larenz/Canaris*, Lehrbuch des Schuldrechts, Bd. II/2, 13. Aufl. 1994, S. 481 geht es der Sache nach um eine Analogie.

[117] Solche Pflichten ließen sich grundsätzlich auch aus § 823 Abs. 1 BGB ableiten. Inwieweit § 831 Abs. 1 BGB die Haftung gegenüber § 823 Abs. 1 BGB erweitert, ist im Einzelnen umstritten. Nach *Esser/Weyers*, Schuldrecht, Bd. II/2, 8. Aufl. 2000, S. 209 liegt die Besonderheit von § 831 BGB ausschließlich in der Beweislastumkehr; ähnlich *Jakobs*, VersR 1969, 1061 (1065); wohl auch Staudinger BGB/*Bernau*, 2022, § 831 Rn. 20. § 831 BGB geht allerdings auch insofern über § 823 Abs. 1 BGB hinaus, als danach eine Haftung für vom Geschäftsherrn fahrlässig verursachte (reine) Vermögensschäden möglich ist, nämlich wenn der Gehilfe ein Delikt nach §§ 823 Abs. 2, 826 BGB begeht, vgl. *Larenz/Canaris*, Lehrbuch des Schuldrechts, Bd. II/2, 13. Aufl. 1994, S. 476 f. Nach *Weitnauer*, VersR 1970, 585 (594) soll sich außerdem das Verschulden bei § 831 BGB, anders als bei § 823 Abs. 1 BGB, nicht auf die Rechts- bzw. Rechtsgutsverletzung, sondern allein „auf die Sorgfaltsverletzung bei der Auswahl und Anleitung usw" beziehen. Dagegen spricht allerdings, dass

aa) Auswahl-, Überwachungs- und Anleitungspflichten

Die Pflichten des Geschäftsherrn nach § 831 Abs. 1 BGB sind generell intensiv.[118] Zunächst kann er das in § 831 BGB geregelte Personenrisiko vergleichsweise gut kontrollieren und ist damit häufig *cheapest cost avoider* (Effizienzgedanke):[119] Der Verrichtungsgehilfe ist weisungsgebunden[120] und steht in einer „organisatorisch abhängigen Stellung".[121] Der Geschäftsherr kann folglich wesentlich auf den Input und die Input-Output-Beziehung des Gehilfen Einfluss nehmen. Er kann ihn z.B. in einer bestimmten Umgebung agieren lassen, ihm konkrete Verhaltensregeln vorgeben (Lernen durch Anweisung) oder die Bedingungen schaffen, unter denen sich der Gehilfe neue Regeln aneignen kann (Lernen durch Erfahrung).[122] Der Geschäftsherr kann ein schädigendes Verhalten des Gehilfen also grundsätzlich gut vermeiden. Er kann ein solches Verhalten auch in weitem Umfang vorhersehen.[123] Denn der Geschäftsherr kann den Gehilfen umfassend befragen und dadurch Einsicht in die Kenntnisse und Fähigkeiten des menschlichen Agenten erhalten. Außerdem kann er ihn durch einfache Maßnahmen beobachten und hieraus, aufgrund seines Basiswissens über allgemein das menschliche und speziell das Gehilfenverhalten, Rückschlüsse auf künftiges Verhalten ziehen. Hinzu kommt, dass der

---

§ 831 Abs. 1 S. 2 Alt. 2 BGB explizit vom „Schaden" spricht und sich folglich auch die Pflichtwidrigkeit hierauf beziehen dürfte; zum Pflichtwidrigkeitszusammenhang siehe auch noch unten bb).

[118] Vgl. Jauernig BGB/*Teichmann*, 18. Aufl. 2021, § 831 Rn. 11 zu „recht strengen Maßstäben"; in diese Richtung auch *Kupisch*, JuS 1984, 250 (252), wonach im Fall des § 831 BGB „besondere Sorgfaltspflichten" angebracht seien.

[119] Vgl. zum starken Einfluss Erman BGB/*Wilhelmi*, 16. Aufl. 2020, § 831 Rn. 2; allgemein zur Figur des „cheapest cost avoider" siehe *Taupitz*, AcP 196 (1996), 114 (161); *Schäfer/Ott*, Lehrbuch der ökonomischen Analyse des Zivilrechts, 6. Aufl. 2020, S. 279 ff. Die Fahrlässigkeit wird allerdings nicht durch eine rein ökonomische Analyse heraus bestimmt, vgl. MüKoBGB/*Wagner*, 8. Aufl. 2020, § 823 Rn. 478 f.; *Wilhelmi*, Risikoschutz durch Privatrecht, 2009, S. 236: „ein Abwägungsmoment unter mehreren".

[120] Vgl. zu den Voraussetzungen der Weisungsgebundenheit BGH, Urt. v. 10.3.2009 – VI ZR 39/08, NJW 2009, 1740, juris Rn. 11 – „Herzinfarkt"; siehe auch BGH, Urt. v. 30.6.1966 – VII ZR 23/65, BGHZ 45, 311, juris Rn. 10; BGH, Urt. v. 10.12.2013 – VI ZR 534/12, NJW 2014, 614, juris Rn. 12 sowie bereits oben I. 2. b) aa); zur Gefahrbeherrschung aufgrund der Weisungsmöglichkeit siehe *Koziol*, Grundfragen des Schadenersatzrechts, 2010, S. 222.

[121] BGH, Urt. v. 10.3.2009 – VI ZR 39/08, NJW 2009, 1740, juris Rn. 11 – „Herzinfarkt"; BGH, Urt. v. 10.12.2013 – VI ZR 534/12, NJW-RR 2014, 614, juris Rn. 12.

[122] Vgl. BGH, Urt. v. 3.6.2014 – VI ZR 394/13, NJW 2014, 2797, juris Rn. 18, wonach der Geschäftsherr für einen Verrichtungsgehilfe deshalb hafte, „weil er auf Grund eines objektiven Abhängigkeitsverhältnisses befugt ist, auf das Verhalten des Dritten tatsächlich Einfluss zu nehmen und gegebenenfalls auch das Verhältnis zu diesem zu beenden".

[123] Dazu, dass die Fahrlässigkeit Vermeidbarkeit und Vorhersehbarkeit voraussetzt, vgl. oben Kapitel 1, Fn. 22.

Geschäftsherr einen erheblichen Nutzen aus der Tätigkeit des Gehilfen zieht, wodurch Sorgfaltskosten kompensiert werden (Vorteilsgedanke).[124] Einerseits wird er entlastet (Substitution), andererseits kann er durch den Rückgriff auf die Spezialkenntnisse des Gehilfen seine Aktivität ausweiten und verbessern (Summations- und Synergieeffekte).[125] Für die Intensität der Sorgfaltspflichten, die aus der Zuständigkeit für eine Personengefahr folgen, spielt der *Vertrauensgrundsatz* eine wesentliche Rolle: Im Ausgangspunkt darf eine Person darauf vertrauen, dass die anderen Verkehrsteilnehmer die im Verkehr erforderliche Sorgfalt einhalten.[126] Im Verhältnis zwischen Geschäftsherr und Verrichtungsgehilfe gilt dieser Grundsatz aber nur eingeschränkt.[127] Der Vertrauensgrundsatz beruht darauf, dass einerseits für einen Akteur typischerweise zwar erkennbar ist, zu welchem Verkehrskreis der andere gehört und er deshalb das diesem Verkehrskreis entsprechende Verhalten in Rechnung stellen muss, andererseits aber individuelle Merkmale, die dazu führen, dass der andere von dem Standard des Verkehrskreises abweicht, nicht erkannt werden können und müssen.[128] Dem Geschäftsherrn ist es aufgrund seiner Beziehung zum Verrichtungsgehilfen indes in einem weiteren Umfang möglich, auch individuelle Merkmale in Rechnung zu stellen. Er ist nicht auf die allgemeine „Alltagspsychologie" und die Prognose anhand des Verkehrskreises des Gehilfen beschränkt, sondern kann sich Informationen über die Kenntnisse und Fähigkeiten des Gehilfen beschaffen. Entsprechend kann und muss der Geschäftsherr eine mangelnde Leistungsbereitschaft und Leistungsfähigkeit des Gehilfen eher erkennen und darauf reagieren. Selbst die Tatsache, dass sich der Gehilfe bisher bewährt hat, führt deshalb nicht dazu, dass gar keine Kontrollmaßnahmen durchzuführen sind. Die Anforderungen werden lediglich reduziert, in der

---

[124] Allgemein zum Vorteilsgedanken *von Bar*, Verkehrspflichten, 1980, S. 125 ff.; BeckOGK BGB/*Spindler*, 1.5.2023, § 823 Rn. 413.

[125] Zu den Vorteilen der Arbeitsteilung für den Geschäftsherrn siehe nur *Larenz/Canaris*, Lehrbuch des Schuldrechts, Bd. II/2, 13. Aufl. 1994, S. 476; BeckOK BGB/*Förster*, 66. Ed., 1.5.2023, § 831 Rn. 1.

[126] MüKoBGB/*Wagner*, 8. Aufl. 2020, § 823 Rn. 481: reziproker Sorgfaltsstandard; zu einer soziologischen Sicht siehe *Luhmann*, Funktionen und Folgen formaler Organisation, 4. Aufl. 1995, S. 179: „In differenzierten Systemen kann man […] mit der fiktiven Unterstellung arbeiten, daß eine Information zutrifft, wenn sie von der zuständigen Stelle kommt."

[127] Vgl. BGH, Urt. v. 7.11.2006 – VI ZR 206/05, BGHZ 169, 364, juris Rn. 10 zu den Pflichten eines Chefarztes, der sich, wenn er „im Rahmen seiner Organisationspflicht die Aufklärung einem nachgeordneten Arzt übertragen" hat, „auf deren ordnungsgemäße Durchführung und insbesondere die Vollständigkeit der Aufklärung nur dann verlassen [dürfe], wenn er hierfür ausreichende Anweisungen erteilt hat, die er gegebenenfalls im Arzthaftungsprozess darlegen muss"; noch kategorischer *Froesch*, DB 2009, 722 (725), wonach der Vertrauensgrundsatz bei vertikaler Delegation überhaupt nicht gelten solle.

[128] *Deutsch*, Fahrlässigkeit und erforderliche Sorgfalt, 1963, S. 140.

Regel auf eine punktuelle Kontrolle.[129] Wie weit die Anforderungen genau reichen, hängt vom Einzelfall ab, insbesondere von der Größe der Gefahr, für die der Gehilfe zuständig ist.[130]

§ 831 Abs. 2 BGB sieht auch die Möglichkeit einer Delegation der Zuständigkeit für die Gehilfengefahr und eine entsprechende Haftung des Delegationsempfängers vor. Die organisationsinterne Übertragung der Auswahl, Überwachung und Anleitung an ein (leitendes) Organisationsmitglied soll nach h.M. jedoch nicht oder nur unter bestimmten Voraussetzungen zu einer Zuständigkeit des Delegationsempfängers nach § 831 Abs. 2 BGB führen.[131] Diese Beschränkung ist indes weder im Wortlaut angelegt noch zweckmäßig. Der Mitarbeiter mit Personalverantwortung hat die Steuerung des Personenrisikos vom Organisationsträger übernommen. Auch insofern muss, entsprechend den allgemeinen Grundsätzen, entscheidend sein, ob der Rechtsverkehr von der Übertragung der Zuständigkeit auf das Organisationsmitglied ausgehen durfte.[132] Danach haftet z.B. auch der angestellte Arzt bei einer Pflichtverletzung eines ihm unterstellten Krankenpflegers nach Maßgabe von § 831 Abs. 2 BGB.[133] Dies ist dem Delegationsempfänger durchaus zumutbar: Der leitende Mitarbeiter hat die Möglichkeit, auf den nachgeordneten Mitarbeiter Einfluss zu nehmen. Er zieht auch Vorteile aus der Tätigkeit des untergeordneten Gehilfen, denn durch die Weiterübertragung erfüllt er seine Pflichten gegenüber seinem Geschäftsherrn – genauso wie dieser seine Pflichten gegenüber Dritten erfüllt.[134] Der Geschäftsherr wird durch die Delegation von seiner Zuständigkeit zur Steuerung der Personengefahr „nachgeordneter Mitarbeiter" frei, ihm bleibt aber die Zuständigkeit zur Steuerung der Personengefahr „leitender Mitarbeiter". Folglich muss er *diesen* nach § 831 Abs. 1 BGB ordnungsgemäß

---

[129] Vgl. BGH, Urt. v. 19.1.1965 – VI ZR 238/63, VersR 1965, 473 (474, unter 2.); OLG Hamm, Urt. v. 10.4.2014 – I-17 U 38/12, juris Rn. 94.

[130] Vgl. BGH, Urt. v. 7.6.1966 – VI ZR 130/65, VersR 1966, 929, juris Rn. 16; BGH, Urt. v. 8.10.2002 – VI ZR 182/01, NJW 2003, 288, juris Rn. 16; Staudinger BGB/*Bernau*, 2022, § 831 Rn. 138.

[131] Vgl. *Larenz/Canaris*, Lehrbuch des Schuldrechts, Bd. II/2, 13. Aufl. 1994, S. 484; MüKoBGB/*Wagner*, 8. Aufl. 2020, § 831 Rn. 58, wonach der Anstellungsvertrag keine Zuständigkeitsübernahme enthalte. Nach *Medicus*, in: FS Deutsch, 1999, S. 291 ff. kommt es darauf an, ob sich durch die Übernahme die Gefahr erhöht hat; außerdem müsse der Übernehmer Zugang zu den für eine Entlastung nötigen Beweismitteln und eine unternehmerähnliche Stellung haben.

[132] Vgl. Staudinger BGB/*Bernau*, 2022, § 831 Rn. 185, der auf das „berechtigte Vertrauen des Verkehrs in den Übernehmer" abstellen möchte; siehe auch schon oben I. 2. a).

[133] BGH, Urt. v. 8.3.1960 – VI ZR 45/59, VersR 1960, 371 (372, unter III.); Staudinger BGB/*Bernau*, 2022, § 831 Rn. 185.

[134] Kritisch im Hinblick auf die Haftung des Arbeitnehmers Staudinger BGB/*Bernau*, 2022, § 831 Rn. 185.

auswählen, überwachen und gegebenenfalls anleiten.[135] Besonderheiten bestehen allerdings bei Organwaltern i.S.v. § 31 BGB. Der BGH hat eine Anwendung des § 831 Abs. 2 BGB auf den Geschäftsführer einer GmbH im Grundsatz zu Recht verneint.[136] Im Verhältnis von Verband und Organwalter werden, wie gesehen, keine Zuständigkeiten übertragen.[137] Der Organwalter nimmt vielmehr die Zuständigkeiten und die daraus resultierenden Pflichten des Verbands wahr, welcher dann nach § 31 BGB haftet. Organwalter haften selbst nur dann (in der Regel nach § 823 Abs. 1 BGB), wenn sie darüber hinaus eigene Zuständigkeiten innehaben.[138]

bb) Pflichtwidrigkeitszusammenhang

Teilweise werden § 831 BGB auch Besonderheiten für den Pflichtwidrigkeitszusammenhang entnommen. Nach allgemeinen Grundsätzen haftet der Geschäftsherr nur dann, wenn sein pflichtwidriges Verhalten den Schaden als *conditio sine qua non*[139] (mit-)verursacht hat,[140] wobei die „natürliche"

---

[135] Zur Pflicht des Geschäftsherrn, die Schnittstellen zwischen den Gehilfen abzusichern, siehe unten b).

[136] Siehe nur BGH, Urt. v. 14.5.1974 – VI ZR 8/73, NJW 1974, 1371, juris Rn. 10.

[137] Vgl. MüKoBGB/*Wagner*, 8. Aufl. 2020, § 831 Rn. 58 sowie oben I. 2. b); siehe auch BGH, Urt. v. 14.5.1974 – VI ZR 8/73, NJW 1974, 1371, juris Rn. 10, wonach „die Rechtsstellung des Geschäftsführers, jedenfalls im Haftpflichtrecht, durch seine Organstellung" entscheidend geprägt werde; gegen eine Außenhaftung von Organwaltern nach § 831 Abs. 2 BGB auch *Medicus*, in: FS Deutsch, 1999, S. 291 (303); *Kleindiek*, Deliktshaftung und juristische Person, 1997, S. 438.

[138] Vgl. BGH, Urt. v. 5.12.1989 – VI ZR 335/88, BGHZ 109, 297, juris Rn. 19; MüKoBGB/*Wagner*, 8. Aufl. 2020, § 831 Rn. 58 sowie oben I. 2. b).

[139] Siehe zu der conditio sine qua non-Formel nur BGH, Urt. v. 11.5.1951 – I ZR 106/50, BGHZ 2, 138 (141); *Deutsch*, Allgemeines Haftungsrecht, 2. Aufl. 1996, S. 119 ff., dort auch zu den Grenzen („eminent praktikable Formel, die jedoch in manchen Grenzbereichen unscharf wird").

[140] Dazu, dass in nahezu allen Fällen mehrere Ursachen zusammen wirken, siehe oben Kapitel 1, vor und mit Fn. 157. Nach der Adäquanztheorie muss „das zum Schaden führende Ereignis im Allgemeinen und nicht nur unter besonders eigenartigen, unwahrscheinlichen und nach dem gewöhnlichen Verlauf der Dinge außer Betracht zu lassenden Umständen geeignet sein, einen Erfolg der eingetretenen Art herbeizuführen", siehe nur BGH, Urt. v. 16.4.2002 – VI ZR 227/01, NJW 2002, 2232, juris Rn. 10. Jedenfalls im Rahmen der *haftungsbegründenden* Kausalität ist eine gesonderte Prüfung der Adäquanz allerdings grundsätzlich obsolet. In den genannten Fällen fehlt es meist an der Fahrlässigkeit, vgl. *Deutsch*, Allgemeines Haftungsrecht, 2. Aufl. 1996, S. 85, 96 f.; MüKoBGB/*Wagner*, 8. Aufl. 2020, § 823 Rn. 73. Bei Vorsatz und der verschuldensunabhängigen Haftung soll das Kriterium von vornherein keine Anwendung finden, vgl. *Deutsch*, a.a.O., S. 96, 99. Zu weiteren Einschränkungen der Zurechnung nach der „Schutzzwecklehre" siehe nur MüKoBGB/*Wagner*, a.a.O., § 823 Rn. 74, 507 ff.

Kausalität[141] nicht genügt, sondern das Verhalten außerdem „gerade in seiner Pflichtwidrigkeit für den Erfolg ‚kausal' geworden"[142] sein muss (Pflichtwidrigkeitszusammenhang)[143]. Nach dem BGH muss sich allerdings abweichend davon bei § 831 BGB nicht gerade der Mangel des Gehilfen im Schadenserfolg ausgewirkt haben, den der Geschäftsherr fahrlässig missachtet hat.[144] Dies überzeugt jedoch nicht. Genauso wie der Hersteller, der ein Fahrzeug mit defekten Bremsen in den Verkehr gebracht hat, nicht haftet, wenn dieser Defekt bei dem Unfall keine Rolle gespielt hat, haftet der Geschäftsherr, der die Neigung eines Mitarbeiters zum Alkoholismus hätte erkennen müssen, nicht, wenn dieser im nüchternen Zustand aufgrund einer unerkennbaren Nachlässigkeit einen Schaden verursacht.[145] Warum hier anderes gelten sollte als bei der Haftung aus § 823 BGB erschließt sich nicht.[146] In der Literatur wird auf den „hybride[n] Charakter der Vorschrift als Mischung aus Geschäftsherrn- und Gehilfendelikt" hingewiesen.[147] Indes ist das Gehilfendelikt nur Auslöser für die Beweislastumkehr.[148] Der Geschäftsherr haftet nicht für fremdes, sondern für eigenes Verschulden[149] und es muss sich deshalb gerade auch *seine* Pflichtverletzung realisieren.[150]

---

[141] Zum Begriff der „natürlichen" Kausalität vgl. *Brüggemeier*, Haftungsrecht, 2006, S. 28; zum „natürlichen Ursachenzusammenhang" auch BGH, Urt. v. 13.10.1966 – II ZR 173/64, BB 1967, 9, juris Rn. 19; ähnlich BGH, Urt. v. 4.7.1994 – II ZR 126/93, NJW 1995, 126, juris Rn. 11: „Verursachung des Schadens im logisch-naturwissenschaftlichen Sinn"; siehe aber auch MüKoBGB/*Wagner*, 8. Aufl. 2020, § 823 Rn. 72, wonach „für das Haftungsrecht kein naturwissenschaftlich-logischer, sondern ein pragmatischer Kausalitätsbegriff maßgeblich" sei, was sich etwa beim Unterlassen zeige; ähnlich *Spindler*, AcP 208 (2008), 283 (288): Kausalität als „normative Kategorie", welche „im Wesentlichen die Zuweisung von Haftungsrisiken" bezwecke.

[142] So zum Strafrecht, aber auch für das Zivilrecht treffend, Schönke/Schröder StGB/*Sternberg-Lieben/Schuster*, 30. Aufl. 2019, § 15 Rn. 173.

[143] Zum Begriff vgl. *Gebauer*, LMK 2008, 256489; OLG Karlsruhe, Urt. v. 15.3.2019 – 12 U 77/18, ZMR 2019, 1023, juris Rn. 42 ff.; siehe auch BGH, Urt. v. 18.9.2009 – V ZR 75/08, NJW 2009, 3787, juris Rn. 33 zum „Ursachenzusammenhang zwischen dem Pflichtverstoß und der eingetretenen Rechtsgutsverletzung"; MüKoBGB/*Wagner*, 8. Aufl. 2020, § 823 Rn. 71.

[144] BGH, Urt. v. 27.6.1960 – VI ZR 257/60, VersR 1961, 848 (849, unter 2.); BGH, Urt. v. 14.3.1978 – VI ZR 213/76, NJW 1978, 1681, juris Rn. 15; BGH, Urt. v. 29.10.1985 – VI ZR 85/8, NJW 1986, 776, juris Rn. 12.

[145] Vgl. *Jakobs*, VersR 1969, 1061 (1065 f.).

[146] *Larenz/Canaris*, Lehrbuch des Schuldrechts, Bd. II/2, 13. Aufl. 1994, S. 482.

[147] MüKoBGB/*Wagner*, 8. Aufl. 2020, § 831 Rn. 54.

[148] Vgl. *Jakobs*, VersR 1969, 1061 (1065).

[149] *Jakobs*, VersR 1969, 1061 (1061); siehe auch allgemein Protokolle II, Bd. II, S. 603; Motive II, S. 736; RG, Urt. v. 30.12.1901 – VI 285/01, RGZ 50, 60 (66).

[150] Siehe auch *Brüggemeier*, Haftungsrecht, 2006, S. 123, wonach § 831 Abs. 1 S. 2 Alt. 2 BGB die „fehlende Kausalität der Pflichtwidrigkeit/Fahrlässigkeit" regle.

b) Allgemeine Sorgfaltspflichten gem. §§ 823 Abs. 1, 276 Abs. 2 BGB

In komplexeren Organisationen liegt nicht nur die von § 831 BGB erfasste Delegationsbeziehung zwischen einem Geschäftsherrn und einem Gehilfen vor, vielmehr wirkt eine Vielzahl von Akteuren in hierarchischen und nicht hierarchischen Verhältnissen zusammen und es entstehen zahlreiche Schnittstellen, an denen es zu Störungen kommen kann.[151] Insofern treffen den Geschäftsherrn aufgrund seiner Zuständigkeit für die Organisation nach § 823 Abs. 1 BGB auch Organisationspflichten.[152] Mit der Erhöhung der Komplexität der Organisationsstruktur und der Gefährlichkeit der Aktivitäten der Organisation, werden diese Pflichten intensiviert.[153] Je mehr Schnittstellen der Organisationsträger schafft, zwischen seinen Mitarbeitern, aber auch zwischen Mitarbeitern und Tieren und – häufiger – Maschinen, desto wahrscheinlicher wird es, dass es zu Störungen an den Schnittstellen kommt. Je gefährlicher die Tätigkeit der Organisation, desto stärker wirken sich solche Störungen aus. Diese durch die Arbeitsteilung hervorgerufene Gefahr muss der Organisationsträger durch allgemeine Vorgaben für die Auswahl, Überwachung und Anleitung der Mitarbeiter (und der Tiere sowie der Maschinen) kompensieren.[154] Außerdem muss er durch klare Zuständigkeitsverteilungen verhindern, dass es zu einer Verantwortungsdiffusion kommt.[155]

---

[151] Siehe zu den Effekten von Vernetzungen oben Kapitel 1, C. IV.

[152] Vgl. BGH, Urt. v. 30.1.1996 – VI ZR 408/94, NJW-RR 1996, 867, juris Rn. 8, wonach derjenige, der „die Organisationsgewalt über ein betriebliches Unternehmen innehat […]" für Gefahrensicherung in seinem Organisationsbereich zu sorgen" habe; siehe auch BGH, Urt. v. 13.5.1955 – I ZR 137/53, BGHZ 17, 214, juris Rn. 14. Die Ansiedlung von Pflichten des Delegierenden bei § 823 Abs. 1 BGB war zunächst Folge der – mittlerweile überkommenen (siehe Fn. 116) – Ansicht, § 831 BGB erfasse keine Überwachungspflichten, vgl. RG, Urt. v. 20.11.1902 – VI 268/02, RGZ 53, 53 (56 f.) und dazu MüKoBGB/*Wagner*, 8. Aufl. 2020, § 823 Rn. 923, 1014. Nach Staudinger BGB/*Bernau*, 2022, § 831 Rn. 12 sollen auch die allgemeinen Organisationspflichten bei § 831 Abs. 1 BGB (analog) anzusiedeln sein, solange sie den dort genannten Pflichten „wesentlich ähneln". Für eine Analyse des (umstrittenen) Verhältnisses zwischen „Verkehrspflichten" und „Organisationspflichten" siehe etwa *Matusche-Beckmann*, Das Organisationsverschulden, 2001, S. 81 ff.; *Steege*, Organisationspflichten und Organisationsverschulden, 2022, S. 128 ff. Im Rahmen der hiesigen Untersuchung kann die (begriffliche) Einordnung dahinstehen; entscheidend ist, ob eine Sorgfaltspflicht verletzt wurde.

[153] Vgl. Erman BGB/*Wilhelmi*, 16. Aufl. 2020, § 823 Rn. 84a.

[154] Dazu, dass nicht die Arbeitsteilung als solche, sondern erst die nicht ordnungsgemäß betriebene Arbeitsteilung zu einer Gefahrerhöhung führt, siehe Staudinger BGB/*Bernau*, 2022, § 831 Rn. 5; vgl. auch BGH, Urt. v. 13.5.1955 – I ZR 137/53, BGHZ 17, 214, juris Rn. 14 zur Notwendigkeit von Dienstvorschriften.

[155] Vgl. Erman BGB/*Wilhelmi*, 16. Aufl. 2020, § 823 Rn. 83, wonach auch die „ungenaue Kompetenzzuweisung" einen Organisationsmangel darstellen könne; siehe auch BGH, Urt. v. 17.10.1967 – VI ZR 70/66, NJW 1986, 247, juris Rn. 28 – „Schubstrebe" zur

c) Beweisfragen

Nach dem soeben vorgestellten Konzept weist die außervertragliche Haftung, auch wenn es an einer § 278 BGB vergleichbaren Norm fehlt, mit Blick auf die Delegation von Gefahrsteuerungszuständigkeiten an Verrichtungsgehilfen kaum Lücken auf: Sowohl den Verrichtungsgehilfen als auch den Geschäftsherrn treffen weitreichende Gefahrsteuerungspflichten, für deren Verletzung sie haften. Davon zu unterscheiden ist allerdings die Frage, ob die *rechtlich begründeten* Ersatzansprüche auch *tatsächlich durchgesetzt* werden können.[156] Insofern stellen sich zunächst Beweisfragen. Teil des Durchsetzungsrisikos ist, wie schon angesprochen,[157] das Aufklärungsrisiko: Für den Geschädigten ist regelmäßig nicht ersichtlich, welche gefahrsteuernden Maßnahmen der Geschäftsherr getroffen hat oder inwieweit zusätzliche Maßnahmen den Schaden verhindert hätten. Zwar ist die Delegation der Zuständigkeit als solche für den Rechtsverkehr erkennbar,[158] nicht aber die genaue interne Absprache über die Wahrnehmung dieser Zuständigkeit.

Die Betrachtung des Beweisrechts konzentriert sich im Folgenden – und auch im weiteren Verlauf der Untersuchung – darauf, wie die mit Aufklärungsschwierigkeiten verbundenen *Fehlentscheidungsrisiken* durch Beweislastregeln verringert werden bzw. verringert werden können.[159] Das Fehlentscheidungsrisiko kann, wie alle Risiken, als das Produkt aus Schadenswahrscheinlichkeit und Schadenshöhe definiert werden, wobei der Begriff „Schaden" hier die negativen Folgen einer Fehlentscheidung für den Schädiger oder den Geschädigten bezeichnet.[160] Ersterer läuft bei einer Beweislastentscheidung

---

Notwendigkeit von Aufsichtsanweisungen für den Fall, dass ein Angestellter ausfällt; für weitere Fallgruppen siehe etwa *Matusche-Beckmann*, Das Organisationsverschulden, 2001, S. 113 ff.

[156] Vgl. *Ransiek*, ZGR 1999, 613 (649) zum Strafrecht: Dieses könne „dogmatisch die aus der Verantwortungsteilung im Unternehmen folgenden Probleme bewältigen"; eine „ganz andere Frage" sei „dagegen, ob sich das Konzept auch praktisch mit hinreichender Erfolgsaussicht umsetzen läßt". Entsprechendes gilt für das Zivilrecht.

[157] Siehe oben Kapitel 1, D. I. 3.

[158] Siehe dazu oben I. 2. a).

[159] Vgl. zu diesem Ziel *Leipold*, Beweismaß und Beweislast im Zivilprozess, 1985, S. 49, wonach die „möglichen Fehlurteile [...] gegeneinander abzuwägen" seien; *Reinecke*, Die Beweislastverteilung im Bürgerlichen Recht und im Arbeitsrecht als rechtspolitische Regelungsaufgabe, 1976, S. 53; *Friedl*, Beweislastverteilung unter Berücksichtigung des Effizienzkriteriums, 2003, S. 185; Stein/Jonas ZPO/*Thole*, 23. Aufl. 2018, § 286 Rn. 117. Daneben können Beweislastregeln weiteren Zielen dienen, z.B. der Sicherung des Rechtsfriedens, und „erwünschte Nebenwirkungen" haben, z.B. eine gewisse Prozessabschreckung, vgl. *Leipold*, Beweislastregeln und gesetzliche Vermutungen insbesondere bei Verweisungen zwischen verschiedenen Rechtsgebieten, 1966, S. 49 mit Fn. 20; zu weiteren Beispielen siehe etwa *Riehm*, Abwägungsentscheidungen in der praktischen Rechtsanwendung, 2006, S. 136.

[160] Zur Risikobewertung siehe oben Kapitel 1, D. I. 1.

Gefahr, zu Unrecht verurteilt zu werden, letzterer kann einen bestehenden Schadensersatzanspruch möglicherweise nicht durchsetzen. Jeweils werden die Zwecke der Haftungstatbestände nicht erreicht.[161] Das Fehlentscheidungsrisiko lässt sich, ausgehend von dieser Definition, reduzieren, indem bei der Beweislastverteilung drei Kriterien berücksichtigt werden: Fehlentscheidungen können zunächst vermieden werden, indem Beweislastentscheidungen von vornherein verhindert werden. Besteht die Beweisnot *nur auf einer Seite*, d.h. kann zwar nicht die eine Partei, wohl aber die andere Partei die Ungewissheit beseitigen, können *non liquet*-Fälle vermieden werden, indem der Partei, welche die Beweismöglichkeiten hat, die Beweislast auferlegt wird und sie dadurch angeregt wird, die Ungewissheit zu beseitigen (*Kriterium der Beweismöglichkeiten*).[162] Im Übrigen erscheint es effizient[163] und „gerecht"[164], der Partei die Beweislast aufzuerlegen, welche den Sachverhalt am ehesten beweisen kann. Bestehen *auf beiden Seiten* unüberwindbare Beweisschwierigkeiten, können Beweislastentscheidungen nicht verhindert werden.[165] Die Fehlentscheidungsgefahr kann jedoch zumindest verringert werden: Zum einen, indem die Wahrscheinlichkeit, dass die Beweislastentscheidung nicht der tatsächlichen Rechtslage entspricht, reduziert wird, indem zu Lasten desjenigen entschieden wird, der mit überwiegender Wahrscheinlichkeit im Unrecht ist (*Kriterium der Wahrscheinlichkeit*).[166] Zum anderen, indem die Beweislastent-

---

[161] Vgl. *Gräns*, Das Risiko materiell unrichtiger Urteile, 2002, S. 79, wonach das Zivilrecht „auf ideale Weise [fungiere], wenn die relevanten Tatumstände mit Sicherheit aufgeklärt sind" sowie bereits Kapitel 1, Fn. 353.

[162] Vgl. *Prölss*, Beweiserleichterungen im Schadensersatzprozeß, 1966, S. 95; *Reinecke*, Die Beweislastverteilung im Bürgerlichen Recht und im Arbeitsrecht als rechtspolitische Regelungsaufgabe, 1976, S. 44 f., 58 ff.; *Friedl*, Beweislastverteilung unter Berücksichtigung des Effizienzkriteriums, 2003, S. 80 ff.; *Riehm*, Abwägungsentscheidungen in der praktischen Rechtsanwendung, 2006, S. 135 f., der allerdings die „Beweisnähe" in die von ihm vertretene „heuristische Theorie" und in eine Wahrscheinlichkeitsbetrachtung integriert.

[163] Für die Partei ist die Aufklärung mit geringeren Beweisführungskosten verbunden, vgl. dazu *Friedl*, Beweislastverteilung unter Berücksichtigung des Effizienzkriteriums, 2003, S. 92 f.

[164] Vgl. *Prölss*, Beweiserleichterungen im Schadensersatzprozeß, 1966, S. 76; dazu, dass die Beweislastverteilung sich an den Geboten „der Zweckmäßigkeit und der ausgleichenden Gerechtigkeit" orientiert, siehe *Rosenberg*, Die Beweislast auf der Grundlage des Bürgerlichen Gesetzbuchs und der Zivilprozessordnung, 5. Aufl. 1965, S. 91; zustimmend *Musielak*, Grundlagen der Beweislast, 1975, S. 357; siehe auch *Katzenmeier*, ZZP 117 (2004), 187 (213) zu „*materiellen Gerechtigkeitserwägungen*".

[165] Dazu, dass Fehlurteile sich nicht vollkommen vermeiden lassen, vgl. *Reinecke*, Die Beweislastverteilung im Bürgerlichen Recht und im Arbeitsrecht als rechtspolitische Regelungsaufgabe, 1976, S. 19 f.

[166] Vgl. *Reinecke*, Die Beweislastverteilung im Bürgerlichen Recht und im Arbeitsrecht als rechtspolitische Regelungsaufgabe, 1976, S. 40 ff., 55 ff.; *Stahlmann*, JA 1978, 162 (164): Wahrscheinlichkeit als „Wahrheits*ersatz*", als „*sozial akzeptierte Verteilungsregel*" für die Folgen von Ungewißheit"; *Riehm*, Abwägungsentscheidungen in der praktischen

scheidung zu Lasten der Partei getroffen wird, für die sich eine Fehlentscheidung weniger gravierend auswirkt (*Kriterium der Folgen*)[167].[168] In der Regel ist
eine genaue Berechnung der Fehlentscheidungsrisiken nicht möglich. Die Verteilung der Beweislast nach diesen Kriterien erfolgt deshalb *heuristisch*, nach
Daumenregeln.[169]

Die gesetzliche Verteilung der Beweislast zwischen Schädiger und Geschädigtem trägt den drei genannten Aspekten grundsätzlich Rechnung, was im
Folgenden allgemein und speziell im Zusammenhang mit der Haftung für
fremde menschliche Autonomie gezeigt wird (aa).[170] Diese drei Aspekte können außerdem als Kriterien einer richterrechtlichen Beweislastregel dienen,
welche sogleich generell entwickelt und auf die intraorganisationale Arbeitsteilung zwischen Menschen angewandt wird (bb). Wie im Laufe der weiteren
Untersuchung noch deutlich werden wird, können mithilfe dieser Grundsätze
auch andere Fragen im Zusammenhang mit der Haftung für fremde Autonomie
beantwortet werden.

aa) Gesetzliche Beweislastverteilung nach Fehlentscheidungsrisiken

Im Folgenden wird zunächst allgemein gezeigt, inwiefern Fehlentscheidungsrisiken gesetzliche Beweislastregeln begründen können (1). Anschließend

---

Rechtsanwendung, 2006, S. 131, wonach Beweislastregeln die Aufgabe hätten, ein „besseres" Ergebnis zu erzielen als eine zufällige Entscheidung und ein Ergebnis dann „besser"
sei, wenn es mit höherer Wahrscheinlichkeit das materiell richtige Ereignis trifft.

[167] Vgl. *Leipold*, Beweislastregeln und gesetzliche Vermutungen insbesondere bei Verweisungen zwischen verschiedenen Rechtsgebieten, 1966, S. 49; *Reinecke*, Die Beweislastverteilung im Bürgerlichen Recht und im Arbeitsrecht als rechtspolitische Regelungsaufgabe, 1976, S. 66 f., der insbesondere die strafrechtliche Regel „in dubio pro reo" anführt;
zu den „sozialen Kosten" eines fehlerhaften Urteils siehe auch *Friedl*, Beweislastverteilung
unter Berücksichtigung des Effizienzkriteriums, 2003, S. 185 ff., der dieses Kriterium aber
nicht explizit in seine Entscheidungsregeln (zu seiner Formel siehe noch Fn. 242) aufnimmt,
da die Kosten kaum messbar seien (siehe auch S. 93).

[168] Für eine Beweislastverteilung insbesondere nach dem „Wahrscheinlichkeitsprinzip"
und dem „Schutzprinzip" siehe *Wahrendorf*, Die Prinzipien der Beweislast im Haftungsrecht, 1976, S. 131; vgl. auch die Kriterien bei *Klami/Sorvettula/Hatakka*, ARSP 1989, 429
(439): „Original probability", „Evidentiary possibilites", „The socio-economically just and
equitable incidence", außerdem werden noch die „goals of the pertinent material norms"
genannt; siehe auch *Gräns*, Das Risiko materiell fehlerhafter Urteile, 2002, S. 235 ff., allerdings unter dem Aspekt des Beweismaßes.

[169] Dazu, dass sich Beweislastregeln als „heuristische Entscheidungsregeln begreifen lassen" und „Faustregeln" enthalten, siehe *Riehm*, Abwägungsentscheidungen in der praktischen Rechtsanwendung, 2006, S. 132.

[170] In diese Richtung auch Stein/Jonas ZPO/*Thole*, 23. Aufl. 2018, § 286 Rn. 117; dazu,
dass sich gesetzliche Beweislastregelungen an Wahrscheinlichkeiten orientieren, siehe *Diederichsen*, VersR 1966, 211 (221).

werden diese Grundsätze auf § 831 Abs. 1 S. 2 BGB angewandt und ausgehend davon Auslegungsfragen beantwortet (2.).

(1) Grundlagen

Die Grundregel, wonach der Geschädigte als Anspruchsteller die Beweislast für die Pflichtverletzung und für den Pflichtwidrigkeitszusammenhang trägt,[171] ist bei abstrakter Betrachtung[172] prinzipiell geeignet, Fehlentscheidungsrisiken gering zu halten. Der Geschädigte hat zwar nicht immer die besseren Beweismöglichkeiten. Regelmäßig ist es allerdings einfacher, nachzuweisen, dass es zumutbare Gefahrsteuerungsmaßnahmen gab, die den Erfolg verhindert hätten, als nachzuweisen, dass es solche nicht gab (*Kriterium der Beweismöglichkeiten*).[173] Unterstellt man, dass über den Fall noch nichts bekannt ist und betrachtet man Anspruchsteller und Anspruchsgegner als zufällig ausgewählte Mitglieder einer großen Gruppe, z.B. der Bürger eines Staates, ist es außerdem weniger oder zumindest nicht überwiegend wahrscheinlich, dass die haftungsbegründenden Voraussetzungen vorliegen (*Kriterium der Wahrscheinlichkeit*).[174] Entscheidend dürfte allerdings das *Kriterium der Folgen* sein: Der Anspruchsteller, der einen bestehenden Anspruch nicht durchsetzt, wird –

---

[171] Vgl. Motive II, S. 729; BGH, Urt. v. 12.2.1963 – VI ZR 70/62, BGHZ 39, 103, juris Rn. 11; BGH, Urt. v. 20.6.1990 – VIII ZR 182/89, NJW-RR 1990, 1422, juris Rn. 11. Die „Grundregel" wird unterschiedlich eingeordnet, vgl. *Reinecke*, Die Beweislastverteilung im Bürgerlichen Recht und im Arbeitsrecht als rechtspolitische Regelungsaufgabe, 1976, S. 31: „ganz allgemein anerkannt"; *Wach*, ZZP 29 (1901), 359 (386) spricht von „Gewohnheitsrecht"; *Leipold*, Beweislastregeln und gesetzliche Vermutungen insbesondere bei Verweisungen zwischen verschiedenen Rechtsgebieten, 1966, S. 46 von „stillschweigendem Gesetzesrecht"; nach *Rosenberg*, Die Beweislast auf der Grundlage des Bürgerlichen Gesetzbuchs und der Zivilprozessordnung, 5. Aufl. 1965, S. 118 liegt „eine gesetzliche Normierung der (objektiven) Beweislast in der gesetzlichen Regelung der Rechtsverhältnisse selbst".

[172] Zur Berücksichtigung des konkreten Falls siehe noch unten bb) (1).

[173] Vgl. *Reinecke*, Die Beweislastverteilung im Bürgerlichen Recht und im Arbeitsrecht als rechtspolitische Regelungsaufgabe, 1976, S. 48, wonach das Kriterium der besseren Beweismöglichkeiten für die Grundregel eine Rolle spiele, da dadurch der (schwierige) Negativbeweis verhindert werde; siehe auch *Schäfer/Ott*, Lehrbuch der ökonomischen Analyse des Zivilrechts, 6. Aufl. 2020, S. 246 f.: „ungleich schwierigere Aufgabe"; zurückhaltend *Friedl*, Beweislastverteilung unter Berücksichtigung des Effizienzkriteriums, 2003, S. 131 ff., wonach die Kosten für den Anspruchsteller in der Regel „nicht wesentlich höher" seien.

[174] *Reinecke*, Die Beweislastverteilung im Bürgerlichen Recht und im Arbeitsrecht als rechtspolitische Regelungsaufgabe, 1976, S. 43; *Riehm*, Abwägungsentscheidungen in der praktischen Rechtsanwendung, 2006, S. 133; siehe auch *Friedl*, Beweislastverteilung unter Berücksichtigung des Effizienzkriteriums, 2003, S. 132; zu den Problemen der Kollektivbildung *Prütting*, Gegenwartsprobleme der Beweislast, 1983, S. 202 ff., der die Auffassung vertritt, dass die abstrakte Wahrscheinlichkeit für rechtsbegründende Tatsachen keine Aussagekraft habe (S. 203).

wiederum unter der Annahme, dass über den Sachverhalt nichts weiter bekannt ist – bei einer generalisierenden, an normative und psychologische Aspekte anknüpfenden, Betrachtung weniger stark belastet als der Gegner, der zu Unrecht verurteilt wird. In der juristischen Literatur ist u.a. die Rede vom Schutz des „rechtlichen Besitzstandes"; die bestehende Lage wird wertungsmäßig als stärker schutzwürdig angesehen.[175] Aus psychologischer Perspektive spricht hierfür, dass für einen Menschen der nicht erhaltene Gewinn grundsätzlich weniger schlimm ist als ein Verlust (Verlustaversion, *Endowment*-Effekt).[176] Auch die Grundregel, wonach der Schädiger als Anspruchsgegner die Beweislast für rechtsvernichtende und rechtshemmende Tatbestandsmerkmale trägt,[177] lässt sich zumindest damit begründen, dass die mittlerweile – nach Feststellung der haftungsbegründenden Merkmale – bestehende Lage – das Vorhandensein des Anspruchs – stärker geschützt wird (*Kriterium der Folgen*).[178]

---

[175] *Leipold*, Beweislastregeln und gesetzliche Vermutungen insbesondere bei Verweisungen zwischen verschiedenen Rechtsgebieten, 1966, S. 49 zum „Schutz der bestehenden Lage, des rechtlichen Besitzstandes"; *Prütting*, Gegenwartsprobleme der Beweislast, 1983, S. 277 f. zum „Gedanken des Angreiferprinzips, des Schutzes von Rechtsfrieden, Besitzstand und bestehender Lage"; Stein/Jonas ZPO/*Thole*, 23. Aufl. 2018, § 286 Rn. 110: „Bevorzugung der rechtlichen Freiheit gegenüber der rechtlichen Gebundenheit"; *Katzenmeier*, ZZP 117 (2004), 187 (213 f.); differenzierend *Rosenberg*, Die Beweislast auf der Grundlage des Bürgerlichen Gesetzbuchs und der Zivilprozessordnung, 5. Aufl. 1965, S. 97. In den USA, wo in der Regel zugunsten der Partei entschieden wird, die mit überwiegender Wahrscheinlichkeit im Recht ist, stellt man sich dagegen „neutral zu den Konsequenzen eventueller Falschheit der Urteile", *Gräns*, Das Risiko materiell unrichtiger Urteile, 2002, S. 81; siehe auch *Maassen*, Beweismaßprobleme im Schadensersatzprozeß, 1973, S. 44, 54; kritisch zur eigenständigen Bedeutung des „Angreiferprinzips" *Riehm*, Abwägungsentscheidungen in der praktischen Rechtsanwendung, 2006, S. 135.

[176] Zur Verlustaversion siehe *Kahnemann/Knetsch/Thaler*, Journal of Economic Perspectives 1991, 193 (199 ff.); *Schäfer/Ott*, Lehrbuch der ökonomischen Analyse des Zivilrechts, 6. Aufl. 2020, S. 120, wo der Faktor 2,5 genannt wird; zum Endowment-Effekt vgl. *Kahnemann/Knetsch/Thaler*, a.a.O., S. 194 ff.; *Thaler*, Misbehaving, 2018, S. 177 ff.

[177] Vgl. allgemein BGH, Urt. v. 13.11.1998 – V ZR 386/97, NJW 1999, 352, juris Rn. 13; Musielak/Voit ZPO/*Foerste*, 20. Aufl. 2023, § 286 Rn. 35; zur Abgrenzung und zur Kategorie der „rechtshindernden" Einwendungen siehe etwa *Leipold*, Beweislastregeln und gesetzliche Vermutungen insbesondere bei Verweisungen zwischen verschiedenen Rechtsgebieten, 1966, S. 35 ff.; *Reinecke*, Die Beweislastverteilung im Bürgerlichen Recht und im Arbeitsrecht als rechtspolitische Regelungsaufgabe, 1976, S. 28 ff.

[178] *Leipold*, Beweislastregeln und gesetzliche Vermutungen insbesondere bei Verweisungen zwischen verschiedenen Rechtsgebieten, 1966, S. 51; nach *Reinecke*, Die Beweislastverteilung im Bürgerlichen Recht und im Arbeitsrecht als rechtspolitische Regelungsaufgabe, 1976, S. 43 sollen im Hinblick auf *rechtshemmende* Tatbestandsmerkmale auch Wahrscheinlichkeitserwägungen eine Rolle spielen. Außerdem spiele auch hier das Kriterium der besseren Beweismöglichkeiten eine Rolle, da dadurch der Negativbeweis verhindert werde (S. 48); siehe auch *Riehm*, Abwägungsentscheidungen in der praktischen Rechtsanwendung, 2006, S. 133 f.

Auch gesetzliche Beweislastumkehrungen zu Lasten des Schädigers lassen sich häufig auf die genannten Kriterien (isoliert oder kumulativ) zurückführen. Bevor im Folgenden näher auf § 831 Abs. 1 S. 2 BGB eingegangen wird, soll dies zunächst am Beispiel des § 836 Abs. 1 S. 2 BGB erläutert werden: Diese Vorschrift beruht insbesondere auf den *besseren Beweismöglichkeiten* des Grundstücksbesitzers.[179] Außerdem ist es, unter den Voraussetzungen des § 836 Abs. 1 S. 1 BGB (Vermutungsgrundlage)[180], *wahrscheinliche*r, dass der Besitzer die im Verkehr erforderliche Sorgfalt verletzt hat:[181] Die Wahrscheinlichkeit, dass ein Schaden auf einer Sorgfaltspflichtverletzung beruht, hängt wesentlich von zwei Elementen ab: Zum einen davon, wie hoch die Sorgfaltsanforderungen *generell* sind – je höher, desto wahrscheinlicher ein Verstoß. Zum anderen davon, inwieweit *konkrete* Anhaltspunkte für oder gegen ein Unterschreiten der erforderlichen Sorgfalt sprechen.[182] Den Besitzer i.S.v. § 836 Abs. 3 BGB treffen aufgrund der Größe der Gefahr, seiner Kontrolle über diese Gefahr und seiner Vorteile aus der gefährlichen Aktivität generell weitreichende Sorgfaltspflichten.[183] Ein konkreter Anhaltspunkt für eine Verletzung folgt aus der fehlerhaften Errichtung oder mangelhaften Unterhaltung (§ 836 Abs. 1 S. 1 BGB). Dieser „objektive Mangel"[184] spricht dafür, dass der Schaden

---

[179] Staudinger BGB/*Bernau*, 2022, § 836 Rn. 2; BeckOK BGB/*Spindler*, 66. Ed., 1.5.2023, § 836 Rn. 1.

[180] Zur Unterscheidung zwischen „Vermutungen" und „Beweislastnormen" siehe nur *Musielak*, Die Grundlagen der Beweislast im Zivilprozeß, 1975, S. 71 ff. Im Folgenden sollen, im Hinblick auf die grundsätzlich identische Wirkung, beide Phänomene unter dem Oberbegriff „Beweislastregel" behandelt werden.

[181] *Reinecke*, Die Beweislastverteilung im Bürgerlichen Recht und im Arbeitsrecht als rechtspolitische Regelungsaufgabe, 1976, S. 41; *ders.*, JZ 1977, 159 (162), auch zu § 832 BGB; vgl. auch Protokolle II, Bd. II, S. 656, wo darauf hingewiesen wird, dass längere Zeit nach der Beendigung des Besitzes eines früheren Besitzers (vgl. § 836 Abs. 2 BGB) „die Wahrscheinlichkeit regelmäßig dafür sprechen werde, daß ein späterer Besitzer für einen Unfall verantwortlich gemacht werden könne"; kritisch *Prütting*, Gegenwartsprobleme der Beweislast, 1983, S. 203 mit Fn. 81.

[182] Zur Bedeutung von „Vorinformation" des Gerichts für die Wahrscheinlichkeit siehe *Friedl*, Beweislastverteilung unter Berücksichtigung des Effizienzkriteriums, 2003, S. 85 ff. unter Hinweis auf das *Bayes*-Theorem, sowie S. 103 f., wo speziell der Einfluss eines Mangels („poröse Steine") auf die Wahrscheinlichkeit der Pflichtverletzung eines Bauunternehmers beleuchtet wird.

[183] Vgl. BGH, Urt. v. 23.3.1993 – VI ZR 176/92, NJW 1993, 1782, juris Rn. 18, der „hohe Anforderungen" stellt, unter Hinweis auf die „erheblichen Gefahren, die von herabfallenden Dachteilen für die Gesundheit und das Eigentum unbeteiligter Dritter drohen"; Staudinger BGB/*Bernau*, 2022, § 836 Rn. 116.

[184] Vgl. Protokolle II, Bd. II, S. 655. Dieser kann wohl ähnlich wie bei der Produkt- und Produzentenhaftung bestimmt werden (siehe unten Kapitel 4, A. III.), vgl. zur Parallele MüKoBGB/*Wagner*, 8. Aufl. 2020, § 836 Rn. 13. Die „konkrete Mangel-Gefährlichkeit" wird teilweise auch als eigenständiges Zurechnungselement herangezogen, vgl. *Koziol*, Grundfragen des Schadensersatzrechts, 2010, S. 253 f. Sie soll denjenigen, zu dessen

auf einer Sorgfaltspflichtverletzung des Besitzers beruht. Dass er das damit verbundene Risiko nicht erkennen oder nicht vermeiden konnte, ist zwar möglich aber wohl weniger wahrscheinlich. Schließlich wird der Besitzer durch ein Fehlurteil weniger stark als der Geschädigte oder zumindest nicht in unzumutbarer Weise belastet, so dass das *Kriterium der Folgen* jedenfalls nicht gegen die Beweislast des Besitzers spricht. Ähnlich wie bei der Fahrlässigkeit kommt es für die Zumutbarkeit der Folgen nicht auf das konkrete Individuum, sondern auf dessen Verkehrskreis an; es erfolgt also eine generalisierende Betrachtung.[185] Bei der (normativ-psychologischen) Beurteilung der Folgen ist zu berücksichtigen, dass die Haftung für vermutetes Verschulden in dem Fall, dass ein *non liquet* vorliegt, tatsächlich aber kein Verschulden gegeben ist, zu einer *de facto* Gefährdungshaftung führt.[186] Diese Folge einer Fehlentscheidung ist dem Betroffenen jedenfalls dann zumutbar, wenn Umstände vorliegen, die zwar möglicherweise keine verschuldensunabhängige Haftung in *allen*, zumindest aber in *einzelnen* Fällen, nämlich in den Fällen, in denen sich die Vermutung aufgrund von Beweisschwierigkeiten nicht widerlegen lässt, rechtfertigen.[187] Nicht umsonst wird die Haftung für vermutetes Verschulden im „Zwischenbereich" zwischen Verschuldens- und Gefährdungshaftung angesiedelt.[188] Entsprechend sind für die Beurteilung der Folgen die Kriterien der Gefährdungshaftung – die später noch näher beleuchtet werden[189] – heranzuziehen: Ein Grundstück mit einem Gebäude begründet zwar kein „besonderes", aber doch ein nicht unerhebliches Risiko. Der Besitzer übt auf dieses Risiko außerdem einen „besonderen" Einfluss aus und zieht „besondere" Vorteile aus der gefährlichen Aktivität. Es erscheint daher angemessen, ihm durch eine Verschuldensvermutung eine strengere – wenn auch nicht strikte – Haftung aufzuerlegen.

„Sphäre" der Mangel gehört „haftungsrechtlich belasten" (*Bydlinski*, System und Prinzipien des Privatrechts, 1996, S. 216 zu § 831 BGB; siehe auch *Larenz/Canaris*, Lehrbuch des Schuldrechts, Bd. II/2, 13. Aufl. 1994, S. 476).

[185] Zur Fahrlässigkeit siehe oben Kapitel 1, vor und mit Fn. 23.

[186] Vgl. *Deutsch*, Allgemeines Haftungsrecht, 2. Aufl. 1996, S. 413.

[187] Vgl. auch *Deutsch*, Allgemeines Haftungsrecht, 2. Aufl. 1996, S. 413, wonach eine Verschuldensvermutung „nur dann legislatorisch gerechtfertigt [sei], wenn eine spezifische Gefahr oder Gefahrerhöhung sie auslöst".

[188] Vgl. *Koziol*, ZEuP 2004, 234 (238); *Taupitz/Pfeiffer*, JBl 2010, 88 (92 f.); siehe auch Staudinger BGB/*Bernau*, 2022, § 831 Rn. 6 zur Abschwächung des Verschuldensprinzips durch die Vermutung in § 831 BGB; *Deutsch*, Allgemeines Haftungsrecht, 2. Aufl. 1996, S. 413, wonach die Haftung für vermutetes ‚Verschulden auf der „Grenze zur Gefährdungshaftung" stehe.

[189] Siehe dazu unten B. I. und II. 1. b) sowie Kapitel 3, A. und Kapitel 4, C. I. 2. a).

(2) Pflichtverletzung des Geschäftsherrn gem. § 831 Abs. 1 S. 2 BGB

Diese Erwägungen lassen sich auf § 831 Abs. 1 S. 2 BGB übertragen. Auch diese Vermutung lässt sich als gesetzliche Beweislastverteilung nach (abstrakten) Fehlentscheidungsrisiken verstehen. Regelmäßig hat der Geschäftsherr in der Situation von § 831 Abs. 1 S. 1 BGB bessere Beweismöglichkeiten, ist es überwiegend wahrscheinlich, dass er den Schaden pflichtwidrig (mit-)verursacht hat, und wird er durch eine Fehlentscheidung weniger stark als der Geschädigte oder zumindest nicht unzumutbar belastet.

Die Beweislastumkehr beruht zunächst darauf, dass in der Regel der Geschädigte keinen Einblick in die Organisation des Geschäftsherrn hat, wohingegen es dem Geschäftsherrn möglich ist, den Sachverhalt aufzuklären (*Kriterium der Beweismöglichkeiten*). Hierüber besteht weitgehend Einigkeit.[190] Die Idee, die Beweislastumkehr auch auf *Wahrscheinlichkeitsüberlegungen* zu stützen, wird dagegen meist abgelehnt.[191] Zugegebenermaßen spricht wohl nicht in allen von § 831 Abs. 1 BGB erfassten Fällen die Wahrscheinlichkeit gegen den Geschäftsherrn. In den typischen Konstellationen ist dies aber der Fall.[192] Dafür, dass der Geschäftsherr im Regelfall – an den der Gesetzgeber bei einer allgemeinen Beweislastregelung anknüpfen kann – den Schaden sorgfaltswidrig verursacht hat, spricht zunächst die generell hohe Intensität der Gefahrsteuerungspflichten.[193] § 831 Abs. 1 S. 1 BGB enthält außerdem eine Reihe von Merkmalen, die im konkreten Fall vorliegen müssen und dann Anhaltspunkte für eine schadensursächliche Sorgfaltspflichtverletzung liefern. Die Beschränkung der Beweislastumkehr auf Situationen, in denen der Gehilfe einen Schaden „in Ausführung der Verrichtung einem Dritten widerrechtlich zufügt" nimmt, bei richtiger Auslegung, eine Vielzahl von Fällen aus, in denen die schadensursächliche Sorgfaltspflichtverletzung weniger wahrscheinlich als oder gleich wahrscheinlich wie ein pflichtgemäßes Verhalten ist:

---

[190] Siehe nur BGH, Urt. v. 9.5.1957 – II ZR 327/55, BGHZ 24, 188, juris Rn. 13; BGH, Urt. v. 26.11.1968 – VI ZR 212/66, BGHZ 51, 91, juris Rn. 38 – „Hühnerpest"; *Reinecke*, Die Beweislastverteilung im Bürgerlichen Recht und im Arbeitsrecht als rechtspolitische Regelungsaufgabe, 1976, S. 51; *Koziol*, Grundfragen des Schadenersatzrechts, 2010, S. 223; Staudinger BGB/*Bernau*, 2022, § 831 Rn. 7; siehe auch schon Denkschrift, S. 98, zitiert nach Mugdan II, S. 1268.

[191] *Leipold*, Beweisregeln und gesetzliche Vermutungen insbesondere bei Verweisungen zwischen verschiedenen Rechtsgebieten, 1966, S. 57; *Dubischar*, JuS 1971, 385 (387); *Reinecke*, Die Beweislastverteilung im Bürgerlichen Recht und im Arbeitsrecht als rechtspolitische Regelungsaufgabe, 1976, S. 41 (anders für § 832 Abs. 1 S. 2 BGB).

[192] In diese Richtung auch die Formulierung bei *Stoll*, JZ 1958, 137 (137): „Das Versagen des Verrichtungsgehilfen spricht für ein solches Verschulden des Geschäftsherrn".

[193] Siehe dazu oben 1. a) aa).

§ 831 Abs. 1 S. 1 BGB setzt zunächst voraus, dass der Gehilfe eine „Handlung" vorgenommen hat.[194] Schuldfähigkeit ist dagegen nicht erforderlich. Der Geschädigte muss grundsätzlich (nur) nachweisen, dass das Verhalten des Gehilfen nicht auf äußere Zwänge zurückzuführen ist.[195] Dies leuchtet ein: Reagiert der Gehilfe nur auf äußere Zwänge, ist er nicht in der Lage, ein autonomes i.S.v. unabhängiges Verhalten an den Tag zu legen. Die Beziehung des Geschäftsherrn zu dem Gehilfen verschafft ersterem in diesem Fall gegenüber dem Rechtsverkehr keinen wesentlichen Vorsprung im Hinblick auf die Vorhersehbarkeit und Vermeidbarkeit. Es realisiert sich nicht das von § 831 BGB geregelte Personenrisiko des Verrichtungsgehilfen, sondern eine andere Gefahr, z.B. einer Sache oder einer Person, die auf den Gehilfen einwirkt.[196] Anders ist dies, wenn es nur an der Schuldfähigkeit fehlt. Die Störungen des Bewusstseins und der Geistestätigkeit i.S.v. § 827 S. 1 BGB sowie das Alter i.S.v. § 828 BGB betreffen innere Vorgänge und Eigenschaften des Gehilfen als Individuum. Über hieraus folgende Einschränkungen kann sich der Geschäftsherr zwar nicht umfassend – auch vorübergehende und einmalige Beeinträchtigungen sind umfasst –, aber wohl noch so gut informieren – insbesondere im Vergleich zur Allgemeinheit –, dass eine Pflichtverletzung überwiegend wahrscheinlich erscheint.[197]

§ 831 Abs. 1 S. 1 BGB setzt außerdem voraus, dass der Gehilfe „in Ausführung der Verrichtung" handelt. Auch dies steht im Einklang mit Wahrscheinlichkeitsüberlegungen: Wenn der Gehilfe bloß „bei Gelegenheit"[198] handelt bzw. „rein zufällig"[199] mit den Rechtsgütern des Geschädigten in Berührung kommt, ist die Wahrscheinlichkeit einer schadensursächlichen Pflichtverletzung des Geschäftsherrn geringer. Denn der Geschäftsherr kann auf solche Delikte, die allein zur „Eigensphäre" des Gehilfen[200] gehören, keinen

---

[194] BGH, Urt. v. 10.10.1978 – VI ZR 98/77, VersR 1978, 1163, juris Rn. 10; Staudinger BGB/*Bernau*, 2022, § 831 Rn. 4.

[195] Innere Vorgänge sind nach dem BGH wegen § 827 Abs. 1 BGB vom Geschäftsherrn zu beweisen, selbst wenn sie an sich bereits eine „Handlung" ausschließen, vgl. BGH, Urt. v. 1.7.1986 – VI ZR 294/85, BGHZ 98, 135, juris Rn. 6 ff.; siehe auch MüKoBGB/*Wagner*, 8. Aufl. 2020, § 831 Rn. 57.

[196] Der Geschäftsherr kann selbstverständlich nach §§ 823, 831 BGB für diese Gefahr verantwortlich sein, vgl. etwa BGH, Urt. v. 10.10.1978 – VI ZR 98/77, VersR 1978, 1163, juris Rn. 21 ff. zu den Verkehrssicherungspflichten der Bundesbahn bei einer plötzlich eintretenden Handlungsunfähigkeit des Triebwagenführers.

[197] Vgl. *Stoll*, JZ 1958, 137 (137), wonach bei Schuldunfähigkeit das Versagen des Gehilfen „erst recht" für ein Verschulden des Geschäftsherrn spreche; *Kupisch*, JuS 1984, 250 (253), wonach auch bei einem deliktsunfähigen Gehilfen der Schluss auf ein Verschulden des Geschäftsherrn sachgerecht sei.

[198] Vgl. BGH, Urt. v. 6.10.1970 – VI ZR 56/69, NJW 1971, 31, juris Rn. 15.

[199] Vgl. BGH, Urt. v. 14.2.1989 – VI ZR 121/88, NJW-RR 1989, 723, juris Rn. 22 zu § 278 BGB.

[200] MüKoBGB/*Wagner*, 8. Aufl. 2020, § 831 Rn. 33.

wesentlichen Einfluss nehmen. Wahrscheinlichkeitserwägungen unterstützen auch die Auffassung des BGH, wonach ein ausreichender „innerer sachlicher Zusammenhang" zwischen dem Handeln des Gehilfen und den übertragenen Zuständigkeiten[201] auch dann gegeben sein kann, wenn der Gehilfe bewusst von Weisungen abweicht oder den Schaden vorsätzlich verursacht.[202] Denn auch bei einem Gehilfen, der nicht die vom Geschäftsherrn gewünschten Verhaltensregeln anwendet, liegt es nahe, dass er nicht ordnungsgemäß ausgewählt, angeleitet oder überwacht wurde. Aufgrund der Autonomie des Gehilfen darf der Geschäftsherr nicht darauf vertrauen, dass der Gehilfe seinen Weisungen uneingeschränkt folgt. Er hat sich vielmehr zu vergewissern, dass der Gehilfe nicht nur in der Lage, sondern auch willens ist, seine Regeln zu beachten.

Schließlich setzt § 831 Abs. 1 S. 1 BGB eine „widerrechtliche" Schädigung des Verrichtungsgehilfen voraus. Nach der hier vertretenen Lehre vom Handlungsunrecht[203] erfordert dies grundsätzlich ein fahrlässiges Verhalten.[204] Die

---

[201] Vgl. BGH, Urt. v. 14.2.1989 – VI ZR 121/88, NJW-RR 1989, 723, juris Rn. 22; ähnlich BGH, Urt. v. 6.10.1970 – VI ZR 56/69, NJW 1971, 31, juris Rn. 15; BGH, Urt. v. 12.6.1997 – I ZR 36/95, NJW-RR 1998, 250, juris Rn. 31.

[202] BGH, Urt. v. 6.10.1970 – VI ZR 56/69, NJW 1971, 31, juris Rn. 16; BGH, Urt. v. 14.2.1989 – VI ZR 121/88, NJW-RR 1989, 723, juris Rn. 22 zu § 278 BGB; BGH, Urt. v. 8.7.1986 – VI ZR 47/85, BGHZ 98, 148, juris Rn. 12 zu § 31 BGB; MüKoBGB/*Wagner*, 8. Aufl. 2020, § 831 Rn. 31.

[203] Siehe oben vor I.

[204] Vgl. MüKoBGB/*Wagner*, 8. Aufl. 2020, § 831 Rn. 38 sowie Rn. 34 ff. zur Diskussion; siehe auch BGH, Beschl. v. 4.3.1957 – GSZ 1/56, BGHZ 24, 21, juris Rn. 16 – „Straßenbahn-Fall", wonach bei „verkehrsrichtigem (ordnungsgemäßem) Verhalten" keine rechtswidrige Schädigung vorliege (siehe aber vor und mit Fn. 287 zur dort vorgenommenen Beweislastverteilung); ähnlich BGH, Urt. v. 14.1.1954 – III ZR 221/52, BGHZ 12, 94, juris Rn. 7; BGH, Urt. v. 12.7.1996 – V ZR 280/94, NJW 1996, 3205, juris Rn. 18: keine Haftung nach § 831 BGB, wenn „der Gehilfe sich so verhalten hat, wie jede mit Sorgfalt ausgewählte und überwachte Person sich sachgerecht verhalten hätte". Für das Erfordernis einer pflichtwidrigen Handlung des Gehilfen spricht auch die Entstehungsgeschichte des § 831 BGB: Im ersten Entwurf des BGB war noch vorgesehen, dass der Gehilfe eine „unerlaubte Handlung" begangen haben musste, vgl. Motive II, S. 736. Die Änderung war darauf zurückzuführen, dass die Haftung für Verrichtungsgehilfen an die Haftung des Aufsichtspflichtigen angepasst wurde, vgl. Protokolle II, Bd. II, S. 598. Für letztere sollte eine „objektiv widerrechtliche Handlung" genügen, um insbesondere den Fall des unzurechnungsfähigen Aufsichtsbedürftigen zu erfassen, vgl. Motive II, S. 735. Dass mit der Änderung die Anforderungen an das Gehilfendelikt verringert werden sollten in dem Sinne, dass ein Erfolgsunrecht genügen sollte, ist nicht ersichtlich, vgl. *Stoll*, JZ 1958, 137 (138). Auf dem Boden der Erfolgsunrechts- oder Kombinationslehre wird dieses Ergebnis teilweise ebenfalls, wenn auch auf anderem Weg, erreicht: Nach *Jakobs*, VersR 1969, 1061 (1065 f.) fehlt es bei sorgfaltsgemäßem Verhalten des Gehilfen am Pflichtwidrigkeitszusammenhang (a.A. *von Caemmerer*, Wandlungen des Deliktsrecht, 1964, S. 123). Nach *Larenz/Canaris*, Lehrbuch des Schuldrechts, Bd. II/2, 13. Aufl. 1994, S. 479 ist § 831 Abs. 1 S. 1 BGB teleologisch zu reduzieren. Zu Besonderheiten bei Delikten, für die Vorsatz o.Ä. erforderlich ist, siehe BGH,

wohl h.M. stellt dabei auf den Maßstab des *Geschäftsherrn* ab.[205] Anders als
bei § 31 BGB lässt sich dieser Maßstab allerdings nicht mit einer Verhaltenszurechnung erklären, denn eine solche bewirkt § 831 BGB gerade nicht. Auch
insofern kann allerdings auf Wahrscheinlichkeitsüberlegungen rekurriert werden: Setzt der Geschäftsherr jemanden ein, der nicht in der Lage ist, den Standard des Geschäftsherrn zu erfüllen, spricht viel dafür, dass er den Gehilfen
nicht ordnungsgemäß ausgewählt, überwacht und angeleitet hat.[206] Verletzt der
Gehilfe dagegen einen höheren Standard, ist eine Pflichtverletzung des Geschäftsherrn zwar nicht ausgeschlossen – unter Umständen muss er einen Spe-
zialisten mit noch besseren Kenntnissen und Fähigkeiten einsetzen –, überwiegend wahrscheinlich ist sie aber nicht. Hält der Gehilfe alle Standards ein, ist
es wenig wahrscheinlich, dass eine Pflichtverletzung des Geschäftsherrn den
Schaden (mit-)verursacht hat. Denn dann spricht grundsätzlich nichts dafür,
dass der Gehilfe nicht ordnungsgemäß ausgewählt, überwacht und angeleitet
wurde. Unter Berücksichtigung dieser Wahrscheinlichkeitsüberlegungen greift
§ 831 BGB auch dann nicht, wenn der Gehilfe nur einen Haftungstatbestand
erfüllt, der kein rechtswidriges Verhalten voraussetzt, insbesondere einen Ge-
fährdungshaftungstatbestand.[207]

Urt. v. 15.10.2013 – VI ZR 124/12, NJW 2014, 1380, juris Rn. 11 (zu § 826 BGB);
BeckOGK BGB/*Spindler*, 1.5.2023, § 831 Rn. 35.

[205] MüKoBGB/*Wagner*, 8. Aufl. 2020, § 831 Rn. 38; *Larenz/Canaris*, Lehrbuch des
Schuldrechts, Bd. II/2, 13. Aufl. 1994, S. 479; in diese Richtung auch BGH, Urt. v.
12.7.1996 – V ZR 280/94, NJW 1996, 3205, juris Rn. 18, wo das Erfordernis der Sorgfaltspflichtverletzung damit begründet wird, dass bei „objektiv fehlerfreiem Verhalten" gegen
den Geschäftsherrn im Fall eigenen Handelns kein Anspruch bestünde; a.A. *Brüggemeier*,
Haftungsrecht, 2006, S. 122 Fn. 593.

[206] Vgl. *Kupisch*, JuS 1984, 250 (253), wonach bei einem Gehilfen, dem die notwendigen
Kenntnisse und Fähigkeiten, deren Fehlen dem Geschäftsherrn angelastet würde, gefehlt haben, der Schluss auf ein Verschulden des Geschäftsherrn sachgerecht sei; ähnlich die Formulierung in RG, Urt. v. 30.12.1901 – VI 285/01, RGZ 50, 60 (67); siehe auch *Stoll*, JZ
1958, 137 (137 f.); *Koziol*, in: Comparative stimulations for developing tort law, 2015,
S. 182 (186). In der Rechtsprechung zum österreichischen § 1315 Alt. 1 ABGB, der eine
(verschuldensunabhängige) Haftung desjenigen, der sich einer „untüchtigen" i.S.v. *habituell*
untüchtigen (vgl. OGH, Entsch. v. 19.3.1952 – 1 Ob 119/52; OGH, Entsch. v. 17.6.2013 – 2
Ob 33/13m) Person bedient vorsieht, wird angenommen, ein einmaliges Fehlverhalten könne
die Annahme der Untüchtigkeit rechtfertigen, wenn aus den Umständen auf einen habituel-
len Hang zur Nachlässigkeit geschlossen werden kann (vgl. OGH, Entsch. v. 25.4.1990 – 7
Ob 561/90). Jedenfalls erhöht das Fehlverhalten die Wahrscheinlichkeit, dass der Gehilfe
untüchtig ist. Bei einem untüchtigen Gehilfen ist wiederum die Wahrscheinlichkeit höher,
dass er nicht ordnungsgemäß ausgewählt wurde (was § 1315 ABGB allerdings nicht voraussetzt).

[207] Regelmäßig ist eine solche Konstruktion überflüssig, da der Geschäftsherr selbst Adressat der verschuldensunabhängigen Haftung ist. Vertreten wird eine Anwendung von § 831
BGB insbesondere im Hinblick auf Vorschriften, die an konkrete Handlungen anknüpfen,

Weiterhin wirken sich Fehlentscheidungen für den Geschäftsherrn jedenfalls nicht in unzumutbarer Weise aus (*Kriterium der Folgen*). Auch hier wird das Erfordernis des „inneren Zusammenhangs" relevant. Dieser gewährleistet, dass es um die Verletzung von Pflichten geht, die gerade aus den übertragenen Zuständigkeiten folgen. Typischerweise handelt es sich bei dem Geschäftsherrn um einen Unternehmer, der materielle Vorteile aus der Gehilfentätigkeit zieht, sich versichern und die Haftungskosten auf Konsumenten abwälzen kann.[208] Ist der Geschäftsherr ein Verbraucher, profitiert er zumindest ideell von der Arbeitsteilung.[209] Der Geschäftsherr unterhält also eine Beziehung zu dem – wenn auch nicht „besonderen"[210] – Personenrisiko, die *einzelne* Fehlentscheidungen zumutbar macht.

Das Kriterium der Folgen spricht auf den ersten Blick gegen den sog. „dezentralisierten Entlastungsbeweis", wonach es bei Unternehmen mit mehreren Hierarchieebenen für die Exkulpation des Geschäftsherrn genügt, nachzuweisen, dass die *leitenden* Angestellten ordnungsgemäß ausgewählt, überwacht und angeleitet wurden.[211] Gegen diese Möglichkeit wird in der Literatur insbesondere angeführt, hierdurch würden Großunternehmen in ungerechtfertigter Weise privilegiert.[212] Nach dem soeben Gesagten ist es solchen Unternehmen

---

z.B. § 89 Abs. 1 WHG, vgl. Staudinger BGB/*Bernau*, 2022, § 831 Rn. 93; BeckOGK WHG/*Gude*, 1.7.2023, § 89 Rn. 7.1; a.A. Staudinger BGB/*Kohler*, 2017, § 89 WHG Rn. 53.

[208] Vgl. *Larenz/Canaris*, Lehrbuch des Schuldrechts, Bd. II/2, 13. Aufl. 1994, S. 479; *Koziol*, Grundfragen des Schadenersatzrechts, 2010, S. 223.

[209] Dazu, dass auch Privatpersonen umfasst sind, siehe nur *Larenz/Canaris*, Lehrbuch des Schuldrechts, Bd. II/2, 13. Aufl. 1994, S. 476; vgl. auch BGH, Urt. v. 22.11.1963 – VI ZR 264/62, FamRZ 1964, 84 (unter II. 1) zur Haftung des Stiefvaters, der seinem minderjährigen Stiefsohn bei einer Urlaubsreise die Führung des Wagens überlässt; kritisch zu dieser Entscheidung MüKoBGB/*Wagner*, 8. Aufl. 2020, § 831 Rn. 14.

[210] Dazu noch ausführlich unten B. I. 1.

[211] BGH, Urt. v. 25.10.1951 – III ZR 95/50, BGHZ 4, 1, juris Rn. 6 – „Gutsverwalter-Fall"; siehe auch schon RG, Urt. v. 14.12.1911 – VI 75/11, RGZ 78, 107 (108 ff.) – „Kutscher-Fall". Inwieweit die Rechtsprechung heute an dieser Figur festhält, ist nicht klar, vgl. BGH, Urt. v. 17.10.1967 – VI ZR 70/66, NJW 1968, 247, juris Rn. 27 – „Schubstrebe", wo der BGH dies „dahinstehen" ließ; in Richtung einer Aufgabe dieser Rechtsprechung BGH, Urt. v. 19.6.1973 – VI ZR 178/71, NJW 1973, 1602, juris Rn. 18 – „Feuerwerkskörper", wonach eine Entlastung hinsichtlich der „mit der Fertigung gerade des schadensursächlichen Gegenstands seinerzeit befaßten Arbeitnehmer" erforderlich sei; siehe dazu OLG Stuttgart, Urt. v. 20.5.1976 – 10 U 200/75, VersR 1977, 846, juris Rn. 47; MüKoBGB/*Wagner*, 8. Aufl. 2020, § 831 Rn. 49. Jedenfalls begrenzt die Rechtsprechung deren praktische Auswirkungen durch Delegationsverbote, vgl. BGH, Urt. v. 25.10.1951 – III ZR 95/50, BGHZ 4, 1, juris Rn. 7 – „Gutsverwalter-Fall"; BGH, Urt. v. 17.10.1967 – VI ZR 70/66, NJW 1968, 247, juris Rn. 27 – „Schubstrebe" sowie bereits RG, Urt. v. 14.12.1911 – VI 75/11, RGZ 78, 107 (109) – „Kutscher-Fall"; MüKoBGB/*Wagner*, a.a.O., § 831 Rn. 50; *Kleindiek*, Deliktshaftung und juristische Person, 1997, S. 314 sowie oben I. 3.

[212] Siehe nur *Jakobs*, VersR 1969, 1061 (1062); *Kupisch*, JuS 1984, 250 (255); Erman BGB/*Wilhelmi*, 16. Aufl. 2021, § 831 Rn. 21.

in der Tat am ehesten zumutbar, die Folgen von Fehlentscheidungen zu tragen. Dennoch hat der dezentralisierte Entlastungsbeweis seine Berechtigung. Letztlich wird dadurch lediglich die Delegationskette konsequent nachvollzogen.[213] Erkennt man an, dass auch leitende Angestellte Geschäftsherren nach § 831 Abs. 2 BGB sein können,[214] gilt nämlich Folgendes: Der Unternehmensträger kann sich zwar hinsichtlich des untergeordneten Mitarbeiters nach § 831 Abs. 1 S. 2 BGB entlasten, wenn er nachweist, dass er den leitenden Mitarbeiter ordnungsgemäß ausgewählt, überwacht und angeleitet hat. Dann haftet jedoch der leitende Mitarbeiter gegenüber dem Geschädigten nach § 831 Abs. 1, Abs. 2 BGB, wenn er sich nicht hinsichtlich des niedrigeren Mitarbeiters exkulpieren kann. Das eigentliche Problem der Entlastung des Geschäftsherrn besteht darin, dass der Geschädigte dadurch möglicherweise an einen Schuldner gerät, der weniger haftungspotent ist.[215] Diesem Durchsetzungsrisiko kann, wie noch gezeigt wird, allerdings anderweitig begegnet werden.[216] Zudem ist zweifelhaft, ob durch den dezentralisierten Entlastungsbeweis tatsächlich eine substanzielle Privilegierung bewirkt wird: Der (Groß-)Unternehmer ist arbeitsrechtlich oft verpflichtet, den (leitenden) Mitarbeiter von seiner Haftung freizustellen,[217] so dass ihn die Schadenskosten, auch ohne eine Haftung für dessen Verschulden,[218] letztlich doch treffen. Jedenfalls hat er in der Regel ein wirtschaftliches Interesse an einer Freistellung (oder Versicherung) seiner Mitarbeiter.[219] Denn wenn der (leitende) Gehilfe der Gefahr der Haftung – die bei hohen Schäden und bei geringer finanzieller Leistungsfähigkeit seine Existenz

---

[213] Siehe auch Staudinger BGB/*Bernau*, 2022, § 831 Rn. 176, wonach der „Geschäftsherr […] nicht ohne Weiteres dafür einstehen [könne], dass auch der Zwischengehilfe den Verrichtungsgehilfen sorgfältig ausgewählt und überwacht hat", weil dies „die Zurechnung fremden Verschuldens" bedeute; *Kleindiek*, Deliktshaftung und juristische Person, 1997, S. 311, wonach die Rechtsprechung „[i]m Ansatz folgerichtig" sei; ausführlich zum dezentralisierten Entlastungsbeweis *Firat*, Die deliktische Gehilfenhaftung gemäß § 831 BGB, 2021, der diesen letztlich durch eine teleologische Extension des § 831 Abs. 1 BGB ausschalten möchte (S. 224 ff.).

[214] Siehe dazu oben 1. a) aa).

[215] Zu diesem Problem Staudinger BGB/*Bernau*, 2022, § 831 Rn. 176.

[216] Siehe unten III.

[217] Zum Anspruch des Arbeitnehmers gegen den Arbeitgeber auf Freistellung von bestimmten Schadensersatzpflichten gegenüber Dritten siehe nur MüKoBGB/*Spinner*, 9. Aufl. 2023, § 611a Rn. 822 ff.

[218] Dazu, dass die Forderung, der Geschäftsherr müsse auch nachweisen, dass die Zwischenperson sorgfaltsgemäß gehandelt hat (siehe etwa *Helm*, AcP 166 [1969], 389 [398]) zu einer Haftung für fremdes Verschulden (entsprechend § 278 BGB) führt, siehe *Kupisch*, JuS 1984, 250 (255).

[219] Vgl. *Schäfer/Ott*, Lehrbuch der ökonomischen Analyse des Zivilrechts, 6. Aufl. 2020, S. 452.

bedrohen kann – ausgesetzt ist, kann dies zu risikoaversem Verhalten[220] und zu einer geringen Entscheidungsfreudigkeit führen. Dies liegt meist nicht im Interesse des Unternehmens.[221] Hinzu kommt, dass der Geschäftsherr nach § 823 Abs. 1 BGB haftet, wenn er die weitere Delegation durch die Zwischengehilfen nicht ordnungsgemäß organisiert hat, etwa durch die Aufstellung von Vorgaben für die Auswahl, Überwachung und Anleitung der nachgeordneten Gehilfen. Auch bei § 823 Abs. 1 BGB kann, wie sogleich gezeigt wird, dem Geschädigten eine Beweislastumkehr zugutekommen.[222]

bb) *Richterrechtliche Beweislastverteilung nach Fehlentscheidungsrisiken*

Der Anwendungsbereich des § 831 BGB ist begrenzt: Die Beweislastumkehr greift grundsätzlich nicht, wenn ungewiss ist, ob die Handlung des Verrichtungsgehilfen pflichtwidrig war (2). Außerdem hilft sie dem Geschädigten nicht weiter, wenn sich keine Handlung (irgend-)eines Verrichtungsgehilfen,[223] der möglicherweise nicht sorgfältig ausgewählt, überwacht oder angeleitet wurde, isolieren lässt, sondern es um allgemeine (Organisations-)Pflichten des Geschäftsherrn nach § 823 Abs. 1 BGB geht (3). Insofern kommen allerdings richterrechtliche Beweislastregeln in Betracht. Im Folgenden werden zunächst die Grundlagen für eine richterrechtliche Beweislastregel nach Fehlentscheidungsrisiken gelegt (1). Anschließend wird diese Regel auf die beiden genannten Konstellationen angewandt.

(1) *Grundlagen*

Eine richterliche Abweichung von den gesetzlichen Beweislastregeln ist rechtfertigungsbedürftig.[224] Mit *Leipold* kann vorausgesetzt werden, dass eine

---

[220] Vgl. *Shavell*, Foundations of Economic Analysis of Law, 2004, S. 258 zu risikoaversem Verhalten in Situationen, in denen die Verluste im Verhältnis zu dem Vermögen einer Person erheblich sind. Hat der Dritte gar nichts zu befürchten, weil er von vornherein vermögenslos ist, kann dies allerdings umgekehrt dazu führen, dass das Haftungsrecht überhaupt keine Abschreckungswirkung mehr entfaltet, *Shavell*, a.a.O., S. 230 ff.

[221] Zu diesem Hintergrund der Haftungsfreistellung des Amtsträgers bei der Amtshaftung nach § 839 BGB, Art. 34 GG siehe Dürig/Herzog/Scholz GG/*Papier*/*Shirvani*, 100. EL, Januar 2023, Art. 34 Rn. 12.

[222] Ähnlich Staudinger BGB/*Bernau*, 2022, § 831 Rn. 176, wonach allerdings auch die allgemeine Organisationspflicht bei § 831 BGB anzusiedeln sei, mit der Folge einer generellen Beweislastumkehr.

[223] Vgl. unten vor und mit Fn. 285.

[224] Der gesetzlichen Beweislastverteilung liegen „Überlegungen der generalisierenden Risikozuweisung" zugrunde, die „nicht durch einzelfallbezogene Billigkeitserwägungen überspielt werden" können, BGH, Urt. v. 10.3.2010 – IV ZR 264/08, NJW-RR 2010, 1378, juris Rn. 12; siehe auch BGH, Urt. v. 13.12.1984 – III ZR 20/83, NJW 1985, 1774, juris Rn. 37: „Jede Verlagerung der Beweislast im Bereich deliktischer Haftung bedeutet [...] eine Hinwendung zu einer reinen Erfolgshaftung" und „bedarf daher einer besonderen

„dringende Notwendigkeit" für eine Modifizierung besteht und der Grund der Beweislastumkehr „klar herausgearbeitet und in plausible Anwendungsvoraussetzungen umgemünzt wird".[225] Im Folgenden wird nicht umfassend analysiert, inwieweit die richterliche Praxis diesen Anforderungen genügt. Vielmehr wird *eine* Regel vorgestellt, die in der Lage ist, *Leipold*s Voraussetzungen gerecht zu werden, und zwar eine richterrechtliche *Beweislastverteilung nach Fehlentscheidungsrisiken.*[226] Diese Regel entfernt sich in manchen Punkten von den herrschenden Prinzipien. Sie arbeitet offen mit Heuristiken und weist der Wahrscheinlichkeit eine bedeutende Rolle zu.[227] Im Folgenden wird aber gezeigt, dass die Regel in der Lage ist, recht- und zweckmäßige Ergebnisse zu generieren. Entsprechend wird sie auch in den nachfolgenden Kapiteln eine wesentliche Rolle spielen. Die Regel erhebt nicht den Anspruch, die einzige zulässige und sinnvolle richterrechtliche Beweislastumkehr zu sein;[228] vielmehr handelt es sich dabei, was im Laufe der weiteren Untersuchung noch deutlicher werden wird, um eine geeignete Methode zur Lösung bestimmter – nicht aller[229] – Beweisprobleme im Zusammenhang mit der Haftung für fremde Autonomie.

Die Grundregel, wonach die Beweislast für die haftungsbegründenden Tatsachen den Geschädigten trifft, verringert Fehlentscheidungsgefahren, wie

---

Legitimation"; *Stoll*, AcP 176 (1976), 145 (146), wonach Beweiserleichterungen, insbesondere Beweislastumkehrungen, es dem Richter erlauben würden „ohne erklärte Abwendung vom materiellen Recht den Haftungsstandard bei bestimmten Konstellationen und Fallgruppen anzuheben".

[225] *Leipold*, Beweismaß und Beweislast im Zivilprozess, 1985, S. 22; siehe auch *Musielak/Stadler*, Grundfragen des Beweisrechts, 1984, S. 133, wonach Sonderregeln der Beweislast „des besonderen Nachweises ihrer Geltung" erfordern würden; sehr streng *Schulz*, Verantwortlichkeit bei autonom agierenden Systemen, 2015, S. 322, wonach eine Beweislastumkehr nur verhältnismäßig sei, „wenn die Berücksichtigung der üblichen Beweislastverteilung schwerwiegende und sozial unerträgliche Ergebnisse nach sich ziehen würde".

[226] Unter Umständen kann dem Geschädigten auch durch eine sekundäre Darlegungslast des Anspruchsgegners sowie mit Auskunftsansprüchen geholfen werden, wodurch ein *non liquet* vermieden werden kann, vgl. *Grützmacher*, CR 2021, 433 (443) zur Haftung des Nutzers von sog. „Hochrisiko-KI-Systemen" i.S.d. KI-VO-E; zur sekundären Darlegungslast siehe etwa BGH, Urt. v. 8.3.2021 – VI ZR 505/19, NJW 2021, 1669, juris Rn. 24 ff.; BGH, Urt. v. 4.5.2021 – VI ZR 81/20, NJW-RR 2021, 1029, juris Rn. 15 ff. (Herstellers eines Kraftfahrzeugs mit unzulässigen Abschalteinrichtungen); BGH, Beschl. v. 25.6.2019 – VI ZR 12/17, NJW-RR 2019, 1360, juris Rn. 11 ff.; BGH, Beschl. v. 18.2.2020 – VI ZR 280/19, NJW-RR 2020, 720, juris Rn. 10 ff. (Behandlungsseite im Arzthaftungsprozess); zum Auskunftsanspruch nach § 242 BGB siehe noch unten III. 1. und 2. a).

[227] Gegen eine Beweislastverteilung nach Wahrscheinlichkeiten etwa *Schwab*, in: FS Bruns, 1978, S. 505 (511 ff.); *Prütting*, Gegenwartsprobleme der Beweislast, 1983, S. 212 f.; HK ZPO/*Saenger*, 9. Aufl. 2021, § 286 Rn. 58.

[228] Siehe etwa zur „Beweisvereitelung" unten Kapitel 4, A. VI. 1, insbesondere Fn. 601.

[229] Siehe etwa zur technischen Autonomie unten Kapitel 4, A. VI. 2. a) sowie B. III. 4. b).

gesehen, im Wesentlichen dadurch, dass sie dem Schutz der bestehenden Lage Vorrang vor der Veränderung gibt (Kriterium der Folgen).[230] Die Beweismöglichkeiten und Wahrscheinlichkeiten sprechen, bei *abstrakter Betrachtung*,[231] ebenfalls für die Beweislast des Geschädigten oder jedenfalls nicht für eine Beweislast des Schädigers. Diese generelle Wertung ist grundsätzlich vom Rechtsanwender zu akzeptieren, auch wenn sie nicht in jedem *konkreten Fall* voll zutrifft. Sie kann und sollte aber durchbrochen werden, wenn im konkreten Fall ein erhebliches Gefälle zwischen der Fehlentscheidungsgefahr ohne und der Fehlentscheidungsgefahr mit einer Beweislastumkehr besteht. Dann besteht eine „dringende Notwendigkeit" einer Modifizierung.[232] Ein solches Gefälle liegt grundsätzlich vor, wenn im Einzelfall der Schädiger bessere Beweismöglichkeiten hat (Kriterium der Beweismöglichkeit) und mit überwiegender Wahrscheinlichkeit im Unrecht ist (Kriterium der Wahrscheinlichkeit). Dann kann die Wertung, dass der Geschädigte durch eine Fehlentscheidung (normativ-psychologisch) weniger stark belastet wird als der Schädiger zumindest dann zurücktreten, wenn die Folgen einer – weniger wahrscheinlichen – Fehlentscheidung dem Schädiger (genauer: einem Angehörigen seines Verkehrskreises) zumutbar sind (Kriterium der Folgen). Durch diese drei Kriterien wird das Ziel der Beweislastumkehr – Verringerung von Fehlentscheidungsrisiken – in „plausible Anwendungsvoraussetzungen" übersetzt. Die Einzelfallprüfung führt zwar dazu, dass die Beweislast mitunter erst im Laufe des Prozesses bestimmt wird, was die Rechtssicherheit beeinträchtigen kann.[233] Allerdings sind die Parteien regelmäßig in der Lage, die Beweismöglichkeiten, die Folgen von Fehlentscheidungen und auch die Wahrscheinlichkeiten hinreichend abzuschätzen. Um das Prozessrisiko zu kalkulieren, müssen sie ohnehin überprüfen, mit welcher Wahrscheinlichkeit ein Anspruch besteht; die zusätzlichen Belastungen sind deshalb überschaubar.[234] Außerdem existieren auch gesetzliche Beweislastregeln, bei welchen die Wahrscheinlichkeit konkret festgestellt werden

---

[230] Siehe *Leipold*, Beweismaß und Beweislast im Zivilprozess, 1985, S. 49 sowie bereits oben aa) (1).

[231] Zur Unterscheidung zwischen der abstrakten und konkreten Wahrscheinlichkeit siehe *Prütting*, Gegenwartsprobleme der Beweislast, 1983, S. 191; *Friedl*, Beweislastverteilung unter Berücksichtigung des Effizienzkriteriums, 2003, S. 7 f. Nach Stein/Jonas ZPO/*Thole*, 23. Aufl. 2018, § 286 Rn. 117 muss die Abwägung möglicher Fehlurteile abstrakt-normativ vorgenommen werden, nicht im konkreten Fall (vgl. auch vor und mit Fn. 233).

[232] Vgl. *Reinhardt*, NJW 1994, 93 (99), wonach Beweislastregeln verhältnismäßig sein und dazu dienen müssten, „einem verfassungsrechtlich legitimen Gesetzeszweck auch für den Fall des non liquet praktische Geltung zu verschaffen".

[233] Dies wird als Argument gegen die Berücksichtigung der konkreten Wahrscheinlichkeit bei der Beweislastverteilung vorgebracht, vgl. *Peters*, MDR 1949, 66 (68); *Prütting*, Gegenwartsprobleme der Beweislast, 1983, S. 218, S. 194.

[234] So auch *Friedl*, Beweislastverteilung unter Berücksichtigung des Effizienzkriteriums, 2003, S. 105 ff. zu der von ihm entwickelten Formel zur Beweislastverteilung, die ebenfalls die konkrete Wahrscheinlichkeit berücksichtigt (siehe sogleich Fn. 242).

muss (vgl. § 630h Abs. 5 S. 1 BGB,[235] § 34 Abs. 2 GenTG[236]). Eine Beweislastverteilung nach Fehlentscheidungsrisiken im Einzelfall führt also nicht zu
einer erheblich erhöhten Ungewissheit und zu überzogenen Lasten für die Parteien.

Die Beweislastverteilung nach Fehlentscheidungsrisiken weist eine gewisse
Nähe zu der sog. *Beweislastverteilung nach Gefahrenbereichen* auf:[237] Nach
einer gängigen Formulierung des BGH muss der Anspruchsgegner sich vom
Vorwurf der Pflichtverletzung entlasten, wenn die „Schadensursache [...] aus
dem Gefahren- und Verantwortungsbereich des Anspruchsgegners hervorgegangen" ist und „die Sachlage den Schluss, dass dieser die ihm obliegende
Sorgfalt verletzt hat" rechtfertigt.[238] In dieser Formulierung klingen die hier
verwendeten Kriterien teilweise an: Der „Gefahren- und Verantwortungsbereich" deutet auf die besseren Beweismöglichkeiten,[239] der „Schluss" von der

---

[235] Siehe auch BGH, Urt. v. 7.6.2011 – VI ZR 87/10, NJW 2011, 2508, juris Rn. 7 –
„Embolischer Thalamusinfarkt".

[236] Siehe dazu BeckOGK GenTG/*Bleckwenn*, 1.6.2023, § 34 Rn. 10 ff.

[237] Nach dem BGH ist es „in der Rechtsprechung seit langem anerkannt, bei einzelnen
vertraglichen, vorvertraglichen oder deliktischen Rechtsbeziehungen eine Verteilung der
Beweislast nach Gefahrenbereichen vorzunehmen", BGH, Urt. v. 9.12.1976 – II ZR 205/74,
BGHZ 67, 383, juris Rn. 13. Die Beweislastverteilung nach Gefahrenbereichen hat ihren
Ursprung im vertraglichen Bereich. In der Literatur wird dafür plädiert, die Grundsätze all-
gemein auch außerhalb von Sonderverbindungen anzuwenden, vgl. *Prölss*, Beweiserleichte-
rungen im Schadensersatzprozeß, 1966, S. 74 ff.; *von Bar*, Verkehrspflichten, 1980,
S. 298 ff.; *Brüggemeier*, VersR 1983, 116 (117); MüKoBGB/*Wagner*, 8. Aufl. 2020, § 823
Rn. 103; a.A. *Musielak*, AcP 179 (1976), 465 (484). Der BGH folgt dem jedenfalls bei der
Produzentenhaftung, vgl. BGH, Urt. v. 26.11.1968 – VI ZR 212/66, BGHZ 51, 91, juris
Rn. 38 – „Hühnerpest"; er weist dabei auf die Regelungen in §§ 831 ff. BGB hin (a.a.O.);
siehe auch BeckOK BGB/*Spindler*, 66. Ed., 1.5.2023, § 836 Rn. 2 zu einer „vorsichtigen
Erweiterung der bereits bislang angenommenen Beweislastumkehrungen" durch Heranzie-
hung von § 836 BGB im Rahmen von § 823 BGB; zustimmend *Grützmacher*, CR 2021, 433
(436).

[238] Siehe nur BGH, Urt. v. 12.1.2017 – III ZR 4/16, NJW-RR 2017, 622, juris Rn. 13;
BGH, Urt. v. 20.6.1990 – VIII ZR 182/89, NJW-RR 1990, 1422, juris Rn. 10; jeweils zum
Vertragsrecht. Der BGH definiert den „Gefahrenbereich" nicht abstrakt, sondern stellt im
Einzelfall auf den räumlich-gegenständlichen Obhutsbereich oder das Verhalten des An-
spruchsgegners ab, vgl. *Musielak*, AcP 176 (1976), 465 (470).

[239] Vgl. *Prütting*, Gegenwartsprobleme der Beweislast, 1983, S. 218, wonach sich der
„hinter der Gefahrenbereichslehre stehende Gedanke einer Beweisnot des Geschädigten und
einer Beweisnähe des Schädigers [...] durch räumlich abgegrenzte Sphären oft nicht realisieren" lasse; *Reineck*e, Die Beweislastverteilung im Bürgerlichen Recht und im Arbeitsrecht als rechtspolitische Regelungsaufgabe, 1976, S. 49, wonach die Beweislastverteilung
nach „Sphären" bedeute, dass „die Partei die Beweislast trägt, die aufgrund ihrer tatsächlichen Nähe zu Beweisgegenstand regelmäßig die besseren Beweismöglichkeiten hat, also
eine höhere Aufklärungsquote als der Gegner erzielen kann".

Sachlage auf Wahrscheinlichkeitsüberlegungen hin.[240] Ganz klar ist die Formulierung jedoch insofern nicht und die Ergebnisse des BGH sprechen auch nicht immer dafür, dass solche Überlegungen angestellt wurden.[241] Jedenfalls lässt sich der Formel kein bestimmter Grad an Wahrscheinlichkeit entnehmen und kommt auch das Kriterium der Folgen nicht zum Ausdruck. Zumindest mit Blick auf das hier verfolgte Ziel, durch die Beweislastverteilung die Fehlentscheidungsrisiken zu reduzieren, ist daher eine Formel vorzugswürdig, die explizit an die drei genannten Aspekte anknüpft:

Eine schadensursächliche Pflichtverletzung wird vermutet, wenn der Anspruchsgegner erstens die besseren Beweismöglichkeiten hat als der Geschädigte, es zweitens wahrscheinlicher ist, dass der Schaden auf einem pflichtwidrigen Verhalten des Anspruchsgegners beruht, als dass er unabhängig von einer Pflichtverletzung desselben entstanden ist und drittens die Folgen einer Fehlentscheidung für den Anspruchsgegner nicht unzumutbar sind.[242]

Isoliert können die besseren Beweismöglichkeiten[243] oder die überwiegende Wahrscheinlichkeit[244] keine *richterrechtliche* Beweislastumkehr begründen. Denn selbst wenn der Schädiger bessere Beweismöglichkeiten hat, kann das

---

[240] Vgl. *Wahrendorf*, Die Prinzipien der Beweislast im Haftungsrecht, 1976, S. 105 f., der diese Formulierung mit einem „hohen Maß an Wahrscheinlichkeit für ein schuldhaftes Verhalten" verknüpft.

[241] Siehe sogleich vor und mit Fn. 250 zum „Wasserhahn-Fall".

[242] Ähnlich die Formel von *Friedl*, Beweislastverteilung unter Berücksichtigung des Effizienzkriteriums, 2003, S. 83 ff., wonach zu Lasten des Klägers zu entscheiden sei, wenn folgende Ungleichung erfüllt ist: (Wahrscheinlichkeit, dass die Tatsache X vorliegt x Kosten des Klägers, um die Tatsache X zu beweisen) < (Wahrscheinlichkeit, dass die Tatsache X nicht vorliegt x Kosten des Beklagten, um zu beweisen, dass die Tatsache X nicht vorliegt). Allerdings können bei dieser Formel hohe Kosten geringe Wahrscheinlichkeiten kompensieren und umgekehrt, wohingegen nach der hier vorgeschlagenen Formel beide Kriterien kumulativ vorliegen sollen.

[243] Vgl. *Schäfer/Ott*, Lehrbuch der ökonomischen Analyse des Zivilrechts, 6. Aufl. 2020, S. 247, wonach es nicht gerechtfertigt sei, eine Umkehr „immer bereits dann vorzunehmen, wenn in Bezug auf die Sammlung und Verarbeitung der relevanten Fakten der Beklagte die – im Vergleich zum Kläger – niedrigeren Informationskosten aufweist" (ausführlich zum Kostenkriterium *Friedl*, Beweislastverteilung unter Berücksichtigung des Effizienzkriteriums, 2003, S. 93 ff.); siehe auch *Larenz*, in: FS Hauß, 1978, S. 225 (236), wonach „immer, außer der Beweisnot des Klägers, noch ein anderer Gesichtspunkt hinzukommen" müsse.

[244] Vgl. *Reinecke*, Die Beweislastverteilung im Bürgerlichen Recht und im Arbeitsrecht als rechtspolitische Regelungsaufgabe, 1976, S. 96, wonach der „Umstand, daß die zu beweisende Tatsache mit überwiegender oder sogar hoher Wahrscheinlichkeit vorliegt, [...] für sich allein keine Abweichung von der gesetzlichen Beweislastverteilung" rechtfertige; siehe aber auch *Kegel*, in: FS Kronstein, 1967, S. 321 (333 ff.), wonach es, wenn „Sicherheit" nicht erreicht werden könne, „immer noch gerechter [sei], nach dem Wahrscheinlichen zu entscheiden, als nach dem Unwahrscheinlichen" (S. 335) und die „Beweislastverteilung hauptsächlich auf der überwiegenden Wahrscheinlichkeit" beruhe (S. 342); vgl. auch *Grunsky*, Grundlagen des Verfahrensrechts, 2. Aufl. 1974, S. 429.

Fehlentscheidungsrisiko groß sein, wenn die Wahrscheinlichkeit einer Pflichtverletzung sehr gering ist. Dasselbe gilt im umgekehrten Fall der hohen Wahrscheinlichkeit und der schlechten Beweismöglichkeiten des Schädigers. Erst bei *kumulativem* Vorliegen[245] besteht eine „dringende Notwendigkeit" für eine richterliche Beweislastumkehr.[246] Die Berücksichtigung nicht nur der Beweismöglichkeiten, sondern auch der Wahrscheinlichkeit und der Schwere der Folgen ermöglicht insbesondere eine „gerechte"[247] Eingrenzung der Beweislastumkehr. An der „Gefahrenkreistheorie"[248] des BGH wird kritisiert, dass sie auch dann eine Beweislastumkehr erlaube, wenn ein Vorgang möglicherweise außerhalb der Sphäre des Anspruchsgegners ausgelöst wurde, anschließend aber in diese hinein- und sich dort schädlich ausgewirkt hat.[249] So verhielt es sich z.B. im sog. Wasserhahn-Fall:[250] Dem Kläger entstand hier ein Schaden, weil in einem vom Beklagten und einem Dritten benutzten Toilettenraum ein Wasserhahn nicht geschlossen wurde. Ob der Beklagte oder der Dritte hierfür verantwortlich war, blieb ungeklärt. Der BGH legte dem Beklagten die Beweislast auf.[251] Gerechtfertigt ist dies grundsätzlich nur dann, wenn es wahrscheinlicher ist, dass der Beklagte pflichtwidrig gehandelt hat, z.B. weil er den Raum den größten Teil der Zeit nutzte.[252] Das Kriterium der Folgen weist zwar gewisse Unschärfen auf, verhindert aber, dass aus einer Wahrscheinlichkeitsbetrachtung sachwidrige Ergebnisse im Einzelfall folgen. Eine Person, die neben einem Verletzten angetroffen wird, hat den Schaden möglicherweise mit überwiegender Wahrscheinlichkeit pflichtwidrig verursacht. Hat sie dies aber nicht getan, sondern ist nur zufällig an der Unfallstelle vorbeigekommen, wird ein völlig Unbeteiligter verurteilt. Dann ginge die Haftung für vermutetes

---

[245] Vgl. *Reinecke*, Die Beweislastverteilung im Bürgerlichen Recht und im Arbeitsrecht als rechtspolitische Regelungsaufgabe, 1976, S. 96, wonach Wahrscheinlichkeitsüberlegungen „in Ausnahmefällen *zusammen mit anderen Erwägungen*, etwa dem Kriterium der Beweismöglichkeiten (Beweislastverteilung nach Sphären und Vermeidung von Negativbeweisen) eine Beweislastverteilung contra legem rechtfertigen" könne.

[246] Anders die Formel von *Friedl*, Beweislastverteilung unter Berücksichtigung des Effizienzkriteriums, 2003, S. 83 ff., vgl. Fn. 242.

[247] Vgl. *Wahrendorf*, Die Prinzipien der Beweislast im Haftungsrecht, 1976, S. 105 f., wonach es „gerecht" erscheine, den Schuldner mit dem Beweisrisiko zu belasten, wenn ein „hohes Maß an Wahrscheinlichkeit" für ein schuldhaftes Verhalten spreche.

[248] Vgl. *Musielak*, AcP 176 (1976), 465 (465 f.).

[249] *Kleinewefers/Wilts*, VersR 1967, 617 (624); *Wahrendorf*, Die Prinzipien der Beweislast im Haftungsrecht, 1976, S. 103; siehe auch *Prütting*, Gegenwartsprobleme der Beweislast, 1983, S. 218 zur Möglichkeit der Überschneidung von Gefahrenbereichen bei dem Versuch einer räumlich-gegenständlichen Sphärenbildung.

[250] BGH, Urt. v. 16.10.1963 – VIII ZR 28/62, NJW 1964, 33 – „Wasserhahn".

[251] BGH, Urt. v. 16.10.1963 – VIII ZR 28/62, NJW 1964, 33, juris Rn. 18 – „Wasserhahn".

[252] Kritisch auch *Musielak*, AcP 176 (1976), 465 (473), der darauf hinweist, dass ungeklärt blieb, ob nicht der andere Mieter den Hahn geöffnet hatte.

Verschulden noch über eine Gefährdungshaftung hinaus, die voraussetzt, dass sich eine Gefahr realisiert, zu welcher der Schädiger aufgrund seines Einflusses und seiner Vorteile in einer „besonderen" Beziehung steht.[253] Um solche Ergebnisse zu verhindern und um die Verschuldensvermutung fest im „Zwischenbereich" zwischen Verschuldens- und Gefährdungshaftung zu verankern (strikte Haftung nur in *einzelnen* Fällen),[254] ist bei der Beurteilung der Folgen zu berücksichtigen, ob der Anspruchsgegner zu der Gefahr, die sich realisiert hat, eine solche „besondere" Beziehung unterhält.[255] Ist dies der Fall, z.B. weil die angetroffene Person Besitzer eines Blumentopfes ist, der von einem Balkon gefallen ist und den Verletzten getroffen hat, stellt eine Fehlentscheidung für die Person (genauer: für eine Person ihres Verkehrskreises) keine unzumutbare Härte dar: Regelmäßig war die Person jedenfalls in der Lage, das Risiko zu versichern. Ein Unternehmer kann die Haftungskosten auch auf Konsumenten umlegen.[256] Die Haftung wird außerdem in gewisser Weise durch die (materiellen oder zumindest ideellen) Vorteile kompensiert, welche die Person aus der riskanten Aktivität zieht. Es erscheint allerdings nicht erforderlich, außerdem eine „besondere" oder zumindest nicht unerhebliche Gefahr, wie sie etwa bei § 836 BGB vorliegt, zu verlangen. Da die Beweislastumkehr außerdem voraussetzt, dass der Gefährdende im konkreten Fall bessere Beweismöglichkeiten hat und den Schaden mit überwiegender Wahrscheinlichkeit pflichtwidrig verursacht hat, unterliegt er allenfalls in einzelnen Fällen einer *de facto* Gefährdungshaftung, was ihm, insofern ähnlich wie bei § 831 Abs. 1 S. 2 BGB, auch ohne eine gesteigerte Gefährlichkeit zumutbar ist.[257]

---

[253] Siehe dazu noch unten B. II. 1. b).

[254] Siehe dazu oben aa) (1).

[255] Siehe dazu noch genauer unten B. II. 1. b); im Ergebnis ähnlich *Musielak*, AcP 176 (1976), 465 (478), wonach „die Schadensursache näher bestimmt werden" und dem „Gefahrenkreis" des Anspruchsgegners zugeordnet werden müsse; siehe auch *Taupitz/Pfeiffer*, JBl 2010, 88 (93), wonach im „Zwischenbereich" (siehe oben aa) [1]) der Schädiger eine Gefahrenquelle zu seinem Vorteil unterhalte und beherrsche, das Ausmaß der Gefahr aber keine verschuldensunabhängige Haftung rechtfertige.

[256] Zum Gedanken, dass Unternehmer von Fehlentscheidungen weniger hart getroffen werden als Private, siehe *Dubischar*, JuS 1971, 385 (393); *Reinecke*, Die Beweislastverteilung im Bürgerlichen Recht und im Arbeitsrecht als rechtspolitische Regelungsaufgabe, 1976, S. 67; *Gräns*, Das Risiko materiell unrichtiger Urteile, 2002, S. 84; siehe auch allgemein zur Schadensstreuung durch Haftung *Schäfer/Ott*, Lehrbuch der ökonomischen Analyse des Zivilrechts, 6. Aufl. 2020, S. 177 ff. (unter Hinweis insbesondere auf den Zweck der Vermeidung sog. „sekundärer Kosten"); *Zech*, Gutachten für den 73. DJT, 2020, A 87 f.

[257] Siehe aber *Canaris*, VersR 2005, 577 (579 Fn. 15), der die Auffassung vertritt, dass die Einordnung der Verschuldensvermutung in den „Zwischenbereich" (siehe oben aa) [1]) „zwar hinsichtlich der praktischen Auswirkungen eine brauchbare Beschreibung sein" könne, jedoch „dogmatisch schon deshalb nicht voll [überzeuge], weil keineswegs jede Umkehrung der Beweislast hinsichtlich des Verschuldens ihre ‚ratio' in der Gefährlichkeit des Verhaltens des potenziellen Schädigers findet". Die Verbindung zur Gefährdungshaftung

Gegen eine solche *Beweislast*regel nach Fehlentscheidungsrisiken könnten systematische Einwände erhoben werden, auf die im Folgenden kurz eingegangen werden soll: Allgemein werden in der Literatur teilweise ähnliche Ergebnisse erzielt, indem in Abhängigkeit von u.a. den Beweismöglichkeiten und den Folgen von Fehlentscheidungen das *Beweismaß* elastisch bestimmt wird.[258] Diese Einordnung ist bedenklich. Das Beweismaß, das bestimmt, was im Prozess als „Wahrheit" gilt, muss von vornherein feststehen und kann nicht abhängig vom Einzelfall richterrechtlich reduziert werden.[259] Vertreter der Gegenansicht verlangen dies freilich von der Beweislast.[260] Die gesetzlichen Regelungen der Beweislast zeigen aber, dass diese durchaus vom Einzelfall abhängig sein kann. Bereits genannt wurden § 630h Abs. 5 BGB, § 34 Abs. 2 GenTG. Konkrete, vom Gericht zu beurteilende, Wahrscheinlichkeiten spielen außerdem z.B. bei § 6 Abs. 1 UmweltHG,[261] § 84 Abs. 2 AMG[262] sowie bei

---

liegt hier indes weniger in der Größe oder Beschaffenheit der Gefahr als in der Beziehung des Betroffenen zu der Gefahr. Die Größe und die Beschaffenheit der Gefahr können jedoch bei *gesetzlichen* Beweislastregeln eine Rolle spielen, wenn die Wahrscheinlichkeit nicht gegen den Schädiger spricht und deshalb nicht nur einzelne, sondern einige Fehlentscheidungen zumutbar sein müssen (siehe zu § 833 S. 2 BGB unten Kapitel 3, B.).

[258] Vgl. *Gräns*, Das Risiko materiell fehlerhafter Urteile, 2002, S. 214 ff., wonach das Beweismaß absinken soll, wenn die „Disutilität" einer Fehlentscheidung zu Lasten des Schädigers geringer ist; *Musielak*, Die Grundlagen der Beweislast im Zivilprozess, 1975, S. 291 f., wonach die „Schwere der Folgen eines Fehlurteils zum maßgebenden Gesichtspunkt für die *Bestimmung des Beweismaßes* gemacht" werden könne; dem folgend *Schwab*, in: FS Bruns, 1978, S. 505 (513 f.); ähnlich *Bender*, in: FS Baur, 1981, S. 247 (257 ff.): mehrere abgestufte Regelbeweismaße.

[259] Gegen „relative Beweismaßtheorien" etwa Musielak/Voit ZPO/*Foerste*, 20. Aufl. 2023, § 286 Rn. 18; siehe auch *Katzenmeier*, ZZP 117 (2004), 187 (189), wonach das Beweismaß „rechtssatzmäßig geregelt sein" müsse; für die Möglichkeit, die Wahrscheinlichkeit zur Bestimmung der Beweislast (mit) zu verwenden, siehe etwa *Kegel*, in: FS Kronstein, 1967, S. 321 (335 ff.); *Wahrendorf*, Die Prinzipien der Beweislast im Haftungsrecht, 1976, S. 131; *Reinecke*, Die Beweislastverteilung im Bürgerlichen Recht und im Arbeitsrecht als rechtspolitische Regelungsaufgabe, 1976, S. 96; *Friedl*, Beweislastverteilung unter Berücksichtigung des Effizienzkriteriums, 2003, S. 109; *Riehm*, Abwägungsentscheidungen in der praktischen Rechtsanwendung, 2006, S. 132.

[260] Vgl. *Musielak*, Die Grundlagen der Beweislast im Zivilprozess, 1975, S. 291; kritisch zur Berücksichtigung von Wahrscheinlichkeiten bei der Bewei*last* etwa auch *Schwab*, in: FS Bruns, 1978, S. 505 (513); *Prütting*, Gegenwartsprobleme der Beweislast, 1983, S. 212; *Brinkmann*, Das Beweismaß im Zivilprozess aus rechtsvergleichender Sicht, 2005, S. 72 f.

[261] Die Bestimmung der Kausalitätseignung erfordert eine Wahrscheinlichkeitsbeurteilung, vgl. Landmann/Rohmer UmweltR/*Hager/Rehbinder*, 100. EL, Januar 2023, § 6 UmweltHG Rn. 15: ernstliche Wahrscheinlichkeit (siehe aber auch Rn. 22: hohe Wahrscheinlichkeit); Staudinger BGB/*Kohler*, 2017, § 6 UmweltHG Rn. 12: substantiierte Wahrscheinlichkeit.

[262] Vgl. *Rein*, Die Zweckmäßigkeit der arzneimittelrechtlichen Gefährdungshaftung, 2021, S. 185 mit dem Hinweis, das Kriterium der Eignung decke „einen großen Wahrscheinlichkeitsbereich ab"; siehe auch BGH, Urt. v. 26.3.2013 – VI ZR 109/12, NJW 2013, 2901,

§ 830 Abs. 1 S. 2 BGB[263] eine Rolle. Der Streit um die Einordnung kann hier nicht abschließend beigelegt werden. Um Fehlentscheidungsrisiken zu verringern, sind jedenfalls an einer Stelle Abstriche von der Rechtssicherheit erforderlich. Die Systematik spricht dafür, diese im Rahmen der Beweislast vorzunehmen: Mit einer Beweislastumkehr bleibt man hinsichtlich des Beweismaßes „in den gewohnten Kategorien".[264] Was „wahr" ist, wird einheitlich beurteilt, die Frage, was geschieht, wenn die „Wahrheit" nicht gefunden wird, kann dagegen im Einzelfall und heuristisch beantwortet werden.[265]

Speziell mit Blick auf die Gefahrenkreistheorie des BGH wird, mit ähnlicher Argumentation, die Formulierung des BGH, die Sachlage müsse den Schluss auf eine schadensursächliche Pflichtverletzung rechtfertigen, kritisiert.[266] Angeführt wird, sie enthalte keine selbständige Voraussetzung[267] bzw. weise auf einen Anscheinsbeweis hin[268]. Richtig ist, dass mit den besseren Beweismöglichkeiten „recht häufig"[269] eine überwiegende Wahrscheinlichkeit einhergeht. Die Wahrscheinlichkeit einer Sorgfaltspflichtverletzung hängt, wie gesehen, wesentlich von der Kontrolle des Anspruchsgegners über das Schadensrisiko ab.[270] Und oft korrelieren diese Kontrollmöglichkeiten mit den Beweismöglichkeiten. Allerdings ist dies nicht stets der Fall: Gerät eine Mietwohnung in

---

juris Rn. 16 zu § 84 Abs. 2 S. 3 AMG, der den „Nachweis der konkreten Möglichkeit der Schadensverursachung" durch den anderen Umstand erfordere. Der BGH zieht eine Parallele zu §§ 6 f. UmweltHG (Rn. 15) und weist die Einordnung als Beweismaßreduktion ausdrücklich zurück (Rn. 13; a.A. *Rein*, a.a.O., S. 186 f.).

[263] Auf diese Vorschrift weist auch Musielak/Voit/*Foerste*, 20. Aufl. 2023, § 286 Rn. 18 hin. Zur Rolle der Wahrscheinlichkeit bei der Beurteilung der Kausalitätseignung siehe *Larenz/Canaris*, Lehrbuch des Schuldrechts, Bd. II/2, 13. Aufl. 1994, S. 574; Staudinger BGB/*Eberl-Borges*, 2022, § 830 Rn. 91.

[264] So *Bender*, in: FS Baur, 1981, S. 247 (267) mit Blick auf die Rechtsprechung des BGH zur Produzentenhaftung. *Bender* selbst spricht sich allerdings für abgestufte Beweismaße aus (siehe bereits Fn. 258).

[265] Für eine „heuristische" Regelung der Beweislast nach Wahrscheinlichkeiten auch *Riehm*, Abwägungsentscheidungen in der praktischen Rechtsanwendung, 2006, S. 131 ff.

[266] Sie wird in der Rechtsprechung nicht immer erwähnt, siehe nur BGH, Urt. v. 22.10.2008 – XII ZR 148/06, NJW 2009, 142, juris Rn. 15; BGH, Urt. v. 16.2.2005 – XII ZR 216/02, ZMR 2005, 520, juris Rn. 13; BGH, Urt. v. 9.12.1976 – II ZR 205/74, BGHZ 67, 383, juris Rn. 13; teilweise ist allerdings die Rede davon, die Schadensursache müsse aus einem Gefahrenbereich des Gegners hervorgegangen sein, „für den er im Zweifel die Verantwortung trägt", vgl. BGH, Urt. v. 13.2.1969 – VII ZR 14/67, VersR 1969, 470, juris Rn. 20; BGH, Urt. v. 31.5.1978 – VIII ZR 263/76, NJW 1978, 2197, juris Rn. 15.

[267] *Musielak*, AcP 176 (1976), 465 (473), wonach sich die Voraussetzung, die Schadensursache müsse zum Gefahrenkreis des Anspruchsgegners gehören, und die Voraussetzung, die Sachlage müsse den Schluss rechtfertigen, dass der Anspruchsgegner eine Sorgfaltspflicht verletzt hat, in ihrem „beweiserheblichen Kern weitgehend decken" würden.

[268] *Prölss*, Beweiserleichterungen im Schadensersatzprozeß, 1966, S. 71 f.

[269] *Musielak*, AcP 176 (1976), 465 (473).

[270] Siehe oben aa) (1).

Brand, während der Vermieter Arbeiten darin vornimmt, so hat der Vermieter die besseren Beweismöglichkeiten. Allerdings kann unter bestimmten Umständen eine Brandstiftung durch Dritte mindestens genauso wahrscheinlich sein wie eine schadensursächliche Sorgfaltspflichtverletzung des Vermieters.[271] Richtig ist auch, dass sich ähnliche Formulierungen in der Rechtsprechung zum Anscheinsbeweis finden.[272] Auch der Anscheinsbeweis beruht auf einer Auswertung von Wahrscheinlichkeiten.[273] Er unterscheidet sich aber in seinen Voraussetzungen und Rechtsfolgen von der Beweislastumkehr:[274] Nach wohl h.M. wird das Beweismaß bei einem Anscheinsbeweis nicht verringert.[275] Vielmehr

---

[271] Vgl. BGH, Urt. v. 22.10.2008 – XII ZR 148/06, NJW 2009, 142, juris Rn. 17 f. einerseits und BGH, Urt. v. 31.5.1978 – VIII ZR 263/76, NJW 1978, 2197, juris Rn. 14 ff. andererseits. Im erstgenannten Fall war eine Einwirkung Dritter ausgeschlossen, im zweitgenannten Fall nicht (dort wurden überdies auch die besseren Beweismöglichkeiten verneint, vgl. Rn. 16). Der BGH nimmt die Unterscheidung allerdings anhand des Merkmals der „Schadensursache im Gefahrenbereich des Anspruchsgegners" vor, wodurch dieses Kriterium unscharf wird, vgl. dazu auch *Prütting*, Gegenwartsprobleme der Beweislast, 1983, S. 218, wonach die „Ermittlung und Abgrenzung der jeweiligen Sphären [...] in Wahrheit eine Interessenbewertung der Gesamtlage und eine Auslegung des jeweiligen Vertragsinhalts" sei; siehe auch OLG München, Urt. v. 15.1.1997 – 3 U 5356/96, NJW-RR 1997, 1031, juris Rn. 5, wo mit Blick auf die gleiche Wahrscheinlichkeit mehrerer Ursachen, von denen nicht alle zum Gefahrenbereich des Gegners gehörten, eine Beweislastumkehr verneint wurde; OLG Zweibrücken, Urt. v. 16.9.1976 – 6 U 31/76, VersR 1977, 848, juris Rn. 41, wo „die Schadensursache [...] zwar aus dem Gefahrenbereich und Verantwortungsbereich des Beklagten hervorgegangen" war, allerdings nach „der Sachlage [...] der Schluß auf eine objektive Sorgfaltspflichtverletzung des Beklagten nicht gerechtfertigt" war.

[272] Vgl. HK ZPO/*Saenger*, 9. Aufl. 2021, § 286 Rn. 38; siehe z.B. BGH, Urt. v. 11.12.2018 – KZR 26/17, NJW 2019, 661, juris Rn. 50 – „Schienenkartell I"; BGH, Urt. v. 19.1.2010 – VI ZR 33/09, NJW 2010, 1072, juris Rn. 8.

[273] Vgl. BGH, Urt. v. 17.2.1988 – IVa ZR 277/86, NJW-RR 1988, 789, juris Rn. 13; *Reinecke*, Die Beweislastverteilung im Bürgerlichen Recht und im Arbeitsrecht als rechtspolitische Regelungsaufgabe, 1976, S. 94.

[274] Vgl. auch *Friedl*, Beweislastverteilung unter Berücksichtigung des Effizienzkriteriums, 2003, S. 167 ff. zu der von ihm entwickelten Formel (Fn. 242); siehe auch BGH, Urt. v. 26.11.1968 – VI ZR 212/66, BGHZ 51, 91, juris Rn. 36 – „Hühnerpest", wo der BGH auf die Möglichkeit eines Anscheinsbeweises hinweist, dann aber hervorhebt, hierbei könne „nicht stehengeblieben werden", also eine deutliche Unterscheidung zwischen den Instituten vornimmt.

[275] Vgl. *Riehm*, Abwägungsentscheidungen in der praktischen Rechtsanwendung, 2006, S. 90 f.; Stein/Jonas ZPO/*Thole*, 23. Aufl. 2018, § 286 Rn. 222; MüKoZPO/*Prütting*, 6. Aufl. 2020, § 284 Rn. 25, § 286 Rn. 52; siehe auch BGH, Urt. v. 10.1.1951 – II ZR 27/50, NJW 1951, 360 (unter I.), wonach es sich bei dem Anscheinsbeweis nicht um einen „Wahrscheinlichkeitsbeweis" handle, vielmehr müsse „der festgestellte Sachverhalt derart sein, daß er unter Verwertung allgemeiner Erfahrungssätze, insbesondere der allgemeinen Lebenserfahrung, die Überzeugung des Richters in vollem Umfang begründet"; BGH, Urt. v. 17.2.1988 – IVa ZR 277/86, NJW-RR 1988, 789, juris Rn. 13, wonach es für den Anschein nicht genüge, dass „die eine Möglichkeit wahrscheinlicher ist als die andere"; a.A. *von*

handelt es sich dabei um eine Form der Beweiswürdigung, die durch einen Schluss aus sog. Erfahrungsgrundsätzen erfolgt.[276] Soweit ein Vollbeweis erforderlich ist (§ 286 ZPO), setzt somit auch der Anscheinsbeweis voraus, dass das Tatbestandsmerkmal mit „an Sicherheit grenzender" Wahrscheinlichkeit gegeben ist.[277] Der Schluss auf die Haupttatsachen ist hier nicht nur „gerechtfertigt", sondern „drängt sich auf".[278] Bessere Beweismöglichkeiten erfordert der Anscheinsbeweis hingegen nicht. Im Hinblick auf die Rechtsfolge führt der Anscheinsbeweis dazu, dass der Gegner lediglich so viele Zweifel auslösen muss, dass die „an Sicherheit grenzende" Wahrscheinlichkeit nicht mehr gegeben ist.[279] Dagegen muss bei der Beweislastumkehr nach Fehlentschei-

---

Zezschwitz, JZ 1970, 233 (239): Anscheinsbeweis als „Anwendungsfall des Grundsatzes der überwiegenden Wahrscheinlichkeit"; *Reinecke*, Die Beweislastverteilung im Bürgerlichen Recht und im Arbeitsrecht als rechtspolitische Regelungsaufgabe, 1976, S. 91: „hohes Maß" an Wahrscheinlichkeit; für eine Reduktion des Beweismaßes auch *Leipold*, Beweismaß und Beweislast im Zivilprozess, 1985, S. 11 ff.; HK ZPO/*Saenger*, 9. Aufl. 2021 Rn. 39.

[276] Ein Erfahrungsgrundsatz ist grundsätzlich eine statistische Aussage, der eine gewisse Typizität zugrunde liegt, vgl. BGH, Urt. v. 19.1.2010 – VI ZR 33/09, NJW 2010, 1072, juris Rn. 11, wonach sich der Anscheinsbeweis dadurch auszeichne, dass „der konkrete Geschehensablauf nicht festgestellt zu werden braucht, weil von einem typischen Hergang ausgegangen werden kann, solange nicht von dem Gegner Tatsachen bewiesen werden, die den Anschein entkräften"; nach BGH, Urt. v. 11.12.2018 – KZR 26/17, NJW 2019, 661, juris Rn. 50 – „Schienenkartell I" kann ein Geschehensablauf als „typisch" angesehen werden, wenn „er so häufig vorkommt, dass die Wahrscheinlichkeit, einen solchen Fall vor sich zu haben, sehr groß ist". Zur Unterscheidung zwischen zwingenden Erfahrungssätzen („Erfahrungsgesetzen"), Erfahrungsgrundsätzen und einfachen Erfahrungssätzen siehe MüKo-ZPO/*Prütting*, 6. Aufl. 2020, § 286 Rn. 59 ff. sowie *Doukoff*, SVR 2015, 245 (246 f.); dazu, dass eine trennscharfe Abgrenzung nicht möglich ist, siehe Stein/Jonas ZPO/*Thole*, 23. Aufl. 2018, § 286 Rn. 224; zum Begriff des Erfahrungssatzes siehe auch schon oben Kapitel 1, Fn. 218.

[277] Vgl. BGH, Urt. v. 21.9.1973 – IV ZR 136/72, NJW 1973, 2249, juris Rn. 12; Musielak/Voit ZPO/*Foerste*, 20. Aufl. 2023, § 286 Rn. 19; *Schäfer/Ott*, Lehrbuch der ökonomischen Analyse des Zivilrechts, 6. Aufl. 2020, S. 242; nach *Maassen*, Beweismaßprobleme im Schadensersatzprozeß, 1975, S. 54 ff. sollte das allgemeine Beweismaß dagegen die überwiegende Wahrscheinlichkeit sein; nach *Huber*, Das Beweismaß im Zivilprozeß, 1983, S. 115, 121 ff. die hohe Wahrscheinlichkeit.

[278] Vgl. die Formulierung in BGH, Urt. v. 15.12.2015 – VI ZR 6/15, NJW 2016, 1098, juris Rn. 14, wonach die Anwendung des Anscheinsbeweises Geschehensabläufe voraussetze, „bei denen sich nach der allgemeinen Lebenserfahrung *der Schluss aufdrängt*, dass ein Verkehrsteilnehmer seine Pflicht zur Beachtung der im Verkehr erforderlichen Sorgfalt verletzt hat" (Hervorh. d. Verf.); siehe auch *Reinecke*, Die Beweislastverteilung im Bürgerlichen Recht und im Arbeitsrecht als rechtspolitische Regelungsaufgabe, 1976, S. 89 ff., wonach für die Beweislastumkehr eine „überwiegende" Wahrscheinlichkeit genüge, für den Anscheinsbeweis dagegen eine „hohe" Wahrscheinlichkeit erforderlich sei (siehe aber Fn. 275).

[279] Der Anschein ist „erschüttert", wenn Tatsachen nachgewiesen werden, „die die ernsthafte, ebenfalls in Betracht kommende Möglichkeit" eines anderen Geschehens nahelegen,

dungsrisiken der Gegner das Gericht zumindest davon überzeugen, dass keine überwiegende Wahrscheinlichkeit dafür besteht, dass er im Unrecht ist.[280] Der Anscheinsbeweis und die Beweislastumkehr nach Fehlentscheidungsrisiken existieren folglich – was auch im Fortgang dieser Untersuchung deutlich werden wird[281] – nebeneinander, selbst wenn sich ihre Anwendungsbereiche überschneiden können.[282]

(2) Pflichtverletzung des Verrichtungsgehilfen gem. § 831 Abs. 1 S. 1 BGB

Die richterrechtliche Beweislastverteilung nach Fehlentscheidungsrisiken kann zunächst innerhalb von § 831 Abs. 1 S. 1 BGB, nämlich mit Blick auf die schadensursächliche Pflichtverletzung des *Verrichtungsgehilfen* angewandt werden.

Für die Voraussetzungen der Vermutungsgrundlage in § 831 Abs. 1 S. 1 BGB ist grundsätzlich der Geschädigte beweispflichtig.[283] Sofern feststeht, dass irgendein Verrichtungsgehilfe[284] den Schaden widerrechtlich verursacht hat, muss dieser vom Geschädigten allerdings nicht namhaft gemacht werden.[285] Die Feststellung der Pflichtverletzung des Verrichtungsgehilfen kann, da sie an den Verkehrskreis des *Geschäftsherrn* anknüpft, losgelöst von der Person des Gehilfen erfolgen.[286] Nach der vom BGH in der sog. Straßenbahn-Entscheidung vertretenen Ansicht muss der Geschädigte außerdem

---

vgl. BGH, Urt. v. 26.1. 2016 – XI ZR 91/14, BGHZ 208, 331, juris Rn. 24. Die neuen Tatsachen führen dazu, dass die Wahrscheinlichkeit sinkt und nicht mehr den ausreichenden Grad erreicht, vgl. *Lepa*, DRiZ 1966, 112 (114).

[280] *Prütting*, Gegenwartsprobleme der Beweislast, 1983, S. 206 kritisiert an der Auffassung *Reineckes* (siehe Fn. 278), dass dadurch „das Instrument mit den stärkeren Wirkungen, nämlich die Veränderung der Beweislast, […] eher in Betracht kommen [soll] als ein Anscheinsbeweis". Nach der hier vertretenen Ansicht hat die Beweislastumkehr allerdings, anders als der Anscheinsbeweis, weitere Voraussetzungen. Auch nach *Reinecke* können Wahrscheinlichkeitsüberlegungen richterrechtliche Beweislastumkehr nur *„zusammen mit anderen Erwägungen"* rechtfertigen, *Reinecke*, Die Beweislastverteilung im Bürgerlichen Recht und im Arbeitsrecht als rechtspolitische Regelungsaufgabe, 1976, S. 96.

[281] Siehe unten Kapitel 4, A. VI., B. III.

[282] Vgl. *Reinecke*, Die Beweislastverteilung im Bürgerlichen Recht und im Arbeitsrecht als rechtspolitische Regelungsaufgabe, 1976, S. 97.

[283] Vgl. MüKoBGB/*Wagner*, 8. Aufl. 2020, § 831 Rn. 55 f. Zur Handlungsfähigkeit siehe oben Fn. 195.

[284] Zweifel an der Verrichtungsgehilfeneigenschaft einer Person gehen zu Lasten des Geschädigten, vgl. BGH, Urt. v. 3.6.2014 – VI ZR 394/13, NJW 2014, 2797, juris Rn. 18.

[285] BGH, Urt. v. 17.10.1967 – VI ZR 70/66, NJW 1968, 247, juris Rn. 23 – „Schubstrebe"; BGH, Urt. v. 19.6.1973 – VI ZR 178/71, NJW 1973, 1602, juris Rn. 18 – „Feuerwerkskörper"; Staudinger BGB/*Bernau*, 2022, § 831 Rn. 146 sowie bereits RG, Urt. v. 11.3.1909 – VI 108/08, RGZ 70, 379 (380 f.).

[286] Siehe zum insofern vergleichbaren Fall der Amtshaftung MüKoBGB/*Papier/Shirvani*, 8. Aufl. 2020, § 839 Rn. 350.

grundsätzlich nur beweisen, dass der Verrichtungsgehilfe eines der in § 823 Abs. 1 BGB geschützten Rechtsgüter durch eine Handlung verletzt hat. Es obliege dem Geschäftsherrn, nachzuweisen, dass das Verhalten des Verrichtungsgehilfen „verkehrsrichtig" war.[287] Das verkehrsrichtige Verhalten wird als Rechtfertigungsgrund eingeordnet.[288] Auf dem Boden der Lehre vom Handlungsunrecht, wonach die Pflichtverletzung für die Widerrechtlichkeit positiv festzustellen ist, überzeugt diese Einordnung nicht.[289] Allerdings kann nach den soeben erläuterten Grundsätzen *im Einzelfall* eine Beweislastumkehr nach (konkreten) Fehlentscheidungsrisiken in Betracht kommen:[290] Der Geschäftsherr hat auch hinsichtlich der Pflichtverletzung de*s Gehilfen* regelmäßig die besseren Beweismöglichkeiten.[291] Ob eine Pflichtverletzung des Gehilfen überwiegend wahrscheinlich ist, hängt dagegen stärker vom Einzelfall ab.[292] In der Straßenbahn-Entscheidung wollte der Geschädigte die Plattform des Motorwagens einer Straßenbahn besteigen und wurde dabei von der Straßenbahn überfahren.[293] Den Führer und den Schaffner einer Straßenbahn – die in Betracht kommenden Verrichtungsgehilfen – treffen, bei Anwendung des Maßstabs des Straßenbahnbetreibers, im Hinblick auf die mit dieser Maschine verbundenen erheblichen Risiken sehr intensive Sorgfaltspflichten, so dass es nahe liegt, dass zumindest einer der beiden Gehilfen pflichtwidrig gehandelt hat. Indes hielt es das Berufungsgericht für „auch möglich", dass der Kläger betrunken war und sich den Unfall selbst zuzuschreiben hatte.[294] Eine Wahrscheinlichkeitsbeurteilung wurde nicht vorgenommen und kann auch hier, mangels

---

[287] BGH, Beschl. v. 4.3.1957 – GSZ 1/56, BGHZ 24, 21, juris Rn. 20 – „Straßenbahn-Fall"; siehe auch BGH, Urt. v. 12.7.1996 – V ZR 280/94, NJW 1996, 3205, juris Rn. 18.

[288] BGH, Beschl. v. 4.3.1957 – GSZ 1/56, BGHZ 24, 21, juris Rn. 18 f. – „Straßenbahn-Fall".

[289] MüKoBGB/*Wagner*, 8. Aufl. 2020, § 831 Rn. 38; siehe auch schon *Stoll*, JZ 1958, 137 (141) sowie *von Caemmerer*, Wandlungen des Deliktsrecht, 1964, S. 124 ff., der jedenfalls bei „bloßer Gefährdung" (anders als bei „unmittelbaren" Eingriffen) für die Rechtswidrigkeit die Feststellung einer Sorgfaltspflichtverletzung verlangt.

[290] Siehe oben (1).

[291] Hierauf weist auch der BGH hin, BGH, Beschl. v. 4.3.1957 – GSZ 1/56, BGHZ 24, 21, juris Rn. 21 – „Straßenbahn-Fall"; siehe auch *Wieacker*, JZ 1957, 535 (537).

[292] *Jakobs*, VersR 1969, 1061 (1065*)* bejaht eine Vermutung der Pflichtverletzung des Gehilfen bereits dann, wenn der Geschäftsherr sich hinsichtlich seiner Pflichtwidrigkeit nicht exkulpiert hat. *Steht fest*, dass der Geschäftsherr bei der Auswahl, Überwachung und Anleitung des Gehilfen sorgfaltswidrig gehandelt hat, dürfte es häufig überwiegend wahrscheinlich sein, dass der Gehilfe pflichtwidrig gehandelt hat und sich die Pflichtverletzung des Geschäftsherrn folglich realisiert hat. *Jakobs* bezieht aber auch Fälle ein, in denen dies gerade nicht feststeht, sondern insofern ein *non liquet* vorliegt. Hier fehlt es an ausreichenden Anhaltspunkten; kritisch auch MüKoBGB/*Wagner*, 8. Aufl. 2020, § 831 Rn. 37.

[293] Vgl. BGH, Beschl. v. 4.3.1957 – GSZ 1/56, BGHZ 24, 21, juris Rn. 2 – „Straßenbahn-Fall".

[294] Vgl. BGH, Beschl. v. 4.3.1957 – GSZ 1/56, BGHZ 24, 21, juris Rn. 6, 11 – „Straßenbahn-Fall".

Kenntnis der Details, nicht abschließend erfolgen. Für die Zumutbarkeit von Fehlentscheidungen gilt das zu § 831 Abs. 1 S. 2 BGB Gesagte: Solange der Gehilfe bei der Wahrnehmung der übertragenen Zuständigkeit handelt, sind die Folgen von Fehlentscheidungen dem Geschäftsherrn grundsätzlich zumutbar.[295]

Nimmt man eine Beweislastumkehr hinsichtlich der Pflichtverletzung des Verrichtungsgehilfen nur dann vor, wenn die Fehlentscheidungsrisiken dies rechtfertigen, erledigt sich auch die berechtigte Kritik der Literatur, die Straßenbahn-Entscheidung führe dazu, dass der Geschädigte beim Handeln eines Gehilfen besser stehe als beim Handeln des Geschäftsherrn selbst, da der Geschädigte die Fahrlässigkeit nach § 823 Abs. 1 BGB nur im zweiten Fall beweisen müsse.[296] Denn eine Beweislastverteilung nach Fehlentscheidungsrisiken ist auch bei § 823 Abs. 1 BGB möglich und damit auch dann, wenn der Geschäftsherr selbst handelt.

(3) Pflichtverletzung des Geschäftsherrn gem. §§ 823 Abs. 1, 276 Abs. 2 BGB

Im Zusammenhang mit den (Organisations-)Pflichten nach § 823 Abs. 1 BGB kann die Beweislastverteilung nach Fehlentscheidungsrisiken insbesondere zum Einsatz kommen, wenn zwar feststeht, dass ein schädlicher „Output" der Organisation als Ganzes vorliegt, sich aber nicht aufklären lässt, welcher Input innerhalb der Organisation zu diesem Output geführt hat.[297]

---

[295] Vorsichtiger *BMJ*, Referentenentwurf eines Gesetzes zur Änderung und Ergänzung schadensersatzrechtlicher Vorschriften, Bd. II, 1967, S. 96 f., wonach das Ergebnis, dass die Unaufklärbarkeit des Unfallhergangs zu Lasten des Geschäftsherrn geht, „vielleicht im Interesse des Verletzten eher hinzunehmen" sein könnte.

[296] *Von Caemmerer*, Wandlungen des Deliktsrecht, 1964, S. 124; *Larenz/Canaris*, Lehrbuch des Schuldrechts, Bd. II/2, 13. Aufl. 1994, S. 479 f.; MüKoBGB/*Wagner*, 8. Aufl. 2020, § 831 Rn. 37; siehe auch *BMJ*, Referentenentwurf eines Gesetzes zur Änderung und Ergänzung schadensersatzrechtlicher Vorschriften, Bd. II, 1967, S. 96, wonach dieses Ergebnis jedenfalls der „Folgerichtigkeit" entbehre. Der BGH sah in der Straßenbahn-Entscheidung den Unterschied, war aber der Ansicht, diese Besserstellung sei vom Gesetzgeber gewollt, vgl. BGH, Beschl. v. 4.3.1957 – GSZ 1/56, BGHZ 24, 21, juris Rn. 21, wonach darin „ein gewisser Ausgleich dafür, daß im übrigen die Rechtslage des von einem Verrichtungsgehilfen Geschädigten infolge der möglichen und meist zum Zuge kommenden Entlastung recht ungünstig ist" liege.

[297] Vgl. zu dieser Konstellation MüKoBGB/*Wagner*, 8. Aufl. 2020, § 823 Rn. 923, 1014. Dazu, dass der Nachweis der Organisationspflichtverletzung grundsätzlich dem Geschädigten obliegt, vgl. nur *Matusche-Beckmann*, Das Organisationsverschulden, 2001, S. 128; OLG Karlsruhe, Urt. v. 13.10.2004 – 7 U 122/03, NJW-RR 2005, 107, juris Rn. 5 sowie schon RG, Urt. v. 20.11.1902 – VI 268/02, RGZ 53, 53 (57). Für den Nachweis muss grundsätzlich entweder die konkrete pflichtwidrige Handlung des Organisationsträgers bewiesen werden oder es muss feststehen, dass der schadensursächliche Zustand oder Vorgang ohne ein Verschulden des Organisationsträgers nicht bestehen konnte, vgl. BGH, Urt. v. 19.1.1971

So verhält es sich etwa bei der Produzentenhaftung, wo der BGH eine Beweislastumkehr zu Lasten des Herstellers vornimmt:[298] Der BGH rechtfertigt die Beweislastumkehr im Wesentlichen mit der ungleichen Verteilung der *Beweismöglichkeiten*, welche in der Tat meist vorliegt.[299] Eine schadensursächliche Pflichtverletzung ist regelmäßig auch *überwiegend wahrscheinlich*:[300] Den Hersteller treffen zunächst generell intensive Gefahrsteuerungspflichten. Er „überblickt die Produktionssphäre, bestimmt und organisiert den Herstellungsprozeß und die Auslieferungskontrolle der fertigen Produkte".[301] Außerdem zieht er Vorteile aus der Produktion und kann Sorgfaltskosten auf die Preise aufschlagen.[302] Dies allein genügt allerdings nicht für die überwiegende Wahrscheinlichkeit. Denn häufig ist bei Schäden durch Produkte nicht (auch) die Herstellung des Produkts pflichtwidrig, sondern (nur) der Umgang mit dem Produkt durch den Nutzer.[303] Deshalb überzeugt es grundsätzlich, dass der BGH neben dem Inverkehrbringen eines Produkts weitere Voraussetzungen für die Beweislastumkehr aufstellt:[304] Erforderlich ist nach dem BGH ein

---

– VI ZR 251/69, VersR 1971, 448, juris Rn. 21 sowie schon RG, Urt. v. 27.11.1916 – VI 275/16, RGZ 89, 136 (136 f.). Handeln Organwalter i.S.v. § 31 BGB für den Organisationsträger, müssen diese nicht namhaft gemacht werden, RG, Urt. v. 27.11.1916 – VI 275/16, RGZ 89, 136 (137); BGH, Urt. v. 19.1.1971 – VI ZR 251/69, VersR 1971, 448, juris Rn. 21. Aufgrund der Verhaltenszurechnung gem. § 31 BGB genügt es – ähnlich wie bei § 831 BGB –, dass der Verkehrskreis des Organisationsträgers feststeht.

[298] Siehe nur BGH, Urt. v. 26.11.1968 – VI ZR 212/66, BGHZ 51, 91, juris Rn. 35 ff. – „Hühnerpest"; BGH, Urt. v. 19.6.1973 – VI ZR 178/71, NJW 1973, 1602, juris Rn. 17 – „Feuerwerkskörper"; BGH, Urt. v. 3.6.1975 – VI ZR 192/73, NJW 1975, 1827, juris Rn. 26 – „Spannkupplung"; BGH, Urt. v. 24.11.1976 – VIII ZR 137/75, BGHZ 67, 359, juris Rn. 24 – „Schwimmschalter"; BGH, Urt. v. 17.3.1981 – VI ZR 191/79, BGHZ 80, 186, juris Rn. 29 ff. – „Derosal I"; BGH, Urt. v. 19.11.1991 – VI ZR 171/91, BGHZ 116, 104, juris Rn. 16 ff. – „Hochzeitsessen". Diese Beweislastumkehr wird teilweise als Fall der Beweislastverteilung nach „Gefahrenbereichen" (siehe dazu oben [1]) eingeordnet, vgl. Stein/Jonas ZPO/*Thole*, 23. Aufl. 2018, § 286 Rn. 117; *Laumen*, MDR 2015, 1 (5); kritisch *Larenz*, in: FS Hauß, 1978, S. 225 (236 ff.). Zum Begriff „Produzentenhaftung" vgl. *Graf von Westphalen*, ZIP 1986, 139.

[299] BGH, Urt. v. 26.11.1968 – VI ZR 212/66, BGHZ 51, 91, juris Rn. 36 – „Hühnerpest"; BGH, Urt. v. 19.11.1991 – VI ZR 171/91, BGHZ 116, 104, juris Rn. 17, 19 – „Hochzeitsessen" und dazu *Matusche-Beckmann*, Das Organisationsverschulden, 2001, S. 130; siehe auch *Friedl*, Beweislastverteilung unter Berücksichtigung des Effizienzkriteriums, 2003, S. 137 zu den geringeren Kosten des Herstellers.

[300] A.A. wohl *Friedl*, Beweislastverteilung unter Berücksichtigung des Effizienzkriteriums, 2003, S. 138.

[301] BGH, Urt. v. 26.11.1968 – VI ZR 212/66, BGHZ 51, 91, juris Rn. 37 – „Hühnerpest".

[302] Vgl. zur Vorteilsziehung Staudinger BGB/*Oechsler*, 2021, § 1 ProdHaftG Rn. 1; zur Abwälzungsmöglichkeit *Koziol*, Grundfragen des Schadensersatzrechts, 2010, S. 256; jeweils zur Produkthaftung.

[303] Vgl. *Bauer*, in: FS Ballerstedt, 1975, S. 305 (314).

[304] Siehe aber auch noch unten Kapitel 4, A. VI. 2. zu möglichen Erweiterungen bei technischen Agenten.

schadensursächlicher „objektiver Mangel" bzw. „Zustand der Verkehrswidrigkeit" im Organisations- und Gefahrenbereich des Herstellers.[305] Vermutungsgrundlage ist also ein Fehler aus dem Bereich des Herstellers und dessen Kausalität für den Schaden.[306] Der Fehler ist – ähnlich wie bei § 836 Abs. 1 S. 2 BGB – ein Anhaltspunkt dafür, dass der generell hohe Sorgfaltsstandard im konkreten Fall tatsächlich unterschritten wurde und erhöht damit die Wahrscheinlichkeit einer schadensursächlichen Pflichtverletzung des Herstellers.[307] Bei Fabrikationsfehlern genügt eine Abweichung vom Bauplan des Herstellers. Konstruktions- und Instruktionsfehler setzen zwar voraus, dass die Gefahrvermeidung dem Hersteller möglich und zumutbar war und nähern sich damit der Fahrlässigkeit.[308] Angeknüpft wird allerdings nicht an eine einzelne Person (bzw. an ihren Verkehrskreis), sondern an das Herstellerunternehmen als Ganzes, das aus der Summe und den Synergien der Fähigkeiten und Kenntnisse aller Mitglieder besteht.[309] Liegt ein in diesem Sinne fehlerhafter Output des Unternehmens vor, spricht viel dafür, dass an irgendeiner Stelle auch ein i.S.v. § 276 Abs. 2 BGB fehlerhafter Input eines Individuums in das Unternehmen gegeben ist,[310] entweder durch den Unternehmensträger selbst – gegebenenfalls handelnd durch einen Organwalter i.S.v. § 31 BGB – oder durch einen Verrichtungsgehilfen. Letzteres hätte wiederum gem. § 831 Abs. 1 BGB eine Vermutung des Verschuldens des Unternehmensträgers zur Folge. Insoweit ist es überzeugend, es dem Hersteller aufzuerlegen, nachzuweisen, dass er selbst bzw. seine Mitarbeiter den Schaden nicht vermeiden oder nicht vorhersehen konnten. Schließlich sind dem Hersteller einzelne Fehlentscheidungen auch

---

[305] BGH, Urt. v. 26.11.1968 – VI ZR 212/66, BGHZ 51, 91, juris Rn. 37 – „Hühnerpest";
BGH, Urt. v. 3.6.1975 – VI ZR 192/73, NJW 1975, 1827, juris Rn. 26 – „Spannkupplung";
BGH, Urt. v. 17.3.1981 – VI ZR 191/79, BGHZ 80, 186, juris Rn. 30 – „Derosal I".

[306] Hierfür trägt der Geschädigte die Beweislast, vgl. BGH, Urt. v. 18.1.1983 – VI ZR 208/80, VersR 1983, 375, juris Rn. 7. Die Begriffe „Mangel" und „Fehler" werden grundsätzlich synonym verwendet, vgl. BGH, Urt. v. 28.9.1970 – VIII ZR 166/68, VersR 1971, 80, juris Rn. 12 ff.; Staudinger BGB/*Hager*, 2021, § 823 Rn. F 39. Nach *Foerste* soll dagegen für die Mangelhaftigkeit eine Gefahr, die „*theoretisch* hätte beseitigt werden können", genügen, wohingegen erst der Fehler voraussetzen soll, dass dessen Vermeidung dem Hersteller zumutbar war, Produkthaftungshandbuch/*Foerste*, 3. Aufl. 2012, § 30 Rn. 30; weiter wohl auch *Brüggemeier*, WM 1982, 1294 (1304), der von einer „eindeutig aus dem Herstellerbereich stammende[n], identfizierbare[n] Ursache (Produktbeschaffenheit)" spricht.

[307] Vgl. *Bender*, in: FS Baur, 1981, S. 247 (267), wonach das mangelhafte Produkt „zumindest eine ‚geringe Wahrscheinlichkeit' indizieren" soll. Nach *Bender* geht es bei der Beweislastumkehr des BGH jedoch in Wirklichkeit um eine Reduktion des Beweismaßes.

[308] Zu den Fehlertypen ausführlich unten Kapitel 4, A. III.

[309] Vgl. auch *Wagner*, in: Zivilrechtliche und rechtsökonomische Probleme des Internet und der künstlichen Intelligenz, 2019, S. 1 (14), wonach die „Verschiebung des Nachweises einer Standardabweichung, weg vom Verhalten des Herstellers und hin zum physischen Produkt selbst" dem Geschädigten die Rechtsdurchsetzung erleichtere.

[310] Vgl. MüKoBGB/*Wagner*, 8. Aufl. 2020, § 823 Rn. 923, 1014.

zumutbar: Er beeinflusst das Produktrisiko und zieht Vorteile aus der Produktion, so dass eine „besondere" Beziehung zu der zu steuernden Gefahr vorliegt. Insbesondere kann der Hersteller (unvermeidbare) Haftungskosten versichern und auf die Kunden abwälzen.[311]

Diese Erwägungen sind aber nicht auf die Produzentenhaftung beschränkt: Auch bei anderen Aktivitäten bestehen Beweisschwierigkeiten, z.B. wenn im Fußgängerbereich eines Verkaufsstandes ein Kabel nicht ausreichend gesichert ist,[312] es auf einer Baustelle zu Diebstählen kommt und niemand mit der Überwachung beauftragt war[313] oder wenn Fahrzeuge durch Staub aus dem Kupolofen des Betreibers einer Schmelzanlage beschädigt werden[314]. Der fehlerhafte Output der Organisation, der in beobachtbarer Weise auf die Rechtsgüter des Geschädigten einwirkt, kann nicht nur aus einem Produkts bestehen, sondern auch aus einer menschlichen Handlung, einem Verhalten eines Tieres oder einem Verhalten einer Maschine.[315] Auch in diesen Fällen kommt eine Beweislastumkehr nach Fehlentscheidungsrisiken in Betracht:[316] Im Kupolofen-Fall, in dem die von der Schmelzanlage der Beklagten ausgehenden Staubimmissionen die Fahrzeuge der Kläger geschädigt hatten, nahm der BGH „in Fortführung der [...] Grundsätze für eine Beweislastumkehr in den Fällen der Produzentenhaftung" an, es sei Sache der Beklagten, zu beweisen, dass sie die „ihr

---

[311] In der Literatur wird angemerkt, die Beweislastumkehr werde weniger durch den Gefahrenbereichsgedanken (siehe Fn. 298) als durch den „Gesichtspunkt des Unternehmerrisikos" und die „Gewinnchance des Unternehmers bei moderner Massenproduktion" legitimiert, vgl. *Prütting*, Gegenwartsprobleme der Beweislast, 1983, S. 225; ebenso *Larenz*, in: FS Hauß, 1978, S. 225 (238); *Lieb*, JZ 1976, 526 (527); *Matusche-Beckmann*, Das Organisationsverschulden, 2001, S. 132. Dies spiegelt sich in den vorstehenden Erwägungen in gewisser Weise wider. Aufgrund der normativen Bewertung der Schwere der Folgen von Fehlentscheidungen findet auch ein „Prinzip sozialer Risikoabwägung" (vgl. *Wahrendorf*, Die Prinzipien der Beweislast im Haftungsrecht, 1976, S. 118 f.) Eingang in die Bewertung.

[312] Vgl. OLG Hamm, Beschl. v. 7.5.2021 – I-7 U 27/20, NJW-RR 2021, 1112, juris Rn. 21.

[313] Vgl. BGH, Urt. v. 4.11.1953 – VI ZR 64/52, BGHZ 11, 151, juris Rn. 11.

[314] Vgl. BGH, Urt. v. 18.9.1984 – VI ZR 223/82, BGHZ 92, 143, juris Rn. 5 f. – „Kupolofen".

[315] Vgl. MüKoBGB/*Wagner*, 8. Aufl. 2020, § 823 Rn. 103, wonach die Feststellung eines „Zustands objektiver Verkehrswidrigkeit" den Schluss auf eine Pflichtverletzung des Schädigers rechtfertige, unter Hinweis auf LG Ellwangen, Urt. v. 6.11.2015 – 2 O 24/15, VersR 2016, 1455, juris Rn. 21.

[316] Siehe auch *Matusche-Beckmann*, Das Organisationsverschulden, 2001, S. 130, wonach die Erwägungen der Produzentenhaftung auch auf andere Organisationsfehler passen würden; BeckOGK BGB/*Spindler*, 1.5.2023, § 823 Rn. 101, wonach der Grundgedanke der Produzentenhaftung „verallgemeinerungsfähig" erscheine; siehe auch *Ebers*, in: German National Reports on the 21st International Congress of Comparative Law, 2022, S. 157 (188), wonach die Grundsätze der Produzentenhaftung auch auf den IT-Dienstleister, der keine „Produkte", sondern Daten bereitstellt, anzuwenden seien.

wirtschaftlich zumutbaren Vorkehrungen getroffen hatte".[317] Der BGH führte insbesondere die ungleich verteilten Aufklärungsmöglichkeiten an.[318] Eine schadensursächliche Pflichtverletzung war wohl auch überwiegend wahrscheinlich: Bei einer wesentlichen Immissionsbeeinträchtigung liegt es nahe, dass der Emittent, der die Immissionswerte kontrollieren kann und muss,[319] eine Sorgfaltspflicht verletzt hat. Eine Beweislastumkehr kann z.B. auch dann vorzunehmen sein, wenn der Organisationsträger, wie im Baustellen-Fall, gar kein Aufsichtspersonal eingesetzt hat. *Bernau* möchte in diesen Fällen § 831 Abs. 1 BGB analog anwenden. Zutreffend weist er darauf hin, es sei nicht zu rechtfertigen, die Sorgfaltspflichtverletzung zu vermuten, wenn das eingesetzte Aufsichtspersonal versagt, nicht aber, wenn kein Aufsichtspersonal eingeteilt wurde, der Geschäftsherr also weniger getan hat.[320] Dieses Ergebnis lässt sich allerdings auch im Rahmen von § 823 Abs. 1 BGB erreichen. Im zweiten Fall, in dem niemand bestellt wurde, ist die Wahrscheinlichkeit einer schadensursächlichen Pflichtverletzung des Geschäftsherrn häufig sogar noch höher als in der Situation des § 831 Abs. 1 S. 1 BGB. Ob eine Aufsichtsperson eingeteilt werden muss – mit der Folge, dass ein „objektiver Mangel" bzw. ein *fehlerhafter* Output vorliegt – ist allerdings eine Frage des Einzelfalls: Wird, wie im Baustellen-Fall, eine Kolonne von Arbeitern auf fremdem Grund tätig, ist es in der Regel erforderlich, eine Person zur Kontrolle dieser Arbeiter zu bestellen.[321] Werden dagegen nur einzelne Arbeiter in einer Wohnung eingesetzt, ist es grundsätzlich nicht notwendig, eine Aufsichtsperson zu beauftragen.[322] Hinsichtlich der Folgen von Fehlentscheidungen gilt das zur Produzentenhaftung Gesagte entsprechend:[323] Diese sind dem Organisationsträger in der Regel nicht unzumutbar.

2. *Interorganisationale Arbeitsteilung*

Auch wenn Zuständigkeiten von einem Organisationsträger an einen anderen übertragen werden, bestehen Sorgfaltspflichten nach §§ 823 Abs. 1, 276 Abs. 2 BGB (a). Eine Beweislastumkehr nach Fehlentscheidungsrisiken ist hier allerdings regelmäßig nicht begründet (b).

---

[317] BGH, Urt. v. 18.9.1984 – VI ZR 223/82, BGHZ 92, 143, juris Rn. 14 – „Kupolofen".

[318] BGH, Urt. v. 18.9.1984 – VI ZR 223/82, BGHZ 92, 143, juris Rn. 13 – „Kupolofen".

[319] BGH, Urt. v. 18.9.1984 – VI ZR 223/82, BGHZ 92, 143, juris Rn. 22 – „Kupolofen".

[320] Staudinger BGB/*Bernau*, 2022, § 831 Rn. 12.

[321] Vgl. die Konstellation bei BGH, Urt. v. 4.11.1953 – VI ZR 64/52, BGHZ 11, 151.

[322] Siehe auch den Vergleich bei BGH, Urt. v. 4.11.1953 – VI ZR 64/52, BGHZ 11, 151, juris Rn. 7.

[323] Zur Verallgemeinerbarkeit des Gedankens des „Unternehmerrisikos" siehe etwa *Matusche-Beckmann*, Das Organisationsverschulden, 2001, S. 132.

a) Allgemeine Sorgfaltspflichten gem. §§ 823 Abs. 1, 276 Abs. 2 BGB

Auch im Fall des *Outsourcings* müssen die Delegationsempfänger sorgfältig ausgewählt, überwacht und angeleitet werden und müssen sonstige (Organisations-)Maßnahmen zur Gefahrsteuerung getroffen werden.[324] In der Regel unterscheidet sich die interorganisationale Arbeitsteilung von der intraorganisationalen dadurch, dass der Delegierende *weniger Kontrolle* über den Gehilfen ausüben kann und nach der Abrede auch weniger Kontrolle ausüben soll.[325] Die Gefahrvermeidungsmöglichkeiten des Delegierenden sind stärker beschränkt: Zwar sind auch Verrichtungsgehilfen inhaltlich mitunter weitgehend frei in der Ausübung ihrer Tätigkeit.[326] Typischerweise wird Externen aber ein noch größerer Spielraum bei der Wahrnehmung der Zuständigkeiten eingeräumt. Anders als Verrichtungsgehilfen entscheiden sie außerdem in der Regel selbst über die äußeren Modalitäten ihrer Tätigkeit.[327] Auch der Vorsprung des Delegierenden bei der Gefahrerkennung ist hier nicht in vergleichbarer Weise gegeben: Mangels Eingliederung in die Organisation sind die Möglichkeiten des Delegierenden, aus Befragungen und Beobachtungen Wissen zu generieren, geringer.

Dieser Unterschied hat Auswirkungen auf die Pflichtenintensität: Dem Delegierenden ist es grundsätzlich erlaubt, seine Kontrolle durch *Outsourcing* zu reduzieren – allgemeine Delegationsverbote bestehen, wie dargelegt, nicht.[328] Die Anforderungen an die *Auswahl* sind allerdings umso höher, je geringer der Einfluss des Delegierenden auf den Delegationsempfänger sein soll.[329] Gelingt die Auswahl, sind die *Überwachungs- und Anleitungspflichten* dann aufgrund der geringeren Einflussmöglichkeiten aber grundsätzlich weniger intensiv als bei der Delegation von Zuständigkeiten an unselbständige Gehilfen.[330] Der

---

[324] Vgl. BGH, Urt. v. 26.9.2006 – VI ZR 166/05, NJW 2006, 3628, juris Rn. 11; Erman BGB/*Wilhelmi*, 16. Aufl. 2020, § 823 Rn. 86a BGB; *Kötz*, ZEuP 2017, 283 (299 ff.); siehe auch *Brüggemeier*, WM 1982, 1294 (1305) zur Produzentenhaftung.

[325] Vgl. PETL/*Moréteau*, 2005, Art. 6:102 Rn. 9.

[326] Vgl. *Kötz*, ZEuP 2017, 283 (293).

[327] Vgl. *Kötz*, ZEuP 2017, 283 (292 f.).

[328] Siehe oben I. 3.

[329] Vgl. BGH, Urt. v. 7.10.1975 – VI ZR 43/74, NJW 1976, 46, juris Rn. 23; BGH, Urt. v. 26.9.2006 – VI ZR 166/05, NJW 2006, 3628, juris Rn. 11, auch zur Überwachung, hinsichtlich derer der (in zulässiger Weise) verringerte Einfluss allerdings eher eine Reduktion der Anforderungen bewirkt; siehe auch OLG Düsseldorf, Urt. v. 13.7.1995 – 10 U 5/95, VersR 1995, 1363, juris Rn. 39.

[330] Vgl. *Bydlinski*, System und Prinzipien des Privatrechts, 1996, S. 208. Mit Blick auf § 831 Abs. 1 S. 2 BGB ging man ursprünglich sogar von einem Alternativverhältnis von Auswahl und Aufsicht aus, vgl. Protokolle II, Bd. II, S. 598, wonach „die Aufsichtspflicht nur dann in Frage komm[e], wenn der Geschäftsherr die Verrichtung des von ihm Bestellten unter seiner Leitung vornehmen läßt, während der Geschäftsherr nur für ordnungsmäßige Sorgfalt bei der Auswahl einstehen soll, wenn derjenige, dem die Verrichtung aufgetragen

Vertrauensgrundsatz greift hier stärker als bei der intraorganisationalen Arbeitsteilung.[331] Der Geschäftsherr muss den selbständigen Delegationsempfänger, anders als seine Verrichtungsgehilfen, nicht laufend, durch zumindest punktuelle Kontrollen, überwachen, sondern nur tätig werden, wenn Anhaltspunkte dafür bestehen, dass der Gehilfe die erforderliche Sorgfalt nicht einhält.[332] Dies kann etwa der Fall sein, wenn der Gehilfe sich erkennbar an anderen Standards ausrichtet, z.B. weil er in einem anderen Land tätig ist, in dem andere rechtliche Anforderungen gelten[333] oder weil die Größe der Gefahr eine weitreichende Kontrolle nach dem Mehraugen-Prinzip erfordert.[334] Unterwirft der Geschäftsherr den selbständigen Gehilfen seinen Weisungen, können auch intensivere, mit den Pflichten aus § 831 Abs. 1 S. 2 BGB vergleichbare, Anleitungs- und Überwachungspflichten bestehen.[335] Setzt der Geschäftsherr *mehrere* selbständige Personen ein, die sich koordinieren müssen, muss er, wie bei der intraorganisationalen Arbeitsteilung, die Schnittstellen sichern. Lässt der Delegierende es zu, dass der Delegationsempfänger seinerseits die Zuständigkeit *weiterdelegiert*, muss er bei der Auswahl darauf achten, dass der Delegationsempfänger in der Lage und willens ist, die weitere Delegation ordnungsgemäß vorzunehmen. Anschließend darf er aber grundsätzlich darauf vertrauen, dass der Delegationsempfänger auch insoweit die erforderliche Sorgfalt einhält.[336]

---

ist, dieselbe selbständig auszuführen hat"; dazu und zur Aufgabe dieser Alternativität MüKoBGB/*Wagner*, 8. Aufl. 2020, § 831 Rn. 40.

[331] Vgl. MüKoBGB/*Wagner*, 8. Aufl. 2020, § 823 Rn. 525; siehe etwa BGH, Urt. v. 26.9.2006 – VI ZR 166/05, NJW 2006, 3628, juris Rn. 11, wonach der „Beaufsichtigung eines Fachunternehmens […] durch das Erfordernis einer vertrauensvollen Zusammenarbeit sowie durch die Selbstständigkeit und Weisungsunabhängigkeit des Beauftragten Grenzen gesetzt" seien und eine „Kontrolle auf Schritt und Tritt […] nicht verlangt werden" könne; vgl. auch schon BGH, Urt. v. 9.10.1975 – VI ZR 43/74, NJW 1976, 46, juris Rn. 23.

[332] Vgl. BGH, Urt. v. 30.11.1965 – VI ZR 145/64, VersR 1966, 145, juris Rn. 11 – „Moselstaustufe"; BGH, Urt. v. 22.10.1974 – VI ZR 142/73, VersR 1975, 87, juris Rn. 15; BGH, Urt. v. 7.10.1975 – VI ZR 43/74, NJW 1976, 46, juris Rn. 23; BGH, Urt. v. 2.10.1984 – VI ZR 125/83, NJW 1985, 270, juris Rn. 11; *Kötz*, ZEuP 2017, 283 (300).

[333] Vgl. zur Überprüfungspflicht eines Importeurs BGH, Urt. v. 28.5.2006 – VI ZR 46/05, NJW 2006, 1589, juris Rn. 21 ff.

[334] Vgl. zur Bedeutung der Gefahrengröße BGH, Urt. v. 14.10.1964 – Ib ZR 7/63, NJW 1965, 197, juris Rn. 34 – „Rohrkrepierer"; BGH, Urt. v. 22.10.1974 – VI ZR 142/73, VersR 1975, 87, juris Rn. 15; BGH, Urt. v. 7.10.1975 – VI ZR 43/74, NJW 1976, 46, juris Rn. 23; BGH, Urt. v. 26.9.2006 – VI ZR 166/05, NJW 2006, 3628, juris Rn. 11.

[335] Vgl. *Beckers*, ZfPW 2021, 220 (240 ff.) zu den Pflichten von Unternehmen in globalen Wertschöpfungsketten.

[336] Etwas zu pauschal daher die Aussage des OLG Nürnberg, Urt. v. 9.5.2012 – 12 U 1247/11, TranspR 2013, 163, juris Rn. 137, 147, wonach sich „die Kontrollpflichten [der Beklagten] mit der zunehmenden Zahl von Subunternehmern, deren sie sich selbst bedient oder deren Einschaltung sie zulässt" erhöhen würden.

b) Beweisfragen

Unterschiede bestehen auch mit Blick auf die Beweislast: Bei der Delegation von Zuständigkeiten an Externe ist eine Beweislastumkehr nach Fehlentscheidungsrisiken im Regelfall nicht gerechtfertigt. Mitunter fehlt es schon an den besseren Beweismöglichkeiten. Für den Geschäftsherrn ist es zumindest nicht „leicht",[337] den Organisationsbereich des selbständigen Gehilfen zu überschauen. Jedenfalls ist eine Pflichtverletzung regelmäßig nicht überwiegend wahrscheinlich.[338] Lässt sich der Fehler des Outputs nicht (auch) auf die Organisation des Delegierenden zurückführen, sondern kann er auch allein aus der Organisation des Delegationsempfängers stammen, ist ein fehlerhafter Input (auch) des Delegierenden nicht überwiegend wahrscheinlich.[339] Denn es ist ebenso gut möglich, dass *nur* der selbständige Gehilfe pflichtwidrig gehandelt hat. Da der Delegierende grundsätzlich darauf vertrauen darf, dass der Delegationsempfänger sorgfaltsgemäß handelt, legt auch ein festgestelltes Fehlverhalten des selbständigen Gehilfen – anders als beim unselbständigen Gehilfen (§ 831 Abs. 1 BGB) – keine Sorgfaltspflichtverletzung (auch) des Delegierenden nahe.

Im Einzelfall kann allerdings anderes gelten: Dem Delegierenden können Einsichtsmöglichkeiten in die Organisation des Gehilfen eingeräumt sein, so dass die besseren Beweismöglichkeiten gegeben sind. Eine überwiegende Wahrscheinlichkeit kann vorliegen, wenn der Delegierende einen höheren Einfluss auf das Verhalten des Delegationsempfängers ausübt: Soll der Gehilfe – anders als im typischen Fall – nach bestimmten Weisungen des Geschäftsherrn agieren, ist es der *Gehilfe*, der grundsätzlich darauf vertrauen kann, ordnungsgemäß angewiesen zu werden.[340] Es liegt deshalb nahe, dass der Gehilfe bei der Schadensverursachung die Weisungen befolgt hat und ein (nach den Maßstäben des Delegierenden)[341] pflichtwidriges Verhalten des Gehilfen (Output) zumindest auch auf pflichtwidrigen Weisungen des Delegierenden (Input) beruht.

---

[337] Vgl. die Formulierung in BGH, Urt. v. 9.12.1976 – II ZR 205/74, BGHZ 67, 383, juris Rn. 13.

[338] Siehe etwa *Beckers*, ZfPW 2021, 220 (243 f.), die einer Anwendung der zur Produzentenhaftung entwickelten Beweislastumkehr auf globale Wertschöpfungsketten kritisch gegenübersteht.

[339] Siehe auch *Matusche-Beckmann*, Das Organisationsverschulden, 2001, S. 132, die für die Beweislastumkehr hinsichtlich des Organisationsverschuldens (siehe oben 1. c] bb] [3]) darauf abstellt, dass die „Abläufe und Vorgänge […] ausschließlich dem Willen und der Steuerung des Schädigers unterliegen", was bei interorganisationaler Arbeitsteilung meist nicht der Fall ist.

[340] Vgl. BGH, Urt. v. 21.5.1985 – VI ZR 235/83, NJW-RR 1986, 190, juris Rn. 10; BGH, Urt. v. 18.5.1967 – III ZR 94/65, VersR 1967, 859, juris Rn. 34; dazu, dass eine starke Einflussnahme den an sich selbständigen Gehilfen dem unselbständigen Gehilfen annähert, siehe auch *Koziol*, in: Comparative stimulations for developing tort law, 2015, S. 182 (187).

[341] Vgl. dazu oben 1. c) bb) (2) im Zusammenhang mit § 831 BGB.

Die besondere Beziehung zum (Personen-)Risiko des unselbständigen Delegationsempfängers liegt in der Regel vor, so dass mit einer Beweislastumkehr dann auch keine unzumutbaren Folgen für den Delegierenden einhergehen. Insofern gilt nichts anderes als bei der intraorganisationalen Arbeitsteilung.[342]

Die gebotene Einzelfallbetrachtung der Wahrscheinlichkeit kann wiederum anhand der Produzentenhaftung illustriert werden:[343] Lässt ein Endprodukthersteller von einem Teilprodukthersteller[344] *nach seinen Anweisungen* ein Teilprodukt fertigen, spricht bei einem Konstruktionsfehler des Teilprodukts, der sich im Endprodukt fortsetzt, eine überwiegende Wahrscheinlichkeit für eine Sorgfaltspflichtverletzung (auch) des Endproduktherstellers.[345] Denn dieser hat die Konstruktion durch seine Weisung entscheidend mitbestimmt.[346] Hat der Unternehmer die Teilprodukte von anderen Unternehmern erworben, *ohne diesen Vorgaben gemacht zu haben* und setzt diese Produkte nach *deren* Plänen zusammen, ohne selbst über die Konstruktion zu entscheiden, begründet ein Fehler eines Teilprodukts dagegen noch nicht die überwiegende

---

[342] Siehe dazu oben 1. c) aa) (2) sowie bb) (2) und (3).

[343] Regelmäßig wird hier unterschieden zwischen der sog. horizontalen und der vertikalen Arbeitsteilung, vgl. Produkthaftungshandbuch/*Foerste*, 3. Aufl. 2012, § 25 Rn. 39 ff.; MüKoBGB/*Wagner*, 8. Aufl. 2020, § 823 Rn. 926 f. Die Grenzen sind allerdings fließend und die begriffliche Abgrenzung ist für die Haftung ohne Bedeutung (vgl. Produkthaftungshandbuch/*Foerste*, a.a.O., § 25 Rn. 116 MüKoBGB/*Wagner*, a.a.O., § 823 Rn. 926 Fn. 3856).

[344] Die hier verwendete Terminologie entspricht § 4 Abs. 1 S. 1 ProdHaftG. Ein Endprodukt ist ein Produkt, das ohne weitere Veränderung von den Konsumenten verwendet werden kann. Ein Teilprodukt ist ein Produkt, das in ein weiteres Produkt eingeht, dabei aber seine Beschaffenheit nicht verändert. Dagegen sind die in § 4 Abs. 1 S. 1 ProdHaftG ebenfalls genannten Grundstoffe solche Gegenstände, die in veränderter Beschaffenheit in das Produkt eingehen, vgl. Staudinger BGB/*Oechsler*, 2021, § 4 ProdHaftG Rn. 13 ff. Auch für Grundstoffe wird nach h.M. nur nach § 1 ProdHaftG gehaftet, sofern diese den Produktbegriff nach § 2 ProdHaftG erfüllen, vgl. Staudinger BGB/*Oechsler*, a.a.O., § 4 ProdHaftG Rn. 16; wohl auch MüKoBGB/*Wagner*, 8. Aufl. 2020, § 4 ProdHaftG Rn. 27; BeckOK BGB/*Förster*, 66. Ed., 1.5.2023, § 4 ProdHaftG Rn. 11. Eine Abgrenzung ist damit letztlich obsolet, vgl. *Taschner/Frietsch*, Produkthaftungsgesetz und EG-Produkthaftungsrichtlinie, 2. Aufl. 1990, § 4 ProdHaftG Rn. 42, wonach es keiner eigenen Erwähnung des Grundstoffes bedurft hätte. Im Folgenden wird daher lediglich von „Teilprodukten" gesprochen.

[345] Vgl. auch BeckOGK BGB/*Spindler*, 1.5.2023, § 823 Rn. 739, der eine Beweislastumkehr bei der „horizontalen Arbeitsteilung" zu befürworten scheint; siehe dazu noch unten Kapitel 4, vor und mit Fn. 627.

[346] Vgl. BGH, Urt. v. 3.6.1975 – VI ZR 192/73, NJW 1975, 1827, juris Rn. 23 – „Spannkupplung": „nach ihren eigenen Konstruktionszeichnungen und genauen Fertigungsanweisungen"; BGH, Urt. v. 24.11.1976 – VIII ZR 137/75, BGHZ 67, 359, juris Rn. 23 – „Schwimmschalter": „nach ihrer Konstruktion bestellt und eingebaut"; *Brüggemeier*, WM 1982, 1294 (1305).

Wahrscheinlichkeit eines Fehlverhalten des zusammenbauenden Unternehmers.[347] Dasselbe gilt grundsätzlich, wenn der Hersteller ein Teilprodukt, das nicht nach seinen Anweisungen gefertigt wurde, zwar in *eigene* Pläne einbezieht, also selbst eine Konstruktionsentscheidung trifft (sog. „Assembler"[348]), allerdings *feststeht*, dass das Endprodukt *nur* aufgrund des Teilprodukts fehlerhaft ist.[349] Zwar kann auch dann eine schadensursächliche Pflichtverletzung vorliegen, etwa wenn dem Endprodukthersteller der Fehler des Teilprodukts bei der Überprüfung seines Endprodukts hätte auffallen müssen,[350] überwiegend wahrscheinlich ist dies allerdings nicht. Ist in dieser Konstellation *ungewiss*, worauf der Fehler des Endprodukts beruht, kann die überwiegende Wahrscheinlichkeit je nach Fallkonstellation gegeben sein: Die Wahrscheinlichkeit ist z.B. höher, wenn das Teilprodukt nur geringe Auswirkungen auf die Sicherheitseigenschaften des Endprodukts hat oder wenn die Zusammensetzung ein eingehendes Erfassen der Fabrikation und Konstruktion des Teilprodukts erfordert.[351] An der überwiegenden Wahrscheinlichkeit fehlt es – ähnlich wie bei § 831 Abs. 1 S. 1 BGB – jedenfalls dann, wenn der fehlerhafte Output des selbständigen Delegationsempfängers in keinem hinreichenden Zusammenhang zu der übertragenen Zuständigkeit steht.[352]

---

[347] Vgl. BGH, Urt. v. 14.6.1977 – VI ZR 247/75, VersR 1977, 839, juris Rn. 13 – „Autokran"; *Brüggemeier*, WM 1982, 1294 (1306).

[348] Zur Definition des „Assemblers" vgl. Entwurfsbegründung zum ProdHaftG, BT-Drs. 11/2447, S. 19.

[349] Vgl. BGH, Urt. v. 3.6.1975 – VI ZR 192/73, NJW 1975, 1827, juris Rn. 22 – „Spannkupplung", wonach „ein Unternehmer nicht in allen Fällen die von seinem Zulieferer bezogenen Einzelteile selbst auf ihre Ordnungsmäßigkeit hin überprüfen und die Untersuchungen wiederholen oder wiederholen lassen [müsse], die von dem Zulieferer mit seinen besonderen fachlichen Betriebserfahrungen und Einrichtungen vorgenommen worden sein mußten"; siehe auch BGH, Urt. v. 27.9.1994 – VI ZR 150/93, NJW 1994, 3349 Rn. 18 – „Atemüberwachungsgerät", wo darauf hingewiesen wird, dass ein „Hersteller […], der für seine Produkte nur gebrauchsfertige Einzelteile verwendet, wie sie allgemein im Handel erworben werden können, […] auf deren Konstruktion im allgemeinen nur einen geringen Einfluß" habe.

[350] Vgl. BGH, Urt. v. 5.7.1960 – VI ZR 130/59, VersR 1960, 855 (865) – „Kondensomat". Dabei ist auch die Fachkunde des Teilproduktherstellers zu berücksichtigen, vgl. BGH, Urt. v. 14.6.1977 – VI ZR 247/75, VersR 1977, 839, juris Rn. 14 – „Autokran": „Spezialunternehmen mit internationalem Ruf".

[351] Zu letzterem vgl. BGH, Urt. v. 14.6.1977 – VI ZR 247/75, VersR 1977, 839, juris Rn. 14 – „Autokran".

[352] Dies dürfte beispielsweise der Fall sein, wenn der Zulieferer Verbrechen an seinen Mitarbeitern begeht, zur Haftung für Menschenrechtsverletzungen entlang der Lieferkette siehe etwa *Habersack/Ehrl*, AcP 219 (2019), 155 (200 f.), die bereits eine Delegation verneinen.

III. Sicherstellungspflichten des Delegierenden

Die gesetzlichen und richterrechtlichen Beweislastumkehrungen nehmen dem Geschädigten einen Teil des *Aufklärungsrisikos* ab. Sie haben allerdings Grenzen. Wie gesehen, muss der Geschädigte die Vermutungsgrundlagen nachweisen. Außerdem helfen die Beweislastregeln ihm wenig, wenn feststeht, dass nur der Gehilfe schuldhaft gehandelt hat, dieser aber nicht identifiziert werden kann.[353] Beweislastumkehrungen schützen den Geschädigten jedenfalls nicht vor weiteren *Durchsetzungsrisiken*: Der Delegationsempfänger kann insbesondere schwerer *greifbar* sein als der Delegierende, z.B. wenn er sich im Ausland befindet, oder weniger *haftungspotent*, z.B. wenn es sich bei dem materiell Verantwortlichen um einen nachgeordneten Mitarbeiter mit geringem Einkommen und Vermögen handelt.[354] Das Durchsetzungsrisiko gehört an sich zum allgemeinen Lebensrisiko.[355] Es kann allerdings unter Umständen dazu führen, dass das Haftungsrecht den bezweckten Ausgleich nicht mehr bewirken kann und auch nicht mehr präventiv zur Gefahrsteuerung anregt: Der Geschädigte erhält einen Ersatz, der ihm nach den Wertungen des Gesetzes zusteht, nicht. Und auf Schädigerseite sinkt der Anreiz, sich schadensvermeidend zu verhalten, da der nicht identifizierbare, nicht greifbare oder nicht haftungspotente Schädiger nicht mit Haftungskosten rechnen muss.[356]

Auf den ersten Blick wird der Geschädigte *de lege lata* – abgesehen von den genannten Beweislastumkehrungen – kaum vor den aus der Arbeitsteilung folgenden Durchsetzungsrisiken geschützt (1). Die geltenden Haftungsnormen erlauben aber auch eine erweiterte Auslegung, die für einen verbesserten Schutz des Geschädigten sorgt (2).

---

[353] Vgl. *Koziol*, AcP 219 (2019), 376 (406).

[354] *Koziol*, AcP 219 (2019), 376 (406); siehe auch schon *Hoffmann*, Die Haftung des Schuldners für seine Gehülfen, 1902, S. 100; *Wilburg*, Haftung für Gehilfen, 1931, S. 9; *Prölss*, Die Haftung für fremdes Verhalten ohne eigene Tatbestandsverwirklichung im Privatrecht, 1979, S. 38; *Larenz*, Lehrbuch des Schuldrechts, Bd. I, 14. Aufl. 1987, S. 297; jeweils zum Erfüllungsgehilfen.

[355] Vgl. *Deutsch*, VersR 1993, 1041 (1042); *Franz*, Qualitätssicherungsvereinbarungen und Produkthaftung, 1995, S. 133 f; OLG Brandenburg, Urt. v. 7.7.2020 – 6 U 127/18, juris Rn. 74.

[356] Vgl. *Schäfer/Ott*, Lehrbuch der ökonomischen Analyse des Zivilrechts, 6. Aufl. 2020, S. 459 f. zur Anonymität, S. 460 f. zur Vermögenslosigkeit; zu den Aufklärungsschwierigkeiten siehe auch schon oben II. 1. c).

1. Grundsätzlich geringer Schutz des Geschädigten vor dem Durchsetzungsrisiko

In bestimmten Fällen der Delegation von Gefahrsteuerungszuständigkeiten nimmt das Gesetz dem Geschädigten (bestimmte)[357] Durchsetzungsrisiken ab. Verbessert wird der Schutz des Geschädigten beispielsweise durch das ProdHaftG:[358] Die Haftung des Quasi-Herstellers nach § 4 Abs. 1 S. 2 ProdHaftG schützt den Geschädigten sowohl vor dem Aufklärungsrisiko als auch vor dem Risiko, dass der tatsächliche Hersteller (§ 4 Abs. 1 S. 1 ProdHaftG)[359] nicht greifbar oder nicht haftungspotent ist.[360] Der Importeur haftet gem. § 4 Abs. 2 ProdHaftG, wenn der tatsächliche Hersteller außerhalb des Europäischen Wirtschaftsraums belegen und damit schwerer greifbar ist.[361] Und gem. § 4 Abs. 3 ProdHaftG kann sich der Geschädigte an den Lieferanten halten, wenn der tatsächliche Hersteller nicht identifizierbar ist.[362] Für mehr Schutz sorgen auch § 480 HGB, § 3 Abs. 1 BinSchG, § 3 HaftPflG: Diese Vorschriften sehen die „adjektizische Haftung" bestimmter Geschäftsherren für die Schadensersatzpflichten bestimmter Gehilfen vor und verschaffen dem Geschädigten so einen weiteren – regelmäßig greifbaren und haftungspotenten – Schuldner.[363] Ein weiteres Beispiel ist die Haftung des Jagdausübungs-

---

[357] Zu unterschiedlichen Rechtsfolgen einer „Sicherstellungshaftung" siehe *Koziol*, AcP 219 (2019), 376 (412 ff.).

[358] Nach der Entwurfsbegründung zum ProdHaftG, BT-Drs. 11/2447, S. 11 wurde der Herstellerbegriff ausgeweitet, „um den Schutz des Verbrauchers lückenlos zu gestalten und von vornherein Möglichkeiten zur Umgehung der Haftung auszuschalten"; zur Produkthaftung als „Sicherstellungshaftung" siehe *Koziol*, AcP 219 (2019), 376 (384 ff.).

[359] Zum Begriff „tatsächlicher Hersteller" vgl. BeckOK BGB/*Förster*, 66. Ed., 1.5.2023, § 4 ProdHaftG Rn. 6.

[360] Siehe nur BeckOGK ProdHaftG/*Spickhoff*, 1.11.2022, § 4 Rn. 27.

[361] *Koziol*, AcP 219 (2019), 376 (385); vgl. auch Entwurfsbegründung zum ProdHaftG, BT-Drs. 11/2447, S. 20, wonach bei einem Import eine „Rechtsverfolgung insbesondere in überseeischen Drittstaaten den Geschädigten vor meist unüberwindbare Probleme" stellen könne.

[362] Vgl. Entwurfsbegründung zum ProdHaftG, BT-Drs. 11/2447, S. 11; zum Streit, ob der Lieferant sich auch auf Ausschlussgründe zu Gunsten des tatsächlichen Herstellers berufen kann – was mit Blick auf die sicherstellende Funktion konsequent wäre –, siehe nur MüKoBGB/*Wagner*, 8. Aufl. 2020, § 1 ProdHaftG Rn. 64. Der Gesetzgeber ging wohl nicht davon aus, vgl. Entwurfsbegründung zum ProdHaftG, BT-Drs. 11/2447, S. 14 sowie Beschlussempfehlung des Rechtsausschusses des Bundestages zum Entwurf des ProdHaftG, BT-Drs. 11/5520, S. 15.

[363] Zum Begriff „adjektizisch" und zur Einordnung der „Reederklage" und der „Betriebsleiterklage" als „adjektizische Klagen" im römischen Recht siehe *Wacke*, Zeitschrift der Savigny-Stiftung für Rechtsgeschichte: Romanistische Abteilung 111 (1994), 280 (281 ff.); dazu, dass § 480 HGB eine „adjektizische Haftung" begründet, siehe auch Entwurfsbegründung zum Gesetz zur Reform des Seehandelsrechts, BT-Drs. 17/10309, S. 64; zum Schutz des Geschädigten vor einer fehlenden Bonität des Handelnden durch § 480 HGB siehe MüKoHGB/*Herber*, 5. Aufl. 2023, § 480 Rn. 1 f.

berechtigten nach § 33 Abs. 2 Hs. 2 BJagdG, die in erster Linie den Schutz des Geschädigten vor Aufklärungsschwierigkeiten bezweckt.[364] Im Rahmen der allgemeinen Verschuldenshaftung wird der Geschädigte dagegen grundsätzlich nicht vor Durchsetzungsrisiken infolge der Arbeitsteilung geschützt. Die genannten Vorschriften betreffen Sonderfälle und sind zu heterogen, um eine (Gesamt-)Analogie zu begründen.[365]

Der Geschäftsherr kann, ohne gesonderte Begründung, insbesondere nicht nach §§ 823 Abs. 1, 831 BGB in Anspruch genommen werden, weil er durch die Delegation Aufklärungsschwierigkeiten geschaffen hat oder weil er seine Zuständigkeiten an eine nicht greifbare oder wenig haftungspotente Person delegiert hat. Dadurch, dass der Delegierende einen identifizierbaren, greifbaren und haftungspotenten Dritten einschaltet, schützt er den Rechtsverkehr zunächst nicht vor der Verletzung des Körpers, des Eigentums oder sonstiger Rechtsgüter, sondern nur davor, im Fall einer Verletzung dieser Interessen durch den Dritten Schadensersatzansprüche nicht realisieren zu können.[366] Der Schaden, der die Undurchsetzbarkeit solcher Ansprüche betrifft, stellt auf den ersten Blick einen bloßen *Vermögensschaden* dar, der nur nach Maßgabe der §§ 823 Abs. 2, 826 BGB ersetzbar ist.[367] Nach dem BGH soll „die im Verkehr erforderliche Sorgfalt, die, sei es nach § 831, sei es nach § 823 BGB, der [Verkehrspflichtige] aufwenden muß, [...] dazu dienen, rechtswidrige schädigende Handlungen des [...] Ausgewählten gerade nach Möglichkeit zu verhindern, nicht aber für den Fall entstehenden Schadens dem Verletzten einen zahlungsfähigen Schuldner zu verschaffen".[368] Zu unterscheiden hiervon ist der Fall, in dem die fehlende finanzielle Leistungsfähigkeit des Delegationsempfängers dazu führt, dass dieser nicht in der Lage ist, ausreichende Gefahrsteuerungsmaßnahmen zu treffen, weil er die Kosten hierfür wirtschaftlich nicht aufbringen kann. Bietet der Gehilfe deshalb „keine Gewähr für die Beachtung der

---

[364] Vgl. BeckOGK BJagdG/*Reißmann/Kleinbauer*, 15.6.2023, § 33 Rn. 16; Staudinger BGB/*Bernau*, 2022, § 835 Rn. 27.

[365] Zu § 480 HGB, § 3 Abs. 1 BinSchG, § 3 HaftPflG siehe oben I. 2. b) bb); vgl. auch BGH, Urt. v. 6.12.1994 – VI ZR 229/93, NJW-RR 1995, 342, juris Rn. 17, wonach den Quasi-Hersteller nach § 823 Abs. 1 BGB „grundsätzlich keine Herstellungsverantwortung" treffe; *Brüggemeier*, Haftungsrecht, 2006, S. 451, wonach eine „Art ,Ausfallhaftung' des Händlers für Fälle, in denen der Hersteller wegen Insolvenz, Nicht-Vollstreckbarkeit des Urteils im EG/EWR-Ausland u. a. m. nicht haftbar zu machen ist, [...] sich deliktsrechtlich nicht begründen" lasse.

[366] Vgl. Produkthaftungshandbuch/*Foerste*, 3. Aufl. 2012, § 25 Rn. 58.

[367] Vgl. OLG Karlsruhe, Beschl. v. 20.9.2017 – 9 U 21/16, VersR 2018, 681, juris Rn. 18 zum Einbau eines Bauteils ohne Herstellerzeichen; BeckOGK BGB/*Spindler*, 1.5.2023, § 823 Rn. 443; *Angyan*, JBl 2016, 289 (289) zum Insolvenzrisiko und zum österreichischen Recht; a.A. MüKoBGB/*Wagner*, 8. Aufl. 2020, § 823 Rn. 531.

[368] BGH, Urt. v. 22.12.1953 – V ZR 175/52, BGHZ 12, 75, juris Rn. 13. Nach dem BGH läge darin „die Auferlegung einer dem Gesetz fremden neuen Kausalhaftung" (a.a.O.); zustimmend etwa BeckOGK BGB/*Spindler*, 1.5.2023, § 823 Rn. 443.

erforderlichen Sicherungsvorkehrungen"[369] und war dieses Defizit erkennbar, hat der Delegierende seine Pflicht zur Auswahl einer geeigneten Hilfsperson verletzt.[370] Von einem nicht haftungspotenten Gehilfen muss allerdings nicht stets erwartet werden, er werde seine Pflichten schon deshalb vernachlässigen, weil er für eine Pflichtverletzung faktisch nicht einzustehen hat.[371] Erforderlich sind vielmehr konkrete Anhaltspunkte dafür, dass sich die wirtschaftlichen Verhältnisse auf die Gefahrsteuerung auswirken. Zwar kann die fehlende Haftungspotenz zu *Moral Hazard*-Effekten führen,[372] diese Gefahr besteht aber auch in anderen Konstellationen, u.a. gerade auch dann, wenn der Dritte versichert und somit besonders haftungspotent ist und deshalb die Haftung weniger spürt.[373] Zudem kann ein geringes Einkommen und Vermögen aufgrund der Furcht, infolge einer Ersatzpflicht einen Großteil der finanziellen Mittel zu verlieren, auch umgekehrt einen sehr starken Anreiz zur Schadensvermeidung schaffen.[374]

Grundsätzlich kann der Geschädigte auch keine Auskunft über die verantwortliche Hilfsperson verlangen. Steht fest, dass der Geschäftsherr im Hinblick auf alle in Betracht kommenden Gehilfen[375] nicht pflichtwidrig gehandelt hat, ist es Sache des Geschädigten, den konkret verantwortlichen Gehilfen ausfindig zu machen, um von diesem Ersatz zu erhalten.[376] Eine allgemeine Verpflichtung des Delegierenden, Auskunft über die Identität des Delegations-

---

[369] BGH, Urt. v. 7.10.1975 – VI ZR 43/74, NJW 1976, 46, juris Rn. 23; zur Unterscheidung zwischen den Kosten der Gefahrsteuerung und den Kosten des Schadens siehe auch Produkthaftungshandbuch/*Foerste*, 3. Aufl. 2012, § 25 Rn. 58.

[370] Vgl. BGH, Urt. v. 7.10.1975 – VI ZR 43/74, NJW 1976, 46, juris Rn. 23.

[371] In diese Richtung aber *Leonhard*, in: FS Leser, 1998, S. 370 (386).

[372] Vgl. *Shavell*, Foundations of Economic Analysis of Law, 2004, S. 230 f., 233; *Schäfer/Ott*, Lehrbuch der ökonomischen Analyse des Zivilrechts, 6. Aufl. 2020, S. 454; *Kötz*, ZEuP 2017, 283 (285); MüKoBGB/*Wagner*, 8. Aufl. 2020, § 831 Rn. 4.

[373] Vgl. *Schäfer/Ott*, Lehrbuch der ökonomischen Analyse des Zivilrechts, 6. Aufl. 2020, S. 181 f.

[374] *Shavell*, Foundations of Economic Analysis of Law, 2004, S. 258 zu risikoaversem Verhalten in Situationen, in denen die Verluste im Verhältnis zu dem Vermögen einer Person erheblich sind; siehe auch schon oben II. 1. c) aa) (2).

[375] Dazu, dass der Geschädigte für die Inanspruchnahme des Geschäftsherrn den Gehilfen regelmäßig nicht selbst identifizieren muss, siehe oben II. 1. c) bb) (2) und (3).

[376] Dieses Problem dürfte mit ein Grund sein, warum der BGH die Sorgfaltsanforderungen teilweise sehr hoch ansetzt, vgl. BGH, Urt. v. 30.11.1965 – VI ZR 145/64, VersR 1966, 145, juris Rn. 11 – „Moselstaustufe": „Da die Unternehmergemeinschaft ihrerseits die Verantwortung ablehnt und den Kläger auf die zahlreichen, angeblich sorgfältig ausgewählten Transportunternehmer verweist, läuft der Standpunkt der Beklagten darauf hinaus, daß sich der Kläger mit vielen Transportunternehmern darüber auseinandersetzen soll, wer im einzelnen für die Verschmutzungsschäden verantwortlich ist. Das kann dem Kläger nicht zugemutet werden, der zutreffend die Verantwortung der Beklagten aus ihrer Untätigkeit gegenüber der von ihr geschaffenen Gefahrenquelle herleitet".

empfängers zu geben, besteht grundsätzlich nicht.[377] Es entspricht zwar der ständigen Rechtsprechung des BGH, dass „nach dem Grundsatz von Treu und Glauben (§ 242 BGB) eine Auskunftspflicht bei jedem Rechtsverhältnis besteht, dessen Wesen es mit sich bringt, dass der Berechtigte in entschuldbarer Weise über Bestehen oder Umfang seines Rechts im Ungewissen und der Verpflichtete in der Lage ist, unschwer die zur Beseitigung dieser Ungewissheit erforderlichen Auskünfte zu erteilen".[378] Unter diesen Voraussetzungen ist nach dem BGH ein Auskunftsanspruch zudem auch dann gegeben, wenn nicht der in Anspruch Genommene selbst, sondern ein Dritter Schuldner des Hauptanspruchs ist, dessen Durchsetzung der Auskunftsanspruch ermöglichen soll.[379] In den hier besprochenen Fällen fehlt es aber regelmäßig an einem Rechtsverhältnis zwischen dem *Geschäftsherrn* und dem Geschädigten. Hat der Geschäftsherr nicht pflichtwidrig gehandelt, liegt gerade kein Anspruch nach §§ 831, 823 BGB vor.[380]

Allerdings ist dieses herkömmliche Verständnis des Rechtsgüterschutzes nach § 823 Abs. 1 BGB und des Auskunftsanspruchs nach § 242 BGB nicht zwingend. Im Folgenden wird gezeigt, dass sich auf Grundlage des geltenden Rechts ein erweiterter Schutz des Geschädigten entwickeln lässt.

2. Möglichkeit eines erweiterten Schutzes des Geschädigten vor dem Durchsetzungsrisiko

Ein weiterreichender Schutz des Geschädigten vor dem Durchsetzungsrisiko kann mithilfe von zwei Instrumenten erreicht werden: Zunächst ist der Auskunftsanspruch nach § 242 BGB auf die Fälle der Delegation von Gefahrsteuerungszuständigkeiten auszuweiten (a). Außerdem existiert mit § 823 Abs. 1 BGB eine Grundlage für eine Haftung auch für die Verletzung von Sicherstellungspflichten als Sorgfaltspflichten i.S.v. § 276 Abs. 2 BGB. Bereits *de lege lata* lässt sich somit eine allgemeine Sicherstellungshaftung begründen (b). Der

---

[377] Der BGH betont, dass „allein die Tatsache [...], dass jemand über Sachverhalte informiert ist oder sein könnte, die für einen anderen von Bedeutung sind" keinen Auskunftsanspruch nach § 242 BGB begründen könne, BGH, Urt. v. 25.7.2017 – VI ZR 222/16, NJW 2017, 2755, juris Rn. 13; siehe auch BGH, Urt. v. 18.12.2019 – XII ZR 13/19, NJW 2020, 755, juris Rn. 30.

[378] BGH, Urt. v. 1.7.2014 – VI ZR 345/13, BGHZ 201, 380, juris Rn. 6 – „Ärztebewertung I"; siehe auch BGH, Urt. v. 9.7.2015 – III ZR 329/14, BGHZ 206, 195, juris Rn. 11; BGH, Urt. v. 18.2.2021 – III ZR 175/19, MDR 2021, 548, juris Rn. 44; BGH, Urt. v. 25.7.2017 – VI ZR 222/16, NJW 2017, 2755, juris Rn. 13.

[379] BGH, Urt. v. 1.7.2014 – VI ZR 345/13, BGHZ 201, 380, juris Rn. 7 – „Ärztebewertung I"; siehe auch BGH, Urt. v. 9.7.2015 – III ZR 329/14, BGHZ 206, 195, juris Rn. 11; BGH, Urt. v. 25.7.2017 – VI ZR 222/16, NJW 2017, 2755, juris Rn. 13.

[380] Ist unklar, ob der Geschäftsherr pflichtwidrig gehandelt hat (*non liquet*), kann nach § 831 Abs. 1 S. 2 BGB bzw. im Wege einer richterrechtlichen Beweislastumkehr nach Fehlentscheidungsrisiken allerdings die Pflichtwidrigkeit vermutet werden.

hierdurch bewirkte Schutz des Geschädigten hat jedoch Grenzen, was die Frage nach einer Erweiterung *de lege ferenda* aufwirft (c).

a) Erweiterung des allgemeinen Auskunftsanspruchs gem. § 242 BGB

Zunächst ist dem Geschädigten ein Auskunftsanspruch gem. § 242 BGB gegenüber dem Delegierenden auch dann einzuräumen, wenn zwar nicht feststeht, dass der Anspruchsteller Schadensersatzansprüche gegen den Delegierenden hat, wohl aber, dass ein *Delegationsempfänger* sich bei der Wahrnehmung der übertragenen Zuständigkeiten schadensersatzpflichtig gemacht hat.[381]

Die Delegation und die anschließende Schadensverursachung begründen zwar kein Schuldverhältnis zwischen dem *Delegierenden* und dem Geschädigten. Dennoch sind die Beteiligten einander, im Vergleich zu zwei zufällig ausgewählten Personen, „näher gerückt": Der Delegierende hat durch die Delegation, von der er besonders profitiert, die Durchsetzungsschwierigkeiten des Geschädigten herbeigeführt. Die Parteien stehen sich nicht als Fremde gegenüber,[382] sondern es besteht jedenfalls ein „qualifizierter sozialer Kontakt".[383] Nach dem BGH muss der Anspruchsteller „durch das Verhalten desjenigen, von dem er Auskunft will, oder in sonstiger Weise bereits in seinem bestehenden Recht so betroffen sein, daß nachteilige Folgen für ihn ohne die Auskunftserteilung eintreten können".[384] Genau dies ist bei der Delegation von Gefahrsteuerungszuständigkeiten der Fall. Die (tatsächliche) Delegationssituation kann mit Blick auf die Auskunft einer (rechtlichen) Sonderbeziehung gleichgestellt werden.

---

[381] Ob § 242 BGB von vornherein auf Sonderbeziehungen beschränkt ist, ist nicht ganz klar; nach BeckOGK BGB/*Kähler*, 15.1.2023, § 242 Rn. 375 ist ein „rechtsgeschäftliches, rechtsgeschäftsähnliches oder gesetzliches Schuldverhältnis" erforderlich, der Begriff wird dann allerdings weit ausgelegt; nach MüKoBGB/*Schubert*, 9. Aufl. 2022, § 242 Rn. 123 genügt ein „qualifizierter sozialer Kontakt"; nicht eindeutig auch RG, Urt. v. 24.3.1939 – III 118/38, RGZ 160, 349 (357): „irgendwelche Rechtsbeziehungen". Jedenfalls der allgemeine Grundsatz von Treu und Glauben gilt auch außerhalb solcher Verbindungen, vgl. BeckOGK BGB/*Kähler*, a.a.O., § 242 Rn. 124 ff.; BeckOK BGB/*Sutschet*, 66. Ed., 1.5.2023, § 242 Rn. 4 ff.

[382] Siehe auch BeckOGK BGB/*Kähler*, 15.1.2023, § 242 Rn. 377 zur Geltendmachung eines nicht bestehenden Rechts: Für eine Anwendung von § 242 BGB spreche in diesem Fall, dass „gerade derjenige, der ein nicht bestehendes Recht geltend macht, sein Gegenüber in besonders starker Weise beeinträchtigt und sich beide damit nicht mehr als Unbeteiligte gegenüberstehen".

[383] Diesen Ausdruck verwendet etwa MüKoBGB/*Schubert*, 9. Aufl. 2022, § 242 Rn. 123 zur Bestimmung des Anwendungsbereichs des § 242 BGB; zustimmend BeckOK BGB/*Sutschet*, 66. Ed., 1.5.2023, § 242 Rn. 14; siehe auch BGH, Urt. v. 25.11.1964 – V ZR 185/62, BGHZ 42, 374, juris Rn. 8 ff., wonach auch im nachbarlichen Gemeinschaftsverhältnis § 242 BGB anwendbar sei.

[384] BGH, Urt. v. 7.12.1988 – IVa ZR 290/87, NJW-RR 1989, 450, juris Rn. 11.

Infolge dieser Gleichstellung kann es dann für den Auskunftsanspruch außerdem, entsprechend der Rechtsprechung des BGH zum Vertragsrecht, genügen, „dass für den Leistungsanspruch, dessen Durchsetzung die begehrte Auskunft vorbereiten soll, eine überwiegende Wahrscheinlichkeit besteht".[385] Der „Leistungsanspruch" ist hier der Schadensersatzanspruch gegen den *Delegationsempfänger*. Unbilligkeiten für den Geschäftsherrn, die aus einer solchen Wahrscheinlichkeitsbetrachtung folgen könnten,[386] werden dadurch vermieden, dass die Auskunftspflicht nach § 242 BGB unter dem Vorbehalt des Erforderlichen, Möglichen und Zumutbaren steht.[387] Hierdurch wird der Auskunftsanspruch nicht unwesentlich begrenzt: In komplexeren Organisationen kann es auch für den Geschäftsherrn schwierig sein, die Prozesse nachzuvollziehen. Ist der Geschäftsherr nicht in der Lage, „unschwer"[388] Auskunft zu geben, ist es grundsätzlich unerheblich, ob er sich durch Maßnahmen vor dem Auskunftsersuchen in eine solche Lage hätte versetzen können. Er muss auf vorhandenes Wissen zurückgreifen, gegebenenfalls indem er andere befragt; ob er das nicht vorhandene Wissen hätte generieren können, ist jedoch unbeachtlich.[389] Der Auskunftsanspruch begründet also *keine Dokumentationspflichten*. Nach dem BGH können solche Pflichten zwar – unter bestimmten

---

[385] Siehe nur BGH, Urt. v. 18.2.2021 – III ZR 175/19, MDR 2021, 548, juris Rn. 44. Bei gesetzlichen Ansprüchen soll dagegen „dargetan werden, dass der Leistungsanspruch dem Grunde nach besteht" (a.a.O.).

[386] Vgl. BeckOGK BGB/*Kähler*, 15.1.2023, § 242 Rn. 677, wonach der Anspruchsgegner durch einen Auskunftsanspruch im Fall einer nur überwiegenden Wahrscheinlichkeit eines gesetzlichen Anspruchs „unbillig belastet würde".

[387] Vgl. MüKoBGB/*Krüger*, 9. Aufl. 2022, § 260 Rn. 20; BeckOGK BGB/*Kähler*, 15.1.2023, § 242 Rn. 698 ff. Unmöglich ist die Auskunftserteilung insbesondere dann, wenn sie datenschutzrechtlich unzulässig ist. Hierzu nur so viel: Der Delegationsempfänger kann vorab in die Datenverarbeitung durch den Delegierenden eingewilligt haben (vgl. Art. 6 Abs. 1 S. 1 lit. a, 7 f. DSGVO). Außerdem kann das berechtigte Interesse des Geschädigten an der Durchsetzung seiner Ansprüche die Übermittlung der Daten rechtfertigen (Art. 6 Abs. 1 S. 1 lit. f DSGVO, zur Durchsetzung von Rechtsansprüchen als berechtigtes Interesse siehe Ehmann/Selmayr DS-GVO/*Heberlein*, 2. Aufl. 2018, Art. 6 Rn. 27). Dagegen stellt ein richterrechtlich begründeter, auf den Grundsatz von Treu und Glauben gestützter Auskunftsanspruch wohl keine die Datenverarbeitung erlaubende „rechtliche Verpflichtung" i.S.v. Art. 6 Abs. 1 S. 1 lit. c, Abs. 3 DSGVO dar (vgl. Ehmann/Selmayr DS-GVO/*Heberlein*, a.a.O., Art. 6 Rn. 15, wonach die rechtliche Verpflichtung „hinreichend klar, präzise und vorhersehbar sein" muss; außerdem muss nach Art. 6 Abs. 3 S. 2 DSGVO der Zweck der Verarbeitung grundsätzlich in der Rechtsgrundlage festgelegt sein).

[388] Siehe nur BGH, Urt. v. 1.7.2014 – VI ZR 345/13, BGHZ 201, 380, juris Rn. 6 – „Ärztebewertung I" sowie oben Fn. 378.

[389] Vgl. BGH, Urt. v. 9.11.1983 – IVa ZR 151/82, BGHZ 89, 24, juris Rn. 10; BGH, Urt. v. 28.2.1989 – XI ZR 91/88, BGHZ 107, 104, juris Rn. 12; jeweils zu § 2314 Abs. 1 S. 1 BGB.

Voraussetzungen – ebenfalls aus § 242 BGB erwachsen.[390] Ihre Verletzung soll aber allenfalls zu Beweiserleichterungen im Haftungsprozess gegen den Dokumentationspflichtigen (hier: der Delegierende) führen können und begründet nach dem BGH als solche keinen Anspruch auf Schadensersatz.[391] In der Tat lassen sich Schadensersatzansprüche nicht allein auf § 242 BGB stützen.[392] Wann die Treuwidrigkeit eine außervertragliche Haftung begründet, ist grundsätzlich in § 826 BGB abschließend geregelt.[393] Die unterlassene oder

---

[390] Nach dem BGH können gem. § 242 BGB Dokumentationspflichten bestehen, wenn jemand die Belange des anderen wahrzunehmen hat und dabei Maßnahmen oder Feststellungen trifft, die der andere nicht selbst erkennen oder beurteilen kann, BGH, Urt. 15.11.1984 – IX ZR 157/83, NJW 1986, 59, juris Rn. 26; BGH, Urt. v. 14.1.2006 – XI ZR 320/04, BGHZ 166, 56, juris Rn. 18. Die Rechtsprechung ist bei der Annahme von Dokumentationspflichten allerdings zurückhaltend. Verneint wurden solche z.b. bei der Beratung durch Kreditinstitute, Rechtsanwälte und Steuerberater (BGH, Urt. v. 14.1.2006 – XI ZR 320/04 –, BGHZ 166, 56, juris Rn. 18) und „erst recht" bei der Beratung durch Verkäufer (BGH, Urt. v. 13.6.2008 – V ZR 114/07, NJW 2008, 2852, juris Rn. 18). Gewisse Dokumentationspflichten folgen letztlich auch aus der Rechtsprechung zur Beweisvereitelung: Im Allgemeinen ist es unzulässig, wenn „jemand seinem beweispflichtigen Gegner die Beweisführung schuldhaft erschwert oder unmöglich macht", vgl. BGH, Urt. v. 23.9.2003 – XI ZR 380/00, NJW 2004, 222, juris Rn. 13; MüKoZPO/*Prütting*, 6. Aufl. 2020, § 286 Rn. 83 ff. Eine Beweisvereitelung setzt aber grundsätzlich voraus, dass erkennbar war, dass der zu dokumentierende Zustand in einem Rechtsstreit relevant werden wird, wofür die generelle, stets bestehende Möglichkeit eines Prozesses grundsätzlich nicht genügt, vgl. BGH, Urt. 15.11.1984 – IX ZR 157/83, NJW 1986, 59, juris Rn. 20 (siehe auch noch unten Kapitel 4, A. VI. 1.).

[391] Vgl. BGH, Urt. 15.11.1984 – IX ZR 157/83, NJW 1986, 59, juris Rn. 2, wonach dann, wenn „Ereignisse von demjenigen, der sie allein kennen kann, schuldhaft nicht dokumentiert [werden], der andere von der Beweisführung entlastet werden [müsse], soweit diese durch das schuldhafte Verhalten des Dokumentationspflichtigen beeinträchtigt ist"; im Hinblick auf die Dokumentationspflicht des Arztes stellt der BGH klar, dass diese „nach ihrem Zweck nicht auf die Sicherung von Beweisen für einen späteren Haftungsprozeß des Patienten gerichtet" sei. Eine unvollständige oder lückenhafte Dokumentation bilde keine eigenständige Anspruchsgrundlage und führe grundsätzlich auch nicht unmittelbar zu einer Beweislastumkehr hinsichtlich des Ursachenzusammenhangs, sondern könne allenfalls einen groben Behandlungsfehler indizieren, der als solcher die Grundlage für Beweiserleichterungen bilden könne, BGH, Urt. v. 6.7.1999 – VI ZR 290/98, NJW 1999, 3480, juris Rn. 6; siehe auch BGH, Urt. v. 23.3.1993 – VI ZR 26/92, NJW 1993, 2375, juris Rn. 13.

[392] Vgl. MüKoBGB/*Schubert*, 9. Aufl. 2022, § 242 Rn. 123, wonach keine „Ableitung von allgemeinen Rechten und Pflichten (zB Verkehrspflicht, Schadensersatzanspruch wegen der Verletzung des Allgemeinen Persönlichkeitsrechts)" aus § 242 BGB möglich sei; BGH, Urt. v. 26.11.1968 – VI ZR 212/66, BGHZ 51, 91, juris Rn. 23 – „Hühnerpest", wo eine Haftung des Produzenten aus § 242 BGB abgelehnt wurde; siehe auch *Hanisch*, Haftung für Automation, 2010, S. 203, wonach § 242 BGB keine Grundlage einer Haftung für Automation sein könne.

[393] Vgl. MüKoBGB/*Wagner*, 8. Aufl. 2020, § 826 Rn. 66; angedeutet wird dies auch bei *Canaris*, ZHR 1979, 113 (122), der zur Begründung einer Pflicht zum Vertragsschluss mittels Treu und Glauben ausführt: „was § 826 BGB für die Verhaltensordnung unter

unvollständige Dokumentation stellt aber in der Regel keine sittenwidrige Schädigung dar.

b) Anerkennung von Sicherstellungspflichten als Verkehrspflichten

Der Auskunftsanspruch schützt den Geschädigten nur vor dem Aufklärungsrisiko und dies auch nur in den erläuterten Grenzen. Weiteren Schutz erhält er durch eine Haftung des Delegierenden gem. § 823 Abs. 1 BGB, wenn dieser Verkehrspflichten in Form von *Sicherstellungspflichten* verletzt. Herkömmlicherweise handelt es sich bei den Verkehrspflichten um Gefahrsteuerungspflichten (i.e.S.) zum Schutz vor *Schadens*risiken für die in § 823 Abs. 1 BGB genannten Rechtsgüter in ihrer originären Form. Indes kann der Geschäftsherr auch zu Maßnahmen zum Schutz des Rechtsverkehrs vor dem Risiko der *Undurchsetzbarkeit* von Schadensersatzansprüchen verpflichtet sein (aa). Diese Sicherstellungspflichten bewirken eine Sicherstellungshaftung (bb). Sie sind, wie die Gefahrsteuerungspflichten (i.e.S.), von unterschiedlicher Intensität (cc) und auch insofern stellt sich die Frage nach der Beweislast (dd).

aa) Konstruktion von Sicherstellungspflichten

In der Literatur wird auf verschiedenen Wegen versucht, den Schutz des Geschädigten vor dem Durchsetzungsrisiko zu verbessern. Das Durchsetzungsrisiko soll nach Auffassung mancher Autoren für ein Delegationsverbot oder für die analoge Anwendung von § 278 BGB sprechen: *Prölss*, der wie erläutert § 278 BGB auch auf Verkehrspflichten anwenden möchte, weist u.a. auf eine sonst entstehende Benachteiligung des Geschädigten aufgrund der häufigen Vermögenslosigkeit des Gehilfen hin.[394] *Koziol* erwägt unter Hinweis auf die Erschwerung der Durchsetzbarkeit von Ersatzansprüchen ein Verbot der Delegation von Verkehrspflichten. Seiner Auffassung nach „könnte es gerechtfertigt sein, stets die Haftung des primären Verkehrssicherungspflichtigen aufrecht zu erhalten", zumindest, wenn es sich bei diesem um einen Unternehmer handelt.[395] *Kullmann* spricht sich für ein Delegationsverbot in Fällen aus, in denen keine „Gewähr" dafür besteht, dass der Delegationsempfänger seine Schadensersatzpflichten gegenüber Dritten erfüllen kann.[396] Diese

---

,unverbundenen' Rechtsgenossen ist, das ist § 242 BGB für die Verhaltensordnung unter ,verbundenen' Parteien".

[394] Vgl. *Prölss*, Die Haftung für fremdes Verhalten ohne eigene Tatbestandsverwirklichung im Privatrecht, 1979, S. 38, 47 zur ratio von § 278 BGB, S. 53 ff. zur Anwendung auf Verkehrs(sicherungs)pflichten.

[395] *Koziol*, AcP 219 (2019), 376 (401).

[396] *Kullmann*, in: Produzentenhaftung, 9. EL, 1984, Kza. 3250, S. 14, unter Verweis auf § 7 Abs. 2 Nr. 4 AtG als „Vorbild", wonach nur dann eine atomrechtliche Genehmigung erteilt werden darf, wenn die erforderliche Vorsorge für die Erfüllung gesetzlicher

Konstruktionen überzeugen jedoch aus den bereits genannten Gründen nicht.[397] *Koziol* erwägt für das österreichische Recht zusätzlich eine Analogie zu § 1318 ABGB, der eine verschuldensunabhängige Haftung des Wohnungsinhabers vorsieht. Das deutsche Recht kennt zwar keine entsprechende Vorschrift. Zu überlegen ist aber, ob nicht stattdessen auf die Gastwirthaftung nach § 701 BGB abgestellt werden kann, die *Koziol* ebenfalls als Fall der Sicherstellungshaftung einordnet[398] oder möglicherweise auch auf § 33 Abs. 2 Hs. 2 BJagdG. Nach *Wagner* enthält die zuletzt genannte Vorschrift „eine moderne und sachgerechte Lösung der Problematik des Gehilfenversagens durch Zurechnung fremden Fehlverhaltens".[399] Indes handelt es sich bei diesen Regelungen um Ausnahmetatbestände, die eher einen Umkehrschluss nahelegen.[400] Sie erfassen außerdem spezielle Aktivitäten, die mit einer erhöhten Schadensgefahr einhergehen.[401]

Prölss, *Koziols* und *Kullmanns* Vorschlägen liegen abstrakte Betrachtungen zugrunde. Auf die Zumutbarkeit der Haftung im Einzelfall kommt es nicht an. Einen etwas anderen Ansatz verfolgt *Vollmer*. Er verneint die Delegation von Verkehrssicherungspflichten nur unter bestimmten einschränkenden Voraussetzungen. Eine dem § 278 BGB entsprechende Haftung des Unternehmers sei dann angezeigt, wenn sich erstens die Pflichten auf „besondere" Gefahren

---

Schadensersatzverpflichtungen getroffen ist; kritisch Produkthaftungshandbuch/*Foerste*, 3. Aufl. 2012, § 25 Rn. 58 mit Fn. 121.

[397] Siehe oben I. 3.

[398] *Koziol*, AcP 219 (2019), 376 (378). Andernorts wird die Norm als Gefährdungshaftung eingeordnet (vgl. BGH, Urt. v. 3.3.1958 – III ZR 151/56, NJW 1958, 825 [826]), was mit dem Argument kritisiert wird, von einem Beherbergungsbetrieb gehe keine besondere Gefahr aus (*Hohloch*, JuS 1984, 357 [359]; *Koch*, VersR 1966, 705 [709]). Hintergrund ist wohl vor allem die Beweisnot des Gastes (Motive II, S. 584; MüKoBGB/*Henssler*,9. Aufl. 2023, § 701 Rn. 1; *Hohloch*, a.a.O., S. 358). Genannt wird auch der Vertrauensschutzgedanke (*Koch*, a.a.O., S. 709; *Hohloch*, a.a.O., S. 359). Nach *Esser*, Schuldrecht, 2. Aufl. 1960, S. 638 sowie *Fikentscher*, Schuldrecht, 6. Aufl. 1976, S. 520 handelt es sich um eine „Garantiehaftung".

[399] MüKoBGB/*Wagner*, 8. Aufl. 2020, § 835 Rn. 17; kritisch Staudinger BGB/*Bernau*, 2022, § 835 Rn. 27, wonach die Norm „nur eine schwache dogmatische Legitimation" habe und ihr „die innere Rechtfertigung" fehle. *Bernau* zieht eine Parallele zu der verschuldensunabhängigen Haftung des Wohnungsinhabers im römischen Recht, die § 1318 ABGB ähnelt, und bezeichnet § 33 Abs. 2 Hs. 2 BJagdG insofern als „eher rückwärtsgewandt".

[400] Gegen eine Heranziehung des Rechtsgedankens des § 701 BGB „für den Bereich ungezielter deliktischer Verantwortlichkeit" auch *E. Schmidt*, AcP 170 (1970), 502 (522).

[401] Kritisch zum Gedanken der Risikoerhöhung bei § 1318 ABGB *Koziol*, AcP 219 (2019), 376 (379 ff.); zu § 701 BGB führt er aus, dass zwar keine besondere Gefahr gegeben sei, aber „immerhin belastende Risiken geringeren Grades" vorlägen (S. 383); zu § 33 Abs. 2 Hs. 2 BJagdG siehe *Larenz/Canaris*, Lehrbuch des Schuldrechts, Bd. II/2, 13. Aufl. 1994, S. 618: „Gefährdungshaftung für das Verhalten von Personen"; kritisch Staudinger BGB/*Bernau*, 2022, § 835 Rn. 27, wonach keine ein „unbedingtes Einstehen rechtfertigende Gefährdung" vorliege.

beziehen, zweitens die alleinige Haftung des Dritten nicht ausreichend erscheint, etwa weil er nicht hinreichend solvent oder versichert ist, drittens die Gefahr in den Verantwortungsbereich des Unternehmers fällt *und* viertens diesem die Haftung zumutbar ist, z.B. weil er die Schadenskosten auf andere überwälzen kann.[402] Der Gedanke, die Haftung von Zumutbarkeitserwägungen abhängig zu machen, ist grundsätzlich weiterführend. *Vollmer* wägt ab zwischen dem Interesse des Delegierenden an einer Entlastung von der Haftung und den Interessen des Geschädigten an ausreichendem Haftungsschutz.[403] Die Annahme eines Delegationsverbots oder eine entsprechende Anwendung von § 278 BGB ermöglichen aber auch mit dieser Einschränkung *de lege lata* keine solche Sicherstellungshaftung.

Ein weiterer, eher restriktiver Ansatz ist der Rückgriff auf § 242 BGB: *Franz* hält eine Delegation wegen eines Verstoßes gegen Treu und Glauben für unwirksam, wenn der Delegierende Pflichten auf einen Dritten in Kenntnis der Zahlungsunfähigkeit überträgt, um Ansprüche des Geschädigten zu vereiteln.[404] Dadurch wird allerdings § 242 BGB zur alleinigen Grundlage einer strikten Haftung, was, wie bereits im Zusammenhang mit dem Auskunftsanspruch dargestellt, bedenklich ist.[405] In solchen Extremfällen dürfte außerdem ein Anspruch aus § 826 BGB in Betracht kommen.[406]

Ein geeigneterer Anknüpfungspunkt ist die Annahme einer *Verkehrspflicht* zur Sicherstellung der Durchsetzbarkeit von Ersatzansprüchen gegen den Delegationsempfänger. Nach einer insbesondere von *Mertens* vertretenen Ansicht kann in der Einschaltung eines nicht haftungspotenten Dritten ein

---

[402] *Vollmer*, JZ 1977, 371 (375). *Vollmer* weist zutreffend daraufhin, dass der „präventive Gefahrenschutz" auch beim Einschalten eines Dritten regelmäßig gewährleistet sei. Allerdings sei die Erfüllung der Schadensersatzansprüche dann mitunter nicht mehr in gleicher Weise gesichert (S. 372).

[403] *Vollmer*, JZ 1977, 371 (372).

[404] *Franz*, Qualitätssicherungsvereinbarungen und Produkthaftung, 1995, S. 134.

[405] Siehe oben a).

[406] § 826 BGB ermöglicht z.B. die Haftung eines Gesellschafters für „missbräuchliche, zur Insolvenz der Gesellschaft führende oder diese vertiefende ‚kompensationslose' Eingriffe in deren der Zweckbindung zur vorrangigen Befriedigung der Gesellschaftsgläubiger dienendes Gesellschaftsvermögen" (Existenzvernichtungshaftung), vgl. BGH, Urt. v. 16.7.2007 – II ZR 3/04, BGHZ 173, 246, juris Rn. 16 – „Trihotel". Auch bei der Unterkapitalisierung einer Gesellschaft kann § 826 BGB zur Anwendung kommen. Eine Generalisierung, im Wege der Bildung einer Fallgruppe der Unterkapitalisierungshaftung, hat der BGH insofern aber bislang nicht vorgenommen, vgl. BGH, Urt. v. 28.4.2008 – II ZR 264/06, BGHZ 176, 204, juris Rn. 25 – „Gamma", wo eine Haftung abgelehnt wurde; siehe auch MüKoBGB/*Wagner*, 8. Aufl. 2020, § 826 Rn. 193 ff.; *Veil*, NJW 2008, 3264; MüKoBGB/*Wagner*, a.a.O., § 823 Rn. 531 zieht eine Parallele zwischen diesen gesellschaftsrechtlichen Problemen und den Delegationsfällen, kritisch dazu Produkthaftungshandbuch/*Foerste*, 3. Aufl. 2012, § 25 Rn. 58 mit Fn. 121.

(Organisations-)Verschulden des Delegierenden liegen.[407] *Mertens* verweist auf die „Gewährleistungselemente der Verkehrssicherung" und auf die „bekannte statistische Unvermeidbarkeit menschlichen Versagens bei ihrer Erfüllung".[408] Er stützt die Haftung auf eine „teleologische Korrektur des § 831" BGB als „Folge einer vermögensbezogenen Verkehrspflicht desjenigen [...], den für eine spezifische Gefährdung seiner Mitmenschen die Verantwortung trifft".[409] Indes wird das Vermögen, wie gesehen, nur nach Maßgabe der §§ 823 Abs. 2, 826 BGB geschützt.[410] Die Sicherstellungspflicht muss deshalb einen anderen Bezugspunkt als das bloße Vermögen haben.

Ein solcher lässt sich auch finden: Bei genauerer Betrachtung wird deutlich, dass Schutzgegenstand der Sicherstellungspflichten nicht (nur) das Vermögen des Geschädigten ist, sondern zunächst der *Schadensersatzanspruch gegen den Dritten aus § 823 Abs. 1 BGB*. Dieser kann als *Teil der von § 823 Abs. 1 BGB geschützten Rechtsgüter* qualifiziert werden und wird insofern selbst geschützt. Grundlage hierfür ist die *Rechtsverfolgungs- oder Rechtsfortsetzungsfunktion* des Haftungsrechts.[411] Danach setzt sich das geschützte Rechtsgut im Ersatzanspruch fort, d.h. der Ersatzanspruch tritt an dessen Stelle (Surrogationsprinzip).[412] Die Rechtsverfolgungsfunktion wird in der Literatur insbesondere im

---

[407] MüKoBGB/*Mertens*, 3. Aufl. 1997, § 823 Rn. 206, 226; siehe auch *von Wilmowsky*, NuR 1991, 253 (257); *Paschke/Köhlbrandt*, NuR 1993, 256 (258); *Fuchs*, JZ 1994, 533 (536); *Leonhard*, in: FS Leser, 1998, S. 370 (386); Staudinger BGB/*Hager*, 2021, § 823 Rn. E 61; MüKoBGB/*Wagner*, 8. Aufl. 2020, § 823 Rn. 531; in diese Richtung auch *Kötz*, ZEuP 2017, 283 (301); *Medicus*, in: FS Deutsch, 1999, S. 291 (301 f.) zu § 831 Abs. 2 BGB; kritisch etwa Produkthaftungshandbuch/*Foerste*, 3. Aufl. 2012, § 25 Rn. 58; *Firat*, Die deliktische Gehilfenhaftung gemäß § 831 BGB, 2021, S. 125 f.

[408] *Mertens*, VersR 1980, 397 (408).

[409] *Mertens*, VersR 1980, 397 (408 Fn. 38).

[410] Zur Ansiedelung der Verkehrspflichten bei § 823 Abs. 1 BGB siehe bereits oben Fn. 10.

[411] Vgl. zu dieser Funktion *Neuner*, AcP 133 (1931), 277 (291 ff.); *Wilburg*, in: Jherings Jahrbücher, Bd. 82, 1932, S. 51 (130 f.); *Mertens*, Der Begriff des Vermögensschadens im Bürgerlichen Recht, 1967, S. 109 f.; *Knobbe-Keuk*, Vermögensschaden und Interesse, 1972, S. 46 f.; *Deutsch*, Allgemeines Haftungsrecht, 2. Aufl. 1996, S. 15; *Bydlinski*, Probleme der Schadensverursachung nach deutschem und österreichischem Recht, 1994, S. 29; *Koziol*, Grundfragen des Schadensersatzrechts, 2010, S. 79 f.; zu den Begrifflichkeiten siehe *Gebauer*, Hypothetische Kausalität und Haftungsgrund, 2007, S. 256. Im Folgenden werden die Begriffe „Rechtsverfolgung" und „Rechtsfortsetzung" im Zusammenhang mit den Haftungszwecken synonym verwendet.

[412] Vgl. *Jahr*, AcP 183 (1983), 725 (737 Fn. 76); *Deutsch*, Allgemeines Haftungsrecht, 2. Aufl. 1996, S. 15; siehe auch *Jaun*, Haftung für Sorgfaltspflichtverletzung, 2007, S. 324, 395, wonach der Zuweisungsgehalt absoluter Rechte neben dem „defensiven Schutz [...] auch den Schutz der wirtschaftlichen Integrität, der darauf gerichtet ist, das Rechtsgut bei erfolgtem Zugriff wertmäßig zu erhalten" beinhalte; *Thöne*, Autonome Systeme und deliktische Haftung, 2020, S. 142, wonach der Schadensersatzanspruch „an die Stelle des

Zusammenhang mit der Haftungsausfüllung und der sog. „Lehre vom normativen Schaden" erörtert.[413] Ob diese Lehre zutreffend ist, soll hier dahinstehen.[414] Die Rechtsverfolgungsfunktion kann jedenfalls fruchtbar gemacht werden, um die von § 823 Abs. 1 BGB geschützten Rechtsgüter zu konkretisieren:[415] Unter Zugrundelegung des Surrogationsgedankens liegt eine Verletzung eines Rechtsguts auch dann vor, wenn nicht das Rechtsgut in seiner originären Form, sondern der Schadensersatzanspruch, in dem es sich fortsetzt, beeinträchtigt wird. In der Rechtsprechung finden sich bereits Ansätze dieses Surrogationsgedankens: So wurde etwa angenommen, dass § 823 Abs. 1 BGB auch den Abwehranspruch des Eigentümers aus § 907 BGB als „aus dem Eigentum fließendes Recht" schützt.[416] Bei diesem Anspruch handelt es sich um einen rechtsverfolgenden Anspruch, genauso wie bei sonstigen Unterlassungs- und Beseitigungsansprüchen, die direkt aus einem Rechtsgut erwachsen.[417] Auch Schadensersatzansprüche lassen sich als rechtsverfolgende Ansprüche einordnen.[418] Zwar bestehen Unterschiede in der Rechtsnatur. Anders als der Anspruch aus § 907 BGB ist der Anspruch aus § 823 Abs. 1 BGB kein dinglicher Anspruch, der mit dem Recht „untrennbar verbunden" ist,[419] sondern ein obligatorischer Anspruch. Maßgeblich für die Schutzwürdigkeit des Anspruchs ist aber weniger seine Rechtsnatur, sondern seine Funktion. Ausweislich der Materialien zum BGB-Entwurf dienen die Ansprüche auf Schadensersatz der „Ergänzung" der Selbstverteidigungs- und Selbsthilferechte sowie der

---

beeinträchtigten Rechts oder Rechtsgutes" trete und „das dem Anspruchsgegner zuzurechnende Unrecht aus[gleiche] (Rechtsfortsetzung)".

[413] Vgl. Jauernig BGB/*Teichmann*, 18. Aufl. 2021, Vor §§ 249 ff. Rn. 3 ff.

[414] Siehe insbesondere die Bestimmung des Vermögensschadens bei *Neuner*, AcP 133 (1931), 277; kritisch dazu *Knobbe-Keuk*, Vermögensschaden und Interesse, 1972, S. 43 ff., die aber die rechtsverfolgende Natur des Schadensersatzanspruchs anerkennt und lediglich die von *Neuner* gezogenen Schlussfolgerungen hinterfragt; kritisch zum normativen Schadensbegriff auch *Mertens*, Der Begriff des Vermögensschadens im Bürgerlichen Recht, 1967, S. 109 f., der allerdings die Rechtsverfolgung als „mittelbare" Funktion des Schadensersatzrechts ebenfalls anerkennt.

[415] Dazu, dass der Rechtsverfolgungsgedanke „viele Facetten" hat, siehe *Gebauer*, Hypothetische Kausalität und Haftungsgrund, 2007, S. 256; nach *Jaun*, Haftung für Sorgfaltspflichtverletzung, 2007, S. 395 folgt aus der Rechtsverfolgungsfunktion die Erfolgsbezogenheit des Widerrechtlichkeitsbegriffs (siehe dazu oben Fn. 6).

[416] RG, Urt. v. 13.7.1934 – VII 33/34, RGZ 145, 107 (115, unter 2.); in diese Richtung auch OLG Karlsruhe, Urt. v. 6.4.1932 – I ZBR 246/31, JW 1932, 3277; Soergel BGB/*Spickhoff*, 13. Aufl. 2005, § 823 Rn. 94; kritisch zur Notwendigkeit neben dem Schutz des Eigentums Staudinger BGB/*Hager*, 2017, § 823 Rn. B 136.

[417] Vgl. *Neuner*, AcP 133 (1931), 227 (291 Fn. 51, 303).

[418] *Knobbe-Keuk*, Vermögensschaden und Interesse, 1972, S. 46 f.

[419] Vgl. BGH, Urt. v. 23.2.1973 – V ZR 109/71, BGHZ 60, 235, juris Rn. 18 zu § 1004 BGB; siehe auch BGH, Urt. v. 7.6.1990 – IX ZR 237/89, BGHZ 111, 364, juris Rn. 28 zu § 985 BGB als „vom Eigentum ohnehin nicht abspaltbarer Anspruch".

Beseitigungsansprüche.[420] Auch beim Anspruch aus § 823 Abs. 1 BGB geht es darum, Rechtskreise zu schützen.[421] Der Schadensersatzanspruch aus § 823 Abs. 1 BGB kann folglich, ähnlich wie § 907 BGB, als Teil des geschützten Rechtsguts verstanden werden und ist dann selbst nach § 823 Abs. 1 BGB zu schützen.

Dem steht auch nicht entgegen, dass eine Forderung grundsätzlich kein „sonstiges Recht" i.S.v. § 823 Abs. 1 BGB ist.[422] Mit dem hier verfolgten Ansatz soll kein Schutz eines obligatorischen Rechts als *neues* „sonstiges Recht" erreicht werden, wie es etwa in den Fällen der Einziehung fremder Forderungen, der Zerstörung einer Kaufsache oder der Verletzung eines Arbeitnehmers diskutiert wird.[423] Vielmehr wird der Schutz der *anerkannten* Rechtsgüter erweitert. Wer durch eine Delegation z.B. dafür sorgt, dass das Eigentum eines anderen der Autonomie eines nicht identifizierbaren, nicht greifbaren oder nicht haftungspotenten Gehilfen ausgesetzt ist, beeinträchtigt kein „sonstiges Recht", sondern entzieht dem Eigentümer – ähnlich wie durch eine Aufhebung der Nutzungsmöglichkeit[424] – einen Teil seines *Eigentums*rechts. Grund für die Haftung ist die Verletzung des anerkanntermaßen geschützten Rechtsguts, z.B. des Eigentums. Entsprechend passen auch die Argumente, die gegen einen Schutz von Forderungen typischerweise angeführt werden, nicht auf die hier vorliegende Konstellation: Zunächst genießen die Rechtsgüter nicht nur relativen, sondern absoluten Schutz gegenüber jedermann.[425] Weiterhin fehlt es auch

---

[420] Protokolle II, Bd. II, S. 568.

[421] Vgl. Protokolle II, Bd. II, S. 567 f.; siehe auch *Neuner*, AcP 131 (1931), 277 (303), wonach die Herausgabeansprüche mit ihren Nebenansprüchen sowie die Unterlassungs- und Beseitigungsansprüche zum „Schutz der absoluten Rechte […] nicht genügen" würden; *Wilburg*, in: Jherings Jahrbücher, Bd. 82, 1932, S. 51 (130), wonach es Aufgabe des Schadensersatzes sei, den Zweck des verletzten Rechts zu erreichen; *Knobbe-Keuk*, Vermögensschaden und Interesse, 1972, S. 46 f., wonach die „Gleichsetzung [des Schadensersatzanspruchs] mit den übrigen aus dem Recht erwachsenden Ansprüchen durchaus zutreffend" sei.

[422] Siehe nur MüKoBGB/*Wagner*, 8. Aufl. 2020, § 823 Rn. 329; BeckOGK BGB/*Spindler*, 1.5.2023, § 823 Rn. 194 sowie Motive II, S. 727, wonach eine Person, die in die obligatorischen Rechte eines anderen eingreift, diesem nur dann zum Schadensersatz verpflichtet sei, wenn ihre Handlung „aus einem anderen Grunde als wegen der Schädigung des obligatorischen Rechtes als eine widerrechtliche sich darstellt".

[423] Zu diesen Beispielen *Becker*, AcP 196 (1996), 439 (443 ff.), der allerdings einer gewissen Erweiterung des Kreises der „sonstigen Rechte" grundsätzlich positiv gegenübersteht.

[424] Vgl. dazu BGH, Urt. v. 21.12.1970 – II ZR 133/68, BGHZ 55, 153, juris Rn. 15 – „Fleet-Fall"; BAG, Urt. v. 25.8.2015 – 1 AZR 754/13, BAGE 152, 240, juris Rn. 27.

[425] Vgl. zu diesem Argument bereits RG, Urt. v. 29.2.1904 – VI 311/03, RGZ 57, 353 (355 ff.); siehe auch BGH, Urt. v. 21.10.1969 – VI ZR 67/68, NJW 1970, 137, juris Rn. 15 ff.; kritisch *Larenz/Canaris*, Lehrbuch des Schuldrechts, Bd. II/2, 13. Aufl. 1994, S. 397, wo darauf hingewiesen wird, dass „die Forderung als Vermögensgegenstand dem Gläubiger – und nur ihm – rechtlich zugeordnet und in dieser Hinsicht also Zuweisungsgehalt und Ausschlußfunktion" besitze.

nicht an der „sozialtypischen Offenkundigkeit" des Rechtsguts:[426] Das Rechtsgut und die damit verbundene Möglichkeit, dass aus einer Verletzung Schadensersatzansprüche erwachsen, werden – anders als es möglicherweise bei
vertraglichen Forderungen der Fall ist – auch „vom Durchschnittstyp des
Rechtsgenossen als schutzbedürftiges Gut empfunden".[427] Schließlich ist eine
Anwendung von § 823 Abs. 1 BGB auch nicht überflüssig.[428] Wie bereits gesehen, wird der Geschädigte nicht hinreichend vor Durchsetzungsrisiken geschützt.[429]

bb) *Wirkungen von Sicherstellungspflichten und Voraussetzungen der*
Haftung

Die soeben erläuterte Sicherstellungshaftung knüpft an eine bereits bestehende
Ersatzpflicht eines Dritten aus § 823 Abs. 1 BGB an. Sie bewirkt – anders als
§§ 278, 31 BGB – keine Verhaltenszurechnung, sondern eine *Haftungsausdeh-*
nung in personeller Hinsicht. Die Sicherstellungshaftung ist, wie bestimmte
herkömmliche Mittel der Kreditsicherung,[430] *akzessorisch*, da sie einen Ersatzanspruch gegen den Dritten voraussetzt, in dem sich das Rechtsgut nach dem
Surrogationsgedanken fortsetzt. Ein solcher besteht z.B. nicht, wenn derjenige,
der die Pflichtverletzung begangen hat, unzurechnungsfähig ist (§§ 827 f.
BGB). Da für die Rechtsguts*verletzung* i.S.v. § 823 Abs. 1 BGB die Durchsetzbarkeit des Ersatzanspruchs beeinträchtigt sein muss, ist die Sicherstellungshaftung außerdem *subsidiär*. Der Geschädigte kann nur gegen den Delegierenden vorgehen, soweit er den Ersatzanspruch gegen den Delegationsempfänger nicht durchsetzen kann.[431] Der Haftung steht nicht entgegen, dass der
Ersatzanspruch regelmäßig von vornherein, bereits im Moment seiner

---

[426] Zu diesem Kriterium *Fabricius*, AcP 160 (1961), 273 (289 ff., 292); kritisch *Medicus*,
in: FS Steffen, 1995, S. 333 (335 f.).

[427] Vgl. *Fabricius*, AcP 160 (1961), 273 (292).

[428] Vgl. zu diesem Argument im Hinblick auf die Einziehung fremder Forderungen *Otte*,
JZ 1969, 253 (255 ff.).

[429] Nach *Medicus*, in: FS Steffen, 1995, S. 333 (339) soll eine Einwirkung auf die Zahlungsfähigkeit eines Dritten keinen Anspruch aus § 823 Abs. 1 BGB begründen. Die von
ihm bei der Argumentation genannten „anderen, indirekt wirkenden Mittel[...]", etwa die
Anfechtungsrechte, helfen in den Delegationsfällen indes meist nicht weiter. Hier ist die
fehlende Haftungspotenz – anders als in den von *Medicus* behandelten Fällen – oft bereits
vor Anspruchsentstehung gegeben.

[430] Zum Zusammenhang mit dem Kreditsicherungsrecht siehe noch unten B. II. 2.

[431] Gem. § 840 Abs. 1 BGB haften der Delegierende und der Delegationsempfänger an
sich als Gesamtschuldner (siehe dazu noch unten B. II. 2. c]). Aufgrund der notwendigen
Undurchsetzbarkeit läuft das grundsätzliche Wahlrecht des Geschädigten gem. § 421 BGB
jedoch ins Leere und kommt regelmäßig auch ein Regress (vgl. § 426 BGB) nicht in Betracht.

Entstehung, beeinträchtigt ist.[432] Das geschützte Rechtsgut, z.B. das Eigentum, hat zunächst in unverletzter Weise bestanden. Der Ersatzanspruch stellt lediglich eine andere Form dieses Rechtsguts dar.

Die Undurchsetzbarkeit des Ersatzanspruchs ist zunächst gegeben, wenn der Delegationsempfänger nicht identifiziert werden kann. Allerdings treffen den Geschädigten gem. § 254 BGB gewisse Rechercheobliegenheiten.[433] Jedenfalls muss er erfolglos versucht haben, vom Delegierenden (nach § 242 BGB) Auskunft zu verlangen.[434] Undurchsetzbar ist der Anspruch auch im Fall der fehlenden Greifbarkeit oder Haftungspotenz. Insofern kann grundsätzlich auf die zu den Subsidiaritätsklauseln in §§ 829, 839 Abs. 1 S. 2 BGB, § 29 Abs. 1 S. 4 BJagdG entwickelten Grundsätze zurückgegriffen werden.[435] Ein erfolgloser Vollstreckungsversuch ist danach nicht zwingend erforderlich.[436] Einzuräumen – und *de lege ferenda* zu berücksichtigen – ist, dass für den Geschädigten dennoch gewisse Ungewissheiten über die Undurchsetzbarkeit bestehen können.[437]

---

[432] Zur Problematik der Verletzung von Rechtsgütern, die bereits in verletzter Form entstehen, siehe einerseits BGH, Urt. v. 20.12.1952 – II ZR 141/51, BGHZ 8, 243, juris Rn. 5 ff.; BGH, Urt. v. 11.1.1972 – VI ZR 46/71, BGHZ 58, 48, juris Rn. 9 ff.: möglich bei Verletzung der Leibesfrucht, andererseits BGH, Urt. v. 18.1.1983 – VI ZR 310/79, BGHZ 86, 256, juris Rn. 8 ff. – „Gaszug"; BGH, Urt. v. 24.11.1976 – VIII ZR 137/75, BGHZ 67, 359, juris Rn. 26 ff. – „Schwimmschalter": nur unter bestimmten Voraussetzungen bei der Lieferung einer mangelhaften Sache.

[433] Siehe auch BGH, Urt. v. 21.6.2005 – VI ZR 238/03, NJW 2005, 2695, juris Rn. 28 – „Grillanzünder" zu den Rechercheobliegenheiten des Geschädigten, der auf Grundlage des verschuldensunabhängigen § 4 Abs. 3 ProdHaftG gegen den Lieferanten vorgeht: An das Auskunftsbedürfnis seien „entsprechend dem Schutzzweck der Ausfallhaftung keine zu hohen Anforderungen zu stellen". Grundsätzlich sei „von ihm nur zu erwarten, die Informationen zur Verfolgung seiner Produkthaftungsansprüche zu nutzen, die ihm auf Grund des Produkterwerbs zur Verfügung stehen"; siehe auch MüKoBGB/*Wagner*, 8. Aufl. 2020, § 4 ProdHaftG Rn. 53. Im Rahmen der *verschuldensabhängigen* Sicherstellungshaftung nach §§ 823 Abs. 1, 276 Abs. 2 BGB können die Anforderungen allerdings höher sein. Hier kommen die allgemeinen Abwägungsgrundsätze nach § 254 BGB zur Anwendung.

[434] Zum Auskunftsanspruch siehe oben a).

[435] Vgl. etwa Staudinger BGB/*Oechsler*, 2021, § 829 Rn. 39; Erman BGB/*Mayen*, 16. Aufl. 2020, § 839 Rn. 73 ff.; BeckOGK BJagdG/*Reißmann/Kleinbauer*, 15.6.2023, § 29 Rn. 30 ff. Anders als bei §§ 829, 839 Abs. 1 S. 2 BGB genügt es für die (akzessorische) Sicherstellungshaftung allerdings nicht, dass aus *rechtlichen* Gründen keine Ersatzpflicht des Dritten (des Delegationsempfängers) gegeben ist.

[436] Zu § 829 BGB siehe MüKoBGB/*Wagner*, 8. Aufl. 2020, § 829 Rn. 12: kein Erfordernis einer „Vorausklage"; zu § 839 Abs. 1 S. 2 BGB siehe BGH, Urt. v. 6.10.1994 – III ZR 134/93, NJW-RR 1995, 248, juris Rn. 28, wonach die Ausnutzung der anderweitigen Ersatzmöglichkeit „zumutbar" sein müsse, sowie Erman BGB/*Mayen*, 16. Aufl. 2020, § 839 Rn. 76; zu § 29 Abs. 1 S. 4 BJagdG siehe BeckOGK BJagdG/*Reißmann/Kleinbauer*, 15.6.2023, § 29 Rn. 32.

[437] Zu einer möglichen Lösung *de lege ferenda* siehe unten B. II.

Auch bei den genannten Vorschriften ist nicht alles geklärt.[438] Der Sicherstellungspflichtige haftet allerdings nicht nur für die vollständige Vereitelung von Ersatzansprüchen, sondern etwa auch für Schäden, die entstehen, weil er den Verantwortlichen mit Verzögerung benannt hat oder zunächst einen Falschen benannt hat. Ähnlich wie die Vorenthaltung einer Sache eine Verletzung des Eigentums an der Sache darstellen kann,[439] begründet die Verzögerung der Durchsetzung des Ersatzanspruchs eine Verletzung des Rechtsguts i.V.m. dem Rechtsverfolgungs- bzw. Rechtsfortsetzungsgedanken.

Entsprechend den allgemeinen Grundsätzen muss die Verletzung der Sicherstellungspflicht die Durchsetzungsschwierigkeiten i.S.e. *Pflichtwidrigkeitszusammenhangs* verursacht haben.[440] Hat der Delegierende z.B. nicht ausreichend für die Haftungspotenz des Delegationsempfängers gesorgt und setzt sich der Delegationsempfänger später ab, ohne dass *dies* für den Delegierenden erkennbar war, kann der Delegierende sich darauf berufen, dass der Ersatzanspruch auch ohne die Pflichtverletzung nicht durchsetzbar gewesen wäre. Denn dann realisiert sich nicht die Verletzung der Sicherstellungspflicht, sondern ein anderes Durchsetzungsrisiko.

Der Schadensersatz kann im Wege der Naturalrestitution nach § 249 Abs. 1 BGB erfolgen, z.B. durch eine nachträgliche Benennung des Delegationsempfängers. Wird Geldersatz geschuldet (§§ 250 f. BGB[441]), kommt es darauf an, was der Geschädigte erhalten hätte, wäre die Durchsetzung seines Anspruchs nicht vereitelt worden. Der Delegierende muss also in der Regel das leisten, was der Delegationsempfänger infolge seiner Verantwortlichkeit schuldet.

---

[438] Die genaue Einordnung von § 29 Abs. 1 S. 4 BJagdG und dessen Voraussetzungen sind z.B. umstritten, vgl. Staudinger BGB/*Bernau*, 2022, § 835 Rn. 9; BeckOGK BJagdG/*Reißmann/Kleinbauer*, 15.6.2023, § 29 Rn. 30 ff.

[439] Vgl. nur MüKoBGB/*Wagner*, 8. Aufl. 2020, § 823 Rn. 261.

[440] Vgl. auch *Koziol*, AcP 219 (2019), 376 (415, 419) zum „Schutzzweck" der Sicherstellungshaftung.

[441] § 249 Abs. 2 S. 2 BGB dürfte nicht anwendbar sein: Zwar geht es regelmäßig um die Verletzung einer Person oder die Beschädigung einer Sache (i.V.m. dem Rechtsverfolgungsgedanken). Zweck des § 249 Abs. 2 BGB ist es aber, dass der Geschädigte nicht gezwungen sein soll, dem Schädiger das Rechtsgut anzuvertrauen (vgl. BGH, Urt. v. 29.10.1974 – VI ZR 42/73, BGHZ 63, 18, juris Rn. 9; MüKoBGB/*Oetker*, 9. Aufl. 2022, § 249 Rn. 357). Dies muss er im Fall der Verletzung von Sicherstellungspflichten aber ohnehin nicht, da die Restitution nach § 249 Abs. 1 BGB nicht auf die Wiederherstellung der Person oder der Sache, sondern auf die Sicherstellung der Durchsetzbarkeit der Ansprüche gegen den Delegationsempfänger gerichtet ist. Es spricht daher viel dafür, die Vorschrift nicht anzuwenden; zur teleologischen Auslegung von § 249 Abs. 2 S. 1 BGB siehe auch Staudinger BGB/*Höpfner*, 2021, § 249 Rn. 223, wonach etwa die Beschädigung einer Sache „nach dem Gesetzeszweck […] jede Sachverletzung, die durch Reparatur dieser Sache behoben werden kann", sein soll.

cc) Intensität der Sicherstellungspflichten

Die Sicherstellungspflichten sind wie die Gefahrsteuerungspflichten (i.e.S.) Sorgfaltspflichten i.S.v. § 276 Abs. 2 BGB. Sie verpflichten denjenigen, der für eine Gefahr zuständig ist und die Zuständigkeit delegiert, dazu, im Rahmen des Möglichen und Zumutbaren Maßnahmen zu treffen, die es dem Geschädigten erlauben, den Delegationsempfänger zu identifizieren, Ansprüche gegen ihn geltend zu machen und Ersatz zu erhalten. Entsprechend gelten für die Intensität der Sicherstellungspflichten die gleichen Grundsätze wie für die Gefahrsteuerungspflichten (i.e.S). Es kommt also insbesondere darauf an, wie groß das Durchsetzungsrisiko ist. Bei erhöht gefährlichen Aktivitäten, bei denen durch die Außerachtlassung der erforderlichen Sorgfalt häufig oder hohe Schäden entstehen und entsprechend viele oder hohe Schadensersatzansprüche drohen, muss der Geschäftsherr stärker auf die Identifizierbarkeit, Greifbarkeit und Haftungspotenz seiner Gehilfen achten. Insofern hängt das Durchsetzungs- mit dem Schadensrisiko zusammen. Zu berücksichtigen ist darüber hinaus, wie wahrscheinlich es ist, dass die Hilfsperson nicht identifiziert werden kann, nicht greifbar oder nicht haftungspotent ist. Letzteres hängt z.B. von der Position des Gehilfen ab und davon, ob üblicherweise für die betroffene Aktivität von dem Gehilfen selbst Versicherungen abgeschlossen werden.[442] Für die Zumutbarkeit von risikosteuernden Maßnahmen kommt es auch hier außerdem auf den Einfluss und die Vorteile des Zuständigen an:[443] Je größer der Einfluss des Delegierenden auf die Durchsetzungsrisiken ist, desto geringer sind in der Regel die Kosten von Sicherstellungsmaßnahmen. Je größer die Vorteile der Delegation, desto stärker wird die Belastung mit den Kosten für die zusätzlichen Sorgfaltsmaßnahmen kompensiert.[444]

Aus diesen allgemeinen Erwägungen lassen sich konkrete Unterschiede zwischen der Delegation an unselbständige und der Delegation an selbständige Gehilfen ableiten: Im Allgemeinen bestehen intensivere Pflichten, wenn der Delegationsempfänger ein *unselbständiger Gehilfe* ist.[445] Ist der

---

[442] Vgl. *Vollmer*, JZ 1977, 371 (375).

[443] Zur generellen Rolle dieser Aspekte bei der Sicherstellungshaftung vgl. *Koziol*, AcP 219 (2019), 347 (404).

[444] Siehe auch Entwurfsbegründung zum SchwarzArbG, BT-Drs. 14/8221, S. 16 zur Sicherstellungshaftung gem. § 28e Abs. 3a SGB IV (dazu noch unten B. II. 2. b]) und BAG, Urt. v. 16.5.2012 – 10 AZR 190/11, BAGE 141, 299, juris Rn. 17 zu § 1a AEntG a.F. (vgl. § 14 AEntG n.F., dazu noch unten B. II. 2. b]), wonach Bauunternehmen deshalb für die Lohnforderungen der bei Nachunternehmen beschäftigten Arbeitnehmer einzustehen hätten, weil ihnen „der wirtschaftliche Vorteil der Beauftragung von Nachunternehmern zugutekommt".

[445] In BGH, Urt. v. 22.12.1953 – V ZR 175/52, BGHZ 12, 75 (siehe dazu oben 1. mit Fn. 368) ging es um einen selbständigen Unternehmer; *Vollmer*, JZ 1977, 371 (375) klammert die zwischenbetriebliche Arbeitsteilung aus seiner Betrachtung aus (siehe dazu oben vor und mit Fn. 402 ff.) und weist darauf hin, es sei „erheblich schwieriger und

Delegationsempfänger in die Organisation des Geschäftsherrn eingegliedert, kann er das Durchsetzungsrisiko meist verhältnismäßig gut kontrollieren.[446] Der Organisationsträger kann dafür sorgen, dass die Vorgänge und Zustände innerhalb seiner Organisation dokumentiert werden. Er kann, im Rahmen des rechtlich Zulässigen, überprüfen, ob die Organisationsmitglieder zahlungskräftig oder versichert sind und somit ihre potenziellen Ersatzpflichten erfüllen können. Der Geschäftsherr kann die Organisationsmitglieder grundsätzlich auch selbst versichern oder Rücklagen bilden, mit denen sie die Schadensersatzansprüche begleichen können.[447] Bei der Delegation von Gefahrsteuerungszuständigkeiten an unselbständige Delegationsempfänger greift der Vertrauensgedanke, wie gesehen, nur eingeschränkt.[448] Dies gilt nicht nur für das Schadens-, sondern auch für das Durchsetzungsrisiko. Der Geschäftsherr kann sich nicht darauf verlassen, dass der Delegationsempfänger zahlungsfähig oder versichert ist, sondern muss auch ohne konkreten Anlass Maßnahmen ergreifen. Für die Zumutbarkeit kommt es auch auf die Art der Organisation an: Unternehmen können das Personal in der Regel mit verhältnismäßig wenig Aufwand versichern. Sie können außerdem die Kosten, die für Sicherstellungsmaßnahmen entstehen, auf ihre Kunden überwälzen.[449] Verbraucher können ihre Gehilfen in der Regel schlechter oder zumindest nur mit im Verhältnis zum Nutzen höheren Kosten versichern und haben entsprechend nur eingeschränkte Sicherstellungspflichten.[450] Besonders intensive Pflichten bestehen, wenn Zuständigkeiten delegiert werden, die typischerweise am besten vom Geschäftsherrn selbst oder von Organwaltern i.S.v. § 31 BGB wahrgenommen werden können, also die bereits angesprochenen wesentlichen Zuständigkeiten.[451] Nach dem BGH darf die Delegation der „Pflicht zur allgemeinen Oberaufsicht" nicht dazu führen, dass der Delegierende „sich selbst einer Haftung entzieht".[452] Richtigerweise darf er sich zwar einer Haftung entziehen, aber nur dann, wenn er die Haftung des Dritten – im Rahmen des Möglichen und Zumutbaren – sicherstellt. Der Geschäftsherr darf die Zuständigkeit für die

---

differenzierter" zu beurteilen, ob auch hier eine „Haftungskanalisierung" (zum Begriff siehe oben Fn. 100) angebracht sei.

[446] *Koziol*, AcP 219 (2019), 347 (395).

[447] Vgl. *Schäfer/Ott*, Lehrbuch der ökonomischen Analyse des Zivilrechts, 6. Aufl. 2020, S. 452.

[448] Siehe dazu oben II. 1. a) aa).

[449] Zur Berücksichtigung dieses Gedankens bei der Sicherstellungshaftung *Koziol*, AcP 219 (2019), 376 (410).

[450] Zum Unterschied zwischen Unternehmern und Privatpersonen siehe auch *Koziol*, AcP 219 (2019), 347 (396).

[451] Siehe dazu oben I. 3.

[452] BGH, Urt. v. 17.10.1967 – VI ZR 70/66, NJW 1968, 247, juris Rn. 27 – „Schubstrebe"; siehe auch bereits RG, Urt. v. 25.2.1915 – VI 526/14, ähnlich RG, Urt. v. 25.2.1915 – VI 526/14, RGZ 87, 1 (4).

Durchsetzungsrisiken grundsätzlich an eine Zwischenperson, z.B. an einen leitenden Angestellten, delegieren, mit den oben erläuterten Folgen.[453] Die Zwischenperson muss dann, damit alle Sicherstellungspflichten des Delegierenden erfüllt werden, möglichst so ausgewählt, überwacht und angeleitet werden, dass einerseits die Zwischenperson sicherstellt, dass die anderen Gehilfen ihre Ersatzpflichten erfüllen und andererseits die Zwischenperson selbst ihre Ersatzpflichten erfüllt.[454]

Steht der Delegationsempfänger *außerhalb der Organisation*, verfügt der Delegierende meist über weniger Kontrollmöglichkeiten. Stets möglich ist die Dokumentation der Vorgänge an der Schnittstelle, die seine Organisation mit einer anderen Organisation verbindet, wodurch das Identifizierungsrisiko gesteuert werden kann. Auch hier ist zwischen Verbrauchern und Unternehmern zu unterscheiden: Verbraucher dürfen sich grundsätzlich darauf verlassen, dass von ihnen beauftragte Unternehmer ihre Ersatzpflichten erfüllen können. Zusätzliche Maßnahmen sind hier nur dann nötig, wenn konkrete Anhaltspunkte vorliegen, die gegen die Haftungspotenz sprechen. Dagegen verfügen Unternehmer in der Regel über weiterreichende Ressourcen, die es ihnen ermöglichen, die Haftungspotenz der Delegationsempfänger abzuschätzen und auf diese einzuwirken.[455] Gewisse Maßnahmen zur Reduzierung des Insolvenzrisikos sind hier angezeigt und zwar – anders als bei der Gefahrsteuerung (i.e.S.) – nicht erst dann, wenn konkrete Anhaltspunkte dafür bestehen, dass der Dritte seine Schadensersatzpflichten nicht erfüllen wird.[456] Unternehmer verfügen über ausreichend Informationen, um die finanzielle Leistungsfähigkeit der Delegationsempfänger zu überprüfen.[457] Sie haben außerdem die Möglichkeit, durch entsprechende Vertragsgestaltungen das Risiko eines Zahlungsausfalls des Delegationsempfängers gering zu halten, z.B. indem sie einen Teil der Vergütung zunächst einbehalten und diesen erst später, nach Überprüfung etwaiger

---

[453] Siehe oben I.

[454] Vgl. Entwurfsbegründung zum SchwarzArbG, BT-Drs. 14/8221, S. 15 zu § 28e Abs. 3a SGB IV.

[455] Vgl. zu dieser Differenzierung Entwurfsbegründung zum SchwarzArbG, BT-Drs. 14/8221, S. 15 zu § 28e Abs. 3a SGB IV, wonach ein Unternehmer „grundsätzlich die erforderliche Professionalität" habe, um die Erfüllung der Zahlungspflichten durch einen Nachunternehmer sicherzustellen.

[456] A.A. wohl das OLG München, Urt. v. 2.4.1993 – 23 U 6917/92, BB 1993, 2270, wonach es nicht „auf der Hand" liege, „dass ein Spediteur die von ihm eingesetzten Nahverkehrsunternehmen in regelmäßigen Abständen auf ihre Solvenz hin überprüft". Derartige Überprüfungen seien „nur dann evident notwendig, wenn das eingeschaltete Unternehmen erkennbar finanzschwach ist oder Schäden verursacht hat, die das Unternehmen nicht reibungslos ersetzen kann".

[457] Vgl. Entwurfsbegründung zum SchwarzArbG, BT-Drs. 14/8221, S. 15 f. zu § 28e Abs. 3a SGB IV.

Haftungsverpflichtungen, auszahlen.[458] Inwieweit sich der Geschäftsherr auf die Behauptung des anderen zu seiner Haftungspotenz verlassen darf, hängt u.a. von den vorangegangenen Geschäftsbeziehungen ab und davon, wie leicht er sich zusätzliche Informationen beschaffen kann.[459] Im Baugewerbe kann die finanzielle Leistungsfähigkeit eines Unternehmens z.B. verhältnismäßig einfach anhand der sog. Präqualifikation beurteilt werden (vgl. §§ 6a f. VOB/A). Dieser kann die Wirkung eines Anscheins zugesprochen werden: Liegt eine solche Präqualifikation nicht vor, spricht ein Erfahrungsgrundsatz für eine Pflichtverletzung des Generalunternehmers. Umgekehrt darf sich der Geschäftsherr regelmäßig auf eine vorhandene Präqualifikation verlassen.[460] Er muss nur nachforschen, wenn Anhaltspunkte gegen die Haftungspotenz sprechen – dann ist der Anschein erschüttert. Auch andere Verzeichnisse und Zertifizierungen, etwa nach § 48 Abs. 8 VgV, Art. 64 Vergabe-RL,[461] können die Feststellung der Verletzung oder Einhaltung der Sicherstellungspflichten erleichtern.[462] Die bloße Tatsache, dass sich der Delegationsempfänger im Ausland befindet oder seine Leistungen besonders günstig anbietet, genügt nicht, um eine Verletzung von Sicherstellungspflichten zu bejahen. Im Fall einer weiteren Delegation durch den Delegationsempfänger muss der Delegierende überprüfen, ob seine Delegationsempfänger in der Lage und willens sind, die Identifizierbarkeit, Greifbarkeit und Haftungspotenz der von ihnen eingesetzten Gehilfen sicherzustellen.[463]

dd) Beweisfragen

Begreift man die Pflicht, die Durchsetzbarkeit von Ersatzansprüchen sicherzustellen, als Sorgfaltspflicht gem. § 276 Abs. 2 BGB zum Schutz der in § 823 Abs. 1 BGB genannten Rechtsgüter, sind auch hinsichtlich der Beweislast die insofern geltenden Regeln anwendbar. Grundsätzlich trägt danach der Geschädigte die Beweislast für die *Sicherstellungspflichtverletzung* und deren *Ursächlichkeit* für die Undurchsetzbarkeit des Ersatzanspruchs. § 831 Abs. 1 BGB führt nur in wenigen Fällen zu einer Beweislastumkehr: Die Vorschrift knüpft daran an, dass der Verrichtungsgehilfe eine an ihn *delegierte*

---

[458] Vgl. Entwurfsbegründung zum SchwarzArbG, BT-Drs. 14/8221, S. 16 zu § 28e Abs. 3a SGB IV.

[459] Siehe auch *Kötz*, ZEuP 2017, 283 (302 f.).

[460] Vgl. zu § 28e Abs. 3b SGB IV Krauskopf SGB IV/*Stäbler*, 117. EL, Dezember 2022, § 28e SGB IV Rn. 30 f.

[461] Richtlinie 2014/24/EU v. 26.2.2014 über die öffentliche Auftragsvergabe und zur Aufhebung der Richtlinie 2004/18/EG; siehe z.B. das „Amtliche Verzeichnis präqualifizierter Unternehmen für den Liefer- und Dienstleistungsbereich".

[462] Siehe noch ausführlich zur Wirkung von gesetzlichen Vorschriften, technischen Normen und Zulassungen sowie Zertifizierungen unten Kapitel 4, A. III. 2. c).

[463] Vgl. Entwurfsbegründung zum SchwarzArbG, BT-Drs. 14/8221, S. 15 zu § 28e Abs. 3a SGB IV.

Zuständigkeit nicht so wahrnimmt, wie der Geschäftsherr sie hätte wahrnehmen müssen. Sie passt hier also nur dann, wenn der Geschäftsherr die Zuständigkeit *zur Sicherstellung* delegiert hat und der Delegationsempfänger *diese* nicht so wahrnimmt, wie der Geschäftsherr sie hätte wahrnehmen müssen. Wenn lediglich Zuständigkeiten für *Schadenri*siken delegiert werden, erlaubt § 831 Abs. 1 BGB dagegen keine Beweislastumkehr hinsichtlich der Verletzung von Sicherstellungspflichten.

Allerdings ist in vielen Fällen eine richterrechtliche Beweislastumkehr nach Fehlentscheidungsrisiken gerechtfertigt:[464] Der Geschäftsherr hat regelmäßig die besseren Beweismöglichkeiten. Handelt es sich bei der ersatzpflichtigen Person um einen Verrichtungsgehilfen, ist eine Pflichtverletzung aufgrund der weitreichenden Möglichkeiten des Geschäftsherrn zur Steuerung des Durchsetzungsrisikos in vielen Fällen auch überwiegend wahrscheinlich. Bei einem selbständigen Gehilfen ist zu unterscheiden: Eine Pflichtverletzung ist meist überwiegend wahrscheinlich, wenn sich der Gehilfe nicht identifizieren lässt, nicht aber, wenn er nicht greifbar oder nicht haftungspotent ist. Anders als bei den Gefahrsteuerungspflichten (i.e.S.) kann hier nicht anhand der inhaltlichen Einflussnahme auf die Tätigkeit unterschieden werden: Diese ermöglicht dem Geschäftsherrn zwar eine weitreichende Kontrolle über die Gefahrsteuerungsmaßnahmen des Gehilfen, führt aber in der Regel nicht zur besseren Beherrschbarkeit der Durchsetzungsrisiken. Den Verbraucher treffen, wie gesehen, grundsätzlich nur wenig intensive Pflichten.[465] Hier sprechen Wahrscheinlichkeitserwägungen daher meist gegen eine Haftung. Für die Folgen der Fehlentscheidungen gilt das zu den Gefahrsteuerungspflichten (i.e.S.) Gesagte entsprechend:[466] Aufgrund seiner besonderen Beziehung auch zu dem mit dem Gehilfen verbundenen Durchsetzungsrisiko sind dem Delegierenden einzelne Fehlentscheidungen grundsätzlich zumutbar.[467]

Der Geschädigte muss weiterhin die *Rechtsgutsverletzung* und damit das Bestehen seines Schadensersatzanspruchs gegen den Delegationsempfänger und die Beeinträchtigung der Durchsetzbarkeit beweisen (§ 823 Abs. 1 BGB i.V.m. dem Rechtsfortsetzungsgedanken). Irgendein Delegationsempfänger muss ihm gegenüber wegen der Verletzung des Rechtsguts in seiner originären Form haften. Grundsätzlich obliegt es damit dem Geschädigten, entweder einen konkret Verantwortlichen zu benennen oder auszuschließen, dass der Schaden allein durch Personen außerhalb des „Sicherstellungsbereichs" des Delegierenden oder durch andere Ereignisse verursacht wurde.[468] Allerdings

---

[464] Siehe zu dieser Beweislastregel oben II. 1. c) bb).
[465] Siehe oben cc).
[466] Siehe oben II. 1. c) bb) und 2. b).
[467] Siehe zu dieser Beziehung auch noch genauer unten B. II. 1. b). Die dort vorgenommene Beschränkung auf Unternehmer ergibt sich hier in der Regel, wie soeben erläutert, bereits aus dem Wahrscheinlichkeitskriterium.
[468] Vgl. auch oben Fn. 297 zu den Gefahrsteuerungspflichten (i.e.S.).

kann dem Geschädigten, entsprechend den obigen Ausführungen zu § 831 Abs. 1 S. 1 BGB, auch hinsichtlich der Pflichtverletzung eines Delegationsempfängers eine richterrechtliche Beweislastumkehr nach Fehlentscheidungsrisiken zugutekommen.[469]

c) Grenzen der Sicherstellungshaftung de lege lata

Die Sicherstellungshaftung ermöglicht *de lege lata* zwar eine Verbesserung des Schutzes des Geschädigten vor dem Durchsetzungsrisiko im Fall der Delegation von Gefahrsteuerungszuständigkeiten, hat aber auch Grenzen: Für den Geschädigten kann es zunächst schwierig sein, einzuschätzen, ob sein Ersatzanspruch gegen den Gehilfen durchsetzbar ist. Mitunter muss er deshalb mehrere zeit- und kostenintensive Prozesse führen. Dies liegt nicht im Interesse der Beteiligten und ist auch mit Blick auf die Prozesswirtschaftlichkeit unbefriedigend.[470] Zudem kann die Haftung am fehlenden Verschulden des Geschäftsherrn scheitern. Die Exkulpationsmöglichkeit nach § 831 Abs. 1 S. 2 BGB wurde u.a. mit dem Argument kritisiert, die Entlastung hänge unter Umständen „vom Zufall oder von der Erfahrung und dem Geschick des Anwalts ab" und die „Möglichkeit des Entlastungsbeweises führ[e] zu einer nutzlosen Belastung der Gerichte", da sie auch dann ergriffen werde, wenn es hierauf wirtschaftlich nicht ankomme, z.B. weil die Haftung des Gehilfen von der Versicherung des Geschäftsherrn umfasst sei.[471] Solche Effekte kann auch eine verschuldensabhängige Sicherstellungshaftung nicht ausschließen. Sie würde voraussichtlich auch nicht die „Umgehungsstrategien" der Rechtsprechung vermeiden, namentlich die hier abgelehnte Ausdehnung von § 31 BGB auf „Repräsentanten" und die hier ebenfalls verworfenen Delegationsverbote.[472]

---

[469] Siehe oben II. 1. c) bb) (2). Zu beachten ist allerdings, dass hier für das Gehilfendelikt – anders als bei § 831 Abs. 1 BGB – hinsichtlich der Verletzung der Sorgfaltspflicht nicht der Maßstab des Delegierenden, sondern der Maßstab des Delegationsempfängers gilt, da gerade die Ersatzpflicht des Delegationsempfängers vermutet werden muss.

[470] Eine Streitverkündung gem. §§ 72 ff. ZPO hilft insofern nur bedingt, insbesondere verhindert sie kein Unterliegen in zumindest einem Prozess. Führt ein fahrlässiges Verhalten des Delegierenden dazu, dass der Geschädigte zunächst den Falschen verklagt, kann der Geschädigte vom Delegierenden nach dem oben Gesagten (b] bb]) allerdings grundsätzlich Ersatz des hieraus resultierenden Schadens verlangen.

[471] Vgl. *BMJ*, Referentenentwurf eines Gesetzes zur Änderung und Ergänzung schadensersatzrechtlicher Vorschriften, Bd. II, 1967, S. 97; siehe auch *von Caemmerer*, Wandlungen des Deliktsrecht, 1964, S. 119, sowie S. 115, wo angeführt wird, dass sich § 831 Abs. 1 BGB „in der Praxis als mißlungen erwiesen" habe; *ders.*, in: Ernst von Caemmerer, Gesammelte Schriften, Bd. III, 1983, S. 284 (293 f.); ähnlich *Weitnauer*, VersR 1970, 585 (593); *Taupitz/Pfeiffer*, JBl 2010, 88 (101) zum österreichischen Recht: „unübersehbare Rsp zu den Verkehrssicherungspflichten des Geschäftsherrn"; a.A. *Böhmer*, JR 1963, 134 (134 f.).

[472] Siehe zu diesen Strategien nur MüKoBGB/*Wagner*, 8. Aufl. 2020, § 831 BGB Rn. 2; *Brüggemeier*, Haftungsrecht, 2006, S. 127 ff. Hingewiesen wird dort auch auf die „Flucht in das (Quasi-)Vertragsrecht"; siehe auch oben I. 2. b) aa) sowie 3.

Von Kritikern der Verschuldensabhängigkeit der Gehilfenhaftung im deutschen Recht wird auch auf das Bedürfnis einer internationalen oder jedenfalls europäischen Rechtsvereinheitlichung hingewiesen.[473] Viele Rechtsordnungen sehen eine strengere Haftung für fremde menschliche Autonomie vor.[474] Genannt seien exemplarisch nur Art. 1242 Code Civil[475] und die *Respondeat Superior*-Doktrin im englischen und U.S.-amerikanischen Recht[476]. In diese Richtung tendierten und tendieren auch einige Reform- und Vereinheitlichungsprojekte: Während der Entwurf eines Schweizer Obligationenrechts an der Möglichkeit eines Entlastungsbeweises festhält (Art. 58 f. Schweizer OR 2020), sehen der *Draft Common Frame of Reference* sowie die *Principles of European Tort Law* eine strengere Haftung für das Verhalten von (weisungsabhängigen[477] bzw. unselbständigen[478]) Gehilfen vor (Art. 3:201 DCFR, Art. 6:102 PETL). Auch mit Blick auf das österreichische Recht wurde eine solche Regelung vorgeschlagen (Art. 1315 Abs. 1 ABGB-GegenE).[479] Nach dem das deutsche Recht betreffenden Referentenentwurf aus dem Jahr 1967 sollte der Geschäftsherr neben dem Gehilfen haften, wenn dieser „in Ausführung der Verrichtung durch eine vorsätzlich oder fahrlässig begangene unerlaubte Handlung einem Dritten Schaden zufügt" (§ 831 BGB-E).[480] *Von Bar* empfahl in einem Gutachten aus dem Jahr 1981 dem deutschen Gesetzgeber ebenfalls eine strenge

---

[473] Staudinger BGB/*Bernau*, 2022, § 831 Rn. 195 ff.; kritisch *E. Schmidt*, AcP 170 (1970), 502 (526).

[474] Vgl. die Übersichten bei *BMJ*, Referentenentwurf eines Gesetzes zur Änderung und Ergänzung schadensersatzrechtlicher Vorschriften, Bd. II, 1967, S. 87 ff.; Staudinger BGB/*Bernau*, 2022, § 831 Rn. 1, 195.

[475] Siehe dazu *Terré/Simler/Lequette/Chénedé*, Droit civil – Les obligations, 13. Aufl. 2022, S. 1172 ff. Streng gehaftet wird allerdings nur für unselbständige Gehilfen („préposé").

[476] Vgl. zum englischen Recht *Oliphant*, in: Comparative stimulations for developing tort law, 2015, S. 172; zum U.S.-amerikanischen Recht *Green*, in: Comparative stimulations for developing tort law, 2015, S. 173 sowie §§ 2.04, 7.03 ff. Restat 3d of Agency; zu den unselbständigen Gehilfen, bei denen nur in bestimmten Fällen eine strenge Haftung greift, siehe *Kötz*, ZEuP 2017, 283 (2957 ff.) zum englischen Recht und §§ 55 ff. Restat 3d of Torts zum U.S.-amerikanischen Recht.

[477] Vgl. zu Art. 3:201 DCFR *von Bar/Clive*, DCFR, Vol. 4, 2009, S. 3455: „relationship of instructional dependence (or superiority and inferiority), out of which flows an authority on the part of the liable person to control the conduct of the relevant acting party".

[478] Vgl. Art. 6:102 Abs. 2 PETL, wonach ein „selbständiger Unternehmer" keine Hilfsperson im Sinne der Vorschrift sei.

[479] Vgl. aber auch § 1306 Abs. 1 ABGB-E, wo nur eine Haftung für untüchtige sowie nicht sorgfältig ausgewählte oder überwachte Besorgungsgehilfen vorgesehen ist (vgl. auch den aktuellen § 1315 ABGB), siehe dazu *Taupitz/Pfeiffer*, JBl 2010, 88 (100 f.), wo der GegenE, der eine Verhaltenszurechnung vorsieht, bevorzugt wird.

[480] *BMJ*, Referentenentwurf eines Gesetzes zur Änderung und Ergänzung schadensersatzrechtlicher Vorschriften, Bd. I, 1967, S. 4.

Haftung des Geschäftsherrn für ein schuldhaftes Verhalten seiner Verrichtungsgehilfen.[481]

Dennoch wurde im Zusammenhang mit der Haftung für fremde menschliche Autonomie das Verschuldensprinzip bislang nicht vom Gesetzgeber aufgegeben oder abgeschwächt. Angesichts der, auch durch die Digitalisierung und die Autonomisierung bedingten, weiter zunehmenden Vernetzung von Menschen innerhalb von Organisationen und über die Organisationsgrenzen hinaus, bleibt die Frage nach der Erweiterung der Haftung für fremde menschliche Autonomie weiterhin relevant.[482] *Bydlinski* wies im Jahr 1996 allerdings darauf hin, dass es bislang „nicht gelungen wäre, eine solche ‚absolute Gehilfenhaftung' theoretisch und normativ schlüssig zu begründen und systematisch einzuordnen".[483] *Koziol* schloss sich dieser Ansicht im Jahr 2019 zwar an.[484] Er hält es aber für denkbar, eine strengere Gehilfenhaftung mittels des Sicherstellungsgedankens zu begründen.[485] Im Folgenden wird gezeigt, dass dieser Gedanke in der Tat Grundlage einer erweiterten Haftung für fremde menschliche Autonomie *de lege ferenda* sein kann und wird ausgehend davon ein neues allgemeines Konzept einer Sicherstellungshaftung entwickelt.

B. Menschliche Autonomie *de lege ferenda*

De lege ferenda können die erläuterten Auslegungsgrundsätze gesetzlich klargestellt werden. Insbesondere kann der Auskunftsanspruch des Geschädigten gegen den Delegierenden kodifiziert werden.[486] Als Vorbilder könnten z.B. § 84a AMG, §§ 8 f. UmweltHG, § 35 GenTG dienen. Die dort geregelten Ansprüche richten sich gegen den Adressaten der (Gefährdungs-)Haftung selbst, aber auch gegen Behörden, die für die Überwachung zuständig sind (§ 84a Abs. 2 AMG, § 9 UmweltHG, § 35 Abs. 2 GenTG).[487] Die Behörde hat eine ähnliche Position wie derjenige, der eine Gefahrsteuerungszuständigkeit

---

[481] *Von Bar*, Gutachten und Vorschläge zur Überarbeitung des Schuldrechts, Bd. II, 1981, S. 1681 (1762).

[482] Vgl. etwa zur weiter zunehmenden Arbeitsteilung im Zusammenhang mit KI-Systemen *Allen*, in: Artificial Intelligence: Law and Regulation, 2022, S. 146 (149).

[483] *Bydlinski*, System und Prinzipien des Privatrechts, 1996, S. 212.

[484] *Koziol*, AcP 219 (2019), 376 (395).

[485] *Koziol*, AcP 219 (2019), 376 (395 f.) zur Haftung für Verrichtungsgehilfen sowie S. 400 f. zur Übertragung von Verkehrssicherungspflichten.

[486] Hierdurch könnte möglicherweise eine „rechtliche Verpflichtung" zur Datenverarbeitung i.S.v. Art. 6 Abs. 1 S. 1 lit. c, Abs. 3 DSGVO begründet werden, siehe dazu oben Fn. 387.

[487] § 9 S. 3 Hs. 2 UmweltHG sieht insofern ausdrücklich vor, dass auch Angaben über den Namen und die Anschrift des Inhabers der Anlage verlangt werden können, wodurch dem Geschädigten die Geltendmachung seiner Ansprüche erleichtert werden soll, vgl. BeckOGK UmweltHG/*Nitsch*, 1.5.2023, § 9 Rn. 13.

delegiert: Zwar hat sie den Haftungsadressaten nicht ausgewählt, häufig aber durch eine Zulassung oder Genehmigung dessen gefährliches Verhalten zumindest gebilligt. Jedenfalls muss die Behörde den Haftungsadressaten überwachen, ähnlich wie der Geschäftsherr den Gehilfen überwachen muss. Entsprechend verfügt sie – wie der Delegierende – häufig über Informationen, welche die Durchsetzung von Ansprüchen gegen den Ersatzpflichtigen ermöglichen können.[488]

Auch die gesetzlichen Auskunftsansprüche verpflichten allerdings nur zum Rückgriff auf und zur Weitergabe von Informationen, nicht aber zur Generierung von Informationen durch Maßnahmen vor Eintritt des Schadensfalls.[489] Der Geschädigte wird also nur bedingt vor dem Aufklärungsrisiko geschützt. Die Risiken der fehlenden Greifbarkeit oder Haftungspotenz überwindet ein gesetzlicher Auskunftsanspruch ebenfalls nicht. Diesen Risiken könnte auch durch eine Kodifikation der Sicherstellungspflichten auf Grund der genannten Grenzen nur teilweise Rechnung getragen werden. Deshalb spricht viel für eine *Erweiterung* der Haftung für menschliche Autonomie. Eine Gefährdungshaftung ist mangels „besonderer" Gefahr keine Lösung (I.). Um eine strengere Haftung „normativ schlüssig zu begründen und systematisch einzuordnen",[490] ist vielmehr eine erweiterte Sicherstellungshaftung zu etablieren (II.).

I. Keine Haftung für besondere Schadensrisiken

Als Alternative zur Verschuldenshaftung kommt zunächst eine Gefährdungshaftung für fremde menschliche Autonomie in Betracht. Zu deren Grundlagen hier nur so viel: Die Gefährdungshaftung unterscheidet sich von der Verschuldenshaftung dadurch, dass es nicht um den Ausgleich von „Unrecht", sondern um die Verteilung von „Unglück" geht.[491] Die Gefährdungshaftung erlaubt es,

---

[488] Einen Auskunftsanspruch sieht auch § 1314 S. 2 ABGB-GegenE vor: Wendet sich ein Geschädigter an den Überträger von „Pflichten", hat dieser ihm unverzüglich den Übernehmer bekanntzugeben. S. 1 sieht außerdem vor, dass Pflichten nur insoweit auf einen anderen übertragen werden können als es das Gesetz oder der sie begründende Vertrag zulässt. Außerdem haftet nach S. 3 der Übernehmer wie der Überträger. Mit den „Pflichten" sind aber wohl nur gesetzlich geregelte und vertragliche Pflichten gemeint, nicht aber „Verkehrssicherungspflichten", vgl. *Reischauer/Spielbüchler/Welser*, Reform des Schadensersatzrechts, Bd. III, 2008, S. 44.

[489] Vgl. BeckOGK AMG/*Franzki*, 1.4.2023, § 84a Rn. 19 zu § 84a AMG; siehe auch BeckOGK UmweltHG/*Nitsch*, 1.5.2023, § 8 Rn. 11 dazu, dass die zu § 242 BGB entwickelten Grundsätze der Zumutbarkeit auch bei § 8 UmweltHG zu beachten sind.

[490] Zu diesem Ziel *Bydlinski*, System und Prinzipien des Privatrechts, 1996, S. 212.

[491] *Esser*, Grundlagen und Entwicklung der Gefährdungshaftung, 2. Aufl. 1969, S. 69 ff.; *Rinck*, Gefährdungshaftung, 1959, S. 21; siehe auch BeckOGK BGB/*Spickhoff*, 1.11.2022, § 833 Rn. 36: „prinzipiell rechtswidrigkeitslos"; kritisch zum Begriffspaar „Unrecht" und „Unglück" *Jansen*, Die Struktur des Haftungsrechts, 2003, S. 563 ff. Konstruktiv ist es möglich, der Gefährdungshaftung insoweit ein Unrechtsurteil beizumessen, als die

ein riskantes Verhalten zu billigen und dennoch die Geschädigten von den Folgen freizustellen.[492] Insofern bietet sie einen Kompromiss zwischen dem Verbot und der folgenlosen Hinnahme eines Risikos[493] und erscheint als attraktives Instrument zur Regulierung von Risiken im _Grenzbereich_ zwischen dem Normalbereich, in dem keine Regulierung erfolgt, und dem Verbotsbereich.[494] Die Gefährdungshaftung soll einerseits für einen „gerechten" Ausgleich von Schäden sorgen, in denen sich Risiken verwirklichen, von denen eine Person besonders profitiert (Vorteilsgedanke).[495] Andererseits soll sie durch

---

Herbeiführung des Schadens von der Rechtsordnung nicht hingenommen, sondern mit einer Ersatzpflicht belegt wird. Der BGH führte im Hinblick auf § 22 WHG a.f. (entspricht § 89 WHG n.f.) aus, die Erfüllung des Tatbestandes bedeute „regelmäßig die Herbeiführung eines rechtlich mißbilligten Erfolges; sie begreif[e] die – gegenständliche – Rechtswidrigkeit des Verhaltens ein, die zur Begründung der Gefährdungshaftung genüg[e]", BGH, Urt. v. 28.10.1971 – III ZR 227/68, BGHZ 57, 170, juris Rn. 21; siehe auch BGH, Urt. v. 24.1.1992 – V ZR 274/90, BGHZ 117, 110, juris Rn. 6 zu § 833 S. 1 BGB; ähnlich _Seiler_, in: FS Zeuner, 1994, S. 279 (292); siehe auch _von Bar_, Verkehrspflichten, 1980, S. 136: „Haftung für die Verletzung einer Garantiepflicht zur Kontrolle der eigenen Sphäre". Die Konstruktion eines, wenn auch erfolgsbezogen zu bestimmenden, _Verhaltens_unrechts erleichtert es möglicherweise zu erklären, warum die Gefährdungshaftung bei Vorliegen eines Rechtfertigungsgrundes entfallen soll (vgl. BGH, Urt. v. 24.1.1992 – V ZR 274/90, BGHZ 117, 110, juris Rn. 6 zu § 833 S. 1 BGB; _Seiler_, a.a.O, S. 279 [292]; Geigel Haftpflichtprozess/_Kaufmann_, 28. Aufl. 2020, 2. Teil, Kap. 25 Rn. 8); hierfür existieren allerdings auch andere Begründungsansätze (vgl. _Larenz/Canaris_, Lehrbuch des Schuldrechts, Bd. II/2, 13. Aufl. 1994, S. 616: Duldungspflicht; BeckOGK BGB/_Spickhoff_, a.a.O., § 833 Rn. 36: vorrangige Regelung). Mit der Haftung ein _Erfolgs_unrecht i.S.e. Missbilligung des herbeigeführten Zustandes zu verbinden (vgl. _Kohler_, NuR 2011, 7 [14 ff.]; _Bälz_, JZ 1992, 57 [63]; siehe dazu auch MüKoBGB/_Wagner_, 8. Aufl. 2020, Vor § 823 BGB Rn. 21 ff.) ist möglich, die eigenständige Bedeutung ist aber fraglich. Jedenfalls eine von der Verletzung eines geschützten Interesses _unabhängige_ Missbilligung des Verhaltens liegt nicht vor.

[492] Vgl. _Will_, Quellen erhöhter Gefahr, 1980, S. 284; _Deutsch_, Allgemeines Haftungsrecht, 2. Aufl. 1996, S. 407 f.; _Looschelders_, Schuldrecht, Besonderer Teil, 18. Aufl. 2023, S. 629. Mitunter wird auch von einer dritten Kategorie gesprochen, dem „Unfall". Während es beim „Unrecht" um ein Fehlverhalten und beim „Unglück" um „Schicksal, für das man allenfalls himmlische Mächte, nicht aber irdische Menschen oder Institutionen verantwortlichen machen" könne, gehe, handle es sich bei einem „Unfall" um die „konkret unvermeidbare Folge einer wegen ihres gesellschaftlichen Nutzens akzeptierten generellen Gefährdung", _Neumann_, in: Recht als Struktur und Argumentation, 2008, S. 188 (190 f.).

[493] Vgl. _Brox/Walker_, Besonderes Schuldrecht, 47. Aufl. 2023, S. 755 f.; _Zech_, Gutachten für den 73. DJT, 2020, A 15.

[494] Zu diesen Bereichen siehe WBGU-Gutachten 1998, BT-Drs. 14/3285, S. 6 ff.; zur Gefährdungshaftung als Maßnahme zur Regulierung von Risiken im Grenzbereich siehe S. 44.

[495] Die Gefährdungshaftung wird regelmäßig der Kategorie der _distributiven_ Gerechtigkeit zugeordnet, vgl. _Esser_, Grundlagen und Entwicklung der Gefährdungshaftung, 2. Aufl. 1969, S. 73 f.; _Larenz/Canaris_, Lehrbuch des Schuldrechts, Bd. II/2, 13. Aufl. 1994, S. 354; _Bälz_, JZ 1992, 57 (64); siehe auch _Marburger_, AcP 192 (1992), 1 (29), wonach Gefährdungshaftungen, in Verbindung mit Haftpflichtversicherungen,

Präventionswirkungen – wie die Verschuldenshaftung – das *Sorgfaltsniveau* der Haftungsadressaten erhöhen und außerdem – anders als die Verschuldenshaftung – deren *Aktivitätsniveau* absenken; jeweils soll das ökonomisch optimale Niveau erreicht werden (Effizienzgedanke).[496] Sie entlastet weiterhin die Gerichte davon, Standards für die erforderliche Sorgfalt (§ 276 Abs. 2 BGB) zu setzen. Diese Aufgabe fällt auf den Gefährdenden zurück, der die Kosten und Nutzen von Sorgfaltsmaßnahmen mitunter auch besser einschätzen kann.[497] Die Gefährdungshaftung hat allerdings nicht nur Vorteile: Zunächst kann sie auch übermäßig abschreckend wirken und grundsätzlich erwünschte, namentlich innovative, Aktivitäten zu stark hemmen.[498] Sie verhindert außerdem zwar möglicherweise Fehleinschätzungen der Gerichte bei der im Rahmen der Standardsetzung vorzunehmenden (normativierten)[499] Kosten-Nutzen-Abwägung, nicht aber Fehleinschätzungen der Gefährdenden.[500] Zudem führt die

---

„Schadensverteilungssysteme" seien. Die Verschuldenshaftung soll dagegen einen Fall der *ausgleichenden* Gerechtigkeit darstellen, vgl. *Larenz/Canaris*, a.a.O.

[496] Zur Steuerung des Sorgfalts- und des Aktivitätsniveaus durch die Gefährdungshaftung vgl. *Adams*, Ökonomische Analyse der Gefährdungs- und Verschuldenshaftung, 1985, S. 139; *Medicus*, JURA 1996, 561 (564); *Schäfer/Ott*, Lehrbuch der ökonomischen Analyse des Zivilrechts, 6. Aufl. 2020, S. 173 ff.; MüKoBGB/*Wagner*, 8. Aufl. 2020, Vor § 823 Rn. 60; *ders.*, in: Zivilrechtliche und rechtsökonomische Probleme des Internet und der künstlichen Intelligenz, 2019, S. 1 (8); zum Verhältnis von Verhaltensteuerung und Verteilung bei der Gefährdungshaftung siehe *Blaschczok*, Gefährdungshaftung und Risikozuweisung, 1993, S. 374 ff.; vgl. auch *Simons*, Wake Forest Law Review 2009, 1355 (1359) zum U.S.-amerikanischen Recht, der zwischen zwei Kategorien von Begründungen einer strengen Haftung differenziert: „economic" bzw. „consequentialist and incentive-based rationales" und „fairness" bzw. „nonconsequentialist rationales"; siehe auch § 24 Restat 3d of Torts, comment b., wo auf die „fairness rationale" und die „deterrence rationale" hingewiesen wird.

[497] *Schäfer/Ott*, Lehrbuch der ökonomischen Analyse des Zivilrechts, 6. Aufl. 2020, S. 262; *Zech*, JZ 2013, 21 (24); *Wagner*, in: Zivilrechtliche und rechtsökonomische Probleme des Internet und der künstlichen Intelligenz, 2019, S. 1 (10 f.); siehe auch WBGU-Gutachten 1998, BT-Drs. 14/3285, S. 241 zur Gefährdungshaftung als „gesetzter Zwang gegenüber dem Akteur [...], die (sichereren) Handlungsalternativen (selbst) auszuloten".

[498] Vgl. zur möglichen Innovationshemmung durch Haftung *Hoffmann-Riem*, Innovation und Recht – Recht und Innovation, 2016, S. 415 ff.; zum „Chilling effect" als mögliche Folge einer (zu) strengen Haftung siehe auch *Bathaee*, Harvard Journal of Law & Technology 2018, 889 (932); *Chagal-Feferkorn*, Stanford Law Review 2019, 61 (82); jeweils zum U.S.-amerikanischen Recht.

[499] Zum normativierten „risk-utility-test" bei der Fahrlässigkeit vgl. *Sommer*, Haftung für autonome Systeme, 2020, S. 293 (zur Produzentenhaftung); dazu, dass die Fahrlässigkeit nicht rein ökonomisch zu bestimmen ist, siehe auch oben Fn. 119; siehe auch noch unten Kapitel 4, III. zum Fehler i.S.d. ProdHaftG.

[500] Vgl. *Schäfer/Ott*, Lehrbuch der ökonomischen Analyse des Zivilrechts, 6. Aufl. 2020, S. 260 ff., insbesondere zu verhaltensökonomischen Aspekten und nicht vorhersehbaren Schäden.

Gefährdungshaftung zu einer „Vollversicherung" des Geschädigten, der infolgedessen möglicherweise *seine* Aktivität übermäßig ausdehnt.[501]

Eine Gefährdungshaftung wird daher grundsätzlich nur angeordnet, wenn hierfür ein Bedürfnis besteht, weil eine „besondere" Gefahr vorliegt: Der Vorteilsgedanke spricht insbesondere dann für eine Gefährdungshaftung, wenn ansonsten ein großes Ungleichgewicht bei der Verteilung der Vor- und Nachteile der Aktivität innerhalb der Gesellschaft droht.[502] Und die Verhinderung der übermäßigen Ausdehnung einer Aktivität im Interesse des Effizienzgedankens erlangt insbesondere dann Bedeutung, wenn mit der Tätigkeit große Restrisiken verbunden sind.[503] Auf einzelne Begründungsstränge für eine Gefährdungshaftung wird an späterer Stelle noch genauer eingegangen. Im Zusammenhang mit der fremden menschlichen Autonomie genügt die Feststellung, dass die Gefährdungshaftung jedenfalls eine *unbeherrschbare* Gefahr voraussetzt (1.), die bei der Delegation an menschliche Agenten nicht in diesem Sinn gegeben ist (2.).

1. Voraussetzung einer Gefährdungshaftung: Unbeherrschbare Gefahr

Für die Ermittlung der „Besonderheit" der Gefahr existiert keine allgemeine Formel.[504] Damit eine Gefährdungshaftung gerechtfertigt ist, muss es sich aber zumindest um eine Gefahr handeln, die sich nicht schon durch Sorgfaltsmaßnahmen i.S.v. § 276 Abs. 2 BGB hinreichend steuern lässt. Nur wenn sowohl Schädiger als auch Geschädigter die Gefahr nicht mehr durch Sorgfaltsmaßnahmen steuern können, die Gefahr also *unbeherrschbar* ist und ein *Restrisiko* vorliegt, führt eine Haftung allein nach dem Verschuldensprinzip zu Haftungslücken, die durch eine Gefährdungshaftung geschlossen werden könnten.[505]

---

[501] Zur Steuerung des Sorgfalts- und Aktivitätsniveaus des Geschädigten – ersteres ist durch einen Mitverschuldenseinwand möglich – siehe allgemein *Shavell*, Foundations of Economic Analysis of Law, 2004, S. 199 ff.; *Schäfer/Ott*, Lehrbuch der ökonomischen Analyse des Zivilrechts, 6. Aufl. 2020, S. 285 ff. (speziell zur „Vollversicherung" durch Haftung siehe S. 407 zur Produkthaftung); *Wagner*, in: Zivilrechtliche und rechtsökonomische Probleme des Internet und der künstlichen Intelligenz, 2019, S. 1 (7 ff.).

[502] Vgl. zu § 833 BGB MüKoBGB/*Wagner*, 8. Aufl. 2020, § 833 Rn. 2, der darauf hinweist, dass „die Tierhaltung in der Gesellschaft ungleich verteilt ist, so dass sich die wechselseitige Gefährdung der Bürger nicht kompensiert".

[503] *Shavell*, Foundations of Economic Analysis of Law, 2004, S. 197 f.; *Landes/Posner*, Journal of Legal Studies 1985, 535 (559 f.).

[504] Vgl. *Blaschczok*, Gefährdungshaftung und Risikozuweisung, 1993, S. 45 ff.

[505] Zur Unbeherrschbarkeit als Kriterium einer Gefährdungshaftung siehe *Kötz*, AcP 170 (1970), 1 (29); *Will*, Quellen erhöhter Gefahr, 1980, S. 283; *Deutsch*, Allgemeines Haftungsrecht, 2. Aufl. 1996, S. 411; *Bauer*, in: FS Ballerstedt, 1975, S. 305 (314 f.); *Foerster*, ZfPW 2019, 418 (432); siehe auch *Shavell*, Foundations of Economic Analysis of Law, 2004, S. 206 zu „activities that are dangerous, or, more precisely, that are dangerous even if conducted with reasonable care"; *Schäfer/Ott*, Lehrbuch der ökonomischen Analyse des Rechts, 6. Aufl. 2020, S. 256, wonach „für die Einführung einer Gefährdungshaftung kein Grund

2. Keine in diesem Sinn unbeherrschbare Gefahr durch menschliche Autonomie

Die Verhaltenszurechnung gem. § 278 BGB, die im Vertragsrecht zu einer schärferen Gehilfenhaftung führt, wird von manchen Autoren mit dem Gefährdungsgedanken begründet.[506] Dabei wird auch darauf hingewiesen, der Geschäftsherr habe den Gehilfen „nicht in der Hand".[507] In der Tat ist die Gefahr „Gehilfe" aufgrund der menschlichen Autonomie in der Regel nicht vollständig von einer anderen Person beherrschbar.[508] Allerdings ist diese Autonomiegefahr nicht auch unbeherrschbar i.s.e. Gefährdungshaftung: Denn der Delegationsempfänger kann *selbst* Sorgfaltsmaßnahmen ergreifen und haftet, anders als etwa ein Tier oder ein technischer Agent, *selbst*, wenn er dies nicht tut. Die Einschaltung eines Gehilfen schafft deshalb kein Risiko, das nicht (von irgendeinem Haftungssubjekt) durch die Einhaltung der im Verkehr erforderlichen Sorgfalt (§ 276 Abs. 2 BGB) gesteuert werden kann.[509]

Dies gilt insbesondere für die bloße Substitution des Geschäftsherrn durch den Gehilfen.[510] Im *vertraglichen* Bereich besteht ein Unterschied zwischen

---

[bestehe], wenn Unfälle ganz überwiegend auf ungenügender Sorgfalt beruhen, die Festlegung eines effizienten Sorgfaltsniveaus durch die Gerichte möglich ist und deshalb von einer Verschuldenshaftung ausreichende Anreize für eine optimale Schadenssteuerung ausgehen"; Entwurfsbegründung zum AtG, BT-Drs. 3/759, S. 36, wonach „für den Besitz von radioaktiven Stoffen, die in höherem Maße [als Atomanlagen] beherrschbar sind, eine reine Gefährdungshaftung nicht erforderlich" sei.

[506] Planck BGB/*Siber*, 4. Aufl. 1914, § 278 unter 1.; *Rümelin*, Die Gründe der Schadenszurechnung und die Stellung des deutschen bürgerlichen Gesetzbuchs zur objektiven Schadensersatzpflicht, 1896, S. 47; *Hoffmann*, Die Haftung des Schuldners für seine Gehülfen, 1902, S. 85 ff.; in diese Richtung auch *Unger*, Handeln auf eigene Gefahr, 2. Aufl. 1983, S. 59; *Rohe*, AcP 201 (2001), 117 (136); kritisch *Prölss*, Die Haftung für fremdes Verhalten ohne eigene Tatbestandsverwirklichung im Privatrecht, 1979, S. 37.

[507] *Rümelin*, Die Gründe der Schadenszurechnung und die Stellung des deutschen bürgerlichen Gesetzbuchs zur objektiven Schadensersatzpflicht, 1896, S. 47; Planck BGB/*Siber*, 4. Aufl. 1914, § 278 unter 1.; siehe auch *Unger*, Handeln auf eigene Gefahr, 2. Aufl. 1983, S. 59: „unkontrollierbare Handlungen und Unterlassungen".

[508] Siehe dazu oben Kapitel 1, C. II. und III. 1., D. I. 2. a).

[509] Dazu, dass der Gedanke der besonderen Gefahr keine Haftung für fremdes Verhalten begründet, siehe etwa *Böhmer*, JR 1963, 134 (134); *von Caemmerer*, Wandlungen des Deliktsrecht, 1964, S. 117; *Koziol*, Grundfragen des Schadenersatzrechts, 2010, S. 221; MüKoBGB/*Wagner*, 8. Aufl. 2020, § 831 Rn. 3; Staudinger BGB/*Bernau*, 2022, § 831 Rn. 193; vgl. auch *BMJ*, Referentenentwurf eines Gesetzes zur Änderung und Ergänzung schadensersatzrechtlicher Vorschriften, Bd. II, 1967, S. 111, wo darauf hingewiesen wird, dass § 831 BGB-E keine Gefährdungshaftung, sondern eine Haftung für Verschulden statuiere; siehe aber auch die Erläuterungen zu § 1315 Abs. 1 ABGB-GegenE, wo für die Haftung verlangt wird, dass sich das „besondere Risiko der Gehilfentätigkeit" realisiert, *Reischauer/Spielbüchler/Welser*, Reform des Schadensersatzrechts, Bd. III, 2008, S. 46.

[510] Zu verschiedenen Formen des Zusammenwirkens mehrerer autonomer Systeme siehe oben Kapitel 1, C. V.

dem Eigen- und dem Fremdhandeln, der letzteres möglicherweise unbeherrschbar im erläuterten Sinn macht: Der Gehilfe ist dem Geschädigten, anders als der Geschäftsherr, *vertraglich* „zu nichts verpflichtet".[511] Verletzt er durch sein Verhalten nur eine vertragliche Pflicht des Schuldners, stehen dem Geschädigten keine Ansprüche gegen den Gehilfen zu.[512] Würde auch der Schuldner selbst nicht haften, ginge der Geschädigte deshalb leer aus. Bereits im vertraglichen Bereich ist der Unterschied aber gering, wenn es um den Schutz des Integritätsinteresses geht. Den Gehilfen treffen insoweit zwar keine vertraglichen Schutzpflichten gem. § 241 Abs. 2 BGB, aber Verkehrspflichten nach § 823 Abs. 1 BGB.[513] Der Gehilfe haftet folglich in einem zumindest sehr ähnlichen Umfang wie der Geschäftsherr. Jedenfalls außerhalb von Sonderverbindungen sind rechtliche Haftungslücken kaum vorhanden.[514] Hier treffen den Geschäftsherrn und den Gehilfen in der Regel die gleichen, aus der Gefahrsteuerungszuständigkeit folgenden, Sorgfaltspflichten. Etwas anderes kann gelten, wenn der Gehilfe einem anderen Verkehrskreis angehört als der Geschäftsherr. Häufig führt die Spezialisierung aber dazu, dass an den Gehilfen keine geringeren, sondern höhere Anforderungen gestellt werden. Setzt der Geschäftsherr jemanden ein, der nach seinem Verkehrskreis zur Gefahrsteuerung ungeeignet ist, haftet er regelmäßig selbst wegen eines eigenen Auswahlverschuldens.[515]

Auch wenn der Gehilfe den Geschäftsherrn nicht nur ersetzt, sondern es ihm ermöglicht, Tätigkeiten auszuführen, zu denen er selbst nicht in der Lage wäre (Addition), wird kein unbeherrschbares Risiko geschaffen. Zwar kommt es hier durch Summations- und insbesondere durch Synergieeffekte zunächst zu einer Risikoerhöhung.[516] Auch diese Risiken können und müssen aber nach § 276

---

[511] Planck BGB/*Siber*, 4. Aufl. 1914, § 278 unter 1.; siehe auch *Hoffmann*, Die Haftung des Schuldners für seine Gehülfen, 1902, S. 97, der darauf abstellt, dass die Schuldner „ihre Obliegenheiten durch andere ausführen [lassen] und [...] die Möglichkeit [setzen], dass diese anderen durch ihr Verhalten einen Schaden verursachen, den sie selbst entweder nicht angerichtet oder wegen eigenen Verschuldens zu vertreten hätten", siehe auch S. 99; gegen eine Differenzierung *Rohe*, AcP 201 (2001), 117 (136).

[512] *Koziol*, AcP 219 (2019), 376 (392).

[513] Zu dieser Unterscheidung siehe auch *Koziol*, AcP 219 (2019), 376 (392). Die Schutzpflichten nach § 241 Abs. 2 BGB entsprechen im Hinblick auf die von § 823 Abs. 1 BGB geschützten Interessen weitgehend den außerhalb von Sonderverbindung bestehenden Pflichten, vgl. BGH, Urt. v. 14.3.2013 – III ZR 296/11, BGHZ 196, 340, juris Rn. 25. Die Beweislastverteilung nach Gefahrenbereichen bzw. nach Fehlentscheidungsrisiken führt dazu, dass auch im Hinblick auf die Beweislast (vgl. § 280 wenig Unterschiede bestehen.

[514] *Prölss*, Die Haftung für fremdes Verhalten ohne eigene Tatbestandsverwirklichung im Privatrecht, 1979, S. 37.

[515] Vgl. *von Caemmerer*, in: Ernst von Caemmerer, Gesammelte Schriften, Bd. III, 1983, S. 284 (301).

[516] Vgl. *BMJ*, Referentenentwurf eines Gesetzes zur Änderung und Ergänzung schadensersatzrechtlicher Vorschriften, Bd. II, 1967, S. 105; *Firat*, Die deliktische Gehilfenhaftung

Abs. 2 BGB gesteuert werden. Dies gilt namentlich für die Gefahr von Störungen an den Schnittstellen zwischen den Akteuren. Wie dargestellt, muss der Delegierende darauf hinwirken, dass die Zuständigkeiten klar verteilt sind und die Beteiligten sich koordinieren. Unterlässt er dies, liegt in der Regel ein Organisationsverschulden vor.[517] Die verbleibenden unbeherrschbaren Gefahren werden meist durch die Vorteile der Arbeitsteilung ausgeglichen (antagonistische Effekte).[518] Ob und inwieweit Restrisiken bestehen, hängt grundsätzlich nicht von der Arbeitsteilung als solcher, sondern von der konkreten Aktivität ab, auf die sie sich bezieht:[519] Der Gehilfe kann z.B. als Gärtner einen Rasen bepflanzen (geringes Restrisiko) oder als Kernphysiker ein Atomkraftwerk steuern (großes Restrisiko).

Die Delegation begründet als solche also keine unbeherrschbaren Schadensrisiken i.S.e. Gefährdungshaftung. Sie führt jedoch, wie bereits hervorgehoben wurde, dazu, dass es oft nicht möglich ist, herauszufinden, wer ersatzpflichtig ist oder die Ansprüche gegen die pflichtwidrig handelnde Person durchzusetzen und zwar auch dann, wenn hinsichtlich dieser *Durchsetzungsrisiken* die erforderliche Sorgfalt eingehalten wird.[520] Die Arbeitsteilung führt nicht zu einem „besonderen" Schadens-, sondern zu einem „besonderen" Durchsetzungsrisiko. In Rechtsordnungen, die bereits eine strenge Haftung für fremdes Verschulden vorsehen, wird das Durchsetzungsrisiko regelmäßig zur Legitimation

---

gemäß § 831 BGB, 2021, S. 220, wo eine „spezifische Gefährlichkeit der arbeitsteiligen Unternehmensorganisation" aber letztlich verneint wird (S. 220 ff.).

[517] Siehe oben A. II. 1. b).

[518] Zu den Vorteilen der Arbeitsteilung siehe nur *Kötz*, ZEuP 2017, 283 (299); MüKoBGB/*Wagner*, 8. Aufl. 2020, § 823 Rn. 522; speziell zur Reduzierung von Gefahren durch den Einsatz eines Experten siehe *Koziol*, in: Comparative stimulations for developing tort law, 2015, S. 149 (151 f.).

[519] Vgl. *Bydlinski*, System und Prinzipien des Privatrechts, 1996, S. 213; siehe auch *Esser/Weyers*, Schuldrecht, Bd. II/2, 8. Aufl. 2000, S. 215, wonach zweifelhaft sei, ob eine Haftung für fremdes Verschulden „in den Fällen gerechte Ergebnisse gebracht hätte, in denen die Einschaltung des oder einer Vielzahl von ‚Verrichtungsgehilfen' keine erhöhte Gefährdung des Publikums mit sich bringt".

[520] Siehe oben A. III. 2. c) sowie sogleich II. 1. a); vgl. auch *Hoffmann*, Die Haftung des Schuldners für seine Gehülfen, 1902, S. 100 zu § 278 BGB, wonach in der Gefahr, dass ein mitteloser Gehilfe den Gläubiger schädigt „gerade […] die erhebliche Gefährdung des Gläubigers" liege; außerhalb bestehender Schuldverhältnisse möchte *Hoffmann* diesen Gedanken allerdings nicht gelten lassen (S. 100 ff.); *Prölss*, Die Haftung für fremdes Verhalten ohne eigene Tatbestandsverwirklichung im Privatrecht, 1979, S. 36 ff.; *von Caemmerer*, Wandlungen des Deliktsrecht, 1964, S. 118 f.; *Kötz*, ZEuP 2017, 283 (299 f.); siehe auch *BMJ*, Referentenentwurf eines Gesetzes zur Änderung und Ergänzung schadensersatzrechtlicher Vorschriften, Bd. II, 1967, S. 96, wonach der „Verletzte, wenn der Verrichtungsgehilfe, wie meist, aus wirtschaftlichen Gründen den Schaden nicht ersetzen kann, selbst dann leer ausgeht, wenn das Verschulden des Gehilfen bewiesen werden kann".

der Haftung *mit* herangezogen.[521] Es hat aber auch das Potenzial, zu *der* Grundlage einer strengeren Haftung für menschliche Autonomie zu werden und insofern deren Voraussetzungen und Grenzen zu definieren.[522]

II. Haftung für besondere Durchsetzungsrisiken

Die Grundlagen einer verschuldensunabhängigen Sicherstellungshaftung sind – parallel zur Gefährdungshaftung – ein „besonderes" *Durchsetzung*srisiko und eine „besondere" Beziehung des Haftungsadressaten zu diesem Risiko (1.). Unter diesen Voraussetzungen ist es recht- und zweckmäßig, demjenigen, der eine Gefahrsteuerungszuständigkeit delegiert, eine Haftung für Schadensersatzpflichten der Delegationsempfänger aufzuerlegen und zwar, wie im Folgenden gezeigt wird, nach dem Modell der selbstschuldnerischen Bürgschaft (2.).

1. Grundlagen einer Sicherstellungshaftung

Das Durchsetzungsrisiko rechtfertigt eine strengere Haftung, wenn es, ähnlich wie das Schadensrisiko bei der Gefährdungshaftung, „besonders" ist, was bei der Delegation von Gefahrsteuerungszuständigkeiten grundsätzlich der Fall ist (a). Voraussetzung für die Haftung ist weiterhin, dass der Delegierende eine „besondere" Beziehung zu dem Durchsetzungsrisiko hat, ähnlich wie der Adressat einer Gefährdungshaftung eine „besondere" Beziehung zu dem Schadensrisiko unterhält (b). Letzteres rechtfertigt jedenfalls bei der Sicherstellungshaftung eine Differenzierung zwischen Verbrauchern und Unternehmern.

a) Besonderes Durchsetzungsrisiko: Keine Differenzierung nach konkreter Risikogröße

Die Delegation von Gefahrsteuerungszuständigkeiten begründet ein „besonderes" Durchsetzungsrisiko. Zunächst lässt es sich durch die Anwendung der im Verkehr erforderlichen Sorgfalt *nicht vollständig beherrschen:*[523] Die Delegationsempfänger können sich entgegen den berechtigten Erwartungen des Delegierenden so verhalten, dass nicht mehr aufgeklärt werden kann, wer gehandelt hat. Ein Gehilfe kann sich plötzlich absetzen oder seine finanziellen Mittel

---

[521] Vgl. zum französischen Recht *Borghetti*, in: Comparative stimulations for developing tort law, 2015, S. 154 (154), wo auf das Insolvenzrisiko abgestellt wird (siehe aber auch *Terré/Simler/Lequette/Chénedé*, Droit civil – Les obligations, 13. Aufl. 2022, S. 1172, 1186 ff., wonach der „commettant" nicht [mehr] als „garant" bezeichnet werden könne, da der „préposé" in der Regel selbst nicht [mehr] verantwortlich sei); zum U.S.-amerikanischen Recht siehe *Green*, in: Comparative stimulations for developing tort law, 2015, S. 173 (173 ff.), wo sowohl das Aufklärungs- als auch das Insolvenzrisiko angesprochen werden.

[522] Vgl. auch *Koziol*, AcP 219 (2019), 376 (393 ff., 400 f.).

[523] Siehe dazu auch schon oben Kapitel 1, D. I. 3.

verlieren, mit der Folge, dass er nicht greifbar oder nicht haftungspotent ist. Anders als die Unbeherrschbarkeit der *Schadensrisiken* wird die Unbeherrschbarkeit der *Durchsetzungsrisiken* bei der Delegation nicht dadurch kompensiert, dass nun der Delegationsempfänger, welcher das Risiko grundsätzlich in der Hand hat, haftet. Dieser ist ja gerade nicht identifizierbar, greifbar und haftungspotent. Der Austausch des Haftungssubjekts bzw. die Vervielfältigung von Haftungssubjekten führt insofern für den Geschädigten zu einem *Restrisiko* der Undurchsetzbarkeit von Schadensansprüchen.

Dieses (Rest-)Durchsetzungsrisiko ist bei der Delegation von Gefahrsteuerungszuständigkeiten außerdem generell *sehr groß*:[524] Unselbständige Gehilfen sind regelmäßig weniger haftungspotent, so dass der Austausch des Haftungssubjekts hier zu einer erheblichen Steigerung des Risikos, dass der Geschädigte leer ausgeht, führt.[525] Selbständige Gehilfen unterscheiden sich im Hinblick auf die finanzielle Leistungsfähigkeit zwar oft nicht von ihrem Auftraggeber. Doch haben Zulieferer, Subunternehmer und sonstige Auftragnehmer häufiger ihren Sitz im Ausland als der Geschäftsherr, der eine Zuständigkeit im Inland wahrnimmt bzw. wahrnehmen lässt und sind deshalb oft nur schwer greifbar.[526] In allen Fällen wird durch die Delegation die Identifizierung des materiell Verantwortlichen wesentlich erschwert.[527]

Zu überlegen ist allerdings, ob nicht eine Differenzierung nach der konkreten Größe des (Rest-)Durchsetzungsrisikos erfolgen muss. Denn es bestehen Unterschiede: Zunächst zwischen den *Organisationen*. Bei Verbrauchern als Delegierenden sind die Strukturen der Organisation meist nicht sehr komplex: Die verantwortliche Person ist häufig identifizierbar – oft ist nur ein Gehilfe beteiligt – und in der Regel auch nicht schlechter greifbar und nicht weniger haftungspotent als der Geschäftsherr. In Unternehmen ist der Sachverhalt typischerweise anders gelagert: Wird jemand durch ein Produkt oder eine sonstige Leistung eines Unternehmens geschädigt, ist es für ihn schwer zu erkennen, wer durch sein Fehlverhalten den schädigenden Output verursacht hat und es bestehen auch die soeben genannten Unterschiede bei der Greifbarkeit und Haftungspotenz. Die Risiken hängen dabei auch von der Unternehmensgröße ab: Je komplexer die Struktur der Arbeitsteilung, desto größer ist regelmäßig das Aufklärungsrisiko.[528] Weiterhin bestehen Unterschiede zwischen den *Aktivitäten*. Ist das *Schadens*risiko groß, drohen also – bei Verletzung der im Verkehr erforderlichen Sorgfalt – häufig oder hohe Schäden und entsprechende Schadensersatzansprüche, erhöht sich auch das Risiko, dass der Gehilfe die

---

[524] Zur Gefahrengröße als Begründungsstrang einer *Gefährdungs*haftung siehe unten Kapitel 3, A. I. 2.
[525] Siehe dazu oben A. III. 1.
[526] Vgl. *Kötz*, ZEuP 2017, 283 (299 f.).
[527] Siehe dazu oben A. III. 1.
[528] *Koziol*, Grundfragen des Schadenersatzrechts, 2010, S. 223.

Verantwortlichkeiten verschleiert, sich absetzt oder den Schaden mangels Einkommen und Vermögen bzw. Versicherung schlicht nicht (vollständig) ersetzen kann.

De lege lata ist eine Sicherstellungshaftung regelmäßig nur bei einer erhöhten (beherrschbaren) Schadensgefahr vorgesehen: § 480 HGB soll ausweislich der Entwurfsbegründung „den besonderen Gefahren Rechnung tragen, die mit dem Betrieb eines Schiffes für Dritte verbunden sind".[529] Bei den „besonderen Gefahren" dürfte es sich aber nicht um Risiken i.S.e. Gefährdungshaftung handeln. Ansonsten hätte die Einführung einer solchen näher gelegen. Die Wahl einer adjektizischen Haftung lässt sich wohl damit erklären, dass die Risiken zwar für erhöht, aber auch für (durch die Gehilfen) beherrschbar gehalten wurden.[530] Denn umfasst sind aufgrund der Anknüpfung an eine Schadensersatzpflicht des Gehilfen grundsätzlich nur Risiken, die dieser durch Einhaltung der im Verkehr erforderlichen Sorgfalt steuern hätte können. Aufgrund der Erhöhung des steuerbaren Schadensrisikos drohen aber im Fall der unterlassenen Steuerung hohe und häufige Schäden, die von den meist weniger haftungspotenten Hilfspersonen mitunter nicht vollständig ersetzt werden können.[531] Hierdurch erhöht sich das Durchsetzungsrisiko. Hinzu kommt, dass die Vorgänge beim Betrieb eines Schiffes schwer überschaubar sind und die Identifizierung der Hilfspersonen deshalb schwierig ist. Die an Bord Tätigen haben ihren Wohnsitz zudem häufig in verschiedenen Ländern und sind deshalb mitunter auch schwer greifbar. § 3 Abs. 1 BinSchG ist eine Parallelvorschrift zu § 480 HGB,[532] so dass Entsprechendes gilt. Die Haftung nach § 3 HaftPflG beruht ebenfalls auf einer erhöhten, aber beherrschbaren Gefahr.[533] Werden in den dort genannten Betrieben Sorgfaltspflichten verletzt, drohen erhebliche Schäden, die der Gehilfe nicht stemmen kann. Außerdem sind auch diese Betriebe typischerweise schwer zu überblicken. Schließlich ist auch in den Situationen der Jagdschadenshaftung nach § 33 Abs. 2 Hs. 2 BJagdG wegen der

---

[529] Entwurfsbegründung zum Gesetz zur Reform des Seehandelsrechts, BT-Drs. 17/10309, S. 64.

[530] *E. Schmidt*, AcP 170 (1970), 502 (524); siehe auch RG, Urt. v. 22.5.1925 – III 161/24, RGZ 111, 37 (39) zu § 485 HGB a.F., wonach der Gesetzgeber „die Haftung des Reeders für die schadensstiftenden Handlungen der Schiffsbesatzung mit Rücksicht auf die starke Abhängigkeit des Schiffsbetriebs von dem Verhalten der auf den Seeschiffen tätigen Personen angeordnet" habe.

[531] Vgl. *Wacke*, Zeitschrift der Savigny-Stiftung für Rechtsgeschichte: Romanistische Abteilung 111 (1994), 280 (285), wonach die Eigenhaftung des Gehilfen „meist nur eine akademische Frage" sei.

[532] *Koller*, Transportrecht, 11. Aufl. 2023, § 3 BinSchG Rn. 1.

[533] Vgl. *E. Schmidt*, AcP 170 (1970), 502 (524); *Martinek*, Repräsentantenhaftung, 1979, S. 227.

„Unübersichtlichkeit der natürlichen Gegebenheiten" die Identifizierung des materiell Verantwortlichen wohl überdurchschnittlich schwierig.[534]

Soweit eine schärfere Haftung für fremde menschliche Autonomie *de lege ferenda* gefordert wird, wird teilweise differenziert:[535] Nach *Bydlinski* soll die Haftung für Verrichtungsgehilfen „bejaht werden, wenn die aufgetragene Verrichtung eine deutliche Eignung aufweist, zu Schäden zu führen, wie sie dann tatsächlich eingetreten sind".[536] *Esser* erwägt eine Differenzierung zwischen „organisierten Großbetrieben mit den ihnen eigentümlichen Risiken" und Aktivitäten, bei denen eine „besondere Gefährlichkeit der aufgetragenen Verrichtung" besteht auf der einen Seite und sonstigen Delegationsverhältnissen auf der anderen Seite.[537] Die besseren Argumente sprechen indes gegen eine Differenzierung nach der Größe des Durchsetzungsrisikos. Eine solche ginge mit erheblichen Rechtsunsicherheiten einher, ohne dass damit wesentliche Vorteile verbunden wären.[538] Ausreichende Einschränkungen ergeben sich, wie sogleich gezeigt wird, daraus, dass die Haftungsadressaten eine „besondere"

---

[534] Staudinger BGB/*Bernau*, 2022, § 835 Rn. 27, der allerdings der Ansicht ist, um die Beweisschwierigkeiten zu bewältigen, wäre eine Beweislastumkehr ausreichend gewesen. Eine solche hilft dem Geschädigten indes wenig, wenn der Jagdausübungsberechtigte sich exkulpiert, aber offen bleibt, welcher Jagdaufseher oder Jagdgast den Jagdschaden verursacht hat. Das Risiko fehlender Haftungspotenz dürfte wegen der für die Erteilung des Jagdscheins nötigen Versicherung (§ 17 Abs. 1 S. 1 Nr. 4 BJagdG) eher gering sein.

[535] Im österreichischen Recht sieht § 1315 ABGB bereits eine Haftung desjenigen vor, der sich „einer untüchtigen oder wissentlich einer gefährlichen Person" bedient und scheint damit diesen Gedanken aufzugreifen. Während sich die Untüchtigkeit auf die zu besorgende Aufgabe beziehen muss, bezieht sich die Gefährlichkeit auf die Person des Gehilfen und ergibt sich z.B. aus körperlichen oder seelischen Krankheiten (vgl. *Angyan*, JBl 2016, 289 [294, 296]; kritisch zu Alt. 2 *Koziol*, Grundfragen des Schadenersatzrechts, 2010, S. 210 f., siehe auch § 1306 Abs. 1 ABGB-E, wo nur Alt. 1 beibehalten wird). Die Haftung nach § 1315 ABGB ist allerdings unabhängig von einer Ersatzpflicht des Gehilfen (*Angyan*, a.a.O., S. 297 f.) und damit keine Sicherstellungshaftung. Es scheint sich dabei um eine (kleine) Generalklausel einer Gefährdungshaftung für den Einsatz von zumindest erhöht gefährlichen Gehilfen zu handeln. Zur Lösung des Problems der Durchsetzungsrisiken ist sie als Modell daher wenig geeignet.

[536] *Bydlinski*, System und Prinzipien des Privatrechts, S. 213; für „den Grundfall der ‚typischen Verrichtungsgefahr'" erwägt er allerdings eine Haftung auf Grundlage des Gedankens des „Mangels" (S. 214).

[537] Vgl. *Esser*, Schuldrecht, Bd. II, 3. Aufl. 1969, S. 431, wonach nur in diesen Fällen eine Risikohaftung „rechtspolitisch und dogmatisch" tragbar sei, im Übrigen aber auf die „Einführung einer reinen Veranlassungshaftung" hinauslaufe; zustimmend *E. Schmidt*, AcP 170 (1970), 502 (533); kritisch zu einer „Einheitslösung" auch *Esser/Weyers*, Schuldrecht, Bd. II/2, 8. Aufl. 2000, S. 215.

[538] Vgl. *Jakobs*, VersR 1969, 1061 (1063 Fn. 14); *Taupitz/Pfeiffer*, JBl 2010, 88 (101); *von Bar*, Gutachten und Vorschläge zur Überarbeitung des Schuldrechts, Bd. II, 1981, S. 1681 (1777); *von Caemmerer*, in: Ernst von Caemmerer, Gesammelte Schriften, Bd. III, 1983, S. 284 (295). Zum Verhältnis von Rechtssicherheit und Einzelfallgerechtigkeit siehe auch noch unten Kapitel 3, C. II. im Zusammenhang mit der Gefährdungshaftung.

Beziehung zu dem Durchsetzungsrisiko aufweisen müssen, die ihnen die Absicherung der Ersatzansprüche gegen den Gehilfen generell zumutbar macht. *Insofern* – nicht wegen der Größe des Durchsetzungsrisikos – sind Unterschiede gerechtfertigt, allerdings nur in Form einer Differenzierung zwischen Unternehmern und Verbrauchern. Eine solche lässt sich im Übrigen auch einfacher bewerkstelligen als eine Unterscheidung anhand des konkreten Durchsetzungsrisikos.

b) Besondere Beziehung zum Durchsetzungsrisiko: Differenzierung zwischen Unternehmern und Verbrauchern

Die „besondere" Beziehung des Delegierenden zum Durchsetzungsrisiko beruht – wiederum parallel zur Gefährdungshaftung – auf dem Einfluss- und dem Vorteilsgedanken. Der Adressat einer Gefährdungs- oder Sicherstellungshaftung beherrscht das Schadens- oder Durchsetzungsrisiko zwar nicht. Allerdings behält er eine besondere Beziehung zu der Gefahr: Er kann zwar nicht den konkreten Kausalverlauf kontrollieren, beeinflusst aber zumindest das Ausmaß der Gefahr und die Folgen der Gefahrverwirklichung und zieht außerdem Vorteile aus der Gefahr.[539] Hierdurch hebt er sich von anderen Personen, die mit der Gefahr in Berührung kommen, ab. Während der Einflussgedanke vor allem auf eine effiziente Risikoverteilung zielt, beruht der Vorteilsgedanke stärker auf der Idee eines „gerechten" Ausgleichs.

Der *Einflussgedanke* hat bei zwei Aspekte: Der Haftungsadressat kann erstens Maßnahmen ergreifen, um die Gefahrrealisierung zu vermeiden und ist damit in der Regel *cheapest cost avoider*.[540] Er hat eher als der Geschädigte oder ein Dritter die Möglichkeit, konkrete Vorkehrungen zu ergreifen, die auch über die Einhaltung der im Verkehr erforderlichen Sorgfalt (§ 276 Abs. 2 BGB) hinausgehen können.[541] Ist es ihm durch konkrete Maßnahmen nicht möglich, Schäden zu vermeiden, kann er jedenfalls von der gefährlichen Aktivität absehen oder diese reduzieren.[542] Zweitens kann er Vorkehrungen für den Fall der Gefahrrealisierung treffen, z.B. indem er eine Versicherung abschließt – teilweise ist er hierzu sogar verpflichtet[543] – oder, im Fall einer

---

[539] Zum Einfluss- und Vorteilsgedanken bei der Gefährdungshaftung siehe nur *Larenz/Canaris*, Lehrbuch des Schuldrechts, Bd. II/2, 13. Aufl. 1994, S. 605; *Deutsch*, Allgemeines Haftungsrecht, 2. Aufl. 1996, S. 434.

[540] Zur Figur des „cheapest cost avoider" siehe *Schäfer/Ott*, Lehrbuch der ökonomischen Analyse des Zivilrechts, 6. Aufl. 2020, S. 279 ff. sowie bereits oben A. III. 1.

[541] Vgl. zur Gefährdungshaftung *Larenz/Canaris*, Lehrbuch des Schuldrechts, Bd. II/2, 13. Aufl. 1994, S. 605; *Deutsch*, Allgemeines Haftungsrecht, 2. Aufl. 1996, S. 431; *Medicus*, JURA 1996, 561 (563).

[542] Vgl. zur Gefährdungshaftung *Schäfer/Ott*, Lehrbuch der ökonomischen Analyse des Zivilrechts, 6. Aufl. 2020, S. 256.

[543] Vgl. etwa § 1 PflVG, ähnlich § 36 GenTG, §§ 13 f. AtG, § 94 AMG, wo eine Deckungsvorsorge verlangt wird.

unternehmerischen Tätigkeit, die befürchteten Haftungskosten auf seine Kunden abwälzt, und ist folglich meist auch *cheapest insurer*.[544] Die Gefährdungs- und die verschuldensunabhängige Sicherstellungshaftung unterscheiden sich von der Verschuldenshaftung dadurch, dass die Rechtsordnung es grundsätzlich ins Ermessen des Gefährdenden stellt, ob dieser die Realisierung der Risiken vermeidet oder in Kauf nimmt und den Schaden ersetzt. Es kann somit auch berücksichtigt werden, dass dem Haftungsadressaten zwar mitunter nicht die *Vermeidung* (Präventionsebene), wohl aber der *Ersatz* des Schadens zumutbar ist (Ausgleichsebene). Der *Vorteilsgedanke* beeinflusst ebenfalls die Zumutbarkeit: Der Ersatzpflichtige zieht einen materiellen oder immateriellen Nutzen, welcher über die Vorteile hinausgeht, die für andere mit der Gefahr verbunden sind, so dass die Belastung mit den Schadenskosten „gerecht" erscheint.[545] Die Haftung ist insofern der „Preis" für die erlaubte Gefährdung.[546]

Unter Berücksichtigung dieser Grundsätze gilt für die hier erörterte Sicherstellungshaftung folgendes: Inwiefern eine Vermeidung der Durchsetzungsrisiken möglich ist, wurde im Zusammenhang mit der verschuldensabhängigen Sicherstellungshaftung bereits gezeigt.[547] Soweit Sorgfaltsmaßnahmen nicht

---

[544] Vgl. zur Bedeutung von Versicherungs- bzw. Abwälzungsmöglichkeiten bei der Gefährdungshaftung *Deutsch*, Allgemeines Haftungsrecht, 2. Aufl. 1996, S. 423; *Looschelders*, Schuldrecht, Besonderer Teil, 18. Aufl. 2023, S. 629; siehe auch *Medicus*, JURA 1996, 561 (563), der darauf hinweist, dass in der Regel das Risiko prinzipiell auch von den Geschädigten versichert werden kann, aber hinsichtlich der „Durchführbarkeit" Unterschiede bestehen; zum Versicherungsschutz auf Schädiger- und Geschädigtenseite siehe auch *Brüggemeier*, Haftungsrecht, 2006, S. 638 f.; zur Figur des „cheapest insurer" siehe nur *Schäfer/Ott*, Lehrbuch der ökonomischen Analyse des Zivilrechts, 6. Aufl. 2020, S. 167.

[545] Vgl. zum Vorteilsgedanken bei der Gefährdungshaftung *Larenz/Canaris*, Lehrbuch des Schuldrechts, Bd. II/2, 13. Aufl. 1994, S. 605 f.; *Deutsch*, Allgemeines Haftungsrecht, 2. Aufl. 1996, S. 431; *Medicus*, JURA 1996, 561 (563 f.); *Koziol*, Grundfragen des Schadensersatzrechts, 2010, S. 240 f.; kritisch zur eigenständigen Bedeutung des Vorteilsgedankens *Schäfer/Ott*, Lehrbuch der ökonomischen Analyse des Zivilrechts, 6. Aufl. 2020, S. 256. Nach *Bälz*, JZ 1992, 57 (60) beruhe die Gefährdungshaftung auf „einem unrechtmäßigen Zustand, der einen Ausgleich durch Abschöpfung eines auf Kosten des Betroffenen verwirklichten Vorteils erforderlich" mache.

[546] Vgl. zur Gefährdungshaftung BGH, Urt. v. 26.3.2019 – VI ZR 236/18, NJW 2019, 2227, juris Rn. 8; ähnlich BGH, Urt. v. 5.7.1988 – VI ZR 346/87, BGHZ 105, 65, juris Rn. 6. Die Formulierung wird mit dem Argument kritisiert, hierdurch werde suggeriert, dass die Aktivität an sich zu verbieten sei, was etwa bei der Haltung von Haustieren „wirklichkeitsfremd" erscheine, *Larenz/Canaris*, Lehrbuch des Schuldrechts, Bd. II/2, 13. Aufl. 1994, S. 606; kritisch auch *Wagner*, Deliktsrecht, 14. Aufl. 2021, S. 195. „Wirklichkeitsfremd" erscheint ein Verbot allerdings nur deshalb, weil eben Alternativen existieren, welche die Handlungsfreiheit des Schädigers weniger beeinträchtigen und zugleich die Interessen des Geschädigten ausreichend schützen – wie etwa eine Gefährdungshaftung, ähnlich *Medicus*, JURA 1996, 561 (564).

[547] Siehe oben A. III. 2. b).

möglich sind, kann der Delegierende jedenfalls von der Aktivität absehen.[548] Der Delegierende kann regelmäßig auch eine Haftpflichtversicherung abschließen sowie die Haftungskosten auf Konsumenten abwälzen.[549] Zu berücksichtigen ist außerdem, dass dem nur *formell* verantwortlichen Delegierenden ein Regressanspruch gegen den *materiell* verantwortlichen Gehilfen zusteht,[550] der rechtlich lediglich durch (vertragliche) Besonderheiten im Innenverhältnis beschränkt sein kann.[551] Der Delegierende kann insofern auch dafür sorgen, dass sich die Durchsetzungsrisiken, die sich beim Geschädigten realisieren, nicht oder weniger auf seinen Regress gegenüber dem Gehilfen auswirken, z.B. indem er sich von dem Delegationsempfänger vertragliche Sicherheiten einräumen lässt oder eine Forderungsausfallversicherung abschließt. Der Delegierende ist im Hinblick auf die Durchsetzungsrisiken somit in der Regel *cheapest cost avoider* bzw. *cheapest insurer*.[552] Auch der Vorteilsgedanke spricht für eine Haftung:[553] Zwar ist der Rückgriff auf fremde menschliche Autonomie auch mit Vorteilen für die Allgemeinheit verbunden, da hierdurch neue Angebote geschaffen und Innovationen begünstigt werden.[554] Der Delegierende profitiert aber aufgrund der Entlastung und der Erweiterung seiner Möglichkeiten in besonderer, ihn aus dem Kreis der Allgemeinheit hervorhebenden, Weise.

Diese Erwägungen sprechen allerdings dafür, die Sicherstellungshaftung auf Unternehmer zu beschränken.[555] Diese Einschränkung ist in verschiedenen

---

[548] Zur Steuerung des Aktivitätsniveaus durch eine Haftung für das Fehlverhalten von Hilfspersonen siehe nur *Kötz*, ZEuP 2017, 283 (286).

[549] Zu den Abwälzungsmöglichkeiten siehe *Koziol*, AcP 219 (2019), 376 (410).

[550] Zur Rückgriffsmöglichkeit des formell Haftenden siehe *Koziol*, AcP 219 (2019), 376 (412).

[551] Beschränkungen können sich insbesondere aus den Grundsätzen der Arbeitnehmerhaftung ergeben, vgl. dazu den Überblick bei MüKoBGB/*Wagner*, 8. Aufl. 2020, § 823 Rn. 150 f. sowie noch unten 2. b).

[552] Ausführlich zu den ökonomischen Implikationen der Gehilfenhaftung *Schäfer/Ott*, Lehrbuch der ökonomischen Analyse des Zivilrechts, 2020, S. 450 ff.

[553] Zum Vorteilsgedanken bei der Sicherstellungshaftung vgl. *Koziol*, AcP 219 (2019), 376 (395, 404, 406, 417). Der Vorteilsgedanke greift – anders als der Gefährdungsgedanke (siehe oben I. 2.) – auch außerhalb von Sonderverbindungen; zum Vorteilsgedanken bei § 278 BGB vgl. MüKoBGB/*Grundmann*, 9. Aufl. 2022, § 278 Rn. 3; Staudinger BGB/*Caspers*, 2019, § 278 Rn. 1; siehe auch Motive II, S. 30 (kritisch für die Konstellationen der Schutzpflichtverletzungen und der unentgeltlichen Verträge allerdings *E. Schmidt*, AcP 170 [1970], 502 [507]; ähnlich *Bydlinski*, System und Prinzipien des Privatrechts, 1996, S. 207 f.); dazu, dass damit die Unterscheidung zwischen § 278 BGB und § 831 BGB nicht begründet werden kann, siehe *Prölss*, Die Haftung für fremdes Verhalten ohne eigene Tatbestandsverwirklichung im Privatrecht, 1979, S. 32; BeckOGK BGB/*Schaub*, 1.6.2023, § 278 Rn. 3.

[554] Siehe dazu oben Kapitel 1, D. II. 2.

[555] Vgl. *Helm*, AcP 166 (1966), 389 (404) dazu, dass „die Beibehaltung des § 831 BGB alter Prägung für die Haftung des Geschäftsherrn bei nichtgewerblicher Betätigung der Gehilfen gerechter wäre"; *Diederichsen*, ZRP 1968, 60 (60), wonach eine Bereichshaftung „von

Spezialvorschriften der Sicherstellungshaftung *de lege lata* bereits angelegt: Bei der Produkthaftung beschränkt § 1 Abs. 2 Nr. 3 ProdHaftG die Ersatzpflicht grundsätzlich auf unternehmerische Tätigkeiten.[556] Auch § 480 HGB, § 3 Abs. 1 BinSchG, § 3 Abs. 1 HaftPflG sind an Unternehmer adressiert, wenn auch nicht explizit. Art. 1242 Code Civil,[557] die *Respondeat Superior*-Doktrin,[558] Art. 6:102 PETL[559] sowie Art. 3:201 DCFR[560] erfassen dagegen grundsätzlich auch Verbraucher.[561] Auch der Referentenentwurf aus dem Jahr 1967 verzichtete bewusst auf eine Differenzierung.[562] Gegen eine Gleichbehandlung spricht, dass es Unternehmern regelmäßig leichter fällt, entweder dafür zu sorgen, dass der Geschädigte vom materiell Verantwortlichen Ersatz erhält oder jedenfalls Regress zu nehmen, gegebenenfalls im Wege eines Gerichtsverfahrens. Unternehmer können sich gegen eine Haftpflicht oder den Ausfall von Forderungen gut versichern. In der Begründung des Referentenentwurfes aus dem Jahr 1967 wurde darauf hingewiesen, dass nicht nur eine Betriebs-, sondern auch eine Haushaltshaftpflichtversicherung die als Verrichtungsgehilfen in Betracht kommenden Personen regelmäßig prämienfrei mit einschließe.[563] Für Verbraucher besteht aber nicht in gleicher Weise Anlass,

---

ihrer dogmatischen Begründbarkeit her wie aus Gerechtigkeitserwägungen auf Wirtschaftsunternehmen beschränkt werden und für Haushalte, evtl. auch Familienbetriebe, bloße Gefälligkeitsverhältnisse u. ä. der Entlastungsbeweis für Hilfspersonen erhalten bleiben" müsse; in diese Richtung auch *Koziol*, AcP 219 (2019), 376 (395 f., 410, 417).

[556] Dem liegt grundsätzlich das „Umlageprinzip" zugrunde, vgl. *Wieckhorst*, JuS 1990, 86 (92); Staudinger BGB/*Oechsler*, 2021, § 1 ProdHaftG Rn. 86 (dort auch zu den Grenzen der Vorschrift mit Blick auf ihr Ziel).

[557] *Terré/Simler/Lequette/Chénedé*, Droit civil – Les obligations, 13. Aufl. 2022, S. 1172 ff.

[558] Vgl. zum englischen Recht *Oliphant*, in: Comparative stimulations for developing tort law, 2015, S. 172 (172), wo die „employer-employee"-Beziehung hervorgehoben wird; bloße „helpers" seien nicht erfasst; zum U.S.-amerikanischen Recht siehe Restat 3d of Agency, Introduction.

[559] PETL/*Moréteau*, 2005, Art. 6:102 Rn. 1.

[560] Vgl. *von Bar/Clive*, DCFR, Vol. 4, 2009, S. 3547, wo auch die Aufsicht von Kindern genannt wird.

[561] So auch die Verhaltenszurechnung in § 1315 ABGB-GegenE, vgl. dazu *Reischauer/Spielbüchler/Welser*, Reform des Schadensersatzrechts, Bd. III, 2008, S. 46 f., wo eine Einschränkung erwogen, aber aufgrund von Abgrenzungsschwierigkeiten letztlich verworfen wird.

[562] *BMJ*, Referentenentwurf eines Gesetzes zur Änderung und Ergänzung schadensersatzrechtlicher Vorschriften, Bd. II, 1967, S. 110 f. für den Haushaltsbereich.

[563] *BMJ*, Referentenentwurf eines Gesetzes zur Änderung und Ergänzung schadensersatzrechtlicher Vorschriften, Bd. II, 1967, S. 99; siehe auch Nr. A1-2 der Musterbedingungen des *GDV* für die Privathaftpflichtversicherung; gegen eine Differenzierung auch *von Caemmerer*, in: Ernst von Caemmerer, Gesammelte Schriften, Bd. III, 1983, S. 284 (296); MüKoBGB/*Wagner*, 8. Aufl. 2020, § 831 Rn. 5.

eine Haftpflichtversicherung abzuschließen wie für Unternehmer.[564] Insbesondere wenn die Gehilfen nur gelegentlich und nicht dauerhaft, wie beispielsweise Haushaltsangestellte, tätig werden, kann auch nicht erwartet werden, dass die Delegation einen Anreiz schafft, eine solche Versicherung abzuschließen. Man denke beispielsweise an einen Gehilfen, der bei einem Botengang für einen Freund einen Unfall verursacht.[565] Selbst bei unterstellten äquivalenten Versicherungsmöglichkeiten stünden Unternehmer und Verbraucher nicht gleich: Als weiterer Unterschied kommt hinzu, dass dem Verbraucher eine Abwälzung der Haftungskosten auf Kunden nicht möglich ist.[566] Außerdem gleichen die häufig nur ideellen Vorteile der Delegation die Haftungskosten weniger stark aus.[567] Die Abgrenzung zwischen Unternehmern und Verbrauchern ist ausreichend rechtssicher möglich. Die Begriffe können sich an den §§ 13 f. BGB und den hierzu entwickelten Grundsätzen orientieren: Es kommt also darauf an, ob der Geschäftsherr bei der Delegation seiner Zuständigkeiten in Ausübung seiner gewerblichen oder selbständigen beruflichen Tätigkeit handelt.[568]

Eine weitere Differenzierung ist dagegen abzulehnen. *Vollmer* macht, wie dargestellt, die Zumutbarkeit der Haftung für den Delegierenden zur Voraussetzung der Haftung. Hierfür soll es insbesondere darauf ankommen, ob der Delegierende die Schadenskosten auf andere abwälzen oder sich versichern konnte.[569] Ob es praktikabel ist, die Haftung von den konkreten Versicherungsangeboten und Abwälzungsmöglichkeiten abhängig zu machen, ist allerdings zweifelhaft. Dies würde die Gerichte dazu verpflichten, nachzuvollziehen, wie die Versicherungs- und Preislandschaft jeweils ausgestaltet war. Erwogen wird auch eine Differenzierung nach Unternehmensgröße,[570] die etwa durch eine Ausnahme für Kleinstunternehmen, kleine und mittlere Unternehmen (KMU)

---

[564] A.A. *von Bar*, Gutachten und Vorschläge zur Überarbeitung des Schuldrechts, Bd. II, 1981, S. 1681 (1777). Nach Angaben von *statista* verfügten im Jahr 2022 in der deutschsprachigen Bevölkerung (ab 14 Jahren) ca. 48 Millionen Personen in ihrem Haushalt über eine private Haftpflichtversicherung.

[565] Zu solchen Beispielen siehe *Bydlinski*, System und Prinzipien des Privatrechts, 1996, S. 212; *Koziol*, Grundfragen des Schadenersatzrechts, 2010, S. 221.

[566] Vgl. auch allgemein zur Bedeutung sog. „sekundärer Kosten", die daraus resultieren, dass Einbußen ungünstig verteilt sind, z.B. weil sie nur wenige Personen oder nur Personen mit geringem Einkommen und Vermögen treffen, *Calabresi*, The Costs of Accidents, 1970, S. 26 ff., 39 ff.; *Taupitz*, AcP 196 (1996), 114 (140 ff.); *Schäfer/Ott*, Lehrbuch der ökonomischen Analyse des Zivilrechts, 6. Aufl. 2020, S. 177 ff.

[567] Zur Bedeutung der Gewinnerzielungsmöglichkeit für die Sicherstellungshaftung siehe *Koziol*, AcP 219 (2019), 376 (395).

[568] Eines Bezuges zu einem Rechtsgeschäft, wie § 14 BGB ihn vorsieht, bedarf es allerdings nicht.

[569] *Vollmer*, JZ 1977, 371 (375); siehe auch schon oben A. III. 2. b) aa).

[570] Vgl. *Diederichsen*, ZRP 1968, 60 (60); *Esser*, Schuldrecht, Bd. II, 3. Aufl. 1969, S. 431; *Larenz/Canaris*, Lehrbuch des Schuldrechts, Bd. II/2, 13. Aufl. 1994, S. 484.

erfolgen könnte.[571] Zwar können auch kleinere Unternehmen Versicherungen abschließen und haben auch Anlass dazu. Und auch solche Unternehmen können die Kosten auf die Preise umlegen. Sie profitieren aber in geringerem Umfang von Skalierungseffekten. Mit der Erhöhung der Anzahl an Einheiten einer angebotenen Leistung sinken regelmäßig die Aufwendungen pro Einheit („Kostendegression in Großbetrieben").[572] Große Unternehmen können deshalb die Leistungen zu einem geringeren Grundpreis anbieten. Existieren mehrere (unterschiedlich schadensträchtige) Angebote, können sie ihre Kosten außerdem über die gesamte Palette hinweg verteilen.[573] Kleinere Unternehmen verfügen meist über eine geringere Stückzahl und eine weniger breite Palette an Angeboten. Sie müssen die Leistungen regelmäßig bereits zu einem höheren Grundpreis anbieten und eine haftungsbedingte Preiserhöhung wirkt sich meist stärker auf die einzelnen Produkte aus, was ihre Lage gegenüber größeren Unternehmen verschlechtert. Kleine Unternehmen sind oftmals auch jünger, weniger bekannt und deshalb mangels Renommees darauf angewiesen, die Preise niedrig zu halten. Dagegen können sich etablierte Unternehmen oft auch für ihre „Marke" bezahlen lassen und deshalb die Preise erhöhen, ohne zu viel an Konkurrenzfähigkeit einzubüßen. Trotz dieser Unterschiede ist eine Differenzierung nach Unternehmensgröße abzulehnen:[574] Der Unterschied zwischen den Unternehmern ist, anders als der Unterschied zwischen Unternehmern und Verbrauchern, nicht kategorial, sondern nur *graduell*. Und diese Nachteile der kleinen Unternehmen hinsichtlich ihrer Beziehung zum Durchsetzungsrisiko werden durch Vorteile bei der Größe des (Rest-)Durchsetzungs- und damit des Haftungsrisikos ausgeglichen. Wie bereits erläutert, sind in kleineren Unternehmen die Strukturen der Arbeitsteilung weniger komplex als in größeren Unternehmen. Erstere können deshalb Durchsetzungsschwierigkeiten leichter durch präventive Maßnahmen vermeiden: Um sicherzustellen, dass der Gehilfe identifizierbar, greifbar und haftungspotent ist, müssen weniger Sicherstellungsmaßnahmen getroffen werden. Zwar sinken mit der Vergrößerung des

---

[571] Zur Definition von KMU siehe die Empfehlung der Europäischen Kommission 2003/361/EG v. 6.5.2003 betreffend die Definition der Kleinstunternehmen sowie der kleinen und mittleren Unternehmen. Auf diese Definition nimmt u.a. auch Art. 3 Nr. 3 KI-VO-E Bezug.

[572] *Schäfer/Ott*, Lehrbuch der ökonomischen Analyse des Zivilrechts, 6. Aufl. 2020, S. 86.

[573] Siehe dazu, dass die Preissteigerung infolge der Produkthaftung eine Serie oder die *gesamte* Produktion betreffen kann, die Begründung des ursprünglichen Vorschlags einer ProdHaftRL (KOM [76] 372 endg.), abgedruckt in BT-Drs. 7/5812, S. 6.

[574] *Von Caemmerer*, in: Ernst von Caemmerer, Gesammelte Schriften, Bd. III, 1983, S. 284 (294 ff.); *von Bar*, Gutachten und Vorschläge zur Überarbeitung des Schuldrechts, Bd. II, 1981, S. 1681 (1776 f.); MüKoBGB/*Wagner*, 8. Aufl. 2020, § 831 Rn. 5, wo insbesondere auf Erfahrungen anderer Rechtsordnungen und auf Abgrenzungsschwierigkeiten hingewiesen wird.

Unternehmens und der Anzahl an Einheiten die Aufwendungen pro Einheit überproportional. In der Regel nehmen durch eine damit einhergehende Erhöhung der Komplexität aber gleichzeitig die unbeherrschbaren Durchsetzungsrisiken *überproportional* zu. Insofern besteht ein Unterschied zur Gefährdungshaftung: Das Schadensrisiko eines Kraftfahrzeughalters steigt mit der Anzahl der gehaltenen Fahrzeuge grundsätzlich linear an. Das Durchsetzungsrisiko eines Unternehmers erhöht sich aufgrund der (negativen) Skalierungseffekte dagegen überproportional, wenn er die Anzahl der Delegationsempfänger und insbesondere die Schnittstellen zwischen diesen steigert. Die Sicherstellungshaftung trägt den graduellen Unterschieden deshalb hinreichend Rechnung. Einer expliziten – mit Rechtsunsicherheiten verbundenen[575] – Unterscheidung bedarf es daher nicht.

2. Ausgestaltung einer Sicherstellungshaftung: Selbstschuldnerische Bürgschaft

Die Sicherstellungshaftung hat das Ziel, den Delegierenden zu einem „Sicherungsgeber" zu machen, der den Gläubiger gegen Durchsetzungsrisiken absichert. Modelle für eine Haftung mit Sicherungsfunktion finden sich im Kreditsicherungsrecht.[576] Im Folgenden werden daher die Kreditsicherungsmittel der Garantie (a), der Bürgschaft (b) und des Schuldbeitritts (c) auf ihre Geeignetheit für eine außervertragliche Sicherstellungshaftung untersucht. Es wird sich zeigen, dass eine Orientierung am Modell der *selbstschuldnerischen Bürgschaft* zu einer zweckmäßigen Verteilung der Durchsetzungsrisiken führt (d).

a) Garantiemodell

In den Motiven zum BGB-Entwurf ist mit Blick auf die *Erfüllungsgehilfen*haftung (§ 278 BGB) die Rede von der „Übernahme einer Garantie für das ordnungsgemäße Verhalten derjenigen, deren Mitwirkung bei der Leistung sich zu bedienen dem Schuldner ausdrücklich oder stillschweigend gestattet ist".[577] Die *Verhaltenszurechnung* bewirkt, dass beim Fremdhandeln eine dem

---

[575] Vgl. *von Caemmerer*, in: Ernst von Caemmerer, Gesammelte Schriften, Bd. III, 1983, S. 284 (294 ff.); *von Bar*, Gutachten und Vorschläge zur Überarbeitung des Schuldrechts, Bd. II, 1981, S. 1681 (1777); MüKoBGB/*Wagner*, 8. Aufl. 2020, § 831 Rn. 5.

[576] Vergleiche zum Kreditsicherungsrecht zieht auch *Koziol*, AcP 219 (2019), 368 (418 f.).

[577] Motive II, S. 30; zur Einordnung als „Garantiehaftung" siehe auch *von Caemmerer*, in: Ernst von Caemmerer, Gesammelte Schriften, Bd. III, 1983, S. 284 (298); Jauernig BGB/*Stadler*, 18. Aufl. 2021, § 278 BGB Rn. 2; MüKoBGB/*Grundmann*, 9. Aufl. 2022, § 278 Rn. 3 f., wo explizit auch auf die Regressmöglichkeiten hingewiesen wird; *Firat*, Die deliktische Gehilfenhaftung gemäß § 831 BGB, 2021, S. 186.

Eigenhandeln äquivalente Schadensvermeidung und Schadensersetzung gegeben ist.[578] Sie setzt, anders als eine Haftungsausdehnung, nicht voraus, dass der Gehilfe dem Gläubiger gegenüber selbst schadensersatzpflichtig ist.[579] Blickt man in das Kreditsicherungsrecht, entspricht dieses Modell in der Tat am ehesten der Garantie, bei der ein Garant die von der Schuld des Hauptschuldners grundsätzlich unabhängige, nicht akzessorische, Verpflichtung übernimmt, den Gläubiger in einem bestimmten Fall schadlos zu halten.[580] Außerhalb von Sonderverbindungen geht eine Garantiehaftung allerdings zu weit: Hintergrund des § 278 BGB ist auch der Gedanke, dass der Gläubiger darauf vertrauen darf, dass die Schuld von jemandem erfüllt wird, der mindestens die Fähigkeiten und Kenntnisse seines Schuldners mitbringt.[581] Außerhalb von Sonderverbindungen darf der Rechtsverkehr sich hierauf nicht verlassen.[582] Die hier erörterte Sicherstellungshaftung soll lediglich verhindern, dass der Geschädigte durch die Arbeitsteilung Gefahr läuft, seine Ansprüche nicht realisieren zu können, weil anstelle des identifizierbaren, haftungspotenten und greifbaren Geschäftsherrn ein Gehilfe die Zuständigkeiten wahrnimmt. Zweckmäßig ist deshalb nur eine *akzessorische* Haftung, eine *Haftungsausdehnung* anstelle einer Verhaltenszurechnung.

De lege lata findet ein Garantiemodell außerhalb von Sonderverbindungen deshalb berechtigterweise kaum Anwendung. Ein Beispiel ist die Haftung des Jagdausübungsberechtigten nach § 33 Abs. 2 Hs. 2 BJagdG. Jagdaufseher und Jagdgäste haften nämlich selbst nicht für den aus missbräuchlicher Jagdausübung entstandenen Schaden (§ 33 Abs. 2 Hs. 1 BJagdG), sondern in der Regel

---

[578] Siehe auch MüKoBGB/*Grundmann*, 9. Aufl. 2022, § 278 Rn. 3, wo darauf hingewiesen wird, dass der Gehilfe weniger solvent als der Schuldner sein kann.

[579] § 278 BGB greift grundsätzlich dann, wenn das Handeln des Gehilfen als Handeln des Geschäftsherrn gedacht, pflichtwidrig wäre, vgl. nur BGH, Urt. v. 15.12.1959– VI ZR 222/58, BGHZ 31, 358, juris Rn. 20; MüKoBGB/*Grundmann*, 9. Aufl. 2022, § 278 Rn. 50; Jauernig BGB/*Stadler*, 18. Aufl. 2021, § 278 BGB Rn. 13; a.A. *Looschelders*, Schuldrecht, Allgemeiner Teil, 20. Aufl. 2022, S. 205 f. Ob der Gehilfe schuldfähig sein muss, ist stärker umstritten; dafür Jauernig BGB/*Stadler*, a.a.O., § 278 BGB Rn. 13; dagegen MüKoBGB/*Grundmann*, a.a.O., § 278 Rn. 50.

[580] Vgl. BGH, Urt. v. 8.3.1967 – VIII ZR 285/64, NJW 1967, 1020, juris Rn. 12; MüKoHGB/*Samhat*, 4. Aufl. 2019, Bankvertragsrecht, Teil 1, J. Rn. 4.

[581] Siehe nur *Larenz*, JuS 1965, 373 (378); BeckOGK BGB/*Schaub*, 1.6.2023, § 278 Rn. 4; MüKoBGB/*Grundmann*, 9. Aufl. 2022, § 278 Rn. 3 f., auch zur unterschiedlichen Tragkraft dieses Gedankens in verschiedenen Situationen und zu ökonomischen Aspekten.

[582] Vgl. Staudinger BGB/*Bernau*, 2022, § 831 Rn. 5; siehe aber § 1315 Abs. 1 ABGB-GegenE, der eine Verhaltenszurechnung vorsieht („Er hat für jene Sorgfalt einzustehen, die er selbst aufzuwenden hätte.").

(nur) nach §§ 823 ff. BGB.[583] Allerdings besteht zwischen dem Jagdausübungsberechtigten und dem geschädigten Grundstückseigentümer oder Nutzungsberechtigten zwar nicht unbedingt eine Sonderverbindung, aber jedenfalls eine „individualisierte[...] Rechtsbeziehung".[584] Ähnliches gilt für die Haftung des Gastwirts nach § 701 BGB: Diese verlangt grundsätzlich gar kein Fehlverhalten[585] und wird häufig explizit als „Garantiehaftung"[586] eingeordnet. Auch hier liegt zwar nicht notwendigerweise eine Sonderverbindung, jedoch zumindest ein besonderes Vertrauensverhältnis vor,[587] das über den durch die Delegation begründeten „qualifizierten sozialen Kontakt"[588] hinausgeht. Diese beiden Sonderfälle nähern sich also bereits der Situation innerhalb von Sonderverbindungen an.[589]

---

[583] Vgl. Staudinger BGB/*Bernau*, 2022, § 835 Rn. 31 zum Regress des Jagdausübungsberechtigten nach §§ 426, 431, 823 BGB sowie Rn. 34 ff. zur Haftung für Jagdschäden nach §§ 823 ff. BGB.

[584] Vgl. Staudinger BGB/*Bernau*, 2022, § 835 Rn. 27, der diesen Aspekt aber nicht für ausreichend hält, um die Haftung für Jagdgäste zu rechtfertigen.

[585] Siehe aber die Einschränkungen in § 701 Abs. 2 S. 2, Abs. 3 BGB.

[586] *Esser*, Schuldrecht, 2. Aufl. 1960, S. 638; *Larenz*, JuS 1965, 373 (378); *Koch*, VersR 1966, 705 (709); *Fikentscher*, Schuldrecht, 6. Aufl. 1976, S. 520; *Hohloch*, JuS 1984, 357 (359); zur Einordnung von § 701 BGB siehe auch schon oben Fn. 398.

[587] Vgl. *Koch*, VersR 1966, 705 (709); *Hohloch*, JuS 1984, 357 (359); jeweils wird auf eine Verwandtschaft mit der „culpa in contrahendo" hingewiesen; einschränkend *Larenz*, JuS 1965, 373 (378), wonach die Haftung weniger auf dem Vertrauensgedanken als auf einer Risikozurechnung beruhe.

[588] Vgl. dazu oben A. III. 2. a).

[589] *Koziol*, AcP 219 (2019), 376 (418) erwägt für Gastwirte und Wohnungsinhaber eine Sicherstellungshaftung nach dem Vorbild einer Garantie. Er möchte den formell Haftenden allerdings gestatten, sich zu befreien, wenn sie „einwandfrei liquide beweisen [können], dass materiell niemand für den Schaden haftbar gemacht werden kann" (S. 414). Dies entspricht der „Garantie auf erstes Anfordern", bei der eine gewisse Verknüpfung der Sicherheit zu der Forderung besteht: Der Gläubiger muss den Garantiefall nur behaupten, um gegen den Garanten vorgehen zu können. Der Garant kann allerdings Einwendungen geltend machen, wenn die fehlende Berechtigung des Gläubigers „offensichtlich oder liquide beweisbar" ist (vgl. BGH, Urt. v. 20.9.2011 – XI ZR 17/11, NJW-RR 2012, 178, juris Rn. 16; siehe auch BGH, Urt. v. 12.3.1984 – II ZR 198/82, BGHZ 90, 287, juris Rn. 19). Zulässig sind nur Beweismittel, die sofort, ohne förmliche Beweisaufnahme verwertbar sind (OLG Frankfurt, Urt. v. 27.4.1987 – 4 W 17/87, NJW-RR 1987, 1264 [1264 f., unter I.]). Außerdem sollen Rechtsfragen, bei denen auf die Einzelfallumstände abgestellt werden muss, außer Betracht bleiben (MüKoHGB/*Samhat*, 4. Aufl. 2019, Bankvertragsrecht, Teil 1, J. Rn. 140). Bei der Feststellung der Pflichtverletzung geht es indes meist um eine Interessenabwägung im Einzelfall; aufwändige Sachverständigengutachten sind außerdem oft unerlässlich. Der Delegierende könnte sich in den wenigsten Fällen entlasten, sondern müsste zahlen und den Betrag anschließend in einem weiteren Prozess zurückfordern. Dies erscheint wenig prozessökonomisch und ist auch im Übrigen nicht zweckmäßig: Die „Garantie auf erstes Anfordern" dient dazu, dem Sicherungsgeber möglichst schnell Liquidität zu verschaffen (MüKoBGB/*Habersack*, 8. Aufl. 2020, § 765 Rn. 106, siehe auch *Koziol*, a.a.O., S. 414).

b) Bürgschaftsmodell

Besser geeignet erscheint daher eine Haftung nach dem Modell der Bürgschaft als *akzessorisches* Sicherungsmittel (vgl. §§ 767 f. BGB).[590] Außerhalb des Haftungsrechts ist eine gesetzliche Bürgschaft beispielsweise in §§ 566 Abs. 2 S. 1, 1251 Abs. 2 S. 2 BGB, § 36 Abs. 2 S. 2 VerlG vorgesehen.[591] Ähnlich wie etwa der Mieter davor geschützt wird, dass der Vermieter sein Eigentum an der Mietsache an einen zahlungsunfähigen Erwerber überträgt,[592] könnte der Rechtsverkehr durch eine Bürgenhaftung des Geschäftsherrn für die Haftpflicht seiner Gehilfen davor geschützt werden, dass der Geschäftsherr seine Gefahrsteuerungszuständigkeiten an einen nicht haftungspotenten Gehilfen delegiert. Vor sonstigen Nachteilen, die mit der Veräußerung der Mietsache einhergehen, z.B. ein anderer Verkehrskreis des Erwerbers, der zu einem geringeren Sorgfaltsmaßstab führt, wird der Mieter nicht bewahrt.[593] Dasselbe würde im Fall der Delegation von Gefahrsteuerungszuständigkeiten gelten, was mangels schutzwürdigen Vertrauens des Geschädigten auch interessengerecht wäre. Gesetzliche Bürgschaften sind *de lege lata* außerdem hinsichtlich der Pflicht zur Zahlung von Sozialversicherungsbeiträgen vorgesehen (§ 28e Abs. 2, Abs. 2a, Abs. 3a, Abs. 3g SGB IV).[594] Ein Generalunternehmer haftet darüber hinaus grundsätzlich auch für die Verpflichtungen seiner Subunternehmer zur Zahlung des nach dem AEntG geschuldeten Mindestentgelts sowie des Mindestlohns nach dem MiLoG wie ein Bürge (§ 14 AEntG, § 13 MiLoG).[595] Bei der Einschaltung von Subunternehmen werden in der Regel auch

---

Für einen von einem Delegationsempfänger Geschädigten besteht indes kein gesteigertes Liquiditätsbedürfnis. Auch die „Garantie auf erstes Anfordern" stellt damit kein geeignetes Modell für eine Sicherstellungshaftung des Delegierenden dar.

[590] In diese Richtung *Koziol*, AcP 219 (2019) 376 (418), wonach eine Haftung, die der Bürgschaft entspricht, bei der „Übertragung der Verkehrssicherungspflichten" und „bei einer ausgeweiteten Haftung für den Besorgungsgehilfen sachgerecht" wäre.

[591] Vgl. Staudinger BGB/*Stürner*, 2020, Vor §§ 765 ff. Rn. 126: „bürgschaftsähnliche Haftung kraft Gesetz"; *Schricker*, Verlagsrecht, 3. Aufl. 2001, § 36 VerlG Rn. 20: „gesetzliche Selbstbürgschaft eigener Art".

[592] *Koban*, Die gesetzliche Bürgschaft der §§ 571 und 1251 des Bürgerlichen Gesetzbuches für das Deutsche Reich, 1905, S. 13.

[593] Schmidt-Futterer MietR/*Streyl*, 15. Aufl. 2021, § 566 BGB Rn. 146.

[594] Zur entsprechenden Anwendung bei der Unfallversicherung siehe § 150 Abs. 3 SGB VII; zur entsprechenden Anwendung in der Fleischwirtschaft siehe § 3 GSA Fleisch; siehe auch § 98a Abs. 3, Abs. 4 AufenthG zur Bürgenhaftung bestimmter Unternehmer für die Verpflichtungen eines anderen Unternehmers, einem Ausländer, den er illegal beschäftigt, die vereinbarte Vergütung zu zahlen (§ 98 Abs. 1 AufenthG).

[595] Zur Verfassungsmäßigkeit von § 14 AEntG siehe BVerfG, Nichtannahmebeschl. v. 20.3.2007 – 1 BvR 1047/05, NZA 2007, 609; zur Vereinbarkeit mit Unionsrecht EuGH, Urt. v. 12.10.2004 – C-60/03, Slg 2004, I-9553-9571 – „Wolff & Müller" und dem folgend BAG, Urt. v. 12.1.2005 – 5 AZR 617/01, BAGE 113, 149, juris Rn. 72 ff.

Gefahrsteuerungszuständigkeiten delegiert. Eine parallele Regelung für das Haftungsrecht erscheint deshalb nicht fernliegend.

Eine Bürgschaft begründet eine akzessorische und außerdem grundsätzlich *subsidiäre* Haftung (vgl. § 771 BGB). Bei einer Sicherstellungshaftung des Delegierenden ist diese Subsidiarität indes nicht zweckmäßig. Nach Abwägung der Vor- und Nachteile spricht mehr dafür, es dem Delegierenden nicht zu erlauben, den Geschädigten an den Delegationsempfänger zu verweisen:

Auch insoweit lohnt sich zunächst ein Blick auf gesetzliche Bürgschaften: §§ 566 Abs. 2 S. 1, 1251 Abs. 2 S. 2 BGB, § 36 Abs. 2 S. 2 VerlG sehen jeweils vor, dass der Betroffene wie ein Bürge, der auf die Einrede der Vorausklage verzichtet hat und damit nicht subsidiär haftet (vgl. § 773 Abs. 1 Nr. 1 BGB).[596] Die genannten arbeits- und sozialrechtlichen Bürgschaften sind ebenfalls selbstschuldnerische.[597] Die Regelungen sind an § 349 HGB angelehnt.[598] Hintergrund des dort geregelten Ausschlusses der Einrede der Vorausklage ist insbesondere die geringere Schutzbedürftigkeit des kaufmännischen Bürgen.[599] Unternehmer, die Gefahrsteuerungszuständigkeiten delegieren, sind ebenfalls wenig schutzbedürftig:[600] Die Frage nach der Subsidiarität wird nur dann relevant, wenn der Delegationsempfänger identifizierbar, greifbar und haftungspotent ist. In diesem Fall könnte der Geschädigte bei einer subsidiären Haftung des Geschäftsherrn nur gegen den Gehilfen, nicht aber gegen den Geschäftsherrn vorgehen. In diesem Fall ist es aber auch dem Delegierenden ohne

---

[596] Vgl. Schmidt-Futterer MietR/*Streyl*, 15. Aufl. 2021, § 566 BGB Rn. 146.

[597] Allerdings wird dem Bürgen ein Leistungsverweigerungsrecht gewährt, solange die Einzugsstelle den Arbeitgeber nicht gemahnt hat und die Mahnfrist nicht abgelaufen ist (§ 28e Abs. 2 S. 2, Abs. 2a S. 2, Abs. 3a S. 3 SGB IV), was zu einer gewissen Subsidiarität führt, vgl. Entwurfsbegründung zum SchwarzArbG, BT-Drs. 14/8221, S. 15.

[598] Vgl. Entwurfsbegründung zum Gesetz zu Korrekturen in der Sozialversicherung und zur Sicherung der Arbeitnehmerrechte, BT-Drs. 14/45, S. 26.

[599] MüKoHGB/*Maultzsch*, 5. Aufl. 2021, § 349 Rn. 1. § 349 HGB soll außerdem „der Schnelligkeit und Professionalität des kaufmännischen Geschäftsverkehrs Rechnung [tragen], die von einem kaufmännischen Bürgen zügige Zahlung verlangen" (BeckOK HGB/*Lehmann-Richter*, 39. Ed., 15.1.2023, § 349 Rn. 1). Diese Interessenlage ist im Verhältnis zwischen Schadensersatzverpflichtetem und Schadensersatzberechtigtem nicht generell gegeben (siehe bereits Fn. 589). Allerdings erscheint sie auch nicht als notwendige Voraussetzung, da § 349 HGB auch auf einseitige Handelsgeschäfte Anwendung findet, bei denen auf Gläubigerseite kein Kaufmann steht (vgl. § 345 HGB und Oetker HGB/*Pamp*, 7. Aufl. 2021, § 345 Rn. 3).

[600] Ob § 349 HGB analog auf Freiberufler anzuwenden ist, ist umstritten. Dagegen wird im Wesentlichen angeführt, diesen könne keine vergleichbare Geschäftsgewandtheit unterstellt werden, vgl. MüKoHGB/*Maultzsch*, 5. Aufl. 2021, § 349 Rn. 13 ff.; a.A. MüKoHGB/*K. Schmidt*, 4. Aufl. 2018, § 349 Rn. 4. Jedenfalls bezogen auf die Sicherstellungshaftung erscheint eine Unterscheidung zwischen Kaufleuten und Freiberuflern nicht gerechtfertigt. Es geht hier nicht um die Geschäftsgewandtheit – die Sicherstellungshaftung entsteht kraft Gesetzes –, sondern um die Zumutbarkeit einer nicht subsidiären Haftung, die bei beiden gleichermaßen gegeben ist.

Weiteres zumutbar, Regress beim Gehilfen zu nehmen.[601] Er verfügt in der Regel über die Kenntnisse und finanziellen Ressourcen, die erforderlich sind, um einen Haftungsprozess effizient zu führen und kann außerdem das meist vertragliche Verhältnis zum Delegationsempfänger im Vorfeld durch Vereinbarungen so ausgestalten, dass ein Regress einfach und schnell realisiert werden kann.[602] Der Geschädigte hat diese Möglichkeiten nicht. Für ihn kann es auch schwierig sein, zu ermitteln, ob die Voraussetzungen der §§ 771, 773 BGB vorliegen, so dass er Gefahr läuft, den Falschen zu verklagen. Dieser letztgenannten Schwierigkeit könnte zwar grundsätzlich dadurch begegnet werden, dass die Anforderungen zugunsten des Geschädigten gesenkt werden. Die Subsidiaritätsklauseln in §§ 829, 839 Abs. 1 S. 2 BGB, § 29 Abs. 1 S. 4 BJagdG stellen beispielsweise geringere Voraussetzungen auf. Auch mit den dort verwendeten Formulierungen sind jedoch, wie bereits dargestellt, Ungewissheiten verbunden. Für den Geschädigten kann es auch bei einer solchen Ausgestaltung schwierig sein, einzuschätzen, gegen wen er erfolgreich vorgehen kann; mitunter muss er mehrere Prozesse führen.[603] Eine nicht subsidiäre Haftung vermeidet diese Schwierigkeiten.

Die Nachteile einer nicht subsidiären Haftung sind im Vergleich zu diesen Vorteilen gering. Gegen eine solche Haftung könnte zunächst angeführt werden, dass der Geschädigte hierdurch ein Wahlrecht erhält.[604] Wenn der Gehilfe identifizierbar, greifbar und haftungspotent ist, kann er sowohl gegen den Gehilfen als auch gegen den Geschäftsherrn vorgehen. Die Sicherstellungshaftung greift also auch dann, wenn sich das besondere Durchsetzungsrisiko, deretwegen sie angeordnet wurde, im Einzelfall nicht realisiert hat. Indes führt dieses Wahlrecht zu keiner wesentlichen Besserstellung des Geschädigten. Denn dieser erhält weiterhin nur einmal Ersatz und muss weiterhin zumindest gegen eine Person vorgehen. Gegen eine im Außenverhältnis gleichrangige Haftung könnte außerdem eingewandt werden, dass eine gleichrangige Schadensersatzpflicht Mehrerer für ein und dasselbe Schadensrisiko zu aufwändigen Regressprozessen und kostspieligen Mehrfachversicherungen dieses Risikos führen kann. Dies ist nicht im Sinne der Prozessökonomie und kann außerdem eine Verteuerung von Produkten und sonstigen Leistungen zur Folge haben.[605] Bei der *intraorganisationalen* Arbeitsteilung sind solche Effekte

---

[601] Zur Rückgriffsmöglichkeit des formell Haftenden siehe *Koziol*, AcP 219 (2019), 376 (412).

[602] Vgl. zu § 278 BGB MüKoBGB/*Grundmann*, 9. Aufl. 2022, § 278 Rn. 4.

[603] Siehe oben A. III. 2. b) bb) sowie c).

[604] Für eine einschränkende Auslegung von § 14 AEntG aus diesem Grund siehe BeckOK ArbR/*Gussen*, 68. Ed., 1.6.2023, § 14 AEntG Rn. 4.

[605] Vgl. zum Produkthaftungsrecht die Begründung des ursprünglichen Vorschlags einer ProdHaftRL (KOM [76] 372 endg.), abgedruckt in BT-Drs. 7/5812, S. 7; EuGH, Urt. v. 10.1.2006 – C-402/03, Slg 2006, I-199-243, juris Rn. 28 – „Skov/Bilka"; siehe auch *Weitnauer*, DB 1961, 666 (666 f.) zum Beispiel des Atomrechts; *Ebert*, in: Künstliche Intelligenz

allerdings kaum zu befürchten: Arbeitnehmer haben meist einen aus dem Arbeitsverhältnis folgenden Anspruch gegen den Arbeitgeber auf Freistellung von ihren Schadensersatzpflichten bzw. im Fall der Befriedigung des Geschädigten auf Erstattung der Zahlungen.[606] Der Schritt zu einer Haftung des Arbeitgebers im Außenverhältnis ist nicht groß.[607] Er erspart voraussichtlich mehr Regressprozesse des Arbeitnehmers gegen den Arbeitgeber als er zusätzliche Regressprozesse des Arbeitgebers gegen den Arbeitnehmer erzeugt. Für den Unternehmer kann es außerdem, wie bereits ausgeführt, auch ohne eine Außenhaftung wirtschaftlich vorteilhaft sein, den unselbständigen Gehilfen das Haftungsrisiko, etwa durch eine Versicherung, abzunehmen,[608] so dass eine Verteuerung kaum zu befürchten ist. Bei *interorganisationalen* Delegationsbeziehung ist die Sachlage etwas anders: Eine Kanalisierung der Haftung[609] auf den Delegationsempfänger könnte hier eher Regressprozesse und Mehrfachversicherungen vermeiden. Denn der selbständige Gehilfe haftet gegenüber seinem Auftraggeber in der Regel nicht nur beschränkt und durch die Haftung erhalten alle Beteiligten einen Anreiz, sich zu versichern. Auch insofern besteht allerdings die Möglichkeit, die Verteilung der Haftungsrisiken vertraglich vorab so zu regeln, dass eine effiziente Lösung gefunden wird. Wie noch gezeigt wird, ist die Sicherstellungshaftung im Fall der interorganisationalen Arbeitsteilung außerdem einzuschränken.[610] Dadurch werden die Haftungsrisiken in diesen Konstellationen gesenkt und die Kosten für die Unternehmer (und die Konsumenten) ausreichend verringert.

c) Schuldbeitrittsmodell

Ein weiteres Instrument der Kreditsicherung ist der Schuldbeitritt, der zu einer Gesamtschuld gem. §§ 421 ff. BGB führt.[611] Ein gesetzlicher Schuldbeitritt ist außerhalb des Haftungsrechts beispielsweise in §§ 546 Abs. 2, 1088 Abs. 1

---

und Robotik, 2020, S. 529 (537) zur Zunahme von Transaktionskosten durch Regressprozesse der Kfz-Versicherer gegen die Hersteller.

[606] Siehe nur MüKoBGB/*Spinner*, 9. Aufl. 2023, § 611a Rn. 822 ff.

[607] Vgl. *Vollmer*, JZ 1977, 371 (375 Fn. 43), unter Hinweis aber auch auf BGH, Urt. v. 24.2.1972 – III ZR 137/70, NJW 1972, 1321, juris Rn. 21, wo darauf hingewiesen wird, dass die Grundsätze der Arbeitnehmerhaftung nicht zu einer unmittelbaren Inanspruchnahme des Arbeitgebers mittels einer Durchgriffshaftung führen könnten, da dies „zu einer Haftung für Erfüllungsgehilfen im Deliktsrecht führen [würde], die das Gesetz nicht kennt"; nach *Heinze*, NZA 1986, 545 (549 f.) soll de lege ferenda der Arbeit*nehmer* entsprechend § 771 BGB nur subsidiär haften.

[608] Vgl. *Schäfer/Ott*, Lehrbuch der ökonomischen Analyse des Zivilrechts, 6. Aufl. 2020, S. 452 sowie oben A. II. 1. c) aa) (2).

[609] Zum Begriff der Haftungskanalisierung siehe oben Fn. 100.

[610] Siehe dazu sogleich d) cc).

[611] Vgl. nur MüKoBGB/*Heinmeyer*, 9. Aufl. 2022, § 421 Rn. 39; zur Gesamtschuld zwischen Delegierendem und Delegationsempfänger *de lege lata* siehe oben Fn. 431.

BGB, § 115 VVG, § 21 Abs. 2 HAG, § 28e Abs. 3 SGB IV vorgesehen. Der Schuldbeitritt führt zu einer *weitgehend akzessorischen*, aber *nicht subsidiären* Einstandspflicht (vgl. § 421 BGB). Damit ist er im Ausgangspunkt ein geeignetes Modell, das auch schon Anwendung im Recht der außervertraglichen Haftung gefunden hat, namentlich bei der adjektizischen Haftung nach § 480 HGB, § 3 Abs. 1 BinSchG, § 3 HaftPflG.[612] § 480 HGB knüpft die Haftung des Reeders daran, dass sich ein Mitglied der Schiffsbesatzung oder ein Lotse gegenüber einem Dritten „schadensersatzpflichtig" gemacht hat. § 3 Abs. 1 BinSchG, § 3 HaftPflG sind etwas anders formuliert: Hier wird für ein „Verschulden" des Gehilfen gehaftet, was suggeriert, dass – wie bei § 278 BGB – eine Verhaltenszurechnung erfolgen soll. § 3 Abs. 1 BinSchG ist allerdings eine Parallelvorschrift zu § 480 HGB und soll ebenfalls eine adjektizische Haftung regeln,[613] so dass hier die gleichen Maßstäbe Anwendung finden müssen.[614] Nach wohl h.M. soll bei § 3 HaftPflG – anders als bei einer akzessorischen Haftung – für das Verschulden der Maßstab des Betriebsinhabers anwendbar sein,[615] was auf eine Verhaltenszurechnung hindeutet. Dafür könnte sprechen, dass das Verhalten der von § 3 HaftPflG umfassten Gehilfen – Bevollmächtigte, Repräsentanten und leitende oder beaufsichtigende Personen – häufig „sozial mit dem des Unternehmers identifiziert" wird.[616] Indes rechtfertigt auch dieser Umstand kein Vertrauen auf den Sorgfaltsstandard des Delegierenden.[617] Die soziale Identifikation des Gehilfen mit dem Delegierenden

---

[612] Dazu, dass hier eine Gesamtschuld besteht, siehe MüKoHGB/*Herber*, 5. Aufl. 2023, § 480 Rn. 15 zu § 480 HGB; BGH, Urt. v. 3.12.1964 – II ZR 117/63, VersR 1965, 230, juris Rn. 14 zu § 3 BinSchG; BeckOGK HPflG/*Ballhausen*, 1.6.2023, § 3 Rn. 21 zu § 3 HaftPflG; siehe auch *Wacke*, Zeitschrift der Savigny-Stiftung für Rechtsgeschichte: Romanistische Abteilung 111 (1994), 280 (282), wonach bei der adjektizischen Haftung eine „(kumulative) Schuldmitübernahme (ein Schuldbeitritt)" erfolge; siehe aber sogleich vor und mit Fn. 626.

[613] BGH, Urt. v. 3.12.1964 – II ZR 117/63, VersR 1965, 230, juris Rn. 14; *Koller*, Transportrecht, 11. Aufl. 2023, § 3 BinSchG Rn. 1 Fn. 8.

[614] BGH, Urt. v. 3.12.1964 – II ZR 117/63, VersR 1965, 230, juris Rn. 14, wonach § 3 BinSchG voraussetze, dass „gegen das Besatzungsmitglied wegen seines Verschuldens ein Anspruch besteht". Auch § 485 HGB a.F. war entsprechend formuliert. Die Anpassung erfolgte, um auch eine verschuldensunabhängige Haftung des Dritten abzusichern, vgl. Entwurfsbegründung zum Gesetz zur Reform des Seehandelsrechts, BT-Drs. 17/1039, S. 65. Eine Änderung des Haftungsmodells war damit nicht verbunden.

[615] Filthaut/Piontek/Kayser HPflG/*Kayser*, 10. Aufl. 2019, § 3 Rn. 30; BeckOGK HPflG/*Ballhausen*, 1.6.2023, § 3 Rn. 17.

[616] Vgl. *Martinek*, Repräsentantenhaftung, 1979, S. 228 zu § 2 RHaftPflG.

[617] Vgl. zu § 2 RHaftPflG *Eger*, Das Reichs-Haftpflicht-Gesetz, 7. Aufl. 1912, S. 282 ff., wo betont wird, dass es dort um ein Verschulden der genannten Gehilfen, nicht des Betriebsunternehmers gehe; siehe auch allgemein *Zech*, Gutachten für den 73. DJT, 2020, A 78 f.: „Zum Prinzip der Assistenzhaftung gehört, dass grundsätzlich auf die Sorgfaltspflichten der Hilfsperson abgestellt wird (anders nur bei § 278 BGB wegen der besonderen vertraglichen Pflichten des Geschäftsherrn aus dem Schuldverhältnis, derer er sich nicht durch Delegation

führt lediglich dazu, dass der Geschädigte noch häufiger nur den Geschäftsherrn, nicht aber den Gehilfen ermitteln kann. Dies kann die Durchsetzungsschwierigkeiten erhöhen und dient damit als zusätzliches Argument für eine
Sicherstellungshaftung.[618]

Auf selbständige Unternehmer als Hilfspersonen sind die genannten Vorschriften nicht anwendbar.[619] Eine Art Beitritt zur Haftung Externer sieht aber
die Produkthaftung in §§ 4 Abs. 1 S. 1, 5 S. 1 ProdHaftG vor: Der Endprodukthersteller haftet dem Geschädigten gegenüber auch dann, wenn der Fehler
auf einem Teilprodukt beruht. Er sichert den Geschädigten ab und muss dann
nach den Regeln der Gesamtschuld Rückgriff beim Zulieferer nehmen (§ 5 S. 2
ProdHaftG, § 426 Abs. 1 S. 2, Abs. 2 BGB).[620] Entsprechendes gilt für den
Quasi-Hersteller (§ 4 Abs. 1 S. 2 ProdHaftG) und meist auch für den Importeur
(§ 4 Abs. 2 ProdHaftG).[621]

Indes überzeugt auch das Schuldbeitrittsmodell nicht vollkommen: Die
Schuld des Beitretenden ist zwar begründungs-, aber grundsätzlich nicht ent-
wicklungsakzessorisch (vgl. § 425 BGB).[622] Auch dadurch unterscheidet der
Schuldbeitritt sich von der Bürgschaft. Der Beitretende kann sich z.B. anders
als der Bürge nicht auf die Verjährung der Hauptschuld berufen, haftet umgekehrt aber auch nicht für den Verzug des Hauptschuldners (vgl. § 425 Abs. 2
BGB). Ein Erlass wirkt im Zweifel nicht für alle (§ 423 BGB).[623] Diese

---

entledigen kann)"; zuvor wird auch § 3 HaftPflG als Beispiel einer Assistenzhaftung erwähnt
(A 78).

[618] Wird ein seinem Verkehrskreis nach ungeeigneter Delegationsempfänger eingesetzt,
kommt außerdem eine Haftung des Delegierenden wegen der Verletzung einer Gefahrsteuerungspflicht bei der Auswahl in Betracht, vgl. zu § 2 RHaftPflG auch RG, Urt. v. 8.4.1881
– III 404/81, RGZ 4, 23 (25): „Kann die Unterlassung dem untergeordneten Beamten für
seine Person deshalb nicht zur Verschuldung angerechnet werden, weil derselbe einer besseren Einsicht nicht fähig war, so trifft die Schuld den Unternehmer selbst, bzw. denjenigen
höheren Repräsentanten des Unternehmers, welcher diesen Beamten angestellt hat, ohne sich
über dessen Befähigung zu vergewissern oder ihn mit ausreichenden Instruktionen zu versehen".

[619] Vgl. Entwurfsbegründung zum Gesetz zur Reform des Seehandelsrechts, BT-Drs.
17/1039, S. 64 f. sowie MüKoHGB/*Herber*, 5. Aufl. 2023, § 480 Rn. 8 f. zu § 480 HGB;
Filthaut/Piontek/Kayser HPflG/*Kayser*, 10. Aufl. 2019, § 3 Rn. 21 zu § 3 HaftPflG.

[620] Regelmäßig wird dieser durch sog. Qualitätssicherungsvereinbarungen erleichtert,
vgl. Staudinger BGB/*Oechsler*, 2021, § 5 ProdHaftG Rn. 21 ff. Fehlt es an Vereinbarungen,
haftet der Teilprodukthersteller im Innenverhältnis in der Regel voll, wenn der Fehler des
Endprodukts allein auf dem Fehler eines Teilprodukts beruht (Rn. 26).

[621] Vgl. BeckOGK ProdHaftG/*Schäfer*, 1.4.2023, § 5 Rn. 8. Der Quasi-Hersteller kann in
der Regel vollen Regress nehmen (Rn. 28). Beim Importeur kann dies anders sein, wenn er
das Produkt in einen Staat einführt, in dem andere Sicherheitserwartungen gelten als im Staat
des tatsächlichen Herstellers (Rn. 29).

[622] Vgl. MüKoBGB/*Heinemeyer*, 9. Aufl. 2022, Vor § 414 Rn. 21.

[623] BGH, Urt. v. 21.3.2000 – IX ZR 39/99, NJW 2000, 1942, juris Rn. 20 zum Prozess-
vergleich.

Regelungen gehen von einer „Gleichstufigkeit" der Verpflichtungen aus.[624] Inwieweit sie sachgerecht sind, wenn die Verpflichtung des einen nur der Sicherung der Verpflichtung eines anderen dient, ist im Einzelnen umstritten: Schon im römischen Recht wurden auf die adjektizische Haftung bestimmte Grundsätze der Bürgenhaftung angewandt.[625] Der BGH wendet jedenfalls § 425 Abs. 2 BGB insoweit nicht auf § 3 BinSchG an, als er eine Haftung des Schiffeigners für den Fall, dass die Klage gegen den Schiffsführer rechtskräftig abgewiesen wurde, verneint.[626] Diese Rechtskrafterstreckung entspricht grundsätzlich der Rechtslage bei der Bürgschaft.[627] Beim vertraglichen Schuldbeitritt wird weiterhin vertreten, im Wege der Vertragsauslegung, § 767 Abs. 1 S. 2 BGB zu Lasten des Schuldmitübernehmers entsprechend anzuwenden.[628] In dem Fall, in dem Versicherungsnehmer und Versicherungsgeber als Gesamtschuldner haften (§ 115 Abs. 1 S. 4 VVG), soll außerdem ein Verzicht des Geschädigten gegenüber dem Versicherungsnehmer auch zugunsten des Versicherungsgebers wirken.[629]

Genauso wie der Schuldmitübernehmer und der Versicherungsgeber sichert auch der Delegierende eine fremde Schuld und haftet nicht materiell, sondern formell. Es spricht deshalb auch hier viel für eine stärkere Akzessorietät: Warum der Geschädigte, der dem Gehilfen die Schuld erlässt, noch gegen den Geschäftsherrn vorgehen dürfen soll, ist nicht ersichtlich. Dasselbe gilt im Fall

---

[624] Soweit eine Gesamtschuld nicht ausdrücklich durch Gesetz bestimmt oder durch Vertrag vereinbart ist, soll die „Gleichstufigkeit" notwendige Voraussetzung einer Gesamtschuld sein, siehe nur BGH, Urt. v. 28.11.2006 – VI ZR 136/05, NJW 2007, 1208, juris Rn. 17 f.; zur Diskussion siehe MüKoBGB/*Heinemeyer*, 9. Aufl. 2022, § 421 Rn. 13 ff.

[625] *Wacke*, Zeitschrift der Savigny-Stiftung für Rechtsgeschichte: Romanistische Abteilung 111 (1994), 280 (284) zum Verzug und zur Erstreckung eines „Erlaßpaktums".

[626] Aus dem gesetzlichen Schuldverhältnis nach § 3 BinSchG ergebe sich „ein anderes" i.S.v. § 425 Abs. 1 BGB, BGH, Urt. v. 3.12.1964 – II ZR 117/63, VersR 1965, 230, juris Rn. 14. Der Referentenentwurf aus dem Jahr 1967 wollte mit Blick auf § 831 BGB-E explizit von dieser Rechtsprechung abweichen, vgl. BMJ, Referentenentwurf eines Gesetzes zur Änderung und Ergänzung schadensersatzrechtlicher Vorschriften, Bd. II, 1967, S. 109.

[627] Zur Rechtskrafterstreckung bei der Bürgschaft siehe nur *Fervers*, Die Bindung Dritter an Prozessergebnisse, 2022, S. 288 ff.

[628] MüKoBGB/*Heinemeyer*, 9. Aufl. 2022, § 425 Rn. 9; siehe auch Henssler/Strohn GesR/*Galla*/*Cé. Müller*, 5. Aufl. 2021, § 133 UmwG Rn. 3 zum Streit bei § 133 Abs. 1 UmwG (für die Beurteilung der Mithaftung nach § 133 UmwG nach Akzessorietätsgrundsätzen VG Karlsruhe, Urt. v. 16.12.2004 – 8 K 971/04, NJOZ 2005, 3275, juris Rn. 61 ff.); zu § 115 VVG siehe MüKoVVG/*W.-T. Schneider*, 2. Aufl. 2017, § 115 Rn. 24 ff.; zur Anwendung von § 767 Abs. 1 S. 3 BGB bei einem vertraglichen Schuldbeitritt siehe BGH, Urt. v. 24.6.1997 – XI ZR 288/96, NJW 1997, 2677, juris Rn. 16.

[629] OLG Köln, Urt. v. 30.10.1968 – 2 U 44/68, VersR 1969, 1027 (1027); MüKoVVG/*W.-T. Schneider*, 2. Aufl. 2017, § 115 Rn. 26; siehe auch BGH, Urt. v. 28.2.1983 – II ZR 31/82, VersR 1983, 549, juris Rn. 13, wonach, soweit infolge eines vertraglichen Haftungsausschlusses die Haftung des Gehilfen entfalle, auch die adjektizische Haftung des Reeders aus § 485 S. 1 HGB a.F. beseitigt werde.

einer rechtskräftigen Abweisung der Klage gegen den Gehilfen: Der Geschädigte konnte hinsichtlich des Anspruchs gegen den Gehilfen alle Angriffs- und Verteidigungsmittel vorbringen.[630] Da im Fall der Arbeitsteilung für den Geschädigten häufig zunächst unklar ist, wer an ihn leisten muss und er deshalb mitunter nicht den Delegationsempfänger *und* den Delegierenden in Verzug setzen kann, ist es andererseits nicht interessengerecht, dass der Geschäftsherr nicht für die Folgen eines Verzugs des Gehilfen haftet.[631] Mit Blick auf diese Situationen hält das Bürgschaftsrecht geeignetere Lösungen bereit (§§ 767 f. BGB).

Die Situation ist schließlich auch anders als innerhalb von Sonderverbindungen, wo die Haftung von Geschäftsherr und Erfüllungsgehilfe eine Gesamtschuld begründen soll.[632] Wie gesehen, bewirkt § 278 BGB eine Verhaltenszurechnung und begründet insofern – ähnlich wie § 31 BGB – eine materielle Verantwortlichkeit des Geschäftsherrn und nicht nur eine Haftung als „Sicherungsgeber".[633]

d) Modell der selbstschuldnerischen Bürgschaft

Unter Berücksichtigung dieser Erwägungen bietet schließlich die *selbstschuldnerische* Bürgschaft (§ 773 Abs. 1 Nr. 1 BGB) ein geeignetes Modell: Diese führt zu einer *nicht subsidiären*, aber *weitgehend akzessorischen* Haftung des Geschäftsherrn und vereint daher die Vorteile des Bürgschaftsmodells einerseits und des Schuldbeitrittsmodells andererseits.

Die selbstschuldnerische Bürgenhaftung des Delegierenden sollte voraussetzen, dass ein Gehilfe sich in Wahrnehmung einer ihm übertragenen Zuständigkeit gegenüber einem Dritten schadensersatzpflichtig gemacht hat (aa). Handelt es sich bei dem Gehilfen um einen *unselbständigen* Delegationsempfänger, sollte außerdem eine gesetzliche Beweislastumkehr zu Gunsten des Geschädigten vorgesehen werden (bb). Geht es um einen *selbständigen* Delegationsempfänger, ist es interessengerecht, dem Unternehmer eine Exkulpationsmöglichkeit einzuräumen (cc).

aa) Voraussetzung der Haftung: Handeln eines Gehilfen bei der Wahrnehmung der übertragenen Zuständigkeit

Voraussetzung für die Bürgenhaftung des Delegierenden sollte sein, dass der Gehilfe sich bei der Wahrnehmung der ihm übertragenen Zuständigkeit

---

[630] *Fervers*, Die Bindung Dritter an Prozessergebnisse, 2022, S. 290.

[631] Vgl. die Argumentation in VG Karlsruhe, Urt. v. 16.12.2004 – 8 K 971/04, NJOZ 2005, 3275, juris Rn. 64 zu § 133 UmwG.

[632] Vgl. RG, Urt. v. 25.11.1911 – I 529/10, RGZ 77, 317 (323 f., unter 3.); siehe auch BGH, Urt. v. 18.12.1973 – VI ZR 158/72, NJW 1974, 693, juris Rn. 20; Erman BGB/*Böttcher*, 16. Aufl. 2020, § 421 Rn. 24.

[633] Vgl. auch MüKoBGB/*Heinemeyer*, 9. Aufl. 2022, § 421 Rn. 52.

schadensersatzpflichtig macht. *Gehilfe* kann – wie bei § 278 BGB[634] – sowohl ein selbständiger als auch ein unselbständiger Delegationsempfänger sein. Der Gehilfe muss also nicht i.S.v. § 831 BGB weisungsgebunden und in die Organisation des Geschäftsherrn eingegliedert sein. Entscheidend ist, dass der Delegierende in der Lage war, den Gehilfen auszuwählen und darauf einzuwirken, dass er seine Schadensersatzpflichten gegenüber dem Geschädigten bzw. im Fall des Regresses gegenüber dem Delegierenden selbst erfüllen kann (Einflussgedanke).[635] Der Gehilfe muss sich *bei der Wahrnehmung der übertragenen Zuständigkeit* ersatzpflichtig gemacht haben. Seine Tätigkeit muss zumindest auch den Zwecken des Unternehmers dienen (Vorteilsgedanke).[636] Für die Feststellung des insofern erforderlichen „inneren Zusammenhangs" zwischen dem Handeln und der delegierten Zuständigkeit kann auf die zu §§ 831, 31, 278 BGB entwickelten Grundsätze zurückgegriffen werden.[637]

bb) *Durchsetzung der Haftung: Beweislastumkehr für unselbständige Gehilfen*

De lege lata muss, wie gesehen, der Geschädigte nachweisen, dass der Gehilfe sich schadensersatzpflichtig gemacht hat, wobei ihm im Einzelfall eine richterrechtliche Beweislastumkehr nach Fehlentscheidungsrisiken zugutekommen kann.[638] Bei der Sicherstellungshaftung *de lege ferenda* ist jedoch mit Blick auf *unselbständige* Gehilfen eine generelle und gesetzliche Beweislastumkehr, ähnlich der §§ 836 ff. BGB, zweckmäßig: Liegt ein fehlerhafter Unternehmens-Output vor, ist zu vermuten, dass dieser auf einem Verschulden des Unternehmers oder eines unselbständigen Gehilfen beruht. Wie dargestellt, ist eine solche Vermutung – anders als bei selbständigen Gehilfen – typischerweise zutreffend.[639] Eine gesetzliche Grundlage würde für mehr Rechtssicherheit sorgen. Abweichende Einzelfälle können im Interesse dieser

---

[634] Siehe nur BGH, Urt. v. 30.3.1988 – I ZR 40/86, NJW 1988, 1907, juris Rn. 14; BeckOGK BGB/*Schaub*, 1.6.2023, § 278 Rn. 36.

[635] Der Einflussgedanke kommt z.B. auch bei der gesetzlichen Bürgschaft des bisherigen Pfandgläubigers zum Ausdruck: Nach § 1251 Abs. 2 S. 3 BGB haftet dieser nicht, wenn die Forderung kraft Gesetzes auf den neuen Pfandgläubiger übergeht oder ihm auf Grund einer gesetzlichen Verpflichtung abgetreten wird. Hintergrund ist, dass dann der Gedanke der „Gewährübernahme" nicht greift, BeckOK BGB/*Schärtl*, 66. Ed., 1.11.2022, § 1251 Rn. 6.

[636] Vgl. *Schäfer/Ott*, Lehrbuch der ökonomischen Analyse des Zivilrechts, 6. Aufl. 2020, S. 453, wonach die Verursachung eines Schadens durch den Gehilfen, „der nur ihm nicht aber dem Unternehmen einen Vorteil bringt und der nichts mit dem Unternehmen, für das er arbeitet, zu tun hat, […] nicht zur Haftung führen" dürfe.

[637] Siehe dazu oben A. I. 2. b) sowie II. 1. c) aa) (2).

[638] Siehe dazu oben A. III. 2. b) dd).

[639] Siehe oben A. II. 1. c) aa) (2) sowie bb) (3) und 2. b).

Rechtssicherheit hingenommen werden, zumal für den Delegierenden stets die Möglichkeit der Exkulpation bleibt.[640]

Nach dieser Beweislastregel muss der Unternehmer nicht – wie bisher nach § 831 Abs. 1 BGB – nur das Fehlen eines eigenen Verschuldens, sondern auch das Fehlen eines Verschuldens der Organisationsmitglieder nachweisen.[641] Die Beweisregel führt zu einer weiter verschärften Organisationshaftung für Unternehmer. Auch für eine solche existieren Vorbilder: Nach Art. 4:202 Abs. 1 PETL haftet der Unternehmer „für jene Schäden, die durch einen Fehler des Unternehmens oder seiner Erzeugnisse verursacht werden, sofern er nicht nachweist, dass er gemäß dem erforderlichen Sorgfaltsmaßstab gehandelt hat".[642] Vermutet wird zwar nur die Sorgfaltspflichtverletzung des Delegierenden, nicht die des Delegationsempfängers. Aufgrund der strengen Haftung für unselbständige Gehilfen in Art. 6:102 PETL kann sich der Unternehmer aber nicht darauf berufen, (nur) ein solcher habe schuldhaft gehandelt.[643] Eine Sonderregel für Unternehmer sieht auch § 1302 ABGB-E vor, wo die Beweislastumkehr an einen „Fehler im Unternehmen, seiner Erzeugnisse und Dienstleistungen" geknüpft wird.[644] Nach Art. 59 Schweizer OR 2020 ist für die Vermutung eines Organisationsverschuldens ausreichend, dass ein Schaden „im Rahmen der Tätigkeit des Unternehmens" verursacht wird. Eine strenge Gehilfenhaftung ist in diesen Entwürfen allerdings nicht generell vorgesehen.[645] Nach einem Vorschlag der Europäischen Kommission für eine Richtlinie über die Haftung bei Dienstleistungen aus dem Jahr 1990 sollte es für die Vermutung eines Verschuldens eines Dienstleistenden genügen, dass Schaden und Kausalzusammenhang zwischen der Dienstleistung und dem Schaden nachgewiesen sind.[646] Der Vorschlag wurde erheblich kritisiert[647] und schließlich

---

[640] Siehe auch *Helm*, AcP 166 (1966), 389 (402), der prognostiziert, dass eine Beweislast des Geschädigten für das Gehilfenverschulden „von den Gerichten in einer Flut von Anscheinsbeweisen ertränkt werden, d.h. von einer sachgerechten Krypto-Beweislastregelung aus Richterrecht verdrängt werden" würde.

[641] Siehe auch *von Bar*, Gutachten und Vorschläge zur Überarbeitung des Schuldrechts, Bd. II, 1981, S. 1681 (1762, 1776), der eine Haftung für vermutetes Verschulden des Geschäftsherrn und für vermutetes Verschulden des Gehilfen vorschlägt.

[642] Der Fehler wird in Art. 4:202 Abs. 2 PETL als „Abweichung von den Standards, die vernünftigerweise vom Unternehmen oder seinen Erzeugnissen erwartet werden können", definiert, also ähnlich wie bei der Produkt- und Produzentenhaftung.

[643] Siehe das Beispiel bei PETL/*Koch*, 2005, Art. 4:202 Rn. 8, 24.

[644] „Fehler" ist nach § 1302 Abs. 2 ABGB-E „jede Abweichung von dem Standard, der nach der Darbietung, dem Stand von Wissenschaft und Technik sowie den Verkehrsgewohnheiten beim Unternehmen, seinen Erzeugnissen und Dienstleistungen erwartet werden darf".

[645] Siehe dazu oben A. III. 2. c) und Fn. 479, auch zum ABGB-GegenE.

[646] Vgl. Art. 1 Abs. 2, 5 des Vorschlags der Kommission für eine Richtlinie über die Haftung bei Dienstleistungen v. 9.11.1990, KOM (90) 482 endg.

[647] Siehe u.a. *Geisendörfer*, VersR 1991, 1317 (1317) zu den erheblichen Kosten, die mit der Beweislastumkehr des Richtlinienvorschlags verbunden wären.

wieder zurückgezogen.[648] Er reicht, wie der Schweizer Entwurf, zu weit.[649] Denn ohne einen Fehler ist es nicht ausreichend wahrscheinlich, dass eine Sorgfaltspflichtverletzung des Delegierenden oder eines unselbständigen Delegationsempfängers vorliegt. Zwar setzt eine gesetzliche Beweislastumkehr, anders als die hier vorgeschlagene richterrechtliche Regel, nicht zwingend voraus, dass *alle* drei für die Fehlentscheidungsrisiken relevanten Kriterien nicht für eine Beweislast des Geschädigten sprechen. Vielmehr können sie sich gegenseitig ausgleichen.[650] Indes liegt hier bei den Beweismöglichkeiten und bei der Schwere der Folgen einer Fehlentscheidung kein so starker Unterschied zu Lasten des Delegierenden vor, dass ein nicht unerhebliches Defizit bei der Wahrscheinlichkeit kompensiert werden könnte. Hinsichtlich der Folgen von Fehlentscheidungen ist zu berücksichtigen, dass dann, wenn der Gehilfe tatsächlich nicht ersatzpflichtig ist, der verurteilte Geschäftsherr nicht nach § 774 Abs. 1 S. 1 BGB Regress beim Gehilfen nehmen kann. Im Ergebnis haftet er somit nicht nur formell, sondern *materiell*. Eine falsche Verurteilung des Delegierenden führt also *de facto* nicht nur zu einer Sicherstellungshaftung, sondern zu einer Gefährdungshaftung: Der Delegierende trägt die Kosten auch dann, wenn bei einer (unterstellten) Haftung des Delegationsempfängers dieser im Innenverhältnis der Verantwortliche wäre. Verzichtet man auf eine Einschränkung der Beweislastumkehr durch ein Fehler-Kriterium, das die Wahrscheinlichkeit eines Fehlurteils reduziert, führt die Beweislastumkehr nicht nur – wie etwa bei §§ 831 Abs. 1, 836 Abs. 1 BGB – in *einzelnen*, sondern in *einigen non liquet*-Fällen zu einer *de facto* Gefährdungshaftung. Dies wäre nur gerechtfertigt, wenn die Voraussetzungen einer Gefährdungshaftung zumindest ansatzweise gegeben wären. Dies ist beim Einsatz unselbständiger Gehilfen jedoch nicht generell der Fall: Zwar unterhält der Delegierende eine besondere Beziehung zu dieser Personengefahr. Hinzu kommen müsste aber eine zwar nicht besondere, aber zumindest gesteigerte Gefahr, an der es hier im Allgemeinen fehlt.[651]

Der Fehler muss aus der Organisation des Unternehmers stammen. Ist unklar, ob der Fehler (nur) der Organisation eines externen Gehilfen oder (auch) der Organisation des Geschäftsherrn anzulasten ist, greift die Vermutung folglich nicht. In Betracht kommt dann nur eine Beweislastumkehr nach Fehlentscheidungsrisiken im Einzelfall.[652] Generell ist die Sicherstellungshaftung beim Einsatz selbständiger Gehilfen weniger streng auszugestalten. Sie ist, wie

---

[648] Vgl. die Mitteilung der Kommission v. 23.6.1994, KOM (94) 260 endg.

[649] Die *Principles of European Tort Law* sind insofern bewusst enger gefasst, vgl. PETL/*Koch*, 2005, Art. 4:202 Rn. 12 zu Art. 49a eines früheren Entwurfs. Dazu, dass die Anknüpfung an Dienstleistungsmängel eine Alternative darstellen könnte, siehe auch die Mitteilung der Kommission v. 23.6.1994, KOM (94) 260 endg., S. 3.

[650] Siehe dazu oben A. II. 1. c) aa).

[651] Anders verhält es sich im Fall von § 833 S. 2 BGB, siehe dazu unten Kapitel 3, B.

[652] Siehe dazu oben A. II. 2. b).

sogleich gezeigt wird, durch eine Exkulpationsmöglichkeit des Unternehmers zu begrenzen.

cc)   Grenzen der Haftung: Exkulpationsmöglichkeit für selbständige Gehilfen

Im Hinblick auf selbständige Gehilfen ist die Sicherstellungshaftung einzuschränken.[653] Wie bereits erläutert, bestehen Unterschiede zwischen intra- und interorganisationalen Delegationsbeziehungen: Die Möglichkeiten, das Durchsetzungsrisiko zu kontrollieren, reichen bei einem Gehilfen, der in die Organisation eingegliedert ist, weiter als bei einem Externen.[654] Von der allgemeinen Betriebs- und Berufshaftpflichtversicherung sind Externe regelmäßig nicht erfasst.[655] Anders als meist bei intraorganisationalen Sachverhalten ist der selbständige Gehilfe in der Regel nicht nur der gegenüber dem Geschädigten materiell Verantwortliche, sondern trägt auch im Innenverhältnis zum Delegierenden die Kosten der Haftung. Demnach wird auch er sich versichern bzw. die Preise erhöhen. Eine strikte Sicherstellungshaftung auch für selbständige Unternehmer kann deshalb die befürchteten Mehrfachversicherungen, Regressprozesse und Verteuerungen begünstigen.[656] Zudem ist zweifelhaft, ob mit Blick auf die Innovations- und Konkurrenztätigkeit die richtigen Anreize gesetzt würden: Eine strikte, wenn auch nur formelle Haftung, schafft einen Anreiz, Gefahrsteuerungszuständigkeiten nur an zuverlässige Unternehmen zu übertragen, deren wirtschaftliche Leistungsfähigkeit der Delegierende einschätzen kann, was zunächst wünschenswert erscheint.[657] Die Haftung kann den Delegierenden aber auch dazu verleiten, lediglich bekannte Unternehmen einzusetzen. Dies kann jüngere Unternehmen benachteiligen, deren Verhältnisse der Delegierende zwar aufgrund ihrer häufig geringeren Größe

---

[653] Auch *Koziol* scheint die Sicherstellungshaftung des Geschäftsherrn auf unselbständige Gehilfen beschränken zu wollen, vgl. *Koziol*, AcP 219 (2019), 376 (395), wo darauf hingewiesen wird, der Gehilfe sei „fest integriert in die Sphäre des Unternehmers, der sein Verhalten weitgehend steuern und damit das Risiko kontrollieren kann". Allerdings erwägt er auch eine Sicherstellungshaftung bei der Übertragung von Verkehrssicherungspflichten und erwähnt dabei auch Unternehmer als Beauftragte (S. 400 f.).

[654] Gegen eine Gleichstellung etwa *von Caemmerer*, in: Ernst von Caemmerer, Gesammelte Schriften, Bd. III, 1983, S. 284 (297 ff.); *von Bar*, Gutachten und Vorschläge zur Überarbeitung des Schuldrechts, Bd. II, 1981, S. 1681 (1762); *Larenz/Canaris*, Lehrbuch des Schuldrechts, Bd. II/2, 13. Aufl. 1994, S. 484; siehe auch oben A. II. 2. a) und III. 2. b) cc).

[655] Vgl. z.B. Nr. A-1, A1-2 der Musterbedingungen des *GDV* für die Betriebs- und Berufshaftpflichtversicherung.

[656] Siehe dazu b).

[657] Vgl. BAG, Urt. v. 16.5.2012 – 10 AZR 190/11, BAGE 141, 299, juris Rn. 16; siehe auch die Verhandlung des Deutschen Bundestages v. 10.12.1998, Plenarprotokoll 14/14, S. 868, unter D.

regelmäßig besser durchschauen kann, bei denen er aber aufgrund der geringeren Ressourcen und mangels Erfahrungen oft keine Gewähr für die Einstandsfähigkeit hat.[658]

Dem Unterschied zwischen selbständigen und unselbständigen Gehilfen wird auch andernorts Rechnung getragen: Im Transportrecht wird z.B. dem Frachtführer bzw. Spediteur das Verhalten von Gehilfen gem. §§ 428, 462 HGB grundsätzlich strikt zugerechnet.[659] Es wird allerdings unterschieden zwischen den „Leuten", d.h. den Betriebszugehörigen,[660] und „anderen Personen". Bei Letzteren setzt die Zurechnung voraus, dass der Haftungsadressat sich ihrer zur Erfüllung bei der Ausführung der Beförderung bzw. der Erfüllung seiner Versendungspflicht „bedient". In den Gesetzgebungsmaterialien wird darauf hingewiesen, diese Differenzierung sei „Ausdruck der hinsichtlich dieser Personengruppen typischerweise unterschiedlichen Beherrschungs- und Einwirkungsmöglichkeiten".[661] Die „Leute" sind in den Betrieb des Haftungsadressaten eingegliedert und „voll seinen Weisungen unterworfen".[662] Ein weiteres Beispiel ist die adjektizische Haftung in § 480 HGB, welche auf selbständige Hilfspersonen gar keine Anwendung finden soll, was damit begründet wird, dass der Reeder auf die unselbständigen Gehilfen „in größerem Maße einwirken" könne und ihn deshalb „eine größere Verantwortung für diese Personen" treffe.[663] Auch Art. 1242 Code Civil ist nicht auf selbständige Gehilfen anwendbar,[664] dasselbe gilt für die *Respondeat Superior*-Doktrin im englischen und U.S.-amerikanischen Recht[665] sowie für Art. 6:102 PETL[666] und § 1315

---

[658] Im Hinblick auf § 1a AEntG a.F. befürchtete der Gesetzgeber keine Belastung kleinerer und mittlerer Betriebe, vgl. BAG, Urt. v. 16.5.2012 – 10 AZR 190/11, BAGE 141, 299, juris Rn. 16; siehe auch die Verhandlung des Deutschen Bundestages v. 10.12.1998, Plenarprotokoll 14/14, S. 868, unter D: „Die Generalunternehmer werden in Zukunft wieder verstärkt Aufträge an zuverlässige kleine und mittlere Unternehmen vergeben, von denen sie wissen, daß sie die gesetzlichen Bestimmungen einhalten." Entscheidend dürfte weniger die Größe sein als die Erfahrungen, die mit dem Unternehmen gemacht wurden.

[659] Zum Anwendungsbereich vgl. *Koller*, Transportrecht, 11. Aufl. 2023, § 428 HGB Rn. 2, wonach § 428 HGB nur im Rahmen von §§ 425, 413 Abs. 2, 422, 447 HGB greife; im Übrigen seien § 278 BGB bzw. § 831 BGB anwendbar; ähnlich zu § 462 HGB BeckOK HGB/*Spieker/Schönfleisch*, 39. Ed., 15.1.2023, § 462 Rn. 2, wo ein „Bezug zum Transportrecht" verlangt wird.

[660] Entwurfsbegründung zum Transportrechtsreformgesetz, BT-Drs. 13/8445, S. 64.

[661] Entwurfsbegründung zum Transportrechtsreformgesetz, BT-Drs. 13/8445, S. 64.

[662] *Koller*, Transportrecht, 11. Aufl. 2023, § 428 HGB Rn. 4.

[663] Entwurfsbegründung zum Gesetz zur Reform des Seehandelsrechts, BT-Drs. 17/10309, S. 65.

[664] *Terré/Simler/Lequette/Chénedé*, Droit civil – Les obligations, 13. Aufl. 2022, S. 1174 ff. zum „lien de préposition", auch zur Entwicklung der Rechtsprechung.

[665] Vgl. *Oliphant*, in: Comparative stimulations for developing tort law, 2015, S. 172 (172 f.) zum englischen Recht; §§ 2.04, 7.03 ff. Restat 3d of Agency einerseits und §§ 55 ff. Restat 3d of Torts andererseits zum U.S.-amerikanischen Recht.

[666] PETL/*Moréteau*, 2005, Art. 6:102 Rn. 9.

ABGB-GegenE.[667] § 831 BGB-E in der Fassung des Referentenentwurfs aus dem Jahr 1967 sah ebenfalls keine Einbeziehung selbständiger Gehilfen vor.[668] Art. 3:201 DCFR scheint sie allenfalls unter engen Voraussetzungen, wenn sie keinen eigenen Entscheidungsspielraum haben, einzuschließen.[669]

Indes ist der Delegierende im Hinblick auf selbständige Delegationsempfänger nicht vollständig aus der Verantwortlichkeit für die Durchsetzungsrisiken zu entlassen. Die gebotene Einschränkung ist dadurch zu bewirken, dass er sich exkulpieren kann, indem er nachweist, dass er keine Sicherstellungspflicht verletzt hat oder dass die Pflichtverletzung nicht ursächlich für Durchsetzungsschwierigkeiten des Geschädigten geworden ist. *De lege lata*, auf Grundlage einer richterrechtlichen Beweislastverteilung nach Fehlentscheidungsrisiken, lässt sich eine Beweislastumkehr beim Einschalten selbständiger Gehilfen, die nicht greifbar oder nicht haftungspotent sind, in der Regel nicht begründen. Denn die richterrechtliche Beweislastumkehr setzt kumulativ bessere Beweismöglichkeiten, eine überwiegende Wahrscheinlichkeit und die fehlende Unzumutbarkeit voraus. *De lege ferenda* können die Anforderungen an die Beweismöglichkeiten und Wahrscheinlichkeiten gesenkt werden, wenn dies dadurch kompensiert wird, dass eine Fehlentscheidung für den Delegierenden deutlich weniger schwer wiegt als für den Geschädigten – ähnlich wie es bei den Grundregeln der Beweislastverteilung der Fall ist.[670] Diese Voraussetzung ist hier erfüllt: Steht das Fehlverhalten des selbständigen Delegationsempfängers fest – dies ist, anders als bei unselbständigen Gehilfen, vom *Geschädigten* zu beweisen –, haftet der Delegierende auch *de facto* nur *formell* und kann somit nach Maßgabe des Innenverhältnisses Regress bei seinem Gehilfen nehmen. Hierdurch wird er vergleichsweise wenig belastet. Denn er kann sich – anders als der Geschädigte – durch vertragliche Sicherungsmittel oder Forderungsausfallversicherungen gegen die Zahlungsunfähigkeit seiner selbständigen Gehilfen absichern und so seinen Regress sicherstellen.[671]

Auch für eine solche, durch eine Exkulpationsmöglichkeit eingeschränkte, Sicherstellungshaftung existieren Modelle: So steht die sozialrechtliche Bürgenhaftung des Generalunternehmers unter dem „untypischen"[672] Vorbehalt des Nachweises fehlenden Verschuldens hinsichtlich der Pflichtenerfüllung

---

[667] Vgl. § 1315 Abs. 2 ABGB-GegenE und dazu *Reischauer/Spielbüchler/Welser*, Reform des Schadensersatzrechts, Bd. III, 2008, S. 45.

[668] *BMJ*, Referentenentwurf eines Gesetzes zur Änderung und Ergänzung schadensersatzrechtlicher Vorschriften, Bd. II, 1967, S. 106.

[669] *Von Bar/Clive*, DCFR, Vol. 4, 2009, S. 3547 f. zum Beispiel eines Rechtsanwalts.

[670] Siehe dazu oben A. II. 1. c) aa) (1).

[671] Vgl. zu § 278 BGB MüKoBGB/*Grundmann*, 9. Aufl. 2022, § 278 Rn. 4.

[672] Vgl. *Bürger*, NZS 2018, 691 (692) zu § 28e Abs. 3b S. 1 SGB IV; siehe aber auch § 21 Abs. 2 HAG zur Mithaftung des Auftraggebers für die vom Zwischenmeister geschuldeten Entgelte, wo ebenfalls Verschulden des Auftraggebers verlangt wird. Allerdings ist hier keine Beweislastumkehr vorgesehen.

durch den Nachunternehmer (§ 28e Abs. 3b, Abs. 3g SGB IV).[673] Bei der Einschaltung selbständiger Gehilfen ist eine verschuldensunabhängige Sicherstellungshaftung zu stark, eine Haftung für nachgewiesenes Verschulden dagegen zu schwach. Die Verschuldensvermutung führt zu einer Haftung im „Zwischenbereich" und ist daher ein zweckmäßiger Kompromiss – hier nicht zwischen Gefährdungs- und Verschuldenshaftung, sondern zwischen verschuldensunabhängiger Sicherstellungs- und Verschuldenshaftung.

C. Zusammenfassung von Kapitel 2

Die Haftung für fremde menschliche Autonomie ist *de lege lata* eine Haftung für eigenes, unter Umständen vermutetes, Verschulden (§§ 823, 831 BGB). Gefahrsteuerungszuständigkeiten können an unselbständige Gehilfen (intraorganisationale Arbeitsteilung) und selbständige Gehilfen (interorganisationale Arbeitsteilung) delegiert werden. Die Delegation setzt eine erkennbare Übertragung der Zuständigkeiten voraus. Sie ist abzugrenzen von der Wahrnehmung der Zuständigkeit eines anderen (§ 31 BGB) einerseits und von Kooperationsverhältnissen andererseits. Die Verschärfung der Haftung durch eine weite Ausdehnung von § 31 BGB und die Annahme von Delegationsverboten ist, entgegen der Auffassung des BGH, abzulehnen. Der Delegierende wird durch die Delegation nicht von jeglicher Verantwortung befreit, sondern erhält eine Zuständigkeit für ein Personenrisiko. Im Rahmen dieser Zuständigkeit muss er besondere (§ 831 Abs. 1 BGB) und allgemeine (§ 823 Abs. 1 BGB) Gefahrsteuerungspflichten gem. § 276 Abs. 2 BGB erfüllen und haftet, wenn eine Pflichtverletzung zu einem Schaden führt. Der Delegationsempfänger ist seinerseits zur sorgfaltsgemäßen Wahrnehmung der übertragenen Zuständigkeit verpflichtet. Problematisch ist bei der Arbeitsteilung nicht, dass keiner schadensersatzpflichtig ist, sondern dass bestehende Ansprüche nicht durchgesetzt werden können, weil der Geschädigte den materiell Verantwortlichen nicht identifizieren kann oder dieser nicht greifbar oder nicht haftungspotent ist.

---

[673] Dazu, dass durch die Entlastungsmöglichkeit die mit der Haftung verbundene Beeinträchtigung der Freiheiten des Generalunternehmers entschärft wird, vgl. BeckOGK SGB IV/*Wehrhahn*, 15.2.2023, § 28e Rn. 43. § 28e Abs. 3b S. 2 SGB IV sieht vor, dass ein Verschulden des Unternehmers ausgeschlossen ist, „soweit und solange er Fachkunde, Zuverlässigkeit und Leistungsfähigkeit des Nachunternehmers oder des von diesem beauftragten Verleihers durch eine Präqualifikation nachweist […]". Die Präqualifikation soll dazu führen, dass schlechthin kein Verschulden mehr vorliegt, selbst wenn der Generalunternehmer die Zahlungsunfähigkeit kennt, Krauskopf SGB IV/*Stäbler*, 117. EL, Dezember 2022, § 28e SGB IV Rn. 30. Im Rahmen der Sicherstellungshaftung des Delegierenden kann sie zumindest einen Anschein gegen ein Verschulden begründen, siehe dazu oben A. III. 2. b) cc).

Den Aufklärungsschwierigkeiten des Geschädigten wird *de lege lata* durch Beweislastumkehrungen in gewisser Weise Rechnung getragen. Es wurde gezeigt, dass die Beweislast möglichst so zu verteilen ist, dass *Fehlentscheidungsrisiken* verringert werden. Hierfür sind drei Kriterien heranzuziehen: Die Beweismöglichkeiten, die Wahrscheinlichkeit einer Fehlentscheidung und die Schwere der Folgen einer Fehlentscheidung. Diese Kriterien werden von den Grundregeln der Beweislast berücksichtigt und ermöglichen auch eine sachgerechte Einordnung und Auslegung von § 831 Abs. 1 S. 2 BGB. Sprechen sie kumulativ für eine Beweislast des an sich nicht Beweispflichtigen, rechtfertigen sie außerdem eine richterrechtliche Abweichung von den Grundregeln. So kann eine schadensursächliche Sorgfaltspflichtverletzung vermutet werden, wenn der Anspruchsgegner erstens die besseren Beweismöglichkeiten hat als der Geschädigte, es zweitens wahrscheinlicher ist, dass der Schaden auf einem pflichtwidrigen Verhalten des Anspruchsgegners beruht, als dass er unabhängig von einer Pflichtverletzung desselben entstanden ist *und* drittens die Folgen einer Fehlentscheidung für den Anspruchsgegner nicht unzumutbar sind. Diese Voraussetzungen liegen bei der intraorganisationalen Arbeitsteilung regelmäßig hinsichtlich der Pflichtverletzung des Gehilfen als Voraussetzung von § 831 Abs. 1 BGB sowie hinsichtlich der Organisationspflichtverletzung des Geschäftsherrn nach § 823 Abs. 1 BGB vor. Bei der intraorganisationalen Arbeitsteilung sind sie dagegen nur in Ausnahmefällen gegeben.

Im Übrigen wird der Geschädigte herkömmlicherweise nur wenig vor den *Durchsetzungsrisiken* geschützt. Dem kann bereits *de lege lata* entgegengewirkt werden: Zunächst sind dem Geschädigten gem. § 242 BGB *Auskunftsansprüche* gegen den Delegierenden einzuräumen. Außerdem muss der Delegierende auch haften, wenn er die Durchsetzungsschwierigkeiten durch die Einhaltung der im Verkehr erforderlichen Sorgfalt (§ 276 Abs. 2 BGB) hätte vermeiden und vorhersehen können und müssen. Ihn treffen also nicht nur Gefahrsteuerungspflichten (i.e.S.), sondern auch *Sicherstellungspflichten*. Solche Sicherstellungspflichten lassen sich begründen, indem man den Rechtsgüterschutz nach § 823 Abs. 1 BGB erweitert und auf Grundlage der *Rechtsverfolgungs- bzw. Rechtsfortsetzungsfunktion* anerkennt, dass auch Schadensersatzansprüche wegen der Verletzung eines Rechtsguts als Teil dieses Rechtsguts geschützt werden. Die Sicherstellungspflichten sind grundsätzlich intensiver, wenn die Delegation an einen unselbständigen Gehilfen erfolgt. Auch insofern kommen außerdem richterrechtliche Beweislastumkehrungen zu Gunsten des Geschädigten in Betracht.

Diese allgemeine Sicherstellungshaftung *de lege lata* ist allerdings mit Ungewissheiten verbunden und wird durch das Verschuldenserfordernis stark begrenzt. *De lege ferenda* ist eine strengere Sicherstellungshaftung zweckmäßig. Zwar gehen mit der Delegation keine „besonderen" *Schadens*risiken einher, wohl aber „besondere" *Durchsetzungs*risiken. Zu diesen hat ein *Unternehmer* auch eine „besondere" Beziehung, aufgrund derer ihm eine grundsätzlich

verschuldensunabhängige Sicherstellungshaftung zumutbar ist. Zu Lasten von
Verbrauchern ist eine strengere Haftung dagegen nicht gerechtfertigt. Die erweiterte Sicherstellungshaftung sollte durch eine *selbstschuldnerische Bürgenhaftung* des Delegierenden für die Schadensersatzpflichten der Delegationsempfänger realisiert werden. Macht sich der Delegationsempfänger bei der
Wahrnehmung der übertragenen Zuständigkeit schadensersatzpflichtig, haftet
der Delegierende danach *akzessorisch* und *nicht subsidiär*. Diese Haftung ist
um eine *gesetzliche Beweislastregel* zu ergänzen, durch die eine verschärfte
Organisationshaftung begründet wird: Resultiert der Schaden aus einem fehlerhaften Output der Organisation des Unternehmers, ist zu vermuten, dass der
Delegierende oder ein unselbständiger Gehilfe den Schaden durch eine Verletzung einer Gefahrsteuerungspflicht herbeigeführt hat. Ist der Delegationsempfänger ein *selbständiger Gehilfe*, ist die Haftung *einzuschränken*: Der Delegierende sollte sich hier von der Sicherstellungshaftung befreien können, indem
er nachweist, dass er keine Sicherstellungspflicht verletzt hat oder dass die
Pflichtverletzung nicht ursächlich für Durchsetzungsschwierigkeiten des Geschädigten geworden ist. Da hier typischerweise der Einfluss des Delegierenden auf die Durchsetzungsrisiken des Geschädigten geringer ist, der Delegierende aber vergleichsweise gute Möglichkeiten hat, seinen Regress gegen den
selbständigen Gehilfen abzusichern, ist eine Haftung im *Zwischenbereich* zwischen verschuldensunabhängiger Sicherstellungshaftung und Haftung für
nachgewiesenes Verschulden zweckmäßig.

Kapitel 3

Haftung für tierische Autonomie

Im Zusammenhang mit tierischer Autonomie stellt sich die Frage nach der Haftung des *Halters* als die Person, der „die Bestimmungsmacht über das Tier zusteht" und die „aus eigenem Interesse für die Kosten des Tieres aufkommt und das wirtschaftliche Risiko seines Verlustes trägt".[1] Im Folgenden wird die Haftung des Halters von Luxustieren (A.) und Nutztieren (B.) *de lege lata* erörtert, wobei es vor allem darum geht, die viel kritisierte[2] Differenzierung nach § 833 BGB einzuordnen und ausgehend davon zu präzisieren. Anschließend wird, unter Berücksichtigung dieser Kritik, eine mögliche Modifikation *de lege ferenda* (C.) diskutiert.

A. Gefährdungshaftung des Halters von Luxustieren

Die von einem Luxustier ausgehende Gefahr wird vom Gesetzgeber in § 833 S. 1 BGB berechtigterweise als „besondere" Gefahr eingestuft (I.). Zu dieser Gefahr unterhält der Halter eine „besondere" Beziehung (II.).

I. Luxustiergefahr als besondere Gefahr

Die Gefahr, die von Luxustieren ausgeht, ist nicht vollständig beherrschbar (1.) und außerdem so groß (2.) und unnötig (3.), dass die Einordnung als „besondere" Gefahr gerechtfertigt ist.

1. Tiergefahr als unbeherrschbare Gefahr

Tiere können Entscheidungen treffen, für die mangels Vermeidbarkeit oder Vorhersehbarkeit kein Mensch – und auch nicht das Tier – im Wege der

---

[1] Siehe nur BGH, Urt. v. 19.1.1988 – VI ZR 188/87, NJW-RR 1988, 655, juris Rn. 12; MüKoBGB/*Wagner*, 8. Aufl. 2020, § 833 Rn. 32; *Lorenz*, Die Gefährdungshaftung des Tierhalters nach § 833 Satz 1 BGB, 1992, S. 182 f. zu „Eigeninteresse und Entscheidungsgewalt".

[2] Siehe nur *Kötz*, in: Gutachten und Vorschläge zur Überarbeitung des Schuldrechts, Bd. II, 1981, S. 1779 (1802 f.); MüKoBGB/*Wagner*, 8. Aufl. 2020, § 833 Rn. 1 ff.; BeckOGK BGB/*Spickhoff*, 1.11.2022, § 833 Rn. 37; Jauernig BGB/*Teichmann*, 18. Aufl. 2021, § 833 BGB Rn. 1.

Verschuldenshaftung verantwortlich gemacht werden kann.[3] Die Tiergefahr ist somit unbeherrschbar i.S.e. Gefährdungshaftung.[4] In den Worten des BGH: Die Tiergefahr besteht in „einem der tierischen Natur entsprechenden unberechenbaren und selbstständigen Verhalten des Tieres".[5]

Nach dem BGH realisiert sich die typische Tiergefahr nicht, „wenn das Tier lediglich der Leitung und dem Willen eines Menschen folgt und nur daraus der Schaden resultiert".[6] Die Haftung wird folglich verneint, wenn eine Katze als Wurfgeschoss eingesetzt wird[7] oder ein Pferd uneingeschränkt den Anweisungen seines Reiters folgt[8]. Der BGH scheint der Ansicht zu sein, dass das tierische Risiko nicht nur generell, sondern auch im konkreten Fall unbeherrschbar sein muss.[9] In der Literatur wird diese Einschränkung kritisiert.[10] Die spezifische Tiergefahr bestehe auch darin, dass Tiere von Menschen beeinflusst werden können.[11] In der Tat ist die Auffassung des BGH zu eng: Die Gefährdungshaftung ist auch dann anzuwenden, wenn das Schadensrisiko im Einzelfall doch beherrschbar war. In diesen Fällen besteht zwar bereits ein Anspruch aus Verschuldenshaftung, so dass auf den ersten Blick kein Bedürfnis für eine

---

[3] Vgl. zum römischen Recht *Harke*, in: Intelligente Agenten und das Recht, 2016, S. 97 (103 ff.), wonach bei wilden Tieren die Gefährdung entscheidend sei, bei zahmen dagegen das „autonome Versagen des Tieres". *Harke* weist darauf hin, dass es nicht um ein „vom Eigentümer geschaffenes Gefährdungspotential" gegangen sei, sondern die Haftung darauf gegründet habe, dass er „das einzig denkbare Zuordnungssubjekt der Haftung ist"; siehe auch *Cursi*, Zeitschrift der Savigny-Stiftung für Rechtsgeschichte: Romanistische Abteilung 132 (2015), 362 (376 ff.).

[4] Siehe auch oben Kapitel 1, C. II. und III. 2. sowie D. I. 2. a).

[5] Vgl. nur BGH, Urt. v. 27.1.2015 – VI ZR 467/13, NJW 2015, 1824, juris Rn. 12; BGH, Urt. v. 31.5.2016 – VI ZR 465/15, NJW 2016, 2737, juris Rn. 9; siehe auch BGH, Urt. v. 6.7.1976 – VI ZR 177/75, BGHZ 67, 129, juris Rn. 15; BGH, Urt. v. 6.3.1990 – VI ZR 246/89, NJW-RR 1990, 789, juris Rn. 27; BGH, Urt. v. 24.4.2018 – VI ZR 25/17, NJW 2018, 3439, juris Rn. 9.

[6] BGH, Urt. v. 20.12.2005 – VI ZR 225/04, NJW-RR 2006, 813, juris Rn. 7; siehe auch BGH, Urt. v. 12.7.1966 – VI ZR 11/65, VersR 1966, 1073, juris Rn. 13.

[7] BGH, Urt. v. 13.1.1978 – VI ZR 7/77, VersR 1978, 515, juris Rn. 14; MüKoBGB/*Wagner*, 8. Aufl. 2020, § 833 Rn. 20.

[8] BGH, Urt. v. 25.9.1952 – III ZR 334/51, NJW 1952, 1329. Nach dem BGH soll der Halter allerdings dann haften, wenn das Tierverhalten durch menschliches Verhalten lediglich *mit*bestimmt wurde, z.B. wenn ein Pferd von Einbrechern aus seinem Stall getrieben wurde und anschließend nicht von den Einbrechern weiter auf die Autobahn gejagt wird, sondern aus eigenem Antrieb auf die Autobahn läuft, BGH, Urt. v. 6.3.1990 – VI ZR 246/89, VersR 1990, 796, juris Rn. 28.

[9] Vgl. *Deutsch*, NJW 1978, 1998 (2000).

[10] Vgl. *Deutsch*, NJW 1978, 1998 (2000), *Larenz/Canaris*, Lehrbuch des Schuldrechts, Bd. II/2, 13. Aufl. 1994, S. 615 f.; BeckOGK BGB/*Spickhoff*, 1.11.2022, § 833 Rn. 66.

[11] Staudinger BGB/*Eberl-Borges*, 2022, § 833 Rn. 57.

Gefährdungshaftung besteht.[12] Insofern schützt die Gefährdungshaftung den Geschädigten allerdings vor dem *Durchsetzungsrisiko*. Auch die Gefährdungshaftung erfüllt, wenn auch nicht als primärer Zweck, eine Sicherstellungsfunktion.[13] Der Geschädigte wird davon entlastet, den schuldhaft Handelnden zu identifizieren und gegen ihn vorzugehen.[14] Begründen lässt sich dies damit, dass mit den „besonderen" Schadensrisiken regelmäßig auch „besondere" Durchsetzungsrisiken verbunden sind, zu denen der Haftungsadressat ebenfalls eine „besondere" Beziehung unterhält: Typischerweise ist es bei den Aktivitäten, für die eine Gefährdungshaftung angeordnet ist, z.B. dem Betrieb eines Kraftfahrzeugs (§ 7 Abs. 1 StVG), aber auch der Haltung eines Tieres, schwierig, festzustellen, ob im konkreten Fall das Risiko doch beherrschbar war oder es ist unklar, welches Individuum insofern die Kontrolle hatte. Der Haftungsadressat ist meist am besten in der Lage, den Sachverhalt aufzuklären und, soweit nicht er selbst, sondern ein Dritter das Schadensrisiko steuern musste, gegen den schuldhaft Handelnden vorzugehen. Dies rechtfertigt es, ihm grundsätzlich auch solche Risiken (verschuldensunabhängig) aufzuerlegen. Überzeugend ist daher beispielsweise die Rechtsprechung des BGH, wonach die Halterhaftung nach § 7 Abs. 1 StVG auch anwendbar sei, wenn der Kraftfahrzeugführer den Schaden vorsätzlich herbeigeführt hat.[15] Entsprechendes muss aber auch für die Tierhalterhaftung gelten.[16] Im Fall von Kraftfahrzeugen schränkt § 7 Abs. 3 StVG die Haftung (nur) ein, wenn jemand das Fahrzeug ohne Wissen und Willen des Halters benutzt. In dieser Situation fehlt es am „besonderen" Einfluss des Halters auf das Risiko. Zu Recht wird daher in der Literatur vorgeschlagen, die Grenze für die Haftung des Tierhalters entsprechend zu ziehen.[17] Im Übrigen ist die tierspezifische Gefahr durch einen Vergleich mit Gegenständen, für die keine Gefährdungshaftung angeordnet ist,

---

[12] *Deutsch*, NJW 1978, 1998 (2000), wonach allerdings das Abstellen auf die „konkrete Unberechenbarkeit" dazu führe, dass man „die Gefährdungshaftung des Tierhalters zu einer bloßen Subsidiärnorm der Verschuldenshaftung herabwürdigen" würde, was eine „Denaturierung" sei.

[13] Vgl. auch *Deutsch*, JuS 1987, 673 (676), wonach die Gefährdungshaftung auch die „Kanalisierung der Schadenstragung auf den Tierhalter" bewirke; ähnlich *Ladeur*, in: Karl-Heinz Ladeur: Das Recht der Netzwerkgesellschaft, 2013, S. 393 (406 f.), wonach die Gefährdungshaftung eine „Kollektivhaftung" (eines Unternehmens) begründe; siehe auch *Sommer*, Haftung für autonome Systeme, 2020, S. 463; dafür, dass sich gerade das Restrisiko verwirklichen muss, aber *Luttermann*, JZ 1998, 174 (179) zur Gentechnik-Gefährdungshaftung, die nur „nicht bekannte" oder „(noch) nicht beherrschbare" Risiken erfassen soll; in diese Richtung auch § 20 Restat 3d of Torts, comment h.

[14] Vgl. *Wagner*, Deliktsrecht, 14. Aufl. 2021, S. 195; *Borges*, in: Law and Technology in a Global Digital Society, 2022, S. 51 (57); *Schäfer/Ott*, Lehrbuch der ökonomischen Analyse des Zivilrechts, 6. Aufl. 2020, S. 262.

[15] Vgl. BGH, Urt. v. 3.7.1962 – VI ZR 184/61, BGHZ 37, 311, juris Rn. 9 ff.

[16] Staudinger BGB/*Eberl-Borges*, 2022, § 833 Rn. 57.

[17] *Deutsch*, JuS 1987, 673 (676); BeckOGK BGB/*Spickhoff*, 1.11.2022, § 833 Rn. 68.

einzugrenzen: Eine Haftung für eine Katze als Wurfgeschoss scheidet nicht aufgrund der Beherrschbarkeit aus, sondern deshalb, weil die Katze in dieser Konstellation keine andere Rolle spielt als eine nicht der Gefährdungshaftung unterliegende Sache.[18]

Umgekehrt stellt sich die Frage, ob § 833 S. 1 BGB konsequenterweise nicht auf alle nicht-menschlichen Systeme anwendbar sein muss, die eine „natürliche" Autonomie aufweisen. Dazu gehören insbesondere Bakterien und Viren. Diese Systeme breiten sich schnell aus, verändern sich rasch und sind damit ebenso unbeherrschbar wie Bienen, Pferde oder Hunde.[19]

Einer analogen Anwendung von Gefährdungshaftungstatbeständen steht nach h.M. das Enumerationsprinzip entgegen.[20] Eine Einbeziehung könnte daher allenfalls durch eine weite Auslegung erfolgen.[21] Indes sprechen die besseren Argumente gegen die Anwendung von § 833 BGB auf Viren und Bakterien. Zunächst der Wortlaut: Im biologischen[22] sowie im allgemeinen Sprachgebrauch[23] werden Bakterien und Viren grundsätzlich nicht als „Tiere" eingeordnet. Dies schließt einen „juristischen Tierbegriff" zwar nicht aus. Erforderlich sind dann aber Anhaltspunkte dafür, dass im Gesetz von diesem Sprachgebrauch abgewichen wurde.[24] Hierfür ist nichts ersichtlich. Der Gesetzgeber

---

[18] Staudinger BGB/*Eberl-Borges*, 2022, § 833 Rn. 43, wonach das Tier hier „als mechanisches Werkzeug" diene; MüKoBGB/*Wagner*, 8. Aufl. 2020, 833 Rn. 10.

[19] *Dördelmann*, VersR 2018, 1234 (1234); zur Gefährlichkeit siehe auch BeckOGK BGB/*Spickhoff*, 1.11.2022, § 833 Rn. 43.

[20] Siehe nur RG, Urt. v. 11.1.1912 – VI 86/11, RGZ 78, 171 (172); BGH, Urt. v. 29.4.1960 – VI ZR 113/59, NJW 1960, 1345 (1346); BGH, Urt. v. 26.11.1968 – VI ZR 212/66, BGHZ 51, 91, juris Rn. 21 – „Hühnerpest"; BGH, Urt. v. 25.1.1971 – III ZR 208/68, BGHZ 55, 229, juris Rn. 10 ff.; *Larenz/Canaris*, Lehrbuch des Schuldrechts, Bd. II/2, 13. Aufl. 1994, S. 601 f.; *Böhmer*, JR 1971, 183; *Medicus*, JURA 1996, 561 (562); MüKoBGB/*Wagner*, 8. Aufl. 2020, Vor § 823 BGB Rn. 26; a.A. *Bauer*, in: FS Ballerstedt, 1975, S. 305; siehe auch Staudinger BGB/*Hager*, 2017, Vor §§ 823 ff. Rn. 29, wonach nicht jede Einzelanalogie ausgeschlossen sei; ähnlich *Schulz*, Verantwortlichkeit bei autonom agierenden Systemen, 2015, S. 154 f. Der Oberste Gerichtshof der Republik Österreich (OGH) lässt eine Gesamtanalogie grundsätzlich zu, insbesondere bejaht er eine verschuldensunabhängige Haftung des Unternehmers bei „gefährlichen Betrieben", vgl. OGH, Entsch. v. 28.3.1973 – 5 Ob 50/73; OGH, Entsch. v. 11.10.1995 – 3Ob508/93; siehe auch *Koziol*, in: FS Wilburg, 1975, S. 173 (178).

[21] Die Grenze zwischen Analogie und Auslegung ist allerdings fließend; siehe etwa zur Diskussion um die Anwendung von § 1 HaftPflG auf Sessellifte, OLG Zweibrücken, Urt. v. 31.5.1974 – 1 U 41/74, VersR 1975, 1013 (ablehnend); Filthaut/Piontek/Kayser HPflG/*Piontek*, 10. Aufl. 2019, § 1 Rn. 20.

[22] *Dördelmann*, VersR 2018, 1234 (1236).

[23] Staudinger BGB/*Eberl-Borges*, 2022, § 833 Rn. 18 ff.; *Spickhoff* differenziert zwischen Bakterien (Eingreifen der Norm) und Viren (Einzelanalogie), BeckOGK BGB/*Spickhoff*, 1.11.2022, § 833 Rn. 44 ff.

[24] Vgl. *Larenz/Canaris*, Juristische Methodenlehre, 3. Aufl. 1995, S. 142 f.; zu verschiedenen Methoden der Wortlautauslegung siehe *Dördelmann*, VersR 2018, 1234 (1236 f.), der

hatte Bakterien und Viren bei der Regelung der Tierhalterhaftung wohl gar nicht vor Augen.[25] Auch Zweckmäßigkeitserwägungen sprechen nicht für eine Einbeziehung: Die Tätigkeiten der Halter von Bakterien und Viren – typischerweise Träger von Laboren, Forschungsinstituten oder Pharmaunternehmen[26] – ähneln eher den Aktivitäten, die von der der Gentechnikhaftung umfasst sind als den Aktivitäten der Halter von Bienen, Pferden oder Hunden.[27] Der Gesetzgeber hat bislang ausdrücklich davon abgesehen, eine Gefährdungshaftung für andere Bereiche der Biotechnologie anzuordnen.[28] Die Anwendung von § 833 S. 1 BGB würde diese Entscheidung nicht hinreichend berücksichtigen, zumal die Tierhalterhaftung, anders als etwa die Gentechnikhaftung (§ 33 GenTG), keine Höchstbeträge kennt.[29] Schließlich sind auch Pflanzen Lebewesen, die sich in unbeherrschbarer Weise verhalten können.[30] Baumwurzeln können z.B. den Asphalt sprengen und hierdurch in unvermeidbarer und unvorhersehbarer Weise Schäden anrichten.[31] Pflanzen sind aber zweifellos nicht von § 833 S. 1 BGB erfasst; die Anwendung auf Pflanzen würde auf eine unzulässige Analogie hinauslaufen.

Die Unbeherrschbarkeit ist grundsätzlich allerdings keine hinreichende Bedingung einer Gefährdungshaftung.[32] Nicht alle Haftungslücken sollen beseitigt werden, sondern nur solche, bei denen die Gefahr über das allgemeine Lebensrisiko bzw. den Normalbereich hinausgeht und deshalb die kompensationslose Schädigung unangemessen ist.[33] Dem entspricht es, dass § 833 S. 1 BGB nicht alle Tiere umfasst, sondern lediglich *Luxus*tiere.

---

sich letztlich für eine „Kombinationslösung" ausspricht, die allerdings seiner Ansicht nach „eher gegen eine Erfassung" von Mikroorganismen spreche.

[25] Vgl. *Deutsch*, NJW 1990, 751 (752), der sich aber im Ergebnis für eine strenge Haftung ausspricht; *Dördelmann*, VersR 2018, 1234 (1238), der aber eine „schonende Einzelanalogie" für möglich hält (S. 1240).

[26] Vgl. *Dördelmann*, VersR 2018, 1234 (1234 f.).

[27] MüKoBGB/*Wagner*, 8. Aufl. 2020, § 833 Rn. 10; in diese Richtung auch *Larenz/Canaris*, Lehrbuch des Schuldrechts, Bd. II/2, 13. Aufl. 1994, S. 613 f. Bienen wurden in den Materialien ausdrücklich erwähnt, vgl. Protokolle II, Bd. II, S. 647.

[28] Vgl. Entwurfsbegründung zum GenTG, BT-Drs. 11/5622, S. 33.

[29] Vgl. MüKoBGB/*Wagner*, 8. Aufl. 2020, § 833 Rn. 10, wonach die Gefahr von Mikroorganismen „im Zusammenhang mit der Umwelthaftung zu regeln sei" und der über § 32 GenTG beschrittene Weg „weiter gegangen werden" sollte.

[30] Vgl. BeckOK BGB/*Spindler*, 66. Ed., 1.5.2023, § 833 Rn. 5, der sich für eine Anwendung auf Mikroorganismen ausspricht, jedoch einräumt, dass „die Grenzen zur Pflanzenwelt oder gar zur unbelebten Welt fließend" seien; vgl. auch *Dennett*, in: The Oxford Handbook of Philosophy of Mind, 2009, S. 339 (342), wonach der sog. „Intentional Stance" (siehe dazu Kapitel 1, Fn. 223) auch auf Pflanzen angewandt werden könne.

[31] Staudinger BGB/*Eberl-Borges*, 2022, § 833 Rn. 16.

[32] Vgl. *Jaun*, Haftung für Sorgfaltspflichtverletzungen, 2007, S. 280 ff.; ähnlich auch Vorschläge für Generalklauseln einer Gefährdungshaftung (vgl. noch Fn. 120).

[33] Vgl. *Kötz*, AcP 170 (1970), 1 (29), wonach für eine Gefährdungshaftung eine Gefahr geschaffen werden müsse, die sich „über das Niveau ganz gewöhnlicher und normaler

2. Luxustiergefahr als große oder zumindest erhebliche Gefahr

Zu einer „besonderen" Gefahr kann ein (Rest-)Risiko insbesondere aufgrund seiner *Größe* werden:[34] Ist eine Aktivität mit hohen oder häufigen Schäden[35] verbunden, wirkt sich eine Überschreitung des ökonomisch optimalen Aktivitätsniveaus erheblich aus (Effizienzgedanke).[36] Außerdem erscheint ein Ausgleich „gerecht", wenn bestimmte Personen hohe oder häufige Schäden erleiden, wohingegen andere von der Gefahr (nur) profitieren (Vorteilsgedanke).[37]

Ob mit der Haltung von Tieren generell sehr *häufig* oder sehr *hohe* Schäden drohen, ist allerdings diskussionswürdig.[38] Man denke an einen Hamster oder an ein Huhn.[39] Dass die Einordnung nicht gewiss ist, zeigt auch der Rechtsvergleich: Das österreichische und das schweizerische Recht sehen z.B. lediglich eine Verschuldensvermutung vor, wohingegen das französische Recht eine Gefährdungshaftung für sämtliche Tiere, die gehalten werden, anordnet.[40] In manchen Rechtsordnungen wird unterschieden zwischen verschiedenen Tieren bzw. Kategorien von Tieren. Im U.S.-amerikanischen Recht findet sich die Differenzierung zwischen wilden Tieren, für die strikt gehaftet wird, und sonstigen Tieren, für die nur gehaftet wird, wenn das Tier gefährliche Tendenzen aufweist, die im Hinblick auf seine Art abnormal sind und der Halter hiervon weiß oder wissen muss.[41] Ähnlich wird im englischen Recht unterschieden zwischen Tieren, die einer gefährlichen Spezies angehören und anderen Tieren.[42] Auch im zweiten Entwurf des BGB war eine Unterscheidung zwischen dem Halten „wilder oder gefährlicher Tiere" und dem Halten von „Hausthieren"

Lebensvorgänge erhebt"; zum Grenz-, Normal- und Verbotsbereich siehe bereits oben Kapitel 2, B. I.

[34] *Kötz*, AcP 170 (1970), S. 29; *Larenz/Canaris*, Lehrbuch des Schuldrechts, Bd. II/2, 13. Aufl. 1994, S. 607; *Deutsch*, Allgemeines Haftungsrecht, 2. Aufl. 1996, S. 441; zur Bedeutung der „Wahrscheinlichkeit *unverschuldeter* Schäden" siehe insbesondere *Blaschczok*, Gefährdungshaftung und Risikozuweisung, 1993, S. 54, 71 (Hervorh. d. Verf.).

[35] Zur Bestimmung der Risikogröße siehe oben Kapitel 1, D. I. 1.

[36] Vgl. *Landes/Posner*, Journal of Legal Studies 1985, 535 (559 f.); *Shavell*, Foundations of Economic Analysis of Law, 2004, S. 197 f.; siehe auch schon oben Kapitel 2, B. I.

[37] Zur distributiven Gerechtigkeit als Hintergrund der Gefährdungshaftung siehe oben Kapitel 2, Fn. 495.

[38] Vgl. *Deutsch*, Allgemeines Haftungsrecht, 2. Aufl. 1996, S. 417, wonach „eher geringe Risiken" bestünden, etwa im Vergleich zu Schusswaffen (keine Gefährdungshaftung); zustimmend *Taupitz/Pfeiffer*, JBl 2010, 88 (90).

[39] Siehe auch *Hanisch*, Haftung für Automation, 2010, S. 47 zu den unterschiedlichen Gefahren eines Pferdes auf der Straße und einer Katze in der Wohnung.

[40] Vgl. § 1320 ABGB, Art. 56 ZGB, Art. 1243 Code Civil.

[41] Vgl. §§ 22 f. Restat 3d of Torts; *Hay*, U.S.-amerikanisches Recht, 7. Aufl. 2020, S. 392, wonach Haustiere „grundsätzlich nicht als gefährlich eingestuft werden" könnten.

[42] Vgl. Sec. 2 Animals Act 1971 sowie Staudinger BGB/*Eberl-Borges*, 2022, § 833 Rn. 10.

vorgesehen.[43] Das römische Recht sah für den Halter wilder Tiere eine strikte
Haftung vor, wohingegen die Haftung für Herdentiere eingeschränkt war, ins-
besondere dadurch, dass sich der Haftungsadressat durch die Auslieferung des
Tieres an den Geschädigten befreien konnte.[44]

§ 833 S. 1 BGB sieht keine solche Differenzierung vor. § 833 S. 2 BGB –
der im Jahr 1908 eingeführt wurde[45] – beschränkt allerdings die Haftung des
Halters eines Haustieres, das dem Beruf, der Erwerbstätigkeit oder dem Unterhalt des Tierhalters zu dienen bestimmt ist. Während das (Rest-)Risiko, das
von Nicht-Haustieren ausgeht, also generell, aufgrund seiner Größe, als „besonders" eingeordnet wird, wird für Haustiere nur gehaftet, wenn es sich dabei
nicht um Nutztiere handelt. Haustiere i.S.v. § 833 S. 2 BGB sind nach dem RG
„diejenigen Gattungen von zahmen Tieren, die in der Hauswirtschaft zu dau-
ernder Nutzung oder Dienstleistung gezüchtet und gehalten zu werden pflegen
und dabei aufgrund von Erziehung und Gewöhnung der Beaufsichtigung und
dem *beherrschenden Einfluss* des Halters unterstehen".[46] Im letzten Teil dieser
Definition findet sich ein Hinweis auf den Grund der Unterscheidung: Da Haustiere sich vergleichsweise gut beherrschen lassen, ist die Wahrscheinlichkeit,
dass sie Schäden verursachen, für die niemand i.S.v. § 276 Abs. 2 BGB verantwortlich ist, grundsätzlich geringer als bei anderen Tieren.[47] Die Gefahr ist
möglicherweise erheblich, jedoch nicht „besonders" groß. Deshalb überzeugt
es grundsätzlich, den Halter eines Haustieres nur in bestimmten Konstellationen mit einer Gefährdungshaftung zu belasten, nämlich dann, wenn die Gefahr
außerdem „unnötig" ist. Um dieses Ergebnis zu erreichen, ist § 833 S. 2 BGB
allerdings, wie sogleich näher erläutert wird, entsprechend auszulegen.

---

[43] Vgl. Protokolle II, Bd. II, S. 647; *Brüggemeier*, Haftungsrecht, 2006, S. 108.

[44] Vgl. *Harke*, in: Intelligente Agenten und das Recht, 2016, S. 97 (103 ff.), wonach bei
wilden Tieren die Gefährdung entscheidend sei, bei zahmen dagegen das „autonome Versagen des Tieres"; ähnlich *Cursi*, Zeitschrift der Savigny-Stiftung für Rechtsgeschichte: Romanistische Abteilung 132 (2015), 362 (376 ff.).

[45] Vgl. das Gesetz, betreffend Änderung des § 833 des Bürgerlichen Gesetzbuchs, v.
30.5.1908, RGBl. 1908, S. 313.

[46] RG, Urt. v. 19.11.1938 – VI 127/38, RGZ 158, 388 (391) (Hervorh. d. Verf.); siehe
auch die Definition bei Erman BGB/*Wilhelmi*, 16. Aufl. 2020, § 833 Rn. 9: „zahme Tiere
wie Pferde, Rinder, Schweine, Hunde und Katzen, jedoch nur, wenn sie tatsächlich als Haustiere verwendet werden". In den Materialien zum BGB-Entwurf findet sich die Aussage,
dass das „Halten von Hausthieren durch die moderne Kulturentwickelung bedingt sei, der
Allgemeinheit zum Nutzen gereiche und der Verkehr sich auf das Halten von Hausthieren
eingerichtet habe", Protokolle II, Bd. II, S. 647.

[47] Zur geringeren Gefährlichkeit von Haustieren siehe etwa *Borges*, NJW 2018, 977
(982).

3. *Luxustiergefahr als „unnötige" Gefahr*

Ausgangspunkt der Unterscheidung in § 833 BGB sollte der Gedanke sein, dass das Halten von Nutztieren der Allgemeinheit zugutekommt, wohingegen das Halten von Luxustieren allein den individuellen Interessen des Halters dient, so dass die Gefährdung aus Sicht des Rechtsverkehrs „unnötig" ist.[48] Dagegen kann das Versicherungsargument die Differenzierung wohl nicht (mehr) mitbegründen:[49] Während Anfang des 20. Jahrhunderts angenommen wurde, eine Versicherung von Tierschäden sei für kleine Betriebe nicht unbedingt naheliegend,[50] scheint eine solche Versicherung heute allgemein üblich zu sein[51].

Der Gedanke der „unnötigen" Gefahr kann grundsätzlich eine Gefährdungshaftung (mit-)begründen: Wie beschrieben, besteht ein wesentlicher Nachteil der Gefährdungshaftung in der Möglichkeit einer zu starken Abschreckungswirkung.[52] Ist mit der Aktivität aber kein oder kaum ein Nutzen für die Allgemeinheit verbunden, sind bei einer zu starken Abschreckung erhebliche gesamtgesellschaftliche Einbußen nicht zu befürchten (Effizienzgedanke).[53] Zudem droht bei einer „unnötigen" Gefahr ein erhebliches Ungleichgewicht bei der Verteilung der Vor- und Nachteile der Aktivität, das durch eine Gefährdungshaftung in gewisser Weise ausgeglichen wird (Vorteilsgedanke):[54] Die

---

[48] Vgl. *Rohe*, AcP 201 (2001), 117 (137 f.); *Dietz*, Technische Risiken und Gefährdungshaftung, 2006, S. 168; *Heiderhoff/Gramsch*, ZIP 2020, 1937 (1942); siehe auch die Dritte Beratung im Plenum des Reichstags zum BGB-Entwurf, wo darauf hingewiesen wird, dass die kommerziellen Tierhalter das Tier „nothwendigerweise" halten würden (zitiert nach Mugdan II, S. 1407). Nach *Oertmann*, Recht der Schuldverhältnisse, 3. und 4. Aufl. 1910, § 833 Anm. 2b handelt es sich bei § 833 BGB um eine „schwer zu rechtfertigende Besonderheit". Das Halten eines Tieres sei „eine erlaubte, vielfach sogar sozial förderliche und unentbehrliche Betätigung". Auch in §§ 21 ff. Restat 3d of Torts ist eine Differenzierung nach dem Nutzen angelegt. Die unterschiedliche Behandlung von wilden Tieren und sonstigen Tieren wird nicht nur mit dem Gefährlichkeitsgedanken, sondern auch damit gerechtfertigt, dass letztere von „substantial economic value" seien oder jedenfalls eine „essential companionship for households and families" darstellen würden (§ 23, comment b); kritisch dazu *Simons*, Wake Forest Law Review 2009, 1355 (1367), der darauf hinweist, dass auch ein „Haustiger" eine solche Begleitung darstellen könnte.

[49] MüKoBGB/*Wagner*, 8. Aufl. 2020, § 833 Rn. 3.

[50] Vgl. die Verhandlungen des Reichstags, Reichstagsprotokolle 1905/06, 3, S. 2687.

[51] Vgl. BGH, Urt. v. 30.6.2009 – VI ZR 266/08, NJW 2009, 3233, juris Rn. 8; siehe auch *Schrader*, DAR 2022, 9 (10), wonach die Grenzziehung „nur historisch erklärt" werden könne.

[52] Siehe oben Kapitel 2, B. I.

[53] Vgl. *Hanisch*, Haftung für Automation, 2010, S. 47, wonach sich die Haftung „wohl nur ökonomisch begründen" lasse; die Differenzierung erscheint für ihn aber letztlich „willkürlich".

[54] Vgl. MüKoBGB/*Wagner*, 8. Aufl. 2020, § 833 Rn. 2, der jedoch der Auffassung ist, ein „sachlicher Grund für die Beschränkung der Gefährdungshaftung" sei „nicht ersichtlich" (Rn. 3); anders wohl die Einschätzung in § 23 Restat 3d of Torts, comment b, wonach das Halten von Tieren wie Hunden und Katzen weit verbreitet sei.

Aktivität dient allein den Interessen des Gefährdenden, wohingegen die Geschädigten nicht einmal potenziell und mittelbar, als Teil der Allgemeinheit,
z.b. als Konsumenten, profitieren können.[55] Allerdings besteht nicht für jede
in diesem Sinn „unnötige" Gefahr eine Gefährdungshaftung, z.B. nicht für das
private Fahrrad- oder Skifahren.[56] Damit eine Gefährdungshaftung gerechtfertigt ist, dürfte vielmehr ein „besonderes" Ungleichgewicht erforderlich sein.
Hierfür kommt es wiederum auf die Gefahrengröße an: Liegt eine größere Gefahr vor, ist auch die Differenz zwischen den Vorteilen (Schädiger) und den
Nachteilen (Geschädigte) größer.[57] Regelmäßig geht es daher um (Rest-)Risi-
ken, welche zwar nicht als „besonders" groß eingestuft werden können, aber
zumindest erheblich und *außerdem* „unnötig" sind. Dies ist der Fall bei Luxustieren, wenn man die Abgrenzung nach der Bedeutung der Tierhaltung für
die Sicherheit und Freiheit der Allgemeinheit vornimmt. Insofern ist die Auslegung des BGH allerdings teilweise zu korrigieren:

§ 833 S. 2 BGB umfasst zunächst – was wohl unstreitig ist – die kommerzielle Tierhaltung. Diese dient regelmäßig der Förderung der gesamtgesellschaft-
lichen Wohlfahrt: Die Substitution und Ergänzung des Menschen durch Nutztiere erlaubt es, die Produktivität von Betrieben zu erhöhen.[58] Die Tierhaltung
bewirkt zwar zunächst eine Entlastung des Halters und eine Erweiterung *seiner*
Handlungsmöglichkeiten. Hiervon profitiert jedoch auch die Allgemeinheit:
Zum einen können vielfältigere und günstigere Güter angeboten werden (Freiheitsgewinn). Zum anderen löst die Gefahr „Tier" die Gefahr „Mensch" ab,
was zu einer Erhöhung des generellen Sicherheitsniveaus führen kann (Sicherheitsgewinn). Beispielsweise können Zugpferde einen Acker effizienter be-
wirtschaften als ein Mensch. Und das überlegene Hör- und Geruchsvermögen

---

[55] Vgl. *Rohe*, AcP 201 (2001), 117 (137); *Dietz*, Technische Risiken und Gefährdungshaftung, 2006, S. 169; *Heiderhoff/Gramsch*, ZIP 2020, 1937 (1942); *Medicus*, JURA 1996,
561 (563): „wirtschaftliche Nützlichkeit", mit Kritik zu diesem Kriterium bei § 833 BGB;
Borges, NJW 2018, 977 (982) zum „Interesse der Gesellschaft am Einsatz der gefährlichen
Systeme"; ähnlich *ders.*, in: Law and Technology in a Global Digital Society, 2022, S. 51
(62); MüKoBGB/*Wagner*, 8. Aufl. 2020, § 833 Rn. 2, der darauf hinweist, dass „die Tierhaltung in der Gesellschaft ungleich verteilt ist, so dass sich die wechselseitige Gefährdung
der Bürger nicht kompensiert". Auch die Haftung des Halters eines Privatflugzeugs (§ 33
LuftVG) sowie die Wildschadenshaftung (§ 29 BJagdG) werden als Beispiele der Haftung
für eine „unnötige" Gefahr genannt (*Rohe*, a.a.O., S. 137), allerdings differenzieren diese
Vorschriften nicht nach dem Zweck der Aktivität (vgl. *Dietz*, a.a.O., S. 169).

[56] Siehe aber *Blaschczok*, Gefährdungshaftung und Risikozuweisung, 1993, S. 375 ff.,
der sich für eine Gefährdungshaftung für „Luxus-, Sport- und Freizeitaktivitäten" ausspricht;
Canaris, VersR 2005, 577 (580), wo eine Gefährdungshaftung für Rad- oder Skifahrer (anders als für Fußgänger) zumindest nicht ausgeschlossen wird.

[57] Siehe auch *Wagner*, in: Law by Algorithm, 2021, S. 127 (139), wo einerseits auf die
ungleiche Verteilung von Risiken („their distribution across society remains unequal"), andererseits auf die Risikogröße („high risk") verwiesen wird.

[58] *Hofmann*, Impulse nicht-normativer Ethik für die Ökonomie, 2018, S. 214.

eines Hundes macht diesen zu einem zuverlässigeren Wächter, was die Sicherheit generell steigern kann.[59] Die Technisierung hat zwar dazu geführt, dass Menschen heute seltener durch Tiere und häufiger von Technologien ersetzt oder ergänzt werden.[60] Die Allgemeinheit profitiert aber auch von anderen, neueren Formen der kommerziellen Tierhaltung. Heute betrifft § 833 S. 2 BGB vor allem Tiere, die zur Produktion von Lebensmittelproduktion gehalten werden, Zuchttiere sowie Tiere, die vermietet werden.[61] Zwar kommt es in diesen Fällen oft nicht zu einem Sicherheitsgewinn – die Tiere lösen keine Gefahr mehr ab –, aber der Aspekt des Freiheitsgewinns für die Allgemeinheit – sei es auch nur durch ein erweitertes Nahrungs- oder Freizeitangebot – ist weiterhin vorhanden.

Allerdings kann auch ein Tier, das zu ideellen Zwecken gehalten wird, die Freiheit und Sicherheit der Allgemeinheit fördern. Man denke etwa an ein Pferd, das von einem gemeinnützigen Verein zur Reittherapie eingesetzt wird.[62] Hier profitiert die Allgemeinheit sogar in besonders hohem Ausmaß. Regelmäßig wird § 833 S. 2 BGB indes auf kommerzielle Zwecke beschränkt.[63] Der BGH hat die Einbeziehung eines aus ideellen Gründen gehaltenen Therapiepferds ausdrücklich abgelehnt.[64] Auf Grundlage des Gedankens der „unnötigen" Gefahr, ist dies aber wenig überzeugend. Zu Recht wird von manchen Autoren, insbesondere von *Eberl-Borges*, gefordert, auch Therapiepferde und Blindenhunde unter § 833 S. 2 BGB zu fassen.[65] Argumentiert wird u.a. damit, diese würden zur Gesundheitsfürsorge bzw. zur Existenzsicherung gehören und deshalb dem „Unterhalt" dienen.[66] Ob der Wortlaut des § 833 S. 2 BGB diese Auslegung tatsächlich nahe legt, ist fraglich. Das Therapiepferd eines Vereins dient nicht dem Unterhalt „des Tierhalters". Der Wortlaut steht einer erweiterten, teleologischen Auslegung jedoch auch nicht strikt entgegen. Für eine solche Auslegung spricht insbesondere die vergleichbare

---

[59] Vgl. *Hofmann*, Impulse nicht-normativer Ethik für die Ökonomie, 2018, S. 214.

[60] Vgl. BGH, Urt. v. 27.5.1986 – VI ZR 275/85, NJW 1986, 2501, juris Rn. 19; BGH, Urt. v. 30.6.2009 – VI ZR 266/08, NJW 2009, 3233, juris Rn. 8, insbesondere zu Zugtieren; zu einem elektronischen Wächter siehe etwa *Oechsler*, NJW 2022, 2713 (2713 f.).

[61] BGH, Urt. v. 27.5.1986 – VI ZR 275/85, NJW 1986, 2501, juris Rn. 21; MüKoBGB/*Wagner*, 8. Aufl. 2020, § 833 Rn. 49.

[62] Vgl. BGH, Urt. v. 21.12.2010 – VI ZR 312/09, NJW 2011, 1961, juris Rn. 8.

[63] BGH, Urt. v. 14.2.2017 – VI ZR 434/15, NJW-RR 2017, 725, juris Rn. 11 ff.; siehe auch BGH, Urt. v. 21.12.2010 – VI ZR 312/09, NJW 2011, 1961, juris Rn. 8; MüKoBGB/*Wagner*, 8. Aufl. 2020, § 833 Rn. 49.

[64] Vgl. BGH, Urt. v. 21.12.2010 – VI ZR 312/09, NJW 2011, 1961, juris Rn. 8 und dazu *Eberl-Borges*, LMK 2012, 332118.

[65] Staudinger BGB/*Eberl-Borges*, 2022, § 833 Rn. 140; für eine Erfassung des Blindenhundes, nicht aber des Therapiepferdes eines Idealvereins *Deutsch*, JuS 1987, 673 (679), der sich jedoch für eine Gleichbehandlung *de lege ferenda* ausspricht.

[66] Staudinger BGB/*Eberl-Borges*, 2022, § 833 Rn. 140.

Schutzbedürftigkeit.[67] Zweck der Einschränkung war der Schutz derjenigen, die zur Tierhaltung aufgrund ihrer wirtschaftlichen Bedürfnisse „genöthigt sind", wobei der „kleine Mann" im Vordergrund stand.[68] Wer sich aus altruistischen Gründen für die Tierhaltung entscheidet, ist mindestens genauso schutzwürdig wie der kommerziell Handelnde. Zwar ist er nicht auf die Tierhaltung angewiesen, es geht aber auch nicht um die Haltung eines Haustieres „zum Luxus", auf welche § 833 S. 1 BGB zugeschnitten ist.[69] An Therapiepferde und Blindenhunde hat der Gesetzgeber Anfang des 20. Jahrhunderts wohl schlicht nicht gedacht. Entscheidend für die Anwendung des § 833 S. 2 BGB muss sein, ob die Tierhaltung „Vorteile für die Allgemeinheit" mit sich bringt.[70] So hat der BGH beispielsweise auch den Diensthund der Polizei einbezogen, obwohl der Staat „nicht einen ‚Beruf' im eigentlichen Sinne" habe.[71] Die Privilegierung von Tieren, die zur Wahrnehmung der Daseinsvorsorge gehalten werden, ist gerechtfertigt. Genauso müssen aber auch Tiere von Privaten, mit denen Allgemeinwohlzwecke verfolgt werden, privilegiert werden.[72]

II. Besondere Beziehung des Tierhalters zu der Gefahr

Der Halter steht in einer „besonderen" Beziehung zu dieser Gefahr:[73] Er kann Schäden in der Regel am besten und günstigsten vermeiden oder jedenfalls die

---

[67] Nach dem BGH ist die Differenzierung allerdings „nicht völlig sachfremd" und verstößt nicht gegen Art. 3 Abs. 1 GG, BGH, Urt. v. 30.6.2009 – VI ZR 266/08, NJW 2009, 3233, juris Rn. 5 ff.

[68] Vgl. die Verhandlungen des Reichstags, Reichstagsprotokolle 1905/06, 3, S. 2686 ff.; siehe auch BGH, Urt. v. 27.5.1986 – VI ZR 275/85, NJW 1986, 2501, juris Rn. 18. Der BGH verneinte – anders als die Vorinstanz (OLG Düsseldorf, Urt. v. 25.10.1985 – 14 U 97/85, NJW-RR 1986, 325 (325 f., unter 1.) – die Möglichkeit, § 833 S. 2 BGB auf die Wirtschaftszweige zu beschränken, „von denen die Versorgung der Allgemeinheit mit land- und ernährungswirtschaftlichen Erzeugnissen abhängt" (BGH, a.a.O., Rn. 20). Hinter der Novellierung (siehe dazu oben 2.) standen insbesondere die Landwirtschaftskammern, vgl. die Verhandlungen des Reichstags, a.a.O., S. 2688 ff.

[69] Vgl. die Verhandlungen des Reichstags, Reichstagsprotokolle 1905/06, 3, S. 2686.

[70] So auch das OLG Düsseldorf, Urt. v. 25.10.1985 – 14 U 97/85, NJW-RR 1986, 325 (326, unter 1.), das die Anwendung des § 833 S. 2 BGB mit diesem Argument allerdings nicht ausweiten, sondern einschränken wollte, indem es außerdem „gewichtige" Vorteile verlangte. Der BGH hob das Urteil auf, BGH, Urt. v. 27.5.1986 – VI ZR 275/85, NJW 1986, 2501, juris Rn. 20 ff.

[71] BGH, Urt. v. 26.6.1972 – III ZR 32/70, VersR 1972, 1047, juris Rn. 13.

[72] Siehe dazu *Eberl-Borges*, LMK 2012, 332118 (unter 2.). Bei „doppelfunktionalen Tieren" kann, wie bisher, auf die „hauptsächliche Zweckbestimmung" abgestellt werden, vgl. BGH, Urt. v. 3.5.2005 – VI ZR 238/04, NJW-RR 2005, 1183, juris Rn. 12; MüKoBGB/*Wagner*, 8. Aufl. 2020, § 833 Rn. 51.

[73] Zum Begriff des Tierhalters siehe bereits oben vor und mit Fn. 1; siehe auch BGH, Urt. v. 19.1.1988 – VI ZR 188/87, NJW-RR 1988, 655, juris Rn. 12; BGH, Urt. v. 6.3.1990 – VI ZR 246/89, NJW-RR 1990, 789, juris Rn. 24 zum Halter als „Unternehmer" des mit der

mit der – aufgrund des Restrisikos mitunter unvermeidbaren – Haftung verbundene Belastung gering halten, insbesondere, indem er sich versichert. Außerdem zieht er aus der Aktivität besondere Vorteile.[74]

Der Einfluss- und der Vorteilsgedanke begrenzen gleichzeitig die Haftung: Die Tierhalterhaftung ist der wohl am häufigsten diskutierte Anwendungsfall des „Handelns auf eigene Gefahr".[75] Dazu hier nur so viel: Der Gedanke der „besonderen" Beziehung des Tierhalters zu der Gefahr trägt nicht, wenn jemand sich den Tiergefahren selbst ausliefert,[76] in dem Sinne, dass er sich das Tier, wenn auch nur vorübergehend,[77] „zunutze macht und die Kontrolle über es übernimmt",[78] also selbst eine, möglicherweise nur kurzzeitige, „besondere" Beziehung zu der Gefahr aufbaut, die mit der des Halters zumindest vergleichbar ist.[79] In diesen Konstellationen ist es aus Präventionsgründen sinnvoll, dem Geschädigten Anreize zur Erhöhung des Sorgfalts- und zur Verringerung des Aktivitätsniveaus zu setzen (Effizienzgedanke).[80] Und da der Geschädigte von der gefährlichen Aktivität mindestens so sehr profitiert wie der Haftungsadressat, erscheint es auch „gerecht", wenn er die Schadenskosten selbst trägt

---

Tierhaltung verbundenen Gefahrenbereichs; BeckOK BGB/*Spindler*, 66. Ed., 1.5.2023, § 833 Rn. 13; zu den Kriterien der „besonderen" Beziehung siehe oben Kapitel 2, B. II. 1. b).

[74] Vgl. *Deutsch*, JuS 1987, 673 (676); MüKoBGB/*Wagner*, 8. Aufl. 2020, § 833 Rn. 2; siehe auch Protokolle II, Bd. II, S. 647.

[75] Zum Stand der Rechtsprechung siehe BeckOGK BGB/*Spickhoff*, 1.11.2022, § 833 Rn. 82 ff. Der BGH prüft in der Regel ein Mitverschulden gem. § 254 BGB. Ausnahmsweise bejaht er auch einen Haftungsausschluss unter dem Gesichtspunkt des Handelns auf eigene Gefahr, wenn der Geschädigte sich bewusst einer „besonderen Gefahr" – die wohl über die besondere Tiergefahr i.S.v. § 833 S. 1 BGB hinausgehen muss – aussetzt, vgl. nur BGH, Urt. v. 30.4.2013 – VI ZR 13/12, NJW 2013, 2661, juris Rn. 5 ff. Tendenziell ist der BGH restriktiv. So wird ein Haftungsausschluss abgelehnt, wenn jemand sich der Tiergefahr aus beruflichen Gründen vorübergehend aussetzt, BGH, Urt. v. 25.3.2014 – VI ZR 372/13, NJW 2014, 2434, juris Rn. 8 ff.; kritisch BeckOGK BGB/*Spickhoff*, a.a.O., § 833 Rn. 88; in der Literatur ist die Einordnung umstritten; *Deutsch*, NJW 1978, 1998 (2001 f.) möchte etwa den „persönlichen Schutzbereich" einschränken und weist auf § 8a StVG (a.F.) hin; ähnlich *Brüggemeier*, Haftungsrecht, 2006, S. 111 f., der einen Haftungsausschluss in „doppelter Analogie" zu §§ 8 Nr. 2, 8a StVG vorschlägt; für eine Berücksichtigung im Rahmen des § 254 BGB Erman BGB/*Wilhelmi*, 16. Aufl. 2020, § 833 Rn. 6.

[76] Vgl. *Brüggemeier*, Haftungsrecht, 2006, S. 111, wonach es beim Handeln auf eigene Gefahr an einem „sozialen Zwang zur Gefahrenhinnahme" fehle.

[77] Baut der Betroffene eine *längere* Beziehung zu der Tiergefahr auf, wird er regelmäßig selbst zum Halter. Nach Staudinger BGB/*Eberl-Borges*, 2022, § 833 Rn. 190 ff. soll die Haltereigenschaft das entscheidende Kriterium sein; eine weitere Einschränkung unter dem Aspekt des Handelns auf eigene Gefahr wird abgelehnt.

[78] BeckOGK BGB/*Spickhoff*, 1.11.2022, § 833 Rn. 88.

[79] Ähnlich *Taupitz/Pfeiffer*, JBl 2010, 88 (92) zu § 1304 Abs. 5 ABGB-E.

[80] Zum Sorgfalts- und Aktivitätsniveau des Geschädigten siehe bereits oben Kapitel 2, Fn. 496.

(Vorteilsgedanke).[81] Auf eigene Gefahr handelt beispielsweise derjenige, der ein Pferd besteigt; er übernimmt regelmäßig das Risiko, dass dieses durchgeht.[82] Auf eigene Gefahr handelt auch der Besucher, der mit der Katze des Gastgebers spielt und von dieser gekratzt wird.[83] Dem steht nicht entgegen, dass der Geschädigte, anders als der Tierhalter, häufig keinen Anlass hatte, sich hinsichtlich der Tierrisiken gesondert zu versichern.[84] In vielen Fällen verfügt er dennoch über eine – nicht tierspezifische – Versicherung, die das Risiko abdeckt.[85] Wenn nicht, hat er zumindest die Möglichkeit, mit dem Tierhalter vor der Risikoübernahme vertragliche (mündliche) Vereinbarungen über die Haftung zu treffen.[86]

B. Haftung für vermutetes Verschulden des Halters von Nutztieren

Die Beweislastumkehr zu Lasten des Nutztierhalters nach § 833 S. 2 BGB bewirkt, ähnlich wie die Beweislastumkehr zu Lasten des Geschäftsherrn in § 831 Abs. 1 S. 2 BGB, grundsätzlich eine Reduktion von Fehlentscheidungsrisiken: Der Halter hat im Hinblick auf seine Pflichtverletzung in aller Regel bessere *Beweismöglichkeiten* als der Geschädigte. Das *Wahrscheinlichkeitskriterium* spricht zwar nicht für, aber auch nicht gegen eine Beweislast des Halters: Für eine überwiegende Wahrscheinlichkeit spricht, dass die Anforderungen an den

---

[81] Treffend BGH, Urt. v. 13.11.1973 – VI ZR 152/72, NJW 1974, 234, juris Rn. 16, wonach die „den Tierhalter treffende Gefährdungshaftung dann nicht mehr einer gerechten Zuweisung des Zufallsschadens [entspreche], wenn der Verletzte die Herrschaft über das Tier und damit die unmittelbare Einwirkungsmöglichkeit vorwiegend im eigenen Interesse und in Kenntnis der damit verbundenen besonderen Tiergefahr übernommen hat". Der Geschädigte sei „dann nicht nur selbst in der Lage, die Maßnahmen zu ergreifen, die seinen bestmöglichen Schutz gewährleisten, sondern sein eigenes Interesse [wiege] im Verhältnis zum Tierhalter den Gesichtspunkt auf, daß dieser den Nutzen des Tieres hat"; vgl. aber auch BGH, Urt. v. 14.7.1977 – VI ZR 234/75, NJW 1977, 2158, juris Rn. 17, wo diese Aussage relativiert wird; insbesondere sei die Haftung nicht schon bei „etwa gleicher Interessenlage" ausgeschlossen; vgl. auch Fn. 75 zur neueren Rechtsprechung.

[82] Vgl. *Deutsch*, NJW 1978, 1998 (2001 f.); MüKoBGB/*Wagner*, 8. Aufl. 2020, § 833 Rn. 29; strenger BGH, Urt. v. 14.7.1977 – VI ZR 234/75, NJW 1977, 2158, juris Rn. 8 ff.

[83] *Lehmann/Auer*, VersR 2011, 846 (849).

[84] Dies soll nach dem BGH für die Frage berücksichtigt werden, ob ein konkludenter Haftungsausschluss vereinbart wurde, BGH, Urt. v. 14.7.1977 – VI ZR 234/75, NJW 1977, 2158, juris Rn. 25.

[85] Vgl. BeckOGK BGB/*Spickhoff*, 1.11.2022, § 833 Rn. 88 zu Geschädigten, die beruflich mit dem Tier in Berührung kommen; MüKoBGB/*Wagner*, 8. Aufl. 2020, § 833 Rn. 29 zu Arbeitnehmern des Halters.

[86] MüKoBGB/*Wagner*, 8. Aufl. 2020, § 833 Rn. 29.

Tierhalter sehr hoch sind.[87] Denn mit der Haltung eines (Haus-)Tieres geht, wie soeben dargestellt, in der Regel zwar keine „besondere", aber zumindest eine erhebliche Gefahr einher. Da der Tierhalter – insbesondere im Fall der kommerziellen Haltung – erhebliche Vorteile aus der Tierhaltung zieht, sind ihm außerdem weitreichende Maßnahmen zumutbar. Hinzu kommt, dass es im Zusammenhang mit Tieren keinen Vertrauensgrundsatz gibt, denn diese können sich naturgemäß nicht an rechtlichen Sorgfaltsstandards ausrichten.[88] Anders als bei Verrichtungsgehilfen[89] berechtigt daher etwa die Tatsache, dass das Tier sich bisher „bewährt" hat, den Tierhalter nicht, es fortan nur noch punktuell zu kontrollieren.[90] Gegen eine überwiegende Wahrscheinlichkeit spricht allerdings die trotz aller Maßnahmen verbleibende Unberechenbarkeit des tierischen Verhaltens. Anders als § 831 Abs. 1 BGB enthält § 833 S. 2 BGB keine weiteren Voraussetzungen, welche die Vermutung auf Fälle beschränkt, in denen konkrete Anhaltspunkte für ein Verschulden sprechen. Insbesondere setzt die Beweislastumkehr kein „Fehlverhalten" des autonomen Systems voraus. Sie greift vielmehr auch dann, wenn sich das Tier „ordnungsgemäß" verhalten hat.[91] Das Kriterium des „sorgfaltswidrigen" Tierverhaltens würde auch kaum zu einer Erhöhung der Wahrscheinlichkeit einer Sorgfaltspflichtverletzung

---

[87] Vgl. BeckOGK BGB/*Spickhoff*, 1.11.2022, § 833 Rn. 125: „tendenziell hoch"; BGH, Urt. v. 30.6.2009 – VI ZR 266/08, NJW 2009, 3233, juris Rn. 8: „strenge Anforderungen"; OLG Oldenburg, Urt. v. 22.6.1999 – 5 U 36/99, NJW-RR 1999, 1627, juris Rn. 15: „hohe Anforderungen".

[88] Vgl. auch Kapitel 1, C. III. 2. und 3 zu der Vorhersehbarkeit menschlichen und tierischen Verhaltens.

[89] Vgl. BGH, Urt. v. 19.1.1965 – VI ZR 238/63, VersR 1965, 473 (474, unter 2.); OLG Hamm, Urt. v. 10.4.2014 – I-17 U 38/12, juris Rn. 94.

[90] Auch wenn ein Tier als „lammfromm" gilt, muss damit gerechnet werden, dass es ein gefährliches Verhalten zeigt, insbesondere wenn es mit neuen Situationen konfrontiert wird, BGH, Urt. v. 27.5.1986 – VI ZR 275/85, NJW 1986, 2501, juris Rn. 24.

[91] Wie der BGH zu Recht feststellt, können „die für die Analysierung menschlichen Handelns geläufigen Begriffe der Willensfreiheit, der Verantwortlichkeit, des Vorsatzes usw. nicht auf das Verhalten von Tieren übertragen werden", BGH, Urt. v. 6.7.1976 – VI ZR 177/75, BGHZ 67, 129, juris Rn. 15; siehe auch *Oertmann*, Recht der Schuldverhältnisse, 3. und 4. Aufl. 1910, § 833 Anm. 2a, wonach ein Tier „nach heutiger Anschauung nicht einmal objektiv rechtswidrig handeln" könne; *Haase*, JR 1973, 10 (12 ff.). Anders wohl noch das Verständnis im römischen Recht: Dort setzte die strikte Haftung für Tiere ein Verhalten des Tieres „wider die eigene Natur" voraus. Nach dem RG erforderte dies ein „Quasi-Verschulden" des Tieres, vgl. RG, Urt. v. 4.3.1901 – VI 426/00, RGZ 48, 259 (261); siehe auch *von Jhering*, Das Schuldmoment im römischen Privatrecht, 1867, S. 43, der den Gedanken eines „dem Thier zur Schuld anzurechnenden Fehlers" als Motiv der Haftung in Erwägung zieht. Nach *Cursi*, Zeitschrift der Savigny-Stiftung für Rechtsgeschichte: Romanistische Abteilung 132 (2015), 362 (365 ff.) spielte das Erfordernis „auf eine eigene Verantwortlichkeit des Vierfüßlers an, für die sein *dominus* [hafte], weil er der einzige ist, der für die Entschädigung in Frage kommt" (S. 371). Nach *Cursi* verhalten sich zahme Tiere, die einen Schaden verursachen, allerdings immer entgegen ihrer Natur (S. 376 f.).

beitragen: Vom Geschäftsherrn ist zwar regelmäßig zu erwarten, dass er Verrichtungsgehilfen einsetzt, die das Soll-Verhalten seines Verkehrskreises an den Tag legen. Dass der Halter dafür sorgt, dass das gehaltene Nutztier diesen Standard einhält, kann dagegen meist nicht verlangt werden. Zum einen sind die Unterschiede zwischen Mensch und Tier generell groß, so dass es schwierig ist, ein Tier einem menschlichen Verkehrskreis zuzuordnen. Zum anderen sind die konkreten Fähigkeiten und Kenntnisse des einzelnen Tieres vom Halter nicht in vergleichbarer Weise überprüfbar. Im Ergebnis lässt sich aus Wahrscheinlichkeitsüberlegungen daher keine Lösung für oder gegen den Halter herleiten.

Bei § 833 S. 2 BGB fällt damit das Kriterium der *Folgen möglicher Fehlentscheidungen* stärker ins Gewicht: Für den Tierhalter ist eine Verurteilung trotz fehlenden Verschuldens bei normativer Betrachtung[92] weniger gravierend als eine Klageabweisung trotz Verschuldens für den Geschädigten. Ersteres führt, wie erläutert, zu einer *de facto* Gefährdungshaftung.[93] Bei der Nutztierhaltung liegen jedoch Umstände vor, die zwar keine Gefährdungshaftung in allen, aber zumindest in *einigen*[94] Fällen rechtfertigen. Die Beweislastumkehr ermöglicht auch hier eine Annäherung der Verschuldenshaftung an eine Gefährdungshaftung (Haftung im Zwischenbereich[95]). Das Nutztierrisiko ist zwar nicht „besonders", befindet sich aber aufgrund seiner zumindest erheblichen Größe an der Grenze des Normalbereichs.[96] Der Nutztierhalter unterhält zu diesem Risiko auch eine „besondere" Beziehung: Grundsätzlich gilt insoweit nichts anderes als beim Luxustierhalter.[97] Im Fall der kommerziellen Tierhaltung hat der Nutztierhalter außerdem die Möglichkeit, die Haftungskosten durch eine Preisanpassung an seine Kunden weiterzugeben.

C. Tierische Autonomie *de lege ferenda*

Bei entsprechender Auslegung überzeugt die geltende Tierhalterhaftung. *De lege ferenda* sollte § 833 S. 2 BGB allerdings so formuliert werden, dass er

---

[92] Zur normativ-psychologischen Bewertung der Folgen siehe oben Kapitel 2, A. II. 1. c) aa) (1).

[93] Siehe oben Kapitel 2, A. II. 1. c) aa) (1).

[94] Aufgrund der fehlenden Begrenzung der Vermutung auf bestimmte Umstände, dürfte die strikte Haftung nicht nur in *einzelnen* (vgl. zu § 836 Abs. 1 S. 2 BGB oben Kapitel 2, A. II. 1. c] aa] [1]), sondern in *einigen* Fällen vorliegen (siehe dazu bereits oben Kapitel 2, B. II. 2. d] bb]).

[95] Vgl. *Koziol*, ZEuP 2004, 234 (238); siehe auch *Bydlinski*, System und Prinzipien des Privatrechts, 1996, S. 216 zur Tierhalterhaftung als „schwach entwickelte" Gefährdungshaftung.

[96] Vgl. PETL/*Widmer*, 2005, Art. 4:201 Rn. 8.

[97] Siehe dazu oben A. II.

eindeutig alle Aktivitäten im Interesse der Allgemeinheit umfasst. Die Alternativen, eine Einheitslösung (I.) oder eine (kleine) Generalklausel für besonders gefährliche Tiere (II.), sind dem geltenden Regime nicht überlegen.[98]

I. Keine Einheitslösung

Art. 3:203 DCFR sieht für sämtliche Tierhalter eine verschuldensunabhängige Haftung vor.[99] Auch § 1320 Abs. 2 ABGB-GegenE regelt grundsätzlich eine strenge Haftung für die „typische Gefahr" eines jeden Tieres, wobei diese allerdings nicht für ein „üblicherweise nicht besonders verwahrtes Tier auf der Weide" gilt.[100] Eine Gefährdungshaftung sämtlicher Tierhalter entspricht der Forderung der meisten Kritiker des § 833 BGB.[101] Eine solche Ausweitung überzeugt jedoch nicht. Das Restrisiko von Haustieren ist nicht generell so groß, dass eine Gefährdungshaftung gerechtfertigt erscheint. Hinzukommen muss die fehlende Nützlichkeit.

Das unbeherrschbare Risiko erscheint bei Haustieren nicht so groß, dass sich eine Überschreitung des ökonomisch optimalen Aktivitätsniveau, welche durch eine Gefährdungshaftung vermieden werden kann,[102] erheblich auswirkt.[103] Eine strikte Haftung könnte eine zu starke Abschreckungswirkung entfalten. Dies ist, wie dargestellt, weniger problematisch, wenn mit der Tierhaltung kein Nutzen für die Allgemeinheit einhergeht. Bei nützlichen Tieren,

---

[98] Unbeantwortet bleiben soll hier die Frage, ob *de lege ferenda* eine strengere Haftung für andere Systeme mit „natürlicher" Autonomie gerechtfertigt ist, insbesondere für Viren und Bakterien, vgl. dazu etwa MüKoBGB/*Wagner*, 8. Aufl. 2020, § 833 Rn. 10; siehe auch Larenz/Canaris, Lehrbuch des Schuldrechts, Bd. II/2, 13. Aufl. 1994, S. 613 f., wo auf das im Vergleich zu Tieren größere Risiko hingewiesen wird.

[99] Siehe dazu *von Bar/Clive*, DCFR, Vol. 4, 2009, S. 3494. Die *European Principles of Tort Law* sehen keine Gefährdungshaftung für Tiere vor, aber eine Generalklausel für „außergewöhnlich gefährliche Aktivitäten" (Art. 5:101), vgl. PETL/*Koch*, 2005, Art. 5:101 Rn. 1 ff. sowie noch Fn. 120. Hierunter könnten auch Tiere fallen.

[100] § 1320 Abs. 2 S. 1 ABGB-GegenE erlaubt dem Tierhalter zwar grundsätzlich eine Entlastung, jedoch ist diese Möglichkeit nach § 1320 Abs. 2 ABGB-GegenE ausgeschlossen, wenn „sich die für dieses Tier typische Gefahr verwirklicht hat, es sei denn, der Geschädigte hat die Gefahr auf sich genommen oder der Schaden wurde durch ein üblicherweise nicht besonders verwahrtes Tier auf der Weide verursacht".

[101] Für eine Abschaffung des § 833 S. 2 BGB etwa *Kötz*, in: Gutachten und Vorschläge zur Überarbeitung des Schuldrechts, Bd. II, 1981, S. 1779 (1803); MüKoBGB/*Wagner*, 8. Aufl. 2020, § 833 Rn. 46; BeckOGK BGB/*Spickhoff*, 1.11.2022, § 833 Rn. 37; *Schulz*, Verantwortlichkeit bei autonom agierenden Systemen, 2015, S. 148; zurückhaltend *Lehmann/Auer*, VersR 2011, 846 (847); *Veith*, Künstliche Intelligenz, Haftung und Kartellrecht, 2021, S. 118.

[102] MüKoBGB/*Wagner*, 8. Aufl. 2020, § 833 Rn. 2.

[103] Vgl. § 23 Restat 3d of Torts, comment b: „most animals normally are safe, or at least are not abnormally unsafe in a way that would justify the imposition of strict liability".

z.B. solchen, die zu therapeutischen Zwecken eingesetzt werden,[104] fällt eine zu starke Hemmung der Aktivität dagegen stärker ins Gewicht (Effizienzgedanke).[105] Zwar sind die Risiken versicherbar, doch hat der Versicherungsschutz Grenzen und hängen die Kosten der Versicherung maßgeblich von der Strenge der Haftung ab. Bereits diese Kosten können sich übermäßig abschreckend auswirken.[106] Soweit der Geschädigte zumindest als Teil der Allgemeinheit von der Gefahr profitieren kann, sind ihm gewisse Schäden außerdem ersatzlos zuzumuten, ohne dass dies „ungerecht" erscheint (Vorteilsgedanke).

Art. 61 Schweizer OR 2020 sieht umgekehrt – entsprechend der bisherigen Regel im schweizerischen Haftungsrecht – generell eine Haftung für vermutetes Verschulden vor, ohne nach der Gefahrengröße oder der Nützlichkeit zu differenzieren.[107] Bei Nicht-Haustieren ist eine Gefährdungshaftung allerdings aufgrund der besonderen Gefahrengröße, bei Luxus-Haustieren (im oben erläuterten Sinn) aufgrund der Kombination aus jedenfalls erheblicher Gefahrengröße und fehlender Nützlichkeit gerechtfertigt. Selbstverständlich ist das Kriterium der „unnötigen" Gefahr mit gewissen Unschärfen verbunden.[108] Grundsätzlich existieren aber hinreichend gefestigte Vorstellungen darüber, welche Formen der Tierhaltung reiner „Luxus" sind, die von der Rechtsprechung in Leitlinien gegossen werden können. Erfasst ist jedenfalls die kommerzielle Tierhaltung. Für die Beurteilung der nicht-kommerziellen Tierhaltung könnte z.B. eine Orientierung an den in § 52 AO aufgeführten Zwecken erfolgen.[109]

II. Keine (kleine) Generalklausel

Eine andere Alternative wäre eine Generalklausel für Tiergefahren, etwa in Anlehnung an das englische[110] oder an das U.S.-amerikanische Recht.[111] Die Tierhalterhaftung könnte vollständig auf den Boden der besonders *großen* Gefahr gestellt werden, indem sie von der Frage abhängig gemacht wird, ob das Tier sehr häufig oder sehr hohe Schäden hervorruft. Dabei könnte generalisierend auf die Tierkategorie (Nicht-Haustier? Haustier?), auf die Tierart (Hunde?

---

[104] Siehe oben A. I. 3.

[105] In diese Richtung auch Staudinger BGB/*Eberl-Borges*, 2022, § 833 Rn. 8.

[106] In diese Richtung Staudinger BGB/*Eberl-Borges*, 2022, § 833 Rn. 8; siehe auch *Grützmacher*, CR 2021, 433 (437), wonach „der Gesetzgeber nicht aus dem Auge verlieren [sollte], dass die Transaktionskosten, die bei einer Gefährdungshaftung aus einer mit dieser einhergehenden Versicherung(spflicht) erwachsen, deren Vorteile durchaus wieder aufzehren könnten".

[107] Vgl. dazu Schweizer OR 2020/*Fellmann/Müller/Werro*, 2013, Art. 61 Rn. 1.

[108] Siehe etwa zur Gesundheitsfürsorge *Eberl-Borges*, LMK 2012, 332118 (unter 2.).

[109] Vgl. den Hinweis auf die Voraussetzungen der Gemeinnützigkeit bei *Eberl-Borges*, LMK 2012, 332118 (unter 2.).

[110] Vgl. Sec. 2 Animals Act 1971.

[111] Vgl. §§ 22 f. Restat 3d of Torts.

Hamster?) oder auf die Rasse (Kampfhund?[112]) abgestellt werden sowie stärker individualisierend auf die konkreten Eigenschaften des Tieres (Tendenz zum Beißen? Tendenz zum Schlagen?). Eine (kleine) Generalklausel einer Tiergefährdungshaftung würde dem Richter die Gefahrenbeurteilung im Einzelfall auferlegen. Denkbar erscheint es auch, die *Nützlichkeit* des Tieres im Einzelfall neben der Gefahrengröße als weiteres Kriterium für die Beurteilung zu berücksichtigen. In Richtung einer Einzelfallbeurteilung weist der österreichische Entwurf: § 1303 Abs. 1, Abs. 2 ABGB-E sieht für Tiere zwar nur eine Beweislastumkehr vor; es ist allerdings denkbar, dass bestimmte Tiere auch unter die daneben vorgeschlagene (große) Generalklausel einer Gefährdungshaftung in § 1304 ABGB-E fallen.[113]

Dem Richter die Möglichkeit dieser Interessenabwägung einzuräumen, widerspricht allerdings dem Enumerationsprinzip der Gefährdungshaftung. Im Folgenden wird zunächst kurz auf dessen Grundlagen und mögliche Durchbrechungen eingegangen (1.) und anschließend gezeigt, dass eine Durchbrechung bei der Tierhalterhaftung nicht gerechtfertigt ist (2.).

1. Grundsätzliche Berechtigung des Enumerationsprinzips

Das Enumerationsprinzip der Gefährdungshaftung hat gewichtige Vorteile: Zunächst dient es der Rechtssicherheit und erleichtert auch die Versicherbarkeit der Haftungsrisiken.[114] Ein Gesetzgebungsverfahren ermöglicht außerdem eine umfassende Gefahrenbeurteilung unter Einbeziehung von Laien und von Experten und verhindert eine vorschnelle Einstufung von (neuen) Risiken als „besonders".[115] Eine gesetzliche Regelung ermöglicht es zudem, das Haftungsregime den Besonderheiten des jeweiligen Risikos anzupassen, z.B. durch spezifische Ausschlussgründe oder durch Haftungshöchstbeträge.[116] Mit dem

---

[112] Siehe etwa die bayerische Verordnung über Hunde mit gesteigerter Aggressivität und Gefährlichkeit.

[113] Tiere werden in § 1303 Abs. 2 ABGB-E als Beispiel einer „besondere" Gefahr, die nach § 1303 Abs. 1 ABGB-E mit einer Beweislastumkehr verbunden ist, eingeordnet. Möglicherweise können sie aber auch eine „Quelle hoher Gefahr" i.S.v. § 1304 Abs. 1 ABGB-E darstellen, mit der Folge einer Gefährdungshaftung, in diese Richtung *Kathrein*, in: Entwurf eines neuen Schadensersatzrechts, 2006, S. 95 (96).

[114] Vgl. *Larenz/Canaris*, Lehrbuch des Schuldrechts, Bd. II/2, 13. Aufl. 1994, S. 601 f., wonach dies aber nicht bedeuten soll, dass *de lege ferenda* nicht eine Generalklausel zu bevorzugen sei; *Looschelders*, Schuldrecht, Besonderer Teil, 18. Aufl. 2023, S. 630 f.

[115] *Dietz*, Technische Risiken und Gefährdungshaftung, 2006, S. 180 f. wirft die Frage auf, ob nicht sogar die verfassungsrechtliche Wesentlichkeitstheorie eine Entscheidung des Gesetzgebers erfordert.

[116] Die unterschiedliche Ausgestaltung der Haftungsregime wird als wesentliches Argument gegen eine (Gesamt-)Analogie angeführt, siehe nur *Larenz/Canaris*, Lehrbuch des Schuldrechts, Bd. II/2, 13. Aufl. 1994, S. 601; *Sosnitza*, CR 2016, 764 (772); a.A. *Koziol*,

Monopol des Gesetzgebers[117] sind allerdings auch Nachteile verbunden: Insbesondere kann es zu sog. *Legal Lags* kommen. Die Beurteilung einer neuen Aktivität benötigt Zeit und der Erlass neuer Vorschriften kann mit dem technologischen Fortschritt nicht immer Schritt halten.[118] Es besteht außerdem die Gefahr einer unterschiedlichen Einordnung vergleichbarer Risiken, abhängig von der gesetzgeberischen Aktivität.[119] Deshalb wird vielerorts eine Generalklausel einer Gefährdungshaftung gefordert, wobei die Vorschläge unterschiedlich weit reichen.[120]

Die Diskussion um das Enumerationsprinzips dreht sich im Wesentlichen um die Frage, inwieweit der *Rechtssicherheit* oder der Möglichkeit von

---

in: FS Wilburg, 1975, S. 173 (186), wonach zumindest die mildesten Vorschriften angewandt werden könnten.

[117] Vgl. *Röthel*, in: Innovationsverantwortung, 2009, S. 335 (344 f.); *Wagner*, Deliktsrecht, 14. Aufl. 2021, S. 200.

[118] Vgl. *Koziol*, in: Prävention im Umweltrecht, 1988, S. 143 (145); *Vieweg*, in: FS Lukes, 2000, S. 199 (209); *Taupitz/Pfeiffer*, JBl 2010, 88 (90); *Röthel*, in: Innovationsverantwortung, 2009, S. 335 (344), die von einer „Reaktionsgesetzgebung" spricht; ähnlich *Cappiello*, AI-systems and non-contractual liability, 2022, S. 21: „wait-and-see approach".

[119] *Deutsch*, Allgemeines Haftungsrecht, 2. Aufl. 1996, S. 417; *Taupitz/Pfeiffer*, JBl 2010, 88 (90); MüKoBGB/*Wagner*, 8. Aufl. 2020, Vor § 823 Rn. 25: „nicht zu erklärende Übergänge vom einen Haftungsregime zum anderen in wertungsmäßig gleich liegenden Fällen"; *Medicus*, JURA 1996, 561 (562): „Wildwuchs".

[120] Vgl. etwa *Kötz*, AcP 170 (1970), 1 (19 ff.); *ders.*, in: Gutachten und Vorschläge zur Überarbeitung des Schuldrechts, Bd. II, 1981, S. 1779 (1785 ff.); *Deutsch*, VersR 1971, 1 (2 ff.); *Weitnauer*, VersR 1970, 585 (598); *Will*, Quellen erhöhter Gefahr, 1980, S. 267 ff.; *Steininger*, Verschärfung der Verschuldenshaftung, 2007, S. 325; *Taupitz/Pfeiffer*, JBl 2010, 88 (90); für die Bildung „mehrere[r] weitgefaßte[r] in sich analogiefähige[r] Tatbestände" *von Caemmerer*, in: Ernst von Caemmerer, Gesammelte Schriften, Bd. III, 1983, S. 239 (253 ff.); für eine Gefährdungshaftung für Innovationen *Röthel*, in: Innovationsverantwortung, 2009, S. 335 (351 ff.); *Zech*, JZ 2013, 21 (26 ff.); kritisch zu einer Generalklausel *Rinck*, Gefährdungshaftung, 1959, S. 5 f.; *Rohe*, AcP 201 (2001), 117 (149). Art. 5:101 PETL enthält eine Generalklausel für „außergewöhnlich gefährliche Aktivitäten". Die Erläuterungen verweisen auf das U.S.-amerikanische Recht (vgl. § 20 Restat 3d of Torts sowie PETL/*Koch*, 2005, Art. 5:101 Rn. 8 ff.). Nach Art. 3:206 DCFR soll jedenfalls der Halter einer Substanz oder der Betreiber einer Anlage einer strengen Haftung für „gefährliche Substanzen und Emissionen" unterliegen. Die Haftung wird als „strikt" bezeichnet, allerdings kann sich der Betroffene entlasten, wenn er beweist, dass kein Verstoß gegen gesetzliche Regeln zur Kontrolle über die Substanz oder zum Betrieb der Anlage vorliegt (vgl. Art. 3:206 Abs. 5 lit. b DCFR, *von Bar/Clive*, DCFR, Vol. 4, 2009, S. 3543). Art. 60 Schweizer OR sieht eine Haftung desjenigen vor, der eine besonders gefährliche Tätigkeit ausübt. In § 1304 ABGB-E ist eine Gefährdungshaftung für „Quellen hoher Gefahr" vorgesehen; vorgesehen ist dort allerdings auch ein Ausschluss bzw. eine Minderung der Haftung, wenn der Schaden „trotz Fehlerfreiheit der Sache und höchstmöglicher Sorgfalt verursacht wird" (§ 1304 Abs. 4 ABGB-E).

Einzelfallgerechtigkeit durch *Flexibilität* Vorrang zu geben ist.[121] Die Enumeration entlastet die Normunterworfenen davon, die mitunter diffizile Abgrenzung zwischen Risiken im Normalbereich und Risiken im Grenzbereich selbst vorzunehmen und erleichtert es, gerichtliche Entscheidungen über die Haftungsfrage zu prognostizieren. Inkonsistenzen in richterlichen Entscheidungen können außerdem zur unterschiedlichen Einordnung vergleichbarer Risiken führen, so dass auch mit einer Generalklausel nicht immer Einzelfallgerechtigkeit erreicht wird.[122] Das Enumerationsprinzip hat deshalb grundsätzlich seine Berechtigung. Allerdings sind in Bereichen, in denen es dem Gesetzgeber nicht möglich ist, mit den Entwicklungen Schritt zu halten, auch (kleine) Generalklauseln in Betracht zu ziehen. Denn dann drohen bei einer Beibehaltung des Monopols des Gesetzgebers ungerechtfertigte Ungleichbehandlungen, die größer sind als diejenigen, die bei einer Abkehr vom Enumerationsprinzip drohen und die so erheblich sind, dass der Wunsch nach Rechtssicherheit dahinter zurücktreten kann und muss.

2. Keine Ausnahme für die Tierhalterhaftung

Legt man diese Maßstäbe an, ist bei der Tierhalterhaftung eine Durchbrechung des Enumerationsprinzips durch eine (kleine) Generalklausel nicht gerechtfertigt. Wie gefährlich welche Tiere generell sind und wann die Tierhaltung nützlich ist, ist grundsätzlich bekannt – wenngleich der letztgenannte Aspekt aktuell im Gesetz nicht ganz klar geregelt ist. *Legal Lags* drohen – anders als bei sich schnell fortentwickelnden Technologien – nicht.[123] Vielmehr wären im Fall einer Generalklausel Ungleichbehandlungen aufgrund einer unterschiedlichen Beurteilung durch die Richter zu befürchten, insbesondere wenn an individuelle Eigenschaften des konkreten Tieres angeknüpft würde. Ein Richter kann regelmäßig nur schwer überprüfen, ob ein bestimmtes Tier besonders gefährlich ist. Ob die Schadensverursachung einen „Ausrutscher" eines an sich

---

[121] Vgl. BeckOGK HPflG/*Ballhausen*, 1.6.2023, § 2 Rn. 11.1. mit Hinweis auf das sog. „bewegliche System", ein Ansatz, mit dem versucht wird, die Prinzipien in Einklang zu bringen (siehe dazu etwa *Wilburg*, Die Elemente des Schadensrechts, 1941; speziell zur Gefährdungshaftung *Koziol*, in: Das Bewegliche System im geltenden und künftigen Recht, 1986, S. 51); zum Verfassungsrang sowohl von Rechtssicherheit als auch von Einzelfallgerechtigkeit siehe BVerfG, Dreierausschussbeschl. v. 12.12.1957 – 1 BvR 678/57, BVerfGE 7, 194, juris Rn. 5.

[122] Zu den Schwierigkeiten, Einzelfallgerechtigkeit durch richterliche Spielräume zu verwirklichen, siehe *Koziol*, ZEuP 2019, 518 (533 f.); zu „Noise" in menschlichen und speziell in richterlichen Entscheidungen vgl. aus Sicht der Verhaltensökonomie *Kahneman/Rosenfield/Gandhi/Blaser*, Harvard Business Review 10/2016, 38 (40) sowie bereits oben Kapitel 1, Fn. 239.

[123] Siehe auch *Taupitz/Pfeiffer*, JBl 2010, 88 (90), wonach mit diesem Problem insbesondere „sich schnell technisch weiterentwickelnde Gesellschaften konfrontiert" seien; dazu auch noch Kapitel 4, C. I. 2. b) bb).

friedlichen Tieres darstellt oder auf eine generelle Gefährlichkeit des Tieres
zurückgeht, kann häufig nicht geklärt werden. Weder ist hinreichend Einsicht
in das Tier vorhanden noch existieren genug aussagekräftige Beobachtungen
über sein Verhalten in ähnlichen Situationen. Anders als ein Mensch kann das
Tier nicht befragt werden.[124] In Betracht kommt der Einsatz spezialisierter Gutachter, deren Einsichtsmöglichkeiten jedoch ebenfalls beschränkt sind, insbesondere, wenn es nicht um Hunde oder Pferde, sondern z.B. um Bienen geht,
deren Verhalten wenig erforscht ist.[125] Auch Experimente in gesicherten Umgebungen sind nicht immer realisierbar. Möglicherweise kann aufgrund von
Erfahrungen ermittelt werden, ob ein Hund eine Tendenz zum Beißen oder ein
Pferd eine Neigung zum Schlagen aufweist. Sind solche Erfahrungen vorhanden, verpflichten sie den Halter indes zu einer hohen Sorgfalt, so dass regelmäßig bereits die Verschuldenshaftung greift.[126] Fehlt es an Erfahrungen,
dürfte die Einzelfallbeurteilung regelmäßig darauf hinauslaufen, dass ein Tier
als „besonders" gefährlich eingestuft wird, wenn es einer gefährlichen Tierart,
insbesondere einer Art von Nicht-Haustieren, angehört oder wenn es ein „un-
berechenbares" Verhalten an den Tag legt und seine Haltung nicht nützlich ist.
Dann bestünde im Ergebnis indes kaum ein Unterschied zur geltenden Rechtslage nach § 833 BGB. Eine (kleine) Generalklausel verspricht somit keine sub-
stanziellen Vorteile, welche den Nachteil der damit verbundenen Rechtsunsicherheit überwiegen können. Die Schwierigkeit, die richterliche Beurteilung
zu prognostizieren, dürfte für Tierhalter stark abschreckende Effekte haben.
Diese Wirkung könnte möglicherweise verringert werden, wenn man – wie im
englischen und im U.S.-amerikanischen Recht – die Haftung von der Erkennbarkeit der „besonderen" Gefährlichkeit abhängig macht.[127] Beseitigt würde sie
aber wohl nicht; bei einer engen Auslegung der Erkennbarkeit wäre man außerdem wieder nahe an einer Verschuldenshaftung.

D. Zusammenfassung von Kapitel 3

Die Differenzierung zwischen Haustieren und Nicht-Haustieren in § 833 BGB
lässt sich damit begründen, dass nur mit letzteren eine so große Gefahr

---

[124] Siehe dazu oben Kapitel 1, C. III. 2.

[125] Bei Hunden ist eine Gefahrbeurteilung durch Gutachter üblich, namentlich wenn es
um das Ob und Wie der Haltung von (Kampf-)Hunden geht, siehe etwa VG München, Urt.
v. 18.2.2004 – 24 B 03.645, NVwZ-RR 2005, 35 zum Sicherheitsrecht; AG Brandenburg,
Urt. v. 28.5.2018 – 31 C 49/16, juris zum Haftungsrecht.

[126] Zur möglichen „negligence"-Haftung des Tierhalters im U.S.-amerikanischen Recht,
das wie gesehen eine strikte Haftung für besonders gefährliche Tiere enthält, siehe § 23 Restat 3d of Torts, comment i.

[127] Vgl. Sec. 2 (2) Animals Act 1971; § 23 Restat 3d of Torts. Zur Bedeutung der Erkennbarkeit der Gefahr für die Präventionswirkung siehe auch noch unten Kapitel 4, C. I. 3.

einhergeht, dass eine Gefährdungshaftung schon wegen der Gefahrengröße gerechtfertigt ist. Bei Haustieren, mit denen zwar eine erhebliche, aber keine „besonders" große Gefahr einhergeht, ist eine strenge Haftung nur interessengerecht, wenn mit der Haltung kein Nutzen für die Allgemeinheit einhergeht, die Gefahr also „unnötig" ist. Um diese Differenzierung konsequent durchzuführen, müssen bei der Abgrenzung zwischen Luxus- und Nutz(haus)tier i.S.v. § 833 S. 2 BGB jedoch – anders als nach dem BGH – auch ideelle Zwecke berücksichtigt werden.

Für die Verschuldensvermutung in § 833 S. 2 BGB spricht insbesondere, dass sich für den Halter Fehlentscheidungen bei normativer Betrachtung weniger gravierend auswirken als für den Geschädigten (Kriterium der Folgen). Denn der Tierhalter unterhält zu dem zwar nicht „besonderen", aber doch erheblichen Risiko des Nutztieres eine „besondere" Beziehung. Regelmäßig hat er außerdem bessere Beweismöglichkeiten. Aus Wahrscheinlichkeitsüberlegungen lassen sich dagegen kaum Folgen für die Beweislast ziehen.

De lege lata ist die Differenzierung beizubehalten, wobei allerdings klargestellt werden sollte, dass die Privilegierung auch die Tierhaltung aus ideellen Zwecken erfasst, wenn damit Allgemeininteressen verfolgt werden. Weder eine Einheitslösung noch eine (kleine) Generalklausel für im Einzelfall festzustellende „besondere" Tiergefahren ist diesem Haftungsregime überlegen.

Kapitel 4

Haftung für technische Autonomie

Technische Autonomie wirft die Frage nach der Haftung des *Herstellers* und des *Nutzers* auf.[1] An der *Herstellung* eines technischen Agenten ist zunächst der *Entwickler* beteiligt: Dieser schreibt als *Programmierer* den Code, mit dem der Lernalgorithmus umgesetzt wird. Bei lernfähigen Systemen wendet er außerdem als *Trainer* den Algorithmus auf Trainingsdaten an, die er selbst generiert oder von einem Dritten erhalten hat. Die Entwicklung erfolgt regelmäßig im Wege der intra- oder interorganisationalen Arbeitsteilung: Die Programmierung und das Training können von verschiedenen natürlichen Personen vorgenommen werden und jeweils können auch mehrere natürliche Personen beteiligt sein.[2] Mit den Begriffen des Herstellers, Entwicklers, etc. werden im Folgenden grundsätzlich die *Organisationsträger* bezeichnet, nicht die individuellen Organisationsmitglieder, welche die Aufgaben im natürlichen Sinne ausführen.[3] Die Produkthaftung erweitert außerdem den Herstellerbegriff und bezieht neben dem tatsächlichen Hersteller[4] auch den Quasi-Hersteller, den Importeur und den Lieferanten als Haftungsadressaten ein (§ 4 ProdHaftG).[5]

Der *Nutzer* ist grundsätzlich derjenige, der den Agenten zu seinen Zwecken verwendet.[6] Indes ist eine trennscharfe Abgrenzung nicht immer möglich. Der Nutzer kann ebenfalls *Trainer* sein, wenn der Agent während seines Einsatzes weiterlernt, sein Lernfortschritt also nach dem Training durch den Hersteller nicht „eingefroren" wurde.[7] Der Nutzer kann auch Lieferant sein, etwa wenn

---

[1] Zur hier ausgeklammerten Frage einer elektronischen Person siehe Einleitung, Fn. 19. Dazu, dass bei Produkten – anders als bei Tieren – neben dem Nutzer bzw. Halter ein Hersteller als Haftungssubjekt in Betracht kommt, *Horner/Kaulartz*, CR 2016, 7 (14).

[2] Siehe nur *Nissenbaum*, Science and Engineering Ethics 1996, 25 (28 ff.); *Yuan*, RW 2018, 477 (493); regelmäßig werden Codes von verschiedenen Personen geschrieben und kombiniert, z.B. auch durch den Rückgriff auf „Open Source"-Elemente, vgl. *Hanisch*, Haftung für Automation, 2010, S. 74; *Spindler*, JZ 2022, 793 (796).

[3] Dies entspricht dem unternehmensbezogenen Verständnis des Herstellerbegriffs des ProdHaftG, vgl. dazu BeckOGK ProdHaftG/*Spickhoff*, 1.11.2022, § 4 Rn. 4; Erman BGB/*Wilhelmi*, 16. Aufl. 2020, § 4 ProdHaftG Rn. 1.

[4] Zum Begriff vgl. BeckOK BGB/*Förster*, 66. Ed., 1.5.2023, § 4 ProdHaftG Rn. 6.

[5] Zur dadurch bewirkten Sicherstellungshaftung siehe oben Kapitel 2, A. III. 1.

[6] *Weingart*, Vertragliche und außervertragliche Haftung für den Einsatz von Softwareagenten, 2022, S. 128.

[7] Vgl. *Zech*, Gutachten für den 73. DJT, 2020, A 89.

er das Produkt als Vermieter in den Verkehr bringt. Innerhalb der Nutzer kann insbesondere unterschieden zwischen werden zwischen *Experten-Nutzern* und *Laien-Nutzern*. Experten-Nutzer sind solche, die über eine besondere Kenntnis der technischen Wirkzusammenhänge verfügen oder aufgrund ihrer Tätigkeit hierüber verfügen müssen.[8] Zu den Laien-Nutzern gehören regelmäßig Verbraucher, außerdem Unternehmer, die – ähnlich wie Verbraucher – eine Technologie verwenden, ohne sich mit den Details der Technik auseinandersetzen zu müssen. Ein Mietwagenunternehmen kann z.B. autonome Fahrzeuge anbieten, ohne wissen zu müssen, welche Daten die Fahrzeuge im Straßenverkehr genau empfangen und wie sie diese verarbeiten.[9] Entsprechendes gilt für den Handwerker, der einen Reinigungsroboter verwendet.[10] Ein Unternehmen, das eine intelligente Wartungssoftware gezielt mit Daten über die eigene Produktion trainiert, muss dagegen besser darüber Bescheid wissen, welche Daten wie verarbeitet werden. Die erläuterten aleatorischen und die aktuell von Menschen nicht überwindbaren epistemischen Ungewissheiten der Technologien setzen allerdings auch dem Experten Grenzen.[11] Ein technischer Agent kann außerdem von einer Mehrzahl von Personen auf verschiedene Art und Weise genutzt werden. Ein autonomes Fahrzeug kann beispielsweise von einem Mietwagenunternehmen verwendet werden und gleichzeitig von einem Kunden, der sich von dem Fahrzeug von einem Ort zu einem anderen befördern lässt.[12]

Im Zusammenhang mit technischer Autonomie werden unterschiedliche Begriffe verwendet, um verschiedene Akteure zu bezeichnen und diese auch nicht immer gleich. Der Vorschlag für eine KI-VO spricht vom „Anbieter", womit die Person bezeichnet wird, die ein „System entwickelt oder entwickeln lässt, um es unter ihrem eigenen Namen oder ihrer eigenen Marke – entgeltlich oder unentgeltlich – in Verkehr zu bringen oder in Betrieb zu nehmen".[13] „Nutzer"

---

[8] Vgl. *Zech*, Gutachten für den 73. DJT, 2020, A 89: Unterscheidung zwischen Betreibern „mit und ohne besondere Sachkenntnis", wobei zu der ersten Kategorie diejenigen gehören sollen, welche die Sachkenntnis „ökonomisch sinnvollerweise" besitzen sollten; vgl. auch schon A 83 f.; im Hinblick auf eine möglicherweise schärfere Haftung *de lege ferenda* möchte *Zech* typisierend als „professionelle Betreiber" Unternehmen einbeziehen, „deren hauptsächlicher Unternehmensgegenstand der Betrieb digitaler Systeme ist", vgl. A 101.

[9] *Zech* bejaht allerdings bei „Betreibern von Fahrzeugflotten" die „besondere Sachkenntnis", *Zech*, Gutachten für den 73. DJT, 2020, A 64.

[10] *Zech*, Gutachten für den 73. DJT, 2020, A 101.

[11] Siehe oben Kapitel 1, C. III. 3.

[12] Vgl. auch *Borges*, in: Law and Technology in a Global Digital Society, 2022, S. 51 (54), der zwischen „operator" und „user" unterscheiden möchte; siehe auch *Sommer*, Haftung für autonome Systeme, 2020, S. 52, der zwischen „Betreiber" und „Anwender" differenziert.

[13] Vgl. Art. 3 Nr. 2 KI-VO-E; vgl. auch die leicht abgewandelte Definition in der allgemeinen Ausrichtung des Rates (Ratsdok. Nr. 15698/22), wo darauf abgestellt wird, dass die Person „ein KI-System entwickelt oder entwickeln lässt und dieses System unter dem eigenen Namen oder der eigenen Marke in Verkehr bringt oder in Betrieb nimmt, sei es

ist, wer „ein KI-System in eigener Verantwortung verwendet, es sei denn, das KI-System wird im Rahmen einer persönlichen und nicht beruflichen Tätigkeit verwendet".[14] Daneben werden der Händler und der Einführer definiert.[15] An diese Begrifflichkeiten knüpft auch der Vorschlag für eine KI-HaftRL an.[16] In dem Vorschlag für eine KI-HaftVO ist die Rede vom „Betreiber". Dieser unterscheidet sich vom bloßen „Benutzer" durch ein gesteigertes Maß an Kontrolle.[17] Es wird unterschieden zwischen dem *„Frontend*-Betreiber" als die Person, „die ein gewisses Maß an Kontrolle über ein mit dem Betrieb und der Funktionsweise des KI-Systems verbundenes Risiko ausübt und für die sein Betrieb einen Nutzen darstellt" und dem *„Backend*-Betreiber" als die Person, „die auf kontinuierlicher Basis die Merkmale der Technologie definiert und Daten und einen wesentlichen Backend-Support-Dienst bereitstellt und daher auch ein gewisses Maß an Kontrolle über ein mit dem Betrieb und der Funktionsweise des KI-Systems verbundenes Risiko ausübt".[18] Der *Backend*-Betreiber erfüllt oft auch die Voraussetzungen des Herstellerbegriffs der Produkthaftung.[19] Die Terminologie der Vorschläge wird voraussichtlich noch weiter

---

entgeltlich oder unentgeltlich"; nach *Wagner*, JZ 2023, 1 (3) ist dieser „Anbieter" mit dem „Hersteller" i.S.d. ProdHaftRL-neu-E grundsätzlich identisch; siehe auch *Hacker*, ar-Xiv:2211.13960v5, 2023, S. VII: „significant overlap".

[14] Vgl. Art. 3 Nr. 4 KI-VO-E; vgl. auch die leicht abgewandelte Definition in der allgemeinen Ausrichtung des Rates (Ratsdok. Nr. 15698/22), wo die Person, „unter deren Verantwortung das System verwendet wird", bezeichnet wird. Die Ausnahme für persönliche und nicht-berufliche Tätigkeiten ist ausgelagert in Art. 2 Abs. 8, wonach die Verordnung „nicht für die Pflichten von Nutzern [gilt], die natürliche Personen sind und KI-Systeme im Rahmen einer ausschließlich persönlichen und nicht beruflichen Tätigkeit verwenden, mit Ausnahme von Artikel 52"; in den Änderungen des Europäischen Parlaments (P9_TA[2023]0236) wird die Definition der Kommission beibehalten, es wird insofern allerdings vom „Betreiber" gesprochen, Art. 3 Nr. 4.

[15] Vgl. Art. 3 Nr. 6, Nr. 7 KI-VO-E.

[16] Vgl. Art. 2 Nr. 3, Nr. 4 KI-HaftRL-E.

[17] Vgl. Erwägungsgrund 11 KI-HaftVO-E; *Zech*, Ergänzungsgutachten für den 73. DJT, 2022, A 122.

[18] Vgl. Art. 3 lit. d, e, f KI-HaftVO-E; zum „Frontend"- und „Backend"-Betreiber siehe auch schon *Expert Group (NTF)*, Liability for AI, 2019, S. 41 f. In ähnlicher Weise unterscheidet *Sommer*: Mit dem Betreiber ist bei ihm „die Person gemeint, welche die Verantwortung für die Funktionsfähigkeit des autonomen Systems, den Bezug (externer) Daten und die fortlaufende Aktualisierung und Verarbeitung übernimmt", wohingegen der „Anwender" derjenige ist, der „ohne in einer schuldrechtlichen Beziehung zu stehen, das autonome System im Sekundärmarkt gewerblich oder privat verwendet", vgl. *Sommer*, Haftung für autonome Systeme, 2020, S. 52.

[19] Siehe dazu *Wagner*, in: Law by Algorithm, 2021, S. 127 (133 ff.); *Schrader*, DAR 2022, 9 (12); *von Bodungen*, SVR 2022, 1 (6); *Zech*, Ergänzungsgutachten für den 73. DJT, 2022, A 122; *Spindler*, JZ 2022, 793 (802), der aber auch die Unterschiede betont. Nach Art. 3 lit. d KI-HaftVO-E ist der „Backend"-Betreiber kein „Betreiber", solange seine Haftung bereits durch die ProdHaftRL „abgedeckt" ist (nach *Zech*, a.a.O., A 124 sollte hierfür

entwickelt werden. Ausgangspunkt der folgenden Ausführungen soll deshalb die klassische, soeben beschriebene Unterscheidung zwischen Hersteller- und Nutzerseite bleiben, wobei eine Person auf beiden Seiten stehen kann.[20] Beleuchtet wird zunächst die Hersteller- (A.) und Nutzerhaftung (B.) *de lege lata*, bevor auf eine Erweiterung *de lege ferenda* (C.) eingegangen wird. Auch in diesem Kapitel liegt ein Schwerpunkt auf der Verteilung der Durchsetzungsrisiken.

A. Produkt- und Produzentenhaftung des Herstellers

Der Hersteller eines technischen Agenten unterliegt der Produkthaftung nach dem ProdHaftG, das die ProdHaftRL umsetzt, sowie der Produzentenhaftung nach § 823 Abs. 1 BGB.[21] Da sich die beiden Regime in großen Teilen decken, wird im Folgenden wie folgt vorgegangen: Ausgangspunkt der Betrachtung und damit auch Grundlage des Aufbaus der folgenden Untersuchung ist die Haftung des Herstellers nach dem ProdHaftG. Die Unterschiede zu und die Gemeinsamkeiten mit der Produzentenhaftung nach § 823 Abs. 1 BGB werden im Laufe der Untersuchung an den jeweiligen Stellen dargestellt.

Die Haftung des Herstellers autonomer Systeme wirft Fragen auf, die teilweise aus spezifischen Merkmalen technischer Autonomie herrühren, teilweise aber auch schlicht daraus, dass diese mittels Software realisiert wird.[22] Im Rahmen dieser Untersuchung wird beleuchtet, inwieweit technische Agenten *de lege lata* als „Produkt" i.S.d. ProdHaftG einzuordnen sind (I.), wer „Hersteller" sein kann (II.) und wie der „Fehler" zu bestimmen ist (III.). Außerdem wird auf den Zusammenhang zwischen Fehler und Schaden (IV.), bestimmte Ausschlusstatbestände des ProdHaftG (V.) sowie auf Beweisfragen (VI.) eingegangen.

I. Technische Agenten als Produkt i.S.v. § 2 ProdHaftG

Im Zusammenhang mit technischen Agenten werden mit Blick auf den Produktbegriff (§ 2 ProdHaftG, Art. 2 ProdHaftRL) insbesondere zwei Fragen relevant: Die Qualifikation von Software als Produkt (1.) sowie die Einordnung

---

allerdings darauf abgestellt werden, ob der Schaden „im konkreten Fall" nach der ProdHaftRL ersatzfähig ist).

[20] Vgl. *Zech*, Gutachten für den 73. DJT, 2020, A 88, wonach sich die „Unterscheidung zwischen Hersteller- und Anwenderseite nach wie vor als zweckmäßig" erweise.

[21] Zur Terminologie siehe *Graf von Westphalen*, ZIP 1986, 139; zur umstrittenen Einordnung der Produkthaftung siehe oben Einleitung, Fn. 24; zur Beweislast bei der Produzentenhaftung siehe oben Kapitel 2, A. II. 1. c) bb) (3) und 2. b).

[22] Siehe zu letzterem schon *Taeger*, Außervertragliche Haftung für fehlerhafte Computerprogramme, 1995.

der für die Entwicklung verwendeten Trainingsdaten und Lernalgorithmen (2.). Für die Haftung nach § 823 Abs. 1 BGB ist die begriffliche Einordnung des schadensursächlichen Gegenstands allerdings grundsätzlich irrelevant.[23]

1. Produkteigenschaft von Software

Technische Agenten, die über Software- und Hardwarekomponenten verfügen, sind bewegliche Sachen[24] und damit Produkte i.S.v. § 2 ProdHaftG. Nach h.M. kann ein solches „Kombinationsprodukt" auch dann fehlerhaft sein, wenn der Fehler nicht die Hardware, also die Verkörperung des Agenten, betrifft, sondern die selbst nicht körperliche Software, die in das System integriert ist (sog. *Embedded Software*).[25]

Die Anwendbarkeit des ProdHaftG auf reine Softwareagenten, die ohne Hardware in den Verkehr gebracht werden (sog. *Standalone Software*), ist dagegen stärker umstritten.[26] Software stellt mangels Verkörperung grundsätzlich keine Sache i.S.v. § 90 BGB dar, sondern ein Immaterialgut.[27] Nach Auffassung des BGH handelt es sich allerdings bei einem auf einem *Datenträger*

---

[23] Zur Möglichkeit der Ausweitung der Beweislastumkehr siehe oben Kapitel 2, A. II. 1. c) bb) (3); vgl. auch *Wagner*, JZ 2023, 1 (5) zum ProdHaftRL-neu-E, wonach „jede Ausnahme vom Geltungsbereich der Richtlinie das nationale Deliktsrecht auf den Plan" rufe.

[24] *Wagner*, AcP 217 (2017), 707 (715); *Zech*, Gutachten für den 73. DJT, 2020, A 68; Bericht der Arbeitsgruppe „Digitaler Neustart" der Konferenz der Justizministerinnen und Justizminister der Länder v. 15.4.2019, S. 185; *Sommer*, Haftung für autonome Systeme, 2020, S. 220.

[25] Siehe nur *Mayer*, VersR 1990, 691 (697); *Wagner*, AcP 217 (2017), 707 (715); BeckOGK ProdHaftG/*Rebin*, 1.9.2022, § 2 Rn. 51 ff.; *Veith*, Künstliche Intelligenz, Haftung und Kartellrecht, 2021, S. 82; in diese Richtung auch BGH, Urt. v. 16.6.2009 – VI ZR 107/08, BGHZ 181, 253 – „Airbags", wo der BGH – allerdings ohne auf § 2 ProdHaftG einzugehen – das ProdHaftG auf einen Pkw anwandte, dessen Steuergerätesoftware eine Fehlauslösung des Airbags bewirkt hatte; EuGH, Urt. v. 10.6.2021 – C-65/20, NJW 2021, 2015, juris Rn. 35 – „Krone", wonach die „Fehlerhaftigkeit eines Produkts anhand bestimmter Faktoren ermittelt [werde], die dem Produkt selbst innewohnen und insbesondere mit seiner Darbietung, seinem Gebrauch und dem Zeitpunkt seines Inverkehrbringens zusammenhängen"; „Embedded Software" lässt sich als solcher „produktimmanenter Faktor" einordnen (zu diesem Begriff siehe *Gesmann-Nuissl*, InTeR 2021, 165 [182]).

[26] Auch in anderen Mitgliedstaaten gehen die Ansichten darüber, inwieweit die Produkthaftung auf Software Anwendung findet, auseinander, vgl. die Studie der *Groupe de recherche européen sur la responsabilité civile et l'assurance (GRERCA)*, Recueil Dalloz 2012, S. 1287 („avis partagés"); hierauf Bezug nehmend *Garin*, Journal des Sociétés 02/2013, 16 (17 f.) mit weiteren Ausführungen zu Deutschland, Belgien und Frankreich; zu Unklarheiten der ProdHaftRL vgl. *Expert Group (NTF)*, Liability for AI, 2019, S. 28.

[27] Staudinger BGB/*Stieper*, 2021, § 90 Rn. 12.

verkörperten Programm um eine Sache.[28] Diese „Hilfskonstruktion"[29] überzeugt nicht. Jedenfalls im Hinblick auf die Produkthaftung ist es nicht interessengerecht, zwischen durch einen Datenträger verkörperter und nicht verkörperter Software zu unterscheiden.[30] Die Gefahr, die von einer Software für die
in § 1 ProdHaftG genannten Rechtsgüter ausgeht, hängt nicht davon ab, ob
diese z.B. auf einem USB-Stick gespeichert ist oder über eine Cloud bereitgestellt wird.[31] Die Mittel der Bereitstellung sind meist beliebig austauschbar.[32]
Deshalb kann auch die Haftung für Softwarefehler nicht von der Verkörperung
abhängen.[33] Die Tatsache, dass die Software auf einem Datenträger gespeichert
ist, führt lediglich dazu, dass auch dieser als Fehler- und Schadensquelle in
Betracht kommt, z.B. kann eine verunreinigte CD den CD-Player schädigen.[34]

Der Zweck der Produkthaftung spricht für die Anwendbarkeit auf *Standalone Software*, unabhängig von ihrer Verkörperung:[35] Nach den

---

[28] BGH, Urt. v. 4.11.1987 – VIII ZR 314/86, BGHZ 102, 135, juris Rn. 19; BGH, Urt. v.
14.7.1993 – VIII ZR 147/92, NJW 1993, 2436, juris Rn. 23; BGH, Urt. V. 15.11.2006 – XII
ZR 120/04, NJW 2007, 2394, juris Rn. 15; jeweils zum Vertragsrecht; zustimmend *Marly*,
BB 1991, 432 (433 f.); *König*, NJW 1993, 3122; kritisch *Müller-Hengstenberg*, NJW 1994,
3128 (3130 f.); *Zech*, Information als Schutzgegenstand, 2012, S. 336 f.

[29] *Wagner*, AcP 217 (2017), 707 (717).

[30] Siehe auch EuGH, Urt. v. 10.6.2021 – C-65/20, NJW 2021, 2015, juris Rn. 36 f. –
„Krone" zur Unterscheidung zwischen einem unrichtigen Ratschlag und dessen Träger, einer
gedruckten Zeitung. Aus der Entscheidung wird teilweise gefolgt, der EuGH beschränke
den Produktbegriff auf körperliche Gegenstände, so dass unverkörperte Software ausgeschlossen sei, vgl. Staudinger BGB/*Oechsler*, 2021, § 2 ProdHaftG Rn. 65; *Finkelmeier*,
NJW 2021, 2017; *Gesmann-Nuissl*, InTeR 2021, 165 (183). Der EuGH schließt allerdings
lediglich die Anwendung auf „Dienstleistungen" aus und trifft keine Aussagen zur Einbeziehung von Software, vgl. *Borges*, CR 2022, 553 (558); gegen eine Anwendung auf Software, die ohne Datenträger übertragen wird, allerdings auch *Taschner/Frietsch*, Produkthaftungsgesetz und EG-Produkthaftungsrichtlinie, 2. Aufl. 1990, § 2 ProdHaftG Rn. 22, Pro-
dukthaftungshandbuch/*Graf von Westphalen*, 3. Aufl. 2012, § 47 Rn. 44; *Oster*, UFITA
2018, 14 (24).

[31] *Müller-Hengstenberg*, NJW 1994, 3128 (3131); *Hanisch*, Haftung für Automation,
2010, S. 69; *Linardato*s, Autonome und vernetzte Aktanten im Zivilrecht, 2021, S. 284; kritisch auch *Taeger*, Außervertragliche Haftung für fehlerhafte Computerprogramme, 1995,
S. 160 ff.; *Cahn*, NJW 1996, 2899 (2903 f.); *Günther*, Produkthaftung für Informationsgüter,
2001, S. 627 f., 634, 672; *Joggerst/Wendt*, InTeR 2021, 13 (14).

[32] *Müller-Hengstenberg*, NJW 1994, 3128 (3131).

[33] MüKoBGB/*Wagner*, 8. Aufl. 2020, § 2 ProdHaftG Rn. 22; *Koch*, in: FS Eccher, 2017,
S. 551 (566); *Hey*, Die Haftung des Herstellers autonomer Fahrzeuge, 2019, S. 119 f.; *Weingart*, Vertragliche und außervertragliche Haftung für den Einsatz von Softwareagenten,
2022, S. 216.

[34] Vgl. MüKoBGB/*Wagner*, 8. Aufl. 2020, § 2 ProdHaftG Rn. 18; *Koch*, in: FS Eccher,
2017, S. 551 (557 f.).

[35] Siehe nur *Lehmann*, NJW 1992, 1721 (1724); *Hanisch*, Haftung für Automation, 2020,
S. 71; *Zech*, Information als Schutzgegenstand, 2012, S. 342 f.; *Wagner*, AcP 217 (2017),
707 (717 ff.); *ders.*, in: Liability for Artificial Intelligence and the Internet of Things, 2019,

Erwägungsgründen der ProdHaftRL kann nur „bei einer verschuldensunabhängigen Haftung des Herstellers [...] das unserem Zeitalter fortschreitender Technisierung eigene Problem einer gerechten Zuweisung der mit der modernen technischen Produktion verbundenen Risiken in sachgerechter Weise gelöst werden".[36] In der Entwurfsbegründung zum ProdHaftG wird auf „ein unbestreitbares Bedürfnis nach Ausgleich des erlittenen Schadens" in Fällen, „in denen sich das Gefahrenpotential in Anknüpfung an einen Produktfehler dadurch verwirklicht, daß jemand geschädigt wird", hingewiesen.[37] Diese Zielsetzung spricht gegen eine Begrenzung der Haftung auf körperliche Gegenstände, auch wenn eine solche im Normtext anklingt, und für eine „Entwicklungsoffenheit"[38]. Auch bei der Produktion unkörperlicher Gegenstände können Konstruktions-, Fabrikations- und Instruktionsfehler auftreten.[39] Illustriert werden kann dies am Beispiel der sog. „digitalen Zwillinge": In der modernen Fertigung werden zunehmend digitale Abbilder von Produktionsanlagen geschaffen, welche diese überwachen und z.B. Störungen vorhersagen.[40] Fehler des Softwareagenten können dabei identische Schäden verursachen wie Fehler der Produktionsanlage selbst. Auch erscheint derjenige, der sich eine Software herunterlädt, mit der er die Temperatur seines Kühlschranks überwachen kann, nicht weniger schutzwürdig als derjenige, der sich für seinen Kühlschrank ein herkömmliches Thermometer zulegt.[41] Die §§ 1 ff. ProdHaftG sind deshalb jedenfalls   analog   anzuwenden.[42]   Dass   eine   gesetzgeberische,   vom

---

S. 27 (41 f.); *Koch*, in: Liability for Artificial Intelligence and the Internet of Things, 2019, S. 99 (106); *Hey*, Die Haftung des Herstellers autonomer Fahrzeuge, 2019, S. 120; *Reusch*, BB 2019, 904 (906); *Veith*, Künstliche Intelligenz, Haftung und Kartellrecht, 2021, S. 82; *Mühlböck/Taupitz*, AcP 221 (2021), 179 (189); kritisch dagegen *Taschner/Frietsch*, Produkthaftungsgesetz und EG-Produkthaftungsrichtlinie, 2. Aufl. 1990, § 2 ProdHaftG Rn. 22; Produkthaftungshandbuch/*Graf von Westphalen*, 3. Aufl. 2012, § 47 Rn. 44; Staudinger BGB/*Oechsler*, 2021, § 2 ProdHaftG, Rn. 65; *Finkelmeier*, NJW 2021, 2017; *Gesmann-Nuissl*, InTeR 2021, 165 (183).

[36] Erwägungsgrund 2 ProdHaftRL; siehe auch *Weingart*, Vertragliche und außervertragliche Haftung für den Einsatz von Softwareagenten, 2022, S. 217 zum Zweck des ProdHaftG, „Gefahren der modernen Industrie entgegenzutreten".

[37] Entwurfsbegründung zum ProdHaftG, BT-Drs. 11/2447, S. 7.

[38] Vgl. *Sommer*, Haftung für autonome Systeme, 2020, S. 221.

[39] Vgl. *John*, Haftung für künstliche Intelligenz, 2007, S. 307 f. zur abstrakten Gefährlichkeit von Software.

[40] Vgl. *Pietschmann*, Digital Business Cloud 05/2021, 20 f.; *Reusch*, in: Rechtshandbuch Artificial Intelligence und Machine Learning, 2020, S. 77 (81).

[41] Ähnlich MüKoBGB/*Wagner*, 8. Aufl. 2020, § 2 ProdHaftG Rn. 26; nach *Günther*, Produkthaftung für Informationsgüter, 2001, S. 672 f. soll allerdings ein (herkömmlicher) Kompass nicht von der Produkthaftung erfasst sein und würde entsprechend wohl auch ein (herkömmliches) Thermometer nicht darunterfallen.

[42] Vgl. MüKoBGB/*Wagner*, 8. Aufl. 2020, § 2 ProdHaftG Rn. 27: „teleologisch informierte[...] Anwendung"; *John*, Haftung für künstliche Intelligenz, 2007, S. 304 ff.: „wertend betrachtete Sachen"; *Schulz*, Verantwortlichkeit bei autonom agierenden Systemen,

Rechtsanwender zu respektierende, Entscheidung gegen die Anwendung der Produkthaftung auf Software getroffen wurde,[43] lässt sich nicht sagen:[44] Die Kommission nahm im Jahr 1988 in einer Antwort auf eine schriftliche Anfrage an, die ProdHaftRL beziehe sich auch auf Software.[45] Im KI-Weißbuch aus dem Jahr 2020 führte sie aus, die Frage, ob eigenständige Software vom Produktbegriff erfasst ist, sei „noch zu klären".[46] Die Bundesregierung forderte in einer Stellungnahme zu diesem Weißbuch eine „Klarstellung" der Anwendbarkeit[47] und auch in dem Vorschlag für eine neue ProdHaftRL, der Software explizit einbezieht, ist davon die Rede, die Produkteigenschaft müsse im Interesse der Rechtssicherheit „klargestellt werden".[48] Dass Elektrizität ausdrücklich in den Produktbegriff einbezogen wurde (§ 2 ProdHaftG a.E.), zeigt zwar, dass sich der Gesetzgeber der Existenz unkörperlicher Gegenstände bewusst war; allerdings folgt daraus nicht, dass andere immaterielle Gegenstände generell von der Produkthaftung ausgenommen werden sollten.[49] Vielmehr wird deutlich, dass das Konzept der Produkthaftung eben nicht auf Sachen i.S.v. § 90 BGB beschränkt ist.[50] In den 1980er-Jahren wurde der Softwareproduktion wohl schlicht keine mit der Elektrizitätsproduktion vergleichbare Relevanz zugeschrieben.[51]

2015, S. 163 f.: „zumindest analog"; *Hey*, Die Haftung des Herstellers autonomer Fahrzeuge, 2019, S. 120: „teleologische Auslegung".

[43] In diese Richtung Staudinger BGB/*Oechsler*, 2021, § 2 ProdHaftG Rn. 2 f., 65; kritisch zur Möglichkeit einer Analogie auch *Beierle*, Die Produkthaftung im Zeitalter des Internet of Things, 2021, S. 127 ff.

[44] MüKoBGB/*Wagner*, 8. Aufl. 2020, § 2 ProdHaftG Rn. 27.

[45] *Europäische Kommission*, Antwort auf die schriftliche Anfrage Nr. 706/88 v. 15.11.1988, ABl. EG v. 8.5.1989, Nr. C 114/42.

[46] *Europäische Kommission*, Weißbuch zur Künstlichen Intelligenz v. 19.2.2020, COM (2020) 65 final, S. 16 zum EU-Produktsicherheitsrecht, siehe auch S. 18, wonach die Produkthaftung nur „*möglicherweise* angepasst und präzisiert" werden müsse (Hervorh. d. Verf.).

[47] *Bundesregierung der Bundesrepublik Deutschland*, Stellungnahme zum Weißbuch zur Künstlichen Intelligenz, 2020, S. 24.

[48] Erwägungsgrund 12 ProdHaftRL-neu-E; zur ausdrücklichen Einbeziehung siehe Art. 4 Abs. 1 ProdHaftRL-neu-E. Nach Art. 2 Nr. 1 MDR umfasst der Begriff „Medizinprodukt" auch Software. Auch hieraus folgt aber nicht im Umkehrschluss, dass Software vom Produktbegriff der ProdHaftRL nicht erfasst sein soll. In Erwägungsgrund 19 MDR ist die Rede davon, es müsse „eindeutig festgelegt werden", dass Software als Produkt gelte. Dies spricht dafür, dass lediglich eine Klarstellung erfolgen sollte.

[49] In diese Richtung aber *Cahn*, NJW 1996, 2899 (2900); *Beierle*, Die Produkthaftung im Zeitalter des Internet of Things, 2021, S. 128 ff.

[50] Vgl. MüKoBGB/*Wagner*, 8. Aufl. 2020, § 2 ProdHaftG Rn. 27: „keine Rechtsfortbildungssperre".

[51] Vgl. MüKoBGB/*Wagner*, 8. Aufl. 2020, § 2 ProdHaftG Rn. 27; *Veith*, Künstliche Intelligenz, Haftung und Kartellrecht, 2021, S. 82.

Die Anwendbarkeit der Produkthaftung setzt also keine Körperlichkeit des schädlichen Gegenstands voraus. Allerdings muss es sich bei dem Gegenstand um das Ergebnis einer *Herstellung* handeln und nicht nur um eine sonstige Leistung.[52] Die ProdHaftRL und das ProdHaftG regeln nur ersteres.[53] *Dies* entspricht einer gesetzlichen Entscheidung und ist daher *de lege lata* vom Rechtsanwender zu respektieren, auch bei der Beurteilung der Produkteigenschaft von Software.[54] Der Vorteil einer Beschränkung der Produkthaftung auf körperliche Gegenstände wird in der Möglichkeit einer „rechtssicheren Tatbestandsbildung" und einer hiermit verbundenen klaren Abgrenzung von sonstigen Leistungen gesehen.[55] Auch bei unkörperlichen Gegenständen ist eine Abgrenzung allerdings möglich. *Wagner* bejaht beispielsweise die Anwendbarkeit auf Gegenstände, die „wie physische Produkte hergestellt und vertrieben werden, im Verkehr wie solche behandelt werden und Rechtsgüter Dritter in prinzipiell gleicher Weise gefährden".[56] Andernorts ist die Rede davon, die Gegenstände müssten „Warencharakter"[57] haben oder „verkehrsfähig"[58] sein.

---

[52] Regelmäßig ist die Rede von „Dienstleistungen". Der Begriff wird indes nicht einheitlich verwendet, z.B. sehr eng in §§ 611 ff. BGB, dagegen weiter in §§ 327 ff. BGB; zu den Abgrenzungsschwierigkeiten von Produkten und „Dienstleistungen" bei Software siehe etwa *Koch*, in: FS Eccher, 2017, S. 551 (568 f.); *Schmon*, IWRZ 2018, 254 (256); *Sommer*, Haftung für autonome Systeme, 2020, S. 222.

[53] EuGH, Urt. v. 10.6.2021 – C-65/20, NJW 2021, 2015 Rn. 27 ff. – „Krone"; *Taschner/Frietsch*, Produkthaftungsgesetz und EG-Produkthaftungsrichtlinie, 2. Aufl. 1990, § 1 ProdHaftG Rn. 104, § 2 ProdHaftG Rn. 8; *Cahn*, NJW 1996, 2899 (2899 f.); Produkthaftungshandbuch/*Graf von Westphalen*, 3. Aufl. 2012, § 47 Rn. 14; MüKoBGB/*Wagner*, 8. Aufl. 2020, § 2 ProdHaftG Rn. 24 ff.

[54] Vgl. *Europäische Kommission*, Weißbuch zur Künstlichen Intelligenz v. 19.2.2020, COM (2020) 65 final, S. 16; *Bundesregierung der Bundesrepublik Deutschland*, Stellungnahme zum Weißbuch zur Künstlichen Intelligenz, 2020, S. 25; Staudinger BGB/*Oechsler*, 2021, § 2 ProdHaftG Rn. 2. Der Vorschlag der Kommission für eine Richtlinie über die Haftung bei Dienstleistungen aus dem Jahr 1990 wurde wieder zurückgezogen, vgl. dazu Staudinger BGB/*Oechsler*, 2021, § 2 ProdHaftG Rn. 41; siehe auch bereits oben Kapitel 2, vor und mit Fn. 646 ff.

[55] Staudinger BGB/*Oechsler*, 2021, § 2 ProdHaftG Rn. 2.

[56] MüKoBGB/*Wagner*, 8. Aufl. 2020, § 2 ProdHaftG Rn. 28 zu CAD-Dateien, aber mit dem Hinweis darauf, dass die „zu Software vorgetragenen Argumente […] entsprechend" für solche Computerdateien gelten würden.

[57] *John*, Haftung für künstliche Intelligenz, 2007, 308 f.; siehe auch *Weingart*, Vertragliche und außervertragliche Haftung für den Einsatz von Softwareagenten, 2022, S. 216; Staudinger BGB/*Oechsler*, 2021, § 2 ProdHaftG Rn. 3, 64, der die Einbeziehung von unverkörperter Software letztlich aber ablehnt.

[58] *Müller*, Software als „Gegenstand" der Produkthaftung, 2019, S. 171; *Reusch*, in: Rechtshandbuch Artificial Intelligence und Machine Learning, 2020, S. 77 (115): „Inverkehrgabe eines Gutes" als zentraler Anknüpfungspunkt; *ders.*, BB 2019, 904 (906): „Verkehrsfähigkeit"; ähnlich *Koch*, in: FS Eccher, 2017, S. 551 (556 f.): „Weitergabefähigkeit"; vgl. auch *Sommer*, Haftung für autonome Systeme, 2020, S. 223, wonach jedes System erfasst sei, das „funktional abgegrenzt ist und einen eigenen Zweck erbringt".

Aufschlussreich für die Auslegung des Produktbegriffs als *Voraussetzung* der Produktverantwortlichkeit ist ein Blick auf den Fehlerbegriff (§ 3 ProdHaftG), welcher die *Reichweite* dieser Verantwortlichkeit bestimmt:[59] Da sowohl für Fabrikations- als auch für Konstruktions- und Instruktionsfehler gehaftet wird,[60] lässt sich die Produkteigenschaft grundsätzlich daran anknüpfen, dass der Gegenstand auf *Fabrikations-* und *Konstruktionsentscheidungen* – ergänzt durch Instruktionsentscheidungen[61] – beruht.[62]

Die *Konstruktionsentscheidung* bestimmt den Bauplan des Produkts, der für die Sicherheitseigenschaften ausschlaggebend ist.[63] Eine Konstruktionsentscheidung wird allerdings auch dann getroffen, wenn lediglich ein Entwurf angefertigt wird, womit jedoch zunächst nur eine rein geistige, sonstige Leistung erbracht wird.[64] Deshalb ist außerdem eine *Fabrikationsentscheidung* erforderlich, durch welche die Konstruktionsentscheidung umgesetzt wird. Hierdurch kann eine in der Konstruktion angelegte Gefahr einer Produktgefahr realisiert werden oder es kann, durch Störungen im Fabrikationsprozess, eine neue Produktgefahr geschaffen werden. Ein Softwareagent wird – worauf im Zusammenhang mit dem Fehlerbegriff noch ausführlicher einzugehen ist[65] – im Wesentlichen durch die Auswahl des Algorithmus und im Fall von Maschinellem Lernen der Trainingsdaten konstruiert. Durch die tatsächliche Programmierung und die Durchführung des Trainings wird er fabriziert.[66] Eine Software gibt nicht nur, wie ein Entwurf, eine geistige Leistung ihres Entwicklers wieder, sondern setzt dessen Ideen bereits um, indem sie dem Nutzer ein

---

[59] In diese Richtung auch die Überlegungen bei *Günther*, Produkthaftung für Informationsgüter, 2001, S. 649.

[60] Siehe noch ausführlich unten III.

[61] Zum Verhältnis von Konstruktion und Instruktion siehe noch unten III. 3.

[62] Siehe bereits *Mayrhofer*, RDi 2023, 20 (21); vgl. auch *Engel*, CR 1986, 702 (705), wonach auch ein Computerprogramm „konzipiert – konstruiert – und hergestellt" werde; seiner Ansicht nach kann ein Computerprogramm als „Werkzeug" betrachtet werden; zum Gedanken der „Risikoentscheidung" bei der Produkthaftung vgl. Staudinger BGB/*Oechsler*, 2021, § 1 ProdHaftG Rn. 1.

[63] Siehe dazu noch unten III. 2.

[64] Zur (fehlenden) Haftung für geistige Leistungen siehe nur *Rolland*, Produkthaftungsrecht, 1990, § 2 ProdHaftG Rn. 16; MüKoBGB/*Wagner*, 8. Aufl. 2020, § 2 ProdHaftG Rn. 16 ff., § 4 ProdHaftG Rn. 14.

[65] Siehe dazu unten III. 1. und 2.

[66] Dass die Herstellung der Software im Wesentlichen der Technik selbst, nämlich dem Lernalgorithmus, überlassen wird, ist unerheblich, in diese Richtung auch *Zech*, NJW 2022, 502 (506); etwas anders die Unterscheidung bei *Taeger*, CR 1996, 257 (268), wonach u.a. auch „Implementierung und Kontrollen" noch zur Konstruktionsphase gehören sollen und die Fabrikationsphase in dem „Aufbringen des Programms auf einem Datenträger, in der Duplizierung des Programms vom ‚Mutterträger' auf einen anderen Träger" bestehe; ähnlich wohl *Gomille*, JZ 2016, 76 (77 f.).

Problemlösungsverfahren anbietet. Sie beruht also auf einer Konstruktions-
und einer Fabrikationsentscheidung und ist deshalb als Produkt einzuordnen.

Teilweise wird die Anwendbarkeit des ProdHaftG nur für Standardsoftware,
nicht aber für Individualsoftware bejaht.[67] Auch diese Differenzierung überzeugt nicht.[68] Die Produkthaftung erfasst generell auch individuell gefertigte
Produkte und nichts anderes gilt für Software.[69] Auch solche Produkte können
i.S.v. § 3 ProdHaftG fehlerhaft sein. Die spezifischen Gefahren der Massenproduktion mögen ein Motiv für den Erlass der Vorschriften gewesen sein, dass
gerade sie sich realisieren, ist jedoch nicht erforderlich.[70]

2. Keine Produkteigenschaft von Trainingsdaten und Lernalgorithmen

Weiter stellt sich die Frage, ob auch bloße Daten Produkte darstellen können,
konkret die *Trainingsdaten*, anhand derer ein technischer Agent lernen kann.[71]
Diese können dem Entwickler von einem Dritten geliefert werden, der insofern
ebenfalls als Hersteller i.S.d. ProdHaftG in Betracht kommt. Bejaht man die
Produkteigenschaft, könnte z.B. auch ein Krankenhaus, das dem Entwickler
einer Diagnosesoftware Röntgenbilder zur Verfügung stellt, der Produkthaftung unterliegen. Eine Produkthaftung ist möglich, wenn der *Datenträger* fehlerhaft ist. Soweit es lediglich um die inhaltliche Richtigkeit der *Information*
geht, die durch die Daten codiert wird, findet das ProdHaftG jedoch keine Anwendung.[72] Insofern lohnt sich zunächst ein Blick in die analoge Welt:[73] Nach
dem EuGH fällt ein unrichtiger Gesundheitstipp, der in einer gedruckten

---

[67] *Engel*, CR 1986, 702 (706) zur Produzentenhaftung, aber mit Hinweis auch auf die
ProdHaftRL; *Kort*, CR 1990, 171 (173 ff.); Produkthaftungshandbuch/*Graf von Westphalen*,
3. Aufl. 2012, § 47 Rn. 43 f. mit der Einschränkung, dass die Software außerdem mit einem
Datenträger übertragen werden müsse.

[68] *John*, Haftung für künstliche Intelligenz, 2007, 309 f.; *Lehmann*, NJW 1992, 1721
(1724); *Sommer*, Haftung für autonome Systeme, 2020, S. 223; *Koch*, in: FS Eccher, 2017,
S. 551 (562 f.); *Taeger*, Außervertragliche Haftung für fehlerhafte Computerprogramme,
1995, S. 165 ff. Der BGH grenzt im Vertragsrecht die Vertragstypen danach ab, ob es um
die Lieferung von Individualsoftware – dann Werk- oder Werklieferungsvertrag – oder Standardsoftware – dann Kaufvertrag – geht, BGH, Urt. v. 4.11.1987 – VIII ZR 314/86, BGHZ
102, 135, juris Rn. 16; BGH, Urt. v. 7.3.1990 – VIII ZR 56/89, NJW 1990, 3011, juris
Rn. 10; siehe dazu auch MüKoBGB/*Busche*, 9. Aufl. 2023, § 631 Rn. 143.

[69] *Günther*, Roboter und rechtliche Verantwortung, 2016, S. 177; BeckOGK
ProdHaftG/*Rebin*, 1.9.2022, § 2 Rn. 55; siehe auch schon *Kort*, CR 1990, 171 (174).

[70] Vgl. allgemein *Deutsch*, NJW 1992, 73 (75 f.).

[71] Vgl. Leupold/Wiebe/Glossner IT-Recht/*Leupold/Wiesner*, 4. Aufl. 2021, Teil 9.6.4
Rn. 44; *Zech*, NJW 2022, 502 (505 ff.).

[72] Siehe etwa *Zech*, NJW 2022, 502 (505); siehe auch *ders.*, Information als Schutzgegenstand, 2012, S. 342, wonach eine Produkthaftung für einen „semantischen Gehalt" nicht
in Betracht komme.

[73] Vergleiche zur analogen Welt finden sich z.B. auch bei *Koch*, in: FS Eccher, 2017,
S. 551 (557 f.).

Zeitung veröffentlicht wird und der den Gebrauch einer anderen körperlichen Sache betrifft, nicht unter die ProdHaftRL.[74] Auch in der Literatur wird die Erteilung von Informationen in Druckwerken vielerorts nicht als Produktionsvorgang, sondern als sonstige Leistung eingeordnet.[75] In Informationen manifestiert sich, auch wenn sie verkörpert sind, möglicherweise eine Konstruktionsentscheidung, z.B. wenn Baupläne zur Verfügung gestellt werden. Jedenfalls fehlt es aber an einer Fabrikationsentscheidung. Diese trifft erst der Nutzer der Informationen, der z.B. die Baupläne umsetzt.[76] Nichts anderes gilt in der digitalen Welt. Der Unterschied zwischen bloßen Daten und Software besteht darin, dass es bei Software nicht um die Information als solche geht, sondern um ein bestimmtes Verfahren der Informationsgewinnung, z.B. der Messung der Kühlschrank-Temperatur durch ein entsprechendes Programm.[77] Erteilt z.B. ein Rechtsanwalt eine Auskunft und ist diese inhaltlich falsch, so stellt er selbst kein Produkt her,[78] wohl aber derjenige, welcher eine *Legal Tech*-Software entwickelt hat, auf die sich der Rechtsanwalt bei der Auskunftserteilung verlässt. Dabei ist nicht die Information als solche, sondern das technische Verfahren, mittels dessen die Information generiert wird, das fehlerhafte Produkt.[79]

---

[74] EuGH, Urt. v. 10.6.2021 – C-65/20, NJW 2021, 2015 Rn. 32 ff.– „Krone"; siehe auch die Schlussanträge des Generalanwalts beim EuGH *Hogan* v. 15.4.2021 – C-65/20, GRUR-RS 2021, 7667 Rn. 26 ff.

[75] Vgl. *Foerste*, NJW 1991, 1433 (1439); Staudinger BGB/*Oechsler*, 2021, § 2 ProdHaftG Rn. 79: „Sonderfall der allgemeinen Auskunftshaftung"; für eine Haftung für inhaltliche Fehler von Druckwerken dagegen *Landscheidt*, Das neue Produkthaftungsrecht, 2. Aufl. 1992, S. 96 f.; *Cahn*, NJW 1996, 2899 (2904); Produkthaftungshandbuch/*Graf von Westphalen*, 3. Aufl. 2012, § 47 Rn. 16.

[76] Teilweise wird die Haftung für Fehler des Inhalts eines Druckwerks auch mit dem Argument verneint, die Information könne nicht selbst oder jedenfalls mittels einer Sache gefährlich sein, sondern nur, indem sie die Willensbildung des Nutzers beeinflusse (*Foerste*, NJW 1991, 1433 [1438 f.]). Dieses Argument verfängt allerdings nicht (vgl. *Hanisch*, Haftung für Automation, 2010, S. 70). In einer Vielzahl von Fällen wird die Produktgefahr psychisch vermittelt, z.B. wenn es um Instruktionsfehler geht (*Cahn*, NJW 1996, 2899 [2902]). Fehler eines Kühlschrank-Thermometers oder einer Kühlschrank-Überwachungssoftware (siehe dazu oben 1.) sind gerade deshalb gefährlich, weil der Nutzer seiner Willensbildung falsche Annahmen zugrunde legt (vgl. zur Haftung bei Wirkungslosigkeit von Produkten *Cahn*, a.a.O., S. 2901 f.).

[77] Unter Umständen wird die Information auch direkt von dem Agenten umgesetzt, vgl. zu unterschiedlichen Automatisierungsgraden oben Kapitel 1, C. II.

[78] Vgl. Staudinger BGB/*Oechsler*, 2021, § 2 ProdHaftG Rn. 77.

[79] Ähnlich *Koch*, in: FS Eccher, 2017, S. 551 (568) zur „Fertigung von etwas […], was danach vom Erwerber unabhängig vom Hersteller genutzt wird". *Koch* möchte allerdings auch E-Books einbeziehen, da sie sich – anders als etwa der Rat eines Steuerberaters – „an ein nicht individuell bestimmtes Zielpublikum mit standardisierten Anforderungen" richten würden. Eine Produkthaftung für inhaltliche Fehler eines Buchs geht allerdings zu weit und die Differenzierung nach der Individualisierung ist ähnlich zweifelhaft wie die

Ausgehend hiervon sind auch Trainingsdaten keine Produkte.[80] Die Daten sind lediglich Konstruktionspläne für den technischen Agenten, der mit ihnen lernen soll. Der Trainer setzt die Konstruktionspläne um, wenn er den technischen Agenten mit den Daten trainiert. Erst darin liegt die Fabrikationsentscheidung.[81] An der Einordnung ändert sich auch nichts, wenn die Daten aufbereitet werden, z.B. indem sie mit Labeln versehen oder annotiert werden.[82] Noch einmal ein Vergleich zur analogen Welt: Genauso wenig wie der Autor eines Buches nach dem ProdHaftG für dessen Inhalt zur Verantwortlichkeit gezogen werden kann,[83] haftet dessen Übersetzer oder derjenige, der dem Werk inhaltliche Anmerkungen hinzufügt. Auch diese Akteure stellen – wie derjenige, der Trainingsdaten aufbereitet – keine Produkte her.

Entsprechendes gilt für den „rohen" *Lernalgorithmus* bzw. den Programmcode, der diesen umsetzt und der beispielsweise auch aus einer *Open Source-Library* stammen kann.[84] Dabei handelt es sich um eine rein geistige Leistung, die der Entwickler sich als Teil des Bauplans seiner Software zu eigen machen

---

Unterscheidung zwischen Standard- und Individualsoftware (dazu oben 1.); kritisch auch *Beierle*, Die Produkthaftung im Zeitalter des Internet of Things, 2021, S. 180.

[80] Siehe auch *Zech*, NJW 2022, 502 (506); Staudinger BGB/*Oechsler*, 2021, § 4 ProdHaftG Rn. 16; *Spindler*, JZ 2022, 793 (797); a.A. wohl Leupold/Wiebe/Glossner IT-Recht/*Leupold/Wiesner*, 4. Aufl. 2021, Teil 9.6.4 Rn. 44; nach *Sommer*, Haftung für autonome Systeme, 2021, S. 226 ff. sind die Trainingsdaten vergleichbar mit Grundstoffen (§ 4 Abs. 1 S. 1 Var. 2 ProdHaftG; dazu oben Kapitel 2, Fn. 344).

[81] Die hier vorgenommene Differenzierung nähert sich einer von *Günther* vorgeschlagenen Unterscheidung: Dieser differenziert zwischen sog. „kommunikativen" und „funktionalen Informationsgütern". Die Produkthaftung soll nur für sog. „echte funktionale Informationsgüter" gelten (*Günther*, Produkthaftung für Informationsgüter, 2001, S. 673), d.h. solche, die eine „unmittelbare Steuerungsfunktion" übernehmen, also nicht nur „Träger einer Idee, sondern Verwirklichung der Idee" sind (S. 632 f.). Nicht unter das ProdHaftG fallen nach *Günther* „unechte funktionale Informationsgüter", die lediglich der „Manipulation von kommunikativen Informationsinhalten zur Gewinnung neuer Informationsinhalte" dienen (S. 633). Bei Trainingsdaten handelt es sich allenfalls um solche Informationsgüter: Dem Trainer wird kein fertiges Informationsgewinnungsverfahren angeboten, sondern nur die Information selbst. *Günther* scheint allerdings einen noch restriktiveren Ansatz als den hier vorgestellten zu verfolgen (siehe auch schon Fn. 76 zum Thermometer). Seiner Auffassung nach haftet z.B. auch der Hersteller eines Kompasses, der in ein Flugzeug eingebaut wird, nicht (S. 674). Mit einem Kompass dürfte indes nicht (nur) eine Information, sondern ein fertiges Informationsgewinnungsverfahren geliefert werden.

[82] *Zech*, NJW 2022, 502 (506); zu „Labels" und Annotationen siehe oben Kapitel 1, B. III. 2. b) aa).

[83] Siehe dazu bereits Fn. 75, auch zur Gegenansicht.

[84] Vgl. zu „Open Source"-Elementen bereits Fn. 2; vgl. auch *Hacker*, ar-Xiv:2211.13960v5, 2023, S. 14 ff.

kann.[85] Erst wenn Lernalgorithmus und Trainingsdaten zusammengeführt werden, kann ein Problemlösungsverfahren entstehen, das über eine Information hinaus geht und ein Produkt darstellen kann.

Die Lieferanten von Trainingsdaten und Lernalgorithmen werden dadurch nicht von jeglicher Verantwortlichkeit frei. Sie haften allerdings nur nach §§ 823 ff. BGB, nicht nach der – vereinheitlichten und teilweise strengeren – Produkthaftung.[86]

II. Entwickler und Trainer-Nutzer als Hersteller i.S.v. § 4 Abs. 1 S. 1 ProdHaftG

Technische Agenten entstehen typischerweise im Wege der intra- und interorganisationalen Arbeitsteilung.[87] Sie bestehen aus einer Vielzahl von Komponenten, an deren Produktion oft unterschiedliche Personen beteiligt sind, die als Hersteller i.S.v. § 4 Abs. 1 S. 1 ProdHaftG in Betracht kommen. Bei *Embedded Software* kann zunächst zwischen der Hard- und der Softwarekomponente unterschieden werden[88] und diese Komponenten können wiederum selbst von mehreren Personen hergestellt werden. Der Hersteller eines autonomen Fahrzeugs kann z.B. die fertige Fahrsoftware eines anderen Unternehmers verwenden oder für die Entwicklung einer eigenen Software zumindest das Kartensystem eines Zulieferers nutzen.[89] Die Produkthaftung erleichtert dem Geschädigten die Anspruchsdurchsetzung insofern, als der Herstellerbegriff nach § 4 ProdHaftG unternehmensbezogen ist[90] und es damit unerheblich ist, welches Individuum innerhalb der Organisation den Fehler zu verantworten hat. Durch die Erweiterung des Herstellerbegriffs in § 4 ProdHaftG wird außerdem

---

[85] Vgl. Staudinger BGB/*Oechsler*, 2021, § 4 ProdHaftG Rn. 16; nach *Sommer*, Haftung für autonome Systeme, 2021, S. 226 ff. ist das „Modell" dagegen vergleichbar mit Grundstoffen (§ 4 Abs. 1 S. 1 Var. 2 ProdHaftG; dazu oben Kapitel 2, Fn. 344).

[86] Vgl. Leupold/Wiebe/Glossner IT-Recht/*Leupold/Wiesner*, 4. Aufl. 2021, Teil 9.6.4 Rn. 44, wonach zumindest die Produzentenhaftung bereitstehe, „um etwaige Lücken zu schließen"; dazu auch *Zech*, NJW 2022, 502 (506 ff.); zur Haftung von IT-Dienstleistern, die Daten über eine Cloud zur Verfügung stellen, siehe auch *Ebers*, in: German National Reports on the 21st International Congress of Comparative Law, 2022, S. 157 (185 ff.), auch zur Frage der Anwendbarkeit von § 7 Abs. 2 TMG.

[87] Vgl. zu verschiedenen Formen der Arbeitsteilung Produkthaftungshandbuch/*Graf von Westphalen*, 3. Aufl. 2012, § 49 Rn. 31 ff.; MüKoBGB/*Wagner*, 8. Aufl. 2020, § 4 ProdHaftG Rn. 13 sowie bereits oben Kapitel 2, Fn. 343.

[88] Vgl. *Hanisch*, Haftung für Automation, 2010, S. 70; *Wagner*, VersR 2020, 717 (733).

[89] Siehe z.B. zur Integration der Softwarelösungen von *Google* in (herkömmliche) Kraftfahrzeuge *Reintjes*, Google dringt ins Auto vor und ist kaum aufzuhalten, WirtschaftsWoche v. 19.10.2018.

[90] Vgl. BeckOGK ProdHaftG/*Spickhoff*, 1.11.2022, § 4 Rn. 4; Erman BGB/*Wilhelmi*, 16. Aufl. 2020, § 4 ProdHaftG Rn. 1; zur Unanwendbarkeit von § 831 Abs. 1 S. 2 BGB vgl. Entwurfsbegründung zum ProdHaftG, BT-Drs. 11/2447, S. 21; BeckOGK ProdHaftG/*Spickhoff*, a.a.O.

auch eine gewisse Sicherstellungshaftung über die Organisationsgrenzen hinaus begründet.[91]

Bei technischen Agenten beschränkt sich die Arbeitsteilung regelmäßig nicht auf die Entwicklungsphase. Vielmehr wird auch in der Einsatzphase Einfluss auf die Sicherheitseigenschaften genommen, durch Updates (Lernen durch Anweisung) oder, im Fall von weiterlernenden Agenten, durch Training (Lernen durch Erfahrung). Im Folgenden wird daher speziell der Frage nachgegangen, inwieweit derjenige, der dem Agenten ein Update zur Verfügung stellt (1.) oder ihn weitertrainiert (2.) Hersteller i.S.v. § 4 Abs. 1 S. 1 ProdHaftG sein kann.

Im Rahmen von §§ 823 ff. BGB ist die begriffliche Einordnung, ähnlich wie die Produkteigenschaft, irrelevant. Eine Haftung für – selbständige oder unselbständige – Dritte besteht nur nach den im Zusammenhang mit menschlicher Autonomie erläuterten Grundsätzen. Dem Schädiger muss eine eigene Sorgfaltspflichtverletzung vorgeworfen werden können.[92] Richterrechtliche Beweislastregeln und die verschuldensabhängige Sicherstellungshaftung bewirken eine gewisse, aber keine vollständige Angleichung an die Produkthaftung.[93]

1. Herstellung durch Update

Auch ein Update, mit dem eine Software verändert wird, kann ein Produkt darstellen.[94] Mit einem Update kann z.B. ein *Bug* beseitigt oder eine neue Fähigkeit implementiert werden, aber etwa auch der Lernfortschritt von einem Agenten auf einen anderen Agenten übertragen[95] oder eine von Anfang an vorhandene Fähigkeit nachträglich freigeschalten werden, was etwa im Bereich des automatisierten Fahrens gängig ist[96].

Die Herstellung *eines* Produkts ist allerdings abzugrenzen von sonstigen Leistungen *an einem* Produkt, insbesondere von der bloßen Montage oder Reparatur.[97] Der Herstellerbegriff steht insofern im engen Zusammenhang zum Produktbegriff.[98] Erforderlich sind grundsätzlich neue Fabrikations- und

---

[91] Siehe oben Kapitel 2, A. III. 1.

[92] Vgl. zum Quasi-Hersteller und zum Importeur BGH, Urt. v. 11.12.1979 – VI ZR 141/78, NJW 1980, 1219, juris Rn. 11 ff. – „Klapprad".

[93] Siehe dazu oben Kapitel 2, A. II. 1. c) bb) und 2. b) sowie III.; siehe auch noch unten VI. 2.

[94] Vgl. *Reusch*, BB 2019, 904 (906 f.); Leupold/Wiebe/Glossner IT-Recht/*Leupold/Wiesner*, 4. Aufl. 2021, Teil 9.6.4 Rn. 42; *Beierle*, Die Produkthaftung im Zeitalter des Internet of Things, 2021, S. 303 f.; *Borges*, CR 2022, 553 (558).

[95] Siehe hierzu *Wachenfeld/Winner*, in: Autonomes Fahren, 2015, S. 465 (483 f.).

[96] Siehe dazu *Schrader*, DAR 2018, 314 (319).

[97] *Landscheidt*, Das neue Produkthaftungsrecht, 2. Aufl. 1992, S. 96.

[98] Vgl. BGH, Urt. v. 25.2.2014 – VI ZR 144/13, BGHZ 200, 242, juris Rn. 15 – „Überspannungsschaden"; *Taschner/Frietsch*, Produkthaftungsgesetz und EG-

Konstruktionsentscheidungen.[99] Kein Herstellungsprozess liegt demnach vor, wenn lediglich die Konstruktionsentscheidung eines anderen ausgeführt wird – wie beim Zusammenbau von Teilen nach Anleitung des Teileherstellers[100] – oder das Produkt nur an den Konstruktionsplan angepasst wird, also – wie bei der Reparatur – Fabrikationsfehler beseitigt werden.[101] Durch ein Update, das ausschließlich solche Zwecke erfüllt, wird daher kein Produkt hergestellt.[102]

Beruht das Update auf einer neuen Fabrikations- und Konstruktionsentscheidung, liegt dagegen ein Herstellungsvorgang vor. Es stellt sich dann die Frage, ob ein neues *Gesamt*produkt als *ein* Endprodukt hergestellt wird oder ob es sich bei dem Update und dem ursprünglichen Agenten um *zwei* Endprodukte handelt. Im zweiten Fall ist das Update mit einem Zubehörstück vergleichbar, z.B. einer Lenkerverkleidung, die als *Ergänzungs*produkt an ein Motorrad als *Haupt*produkt angebracht wird.[103] Liegt ein *Gesamt*produkt vor, haften nach §§ 4 Abs. 1 S. 1, 5 S. 1 ProdHaftG der Hersteller des ursprünglichen Agenten (*Teil*produkt) und der Hersteller des Updates und damit des neuen Agenten (*End*produkt) gesamtschuldnerisch für Fehler des neuen Agenten und zwar grundsätzlich[104] unabhängig davon, ob der Fehler den ursprünglichen Agenten oder das Update betrifft. Liegen zwei selbständige Endprodukte vor,

---

Produkthaftungsrichtlinie, 2. Aufl. 1990, Art. 3 ProdHaftRL Rn. 1; Produkthaftungshandbuch/*Graf von Westphalen*, 3. Aufl. 2012, § 49 Rn. 3.

[99] Siehe auch OLG Hamm, Urt. v. 5.2.2016 – I-7 U 84/15, juris Rn. 40, wonach der Zweck des ProdHaftG der „Schutz vor dem Inverkehrbringen eines fehlerhaften Produkts durch denjenigen, in dessen Sphäre und Einflussbereich die Fehler durch Konstruktion, Instruktion oder Fabrikation passiert ist" sei. Eine Ausnahme wird wohl beim Lizenznehmer gemacht, vgl. zu dessen Haftung Entwurfsbegründung zum ProdHaftG, BT-Drs. 11/2447, S. 20; *Rolland*, Produkthaftungsrecht, 1990 § 4 ProdHaftG Rn. 31.

[100] Vgl. OLG Koblenz, Beschl. v. 26.2.2013 – 5 U 1474/12, VersR 2014, 251, juris Rn. 21; OLG Hamm, Urt. v. 5.2.2016 – I-7 U 84/15, juris Rn. 40; *Landscheidt*, Das neue Produkthaftungsrecht, 2. Aufl. 1992, S. 95 zur Endmontage durch den Händler („Make-Ready-Service") als typische Vertriebs-, nicht Produktionstätigkeit; BeckOGK ProdHaftG/*Spickhoff*, 1.11.2022, § 4 Rn. 18 („bedienungsanleitungsgemäß"); *Gabrielczyk*, MPR 2017, 121 (123).

[101] Siehe nur MüKoBGB/*Wagner*, 8. Aufl. 2020, § 4 ProdHaftG Rn. 24, wonach grundsätzlich keine Produkthaftung für Reparatur-, Instandsetzungs- und Wartungsarbeiten bestehe. Eine Ausnahme soll gegeben sein, wenn das Produkt „einer Generalüberholung unterzogen oder ein ‚neuer' Recyclingartikel erzeugt wird".

[102] Vgl. Leupold/Wiebe/Glossner IT-Recht/*Leupold/Wiesner*, 4. Aufl. 2021, Teil 9.6.4 Rn. 41, wonach ein Update mit einer Reparatur vergleichbar sein könne.

[103] Vgl. dazu BGH, Urt. v. 9.12.1986 – VI ZR 65/86, BGHZ 99, 167 – „Motorrad-Lenkerverkleidung", wo es allerdings nicht um die Haftung nach dem ProdHaftG, sondern um Produktbeobachtungspflichten nach § 823 Abs. 1 BGB ging; einen Vergleich zwischen Updates und solchen nachträglich hinzugefügten Gegenständen zieht etwa auch *Beierle*, Die Produkthaftung im Zeitalter des Internet of Things, 2021, S. 206 ff.

[104] Unter Umständen greift zugunsten des Teilproduktherstellers allerdings § 1 Abs. 3 ProdHaftG; siehe dazu unten V. 4.

haftet dagegen jeder nur für Fehler *seines* Produkts. Die Anspruchsdurchsetzung für den Geschädigten ist also im ersten Fall deutlich einfacher. Grundsätzlich kann auch die Veränderung eines Produkts zur Herstellung eines neuen Gesamtprodukts führen.[105] Voraussetzung hierfür ist jedoch, dass *Sicherheitseigenschaften* des ursprünglichen Produkts *wesentlich verändert* wurden.[106] Hierfür kann etwa die Änderung der Fähigkeiten des Produkts ein Indiz darstellen.[107] Mit Blick auf die Konsequenzen der Gesamtverantwortlichkeit ist bei der Beurteilung der Wesentlichkeit eine gewisse Zurückhaltung angebracht:[108] Wird infolge des Updates der Software eines Kraftfahrzeugs, möglicherweise Jahre nach dessen erstmaliger Bereitstellung, angenommen, der Update-Hersteller sei nun für die Sicherheit des Kraftfahrzeugs als Gesamtprodukt verantwortlich, bedeutet dies, dass er grundsätzlich auch dann in Anspruch genommen werden kann, wenn die Reifen nicht den berechtigten Sicherheitserwartungen entsprechen.[109] Er kann dann allenfalls Regress bei den anderen Herstellern nehmen (§ 5 S. 2 ProdHaftG, § 426 Abs. 1 S. 2, Abs. 2 BGB).[110] Bewirkt das Update keine wesentliche Änderung der Sicherheitseigenschaften, liegt kein aus Haupt- und Ergänzungsprodukt bestehendes Gesamtprodukt vor, sondern handelt es sich bei dem ursprünglichen Agenten und dem Update um zwei selbständige Endprodukte. Die hieraus folgende Notwendigkeit, herauszufinden, welchem der Produkte der Fehler zuzuordnen ist, kann wiederum für den Geschädigten ein erhebliches Hindernis für seine Anspruchsdurchsetzung bedeuten.[111]

---

[105] Schmidt-Salzer/Hollmann ProdHaftRL, Bd. I/*Schmidt-Salzer*, 1986, Art 3 Rn. 19 ff.; *Rolland*, Produkthaftungsrecht, 1990, § 4 ProdHaftG Rn. 14; a.A. wohl *Taschner/Frietsch*, Produkthaftungsgesetz und EG-Produkthaftungsrichtlinie, 2. Aufl. 1990, § 4 ProdHaftG Rn. 33.

[106] Ausführlich dazu *Mayrhofer*, RDi 2023, 20 (22) mit Nachweisen zur Rechtsprechung und zur Literatur.

[107] Vgl. Staudinger BGB/*Oechsler*, 2021, § 4 ProdHaftG Rn. 26; Leupold/Wiebe/Glossner IT-Recht/*Leupold/Wiesner*, 4. Aufl. 2021, Teil 9.6.4 Rn. 41.

[108] Vgl. auch *Wagner*, JZ 2023, 1 (9) zum ProdHaftRL-neu-E, der die Veränderung explizit regelt (dazu noch unten C. I. 1.).

[109] Bei der Bestimmung der berechtigten Erwartungen (§ 3 ProdHaftG) wäre allerdings deren Alter zu berücksichtigen, vgl. Staudinger BGB/*Oechsler*, 2021, § 3 ProdHaftG Rn. 87a; zur möglichen Haftungsverlagerung auf den Hersteller des Updates siehe auch *Beierle*, Die Produkthaftung im Zeitalter des Internet of Things, 2021, S. 304.

[110] Unter Umständen kann auch ein Mitverschulden des Geschädigten nach § 6 Abs. 1 ProdHaftG, § 254 BGB vorliegen oder ist ein Regress bei einem Dritten nach §§ 6 Abs. 2 S. 2, 5 S. 2 ProdHaftG, § 426 Abs. 1 S. 1, Abs. 2 BGB möglich.

[111] Vgl. Leupold/Wiebe/Glossner IT-Recht/*Leupold/Wiesner*, 4. Aufl. 2021, Teil 9.6.4 Rn. 42; zu den ähnlich gelagerten Schwierigkeiten beim getrennten Vertrieb von Hard- und Software *Wagner*, VersR 2020, 717 (733 ff.); *Linardatos*, Autonome und vernetzte Aktanten im Zivilrecht, 2021, S. 294 ff.; zur Beweislast siehe unten VI. 1.

2. Herstellung durch Training

Bei *weiter*lernenden Agenten beruht das Agentenverhalten nicht nur auf dem Lernalgorithmus und den Trainingsdaten, die der *Entwickler* als ursprünglicher *Trainer* verwendet hat, sondern auch auf den Daten, die der Agent beim *Nutzer* empfängt. Es stellt sich deshalb die Frage, inwieweit dieser Nutzer selbst als Hersteller i.S.v. § 4 Abs. 1 S. 1 ProdHaftG zu qualifizieren ist.[112] Der *Backend*-Betreiber i.S.d. KI-HaftVO-E wird in der Literatur regelmäßig als möglicher Hersteller eingeordnet.[113] In der Tat kann dieser dadurch, dass er „auf kontinuierlicher Basis die Merkmale der Technologie definiert und Daten und einen wesentlichen Backend-Support-Dienst bereitstellt",[114] neue Herstellungsprozesse vornehmen. Zum einen durch Updates, möglicherweise aber auch durch die Anwendung neuer Trainingsdaten auf den technischen Agenten. Zur Anwendung neuer Trainingsdaten ist aber auch der Nutzer in der Lage, der lediglich am *Frontend*, an der Schnittstelle zwischen dem Agenten und der Umgebung, tätig wird. Er kann die konkreten Trainingsdaten oder jedenfalls den konkreten Einsatzbereich,[115] in dem der Agent seine Aktivitäten entfaltet, auswählen. Durch dieses (weitere) Training kann der Nutzer erheblichen Einfluss auf die Input-Output-Beziehung des Agenten und damit auf dessen Sicherheitseigenschaften nehmen.[116]

Auch insoweit kommt es grundsätzlich auf das Vorliegen einer Konstruktions- und einer Fabrikationsentscheidung an:[117] Gibt der Entwickler dem Nutzer im Detail vor, mit welchen Daten er den Agenten weitertrainieren soll und hält sich der Nutzer an diese Vorgaben, fabriziert er zwar möglicherweise einen Gegenstand, er führt dabei aber nur eine Konstruktionsentscheidung des Entwicklers aus. Eine eigene Konstruktionsentscheidung trifft er nicht.[118] Wählt

---

[112] Siehe dazu bereits *Mayrhofer*, RDi 2023, 20 (21 ff.); kritisch *Sommer*, Haftung für autonome Systeme, 2020, S. 230, wonach die „bloße Beeinflussung durch das ‚Anlernen' von Anwendern oder Dritten" in der Regel nicht ausreiche. Der Nutzer kann auch Lieferant i.S.v. § 4 Abs. 3 ProdHaftG sein, wenn er das Produkt vertreibt und nicht nur Leistungen *mit* dem Produkt erbringt, vgl. auch Staudinger BGB/*Oechsler*, 2021, § 4 ProdHaftG Rn. 97; MüKoBGB/*Wagner*, 8. Aufl. 2020, § 4 ProdHaftG Rn. 51.

[113] Vgl. *Wagner*, in: Law by Algorithm, 2021, S. 127 (133 ff.) sowie schon *ders.*, VersR 2020, 717 (738); *Schrader*, DAR 2022, 9 (12); *von Bodungen*, SVR 2022, 1 (6); vgl. auch Erwägungsgrund 10 KI-HaftVO-E; siehe auch schon oben Fn. 19.

[114] Vgl. Art. 3 lit. d, e, f KI-HaftVO-E.

[115] Vgl. zu dieser Möglichkeit *Etzkorn*, MMR 2020, 360 (364): Auswahl der „Problemdomäne".

[116] Siehe auch *Zech*, Gutachten für den 73. DJT, 2020, A 83 Fn. 219, wo eine Parallele gezogen wird zwischen Anwendern, welche die Systeme trainieren können und Anwendern, welche den Code selbst ändern.

[117] Siehe oben 1.

[118] Siehe bereits *Mayrhofer*, RDi 2023, 20 (21). Aus § 1 Abs. 3 S. 2 Alt. 2 ProdHaftG wird allerdings ersichtlich, dass auch ein geringer Entscheidungsspielraum hinsichtlich der

der Nutzer selbst die konkreten Trainingsdaten aus und wendet den Lernalgorithmus darauf an, liegt eine Konstruktions- und Fabrikationsentscheidung dagegen vor. Der Nutzer einer autonomen Produktionsmaschine kann z.B. beschließen, diese mit in seinem Betrieb generierten Trainingsdaten weiter zu trainieren. Ein Herstellungsvorgang ist auch dann gegeben, wenn der Nutzer zwar keine konkreten Daten auswählt, aber auf den Lernvorgang insofern Einfluss nimmt, als er die konkrete Umgebung des Agenten bestimmt, z.B. indem er einen Staubsaugerroboter in einer von ihm ausgewählten Wohnung (*Open World*) einsetzt.[119]

Trainiert der Nutzer den Agenten weiter, stellt sich wiederum die Frage, ob dadurch *ein* neues *Gesamt*produkt hergestellt wird oder ob die Veränderung, der Lernfortschritt,[120] ein selbständiges *Ergänzungs*produkt darstellt, das von dem ursprünglichen Agenten als *Haupt*produkt zu trennen ist. Auch hier ist darauf abzustellen, ob die Sicherheitseigenschaften *wesentlich* verändert werden.[121] Dies dürfte zu bejahen sein, wenn der Nutzer einen nahezu „rohen" Agenten, dessen Verhalten hauptsächlich von den Erfahrungen während der Einsatzphase abhängt, trainiert. Beschränkt sich sein Einfluss dagegen auf einzelne und abgrenzbare Bereiche, z.B. wenn er einem Pflegeroboter mit sehr vielen Fähigkeiten nur antrainieren kann, bestimmte Medikamente (falsch) zu dosieren, im Übrigen aber keinen Einfluss auf das Produktverhalten hat, dürfte es an der Wesentlichkeit fehlen.[122] Dies schließt seine (Produkt-)Haftung nicht aus, allerdings ist der Trainer-Nutzer dann nicht nach §§ 4 Abs. 1 S. 1, 5 S. 1 ProdHaftG für die Sicherheit des *gesamten* Systems verantwortlich, sondern nur für den veränderten Teil. Dies erschwert, ähnlich wie bei Updates, die Anspruchsdurchsetzung.[123]

III. Produktfehler i.S.v. § 3 ProdHaftG

Die Bestimmung von Fabrikations- (1.), Konstruktions- (2.) und Instruktionsfehlern (3.) ist bei technischen Agenten mit Herausforderungen verbunden. Es wird sich insbesondere zeigen, dass Ungewissheiten bei der Feststellung des Sicherheitsniveaus die Gerichte vor Schwierigkeiten stellen können. Deshalb wird im Besonderen auf die Frage eingegangen, inwieweit der sog. Fehlerverdacht, mit welchem die Rechtsprechung bestimmten Ungewissheiten

---

Konstruktion für die Herstellereigenschaft ausreicht, vgl. dazu auch Staudinger BGB/*Oechsler*, 2021, § 4 ProdHaftG Rn. 27.

[119] Ausführlich dazu *Mayrhofer*, RDi 2023, 20 (21 f.).

[120] Zum Lernfortschritt als Produkt siehe *Mayrhofer*, RDi 2023, 20 (23 f.).

[121] Siehe dazu *Mayrhofer*, RDi 2023, 20 (21 f.) sowie oben 1.

[122] Siehe bereits *Mayrhofer*, RDi 2023, 20 (22 f.).

[123] Zur Schwierigkeit, bei weiterlernenden Systemen den Fehler nachzuweisen, siehe *Zech*, Gutachten für den 73. DJT, 2020, A 73; siehe auch *Mayrhofer*, RDi 2023, 20 (23 f.); zur Beweislast siehe unten VI. 1.

Rechnung trägt, solchen Schwierigkeiten begegnen kann (4.). Schließlich wird die zeitliche Komponente der erforderlichen Sicherheit beleuchtet und dabei neu interpretiert (5.).

1. Fabrikationsfehler

Für Abweichungen des Produkts vom Konstruktionsplan des Herstellers wird nach dem ProdHaftG – anders als nach § 823 Abs. 1 BGB – grundsätzlich strikt gehaftet.[124] Dies erscheint grundsätzlich effizient:[125] Hierfür spricht insbesondere, dass die Gerichte nur schwer beurteilen können, welche Maßnahmen erforderlich sind, um den vom Hersteller ausgewählten Konstruktionsplan einzuhalten. Eine Haftung nur für *bestimmte*, vom Gericht zu definierende, Fabrikationsrisiken wäre daher mit der Gefahr verbunden, dass die Standards zu hoch oder zu niedrig gesetzt werden und die Haftung nicht das erwünschte Sorgfaltsniveau herbeiführt.[126] Außerdem erscheint es „gerecht", den Hersteller an den Maßstäben, die er sich selbst durch den Bauplan setzt, festzuhalten:[127] Der Haftung für Fabrikationsfehler wohnt ein Garantieelement inne. Zwar kann das Inverkehrbringen eines Produkts i.V.m. dem Konstruktionsplan

---

[124] Siehe BGH, Urt. v. 9.5.1995 – VI ZR 158/94, BGHZ 129, 353, juris Rn. 15 ff. – „Mineralwasserflasche II"; Produkthaftungshandbuch/*Graf von Westphalen*, 3. Aufl. 2012, § 48 Rn. 24; siehe aber auch *Wagner*, in: Zivilrechtliche und rechtsökonomische Probleme des Internet und der künstlichen Intelligenz, 2019, S. 1 (14), wonach auch insofern keine „absolute Sicherheit" verlangt werde; zu der dort aufgeführten Entscheidung BGH, Urt. v. 17.3.2009 – VI ZR 176/08, NJW 2009, 1669, juris Rn. 6 ff. – „Kirschtaler" siehe sogleich vor und mit Fn. 134.

[125] Zu den Vor- und Nachteilen einer strikten Haftung siehe oben Kapitel 2, B. I.

[126] Vgl. *Schäfer/Ott*, Lehrbuch der ökonomischen Analyse des Zivilrechts, 6. Aufl. 2020, S. 407; *Drexl*, Die wirtschaftliche Selbstbestimmung des Verbrauchers, 1998, S. 378, 384 f.; wohl auch *Wagner*, in: Zivilrechtliche und rechtsökonomische Probleme des Internet und der künstlichen Intelligenz, 2019, S. 1 (15); vgl. auch zum U.S.-amerikanischen Recht § 2 Restat 3d of Torts, Products Liability, comment a.

[127] Zu „fairness concerns" siehe auch § 2 Restat 3d of Torts, Products Liability, comment a zum U.S.-amerikanischen Recht. Entscheidend sind grundsätzlich die unternehmensinternen Vorstellungen. Soweit der Hersteller seine Konstruktionspläne publik macht, z.B. indem er für bestimmte Eigenschaften wirbt, ist allerdings auf die Präsentation nach außen abzustellen, auf die sich der Rechtsverkehr verlassen darf (vgl. § 3 Abs. 1 lit. a ProdHaftG und *Lüderitz*, in: FS Rebmann, 1989, S. 755 [764], *Schlechtriem*, VersR 1986, 1033 [1036]). Umgekehrt kann der Hinweis auf konstruktionsbedingte Produktgefahren bestimmte Eigenschaften vom selbst definierten Soll-Zustand ausnehmen, vgl. Staudinger BGB/*Oechsler*, 2021, § 3 ProdHaftG Rn. 105. Dann kann allerdings ein Konstruktionsfehler vorliegen. Ein Fabrikationsfehler setzt nicht zwingend voraus, dass ein fehlerfreies Referenzprodukt vorliegt, von dessen Eigenschaften das schadensursächliche Produkt negativ abweicht (in diese Richtung aber BeckOGK ProdHaftG/*Goehl*, 1.4.2023, § 3 Rn. 70). Auch das erste oder einzige Produkt kann dem Bauplan des Herstellers widersprechen, vgl. *Katzenmeier/Voigt*, ProdHaftG, 7. Aufl. 2020, § 3 Rn. 10.

nicht als rechtsgeschäftliche Garantieerklärung interpretiert werden.[128] Die Grundsätze zum Fabrikationsfehler verleihen den „soziologisch gewiß vorhandenen Beziehungen"[129] zwischen Hersteller und Geschädigtem aber eine ähnliche Wirkung.

Bei lernfähigen Agenten bestehen gewisse Besonderheiten bei der Bestimmung des Bauplans und den Abweichungen hiervon:[130] Bei herkömmlichen (Software-)Produkten, deren Verhaltensregeln eindeutig und unveränderlich programmiert werden, legt der Konstruktionsplan unmittelbar die Input-Output-Beziehung fest. Anders bei lernfähigen Agenten: Hier bestimmt der Bauplan zunächst nur den Lernalgorithmus und die Trainingsdaten, die erst in ihrem – für den Hersteller mitunter schwer vorhersehbaren und nachvollziehbaren – Zusammenspiel die Input-Output-Beziehung generieren. Demnach ist für den Fabrikationsfehler auf Abweichungen dieser beiden Komponenten abzustellen: Ein Fabrikationsfehler kann z.B. vorliegen, wenn sich vom Hersteller unerwünschte Trainingsdaten in den Lernprozess einschleichen. Beispielsweise können die Daten unerwünschte Attribute enthalten oder mit einem unerwünschten Label versehen sein.[131] Dagegen liegt kein Fabrikationsfehler vor, wenn die Trainingsdaten zwar den Vorstellungen des Herstellers entsprechen, jedoch dazu führen, dass der Agent unerwünschte Entscheidungskriterien ausbildet, z.B. weil die Daten nicht ausreichend diversifiziert sind.

Fehlschlüsse i.S.v. *Turing*[132] begründen daher grundsätzlich keine Fabrikationsfehler.[133] Insofern besteht eine Parallele zu Naturprodukten: Die Rechtsprechung verneinte beispielsweise die Haftung für ein Gebäckstück mit der Bezeichnung „Kirschtaler", in das ein Kirschkern eingebacken war[134] sowie für

---

[128] Siehe nur BGH, Urt. v. 26.11.1968 – VI ZR 212/66, BGHZ 51, 91, juris Rn. 22 – „Hühnerpest".

[129] Vgl. BGH, Urt. v. 26.11.1968 – VI ZR 212/66, BGHZ 51, 91, juris Rn. 23 – „Hühnerpest", wo diese aber vor Inkrafttreten des ProdHaftG als nicht ausreichend für die Begründung einer Haftung angesehen wurden.

[130] Zu „digitalen Fabrikationsfehlern" vgl. auch *Wagner*, JZ 2023, 1 (9): Fehler, „bei denen sich das Produkt anders ‚verhält' als es die Steuerungssoftware ‚eigentlich' vorgesehen hat".

[131] Zu Daten, die verfälscht oder bedeutungslos und damit „verrauscht" sind (sog. „Noise" in Daten), vgl. auch *Shanthini/Vinodhini/Chandrasekaran/Supraja*, Soft Computing 2019, 8597.

[132] Siehe dazu oben Kapitel 1, C. I.

[133] Vgl. auch *Weingart*, Vertragliche und außervertragliche Haftung für den Einsatz von Softwareagenten, 2022, S. 220 zu „errors", welche die Funktionstauglichkeit nicht aufheben (zu ihrer Differenzierung siehe oben Kapitel 1, Fn. 135) bzw. zu „autonomem Fehlverhalten".

[134] BGH, Urt. v. 17.3.2009 – VI ZR 176/08, NJW 2009, 1669, juris Rn. 9 ff. – „Kirschtaler".

eine „überharte" Erdnuss.[135] In beiden Fällen ging es um Naturprodukte, bei denen der Bauplan sich aufgrund der „natürlichen" Autonomie vom Hersteller nicht vollständig definieren lässt.[136] Allerdings können die Bedingungen, unter denen sich die „natürliche Fehlentwicklung"[137] vollzieht, zu einem Konstruktionsfehler führen. Der Hersteller muss sich „eingehend mit dem Naturprodukt befasst" haben.[138] Genauso kann bei autonomen Technologien die Verwendung von Trainingsdaten und Lernalgorithmen, die Fehlschlüsse ermöglichen, einen Konstruktionsfehler begründen. Auch nicht jeder Funktionsfehler i.S.v. *Turing* begründet einen Fabrikationsfehler.[139] Bei – technisch kaum vollständig vermeidbaren[140] – *Bugs* einer Software ist, wie bei sonstigen Produktrisiken, nach der Ursache zu unterscheiden:[141] Vertippt sich der Programmierer, liegt eine Abweichung vom Konstruktionsplan und damit ein Fabrikationsfehler vor.[142] Legt der Programmierer seinem Code jedoch eine unzutreffende Logik

---

[135] OLG Köln, Beschl. v. 9.4.2006 – 3 U 184/05, NJW 2006, 2272, juris Rn. 5 ff.; siehe auch Staudinger BGB/*Oechsler*, 2021, § 3 ProdHaftG Rn. 91b, wonach die „natürliche Beschaffenheit der Produkte den Sicherheitserwartungen der Allgemeinheit Grenzen" setze.

[136] Vgl. OLG Köln, Beschl. v. 9.4.2006 – 3 U 184/05, NJW 2006, 2272, juris Rn. 4: „Da Naturprodukte in ihrer Form und Größe, aber auch in ihrer Konsistenz nicht stets die gleiche, identische Beschaffenheit aufweisen können wie rein industriell hergestellte Produkte, muss der durchschnittliche und vernünftige Verbraucher insoweit auch mit Abweichungen rechnen."

[137] OLG Köln, Beschl. v. 9.4.2006 – 3 U 184/05, NJW 2006, 2272, juris Rn. 5.

[138] BGH, Urt. v. 17.3.2009 – VI ZR 176/08, NJW 2009, 1669, juris Rn. 10 – „Kirschtaler".

[139] Dazu, dass der „juristische Fehlerbegriff" mit dem Begriff des Software-Fehlers in der Informatik nicht identisch ist, siehe *Taeger*, CR 1996, 257 (263); *John*, Haftung für künstliche Intelligenz, 2007, S. 316.

[140] *Nissenbaum*, Science and Engineering Ethics 1996, 25 (32 ff.); *Spindler*, CR 2015, 766 (769).

[141] Gegen einen Fabrikationsfehler *Geistfeld*, California Law Review 2017, 1611 (1633) zum U.S.-amerikanischen Recht, mit der Begründung, dass „Bugs" *alle* Systeme betreffen; strenger wohl *Weingart*, Vertragliche und außervertragliche Haftung für den Einsatz von Softwareagenten, 2022, S. 220, wonach „Bugs" „auch von Informatikern nicht hingenommen" würden und deshalb wohl generell zur Fehlerhaftigkeit führen sollen.

[142] *Gomille*, JZ 2016, 76 (77) nennt etwa Mängel bei der Übertragung des Programms auf einen anderen Speicherort als Beispiel von Fabrikationsfehlern; ähnlich *Wagner*, AcP 217 (2017), 707 (725); vgl. auch *Ebers*, in: German National Reports on the 21st International Congress of Comparative Law, 2022, S. 157 (175) zu „copying errors"; enger als hier wohl *Taeger*, CR 1996, 257 (268 f.), wonach bei Software die Fabrikation nur im „Aufbringen des Programms auf einem Datenträger, in der Duplizierung des Programms vom ‚Mutterträger' auf einen anderen Träger" bestehe, wo Fehler eher selten auftreten würden. Als Beispiele nennt er Mängel des Datenträgers und die „Verseuchung mit einem ‚Virus'"; dem folgend *John*, Haftung für künstliche Intelligenz, 2007, S. 332 f.

zugrunde, entspricht das System dem Bauplan und es stellt sich die Frage, ob *dieser* fehlerhaft war.[143]

Wählt der Hersteller lediglich die Umgebung aus, in welcher der technische Agent trainiert wird, nicht aber die konkreten Daten, ist es schwierig, den Konstruktionsplan zu bestimmen. Der Entwickler (oder Nutzer) kann z.B. ein autonomes Fahrzeug im realen Straßenverkehr trainieren. Hier können unerwünschte Umwelteinflüsse, z.B. überklebte Straßenschilder, dazu führen, dass gefährliche Entscheidungskriterien gebildet werden.[144] Insofern muss es grundsätzlich darauf ankommen, welche Umwelteinflüsse der Hersteller zu Grunde gelegt hat. Hat er das Vorhandensein überklebter Straßenschilder einkalkuliert, sind diese Teil seines Plans und es liegt kein Fabrikationsfehler – möglicherweise aber ein Konstruktionsfehler – vor. Hat er diese Möglichkeit ausgeschlossen, entspricht der technische Agent nicht seinem Konstruktionsplan. Regelmäßig wird sich der Hersteller nicht über jedes Detail der Trainingsumgebung Gedanken machen. Grundsätzlich kann aber davon ausgegangen werden, dass derjenige, der einen Agenten in einer bestimmten Umgebung agieren lässt, jedenfalls mit den Umwelteinflüssen rechnet, die in der gewählten Umgebung generell vorkommen können.[145] Dazu dürften im Straßenverkehr z.B. auch überklebte Verkehrsschilder gehören. Die hieraus resultierenden Eigenschaften des Agenten sind dann Teil des Konstruktionsplans und begründen keinen Fabrikations-, unter Umständen aber einen Konstruktionsfehler. Führen dagegen z.B. besondere, vom Plan des Herstellers ausgeschlossene, Lichtverhältnisse während des Trainings zu fehlerhaften Pixelwerten in den Trainingsdaten und zu hierauf beruhenden Sicherheitsdefiziten, liegt ein Fabrikationsfehler vor.[146]

2. Konstruktionsfehler

Beim Konstruktionsfehler, bei dem das Produkt „seiner Konzeption nach unter dem gebotenen Sicherheitsstandard bleibt",[147] geht es um „*Safety and Security*

---

[143] Vgl. *Hofmann*, CR 2020, 282 (285), wonach der „Bauplan" dem erforderlichen Sicherheitsniveau genügen müsse.

[144] Siehe zu diesem Beispiel oben Kapitel 1, C. I. 2.

[145] Insofern können ähnliche Kriterien wie bei der Bestimmung der Adäquanz (dazu oben Kapitel 2, Fn. 140) angelegt werden: Die Grenze liegt dann in „besonders eigenartigen, unwahrscheinlichen und nach dem gewöhnlichen Verlauf der Dinge außer Betracht zu lassenden Umständen", siehe nur BGH, Urt. v. 16.4.2002 – VI ZR 227/01, NJW 2002, 2232, juris Rn. 10.

[146] Zur Beeinflussung von Bilderkennungsprogrammen durch minimale Änderungen von Pixeln siehe oben Kapitel 1, C. III. 3.

[147] BGH, Urt. v. 16.6.2009 – VI ZR 107/08, BGHZ 181, 253, juris Rn. 15 – „Airbags"; BGH, Urt. v. 5.2.2013 – VI ZR 1/12, NJW 2013, 1302, juris Rn. 13 – „Heißwasser-Untertischgerät".

by Design".[148] Insoweit wird der Soll-Zustand durch die Gerichte bestimmt.[149] Grundsätzlich wird davon ausgegangen, dass diese in der Lage sind, das hinsichtlich der Konstruktion erforderliche Sicherheitsniveau zu bestimmen.[150] Der Hersteller muss die Maßnahmen treffen, „die zur Vermeidung einer Gefahr objektiv erforderlich und nach objektiven Maßstäben zumutbar sind".[151] Maßstab ist der Hersteller als *Unternehmen*.[152] Im Rahmen von §§ 823, 831 BGB ist es dem Organisationsträger allerdings – anders als nach dem ProdHaftG – möglich, sich zu entlasten, indem er sein fehlendes Verschulden nachweist.[153]

Bei der Feststellung von Produktfehlern ist die *generelle* Sicherheit des Produkts zu beurteilen; ein Fehl*verhalten* des Produkts genügt grundsätzlich nicht.[154] Für die generell sichere Konstruktion eines technischen Agenten sind insbesondere zwei Aspekte entscheidend: Die *Verlässlichkeit im Regelfall* und die *Robustheit* des Systems,[155] d.h. die Widerstandsfähigkeit gegenüber

---

[148] Vgl. zu diesem Begriff Nr. 8 der Entschließung zum KI-HaftVO-E; *Sommer*, Haftung für autonome Systeme, 2020, S. 274. „Security" bezeichnet grundsätzlich speziell die IT-Sicherheit (vgl. § 2 Abs. 2 BSIG), „Safety" die Produktsicherheit „im klassischen Sinn", vgl. *Wiebe*, InTeR 2021, 66 (66); *Poretschkin/Mock/Wrobel*, in: Regulierung für Algorithmen und Künstliche Intelligenz, 2021, S. 175 (186).

[149] Vgl. *Schäfer/Ott*, Lehrbuch der ökonomischen Analyse des Zivilrechts, 6. Aufl. 2020, S. 419 f., auch zu den hiermit verbundenen Schwierigkeiten.

[150] Kritisch *Schäfer/Ott*, Lehrbuch der ökonomischen Analyse des Zivilrechts, 6. Aufl. 2020, S. 416; *Drexl*, Die wirtschaftliche Selbstbestimmung des Verbrauchers, 1998, S. 389 f.

[151] BGH, Urt. v. 16.6.2009 – VI ZR 107/08, BGHZ 181, 253, juris Rn. 15 – „Airbags"; BGH, Urt. v. 5.2.2013 – VI ZR 1/12, NJW 2013, 1302, juris Rn. 13 – „Heißwasser-Untertischgerät"; siehe auch BGH, Urt. v. 17.3.2009 – VI ZR 176/08, NJW 2009, 1669, juris Rn. 8 – „Kirschtaler".

[152] Zur unternehmensbezogenen Fehlerbestimmung siehe bereits oben Kapitel 2, A. II. 1. c) bb) (3); vgl. auch *Wagner*, in: Zivilrechtliche und rechtsökonomische Probleme des Internet und der künstlichen Intelligenz, 2019, S. 1 (10) zur „Verschiebung des Nachweises einer Standardabweichung, weg vom Verhalten des Herstellers und hin zum physischen Produkt selbst"; siehe auch *Yuan*, RW 2018, 477 (494) zur „Fiktion des Einzelprogrammierers, der den gesamten Prozess verantwortet"; diese Fiktion bezieht sich dort jedoch nicht auf die Produkthaftung, sondern soll „dem konzentrierten Blick auf typische Fragen des Fahrlässigkeitsvorwurfs" dienen.

[153] Für einen Überblick über die Sorgfaltspflichten des Herstellers siehe *Thöne*, Autonome Systeme und deliktische Haftung, 2020, S. 269.

[154] Vgl. *Schmidt-Salzer*, BB 1988, 349 (351 f.); *Schulz*, Verantwortlichkeit bei autonom agierenden Systemen, 2015, S. 16 („Gesamtbetrachtung"); *Seehafer/Kohler*, EuZW 2020, 213 (215); Leupold/Wiebe/Glossner IT-Recht/*Leupold/Wiesner*, 4. Aufl. 2021, Teil 9.6.4 Rn. 57; zur Berücksichtigung beim Beweis siehe unten vor und mit Fn. 635.

[155] Vgl. *Fraunhofer IAIS*, Leitfaden zur Gestaltung vertrauenswürdiger Künstlicher Intelligenz, 2021, S. 25; Erwägungsgründe 49 f. KI-VO-E; siehe auch *Poretschkin/Mock/Wrobel*, in: Regulierung für Algorithmen und Künstliche Intelligenz, 2021, S. 175 (184 f., 193).

Veränderungen der Umgebung, insbesondere gegenüber störungsbehafteten Daten.[156] Veränderungen der Umgebung während des Einsatzes müssen vom Entwickler jedenfalls insoweit berücksichtigt werden, als sie im Einsatzbereich des Agenten generell vorkommen können.[157] Hierzu gehören auch Manipulationen *Dritter*, namentlich Cyberangriffe, die insbesondere durch die Perzeptionsfähigkeit und die Vernetzung technischer Agenten erleichtert werden.[158] Der Hersteller muss außerdem auf Gefahren, die bei „naheliegendem Fehlgebrauch" durch den *Nutzer* drohen, Rücksicht nehmen.[159] Hier zieht – anders als bei Dritten – der „Produktmissbrauch" allerdings eine Grenze.[160] Hintergrund der unterschiedlichen Maßstäbe beim Fehlverhalten Dritter und beim Fehlverhalten des Nutzers ist wiederum der Vertrauensgrundsatz:[161] Der Hersteller darf sich im Prinzip darauf verlassen, dass die Nutzer, denen er das Produkt, mit all seinen Vor- und Nachteilen, anbietet, mit dem Produkt ordnungsgemäß umgehen. Er muss nur konkreten Anhaltspunkten für ein Fehlverhalten Rechnung tragen. Darauf, dass auch Dritte die Grenzen des Normalgebrauchs respektieren, kann er dagegen nicht vertrauen.[162] Auch insoweit wird seine Haftung jedoch durch Möglichkeits- und Zumutbarkeitsschranken begrenzt.[163] Eine strikte (Sicherstellungs-)Haftung für das Fehlverhalten Dritter begründet das ProdHaftG insofern nicht.[164]

---

[156] Siehe auch *Fraunhofer IAIS*, Leitfaden zur Gestaltung vertrauenswürdiger Künstlicher Intelligenz, 2021, S. 96 zu Beispielen möglicher Störungen: Erwartbares Sensorrauschen, verzögerte Datenübertragung oder geringere Datenqualität, Verzerrung oder andersartige Verfremdung der Eingabedaten, erwartbare Änderungen von Umgebungsverhältnissen, adversariale Beispiele (siehe zu letzteren bereits oben Kapitel 1, vor und mit Fn. 281).

[157] Insofern gilt Ähnliches wie für den Entwicklungsbereich, siehe dazu oben vor und mit Fn. 145.

[158] Vgl. *Schmon*, IWRZ 2018, 254 (256 f.); Staudinger BGB/*Oechsler*, 2021, § 3 ProdHaftG Rn. 71a; *Thöne*, Autonome Systeme und deliktische Haftung, 2020, S. 221 ff.; *Zech*, Gutachten für den 73. DJT, 2020, A 102; *von Bodungen*, SVR 2022, 1 (4); ausführlich zu IT-sicherheitsbezogenen Pflichten des Herstellers *Wiebe*, InTeR 2021, 66 (67 ff.).

[159] Vgl. BGH, Urt. v. 16.6.2009 – VI ZR 107/08, BGHZ 181, 253, juris Rn. 23 – „Airbags" zu Instruktionsfehlern; siehe auch Staudinger BGB/*Oechsler*, 2021, § 3 ProdHaftG Rn. 56 sowie Entwurfsbegründung zum ProdHaftG, BT-Drs. 11/2447, S. 18 zum „vorhersehbaren oder üblichen Fehlgebrauch".

[160] MüKoBGB/*Wagner*, 8. Aufl. 2020, § 3 ProdHaftG Rn. 26; Staudinger BGB/*Oechsler*, 2021, § 3 ProdHaftG Rn. 59 ff.; jeweils auch zu den Abgrenzungsschwierigkeiten; siehe auch *Taeger*, CR 1996, 257 (263 f.) zum Missbrauch bei Software.

[161] Staudinger BGB/*Oechsler*, 2021, § 3 ProdHaftG Rn. 62.

[162] Siehe auch § 6 ProdHaftG: Das Mitverschulden des Geschädigten kann sich haftungsmindernd auswirken (§ 6 Abs. 1 ProdHaftG, § 254 BGB), nicht aber das Mitverschulden Dritter (§ 6 Abs. 2 S. 1 ProdHaftG), vgl. dazu Staudinger BGB/*Oechsler*, 2021, § 3 ProdHaftG Rn. 71a, § 6 ProdHaftG Rn. 20.

[163] MüKoBGB/*Wagner*, 8. Aufl. 2020, § 3 ProdHaftG Rn. 34.

[164] Siehe aber oben Kapitel 2, A. II. 1. zur Wirkung von § 4 ProdHaftG.

Die Beurteilung der Konstruktion eines technischen Agenten stellt die Gerichte vor Herausforderungen, zum einen im Hinblick auf die Bestimmung des Ist-Zustandes der Produkte (a), zum anderen hinsichtlich der Definition des Soll-Zustandes (b). Gewisse Erleichterungen können durch das Produktsicherheitsrecht geschaffen werden. (c).

a) Ist-Zustand: Feststellung der Risiken des technischen Agenten

Die Feststellung des Ist-Zustandes des technischen Agenten erfolgt durch Einsicht in das System oder mittels Schlussfolgerungen aus Beobachtungen.[165] Im ersten Fall werden die Auswirkungen der Eigenschaften des Produkts und damit die Risiken anhand von Kausalzusammenhängen bestimmt, die mittels bekannter Denk- und Naturgesetze ermittelt werden: Steht fest, nach welchen Kriterien der Agent seine Entscheidungen trifft (Input-Output-Beziehung), kann ermittelt werden, ob ein Agent in einer bestimmten Situation (Input) durch ein bestimmtes Verhalten (Output) einen bestimmten Schaden (Auswirkungen des Outputs) verursacht. Die möglichen Schadensverläufe können grundsätzlich prognostiziert und die Risiken eingeschätzt werden.[166] Soweit es an Einsicht in das Systeminnere und damit in die Entscheidungskriterien fehlt,[167] muss auf Beobachtungen zurückgegriffen werden und ausgehend davon eine statistische Aussage über die Sicherheit getroffen werden.[168] Die Beobachtungen können grundsätzlich in einer Test- und während der Einsatzphase erfolgen.

Für die Bewertung anhand von Testdaten werden verschiedene Metriken verwendet.[169] Systeme, die den Input einer bestimmten Klasse zuordnen sollen (Klassifikatoren), können z.B. anhand ihrer Genauigkeit (*Accuracy*, Anzahl der richtigen Klassifizierungen geteilt durch die Anzahl der vorgenommenen

---

[165] Siehe dazu bereits oben Kapitel 1, C. III. 3. und IV.; vgl. auch *Rüßmann*, RuP 1982, 62 (63 ff.) zur richterlichen Rekonstruktion von Sachverhalten mittels Eigen- und Fremdwahrnehmung sowie durch Erschließung.

[166] Zur Möglichkeit von theoretischen Bewertungsmethoden vgl. *Lavesson*, Evaluation and Analysis of Supervised Learning Algorithms and Classifiers, 2016, S. 4.

[167] Siehe zu diesem Problem *Meyer*, ZRP 2018, 233 (235); *Geistfeld*, California Law Review 2017, 1611 (1644 ff.).

[168] Zu experimentellen bzw. empirischen Bewertungsmethoden siehe *Webb*, in: Encyclopedia of Machine Learning and Data Mining, 2017, S. 415 (415 f.); *Lavesson*, Evaluation and Analysis of Supervised Learning Algorithms and Classifiers, 2016, S. 4; zu Methoden der Risikobewertung siehe auch *Reusch*, in: Rechtshandbuch Artificial Intelligence und Machine Learning, 2020, S. 77 (91 ff.).

[169] Siehe zur Quantifizierung von Verlässlichkeit und Robustheit *Fraunhofer IAIS*, Leitfaden zur Gestaltung vertrauenswürdiger Künstlicher Intelligenz, 2021, S. 90 f., 98.

Klassifizierungen)[170] beurteilt werden. Oft werden mehrere Metriken kombiniert.[171] In der Medizin wird zur Bewertung von Diagnosesystemen regelmäßig auf sog. *Receiver Operator Characteristic* (*ROC*)-Kurven zurückgegriffen.

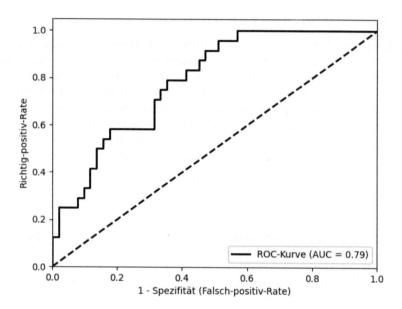

Abbildung 6: *ROC*-Kurve[172]

Die Systeme werden insofern im Hinblick auf ihre sog. Sensitivität (Richtig-positiv-Rate) und sog. Spezifizität (Richtig-negativ-Rate) beurteilt. Die Fläche unter der Kurve (*Area under the curve, AUC*) zeigt, wie gut ein System unterscheidet. Je näher der *AUC*-Wert bei 1,0 ist, desto besser ist die Diagnose. Zufallsentscheidungen erreichen etwa 0,5.[173] Ein technisches System zur Diagnose von Brustkrebs erzielte beispielsweise in einem Test einen *AUC*-Wert von 0,84, während die menschlichen Radiologen im Durchschnitt 0,81 erreichten.[174]

---

[170] Vgl. Encyclopedia of Machine Learning and Data Mining, 2017, S. 8.

[171] *Lavesson*, Evaluation and Analysis of Supervised Learning Algorithms and Classifiers, 2016, S. 4.

[172] Siehe auch das Beispiel bei *Müller-Waldeck*, Ärztliches Journal 2020.

[173] *Müller-Waldeck*, Ärztliches Journal 2020; zu ROC-Kurven siehe auch *Flach*, in: Encyclopedia of Machine Learning and Data Mining, 2017, S. 1109.

[174] *Bennani-Baiti/Baltzer*, Der Radiologe 2020, 56 (59) zum System „Transpara", die aber auch auf die Schwächen der Studien hinweisen, insbesondere die fehlende Unabhängigkeit

Solche Bewertungsverfahren haben allerdings ihre Grenzen. Der „Laborbetrieb", auf dem die Ergebnisse in der Regel beruhen, unterscheidet sich meist vom Realbetrieb. Im medizinischen Bereich kann beispielsweise ein anderer Lebensstil der Patienten zu Abweichungen führen. Wie gesehen, können bei technischen Agenten auch kleine Veränderungen, z.B. der Pixel eines Fotos, erhebliche Unterschiede im Produktverhalten bewirken.[175] Auch Manipulationen Dritter können nur schwer simuliert werden. Tests im „Labor" können Aufschluss über die *Verlässlichkeit des Systems im Regelfall* geben, sie sagen häufig aber nicht genug über dessen *Robustheit* gegenüber Umwelteinflüssen im Realbetrieb aus. Zwar existieren auch Ansätze zur Evaluierung der Robustheit von autonomen Systemen. Auch diese bauen aber regelmäßig auf Experimenten auf, bei denen nicht alle denkbaren Situationen abgefragt werden können.[176] Selbst wenn ein System in 99 % der Testfälle die richtige Entscheidung getroffen hat, bleibt mangels Kenntnis der Wirkzusammenhänge unklar, unter welchen konkreten Umständen Fehlentscheidung getroffen werden und, sofern das System keinen ausreichend eingrenzbaren Einsatzbereich hat, welche schädlichen Auswirkungen diese Fehlentscheidungen haben werden. Wenn genug Basiswissen vorhanden ist, kann mitunter mit hinreichender Gewissheit von Korrelationen auf Kausalitäten geschlossen werden.[177] Im Übrigen bleiben allerdings Ungewissheiten bei der Sicherheitsbewertung.

Hinzu kommt, dass sich die Testergebnisse in der Regel auf den Zeitpunkt des Abschlusses der Produktion durch den Entwickler beziehen und deshalb die Veränderungen durch Lernprozesse während der Nutzungsphase nicht widerspiegeln.[178] Während des Einsatzes und auch während des Haftungsprozesses können zwar möglicherweise weitere Tests durchgeführt werden. Bei Systemen, die sich nach dem Schadensfall weiterentwickelt haben, muss aber außerdem der Zustand zum Zeitpunkt des Schadensfalls rekonstruiert werden. Hier können Protokollierungsmaßnahmen, namentlich durch *Logging by Design* weiterhelfen, die das Verhalten des Systems während des Einsatzes aufzeichnen. Auch diese haben aber ihre Grenzen. Wie genau und wodurch sich ein weiterlernendes System während eines bestimmten Zeitraums verändert hat, dürfte auch bei der Verwendung solcher Methoden nur schwer feststellbar sein, insbesondere, wenn intransparente Algorithmen eingesetzt werden.[179]

---

zum Hersteller; zu Anwendungen im medizinischen Bereich, welche Menschen übertreffen, siehe auch *Hacker/Krestel/Grundmann/Naumann*, Artificial Intelligence and Law 2020, 415 (419 f.).

[175] Siehe dazu oben Kapitel 1, C. III. 3.

[176] Siehe etwa *Fraunhofer IAIS*, Leitfaden zur Gestaltung vertrauenswürdiger Künstlicher Intelligenz, 2021, S. 96 ff.

[177] Vgl. zur Bestimmung der generellen Schadenseignung eines Arzneimittels Kügel/Müller/Hofmann AMG/*Brock*, 3. Aufl. 2022, § 84 Rn. 39 ff.

[178] Vgl. *TÜV Süd*, Artificial Intelligence in Medical Devices, White paper, 2021, S. 5.

[179] Siehe oben Kapitel 1, C. III. 3., insbesondere vor und mit Fn. 298.

b) Soll-Zustand: Feststellung der erforderlichen Sicherheit

Der für die Fehlerfreiheit erforderliche Sicherheitsstandard kann, ausgehend von allgemeinen Methoden der Risikobewertung,[180] grundsätzlich mithilfe von Risiko-Risiko-Vergleichen (aa) oder mittels einer (normativierten)[181] Kosten-Nutzen-Analyse (bb) bestimmt werden.[182]

aa) Risiko-Risiko-Vergleich

Vergleichbare Risiken können zum einen von menschlichen (und tierischen) Agenten ausgehen (1), zum anderen aber auch von anderen, konkurrierenden technischen Agenten (2).

(1) Menschliche (und tierische) Agenten

Ein Risiko, das grundsätzlich unzulässig ist, ist das Risiko, das ein *Mensch* schafft, der die im Verkehr erforderliche Sorgfalt (§ 276 Abs. 2 BGB) nicht einhält. Daher liegt es nahe, von einem technischen Agenten *zumindest* die Einhaltung dieser „Sorgfalt" zu verlangen.[183] Der „Verkehrskreis" des Agenten

---

[180] Vgl. WBGU-Gutachten 1998, BT-Drs. 14/3285, S. 231 ff. zur allgemeinen Bestimmung der Akzeptabilität eines Risikos; Stellungnahme des *Deutschen Ethikrates*, Biosicherheit – Freiheit und Verantwortung in der Wissenschaft, 7.5.2014, S. 67 ff. zur Biosicherheit; *Di Fabio*, JURA 1966, 566 (573) zur Bewertung von Produktrisiken.

[181] Vgl. *Sommer*, Haftung für autonome Systeme, 2020, S. 233 zum „gelockert wertenden *risk-utility-test*", bei dem die ökonomische Kosten-Nutzen-Abwägung „nach diversen und heterogenen rechtlichen Wertungskriterien" normativiert werde; siehe auch bereits oben Einleitung, vor und mit Fn. 46 zur Ergänzungsbedürftigkeit der ökonomischen Analyse.

[182] Von manchen Autoren wird allerdings auch ein sog. „informationeller Fehlerbegriff" vorgeschlagen, vgl. *Finsinger/Simon*, in: Haftpflichtrisiken in Unternehmen, 1989, S. 23 (48 ff.); siehe auch *Schäfer/Ott*, Lehrbuch der ökonomischen Analyse des Zivilrechts, 6. Aufl. 2020, S. 414 ff. Dessen Vor- und Nachteile können hier nicht abschließend beurteilt werden; die folgende Analyse erfolgt daher auf Grundlage des herkömmlichen Fehlerbegriffs, wonach bei der Konstruktion Maßnahmen zu treffen sind, die „objektiv erforderlich und nach objektiven Maßstäben zumutbar sind", vgl. nur BGH, Urt. v. 16.6.2009 – VI ZR 107/08, BGHZ 181, 253 – „Airbags".

[183] Vgl. zum autonomen Fahren *Gomille*, JZ 2016, 76 (77); *Borges*, CR 2016, 272 (275 f.); siehe aber auch *ders.*, CR 2022, 553 (559), wonach der Fahrfehler (nur) eine Vermutung eines Produktfehlers begründen soll; vgl. auch den Vortrag des Klägers in LG Darmstadt, Urt. v. 21.2.2022 – 26 O 490/20, juris Rn. 14, wonach das Lenkverhalten des Fahrzeugs „schwammig" sei und dem „eines ‚betrunkenen' Fahranfängers" gleiche. Für die Entscheidung über die Mängelgewährleistung kam es hierauf letztlich nicht an (Rn. 26 ff.). Von einem Assistenzsystem, das lediglich eine gewisse Automatisierung bewirken, aber kein autonomes Verhalten an den Tag legen soll, kann dagegen in der Regel kein menschliches Verhalten erwartet werden, vgl. AG Dortmund, Urt. v. 7.8.2018 – 425 C 9453/17, DAR 2018, 637, juris Rn. 48 ff. zu einem Fahrassistenzsystem.

könnte nach dessen Verwendungszweck bestimmt werden.[184] Das autonome Fahrzeug würde zum Verkehrskreis „Kraftfahrzeugführer", das Diagnosesystem in der Radiologie zum Verkehrskreis „Radiologe", der Staubsaugerroboter zum Verkehrskreis „Reinigungskraft" gehören. Bei der Beurteilung des Fehlers ist allerdings, wie gesehen, auf die *generelle* Sicherheit abzustellen. Dass in der *konkreten* Situation der Schaden von einem Menschen vermieden hätte werden können und müssen, ist daher für die Fehlerhaftigkeit weder generell erforderlich noch stets ausreichend. Für die Beurteilung muss vielmehr darauf abgestellt werden, welche Kenntnisse und Fähigkeiten ein Mensch allgemein aufweisen muss, damit er für eine bestimmte – nun von einem technischen Agenten zu erfüllende – Aufgabe eingesetzt werden darf.[185] Anhaltspunkte könnten die Grundsätze zum Auswahlverschulden (vgl. § 831 Abs. 1 S. 2 BGB) liefern.[186]

Menschliche und technische Agenten sind allerdings oft nicht *hinreichend vergleichbar*: Bei Risiko-Risiko-Vergleichen sind nicht nur die Nachteile, sondern auch die Vorteile zu berücksichtigen sind, die mit den Risiken verbunden

---

[184] Zur Bedeutung des Verwendungszwecks bei der Fehlerbestimmung vgl. *Reusch*, in: Rechtshandbuch Artificial Intelligence und Machine Learning, 2020, S. 77 (86) sowie schon *von Bar*, in: Produktverantwortung und Risikoakzeptanz, 1998, S. 29 (32).

[185] Vgl. *Schulz*, Verantwortlichkeit bei autonom agierenden Systemen, 2015, S. 166, wonach bei autonomen Systemen erwartet werden könne, „dass deren Einsatz bei einer *Gesamtbetrachtung* aller Risiken in Bezug auf das Rechtsgut Leben zumindest nicht wesentlich größere Gefahren als vergleichbare vom Menschen gesteuerte Systeme mit sich bringt" (Hervorh. d. Verf.); *Wagner*, AcP 217 (2017), 707 (733 f.), wonach zu berücksichtigen sei, „ob das autonome technische System *insgesamt* besser oder schlechter abschneidet als ein vernünftiger Mensch" (Hervorh. d. Verf.); siehe auch *Eichelberger*, in: Künstliche Intelligenz und Robotik, 2020, S. 172 (178), der den Hersteller eines autonomen Fahrzeugs mit einem Fahrlehrer vergleicht.

[186] Vgl. etwa BGH, Urt. v. 8.10.2002 – VI ZR 182/01, NJW 2003, 288, juris Rn. 16; MüKoBGB/*Wagner*, 8. Aufl. 2020, § 831 Rn. 45; denkbar wäre auch eine Orientierung an den Grundsätzen zum österreichischen § 1315 Alt. 1 ABGB: Dieser regelt die Haftung für einen *habituell* (vgl. OGH, Entsch. v. 19.3.1952 – 1 Ob 119/52; OGH, Entsch. v. 17.6.2013 – 2 Ob 33/13m) „untüchtigen" Gehilfen. Weist das Produkt Merkmale auf, die bei einem Menschen zur Untüchtigkeit führen würden, könnte es als fehlerhaft beurteilt werden. Für die Untüchtigkeit wird in der österreichischen Rechtsprechung darauf abgestellt, ob der Gehilfe „die für eine bestimmte Arbeit erforderlichen Kenntnisse überhaupt nicht besitzt oder infolge persönlicher Eigenschaften, etwa aus Hang zur Nachlässigkeit, generell für diese Tätigkeit nicht geeignet ist" (OGH, Entsch. v. 27.4.2016 – 3Ob45/16p; ähnlich OGH, Entsch. v. 30.1.2018 – 9Ob69/17p). Das Kriterium der „Kenntnisse" kann grundsätzlich auch zur Beurteilung technischer Agenten herangezogen werden. Ein „Hang zur Nachlässigkeit" lässt sich Technologien dagegen kaum zuschreiben (siehe nur *Gomille*, JZ 2016, 76 [77] dazu, dass ein autonomes Fahrzeug „unanfällig für typisch menschliche Sorgfaltsverstöße wie das Fahren trotz Trunkenheit, Übermüdung o.ä." ist).

sind.[187] Der Rechtsverkehr darf grundsätzlich (nur) erwarten, dass ihm durch die Technisierung einer zuvor von einem Menschen ausgeführten Aktion keine Nachteile entstehen, die nicht durch entsprechende Vorteile ausgeglichen werden.[188] Mit Blick auf das generelle Sicherheitsniveau haben Menschen und Maschinen verschiedene Vor- und Nachteile. Maschinen machen typischerweise andere Fehler als Menschen:[189] Wie gesehen, bestehen starke Unterschiede bei der Perzeption und bei der Zuordnung eines Outputs zu einem Input. Während ein Mensch häufig intuitiv handelt, entscheidet der technische Agent auf Grundlage von Statistiken. Während die Lernalgorithmen eine größere Anzahl an Korrelationen ermitteln können, sind Menschen besser darin, die Korrelationen auf Plausibilität zu überprüfen und so Scheinkausalitäten zu erkennen.[190] Beide Vorgehensweisen haben Stärken und Schwächen. So kann der technische Agent in kurzer Zeit auf Grundlage einer großen Menge an Daten eine Vielzahl von Berechnungen vornehmen, der Mensch dafür den Besonderheiten des Einzelfalls mitunter besser Rechnung tragen.[191] Ein autonomes Fahrzeug mag in Tests weniger Unfälle verursachen als ein Mensch, doch sind diese Tests zwangsläufig auf bestimmte Verkehrsbedingungen beschränkt.[192] Trifft ein Mensch auf ein ihm unbekanntes Straßenschild, z.B. in einer anderen Sprache, wird er in der Lage sein, hierauf zu reagieren, im Zweifel indem er anhält und nachforscht. Ein autonomes Fahrzeug wird das Straßenschild möglicherweise auf Grundlage einer Wahrscheinlichkeitsberechnung als ein ähnliches, aber nicht gleich bedeutendes, Schild klassifizieren und eine Fehlentscheidung treffen.[193] Der Vergleich wirft auch praktische Schwierigkeiten auf: Nach einer Studie von *Kalra* und *Paddock* muss ein autonomes Fahrzeug ca. 2,5 Millionen Kilometer unfallfrei bleiben, damit man mit einer Gewissheit von 95 % davon ausgehen kann, dass es weniger Unfälle verursacht als ein Mensch. Um herauszufinden, wie gut es (tödliche) Verletzungen vermeidet, seien noch viel intensivere Tests erforderlich.[194] Hinzu kommt, dass auch die Vor- und Nachteile

---

[187] Vgl. WBGU-Gutachten 1998, BT-Drs. 14/3285, S. 231 zum unterschiedlichen Nutzen verschiedener Risiken, der bei den üblichen Risikovergleichen außer Acht gelassen werde.

[188] Vgl. *Gomille*, JZ 2016, 76 (77); *Borghetti*, in: Liability for Artificial Intelligence and the Internet of Things, 2019, S. 63 (70); *Wagner*, VersR 2020, 717 (719); *Mühlböck/Taupitz*, AcP 221 (2021), 179 (191).

[189] *Wagner*, VersR 2020, 717 (728), *ders.*, AcP 217 (2017), 707 (736); *Borghetti*, in: Liability for Artificial Intelligence and the Internet of Things, 2019, S. 63 (69); *Heiderhoff/Gramsch*, ZIP 2020, 1937 (1940); *Geistfeld*, California Law Review 2017, 1611 (1651); allgemein kritisch zur „Tendenz zum Anthropomorphismus" *Hilgendorf*, in: Beweis, 2019, S. 229 (235).

[190] Siehe zu den Unterschieden oben Kapitel 1, C. I.

[191] Vgl. *Kaminski*, in: Datafizierung und Big Data, 2020, S. 151 (165 ff.).

[192] Vgl. *Geistfeld*, California Law Review 2017, 1611 (1651).

[193] Ähnlich das Beispiel bei *Larson*, The myth of artificial intelligence, 2021, S. 124.

[194] Vgl. *Kalra/Paddock*, Driving to Safety, RAND 2016; siehe dazu auch *Geistfeld*, California Law Review 2017, 1611 (1653 f.), der, im Hinblick auf das U.S.-amerikanische

zu berücksichtigen sind, die nicht direkt die Sicherheit, sondern andere Allgemeininteressen betreffen.[195] Abenteuerspielplätze sind z.b. sehr gefährlich, möglicherweise gefährlicher als unbebaute Wiesen, auf denen Kinder ebenfalls spielen können, und dennoch zum Zweck der „Körper- und Persönlichkeitserziehung" von Kindern zulässig.[196] Ein Pfleger roboter kann gefährlicher als eine menschliche Pflegekraft sein, gleichzeitig aber eine intensivere Betreuung ermöglichen und so das Wohlbefinden des Gepflegten steigern.[197] Schließlich kann mitunter schon deshalb kein Vergleich erfolgen, weil der Agent ein Problem löst, das bislang schlicht unbeantwortet geblieben ist: Man denke an Systeme, die Erdbeben erkennen[198] oder in einem beschädigten Atomkraftwerk Aufräumarbeiten erledigen[199]. Ist die Vergleichbarkeit gegeben, kann der Mensch jedenfalls nur einen *Mindeststandard* liefern, der nicht unterschritten werden darf. Denn das Potenzial der Technik kann die berechtigten Sicherheitserwartungen über die menschliche Leistung hinaus erhöhen.[200]

Recht, auf diese Studie Bezug nimmt; vgl. auch *Wachenfeld/Winner*, in: Autonomes Fahren, 2015, S. 439 (458) zu einer Berechnung, wonach für einen Vergleich der tödlichen Unfälle auf der Autobahn 6,62 Milliarden Testkilometer absolviert werden müssten; nach Schätzungen von BMW sind 240 Millionen Testkilometer nötig, vgl. *Becker*, Autofahren ist wie ein Spiel mit vielen Spielern, SZ v. 3.9.2018.

[195] *Von Bar*, Verkehrspflichten, 1980, S. 125 f. Auch bei der ingenieurswissenschaftlichen Technikbewertung spielen solche Vorteile eine Rolle, z.B. die Erhöhung des Wohlstands und die Umweltqualität, vgl. VDI 3780 – Technikbewertung: Begriffe und Grundlagen, 2000, S. 12 ff.; speziell zu KI-Systemen siehe *Hacker*, arXiv:2211.13960v5, 2023, S. 23 ff., der allerdings eine Vermutung eines Fehlers vorschlägt, wenn das KI-System bei der Bewältigung einer Aufgabe im Durchschnitt schlechter abschneidet als ein Mensch.

[196] Vgl. BGH, Urt. v. 25.4.1978 – VI ZR 194/76, NJW 1978, 1626, juris Rn. 11; siehe auch das Beispiel in § 2 Restat 3d of Torts, Products Liability, comment a zu einem Auto, das maximal 20 Meilen pro Stunde fahren kann und damit zwar sicherer, aber dennoch von einem geringeren Vorteil für die Gesellschaft ist.

[197] Siehe z.B. den Roboter „Pepper", der vor allem mit Senioren interagieren soll (vgl. *Bundesregierung der Bundesrepublik Deutschland*, So wird „Pepper" zum Helfer im Seniorenheim, bundesregierung.de v. 6.8.2018) oder den – umstrittenen – Chatbot „Replika", der als Anwendung der „sozialen KI" Einsamkeit verhindern soll (vgl. *Bovermann*, Diese App redet mit dem Nutzer wie mit einem engen Freund, SZ v. 25.11.2017).

[198] Vgl. VDI 3780 – Technikbewertung: Begriffe und Grundlagen, 2000, S. 16.

[199] *Hanisch*, in: Robotik im Kontext von Recht und Moral, 2014, S. 27 (50 f.); vgl. auch *Markoff*, Modest Debut of Atlas May Foreshadow Age of Robo „Sapiens", New York Times v. 11.7.2013 zum Roboter „Atlas".

[200] *Gomille*, JZ 2016, 76 (77); *Wagner*, VersR 2020, 717 (727); *Schwartz*, InTeR 2021, 77 (81 f.) (allerdings bezogen auf das konkrete Verhalten); *Ebers*, in: German National Reports on the 21st International Congress of Comparative Law, 2022, S. 157 (179); siehe auch *Burton*, Autonomes Fahren – Komplexe Systeme sind eine Herausforderung für die Sicherheit, Fraunhofer IKS v. 14.10.2021, wonach selbst dann, wenn „automatisiertes Fahren beispielsweise zu einer Netto-Reduzierung der Zahl der Verkehrstoten führen könnte, […] ein signifikant erhöhtes Risiko von Unfällen in bestimmten Situationen dennoch nicht toleriert werden" würde.

Grundsätzlich ist es auch denkbar, technische Agenten mit *Tieren* zu vergleichen.[201] Dieser Vergleich ist aber in der Regel wenig zielführend: Anders als beim Menschen existieren kaum Standards dafür, wann ein Tier ausreichend sicher ist.[202] Zwar ist die Haltung bestimmter Tiere, etwa bestimmter Schlangen und Affen, verboten, diese Tiere erfüllen aber meist keine Zwecke, die künftig von technischen Agenten erfüllt werden. Möglich erscheint es z.B., die Fehlerquote eines Suchhundes mit der eines funktionsäquivalenten Agenten zu vergleichen. Auch dabei kann es sich aber lediglich um einen *Mindeststandard* handeln.

(2) Konkurrierende technische Agenten

Der technische Agent ist deshalb außerdem mit *anderen Produkten* zu vergleichen.[203] Auch hier kommt es auf die jeweilige generelle Sicherheit an, nicht auf das Verhalten in der konkreten Situation,[204] und es sind sowohl die Vor- als auch die Nachteile zu vergleichen.

Es genügt für die Bejahung der Fehlerhaftigkeit allerdings nicht, dass das Produkt hinter dem „Marktführer" zurückbleibt. Ein solcher Maßstab würde, worauf insbesondere *Wagner* hinweist, dazu führen, dass der Hersteller des marktführenden Produkts „haftungsrechtliche Immunität" genießt, während alle anderen Hersteller stets hinter ihm zurückbleiben.[205] Das Problem stellt sich grundsätzlich bei sämtlichen Technologien, ist aber bei weiterlernenden Agenten verschärft: Denn diese Agenten entwickeln sich aufgrund ihrer Erfahrungen während des Einsatzes weiter und verbessern dadurch kontinuierlich ihre Leistungsfähigkeit. Der Lernfortschritt eines Agenten kann meist auch auf andere Agenten desselben Typs übertragen werden, so dass auch Produkte, die später in den Verkehr gebracht werden, hiervon profitieren. Ein Konkurrenzprodukt, das später entwickelt wird, kann diesen Fortschritt nur schwer aufholen. Denn der Hersteller verfügt nicht über vergleichbare Erfahrungen und hieraus resultierende Daten.[206] Den sichersten Agenten zum Maßstab zu erklären, kann sich deshalb abschreckend auf die Konkurrenz und nachteilig auf die Innovationstätigkeit auswirken.[207] Die Barriere würde gesenkt, wenn der

---

[201] Zu den „Animal-AI-Olympics", bei denen Tiere gegen KI-Systeme antreten, siehe etwa *von der Decken*, Bei den „Animal-AI-Olympics" treten Algorithmen an, Deutschlandfunk v. 29.5.2019.

[202] Siehe dazu auch schon oben Kapitel 3, B.

[203] Siehe nur *Wagner*, VersR 2020, 717 (727); *Hacker*, NJW 2020, 2142 (2145); *Spindler*, JZ 2022, 793 (795); vgl. auch *Expert Group (NTF)*, Liability for AI, 2019, S. 46.

[204] *Borghetti*, in: Liability for Artificial Intelligence and the Internet of Things, 2019, S. 63 (70).

[205] *Wagner*, AcP 217 (2017), 707 (737); *Hacker*, arXiv:2211.13960v5, 2023, S. 25.

[206] *Wagner*, AcP 217 (2017), 707 (737).

[207] Dazu, dass „Neueinsteigern und kleineren Unternehmen der Marktzugang faktisch verwehrt wäre", wenn eine Haftung „immer dann greifen würde, sobald es ein besseres Gerät

Vergleich sich an einem niedrigeren Niveau, etwa am Durchschnitt der Konkurrenzagenten, ausrichten würde. Dieser Maßstab dürfte auch eher dem entsprechen, was i.S.v. § 3 ProdHaftG „berechtigterweise erwartet werden kann" und ist damit grundsätzlich vorzugswürdig. Durch eine solche Differenzierung werden allerdings ebenfalls zwei Gruppen gebildet und wird der Markt aufgespalten.[208]

Das Problem kann entschärft werden, indem der Zeitpunkt des Markteintritts bereits bei der Bestimmung der *Vergleichbarkeit* berücksichtigt wird: Der „Frühstarter" ist im Verhältnis zum „Nachzügler"[209] kein hinreichend vergleichbarer Konkurrenzagent und bestimmt insofern nicht dessen Soll-Standard; dieser muss anders festgelegte werden. Durch eine solche Bestimmung der Vergleichbarkeit wird der Anwendungsbereich des Risiko-Risiko-Vergleichs nicht unerheblich eingeschränkt. Dieser sollte bei technischen Agenten jedoch ohnehin nicht überschätzt werden: Unabhängig von der zeitlichen Komponente bestehen häufig erhebliche Unterschiede zwischen den Produkten. Technische Agenten, welche die gleiche Aufgabe erledigen, können verschiedene Vor- und Nachteile mit sich bringen.[210] Dazu folgendes Beispiel: Die Systeme A und B können bei der Diagnose von Brustkrebs einen ähnlichen *AUC*-Wert aufweisen, doch kann System A besser darin sein, die Tumore zu erkennen (hohe Sensitivität), System B dagegen besser darin, normales Gewebe nicht als verdächtig einzustufen (hohe Spezifizität).[211] Die Fehlentscheidungen können zu Schäden führen, wenn eine erforderliche Behandlung unterlassen wird (System B) bzw. eine unnötige Behandlung durchgeführt wird (System A). Häufig kommt es zum *Trade-off* zwischen Sensitivität und Spezifizität (bzw. zwischen Sensitivität und sog. Präzision)[212]; ein System C, das sowohl

---

gibt", siehe *Heiderhoff/Gramsch*, ZIP 2020, 1937 (1940); kritisch auch *Sommer*, Haftung für autonome Systeme, 2020, S. 238.

[208] *Wagner*, AcP 217 (2017), 707 (737 f.); vgl. auch *Borghetti*, in: Liability for Artificial Intelligence and the Internet of Things, 2019, S. 63 (70 f.); *Eichelberger*, in: Künstliche Intelligenz und Robotik, 2020, S. 172 (179); *Ebers*, in: German National Reports on the 21st International Congress on Comparative Law, 2022, S. 157 (179 f.).

[209] Vgl. zu diesen beiden Begriffen *Wagner*, AcP 217 (2017), 707 (737).

[210] *Borghetti*, in: Liability for Artificial Intelligence and the Internet of Things, 2019, S. 63 (70): „[T]wo algorithms designed to perform the same tasks might function along different types of rationality and may therefore face one same situation in very different ways"; *Schwartz*, InTeR 2021, 77 (82); siehe auch *Chagal-Feferkorn*, Stanford Law Review 2019, 61 (92 f.) dazu, dass Experten auch unterschiedliche Vorstellungen über die sicherere Alternative haben können.

[211] *Fry*, Hello World, 2019, S. 108; zum Erfordernis der Berücksichtigung verschiedener Metriken siehe auch *Hacker/Krestel/Grundmann/Naumann*, Artificial Intelligence and Law 2020, 415 (421).

[212] In der Informatik ist regelmäßig die Rede vom sog. „Precision-Recall Trade-off". „Recall" entspricht der Sensitivität („True Positives" / [„True Positives" + „False Negatives"]), wohingegen „Precision" („True Positives" / [„True Positives" + „False Positives"]) sich von

falsch-positive als auch falsch-negative Ergebnisse vermeidet, steht also nicht zur Verfügung.[213] Ein ähnliches Problem besteht mit Blick auf den bereits erläuterten *Bias-Variance Trade-off*, welcher den Vergleich ebenfalls verkomplizieren kann.[214] Auch bei dem Vergleich mit der Konkurrenz sind außerdem Vorteile zu berücksichtigen, die nicht direkt die Sicherheit betreffen: Ein autonomes Fahrzeug kann sehr defensiv fahren und dadurch mehr Unfälle vermeiden als ein anderes. Im Straßenverkehr muss neben der Sicherheit aber etwa auch die Leichtigkeit des Verkehrs gewährleistet sein.[215] Schließlich können die Agenten dem Markt in unterschiedlicher Weise angeboten werden (vgl. § 3 Abs. 1 lit. a ProdHaftG).[216] Auch verschiedene Preise beeinträchtigen die Vergleichbarkeit: Der „durchschnittliche Benutzer [erwartet] von einem teureren Produkt derselben Produktart im allgemeinen mehr Sicherheit als von einer vergleichsweise billigeren Ausführung. Denn erhöhte Sicherheit hat ihren Preis".[217]

Der Vergleich mit dem durchschnittlichen Konkurrenten ermöglicht außerdem ebenfalls nur die Definition eines *Mindeststandards*. Denn das von der Konkurrenz gewählte „übliche" Sicherheitsniveau entspricht nicht stets dem „erforderlichen".[218] Nach dem BGH ergibt das Angebot der Konkurrenz „noch keinen Hinweis darauf, daß der Markt derartige Konstruktionen hinnimmt, geschweige denn, daß die Benutzer sie auch dann noch ‚tolerieren', wenn ihnen die Gefahr bewußt ist und sie auf sicherere Konstruktionen ausweichen können".[219] Die Konstruktion des technischen Agenten muss deshalb außerdem anhand einer Kosten-Nutzen-Analyse bewertet werden. Fehlt es an

---

der Spezifität („True Negatives" / [„True Negatives" + „False Positives"]) unterscheidet; vgl. *Ming Ting*, in: Encyclopedia of Machine Learning and Data Mining, 2. Aufl. 2017, S. 990 (990 f.); *ders.*, in: Encyclopedia of Machine Learning and Data Mining, 2. Aufl. 2017, S. 1152.

[213] *Fry*, Hello World, 2019, S. 108; siehe auch *O'Neil*, Angriff der Algorithmen, 2016, S. 306 ff.

[214] Siehe dazu oben Kapitel 1, C. I. 2.

[215] *Schwartz*, InTeR 2021, 77 (82); siehe auch *Hacker*, arXiv:2211.13960v5, 2023, S. 66 zur Möglichkeit der Berücksichtigung von Nachhaltigkeitsaspekten bei der Bestimmung des Konstruktionsfehlers.

[216] Vgl. zur Bedeutung der Darbietung Staudinger BGB/*Oechsler*, 2021, § 3 ProdHaftG Rn. 42 ff.; zu autonomen Fahrzeugen vgl. *Geistfeld*, California Law Review 2017, 1611 (1638) zum U.S.-amerikanischen Recht.

[217] BGH, Urt. v. 17.10.1989 – VI ZR 258/88, NJW 1990, 906, juris Rn. 18 – „Pferdebox".

[218] Siehe zur Fahrlässigkeit BGH, Urt. v. 17.10.1989 – VI ZR 258/88, NJW 1990, 906, juris Rn. 24 – „Pferdebox"; Leupold/Wiebe/Glossner IT-Recht/*Leupold/Wiesner*, 4. Aufl. 2021, Teil 9.6.4. Rn. 57, wonach „auch das beste autonome System […] nicht als Vergleichsmaßstab (*„Benchmark")* herangezogen werden [könne], wenn es nicht dem Stand von Wissenschaft und Technik entspricht"; *Hartmann*, in: KI & Recht kompakt, 2020, S. 29 (108).

[219] BGH, Urt. v. 17.10.1989 – VI ZR 258/88, NJW 1990, 906, juris Rn. 17 – „Pferdebox".

vergleichbaren Risiken kann ein Konstruktionsfehler von vornherein nur auf diesem Weg festgestellt werden.

bb) Kosten-Nutzen-Analyse

Die Risiko-Risiko-Vergleiche können einen Mindeststandard definieren, der nicht unterschritten werden darf. Darüber hinaus muss der Hersteller die Sicherheitsvorkehrungen treffen, deren Kosten nicht außer Verhältnis zu ihrem Nutzen stehen,[220] wobei diese Begriffe, ähnlich wie bei der Fahrlässigkeit, nicht rein ökonomisch, sondern normativiert zu bestimmen sind[221]. Die Gefahrvermeidung kann durch konkrete Sicherheitsmaßnahmen (1) oder durch das Unterlassen des Inverkehrbringens des Produkts (2) erfolgen.[222]

(1) Konkrete Sicherheitsmaßnahmen

Nach dem BGH ist zunächst zu prüfen, ob Maßnahmen existieren, „die nach dem im Zeitpunkt des Inverkehrbringens des Produkts vorhandenen neuesten Stand der Wissenschaft und Technik konstruktiv *möglich* sind […] und als geeignet und genügend erscheinen, um Schäden zu verhindern".[223] Unter den „drei Stufen" technischer Standards – „anerkannte Regeln der Technik", „Stand der Technik", „Stand von Wissenschaft und Technik"[224] – stellt der „Stand von Wissenschaft und Technik" grundsätzlich die höchsten Anforderungen. Im öffentlichen Sicherheitsrecht wird mit dem „Stand der Wissenschaft" die Summe der neuesten wissenschaftlichen Erkenntnisse bezeichnet.[225] Der „Stand der Technik" meint dagegen das Wissen, welches durch Versuche in der Realität oder zumindest unter Realbedingungen gewonnen oder

---

[220] Zum „cost-benefit-test" im U.S.-amerikanischen Produkthaftungsrecht, dem Verhältnis dieser Methode der Fehlerbestimmung zum dort ebenfalls herangezogenen „consumer expectations test" und zu der Bedeutung für Art. 6 ProdHaftRL siehe etwa *Owen*, in: FS Deutsch, 1999, S. 305; *Wagner*, AcP 217 (2017), 707 (732).

[221] Vgl. *Sommer*, Haftung für autonome Systeme, 2020, S. 233 zum normativierten „riskutility-test", *Hartmann*, in: KI & Recht kompakt, 2020, S. 29 (106): Vermengung von objektiven, subjektiven und normativen Kriterien.

[222] Vgl. BGH, Urt. v. 16.6.2009 – VI ZR 107/08, BGHZ 181, 253, juris Rn. 18 – „Airbags" und dazu *Reusch*, in: Rechtshandbuch Artificial Intelligence und Machine Learning, 2020, S. 77 (98 ff.); siehe auch allgemein zum „Übernahmeverschulden" und zu dessen Verhältnis zum Aktivitätsniveau *Schäfer/Ott*, Lehrbuch der ökonomischen Analyse des Zivilrechts, 6. Aufl. 2020, S. 225 ff.

[223] BGH, Urt. v. 16.6.2009 – VI ZR 107/08, BGHZ 181, 253, juris Rn. 16 – „Airbags" (Hervorh. d. Verf.).

[224] Vgl. *Reusch*, in: Rechtshandbuch Artificial Intelligence und Machine Learning, 2020, S. 77 (92 ff.); kritisch zu der „Dreistufentheorie" technischer Standards *Nicklisch*, BB 1983, 261.

[225] BVerfG, Beschl. v. 8.8.1978– 2 BvL 8/77, BVerfGE 49, 89, juris Rn. 109 – „Kalkar I".

bestätigt wurden.[226] Der zweite Standard ist insofern niedriger, als er voraussetzt, dass das Wissen nicht nur theoretisch vorhanden, sondern auch schon praktisch umsetzbar ist.[227] Der BGH scheint den „Stand der Wissenschaft und Technik" auch eher in diesem, für den Hersteller weniger anspruchsvollen, Sinn zu verstehen. Denn er berücksichtigt bei der Fehlerfeststellung, ob „nach gesichertem Fachwissen der einschlägigen Fachkreise *praktisch* einsatzfähige Lösungen zur Verfügung stehen".[228] Dieses Verständnis führt zwar zu einer gewissen begrifflichen Inkonsistenz, ist aber in der Sache angemessen: Das BVerfG weist im Zusammenhang mit der Atomkraft darauf hin, dass die Formel vom Stand von Wissenschaft und Technik „noch mehr Erkenntnisprobleme auf[wirft] als die Formel vom Stand der Technik".[229] Im Rahmen eines öffentlich-rechtlichen Genehmigungsverfahrens lassen sich diese Probleme noch verhältnismäßig gut lösen. Geht es um die Entscheidung eines Wirtschaftsunternehmens über die Konstruktion eines Produkts würde das – vom BGH berechtigterweise abgelehnte – Erfordernis, „Sicherheitskonzepte umzusetzen, die bisher nur ‚auf dem Reißbrett erarbeitet' oder noch in der Erprobung befindlich sind"[230] einen unverhältnismäßigen Aufwand verlangen.[231] In der Entwurfsbegründung zum ProdHaftG wird entsprechend, mit Blick auf § 1 Abs. 2 Nr. 5 ProdHaftG, auf die „Summe an Wissen und Technik, die *allgemein anerkannt* ist" abgestellt.[232] Methodisch lässt sich die unterschiedliche Begriffsverwendung damit begründen, dass der produkthaftungsrechtliche „Stand von Wissenschaft und Technik" auf der ProdHaftRL beruht und

---

[226] Vgl. *Marburger*, Die Regeln der Technik im Recht, 1979, S. 162 ff.; *Mann*, UPR 1995, 180 (182 f.).

[227] Landmann/Rohmer UmweltR/*Thiel*, 100. EL, Januar 2023, § 3 BImSchG Rn. 104; kritisch zu dieser Abgrenzung *Marburger*, Die Regeln der Technik im Recht, 1979, S. 162 ff

[228] BGH, Urt. v. 16.6.2009 – VI ZR 107/08, BGHZ 181, 253, juris Rn. 16 – „Airbags" (Hervorh. d. Verf.); zweifelnd, ob der BGH in dieser Entscheidung tatsächlich den „höchsten Standard" gemeint hat, auch MüKoBGB/*Wagner*, 8. Aufl. 2020, § 823 Rn. 953; a.A. wohl *Sommer*, Haftung für autonome Systeme, 2020, S. 236 f., der den strengen Maßstab allerdings im digitalen Kontext für nicht überzeugend hält; gegen den „höchsten Stand von Wissenschaft und Technik" als Maßstab auch *John*, Haftung für künstliche Intelligenz, 2007, S. 311 (siehe aber auch S. 327 zur Produzentenhaftung, die sich am „Stand von Wissenschaft und Technik" ausrichten soll).

[229] BVerfG, Beschl. v. 8.8.1978 – 2 BvL 8/77, BVerfGE 49, 89, juris Rn. 110 – „Kalkar I".

[230] BGH, Urt. v. 16.6.2009 – VI ZR 107/08, BGHZ 181, 253, juris Rn. 16 – „Airbags".

[231] Zur generellen Schwierigkeit der Gerichte, Sicherheitsstandards festzulegen, siehe *Schäfer/Ott*, Lehrbuch der ökonomischen Analyse des Zivilrechts, 6. Aufl. 2020, S. 416.

[232] Entwurfsbegründung zum ProdHaftG, BT-Drs. 11/2447, S. 15 (Hervorh. d. Verf.). Um ein Entwicklungsrisiko auszuschließen, muss diese Summe danach außerdem „allgemein zur Verfügung" stehen (dazu unten V. 3.). Für die Fehlerhaftigkeit nach § 3 ProdHaftG kommt es auf die Erkenntnismöglichkeiten allerdings nicht an.

insofern nicht nach den üblichen nationalen Maßstäben, sondern autonom auszulegen ist.[233]

Die Alternativkonstruktionen müssen also entweder bereits (von anderen
Herstellern) eingesetzt werden – dann ist unter Umständen auch ein Risiko-
Risiko-Vergleich möglich – oder zumindest einsatzfähig sein.[234] Dabei kommen verschiedene Sicherheitsmaßnahmen in Betracht, z.B. ein anderer Lernalgorithmus, andere Trainingsdaten, Mechanismen, die es dem Nutzer erlauben,
den Agenten zu stoppen, wenn Anhaltspunkte für ein Fehlverhalten vorliegen[235] oder auch Vetorechte des Nutzers, durch die verhindert werden kann,
dass sich ein Output schädlich auf seine Umgebung auswirkt.[236] Die Anzahl an
denkbaren Alternativkonstruktionen ist bei technischen Agenten aufgrund der
Vielzahl von Einflussfaktoren in der Regel deutlich größer als bei herkömmlichen Produkten.[237] Grenze ist der Verwendungszweck des Produkts: Ein selbstfahrendes Fahrzeug kann so konstruiert werden, dass jede Entscheidung vom
Fahrer bestätigt werden muss. Dann handelt es sich allerdings nicht mehr um
ein selbstfahrendes Fahrzeug.[238] Wollte der Hersteller gerade ein solches Fahrzeug in den Verkehr bringen, stellt die genannte Konstruktion folglich keine
Alternative dar.

Für die *Zumutbarkeit* der Alternativkonstruktion kommt es insbesondere auf
die Größe der Gefahr an. Sie bestimmt den Nutzen der Sicherheitsmaßnahme
und hängt vor allem von den bedrohten Rechtsgütern ab.[239] Berücksichtigt

---

[233] Vgl. dazu *Rolland*, Produkthaftungsrecht, 1990, § 1 ProdHaftG Rn. 143; Produkthaf-
tungshandbuch/*Graf von Westphalen*, 3. Aufl. 2012, § 44 Rn. 8, § 46 Rn. 70; *Günther*, Roboter und rechtliche Verantwortung, 2016, S. 190; zum Erfordernis einer einheitlichen Auslegung siehe auch BGH, Urt. v. 9.5.1995 – VI ZR 158/94, BGHZ 129, 353, juris Rn. 20 –
„Mineralwasserflasche II".

[234] Leupold/Wiebe/Glossner IT-Recht/*Leupold/Wiesner*, 4. Aufl. 2021, Teil 9.6.4 Rn. 57.

[235] Vgl. auch Art. 14 Abs. 4 lit. d, e KI-VO-E.

[236] Zu Systemen, die dem Nutzer Informationen oder Empfehlungen liefern, welche dieser noch umsetzen muss, siehe bereits oben Kapitel 1, C. II. sowie auch Art. 14 Abs. 4 lit. b,
c KI-VO-E.

[237] Vgl. *Chagal-Feferkorn*, Stanford Law Review 2019, 61 (91 f.) sowie die Beispiele
von Fehlerquellen bei *Yuan*, RW 2018, 477 (496 f.); siehe auch schon *Taeger*, CR 1996, 257
(268) dazu, dass der Produktionsprozess bei (herkömmlicher) Software ein „individueller
Vorgang" ist, der „jeweils nach anderen Kriterien abläuft und sich darin von der üblichen
Warenproduktion unterscheidet".

[238] Vgl. *Joggerst/Wendt*, InTeR 2021, 13 (15): „Sofern die Möglichkeit zur autonomen
Weiterentwicklung nicht eingeschränkt wird, kann dieses Risiko auch nicht beseitigt werden"; *Weingart*, Vertragliche und außervertragliche Haftung für den Einsatz von Softwareagenten, 2022, S. 181, wonach beim Erfordernis einer lückenlosen Kontrolle „der Zweck der
autonomen Software zunichte gemacht" würde.

[239] „Bei erheblichen Gefahren für Leben und Gesundheit von Menschen sind dem Her-
steller weitergehende Maßnahmen zumutbar als in Fällen, in denen nur Eigentums- oder
Besitzstörungen oder aber nur kleinere körperliche Beeinträchtigungen zu befürchten sind",
BGH, Urt. v. 16.6.2009 – VI ZR 107/08, BGHZ 181, 253, juris Rn. 18 – „Airbags"; siehe

werden muss außerdem der Grad an Autonomie und Automatisierung oder, anders formuliert, die verbleibenden Kontrollmöglichkeiten des Nutzers: Je geringer die Möglichkeiten des Nutzers, durch Einhaltung der erforderlichen Sorgfalt die Gefahren zu steuern, desto höher sind die Anforderungen an den Hersteller.[240] Es lässt sich eine Parallele zur menschlichen Autonomie ziehen: Je selbständiger der Delegationsempfänger agieren soll, umso intensiver sind die Auswahlpflichten des Delegierenden.[241] Auf die unterschiedlichen Kontrollmöglichkeiten des Nutzers, z.B. durch Überwachung oder Überprüfung der Agentenentscheidungen, wird im Zusammenhang mit der Nutzerhaftung noch genauer eingegangen.[242] Da auch ein „naheliegender Fehlgebrauch" zu berücksichtigen ist, kann der Entwickler eines im Betrieb weiterlernenden Systems verpflichtet sein, bestimmte, bei fehlerhaftem Training denkbare, Lernerfolge zu verhindern, etwa indem er bestimmte Regeln, z.B. im Straßenverkehr die Verkehrsregeln, dem Agenten so einprogrammiert, dass der Nutzer sie nicht, z.B. durch verkehrswidrige Steuerung eines autonomen Fahrzeugs, verändern kann.[243] Dabei ist allerdings ein restriktiver Ansatz angezeigt, denn das Training während des Einsatzes gehört grundsätzlich zum Verantwortungsbereich des Nutzers.[244] In der Regel genügt daher insofern eine Instruktion als milderes und ausreichend wirksames Mittel zur Herstellung von Sicherheit.[245]

---

auch BGH, Urt. v. 5.2.2013 – VI ZR 1/12, NJW 2013, 1302, juris Rn. 13 – „Heißwasser-Untertischgerät"; BGH, Urt. v. 17.3.2009 – VI ZR 176/08, NJW 2009, 1669, juris Rn. 8 – „Kirschtaler".

[240] Vgl. *Kirn/Müller-Hengstenberg*, Rechtliche Risiken autonomer und vernetzter Systeme, 2016, S. 325: höhere Sorgfaltspflichten bei „nicht deterministischen Systemen"; *Haagen*, Verantwortung für Künstliche Intelligenz, 2021, S. 202 ff. zur Abhängigkeit der Intensität der Sorgfaltspflichten des Herstellers von den Aufsichtsmöglichkeiten des Nutzers; zum Zusammenwirken von Hersteller und Nutzer bei der Gefahrsteuerung vgl. *Thöne*, Autonome Systeme und deliktische Haftung, 2020, S. 196 ff., 219 ff.; zur Verlagerung der Sorgfaltspflichten bzw. der Kontrolle auf den Hersteller eines autonomen Produkts siehe etwa *Horner/Kaulartz*, CR 2016, 7 (9); *Wagner*, VersR 2020, 717 (738); *Zech*, Gutachten für den 73. DJT, 2020, A 64; *Seufert*, NZV 2022, 319 (320 f.); kritisch zu einer damit einhergehenden Haftungsverlagerung *Lutz*, NJW 2015, 119 (121).

[241] Siehe dazu oben Kapitel 2, A. II. 2. a).

[242] Siehe dazu unten B.

[243] *Eichelberger*, in: Künstliche Intelligenz und Robotik, 2020, S. 172 (182).

[244] Ähnlich *Eichelberger*, in: Künstliche Intelligenz und Robotik, 2020, S. 172 (182).

[245] Zu Instruktionsmaßnahmen siehe unten 3. Der BGH erwägt Instruktionsfehler dann, wenn „konstruktive Gefahrvermeidungsmaßnahmen dem Hersteller nicht zumutbar" sind (vgl. BGH, Urt. v. 16.6.2009 – VI ZR 107/08, BGHZ 181, 253, juris Rn. 23 – „Airbags"; siehe auch schon BGH, Urt. v. 12.11.1991 – VI ZR 7/91, BGHZ 116, 60, juris Rn. 22 – „Kindertee I"; BGH, Urt. v. 18.5.1999 – VI ZR 192/98, NJW 1999, 2815, juris Rn. 12 – „Papierreißwolf"), woraus regelmäßig ein Vorrang von Konstruktionsmaßnahmen abgeleitet wird (MüKoBGB/*Wagner*, 8. Aufl. 2020, § 3 ProdHaftG Rn. 49; ähnlich Staudinger BGB/*Oechsler*, 2021, § 3 ProdHaftG Rn. 39). Für die Zumutbarkeit einer

Maßgeblich für die Zumutbarkeit sind nach dem BGH außerdem „die wirtschaftlichen Auswirkungen der Sicherungsmaßnahme, im Rahmen derer insbesondere die Verbrauchergewohnheiten, die Produktionskosten, die Absatzchancen für ein entsprechend verändertes Produkt sowie die Kosten-Nutzen-Relation" berücksichtigt werden müssen.[246]

Erhöhte „Produktionskosten" oder verringerte „Absatzchancen", etwa aufgrund der Verringerung der Nutzerfreundlichkeit,[247] spielen auf Kostenseite eine Rolle. Dabei ist auch nach der Größe des Herstellerunternehmens zu differenzieren: Für kleinere Unternehmen wirken sich dieselben Aufwendungen regelmäßig anders aus als für größere Unternehmen.[248] Eine Differenzierung nach Unternehmensgröße fördert zudem die Konkurrenz- und Innovationstätigkeit.[249] Der Preis des Produkts kann ebenfalls eine Rolle für die Zumutbarkeit spielen: Bei hochpreisigen Produkten werden die Sorgfaltskosten stärker durch Vorteile der Vermarktung kompensiert.[250] Auch kleinere Unternehmen und Unternehmen, die ihre Produkte zu günstigen Preisen anbieten, müssen allerdings jedenfalls den *Mindeststandard* einhalten, der sich aus Risiko-Risiko-Vergleichen sowie aus zwingenden gesetzlichen Vorschriften ergibt.[251]

Die „Verbrauchergewohnheiten" werden auf Kosten- und Nutzenseite dadurch berücksichtigt, dass Vor- und Nachteile von Sicherheitsmaßnahmen nicht nur objektiv, aus Expertensicht, sondern auch subjektiv, aus Laiensicht, bewertet werden.[252] Auch die Akzeptanz der Gefahr kann insofern eine Rolle spielen: Im Hinblick auf die Prüfpflichten der Betreiber von Suchmaschinen

---

Konstruktionsmaßnahme kommt es aber auch darauf an, ob eine Instruktion ein milderes und für die Produktsicherheit ausreichendes Mittel darstellt.

[246] BGH, Urt. v. 16.6.2009 – VI ZR 107/08, BGHZ 181, 253, juris Rn. 18 – „Airbags".

[247] Vgl. Staudinger BGB/*Oechsler*, 2021, § 3 ProdHaftG Rn. 87; *Chagal-Feferkorn*, Stanford Law Review 2019, 61 (93) zum U.S.-amerikanischen Recht.

[248] Vgl. *Sommer*, Haftung für autonome Systeme, 2020, S. 238 f., der insbesondere zwischen Marktführern, KMU und Start-ups unterscheiden möchte; zu Unterschieden zwischen Unternehmen siehe auch schon oben Kapitel 2, B. II. 1 b).

[249] Siehe dazu auch noch unten V. 3.

[250] Zur Berücksichtigung des Preises siehe BGH, Urt. v. 17.10.1989 – VI ZR 258/88, NJW 1990, 906, juris Rn. 18 – „Pferdebox"; Entwurfsbegründung zum ProdHaftG, BT-Drs. 11/2447, S. 18; *Schlechtriem*, VersR 1986, 1033 (1036); Staudinger BGB/*Oechsler*, 2021, § 3 ProdHaftG Rn. 85.

[251] Siehe dazu unten c). Zur stets erforderlichen „Basissicherheit" vgl. Staudinger BGB/*Oechsler*, 2021, § 3 ProdHaftG Rn. 88; *Horner/Kaulartz*, CR 2016, 7 (11); *Taeger*, CR 1996, 257 (263).

[252] Zu Unterschieden bei der Risikobewertung siehe oben Kapitel 1, D. I. 1. Zur Produkthaftung vgl. Entwurfsbegründung zum ProdHaftG, BT-Drs. 11/24467, S. 18 zu Alkohol; OLG Düsseldorf, Urt. v. 20.12.2012 – 14 U 99/02, VersR 2003, 912, juris Rn. 47 zu „raffiniertem Zucker und Kakao" als „gesellschaftlich tolerierte Bestandteile zahlreicher Nahrungsmittel"; OLG Hamm, Beschl. v. 14.7.2004 – 3 U 16/04, NJW 2005, 295 (295 f.) zu Zigaretten.

hat der BGH darauf hingewiesen, die „Annahme einer – praktisch kaum zu bewerkstelligenden – allgemeinen Kontrollpflicht würde die Existenz von Suchmaschinen als Geschäftsmodell, das von der Rechtsordnung gebilligt worden und *gesellschaftlich erwünscht* ist, ernstlich in Frage stellen".[253] Die „Informationsgesellschaft" nehme gewisse Persönlichkeitsrechtsverletzung in Kauf, wenn dadurch die „sinnvolle Nutzung der unübersehbaren Informationsfülle im Internet" ermöglicht wird.[254] Ähnlich kann es sich z.B. bei autonomen Spielzeugen oder technischen Agenten im *Smart Home* verhalten, deren Kosten-Nutzen-Relation subjektiv anders eingeschätzt werden kann als objektiv. Voraussetzung für die Fehlerfreiheit ist allerdings, dass sich die Produktgefahren auf Dritte, welche die Entscheidung für die Risiken nicht getroffen haben (*Innocent Bystander*), nicht oder nur unwesentlich auswirken.[255] Das von den Nutzern akzeptierte Risiko muss auch für den unbeteiligten Teil der Allgemeinheit akzeptabel sein. Zudem muss versucht werden, die subjektive Risikobewertung der objektiven anzunähern, indem die Nutzer vom Hersteller umfassend aufgeklärt werden.[256] Eine Unter- oder Überbewertung von Risiken kann die erforderliche Sicherheit grundsätzlich nur insoweit mitbestimmen, als sie auf bestimmten Wertvorstellungen basiert, nicht aber wenn ihr ein Informationsdefizit zugrunde liegt.[257]

(2) Unterlassen des Inverkehrbringens

Existiert keine Alternativkonstruktion (sog. Entwicklungslücken),[258] war also die Gefahr für den Hersteller durch konkrete Sicherheitsmaßnahmen nach dem „Stand von Wissenschaft und Technik"[259] nicht vermeidbar, stellt sich die Frage, ob der Agent unter „Abwägung von Art und Umfang der Risiken, der Wahrscheinlichkeit ihrer Verwirklichung und des mit dem Produkt

---

[253] BGH, Urt. v. 27.2.2018 – VI ZR 489/16, BGHZ 217, 350, juris Rn. 34 – „Internetforum" (Hervorh. d. Verf.).

[254] BGH, Urt. v. 21.9.2017 – I ZR 11/16, NJW 2018, 772, juris Rn. 56 – „Vorschaubilder III".

[255] Dazu, dass auch deren berechtigte Erwartungen zu berücksichtigen sind, vgl. MüKoBGB/*Wagner*, 8. Aufl. 2020, § 3 ProdHaftG Rn. 8; BeckOGK ProdHaftG/*Goehl*, 1.4.2023, § 3 Rn. 16.

[256] Vgl. zum Erfordernis der Information bei „‚Light'-Tabakprodukten" Staudinger BGB/*Oechsler*, 2021, § 3 ProdHaftG Rn. 91a; zu Instruktionsfehlern siehe unten 3.

[257] Zur Vertrauensbildung durch Risikokommunikation vgl. allgemein *Scherzberg*, ZUR 2005, 1 (5); siehe auch noch unten C. I. 2. a) bb).

[258] Vgl. Produkthaftungshandbuch/*Foerste*, 3. Aufl. 2012, § 24 Rn. 107; siehe auch *Owen*, in: FS Deutsch, 1999, S. 305 (313 ff.) zur „state of the art defense" und ihre Abgrenzung zur „developmental risk defense".

[259] Zur Auslegung dieses Begriffes siehe oben (1).

verbundenen Nutzen"[260] *überhaupt* in den Verkehr gebracht werden durfte. Dabei ist zunächst zu berücksichtigen, dass komplexere Software „bekanntermaßen nicht völlig fehlerfrei hergestellt und ausgetestet werden" kann.[261] Die Möglichkeit gewisser *Bugs* bei der Konstruktion ist durch konkrete Sicherheitsmaßnahmen kaum auszuschließen.[262] Dieser Umstand soll etwa nach *Lehmann* „zu einer gewissen Herabsetzung der allgemeinen Sicherheitserwartungen der Abnehmer führen" können.[263] Indes darf der Rechtsverkehr jedenfalls erwarten, dass sich der *Status Quo* durch das Softwareprodukt nicht generell verschlechtert; von einer „Herabsetzung" zu sprechen, ist deshalb missverständlich.[264] Die Aussage macht allerdings deutlich, dass auch bei Softwareprodukten keine absolute Sicherheit verlangt werden kann.[265] Dies gilt auch und insbesondere dann, wenn das Produktverhalten, wie beim Maschinellen Lernen, auf der Berechnung von Wahrscheinlichkeiten beruht, die naturgemäß nicht in allen Fällen zu den richtigen Ergebnissen führen.[266] Ein *weiter*lernendes Produkt ist, wenn es erstmalig bereit gestellt wird, außerdem

---

[260] BGH, Urt. v. 16.6.2009 – VI ZR 107/08, BGHZ 181, 253, juris Rn. 17 – „Airbags"; siehe auch *Brüggemeier*, WM 1982, 1294 (1302), wonach das Problem der Entwicklungslücken über den „Ansatz einer sozialen Kosten-Nutzen-Analyse" zu lösen sei; speziell zu autonomen Fahrzeugen *von Bodungen*, SVR 2022, 1 (4).

[261] *Lehmann*, NJW 1992, 1721 (1725); siehe auch *Spindler*, CR 2015, 766 (769); Staudinger BGB/*Oechsler*, 2021, § 3 ProdHaftG Rn. 126; *Joggerst/Wendt*, InTeR 2021, 13 (15).

[262] Zur Einordnung von „Bugs" siehe bereits oben 1.

[263] *Lehmann*, NJW 1992, 1721 (1725).

[264] Vgl. *Taschner/Frietsch*, Produkthaftungsgesetz und EG-Produkthaftungsrichtlinie, 2. Aufl. 1990, Art. 6 ProdHaftRL Rn. 28; *Taeger*, Außervertragliche Haftung für fehlerhafte Computerprogramme, 1995, S. 187; siehe auch Staudinger BGB/*Oechsler*, 2021, § 3 ProdHaftG Rn. 126; *Joggerst/Wendt*, InTeR 2021, 13 (15); *Beierle*, Die Produkthaftung im Zeitalter des Internet of Things, 2021, S. 190 f.; *von Bodungen*, SVR 2022, 1 (3); großzügiger wohl *Schulz*, Verantwortlichkeit bei autonom agierenden Systemen, 2015, S. 166, wonach der Einsatz autonomer Systeme „zumindest nicht *wesentlich* größere Gefahren als vergleichbare vom Menschen gesteuerte Systeme" mit sich bringen dürfe (Hervorh. d. Verf.).

[265] Vgl. allgemein zu diesem Grundsatz BGH, Urt. v. 17.3.2009 – VI ZR 176/08, NJW 2009, 1669, juris Rn. 12 – „Kirschtaler"; BGH, Urt. v. 5.2.2013 – VI ZR 1/12, NJW 2013, 1302, juris Rn. 15 – „Heißwasser-Untertischgerät"; *von Bar*, in: Produktverantwortung und Risikoakzeptanz, 1998, S. 29 (30 f.); MüKoBGB/*Wagner*, 8. Aufl. 2020, § 3 ProdHaftG Rn. 42 f.; BeckOGK ProdHaftG/*Goehl*, 1.4.2023, § 3 Rn. 72; zu Software vgl. *Koch*, in: FS Eccher, 2017, S. 551 (564); *Linardato*s, Autonome und vernetzte Aktanten im Zivilrecht, 2021, S. 271 f.; siehe auch *Taschner/Frietsch*, Produkthaftungsgesetz und EG-Produkthaftungsrichtlinie, 2. Aufl. 1990, § 3 ProdHaftG Rn. 60, wo nach dem Einsatzbereich der Software differenziert wird.

[266] *Chagal-Feferkorn*, Stanford Law Review 2019, 61 (84); *Hartmann*, in: KI & Recht kompakt, 2020, S. 29 (107); *Beckers/Teubner*, Three Liability Regimes for Artificial Intelligence: Algorithmic Actants, Hybrids, Crowds, 2022, S. 74; siehe auch schon *Turing*, Mind 1950, 433 (449), wo das deduktive Schließen als Beispiel für mögliche Fehlschlüsse genannt wird.

definitionsgemäß nicht perfekt – ansonsten wäre der weitere Lernvorgang unnötig.[267] Die Restrisiken eines Produkts sind hinzunehmen, wenn sie durch überwiegende Vorteile gerechtfertigt sind.[268]

Bei der Bestimmung des *Status Quo* werden wieder die Risiko-Risiko-Vergleiche relevant. Eine über den *Status Quo* hinausgehende Sicherheit kann, wenn der „Stand von Wissenschaft und Technik" keine Alternativkonstruktion ermöglicht, nicht verlangt werden. Teilweise wird gefordert, Software dürfe aufgrund ihrer besonderen Anfälligkeit generell[269] oder zumindest bei Gefahren für Leib und Leben[270] gar keine Fehlentscheidungen treffen. Mit Blick auf autonome Produkte wird mitunter der Eindruck erweckt, diese müssten das gegenwärtige, von Menschen, Tieren und herkömmlichen Produkten geprägte, Sicherheitsniveau *überbieten*.[271] An Software und speziell an autonome Technologien ist aber kein strengerer Maßstab anzulegen als an andere Produkte.[272] Ein solcher lässt sich auch nicht damit begründen, dass hierdurch ein wünschenswerter „Innovationsdruck" erzeugt würde:[273] Durch die strengere

---

[267] *Linardatos*, ZIP 2019, 504 (509); siehe auch *John*, Haftung für künstliche Intelligenz, 2007, S. 315, wonach der Rechtsverkehr „keine Erwartungen in das generelle Ausbleiben einer Sicherheitsgefährden entwickeln [könne], welche ausschließlich auf das intelligente Verhalten des Agenten zurückzuführen ist".

[268] *Schulz*, Verantwortlichkeit bei autonom agierenden Systemen, 2015, S. 165. Die Kosten-Nutzen-Analyse ist auch insofern normativiert, siehe dazu oben vor und mit Fn. 221.

[269] So wohl *Katzenmeier/Voigt*, ProdHaftG, 7. Aufl. 2020, § 3 Rn. 40.

[270] Produkthaftungshandbuch/*Graf von Westphalen*, 3. Aufl. 2012, § 48 Rn. 45.

[271] Leupold/Wiebe/Glossner IT-Recht/*Leupold/Wiesner*, 4. Aufl. 2021, Teil 9.6.4 Rn. 57; differenzierend *Beierle*, Die Produkthaftung im Zeitalter des Internet of Things, 2021, S. 241 f. Nach *Zech* soll „der Umstand, dass eine Maschine selbstlernend ist und damit der Hersteller konstruktionsbedingt unbeherrschbare Risiken schafft, bereits als Konstruktionsfehler zu qualifizieren" sein (*Zech*, ZfPW 2019, 198 [213]; in diese Richtung auch *ders.*, in: Intelligente Agenten und das Recht, 2016, S. 163 [192]; *ders.*, in: Liability for Artificial Intelligence and the Internet of Things, 2019, S. 187 (196); *ders.*, Gutachten für den 73. DJT, 2020, A 71). Eine Ausnahme soll allerdings bestehen, wenn „besondere Umstände hinzukommen, die eine hinreichende Risikobeherrschung durch den Hersteller oder den Anwender bei der Anwendung erlauben" (*Zech*, ZfPW 2019, 198 [213]). Zudem scheint *Zech* von Fehlerfreiheit auszugehen, wenn das autonome Produkt einen Nutzen mit sich bringt, der die Risiken überwiegt (*Zech*, in: Liability for Artificial Intelligence and the Internet of Things, 2019, S. 187 [197]: „Therefore, a product should be judged to be non-defective if its use generates benefits outweighing the unavoidably occurring damages"); nach *Hacker*, arXiv:2211.13960v5, 2023, S. 25 muss das Produkt auch bei „suprahuman performance" für die Fehlerfreiheit „positive social utility" mit sich bringen.

[272] Kritisch zu höheren Anforderungen auch *Wagner*, VersR 2020, 717 (727), der „mindestens dieselbe Sicherheit [...] wie ein vergleichbares, von Menschen gesteuertes System" verlangt; *Haagen*, Verantwortung für Künstliche Intelligenz, 2021, S. 317.

[273] Zu diesem Ziel der Haftung vgl. *Hacker*, arXiv:2211.13960v5, 2023, S. 25 („incentivize continued innovation and performance in the suprahuman domain"); zum Innovationsdruck durch eine Gefährdungshaftung vgl. *Blaschczok*, Gefährdungshaftung und Risikozuweisung, 1993, S. 306 ff.; siehe auch noch ausführlicher unten C. I. 2. a) cc) (2).

Haftung könnte zwar ein Anreiz für den Hersteller geschaffen werden, mehr Forschung zu betreiben, um „praktisch einsatzfähige" Alternativkonstruktionen hervorzubringen, die *noch* sicherer sind.[274] Dies könnte gerade bei autonomen Produkten, bei denen das Entwicklungspotenzial sehr hoch ist, zu Fortschritten in der Sicherheitstechnologie führen. Allerdings ist für den Hersteller regelmäßig ungewiss, inwieweit solche Fortschritte erzielt werden können. Die strengere Haftung kann daher auch dazu führen, dass eine chancenreiche Produktentwicklung vollständig unterbleibt.[275] Den Herstellern aufzuerlegen, mit dem Inverkehrbringen zu warten, bis ein höheres Sicherheitsniveau erreicht wird, könnte deren Innovationstätigkeit somit auch *negativ* beeinträchtigen. Die Orientierung am *Status Quo* erlaubt es ihnen, ihre Produkte frühzeitig auf den Markt zu bringen und dadurch Wissen über den Realbetrieb und Einnahmen zu generieren, was beides der weiteren Forschung zugutekommt.

Das Inverkehrbringen eines technischen Agenten kann allerdings auch dann unzulässig sein, wenn das Produkt zwar bei objektiver Betrachtung ausreichend sicher erscheint, jedoch die Schadensrisiken aufgrund bestimmter Wertvorstellungen von der Gesellschaft nicht akzeptiert werden.[276] Objektiv dürfte ein technischer Agent, der sich in Dilemmasituationen, z.B. im Straßenverkehr, für den Erhalt möglichst vieler Menschenleben entscheidet, ausreichend sicher sein.[277] Die (informierte) Gesellschaft könnte aber entscheiden, dass solche Entscheidungen generell nicht durch technische Agenten getroffen werden dürfen. Indes ist es für ein Gericht schwierig, diese Wertvorstellungen zu ermitteln. Dies ist primär Aufgabe des Gesetzgebers, der solche nicht akzeptierten Risiken verbieten muss.[278]

c) Die Rolle des Produktsicherheitsrechts

Angesichts der gegenwärtigen Regulierungsprojekte der EU ist davon auszugehen, dass technische Agenten künftig einer Reihe von sektoralen und

---

[274] Zur Verpflichtung eines Herstellers, autonome Fahrzeuge vor Inverkehrgabe weiter zu trainieren (und gleichzeitig zu testen), siehe *Geistfeld*, California Law Review 2017, 1611 (1651 ff.), der den Pflichtenumfang anhand des „risk-utility-tests" berechnet. Dies setzt allerdings einiges an Annahmen voraus, z.B. über den Nutzen eines weiteren Trainings (und gleichzeitiger Tests); siehe dazu auch *Wagner*, AcP 217 (2017), 707 (735).

[275] Siehe dazu noch ausführlicher unten C. I. 2. a) cc) (2).

[276] Zu den Unterschieden bei der Risikobewertung siehe oben Kapitel 1, D. I. 1.

[277] Vgl. *Wagner*, AcP 217 (2017), 707 (743); *Geistfeld*, California Law Review 2017, 1611 (1649 f.); jeweils auch zur allgemeinen Diskussion über solche Dilemmasituationen.

[278] Vgl. Art. 5 KI-VO-E, wo bestimmte Praktiken verboten werden (die allgemeine Ausrichtung des Rates [Ratsdok. Nr. 15698/22] sowie die Änderungen des Europäischen Parlaments [P9_TA(2023)0236] sehen insofern gewisse Modifikationen vor); siehe auch *Schäfer/Ott*, Lehrbuch der ökonomischen Analyse des Zivilrechts, 6. Aufl. 2020, S. 408, wonach einer Risikoüberschätzung außerhalb des Haftungsrecht begegnet werden müsse (allerdings mit Blick auf Informationsdefizite als Grund für die Überschätzung).

horizontalen Produktsicherheitsvorschriften unterliegen werden.[279] Die Frage
der Rolle des Produktsicherheitsrechts für die Bestimmung des Produktfehlers
erlangt in diesem Bereich daher wesentliche Bedeutung und wird deshalb im
Folgenden genauer betrachtet.[280] Das Produktsicherheitsrecht zeichnet sich
grundsätzlich durch dreierlei aus:[281] *Normen mit Gesetzesrang*, die in abstrakter
Weise Verhaltensanforderungen definieren, *Normen ohne Gesetzesrang*, die
von öffentlichen oder privaten Stellen erarbeitet wurden und die Verhaltensanforderungen in konkreterer Weise festlegen (insbesondere sog. technische Normen, z.B. DIN-Normen, VDI-Richtlinien)[282] sowie *Institutionen mit oder ohne
Hoheitsgewalt*, welche die Einhaltung der Normen überprüfen und gegebenenfalls Zulassungen erteilen oder Zertifizierungen ausstellen.

Die Feststellung des Verstoßes gegen (aa) oder der Einhaltung von (bb) gesetzlichen Vorschriften und technischen Normen erleichtert die Feststellung
des Fehlers bzw. der Fahrlässigkeit, insbesondere im Konstruktionsbereich.[283]
Ähnliches gilt für Zulassungen und Zertifizierungen (cc). Das Produktsicherheitsrecht kann außerdem im Zusammenhang mit Entwicklungsrisiken relevant
werden, was später noch erläutert wird.[284] Auf die spezifische Regulierung

---

[279] Vgl. Nr. 1 der Begründung zum KI-VO-E; dazu, dass sich die Normungsarbeit heute
auf die europäische und internationale Ebene konzentriert, siehe die Deutsche Normungsroadmap Künstliche Intelligenz, Ausgabe 2, 2022, S. 46; zum „New Approach" im EU-Produktsicherheitsrecht siehe *Schucht*, EuZW 2017, 46.

[280] Bei einem Verstoß gegen Schutzgesetze kommt außerdem eine Haftung nach § 823
Abs. 2 BGB in Betracht; vgl. BGH, Urt. v. 28.3.2006 – VI ZR 46/05, NJW 2006, 1589, juris
Rn. 9 ff. zu § 3 Abs. 1 S. 2, Abs. 3 S. 1 GSG a.F.; zur Haftung des Herstellers von Softwareagenten nach § 823 Abs. 2 BGB siehe etwa *Weingart*, Vertragliche und außervertragliche
Haftung für den Einsatz von Softwareagenten, 2022, S. 205 ff.; zur Einordnung der Regelungen des KI-VO-E als Schutzgesetze siehe *Grützmacher*, CR 2021, 433 (437 ff.); *Linardatos*, GPR 2022, 58 (60); *Spindler*, JZ 2022, 793 (801 f.); *Wagner*, JZ 2023, 123 (128 f.).

[281] Vgl. *Vieweg*, in: Handbuch des Technikrechts, 2. Aufl. 2011, S. 337 (362).

[282] Zum Begriff siehe etwa *Marburger*, VersR 1983, 597 (607); vgl. auch Art. 2 Nr. 1
Verordnung (EU) Nr. 1025/2012 des Europäischen Parlaments und des Rates v. 25.10.2012
zur europäischen Normung, zur Änderung der Richtlinien 89/686/EWG und 93/15/EWG des
Rates sowie der Richtlinien 94/9/EG, 94/25/EG, 95/16/EG, 97/23/EG, 98/34/EG,
2004/22/EG, 2007/23/EG, 2009/23/EG und 2009/105/EG des Europäischen Parlaments und
des Rates und zur Aufhebung des Beschlusses 87/95/EWG des Rates und des Beschlusses
Nr. 1673/2006/EG des Europäischen Parlaments und des Rates (Normungs-VO).

[283] Die folgenden Erwägungen gelten sowohl für die Fehlerhaftigkeit als auch für die für
die Fahrlässigkeit erforderliche *Vermeidbarkeit*, vgl. auch die parallele Behandlung bei *Vieweg*, in: Handbuch des Technikrechts, 2. Aufl. 2011, S. 337 (366). Die Nachweise beziehen
sich daher im Folgenden teilweise auf die Fehlerhaftigkeit, teilweise auf die Fahrlässigkeit.
Geht es um die Fahrlässigkeit, müssen sich dem Produktsicherheitsrecht allerdings Vorgaben nicht nur für die Organisation als Ganzes, sondern auch für das Organisationsmitglied,
dessen Verhalten in Rede steht, entnehmen lassen.

[284] Siehe dazu unten V. 3. a) bb). Die dort angestellten Erwägungen zur *Einhaltung* von
Normen und zur Einholung von Zulassungen und Zertifizierungen gelten grundsätzlich auch

technischer Autonomie wird hier, da diese sich überwiegend noch in der Entstehungsphase befindet, nur kurz eingegangen (dd).

aa) *Verstoß gegen gesetzliche Vorschriften und technische Normen*

Der Rechtsverkehr darf grundsätzlich die Einhaltung *zwingender* Vorschriften als *Mindeststandard* erwarten.[285] Indes enthalten die meisten Normen mit Gesetzesrang keine konkreten Anforderungen an die Produktsicherheit, sondern sind – genauso wie § 3 ProdHaftG – offen formuliert und beruhen auf unbestimmten Rechtsbegriffen und Generalklauseln.[286]

Normen ohne Gesetzesrang, insbesondere technische Normen, enthalten dagegen häufig konkretere Vorgaben. Technische Normen sind jedoch nicht zwingend, sondern bieten dem Adressaten lediglich eine Orientierungshilfe.[287] Die erforderliche Sicherheit kann auch auf andere Weise hergestellt werden.[288] Allerdings lässt sich jedenfalls ein Erfahrungsgrundsatz formulieren, wonach bei einem Verstoß gegen eine von einer anerkannten Stelle erlassene

---

für die *Vorhersehbarkeit* als Teil der Fahrlässigkeit. Der Schädiger, der gegen eine normierte Verhaltenspflicht *verstößt*, muss regelmäßig das Risiko und die Vermeidungsnotwendigkeit erkennen, vgl. BGH, Urt. v. 30.9.1958 – VI ZR 193/57, NJW 1958, 2066 zur StVO.

[285] Vgl. BGH, Urt. v. 25.2.2014 – VI ZR 144/13, BGHZ 200, 242, juris Rn. 8 ff. – „Überspannungsschaden"; *Taschner/Frietsch*, Produkthaftungsgesetz und EG-Produkthaftungsrichtlinie, 2. Aufl. 1990, § 3 Rn. 15, 17; *Vieweg*, in: Handbuch des Technikrechts, 2. Aufl. 2011, S. 337 (366); Produkthaftungshandbuch/*Foerste*, 3. Aufl. 2012, § 24 Rn. 22; Staudinger BGB/*Hager*, 2021, § 823 Rn. E 34; *Beierle*, Die Produkthaftung im Zeitalter des Internet of Things, 2021, S. 230.

[286] *Marburger*, VersR 1983, 597 (601); zum Unterschied zwischen unbestimmten Rechtsbegriffen und Generalklauseln siehe *Röthel*, Normkonkretisierung im Privatrecht, 2004, S. 33 f.; siehe auch *Fraunhofer IAIS*, Leitfaden zur Gestaltung vertrauenswürdiger Künstlicher Intelligenz, 2021, S. 41, 87, 121 zur Notwendigkeit der Übersetzung von Zielen wie „Fairness", „Verlässlichkeit" oder „funktionale Sicherheit" in quantitative Kriterien; dazu, dass Grenzwerte bzgl. Genauigkeit, Präzision oder anderen Metriken (siehe dazu oben 2. a]) festgelegt werden könnten, siehe *Yuan*, RW 2018, 477 (496).

[287] Technische Normen sind „keine Rechtsnormen […] sondern nur private technische Regelungen mit Empfehlungscharakter", BGH, Urt. v. 14.6.2007 – VII ZR 45/06, BGHZ 172, 346, juris Rn. 32 zu DIN-Normen. Nicht ganz klar ist die prozessuale Behandlung. Nach BGH, Urt. v. 27.10.1981 – VI ZR 66/80, NJW 1982, 1049, juris Rn. 12 handelt es sich bei technischen Regeln nicht um „Rechtssätze". Sie würden „zu dem vom Tatrichter festgestellten und vom RevGer. lediglich rechtlich zu überprüfenden Sachverhalt" gehören. Technische Normen konkretisieren grundsätzlich die „Verkehrsauffassung", die im Allgemeinen als sog. „Normtatsache" eingeordnet wird. Wie eine Normtatsache prozessual zu behandeln ist, ist nicht abschließend geklärt und kann hier nicht weiter vertieft werden, siehe dazu etwa Musielak/Voit ZPO/*Foerste*, 20. Aufl. 2023, § 284 Rn. 3; *Konzen*, in: FS Gaul, 1997, S. 335 ff.; *Oestmann*, JZ 2003, 285; dazu, dass sich bei der Festlegung von Sorgfaltsanforderungen Tatsachenermittlung und rechtliche Würdigung oft kaum trennen lassen, siehe *Riehm*, Abwägungsentscheidungen in der praktischen Rechtsanwendung, 2006, S. 143.

[288] Vgl. *Marburger*, VersR 1983, 597 (602).

technische Norm ein Sicherheitsdefizit vorliegt.[289] Ein Verstoß begründet danach einen *Anschein* der Fehlerhaftigkeit.[290] Dieser Anschein ist indes erschüttert, sobald die ernsthafte Möglichkeit besteht, dass der Schädiger die erforderliche Sicherheit auf andere Weise hergestellt hat. Da bei der Produktion von Software häufig eine Vielzahl von Optionen und Variationen besteht,[291] dürfte dem Hersteller der Nachweis einer solchen Möglichkeit in vielen Fällen möglich sein. Werden neue Standards festgelegt, kann dem Hersteller außerdem eine Übergangsfrist zuzubilligen sein.[292]

bb) Einhaltung gesetzlicher Vorschriften und technischer Normen

Die Einhaltung gesetzlicher Vorschriften und technischer Normen führt nicht automatisch zur Fehlerfreiheit.[293] Ein Gleichlauf zwischen Haftungs- und

---

[289] Nach dem BGH können gesetzliche Vorschriften und technische Normen „regelmäßig zur Feststellung von Inhalt und Umfang bestehender Verkehrssicherungspflichten herangezogen werden", BGH, Urt. v. 13.3.2001 – VI ZR 142/00, NJW 2001, 2019, juris Rn. 10; BGH, Urt. v. 9.9.2008 – VI ZR 279/06, NJW 2008, 3778, juris Rn. 16; siehe auch BGH, Urt. v. 25.10.1988 – VI ZR 344/87, BGHZ 105, 346, juris Rn. 19, wonach die Sorgfaltspflichten „im Lichte des Futtermittelgesetzes (FMG) bzw. der Futtermittelverordnung" zu bestimmen seien; zum Begriff des Erfahrungsgrundsatzes siehe oben Kapitel 2, Fn. 276.

[290] Vgl. Staudinger BGB/*Oechsler*, 2021, § 3 ProdHaftG Rn. 96; LG Stuttgart, Urt. v. 10.4.2012 – 26 O 466/10, NJW-RR 2012, 1169, juris Rn. 36, 66 ff. – „Futterstoffeinklebemaschine"; in diese Richtung auch BeckOGK ProdHaftG/*Seibl*, 1.7.2023, § 1 Rn. 147 (wo allerdings betont wird, dass es um eine Folgerung auf der Wertungsebene gehe, dazu oben Fn. 287); kritisch zu einem Anschein bei „hochspezialisierter Software und nur spezifisch gültiger Sicherheitsstandards" *Weingart*, Vertragliche und außervertragliche Haftung für den Einsatz von Softwareagenten, 2022, S. 252, die lediglich von einer Indizwirkung ausgeht (S. 253); für eine Indizwirkung auch Produkthaftungshandbuch/*Foerste*, 3. Aufl. 2012, § 24 Rn. 44; *Ebers*, in: German National Reports on the 21st International Congress of Comparative Law, 2022, S. 157 (178); für eine Beweislastumkehr *Marburger*, VersR 1983, 597 (602); *Rolland*, Produkthaftungsrecht, 1990, § 3 ProdHaftG Rn. 43; *Schucht*, BB 2016, 456 (457); MüKoBGB/*Wagner*, 8. Aufl. 2020, § 3 ProdHaftG Rn. 28; Staudinger BGB/*Caspers*, 2019, § 276 Rn. 40; wohl auch *Günther*, Roboter und rechtliche Verantwortung, 2016, S. 193.

[291] Vgl. *Taeger*, CR 1996, 257 (268), wonach der Softwareentwicklungsprozess „in der Regel ein individueller Vorgang" sei, „der jeweils nach anderen Kriterien abläuft", was die Festlegung einheitlicher Verfahren schwierig mache; nach *Spindler*, JZ 2022, 793 (803) spielen aber technische Standards trotz der „IT-spezifischen Schwierigkeiten" eine große Rolle; siehe auch *Zech*, Gutachten für den 73. DJT, 2020, A 56: „Schrittmacherfunktion".

[292] Vgl. BGH, Urt. v. 2.3.2010 – VI ZR 223/09, NJW 2010, 1967, juris Rn. 10; Staudinger BGB/*Hager*, 2021, § 823 Rn. E 34.

[293] Vgl. BGH, Urt. v. 25.2.2014 – VI ZR 144/13, BGHZ 200, 242, juris Rn. 8 ff. – „Überspannungsschaden" sowie schon BGH, Urt. v. 29.11.1983 – VI ZR 137/82, NJW 1984, 801, juris Rn. 14 – „Eishockey-Puck" zu DIN-Normen, die zwar „einen brauchbaren Maßstab für die zu fordernde Sorgfalt" darstellen, aber „nicht stets das Äußerste, was im Einzelfall verlangt werden kann", bestimmen würden; BGH, Urt. v. 9.6.1998 – VI ZR 238/97, BGHZ 139,

Produktsicherheitsrecht bei der Festlegung von Sicherheitsstandards wäre im Interesse der Einheit der Rechtsordnung und der Rechtssicherheit zwar grundsätzlich wünschenswert,[294] ist allerdings nur bei einer sehr hohen Normierungsdichte denkbar. Denn die Einhaltung der Normen kann nur dann zur Fehlerfreiheit führen, wenn sie die Sicherheitsanforderungen *vollständig* und *konkret* regeln.[295]

Die *Vollständigkeit* setzt voraus, dass die betroffene Gefahrenlage von den Vorschriften abschließend erfasst ist (inhaltliche Komponente)[296] und die

---

79, juris Rn. 14 – „Feuerwerkskörper II", wonach der „Schutz der Rechtsgüter Dritter [...] es erfordern [könne], daß der Hersteller sich nicht auf Hinweise beschränkt, die Gesetze oder Rechtsverordnungen und behördliche Zulassungen von ihm verlangen"; *Engel*, CR 1986, 702 (708); *von Bar*, JuS 1988, 169 (173); *Taschner/Frietsch*, Produkthaftungsgesetz und EG-Produkthaftungsrichtlinie, 2. Aufl. 1990, § 3 ProdHaftG Rn. 16; *Marburger*, in: FS Deutsch, 1999, S. 271 ff. (281 ff.); *Vieweg*, in: Handbuch des Technikrechts, 2. Aufl. 2011, S. 337 (366); *Molitoris/Klindt*, NJW 2012, 1489 (1493); *von Bodungen*, SVR 2022, 1 (4) zu §§ 1a Abs. 2 S. 1, 1e Abs. 2 StVG.

[294] Vgl. *Grützmacher*, CR 2021, 433 (442) zu den Auswirkungen des KI-VO-E auf die Sorgfaltspflichten und eine mögliche „Konkordanz der Rechtsordnung"; nach *Marburger*, VersR 1983, 597 (602) ergibt sich „der Gleichlauf der Ergebnisse aus der Parallelität der maßgeblichen Wertungskriterien", ohne dass es eines Rückgriffs auf die Einheit der Rechtsordnung bedarf; kritisch zu einem Gleichlauf MüKoBGB/*Wagner*, 8. Aufl. 2020, § 823 Rn. 499.

[295] Vgl. auch die Kriterien bei Staudinger BGB/*Oechsler*, 2021, § 3 ProdHaftG Rn. 95; siehe auch *Taupitz*, in: Produktverantwortung und Risikoakzeptanz, 1998, S. 119 (135), wonach die Vorschriften „eine *abschließende* Regelung" treffen und eine „haftungsrechtlich erhebliche Sperrwirkung" entfalten könnten.

[296] Vgl. BGH, Urt. v. 7.10.1986 – VI ZR 187/85, NJW 1987, 372, juris Rn. 16, wonach der Hersteller die Notwendigkeit einer Kennzeichnung seiner Produkte selbst beurteilen müsse, „wenn in öffentlichrechtlichen Vorschriften nur die Warnung vor Gefahren bestimmter Produktbestandteile geregelt wird, während andere Bestandteile des Produkts ebenfalls Gefahren hervorrufen können"; BGH, Urt. v. 9.6.1998 – VI ZR 238/97, BGHZ 139, 79, juris Rn. 15 – „Feuerwerkskörper II", wonach der in Rede stehenden „sprengstoffrechtlichen Regelung als solcher [...] nicht entnommen werden [könne], daß die Abgabe der in Klasse I eingeordneten Feuerwerkskörper einschränkungslos auch an Kinder im Grundschulalter oder gar darunter als rechtlich zulässig angesehen werden soll"; BGH, Urt. v. 29.11.1983 – VI ZR 137/82, NJW 1984, 801, juris Rn. 14 – „Eishockey-Puck", wo die einschlägige DIN-Norm als „ergänzungsbedürftig" angesehen wurde; BGH, Urt. v. 3.6.2008 – VI ZR 223/07, NJW 2008, 3775, juris Rn. 18, wonach die DIN-Normen „regelmäßig keine abschließenden Verhaltensanforderungen" aufstellen würden; OLG Hamm, Urt. v. 21.12.2010 – 21 U 14/08, NJW-RR 2011, 893, juris Rn. 42 f., wo die DIN-Norm nur Zugkräfte, nicht aber auch Hebelkräfte bei der Verwendung von Dosierventilen berücksichtigte, vgl. dazu *Schucht*, BB 2016, 456 (457); siehe auch *Marburger*, VersR 1983, 597 (601), wonach man sich nicht auf die technischen Regeln verlassen dürfe, wenn „erkennbar eine besondere Gefahrenlage besteht, auf die die Regeln nicht zugeschnitten ist"; *Wieckhorst*, VersR 1995, 1005 (1011).

Vorschriften nicht überholt sind (zeitliche Komponente)[297]. Grundsätzlich kann z.B. davon ausgegangen werden, dass das ProdSG die Produktsicherheit, oft in Umsetzung europäischer Vorgaben,[298] vollständig regelt. Dass darin auch andere Interessen, insbesondere wirtschaftliche, berücksichtigt werden, steht dem, entgegen einer verbreiteten Ansicht,[299] nicht entgegen. Diese werden auch bei der Bestimmung des Fehlers nicht außer Acht gelassen.[300] Die gesetzlichen Vorschriften enthalten jedoch meist keine *konkreten* Verhaltensvorgaben (vgl. § 3 ProdSG).[301]

Solche finden sich häufiger in technischen Normen. Mangels Gesetzesranges kann hier indes nicht generell von einer vollständigen Regelung ausgegangen werden. Das Gesetz kann technischen Normen aber eine entsprechende Wirkung verleihen: Mitunter wird an die Einhaltung von technischen Normen die Vermutung der Befolgung gesetzlicher Vorschriften geknüpft, im Produktsicherheitsrecht beispielsweise an die Einhaltung „harmonisierter Normen" i.S.d. Normungs-VO[302] (vgl. § 4 Abs. 2 ProdSG). Die Vermutung richtet sich zwar primär an die Verwaltungsbehörden,[303] ist aber nicht auf diese beschränkt. Sie ist auch von den Zivilgerichten zu beachten.[304] Die Vermutung ist

---

[297] Vgl. BGH, Urt. v. 27.9.1994 – VI ZR 150/93, NJW 1994, 3349, juris Rn. 12 – „Atemüberwachungsgerät"; OLG Hamm, Urt. v. 21.12.2010 – 21 U 14/08, NJW-RR 2011, 893, juris Rn. 36; *Marburger*, VersR 1983, 597 (602); *Rolland*, Produkthaftungsrecht, 1990, § 3 ProdHaftG Rn. 41; siehe auch Entwurfsbegründung zum ProdHaftG, BT-Drs. 11/2447, S. 19, wonach „eine Norm nicht immer den aktuellen technischen Möglichkeiten" entspreche.

[298] Vgl. Entwurfsbegründung zum Gesetz über die Neuordnung des Geräte- und Produktsicherheitsrechts, BT-Drs. 17/6276, S. 35.

[299] Vgl. Entwurfsbegründung zum ProdHaftG, BT-Drs. 11/2447 S. 19, wonach die Sicherheit „oft nur ein Aspekt des Regelwerkes [sei], der in Wechselbeziehung mit anderen steh[e] und durch diese relativiert werden" könne; kritisch wohl auch *Taschner/Frietsch*, Produkthaftungsgesetz und EG-Produkthaftungsrichtlinie, 2. Aufl. 1990, § 3 ProdHaftG Rn. 16 sowie *Vieweg*, in: Handbuch des Technikrechts, 2. Aufl. 2011, S. 337 (367) zum GPSG (außer Kraft), der auf unterschiedliche Regelungszwecke und – im Zusammenhang mit technischen Normen – auf den „Kompromisschaktercharakter" (S. 373) hinweist.

[300] Siehe dazu soeben b).

[301] Vgl. *Wagner*, BB 1997, 2541 (2542), wonach eine „Bindung des privaten Produkthaftungsrechts an die Vorgaben des öffentlich-rechtlichen Produktsicherheitsrechts" schon deshalb nicht bestehe, „weil letzteres gar keine strikten Vorgaben enthält"; siehe auch *Grützmacher*, CR 2021, 433 (442) zum KI-VO-E, wonach sich zeigen werde, „ob Rechtsprechung und Literatur die Vorgaben für ausreichend konkret halten".

[302] Zur Definition vgl. § 2 Nr. 14 ProdSG, der auf Art. 2 Nr. 1 lit. c Normungs-VO verweist; zur Erhöhung der Bedeutung technischer Normen durch den „New Approach" vgl. *Schucht*, EuZW 2017, 46.

[303] Klindt ProdSG/*Klindt*, 3. Aufl. 2021, § 4 Rn. 17.

[304] Vgl. *Marburger*, VersR 1983, 597 (602); Produkthaftungshandbuch/*Graf von Westphalen*, 3. Aufl. 2012, § 46 Rn. 54 zu § 5 Abs. 2 ProdSG a.F.

allerdings widerlegbar und wird im Zivilprozess damit nur im Fall eines *non liquet* relevant.[305]

Fehlt es an einer gesetzlich angeordneten Vermutungswirkung, kann die Einhaltung der technischen Normen (nur) einen *Anschein* für die Fehlerfreiheit begründen,[306] der durch die ernsthafte Möglichkeit des Gegenteils erschüttert wird. Eine solche Möglichkeit besteht z.B. dann, wenn der Hersteller durch sein Verhalten eine erhöhte Produktsicherheit suggeriert haben könnte, etwa durch die Preisgestaltung.[307] Dasselbe gilt, wenn die Normen aufgrund des technischen Fortschritts überholt sein können: Bei technischen Agenten ist aufgrund der typischerweise schnellen Entwicklung die zeitliche Vollständigkeit davon abhängig, dass die Normierungsstellen schnell reagieren und die technischen Normen anpassen.[308]

cc) Zulassungen und Zertifizierungen

Von der Frage der Maßgeblichkeit produktsicherheitsrechtlicher Normen für die Ermittlung des Soll-Standards ist die Frage zu unterscheiden, ob der Betroffene diesen Standard auch eingehalten hat, also die Normen befolgt hat. Insofern stellt sich die Frage der Auswirkungen von Zulassungen oder Zertifizierungen. Das *Fehlen* einer vorgeschriebenen Zulassung (z.B. gem. § 19 StVZO, § 25 AMG), einer Zertifizierung durch einen Dritten oder einer Konformitätserklärung des Betroffenen selbst, gegebenenfalls verbunden z.B. mit einem CE- oder GS-Zeichen (z.B. gem. Art. 19 f., 52 ff. MDR[309]), hat nicht zur

---

[305] Siehe auch *Vieweg*, in: Handbuch des Technikrechts, 2. Aufl. 2011, S. 337 (373), wonach die „Rechtsprechung im Wege der Beweiswürdigung meist zu eindeutigen Ergebnissen gekommen" sei.

[306] Vgl. Entwurfsbegründung zum ProdHaftG, BT-Drs. 11/2447, S. 11; *Wieckhorst*, VersR 1995, 1005 (1011); wohl auch *Rolland*, Produkthaftungsrecht, 1990, § 3 ProdHaftG Rn. 43, der zwar von einer „Vermutung" spricht, diese aber auf den Fall beschränken möchte, dass „keine Anhaltspunkte für eine Änderung der Erwartungshaltung gegeben" sind; *Marburger*, VersR 1983, 597 (602), wonach ein „hinreichend starker Erfahrungssatz dafür, daß die Normbefolgung die gebotene Gefahrsteuerung gewährleistet", bestehe; differenzierend *Brüggemeier*, Haftungsrecht, 2006, S. 424; Staudinger BGB/*Oechsler*, 2021, § 3 ProdHaftG Rn. 95; für eine Indizwirkung Produkthaftungshandbuch/*Foerste*, 3. Aufl. 2012, § 24 Rn. 46; BeckOGK ProdHaftG/*Goehl*, 1.4.2023, § 3 Rn. 64; *Weingart*, Vertragliche und außervertragliche Haftung für den Einsatz von Softwareagenten, 2022, S. 250; für eine Beweislastumkehr wohl *Schucht*, BB 2016, 456 (457), wonach aus der „Compliance mit anwendbaren technischen Normen die Vermutung, dass das betreffende Produkt die berechtigten Sicherheiterwartungen erfüllt", folge.

[307] Vgl. *Vieweg*, in: Handbuch des Technikrechts, 2. Aufl. 2011, S. 337 (348).

[308] Siehe auch *Weingart*, Vertragliche und außervertragliche Haftung für den Einsatz von Softwareagenten, 2022, S. 252, wonach sich der Hersteller regelmäßig um neuere Sicherheitskonzepte bemühen müsse.

[309] Verordnung (EU) 2017/745 des Europäischen Parlaments und des Rates v. 5.4.2017 über Medizinprodukte, zur Änderung der Richtlinie 2001/83/EG, der Verordnung (EG)

Folge, dass der Verstoß gegen die zu prüfenden Vorschriften oder ein sonstiges Sicherheitsdefizit feststeht. Das Nichteinholen ist zwar pflichtwidrig, verursacht aber als solches in der Regel keine Schadensgefahren.[310]

Umgekehrt führt das *Vorliegen* einer – vorgeschriebenen oder freiwilligen – Zulassung oder einer Zertifizierung durch einen Dritten nicht automatisch dazu, dass die Normkonformität feststeht.[311] Vielmehr ist grundsätzlich vom Gericht festzustellen, ob das Produkt den Anforderungen der Prüfgrundlage tatsächlich entsprochen hat.[312] Auch insofern sind jedoch gesetzliche Regelungen zu beachten, welche bei Vorliegen einer Zulassung oder Zertifizierung die Konformität eines Verhaltens mit einer Norm vermuten (vgl. z.B. Art. 56 Abs. 1 Cybersicherheits-VO).[313] Diese Vermutungen sind allerdings ebenfalls widerlegbar. Grundsätzlich erscheint es möglich, einen Erfahrungsgrundsatz mit dem Inhalt, dass bei Vorliegen einer Zulassung oder Zertifizierung die geprüfte Norm typischerweise eingehalten wird, aufzustellen und entsprechend einen *Anschein* der Normkonformität anzunehmen.[314] Dieser dürfte sich aber jedenfalls leicht erschüttern lassen, z.B. durch die ernsthafte Möglichkeit, dass die prüfende Stelle nur einen Teil des Sachverhalts beurteilt hat,[315] etwa aufgrund beschränkter Befugnisse oder falscher Angaben des Betroffenen, oder dass ihr bei der Beurteilung ein Fehler unterlaufen ist. Die Wirkungen einer

---

Nr. 178/2002 und der Verordnung (EG) Nr. 1223/2009 und zur Aufhebung der Richtlinien 90/385/EWG und 93/42/EWG des Rates.

[310] Vgl. OLG Frankfurt, Urt. v. 13.1.2015 – 8 U 168/13, MPR 2015, 101, juris Rn. 21.

[311] Vgl. BGH, Urt. v. 23.6.1952 – III ZR 168/51, BB 1952, 587 (588), wonach die Zulassung eines Anhängers zum Straßenverkehr ein Verschulden des Herstellers nicht ausschließe; BGH, Urt. v. 9.6.1998 – VI ZR 238/97, BGHZ 139, 79, juris Rn. 14 – „Feuerwerkskörper II" zur sprengstoffrechtlichen Zulassung.

[312] Vgl. OLG Brandenburg, Urt. v. 14.12.2015 – 1 U 8/13, NJW-RR 2016, 220 juris Rn. 27 ff. Besonderheiten bestehen bei Verwaltungsakten, denen eine sog. Tatbestandswirkung zukommen kann, auf die hier jedoch nicht weiter eingegangen werden kann, vgl. dazu etwa BGH, Urt. v. 21.2.2022 – V ZR 76/20, BGHZ 232, 252, juris Rn. 16 (zu § 1004 Abs. 1 S. 1 BGB analog); BGH, Urt. v. 26.6.2023 – VIa ZR 335/21, NJW 2023, 2259, juris Rn. 10 ff. (zu § 826 BGB).

[313] Verordnung (EU) 2019/881 des Europäischen Parlaments und des Rates v. 17.4.2019 über die ENISA (Agentur der Europäischen Union für Cybersicherheit) und über die Zertifizierung der Cybersicherheit von Informations- und Kommunikationstechnik und zur Aufhebung der Verordnung (EU) Nr. 526/2013 (Rechtsakt zur Cybersicherheit).

[314] Anders wohl BGH, Urt. v. 9.12.1986 – VI ZR 65/86, BGHZ 99, 167, juris Rn. 27 – „Motorrad-Lenkerverkleidung" zur allgemeinen Betriebserlaubnis für Kraftfahrzeugzubehör, wo eine „tatsächliche Vermutung" abgelehnt wird; zum „Anschein der Kompetenz" einer Zertifizierungsstelle siehe Staudinger BGB/*Hager*, 2021, § 823 Rn. F 10, wo eine Entlastungswirkung jedoch verneint wird.

[315] Vgl. etwa BGH, Urt. v. 7.10.1986 – VI ZR 187/85, NJW 1987, 372, juris Rn. 16 zur Prüfung nach § 19 StVZO, § 25 AMG, wo ausgeführt wird, dass die Überprüfung der Behörde dort „nur unter Berücksichtigung des für sie überschaubaren Sachverhalts" erfolge; siehe auch BeckOGK BGB/*Spindler*, 1.5.2023, § 823 Rn. 430.

Vermutung oder eines Anscheins der Normkonformität sind jedenfalls beschränkt: Regeln die geprüften Normen die Sicherheit nicht hinreichend konkret oder nicht (inhaltlich und zeitlich) vollständig, führt nach dem oben Gesagten[316] selbst die Unterstellung ihrer Einhaltung nicht automatisch zur Fehlerfreiheit.

dd) *Produktsicherheitsrechtliche Regulierung technischer Agenten*

Für bestimmte Bereiche existieren bereits gesetzliche Vorschriften zur Sicherheit autonomer Systeme, so etwa im Bereich des autonomen Fahrens (vgl. § 1f Abs. 3 StVG[317]). Auch technische Normen wurden erarbeitet[318] oder sind in Planung[319]. Aufgrund der mit autonomen Systemen typischerweise verbundenen Ungewissheit und der schnellen technologischen Entwicklung ist es für die beteiligten Stellen grundsätzlich schwierig, vollständige und hinreichend konkrete Regelungen zu treffen. Das Produktsicherheitsrecht kann daher die gerichtliche Standardsetzung voraussichtlich nicht ersetzen, sondern lediglich unterstützen.[320]

Der Vorschlag für eine KI-VO zielt auf eine horizontale Regelung von KI-Systemen, wobei gleichzeitig bestimmte sektorale Vorschriften angepasst werden sollen.[321] Er verlangt grundsätzlich, dass *Hochrisiko*-KI-Systeme[322] so konzipiert und entwickelt werden, dass sie im Hinblick auf ihre Zweckbestimmung ein angemessenes Maß an Genauigkeit, Robustheit und Cybersicherheit erreichen und in dieser Hinsicht während ihres gesamten Lebenszyklus beständig funktionieren.[323] Außerdem müssen sie von natürlichen Personen wirksam

---

[316] Siehe oben bb); vgl. auch zu Konformitätsvermutungen den Leitfaden für die Umsetzung der Produktvorschriften der EU 2016 („Blue Guide") der *Europäischen Kommission* v. 26.7.2016, ABl. EU v. 26.7.2016, Nr. C 272, S. 43.

[317] Dazu etwa *Lutz*, in: KI & Recht kompakt, 2020, S. 117 (130 ff.).

[318] Siehe etwa ISO/IEC TR 24028: 2020, Information technology — Artificial intelligence — Overview of trustworthiness in artificial intelligence; DIN SPEC 13266:2020-04, Leitfaden für die Entwicklung von Deep-Learning-Bilderkennungssystemen sowie den Überblick in der Deutschen Normungsroadmap Künstliche Intelligenz, Ausgabe 2, 2022, S. 308 ff.

[319] Vgl. den Überblick über laufende Aktivitäten in der Deutschen Normungsroadmap Künstliche Intelligenz, Ausgabe 2, 2022, S. 325 ff.

[320] Vgl. *Wagner*, in: Zivilrechtliche und rechtsökonomische Probleme des Internet und der künstlichen Intelligenz, 2019, S. 1 (10).

[321] Vgl. Nr. 1 der Begründung zum KI-VO-E; für eine ausführliche Analyse der Bedeutung des KI-VO-E für die zivilrechtliche Haftung siehe Hilgendorf/Roth-Isigkeit KI-VO/*Zwickel*, 2023, § 10 Rn. 22 ff.

[322] Siehe dazu noch unten C. I. 2. b) bb). Für andere KI-Systeme sind im KI-VO-E in bestimmten Fällen Transparenzpflichten vorgesehen (vgl. Art. 52); außerdem soll die Aufstellung von Verhaltenskodizes erleichtert werden (vgl. Art. 69).

[323] Art. 15 Abs. 1 KI-VO-E; zur Einordnung der Regelungen des KI-VO-E als Schutzgesetze i.S.v. § 823 Abs. 2 BGB und zur konkretisierenden Wirkung für die allgemeinen

beaufsichtigt werden können.[324] Der KI-VO-E kann zwar als vollständige Regelung der Sicherheit von Hochrisiko-KI-Systemen eingeordnet werden, die Vorschriften sind allerdings sehr abstrakt und müssen durch weitere Normen konkretisiert werden.[325] Der Vorschlag sieht eine Konformitätsvermutung vor, wenn das Hochrisiko-KI-System mit den einschlägigen harmonisierten Normen übereinstimmt.[326] Dasselbe gilt für sog. gemeinsame Spezifikationen, die von der Kommission mittels Durchführungsrechtsakten festgelegt werden können.[327] Diese (widerlegbaren) Vermutungen sind nach Maßgabe des soeben Gesagten zu berücksichtigen.

Anbieter von Hochrisiko-KI-Systemen sollen außerdem verpflichtet werden, diese einem Konformitätsbewertungsverfahren zu unterziehen.[328] Konformitätsvermutungen sind damit grundsätzlich[329] nicht verbunden. Dies ist im Hinblick auf die geplante Durchführung des Konformitätsverfahrens auch zweckmäßig: Häufig genügt nämlich eine Selbstbewertung des Anbieters.[330] Und auch die von den sog. notifizierten Stellen durchgeführte Konformitätsbewertung erfolgt in der Regel nur auf Grundlage des vom Anbieter eingereichten Qualitätsmanagementsystems und der technischen Dokumentation. Das KI-

---

Verkehrspflichten siehe *Grützmacher*, CR 2021, 433 (437 ff.); *Linardatos*, GPR 2022, 58 (60); *Wagner*, JZ 2023, 123 (128 f.); Hilgendorf/Roth-Isigkeit KI-VO/*Zwickel*, 2023, § 10 Rn. 22 ff.

[324] Art. 14 Abs. 1 KI-VO-E.

[325] Vgl. Nr. 2.1 der Begründung zum KI-VO-E; Art. 40 ff. KI-VO-E; siehe auch *Bomhard/Merkle*, RDi 2021, 276 (283), wonach die „abstrakten Anforderungen der KI-Verordnung durch verbindliche und praktisch durchführbare technische Standards zu konkretisieren" seien; *Cappiello*, A european private international law analysis, 2022, S. 80; kritisch zur Standardisierung durch den Verweis auf die technischen Normen privater Organisationen *Ebers*, RDi 2021, 588 (593 f.).

[326] Art. 40 KI-VO-E; siehe auch die allgemeine Ausrichtung des Rates (Ratsdok. Nr. 15698/22), wo in einem Art. 40 Abs. 2 weiter geregelt wird, welche Anforderungen die Kommission bei der Erteilung eines Normauftrags stellen muss; siehe auch Art. 40 Abs. 1a, Abs. 1b der Änderungen des Europäischen Parlaments (P9_TA[2023]0236).

[327] Art. 41 KI-VO-E; siehe auch die allgemeine Ausrichtung des Rates (Ratsdok. Nr. 15698/22) sowie die Änderungen des Europäischen Parlaments (P9_TA[2023]0236), wo die Voraussetzungen der Aufstellung solcher gemeinsamen Spezifikationen noch weiter spezifiziert werden.

[328] Art. 19 Abs. 1, 43 ff. KI-VO-E.

[329] Eine Vermutungswirkung ist allerdings im Bereich der Cybersicherheit für KI-Systeme in der Informations- und Kommunikationstechnik vorgesehen, vgl. Art. 42 Abs. 2 KI-VO-E.

[330] Vgl. Art. 43 Abs. 1, Abs. 2, Anhang VI KI-VO-E; kritisch dazu *Ebert/Spiecker gen. Döhmann*, NVwZ 2021, 11833 (1193); *Cappiello*, A european private international law analysis, 2022, S. 85.

System selbst bzw. der tatsächlich erfolgte Herstellungsprozess wird meist nicht überwacht und geprüft.[331]

3. Instruktionsfehler

Instruktionsmaßnahmen ergänzen *Safety and Security by Design*.[332] Der Hersteller ist „grundsätzlich verpflichtet, die Verwender des Produkts vor denjenigen Gefahren zu warnen, die bei bestimmungsgemäßem Gebrauch oder nahe liegendem Fehlgebrauch drohen und die nicht zum allgemeinen Gefahrenwissen des Benutzerkreises gehören".[333] Das Ausmaß der erforderlichen Instruktion hängt von den gleichen Kriterien ab wie die Konstruktionsanforderungen, insbesondere also von der Größe der Gefahr.[334]

Der Hersteller eines technischen Agenten muss zunächst über Risiken aufklären, die der Nutzer durch Sorgfaltsmaßnahmen *vermeiden kann* und ihn über die entsprechenden Vorkehrungen informieren. Außerdem hat er den Nutzer über Risiken aufzuklären, die durch solche Maßnahmen *nicht* verhinderbar sind.[335] Im Fall von autonomen Produkten, bei denen die Risiken nur anhand von Testergebnissen abgeschätzt werden können, muss der Hersteller dem Nutzer die Statistiken zur Schadenswahrscheinlichkeit und -höhe mitteilen.[336] Soweit auch der Hersteller das Produktrisiko nicht feststellen kann, muss er den Nutzer über die verbleibende Ungewissheit informieren.[337] Hierin liegt allerdings in der Regel keine Maßnahme, die als ausreichend wirksames Mittel

---

[331] Vgl. Anhang VII KI-VO-E. Die notifizierte Stelle führt nur unter bestimmten Umständen selbst Tests durch und überprüft selbst den Quellcode (Nr. 4.3–4.5); dazu, dass ein zertifiziertes Qualitätsmanagementsystem die Vermutung eines Herstellerverschuldens nicht umkehrt, siehe *Brüggemeie*r, Haftungsrecht, 2006, S. 424.

[332] Vgl. Produkthaftungshandbuch/*Foerste*, 3. Aufl. 2012, § 24 Rn. 127.

[333] BGH, Urt. v. 16.6.2009 – VI ZR 107/08, BGHZ 181, 253, juris Rn. 23 – „Airbags"; siehe auch schon BGH, Urt. v. 12.11.1991 – VI ZR 7/91, BGHZ 116, 60, juris Rn. 22 – „Kindertee I"; BGH, Urt. v. 18.5.1999 – VI ZR 192/98, NJW 1999, 2815, juris Rn. 12 – „Papierreißwolf".

[334] Siehe nur MüKoBGB/*Wagner*, 8. Aufl. 2020, § 3 ProdHaftG Rn. 48. Drohen hohe Schäden, sind auch bei einer geringen Schadenswahrscheinlichkeit Maßnahmen notwendig, vgl. BGH, Urt. v. 17.3.1981 – VI ZR 191/79, BGHZ 80, 186, juris Rn. 18 – „Derosal I"; BGH, Urt. v. 16.6.2009 – VI ZR 107/08, BGHZ 181, 253, juris Rn. 24 – „Airbags".

[335] *Wagner*, AcP 217 (2017), 707 (739, 748); *Lutz*, in: KI & Recht kompakt, 2020, S. 117 (136); *Thöne*, Autonome Systeme und deliktische Haftung, 2020, S. 227; *Eichelberger*, in: Künstliche Intelligenz und Robotik, 2020, S. 172 (1823); *von Bodungen*, SVR 2022, 1 (4 f.); siehe auch *Geistfeld*, California Law Review 2017, 1611 (1654 ff.) zum U.S.-amerikanischen Recht.

[336] MüKoBGB/*Wagner*, 8. Aufl. 2020, § 3 ProdHaftG Rn. 49.

[337] Vgl. Produkthaftungshandbuch/*Foerste*, 3. Aufl. 2012, § 24 Rn. 255; *Meyer*, VersR 2010, 869 (873).

einen Konstruktionsfehler ausschließen könnte.[338] Denn der Nutzer kann allein auf dieser Grundlage nicht beurteilen, unter welchen Umständen (trotz statistisch niedriger Fehlerquote) ein Schaden eintreten kann.[339] Das Wissen kann den Nutzer zwar zur Gefahrerforschung anregen, etwa durch eine genaue Beobachtung des Systems.[340] Es ermöglicht ihm aber noch keine Gefahrvermeidung durch konkrete Sicherheitsmaßnahmen. Der insofern aufgeklärte Nutzer hat zwar selbst eine informierte Entscheidung für das Produktrisiko getroffen, was gegen eine Haftung des Herstellers sprechen könnte.[341] In der Regel sind aber auch unbeteiligte Dritte den Produktgefahren ausgesetzt.[342] Die Risikoübernahme durch den Nutzer kann deshalb allenfalls einen Haftungsausschluss zu seinen Lasten bewirken, nicht aber die Fehlerhaftigkeit verhindern.[343] Die Mitteilung der Statistiken, einschließlich der verbleibenden Ungewissheit, hat daher *zusätzlich* zu den erforderlichen Konstruktionsmaßnahmen zu erfolgen.[344] Die Kosten für die Mitteilung dürften sich für den Hersteller in Grenzen halten. Der Nutzen besteht darin, dass der Nutzer auf Grundlage dieser Information von dem (wenn auch erlaubten) Einsatz des Agenten absehen kann. Durch diese Chance einer Reduktion der Aktivität des Nutzers wird das Sicherheitsniveau erhöht, auch für Dritte.[345]

---

[338] Vgl. Produkthaftungshandbuch/*Foerste*, 3. Aufl. 2012, § 24 Rn. 255 zum Gefahrenverdacht; zum Verhältnis zwischen Konstruktion und Instruktion siehe auch oben Fn. 245.

[339] Siehe auch zu herkömmlicher Software *Taeger*, CR 1996, 257 (269), wonach der Hinweis, dass „das Produkt nicht fehlerfrei hergestellt werden kann und unter Umständen bei Vorliegen nicht vorhersehbarer Fallkonstellationen von dem erwarteten Verhalten abweicht" nicht ausreiche, da sich hierauf „kein noch so verständiger, fachmännisch ausgebildeter Anwender risikomindernd einstellen" könne.

[340] Vgl. *Meyer*, VersR 2010, 869 (873).

[341] Dazu, dass es aus ökonomischer Sicht bei wohlinformierten Konsumenten einer Produkthaftung nicht bedarf, siehe *Finsinger/Simon*, in: Haftpflichtrisiken in Unternehmen, 1989, S. 23 (35 ff.); *Schäfer/Ott*, Lehrbuch der ökonomischen Analyse des Zivilrechts, 6. Aufl. 2020, S. 402 ff.; siehe auch *Landes/Posner*, Journal of Legal Studies 1985, 535 (549 f.); *Drexl*, Die wirtschaftliche Selbstbestimmung des Verbrauchers, 1998, S. 373.

[342] Ein Instruktionsfehler liegt nicht vor, wenn erwartet werden kann, dass die Nutzer bereits informiert sind. Dabei kommt es allerdings nicht auf den konkreten Nutzer, sondern auf den „durchschnittlichen Konsumenten" an und sofern mehrere Verkehrskreise adressiert werden auf die Maßstäbe der „am wenigsten informierten und zur Gefahrsteuerung kompetenten Gruppe", BGH, Urt. v. 17.3.2009 – VI ZR 176/08, NJW 2009, 1669, juris Rn. 7 – „Kirschtaler"; siehe auch BGH, Urt. v. 5.2.2013 – VI ZR 1/12, NJW 2013, 1302, juris Rn. 12 – „Heißwasser-Untertischgerät"; BeckOGK ProdHafG/*Goehl*, 1.4.2023, § 3 Rn. 17.

[343] Siehe dazu unten IV.

[344] Für eine Mitteilungspflicht etwa *Wagner*, AcP 217 (2017), 707 (739, 748); siehe auch *Geistfeld*, California Law Review 2017, 1611 (1654 ff.) zum U.S.-amerikanischen Recht; Produkthaftungshandbuch/*Foerste*, 3. Aufl. 2012, § 24 Rn. 255 zum Gefahrenverdacht.

[345] Letztere haben allerdings keinen Anspruch darauf, dass der Nutzer von dieser Möglichkeit auch Gebrauch macht, was zu Schwierigkeiten bei der Feststellung der Fehler-Kausalität führen kann, siehe dazu unten IV.

Unter Umständen kann sich ein Instruktionsfehler auch aus der *fehlenden Erklärbarkeit* der Entscheidungen des Systems ergeben: In bestimmten Bereichen, z.b. bei der Verwendung eines Diagnosesystems durch einen Arzt, kann es erforderlich sein, dass ein Mensch die Entscheidung des technischen Agenten nachvollzieht und überprüft, bevor sie umgesetzt wird.[346] Hierfür müssen die Entscheidungen grundsätzlich erklärbar sein.[347] Ist eine menschliche Mitwirkung dagegen (in zulässiger Weise) von vornherein nicht vorgesehen, erhöht die fehlende Erklärbarkeit nicht das Schadensrisiko, sondern verursacht nur Aufklärungsschwierigkeiten.[348] Aus fehlenden Transparenzmaßnahmen kann hier kein Fehler hergeleitet werden.[349] In Betracht kommen allenfalls Beweiserleichterungen.[350]

4. Keine Überwindung von Ungewissheiten durch die Fehlerverdacht-Rechtsprechung

Das tatsächliche Schadensrisiko technischer Agenten lässt sich, wie dargestellt, nicht immer ausreichend sicher bestimmen.[351] Häufig verbleibt eine Ungewissheit. Dies wirft die Frage auf, ob nicht schon diese *Ungewissheit* einen Fehler begründen kann. Der Fehler i.S.v. § 3 ProdHaftG hängt nicht zwingend von einer „materiellen Abweichung" des Produkts[352] oder einer konkreten Fehlfunktion[353] ab. Nach der Rechtsprechung kann vielmehr auch ein „Fehlerverdacht" zur Fehlerhaftigkeit führen. In den hierzu ergangenen *Boston Scientific*-Entscheidungen des EuGH und des BGH ging es um die Fehlerhaftigkeit implantierter Medizinprodukte. Ein Defekt der konkreten Geräte war nicht festgestellt, allerdings waren bei mehreren Geräten derselben Serie Defekte

---

[346] Vgl. dazu *Hacker/Krestel/Grundmann/Naumann*, Artificial Intelligence and Law 2020, 415 (420 ff.); *Mühlböck/Taupitz*, AcP 221 (2021), 179 (207).

[347] Diese Fälle scheint auch *Sommer* im Blick zu haben, der ausführt, dass die Intransparenz eines Systems einen Fehler begründen könne, wenn „damit das Verhältnis zum Anwender und Dritten schwerwiegend nachteilhaft beeinflusst" werde und „aus einer Kosten-Nutzen Abwägung heraus nur ein transparentes System ‚sicher' gewesen wäre", *Sommer*, Haftung für autonome Systeme, 2020, S. 247.

[348] Vgl. *Yuan*, RW 2018, 477 (501); siehe auch die Unterscheidung bei *Bathaee*, Harvard Journal of Law & Technology 2018, 889 (933 ff.) zwischen dem „supervised case" und dem „autonomous case".

[349] Weiter wohl *Hacker*, arXiv:2211.13960v5, 2023, S. 60: „failure to use explainable AI may constitute a product defect under the PLD framework as well, *particularly* if the explanation would significantly enhance the safety of the product" (Hervorh. d. Verf.).

[350] Siehe dazu unten VI.

[351] Siehe dazu oben 2. a) sowie bereits Kapitel 1, D. I. 2. a).

[352] Vgl. die Schlussanträge des Generalanwalts beim EuGH *Bot* v. 21.10.2014 – C-503/13 und C-504/13, juris Rn. 33 – „Boston Scientific".

[353] Vgl. *Timke*, NJW 2015, 3060 (3062).

aufgetreten.[354] Es bestand deshalb das „Risiko eines Risikos".[355] Der EuGH
geht davon aus, dass „ein Produkt, das zu einer Gruppe oder Produktionsserie
von Produkten wie Herzschrittmachern und implantierbaren Cardioverten De-
fibrillatoren gehört, bei denen ein potenzieller Fehler festgestellt wurde, als
fehlerhaft eingestuft werden kann, ohne dass der Fehler bei diesem Produkt
festgestellt zu werden braucht".[356] Ein Produkt kann also auch fehlerhaft sein,
wenn Ungewissheit über das Produktrisiko besteht, weil dessen Vorhandensein
von einer bestimmten Bedingung abhängt (des Einbaus eines defekten Gerä-
tes), deren Erfüllung unklar ist. Voraussetzung ist, dass das „Risiko eines Risikos" größer ist als es der Rechtsverkehr hinnehmen muss.[357] Inwieweit die
Gleichstellung des Fehlerverdachts mit dem Fehler auf andere Produktkatego-
rien übertragen werden kann, wird unterschiedlich beurteilt.[358] Der EuGH ar-
gumentierte zwar mit der „Funktion" der medizinischen Geräte, der „Situation
besonderer Verletzlichkeit" der Patienten und der „anormalen Potenzialität eines Personenschadens", nahm aber keine Beschränkung auf Medizinprodukte
vor.[359] Er hob allgemein das Ziel der Produkthaftung, „eine gerechte Verteilung
der mit der modernen technischen Produktion verbundenen Risiken zwischen

---

[354] BGH, EuGH-Vorlage v. 30.7.2013 – VI ZR 327/12, VersR 2013, 1451 und BGH, Urt.
v. 9.6.2015 – VI ZR 327/12, NJW 2015, 2507 – „Implantierbarer Cardioverter Defibrillator";
BGH, EuGH-Vorlage v. 30.7.2013 – VI ZR 284/12, MPR 2013, 208 und BGH, Urt. v.
9.6.2015 – VI ZR 284/12, NJW 2015, 3096 – „Herzschrittmacher"; EuGH, Urt. v. 5.3.2015
– C-503/13 und C-504/13, NJW 2015, 1163 – „Boston Scientific".

[355] Vgl. zu diesem Ausdruck *Hubig*, Universitas 1994, 310 (315).

[356] EuGH, Urt. v. 5.3.2015 – C-503/13 und C-504/13, NJW 2015, 1163, juris Rn. 43 –
„Boston Scientific". Der EuGH scheint den Fehlerverdacht nicht als Fehler einzuordnen,
sondern die Anforderungen an den Beweis zu verringern: Unter Umständen genüge die
„Feststellung eines potenziellen Fehlers solcher Produkte derselben Produktgruppe oder Produktionsserie alle Produkte dieser Gruppe oder Serie […], ohne dass ein Fehler des betreffenden Produkts nachgewiesen zu werden braucht" (Rn. 41). Nach den Schlussanträgen des
Generalanwalts beim EuGH *Bot* soll dagegen die „bloße Möglichkeit eines Ausfalls" selbst
einen Fehler darstellen (v. 21.10.2014 – C-503/13 und C-504/13, juris Rn. 31 – „Boston
Scientific"). Diese Einordnung wird in der Literatur überwiegend geteilt, vgl. *Timke*, NJW
2015, 3060 (3062); *Wagner*, JZ 2016, 292 (298), wonach der Produktfehler in dem „Ausfallrisiko bzw. dem Fehlerverdacht selbst" liege; wohl auch BeckOGK ProdHaftG/*Goehl*,
1.4.2023, § 3 Rn. 46 ff.; BeckOK BGB/*Förster*, 66. Ed., 1.5.2023, § 3 ProdHaftG Rn. 30;
Staudinger BGB/*Oechsler*, 2021, § 3 ProdHaftG Rn. 21; a.A. *Reusch*, in: Rechtshandbuch
Artificial Intelligence und Machine Learning, 2020, S. 77 (123).

[357] Vgl. *Wagner*, JZ 2016, 292 (296 f.), auch zur konkreten Beurteilung in den „Boston
Scientific"-Fällen.

[358] Gegen eine Ausdehnung etwa *Koch*, VersR 2015, 1467 (1471); weniger kategorisch,
aber tendenziell ebenfalls restriktiv *Reich*, EuZW 2015, 320 (320 f.); *Moelle/Dockhorn*,
NJW 2015, 1165; *Wagner*, JZ 2016, 292 (302).

[359] EuGH, Urt. v. 5.3.2015 – C-503/13 und C-504/13, NJW 2015, 1163, juris Rn. 39 –
„Boston Scientific".

dem Geschädigten und dem Hersteller zu gewährleisten", hervor.[360] Auch von anderen Produkten kann erwartet werden, dass mit ihnen kein zu großes „Risiko eines Risikos" verbunden ist.

Die Grundsätze der Fehlerverdachts-Rechtsprechung lassen sich indes nicht ohne Weiteres auf die mit autonomen Produkten verbundene Ungewissheit übertragen.[361] Problematisch ist insofern die für die Haftung erforderliche Fehler-Kausalität: Die Ungewissheit muss *als solche* einen Schaden verursachen, um einen haftungsbegründenden Fehler darzustellen (vgl. § 1 Abs. 1 ProdHaftG). Bei den meisten Produkten wird im Fall eines Fehlerverdachts aber eine Rechtsgutsverletzung durch eine Warnung, einen Austausch oder einen Rückruf und die darauf folgende Unterlassung des Gebrauchs des Produkts vermieden.[362] Nur wenn die Beseitigung der Ungewissheit selbst eine Rechtsgutsverletzung erfordert, z.B. die Trennung des Produkts vom Körper oder von einer Sache, stellt sich die Frage der Produkthaftung.[363] Die mit autonomen Produkten verbundene Ungewissheit über das Schadensrisiko verursacht als solche keine Schäden. Sie führt nur dazu, dass im Fall der Realisierung eines Risikos die Frage, ob das Produkt ausreichend sicher ist, schwer zu beantworten ist.[364] Darf das Produkt überhaupt keine Fehlentscheidungen treffen, weil es in einem sehr sensiblen Bereich eingesetzt wird, kann bereits eine einzelne schädliche Entscheidung die Fehlerhaftigkeit nachweisen. Umgekehrt kann trotz der Ungewissheit feststehen, dass nur hinnehmbare Schäden zu befürchten sind, so dass kein Fehler vorliegt. Im Übrigen ist das Problem der Ungewissheit über das generelle Schadensrisiko eine Frage des Beweisrechts.[365]

---

[360] EuGH, Urt. v. 5.3.2015 – C-503/13 und C-504/13, NJW 2015, 1163, juris Rn. 42 – „Boston Scientific".

[361] Vgl. *Steege*, NZV 2021, 6 (9 f.), wonach eine Übertragbarkeit „nicht ohne Weiteres gegeben" sei, doch „vieles in diesem Bereich für eine restriktive Übertragbarkeit" spreche; *Reusch*, in: Rechtshandbuch Artificial Intelligence und Machine Learning, 2020, S. 77 (132 f.), der die Anwendung der Grundsätze des EuGH zum Fehlerverdacht wohl auf Fälle beschränken möchte, in denen „höchste Rechtsgüter" betroffen sind; *Hey*, Die außervertragliche Haftung des Herstellers autonomer Fahrzeuge bei Unfällen im Straßenverkehr, 2019, S. 132, wonach ein Fehlerverdacht vorliegen könne, wenn „ein bestimmtes Modell autonomer Fahrzeuge im Vergleich zu anderen autonomen Fahrzeugen ein deutlich höheres Schadenspotential" aufweist.

[362] *Wagner*, JZ 2016, 292 (303); siehe auch *Reich*, EuZW 2015, 318 (320 f.).

[363] Vgl. *Wagner*, JZ 2016, 292 (299 f.).

[364] Siehe auch BeckOGK ProdHaftG/*Goehl*, 1.4.2023, § 3 Rn. 48 zur Unterscheidung zwischen dem „echten Fehlerverdacht" und den Fällen, „in denen festgestellt werden kann, dass jedem einzelnen Produkt einer Produktserie ein erhöhtes Ausfallrisiko anhaftet"; *Sommer*, Haftung für autonome Systeme, 2020, S. 246 f., der die Grundsätze des EuGH nur auf autonome Produkte anwenden möchte, wenn ein „echter Fehlerverdacht" vorliegt.

[365] Vgl. BeckOGK ProdHaftG/*Goehl*, 1.4.2023, § 3 Rn. 48 ff.

5. Zeitliche Komponente der Sicherheit

Bei der Produkthaftung wird für die Fehlerhaftigkeit herkömmlicherweise auf den Zeit*punkt* des Inverkehrbringens abgestellt (§ 3 Abs. 1 lit. c, Abs. 2 ProdHaftG, Art. 6 Abs. 1 lit. c, Abs. 2 ProdHaftRL). Verändert sich anschließend der Sicherheitsstandard, haftet der Hersteller danach nur nach Maßgabe von §§ 823 ff. BGB.[366] Hintergrund dieser statischen Betrachtung ist die Annahme eines „*Design Freeze*"[367] in der Entwicklungsphase, der es unmöglich oder jedenfalls schwierig macht, das Produkt während seines Einsatzes einem veränderten Standard anzupassen. Bei autonomen Produkten ist diese Zäsur indes meist nicht gegeben:[368] Diese sind regelmäßig in der Lage, sich aufgrund von Anweisungen (Updates) oder Erfahrungen (Maschinelles Lernen) während der Einsatzphase weiterzuentwickeln. Dieser Dynamik kann bereits *de lege lata* Rechnung getragen werden, indem das Inverkehrbringen als Zeit*raum* verstanden wird (a). Der Hersteller muss bei einem solchen Verständnis zur Vermeidung seiner Haftung, auch nach dem ProdHaftG, innerhalb eines – noch näher zu definierenden – Zeitraums, den Rechtsverkehr warnen, das Produkt zurückzurufen oder nachrüsten (b).

a) Inverkehrbringen als Zeitraum: Grundsätzlich dynamisches Verständnis

Ein Produkt mit ein und demselben Ist-Zustand kann in einem Zeitpunkt als fehlerfrei, in einem späteren aber als fehlerhaft eingeordnet werden. Der Sicherheitsstandard kann sich insbesondere durch den technischen Fortschritt verändern: Einerseits können hierdurch Entwicklungslücken geschlossen werden. Andererseits können neue Gefahren begründet werden, z.B. wenn die Technologien Angreifern neue Mittel an die Hand geben. Nicht selten kommt es zu einem „Wettlauf" zwischen Gefahrbegründungs- und Gefahrvermeidungsmaßnahmen.[369] Auch die Umgebung kann sich verändern (*Data*- oder *Concept-Drift*): Während von einer für den Einsatz in Europa konzipierten autonomen Kehrmaschine vor der Covid 19-Pandemie womöglich nicht erwartet werden konnte, dass sie auch Fußgänger mit Mund-Nasen-Bedeckung erkennt, ist eine solche Erwartung heute wohl berechtigt.[370] Schließlich kann sich auch

---

[366] Vgl. auch Entwurfsbegründung zum ProdHaftG, BT-Drs. 11/2447, S. 18 sowie die Begründung des ursprünglichen Vorschlags einer ProdHaftRL (KOM [76] 372 endg.), abgedruckt in BT-Drs. 7/5812, S. 8.

[367] *Joggerst/Wendt*, InTeR 2021, 13 (16).

[368] *Beierle*, Die Produkthaftung im Zeitalter des Internet of Things, 2021, S. 207 ff.; *Joggerst/Wendt*, InTeR 2021, 13 (16); *Oechsler*, NJW 2022, 2713 (2715).

[369] Siehe etwa zu einer im Jahr 2021 veröffentlichten Schwachstelle der Java-Bibliothek *dpa*, Log4j Warnstufe Rot: Wettlauf um Sicherheitslücke in Server-Software, Wirtschafts-Woche v. 13.12.2021.

[370] Vgl. zu dieser Veränderung *Poretschkin/Mock/Wrobel*, in: Regulierung für Algorithmen und Künstliche Intelligenz, 2021, S. 175 (185).

die Gefahrenakzeptanz weiterentwickeln. Beispielsweise sind Kraftfahrzeuge ohne Sicherheitsgurte heute fehlerhaft, wohingegen dies vor der Entwicklung von Sicherheitsgurten und einer gewissen Verbreitung dieser Technologie nicht der Fall war.[371] Maßgeblich für den Soll-Zustand ist nach § 3 Abs. 1 lit. c, Abs. 2 ProdHaftG grundsätzlich der Standard beim Inverkehrbringen. Das Produkt ist nach dem EuGH jedenfalls[372] dann in den Verkehr gebracht worden, „wenn es den vom Hersteller eingerichteten Prozess der Herstellung verlassen hat und in einen Prozess der Vermarktung eingetreten ist, in dem es in ge- oder verbrauchsfertigem Zustand öffentlich angeboten wird".[373]

Bei herkömmlichen Produkten mag ein statisches Verständnis des Inverkehrbringens als Zeit*punkt* (vgl. § 3 Abs. 1 lit. c ProdHaftG) zweckmäßig sein: Hier verliert der Hersteller, wenn diese das „Werkstor"[374] passiert haben, den wesentlichen Teil seines Einflusses auf deren Sicherheitseigenschaften.[375] Er kann sie allenfalls aus der Ferne überwachen und seine Erkenntnisse an die Nutzer weitergeben.[376] Bei (reinen oder eingebetteten) Softwareprodukten ist dies anders:[377] Hier kann der Hersteller zum einen das Produkt durch eingebaute Protokollfunktionen, auf deren Ergebnisse er in der Regel selbst zugreifen kann, deutlich stärker überwachen und die hieraus gewonnenen

---

[371] Produkthaftungshandbuch/*Foerste*, 3. Aufl. 2012, § 24 Rn. 121 f., siehe dazu auch BGH, Urt. v. 2.11.1982 – VI ZR 295/80, VersR 1983, 150, juris Rn. 10 zu einem Unfall im Jahr 1978, in dem zwar schon eine gesetzliche Anschnallpflicht bestanden habe (vgl. § 21a StVO), aber noch keine „allgemeine Überzeugung in der Bevölkerung, wonach das Mitfahren in einem älteren, ohne Sicherheitsgurte erworbenen Pkw mit Rücksicht auf die Gefährdung der eigenen Person bei einem etwaigen Unfall zweckmäßigerweise unterlassen werden solle".

[372] Zur Definition bei § 1 Abs. 2 Nr. 1 ProdHaftG siehe noch unten V. 1.

[373] EuGH, Urt. v. 9.2.2006 – C-127/04, Slg 2006, I-1313, juris Rn. 27 – „O'Byrne" zu Art. 11 ProdHaftRL; siehe auch Entwurfsbegründung zum ProdHaftG, BT-Drs. 11/2447, S. 14: wenn der „Hersteller es aufgrund seines Willensentschlusses einer anderen Person außerhalb seiner Herstellersphäre übergeben hat"; MüKoBGB/*Wagner*, 8. Aufl. 2020, § 1 ProdHaftG Rn. 24: „endgültige, willentliche Entlassung des Produkts aus dem Einfluss- und Organisationsbereich des Herstellers"; vgl. auch *Rolland*, Produkthaftungsrecht, 1990, § 1 ProdHaftG Rn. 90; Produkthaftungshandbuch/*Graf von Westphalen*, 3. Aufl. 2012, § 46 Rn. 20; Erman BGB/*Wilhelmi*, 16. Aufl. 2020, § 1 ProdHaftG Rn. 6.

[374] *Hollmann*, DB 1985, 2389 (2396); *Taschner/Frietsch*, Produkthaftungsgesetz und EG-Produkthaftungsrichtlinie, 2. Aufl. 1990, § 1 ProdHaftG Rn. 53; MüKoBGB/*Wagner*, 8. Aufl. 2020, § 1 ProdHaftG Rn. 24.

[375] Vgl. *Beierle*, Die Produkthaftung im Zeitalter des Internet of Things, 2021, S. 207.

[376] Vgl. Entwurfsbegründung zum ProdHaftG, BT-Drs. 11/2447, S. 18, wonach das ProdHaftG nichts an der „auf anderer Rechtsgrundlage entwickelte[n] Produktbeobachtungspflicht" ändere.

[377] Ein reines Softwareprodukt wird regelmäßig in den Verkehr gebracht, indem dem Kunden ein Programm zur Verfügung gestellt wird, das er installieren oder online, etwa in einer Cloud, nutzen kann (zu letzterem vgl. MüKoBGB/*Wagner*, 8. Aufl. 2020, § 1 ProdHaftG Rn. 25).

Erkenntnisse durch Kommunikationsfunktionen einfacher und schneller an den Nutzer übermitteln.[378] Zum anderen kann er auch direkt Einfluss auf die Sicherheitseigenschaften nehmen, insbesondere mittels Updates.[379] Das Softwareprodukt ist dem Kunden durch die erstmalige Bereitstellung also zwar „in ge- oder verbrauchsfertigem Zustand öffentlich angeboten" worden. Zweifelhaft ist allerdings, ob das Produkt, wenn der Hersteller mit ihm in der genannten Art und Weise verbunden bleibt, auch den „vom Hersteller eingerichteten Prozess der Herstellung verlassen" hat. Bei Softwareprodukten nimmt der Hersteller nicht nur bis zu einem bestimmten „Augenblick",[380] sondern während eines bestimmten Zeit*raums* Einfluss auf die instruktions-, und vor allem auch konstruktions- und fabrikationsbedingten Sicherheitseigenschaften.[381] Nach der Entwurfsbegründung zum ProdHaftG soll ein Produkt, das zum Zeitpunkt des Inverkehrbringens „den üblichen Sicherheitserwartungen entsprach und deshalb fehlerfrei war" nicht fehlerhaft werden, weil „sich in der Folgezeit die Erwartungen an das Maß der Sicherheit verschärft haben".[382] Bei Softwareprodukten darf der Rechtsverkehr jedoch in der Regel bereits bei der erstmaligen Bereitstellung davon ausgehen, dass das Produkt im Laufe seines Einsatzes weiter angepasst wird. Die Sicherheitserwartungen sind bei solchen Produkten *von vornherein* zukunftsgerichtet und werden durch die neuen Entwicklungen nicht verschärft, sondern nur konkretisiert.[383] Derjenige, der einen

---

[378] Vgl. *Günther*, Roboter und rechtliche Verantwortung, 2016, S. 159 f.; *Wagner*, AcP 217 (2017), 707 (751); *Schrader*, DAR 2018, 314 (317); *von Bodungen*, SVR 2022, 1 (4); *Wiebe*, InTeR 2021, 65 (69), wo auch auf die datenschutzrechtlichen Grenzen hingewiesen wird.

[379] *Wachenfeld/Winner*, in: Autonomes Fahren, 2015, S. 465 (483 f.); *Schrader*, DAR 2022, 9 (10).

[380] Entwurfsbegründung zum ProdHaftG, BT-Drs. 11/2447, S. 18.

[381] Vgl. *Beierle*, Die Produkthaftung im Zeitalter des Internet of Things, 2021, S. 208; mit diesem Argument für eine Anpassung *de lege ferenda Hacker*, NJW 2020, 2142 (2145); *Expert Group (NTF)*, Liability for AI, 2019, S. 43; *Wagner*, VersR 2020, 717 (728, 734).

[382] Entwurfsbegründung zum ProdHaftG, BT-Drs. 11/2447, S. 18; ähnlich die Begründung des ursprünglichen Vorschlags einer ProdHaftRL (KOM [76] 372 endg.), abgedruckt in BT-Drs. 7/5812, S. 8: keine Haftung, „wenn Sicherheitsvorschriften verschärft werden, nachdem eine Sache in Verkehr gebracht worden ist, die zu diesem Zeitpunkt den bestehenden Normen genügte".

[383] In diese Richtung auch *John*, Haftung für künstliche Intelligenz, 2007, S. 314, wonach es darauf ankomme, ob „ein Update eines Agenten Sicherheitslücken schließt, welche bereits im Zeitpunkt des Inverkehrbringens der früheren Version berechtigterweise nicht erwartet werden konnten"; *Reusch*, BB 2019, 904 (907 ff.), der allerdings zwischen der Update-Fähigkeit eines Produkts und der Durchführung von Updates differenziert und nur den ersten Aspekt unter das ProdHaftG fassen möchte (vgl. S. 908 Fn. 27); siehe auch *Beierle*, Die Produkthaftung im Zeitalter des Internet of Things, 2021, S. 208 dazu, dass sich die Nutzer von IoT-Produkten „in eine dauerhafte Abhängigkeit zu den Herstellern [begeben], da sie zur Nutzung auf Updates und insbesondere die Bereitstellung internetbasierter Software angewiesen sind".

weiterlernenden Reinigungsroboter erwirbt, aber auch derjenige, der als Unbeteiligter dessen Wirkung ausgesetzt ist, darf davon ausgehen, dass dessen Sicherheit zumindest für einen gewissen Zeitraum dem *jeweils* aktuellen Sicherheitsstandard entspricht und dass auf neue Gefahren, z.B. durch neue Angriffsmethoden, reagiert wird.[384] Der Sicherheitsstandard verändert sich bei Softwareprodukten – anders als bei herkömmlichen Produkten – häufig so schnell, gerade auch durch die ständige Weiterentwicklung von Angriffsmethoden, dass ein Produkt, dessen Sicherheitseigenschaften dieser Veränderung nicht während eines bestimmten Zeitraums folgen, von vornherein keine ausreichende Sicherheit bietet.[385]

Das Softwareprodukt muss deshalb zum einen anpassungsfähig sein, zum anderen aber auch angepasst werden.[386] Im Vertragsrecht wird diese Dynamik mittlerweile ausdrücklich berücksichtigt.[387] Die Digitale-Inhalte-RL[388] und ihre Umsetzungsvorschriften verpflichten bei Verträgen über „digitale Inhalte" und „digitale Dienstleistungen" den Unternehmer dazu, dem Verbraucher (Sicherheits-)Aktualisierungen bereitzustellen. Die Aktualisierungspflicht besteht grundsätzlich während des Zeitraums, den der Verbraucher aufgrund der Art und des Zwecks der Produkte und unter Berücksichtigung der Umstände und der Art des Vertrags vernünftigerweise erwarten kann (Art. 8 Abs. 2 lit. b Digitale-Inhalte-RL, § 327f Abs. 1 S. 3 Nr. 2 BGB).[389] Auch die Warenkauf-RL[390] und ihre Umsetzungsvorschriften sehen eine Aktualisierungspflicht des Unternehmers vor (Art. 7 Abs. 3 Warenkauf-RL, § 475b Abs. 4 Nr. 2 BGB). Der Wortlaut des ProdHaftG und der ProdHaftRL spricht zwar nicht für ein solches, aus den genannten Gründen vorzugswürdiges, dynamisches Verständnis, steht einem solchen aber auch nicht entgegen: § 3 Abs. 1 lit. c ProdHaftG,

---

[384] Siehe dazu, dass auch ohne gesetzliche Verpflichtung für viele Produkte Aktualisierungen erstellt werden, Entwurfsbegründung zum Gesetz zur Regelung des Verkaufs von Sachen mit digitalen Elementen und anderer Aspekte des Kaufvertrags, BT-Drs. 19/27424, S. 29.

[385] Vgl. *Beierle*, Die Produkthaftung im Zeitalter des Internet of Things, 2021, S. 203 ff.

[386] A.A. *Reusch*, BB 2019, 904 (907 ff.), der nur die Update-Fähigkeit unter das ProdHaftG fassen möchte (vgl. S. 908 Fn. 27).

[387] Vgl. zur Parallele *Expert Group (NTF)*, Liability for AI, 2019, S. 43; *Oechsler*, NJW 2022, 2713 (2715).

[388] Richtlinie (EU) 2019/770 des Europäischen Parlaments und des Rates v. 20.5.2019 über bestimmte vertragsrechtliche Aspekte der Bereitstellung digitaler Inhalte und digitaler Dienstleistungen.

[389] Bei einem Vertrag über die dauerhafte Bereitstellung digitaler Inhalte oder digitaler Dienstleistungen entspricht der maßgebliche Zeitraum grundsätzlich dem Bereitstellungszeitraum, Art. 8 Abs. 2 lit. a Digitale-Inhalte-RL, § 327 Abs. 1 S. 3 Nr. 1 BGB.

[390] Richtlinie (EU) 2019/771 des Europäischen Parlaments und des Rates v. 20.5.2019 über bestimmte vertragsrechtliche Aspekte des Warenkaufs, zur Änderung der Verordnung (EU) 2017/2394 und der Richtlinie 2009/22/EG sowie zur Aufhebung der Richtlinie 1999/44/EG.

Art. 6 Abs. 1 lit. c ProdHaftRL verlangen genau genommen nur, dass der „Zeitpunkt" des Inverkehrbringens bei der Beurteilung der berechtigten Erwartungen „Berücksichtigung" finden muss. Und nach § 3 Abs. 2 ProdHaftG, Art. 6 Abs. 2 ProdHaftRL darf, wenn später ein verbessertes Produkt in den Verkehr gebracht wird, nur nicht „allein" auf diesen Umstand abgestellt werden, wohl aber auf andere Umstände.[391] Zu diesen Umständen gehört auch eine im Moment der erstmaligen Bereitstellung bereits vorhandenen Erwartung, das Produkt werde an die Veränderung des Sicherheitsstandards angepasst. Die Entwurfsbegründung zum ProdHaftG geht zwar davon aus, dass nachträgliche Pflichten nur „auf anderer Rechtsgrundlage" existieren würden.[392] Die Besonderheiten von Softwareprodukten wurden aber, wie schon im Zusammenhang mit dem Produktbegriff dargestellt,[393] wohl nicht berücksichtigt. Das Ziel, mit der ProdHaftRL für einheitlichen und ausreichenden Rechtsgüterschutz zu sorgen,[394] spricht auch hier dafür, den Spielraum des Wortlauts auszunutzen und die Vorschriften so auszulegen, dass ungerechtfertigte Lücken, die durch das Aufkommen moderner Technologien drohen, vermieden werden.

Nach diesem dynamischen Verständnis muss der Hersteller im Rahmen des inhaltlich und zeitlich Möglichen und Zumutbaren – dazu sogleich[395] – den Ist-Zustand des Produkts an einen veränderten Sicherheitsstandard anpassen. Das Inverkehrbringen als Zeitraum *beginnt* also mit der erstmaligen Bereitstellung, *endet* aber erst dann, wenn eine Anpassung an diesen Sicherheitsstandard nicht mehr erwartet werden kann.[396]

Jedenfalls haftet der Hersteller auch nach der erstmaligen Bereitstellung nach § 823 Abs. 1 BGB für die Verletzung von Produktbeobachtungs- und

---

[391] Vgl. auch die Begründung des ursprünglichen Vorschlags einer ProdHaftRL (KOM [76] 372 endg.), abgedruckt in BT-Drs. 7/5812, S. 8, wonach bei der Verschärfung von Sicherheitsvorschriften „grundsätzlich keine Verpflichtung des Herstellers, alle älteren Produkte zurückzuziehen" bestehe. Der Nutzer handle hier „auf eigene Gefahr". Bei Softwareprodukten muss jedoch einerseits der Hersteller regelmäßig das Produkt nicht zurückziehen, sondern kann es anpassen und handelt andererseits der Nutzer nicht auf eigene Gefahr, sondern erwartet (berechtigterweise) eine Anpassung. In der Begründung wird auch klargestellt, dass es „im Einzelfall jedoch auf die Würdigung der Tatumstände durch den Richter ankommen" werde.

[392] Entwurfsbegründung zum ProdHaftG, BT-Drs. 11/2447, S. 18.

[393] Vgl. oben I. 1.

[394] Vgl. Erwägungsgrund 1 ProdHaftRL sowie die Begründung des ursprünglichen Vorschlags einer ProdHaftRL (KOM [76] 372 endg.), abgedruckt in BT-Drs. 7/5812, S. 6.

[395] Siehe sogleich b).

[396] Auch nach *Wagner*, VersR 2020, 717 (729) soll der Begriff des Inverkehrbringens zu „dynamisieren" sein, allerdings soll sich „der Sorgfaltsstandard auf den Zeitpunkt [..] beziehen, in dem der Hersteller letztmalig die sicherheitsrelevanten Eigenschaften der Software modifiziert *hat*" (Hervorh. d. Verf., ähnlich *Spindler*, JZ 2022, 793 [795]) und nicht – wie hier vorgeschlagen – bis zu dem Zeitpunkt berücksichtigt werden, bis zu dem die Eigenschaften modifiziert werden *müssen*.

hieraus resultierenden Gefahrvermeidungspflichten. Nach der Rechtsprechung des BGH ist der Hersteller „vor allem bezüglich seiner aus der Massenproduktion hervorgegangenen und in Massen verbreiteten Erzeugnisse auch der Allgemeinheit gegenüber verpflichtet, diese Produkte sowohl auf noch nicht bekannte schädliche Eigenschaften hin zu beobachten als sich auch über deren sonstige, eine Gefahrenlage schaffenden Verwendungsfolgen zu informieren".[397] Ihn trifft eine Pflicht zur aktiven Produktbeobachtung, er muss also mitunter selbst die Initiative ergreifen, sowie eine Pflicht zur passiven Produktbeobachtung, also zur Überprüfung von und Reaktion auf Informationen, die ihm – etwa über *Logging*-Vorkehrungen – zugeleitet wurden.[398]

b) Inhaltliche Anforderungen und zeitliche Grenzen der Anpassung

Inhaltlich kann der Hersteller zur Warnung, zum Rückruf und zur Nachrüstung des Produkts verpflichtet sein. Bei herkömmlichen Produkten, bei denen der Hersteller mit dem Verlassen des „Werkstors" einen Großteil seines Einflusses verliert, resultieren aus den Produktbeobachtungspflichten (nach § 823 Abs. 1 BGB) vor allem Instruktionspflichten.[399] Die nachträglichen Pflichten gehen nach dem BGH nur weiter, wenn eine Warnung ausnahmsweise nicht ausreicht, z.B. weil sie es den Benutzern „nicht ausreichend ermöglicht, die Gefahren einzuschätzen und ihr Verhalten darauf einzurichten" oder weil „Grund zu der Annahme besteht, diese würden sich – auch bewusst – über die Warnung hinwegsetzen und dadurch Dritte gefährden".[400] Dann muss der Hersteller dafür Sorge tragen, „dass bereits ausgelieferte gefährliche Produkte möglichst

---

[397] BGH, Urt. v. 17.3.1981 – VI ZR 286/78, BGHZ 80, 199, juris Rn. 34 – „Benomyl"; siehe auch BGH, Urt. v. 17.3.1981 – VI ZR 191/79, BGHZ 80, 186, juris Rn. 15 – „Derosal I"; BGH, Urt. v. 16.12.2008 – VI ZR 170/07, BGHZ 179, 157, juris Rn. 10 – „Pflegebetten".

[398] Siehe nur BGH, Urt. v. 7.12.1993 – VI ZR 74/93, NJW 1994, 517, juris Rn. 26 – „Gewindeschneidemittel I"; Produkthaftungshandbuch/*Foerste*, 3. Aufl. 2012, § 24 Rn. 376; BeckOGK BGB/*Spindler*, 1.5.2023, § 823 Rn. 668; *Droste*, CCZ 2015, 105 (106 f.). Die Produktbeobachtungspflichten werden vor allem im Zusammenhang mit Entwicklungsrisiken diskutiert (siehe dazu unten V. 3.). Den Hersteller können aber nicht nur im Hinblick auf „neu erkannte Gefahren" nachträgliche Pflichten treffen, sondern auch im Hinblick auf neu entstandene Gefahren und insbesondere „neu verfügbar gewordene Vermeidungstechnologien" (*Wagner*, AcP 217 [2017], 707 [757], siehe auch Produkthaftungshandbuch/*Foerste*, a.a.O., § 24 Rn. 312, wo „Fortschritte in Wissenschaft und Technik, welche die Sicherheit seiner Produkte betreffen könnten" als Auslöser für Warnpflichten des Herstellers genannt werden).

[399] Vgl. *Schäfer/Ott*, Lehrbuch der ökonomischen Analyse des Zivilrechts, 6. Aufl. 2020, S. 400: „nachträgliche Instruktionsfehler"; BGH, Urt. v. 16.12.2008 – VI ZR 170/07, BGHZ 179, 157, juris Rn. 10 – „Pflegebetten", wonach „insbesondere Reaktionspflichten zur Warnung vor etwaigen Produktgefahren" bestünden.

[400] BGH, Urt. v. 16.12.2008 – VI ZR 170/07, BGHZ 179, 157, juris Rn. 11 – „Pflegebetten".

effektiv aus dem Verkehr gezogen [...] oder nicht mehr benutzt werden",[401] was regelmäßig auf einen Rückruf hinaus läuft. Pflichten zur „Nachrüstung oder Reparatur" setzen voraus, dass „eine solche Maßnahme im konkreten Fall erforderlich ist, um Produktgefahren [...] effektiv abzuwehren".[402] Bei herkömmlichen Produkten ist die Nachrüstung regelmäßig sehr aufwändig und teuer, häufig „um Größenordnungen teurer als die Herstellung eines von vornherein sichereren Produkts".[403] Eine Warnung oder ein Rückruf ist daher im Vergleich zu einer Nachrüstung oft ein milderes, da einfacheres und kostengünstigeres, und ausreichend wirksames Mittel.

Bei technischen Agenten kann die Sachlage allerdings anders sein: Nicht selten ist die Bereitstellung eines Updates nicht aufwändiger oder teurer als eine Warnung oder ein Rückruf.[404] Updates können häufig *over the air*, in der Regel per Mobilfunk oder WLAN zur Verfügung gestellt werden.[405] Solange die Gefahr durch beide Maßnahmen (Warnung bzw. Rückruf oder Update) effektiv abgewendet werden kann, hat der Hersteller allerdings die Wahl, welche davon er vornimmt.[406] Eine haftungsrechtliche Update-Pflicht besteht nur dann, wenn eine Warnung oder ein Rückruf nicht ausreicht. Produkthaftungsrechtlich schuldet der Hersteller – anders als möglicherweise vertragsrechtlich – nicht die Bereitstellung eines bestimmten – sicheren – Produkts (Äquivalenzinteresse), sondern er hat „lediglich dafür Sorge zu tragen, dass die von [dem Produkt] ausgehenden Gefahren [...] möglichst effektiv beseitigt" werden (Integritätsinteresse).[407] Allerdings dürfte bei Softwareprodukten häufig der Fall

---

[401] BGH, Urt. v. 16.12.2008 – VI ZR 170/07, BGHZ 179, 157, juris Rn. 11 – „Pflegebetten".

[402] BGH, Urt. v. 16.12.2008 – VI ZR 170/07, BGHZ 179, 157, juris Rn. 12 – „Pflegebetten".

[403] *Wagner*, AcP 217 (2017), 707 (756).

[404] *Wagner*, AcP 217 (2017), 707 (756 f); *Raue*, NJW 2017, 1841 (1844).

[405] Vgl. *Smith*, Was ist ein Over-the-Air-Update?, Computerwoche v. 16.7.2022, siehe auch *Reusch*, BB 2019, 904 (904 f.); *Geistfeld*, California Law Review 2017, 1611 (1646 f.); *Wagner*, JZ 2023, 1 (6).

[406] Vgl. *Rockstroh/Kunkel*, MMR 2017, 77 (81): Ermessen des Herstellers; *Spindler*, JZ 2022, 793 (795), wonach es „genügen würde, dass der Kunde das Produkt nicht mehr benutzt, um seine Integritätsinteressen zu wahren"; *Ebers*, in: German National Reports on the 21st International Congress of Comparative Law, 2022, S. 157 (182): Update-Pflicht nur, wenn andere Maßnahmen nicht ausreichend sind; zur Möglichkeit, die Nutzer über „wireless connection" zu warnen, siehe etwa *Geistfeld*, California Law Review 2017, 1611 (1641).

[407] BGH, Urt. v. 16.12.2008 – VI ZR 170/07, BGHZ 179, 157, juris Rn. 17 – „Pflegebetten" zu § 823 Abs. 1 BGB. Dies gilt auch dann, wenn mit der Befolgung der Warnung Vermögensnachteile der Betroffenen einhergehen, etwa weil ihnen durch die Unterlassung der Nutzung Kosten entstehen oder sie das Produkt auf eigene Kosten nachrüsten müssen; vor solchen (reinen) Vermögensschäden schützen § 823 Abs. 1 BGB, § 1 ProdHaftG nicht, vgl. BGH, a.a.O., Rn. 18 f. zu § 823 Abs. 1 BGB; strenger wohl Staudinger BGB/*Oechsler*, 2021, § 1 ProdHaftG Rn. 60a, wonach bei „einem Gebrauchsgegenstand der Alltagswelt" eine

eintreten, dass „Grund zu der Annahme besteht, [die Nutzer] würden sich – auch bewusst – über die Warnung hinwegsetzen und dadurch Dritte gefährden". Denn bei digitalen Risiken fehlt es oft am ausreichenden Gefahrenbewusstsein.[408] Hinzu kommt, dass mitunter durch eine Warnung auf Sicherheitsdefizite aufmerksam gemacht wird, die Dritte zur Manipulation der Systeme nutzen können.[409] Updates können dagegen häufig implementiert werden, ohne dass eine Mitwirkung des Nutzers erforderlich ist.[410] Sie können diese Schwierigkeiten also vermeiden und somit unter Umständen auch das einzige ausreichend wirksame Mittel zur Herstellung der erforderlichen Sicherheit darstellen.

In *zeitlicher* Hinsicht ist dem Hersteller die Anpassung durch Updates regelmäßig zumutbar, solange er die bereitgestellte Software weitervertreibt[411] und dabei die Produktlinie weiterentwickelt[412]: Der Hersteller muss dann den Veränderungen des Sicherheitsstandards ohnehin im Hinblick auf die neu bereitgestellten Produkte Rechnung tragen,[413] so dass die Ausweitung der neuen Sicherheitstechnologie auf bereits bereitgestellte Produkte mittels Updates wenig zusätzlichen Aufwand verursacht.[414] Letztlich muss es auch hinsichtlich der zeitlichen Grenze auf den Einzelfall ankommen: „Je größer die Gefahr und je schwerwiegender die im Falle ihrer Verwirklichung drohenden Folgen sind, umso eher wird eine Anpassung an neueste Sicherheitsstandards geboten sein".[415] Bei der Abwägung sind außerdem auch hier die „wirtschaftlichen

---

Warnung nicht ausreiche, da „der Produktnutzer auf den weiteren Gebrauch angewiesen ist und die Gefahrenlage selbst nicht beseitigen kann".

[408] Vgl. *Wiebe*, InTeR 2021, 66 (69) zu Verbrauchern; siehe auch die Zusammenfassung der Studienergebnisse des Projekts „Digitale-Gesellschaft: smart & sicher", IT-Sicherheit aus Sicht von Nutzer/innen und Expert/innen, 2017, S. 3. Dass eine Warnung wirkungslos bleiben kann, zeigen beispielsweise die Fälle der Betriebssysteme Windows XP und Windows 7, die auch Jahre nach der Mitteilung des Herstellers, keine Sicherheitsupdates mehr bereitzustellen, auf sehr vielen Geräten verwendet werden, vgl. *dpa*, „Angreifer haben den Fuß in der Tür": Über drei Millionen PCs in Deutschland mit unsicherem Windows-System, Tagesspiegel v. 15.1.2022; *Raue*, NJW 2017, 1841 (1844).

[409] *Raue*, NJW 2017, 1841 (1844); Produkthaftungshandbuch/*Foerste*, 3. Aufl. 2012, § 24 Rn. 175; *Rockstroh/Kunkel*, MMR 2017, 77 (81); *Spindler*, NJW 2004, 3145 (3147); *Thöne*, Autonome Systeme und deliktische Haftung, 2020, S. 216.

[410] Mitunter bemerkt der Nutzer das Update noch nicht einmal, vgl. *Droste*, CCZ 2015, 105 (108).

[411] Vgl. *Raue*, NJW 2017, 1841 (1844).

[412] Vgl. *Wagner*, AcP 2017 (2017), 707 (757).

[413] Vgl. Entwurfsbegründung zum ProdHaftG, BT-Drs. 11/2447, S. 18.

[414] *Wagner*, AcP 217 (2017), 707 (756); *Raue*, NJW 2017, 1841 (1844); siehe auch Produkthaftungshandbuch/*Foerste*, 3. Aufl. 2012, § 24 Rn. 312.

[415] Vgl. BGH, Urt. v. 2.3.2010 – VI ZR 223/09, NJW 2010, 1967, juris Rn. 10 zur Nachrüstungspflicht einer Bank hinsichtlich der automatischen Glastüre einer Filiale; siehe auch OLG München, Urt. v. 5.8.2002 – 17 U 2297/02, NZV 2003, 480 (481, unter 1.) zur „Übergangszeit", in der „gewisse Produkte bereits über eine Ausstattung verfügen, die andere

Auswirkungen der Sicherungsmaßnahme" und die „Verbrauchergewohnheiten"[416] zu beachten. Regelmäßig wird der Entwickler selbst, durch entsprechende Hinweise, bestimmte Erwartungen hervorrufen (§ 3 Abs. 1 lit. a ProdHaftG). Anhaltspunkte bietet außerdem das (reformierte) Vertragsrecht: Zwar besteht kein Gleichlauf zwischen den delikts- und vertragsrechtlichen Fehlerbegriffen,[417] wenn es aber um die *objektiven* Anforderungen an die *Sicherheit*[418] geht, lässt sich eine Parallele durchaus ziehen.[419] Die „berechtigten" Erwartungen werden genauso wie die „vernünftigen" von der Art des Produkts und den öffentlichen Erklärungen, die dem Hersteller zuzurechnen sind, bestimmt (vgl. Art. 8 Abs. 1 Digitale-Inhalte-RL, § 327e Abs. 3 BGB[420]). Die vertragsrechtlichen Regelungen gehen davon aus, dass Verbraucher erwarten dürfen, dass Produkte, auch nachdem sie in den Verkehr gebracht wurden, aktualisiert werden.[421] Diese Erwartungen hat nicht nur ein Verbraucher, der mit einem Unternehmer einen Vertrag über die Bereitstellung digitaler Produkte schließt, sondern auch jeder andere, der mit einem solchen Produkt in Berührung kommt. Die *Sicherheits*aktualisierungen dienen nicht nur Äquivalenz-, sondern auch Integritätsinteressen.[422] Den Zeitraum der vertraglichen Aktualisierungspflicht beeinflussen neben der Frage, ob die Produktserie weiter vertrieben wird, der Umfang des Risikos und, im Fall von eingebetteter Software, z.B. einer Heizungssteuerung, auch die übliche Nutzungsdauer der Hardware,

---

Produkte – obwohl sie gleichwertig sind – noch nicht haben" (Verriegelungsautomatik eines Kfz).

[416] Vgl. zu Konstruktionsfehlern BGH, Urt. v. 16.6.2009 – VI ZR 107/08, BGHZ 181, 253, juris Rn. 18 – „Airbags".

[417] Produkthaftungshandbuch/*Graf von Westphalen*, 3. Aufl. 2012, § 28 Rn. 2.

[418] Siehe zur Bedeutung der Sicherheit für die Vertragsmäßigkeit *Spindler*, MMR 2021, 451 (455); Entwurfsbegründung zum Gesetz zur Umsetzung der Richtlinie über bestimmte vertragsrechtliche Aspekte der Bereitstellung digitaler Inhalte und digitaler Dienstleistungen, BT-Drs. 19/27653, S. 59; Entwurfsbegründung zum Gesetz zur Regelung des Verkaufs von Sachen mit digitalen Elementen und anderer Aspekte des Kaufvertrags, BT-Drs. 19/27424, S. 33; Erwägungsgrund 47 Digitale-Inhalte-RL; Erwägungsgrund 30 Warenkauf-RL.

[419] Vgl. *Expert Group (NTF)*, Liability for AI, 2019, S. 43, wo ebenfalls auf eine Parallele hingewiesen wird; siehe auch *Thöne*, Autonome Systeme und deliktische Haftung, 2020, S. 218 f.; Leupold/Wiebe/Glossner IT-Recht/*Leupold/Wiesner*, 4. Aufl. 2021, Teil 9.6.4 Rn. 43.

[420] § 327e Abs. 3 BGB stellt – anders als Art. 8 Abs. 1 Digitale-Inhalte-RL – nicht explizit darauf ab, was der Verbraucher „vernünftigerweise" erwarten darf. Dem deutschen Gesetzgeber erschien dies nicht erforderlich, vgl. BT-Drs. 19/27653, S. 56 sowie S. 59 f. zu § 327f Abs. 1 Nr. 2 BGB.

[421] Vgl. Erwägungsgrund 47 Digitale-Inhalte-RL.

[422] Diese Unterscheidung wird in BGH, Urt. v. 16.12.2008 – VI ZR 170/07, BGHZ 179, 157, juris Rn. 18 ff. – „Pflegebetten" angemahnt.

z.B. der Heizungsanlage.[423] Ein vollständiger Gleichlauf zwischen vertraglicher und produkthaftungsrechtlicher Aktualisierungspflicht besteht allerdings nicht. Einerseits kann das Vertragsrecht auch Aktualisierungen vorschreiben, die keinen Einfluss auf sicherheitsrelevante Eigenschaften, sondern nur auf die sonstige Produktleistung haben. Andererseits kann das Produkthaftungsrecht den Hersteller zu weitergehenden Maßnahmen verpflichten, z.B. kann das Risiko für das Integritätsinteresse so beschaffen sein, dass der Hersteller zum Schutz von Dritten Zwangsaktualisierungen durchführen muss,[424] zu denen ihn das Gewährleistungsrecht gegenüber seinem Vertragspartner nicht verpflichtet[425]. Anders als das neue Vertragsrecht ist das Produkthaftungsrecht außerdem nicht auf Produkte beschränkt, die an Verbraucher vertrieben werden.[426]

IV. Zusammenhang zwischen Fehler und Schaden: Fehler-Kausalität

Resultiert der Fehler aus der *Nichtvornahme einer konkreten Sicherungsmaßnahme*, ist der ursächliche Zusammenhang zwischen Fehler und Schaden (§ 1 Abs. 1 ProdHaftG, Art. 4 ProdHaftRL)[427] gegeben, wenn im Fall der Verwendung einer „sicherheitstechnisch überlegene[n] Alternativkonstruktion"[428] der Schaden vermieden worden wäre. Die Verwendung z.B. eines anderen Algorithmus oder anderer Trainingsdaten muss das Produkt nicht nur *generell*

---

[423] Entwurfsbegründung zum Gesetz zur Umsetzung der Richtlinie über bestimmte vertragsrechtliche Aspekte der Bereitstellung digitaler Inhalte und digitaler Dienstleistungen, BT-Drs. 19/27653, S. 59.

[424] Vgl. *Wiebe*, InTeR 2021, 66 (69): „in absoluten Ausnahmefällen".

[425] Siehe zum Vertragsrecht *Spindler*, MMR 2021, 451 (456).

[426] Siehe aber die Einschränkung bei Sachbeschädigungen gem. § 1 Abs. 1 S. 2 ProdHaftG.

[427] Die ProdHaftRL definiert den ursächlichen Zusammenhang nicht. Die Beurteilung sollte „den einzelstaatlichen Rechten überlassen" werden, vgl. die Begründung des ursprünglichen Vorschlags einer ProdHaftRL (KOM [76] 372 endg.), abgedruckt in BT-Drs. 7/5812, S. 2. Demnach kommen grundsätzlich die nationalen Vorstellungen zur Anwendung, siehe nur *Martín-Casals*, in: Liability for Artificial Intelligence and the Internet of Things, 2019, S. 201 (205 f.). Im deutschen Recht darf der Fehler also nicht hinweg gedacht werden können, ohne dass der Verletzungserfolg entfiele (conditio sine qua non-Formel, vgl. dazu oben Kapitel 2, A. II. 1. a] bb]). Außerdem muss der Schaden vom Schutzzweck der Produkthaftung erfasst sein, vgl. Staudinger BGB/*Oechsler*, 2021, § 1 ProdHaftG Rn. 32 ff.; BeckOGK ProdHaftG/*Seibl*, 1.7.2023, § 1 Rn. 63; *Günther*, Roboter und rechtliche Verantwortung, 2016, S. 187; *Sommer*, Haftung für autonome Systeme, 2020, S. 235 f.; kritisch aber Produkthaftungshandbuch/*Graf von Westphalen*, 3. Aufl. 2012, § 46 Rn. 34. Die Grenzen des Spielraums der Mitgliedstaaten sind unklar, vgl. MüKoBGB/*Wagner*, 8. Aufl. 2020, § 1 ProdHaftG Rn. 19, wonach „der Kernbereich dessen, was vernünftiger- und herkömmlicherweise unter Kausalität zu verstehen ist, nicht zur Disposition des nationalen Gesetzgebers" stehe.

[428] Vgl. BGH, Urt. v. 16.6.2009 – VI ZR 107/08, BGHZ 181, 253, juris Rn. 16 – „Airbags".

sicherer machen, sondern außerdem dazu führen, dass *im konkreten Fall* der Schaden ausgeblieben wäre.[429] Verwendet der Agent generell ein falsches Entscheidungskriterium, das durch eine Alternativkonstruktion vermieden worden wäre, muss also feststehen, dass dieses Kriterium bei der konkreten Agentenentscheidung eine Rolle gespielt hat.[430] Beruht die Fehlerhaftigkeit darauf, dass der Agent statistisch mehr Unfälle verursacht als er mit einer Alternativkonstruktion verursachen würde, ist die Feststellung erforderlich, dass mit der Alternative gerade auch der Schaden des konkret Geschädigten vermieden worden wäre.[431] Steht fest, dass die Alternativkonstruktion (nahezu) *jeden* Schaden vermieden hätte, wäre der Schaden ohne den Fehler mit an Sicherheit grenzender Wahrscheinlichkeit[432] nicht eingetreten und lässt sich die Kausalität bejahen.[433] Häufig ist indes auch die Alternativkonstruktion nicht (nahezu) perfekt. Die Alternative vermeidet lediglich eine bestimmte Anzahl von Schäden, z.B. kann sie dazu führen, dass beim autonomen Fahren auf einer Million Kilometer statt zehn nur fünf Unfälle verursacht werden.[434] In diesem Fall ist zunächst offen, ob durch die Alternative auch der *konkrete* Schaden vermieden worden wäre. Um dies festzustellen, müssen grundsätzlich die Entscheidungskriterien des Agenten mit und ohne die Alternativkonstruktion ermittelt und auf die konkrete Schadenssituation angewandt werden.

Waren konkrete Sicherheitsmaßnahmen nicht möglich und durfte der Agent *gar nicht in den Verkehr gebracht werden*, setzt die Fehler-Kausalität voraus, dass der Schaden ohne die Aktivität des Agenten nicht eingetreten wäre. Wenn verschiedene Agenten geeignet sind, eine Aufgabe zu erfüllen, könnte der

---

[429] Vgl. zur Unterscheidung zwischen genereller Schadenseignung und konkreter Kausalität Kügel/Müller/Hofmann AMG/*Brock*, 3. Aufl. 2022, § 84 Rn. 36; *Besch*, Produkthaftung für fehlerhafte Arzneimittel, 2000, S. 254 ff.; *Brüggemeier*, Haftungsrecht, 2006, S. 29; *Martín-Casals*, in: Liability for Artificial Intelligence and the Internet of Things, 2019, S. 201 (210 f.).

[430] Siehe *Martini*, JZ 2017, 1017 (1024), wonach es dem Kläger häufig nicht gelingen werde, „zu beweisen, dass ein Schaden – etwa eine Ungleichbehandlung – auf unzulässigen Entscheidungsparametern (z. B. dem Geschlecht) beruht, weil diskriminierende Faktoren Eingang in den Algorithmus gefunden haben"; ähnlich *Bathaee*, Harvard Journal of Law & Technology 2018, 889 (926).

[431] Vgl. *Wagner*, AcP 217 (2017), 707 (738).

[432] Zu diesem Regelbeweismaß siehe oben Kapitel 2, vor und mit Fn. 277.

[433] Vgl. *Besch*, Produkthaftung für fehlerhafte Arzneimittel, 2000, S. 256, wo mit Blick auf die Arzneimittelhaftung darauf hingewiesen wird, dass auch die statistische Wahrscheinlichkeit zum Kausalitätsnachweis genüge, wenn andere Ursachen nicht „plausibel" erscheinen.

[434] Vgl. zu einem ähnlichen Beispiel *Wagner*, AcP 217 (2017), 707 (737 f.), wo allerdings wohl davon ausgegangen wird, dass der Hersteller stets haften muss, wenngleich auch auf das „Erfordernis der Kausalität der Pflichtwidrigkeit" hingewiesen wird, aus der sich eine Begrenzung der Haftung auf den „Zusatzschaden" ergebe, die aber nicht „in die Praxis umgesetzt werden könnte".

Hersteller einwenden, dass der Schaden auch dann verursacht worden wäre, wenn der Nutzer ein anderes System – Mensch, Tier oder Technologie – verwendet hätte, das generell sicherer und deshalb zulässig gewesen wäre, aber im konkreten Fall den Schaden ebenfalls herbeigeführt hätte. Grundsätzlich sind auch solche hypothetischen Verläufe zu beachten.[435] Denn in diesem Fall wird zwar das Produkt als solches kausal für den Schaden, es verwirklicht sich allerdings nicht dessen Fehlerrisiko. Das Fehlerrisiko folgt hier gerade daraus, dass das Produkt das Sicherheitsniveau eines anderen Agenten nicht erreicht (Risiko-Risiko-Vergleich) und realisiert sich daher nur, wenn das Produkt auch im Schadensfall dahinter zurückbleibt. Indes kann es – genauso wie bei der Verwendung einer Alternativkonstruktion durch den Hersteller – schwierig sein, das (hypothetische) Verhalten des anderen Agenten in der konkreten Situation zu bestimmen.[436]

Das Fehlerrisiko verwirklicht sich auch dann nicht, wenn der Geschädigte auf *eigene Gefahr* handelt.[437] Hieran sind allerdings strenge Anforderungen zu stellen; insbesondere darf die Unabdingbarkeit der Produkthaftung nicht umgangen werden (§ 14 ProdHaftG, Art. 12 ProdHaftRL).[438] Der Geschädigte muss, trotz des Fehlers, zur „selbstverantwortliche[n] Gefahrensteuerung" in der Lage sein.[439] Er muss das Fehlerrisiko beeinflussen und aus dem Produkt Vorteile ziehen, die denen des Herstellers zumindest gleichstehen.[440] Erst dann baut er eine Beziehung zu dem Risiko auf, welche die des Herstellers

---

[435] Zur grundsätzlichen Beachtlichkeit von sog. „Reserveursachen" (dazu noch unten VI. 2. c]) siehe MüKoBGB/*Oetker*, 9. Aufl. 2022, § 249 Rn. 213; nach BGH, Urt. v. 7.6.1988 – IX ZR 144/87, BGHZ 104, 355, juris Rn. 12 ist die Beachtlichkeit von Reserveursachen, „eine Wertungsfrage, die für verschiedene Fallgruppen durchaus unterschiedlich beantwortet wird"; von der Beachtlichkeit bei der Produkthaftung scheint etwa das OLG Hamm, Urt. v. 19.5.2016 – 21 U 154/13, juris Rn. 98 auszugehen.

[436] Vgl. *Schwartz*, InTeR 2021, 77 (82) zur Schwierigkeit des Vergleichs des Verhaltens verschiedener autonomer Fahrzeuge in bestimmten Unfallsituationen.

[437] Vgl. LG Arnsberg, Urt. v. 6.5.2003 – 5 S 176/02, juris Rn. 5; das „Handeln auf eigene Gefahr" wird häufig auch als Anwendungsfall von § 6 Abs. 1 ProdHaftG eingeordnet, vgl. MüKoBGB/*Wagner*, 8. Aufl. 2020, § 6 ProdHaftG Rn. 4; wohl auch *Rolland*, Produkthaftungsrecht, 1990, § 6 ProdHaftG Rn. 54; etwas offener Staudinger BGB/*Oechsler*, 2021, § 6 ProdHaftG Rn. 7, wonach die Anwendung der Norm „denkbar" sei; kritisch zur Berücksichtigung der schuldlosen Mitverursachung *Taschner/Frietsch*, Produkthaftungsgesetz und EG-Produkthaftungsrichtlinie, 2. Aufl. 1990, § 6 ProdHaftG Rn. 13, Art. 8 ProdHaftRL Rn. 9; zur Selbstgefährdung bzw. Risikoübernahme durch den Nutzer siehe auch Produkthaftungshandbuch/*Foerste*, 3. Aufl. 2012, § 22 Rn. 25 ff., § 24 Rn. 345 ff. (zur Produzentenhaftung); *Veith*, Künstliche Intelligenz, Haftung und Kartellrecht, 2021, S. 93 f.

[438] Vgl. zu dieser Grenze Staudinger BGB/*Oechsler*, 2021, § 6 ProdHaftG Rn. 7; *Rolland*, Produkthaftungsrecht, 1990, § 6 ProdHaftG Rn. 56.

[439] BGH, Urt. v. 11.1.1994 – VI ZR 41/93, NJW 1994, 932, juris Rn. 21 – „Kindertee II".

[440] Siehe dazu oben Kapitel 3, A. II. zur Tierhalterhaftung.

überlagert. Der *Innocent Bystander* handelt daher nicht auf eigene Gefahr.[441] Der *Nutzer* beeinflusst in der Regel allenfalls das Instruktionsrisiko in einer mit dem Hersteller (wertungsmäßig) vergleichbaren Weise: Instruktionsfehler begründen keine Haftung, „wenn und soweit der Produktanwender über die sicherheitsrelevanten Informationen verfügt und sie ihm im konkreten Fall gegenwärtig sind".[442] Die Haftung für Konstruktionsfehler wird dagegen grundsätzlich nicht dadurch ausgeschlossen, dass der Geschädigte informiert ist, z.B. über die Unfallstatistik eines autonomen Fahrzeugs:[443] Konstruktionsfehler setzen grundsätzlich voraus, dass eine Instruktion der *Gesamtheit* der Nutzer als milderes Mittel nicht ausreicht. Ist dies der Fall, ist es nur konsequent, wenn auch die Kenntnis des *einzelnen* Nutzers die Haftung nicht entfallen lässt. Ähnliches gilt für die garantieähnliche Haftung für Fabrikationsfehler: Auch hier verwirklicht sich das Fehlerrisiko selbst dann, wenn der Geschädigte Bescheid weiß.[444] Bei einem Mitverschulden greifen allerdings § 6 Abs. 1 ProdHaftG, § 254 BGB.[445]

V. Ausschluss der Haftung

Im Zusammenhang mit autonomen Produkten werfen namentlich die Ausschlussgründe nach § 1 Abs. 2 Nr. 1 (1.), Nr. 2 (2.) und Nr. 5 (3.) ProdHaftG sowie § 1 Abs. 3 ProdHaftG (4.) (vgl. auch Art. 7 ProdHaftRL) spezifische Fragen auf, welche im Folgenden analysiert werden. Kurz eingegangen wird auch auf die zeitliche Grenze nach § 13 ProdHaftG, Art. 11 ProdHaftRL (5.).

---

[441] Die Berücksichtigung des Handelns auf eigene Gefahr ermöglicht grundsätzlich eine gewisse Steuerung des Aktivitätsniveaus auch des Nutzers (siehe dazu oben Kapitel 2, B. I.). Eine Verhaltenssteuerung kommt aber von vornherein nicht in Betracht, wenn eine Person keine Wahl hat, ob sie sich einem Risiko aussetzt, wie es meist beim „Innocent Bystander" der Fall ist; siehe dazu auch *Wagner*, in: Zivilrechtliche und rechtsökonomische Probleme des Internet und der künstlichen Intelligenz, 2019, S. 1 (9).

[442] BGH, Urt. v. 11.1.1994 – VI ZR 41/93, NJW 1994, 932, juris Rn. 21 – „Kindertee II"; siehe auch *Drexl*, Die wirtschaftliche Selbstbestimmung des Verbrauchers, 1998, S. 382.

[443] Zur Notwendigkeit, diese *zusätzlich* zu Konstruktionsmaßnahmen mitzuteilen, siehe oben III. 3.

[444] Der Nutzer erhält hierdurch zwar eine „Vollversicherung", obwohl er aufgrund seiner Kenntnis die Möglichkeit hat, jedenfalls durch eine Reduktion seines Aktivitätsniveaus schadensvermeidend tätig zu werden, was aus Effizienzgesichtspunkten suboptimal sein kann (vgl. dazu oben Kapitel 2, B. I). Hierfür zahlt er allerdings auch einen erhöhten Preis für das Produkt. Es ist, wie bei der Betrachtung der Haftung *de lege ferenda* erläutert werden soll, auch nicht ausgeschlossen, diesen Preis dem Aktivitätsniveau anzupassen (siehe dazu unten C. I. 1.).

[445] Zu den Schadensvermeidungsobliegenheiten des Nutzers autonomer Technologien siehe Staudinger BGB/*Oechsler*, 2021, § 6 ProdHaftG Rn. 7a; zur Berücksichtigung einer mitwirkenden Betriebsgefahr vgl. Staudinger BGB/*Oechsler*, a.a.O., § 6 ProdHaftG Rn. 6; MüKoBGB/*Wagner*, 8. Aufl. 2020, § 6 ProdHaftG Rn. 4.

1. Fehlendes Inverkehrbringen, § 1 Abs. 2 Nr. 1 ProdHaftG

Die Ersatzpflicht des Herstellers ist nach § 1 Abs. 2 Nr. 1 ProdHaftG ausgeschlossen, wenn er das Produkt nicht in den Verkehr gebracht hat. Nach dem
EuGH muss das Produkt hierfür allerdings, anders als nach der herkömmlichen, oben erläuterten, Definition,[446] nicht aus der Herrschaftssphäre des Herstellers ausgetreten sein.[447] Dies überzeugt jedenfalls mit Blick auf technische
Agenten: § 1 Abs. 2 Nr. 1 ProdHaftG soll primär Fälle erfassen, in denen „eine
andere Person als der Hersteller das Produkt aus dem Herstellungsprozess her-
ausnimmt" oder „die Verwendung des Produkts gegen den Willen des Herstellers" erfolgt, weil etwa „der Herstellungsprozess noch nicht abgeschlossen ist,
das Produkt zu privaten Zwecken benutzt wird oder ähnliche Situationen gegeben sind".[448] Die Produkthaftung soll nur greifen, wenn der Hersteller eine
abgeschlossene Entscheidung für das Produkt und dessen Risiko getroffen hat,
denn erst dann nimmt er die Vorteile der Produktion in Anspruch und muss
auch die Nachteile der Haftung tragen.[449] Der Abschluss dieser Risikoentscheidung setzt zwar voraus, dass das Produkt in die Sphäre eines anderen gebracht
wird, dass es „in einen Prozess der Vermarktung eingetreten ist, in dem es in
ge- oder verbrauchsfertigem Zustand öffentlich angeboten wird",[450] nicht aber,
dass es die Sphäre des Herstellers verlassen hat. Eines „Transferelements" bedarf es nicht zwingend.[451] Diese Auslegung ist namentlich bei Softwareprodukten zweckmäßig: Denn diese unterliegen, wie gesehen, auch dann noch dem
Einfluss des Entwicklers, wenn sie das – unter Umständen virtuelle[452] – „Werkstor" erstmalig passiert haben.[453] Sie bleiben Teil der Entwicklersphäre. Würde
dies das Inverkehrbringen i.S.v. § 1 Abs. 2 Nr. 1 ProdHaftG ausschließen,
würde die Produkthaftung in vielen Fällen leer laufen.

Versteht man das Inverkehrbringen, wie vorgeschlagen, als Zeit*raum*, hat
dies den positiven Nebeneffekt, dass sich eine gewisse Harmonisierung der
Begrifflichkeiten erreichen lässt: Bei § 3 Abs. 1 lit. b, Abs. 2 ProdHaftG ist es

---

[446] Siehe oben III. 5. sowie Entwurfsbegründung zum ProdHaftG, BT-Drs. 11/2447,
S. 14: „Gewöhnlich ist ein Produkt […] in Verkehr gebracht, wenn es in die Verteilungskette
gegeben wurde, also wenn der Hersteller es aufgrund seines Willensentschlusses einer anderen Person außerhalb seiner Herstellersphäre übergeben hat."

[447] EuGH, Urt. v. 10.5.2001 – C-203/99, Slg 2001, I-3569, juris Rn. 16 ff. – „Veedfald"
zu Art. 7 ProdHaftRL.

[448] EuGH, Urt. v. 10.5.2001 – C-203/99, Slg 2001, I-3569, juris Rn. 15 – „Veedfald" zu
Art. 7 ProdHaftRL; siehe auch *Taeger*, CR 1996, 257 (265) zum fehlenden Inverkehrbringen
von Software bei einer unerlaubten Herausgabe noch interner Testversionen.

[449] Staudinger BGB/*Oechsler*, 2021, § 1 ProdHaftG Rn. 44.

[450] Vgl. EuGH, Urt. v. 9.2.2006 – C-127/04, Slg 2006, I-1313, juris Rn. 27 – „O'Byrne"
zu Art. 11 ProdHaftRL.

[451] Vgl. *Knauer*, MPR 2016, 37 (40 ff.).

[452] Vgl. MüKoBGB/*Wagner*, 8. Aufl. 2020, § 1 ProdHaftG Rn. 25.

[453] Siehe oben III. 5. a).

sachgerecht, auf den gesamten Zeitraum des Inverkehrbringens abzustellen, bis zu dessen *Ende*. Bei § 1 Abs. 2 Nr. 1 ProdHaftG kommt es dagegen im Interesse des Rechtsgüterschutzes[454] auf den *Beginn* des Zeitraums an. Das Inverkehrbringen beginnt mit dem erstmaligen Passieren des „Werkstors" – dann beginnt die Haftung nach dem ProdHaftG – und endet, wenn berechtigterweise nicht mehr erwartet werden kann, dass der Entwickler das Produkt an den jeweils aktuellen Sicherheitsstandard anpasst – dann endet die Haftung nach dem ProdHaftG. Wurde das Produkt in diesem Sinne nicht in den Verkehr gebracht, fehlt es regelmäßig auch an der für die Produzentenhaftung nach § 823 Abs. 1 BGB erforderlichen Sorgfaltspflichtverletzung nach § 276 Abs. 2 BGB.

Der *Nutzer-Hersteller* kann das Produkt in den Verkehr bringen, indem er den Agenten vermietet, verleast oder in sonstiger Weise dem Verkehr gezielt zur Verfügung stellt.[455] Auch insofern ist allerdings abzugrenzen von der Erbringung von *sonstigen Leistungen mit dem Produkt*. Der EuGH nahm an, ein Produkt werde auch dann in den Verkehr gebracht, wenn es von seinem Hersteller im Rahmen einer medizinischen Dienstleistung verwendet wird.[456] Zu Recht wird an dieser Entscheidung kritisiert, dass sie die Grenze zwischen der Haftung für Produkte und für sonstige Leistungen verwischt.[457] Würde man dieser Linie des EuGH strikt folgen, käme eine Haftung des Nutzers eines technischen Agenten grundsätzlich auch dann in Betracht, wenn er den Agenten trainieren und dann verwenden würde, um eine sonstige Leistung zu erbringen.[458] Beispielsweise könnte er als Reinigungsunternehmen einen Staubsaugerroboter einsetzen oder als Architekt eines Gebäudes ein Datenanalyse-Tool nutzen. Indes betont grundsätzlich auch der EuGH, dass sonstige Leistungen nicht von der Produkthaftung erfasst sind.[459] Dass er auch die genannten Fälle

---

[454] Zur grundsätzlich engen Auslegung der Ausnahmetatbestände vgl. EuGH, Urt. v. 10.5.2001 – C-203/99, Slg 2001, I-3569, juris Rn. 15 – „Veedfald"; EuGH, Urt. v. 9.2.2006 – C-127/04, Slg 2006, I-1313, juris Rn. 25 – „O'Byrne"; BGH, Urt. v. 25.2.2014 – VI ZR 144/13, BGHZ 200, 242, juris Rn. 19 – „Überspannungsschaden".

[455] Ein Verkauf dürfte nicht erforderlich sein, vgl. Entwurfsbegründung zum ProdHaftG, BT-Drs. 11/2447, S. 14, wo (im Zusammenhang mit § 1 Abs. 2 Nr. 3 ProdHaftG) auch auf Leasing und Miete eingegangen wird.

[456] EuGH, Urt. v. 10.5.2001 – C-203/99, Slg 2001, I-3569, juris Rn. 17 f. – „Veedfald".

[457] MüKoBGB/*Wagner*, 8. Aufl. 2020, § 1 ProdHaftG Rn. 26; BeckOGK ProdHaftG/*Seibl*, 1.7.2023, § 1 Rn. 77; *Geiger*, EuZW 2001, 378 (382).

[458] Zur grundsätzlichen Haftung des Trainer-Nutzers siehe oben II. 2; zu einer möglichen Übertragung der EuGH-Rechtsprechung auf „Anbieter, die Daten für andere speichern und sie im Auftrag ihrer Kunden mit Hilfe eigener Softwaretools analysieren", vgl. *Wagner*, JZ 2023, 1 (5) mit Blick auf den ProdHaftRL-neu-E.

[459] Vgl. EuGH, Urt. v. 21.12.2011 – C-495/10, Slg 2011, I-14155, juris Rn. 39 – „Dutrueux", wonach eine Krankenhausbehandlung, bei der fehlerhafte Produkte verwendet werden, deren Hersteller der Leistende nicht ist, eine Dienstleistung sei, die nicht in den Anwendungsbereich der ProdHaftRL falle. Es wird ausgeführt, in der „Veedfald"-

unter die ProdHaftRL fassen würde, ist folglich zumindest zweifelhaft. Der Nutzer haftet allerdings nach §§ 823 Abs. 1, 276 Abs. 2 BGB für Sorgfaltspflichtverletzungen bei der Durchführung seiner Leistung.[460]

2. Fehlerfreiheit beim Inverkehrbringen, § 1 Abs. 2 Nr. 2 ProdHaftG

Nach § 1 Abs. 2 Nr. 2 ProdHaftG ist die Ersatzpflicht ausgeschlossen, wenn nach den Umständen davon auszugehen ist,[461] dass das Produkt den Fehler beim Inverkehrbringen noch nicht hatte. Gehört der Fehler in diesem Sinne nicht zum „Fehlerbereich"[462] des Herstellers, fehlt es in der Regel auch an einer Sorgfaltspflichtverletzung i.S.v. §§ 823 Abs. 1, 276 Abs. 2 BGB.

Entscheidend ist auch hier der *Beginn* des Inverkehrbringens. Anders als bei § 3 Abs. 1 lit. b, Abs. 2 ProdHaftG geht es bei dem Ausschlussgrund nicht um eine Veränderung der *erforderlichen Sicherheit* (Soll-Zustand), sondern um eine Veränderung des *technischen Agenten* (Ist-Zustand).[463] Der Hersteller soll nicht für „Fehler, die [...] z. B. durch unsachgemäße Behandlung innerhalb der Vertriebskette oder durch den Geschädigten selbst verursacht werden", haften.[464] Würde man auf das Ende des Inverkehrbringens abstellen, würde dieser Zweck nicht erreicht werden und könnte der Entwickler z.B. auch für eine Veränderung des Programmcodes des Agenten durch den Nutzer (Lernen durch Anweisung) haften.[465] Der Entwickler haftet auch dann nicht, wenn der Fehler aus einem falschen Training nach der erstmaligen Bereitstellung resultiert (Lernen durch Erfahrung), das nicht mehr zum naheliegenden und damit bereits im ursprünglichen Ist-Zustand angelegten Fehlgebrauch gehört.[466] Insofern kommt allerdings eine (Produkt-)Haftung des Nutzers in Betracht.

Durch die Implementierung eines Updates (Lernen durch Anweisung) kann *erneut* ein Produkt in den Verkehr gebracht werden.[467] Ein *Update* kann, wie

---

Entscheidung (Fn. 456) habe sich die Frage der Anwendbarkeit auf Dienstleistungen nicht gestellt (Rn. 37).

[460] Zum ähnlich gelagerten Fall eines Handwerkers, der seinen Laim falsch zusammen mischt, siehe MüKoBGB/*Wagner*, 8. Aufl. 2020, § 1 ProdHaftG Rn. 26.

[461] Zum dem mit dieser Formulierung verbundenen Beweismaß siehe unten VI. 1.

[462] Vgl. MüKoBGB/*Wagner*, 8. Aufl. 2020, § 1 ProdHaftG Rn. 32.

[463] Der Wortlaut würde es zwar zulassen, auch Veränderungen des Soll-Zustandes zu erfassen. Diese Veränderungen sind allerdings bereits in § 3 Abs. 1 lit. c, Abs. 2 ProdHaftG geregelt; siehe auch Entwurfsbegründung zum ProdHaftG, BT-Drs. 11/2447, S. 16 zu § 1 Abs. 2 Nr. 5 ProdHaftG, wo wegen „späterer Fortschritte insbesondere im Herstellungsbereich [...] auf § 3 Abs. 2 verwiesen" wird.

[464] Entwurfsbegründung zum ProdHaftG, BT-Drs. 11/2447, S. 14.

[465] Dazu, dass der Entwickler hierfür nicht haftet, siehe auch Leupold/Wiebe/Glossner IT-Recht/*Leupold/Wiesner*, 4. Aufl. 2021, Teil 9.6.4 Rn. 44.

[466] Zu dieser Grenze siehe oben III. 2.

[467] In diese Richtung auch *Günther*, Roboter und rechtliche Verantwortung, 2016, S. 173, wonach bei Bezug von Daten aus dem Internet ein neues Produkt in den Verkehr gebracht

gesehen, als selbständiges, vom ursprünglichen Agenten zu unterscheidendes, Endprodukt zu qualifizieren sein. Es kann vom ursprünglichen Entwickler selbst oder von einem Dritten entwickelt und in den Verkehr gebracht werden. Werden durch das Update allerdings die sicherheitsrelevanten Eigenschaften des ursprünglichen Agenten wesentlich verändert, so dass nach der Verkehrsanschauung ein neuer Agent vorliegt, wird *dieser Agent* als neues Gesamtprodukt in den Verkehr gebracht,[468] vom Entwickler oder von dem Dritten.[469] Dann greift § 1 Abs. 2 Nr. 2 ProdHaftG hinsichtlich zwischenzeitlicher Veränderungen nicht. Diese für den Update-Hersteller erhebliche Haftungsfolge[470] ist bei der Beurteilung der Wesentlichkeit zu berücksichtigen.[471]

Wird der Agent durch den Nutzer kontinuierlich weitertrainiert (Lernen durch Erfahrung), stellt sich die Frage, wann der *Lernfortschritt* bzw. der *Agent als Gesamtprodukt*[472] vom Trainer-Nutzer in den Verkehr gebracht wird. Nach den dargestellten Grundsätzen wird ein *neuer Lernfortschritt* jedes Mal in den Verkehr gebracht, wenn der Agent mit einem Lernfortschritt neu der Öffentlichkeit angeboten wird, z.B. wenn ein Mietwagenunternehmen das autonome Fahrzeug mit geänderten Eigenschaften vermietet.[473] Sobald der Lernfortschritt zu einer wesentlichen Veränderung sicherheitsrelevanter Eigenschaften führt, z.B. das autonome Fahrzeug neue Regeln zum Umgang mit Kreuzungen lernt, wird durch das Angebot *ein neuer technischer Agent* als Gesamtprodukt in den Verkehr gebracht. Dann trägt der Nutzer gegenüber dem Geschädigten – ähnlich wie der soeben beschriebene Update-Hersteller – die Gesamtverantwortlichkeit für die nun vorliegenden Sicherheitseigenschaften des technischen Agenten. Beruht das Sicherheitsdefizit auf einem haftungsbegründenden Verhalten des Entwicklers oder Dritter, z.B. den Kunden des

---

werden könne; siehe auch *Sommer*, Haftung für autonome Systeme, 2020, S. 229, wonach der Hersteller mit „jeder erheblichen Maßnahme, etwa von Funktions- und Sicherheitsupdates [...] das Produkt ‚partiell neu Inverkehrbringen' [sic]" könne; *Oechsler*, NJW 2022, 2713 (2715).

[468] Vgl. *Joggerst/Wendt*, InTeR 2021, 13 (16), wonach ein erneutes Inverkehrbringen naheliegend sei, wenn Updates „erhebliche Veränderungen des Systemverhaltens bewirken oder neue Funktionen des Produktes ermöglichen"; wohl auch *Wagner*, VersR 2020, 717 (729); *Spindler*, JZ 2022, 793 (795), wonach der Zeitpunkt der (letzten) Modifikation (durch ein Update) maßgeblich für die Beurteilung der Fehlerhaftigkeit sein soll; kritisch Leupold/Wiebe/Glossner IT-Recht/*Leupold/Wiesner*, 4. Aufl. 2021, Teil 9.6.4 Rn. 42.

[469] Siehe dazu oben II. 1.; dazu, dass der Zeitpunkt des Inverkehrbringens gesondert für jeden Hersteller zu bestimmen ist, vgl. MüKoBGB/*Wagner*, 8. Aufl. 2020, § 1 ProdHaftG Rn. 33 f.

[470] Vgl. Leupold/Wiebe/Glossner IT-Recht/*Leupold/Wiesner*, 4. Aufl. 2021, Teil 9.6.4 Rn. 42.

[471] Dazu, dass bei der Annahme der Wesentlichkeit Zurückhaltung geboten ist, siehe bereits oben II. 1.

[472] Siehe dazu oben II. 2.

[473] Zum Inverkehrbringen durch Vermietung siehe oben 1.

Mietwagenunternehmens, kann er allerdings in der Regel Regress nehmen. Insofern erfüllt die Haftung eine Sicherstellungsfunktion.[474]

3. Entwicklungsrisiken, § 1 Abs. 2 Nr. 5 ProdHaftG

Die Haftung besteht gem. § 1 Abs. 2 Nr. 5 ProdHaftG auch dann nicht, wenn der Fehler beim Inverkehrbringen nicht *erkannt* werden konnte.[475] Die sog. Entwicklungsrisiko-Klausel[476] setzt inhaltlich voraus, dass der Fehler nach dem „Stand der Wissenschaft und Technik" nicht erkennbar war (a), was bei technischen Agenten, wie sogleich gezeigt wird, trotz der nur beschränkten Vorhersehbarkeit ihrer Verhaltensweisen nur selten der Fall ist. In zeitlicher Hinsicht wird auf das Inverkehrbringen abgestellt, wobei hier mit Blick auf die Entwicklungsoffenheit autonomer Produkte wiederum ein dynamisches Verständnis angebracht ist (b).

a) Inhaltliche Komponente

Nicht erkennbar i.S.v. § 1 Abs. 2 Nr. 5 ProdHaftG sind unbekannte und nur befürchtete Risiken, nicht aber hypothetische (aa).[477] Unerkennbar ist der Fehler insbesondere dann, wenn der Hersteller auf das Produktsicherheitsrecht vertrauen durfte (bb).

aa) Keine Haftung für unbekannte und nur befürchtete Risiken autonomer Produkte

Im öffentlichen Recht reicht der „Stand der Wissenschaft und Technik", wie dargestellt, sehr weit, wohingegen im Produkthaftungsrecht Einschränkungen

---

[474] Dazu, dass Hintergrund der Produkthaftung auch die typische Schwierigkeit des Geschädigten, in arbeitsteiligen Herstellungsprozessen den Verantwortlichen ausfindig zu machen, ist, siehe *Deutsch*, VersR 1988, 1197 (1200); *Lüderitz*, in: FS Rebmann, 1989, S. 755 (758); Staudinger BGB/*Oechsler*, 2021, § 4 ProdHaftG Rn. 2; zur Sicherstellungsfunktion der Produkthaftung siehe auch schon oben Kapitel 2, A. III. 1.

[475] Die Frage, ob die Gefahr durch konkrete Sicherheitsmaßnahmen *vermeidbar* war (Entwicklungslücken), fällt nicht unter § 1 Abs. 2 Nr. 5 ProdHaftG, sondern gehört zur Beurteilung der Fehlerhaftigkeit gem. § 3 ProdHaftG, *Foerste*, JZ 1995, 1063 (1063); *Hey*, Die außervertragliche Haftung des Herstellers autonomer Fahrzeuge bei Unfällen im Straßenverkehr, 2019, S. 129; Staudinger BGB/*Oechsler*, 2021, § 1 ProdHaftG Rn. 123; siehe dazu oben III. 2. b) bb) (2).

[476] Siehe zu diesem Begriff etwa den Bericht der Kommission an den Rat, das Europäische Parlament und den Europäischen Wirtschafts- und Sozialausschuss – Dritter Bericht über die Anwendung der Richtlinie des Rates zur Angleichung der Rechts- und Verwaltungsvorschriften der Mitgliedstaaten über die Haftung für fehlerhafte Produkte v. 14.9.2009, KOM (2006) 496 endg., S. 7 ff.

[477] Zu dieser Kategorisierung siehe oben Kapitel 1, D. I. 1.

vorgenommen werden.[478] Nach dem BGH kommt es für die Erkennbarkeit auf das „objektiv zugängliche Gefahrenwissen" an.[479] Der Hersteller ist primär dazu verpflichtet, auf vorhandenes, zugängliches Wissen zuzugreifen. Darüber hinaus muss er aber auch proaktiv Gefahrerforschungsmaßnahmen ergreifen.[480] Hieraus resultieren bei den autonomen Produkten, deren Risiken sich nicht hinreichend durch Einsicht bestimmen lassen, insbesondere *Testpflichten*.[481]

Autonome Produkte werden häufig von kleinen und jungen Unternehmen in den Verkehr gebracht, welche mit Blick auf die Gefahrerkennung begrenztere Möglichkeiten haben als große und etablierte Unternehmen.[482] Ob die konkreten Umstände des Herstellers bei § 1 Abs. 2 Nr. 5 ProdHaftG zu berücksichtigen sind, ist allerdings umstritten.[483] Der BGH wendet grundsätzlich dieselben Maßstäbe an wie bei der Produzentenhaftung gem. §§ 823 Abs. 1, 276 Abs. 2 BGB,[484] bei der es auf die Verkehrskreise ankommt. Für eine solche Differenzierung auch im Rahmen des ProdHaftG sprechen Zumutbarkeitserwägungen:[485] Für ein kleines, regional tätiges Unternehmen ist es z.B. kaum möglich asiatische Fachzeitungen auszuwerten, wohingegen dies von einem großen,

---

[478] Siehe dazu oben III. 3. b) bb) (1).

[479] BGH, Urt. v. 16.6.2009 – VI ZR 107/08, BGHZ 181, 253, juris Rn. 28 – „Airbags". Es genügt für die Erkennbarkeit also nicht, dass das Wissen existiert, sondern es muss auch zur Verfügung stehen, vgl. BGH, Urt. v. 9.5.1995 – VI ZR 158/94, BGHZ 129, 353, juris Rn. 17 – „Mineralwasserflasche II"; siehe auch EuGH, Urt. v. 29.5.1997, C-300/95, Slg 1997, I-2649, juris Rn. 29 – „Kommission/Vereinigtes Königreich", wonach die Kenntnisse „zugänglich gewesen sein" müssten; nach *Taschner/Frietsch*, Produkthaftungsgesetz und EG-Produkthaftungsrichtlinie, 2. Aufl. 1990, § 1 Rn. 104 liegt bei fehlender Zugänglichkeit bereits kein „Stand" vor.

[480] Vgl. *Röthel*, in: Innovationsverantwortung, 2009, S. 335 (340 f.); *Brüggemeier/Reich*, WM 1986, 149 (153).

[481] Zu Testpflichten bei Software siehe *Lehmann*, NJW 1992, 1721 (1725); zu Testpflichten bei autonomen Technologien *Günther*, Roboter und rechtliche Verantwortung, 2016, S. 155; *Thöne*, Autonome Systeme und deliktische Haftung, 2020, S. 209; siehe auch schon Fn. 274 zum gleichzeitigen Trainieren und Testen.

[482] Vgl. *Sommer*, Haftung für autonome Systeme, 2020, S. 260 f.

[483] Dafür etwa *Hollmann*, DB 1985, 2389 (2396); MüKoBGB/*Wagner*, 8. Aufl. 2020, § 1 ProdHaftG Rn. 58; strenger *Larenz/Canaris*, Lehrbuch des Schuldrechts, Bd. II/2, 13. Aufl. 1994, S. 645, wonach ein „idealer" Hersteller der Maßstab sei; Produkthaftungshandbuch/*Graf von Westphalen*, 3. Aufl. 2012, § 46 Rn. 74, wo ein „idealtypischer" Hersteller genannt wird.

[484] BGH, Urt. v. 16.6.2009 – VI ZR 107/08, BGHZ 181, 253, juris Rn. 28 – „Airbags"; a.A. *Taschner/Frietsch*, Produkthaftungsgesetz und EG-Produkthaftungsrichtlinie, 2. Aufl. 1990, § 1 Rn. 103.

[485] Kritisch zum „Denken in abgrenzbaren ‚Verkehrskreisen' traditioneller Provenienz" im Zusammenhang mit Entwicklungsrisiken aber *Ladeur*, in: Karl-Heinz Ladeur: Das Recht der Netzwerkgesellschaft, 2013, S. 393 (411).

global aufgestellten Hersteller durchaus erwartet werden kann.[486] Eine Begrenzung der Anforderungen für jüngere Unternehmen vermeidet außerdem, dass durch das Haftungsrecht zu hohe Eintrittsbarrieren geschaffen und Innovationen zu stark gehemmt werden. Bei der Entwicklung von Künstlicher Intelligenz nehmen insbesondere Start-ups eine zentrale Rolle im Innovationssystem ein.[487]

Bugs einer Software sind regelmäßig keine Entwicklungsrisiken, auch wenn sie nicht im Einzelnen vorhersehbar waren: Ausreichend für die Erkennbarkeit ist nach dem BGH, dass das „allgemeine, mit der gewählten Konzeption verbundene Fehlerrisiko"[488] erkennbar war, also die *Fehlerkategorie*.[489] Beruht beispielsweise der Programmcode auf einer unzutreffenden Logik und war dies vermeidbar (Konstruktionsfehler), dürfte es genügen, dass die generelle Möglichkeit von *Logical Bugs* erkennbar war. Bei Konstruktions- und Instruktionsfehlern besteht regelmäßig ein Gleichlauf zwischen Produkt- und Produzentenhaftung:[490] Zwar kommt es bei § 823 Abs. 1 BGB grundsätzlich auf die Erkennbarkeit des Schadensrisikos des konkret schädlichen Produkts und der Notwendigkeit der Vermeidung dieses Risikos an, und zwar für den Organisationsträger und nicht nur für das Unternehmen als Ganzes. Der erste Unterschied wird jedoch dadurch relativiert, dass das Produktrisiko bei Konstruktions- und Instruktionsfehlern regelmäßig alle Produkte betrifft, so dass die Erkennbarkeit des mit dem Bauplan verbundenen Risikos die Erkennbarkeit des Risikos des einzelnen Produkts und der Notwendigkeit, dieses Risiko zu

---

[486] Vgl. das Beispiel in den Schlussanträgen des Generalanwalts *Tesauro* v. 23.1.1997 – C 300/95, Slg 1997, I-2649 Rn. 23 – „Kommission/Vereinigtes Königreich" sowie dazu MüKoBGB/*Wagner*, 8. Aufl. 2020, § 1 ProdHaftG Rn. 58. Individuelle Defizite, die etwa aus Finanzierungsproblemen eines Unternehmens resultieren können, bleiben aber auch hier außer Betracht, vgl. BGH, Urt. v. 16.6.2009 – VI ZR 107/08, BGHZ 181, 253, juris Rn. 28 – „Airbags", wo betont wird, dass es auf die „subjektiven Erkenntnismöglichkeiten des einzelnen Herstellers" nicht ankomme; siehe auch BGH, Urt. v. 5.2.2013 – VI ZR 1/12, NJW 2013, 1302, juris Rn. 9 – „Heißwasser-Untertischgerät". Sind schwere Schäden möglich, z.B. weil das Produkt sich auf Leib und Leben auswirkt, sind dem Hersteller, auch dem kleinen oder jungen, außerdem sehr weitreichende Nachforschungen zumutbar (vgl. zur Bedeutung der Schadenshöhe Produkthaftungshandbuch/*Graf von Westphalen*, 3. Aufl. 2012, § 46 Rn. 75 f.).

[487] Vgl. Nr. 3.3 der Begründung zum KI-VO-E, wo das Ziel, Nachteile für KMU zu vermeiden, genannt wird; siehe auch *Böhm/Hein/Hermes/Lurz/Poszler/Ritter/Soto Setzke/Weking/Welpe/Kremar*, Die Rolle von Startups im Innovationssystem, 2019, passim.

[488] BGH, Urt. v. 16.6.2009 – VI ZR 107/08, BGHZ 181, 253, juris Rn. 28 – „Airbags"; siehe auch BGH, Urt. v. 5.2.2013 – VI ZR 1/12, NJW 2013, 1302, juris Rn. 9 – „Heißwasser-Untertischgerät". Nicht erforderlich ist danach, dass der „konkrete Fehler des schadensstiftenden Produkts" erkannt werden konnte.

[489] MüKoBGB/*Wagner*, 8. Aufl. 2020, § 1 ProdHaftG Rn. 55.

[490] A.A. *Taschner/Frietsch*, Produkthaftungsgesetz und EG-Produkthaftungsrichtlinie, 2. Aufl. 1990, § 1 Rn. 104, wonach Zumutbarkeitserwägungen für § 1 Abs. 2 Nr. 5 ProdHaftG keine Rolle spielen sollen.

vermeiden, impliziert.[491] Der zweite Unterschied spielt aufgrund der weitreichenden Wissensorganisationspflichten in Unternehmen nach §§ 823 Abs. 1,
276 Abs. 2 BGB ebenfalls kaum eine Rolle.[492] Dagegen greift bei Fabrikationsfehlern der Ausschluss nach § 1 Abs. 2 Nr. 5 ProdHaftG nicht ein,[493] während
§ 823 Abs. 1 BGB keine Haftung für „Ausreißer" begründet. Mit der Fehlerkategorie „Abweichung vom Konstruktionsplan" muss stets gerechnet werden,
so dass kein Entwicklungsrisiko i.S.d. ProdHaftG gegeben ist.[494] Bei § 823
Abs. 1 BGB genügt aber die Vorhersehbarkeit der Möglichkeit, dass ein Produkt vom Konstruktionsplan abweicht, nicht, denn hieraus kann der Hersteller
nicht immer die Notwendigkeit einer Schadensvermeidungsmaßnahme ableiten.[495]

Autonome Produkte beruhen häufig auf neuen Technologien, bei denen die
Risikoforschung noch im Fluss ist. Insofern stellt sich allgemein die Frage,
welche Abschätzungssicherheit erforderlich ist, damit ein Risiko erkennbar ist.
§ 1 Abs. 2 Nr. 5 ProdHaftG greift zunächst bei *unbekannten Risiken*.[496] Erfasst
sind außerdem *nur befürchtete Risiken*, nicht aber hypothetische Risiken: Ob
für die Erkennbarkeit genügt, dass die wissenschaftliche Diskussion begonnen
hat oder ob sie bereits Ergebnisse produziert haben oder zumindest eine Tendenz erkennen lassen muss, ist umstritten.[497] Teilweise wird verlangt, das

---

[491] Es genügt die Erkennbarkeit der „Möglichkeit des Eintritts eines schädigenden Ereignisses im allgemeinen", BGH, Urt. v. 5.2.1985 – VI ZR 198/83, BGHZ 93, 351, juris Rn. 20;
siehe auch BGH, Urt. v. 11.1.1972 – VI ZR 46/71, BGHZ 58, 48, juris Rn. 27 (unter dem
Gesichtspunkt des adäquaten Zusammenhangs); an einen Rechtsirrtum, welcher hier die Erkennbarkeit der Vermeidungsnotwendigkeit trotz erkannter Gefahr ausschließen könnte,
werden strenge Anforderungen gestellt, vgl. BGH, Urt. v. 4.7.2001 – VIII ZR 279/00, NJW
2001, 3114, juris Rn. 15; siehe auch BGH, Urt. v. 23.10.1984 – VI ZR 85/83, NJW 1985,
620, juris Rn. 23 – „Skilift", wonach „Bewertungszweifel über die Pflichtmäßigkeit oder
Pflichtwidrigkeit des schädlichen Verhaltens" zu Lasten des „Verkehrssicherungspflichtigen" gehen sollen.
[492] Siehe nur BGH, Urt. v. 15.12.2005 – IX ZR 227/04, NJW-RR 2006, 771, juris Rn. 13,
wonach „jede am Rechtsverkehr teilnehmende Organisation sicherstellen [müsse], dass die
ihr ordnungsgemäß zugehenden, rechtserheblichen Informationen von ihren Entscheidungs-
trägern zur Kenntnis genommen werden können"; siehe allgemein zur Verteilung von Wissen in Organisationen *Schwab*, JuS 2017, 481; speziell zur Digitalisierung *Spindler/Seidel*,
in: FS Marsch-Barner, 2018, S. 549.
[493] Vgl. BGH, Urt. v. 9.5.1995 – VI ZR 158/94, BGHZ 129, 353, juris Rn. 17 – „Mineralwasserflasche II"; kritisch *Foerste*, JZ 1995, 1063 (1063).
[494] MüKoBGB/*Wagner*, 8. Aufl. 2020, § 1 ProdHaftG Rn. 53.
[495] Regelmäßig fehlt es bei „Ausreißern" bereits an einer zumutbaren Schadens*vermeidung*smaßnahme, vgl. BGH, Urt. v. 9.5.1995 – VI ZR 158/94, BGHZ 129, 353, juris Rn. 16
– „Mineralwasserflasche II".
[496] Zu Recht wird darauf hingewiesen, dass „[d]efinitionsgemäß [...] heute nicht gesagt
werden kann, worum es sich dabei handeln könnte", *Wagner*, AcP 217 (2017), 707 (750).
[497] Vgl. zu diesem Problem *Mildred*, in: Product liability in comparative perspective,
2005, S. 167 (185).

Wissen müsse nicht nur gewonnen worden, sondern außerdem in den betroffenen Kreisen „anerkannt" sein.[498] Die Rede ist insofern auch vom „letzten, *gesicherten* Forschungsstand".[499] Nach anderer Ansicht soll es genügen, dass wissenschaftliche Mindermeinungen existieren.[500] Für die Erkennbarkeit kann es jedenfalls nicht ausreichen, dass die irgendwie geartete Möglichkeit eines Risikos besteht. Eine Spekulation genügt also nicht; die Möglichkeit muss sich vielmehr zu einer Hypothese konkretisiert haben. Ansonsten würden neue Technologien pauschal diskriminiert werden, denn die Möglichkeit von Risiken besteht hier fast immer.[501] Andererseits darf der Hersteller nicht abwarten, bis sich eine Auffassung, die „den Mindestanforderungen wissenschaftlichen Arbeitens genügt",[502] durchgesetzt hat. Auch die Stimmen von Außenseitern müssen Beachtung finden, soweit ihre Methode „allgemein anerkannt" ist.[503] Auch dann besteht eine begründete Hypothese eines Risikos.

Bei autonomen Systemen stellt sich außerdem speziell die Frage, inwiefern der Ausschlusstatbestand greift, wenn das System während der Nutzungsphase *weiterlernt*. Nach h.M. soll es genügen, dass der Hersteller erkennen kann, dass sich die Sicherheit während des Einsatzes ändern kann. Argumentiert wird damit, dass jedenfalls die Lernfähigkeit als solche erkennbar sei.[504] Teilweise wird aber auch „zumindest eine bestimmte Vorstellung vom möglichen Fehler"

---

[498] OLG Hamburg, Urt. v. 19.5.1983 – 6 U 55/81, VersR 1984, 793 (793 f.) zur Haftung nach § 823 Abs. 1 BGB, aber unter Bezugnahme auf den „Stand von Wissenschaft und Technik".

[499] *Stöhr*, InTeR 2015, 35 (Hervorh. d. Verf.); ähnlich Schmidt-Salzer/Hollmann ProdHaftRL, Bd. I/*Schmidt-Salzer*, 1986, Art. 7 Rn. 107, wo „praktisch gesichertes" Gefahrenwissen verlangt wird; *Taschner/Frietsch*, Produkthaftungsgesetz und EG-Produkthaftungsrichtlinie, 2. Aufl. 1990, § 1 ProdHaftG Rn. 101, wo eine „Verfestigung der Erkenntnisse" gefordert wird.

[500] *Brüggemeier/Reich*, WM 1986, 149 (153); MüKoBGB/*Wagner*, 8. Aufl. 2020, § 1 ProdHaftG Rn. 59.

[501] MüKoBGB/*Wagner*, 8. Aufl. 2020, § 1 ProdHaftG Rn. 60; siehe auch *Becker/Rusch*, ZEuP 2000, 90 (105), wonach es auch „ein Gebot der Fairness" sei, dass „Marktneuheiten nicht durch die Haftung für Entwicklungsrisiken sanktioniert, spätere Marktzugänge jedoch begünstigt werden".

[502] MüKoBGB/*Wagner*, 8. Aufl. 2020, § 1 ProdHaftG Rn. 59.

[503] Vgl. Entwurfsbegründung zum ProdHaftG, BT-Drs. 11/2447, S. 15 zur „Summe an Wissen und Technik, die allgemein anerkannt ist und allgemein zur Verfügung steht"; in diese Richtung auch Staudinger BGB/*Oechsler*, 2021, § 1 ProdHaftG Rn. 44.

[504] *Sosnitza*, CR 2016, 764 (769 f.); MüKoBGB/*Wagner*, 8. Aufl. 2020, § 1 ProdHaftG Rn. 61; *ders.*, AcP 217 (2017), 707 (750); *Zech*, Gutachten für den 73. DJT, 2020, A 71; *Hey*, Die außervertragliche Haftung des Herstellers autonomer Fahrzeuge bei Unfällen im Straßenverkehr, 2019, S. 129; *Etzkorn*, MMR 2020, 360 (363); *Mühlböck/Taupitz*, AcP 221 (2021), 179 (192); *Haagen*, Verantwortung für Künstliche Intelligenz, 2021, S. 320; *Weingart*, Vertragliche und außervertragliche Haftung für den Einsatz von Softwareagenten, 2022, S. 219 f.; siehe auch die Empfehlung der *Expert Group (NTF)*, Liability for AI, 2019, S. 43.

verlangt, so dass „die allgemeine Kenntnis von der Unvorhersehbarkeit von selbstlernenden Systemen" nicht ausreichen soll.[505] Es wird auch erwogen, dass die Haftung bereits ausgeschlossen sein kann, wenn „nicht vorhersehbar ist, wie genau [das System] sich in der Nutzungsphase weiterentwickeln" wird.[506] Im Hinblick auf die Perzeptionsfähigkeit stellt sich die ähnliche Frage, ob es genügt, dass erkennbar ist, dass das System Daten empfangen kann, denen es im „Laborbetrieb" noch nicht ausgesetzt war. Hilfreich ist hier ein Vergleich zum Fabrikationsfehler: Die strenge Haftung für Fabrikationsfehler beruht auf dem Gedanken, dass der Hersteller für die Entscheidung für einen Konstruktionsplan einstehen muss. Soweit der Hersteller den Konstruktionsplan entwicklungsoffen gestaltet hat, muss er auch dafür einstehen, wie sich diese Entwicklung vollzieht. Wenn der Hersteller zwar beim Inverkehrbringen von einer geringen Schadenswahrscheinlichkeit und Schadenshöhe ausgehen durfte, aber erkennen musste, dass sich seine Annahme aufgrund der Perzeptions- und Lernfähigkeit des Produkts verändern kann, scheidet eine Berufung auf ein Entwicklungsrisiko daher aus. Es liegt dann zumindest ein hypothetisches Risiko vor.[507] Nach diesem Maßstab ist der Fehler regelmäßig zu erkennen: Dass die Umgebungsdaten das Verhalten des Agenten und dessen sicherheitsrelevante Eigenschaften verändern (*Model-Drift*), weiß der Hersteller. Erkennbarkeit liegt daher z.B. vor, wenn ein Chatbot, der von vielen Nutzern weitertrainiert wird, durch entsprechende Eingaben ein ehrverletzendes Verhalten erlernt.[508] Ausgeschlossen wäre die Haftung, wenn das System Daten empfangen würde, deren Existenz nicht vorhersehbar war (*Data-Drift*).[509] Dies dürfte nur selten der Fall sein.[510] Denkbar ist es z.B., dass in der Umgebung eines

---

[505] Leupold/Wiebe/Glossner IT-Recht/*Leupold/Wiesner*, 4. Aufl. 2021, Teil 9.6.4 Rn. 64.

[506] *Joggerst/Wendt*, InTeR 2021, 13 (16); in eine ähnliche Richtung *Gruber*, in: Robotik und Gesetzgebung, 2013, S. 123 (144); *Schaub*, JZ 2017, 342 (343); *Lohmann*, AJP 2017, 152 (158); *Droste*, MPR 2018, 109 (118); *Teubner*, AcP 218 (2018), 155 (190); *Brand*, MedR 2019, 943 (949); *Helle*, MedR 2020, 993 (935); *Veith*, Künstliche Intelligenz, Haftung und Kartellrecht, 2021, S. 84 f.; wohl auch *John*, Haftung für künstliche Intelligenz, 2007, S. 315, 317.

[507] Zur Einordnung der Risiken lernfähiger Systeme als hypothetisch siehe *Schmon*, IWRZ 2018, 254 (257).

[508] Vgl. *Graff*, Rassistischer Chat-Roboter: Mit falschen Werten bombardiert, SZ v. 3.4.2016; für Persönlichkeitsrechtsverletzungen haftet der Hersteller allerdings nur nach §§ 823 ff. BGB, nicht nach § 1 Abs. 1 S. 1 ProdHaftG, vgl. BeckOGK ProdHaftG/*Seibl*, 1.7.2023, § 1 Rn. 26; zu Persönlichkeitsrechtsverletzungen durch KI siehe ausführlich *Oster*, UFITA, 2018, 14; vgl. auch *Wagner*, JZ 2023, 123 (130 f.) im Kontext des KI-HaftRL-E.

[509] Siehe auch *Taeger*, Außervertragliche Haftung für fehlerhafte Computerprogramme, 1995, S. 177 zu einem Beispiel, bei dem Software in unerkennbarer Weise durch elektromagnetische Wellen beeinflusst wird.

[510] Siehe auch *Linardato*s, Autonome und vernetzte Aktanten im Zivilrecht, 2021, S. 280, wonach nur „*Ausnahmerisiken*" von der Haftung ausgenommen seien, nicht aber das „*Regelrisiko*".

autonomen Fahrzeugs plötzlich Technologien zum Einsatz kommen, die neu sind und die nicht einkalkuliert werden konnten. Möglicherweise war es auch in dem Fall des *Evolved Radio* nicht erkennbar, dass das System Radiowellen aus seiner Umgebung verarbeiten würde.[511] Ein Entwicklungsrisiko kann außerdem dann vorliegen, wenn ein System, das mehrere Aufgaben erfüllen kann, z.B. ein allgemeines Sprachverarbeitungsmodell, einen neuen Einsatzbereich erhält, mit dem der Hersteller nicht rechnen musste. Auch dieser Fall dürfte allerdings selten sein.[512]

Sommer möchte das Eingreifen der Entwicklungsrisiko-Klausel davon abhängig machen, ob das Risiko in zumutbarer Weise versicherbar war.[513] Der Ausschlusstatbestand beruht auf dem Gedanken, eine Haftung für Entwicklungsrisiken sei schwer zu versichern und könne deswegen unerwünschte Abschreckungseffekte und Preissteigerungen mit sich bringen,[514] so dass dieser Ansatz nicht abwegig erscheint. Ob es praktikabel ist, die Haftung von den konkreten Versicherungsangeboten abhängig zu machen, ist allerdings zweifelhaft. Dies würde die Gerichte dazu verpflichten, nachzuvollziehen, wie die Versicherungslandschaft jeweils ausgestaltet war.[515] Um die Haftungsrisiken – auch für kleinere und jüngere Unternehmen, die *Sommer* insbesondere im Blick hat[516] – kalkulierbar zu machen, ist aber, wie sogleich gezeigt wird, die Bedeutung des Produktsicherheitsrecht zu stärken.

bb) *Vertrauen auf das Produktsicherheitsrecht*

Dass der Hersteller gesetzliche Vorschriften und technische Normen eingehalten hat, soll nach verbreiteter Auffassung nicht dazu führen, dass der Fehler unerkennbar war.[517] Indes würde eine generelle Ablehnung eines Gleichlaufs

---

[511] Siehe dazu oben Kapitel 1, C. III. 3. Die Signale wurden allerdings von nahegelegenen Computern erzeugt, die sich in dem Labor, in welchem die Experimente der Forscher stattfanden, befanden, vgl. *Bird/Layzell*, in: Proceedings of the 2002 Congress on Evolutionary Computation, CEC '02, 2002, S. 1836.

[512] Bei einer solchen restriktiven Auslegung ist die Einschätzung des Gesetzgebers, dass Entwicklungsrisiken „in der Praxis […] nur selten vorkommen", nicht von der Hand zu weisen, vgl. Entwurfsbegründung zum ProdHaftG, BT-Drs. 11/2447, S. 12.

[513] *Sommer*, Haftung für autonome Systeme, 2020, S. 259 f.

[514] Vgl. *Hollmann*, DB 1985, 2389 (2396); siehe auch den Bericht der Kommission an den Rat, das Europäische Parlament und den Europäischen Wirtschafts- und Sozialausschuss – Dritter Bericht über die Anwendung der Richtlinie des Rates zur Angleichung der Rechts- und Verwaltungsvorschriften der Mitgliedstaaten über die Haftung für fehlerhafte Produkte vom 14.9.2009, KOM (2006) 496, S. 7; kritisch *Sack*, VersR 1988, 439 (448).

[515] Siehe auch oben Kapitel 2. B. II. 1. b) zu einer ähnlichen Argumentation im Zusammenhang mit der Haftung für menschliche Autonomie *de lege ferenda*.

[516] *Sommer*, Haftung für autonome Systeme, 2020, S. 260 f.

[517] Vgl. *Marburger*, in: FS Deutsch, 1999, S. 271 (283); *Vieweg*, in: Handbuch des Technikrechts, 2. Aufl. 2011, S. 337 (380) zur Einhaltung des Sicherheitsstandards des ProdSG; OLG Köln, Urt. v. 7.9.2005 – 27 U 12/04, NJW 2005, 3292, juris Rn. 6; nach BGH, Urt. v.

die Tatsache, dass die Normierung auch Rechtssicherheit für den Hersteller schaffen soll, nicht hinreichend berücksichtigt.[518] Entscheidend muss sein, ob durch die Vorschriften ein *Vertrauenstatbestand* geschaffen wurde: Regeln gesetzliche Vorschriften die Sicherheitsanforderungen konkret und vollständig oder erwecken zumindest den Anschein einer solchen Regelung, darf darauf vertraut werden, dass die Einhaltung der normierten Standards genügt.[519] Regelmäßig fehlt es aber, wie gesehen, an einer solchen Regelung durch den Gesetzgeber.[520] Durch technische Normen ohne Gesetzesrang wird grundsätzlich kein Vertrauenstatbestand geschaffen.[521] Ist mit der Einhaltung technischer Normen allerdings die gesetzliche Vermutung der Einhaltung gesetzlicher Vorschriften verknüpft, muss der Betroffene sich hierauf verlassen können. Soweit die Vermutungswirkung reicht,[522] darf der Betroffene davon ausgehen, die

---

9.6.1998 – VI ZR 238/97, BGHZ 139, 79, juris Rn. 36 – „Feuerwerkskörper II" hängt die Erkennbarkeit eines relevanten Risikos „bei pyrotechnischen Gegenständen, die sprengstoffrechtlich unbeschränkt verkäuflich sind [...] von den gesamten Umständen des Einzelfalls ab"; der BGH verneinte die Erkennbarkeit für den Letztverkäufer (Rn. 33 ff., siehe auch BGH, Urt. v. 26.5.1998 – VI ZR 183/97, BGHZ 139, 43, juris Rn. 22 ff. – „Feuerwerkskörper I"), bejahte sie aber für den Hersteller und Importeur (Rn. 10 ff.).

[518] Kritisch zum „Rechtsdogma [...], nach dem (technische) Standards keine Bindungswirkung gegenüber dem Gericht entfalten können", *Sommer*, Haftung für autonome Systeme, 2020, S. 459 f.; für einen weitreichenden Gleichlauf zwischen Produktsicherheits- und Produkthaftungsrecht *Marburger*, VersR 1983, 597 (602); wohl auch MüKoBGB/*Grundmann*, 9. Aufl. 2022, § 276 Rn. 64; kritisch MüKoBGB/*Wagner*, 8. Aufl. 2020, § 823 Rn. 499; jeweils zur Fahrlässigkeitshaftung.

[519] Vgl. BGH, Urt. v. 15.7.2003 – VI ZR 155/02, NJW-RR 2003, 1459, juris Rn. 11 zu Unfallverhütungsvorschriften, wonach dann, wenn diese „gerade der Vermeidung der Gefahren, die sich später in einem Unfall verwirklicht haben" dienen, „dem Verkehrssicherungspflichtigen nicht zum Vorwurf gemacht werden [könne], dass er keine weitergehenden Schutzmaßnahmen ergriffen hat, als in der einschlägigen Unfallverhütungsvorschrift gefordert".

[520] Siehe dazu oben III. 2. c) bb).

[521] *Vieweg*, in: Handbuch des Technikrechts, 2. Aufl. 2011, S. 337 (375 f.); a.A. grundsätzlich *Marburger*, VersR 1983, 597 (603), wonach der „Normanwender, dem ohnehin die fachliche Qualifikation zur eingehenden technischen Prüfung häufig fehlen wird, im allgemeinen auf die Richtigkeit der Regel vertrauen" darf; strenger allerdings wohl für den Hersteller eines Produkts, vgl. *ders.*, in: FS Deutsch, 1999, S. 271 (283 ff.); ein stärkeres Vertrauen kann bei normkonkretisierenden Verwaltungsvorschriften begründet sein, siehe etwa zur TA-Luft (§ 48 BImSchG) BGH, Urt. v. 18.9.1984 – VI ZR 223/82, BGHZ 92, 143, juris Rn. 24 – „Kupolofen", wonach die „Einhaltung der Emissionswerte der TA-Luft regelmäßig von dem Verschuldensvorwurf" entlaste. Etwas anderes könne sich ergeben, wenn „besondere Umstände zu Zweifeln daran veranlassen mußten, daß die Beachtung der Werte der TA-Luft nicht ausreicht, um unzulässige Immissionen zu vermeiden".

[522] Deckt die technische Norm nur einen Teil der Anforderungen ab oder entschließt sich der Betroffene dazu, nicht alle Bestimmungen der Norm einzuhalten, greift die Vermutungswirkung hinsichtlich der anderen Anforderungen nicht, siehe auch den Leitfaden für die

gesetzlichen Vorschriften eingehalten zu haben. Zwar ist die Vermutung widerlegbar, so dass dennoch ein Fehler vorliegen kann.[523] Sie befreit den Betroffenen aber von der Last, den Verstoß gegen die gesetzlichen Vorschriften festzustellen und zu erkennen – dies ist nun Aufgabe der Behörden[524] – und führt deshalb dazu, dass jedenfalls ein Entwicklungsrisiko gegeben ist.

Ähnliches gilt, wenn eine Zulassung oder Zertifizierung vorliegt: Überwiegend wird davon ausgegangen, dass die Erkennbarkeit des Normverstoßes hierdurch nicht ausgeschlossen werde.[525] Auch insofern muss es aber darauf ankommen, inwieweit ein Vertrauenstatbestand geschaffen wurde. Im Regelfall darf der Hersteller sich nicht darauf verlassen, „eine Genehmigungs- oder Zulassungsbehörde werde schon etwaige Mängel aufdecken und dann die Genehmigung bzw. Zulassung versagen".[526] Etwas anderes muss jedoch auch hier gelten, wenn durch die Zulassung oder Zertifizierung das Vertrauen auf eine vollständige Prüfung geschaffen wird.[527] Dies ist insbesondere dann der Fall, wenn an die Zertifizierung die gesetzliche Vermutung geknüpft ist, dass die geprüften Vorschriften eingehalten werden (vgl. etwa Art. 56 Abs. 1 Cybersicherheits-VO). Hierdurch wird der Betroffene von dem Erfordernis der eigenen Prüfung befreit; diese obliegt der zuständigen Stelle.[528]

Umsetzung der Produktvorschriften der EU 2016 („Blue Guide") der *Europäischen Kommission* v. 26.7.2016, ABl. EU v. 26.7.2016, Nr. C 272, S. 43.

[523] Siehe dazu oben III. 2. c) bb).

[524] Vgl. *Schucht*, EuZW 2017, 46 (49). Der Betroffene trägt dagegen die Verantwortung dafür, „die jeweiligen Risiken zu erkennen, festzustellen, welche der wesentlichen Anforderungen zu erfüllen sind und dementsprechend die harmonisierten Normen oder andere Spezifikationen auszuwählen, die für den konkreten Fall anwendbar sind", vgl. den Leitfaden für die Umsetzung der Produktvorschriften der EU 2016 („Blue Guide") der *Europäischen Kommission* v. 26.7.2016, ABl. EU v. 26.7.2016, Nr. C 272, S. 42.

[525] Siehe nur BGH, Urt. v. 7.10.1986 – VI ZR 187/85, NJW 1987, 372, juris Rn. 16 zur Prüfung nach § 19 StVZO, § 25 AMG; BGH, Urt. v. 9.12.1986 – VI ZR 65/86, BGHZ 99, 167, juris Rn. 27 – „Motorrad-Lenkerverkleidung" zur allgemeinen Betriebserlaubnis für Kraftfahrzeugzubehör; BGH, Urt. v. 5.2.2013 – VI ZR 1/12, NJW 2013, 1302, juris Rn. 10 – „Heißwasser-Untertischgerät" zur Zuerkennung eines GS-Zeichens; MüKoBGB/*Wagner*, 8. Aufl. 2020, § 1 ProdHaftG Rn. 57.

[526] BGH, Urt. v. 7.10.1986 – VI ZR 187/85, NJW 1987, 372, juris Rn. 16. Das Gesetz kann ein solches Vertrauen auch explizit ausschließen (vgl. § 25 Abs. 10 AMG).

[527] Nach Auffassung der Europäischen Kommission soll dagegen auch die Einhaltung harmonisierter Normen trotz der Konformitätsvermutung im Produktsicherheitsrecht die Haftung nicht ausschließen, vgl. den Leitfaden für die Umsetzung der Produktvorschriften der EU 2016 („Blue Guide") der *Europäischen Kommission* v. 26.7.2016, ABl. EU v. 26.7.2016, Nr. C 272, S. 13 Fn. 26.

[528] Es bleibt die Möglichkeit einer Haftung der Zulassungs- oder Zertifizierungsstelle, vgl. etwa BGH, Urt. v. 27.2.2020 – VII ZR 151/18, BGHZ 225, 23; MüKoBGB/*Wagner*, 8. Aufl. 2020, § 823 Rn. 943 ff., insbesondere zu den sog. „Benannten Stellen" i.S.v. §§ 15 ff. MPG a.F., Art. 16 Richtlinie 93/42/EWG (mittlerweile aufgehoben, vgl. Fn. 309).

Durch diese vergleichsweise herstellerfreundliche Auslegung wird Rechtssicherheit für den Hersteller geschaffen.[529] Dadurch kann eine zu starke Abschreckung und damit verbundene Innovationshemmung vermieden werden.[530] Auch die Versicherbarkeit kann erleichtert werden, da sich die Versicherungsunternehmen bei der Ausgestaltung ihrer Verhaltensvorgaben an den Regelwerken orientieren können.[531] Einer solchen Auslegung steht auch nicht ein Umkehrschluss zu § 1 Abs. 2 Nr. 4 ProdHaftG entgegen, wonach die Ersatzpflicht ausgeschlossen ist, wenn der Fehler darauf beruht, dass das Produkt *zwingenden* Rechtsvorschriften entsprochen hat.[532] Dort geht es darum, dass der Hersteller „gezwungen wird, so und nicht anders, aber fehlerhaft zu produzieren".[533] Die Entwicklungsrisiko-Klausel dient dagegen dem Schutz davor, „wegen des Fortschritts, der während der Verwendungszeit des Produkts in der Fehlererkennung eingetreten ist, haften zu müssen".[534] Dieser Schutz ist wenig wert, wenn der Hersteller nicht einschätzen kann, wie der „Stand der Wissenschaft und Technik" beschaffen ist. Im Produktsicherheitsrecht wird ebenfalls auf technische Standards und ähnlich weite Begriffe verwiesen. Dort sollen konkretisierende Normen die Handhabung dieser Begriffe für die Hersteller erleichtern.[535] Das damit verbundene Mehr an Klarheit würde allerdings erheblich eingeschränkt, wenn man den Herstellern im Haftungsrecht die Berufung auf die Einhaltung dieser Regeln versagen würde. Dasselbe gilt für Zulassungen und Zertifizierungen, die mit Vermutungen verbunden sind.[536]

---

[529] Zum Bedürfnis des Herstellers nach Rechtssicherheit siehe nur *Lutz*, NJW 2015, 119 (120 f.); *Weingart*, Vertragliche und außervertragliche Haftung für den Einsatz von Softwareagenten, 2022, S. 295 ff.

[530] Zur Innovationsförderung durch Standardisierung siehe die Deutsche Normungsroadmap Künstliche Intelligenz, Ausgabe 2, 2022, S. 5.

[531] Zur Versicherbarkeit als Hintergrund der Entwicklungsrisiko-Klausel siehe oben vor und mit Fn. 514; dazu, dass Versicherungsunternehmen ihren Kunden Verhaltensvorgaben machen können, vgl. *Fondazione Rosselli*, Analysis of the Economic Impact of the Development Risk Clause as provided by Directive 85/374/EEC on Liability for Defective Products, Study for the European Commission, 2002, S. 70.

[532] In diese Richtung *Rolland*, Produkthaftungsrecht, 1990, § 3 ProdHaftG Rn. 41 im Kontext von § 3 ProdHaftG; Produkthaftungshandbuch/*Foerste*, 3. Aufl. 2012, § 24 Rn. 52, wonach die Fahrlässigkeit (nur) ausgeschlossen sei, wenn die Norm dem Hersteller eine technische Alternative verwehrt.

[533] Entwurfsbegründung zum ProdHaftG, BT-Drs. 11/2447, S. 15.

[534] Entwurfsbegründung zum ProdHaftG, BT-Drs. 11/2447, S. 16.

[535] *Schucht*, EuZW 2017, 46 (48); ähnlich Klindt ProdSG/*Klindt*, 3. Aufl. 2021, § 4 Rn. 2; jeweils zur technischen Normung.

[536] Siehe auch *Schucht*, BB 2016, 456 (457), der ausführt, dass „Prüfberichte und Konformitätsbescheinigungen ungeachtet der damit einhergehenden Vorteile keine absolute Sicherheit für die Wirtschaftsakteure bieten" würden und dabei insbesondere auf die Produkthaftung hinweist.

Zweifellos stellt die Aufstellung entsprechender produktsicherheitsrechtlicher Regelungen eine Herausforderung für die Normgeber dar:[537] Für maximale Rechtssicherheit sind erstens, (konkrete) technische Normen, die mit der Vermutung der Einhaltung der (vollständigen) gesetzlichen Sicherheitsvorschriften verknüpft werden erforderlich und zweitens, gesetzliche Vermutungen für die Einhaltung dieser Normen, wenn dies von einer Zulassungs- oder Zertifizierungsstelle bescheinigt worden ist.[538] Die Errichtung eines entsprechenden Regimes dürfte angesichts des schnellen technischen Fortschritts und der Produktdiversität nicht immer möglich sein; dann obliegt es den Gerichten, Standards für die Fehlerhaftigkeit und Erkennbarkeit aufzustellen, und den Herstellern, diese Standards zu prognostizieren.[539]

b) Zeitliche Komponente

Der Maßstab für die Erkennbarkeit unterliegt, wie der Maßstab für die Fehlerhaftigkeit, einer dynamischen Entwicklung:[540] Neues Wissen kann dazu führen, dass der Fehler erkennbar wird.[541] § 1 Abs. 2 Nr. 5 ProdHaftG stellt, wie § 3 Abs. 1 lit. c, Abs. 2 ProdHaftG, auf den *Zeitpunkt* des Inverkehrbringens ab. Um der Entwicklungsoffenheit von (autonomen) Softwareprodukten Rechnung zu tragen, ist aber auch hier, wie bei § 3 Abs. 1 lit. c, Abs. 2 ProdHaftG, das Inverkehrbringen als *Zeitraum* zu verstehen. Dieser endet, wie gesehen, dann, wenn eine Anpassung des Produkts an veränderte Sicherheitserwartungen nicht mehr erwartet werden darf.[542] Die Entwicklungsrisiko-Klausel will „den Hersteller davor schützen, wegen des Fortschritts, der während der Verwendungszeit des Produkts in der Fehlererkennung eingetreten ist, haften zu müssen".[543] Zumindest so lange, wie vom Hersteller erwartet werden kann, dass er das Produkt an den Fortschritt bei der Risiko*vermeidung* anpasst, ist er aber auch hinsichtlich des Fortschritts bei der Risiko*erkennung* wenig schutzwürdig: Muss er etwa ein Update anbieten, um auf eine (ehemalige) Entwicklungslücke zu reagieren, kann und muss er im Rahmen dessen auch

---

[537] Zu den Schwierigkeiten der produktsicherheitsrechtlichen Regulierung bei „komplexen und neuartigen Produkten wie autonomen Systemen" vgl. *Wagner*, in: Zivilrechtliche und rechtsökonomische Probleme des Internet und der künstlichen Intelligenz, 2019, S. 1 (10).

[538] Zu den Regelungen im KI-VO-E siehe oben III. 2. c) dd).

[539] Vgl. *Wagner*, in: Zivilrechtliche und rechtsökonomische Probleme des Internet und der künstlichen Intelligenz, 2019, S. 1 (10).

[540] Vgl. *Luttermann*, JZ 1988, 174 (180) zur Fahrlässigkeit bei der Gentechnik.

[541] Das neue Wissen kann auch dabei helfen, Methoden zu entwickeln, mit denen Gefahren *vermieden* werden können. Sowohl Entwicklungsrisiken als auch Entwicklungslücken können also beseitigt werden, vgl. Schmidt-Salzer/Hollmann ProdHaftRL, Bd. I/*Schmidt-Salzer*, 1986, Art. 7 Rn. 108 zu Contergan; *Hofmann*, CR 2020, 282 (286).

[542] Siehe dazu oben III. 5.

[543] Entwurfsbegründung zum ProdHaftG, BT-Drs. 11/2447, S. 16.

(ehemaligen) Entwicklungsrisiken Rechnung tragen. § 1 Abs. 2 Nr. 5 ProdHaftG greift also nicht, wenn der Fehler erkennbar *wird*, während das Inverkehrbringen noch nicht beendet ist. Die zeitlichen Komponenten von Fehler und Erkennbarkeit laufen somit parallel.

Nach § 823 Abs. 1 BGB können für den Hersteller noch weiterreichende Pflichten bestehen. Regelmäßig muss der Hersteller Veränderungen bei der Risiko*erkennung* im Rahmen seiner Sorgfaltspflichten länger Rechnung tragen als Veränderungen bei der Risiko*vermeidung*. Die zeitlichen Grenzen des § 3 ProdHaftG beruhen darauf, dass in einem bestimmten Zeitraum ein Risiko als zulässig eingeordnet wurde und der Hersteller sich deshalb auf die Fehlerfreiheit verlassen darf. Entwicklungsrisiken sind dagegen zu *keinem* Zeitpunkt zulässig. Sie begründen zu *jedem* Zeitpunkt einen Fehler, nur war dieser Fehler nicht immer erkennbar. Aus diesem wertungsmäßigen Unterschied resultieren unterschiedliche Anforderungen: Selbst wenn eine Anpassung an die Veränderungen der erforderlichen Sicherheit nicht mehr erwartet werden darf, kann es dem Hersteller zumutbar sein, nachträglich erkennbar gewordenen Risiken Rechnung zu tragen. Dabei kann auch das Alter der Technologie eine Rolle spielen: Während neue Produkte über einen längeren Zeitraum beobachtet werden müssen, entfällt bei „eingeführten Produkten […], bei denen keine Fehler aufgetreten sind, die auf Konstruktions- oder Planungsmängel hindeuteten […] nach einer gewissen Zeit die Pflicht zur Produktbeobachtung".[544] Den Zeitraum nach Ende der Anpassungspflicht in die Produkthaftung einzubeziehen, würde den Wortlaut des ProdHaftG wohl überspannen und außerdem den Gleichlauf zwischen Fehler und Erkennbarkeit beseitigen. Nach § 823 Abs. 1 BGB ist eine zeitlich weiterreichende, allerdings verschuldensabhängige, Haftung dagegen möglich.

Die zeitliche Ausdehnung führt dazu, dass es nicht genügt, dass der Hersteller das System vor seinem Einsatz umfassend testet. Vielmehr kann es auch erforderlich sein, bereits in der Entwicklungsphase Vorkehrungen zu treffen, die es ermöglichen, das Verhalten während des Einsatzes aufzuzeichnen und auswerten (*Logging by Design*).[545] Trifft der Hersteller insofern nicht die ihm zumutbaren Maßnahmen und erkennt er deshalb das Sicherheitsdefizit nicht, war der Fehler erkennbar und kann der Hersteller sich nicht auf ein Entwicklungsrisiko bzw. ein fehlendes Verschulden berufen. Der Hersteller muss insbesondere, durch die Auswertung von *Logfiles* oder auf Grundlage sonstiger Informationen, beobachten, wie der Agent mit seiner Umgebung – die regelmäßig vom „Laborbetrieb" abweicht[546] – interagiert: Nach dem BGH beziehen

---

[544] OLG Karlsruhe, Urt. v. 22.6.1977 – 7 U 123/76, VersR 1978, 550, juris Rn. 29.

[545] Vgl. *Weingart*, Vertragliche und außervertragliche Haftung für den Einsatz von Softwareagenten, 2022, S. 200; zu der Möglichkeit und zu den Grenzen von *Logging*-Maßnahmen siehe oben Kapitel 1, C. III. 3.

[546] Siehe dazu oben III. 2. a).

sich die Produktbeobachtungspflichten auch auf das Zubehör des Produkts, das „erforderlich ist, um das [Produkt] erst funktionstüchtig zu machen" oder „dessen Verwendung er durch Anbringung von Bohrlöchern, Ösen, Halterungen, Aufhängevorrichtungen usw. ermöglicht hat".[547] Auch die Sicherheit eines autonomen Produkts kann von dessen „Zubehör" abhängen, insbesondere wenn es Teil eines Gesamtsystems ist.[548] Allgemein werden seine Sicherheitseigenschaften maßgeblich durch den Input bedingt, den das Produkt im Realbetrieb empfängt. Entsprechend muss der Hersteller eines autonomen Produkts beobachten, wie der technische Agent mit Vernetzungen und mit sonstigen Veränderungen in der Umgebung umgeht.[549] Seine Beobachtungspflicht reicht zwar nicht so weit, dass er jedes neue Produkt (aktiv) auf die Kompatibilität mit dem eigenen überprüfen muss.[550] Der Hersteller hat jedoch neue Vernetzungen (passiv) zur Kenntnis zu nehmen und auf Anhaltspunkte für eine Inkompatibilität zu reagieren.[551] Unter Umständen muss er den Einsatzbereich durch nachträgliche Instruktionen begrenzen, ähnlich wie z.B. der Hersteller eines Motorrads nach dem BGH „nur bestimmte, von ihm getestete und für sicher beurteilte Zubehörteile den Benutzern seiner Motorräder zu empfehlen oder in der Gebrauchsanleitung bzw. durch Aufkleber auf dem Motorrad die Verwendung derartiger Vorrichtungen einzuschränken oder vor einer mißbräuchlichen Verwendung dieser Vorrichtungen zu warnen" hat.[552]

4. Teilprodukte, § 1 Abs. 3 ProdHaftG

Nach § 1 Abs. 3 ProdHaftG ist die Ersatzpflicht des Teilproduktherstellers ausgeschlossen, wenn der Fehler des Endprodukts (nur) durch die Konstruktion des Endprodukts oder durch die Anleitungen des Herstellers des Endprodukts verursacht worden ist. Bei technischen Agenten stellt sich insofern insbesondere die bereits angesprochene Frage, wie Updates und die durch Training in der Nutzungsphase erlangten Lernfortschritte einzuordnen sind. Wie erläutert, ist ein Update grundsätzlich kein Teilprodukt des ursprünglichen Agenten,

---

[547] BGH, Urt. v. 9.12.1986 – VI ZR 65/86, BGHZ 99, 167, juris Rn. 22 – „Motorrad-Lenkerverkleidung".

[548] Zu den Vernetzungsmöglichkeiten siehe oben Kapitel 1, C. V.

[549] Vgl. *Schulz*, Verantwortlichkeit bei autonom agierenden Systemen, 2015, S. 172; *Veith*, Künstliche Intelligenz, Haftung und Kartellrecht, 2021, S. 89.

[550] Vgl. *Spindler*, CR 2015, 766 (769 f.); *ders.*, JZ 2022, 793 (796); *Weingart*, Vertragliche und außervertragliche Haftung für den Einsatz von Softwareagenten, 2022, S. 201 ff. Zwischen den Herstellern liegt regelmäßig eine bloße Kooperationsbeziehung vor, siehe dazu oben Kapitel 2, A. I. 2. c).

[551] So wohl auch *Schulz*, Verantwortlichkeit bei autonom agierenden Systemen, 2015, S. 172.

[552] BGH, Urt. v. 9.12.1986 – VI ZR 65/86, BGHZ 99, 167, juris Rn. 22 – „Motorrad-Lenkerverkleidung".

sondern ein neues Endprodukt.[553] Es entspricht einem Zubehörteil, das nachträglich an ein Endprodukt montiert wird. Erfolgt das Update durch einen Dritten, haftet der Hersteller nicht für Fehler des Updates und der Dritte nicht für sonstige Fehler des Agenten. Nimmt der Hersteller das Update selbst vor, haftet er für Fehler des ursprünglichen Agenten und des Updates. Der veränderte Agent kann allerdings auch ein neues (Gesamt-)Endprodukt sein, wenn seine sicherheitsrelevanten Eigenschaften durch das Update *wesentlich* verändert werden. Der ursprüngliche Agent ist dann ein Teilprodukt.[554] Entsprechendes gilt, wenn der Nutzer den Agenten weitertrainiert: Ursprünglicher Agent und Lernfortschritt sind meist zwei selbständige Endprodukte. Werden durch den Lernfortschritt sicherheitsrelevante Eigenschaften *wesentlich* verändert, ist der veränderte Agent allerdings ein neues (Gesamt-)Endprodukt.[555] Der Entwickler des ursprünglichen Agenten kann sich dann auf § 1 Abs. 3 ProdHaftG berufen, wobei zu berücksichtigen ist, dass bei einem *naheliegenden* Fehlgebrauch der Fehler nicht nur durch den Trainer-Nutzer, sondern auch durch den Entwickler verursacht wurde, so dass eine Entlastung nach § 1 Abs. 3 S. 1 Alt. 1 BGB nicht in Betracht kommt.[556]

Der *Endprodukt*hersteller haftet stets für die Fehlerhaftigkeit des Endprodukts, auch wenn der Fehler (nur) ein Teilprodukt betrifft.[557] In den soeben beschriebenen Fällen eines neuen (Gesamt-)Endprodukts ist Endprodukthersteller des Agenten derjenige, der das Update entwickelt bzw. den Agenten trainiert hat. Zugunsten des Update-Entwicklers und des Trainer-Nutzers greift § 1 Abs. 3 ProdHaftG dagegen nicht, auch nicht analog.[558] Die Haftung des Endproduktherstellers hat, wie dargestellt, eine Sicherstellungsfunktion und schützt den Geschädigten insofern vor Durchsetzungsrisiken.[559] Der Update-Entwickler und der Trainer-Nutzer sind auch bei Fehlern, die (allein) auf der Herstellung des ursprünglichen Agenten beruhen, im Außenverhältnis

---

[553] Siehe dazu oben II. 1.; vgl. auch *Beierle*, Die Produkthaftung im Zeitalter des Internet of Things, 2021, S. 304, wonach der Softwarehersteller, der Updates durchführt, bei einer IoT-Anwendung eine „Doppelfunktion als (originärer) Teilprodukt- und (späterer) Endprodukthersteller" einnehme.

[554] Siehe dazu oben II. 1.

[555] Siehe dazu oben II. 2.

[556] Zu diesem Maßstab siehe oben III. 2.; zur Geltung des Maßstabs bei § 1 Abs. 3 ProdHaftG siehe Staudinger BGB/*Oechsler*, 2021, § 1 ProdHaftG Rn. 138 (a.A. wohl MüKoBGB/*Wagner*, 8. Aufl. 2020, § 1 ProdHaftG Rn. 70, wonach es grundsätzlich auf den „objektiv vernünftigen Verwendungszweck" ankommen soll).

[557] MüKoBGB/*Wagner*, 8. Aufl. 2020, § 4 ProdHaftG Rn. 13.

[558] Siehe dazu ausführlich *Mayrhofer*, RDi 2023, 20 (23).

[559] Siehe bereits *Mayrhofer*, RDi 2023, 20 (23); ähnlich *Beierle*, Die Produkthaftung im Zeitalter des Internet of Things, 2021, S. 303; vgl. auch Staudinger BGB/*Oechsler*, 2021, § 4 ProdHaftG Rn. 23 dazu, dass § 4 Abs. 1 ProdHaftG dem Geschädigten „gerade die Identifizierung des für den Fehler verantwortlichen Produktionsbeteiligten als richtigen Anspruchsgegner ersparen" will; vgl. auch schon oben Kapitel 2, A. III. 1.

gegenüber dem Geschädigten ersatzpflichtig und auf den Regress beim Entwickler zu verweisen (§ 5 S. 2 ProdHaftG, § 426 Abs. 1 S. 2, Abs. 2 BGB).[560] Im Rahmen von § 823 Abs. 1 ProdHaftG haftet dagegen jeder Hersteller nur für Schäden, die er selbst fahrlässig verursacht hat. Resultiert die Verletzung erst aus dem Zusammenwirken mehrerer Hersteller, muss also das schädigende Verhalten des jeweils anderen i.S.v. § 276 Abs. 2 BGB vermeidbar und vorhersehbar gewesen sein.[561] In Delegationsbeziehungen gelten insofern die im Zusammenhang mit menschlicher Autonomie erläuterten Grundsätze.[562]

5. Zeitliche Grenze der Haftung, § 13 ProdHaftG

Gemäß § 13 Abs. 1 S. 1 ProdHaftG erlischt der Anspruch des Geschädigten grundsätzlich zehn Jahre nach dem Inverkehrbringen (vgl. Art. 11 ProdHaftRL). Für das Inverkehrbringen soll es hier nach dem EuGH – anders als bei Art. 7 lit. a ProdHaftRL – darauf ankommen, ob das Produkt die Sphäre des Herstellers (vollständig) verlassen hat.[563] Versteht man das Inverkehrbringen als Zeitraum, ist es sachgemäß, wie bei §§ 3 Abs. 1 lit. c, Abs. 2, 1 Abs. 2 Nr. 5 ProdHaftG, auf das *Ende* dieses Zeitraums abzustellen: Danach beginnt die Frist, wenn eine Anpassung an den aktuellen Sicherheitsstandard nicht mehr erwartet werden kann. Dies ermöglicht eine begriffliche Harmonisierung und entspricht dem Zweck der Befristung: Hintergrund ist der Gedanke, dass es für den Hersteller, der lange nach dem Inverkehrbringen mit einem Fehler des Produkts konfrontiert wird, schwierig ist, nachzuweisen, dass dieser beim Inverkehrbringen noch nicht vorlag (vgl. § 1 Abs. 2 Nr. 2, Abs. 4 S. 2 ProdHaftG).[564] Solange es dem Hersteller aber sogar zumutbar ist, die Sicherheitseigenschaften des Agenten zu verändern und an erhöhte Standards anzupassen, hat er in der Regel keine schlechteren Beweismöglichkeiten. Durch diese dynamische Auslegung von § 13 ProdHaftG wird zwar die Rechtssicherheit verringert. Die damit verbundene zusätzliche Beeinträchtigung des Herstellers ist jedoch gering: Da die Produzentenhaftung nach §§ 823, 276 Abs. 2

---

[560] Zu beachten ist allerdings, dass der Update-Entwickler und der Trainer-Nutzer, die – wie Monteure – *nur* Vorgaben des Entwicklers des ursprünglichen Agenten umsetzen, selbst keine Hersteller sind. Die Sicherheitseigenschaften sind dann nur dem ursprünglichen Entwickler zuzurechnen, siehe dazu oben II.

[561] Vgl. MüKoBGB/*Wagner*, 8. Aufl. 2020, § 823 Rn. 926 f.; *Ebers*, in: German National Reports on the 21st International Congress of Comparative Law, 2022, S. 157 (173).

[562] Siehe oben Kapitel 2, A.

[563] EuGH, Urt. v. 9.2.2006 – C-127/04, Slg 2006, I-1313, juris Rn. 24 ff. – „O'Byrne". Der EuGH führt aus, anders als Art. 7 ProdHaftRL, der als Haftungsbefreiungsgrund im Interesse des Geschädigten eng auszulegen sei, habe Art. 11 ProdHaftRL, welcher der Rechtssicherheit diene, „neutralen Charakter" (Rn. 25 f.).

[564] BeckOGK ProdHaftG/*Schäfer*, 1.4.2023, § 13 Rn. 2; nach Erwägungsgrund 11 ProdHaftRL ist es „unbillig, den Hersteller zeitlich unbegrenzt für Mängel seiner Produkte haftbar zu machen".

BGB an keine zeitliche Grenze gebunden ist, kann der Hersteller ohnehin nicht vollständig darauf vertrauen, nach zehn Jahren nicht mehr belangt werden zu können.[565] Die Bestimmung der Grenze anhand der berechtigten Erwartungen erlaubt eine interessengerechte Differenzierung. Außerdem kann der Hersteller diese Erwartungen, wie bereits dargestellt, durch seine Produktpräsentation auch selbst steuern und sich so eine gewisse Rechtssicherheit verschaffen.[566]

VI. Beweisfragen

Der Nachweis der Haftungsvoraussetzungen, insbesondere des *Fehlers* und der *Fehler-Kausalität* kann bei autonomen Produkten enorme Schwierigkeiten bereiten.[567] Sachverständige können zwar weiterhelfen.[568] Bei autonomen Produkten geraten aber auch Experten an ihre Grenzen, sowohl was die Feststellung des generellen Sicherheitsdefizits (Fehler) angeht, als auch im Hinblick darauf, ob sich dieses im konkreten Fall ausgewirkt hat (Fehler-Kausalität).

Schwierigkeiten bereitet zunächst der *Black Box*-Effekt: Ein Diagnosesystem kann ausweislich der Testdaten in 90 % der Fälle korrekt entscheiden und damit möglicherweise menschliche Agenten und die technische Konkurrenz übertreffen. Doch wenn sich nicht feststellen lässt, *wie* es seine Entscheidungen trifft, bleibt unklar, ob die verbleibenden 10 % nicht in zumutbarer Weise, z.B. durch die Verwendung anderer Trainingsdaten oder die Instruktion des Nutzers über kritische Situationen, überwunden werden können (Fehler). Steht fest, dass das System bei statistischer Betrachtung zu viele Fehlentscheidungen trifft, kann ungewiss sein, ob bei einer höheren generellen Sicherheit die konkret schadensursächliche Fehlentscheidung vermieden worden wäre (Fehler-Kausalität). Auch bei Systemen, deren Entscheidungskriterien grundsätzlich transparent sind, können Schwierigkeiten bestehen. Solche resultieren insbesondere aus der mit der *Perzeptions-* und *Lernfähigkeit* verbundenen Datenabhängigkeit. Fehlt es an Informationen über die vom System verarbeiteten

---

[565] Vgl. BeckOK BGB/*Förster*, 66. Ed., 1.5.2023, § 13 ProdHaftG Rn. 3; BeckOGK ProdHaftG/*Schäfer*, 1.4.2023, § 13 Rn. 5.

[566] Siehe dazu oben III. 5. a).

[567] Vgl. nur *Lutz*, NJW 2015, 119 (120); *Günther*, Roboter und rechtliche Verantwortung, 2016, S. 194; *Martini*, JZ 2017, 1017 (1023 f.); *Graf von Westphalen*, ZIP 2020, 737 (743); *Hofmann*, CR 2020, 282 (288); *Cappiello*, AI-systems and non-contractual liability, 2022, S. 70 f.; *Weingart*, Vertragliche und außervertragliche Haftung für den Einsatz von Softwareagenten, 2022, S. 186 f., 234 ff.; *Europäische Kommission*, Weißbuch zur Künstlichen Intelligenz v. 19.2.2020, COM (2020) 65 final, S. 14; *Hacker*, arXiv:2211.13960v5, 2023, S. 26. Fehler und Fehler-Kausalität sind zwar streng genommen keine Voraussetzungen der Produzentenhaftung nach § 823 Abs. 1 BGB, aber grundsätzlich Voraussetzung der Beweislastumkehr (siehe oben Kapitel 2, A. II. 1. c] bb] [3]), so dass es für die Anspruchsdurchsetzung auch insofern auf den Nachweis dieser Elemente ankommt.

[568] Siehe nur *Wagner*, in: Liability for Artificial Intelligence and the Internet of Things, 2019, 27 (43 f.).

Daten,[569] kann dies dazu führen, dass schon der Fehler nicht feststellbar ist:[570] Ob z.B. die Verwendung eines anderen Lernalgorithmus oder anderer Trainingsdaten das Produkt sicherer gemacht hätte, kann grundsätzlich nur beurteilt werden, wenn die Lernvorgänge anhand der verwendeten Daten rekonstruiert und mit anderen (hypothetischen) Lernvorgängen verglichen werden können. Jedenfalls die Feststellung der Fehler-Kausalität bereitet in diesen Fällen regelmäßig Probleme: Ist unklar, welchen Input der Agent in der konkreten Situation empfangen und verarbeitet hat, lässt sich auch bei Kenntnis der Input-Output-Beziehungen schwer feststellen, ob sich ein generelles Sicherheitsdefizit konkret ausgewirkt hat.

Bei einer starken *Vernetzung* ergeben sich weitere Schwierigkeiten: Wirken mehrere Agenten unterschiedlicher Hersteller zusammen, kann es – ähnlich wie bei der menschlichen Arbeitsteilung – ungewiss sein, ob der Fehler eines bestimmten Produkts an dem schädigenden Output des Gesamtsystems beteiligt war, insbesondere, wenn ein Eintritt in und ein Austritt aus dem System durch verschiedene Akteure möglich ist.[571] § 830 Abs. 1 S. 2 BGB, der die sog. Alternativtäterschaft regelt, hilft hier meist nicht weiter:[572] Nach h.M. setzt die Vorschrift voraus, dass jeder Beteiligte (mit Ausnahme der Kausalität) einen Haftungstatbestand erfüllt hat und greift somit nicht, wenn es auch möglich ist, dass der Geschädigte von gar keinem Ersatz verlangen kann,[573] z.B. weil der

---

[569] Vgl. *Reichwald/Pfisterer*, CR 2016, 208 (211 f.), wo angemerkt wird, dass regelmäßig nicht die „vollständige Historie" aufgezeichnet werde; siehe auch *Russel/Norvig*, Artificial Intelligence: A modern approach, 4. Aufl. 2021, S. 55, wo betont wird, dass die Entscheidung eines (lernenden) Agenten von der *gesamten* bisherigen Wahrnehmungsfolge („percept sequence") abhängig sein kann.

[570] Vgl. nur *Beckers/Teubner*, Three Liability Regimes for Artificial Intelligence: Algorithmic Actants, Hybrids, Crowds, 2022, S. 76.

[571] Vgl. *Grützmacher*, CR 2016, 695 (697); *Beckers/Teubner*, Three Liability Regimes for Artificial Intelligence: Algorithmic Actants, Hybrids, Crowds, 2022, S. 46 zu der Schwierigkeit, den „verantwortlichen" Agenten zu identifizieren; siehe auch *Wagner*, in: Zivilrechtliche und rechtsökonomische Probleme des Internet und der künstlichen Intelligenz, 2019, S. 1 (26); *ders.*, VersR 2020, 717 (733 ff.) zum ähnlichen Problem des „Unbundling", bei dem Hard- und Software separat vermarktet werden und das autonome System erst vom Nutzer zusammengestellt wird.

[572] Vgl. allgemein *Brüggemeier*, Haftungsrecht, 2006, S. 188: „relativ seltene Fallkonstellation"; *Spindler*, AcP 208 (2008), 283 (307): „für die heute problematischen Fälle der Kausalität unzulängliche[r], eingeschränkte[r] Anwendungsbereich"; zur (umstrittenen) Einordnung von § 830 Abs. 1 S. 2 BGB als Beweislastregel siehe nur MüKoBGB/*Wagner*, 8. Aufl. 2020, § 830 Rn. 48 ff.

[573] Siehe nur *Hager*, in: FS Canaris, Bd. I, 2007, S. 403 (405); MüKoBGB/*Wagner*, 8. Aufl. 2020, § 830 Rn. 63 ff.; Staudinger BGB/*Eberl-Borges*, 2022, § 830 Rn. 85 ff. sowie BGH, Urt. v. 30.1.1973 – VI ZR 14/72, BGHZ 60, 177, juris Rn. 14 zur Konstellation, in welcher der Geschädigte seinen Schaden möglicherweise selbst herbeigeführt hat.

alternativ ursächliche Agent fehlerfrei war.[574] Außerdem soll es erforderlich sein, dass das Verhalten geeignet war, den gesamten Schaden „allein",[575] d.h. „ohne die anderen Beiträge", zu verursachen.[576] Ist der fehlerhafte Agent nur im Zusammenwirken mit dem anderen Beteiligten geeignet, den Schaden zu verursachen und ist zugleich eine alleinige Haftung des anderen ebenfalls möglich, was z.B. der Fall sein kann, wenn der fehlerhafte Agent Informationen an einen anderen Agenten liefert, welche dieser dann umsetzen kann, aber nicht muss, greift § 830 Abs. 1 S. 2 BGB nicht.[577] Eine analoge Anwendung wird mit Blick auf den Ausnahmecharakter der Vorschrift grundsätzlich abgelehnt.[578]

Wurden ein Fehler und dessen Kausalität für den Schaden festgestellt, kann es im Fall von Updates und bei weiterlernenden Systemen außerdem schwierig sein, zu bestimmen, ob dieser schon zu Beginn des Inverkehrbringens vorhanden war oder ob dieser nicht etwa später, z.B. durch ein fehlerhaftes Update oder durch falsches Training des Nutzers, entstanden ist (vgl. § 1 Abs. 2 Nr. 2 ProdHaftG).[579] Insofern geht es um den *Fehlerbereich*.[580]

Gewisse Schwierigkeiten können durch Technologien überwunden werden:[581] Der *Black Box*-Effekt kann durch die Verwendung von Lernalgorithmen, die interpretierbare Modelle kreieren verhindert sowie durch *XAI*-

---

[574] Vgl. *Weingart*, Vertragliche und außervertragliche Haftung für den Einsatz von Softwareagenten, 2022, S. 187; siehe zu dieser Voraussetzung im Zusammenhang mit autonomen Systemen auch *Wagner*, VersR 2020, 717 (733); *Sommer*, Haftung für autonome Systeme, 2020, S. 365.

[575] Dazu, dass regelmäßig mehrere Ursachen zusammenwirken, siehe oben Kapitel 1, vor und mit Fn. 157.

[576] Vgl. BGH, Urt. v. 11.1.1994 – VI ZR 41/93, NJW 1994, 932, juris Rn. 24 – „Kindertee II"; *Hager*, in: FS Canaris, Bd. I, 2007, S. 403 (407); MüKoBGB/*Wagner*, 8. Aufl. 2020, § 830 Rn. 63 ff.

[577] Vgl. *Zech*, Gutachten für den 73. DJT, 2020, A 58.

[578] Zum Ganzen *Spindler*, AcP 208 (2008), 283 (309 ff.); dem folgend *Weingart*, Vertragliche und außervertragliche Haftung für den Einsatz von Softwareagenten, 2022, S. 188 f.; siehe auch *Sommer*, Haftung für autonome Systeme, 2020, S. 368 ff. zur (abgelehnten) Möglichkeit, eine Schadensteilung auf Grundlage von § 830 Abs. 1 S. 2 BGB zu begründen; für eine weitergehende Anwendung bei „unentwirrbarer Teilkausalität" siehe aber etwa *Diederichsen*, in: FS Schmidt, 1976, S. 1 (18); *Kuth*, NJW 1949, 226; *Deutsch*, Allgemeines Haftungsrecht, 2. Aufl. 1996, S. 339 zieht eine „vorsichtige [...] Analogie" in Konstellationen, in denen unklar ist, wen von mehreren Verursachern die Gefahrsteuerungspflicht traf, in Erwägung; für eine Schadensteilung auf Grundlage von § 830 Abs. 1 S. 2 BGB *Bydlinski*, in: FS Beitzke, 1979, S. 3 (33).

[579] Vgl. *Hanisch*, Haftung für Automation, 2010, S. 71; siehe auch schon *Engel*, CR 1986, 702 (707) zur Schwierigkeit, bei (herkömmlichen) Computerprogrammen festzustellen, ob eine „äußere Fehlfunktion" des Systems durch die ursprüngliche Herstellung oder durch eine spätere Fehlbedienung oder Veränderung des Programmes entstanden ist.

[580] Zum Begriff MüKoBGB/*Wagner*, 8. Aufl. 2020, § 1 ProdHaftG Rn. 32.

[581] Vgl. *Sommer*, Haftung für autonome Systeme, 2020, S. 474 f. (im Zusammenhang mit einer Proportionalhaftung *de lege ferenda*).

Methoden jedenfalls verringert werden.[582] Die notwendigen Informationen über die in der Entwicklungsphase empfangenen Daten und deren Verarbeitung können mittels einer Dokumentation der Trainings- und Testprozesse durch den Hersteller generiert werden. Soweit auch Informationen über die Vorgänge während des Betriebs erforderlich sind, helfen vom Hersteller integrierte *Logging*-Methoden, welche regelmäßig nicht nur eine *Überwachung* des Systems,[583] sondern auch eine *Dokumentation* der Prozesse erlauben. Denkbar sind auch Computersimulationen, mittels derer die (hypothetischen) Verläufe simuliert werden könnten.[584] Die Methoden haben allerdings aktuell – und wohl trotz ständiger Weiterentwicklung auch in Zukunft – Grenzen.[585] Zudem kann es, wie gesehen, zum *Trade-off* zwischen Leistungsfähigkeit einerseits und Erklärbarkeit andererseits kommen.[586] Der Hersteller wird daher die genannten Vorkehrungen, selbst wenn sie technisch möglich sind, zumindest aus wirtschaftlichen Gründen nicht stets treffen.

In bestimmten Konstellationen ist ein *Anscheinsbeweis* möglich: Im Zusammenhang mit neuen Technologien fehlt es zwar häufig an Erfahrungswissen, auf Grund dessen sich Erfahrungsgrundsätze aufstellen lassen könnten.[587] Einzelne „typische" Geschehensverläufe lassen sich jedoch feststellen, insbesondere mit Blick auf die Fehler-Kausalität: Zunächst kann bei Instruktionsfehlern der Anschein dafür streiten, dass sich der zu Instruierende entsprechend der Instruktion verhalten hätte.[588] Dies gilt allerdings nur dann, wenn die

---

[582] Siehe dazu oben Kapitel 1, C. III. 3. Ausreichen dürften auch Methoden, die eine „kontrafaktische Erklärung" zulassen. Dabei werden nicht alle, sondern nur die Entscheidungskriterien offengelegt, welche geändert werden müssten, damit die Entscheidung anders ausfällt, vgl. dazu *Wachter/Mittelstadt/Russel*, Harvard Journal of Law & Technology 2018, 841; *Wischmeyer*, in: Regulating Artificial Intelligence, 2020, S. 75 (90 ff.); *Hacker/Krestel/Grundmann/Naumann*, Artificial Intelligence and Law 2020, 415 (429 f.); *Sommer*, Haftung für autonome Systeme, 2020, S. 44.

[583] Siehe dazu oben III. 5. und V. 3.

[584] *Yuan*, RW 2018, 477 (499).

[585] Vgl. zu *Logging*-Methoden Kapitel 1, vor und mit Fn. 297.

[586] Siehe dazu oben Kapitel 1, C. III. 3.

[587] Siehe etwa zum Straßenverkehr *Kütük-Markendorf/Essers*, MMR 2016, 22 (25), wonach sich der Anscheinsbeweis „derzeit nur auf das Verschulden eines Fahrers und nicht auf konkrete Fehler am Fahrzeug" beziehe; so auch *Sosnitza*, CR 2016, 764 (771); *Ebers*, in: German National Reports on the 21st International Congress of Comparative Law, 2022, S. 157 (184); vgl. auch *Thöne*, Autonome Systeme und deliktische Haftung, 2020, S. 257, wonach der Nachweis der Möglichkeit eines atypischen Verlaufs „aufgrund der komplexen Wechselwirkungen und Interaktionen autonomer Systeme wohl ohne Weiteres zu erbringen wäre".

[588] Wie die sog. „Vermutung des aufklärungsrichtigen Verhaltens" einzuordnen ist, ist unklar, vgl. BGH, Urt. v. 12.11.1991 – VI ZR 7/91, BGHZ 116, 60, juris Rn. 41 – „Kindertee I" („tatsächliche Vermutung"); BGH, Urt. v. 19.2.1975 – VIII ZR 144/73, BGHZ 64, 46, juris Rn. 14 – „Haartonikum" (Beweislastumkehr); BGH, Urt. v. 8.5.2012 – XI ZR 262/10, BGHZ 193, 159, juris Rn. 29 zur Kapitalanlageberatung (Beweislastumkehr);

Instruktion Sorgfaltsmaßnahmen betrifft, die der Nutzer hätte treffen können. Besteht der Instruktionsfehler darin, dass dem Nutzer die Statistiken nicht zur Verfügung gestellt wurden, kann nicht anhand eines Erfahrungsgrundsatzes darauf geschlossen werden, dass der Nutzer bei Kenntnis der Statistiken vom (erlaubten) Einsatz des Agenten ganz abgesehen hätte oder ihn zumindest weniger und auch nicht in der konkreten Situation benutzt hätte. Hier sind weitere Indizien erforderlich, z.B. eine besondere Risikoaversion des Nutzers. Bei einer Feststellung des Konstruktionsfehlers auf Grundlage eines Risiko-Risiko-Vergleichs kommt in bestimmten Konstellationen ebenfalls ein Anscheinsbeweis in Betracht: Steht fest, dass der technische Agent *generell* weniger sicher ist als ein Mensch (Fehler), spricht ein Erfahrungsgrundsatz dafür, dass sich dieses Defizit auch im *konkreten* Fall ausgewirkt hat (Fehler-Kausalität). Denn wie gesehen, treffen Menschen und Maschinen *typischerweise* andere Fehlentscheidungen.[589] Der generell sichere Mensch hätte deshalb in aller Regel nicht die konkrete Fehlentscheidung des Agenten getroffen, sondern allenfalls andere Fehlentscheidungen. Ist der technische Agent weniger sicher als ein Konkurrenzprodukt und deshalb fehlerhaft, dürfte dagegen kein solcher Anschein vorliegen. Zwar treffen auch technische Agenten ihre Entscheidungen mitunter in unterschiedlicher Weise,[590] eine Typizität besteht hier aber wohl nicht. Indizien dafür, dass der fehlerfreie technische Agent den Schaden vermieden hätte, sind z.B. nachgewiesene Unterschiede in der Entscheidungsfindung (Input? Input-Output-Beziehung?) und eine nur sehr geringe Fehlerquote des fehlerfreien Agenten.

Es lässt sich also festhalten: Häufig wird nicht mit an Sicherheit grenzender Wahrscheinlichkeit[591] feststehen, dass die Haftungsvoraussetzungen vorliegen oder nicht vorliegen. Dem Beweisrecht, insbesondere der Beweislast, kommt daher erhebliche Bedeutung für die Haftung nach dem ProdHaftG (1.) sowie nach § 823 Abs. 1 BGB (2.) zu.

MüKoBGB/*Wagner*, 8. Aufl. 2020, § 823 Rn. 1022, der je nach Wahrscheinlichkeit die Grundsätze des Anscheinsbeweises anwenden möchte. Jedenfalls im Kontext der Produkthaftung kann die „Vermutung" wegen § 1 Abs. 4 S. 1 ProdHaftG (siehe dazu sogleich 1.) keine Beweislastumkehr, sondern nur einen Anscheinsbeweis bewirken, vgl. BeckOGK ProdHaftG/*Seibl*, 1.7.2023, § 1 Rn. 151; Staudinger BGB/*Oechsler*, 2021, § 1 ProdHaftG Rn. 165; siehe auch die Beschlussempfehlung des Rechtsausschusses des Bundestages zum Entwurf des ProdHaftG, BT-Drs. 11/5520, S. 13 f., wo die Möglichkeit einer Beweislastumkehr vereint wird (a.A. wohl MüKoBGB/*Wagner*, a.a.O., § 1 ProdHaftG Rn. 84, wonach nur eine generelle Beweislastumkehr ausgeschlossen sei).

[589] Siehe oben III. 2. b) aa) (1).
[590] Siehe oben III. 2. b) aa) (2).
[591] Zu diesem Regelbeweismaß siehe oben Kapitel 2, vor und mit Fn. 277.

1. Beweis nach dem ProdHaftG

Die *Beweislast* ist in § 1 Abs. 4 ProdHaftG ausdrücklich geregelt: Der Geschädigte muss den Fehler, den Schaden sowie die Fehler-Kausalität beweisen,[592] wohingegen der Hersteller die Beweislast für die Ausschlussgründe nach § 1 Abs. 2, Abs. 3 ProdHaftG und damit auch für den Fehlerbereich trägt. Das *Beweismaß* wird bei § 1 Abs. 2 Nr. 2 ProdHaftG allerdings gesetzlich reduziert; es genügt, dass die Fehlerfreiheit überwiegend wahrscheinlich ist.[593]

Eine richterrechtliche *Beweislastumkehr nach Fehlentscheidungsrisiken* zu Gunsten des Geschädigten ist bei der Produkthaftung schwierig. Zunächst liegen deren Voraussetzungen hinsichtlich des *Fehlers* und der *Fehler-Kausalität* nur in bestimmten Konstellationen vor:[594] Soweit sich die Ungewissheit durch den Rückgriff auf Daten aus der Entwicklungs- und Einsatzphase beseitigen lässt, hat der Hersteller *bessere Beweismöglichkeiten* als der Geschädigte.[595] Resultiert die Ungewissheit jedoch daraus, dass das System eine *Black Box* ist, die sich auch nicht mit *XAI*-Methoden öffnen lässt, kann keine Partei den

---

[592] An die *Darlegung* des Geschädigten sind keine hohen Anforderungen zu stellen: Denn die Feststellung des Fehlers und der Fehler-Kausalität betrifft in der Regel fachspezifische Fragen und erfordert eine besondere Sachkunde. Der Geschädigte ist nicht verpflichtet, sich technisches Fachwissen anzueignen, insbesondere muss der Sachvortrag nicht durch ein Privatgutachten untermauert werden (vgl. BGH, Urt. v. 18.10.2005 – VI ZR 270/04, BGHZ 164, 330, juris Rn. 15; BGH, Beschl. v. 16.2.2021 – VI ZR 1104/20, NJW 2021, 1398, juris Rn. 8). Vielmehr genügt es, dass der Geschädigte Tatsachen zu einem „Fehlersymptom" und dessen Ursächlichkeit für den Schaden vorträgt (zur „Symptomtheorie" im vertraglichen Gewährleistungsrecht siehe etwa BGH, Urt. v. 30.10.2007 – X ZR 101/06, NJW 2008, 576, juris Rn. 10 [Werkvertrag]; *Sass*, DS 2010, 132). Der Geschädigte muss den Sachverhalt vollständig und die auf einen schadensursächlichen Fehler hindeutenden Tatsachen so detailliert wie möglich vortragen (vgl. *Sass*, a.a.O., S. 132). Hierfür muss er Angaben zu der Funktion und zu den Umständen des Einsatzes des Produkts machen, die Rückschlüsse auf den Input und den Output des technischen Agenten ermöglichen. Die Hintergründe dieses „Fehlersymptoms" sind dann im Beweisverfahren ausfindig zu machen (vgl. BGH, Urt. v. 14.1.1999 – VII ZR 185/97, ZfBR 1999, 255, juris Rn. 10 zum Werkvertragsrecht).
[593] OLG München, Urt. v. 11.1.2011 – 5 U 3158/10, juris Rn. 29; Produkthaftungshandbuch/*Graf von Westphalen*, 3. Aufl. 2012, § 46 Rn. 39; MüKoBGB/*Wagner*, 8. Aufl. 2020, § 1 ProdHaftG Rn. 38; die Entwurfsbegründung zum ProdHaftG, BT-Drs. 11/2447, S. 14 stellt auf ein „großes Maß an Wahrscheinlichkeit" ab.
[594] Zu den Voraussetzungen siehe oben Kapitel 2, A. II. 1. c) bb) (1), dort insbesondere mit Blick auf die *Pflichtverletzung* und den *Pflichtwidrigkeitszusammenhang*; kritisch zu den besseren Beweismöglichkeiten des Herstellers *Hey*, Die außervertragliche Haftung des Herstellers autonomer Fahrzeuge bei Unfällen im Straßenverkehr, 2019, S. 217; *Weingart*, Vertragliche und außervertragliche Haftung für den Einsatz von Softwareagenten, 2022, S. 246.
[595] Vgl. *Günther*, Roboter und rechtliche Verantwortung, 2016, S. 193 f.; *Spindler*, JZ 2022, 793 (797); zu den *prozessualen* Möglichkeiten, auf die Daten zuzugreifen und deren Grenzen siehe etwa *Thöne*, Autonome Systeme und deliktische Haftung, 2020, S. 251 ff.

Sachverhalt besser aufklären.[596] Diese Form der Ungewissheit lässt sich grund-sätzlich nicht beseitigen.[597] Auch Vernetzungen können die Beweismöglichkei-ten des Herstellers beeinträchtigen:[598] Die Hintergründe der Entscheidungen der anderen (technischen) Agenten kann er regelmäßig nicht aufklären. Aller-dings können Transparenzmaßnahmen es ihm erlauben, zumindest das Verhal-ten seines Agenten an den Schnittstellen zu erklären. Insofern dürfte es für das Kriterium der Beweismöglichkeiten auf den Einzelfall, insbesondere auf die Art und den Grad der Vernetzung ankommen. Ob *Wahrscheinlichkeitsüberle-gungen* gegen den Hersteller sprechen, ist ebenfalls eine Frage des Einzelfalls. Hierfür ist vor allem die Intensität der Anforderungen ausschlaggebend, also namentlich die Größe der allgemeinen Produktgefahr, die insbesondere vom Einsatzbereich und dem Grad an Autonomie und Automatisierung abhängt.[599] Jedenfalls wäre eine richterrechtliche Beweislastumkehr hinsichtlich des Feh-lers und der Fehler-Kausalität bei der Produkthaftung nach h.M. unzulässig. Denn Art. 4 ProdHaftRL, § 1 Abs. 4 ProdHaftG regeln die Beweislast grund-sätzlich abschließend und verbindlich.[600]

Allerdings wird eine Beweislastumkehr im Fall der *Beweisvereitelung* aus-nahmsweise zumindest „in Betracht" gezogen.[601] Eine Beweisvereitelung

---

[596] *Hacker*, arXiv:2211.13960v5, 2023, S. 58 unterscheidet zwischen „institutional and technical opacity. The former denotes strategic withholding of information by AI developers or users; the latter refers to the difficulty of pinpointing the causes of a model's output due to its technical complexity." Im Allgemeinen hat der Hersteller nur bei „institutional opa-city" bessere Beweismöglichkeiten.

[597] Siehe dazu oben Kapitel 1, C. III. 3.

[598] *Zech*, Gutachten für den 73. DJT, 2020, A 64; *Beckers/Teubner*, Three Liability Re-gimes for Artificial Intelligence: Algorithmic Actants, Hybrids, Crowds, 2022, S. 123 f.

[599] Siehe dazu oben III. 2. b) bb) (1).

[600] Vgl. EuGH, Urt. v. 20.11.2014 – C-310/13, NJW 2015, 927, juris Rn. 26 ff. – „Novo Nordisk Pharma"; EuGH, Urt. v. 21.7.2017 – C-621/15, NJW 2017, 2739, juris Rn. 24 ff. – „Sanofi-Pasteur"; Produkthaftungshandbuch/*Graf von Westphalen*, 3. Aufl. 2012, § 55 Rn. 8; Staudinger BGB/*Oechsler*, 2021, § 1 ProdHaftG Rn. 153; BeckOGK ProdHaftG/*Seibl*, 1.7.2023, § 1 Rn. 143; siehe auch OLG Brandenburg, Urt. v. 14.12.2015 – 1 U 8/13, NJW-RR 2016, 220, juris Rn. 32, wo eine Beweislastumkehr generell abgelehnt wird, wenn auch ohne Rückgriff auf das unionsrechtliche Argument.

[601] BeckOGK ProdHaftG/*Seibl*, 1.7.2023, § 1 Rn. 143; MüKoBGB/*Wagner*, 8. Aufl. 2020, § 1 ProdHaftG Rn. 78; siehe auch OLG Hamm, Urt. v. 4.5.1994 – 32 U 155/93, juris Rn. 5, wo eine „Beweislastumkehr gem. § 444 ZPO analog" erwogen wird; vorsichtig Staudinger BGB/*Oechsler*, 2021, § 1 ProdHaftG Rn. 164, wonach eine „Be-weiserleichterung", aber keine „echte Umkehr der Beweislast" möglich sein könne. Die Rechtsfolgen einer Beweisvereitelung sind umstritten: Nach dem BGH kommen „Beweiser-leichterungen in Betracht, die unter Umständen bis zur Umkehr der Beweislast gehen kön-nen", BGH, Urt. v. 23.11.2005 – VIII ZR 43/05, NJW 2006, 434, juris Rn. 23. In der Lite-ratur werden insbesondere eine Beweislastumkehr (vgl. *Blomeyer*, AcP 158 [1959/1960], 97 [99 ff.]), die Berücksichtigung im Wege der freien Beweiswürdigung (vgl. *Rosenberg*, Die Beweislast auf der Grundlage des Bürgerlichen Gesetzbuchs und der Zivilprozessordnung,

könnte grundsätzlich auch dann vorliegen, wenn es der Hersteller unterlässt, für Transparenz zu sorgen, obwohl ihm dies möglich und zumutbar war.[602] Grund für die Möglichkeit einer Berücksichtigung der Beweisvereitelung soll indes sein, dass es dabei um eine „innerprozessuale Sanktion" gehe,[603] die der Verfahrensautonomie der Mitgliedstaaten unterliege.[604] Diese Einordnung ist allenfalls dann gerechtfertigt, wenn im Zeitpunkt der Vereitelungshandlung ein konkreter Prozess zumindest absehbar war, was beim Unterlassen von Transparenzmaßnahmen des Herstellers, z.B. der Installation von *Logging*-Möglichkeiten, meist nicht der Fall ist. Zwar sollen Beweiserleichterungen nach dem BGH auch dann in Betracht kommen, wenn sich noch kein bestimmter Schadensprozess angedeutet hat, dem Geschädigten aber die Beweislast angesichts des vom Gegner verschuldeten Hindernisses „billigerweise nicht mehr zugemutet werden kann".[605] Allerdings ist die Rechtsprechung berechtigterweise zurückhaltend bei der Annahme von gesetzlich nicht explizit geregelten Beweissicherungs- bzw. Dokumentationspflichten.[606] Auch dem Hersteller autonomer Produkte können solche Pflichten, die sich allenfalls aus § 242 BGB ableiten ließen, nicht ohne Weiteres auferlegt werden.[607] Mit Blick auf die Produkthaftung kommt hinzu, dass dann, wenn ein Prozess noch nicht absehbar ist, eine Beweislastumkehr wegen eines Dokumentationsmangels ohne Bezug zu einem Prozess nicht (auch) der Sanktion eines *prozessualen* Fehlverhaltens, sondern (nur) der Behebung von Beweisschwierigkeiten dienen würde. Hinsichtlich *dieser* Schwierigkeiten hat der (Unions-)Gesetzgeber für die Produkthaftung aber eine verbindliche Risikoverteilung vorgenommen.[608] Diese ist von den nationalen Gerichten zu respektieren, auch wenn sie bei autonomen Produkten mitunter nicht zu der mit den Beweisregeln angestrebten

---

5. Aufl. 1965, S. 191) oder eine Fiktionswirkung (*Stürner*, Die Aufklärungspflicht der Parteien des Zivilprozesses, 1976, S. 242 ff.) vertreten.

[602] Vgl. *Weingart*, Vertragliche und außervertragliche Haftung für den Einsatz von Softwareagenten, 2022, S. 441.

[603] BeckOGK ProdHaftG/*Seibl*, 1.7.2023, § 1 Rn. 143.

[604] Vgl. dazu BeckOGK ProdHaftG/*Seibl*, 1.7.2023, § 1 Rn. 142.

[605] BGH, Urt. v. 15.11.1984 – IX ZR 157/83, NJW 1986, 59, juris Rn. 23; BGH, Urt. v. 27.6.1978 – VI ZR 183/76, BGHZ 72, 132, juris Rn. 29.

[606] Siehe dazu oben Kapitel 2, Fn. 390. In bestimmten Fällen sind die Transparenzpflichten allerdings gesetzlich geregelt, vgl. etwa § 63a StVG sowie oben Kapitel 1, Fn. 296.

[607] Siehe noch unten 2. b) zu den Befunderhebungs- und Befundsicherungspflichten des Herstellers, bei denen es sich allerdings nicht um Dokumentationspflichten zur Vermeidung von Aufklärungsrisiken, sondern um Pflichten zur Vermeidung von Schadensrisiken handelt, die sich in §§ 823 Abs. 1, 276 Abs. 2 BGB ansiedeln lassen. Zur Schaffung einer Beweislastregel *de lege ferenda* siehe unten C. I. 4. a).

[608] Vgl. BeckOGK ProdHaftG/*Seibl*, 1.7.2023, § 1 Rn. 143, wonach eine „Beweislastumkehr auf materiell-rechtlicher Grundlage bzw. zur Behebung einer bloßen Beweisnot" unzulässig sei.

„Waffengleichheit" führt, sondern eine „unüberbrückbare Hürde" bei der Rechtsdurchsetzung begründet.[609]

Nicht von der ProdHaftRL geregelt sind das Beweismaß sowie die Beweiswürdigung.[610] Die oben erörterten Anscheinsbeweise sind damit grundsätzlich möglich.[611]

2. Beweis nach der Produzentenhaftung

Wie bereits im Zusammenhang mit menschlicher Autonomie erläutert, nimmt der BGH bei der Produzentenhaftung zu Gunsten des Geschädigten eine Beweislastumkehr hinsichtlich der schadensursächlichen Sorgfaltspflichtverletzung vor. Wie ebenfalls bereits gezeigt, lässt sich eine solche auch mit dem Gedanken einer *Beweislastverteilung nach Fehlentscheidungsrisiken* begründen.[612] Bei autonomen Produkten kann diese Beweislastumkehr über die von

---

[609] Vgl. zu diesen beiden Erwägungen, allerdings im Rahmen der Diskussion über eine Absenkung des Beweismaßes, die Beschlussempfehlung des Rechtsausschusses des Bundestages zum Entwurf des ProdHaftG, BT-Drs. 11/5520, S. 13.

[610] EuGH, Urt. v. 21.7.2017 – C-621/15, NJW 2017, 2739, juris Rn. 25. Möchte man in Abhängigkeit der Beweismöglichkeiten und der Folgen von Fehlentscheidungen das Beweis*maß* absenken (siehe oben Kapitel 2, A. II. 1. c] bb] [1]), erscheint es daher grundsätzlich möglich, dem Geschädigten den Nachweis zu erleichtern (siehe auch *Besch*, Produkthaftung für fehlerhafte Arzneimittel, 2000, S. 258 f.). Selbst wenn die ProdHaftRL einer Modifikation nicht entgegensteht, so scheint aber doch jedenfalls der nationale Gesetzgeber abschließende Regelungen nicht nur zur Beweislast, sondern auch zum Beweismaß getroffen zu haben. Eine Reduktion des Beweismaßes des § 286 ZPO sieht nämlich *nur* § 1 Abs. 2 Nr. 2 ProdHaftG vor, vgl. Entwurfsbegründung zum ProdHaftG, BT-Drs. 11/2477, S. 13; siehe auch die Beschlussempfehlung des Rechtsausschusses des Bundestages zum Entwurf des ProdHaftG, BT-Drs. 11/5520, S. 13, wo eine Beweismaßreduzierung abgelehnt wurde, da die Notwendigkeit der „Überzeugung" dem „Prinzip der Waffengleichheit" entspreche. Nicht ausgeschlossen wurde lediglich die Anwendung der „bekannten Beweismaßreduzierungen".

[611] Die Effektivität der Beweislastregel darf allerdings nicht beeinträchtigt werden, EuGH, Urt. v. 21.7.2017 – C-621/15, NJW 2017, 2739, juris Rn. 27 ff. – „Sanofi-Pasteur"; MüKoBGB/*Wagner*, 8. Aufl. 2020, § 1 ProdHaftG Rn. 80; BeckOGK ProdHaftG/*Seibl*, 1.7.2023, § 1 Rn. 146, der darauf hinweist, die Typizität dürfe „nicht vorschnell angenommen werden"; zu einem Anscheinsbeweis siehe etwa OLG Frankfurt, Urt. v. 16.2.1995 – 1 U 31/94, NJW 1995, 2498 (2498); kritisch zur Zulässigkeit eines Anscheinsbeweises *Lüderitz*, in: FS Rebmann, 1989, S. 755 (767).

[612] Siehe oben Kapitel 2, A. II. 1. c) bb) (3). Durch die Produzentenhaftung für vermutetes Verschulden darf allerdings nicht die Beweislastverteilung nach § 1 Abs. 4 ProdHaftG konterkariert werden. Den Mitgliedstaaten ist es nach dem EuGH versagt, „eine allgemeine Regelung der Haftung für fehlerhafte Produkte beizubehalten, die von der in der Richtlinie vorgesehenen Regelung abweicht" (EuGH, Urt. v. 25.4.2002 – C-183/00, Slg 2002, I-3901, juris Rn. 30 – „González Sánchez"; EuGH, Urt. v. 10.1.2006 – C-402/03, Slg 2006, I-199-243, juris Rn. 39 – „Skov/Bilka"; EuGH, Urt. v. 4.6.2009 – C-285/08, Slg 2009, I-4733, juris Rn. 22 – „Leroy Somer"). Deshalb dürfen die Anforderungen an die Exkulpation nicht so

der Rechtsprechung bisher anerkannten Konstellationen hinaus ausgeweitet werden (a). Voraussetzung der Beweislastumkehr ist nach der Rechtsprechung des BGH grundsätzlich der Nachweis eines schadensursächlichen Fehlers im Bereich des Herstellers; nur dann wird die schadensursächliche Pflichtverletzung vermutet. In manchen Fällen hat der BGH aber auch die Anforderungen an die Vermutungsgrundlage reduziert, nämlich bei der Verletzung sog. „Befunderhebungs- und Befundsicherungspflichten". Im Zusammenhang mit autonomen Produkten können ausgehend von dieser Rechtsprechung in weiteren Fällen die Beweisrisiken dem Hersteller zugewiesen werden (b). Was den Pflichtwidrigkeitszusammenhang angeht, ist zudem eine Beweislastumkehr im Hinblick auf sog. „Reserveursachen" möglich (c).

a) Beweislastumkehr bei festgestellten schadensursächlichen Fehlern

Nach dem BGH muss der Geschädigte bei *Fabrikations- und Konstruktionsfehlern* nachweisen, dass „sein Schaden im Organisations- und Gefahrenbereich des Herstellers durch einen objektiven Mangel oder Zustand der Verkehrswidrigkeit ausgelöst worden ist".[613] Bei *Instruktionsfehlern* muss feststehen, dass „die von einem Produkt ausgehende Gefahr objektiv eine Information der Verwender erfordert hätte und daß der Hersteller die Sache ohne eine solche Instruktion in den Verkehr gegeben hat".[614] Der Geschädigte muss also grundsätzlich den Fehler, die Fehler-Kausalität und – anders als bei der Produkthaftung – das Vorliegen des Fehlers bei Beginn des Inverkehrbringens des Produkts, also den Fehlerbereich[615] („Organisations- und Gefahrenbereich des Herstellers"[616]), nachweisen. Der Hersteller trägt dagegen die Beweislast dafür,

---

hoch gesetzt werden, dass *de facto* eine Fehlerhaftung entsteht (siehe aber MüKoBGB/*Wagner*, 8. Aufl. 2020, § 15 ProdHaftG Rn. 5, wonach das Verschuldenserfordernis bei der Produzentenhaftung „kaum eine Rolle" spiele; ähnlich BeckOGK ProdHaftG/*Spickhoff*, 1.11.2022, § 15 Rn. 11).

[613] BGH, Urt. v. 17.3.1981 – VI ZR 191/79, BGHZ 80, 186, juris Rn. 30 – „Derosal I"; siehe auch schon BGH, Urt. v. 26.11.1968 – VI ZR 212/66, BGHZ 51, 91, juris Rn. 37 – „Hühnerpest"; BGH, Urt. v. 3.6.1975 – VI ZR 192/73, NJW 1975, 1827, juris Rn. 26 – „Spannkupplung".

[614] BGH, Urt. v. 18.5.1999 – VI ZR 192/98, NJW 1999, 2815, juris Rn. 18 – „Papierreißwolf"; siehe auch BGH, Urt. v. 12.11.1991 – VI ZR 7/91, BGHZ 116, 60, juris Rn. 39 – „Kindertee I"; BGH, Urt. v. 31.1.1995 – VI ZR 27/94, NJW 1995, 1286, juris Rn. 37 – „Kindertee III".

[615] MüKoBGB/*Wagner*, 8. Aufl. 2020, § 823 Rn. 1019.

[616] Vgl. BGH, Urt. v. 30.4.1991 – VI ZR 178/90, BGHZ 114, 284, juris Rn. 57 – „Blutkonserven", wo die Beweislast des Geschädigten für die Verursachung des Schadens durch die Inverkehrgabe des fehlerhaften Produkts betont wird.

dass er (gegebenenfalls handelnd durch seine Organwalter i.S.v. § 31 BGB) das Risiko nicht vermeiden oder nicht erkennen musste (§ 276 Abs. 2 BGB).[617]

Bei Risiken, die erst *nach* dem Beginn des Inverkehrbringens für das Herstellerunternehmen[618] vermeidbar oder erkennbar werden, soll nach dem BGH die Beweislastumkehr dagegen nicht gelten. Hier müsse der Geschädigte „den Nachweis führen, daß [der Hersteller] objektiv seine Instruktionspflicht verletzt hat" und damit „dem Hersteller nachweisen, daß nach dem für dessen Handeln maßgebenden Stand der Wissenschaft, der Technik usw. die Gefahr erkennbar war und zumutbare Möglichkeiten der Gefahrenabwehr vorhanden waren".[619] Der Geschädigte hat danach nicht nur den Fehler, sondern auch die Vermeidbarkeit und grundsätzlich auch die Erkennbarkeit[620] durch den Unternehmensträger nachzuweisen. Nach dem BGH lässt sich nach dem Beginn des Inverkehrbringens „in aller Regel nicht sagen, der Geschädigte hätte Vorgänge aufzuklären, die sich in einem Bereich zugetragen haben, der allein dem Produzenten, nicht aber dem Benutzer zugänglich war".[621] Bei herkömmlichen Produkten ist eine Beweislastumkehr mit Blick auf die Fehlentscheidungsrisiken in der Tat meist nicht gerechtfertigt: Hier überblickt und kontrolliert der Nutzer nach dem Beginn des Inverkehrbringens maßgeblich das Verhalten des Produkts.[622] Der Hersteller hat grundsätzlich keine besseren Beweismöglichkeiten: Er hat meist genauso wenig Einblick in die Nutzersphäre wie der Geschädigte Einblick in die Herstellersphäre hat. Auch Wahrscheinlichkeitsüberlegungen sprechen nicht für eine Beweislastumkehr zu Lasten des Herstellers: Taucht nachträglich ein Sicherheitsdefizit auf, liegt es keinesfalls nahe, dass (auch) eine Sorgfaltspflichtverletzung des Herstellers vorliegt. Aufgrund der weitreichenden Kontrolle des Nutzers kann genauso (nur) eine Sorgfaltspflichtverletzung des Nutzers gegeben sein. Bei (autonomen) Softwareprodukten kann dies allerdings anders sein: Bleibt der Hersteller mit dem Produkt

---

[617] Zur Frage, ob die Beweislastverteilung von § 1 Abs. 4 S. 1 ProdHaftG den Geschädigten schlechter stellt als die Produzentenhaftung nach § 823 Abs. 1 BGB, siehe etwa Staudinger BGB/*Oechsler*, 2021, § 1 ProdHaftG Rn. 154. Dies hängt insbesondere davon ab, welche Anforderungen man an den „objektiven Mangel" bzw. „Fehler" stellt; siehe etwa *Brüggemeier/Reich*, WM 1986, 149 (153), wo der „Fehler" mit der „Pflichtwidrigkeit" des Herstellers gleichgesetzt wird und daraus gefolgert wird, dass § 1 Abs. 4 ProdHaftG „eine gravierende Verschlechterung der Position des Geschädigten/Verbrauchers gegenüber der nationalen Rechtslage" bedeute.

[618] Zur Unternehmensbezogenheit des Fehlers siehe oben III. 2.

[619] BGH, Urt. v. 17.3.1981 – VI ZR 191/79, BGHZ 80, 186, juris Rn. 33– „Derosal I"; siehe auch BGH, Urt. v. 12.11.1991 – VI ZR 7/91, BGHZ 116, 60, juris Rn. 39 – „Kindertee I"; kritisch zur Differenzierung Staudinger BGB/*Hager*, 2021, § 823 Rn. F 44.

[620] Vom Nachweis der „inneren Sorgfalt" soll der Hersteller allerdings entlastet werden, vgl. BGH, Urt. v. 17.3.1981 – VI ZR 191/79, BGHZ 80, 186, juris Rn. 33– „Derosal I; siehe dazu im Zusammenhang mit der Nutzerhaftung unten B. III.

[621] BGH, Urt. v. 17.3.1981 – VI ZR 191/79, BGHZ 80, 186, juris Rn. 33 – „Derosal I".

[622] Vgl. *Wagner*, VersR 2020, 717 (738).

verbunden und sammelt Daten über dessen Verhalten, auf die der Nutzer keinen Zugriff hat oder die er jedenfalls nicht so gut wie der Hersteller verwerten kann,[623] hat der Hersteller, soweit die Ungewissheit nicht aus einem unüberwindbarem *Black Box*-Effekt resultiert, regelmäßig die besseren Beweismöglichkeiten.[624] Aufgrund der weitreichenden Möglichkeiten zur Gefahrerkennung (insbesondere durch *Logging*-Maßnahmen) und Gefahrvermeidung (insbesondere durch Updates) ist, wenn nach Beginn des Inverkehrbringens ein Fehler auftaucht, die Verletzung einer Gefahrsteuerungspflicht meist auch überwiegend wahrscheinlich. Bei den Herstellern autonomer Produkte sind die Erkenntnismöglichkeiten, anders als vom BGH zugrunde gelegt, nicht auf „allgemein zugängliche Veröffentlichungen und […] Erfahrungen, die dessen Benutzer mit dem Produkt inzwischen gemacht haben",[625] beschränkt, sondern reichen deutlich weiter. Es muss also grundsätzlich auch bei nachträglich vermeidbar oder erkennbar gewordenen Risiken genügen, dass der Geschädigte nachweist, dass die Gefahr „objektiv" eine Reaktion erfordert hätte. Dies gilt jedenfalls so lange, wie der Rechtsverkehr erwarten darf, dass der Hersteller das Produkt aktualisiert – und damit auch beobachtet –, also bis zum Ende des Inverkehrbringens i.S.d. ProdHaftG.[626]

Auch bei autonomen Produkten endet der „Organisations- und Gefahrenbereich" des Herstellers allerdings grundsätzlich an der Unternehmensgrenze. Fehler, die auch bei anderen Herstellern entstanden sein können, begründen nicht generell eine Beweislastumkehr. In der Literatur wird teilweise erwogen, im Fall des Zusammenwirkens mehrerer Hersteller eine Beweislastumkehr im Hinblick auf ein schadensursächliches Auswahl-, Überwachungs- und Anleitungsverschulden des Herstellers vorzunehmen.[627] Dann müsste der Geschädigte nur nachweisen, dass das Endprodukt *oder* ein Teilprodukt beim Inverkehrbringen einen Fehler aufweist. Der in Anspruch genommene Endprodukt- oder Teilprodukthersteller müsste sich entlasten. Insofern kann auf die obigen Erwägungen zur menschlichen Autonomie verwiesen werden:[628] Eine

---

[623] Zu Schwierigkeiten bei der Auswertung von Daten siehe noch unten C. I. 4. a).

[624] Siehe bereits oben 1. Anders als in den dort erörterten Fällen, geht es hier aber um Konstellationen, in denen der Fehler *feststeht*, nicht um eine Beweislastumkehr hinsichtlich des Fehlers.

[625] BGH, Urt. v. 17.3.1981 – VI ZR 191/79, BGHZ 80, 186, juris Rn. 33 – „Derosal I".

[626] Siehe zu diesem Zeitraum oben III. 5.

[627] BeckOGK BGB/*Spindler*, 1.5.2023, § 823 Rn. 739 zur „horizontalen bzw. vertraglichen" Arbeitsteilung; siehe aber BGH, Urt. v. 9.1.1990 – VI ZR 103/89, NJW-RR 1990, 406, juris Rn. 15 – „Expander", wonach die „Darlegungs- und Beweislast für die Voraussetzungen, unter denen der Auftragsfertiger den für die Konstruktion primär verantwortlichen Hersteller auf Konstruktionsmängel hinzuweisen hat", beim Geschädigten liege; dazu *Kullmann*, NJW 1991, 675 (682); siehe auch OLG Düsseldorf, Urt. v. 13.7 1995 – 10 U 5/95, VersR 1995, 1363, juris Rn. 37 ff. zur Delegation der Entsorgung und Verwertung von Nebenprodukten.

[628] Siehe bereits oben Kapitel 2, A. II. 2. b).

Beweislastumkehr ist regelmäßig gerechtfertigt, wenn der in Anspruch genommene Hersteller die Tätigkeit des anderen Herstellers inhaltlich stark beeinflusst, z.B. indem er ihm verbindliche Konstruktionsvorgaben macht.[629] Im Übrigen fehlt es unter Umständen schon an den besseren Beweismöglichkeiten,[630] jedenfalls aber an der überwiegenden Wahrscheinlichkeit einer schadensursächlichen Pflichtverletzung. Insofern besteht ein weiterer Unterschied zur Produkthaftung, wo §§ 4 S. 1, 5 ProdHaftG eine gesamtschuldnerische Haftung der Hersteller vorsehen und, wie erläutert, nur für den Teilprodukthersteller Entlastungsmöglichkeiten nach § 1 Abs. 3, Abs. 4 S. 2 ProdHaftG bestehen.[631]

Grundsätzlich ist es auch denkbar, eine Beweislastumkehr unabhängig vom Nachweis eines schadensursächlichen Fehlers vorzunehmen.[632] Indes müssen dann andere Umstände gegeben sein, die eine schadensursächliche Pflichtverletzung überwiegend wahrscheinlich machen.[633] Hierfür könnte nach den obigen Erwägungen auf die Größe der Gefahr, also vor allem auf die bedrohten Rechtsgüter sowie auf den Autonomie- und Automatisierungsgrad abgestellt werden. Je größer der drohende Schaden und je geringer die Kontrollierbarkeit durch den Nutzer, desto intensiver sind die Sorgfaltspflichten des Herstellers und desto wahrscheinlicher deren Verletzung.[634] Grundsätzlich kann auch ein fehlerhaftes *Verhalten* des technischen Agenten für dessen Fehlerhaftigkeit sprechen:[635] Hat sich ein technischer Agent *im konkreten Fall* anders verhalten

---

[629] In diese Richtung deutet auch die Beschränkung bei BeckOGK BGB/*Spindler*, 1.5.2023, § 823 Rn. 739 auf Fälle der „horizontalen bzw. vertraglichen Arbeitsteilung"; siehe dazu oben Fn. 627.

[630] In diese Richtung auch OLG Düsseldorf, Urt. v. 13.7 1995 – 10 U 5/95, VersR 1995, 1363, juris Rn. 46.

[631] Siehe dazu oben V. 4.

[632] So wohl *Thöne*, Autonome Systeme und deliktische Haftung, 2020, S. 258 ff. sowie *Kütük-Markendorf/Essers*, MMR 2016, 22 (25) unter Hinweis auf die „Sphärentheorie"; siehe auch *Martini*, JZ 2017, 1071 (1024) für eine Beweislastumkehr zu Lasten des „Anbieters" angesichts einer „strukturellen Asymmetrie" hinsichtlich der Erkenntnismöglichkeiten; für eine Vermutung des Fehlers sowie der Fehler-Kausalität siehe auch die Beschlüsse des 73. DJT, 2022, Zivilrecht, A. I. 1. b., 2.

[633] Vgl. *Martini*, JZ 2017, 1017 (1024), wonach der Geschädigte Tatsachen vortragen müsse, „die mit überwiegender Wahrscheinlichkeit darauf schließen lassen, dass unzulässige Parameter Eingang in die Entscheidung gefunden haben"; nach *Thöne*, Autonome Systeme und deliktische Haftung, 2020, S. 260 soll für eine Beweislastumkehr eine „gewisse (Anfangs-)wahrscheinlichkeit" erforderlich sein.

[634] Vgl. zum Konstruktionsfehler oben III. 2. b) bb) (1); zur Rolle der generellen Pflichtenintensität oben Kapitel 2, A. II. 1. c) bb) (1).

[635] Für eine Vermutung des Produktfehlers im Fall eines Verhaltensfehlers etwa *Borges*, CR 2022, 553 (559); siehe auch *Dötsch*, Außervertragliche Haftung für Künstliche Intelligenz am Beispiel von autonomen Systemen, 2023, S. 382; für eine Vermutung im Fall eines „Systemzustands, der zu einer Schädigung geführt hat", *Zech*, Gutachten für den 73. DJT, 2020, A 60;

als es ein sorgfältig handelnder Mensch oder ein durchschnittliches und vergleichbares Konkurrenzprodukt getan hätte, ist zwar nicht stets oder typischerweise ein *generelles* Sicherheitsdefizit (Risiko-Risiko-Vergleich) gegeben,[636] doch erhöht sich zumindest die Wahrscheinlichkeit, dass ein solches vorliegt. Für die Zumutbarkeit der Fehlentscheidungen gilt das im Zusammenhang mit menschlicher Autonomie Gesagte.[637]

Eine von einem schadensursächlichen Fehler unabhängige Beweislastumkehr kommt außerdem, worauf sogleich näher eingegangen wird, bei der Verletzung von Befunderhebungs- oder Befundsicherungspflichten in Betracht.

b) *Beweislastumkehr bei der Verletzung von Befunderhebungs- oder Befundsicherungspflichten*

Nach dem BGH trifft den Hersteller eines Produkts, „das erhebliche Risiken für den Verbraucher in sich trägt, die in der Herstellung geradezu angelegt sind und deren Beherrschung deshalb einen Schwerpunkt des Produktionsvorgangs darstellt" eine Pflicht zu einer besonderen *Befunderhebung und -sicherung*, deren nachgewiesene Verletzung eine Beweislastumkehr zu Gunsten des Geschädigten rechtfertigen kann.[638] Bejaht hat der BGH eine Befunderhebungs- und Befundsicherungspflicht namentlich bei Mehrweg-Glasflaschen.[639] Hier stand zwar fest, dass das Produkt aufgrund von Rissen im Glas oder vergleichbarer Defekte nicht dem Bauplan des Herstellers entsprach (Fehler).[640] Ob dieser Fehler schon bei Beginn des Inverkehrbringens vorlag (Fehlerbereich), war

---

[636] Siehe dazu oben III. 2. b) aa) (1).

[637] Siehe dazu oben Kapitel 2, A. II. 1. c) bb) (3).

[638] BGH, Urt. v. 8.12.1992 – VI ZR 24/92, NJW 1993, 528, juris Rn. 11 – „Mineralwasserflasche I"; siehe auch schon BGH, Urt. v. 7.6.1988 – VI ZR 91/87, BGHZ 104, 323, juris Rn. 24 – „Limonadenflasche I" sowie BGH, Beschl. v. 16.3.1993 – VI ZR 139/92, NJW-RR 1993, 988, juris Rn. 5 ff. – „Limonadenflasche II"; BGH, Urt. v. 9.5.1995 – VI ZR 158/94, BGHZ 129, 353, juris Rn. 26 – „Mineralwasserflasche II". Bei dieser Pflicht dürfte es allerdings nicht um eine den Unternehmensträger als Individuum treffende Pflicht gehen, sondern um einen an das Unternehmen als Ganzes anknüpfenden „Kontrollfehler" (zu diesem Begriff *Engel*, CR 1986, 702 [703]); zur Unternehmensbezogenheit der Produktfehler siehe oben III. 2.

[639] Bei einer Einheits-Mehrwegflasche handle es sich um ein Produkt, das „wegen seiner Eigenart (Glasbehälter, der mehrfach verwendet wird und unter starkem Innendruck steht) eine besondere Schadenstendenz" aufweise, BGH, Urt. v. 7.6.1988 – VI ZR 91/87, BGHZ 104, 323, juris Rn. 24 – „Limonadenflasche"; vgl. auch BGH, Urt. v. 8.12.1992 – VI ZR 24/92, NJW 1993, 528, juris Rn. 11 – „Mineralwasserflasche I".

[640] Vgl. BGH, Urt. v. 7.6.1988 – VI ZR 91/87, BGHZ 104, 323, juris Rn. 13 – „Limonadenflasche I": Möglichkeit eines überhöhten Innendrucks infolge zu geringer Befüllung (dann stünde die Zuordnung zum Herstellerbereich außer Frage) und Möglichkeit einer Rissschädigung im Glas der Flasche (diese könnte auch erst später, z.B. beim Transport eingetreten sein); BGH, Urt. v. 8.12.1992 – VI ZR 24/92, NJW 1993, 528, juris Rn. 2, 8 – „Mineralwasserflasche I": Haarriss oder vergleichbarer Fehler.

allerdings unklar.[641] Es erscheint nicht ausgeschlossen, in Fortführung dieser Rechtsprechung, dem Hersteller eine von ihm geschaffene Ungewissheit auch dann zur Last zu legen, wenn diese dazu führt, dass bereits die Feststellung des *Fehlers* nicht möglich ist. Nach dem BGH wäre es ein mit Treu und Glauben „nicht zu vereinbarender Widerspruch zur materiell-rechtlichen Pflichtenstellung des Herstellers, wenn er sich im Prozeß auf den nicht zu klärenden Zustand [des Produkts] berufen könnte, den er für diesen Zeitpunkt materiell-rechtlich festzustellen hatte".[642] Dieser Gedanke lässt sich grundsätzlich verallgemeinern.

Voraussetzung für eine Anwendung und Weiterführung der Rechtsprechung des BGH im Zusammenhang mit technischen Agenten ist zunächst, dass den Hersteller hier eine vergleichbare Pflicht zur Vermeidung von Ungewissheit trifft: Wie die Befunderhebungs- und Befundsicherungspflichten einzuordnen sind, ist nicht ganz klar.[643] Der BGH sprach von einer Pflicht zur „Statussicherung",[644] so dass erwogen wurde, die Pflicht als vorprozessuale Mitwirkungspflicht einzuordnen.[645] Nach Auffassung des BGH handelt es sich dabei aber weder um eine „Beweiserhaltungspflicht" noch um eine „dem Hersteller nicht obliegende Dokumentationspflicht".[646] Der Hersteller von Glasflaschen müsse vielmehr ein Kontrollverfahren sicherstellen, „durch das der Zustand einer jeden Flasche ermittelt und gewährleistet wird, daß – soweit technisch möglich – alle nicht einwandfreien Flaschen von der Wiederverwendung ausge-

---

[641] Vgl. Produkthaftungshandbuch/*Foerste*, 3. Aufl. 2012, § 30 Rn. 49 ff.

[642] BGH, Urt. v. 8.12.1992 – VI ZR 24/92, NJW 1993, 528, juris Rn. 13 – „Mineralwasserflasche I".

[643] Die Beweislastumkehr kann nicht schon nach allgemeinen Grundsätzen (siehe oben a]) bejaht werden: Ein „Kontrollfehler" stellt nur einen *schadensursächlichen* Produktfehler dar, wenn der Hersteller bei Vornahme von Befunderhebungs- und Befundsicherungsmaßnahmen (mit an Sicherheit grenzender Wahrscheinlichkeit) zum einen das generelle Sicherheitsniveau erhöht hätte und zum anderen den konkreten Schaden hätte vermeiden können (vgl. MüKoBGB/*Wagner*, 8. Aufl. 2020, § 823 Rn. 1019, wonach feststehen müsse, dass „Prüftechniken existieren, bei deren Anwendung sich die Inverkehrgabe fehlerhafter Produkte zu zumutbaren Kosten praktisch ausschließen lässt"). Dies wird sich indes nur schwer nachweisen lassen: Ob bei Verwendung eines interpretierbaren Algorithmus, *XAI*-Methoden, der Vornahme von Tests oder *Logging*-Vorkehrungen das System auch sicherer gewesen wäre, z.B. weil ein Entscheidungskriterium eliminiert hätte werden können, ist in der Regel unklar. Auch bei den Glasflaschen stand die Kausalität des „Kontrollfehlers" nicht fest. Vielmehr war auch eine Beschädigung nach dem Inverkehrbringen möglich, die durch eine ordnungsgemäße Befunderhebung und Befundsicherung nicht verhindert worden wäre (kritisch daher *Foerste*, VersR 1988, 958 [959]; MüKoBGB/*Wagner*, a.a.O.).

[644] BGH, Urt. v. 7.6.1988 – VI ZR 91/87, BGHZ 104, 323, juris Rn. 21 ff. – „Limonadenflasche I"; BGH, Urt. v. 8.12.1992 – VI ZR 24/92, NJW 1993, 528, juris Rn. 10 ff. – „Mineralwasserflasche I".

[645] Vgl. *Foerste*, VersR 1988, 958 (960 f.).

[646] BGH, Urt. v. 8.12.1992 – VI ZR 24/92, NJW 1993, 528, juris Rn. 12 – „Mineralwasserflasche I".

schlossen werden".[647] Es geht bei der Befunderhebung und -sicherung also in erster Linie nicht um die Dokumentation einer Kontrolle zur Vermeidung von Aufklärungsschwierigkeiten, sondern um die Durchführung der Kontrolle selbst zur Vermeidung von Schäden.[648] Solche Kontrollpflichten können grundsätzlich auch bei autonomen Produkten bestehen: Der Entwickler muss den Agenten überprüfen, um Risiken zu identifizieren, auf die er mit Sicherheitsmaßnahmen reagieren kann.[649] Hierzu muss er dafür sorgen, dass er Einsicht in das Systeminnere erhält oder aus Beobachtungen – insbesondere durch Tests – Rückschlüsse auf das Produktrisiko ziehen kann.[650] Um auf nachträgliche Veränderungen reagieren zu können, muss der Hersteller das System außerdem so konstruieren, dass ihm während des Einsatzes mitgeteilt wird, welche Daten es wie verarbeitet (*Logging by Design*).[651] Bei der Bestimmung der erforderlichen Kontrollmaßnahmen sind allerdings die technischen und rechtlichen Grenzen von Transparenzvorkehrungen sowie der *Trade-off* zwischen Erklärbarkeit und Leistungsfähigkeit zu berücksichtigen. Der Hersteller muss nicht jede Ungewissheit beseitigen, sondern nur tätig werden, soweit dies möglich und zumutbar ist.[652]

Allein rechtfertigt ein „Kontrollfehler"[653] außerdem noch keine Beweislastumkehr. Der BGH verlangte in den Glasflaschen-Fällen, dass ohne die Pflichtverletzung eine „signifikante Verringerung des Produktrisikos" erzielt

---

[647] BGH, Urt. v. 8.12.1992 – VI ZR 24/92, NJW 1993, 528, juris Rn. 12 – „Mineralwasserflasche I".

[648] MüKoBGB/*Wagner*, 8. Aufl. 2020, § 823 Rn. 1019; *Steffen*, in: FS Brandner, 1996, S. 327 (337 f.); Produkthaftungshandbuch/*Foerste*, 3. Aufl. 2012, § 30 Rn. 52; *Sommer*, Haftung für autonome Systeme, 2020, S. 362; *Eichelberger*, in: Künstliche Intelligenz und Robotik, 2020, S. 172 (185).

[649] Allgemein zu Software *Lehmann*, NJW 1992, 1721 (1724); etwas restriktiver *Meyer/Harland*, CR 2007, 689 (694): bei „hohem Gefahren- und Risikopotential"; speziell zum Hersteller autonomer Technologien *Thöne*, Autonome Systeme und deliktische Haftung, 2020, S. 209.

[650] Zur Bedeutung der Befundsicherungspflicht bei KI-Systemen siehe *Reusch*, in: Rechtshandbuch Artificial Intelligence und Machine Learning, 2020, S. 77 (130 ff.); nach *Spindler*, CR 2016, 766 (772) kann diese Rechtsprechung nur für bestimmte, mit den Glasflaschen vergleichbare, autonome Produkte, „am ehesten für massenhaft produzierte selbst steuernde Kfze" eingreifen.

[651] Zur Pflicht, „Sicherheitslücken zu suchen und zu identifizieren", siehe *Thöne*, Autonome Systeme und deliktische Haftung, 2020, S. 217; zur Möglichkeit und zu den Grenzen von *Logging*-Maßnahmen siehe auch oben Kapitel 1, C. III. 3.

[652] Auch der KI-VO-E verlangt für Hochrisiko-KI-Systeme keine vollständige Transparenz, vgl. Art. 12 KI-VO-E zu den Aufzeichnungspflichten sowie Art. 13 KI-VO-E zur Transparenz und Bereitstellung von Informationen für die Nutzer, wo u.a. Angemessenheitsschranken normiert werden.

[653] Vgl. dazu Fn. 638.

worden wäre.[654] Diese Voraussetzung lässt sich mit Blick auf das hier hervorgehobene Ziel von Beweislastregeln, Fehlentscheidungsrisiken zu verringern, dahingehend konkretisieren, dass es überwiegend wahrscheinlich sein muss, dass der Schaden auf der Verletzung der Kontrollpflichten beruht.[655] In diese Richtung deutet auch die Rechtsprechung zum Arzthaftungsrecht, wo der BGH explizit eine Wahrscheinlichkeitsbetrachtung vornimmt: Dort könne von einer Verletzung von Befunderhebungs- und -sicherungspflichten auf ein reaktionspflichtiges Befundergebnis geschlossen werden, wenn ein solches „hinreichend wahrscheinlich ist".[656] Legt man die in dieser Untersuchung entwickelte Formel zugrunde, ersetzt der „Kontrollfehler" also nur das Kriterium der Beweismöglichkeiten – der Hersteller hat keine besseren Beweismöglichkeiten, müsste solche jedoch haben –, nicht aber das Wahrscheinlichkeitskriterium. Ansonsten würde es – entgegen der Aussage des BGH – doch nur um die Dokumentation und nicht um die Schadensvermeidung als Teil der „materiellrechtlichen Pflichtenstellung des Herstellers"[657] gehen. Unzumutbar ist dem Hersteller aufgrund seiner Beziehung zu dem allgemeinen Produktrisiko eine Fehlentscheidung auch in diesen Fällen regelmäßig nicht,[658] so dass sich aus dem Kriterium der Folgen von Fehlentscheidung grundsätzlich keine Einschränkungen ergeben.

Bereits in den Glasflaschen-Fällen ist zweifelhaft, ob die überwiegende Wahrscheinlichkeit gegeben war. Es erscheint genauso wahrscheinlich, dass die Risse bei einer Kontrolle nicht aufgefallen wären, weil sie damals noch nicht vorhanden waren, sondern erst beim Transport entstanden sind. In der

---

[654] BGH, Urt. v. 9.5.1995 – VI ZR 158/94, BGHZ 129, 353, juris Rn. 26 – „Mineralwasserflasche II"; siehe auch BGH, Beschl. v. 16.3.1993 – VI ZR 139/92, NJW-RR 1993, 988, juris Rn. 5 – „Limonadenflasche II".

[655] Der BGH hält eine Beweislastumkehr insbesondere dann für möglich, „wenn der festgestellte Mangel des Produkts *typischerweise* aus dem Bereich des Herstellers stammt", BGH, Urt. v. 8.12.1992 – VI ZR 24/92, NJW 1993, 528, juris Rn. 21 – „Mineralwasserflasche I" (Hervorh. d. Verf.). Einen Anscheinsbeweis verneint er, da die „Möglichkeit" bestehe, dass der Mangel aus dem Bereich eines anderen stamme (Rn. 16). Dies spricht dafür, dass hier zwar keine mit an Sicherheit grenzende, wohl aber eine gesteigerte Wahrscheinlichkeit vorliegen muss; siehe auch OLG Dresden, Urt. v. 28.8.1997 – 4 U 770/97, NJW-RR 1999, 34 (35, unter II. 5.), wo ausgeführt wird, dass in der Lösung der Verschraubung des von der Beklagten hergestellten Zylinders keine „typische Gefahr" des Zylinders gelegen habe; vielmehr habe es sich bei dem Unfall um einen „einmaligen Vorgang" gehandelt. Auch diese Erwägungen gehen in Richtung einer Wahrscheinlichkeitsbeurteilung; vgl. auch *Foerste*, VersR 1988, 958 (959), der von einer „gewissen Wahrscheinlichkeit" spricht.

[656] Siehe nur BGH, Urt. v. 22.10.2019 – VI ZR 71/17, NJW 2020, 1071, juris Rn. 11 f.

[657] Vgl. BGH, Urt. v. 8.12.1992 – VI ZR 24/92, NJW 1993, 528, juris Rn. 13 – „Mineralwasserflasche I". Allein aus der fehlenden Dokumentation eine richterrechtlichen Beweislastumkehr herzuleiten, wäre bedenklich, siehe dazu oben 1. im Zusammenhang mit der Beweisvereitelung.

[658] Siehe dazu oben Kapitel 2, A. II. 1. c) bb) (3).

Rechtsprechung der OLG wurde eine Beweislastumkehr abgelehnt, wenn nicht festgestellt werden konnte, welche Eigenschaft der Flasche (z.B. ein Riss im Glas) zur Schädigung geführt hatte.[659] Jedenfalls dann fehlt es an der überwiegenden Wahrscheinlichkeit. Mit Blick auf autonome Produkte ist zu differenzieren: Resultiert die Ungewissheit daraus, dass das System nicht getestet wurde oder keine *Logging*-Vorkehrungen getroffen wurden, kann es überwiegend wahrscheinlich sein, dass das Sicherheitsdefizit bei einer ordnungsgemäßen Kontrolle entdeckt und eliminiert werden hätte können und müssen. Insofern erscheint eine Beweislastumkehr gerechtfertigt. Anders verhält es sich, wenn das Risiko nicht feststellbar ist, weil das Produkt eine *Black Box* ist: Dass bei Verwendung eines interpretierbaren Algorithmus, z.B. eines Entscheidungsbaums anstelle eines künstlichen neuronalen Netzes, der Schaden nicht eingetreten wäre, ist nicht überwiegend wahrscheinlich. Häufig kreieren die nicht interpretierbaren Algorithmen vielmehr die zuverlässigeren und sichereren Modelle.[660] Ähnliches gilt für Vernetzungseffekte: Auch die Vernetzung erhöht meist die Ungewissheit, zugleich aber auch die Leistungsfähigkeit des Systems.[661]

c) *Beweislastumkehr im Hinblick auf „Reserveursachen"*

Eine richterrechtliche Beweislastumkehr nach Fehlentscheidungsrisiken kann sich grundsätzlich auch lediglich auf den Pflichtwidrigkeitszusammenhang beziehen. Auch insofern stellt sie eine Alternative zu anderen heuristischen Beweislastverteilungen dar:[662] Nach h.M. soll der Schädiger die Beweislast für das Vorliegen von sog. *Reserveursachen* tragen.[663] Damit werden grundsätzlich Ereignisse bezeichnet, „die sich im Ergebnis ausgewirkt hätten, aber nicht

---

[659] Vgl. OLG Braunschweig, Urt. v. 13.9.2004 – 6 U 3/04, VersR 2005, 417 (417 f., unter 2. c.), wo außerdem noch bezweifelt wurde, ob den Hersteller von Einweg-Glasflaschen überhaupt eine Befundsicherungspflicht trifft (S. 418, unter 2. d.); OLG Koblenz, Urt. v. 20.8.1998 – 11 U 942/97, NJW-RR 1999, 1626, juris Rn. 51, wo verlangt wird, dass eine „visuell wahrnehmbare Oberflächenverletzung auslösend für das Bersten der Flasche war", weil nur dann eine Kontrolle eine signifikante Verringerung des Produktrisikos bewirkt hätte.

[660] Siehe dazu oben Kapitel 1, C. III. 3.

[661] Siehe dazu oben Kapitel 1. C. V.

[662] Zum Zusammenhang der richterrechtlichen Beweislastverteilung nach Fehlentscheidungsrisiken mit der Beweislastverteilung nach „Gefahrenbereichen" siehe bereits oben Kapitel 2, A. II. 1. c) bb) (1).

[663] Siehe nur BGH, Urt. v. 13.5.1953 – VI ZR 5/52, BGHZ 10, 6, juris Rn. 9; BGH, Urt. v. 2.7.1992 – IX ZR 256/91, NJW 1992, 2694, juris Rn. 24; BGH, Urt. v. 11.7.1996 – IX ZR 116/95, NJW 1996, 3343, juris Rn. 43; BGH, Urt. v. 9.11.2017 – IX ZR 270/16, NJW 2018, 541, juris Rn. 19; *Deutsch*, Allgemeines Haftungsrecht, 2. Aufl. 1996, S. 121 f.; *Lange/Schiemann*, Schadensersatz, 3. Aufl. 2003, S. 198 f., 209 ff.; MüKoBGB/*Oetker*, 9. Aufl. 2022, § 249 Rn. 224 ff.; MüKoBGB/*Wagner*, 8. Aufl. 2020, § 823 Rn. 100; a.A. *Lemhöfer*, JuS 1966, 337 (341 ff.).

ausgewirkt haben".[664] Die Abgrenzung zu anderen, vom Geschädigten nachzuweisenden, Kausalitäts- bzw. Zurechnungselementen ist allerdings schwierig, insbesondere wenn es um den sog. Einwand des rechtmäßigen Alternativverhaltens geht:[665] Nach dem BGH trägt der Schädiger die Beweislast dafür, dass „der durch die Pflichtverletzung verursachte Schaden auch dann eingetreten wäre, wenn der Schädiger eine andere, selbständige, von der verletzten verschiedene Pflicht erfüllt, sich also sonst rechtmäßig verhalten hätte".[666] Es wird grundsätzlich danach unterschieden, ob das Alternativverhalten „die bloße Kehrseite der Pflichtverletzung darstellt" – dann Beweislast des Geschädigten – oder „das Hinzudenken weiterer Umstände, die als rechtmäßig zu qualifizieren sind, aber gleichfalls den geltend gemachten Schaden verursacht hätten – allerdings auf andere Weise" – dann Beweislast des Schädigers.[667] Jedenfalls beim Unterlassen, wo stets ein positives Tun hinzugedacht werden muss,[668] geraten diese Formeln allerdings an ihre Grenzen.[669]

Grundsätzlich kann jedoch auch insofern auf die *Fehlentscheidungsrisiken* abgestellt werden. Der BGH nimmt z.B. eine Beweislastumkehr vor, wenn der Arzt, der bei einer Folgebehandlung sorgfaltswidrig handelt, sich darauf beruft, der Schaden wäre aufgrund der ersten, von ihm nicht zu verantwortenden Behandlung, auch bei pflichtgemäßer Weiterbehandlung eingetreten.[670] Aufgrund der schwer rekonstruierbaren Vorgänge im menschlichen Organismus[671]

---

[664] Vgl. *Gebauer*, Hypothetische Kausalität und Haftungsgrund, 2007, S. 4; als Reserveursachen kommen Naturereignisse sowie Handlungen Dritter, des Geschädigten oder auch des Schädigers selbst (rechtmäßiges Alternativverhalten) in Betracht, vgl. MüKoBGB/*Oetker*, 9. Aufl. 2022, § 249 Rn. 207; teilweise wird auch zwischen Reserveursachen und dem rechtmäßigen Alternativverhalten als verschiedene Fallgruppen unterschieden, so etwa *Lange/Schiemann*, Schadensersatz, 3. Aufl. 2003, S. 180 ff.

[665] Vgl. *Stoll*, AcP 176 (1976), 145 (173 ff.); *Koziol*, in: FS Deutsch, 1999, S. 179 (182 ff.).

[666] BGH, Urt. v. 2.7.1992 – IX ZR 256/91, NJW 1992, 2694, juris Rn. 24.

[667] *Wagner/Bronny*, ZInsO 2009, 622 (627); ähnlich BGH, Urt. v. 24.10.1995 – KZR 3/95, NJW 1996, 311, juris Rn. 21; siehe auch *Hanau*, Die Kausalität der Pflichtwidrigkeit, 1971, S. 11 f. zur Abgrenzung zwischen „echtem" und „unechtem" Alternativverhalten; *Deutsch* unterscheidet zwischen Situationen, in denen ein Ereignis tatsächlich eingetreten ist und nur seine Wirkungen ausgeblieben sind (überholende Kausalität) und Situationen, in denen bereits das Ereignis (das Handeln des Schädigers) hypothetisch ist (rechtmäßiges Alternativverhalten), vgl. *Deutsch*, Allgemeines Haftungsrecht, 2. Aufl. 1996, S. 122; kritisch *Koziol*, in: FS Deutsch, 1999, S. 179 (181).

[668] Siehe nur BGH, Urt. v. 30.1.1961 – III ZR 225/59, BGHZ 34, 206, juris Rn. 20.

[669] *Wagner/Bronny*, ZInsO 2009, 622 (627 f.); MüKoBGB/*Wagner*, 8. Aufl. 2020, § 823 Rn. 101.

[670] BGH, Urt. v. 7.10.1980 – VI ZR 176/79, BGHZ 78, 209, juris Rn. 20 ff.; ähnlich BGH, Urt. v. 22.5.2012 – VI ZR 157/11, juris Rn. 12 ff.; BGH, Urt. v. 22.3.2016 – VI ZR 467/14, NJW 2016, 3522, juris Rn. 14.

[671] Vgl. BGH, Urt. v. 15.3.1977 – VI ZR 201/75, NJW 1977, 1102, juris Rn. 11; BGH, Urt. v. 23.11.2017 – III ZR 60/16, BGHZ 217, 50, juris Rn. 27.

kommen in solchen Fällen oft viele Verläufe in Betracht. Der Arzt hat allerdings grundsätzlich die besseren Beweismöglichkeiten:[672] Aufgrund der von ihm vorgenommenen Untersuchungen verfügt er meist über weiterreichende Informationen über den Zustand des Patienten vor und nach der Behandlung. Regelmäßig ist es auch wahrscheinlicher, dass bei einer pflichtgemäßen Weiterbehandlung der Schaden vermieden oder verringert worden wäre.[673] Dass eine Fehlentscheidung keine unzumutbaren Folgen haben darf, führt bei der Vermutung nur des Pflichtwidrigkeitszusammenhangs kaum zu Einschränkungen: Da die Pflichtwidrigkeit des Verhaltens des Anspruchsgegners feststeht, erscheint dieser wenig schutzwürdig.[674] Selbstverständlich sind auch mit einer solchen Handhabung der Beweislast gewisse Unschärfen verbunden. Diese sind aber zumindest nicht größer als nach den herkömmlichen Abgrenzungsformeln.[675] Die Verteilung der Beweislast erfolgt auch nach diesem Ansatz heuristisch,[676] doch können die Daumenregeln offen benannt und sachlich begründet werden, nämlich mit dem Ziel der Verringerung der Fehlentscheidungsrisiken. So kann die Beweislast nachvollzogen werden und wird für die Parteien auch besser vorhersehbar.

Mit Blick auf technische Agenten kann den Hersteller danach die Beweislast dafür treffen, dass der Schaden auch bei Verwendung der Alternativkonstruktion oder bei der Nutzung eines anderen (menschlichen, tierischen und

---

[672] Für die „atypische" Beweislastverteilung im Hinblick auf Reserveursachen werden u.a. die „Unsicherheiten" des Ersatzberechtigten ins Feld geführt, vgl. *Lange/Schiemann*, Schadensersatz, 3. Aufl. 2003, S. 198.

[673] Vgl. BGH, Urt. v. 7.10.1980 – VI ZR 176/79, BGHZ 78, 209, juris Rn. 23, wo festgestellt wird, dass die Erstbehandlung „möglicherweise allein, keineswegs aber früher und mit einiger Wahrscheinlichkeit erst später den gleichen Schaden setzen konnte". Für die Beweislastverteilung im Hinblick auf Reserveursachen wird auch deren „Ausnahmecharakter" angeführt, vgl. *Lange/Schiemann*, Schadensersatz, 3. Aufl. 2003, S. 198. Außerdem wird auf den Rechtsgedanken der §§ 287 S. 2, 848 BGB hingewiesen, MüKoBGB/*Oetker*, 9. Aufl. 2022, § 249 Rn. 224; *Lange/Schiemann*, a.a.O.; kritisch *Lemhöfer*, JuS 1966, 337 (341 f.).

[674] Vgl. *Koziol*, in: FS Deutsch, 1999, S. 179 (185); *ders.*, in: Comparative stimulations for developing tort law, 2015, S. 199 (208); zur geringen Schutzwürdigkeit auch *Hanau*, Die Kausalität der Pflichtwidrigkeit, 1971, S. 29, allerdings für den Fall, dass die („natürliche") Kausalität des Tuns feststeht; zum „Schutzprinzip" als Grundlage einer Kausalitätsvermutung siehe allgemein *Wahrendorf*, Die Prinzipien der Beweislast im Haftungsrecht, 1976, S. 79 f.

[675] Sofern der BGH es bei der Beweislast des Geschädigten belässt, greift er häufig auf einen Anscheinsbeweis zurück, vgl. BGH, Urt. v. 3.7.1990 – VI ZR 239/89, NJW 1991, 230, juris Rn. 10 ff. zum Zusammenhang zwischen dem Nichtanlegen eines Sicherheitsgurts und einem Schaden (Alternative: Gurtversagen); BGH, Urt. v. 19.1.2010 – VI ZR 33/09, NJW 2010, 1072, juris Rn. 3 ff. zum Zusammenhang zwischen dem Hantieren mit einem Feuerzeug und einem Brandschaden (Alternative: Keine ersichtlich).

[676] Zur „heuristischen" Verteilung der Beweislast siehe *Riehm*, Abwägungsentscheidungen in der praktischen Rechtsanwendung, 2006, S. 131 ff. sowie bereits oben Kapitel 2, A. II. 1. c).

technischen) Agenten entstanden wäre. Für die Beweismöglichkeiten kommt es darauf an, inwieweit der Hersteller auf Informationen über den eigenen Agenten, die Alternativkonstruktionen und die anderen Agenten zugreifen kann. Auch die Wahrscheinlichkeit hängt vom Einzelfall ab: Wie gesehen, ist es bei menschlichen Alternativen regelmäßig wahrscheinlicher, dass der Schaden vermieden worden wäre als bei technischen Alternativen. Insoweit kann auf die Ausführungen zum Anscheinsbeweis verwiesen werden.[677] In vernetzten Systemen kann, wie bei rein menschlicher Arbeitsteilung, auch nach der Art der Zusammenarbeit differenziert werden: Beeinflusst der Output des fehlerhaften Agenten den Input einer Vielzahl von Agenten hat er einen größeren Einfluss auf das (schädliche) Gesamtverhalten, als wenn der fehlerhafte Agent nur wenig Einfluss hat und steigt die Wahrscheinlichkeit, dass sein Fehler für den Schaden (mit-)ursächlich geworden ist.

B. Verschuldensabhängige Haftung des Nutzers

Der Nutzer haftet, sofern er nicht zugleich Hersteller ist,[678] grundsätzlich[679] nur nach Maßgabe der §§ 823 ff. BGB. Entsprechend werden im Folgenden die Gefahrsteuerungspflichten des Nutzers (I.) sowie der Pflichtwidrigkeitszusammenhang (II.) beleuchtet. Es wird sich zeigen, dass auch insofern Ungewissheiten bestehen können, weswegen anschließend wiederum auf beweisrechtliche Fragen eingegangen wird (III.). Schließlich wird die Bedeutung der im Zusammenhang mit fremder menschlicher Autonomie entwickelten verschuldensabhängigen Sicherstellungshaftung für die Haftung des Nutzers in den Blick genommen (IV.).

I. *Verletzung einer Gefahrsteuerungspflicht gem. §§ 823 Abs. 1, 276 Abs. 2 BGB*

Die Gefahrsteuerungspflichten des Nutzers eines technischen Agenten lassen sich ähnlich kategorisieren wie die Pflichten des Geschäftsherrn:[680] Er muss den technischen Agenten ordnungsgemäß auswählen, überwachen und gegebenenfalls anleiten.[681] Darüber hinaus treffen ihn, vor allem beim Einsatz

---

[677] Vgl. vor 1.

[678] Siehe dazu oben A. II. 2.

[679] Eine Gefährdungshaftung trifft z.B. den Halter von (autonomen) Kraftfahrzeugen (§§ 7 ff. StVG) oder (autonomen) Luftfahrzeugen (§§ 33 ff. LuftVG). Hierauf wird im Rahmen dieser allgemeinen Betrachtung nicht gesondert eingegangen.

[680] Siehe zu diesen Pflichten oben Kapitel 2, A. II.

[681] Siehe nur *Horner/Kaulartz*, CR 2016, 7 (8 f.): Auswahl, Bedienung und Überwachung; *Spindler*, JZ 2022, 793 (795): Festlegung des Einsatzes, Überwachung,

mehrerer Agenten, Organisationspflichten. Insbesondere muss er die Schnittstellen zwischen den von ihm verwendeten technischen Agenten aber auch die
Schnittstellen zu menschlichen und möglicherweise sogar tierischen Agenten
sorgfältig ausgestalten. Ähnlich wie beim Hersteller zwischen dem Fehler und
der Erkennbarkeit des Fehlers (Entwicklungsrisiko) unterschieden wurde, wird
im Folgenden zunächst untersucht, inwiefern der Nutzer die Schadensrisiken
vermeiden kann und muss (1.), bevor auf die *Vorhersehbarkeit* als weitere Voraussetzung der Fahrlässigkeit eingegangen wird (2.).

1. Vermeidbarkeit des Schadensrisikos

Auch bei der Nutzerhaftung kann unterschieden werden zwischen der Nichtvornahme einer konkreten Sicherheitsmaßnahme (a) und dem generell unzulässigen Einsatz eines technischen Agenten (b). Die grundlegenden Erwägungen laufen überwiegend parallel zur Herstellerhaftung; es bestehen aber, wie
sogleich gezeigt wird, auch Unterschiede.

a) Nichtvornahme konkreter Sicherheitsmaßnahmen

Der Nutzer muss den Agenten entsprechend seines Verwendungszwecks und
den Instruktionen des Herstellers verwenden, wozu es auch gehört, erforderliche Programme, einschließlich Updates, zu installieren und, im Fall eines lernfähigen Agenten, das System so wie vorgesehen zu trainieren.[682] Was genau
der Nutzer tun kann und muss hängt von seinen – trotz der Autonomie verbleibenden – Kontrollmöglichkeiten ab:[683] Der Nutzer kann den Input des Systems
beeinflussen, entweder durch explizite Eingaben oder, im Fall eines stärker
perzeptionsfähigen Systems, indem er den Einsatzbereich auswählt. Ist der
Agent in der Lage, während des Einsatzes weiterzulernen, nimmt er dadurch
auch Einfluss auf die Input-Output-Beziehung.[684] Unter Umständen kann der
Nutzer auch die Auswirkungen des Outputs kontrollieren, z.B. können und
müssen bei vielen Datenanalyse-Tools, etwa medizinischen Diagnosesystemen, die Ergebnisse überprüft werden, bevor sie umgesetzt werden.[685] Bei einer
Reihe von anderen Agenten kann der Nutzer zwar nicht jeden Output

---

gegebenenfalls Eingreifen bei Fehlfunktionen; für einen Überblick der Sorgfaltspflichten des
Nutzers siehe *Thöne*, Autonome Systeme und deliktische Haftung, 2020, S. 270.

[682] *Thöne*, Autonome Systeme und deliktische Haftung, 2020, S. 219; *Sommer*, Haftung
für autonome Systeme, 2020, S. 327; siehe auch *Pehm*, IWRZ 2018, 263; *Spindler*, in: Liability for Artificial Intelligence and the Internet of Things, 2019, 125 (132); *Schulz*, Verantwortlichkeit bei autonom agierenden Systemen, 2015, S. 144.

[683] Vgl. *Karner*, in: Liability for Artificial Intelligence, 2019, S. 117 (118): „The more
autonomous the system is, the lower the requirements to take care."

[684] Vgl. *Etzkorn*, MMR 2020, 360 (364) zur Auswahl der „Problemdomäne".

[685] Vgl. *Hacker/Krestel/Grundmann/Naumann*, Artificial Intelligence and Law 2020, 415
(423 f.).

nachprüfen, aber zumindest auf Anhaltspunkte einer Fehlentscheidung reagieren: Setzt ein Fahrzeug zum Spurwechsel an und bemerkt der Nutzer, dass dies zu einer Kollision führen könnte, muss er, soweit ihm dies möglich ist, das Steuer übernehmen (vgl. §§ 1b, 1f Abs. 2 StVG).[686]

Bestimmte Maßnahmen hat der Nutzer nach dem Gesetz zu treffen.[687] Ist er „Anbieter digitaler Dienste" treffen ihn beispielsweise Verpflichtungen nach dem BISG.[688] Neben solchen allgemeinen Vorschriften existieren vereinzelt auch schon Regelungen, die speziell an die Autonomie eines Systems anknüpfen, z.B. für den Halter und für die sog. „Technische Aufsicht" eines Kraftfahrzeugs mit autonomer Fahrfunktion (§ 1f Abs. 1, Abs. 2 StVG) sowie für den Betreiber autonomer Luftfahrzeuge[689]. Der Vorschlag für eine KI-VO sieht insbesondere Pflichten für die Nutzer von Hochrisiko-KI-Systemen vor.[690]

Die im Übrigen von den Gerichten vorzunehmende (normativierte)[691] Kosten-Nutzen-Abwägung wird häufig zu dem Ergebnis führen, dass dem Nutzer eines technischen Agenten konkrete Sicherheitsmaßnahmen nicht möglich und zumutbar sind. Wie dargestellt, beruhen die Chancen autonomer Systeme gerade auch auf der – wenn auch unterschiedlich ausgeprägten – Unvermeidbarkeit:[692] Die Perzeptionsfähigkeit entlastet den Nutzer davon, den konkreten Input auszuwählen. Er muss den Agenten lediglich innerhalb seines – vom Hersteller spezifizierten – Einsatzbereichs verwenden.[693] Und die mit der Autonomie oft verbundene Automatisierung auf Output-Ebene entlastet ihn davon, den Output zu überprüfen oder auch nur zu überwachen.[694] Möglicherweise muss der Nutzer eines medizinischen Diagnosesystems, dessen Entscheidungen regelmäßig hochrangige Rechtsgüter betreffen, nachvollziehen, wie der Agent die Entscheidung getroffen hat und darf sich nicht blind auf die

---

[686] Vgl. *Horner/Kaulartz*, CR 2016, 7 (9). § 1b StVG gilt für Fahrzeuge mit hoch- oder vollautomatisierten Fahrfunktionen und verpflichtet den „Fahrzeugführer"; § 1f Abs. 2 StVG gilt für Fahrzeuge mit autonomer Fahrfunktion und verpflichtet die „Technische Aufsicht", vgl. dazu auch noch unten III. 4. a).

[687] Zur Bedeutung des Produktsicherheitsrechts für die Haftung siehe oben A. III. 2. c).

[688] Zur Definition des „Anbieters digitaler Dienste" vgl. § 2 Abs. 12 BISG; zur Bedeutung der IT-Sicherheitsgesetze (sowie der technischen Normen) für die Haftung siehe auch *Riehm/Meier*, MMR 2020, 571 (573).

[689] Vgl. Anhang Teil A UAS.SPEC.050 Abs. 1 lit. b der Durchführungsverordnung (EU) 2019/947 der Kommission v. 24.5.2019 über die Vorschriften und Verfahren für den Betrieb unbemannter Luftfahrzeuge.

[690] Vgl. Art. 28 f. KI-VO-E; siehe dazu etwa *Grützmacher*, CR 2021, 433 (440 f.); *Spindler*, CR 2021, 361 (369); *ders.*, JZ 2022, 793 (802); zur Differenzierung des KI-VO-E zwischen verschiedenen KI-Systemen siehe noch unten C. I. 2. b) bb) sowie bereits Fn. 322.

[691] Siehe dazu oben vor und mit Fn. 221.

[692] Siehe dazu oben Kapitel 1, D. II. 1.

[693] *Thöne*, Autonome Systeme und deliktische Haftung, 2020, S. 219.

[694] Vgl. *Lohmann*, AJP 2017, 152 (159).

erhaltenen Informationen verlassen.[695] Der Vorteil eines Staubsaugerroboters oder eines *Predictive Maintenance*-Programms besteht aber gerade darin, dass der Nutzer den Output des Systems nicht überprüfen und das System nicht laufend beobachten muss.[696] Kann der Nutzer das Risiko durch konkrete Maßnahmen nicht steuern, lässt sich eine Sorgfaltspflichtverletzung allenfalls darin erblicken, dass er den technischen Agenten überhaupt eingesetzt hat.

b) Einsatz eines fehlerhaften Agenten

Ähnlich wie der Einsatz eines menschlichen Gehilfen ist der Einsatz eines technischen Agenten grundsätzlich zulässig.[697] Unzulässig ist jedoch der Einsatz eines *fehlerhaften* Agenten.[698] Für die Fehlerhaftigkeit kommt es – wie bei der Produkthaftung – nicht darauf an, ob der Agent im konkreten Fall einen Fehler *macht*, sondern ob er *generell* ein zu geringes Sicherheitsniveau aufweist.[699] Die Fehlerhaftigkeit des Agenten kann grundsätzlich parallel zur Produkt- und Produzentenhaftung bestimmt werden. Ein Agent, der i.S.v. § 3 ProdHaftG fehlerhaft ist, darf nicht in den Verkehr gebracht und damit auch nicht eingesetzt werden. Etwas anderes gilt nur, wenn der Nutzer den Produktfehler beseitigt oder dessen schädliche Auswirkungen durch besondere Maßnahmen verhindert. Fabrikations- und Konstruktionsfehler kann der Nutzer in der Regel nicht selbst beseitigen. Der Trainer-Nutzer kann allerdings einen Mangel der Trainingsdaten beheben, indem er den Agenten entsprechend weitertrainiert. Wie gesehen, wird er dadurch selbst zum Hersteller.[700] Eine fehlende oder unvollständige Instruktion kann der Nutzer kompensieren, indem er sich das notwendige Wissen selbst aneignet und daraufhin selbst die erforderlichen konkreten Sicherheitsmaßnahmen ergreift bzw. andere Betroffene entsprechend instruiert.

Der Einsatz kann auch erst während der Nutzungsphase unzulässig werden. Dies kann zunächst dadurch geschehen, dass der Nutzer den Agenten zu

---

[695] Vgl. *Droste*, MPR 2018, 109 (122); *Helle*, MedR 2020, 993 (998).

[696] Vgl. *Horner/Kaulartz*, InTeR 2016, 22 (25); *Thöne*, Autonome Systeme und deliktische Haftung, 2020, S. 220.

[697] Siehe nur *Gless/Weigend*, ZStW 2014, 561 (583); *Lohmann*, AJP 2017, 152 (159); *Wagner*, VersR 2020, 717 (726 f.); *Beckers/Teubner*, Three Liability Regimes for Artificial Intelligence: Algorithmic Actants, Hybrids, Crowds, 2022, S. 73; *Weingart*, Vertragliche und außervertragliche Haftung für den Einsatz von Softwareagenten, 2022, S. 178; *Spindler*, JZ 2022, 793 (795); strenger *Zech*, Gutachten für den 73. DJT, 2020, A 55 f. (siehe aber auch Fn. 271 zu dessen Einschränkungen).

[698] Vgl. *Thöne*, Autonome Systeme und deliktische Haftung, 2020, S. 219; *Eichelberger*, in: Künstliche Intelligenz und Robotik, 2020, S. 172 (193).

[699] Zur Produkthaftung siehe oben A. III. 2. a).

[700] Siehe dazu oben A. II. 2.

Zwecken verwendet, für die er nicht vorgesehen ist.[701] Bringt der Hersteller z.B. eine autonome Arbeitsmaschine in den Verkehr, die ausschließlich auf abgesperrten Baustellen eingesetzt werden soll, darf der Nutzer diese nicht auf öffentlichen Straßen verwenden. Der Agent kann außerdem nachträglich fehlerhaft werden, indem der Nutzer die Sicherheitseigenschaften des Agenten verändert, im Fall von weiterlernenden Systemen insbesondere dadurch, dass er ihm ungeeignete Trainingsdaten liefert. Weiterhin kann sich der Sicherheitsstandard mit dem Fortschritt von „Wissenschaft und Technik" verändern. Hintergrund der zeitlichen Beschränkung der Herstellerhaftung ist der Gedanke, dass dem Hersteller die Aktualisierung nach dem Ende des Inverkehrbringens nicht möglich oder nicht zumutbar ist. Sein Einfluss nimmt in der Regel im Laufe der Zeit ab oder wird zumindest teurer.[702] Für den Nutzer gilt dies nicht: Er kann während der gesamten Verwendungsphase in gleicher Weise auf das Produkt einwirken und ist daher grundsätzlich verpflichtet, seine Systeme an den technischen Fortschritt anzupassen. Wann der Rechtsverkehr welche Anpassung erwarten darf, ist allerdings eine Frage des Einzelfalls. Regelmäßig besteht eine Übergangszeit: Die Nachrüstung ist „erst nach Ablauf eines angemessenen Zeitraums und unter Berücksichtigung wirtschaftlicher Gesichtspunkte" vorzunehmen.[703] Einem Unternehmer ist grundsätzlich mehr zuzumuten als einem Verbraucher.[704]

Die Modernisierungspflicht kann auch bedeuten, dass der Nutzer anstelle eines Menschen (in Verbindung mit einer herkömmlichen Technologie) einen autonomen Agenten einsetzen *muss*, wenn dieser generell sicherer ist.[705] Die Existenz solcher Technisierungs- bzw. Digitalisierungspflichten wird teilweise mit dem Hinweis auf die damit verbundenen Kosten und die Stärken menschlicher Entscheidungsfindung, welche die Technologien (noch) nicht

---

[701] Zum Produktmissbrauch als Grenze der Herstellerhaftung siehe oben A. III. 2. Im Fall des naheliegenden Fehlgebrauchs haften regelmäßig der Hersteller *und* der Nutzer (vgl. auch oben A. V. 4.).

[702] Siehe dazu ausführlich oben A. III. 5.

[703] OLG Hamm, Urt. v. 23.2.1989 – 6 U 2/88, NJW-RR 1989, 736 (737, unter 1. b] bb]), wo eine Nachrüstungspflicht abgelehnt wurde; dem folgend OLG Hamm, Urt. v. 13.3.2013 – I-11 U 198/10, DAR 2013, 465, juris Rn. 25; vgl. auch BGH, Urt. v. 1.3.1988 – VI ZR 190/87, BGHZ 103, 338, juris Rn. 10, wo offen gelassen wurde, ob „bei Einführung neuer DIN-Normen für eine Übergangszeit die bestehenden Einrichtungen ohne Veränderung weiterbetrieben werden dürfen", da eine „Anpassungszeit" jedenfalls verstrichen gewesen wäre; siehe auch *Hacker/Krestel/Grundmann/Naumann*, Artificial Intelligence and Law 2020, 415 (420 ff.) zur Anpassungspflicht im medizinischen Bereich.

[704] Zu den Unterschieden von Unternehmern und Verbrauchern siehe bereits oben Kapitel 2, A. III. 1. 2. a) b) cc) im Zusammenhang mit der Intensität der Sicherstellungspflichten.

[705] Vgl. *Riehm/Meier*, in: DGRI Jahrbuch 2018, 2019, S. 1 (Rn. 27); speziell zum Unternehmensrecht *Noack*, ZHR 2019, 105 (122); *Zetzsche*, AG 2019, 1 (7 ff.); zum Arzthaftungsrecht *Hacker/Krestel/Grundmann/Naumann*, Artificial Intelligence and Law 2020, 415 (418 ff.).

ausgleichen könnten, angezweifelt.[706] Indes sind die Kosten – wie stets – mit dem zu erwartenden Sicherheitsgewinn abzuwägen und ist im Einzelfall zu prüfen, ob menschliche Entscheider die Aufgabe wirklich besser lösen.[707] Genauso wie der Einsatz einer veralteten Technik kann auch der Verzicht auf Technik pflichtwidrig sein. Dass hierdurch möglicherweise Arbeitsplätze wegfallen,[708] kann allerdings auf Kostenseite durchaus berücksichtigt werden (normativierter Maßstab). Eine Pflicht zur Verwendung einer anderen Technologie lässt sich daher meist einfacher bejahen als eine Pflicht zur Verwendung von Technologie anstelle eines Menschen.

2. Vorhersehbarkeit des Schadensrisikos

Wie dargestellt, beruhen die Chancen autonomer Systeme auch auf der – unterschiedlich ausgeprägten – Unvorhersehbarkeit.[709] Dies schränkt die Haftung des Nutzers ebenfalls ein. Vorhersehbarkeit und Vermeidbarkeit müssen bei der Fahrlässigkeit korrespondieren: Muss die Gefahr durch eine *konkrete Sicherheitsmaßnahme* vermieden werden, muss der Nutzer die Möglichkeit und die Zumutbarkeit dieser konkreten Maßnahme erkennen können.[710] Die Erkennbarkeit genereller Sicherheitsdefizite genügt nicht, solange sie nicht dazu führt, dass der Einsatz des Agenten vollständig unterlassen werden muss.[711] Der Zahnarzt, der einen fehlerfreien Behandlungsstuhl mit „intelligenten" Schutzabdeckungen verwendet, die ihre Wartungsbedürftigkeit autonom ermitteln, weiß zwar möglicherweise, dass in 1 % der Fälle der Verschleißzustand nicht korrekt bestimmt wird. Soweit er die Voraussetzungen, unter denen das System versagt, nicht erkennen kann, ist für ihn das schadensursächliche Risiko aber nicht vorhersehbar. *Hanisch* zieht eine Parallele zwischen dem ungewollten Eingriff eines Lenkassistenten und eines in das Lenkrad greifenden Beifahrers.[712] In beiden Fällen ist die generelle Möglichkeit, dass ein anderer

---

[706] *Noack*, ZHR 2019, 105 (122).

[707] *Möslein*, ZIP 2018, 204 (209 f.): „Je erschwinglicher und treffsicherer Algorithmen werden, aber auch je verbreiteter ihr Einsatz in der unternehmerischen Praxis, desto schwerer wird sich der Verzicht auf solche Unterstützung rechtfertigen lassen"; siehe auch *Spindler*, DB 2018, 41 (45); *Wagner*, BB 2018, 1097 (1099); *Riehm/Meier*, in: DGRI Jahrbuch 2018, 2019, S. 1 (Rn. 27).

[708] Bei einer Befragung im Auftrag des Digitalverbands *Bitkom* aus dem Jahr 2020 gaben ca. 65 % der Befragten an, dass sie davon ausgehen würden, dass Künstliche Intelligenz zum Abbau von Arbeitsplätzen führen wird.

[709] Siehe dazu oben Kapitel 1, D. II. 2.

[710] Dazu, dass die Erkennbarkeit der „Möglichkeit des Eintritts eines schädigenden Ereignisses im allgemeinen" genügt, vgl. Fn. 491; dazu, dass auch die Notwendigkeit der Gefahrvermeidung erkennbar sein muss, vgl. Kapitel 1, Fn. 22.

[711] A.A. *Günther*, Roboter und rechtliche Verantwortung, 2016, S. 131.

[712] *Hanisch*, Haftung für Automation, 2010, S. 43 f; siehe auch *Horner/Kaulartz*, CR 2016, 7 (9) zur Nutzung eines Taxis.

eine Fehlentscheidung trifft, erkennbar. Dem Fahrer kann aber nicht vorgeworfen werden, er hätte das Eingreifen nicht verhindert, wenn die Möglichkeit eines Fehlverhaltens in der konkreten Situation nicht absehbar war.

Von dem Nutzer einer Technologie kann grundsätzlich (nur) erwartet werden, dass er die Verhaltensweisen in Rechnung stellt, die dem Verwendungszweck der Technologie entsprechen.[713] Soll das autonome Fahrsystem lediglich dann eingreifen, wenn auf der Autobahn ein unbeabsichtigter Spurwechsel droht, muss der Nutzer zwar mit einem Eingreifen in solchen Situationen rechnen, nicht aber in anderen. Bei einem weiterlernenden Agenten muss er allerdings einkalkulieren, dass der Agent im Laufe des Einsatzes möglicherweise sensibler auf Abweichungen von der Fahrspur reagieren wird: Ein Agent, der den Zweck erfüllt, unbeabsichtigte Wechsel der Fahrbahn zu vermeiden, wird versuchen, zu lernen, diese Aufgabe immer besser auszuführen. Vorhersehbarkeit liegt dagegen nicht vor, wenn das System in der Innenstadt plötzlich die Fahrbahn wechselt, weil es eine entsprechende Input-Output-Beziehung entwickelt hat. Mit dieser Verhaltensregel musste der Nutzer nicht rechnen.

Hat der Agent einen Fehler und darf deshalb *generell* nicht verwendet werden, genügt es, wenn der Nutzer das damit verbundene generelle Risiko eines Schadenseintritts und die Vermeidungsnotwendigkeit kennt. Setzt der Zahnarzt einen Behandlungsstuhl ein, der erkennbar in 70 % der Fälle den Verschleißzustand nicht erkennt und deshalb Verletzungen bei den Patienten verursachen kann, kann der Arzt sich nicht darauf berufen, er habe nicht vorhersehen können, wann genau diese Fälle eintreten.[714] Wie gesehen, kann es nie ausgeschlossen werden, dass ein Produkt von seinem Konstruktionsplan abweicht (Fabrikationsfehler). Hieraus folgt allerdings nicht, dass der Nutzer eine solche Abweichung stets erkennen muss. Nur ausnahmsweise, bei Anzeichen,[715] muss er misstrauisch werden. Auch der Nutzer haftet nach § 823 Abs. 1 BGB nicht für „Ausreißer".

Grundsätzlich darf der Nutzer darauf vertrauen, dass der Hersteller ein fehlerfreies Produkt in den Verkehr gebracht hat.[716] Wie weit der

---

[713] Vgl. *Thöne*, Autonome Systeme und deliktische Haftung, 2020, S. 219, wonach der Nutzer erwarten dürfe, dass der Agent seine Aufgaben entsprechend seinen Funktionen durchführt; *Weingart*, Vertragliche und außervertragliche Haftung für den Einsatz von Softwareagenten, 2022, S. 224 zum Händler, der sich auf die Angaben des Herstellers verlassen dürfe.

[714] Beim Dazwischentreten nicht vorhersehbarer Umstände, z.B. außergewöhnlicher Naturereignisse, kann es mitunter am Schutzzweck der Norm fehlen, vgl. MüKoBGB/*Grundmann*, 9. Aufl. 2022, § 276 Rn. 70.

[715] Vgl. *Sommer*, Haftung für autonome Systeme, 2020, S. 328, wonach der Nutzer reagieren müsse, wenn sich Fehler zeigen; siehe auch *Thöne*, Autonome Systeme und deliktische Haftung, 2020, S. 220 f.

[716] Vgl. *Thöne*, Autonome Systeme und deliktische Haftung, 2020, S. 220 f., auch zu den Grenzen; siehe auch *Spindler*, CR 2017, 715 (723) zur automatisierten Beratung.

Vertrauensgrundsatz genau reicht, bestimmt sich insbesondere nach dem Verkehrskreis des Nutzers: Der Verbraucher darf sich regelmäßig auf ein ordnungsgemäßes Verhalten des Herstellers verlassen.[717] Dem Unternehmer sind dagegen gewisse Kontrollmaßnahmen zumutbar. Nach allgemeinen Grundsätzen muss ein Unternehmer zumindest eine seiner Spezialisierung entsprechende „Sichtkontrolle" vornehmen.[718] Bei Softwarefehlern führt eine solche Überprüfung aber in der Regel nicht weiter. Welche Pflichten den Unternehmer insofern treffen, hängt maßgeblich von der Unternehmensgröße und der Erfahrung sowie dem Grad der Spezialisierung ab, also letztlich davon, ob er als *Experten-Nutzer* zu qualifizieren ist.[719] Ist der Nutzer mit der Technik vertraut, weil Gegenstand seines Unternehmens der Betrieb autonomer Systeme ist, die er gegebenenfalls auch selbst verbessert und wartet, kann von ihm mehr erwartet werden.[720] Höhere Anforderungen bestehen auch dann, wenn der Nutzer den Agenten in einem Umfeld einsetzt, in dem dieser vom Entwickler noch nicht erprobt wurde.

Der Nutzer muss während der Verwendung des Agenten neuen Erkenntnissen Rechnung tragen. Grundsätzlich muss er, anders als der Hersteller, nicht proaktiv Gefahrerforschung betreiben. Allerdings treffen ihn reaktive Pflichten.[721] Auf Warnungen des Herstellers, durch welche die Gefahr und die

---

[717] Vgl. Produkthaftungshandbuch/*Foerste*, 3. Aufl. 2012, § 27 Rn. 18: Haftung nur „insoweit, wie dem Benutzer hinreichende Anzeichen für einen Sicherheitsmangel erkennbar sind"; siehe aber auch BGH, Urt. v. 9.5.1995 – VI ZR 128/94, NJW-RR 1995, 1047, juris Rn. 10, wonach der Erwerber, der ein vor zwölf Jahren „erstmals zugelassenes Fahrzeug zu einem geringen Preis von einem ihm unbekannten Privatmann erworben hatte, die Reifen des Pkw […] in einer Fachwerkstatt hätte überprüfen lassen müssen"; *Weingart*, Vertragliche und außervertragliche Haftung für den Einsatz von Softwareagenten, 2022, S. 179, wonach vom „durchschnittlichen IT-Nutzer [..] zumindest die Kenntnis grundlegender Sorgfaltsmaßnahmen" erwartet werden könne.

[718] Vgl. Produkthaftungshandbuch/*Foerste*, 3. Aufl. 2012, § 27 Rn. 12; *Brüggemeier*, WM 1982, 1294 (1306, 1309) zum Assembler und zum Reparaturbetrieb; BGH, Urt. v. 8.6.1956 – VI ZR 56/55, VersR 1956, 618 (618 f., unter b] und c]) zu einem Elektromeister, der eine Leselampe an einem metallenen Krankenhausbett anbringt.

[719] Vgl. Produkthaftungshandbuch/*Foerste*, 3. Aufl. 2012, § 27 Rn. 14, wonach der Umfang der Pflichten von den „Kapazitäten des Produktbenutzers, seiner Spezialisierung und ggf. dem Zugang zum Hersteller" abhänge; zur Differenzierung zwischen Laien-Nutzern und Experten-Nutzern siehe oben vor A.

[720] Zu „professionellen" Nutzern siehe auch *Zech*, Gutachten für den 73. DJT, 2020, A 89 f., 101; *Spindler*, JZ 2022, 793 (795); zur Bedeutung von Spezialkenntnissen vgl. auch BGH, Urt. v. 31.5.1994 – VI ZR 233/93, NJW 1994, 2232, juris Rn. 17.

[721] Vgl. *Thöne*, Autonome Systeme und deliktische Haftung, 2020, S. 221; siehe auch BGH, Urt. v. 27.2.2018 – VI ZR 489/16, BGHZ 217, 350, juris Rn. 34 ff. – „Internetforum", wo dem Betreiber einer Suchmaschine hinsichtlich der ins Netz gestellten Inhalte keine „proaktive Prüfungspflicht" auferlegt wird, aber eine Reaktionspflicht, „wenn er durch einen konkreten Hinweis Kenntnis von einer offensichtlichen und auf den ersten Blick klar erkennbaren Rechtsverletzung erlangt hat" (siehe auch schon BGH, Urt. v. 14.5.2013 – VI ZR

Notwendigkeit, diese zu vermeiden für ihn erkennbar werden, muss er reagieren, indem er konkrete Sicherheitsmaßnahmen ergreift oder den Einsatz des Agenten unterlässt.[722] Der Nutzer eines technischen Agenten ist insbesondere verpflichtet, Updates, mit denen der Entwickler auf nachträglich bekannt gewordene Gefahren oder auf eine Erhöhung des Sicherheitsstandards reagiert, aufzuspielen.[723] Ist eine Fehlerbehebung nicht möglich, etwa weil der Nutzer keinen Anspruch auf die Bereitstellung eines Updates (mehr) hat und der Hersteller ein Update auch nicht freiwillig anbietet, kann er verpflichtet sein, den Agenten stillzulegen.[724] Auch aus einem Schadensfall kann Wissen generiert werden, das es ermöglicht, zukünftig Gefahren vorherzusehen.[725] Beispielsweise kann ein Unfall in einer Fabrik zeigen, dass ein System, das die Wartungsbedürftigkeit von Maschinen einschätzen soll, bestimmte Risiken nicht erkennt. In Zukunft muss dieser Erkenntnis Rechnung getragen werden, z.B. durch verstärkte menschliche Kontrollen. Der mit einem Schadensfall verbundene Wissensgewinn ist dabei auch abhängig von der Möglichkeit der Sachverhaltsaufklärung. Je schlechter sich *ex post* feststellen lässt, welchen Input der Agent empfangen und welche Input-Output-Beziehungen er angewandt hat, desto schwieriger ist es, aus dem Schadensfall Folgen für den zukünftigen Umgang mit dem technischen Agenten zu ziehen.[726]

II.   *Pflichtwidrigkeitszusammenhang*

Für den Pflichtwidrigkeitszusammenhang gilt Ähnliches wie für die Fehler-Kausalität:[727] Besteht das pflichtwidrige Verhalten des Nutzers in der Nichtvornahme einer konkreten Sicherheitsmaßnahme, setzt der Pflichtwidrigkeitszusammenhang voraus, dass bei Vornahme der Maßnahme der Schaden mit an Sicherheit grenzender Wahrscheinlichkeit ausgeblieben wäre. Wird an den Einsatz des Agenten als solchen angeknüpft, muss sich das generelle Sicherheitsdefizit im konkreten Fall ausgewirkt haben. Dies ist nicht der Fall, wenn der technische Agent zwar generell Kriterien verwendet, die ihn zu unsicher machen, diese Kriterien aber im konkreten Fall keine Rolle gespielt haben. Dasselbe gilt, wenn der fehlerhafte technische Agent zwar statistisch häufiger

---

269/12, BGHZ 197, 213, juris Rn. 30 ff. – „Autocomplete"); zu der mit reaktiven Pflichten einhergehenden „Prozeduralisierung" siehe *Hofmann*, CR 2020, 282 (287 ff.).

[722] Vgl. Produkthaftungshandbuch/*Foerste*, 3. Aufl. 2012, § 27 Rn. 18.

[723] *Raue*, NJW 2017, 1841 (1842); *Wagner*, AcP 217 (2017), 707 (757); *Sommer*, Haftung für autonome Systeme, 2020, S. 327 f; *Thöne*, Autonome Systeme und deliktische Haftung, 2020, S. 219; *Hofmann*, CR 2020, 282 (286).

[724] Vgl. *Thöne*, Autonome Systeme und deliktische Haftung, 2020, S. 221; *Sommer*, Haftung für autonome Systeme, 2020, S. 329; kritisch *Raue*, NJW 2017, 1841 (1842 f.).

[725] Vgl. *Hofmann*, CR 2020, 282 (286) zur Produkthaftung.

[726] Vgl. zum Zusammenhang zwischen Wissensgewinn und Erklärbarkeit bereits oben Kapitel 1, D. II. 2.

[727] Siehe dazu oben A. IV.

Fehlentscheidungen trifft als ein fehlerfreier Agent, z.B. in 5 % der Fälle und nicht in nur 1 %, aber in der konkreten Situation der Nutzer durch den Einsatz des fehlerfreien Agenten den Schaden ebenfalls verursacht hätte, weil gerade diese Situation zu den 1 % der Fälle gehört.

III. Beweisfragen

Hinsichtlich des Beweises der *Vermeidbarkeit* bestehen ähnliche Schwierigkeiten wie bei der Bestimmung des Produktfehlers. Der Geschädigte muss im Allgemeinen außerdem – anders als bei der Produkt- und Produzentenhaftung – nachweisen, dass der Nutzer die Gefahr und die Notwendigkeit der Gefahrvermeidung *erkennen* musste.[728] Die Erkennbarkeit wird teilweise[729] mit der sog. „inneren Sorgfalt" gleichgesetzt.[730] Folgt man dem, könnten aus der Rechtsprechung, wonach die „innere Sorgfalt" im Wege eines Anscheins- oder Indizienbeweises – die genaue Einordnung ist nicht ganz klar – festgestellt werden kann,[731] Erleichterungen für den Geschädigten resultieren. Ein

---

[728] Im Hinblick auf die *Darlegung* gilt grundsätzlich das zur Herstellerhaftung Gesagte (Fn. 592). Wird dem Nutzer der generelle Einsatz des Agenten vorgeworfen, muss der Geschädigte Angaben zum „Fehlersymptom", der Erkennbarkeit und der Ursächlichkeit machen. Wird dem Nutzer vorgeworfen, dass er konkrete Sicherungsmaßnahmen unterlassen hat, muss der Geschädigte angeben, inwieweit Sicherungsmaßnahmen nicht existiert oder die getroffenen Maßnahmen nicht ausgereicht hätten. Den Nutzer trifft dann in der Regel eine sekundäre Darlegungslast; er muss vortragen, welche konkreten Sicherungsmaßnahmen er vorgenommen hat, vgl. allgemein LG München II, Urt. v. 7.6.2018 – 9 O 2933/16, BeckRS 2018, 11249 Rn. 22; BeckOK BGB/*Förster*, 66. Ed., 1.5.2023, § 823 Rn. 394; speziell zum Nutzer autonomer Systeme Leupold/Wiebe/Glossner IT-Recht/*Leupold/Wiesner*, 4. Aufl. 2021, Teil 9.6.4 Rn. 87; *Foerster*, ZfPW 2019, 418 (433).

[729] Die Begriffe „äußere" und „innere Sorgfalt" werden unterschiedlich verwendet, vgl. *Koziol*, Grundfragen des Schadenersatzrechts, 2010, S. 190; siehe etwa die Definitionen bei *von Bar*, JuS 1988, 169 (173); *U. Huber*, in: FS E.R. Huber, 1973, S. 253 (266) (der die Unterscheidung allerdings letztlich ablehnt).

[730] Nach *Deutsch*, AcP 202 (2002), 889 (903 f.) ist die „äußere Sorgfalt" das „sachgemäße Verhalten bzw. die von der Norm angeordnete Tätigkeit", die „innere Sorgfalt" ist „auf die Erkenntnis der äußeren und auf die Befolgung des Normbefehls" gerichtet; in diese Richtung auch *Marburger*, VersR 1983, 597 (600); *Looschelders*, Schuldrecht, Besonderer Teil, 18. Aufl. 2023, S. 521: „Gefahr erkannt, Gefahr gebannt"; *Wagner*, Deliktsrecht, 14. Aufl. 2021, S. 52; auch der BGH prüft unter dem Aspekt der „inneren Sorgfalt" die Erkennbarkeit der Notwendigkeit der Gefahrvermeidung, wobei er teilweise (entgegen dem objektiven Fahrlässigkeitsmaßstab) die Unerkennbarkeit aus „besonderen persönlichen Gründen" berücksichtigt, vgl. BGH, Urt. v. 31.5.1994 – VI ZR 233/93, NJW 1994, 2232, juris Rn. 13.

[731] Vgl. BGH, Urt. v. 11.3.1986 – VI ZR 22/85, NJW 1986, 2757, juris Rn. 19: „Die Verletzung der äußeren Sorgfalt indiziert entweder die der inneren Sorgfalt oder es spricht ein Anscheinsbeweis für die Verletzung der inneren Sorgfalt"; an anderer Stelle wird geäußert, nur ausnahmsweise sei „der Schluß von der Nichteinhaltung der ‚äußeren' Sorgfalt auf eine Verletzung der ‚inneren' Sorgfalt nicht gerechtfertigt", BGH, Urt. v. 31.5.1994 – VI ZR 233/93, NJW 1994, 2232, juris Rn. 13; im Zusammenhang mit der Produzentenhaftung

Erfahrungsgrundsatz mit dem Inhalt, dass vermeidbare Risiken auch vorhersehbar sind, existiert allerdings nicht, so dass ein Anscheinsbeweis wenig überzeugt. Jedenfalls könnte der Nutzer diesen regelmäßig erschüttern: Technische
Agenten nehmen dem Nutzer gerade die Last ab, sich über den Output eines
Systems Gedanken zu machen, so dass häufig zumindest die ernsthafte Möglichkeit der Unvorhersehbarkeit besteht.[732] Eine gewisse Indizwirkung ist zwar
denkbar, diese dürfte aber eher schwach sein. Für die Vorhersehbarkeit können
als Indizien z.B. die Überschaubarkeit des Geschehens oder ein spezielles Wissen des Nutzers sprechen.[733]

Schwierigkeiten kann auch die Bestimmung des *Pflichtwidrigkeitszusammenhangs* bereiten.[734] Insoweit gilt Ähnliches wie bei der Fehler-Kausalität:
Ob sich beispielsweise ein ungeeignetes Entscheidungskriterium im konkreten
Fall ausgewirkt hat, kann grundsätzlich nur festgestellt werden, wenn sich die
Entscheidung erklären lässt. Und auch die Feststellung, dass ein statistisch si-
chererer, aber nicht nahezu 100 % zuverlässiger Agent den eingetretenen Schaden nicht verursacht hätte, verlangt die Aufdeckung der Entscheidungskriterien
im konkreten Fall. Sind die Entscheidungen für einen Menschen nicht erklärbar
(*Black Box*), ist dies praktisch nicht möglich. Im Übrigen ist die Aufklärung
des Sachverhalts zwar nicht ausgeschlossen, sie bleibt allerdings schwierig,
insbesondere wenn wegen der *Perzeptions-* und *Lernfähigkeit* nicht klar ist,
welche Daten der Agent wie verarbeitet hat. Die *Vernetzung* kann die Aufklärung weiter erschweren: Was geschehen wäre, wenn der Nutzer den Output des
Agenten oder dessen Auswirkungen pflichtgemäß verhindert hätte, kann ungewiss sein, wenn dieser Output zunächst nur das Verhalten eines Gesamtsystems
mitbestimmt.[735] Hilfreich sind auch hier Aufzeichnungen aus der

---

scheint der BGH eine Beweislastumkehr vorzunehmen, vgl. BGH, Urt. v. 17.3.1981 – VI
ZR 191/79, BGHZ 80, 186, juris Rn. 33 – „Derosal I" zu Produktbeobachtungspflichten des
Herstellers (siehe dazu oben A. VI. 2. a]), wonach der Geschädigte zwar den Nachweis führen müsse, dass der Hersteller „objektiv seine Instruktionspflicht verletzt hat", dann aber
„soweit es um die Verletzung der ‚inneren' Sorgfalt geht, für diesen Nachweis, also für die
Frage, ob dieser Hersteller die entsprechenden Erkenntnismöglichkeiten hatte oder sich hätte
verschaffen müssen, von der weiteren Beweisführung entlastet" werde; siehe auch BGH,
Urt. v. 23.10.1984 – VI ZR 85/83, NJW 1985, 620, juris Rn. 23 – „Skilift", wo zwar nicht
von der „inneren Sorgfalt" die Rede ist, der BGH aber davon auszugehen scheint, dass Zweifel an der Erkennbarkeit der Notwendigkeit der Gefahrvermeidung zu Lasten des Schädigers
gehen.

[732] Vgl. *Günther*, Roboter und rechtliche Verantwortung, 2016, S. 131; *Spindler*, JZ 2022,
793 (796).

[733] Zur Bedeutung von Spezialkenntnissen siehe oben I. 2.

[734] Vgl. *Horner/Kaulartz*, CR 2016, 7 (9); *Thöne*, Autonome Systeme und deliktische
Haftung, 2020, S. 250 f.

[735] Vgl. *Horner/Kaulartz*, CR 2016, 7 (9) zur „Komplexität der Verhaltensweisen autonomer Systeme und der Vielzahl von Faktoren, welche das Verhalten potentiell beeinflussen

Entwicklungsphase und der Einsatzphase (*Logging by Design*).[736] Durfte der Agent nicht eingesetzt werden, weil er weniger sicher ist als ein Mensch, kommt, wie bei der Herstellerhaftung, außerdem ein Anscheinsbeweis in Betracht.[737]

Die genannten Schwierigkeiten werfen wiederum die Frage nach einer Beweislastumkehr zu Lasten des Nutzers auf. Denkbar ist zunächst eine Beweislastumkehr in Anlehnung an bestehende Vorschriften: Naheliegend erscheint eine Analogie zu der Beweislastverteilung bei Verrichtungsgehilfen (§ 831 Abs. 1 S. 2 BGB) oder Aufsichtsbedürftigen (§ 832 Abs. 1 S. 2 BGB) (1.), bei Nutztieren (§ 833 S. 2 BGB) (2.) oder bei mit einem Grundstück verbundenen Werken (§§ 836 ff. BGB) (3.). Es wird sich allerdings zeigen, dass die dort relevanten Kriterien mit Blick auf die Haftung des Nutzers technischer Agenten nicht geeignet sind. Interessengerecht ist aber eine richterrechtliche Beweislastumkehr nach Fehlentscheidungsrisiken im Einzelfall (4.).

1. Verhaltensfehler des Agenten, §§ 831, 832 BGB analog

In der Literatur wird vielfach eine analoge Anwendung von § 831 Abs. 1 BGB auf autonome Technologien befürwortet.[738] Eine solche scheitert, entgegen teilweise geäußerter Bedenken,[739] nicht bereits am Erfordernis einer „Handlung" des Systems.[740] Zwar ist fraglich, ob man bei einem technischen Agenten davon sprechen kann, sein Verhalten unterliege der „Bewusstseinskontrolle" und „Willenslenkung".[741] Wie gesehen, ist aber auch beim Menschen nicht geklärt,

---

können"; dazu, dass § 830 Abs. 1 S. 2 BGB regelmäßig nicht weiterhilft, siehe oben vor und mit Fn. 572 ff.

[736] Siehe dazu oben Kapitel 1, C. III. 3.

[737] Siehe dazu oben A. VI.

[738] Siehe nur *John*, Haftung für künstliche Intelligenz, 2007, S. 273 f.; *Hanisch*, Haftung für Automation, 2010, S. 196; *Denga*, CR 2018, 69 (74 ff.); *Hacker*, RW 2018, 243 (265 ff.); *Riehm*, ITRB 2014, 113 (114); *Horner/Kaulartz*, CR 2016, 7 (9); *Oster*, UFITA 2018, 14 (50 f.); *Dötsch*, Außervertragliche Haftung für Künstliche Intelligenz am Beispiel von autonomen Systemen, 2023, S. 334 ff.; *Zech*, Gutachten für den 73. DJT, 2020, A 76 f. (siehe auch A 59: „Gesamtanalogie" zur Produzentenhaftung, §§ 836 Abs. 1 S. 2, 831 Abs. 1 S. 2, 832 Abs. 1 S. 2 BGB); ähnlich die Beschlüsse des 73. DJT, 2022, Zivilrecht, B. II. 9., 10.; kritisch etwa *Brand*, MedR 2019, 943 (949); *Veith*, Künstliche Intelligenz, Haftung und Kartellrecht, 2021, S. 101 ff.

[739] Vgl. *Günther*, Roboter und rechtliche Verantwortung, 2016, S. 135; ähnlich *Grützmacher*, CR 2016, 695 (697 f.).

[740] Zu den Voraussetzungen von § 831 BGB siehe ausführlich oben Kapitel 2, A. II. 1. c) aa) (2).

[741] Zu diesen Voraussetzungen einer „Handlung" siehe nur BGH, Urt. v. 12.2.1963 – VI ZR 70/62, BGHZ 39, 103, juris Rn. 23.

inwieweit er tatsächlich frei handeln kann.[742] Der technische Agent ist in der Regel auch, wie ein Verrichtungsgehilfe, weisungsgebunden und in den Organisationsbereich des Nutzers eingegliedert.[743] Schuldfähigkeit des Gehilfen setzt § 831 BGB darüber hinaus nicht voraus.[744] Das Erfordernis einer Schädigung „in Ausführung der Verrichtung" kann – wie beim Menschen – weit ausgelegt werden und ist regelmäßig ebenfalls erfüllt: Nicht mehr erfasste „Total-Ausbrüche"[745] sind allenfalls denkbar, wenn das System beginnt, sich eigene Zwecke zu setzen, was jedenfalls bei den heutigen Anwendungen „schwacher" Künstlicher Intelligenz nicht der Fall ist.[746] Auch die erwähnten „erstaunlichen" Verhaltensweisen, z.B. die Missachtung eines Verkehrsschilds wegen eines Aufklebers,[747] halten sich noch „im Rahmen der [...] übertragenen Aufgaben"[748]. Der Agent kommt nicht nur „rein zufällig" mit den Rechtsgütern des Geschädigten in Berührung,[749] sondern agiert innerhalb der Zwecke des Nutzers.

Auch eine Analogie zu § 832 BGB kommt grundsätzlich in Betracht.[750] Ist der Agent noch nicht vollständig trainiert, sondern soll beim Nutzer weiterlernen, ist er mit einem Minderjährigen vergleichbar. Hat der Agent Sicherheitsdefizite, die der Nutzer aber durch eine intensive Überwachung ausgleichen kann, so dass sein Einsatz nicht generell unzulässig ist, kann er auch mit einer Person, die „wegen ihres geistigen oder körperlichen Zustands der Beaufsichtigung bedarf" verglichen werden.[751] Voraussetzung für eine solche Analogie

---

[742] Vgl. *Hacker*, RW 2018, 243 (257) sowie oben Kapitel 1, A; zu einer soziologischen Perspektive auf die Handlungsfähigkeit von Maschinen siehe etwa *Rammert*, Technik – Handeln – Wissen, 2016, S. 103 ff.

[743] *Günther*, Roboter und rechtliche Verantwortung, 2016, S. 134; *Hacker*, RW 2018, 243 (265); *Wagner*, VersR 2020, 717 (730); kritisch zur Weisungsabhängigkeit *Schaub*, JZ 2017, 342 (344).

[744] *Hacker*, RW 2018, 243 (266).

[745] Vgl. *Denga*, CR 2018, 69 (75).

[746] Vgl. *Hacker*, RW 2018, 243 (266); zur „schwachen" und „starken" KI siehe oben Kapitel 1, B. III. 2.

[747] Siehe dazu oben Kapitel 1, C. III. 3.

[748] Vgl. zu diesem Kriterium BGH, Urt. v. 14.2.1989 – VI ZR 121/88, NJW-RR 1989, 723, juris Rn. 22 zu § 278 BGB.

[749] Vgl. zu diesem Kriterium BGH, Urt. v. 14.2.1989 – VI ZR 121/88, NJW-RR 1989, 723, juris Rn. 22 zu § 278 BGB.

[750] A.A. *Weingart*, Vertragliche und außervertragliche Haftung für den Einsatz von Softwareagenten, 2022, S. 324, wonach es sich um eine „nicht analogiefähige Ausnamevorschrift" handle. Der BGH hat eine Ausdehnung jedenfalls für den Fall, dass ein Volljähriger weiter im Haushalt seines Vaters wohnt, abgelehnt, BGH, Urt. v. 15.4.1958 – VI ZR 87/75, NJW 1958, 1775 (1775, unter 2.).

[751] Zu Parallelen zwischen KI-Systemen und Personen mit „diminished capacity" sowie Kindern siehe bereits *Lehman-Wilzig*, Futures 1981, 442 (450 f.); kritisch *Hanisch*, Haftung für Automation, 2010, S. 200: Zwar sei die Situation tatsächlich vergleichbar, der Vergleich aber „[m]oralisch und ethisch [...] nicht angebracht"; siehe auch *Brand*, MedR 2019, 943

wäre allerdings, dass der Nutzer „kraft Gesetzes" zur Beaufsichtigung des Agenten verpflichtet ist, was derzeit zumindest nicht generell der Fall ist.[752] Ob die im KI-VO-E vorgesehene „menschliche Aufsicht" über Hochrisiko-KI-Systeme eine Aufsichtspflicht i.s.v. § 832 BGB begründen kann, ist aufgrund der wenig konkreten Formulierung zumindest zweifelhaft.[753]

Dennoch ist eine generelle Analogie zu §§ 831, 832 BGB im Ergebnis abzulehnen. Technische Autonomie unterscheidet sich zu stark von menschlicher Autonomie. § 831 Abs. 1 BGB geht davon aus, dass der Geschäftsherr gesteigerte Möglichkeiten zur Vermeidung und vor allem auch zur Vorhersage des Verhaltens seines Gehilfen hat.[754] Ähnliche Erwägungen liegen auch § 832 BGB zugrunde.[755] Ein solches gesteigertes Wissen über die fremde Autonomie ist beim Nutzer eines technischen Agenten aber, auch wenn die soeben erläuterten Voraussetzungen der Beweislastregeln erfüllt sind, nicht in vergleichbarem Umfang vorhanden (a). Hinzu kommt, dass das „widerrechtliche" Verhalten des technischen Agenten, anders als beim Menschen, keinen tauglichen Anknüpfungspunkt für eine Verschuldensvermutung liefert (b).

a) Erhöhtes Risikowissen nicht generell gegeben

§ 831 Abs. 1 S. 2 BGB basiert nach den obigen Erläuterungen insbesondere darauf, dass der Geschäftsherr im Hinblick auf seinen Verrichtungsgehilfen über eine weitreichende Einsicht in das System verfügt oder sich eine solche jedenfalls beschaffen kann, z.B. indem er den Gehilfen befragt, und dass er in der Lage ist, Rückschlüsse aus Beobachtungen zu ziehen, z.B. indem er den Gehilfen überwacht.[756] Diese aus seiner Beziehung zum Gehilfen folgenden Möglichkeiten erhöhen die Wahrscheinlichkeit, dass er das schädliche Verhalten vorhersehen konnte und musste. Insofern unterscheidet sich technische

---

(949), der die Vergleichbarkeit zwar grundsätzlich zu bejahen scheint, aber die Analogie am Erfordernis eines rechtswidrigen Verhaltens scheitern lässt; ähnlich schon *Schaub*, JZ 2017, 342 (344).

[752] Zu dieser Voraussetzung siehe *Günther*, Roboter und rechtliche Verantwortung, 2016, S. 137; vgl. auch *Veith*, Künstliche Intelligenz, Haftung und Kartellrecht, 2021, S. 107, wonach keine Pflicht zur vollumfänglichen Überwachung des technischen Agenten bestehe; ähnlich *Grützmacher*, CR 2016, 695 (698).

[753] Vgl. dazu insbesondere Art. 14 KI-VO-E sowie die Modifikationen in der allgemeinen Ausrichtung des Rates (Ratsdok. Nr. 15698/22) und in den Änderungen des Europäischen Parlaments (P9_TA[2023]0236). Die Aufsicht soll nach dem Kommissionsvorschlag „je nach den Umständen" erfolgen.

[754] Siehe oben Kapitel 2, A. II. 1. c) aa) (2).

[755] Vgl. MüKoBGB/*Wagner*, 8. Aufl. 2020, § 832 Rn. 2, wonach die Aufsichtsperson es immerhin in der Hand habe, „zu welchen Handlungssituationen und Gefahrenquellen der Aufsichtsbedürftige Zugang erhält".

[756] Siehe oben Kapitel 2, A. II. 1. c) aa) (2).

Autonomie von menschlicher Autonomie:[757] Der Nutzer hat nicht immer Einsicht in das System und kann, mangels Fachwissens über die Technologie, aus seinen Beobachtungen häufig keine Rückschlüsse ziehen, die es ihm ermöglichen, Entscheidungskriterien des Agenten auszumachen und ausgehend davon dessen zukünftiges Verhalten in anderen Situationen zu prognostizieren.[758]

Lediglich bei *bestimmten Nutzern*, die hierzu in der Lage sind, könnte eine mit § 831 Abs. 1 BGB vergleichbare Lage bestehen. Für die Vorhersehbarkeit menschlichen Verhaltens kommt es grundsätzlich nicht auf bestimmte Fachkenntnisse des Geschäftsherrn an. Der Verbraucher kann aus seinen Befragungen und Beobachtungen grundsätzlich in gleicher Weise Konsequenzen ziehen wie der Unternehmer; allenfalls Psychologen haben hier einen Vorteil. § 831 BGB ist entsprechend auch im privaten Bereich anwendbar.[759] Beim Einsatz von Technik muss dagegen unterschieden werden zwischen dem *Laien-* und dem *Experten-Nutzer*.[760] Wurde der schadensursächliche Agent von einem Experten genutzt, ist es wahrscheinlicher, dass der Nutzer das Risiko erkennen musste. Nur der Experte verfügt über gesteigerte Prognosemöglichkeiten, welche die Intensität seiner Sorgfaltspflichten und damit die Wahrscheinlichkeit einer Pflichtverletzung erhöhen.[761] Diese Differenzierung zwischen Laien und Experten ist in § 831 BGB allerdings nicht angelegt. Auch § 832 BGB trifft keine Unterscheidung nach der Fachkenntnis der Aufsichtsperson; eine solche könnte allenfalls durch das Gesetz, welches die Aufsichtspflicht anordnen würde, geregelt werden. Die Vorschriften erscheinen schon deshalb nicht als geeignete Grundlage für eine Beweislastumkehr.

---

[757] Siehe oben Kapitel 1, C. III. 3.

[758] Vgl. *Veith*, Künstliche Intelligenz, Haftung und Kartellrecht, 2021, S. 122; siehe auch *Lehman-Wilzig*, Futures 1981, 442 (452), der dies aber mit Blick auf die „Respondeat Superior"-Doktrin im U.S.-amerikanische Recht für überwindbar hält.

[759] Siehe oben Kapitel 2, vor und mit Fn. 209.

[760] Vgl. *Zech*, Gutachten für den 73. DJT, 2020, A 59: Beweislastumkehr zu Lasten professioneller Anwender; ähnlich *Thöne*, Autonome Systeme und deliktische Haftung, 2020, S. 260: Beweislastumkehr zu Lasten professioneller Nutzer, die „über ein dem Hersteller vergleichbares technisches *Know-how* und Kontrollvermögen verfügen"; speziell zu § 831 BGB *Mühlböck/Taupitz*, AcP 221 (2021), 179 (203), wonach sich bei „einem professionellen Anwender wie einem Arzt" eine vergleichbare Interessenlage annehmen lasse (allerdings wird darauf abgestellt, dass „§ 831 BGB eine deliktische Haftung für Hilfspersonen im geschäftlichen Bereich" vorsehe, was nicht der Fall ist); zur Unterscheidung siehe oben vor A.

[761] Zur Berücksichtigung der Eigenschaft als „Fachmann" bzw. „Fachunternehmen" für die Reichweite der Gefahrsteuerungspflichten siehe nur BGH, Urt. v. 13.12.1994 – VI ZR 283/93, NJW 1995, 1150, juris Rn. 9; OLG Nürnberg, Urt. v. 28.11.2002 – 13 U 323/02, NJW-RR 2003, 666, juris Rn. 18; siehe auch schon oben I. 2.

b) Widerrechtliches Verhalten kein tauglicher Anknüpfungspunkt

Der technische Agent ist selbst nicht Adressat von Gefahrsteuerungspflichten und kann damit nicht im eigentlichen Sinn „widerrechtlich" handeln (§§ 831 Abs. 1 S. 1, 832 Abs. 1 S. 2 BGB).[762] Dies steht einer Analogie allerdings nicht entgegen, wenn ein Äquivalent gefunden werden kann.[763] Dabei geht es nun nicht darum, ob der Agent einen Fehler *hat*, sondern darum, ob er einen Fehler *macht*. Hat der Agent seine Umgebung in einem konkreten Fall nicht richtig erfasst, z.B. ein Verkehrsschild nicht wahrgenommen, kann auch dann ein Verhaltensfehler vorliegen, wenn sein Einsatz zulässig war. Wie dargelegt, knüpft § 831 Abs. 1 BGB an ein Verhalten des Gehilfen an, das, wäre es vom Geschäftsherrn vorgenommen worden, pflichtwidrig i.S.v. § 276 Abs. 2 BGB gewesen wäre.[764] Bei § 832 BGB wird entsprechend grundsätzlich der Standard des Aufsichts*pflichtigen* zugrunde gelegt; die Defizite des Aufsichtsbedürftigen werden außer Acht gelassen.[765] Demnach wäre zu prüfen, ob ein Angehöriger des Verkehrskreises des Geschäftsherrn das Risiko hätte steuern müssen.[766]

Hintergrund des Maßstabs ist allerdings, dass bei einer Verletzung des Standards des Delegierenden durch den Delegationsempfänger eine schadensursächliche Pflichtverletzung des Delegierenden wahrscheinlicher ist. Denn die Unterschreitung des Maßstabs des Geschäftsherrn deutet darauf hin, dass der Gehilfe auch generell weniger sicher ist als der Geschäftsherr und einen generell weniger sicheren Gehilfen darf der Geschäftsherr nicht einsetzen, ohne dieses Defizit durch Überwachungs- und Anleitungsmaßnahmen auszugleichen.[767] Ähnliches gilt für den Aufsichtspflichtigen: Der Aufsichtspflichtige muss die Allgemeinheit vor den Defiziten des Aufsichtsbedürftigen schützen.[768] Zwar kann der menschliche Gehilfe trotz des Fehlverhaltens gleich sicher oder sogar sicherer als der Geschäftsherr sein, weil er, z.B. aufgrund seiner

---

[762] Siehe nur *Mühlböck/Taupitz*, AcP 221 (2021), 179 (204); *Brand*, MedR 2019, 2019 (949).

[763] Vgl. *Hacker*, RW 2018, 243 (259) zu „funktionalen Verschuldensäquivalenten"; nach *Schaub*, JZ 2017, 342 (344); *Brand*, MedR 2019, 943 (949) steht das Merkmal des rechtswidrigen Verhaltens der Analogie entgegen.

[764] Siehe oben Kapitel 2, A. II. 1. c) aa) (2).

[765] MüKoBGB/*Wagner*, 8. Aufl. 2020, § 832 Rn. 24; in diese Richtung auch *Esser/Weyers*, Schuldrecht, Bd. II/2, 8. Aufl. 2000, S. 216; *Larenz/Canaris*, Lehrbuch des Schuldrechts, Bd. II/2, 13. Aufl. 1994, S. 486, wonach die Umstände, welche die Aufsicht erforderlich machen, bei der Bestimmung des Sorgfaltsmaßstabes nicht zu berücksichtigen seien.

[766] Vgl. *Hacker*, RW 2018, 243 (261 ff.) zu § 278 BGB: „Anthropo-Parallelität". *Hacker* hält bei § 831 BGB das Problem des Verschuldensäquivalents für unbeachtlich, da ein Verschulden des Verrichtungsgehilfen nicht erforderlich sei (S. 266).

[767] Siehe oben Kapitel 2, A. II. 1. c) aa) (2).

[768] Zum Schutz der Allgemeinheit durch die Aufsichtspflicht siehe nur Staudinger BGB/*Bernau*, 2022, § 832 Rn. 4.

Spezialisierung, *andere* Fehler, die dem Geschäftsherrn mangels entsprechender Spezialisierung nicht als Pflichtverletzung zugeschrieben würden, vermeiden kann. Typischerweise machen Menschen aber zumindest ähnliche Fehler. Auf technische Agenten passen diese Überlegungen nicht: Diese entscheiden regelmäßig anders als Menschen und machen andere Fehler. Sie übernehmen außerdem auch Aufgaben, die bisher von einem Menschen überhaupt nicht bearbeitet wurden. Die Funktionsäquivalenz[769] von Mensch und Maschine ist somit nicht immer gegeben.[770] Eine Verschuldensvermutung kommt daher allenfalls in Betracht, wenn es Aufgabe des technischen Agenten ist, eine bislang von einem Menschen ausgeführte Tätigkeit in nahezu gleicher Weise auszuüben. So kann es sich möglicherweise bei einem Reinigungsroboter verhalten, der eine menschliche Reinigungskraft ablöst.[771] Regelmäßig sollen autonome Technologien aber anders als Menschen funktionieren. Ein autonomes Fahrzeug soll Daten von weit entfernten Fahrzeugen oder Infrastruktureinrichtungen erhalten, die ein Mensch nicht wahrnehmen kann.[772] Ein *Predictive Maintenance*-Programm soll gerade Veränderungen registrieren, die für einen Menschen unmerklich sind. Kommt es hierbei zu Fehlentscheidungen, ist ein Vergleich mit dem Menschen nur schwer möglich. Auch deshalb überzeugt eine Analogie zu §§ 831 f. BGB nicht.

2. *Unbeherrschbarkeit des Agenten, § 833 S. 2 BGB analog*

Auch eine Analogie zu § 833 S. 2 BGB wird in der Literatur in Erwägung gezogen.[773] § 833 S. 2 BGB knüpft die Beweislastumkehr allein an die Haltung eines nicht vollständig beherrschbaren Systems und gründet, wie dargelegt, weniger auf Wahrscheinlichkeitserwägungen als darauf, dass die Folgen einer

---

[769] Vgl. dazu *Klingbeil*, JZ 2019, 718 (719); *Lohmann/Preßler*, RDi 2021, 538 (547); siehe auch *Expert Group (NTF)*, Liability for AI, 2019, S. 45 f., wo eine Gleichbehandlung des menschlichen und des technischen Agenten gefordert wird, wenn diese „funktionell äquivalent" („functional equivalent") verwendet werden.

[770] Vgl. *Heiderhoff/Gramsch*, ZIP 2020, 1937 (1943); *Chagal-Feferkorn*, Journal of Law, Technology and Policy 2018, 111 (125); *Zech*, Gutachten für den 73. DJT, 2020, A 79, der die Einführung eigener Maßstäbe für einen „Ausweg" hält, diesbezüglich aber auch „Unbehagen" anmeldet; für einen spezifischen Maßstab etwa *Teubner*, AcP 218 (2018), 155 (194); *Beckers/Teubner*, Three Liability Regimes for Artificial Intelligence: Algorithmic Actants, Hybrids, Crowds, 2022, S. 84 ff.; vgl. auch *Expert Group (NTF)*, Liability for AI, 2019, S. 46; zur oft fehlenden Vergleichbarkeit siehe auch oben A. III. 2. b) aa) (1).

[771] Zu diesem Beispiel siehe *Hacker*, RW 2018, 243 (248 f., 262 f.).

[772] *Schwartz*, InTeR 2021, 77 (82 f.) schlägt für die Beurteilung der „konkreten Betriebsgefahr" eines schadensursächlichen Kraftfahrzeugs (bei § 17 Abs. 2 StVG) entsprechend vor, grundsätzlich einen menschlichen Maßstab anzuwenden, nicht aber in „in Situationen, in denen dem menschlichen Fahrzeugführer aufgrund seiner biologischen und psychologischen Limitierungen Erleichterungen des Sorgfaltsmaßstabs gewährt werden"; hier soll ein höherer Maßstab gelten.

[773] Siehe insbesondere *Brand*, MedR 2019, 943 (949).

Fehlentscheidung für den Halter eines Nutztieres aufgrund seiner „besonderen" Beziehung zu der zumindest erheblichen, nahezu „besonderen" Tiergefahr bei wertender Betrachtung weniger schwer wiegen als für den Geschädigten.[774] Eine solche „Beinahe-Gefährdungshaftung" im Wege der Analogie auszudehnen, ist mit Blick auf das Enumerationsprinzip nicht unproblematisch.[775] Jedenfalls ergibt die Voraussetzung des § 833 S. 2 BGB, wonach es sich bei dem schadensursächlichen Agenten um ein Nutztier handeln muss, nur im Hinblick darauf Sinn, dass § 833 S. 1 BGB eine Gefährdungshaftung für Luxustiere anordnet. Ohne eine strikte Haftung für autonome „Luxustechnologien" würde eine Analogie dazu führen, dass der Nutzer eines nützlichen technischen Agenten mit der Beweislastumkehr belastet würde, wohingegen derjenige, der einen Agenten ausschließlich im eigenen Interesse verwendet, nur haften würde, wenn ihm Verschulden nachgewiesen wird. Dies überzeugt nicht.[776] Eine Verschuldensvermutung zu Lasten des Halters von technischen „Nutz-Agenten" ist nur im Zusammenhang mit einer Gefährdungshaftung für technische „Luxus-Agenten" denkbar. Eine solche Gefährdungshaftung müsste jedoch der Gesetzgeber einführen.[777]

3. Objektiver Mangel des Agenten, §§ 836 ff. BGB analog

Weiterhin wird eine Analogie zu §§ 836 ff. BGB diskutiert.[778] Diese knüpfen die Beweislastumkehr, wie bereits erläutert, an einen „objektiven Mangel".[779] Anders als bei der – an §§ 836 ff. BGB angelehnten – Produzentenhaftung ist es grundsätzlich unbeachtlich, ob dieser Mangel aus der Organisation des Besitzers oder aus der Organisation eines Dritten entstammt. Von wem das Werk fehlerhaft errichtet oder mangelhaft unterhalten wurde, ist unerheblich.[780] Insofern hat § 836 BGB das Potenzial, dem Geschädigten die häufig schwierige Unterscheidung zwischen dem Nutzer- und Herstellerbereich abzunehmen.[781] Es könnte für die Beweislastumkehr genügen, dass der Agent mangelhaft ist und der Anspruchsgegner Eigenbesitzer ist bzw. war (§ 836 Abs. 2, Abs. 3 BGB).

---

[774] Siehe dazu oben Kapitel 3, B.

[775] Kritisch auch *Günther*, Roboter und rechtliche Verantwortung, 2016, S. 140, wonach es sich auch bei § 833 S. 2 BGB um eine „Ausnahmeregelung" handle; zum Enumerationsprinzip siehe oben Kapitel 3, A. I. 1. und C. II.

[776] *Borges*, NJW 2018, 977 (981); *Zech*, Gutachten für den 73. DJT, 2020, A 66; *Mühlböck/Taupitz*, AcP 221 (2021), 179 (209).

[777] Dazu noch unten C. I.

[778] Vgl. etwa *Grützmacher*, CR 2016, 695 (698); *Zech*, Gutachten für den 73. DJT, 2020, A 59; *Thöne*, Autonome Systeme und deliktische Haftung, 2020, S. 259; *Spindler*, JZ 2022, 793 (797).

[779] Siehe dazu oben Kapitel 2, A. II. 1. c) aa) (1).

[780] MüKoBGB/*Wagner*, 8. Aufl. 2020, § 836 Rn. 13.

[781] Siehe dazu oben vor und mit Fn. 579.

Wie dargestellt, darf der Nutzer allerdings grundsätzlich darauf vertrauen, dass der technische Agent fehlerfrei ist.[782] Ein „objektiver Mangel" des Agenten erhöht deshalb, jedenfalls wenn nicht außerdem feststeht, dass dieser erst während des Einsatzes beim Nutzer entstanden ist, die Wahrscheinlichkeit einer schadensursächlichen Pflichtverletzung des *Nutzers* nur bedingt. Bei § 836 BGB kommt zu dem konkreten Mangel noch eine zwar nicht „besondere", aber generell erhöhte Gefahr hinzu.[783] Diese steigert einerseits die Pflichtenintensität und macht die Sorgfaltspflichtverletzung des Besitzers damit wahrscheinlicher. Andererseits führt sie, soweit das Risiko trotz der hohen Anforderungen nicht beherrschbar ist, dazu, dass sich die Situation der Lage bei einer Gefährdungshaftung annähert. Eine solche erhöhte Gefahr ist zumindest nicht bei allen technischen Agenten gegeben.[784] Eine generelle Beweislastumkehr zu Lasten des Nutzers lässt sich daher auch §§ 836 ff. BGB nicht entnehmen.[785]

4. Richterrechtliche Beweislastumkehr nach Fehlentscheidungsrisiken

Eine Beweislastumkehr zu Lasten des Nutzers kommt jedoch *im Einzelfall*, unter Berücksichtigung der Fehlentscheidungsrisiken, in Betracht.[786] Sie kann sich, ähnlich wie bei der Produzentenhaftung, auf die pflichtwidrige Schadensverursachung (a) oder nur auf den Pflichtwidrigkeitszusammenhang beziehen (b).

a) Vermutung einer pflichtwidrigen Schadensverursachung: Kontrollierbarkeit

Der Nutzer hat im Hinblick auf die von ihm eingesetzte Technologie zwar häufig schlechtere Beweismöglichkeiten als der Hersteller, aber, jedenfalls soweit die Aufklärung nicht daran scheitert, dass die Entscheidungen des Agenten für einen Menschen von vornherein unerklärbar sind (*Black Box*), zumindest

---

[782] Siehe oben I. 2.

[783] Siehe oben Kapitel 2, A. II. 1. c) aa) (1) sowie *Grützmacher*, CR 2016, 695 (698), der allerdings eine Analogie für möglich hält.

[784] Siehe auch *Günther*, Roboter und rechtliche Verantwortung, 2016, S. 142, der den Normzweck auf „Schwerkrafttrisiken" beschränkt, die bei Robotern „untypisch" seien; zur erforderlichen Einzelfallurteilung der Gefahr technischer Agenten siehe auch noch unten C. I. 2.

[785] So auch *Mühlböck/Taupitz*, AcP 221 (2021), 179 (209); *Veith*, Künstliche Intelligenz, Haftung und Kartellrecht, 2021, S. 108 f.

[786] Vgl. auch *Eichelberger*, in: Künstliche Intelligenz und Robotik, 2020, S. 172 (195), der gegen eine analoge Anwendung von § 831 Abs. 1 BGB oder §§ 836 ff. BGB und für richterrechtliche Beweislastumkehrungen im Rahmen von § 823 Abs. 1 BGB plädiert, um diese „an der Entwicklung intelligenter Systeme" auszurichten; zur Begründung und zu den Voraussetzungen dieser Beweislastregel siehe oben Kapitel 2, A. II. 1. c) bb).

bessere Beweismöglichkeiten als ein geschädigter Dritter.[787] Denn er kennt die Aufgabe des Agenten und in der Regel auch die Umstände des Einsatzes und kann meist den Hersteller hinsichtlich der technischen Details konsultieren. Da der Nutzer von dem Einsatz des schadensursächlichen Agenten profitiert und das Schadensrisiko beeinflussen, in der Regel auch versichern, kann, also eine besondere Beziehung zu dem Agentenrisiko unterhält, sind ihm einzelne Fehlentscheidungen auch nicht unzumutbar.

Für die überwiegende Wahrscheinlichkeit einer schadensursächlichen Pflichtverletzung als dritte Voraussetzung der richterrechtlichen Beweislastumkehr nach Fehlentscheidungsrisiken ist die *Kontrollierbarkeit* des Agentenverhaltens durch den Nutzer im Einzelfall entscheidend. Auf dieses Kriterium wurde bereits im Zusammenhang mit einer Beweislastumkehr zu Lasten des Herstellers hingewiesen: Je geringer die Kontrollmöglichkeiten des Nutzers sind, desto wahrscheinlicher ist eine schadensursächliche Sorgfaltspflichtverletzung (auch) des Herstellers bzw. ein Fehler aus dem Herstellerbereich.[788] Umgekehrt gilt, dass die Wahrscheinlichkeit einer pflichtwidrigen Schadensverursachung (auch) des Nutzers umso größer ist, je besser dieser das Agentenverhalten – trotz der Autonomie – kontrollieren kann.

Dieser Gedanke hat Vorbilder im Gesetz und klingt auch in der Rechtsprechung an. Ein Beispiel ist die gesetzliche Beweislastumkehr zu Lasten des Kraftfahrzeugführers gem. § 18 StVG.[789] Der Führer, der das Kraftfahrzeug „in eigener Verantwortung in Betrieb setzt" und einen „Entscheidungsspielraum" hat, kann das Fahrzeug gut kontrollieren.[790] In Verbindung mit der „potenziellen Gefährlichkeit des Kraftfahrzeugs als Verkehrsmittel"[791] führt dies zu sehr intensiven Sorgfaltspflichten und einer hohen Wahrscheinlichkeit einer

---

[787] Vgl. *Spindler*, CR 2015, 766 (771); *ders.*, JZ 2022, 793 (797); differenzierend *Zech*, Gutachten für den 73. DJT, 2020, A 59; *Thöne*, Autonome Systeme und deliktische Haftung, 2020, S. 260: nur professionelle Nutzer (siehe dazu oben Fn. 8); zu den unterschiedlichen Gründen der Aufklärungsschwierigkeiten siehe oben A. VI. 1.

[788] Siehe dazu oben A. VI. 1. und 2. a).

[789] § 18 StVG wird nicht immer gleich eingeordnet, vgl. BeckOGK StVG/*Walter*, 1.1.2022, § 18 Rn. 2: „Abmilderung der Fahrerhaftung"; BGH, Urt. v. 5.2.1962 – III ZR 221/60, NJW 1962, 796 (796, unter 1.): „Gefährdungshaftung"; anders BGH, Urt. v. 25.1.1983 – VI ZR 212/80, NJW 1983, 1326, juris Rn. 16: „Verschuldenshaftung mit umgekehrter Beweislast".

[790] Zu dieser Definition des Kraftfahrzeugführers vgl. BGH, Urt. v. 22.3.1977 – VI ZR 80/75, VersR 1977, 624, juris Rn. 9, mit Verweis auf die strafrechtliche Rechtsprechung zum gleich lautenden § 315a StGB.

[791] Vgl. Entwurfsbegründung zum Zweiten Gesetz zur Änderung schadensersatzrechtlicher Vorschriften, BT-Drs. 14/7752, S. 29; siehe auch jurisPK-Straßenverkehrsrecht/*Laws/Lohmeyer/Vinke*, 2. Aufl. 2022, 16.5.2022, § 18 StVG Rn. 4.

schadensursächlichen Pflichtverletzung.[792] Beim autonomen Fahren greift § 18 StVG nicht, da der Nutzer dann nicht mehr „Fahrzeugführer", sondern nur noch Insasse ist. Als solcher hat er kaum Kontrolle über das Fahrzeug.[793] Anders ist dies bei lediglich hoch- und vollautomatisierten Fahrfunktionen:[794] Hier kann der Nutzer grundsätzlich die Fahrfunktion jederzeit manuell übersteuern und die Erforderlichkeit der Fahrzeugsteuerung erkennen (vgl. § 1a Abs. 2 Nr. 3, Nr. 4, Nr. 5 StVG), hat damit weiterhin viel Kontrolle und bleibt somit Fahrzeugführer (§ 1a Abs. 4 StVG). Beim autonomen Fahren wird eine – gesetzlich bislang nicht vorgesehene[795] – Verschuldensvermutung zu Lasten der Technischen Aufsicht diskutiert (vgl. § 1d Abs. 3 StVG).[796] Die Technische Aufsicht kann das Fahrzeug – regelmäßig aus der Ferne[797] – deaktivieren und bestimmte Fahrzeugmanöver freigeben (§ 1d Abs. 3 StVG). Sie hat daher trotz der Autonomie des Fahrzeugs erhebliche Kontrollmöglichkeiten und der Gesetzgeber legt ihr entsprechend umfangreiche Pflichten auf (§ 1f Abs. 2 StVG).[798] Dies erhöht zumindest die Wahrscheinlichkeit, dass ein Schaden (auch) auf ihrem Fehlverhalten beruht.[799]

---

[792] Es wird geschätzt, dass ca. 90 % der Verkehrsunfälle auf menschliches Versagen zurückgehen, vgl. *Winkle*, in: Autonomes Fahren, 2015, S. 351 (S. 374), wobei allerdings „Versagen" wohl nicht mit „Verschulden" gleichgestellt werden darf.

[793] *Schulz*, Verantwortlichkeit bei autonom agierenden Systemen, 2015, S. 149 f. erwägt dennoch eine analoge Anwendung auf den Nutzer, da diesen jedenfalls vor Fahrtantritt Pflichten treffen würden; *de lege ferenda* plädiert er für eine generelle Vermutung des Verschuldens des Nutzers autonomer Systeme (S. 366).

[794] Siehe nur *Buck-Heeb/Dieckmann*, NZV 2019, 113 (114); dazu, dass die Entlastung allerdings infolge der zunehmenden Automatisierung und der damit verbundenen Reduktion der Kontrollmöglichkeiten des Fahrzeugführers häufiger erfolgreich sein wird, siehe *Schrader*, DAR 2022, 9 (10).

[795] Die Bundesregierung hat eine – vom Bundesrat vorgeschlagene – gesetzliche Beweislastumkehr explizit verworfen, vgl. Stellungnahme des Bundesrates und Gegenäußerung der Bunderegierung zum Entwurf eines Gesetzes zum autonomen Fahren, BT-Drs. 19/28178, S. 24 f., mit dem Argument, die Eingriffsmöglichkeiten seien „grundsätzlich andere als diejenigen einer klassischen Fahrzeugführung, bei der das Fahrzeug dauerhaft beherrscht wird"; dazu *Spindler*, JZ 2022, 793 (798); *Ebers*, in: German National Reports on the 21st International Congress of Comparative Law, 2022, S. 157 (168).

[796] Vgl. *Schrader*, DAR 2022, 9 (12).

[797] Vgl. *Wüstenberg*, RdTW 2021, 330 (332).

[798] § 1 S. 3 PflVG bezieht die Technische Aufsicht auch in die Versicherungspflicht ein, siehe dazu auch Entwurfsbegründung zum Gesetz zum autonomen Fahren, BT-Drs. 19/27439, S. 32.

[799] Ob deshalb *de lege ferenda* eine generelle, von den konkreten Beweismöglichkeiten und den Umständen des Einzelfalls unabhängige Beweislastumkehr angezeigt ist, soll hier dahinstehen.

Die Rechtsprechung bejahte außerdem eine Beweislastumkehr z.B. zu Lasten des Betreibers einer Autowaschanlage[800] oder einer Kanalisation[801] sowie des Verwenders eines Rollstuhls,[802] eines Fernsehers[803] oder eines Fliesenreinigers[804]. Im Arzthaftungsrecht wird der Einsatz medizinisch-technischer Geräte grundsätzlich zu den „voll beherrschbaren" Risiken gezählt, d.h. zu den „Risiken, die nach dem Erkennen mit Sicherheit ausgeschlossen werden können".[805] Verwirklicht sich ein solches Risiko, wird ein Behandlungsfehler vermutet (siehe auch § 630h Abs. 1 BGB).[806] In der Literatur wird der Gedanke auch bei anderen Technologien herangezogen, um eine Beweislastumkehr zu Lasten des Nutzers zu rechtfertigen.[807] Dies überzeugt, denn die Beherrschbarkeit erhöht die Wahrscheinlichkeit, dass der Nutzer die Gefahr vermeiden und vorhersehen konnte und musste. Bei herkömmlichen Technologien ist zwar mitunter keine „volle", aber zumindest eine sehr gute Beherrschbarkeit gegeben:[808] Der Nutzer

---

[800] OLG Frankfurt, Urt. v. 14.12.2017 – 11 U 43/17, NJW 2018, 637, juris Rn. 18 ff., wo es dem Betreiber allerdings gelang, sich zu entlasten, da die Beschädigung auf einen nicht erkennbaren Defekt der Anlage zurückzuführen war; anders für einen Fall, in dem „es sich bei dem beschädigten Fahrzeugteil um ein Außenteil handelte, das eine zusätzliche Ausstattung gegenüber der standardmäßigen Gestaltung eines Fahrzeugs darstellte und durch seine Beschaffenheit einen eigenen, besonderen Risikofaktor begründete" AG Frankenthal, Urt. v. 8.7.2016 – 3a C 63/15, juris Rn. 29 („zwei Gefahrenbereiche").

[801] Vgl. OLG Düsseldorf, Urt. v. 9.11.1995 – 18 U 185/94, NVwZ-RR 1996, 305 (306, unter II.) zur Haftung einer Gemeinde aus öffentlich-rechtlichem Schuldverhältnis, wobei hier außerdem ein objektiver Mangel feststand, nämlich die mangelnde Befestigung des Deckels eines Anschlussstutzens und die beklagte Gemeinde auch für die Herstellung zuständig war.

[802] KG Berlin, Urt. v. 20.1.2005 – 20 U 401/01, VersR 2006, 1366, juris Rn. 35 f. zur Haftung des Krankenhausträgers.

[803] OLG Köln, Urt. v. 6.9.2011 – 9 U 40/11, juris Rn. 13 ff. Auch hier gelang die Entlastung.

[804] OLG Nürnberg, Urt. v. 28.11.2002 – 13 U 323/02, NJW-RR 2003, 666, juris Rn. 16 ff.

[805] Vgl. Entwurfsbegründung zum Gesetz zur Verbesserung der Rechte von Patientinnen und Patienten, BT-Drs. 17/10488, S. 28.

[806] BeckOGK BGB/*U. Walter*, 15.5.2023, § 630h Rn. 4; vgl. auch BGH, Urt. v. 18.12.1990 – VI ZR 169/90, NJW 1991, 1540, juris Rn. 12, wo die „Organisation und Koordination des Behandlungsgeschehens" und der „Zustand der dazu benötigten Geräte und Materialien" als voll beherrschbare Risiken eingeordnet werden; Entwurfsbegründung zum Gesetz zur Verbesserung der Rechte von Patientinnen und Patienten, BT-Drs. 17/10488, S. 28, wonach eine Fallgruppe des voll beherrschbaren Risikos „den Einsatz medizinisch-technischer Geräte" betreffe; zur Anwendung der Grundsätze im Deliktsrecht siehe BGH, Urt. v. 20.3.2007 – VI ZR 158/06, BGHZ 171, 358, juris Rn. 9 ff. – „Spritzenabszess".

[807] Vgl. MüKoBGB/*Wagner*, 8. Aufl. 2020, § 823 Rn. 775 zu Autowaschanlagen.

[808] Vgl. BGH, Urt. v. 11.10.1977 – VI ZR 110/75, NJW 1978, 584, juris Rn. 30, wonach es „die zunehmende Technisierung der modernen Medizin mit sich [bringe], daß der Arzt nicht mehr alle technischen Einzelheiten der ihm verfügbaren Geräte zu erfassen und gegenwärtig zu haben vermag", dies den Arzt aber „nicht von der Pflicht [befreie], sich mit der Funktionsweise insbesondere von Geräten, deren Einsatz für den Patienten vitale Bedeutung

kann sie mittels expliziter Eingaben steuern und anhand seines Wissens über ihre Aufgaben das Verhalten hinreichend vorhersagen.[809] Deshalb genügt hier grundsätzlich die bloße Bedienung der Technologie für ein Wahrscheinlichkeitsurteil zu Lasten des Nutzers. Weiterer Anhaltspunkte bedarf es nicht. Bestimmte Umstände können aber eine Beweislastumkehr nach Fehlentscheidungsrisiken ausnahmsweise ausschließen: Steht fest, dass der Schaden durch einen Produktfehler des Systems verursacht wurde, der bereits bei dessen Inverkehrbringen vorlag, spricht mehr dafür, dass (nur) der Hersteller und nicht (auch) der Nutzer den Schaden pflichtwidrig herbeigeführt hat. Denn der Nutzer darf, wie gesehen, grundsätzlich auf eine ordnungsgemäße Produktion durch den Hersteller vertrauen.

Auf den Nutzer autonomer Systeme passen diese Erwägungen nur teilweise. Im Regelfall ist es nicht überwiegend wahrscheinlich, dass ein von dem autonomen System verursachter Schaden auf einer Pflichtverletzung des Nutzers beruht. Die Unabhängigkeit des technischen Agenten führt dazu, dass es regelmäßig an der Vorhersehbarkeit und Vermeidbarkeit fehlt.[810] Indes unterscheiden sich die Systeme voneinander.[811] In manchen Fällen fällt das Wahrscheinlichkeitsurteil anders aus, etwa wenn der Nutzer dem Agenten doch genaue Anweisungen erteilt, ihn mittels ausgewählter Eingaben weitertrainiert oder er die Entscheidung des Agenten vor ihrer Umsetzung überprüfen kann. Eine Vielzahl von Faktoren kann hier eine Rolle spielen.[812] Bei Systemen, deren Lernfortschritt auf dem Input mehrerer Nutzer beruht, reduziert sich beispielsweise die Wahrscheinlichkeit, dass gerade der in Anspruch genommene

---

hat, wenigstens insoweit vertraut zu machen, wie dies einem naturwissenschaftlich und technisch aufgeschlossenen Menschen (diese Fähigkeiten müssen vor allem bei einem Anästhesisten vorausgesetzt werden) möglich und zumutbar ist"; OLG Schleswig, Urt. v. 29.8.2014 – 4 U 21/13, GesR 2014, 671, juris Rn. 56, wonach für ein voll beherrschbares Risiko nicht zu verlangen sei, „dass das technische Gerät bei Intaktheit und richtiger Bedienung zu 100% richtig funktioniert".

[809] Vgl. dazu oben Kapitel 1, C. III., insbesondere vor und mit Fn. 221.

[810] Siehe nur *Expert Group (NTF)*, Liability for AI, 2019, S. 23; *Ebers*, in: German National Reports on the 21st International Congress of Comparative Law, 2022, S. 157 (165); *Beckers/Teubner*, Three Liability Regimes for Artificial Intelligence: Algorithmic Actants, Hybrids, Crowds, 2022, S. 3 f. sowie bereits oben 1. a).

[811] Zur unterschiedlichen Risikobeherrschung (auf Hersteller- und Nutzerseite) in Abhängigkeit von Automatisierung, Lernfähigkeit und Vernetzung siehe etwa *Zech*, Gutachten für den 73. DJT, 2020, A 51 f.

[812] Zu verschiedenen Möglichkeiten der menschlichen Aufsicht siehe auch *Hochrangige Expertengruppe für künstliche Intelligenz*, Ethik-Leitlinien für eine vertrauenswürdige KI, 2019, S. 19, wonach diese „durch Lenkungs- und Kontrollmechanismen wie die Gewährleistung der interaktiven Einbindung eines Menschen (‚Human-in-the-Loop'), der Überprüfung und Kontrolle durch einen Menschen (‚Human-on-the-Loop') oder der Gesamtsteuerung durch einen Menschen (‚Human-in-Command') erreicht werden" könne; vgl. dazu auch *Haagen*, Verantwortung für Künstliche Intelligenz, 2021, S. 197 ff.

Trainer-Nutzer pflichtwidrig gehandelt hat. Wenn z.B. ein Chatbot während seines Einsatzes ein ehrverletzendes Verhalten erlernt, lässt sich nur schwer herausfiltern, welche Nutzer dem System dieses Verhalten beigebracht haben.[813]

Das Regel-Ausnahme-Verhältnis ist im Vergleich zu herkömmlichen Technologien also umgekehrt: Grundsätzlich ist es weniger wahrscheinlich, dass eine schadensursächliche Pflichtverletzung vorliegt, unter bestimmten Umständen kann das Wahrscheinlichkeitsurteil aber zu Lasten des Nutzers ausfallen. Eine Beweislastumkehr muss an diese Umstände und somit an das Kriterium der *Kontrollierbarkeit* des technischen Agenten durch den Nutzer anknüpfen.[814] Daneben können weitere Umstände relevant werden, insbesondere die Höhe des drohenden Schadens, die im Wesentlichen aus dem Einsatzbereich des Agenten folgt. Für die Kontrollierbarkeit ist insbesondere zu berücksichtigen, inwieweit der Nutzer dem System Vorgaben machen (Input), das System weitertrainieren (Input-Output-Beziehung) und die Umsetzung der Entscheidung überprüfen (Auswirkungen des Outputs auf die Umgebung) kann. Auch die Transparenz des Agenten sowie die Dauer seines Einsatzes kann eine Rolle spielen, soweit dadurch die Vorhersehbarkeit des Verhaltens beeinflusst wird.[815] Weiterhin hat der Experten-Nutzer regelmäßig bessere Kontrollmöglichkeiten als der Laien-Nutzer.[816] Der Nutzer kontrolliert den Agenten auch insoweit, als er Einfluss auf den Entwickler ausüben kann, z.B. indem er diesem Konstruktionsvorgaben macht. Der Hersteller kann seinerseits die Kontrollmöglichkeiten des Nutzers u.a. durch Instruktionen verbessern.[817]

b) Vermutung des Pflichtwidrigkeitszusammenhangs bei „Reserveursachen"

Steht die Sorgfaltspflichtverletzung fest, kann mittels einer richterrechtlichen Beweislastumkehr nach Fehlentscheidungsrisiken der Pflichtwidrigkeitszusammenhang vermutet werden. Hier gilt wiederum Ähnliches wie bei der Herstellerhaftung: Was als *Reserveursache* vom Nutzer zu beweisen ist, kann anhand der Fehlentscheidungsrisiken (heuristisch) bestimmt werden.[818] Im Fall

---

[813] Siehe dazu *Sommer*, Haftung für autonome Systeme, 2020, S. 45 f. sowie *Graff*, Rassistischer Chat-Roboter: Mit falschen Werten bombardiert, SZ v. 3.4.2016. § 830 Abs. 1 S. 2 BGB kann in solchen Fällen nur selten Abhilfe leisten, vgl. dazu oben Fn. 572 ff.

[814] Zur Bedeutung des Autonomiegrads für die Sorgfaltspflichten des Nutzers siehe auch *Veith*, Künstliche Intelligenz, Haftung und Kartellrecht, 2021, S. 121 f.; der Nutzer, der ein gesteigertes Maß an Kontrolle ausübt, wird regelmäßig, etwa im KI-HaftVO-E, als „Betreiber" bezeichnet, siehe dazu oben vor A.

[815] Siehe zur Vermeidbarkeit und Vorhersehbarkeit oben Kapitel 1, C. II. sowie III. 3.

[816] Siehe dazu bereits oben 1. a).

[817] Zum Zusammenwirken von Nutzer und Hersteller siehe etwa *Thöne*, Autonome Systeme und deliktische Haftung, 2020, S. 196 ff., 219 ff.; speziell zur Information als Voraussetzung einer Schadensvermeidung durch den Nutzer siehe S. 198.

[818] Siehe dazu oben A. VI. 2. c).

eines nicht interpretierbaren Modells und einer daraus folgenden Unerklärbarkeit (*Black Box*) fehlt es in der Regel an den besseren Beweismöglichkeiten des Nutzers. Kann dieser, gegebenenfalls indem er sich an den Hersteller wendet, die Wirkzusammenhänge dagegen besser beweisen als der Geschädigte, hängt die Beweislastumkehr von den Wahrscheinlichkeiten ab. Insofern kann auf die Ausführungen zur Herstellerhaftung verwiesen werden. Das Kriterium der Schwere der Folgen der Fehlentscheidung bewirkt hier kaum eine Einschränkung: Wie gesehen, wird derjenige, der pflichtwidrig handelt, durch eine Fehlentscheidung grundsätzlich nicht unzumutbar belastet.[819]

IV. Verschuldensabhängige Sicherstellungshaftung für Ansprüche gegen den Hersteller

Der Nutzer haftet außerdem nach §§ 823 Abs. 1, 276 BGB i.V.m. dem Rechtsfortsetzungs- bzw. Rechtsverfolgungsgedanken, wenn sich bei der *Durchsetzung* der Ansprüche gegen den Hersteller ein Risiko realisiert, das der Nutzer vorhersehen und vermeiden musste. Zudem trifft ihn nach § 242 BGB eine Pflicht zur Auskunft über die Identität des Herstellers.[820] Diese Sicherstellungshaftung kann insbesondere gewissen Aufklärungsschwierigkeiten Rechnung tragen, die sich für den Geschädigten aufgrund der *Vernetzung* mehrerer Produkte ergeben.[821] Hat ein Nutzer die Produkte verschiedener Hersteller kombiniert und steht fest, dass zumindest eines davon durch einen Fehler den Schaden verursacht hat, kann der Nutzer beispielsweise nach § 823 Abs. 1 BGB in Anspruch genommen werden, wenn er bei der Zusammensetzung die Protokollierungsmöglichkeit pflichtwidrig vereitelt hat.[822]

Die für die Sicherstellungshaftung erforderliche *Delegationsbeziehung* liegt auch im Verhältnis zwischen Produktnutzer und Produkthersteller vor: Der technische Agent unterstützt den Nutzer bei der Wahrnehmung seiner Gefahrsteuerungszuständigkeiten.[823] Eine „echte" Delegation von Zuständigkeiten an den *technischen Agenten*, mit den beschriebenen rechtlichen Folgen, ist allerdings mangels Rechtsfähigkeit des Agenten nicht möglich. Der Nutzer darf

---

[819] Siehe dazu oben A. VI. 2. c).

[820] Ausführlich zu der Sicherstellungshaftung *de lege lata* Kapitel 2, A. III.

[821] Vgl. zu den Schwierigkeiten nur *Wagner*, VersR 2020, 717 (733). Zu den Grenzen der Beweislastverteilung nach Fehlentscheidungsrisiken bei solchen Schwierigkeiten siehe oben A. VI. 1. und 2. b).

[822] Zur theoretischen Regressmöglichkeit gem. §§ 840 Abs. 1, 426 BGB siehe oben Kapitel 2, Fn. 431.

[823] Zur „digital assistance" vgl. *Beckers/Teubner*, Three Liability Regimes for Artificial Intelligence: Algorithmic Actants, Hybrids, Crowds, 2022, S. 13 mit Verweis auf *Hildebrandt*, Smart technologies and the end(s) of law, 2016, S. 73 sowie schon *Teubner*, AcP 218 (2018), 155 (162); siehe aber auch *Yuan*, RW 2018, 477 (504); *Zech*, Gutachten für den 73. DJT, 2020, A 80 f.; *Spindler*, JZ 2022, 793 (796), wo eher die Funktion als „Werkzeug" hervorgehoben wird.

auch nicht darauf vertrauen, dass der technische Agent die „im Verkehr erforderliche Sorgfalt" einhält. Allerdings darf der Nutzer dieses Vertrauen grundsätzlich dem *Hersteller* entgegenbringen, welcher hinter dem technischen Agenten steht.[824] Die Nutzung eines Produkts stellt grundsätzlich eine Form der (intraorganisationalen) Delegation dar: So delegiert beispielsweise derjenige, der für das von einer Straße ausgehende Risiko zuständig ist, eine Gefahrsteuerungszuständigkeit an den Hersteller der Kehrmaschine, die für die Reinigung verwendet wird. Der Nutzer der Kehrmaschine bleibt zuständig für den Input der Maschine. Die Gestaltung der Input-Output-Beziehung obliegt aber dem Hersteller. Die Verwendung des Produkts bewirkt eine Entlastung des Zuständigen. Sie führt dazu, „dass der in die Verkehrssicherungspflicht Eintretende" – Hersteller – „faktisch die Verkehrssicherung für den Gefahrenbereich übernimmt und im Hinblick hierauf Schutzvorkehrungen durch den primär Verkehrssicherstellungspflichtigen" – Nutzer – „unterbleiben, weil sich dieser auf das Tätigwerden des Beauftragten verlässt".[825] Dies gilt auch und gerade für autonome Technologien, die unabhängige Entscheidungen treffen. Hier gibt der Nutzer sogar noch mehr Kontrolle an den Hersteller ab.[826]

Der Sicherstellungshaftung steht nicht entgegen, dass der Hersteller bei der Produktion regelmäßig nicht weiß, wer den Agenten nutzen wird. Die Delegation setzt, wie dargestellt, voraus, dass der Delegierende und der Delegationsempfänger die Delegation als verbindlich ansehen durften bzw. mussten.[827] Eine Kenntnis der Identität des jeweils anderen ist hierfür nicht zwingend erforderlich. Im Vertragsrecht wird zwar bezweifelt, dass der Hersteller ein Erfüllungsgehilfe i.S.v. § 278 BGB des Verkäufers, Werkunternehmers oder Vermieters sein kann. Soweit dies abgelehnt wird, wird aber damit argumentiert, dass der Verkäufer, Werkunternehmer oder Vermieter die Herstellung vertraglich nicht schulde, so dass es an einer Mitwirkung des Herstellers bei der Vertragserfüllung fehle.[828] Dass der Schuldner „bessere rechtliche und faktische Reaktionsmöglichkeiten" in Bezug auf den Hersteller hat, steht dagegen nicht in Frage.[829] Im Deliktsrecht muss sich die Handlung des Dritten nicht auf eine

---

[824] Siehe dazu auch schon oben I. 2.

[825] Vgl. zu dieser Formulierung BGH, Urt. v. 22.1.2008 – VI ZR 126/07, NJW 2008, 1440, juris Rn. 9; siehe auch BGH, Urt. v. 17.1.1989 – VI ZR 186/88, NJW-RR 1989, 394, juris Rn. 12.

[826] Siehe bereits oben A. III. 2. b) bb) (1), insbesondere Fn. 240.

[827] Siehe oben Kapitel 2, A. I. 2.

[828] Vgl. nur BGH, Urt. v. 9.2.1978 – VII ZR 84/77, NJW 1978, 1157, juris Rn. 9 ff. zum Lieferanten des Werkunternehmers; BGH, Urt. v. 21.6.1967 – VIII ZR 26/65, BGHZ 48, 118, juris Rn. 10 zum Ausrüster des Werklieferers; BGH, Urt. v. 15.3.1956 – II ZR 284/54, VersR 1956, 259 (260) zum Lieferanten des Verkäufers.

[829] MüKoBGB/*Grundmann*, 9. Aufl. 2022, § 278 Rn. 31; siehe auch *Schroeter*, JZ 2019, 495 (498) (jeweils wird die h.M. kritisiert). Dass der Erfüllungsgehilfe wissen muss, dass er eine Aufgabe des Schuldners erfüllt oder dass er gar ausschließlich für den Schuldner

konkrete Pflicht in einem konkreten Schuldverhältnis beziehen. Die Argumentation aus dem Vertragsrecht lässt sich folglich nicht übertragen. Entscheidend ist die Möglichkeit einer Steuerung des Durchsetzungsrisikos. Diese ist im Verhältnis zwischen Nutzer und Hersteller grundsätzlich gegeben.

Der Sicherstellungshaftung steht grundsätzlich auch nicht entgegen, dass der Nutzer, der seine Gefahrsteuerungszuständigkeiten erfüllen möchte, mitunter gar keine andere Wahl hat, als sich eines Produkts und damit, da er das Produkt meist nicht selbst herstellen kann, eines Herstellers zu bedienen. Zwar kann eine Kehrmaschine theoretisch durch eine menschliche Reinigungskraft mit einem Besen ersetzt werden. Jedenfalls bei größeren Straßen ist dies für den Zuständigen aber keine ernsthafte Option. Die Sicherstellungshaftung gem. § 14 AEntG, § 28e Abs. 3a SGB IV beruht etwa auf dem Gedanken, dass die Unternehmer entscheiden können, ob die Leistung durch eigene Arbeitskräfte ausgeführt wird – denen sie Lohn schulden – oder durch die Arbeitskräfte von Subunternehmern – gegenüber denen keine entsprechenden Verpflichtungen bestehen.[830] Entsprechend wird insbesondere der Bauherr, der keine eigenen Bauarbeitnehmer beschäftigt und deshalb keine Wahl hat, von der Haftung ausgenommen.[831] Indes lässt sich auch dieser Gedanke nicht in das Deliktsrecht übertragen. § 14 AEntG, § 28e Abs. 3a SGB IV dienen der Verhinderung der Umgehung bestimmter Vorschriften des Arbeits- und Sozialrechts.[832] Deshalb macht es Sinn, die Anwendung auf die Personen zu beschränken, auf die diese Vorschriften überhaupt ausgerichtet sind. Das Deliktsrecht betrifft dagegen jedermann und kann von jedermann „umgangen" werden, der eine Aktivität nicht selbst, sondern durch ein anderes autonomes System ausführt. Inwieweit der Nutzer bei der Auswahl der Technik eine Wahl hat, kann allerdings bei der Bestimmung der Intensität der Sicherstellungspflichten berücksichtigt werden. Kann der Nutzer nur das Produkt eines insolventen Herstellers verwenden, ist ihm die Undurchsetzbarkeit der Ansprüche des Geschädigten meist nicht i.S.v. § 276 Abs. 2 BGB vorzuwerfen.

Die Sicherstellungshaftung setzt voraus, dass Ansprüche gegen den Hersteller gegeben sind, die Durchsetzbarkeit dieser Ansprüche beeinträchtigt ist und der Nutzer das entsprechende Durchsetzungsrisiko steuern musste. Die Ansprüche gegen den Hersteller können aus der Produzentenhaftung nach § 823

---

handeln möchte, wird nicht verlangt, BGH, Urt. v. 21.4.1954 – VI ZR 55/53, BGHZ 13, 111, juris Rn. 22; BeckOGK BGB/*Schaub*, 1.6.2023, § 278 Rn. 46; BeckOK BGB/*Lorenz*, 66. Ed., 1.5.2023, § 278 Rn. 11.

[830] Siehe nur BAG, Urt. v. 16.5.2012 – 10 AZR 190/11, BAGE 141, 299, juris Rn. 17. zu § 1a AEntG a.F.

[831] Siehe nur BAG, Urt. v. 16.5.2012 – 10 AZR 190/11, BAGE 141, 299, juris Rn. 18 zu § 1a AEntG a.F.; vgl. auch Entwurfsbegründung zum SchwarzArbG, BT-Drs. 14/8221, S. 15 f. zu § 28e Abs. 3a SGB IV.

[832] Vgl. Entwurfsbegründung zum SchwarzArbG, BT-Drs. 14/8221, S. 15 zu § 28e Abs. 3a SGB IV.

Abs. 1 BGB resultieren. Grundsätzlich spricht viel dafür, auch § 1 Abs. 1 ProdHaftG hinsichtlich der dort genannten Rechtsgüter eine rechtsfortsetzende bzw. rechtsverfolgende Funktion zuzusprechen. Allerdings ist eine auf § 823 Abs. 1 BGB gestützte Sicherstellungshaftung des Nutzers für produkthaftungs-rechtliche Ansprüche *unionsrechtlich* problematisch: Nach Auffassung des EuGH regelt die ProdHaftRL verbindlich, wer unter den an den Herstellungs- und Vertriebsvorgängen berufsmäßig Beteiligten die Haftung übernehmen muss.[833] Demnach kann dem Nutzer *de lege lata* wohl keine über § 4 ProdHaftG, Art. 3 ProdHaftRL hinausgehende Haftung für die Beeinträchti-gung der Durchsetzbarkeit solcher Ansprüche auferlegt werden.

Für die Intensität der Sicherstellungspflichten finden die Grundsätze zur De-legation von Gefahrsteuerungszuständigkeiten an *selbständige Unternehmer* Anwendung.[834] Dabei ist Folgendes zu berücksichtigen: Bei autonomen Pro-dukten kann die Identifizierung des für das Schadensrisiko materiell Verant-wortlichen sehr schwierig sein, weil häufig mehrere Personen auf die sicher-heitsrelevanten Eigenschaften einwirken. Dadurch erhöht sich einerseits das Durchsetzungsrisiko, was die Sicherstellungspflichten des Nutzers grundsätz-lich intensiviert. Andererseits wird der Aufwand des Nutzers größer, so dass ihm die Identifizierung unter Umständen nicht zumutbar ist. Insbesondere an einen Verbraucher können nur geringe Anforderungen gestellt werden. Hält dieser sich an die Vorgaben des Herstellers, z.B. bei der Vernetzung mehrerer Systeme, ist ihm hinsichtlich des Identifizierungsrisikos in der Regel keine Pflichtverletzung vorzuwerfen. Und auch die Greifbarkeit und Haftungspotenz muss er in Abwesenheit von Anhaltspunkten nicht gesondert prüfen. Von ei-nem Unternehmer ist insofern grundsätzlich mehr zu erwarten als von einem Verbraucher.[835] Außerdem kann nach der Größe, Erfahrung und Spezialisie-rung des Unternehmens differenziert werden. Gesetzliche Vorschriften und technische Normen, deren Zweck es ist, „den Hersteller als Verantwortlichen für die Qualität des Produkts verantwortlich zu machen",[836] z.B. indem sie den Nutzer verpflichten, ein Herstellerkennzeichen an ein Produkt anzubringen,

---

[833] EuGH, Urt. v. 10.1.2006 – C-402/03, Slg 2006, I-199-243, juris Rn. 30 – „Skov/Bilka". Die Sicherstellungshaftung hinsichtlich der Ansprüche aus § 823 Abs. 1 BGB dürfte dagegen unionsrechtlich zulässig sein. Nach dem EuGH steht die ProdHaftRL „einer nationalen Regelung, nach der der Lieferant in die *Verschuldenshaftung* des Herstellers un-beschränkt einzutreten hat", nicht entgegen (Rn. 48, Hervorh. d. Verf.).

[834] Siehe dazu oben Kapitel 2, A. III. 2. b) cc).

[835] Siehe dazu oben Kapitel 2, A. III. 2. b) cc).

[836] Vgl. OLG Karlsruhe, Beschl. v. 20.9.2017 – 9 U 21/16, VersR 2018, 681, juris Rn. 16 zu Nr. 2.2.2 der DIN 1988 Teil 2, wo eine Pflicht zur Anbringung des Herstellerkennzei-chens normiert ist. Das OLG lehnte die Haftung ab, da keine Rechtsgutsverletzung vorliege (Rn. 18, siehe dazu aber oben Kapitel 2, A. III. 2. b] aa]) und außerdem eine Durchsetzung von Ansprüchen gegen den Hersteller auch aus anderen Gründen gescheitert wäre (Rn. 19).

können den Gerichten dabei helfen, die Sicherstellungspflichten zu konkretisieren.[837]

Wie im Zusammenhang mit der menschlichen Autonomie aufgezeigt wurde, sind mit der *de lege lata* begründbaren Sicherstellungshaftung allerdings auch Schwierigkeiten verbunden, insbesondere bestehen Ungewissheiten für den Geschädigten.[838] Aufgrund ihrer Abhängigkeit von einem verschuldensabhängigen Ersatzanspruch gegen den Hersteller schließt diese Sicherstellungshaftung außerdem nicht die bestehenden Lücken der Produzentenhaftung. Sowohl hinsichtlich der Herstellerhaftung als auch hinsichtlich der Nutzerhaftung stellt sich deswegen die Frage einer Erweiterung *de lege ferenda*.

C. Technische Autonomie *de lege ferenda*

De lege ferenda sollten die erläuterten Auslegungsgrundsätze (Software als Produkt, Inverkehrbringen als Zeitraum, Beweislastverteilung nach Fehlentscheidungsrisiken) gesetzlich *klargestellt* werden. Darüber hinaus ist die Haftung in bestimmten Punkten zu *erweitern*. Auch im Umgang mit autonomer Technik darf allerdings keine „absolute Sicherheit" und auch nicht der Ersatz jeglicher Schäden erwartet werden.[839] *Marburger* hat in den 1990er-Jahren zutreffend darauf hingewiesen, dass derjenige, der „an den Vorzügen der modernen Zivilisation teilhat, sie ganz selbstverständlich und mit vollem Recht für sich in Anspruch nimmt, [...] auf der anderen Seite akzeptieren [muss], daß deren Risiken in gewissem Umfang auch seinem ganz persönlichen Lebensbereich zugerechnet werden".[840] In jüngerer Zeit hat *Thöne* richtigerweise festgestellt, dass das „Aufkommen neuer Technologien [...] nicht gleich [zu] einem Automatismus zum Rückgriff auf die Gefährdungshaftung führen" darf, „sondern ausschließlich sofern und soweit dies zweckmäßig erscheint (Zweckmäßigkeit statt Zwangsläufigkeit)".[841] Im Folgenden wird analysiert, inwiefern eine Erweiterung der Haftung von Herstellern (II.) und Nutzern (III.) autonomer Technologien rechtmäßig und „zweckmäßig" ist, das Risiko also nicht nur dem „persönlichen Lebensbereich" des Geschädigten zuzuordnen ist.

I.   *Erweiterung der Herstellerhaftung*

Grundsätzlich ist primär der Hersteller für das Risiko autonomer Systeme verantwortlich und sollte deshalb einer strengeren Haftung unterliegen (1.). Zu

---

[837] Zur Bedeutung gesetzlicher Vorschriften und technischer Normen siehe oben A. III. 2. c).

[838] Siehe oben Kapitel 2, A. III. 2. c).

[839] Siehe nur *Wagner*, VersR 2020, 717 (723); *Spindler*, JZ 2022, 793 (795).

[840] *Marburger*, AcP 192 (1992), 1 (29).

[841] *Thöne*, Autonome Systeme und deliktische Haftung, 2020, S. 149.

weit reichen würde aber eine Haftung für sämtliche Risiken. Vielmehr ist die Haftung zu beschränken auf die – bereits bestehende – Haftung für Fehler-Gefahren und eine – noch zu schaffende – Haftung für „besondere" Produktgefahren (2.). Die Entwicklungsrisiko-Klausel ist beizubehalten, aber in zeitlicher Hinsicht einzuschränken (3.). Außerdem sind im Hinblick auf die Beweislast Erleichterungen zugunsten des Geschädigten interessengerecht (4.).

Ausgeklammert wird in dieser Untersuchung die Frage, ob die Kategorie der Produkthaftung, in Abgrenzung zur Haftung für sonstige Leistungen, *de lege ferenda* nicht generell aufgegeben bzw. eine ähnliche, verschärfte und europäisch vereinheitlichte Haftung auch für sonstige Leistungen eingeführt werden sollte. Von der Kommission wurde, wie bereits erwähnt, im Jahr 1990 eine Richtlinie über eine Haftung für „Dienstleistungen" vorgeschlagen.[842] In Deutschland wurde u.a. kritisiert, deren „existenzgefährdende Wirkungen" seien nicht hinreichend erforscht.[843] Durch die dort vorgesehene Verschuldensvermutung würden die Dienstleistenden „zu aufwendigen Dokumentationen ihres Handelns gezwungen", mit der Folge, dass die „Kosten für alle Dienstleistungen […] in einem Maße steigen [würden], das über den Kosten läge, die aus der begrenzten Zahl von Schäden volkswirtschaftlich entstehen".[844] Die Frage, inwieweit eine Angleichung recht- und zweckmäßig ist, bedarf weiterer, allgemeinerer Untersuchungen,[845] die den Rahmen dieser Betrachtung verlassen. Sie hat durch das Aufkommen autonomer Technologien zweifellos an Brisanz erhalten,[846] geht aber generell über die Frage der Haftung für fremde Autonomie hinaus. Der Vorschlag für eine neue ProdHaftRL klammert sonstige Leistungen grundsätzlich weiterhin aus der vereinheitlichten Haftung aus.[847] Er stellt klar, dass auch Software vom Produktbegriff erfasst ist.[848] Außerdem wird die „digitale Bauunterlage" einbezogen, die als „digitale Version einer beweglichen Sache oder eine digitale Vorlage dafür" definiert wird.[849] Ob darunter auch Trainingsdaten fallen, ist zweifelhaft. Anders als z.B. CAD-Dateien bilden diese Informationen noch keinen vollständigen Entwurf eines Produkts,

---

[842] Vorschlag der Kommission für eine Richtlinie über die Haftung bei Dienstleistungen v. 9.11.1990, KOM (90) 482 endg.; siehe bereits oben A. I. 1.

[843] Stellungnahme des Bundesrates v. 26.4.1991, abgedruckt in ZRP 1991, 236 (236).

[844] *Geisendörfer*, VersR 1991, 1317 (1317).

[845] Vgl. auch *Dheu/De Bruyne/Ducuing*, CiTiP Working Paper v. 6.10.2022, S. 35 im Kontext des ProdHaftRL-neu-E.

[846] Siehe nur *Beierle*, Die Produkthaftung im Zeitalter des Internet of Things, 2021, S. 172 zu „Begriffsverwirrungen" und S. 178 zu Widersprüchen, die „mit zunehmendem Autonomiegrad deutlicher werden" würden.

[847] Vgl. Erwägungsgrund 15 ProdHaftRL-neu-E.

[848] Vgl. Art. 4 Abs. 1, Erwägungsgrund 12 ProdHaftRL-neu-E; dies begrüßend etwa *Spindler*, CR 2022, 689 (690); *Borges*, DB 2022, 2650 (2652).

[849] Vgl. Art. 4 Abs. 1, Abs. 2 ProdHaftRL-neu-E; siehe auch sogleich Fn. 850 zum Verhandlungsmandat des Rates (Ratsdok. Nr. 10694/23).

der nur noch automatisiert, z.B. durch einen 3D-Drucker, umgesetzt werden muss, sondern werden erst in Verbindung mit einem Lernalgorithmus zu einem Produkt.[850] Auch die Lernalgorithmen fallen als solche wohl weiterhin nicht unter den Produktbegriff.[851] Es erscheint auch unter dem Vorschlag für eine neue ProdHaftRL sinnvoll, für die Bestimmung der Produkteigenschaft auf eine Fabrikations- und Konstruktionsentscheidung abzustellen.[852] Allerdings löst sich der Vorschlag davon, dass die *Teile*, aus denen ein Produkt besteht, selbst Produkteigenschaft aufweisen müssen, um eine Haftung nach der ProdHaftRL begründen zu können,[853] so dass bestimmte sonstige Leistungen einbezogen werden:[854] Der Begriff der „Komponente" umfasst nämlich „jeden materiellen oder immateriellen Gegenstand und jeden verbundenen Dienst, der vom Hersteller eines Produkts oder unter Kontrolle des Herstellers in das Produkt integriert oder mit dem Produkt verbunden wird".[855] Unter den Komponentenbegriff dürften daher auch (Trainings-)Daten fallen, die durch den Hersteller oder „unter Kontrolle" des Herstellers geliefert werden.[856] Dasselbe dürfte für die Lernalgorithmen gelten.[857]

---

[850] Vgl. Erwägungsgrund 14 ProdHaftRL-neu-E, wo darauf abgestellt wird, dass digitale Bauunterlagen „die funktionalen Informationen enthalten, die zur Herstellung eines materiellen Gegenstands erforderlich sind, indem sie die automatische Steuerung von Maschinen oder Werkzeugen wie Bohr-, Dreh- und Fräsmaschinen sowie 3D-Druckern ermöglichen"; siehe auch die entsprechende Ergänzung der Definition in Art. 4 Abs. 2 ProdHaftRL-neu-E im Verhandlungsmandat des Rates (Ratsdok. Nr. 10694/23).

[851] Nach Erwägungsgrund 12 ProdHaftRL-neu-E soll der „Quellcode von Software" kein Produkt sein; im Verhandlungsmandat des Rates (Ratsdok. Nr. 10694/23) wird insofern explizit darauf verwiesen, dass Information kein Produkt darstellt.

[852] Siehe dazu oben A. I. 1.

[853] Vgl. Kapitel 2, Fn. 344.

[854] Vgl. *Dheu/De Bruyne/Ducuing*, CiTiP Working Paper v. 6.10.2022, S. 37; *Wagner*, JZ 2023, 1 (5).

[855] Art. 4 Abs. 3 ProdHaftRL-neu-E; nach dem Verhandlungsmandat des Rates (Ratsdok. Nr. 10694/23) soll allerdings der letzte Halbsatz gestrichen werden, die Kontrolle durch den Hersteller ist danach also keine notwendige Voraussetzung der Komponenteneigenschaft.

[856] *Dheu/De Bruyne/Ducuing*, CiTiP Working Paper v. 6.10.2022, S. 29; *Spindler*, CR 2022, 689 (691, 695); zur Definition der „Kontrolle des Herstellers" vgl. Art. 4 Abs. 5 lit. a ProdHaftRL-neu-E, wo an die Genehmigung des Herstellers angeknüpft wird. In Erwägungsgrund 15 wird allerdings mit Blick auf verbundene Dienste darauf abgestellt, ob der Hersteller diese „empfiehlt oder auf andere Weise ihre Bereitstellung durch einen Dritten beeinflusst", was ein weiteres Verständnis suggeriert. Gegen die Maßgeblichkeit von Art. 4 Abs. 5 lit. a ProdHaftRL-neu-E spricht, dass in dieser Definition eine „Komponente" bereits *vorausgesetzt* wird, während Art. 4 Abs. 3 ProdHaftRL-neu-E regelt, *wann* eine „Komponente" *vorliegt*; so im Ergebnis wohl auch *Spindler*, a.a.O., S. 691; zum Verhandlungsmandat des Rates (Ratsdok. Nr. 10694/23) vgl. Fn. 855 sowie die Modifikationen in Erwägungsgrund 15.

[857] Vgl. *Wagner*, JZ 2023, 1 (4) zum Programmierer eines Open-Source-Moduls als Komponentenhersteller.

1. Primäre Verantwortlichkeit des Herstellers für das Produktrisiko autonomer Technologien

Unter den Befürwortern einer Ausweitung der Haftung für autonome Technologien herrscht Uneinigkeit darüber, wen die verschärfte Haftung treffen soll: Den Hersteller oder den Nutzer. Die besseren Argumente sprechen dafür, dem Hersteller eine stärkere *materielle* Verantwortlichkeit für das Risiko autonomer Technologien aufzuerlegen.[858] Der Nutzer, der wie gesehen als Delegierender qualifiziert werden kann, ist im Rahmen der bereits vorgeschlagenen Sicherstellungshaftung *de lege ferenda* aber *formell* stärker verantwortlich.[859] Für eine strengere Haftung des Herstellers spricht sich beispielsweise *Wagner* aus. Die von ihm vorgeschlagene Gefährdungshaftung soll voraussetzen, dass sich eine „digitale Gefahr" realisiert hat.[860] *Sommer* befürwortet eine Gefährdungshaftung u.a. des Herstellers, die an das „spezifische Autonomierisiko" anknüpft.[861] *Zech* erwägt eine solche für den Fall, dass sich die mit der „Lernfähigkeit und Vernetzung digitaler Systeme" verbundenen Gefahren realisieren.[862]

Für die Verantwortlichkeit des Herstellers spricht seine besondere Beziehung zu der Gefahr. Zum einen profitiert der Hersteller durch die Vermarktung wirtschaftlich von der Autonomie (Vorteilsgedanke).[863] Zum anderen kann er über die Anforderungen des § 276 Abs. 2 BGB hinausgehende Maßnahmen

---

[858] Hierfür insbesondere *Wagner*, VersR 2020, 717 (734 ff.); *ders.*, JZ 2023, 1 (2 ff.); siehe auch *Sommer*, Haftung für autonome Systeme, 2020, S. 464 ff., wonach der Herstellerbegriff allerdings auf „Softwarehersteller und Betreiber" erweitert werden soll; ähnlich *Zech*, Gutachten für den 73. DJT, 2020, A 100 f. für eine Haftung des Herstellers und des professionellen Betreibers; dem grundsätzlich folgend *Spindler*, JZ 2022, 793 (800); siehe auch schon *Sosnitza*, CR 2016, 764; *Eidenmüller*, ZEuP 2017, 765 (772); *Hacker*, RW 2018, 243 (259); für eine strenge Haftung des Herstellers, „wenn begrenzte Einsatzmöglichkeiten mit klar vorhersehbaren Risiken vorliegen" (Beispiel: autonome Fahrzeuge) siehe *Borges*, NJW 2018, 977 (981); ähnlich *ders.*, in: Law and Technology in a Global Digital Society, 2022, S. 51 (63); für eine Haftung von Nutzer, Betreiber und Hersteller als Gesamtschuldner *Weingart*, Vertragliche und außervertragliche Haftung für den Einsatz von Softwareagenten, 2022, S. 417 ff.; für eine Haftung von Halter und Hersteller beim autonomen Fahren *Ebers*, in: German National Reports on the 21st International Congress of Comparative Law, 2022, S. 157 (190 ff.); für eine Haftung von Hersteller und Betreiber (bei bestimmten Gefahren) vgl. auch die Beschlüsse des 73. DJT, 2022, Zivilrecht, A. III. 6., 7. b., B. III. 13. b., 15. b.

[859] Siehe dazu unten II.

[860] *Wagner*, VersR 2020, 717 (734 f.).

[861] *Sommer*, Haftung für autonome Systeme, 2020, S. 466. Daneben soll auch der „Betreiber" haften; siehe dazu noch vor und mit Fn. 899.

[862] *Zech*, Gutachten für den 73. DJT, 2020, A 101 f. Daneben sollen „professionelle Betreiber" haften.

[863] Vgl. *Zech*, Gutachten für den 73. DJT, 2020, A 88 f.; *Sommer*, Haftung für autonome Systeme, 2020, S. 465.

ergreifen, um Schäden zu vermeiden,[864] sei es nur durch die Reduktion des Aktivitätsniveaus,[865] und außerdem Vorkehrungen für den Fall des Eintritts von Schäden treffen[866] (Einflussgedanke). Das Verhalten autonomer Produkte wird im Vergleich zu herkömmlichen Produkten in der Regel stärker vom Hersteller als vom Nutzer bestimmt.[867] Der Hersteller wählt insbesondere den Lernalgorithmus und die Trainingsdaten aus. Er kann durch Updates auch nach der Bereitstellung Einfluss auf die Verhaltensregeln des Produkts nehmen, selbst dann, wenn der Agent während seines Einsatzes weiterlernt.[868] Die Kosten für Schäden, die er nicht vermeiden kann, kann er versichern und auf die Konsumenten umlegen.[869] Eine Herstellerhaftung kann dadurch eine Verteilung der Schäden auf alle Profiteure – Hersteller und Nutzer – bewirken.[870]

Dennoch wird auch eine Gefährdungshaftung des Nutzers erwogen.[871] *Schulz* schlägt beispielsweise eine Halterhaftung für die „Verwirklichung einer spezifischen Systemgefahr" vor.[872] Für eine Nutzerhaftung lässt sich anführen, dass auch der Nutzer eine Beziehung zu der Gefahr unterhält, die ihn von der

---

[864] *Eidenmüller*, ZEuP 2017, 765 (772); *Hacker*, RW 2018, 243 (259); *Wagner*, VersR 2020, 717 (738); *Zech*, Gutachten für den 73. DJT, 2020, A 88, 101; *Wendehorst*, JETL 2020, 150 (174); *Linardatos*, Autonome und vernetzte Aktanten im Zivilrecht, 2021, S. 270 ff.; siehe auch schon *Taeger*, CR 1996, 257 (270 f.) zum Hersteller (herkömmlicher) Software.

[865] Vgl. *Wagner*, VersR 2020, 717 (735).

[866] Siehe insbesondere zur Möglichkeit der Umlage auf die Kunden *Wagner*, VersR 2020, 717 (735); *Zech*, Gutachten für den 73. DJT, 2020, A 88; *Sommer*, Haftung für autonome Systeme, 2020, S. 465.

[867] *Wagner*, VersR 2020, 717 (734); *Zech*, Gutachten für den 73. DJT, 2020, A 64; in diese Richtung auch *Horner/Kaulartz*, CR 2016, 7 (9); *von Bodungen*, SVR 2022, 1 (5); *Cappiello*, A european private international law analysis, 2022, S. 87.

[868] *Zech*, Gutachten für den 73. DJT, 2020, A 89; siehe auch schon oben A. III. 5.

[869] *Wagner*, VersR 2020, 717 (735); *Zech*, Gutachten für den 73. DJT, 2020, A 88.

[870] *Zech*, Gutachten für den 73. DJT, 2020, A 88; dazu, dass die Kunden wohl auch bereit wären, mehr zu zahlen, wenn das System „haftungsrechtlich abgesichert ist", siehe *Sosnitza*, CR 2016, 764 (772).

[871] Vgl. Leupold/Wiebe/Glossner IT-Recht/*Leupold/Wiesner*, 4. Aufl. 2021, Teil 9.6.4 Rn. 109; *Schirmer*, JZ 2016, 660 (665); *Schulz*, Verantwortlichkeit bei autonom agierenden Systemen, 2015, S. 364 ff.; *Foerster*, ZfPW 2019, 418 (435); *Expert Group (NTF)*, Liability for AI, 2019, S. 39 ff.; *Pieper/Gehrmann*, LR 2019, 123 (127 f.); *Spindler*, CR 2015, 766 (775); *Bräutigam/Klindt*, NJW 2015, 1137 (1139); *Riehm/Meier*, in: DGRI Jahrbuch 2018, 2019, S. 1 (Rn. 25, 60) bei „cyberphysikalischen Systemen"; Hilgendorf/Roth-Isigkeit KI-VO/*Zwickel*, 2023, § 10 Rn. 105 ff. (bei Hochrisiko-KI-Systemen); für eine erweiterte Nutzerhaftung auch *Beckers/Teubner*, Three Liability Regimes for Artificial Intelligence: Algorithmic Actants, Hybrids, Crowds, 2022, S. 86 ff., allerdings nicht als Gefährdungshaftung, sondern als (strenge) Gehilfenhaftung („vicarious liability", vgl. S. 79 ff.).

[872] *Schulz*, Verantwortlichkeit bei autonom agierenden Systemen, 2015, S. 365. Damit gemeint sind im Wesentlichen „Risiken, die sich aus der Komplexität und der starken Vernetzung der Systeme sowie dem Verlust von Steuerungs- und Überwachungsmöglichkeiten ergeben".

Allgemeinheit abhebt. Der Nutzer profitiert ebenfalls von der Verwendung der autonomen Technologie (Vorteilsgedanke)[873] und hat ebenfalls Einfluss auf das Risiko (Einflussgedanke)[874]. Er kann Schäden grundsätzlich durch über § 276 Abs. 2 BGB hinausgehende Maßnahmen, namentlich durch die Reduktion der Aktivität, vermeiden. Der Nutzer kann sich in der Regel auch versichern[875] und im Fall der wirtschaftlichen Nutzung die Kosten auf seine Kunden umlegen.

Im Ergebnis erscheinen jedoch die Hersteller – zu denen auch die Trainer-Nutzer gehören[876] – als *cheapest cost avoider* bzw. *insurer* (Effizienzgedanke).[877] Der „Innovationsdruck", der durch eine schärfere Haftung ausgeübt wird, muss sinnvollerweise denjenigen treffen, von dem Innovationen zu erwarten sind.[878] Dies ist bei autonomen Technologien der Hersteller.[879] Er ist besser in der Lage, Gefahrerforschungsmaßnahmen zu ergreifen und hierdurch Wissensdefizite zu überwinden. Der Nutzer hat dagegen meist nicht die Möglichkeit, den Agenten gezielt weiter zu testen, aus seinem Fehlverhalten Schlüsse zu ziehen und das Agentenverhalten, etwa mittels eines Updates, daran auszurichten. Der Nutzer kann in der Regel lediglich innovationsfördernd tätig werden, indem er entsprechende Anforderungen an den Entwickler stellt.[880] Zwar verliert der Hersteller mit dem Beginn des Inverkehrbringens einen Teil der Kontrolle, insbesondere kann er den Einsatz des Agenten – anders als der Nutzer – nicht ohne Weiteres beenden.[881] Er kann den Nutzer allerdings

---

[873] *Janal*, in: Intelligente Agenten und das Recht, 2016, S. 141 (154 f.); *Zech*, Gutachten für den 73. DJT, 2020, A 89; *Beckers/Teubner*, Three Liability Regimes for Artificial Intelligence: Algorithmic Actants, Hybrids, Crowds, 2022, S. 87.

[874] *Hanisch*, in: Robotik im Kontext von Recht und Moral, 2014, S. 27 (32); *Janal*, in: Intelligente Agenten und das Recht, 2016, S. 141 (156); Leupold/Wiebe/Glossner IT-Recht/*Leupold/Wiesner*, 4. Aufl. 2021, Teil 9.6.4 Rn. 109; *Beckers/Teubner*, Three Liability Regimes for Artificial Intelligence: Algorithmic Actants, Hybrids, Crowds, 2022, S. 87.

[875] Vgl. *Foerster*, ZfPW 2019, 418 (434).

[876] Nach *Spindler*, JZ 2022, 793 (800) sollen nur „kommerzielle bzw. professionelle Betreiber in die Haftung genommen werden, die in der Lage sind, die KI zu trainieren", was meist auf die Trainer-Nutzer hinauslaufen dürfte; ähnlich *Zech*, Gutachten für den 73. DJT, 2020, A 89. Auf eine „besondere Sachkunde" (*Zech*, a.a.O.) kommt es für die Eigenschaft als Trainer-Nutzer allerdings nicht an; auch Laien sind grundsätzlich erfasst.

[877] Vgl. *Burchardi*, EuZW 2022, 685 (689), die außerdem den „Anbieter", nicht aber den „Nutzer" einbeziehen möchte.

[878] Vgl. *Blaschczok*, Gefährdungshaftung und Risikozuweisung, 1993, S. 312 ff., 378 ff.; siehe zum Innovationsdruck auch noch ausführlicher unten 2. a) cc) (2).

[879] Vgl. *Linardato*s, Autonome und vernetzte Aktanten im Zivilrecht, 2021, S. 323, wonach Anreize für Weiterentwicklungen primär an den Hersteller zu adressieren seien.

[880] Vgl. dazu *Blaschczok*, Gefährdungshaftung und Risikozuweisung, 1993, S. 307 f. sowie noch ausführlich unten 2. a) cc) (2).

[881] Vgl. *Thöne*, Autonome Systeme und deliktische Haftung, 2020, S. 163; *Weingart*, Vertragliche und außervertragliche Haftung für den Einsatz von Softwareagenten, 2022, S. 426, die deshalb eine gesamtschuldnerische Haftung von Hersteller, Betreiber und Nutzer befürwortet, die alle „unterschiedliche Risikobereiche abdecken" soll.

warnen, (Zwangs-)Updates vornehmen und in dem Fall, in dem der Nutzer sich über die Instruktionen hinwegsetzt und der Hersteller dennoch haftet, bleibt die Möglichkeit des Regresses beim Nutzer.[882]

Gegen eine erweiterte Herstellerhaftung wird angeführt, sie führe zu einer „Quersubventionierung zulasten der Erwerber mit geringer Nutzung des autonomen Systems und zugunsten der Erwerber mit einer hohen Nutzung".[883] Dieses Argument greift die mit einer strengen Herstellerhaftung einhergehende Gefahr einer Fehlsteuerung des Aktivitätsniveaus der Nutzer auf: Bei einer „Vollversicherung" werden alle Nutzer des Systems gleich belastet, da sie den identischen – aufgrund der verschärften Haftung des Herstellers höheren – Preis für das Produkt zahlen.[884] Die Erwerber, die das System häufiger nutzen – z.B. bei einem autonomen Fahrzeug Taxiunternehmen im Vergleich zu privaten Haltern – verursachen zwar mehr Schäden, müssen deshalb aber nicht höhere Kosten befürchten.[885] Ohne eine Haftung des Herstellers dehnt der effizient agierende Nutzer die Aktivität dagegen nur so lange aus, wie dadurch für ihn mehr Nutzen als Schäden generiert werden. Muss er außerdem selbst verschuldensunabhängig haften, kalkuliert er auch die Schäden Dritter ein.[886] Neben diesen quantitativen Unterschieden kann ein Produkt auch in qualitativ unterschiedlicher Weise eingesetzt werden: Ein allgemeines Sprachmodell kann

---

[882] Vgl. *Zech*, Gutachten für den 73. DJT, 2020, A 89, wo darauf hingewiesen wird, dass trotz des Kontrollverlusts durch Lernfähigkeit und Vernetzung eine „Einflussmöglichkeit in Form der möglichen Vorgaben" bleibe.

[883] Leupold/Wiebe/Glossner IT-Recht/*Leupold/Wiesner*, 4. Aufl. 2021, Teil 9.6.4 Rn. 109; vgl. auch *Linardatos*, Autonome und vernetzte Aktanten im Zivilrecht, 2021, S. 328 ff. sowie allgemein *Finsinger/Simon*, in: Haftpflichtrisiken in Unternehmen, 1989, S. 23 (36 f.), wonach die Konsumenten mit niedrigem Schadenspotenzial die Konsumenten mit hohem Schadenspotenzial subventionieren würden. Die Erhöhung der Preise wirkt sich auch insofern nicht auf alle Konsumenten gleich aus als einkommensschwächere Nutzer den höheren Preis stärker „spüren", vgl. *Schäfer/Ott*, Lehrbuch der ökonomischen Analyse des Zivilrechts, 6. Aufl. 2020, S. 407, wo auf eine „verteilungspolitisch bedenkliche Quersubventionierung zugunsten der Käufer mit hohem Einkommen" hingewiesen wird.

[884] Leupold/Wiebe/Glossner IT-Recht/*Leupold/Wiesner*, 4. Aufl. 2021, Teil 9.6.4 Rn. 109; zur Erhöhung der Preise siehe auch *Foerster*, ZfPW 2019, 418 (434); *Veith*, Künstliche Intelligenz, Haftung und Kartellrecht, 2021, S. 129; siehe auch schon oben Kapitel 2, B. I.

[885] Vgl. *Eidenmüller*, ZEuP 2017, 765 (773); *Wagner*, AcP 217 (2017), 707 (763); zum unterschiedlichen Nutzungsverhalten siehe auch *Wendehorst*, JETL 2020, 150 (175); für Kraftfahrzeuge existiert allerdings eine Gefährdungshaftung des Halters (§ 7 StVG).

[886] Vgl. *Foerster*, ZfPW 2019, 418 (434), wonach nur der Halter das Aktivitätsniveau des Systems steuere; siehe auch *Lutz*, NJW 2015, 119 (121) zum autonomen Fahren, wonach aufgrund der Bestimmungsbefugnis des Halters über die Aktivität eine „umfangreiche Haftungsverlagerung zu Gunsten des Halters und zu Lasten des Herstellers [...] kaum zu rechtfertigen" sei.

beispielsweise eine Vielzahl von Anwendungsbereichen haben.[887] Ein Übersetzungsprogramm kann von einer Privatperson zur Kommunikation mit einem ausländischen Bekannten oder von einem Medizinproduktehersteller zur Übersetzung von Gefahrenhinweisen verwendet werden.[888] Das Schadensrisiko ist im zweiten Fall erheblich höher, dennoch zahlen grundsätzlich beide Nutzer den gleichen Preis. Diesem Effekt kann allerdings entgegengewirkt werden: Zunächst dadurch, dass der Nutzer, der um die Produktgefahr weiß, vom Schutz der Herstellerhaftung ausgenommen wird und deshalb jedenfalls Eigenschäden einkalkulieren muss (Handeln auf eigene Gefahr).[889] Darüber hinaus ist damit zu rechnen, dass der Markt Lösungen entwickeln wird. Beispielsweise kann die Veräußerung eines Produkts mit einer Versicherung kombiniert werden, deren Prämien in Abhängigkeit der Aktivität kalkuliert werden.[890] Dadurch zahlt der Nutzer mit einem höheren Risiko einen höheren Preis. Wenn die Herstellerhaftung den Erwerb eines autonomen Produkts so teuer macht, dass er sich erst bei hoher Aktivität lohnt, können sich auch neue Geschäftsmodelle herausbilden. Autonomes Fahren wird vermutlich nicht dadurch realisiert werden, dass sich jeder Verbraucher ein autonomes Fahrzeug anschafft, sondern indem die Fahrzeuge von Unternehmen bereitgestellt und von Einzelnen bedarfsabhängig genutzt werden können.[891] Auch bei vielen anderen Produkten, gerade im Softwarebereich, sind nutzungsbasierte Preismodelle (*pay-per-use*) im Kommen.[892] Mit einer höheren Aktivität sind dann trotz der „Vollversicherung" höhere Kosten verbunden.[893] Eine ähnliche Ausdifferenzierung

---

[887] Zu sog. „KI-Systemen mit allgemeinem Verwendungszweck" siehe auch schon oben Kapitel 1, Fn. 76.

[888] Vgl. *Fraunhofer IAIS*, Leitfaden zur Gestaltung vertrauenswürdiger Künstlicher Intelligenz, 2021, S. 12 zu den unterschiedlichen Risiken bei einer Übersetzung von Social Media Posts und einer Übersetzung von Arztbriefen; dazu, dass ein KI-Produkt mehrere Anwendungsgebiete bekommen kann, siehe auch *Valta/Vasel*, ZRP 2021, 142 (142); nach *Borges*, NJW 2018, 977 (981) soll von vornherein eine „Kausalhaftung des Herstellers autonomer Systeme nur dann in Betracht kommt, wenn begrenzte Einsatzmöglichkeiten mit klar vorhersehbaren Risiken vorliegen"; ähnlich *ders.*, CR 2022, 553 (560), wonach es darauf ankomme, wer „den entscheidenden Einfluss auf die mit dem Einsatz des Systems verbundenen Risiken hat".

[889] Siehe dazu bereits oben A. IV.

[890] Vgl. *Lutz*, NJW 2015, 119 (121); *Eidenmüller*, ZEuP 2017, 765 (773).

[891] Siehe dazu *Lenz/Fraedrich*, in: Autonomes Fahren, 2015, S. 175; *Wagner*, AcP 217 (2017), 707 (764 f.), auch zu den (erwünschten) Anreizwirkungen solcher Modelle.

[892] Siehe z.B. die Studie *Sopra Steria Next/F.A.Z.-Institut*, Branchenkompass Manufacturing 2020, Digitale Services im Mittelstand, S. 4, wonach 57 % der befragten mittelständischen Industrieunternehmen offen für solche Modelle seien.

[893] Vgl. *Wagner*, AcP 217 (2017), 707 (765) zum „Carsharing"; *ders.*, in: Zivilrechtliche und rechtsökonomische Probleme des Internet und der künstlichen Intelligenz, 2019, S. 1 (19 f., 24); ausführlich zur Bedeutung der „Sharing Economy" für die außervertragliche Haftung *Linardatos*, Autonome und vernetzte Aktanten im Zivilrecht, 2021, S. 369 ff.

ist auch bei der Art der Nutzung denkbar: Bei Übersetzungsprogrammen kann beispielsweise eine Version für den privaten Alltagsgebrauch und eine (teurere) Version für den medizinischen Bereich angeboten werden.[894]

Auch der Vorteilsgedanke spricht für die primäre Verantwortlichkeit des Herstellers. Für eine strengere Haftung des Nutzers wird angeführt, dass dieser durch den Einsatz des Systems das Risiko einer Haftung für *eigene* Fehlentscheidungen reduziert hat.[895] Dies trifft zwar zu, zugleich verringert der Nutzer aber auch das mit seinem eigenen Handeln verbundene Risiko für den *Rechtsverkehr*. Mit der Entlastung von bestimmten Haftungsrisiken muss nicht zwingend eine Haftung für andere Risiken verbunden sein. Der Nutzer profitiert zwar stärker als der Geschädigte und die Allgemeinheit. Er zahlt hierfür aber auch bei einer Herstellerhaftung einen Preis, da mit dieser eine Erhöhung der Produktpreise einhergeht.[896] Würde man die Haftung für unbeherrschbare Risiken auf den Nutzer konzentrieren, wäre es (bei gleicher Aktivität) letztlich Zufall, bei welchem Nutzer sich das Risiko realisiert: Hierdurch würden einzelne Nutzer privilegiert bzw. benachteiligt, obwohl alle in gleicher Weise profitieren. Eine Verteilung der Haftungskosten ließe sich dann nur über eine Pflichtversicherung erreichen.[897]

Für eine verschärfte Nutzerhaftung wird weiterhin angeführt, dass die Inanspruchnahme des Herstellers Schwierigkeiten bereite, wenn das schadensursächliche System aus Produkten mehrerer Hersteller besteht.[898] *Sommer* schlägt etwa vor, in eine Gefährdungshaftung auch „Betreiber" einzubeziehen, weil „für den Geschädigten unklar sein kann, ob sich das Autonomierisiko, oder das bloße Risiko der Sachsubstanz und Software realisiert".[899] Die Nutzerhaftung

---

[894] Vgl. auch *Etzkorn*, MMR 2020, 360 (365), der mit Blick auf weiterlernende Systeme eine Orientierung der „monatlichen Mietkosten der Software an der prozentualen Abweichung des anpassungsfähigen vom ursprünglich ausgelieferten System" vorschlägt.

[895] Vgl. *Spindler*, CR 2015, 766 (775); ähnlich der Bericht der Arbeitsgruppe „Digitaler Neustart" der Konferenz der Justizministerinnen und Justizminister der Länder v. 15.4.2019, S. 174, wonach es dem Nutzer zugutekomme, dass sich die Gefahren, die statistisch auf menschliches Fehlverhalten zurückzuführen sind, durch den Einsatz autonomer Technologien verringern.

[896] Siehe auch *Foerster*, ZfPW 2019, 418 (434), wonach deshalb die Frage, „ob nun der Halter oder der Hersteller der Gefährdungshaftung unterliegt […] nicht überbewertet werden" solle.

[897] Für eine Pflichtversicherung des Nutzers wohl *Foerster*, ZfPW 2019, 418 (434); Leupold/Wiebe/Glossner IT-Recht/*Leupold/Wiesner*, 4. Aufl. 2021, Teil 9.6.4 Rn. 107, 109; siehe auch Art. 4 Abs. 4 KI-HaftVO-E.

[898] *Hanisch*, in: Robotik im Kontext von Recht und Moral, 2014, S. 27 (32); Leupold/Wiebe/Glossner IT-Recht/*Leupold/Wiesner*, 4. Aufl. 2021, Teil 9.6.4 Rn. 109; *Beierle*, Die Produkthaftung im Zeitalter des Internet of Things, 2021, S. 325.

[899] *Sommer*, Haftung für autonome Systeme, 2020, S. 465. Den bloßen „gewerblichen Anwender" möchte er allerdings nicht haften lassen, obwohl dieser für den Geschädigten wohl am einfachsten greifbar ist. Zudem soll diese Gefährdungshaftung keine Dauerlösung

kann in der Tat den Vorteil haben, dass sich der Geschädigte nur mit einer Person auseinandersetzen muss.[900] Außerdem ist der Nutzer für den Geschädigten eher greifbar.[901] Oft kann der Geschädigte die Verantwortungsbereiche von Hersteller und Nutzer zudem nicht abgrenzen.[902] Der Wunsch, den Geschädigten gegen das Risiko der Undurchsetzbarkeit von Ersatzansprüchen abzusichern, ist berechtigt. Dem ist allerdings nicht durch eine materielle Verantwortlichkeit des Nutzers als Adressat einer Gefährdungshaftung, sondern durch eine Sicherstellungshaftung Rechnung zu tragen. Diese führt auch dazu, dass den Nutzer bei der Ausdehnung seiner Tätigkeit ein höheres Haftungsrisiko trifft – aus tatsächlichen Gründen kann er nicht immer Regress nehmen –, so dass auch eine stärkere Steuerung des Aktivitätsniveaus erreicht werden kann. Eine darüber hinausgehende Haftung (bestimmter) Nutzer *neben* dem Hersteller[903] ist zum Schutz des Geschädigten nicht erforderlich. Sie birgt vielmehr die Gefahr von unnötigen Mehrfachversicherungen und Verteuerungen.[904]

Der Vorschlag für eine KI-HaftRL sieht keine verschuldensunabhängige Haftung, sondern in einer „ersten Stufe" vor allem Beweislastregeln für die verschuldensabhängige Haftung vor.[905] Die Notwendigkeit einer verschuldensunabhängigen Haftung soll erst in einer „zweiten Stufe" geprüft werden.[906] Der

---

sein, vielmehr soll langfristig eine „pro-rata-Ersatzpflicht" der Beteiligten („Hersteller/gewerbliche und private Anwender") greifen (S. 472 ff.).

[900] *Omlor*, InTeR 2020, 221 (224); siehe auch *Wagner*, in: Liability for Artificial Intelligence and the Internet of Things, 2019, S. 27 (51), wonach die Frage der (materiellen) Verantwortlichkeit dann in den Regressprozess verlagert würde.

[901] *Hanisch*, in: Robotik im Kontext von Recht und Moral, 2014, S. 27 (32).

[902] *Janal*, in: Intelligente Agenten und das Recht, 2016, S. 141 (156).

[903] Vgl. *Sommer*, Haftung für autonome Systeme, 2020, S. 465: „Softwarehersteller und Betreiber"; *Zech*, Gutachten für den 73. DJT, 2020, A 100 f. für eine Haftung des Herstellers und des professionellen Betreibers; ähnlich *Spindler*, JZ 2022, 793 (799 f.); *Weingart*, Vertragliche und außervertragliche Haftung für den Einsatz von Softwareagenten, 2022, S. 417 ff. für eine Haftung von Nutzer, Betreiber und Hersteller als Gesamtschuldner; *Hacker*, arXiv:2211.13960v5, 2023, S. 50: „economic operators and professional users".

[904] Siehe bereits oben Kapitel 2, B. II. 2. c); gegen eine gesamtschuldnerische Haftung „aller Beteiligten" auch die Stellungnahme des Deutschen Anwaltvereins zur Öffentlichen Konsultation der EU-Kommission zur Anpassung der Haftungsregeln an das digitale Zeitalter und an die Entwicklungen im Bereich der künstlichen Intelligenz, Nr. 11/2022, S. 5.

[905] Zum Anwendungsbereich des KI-HaftRL-E vgl. *Spindler*, CR 2022, 689 (700 f.); *Hacker*, arXiv:2211.13960v5, 2023, S. 11 ff.

[906] Vgl. Nr. 2 der Begründung des KI-HaftRL-E („Verhältnismäßigkeit").

Vorschlag für eine neue ProdHaftRL belässt es bei der geltenden Fehlerhaftung.[907] Die Vorschläge sind also generell zurückhaltend.[908]

Der Vorschlag des Europäischen Parlaments für eine KI-HaftVO geht zwar weiter, indem er eine Gefährdungshaftung einführt. Auch er kann nach den vorstehenden Erwägungen aber nur bedingt überzeugen: Der KI-HaftVO-E verschärft die Haftung des „Betreibers".[909] Begründet wird die Wahl dieses Adressaten damit, dass der Betreiber „ähnlich dem Eigentümer eines Fahrzeugs ein mit dem KI-System verbundenes Risiko kontrolliert".[910] Der *Backend*-Betreiber ist nicht selten mit dem Hersteller identisch[911] und insoweit ein geeigneter Adressat einer strengeren Haftung[912]. Der *Frontend*-Betreiber hat jedoch häufig kaum mehr Kontrollmöglichkeiten als der „bloße" Nutzer.[913] Neben dem Kontrollgedanken wird implizit auch der Sicherstellungsgedanke ins Feld geführt: Das Europäische Parlament rechtfertigt die Betreiberhaftung auch mit der Erwägung, dass der Betreiber „in zahlreichen Fällen die erste sichtbare Ansprechstelle für die betroffene Person sein wird".[914] Regelmäßig ist es der

---

[907] Kritisch zu der durch die Richtlinienvorschläge getroffenen Unterscheidung zwischen Verschuldens- und Fehlerhaftung *Hacker*, arXiv:2211.13960v5, 2023, S. 48 f., der diese mit Blick auf die Bestimmung des Konstruktions- und Instruktionsfehler für „artificial" hält; vgl. dazu auch schon Einleitung, A.

[908] Vgl. *Hacker*, arXiv:2211.13960v5, 2023, passim; siehe etwa S. I: „half-hearted approach"; *Staudenmayer*, NJW 2023, 894 (901): „sehr vorsichtig"; siehe aber auch die Einschätzung des ProdHaftRL-neu-E bei *Wagner*, JZ 2023, 1 („Paukenschlag aus Brüssel") sowie *Reusch*, RDi 2023, 152; zum Verhältnis der beiden Entwürfe zueinander vgl. *Wagner*, JZ 2023, 123 (127 f.).

[909] Vgl. Art. 3 KI-HaftVO-E. Der KI-HaftRL-E schafft zwar keine neuen Haftungsansprüche (vgl. Erwägungsgrund 23) sieht aber vor, dass fünf Jahre nach Ablauf der Umsetzungsfrist überprüft werden soll, ob eine verschuldensunabhängige Haftung von „Betreibern bestimmter KI-Systeme" angemessen ist (Art. 5 Abs. 2) und weist damit in eine ähnliche Richtung (kritisch *Wagner*, JZ 2023, 1 [4]). Der Betreiberbegriff wird allerdings nicht näher definiert. Aus Erwägungsgrund 31 ergibt sich, dass davon ausgegangen wird, dass die Haftung des Betreibers möglicherweise (teilweise) bereits durch die Produkthaftung abgedeckt wird.

[910] Nr. 10 der Entschließung zum KI-HaftVO-E.

[911] Siehe dazu oben vor A.; nach Art. 11 KI-HaftVO-E gilt allerdings für den „Backend"-Betreiber, der zugleich Hersteller ist, vorrangig die ProdHaftRL, es sei denn, er ist der einzige Betreiber (siehe aber die Auslegung bei *Zech*, Ergänzungsgutachten für den 73. DJT, 2022, A 125, wonach die ProdHaftRL neben dem KI-HaftVO-E gelten sollte; zweifelnd *Spindler*, JZ 2022, 793 [803]).

[912] Vgl. *Zech*, Ergänzungsgutachten für den 73. DJT, 2022, A 123; *Spindler*, JZ 2022, 793 (799 f.).

[913] Vgl. *Burchardi*, EuZW 2022, 685 (691), wonach der Wortlaut den Nutzer „eindeutig aus dem Anwendungsbereich ausschließen" sollte; *Zech*, Ergänzungsgutachten für den 73. DJT, 2022, A 123, wonach auf eine „klare Abgrenzung zu Anwendern ohne Kontrolle" zu achten sei.

[914] Nr. 10 der Entschließung zum KI-HaftVO-E.

(*Frontend-*)Betreiber, der „als die Person *auftritt*, die ‚in erster Linie' über die Verwendung des KI-Systems entscheidet".[915] Insofern ist die Situation in der Tat ähnlich gelagert wie beim Fahrzeughalter: Dessen Kontrollmöglichkeiten können ebenfalls reduziert sein, insbesondere dann, wenn er einen anderen Menschen ans Steuer lässt. Auch dann erscheint er (bzw. seine Versicherung) jedoch als erster Ansprechpartner.[916] Und ähnlich wie der Fahrzeughalter (bzw. seine Versicherung) regelmäßig beim schuldhaft handelnden Fahrzeugführer Regress nehmen kann, kann nach dem KI-HaftVO-E der *Frontend*-Betreiber abhängig vom „Grad der Kontrolle" Regress beim *Backend*-Betreiber nehmen.[917] Ist der *Backend*-Betreiber zugleich Hersteller, soll nach Maßgabe der Produkt- und Produzentenhaftung Regress genommen werden.[918] Insofern trifft den *Frontend*-Betreiber mitunter nur eine Sicherstellungshaftung. Allerdings besteht anders als nach dem hier entwickelten Modell keine Akzessorietät und dem Betreiber steht auch keine Exkulpationsmöglichkeit bei selbständigen Gehilfen offen.[919]

Wie dargestellt, gehören auch die Trainer-Nutzer und Update-Entwickler zu den Herstellern.[920] Der Vorschlag für eine neue ProdHaftRL enthält insofern neue Regelungen: Wer ein Produkt verändert, gilt als Hersteller, wenn die Änderung „nach den einschlägigen Vorschriften des Unions- oder des nationalen Rechts über die Produktsicherheit als wesentlich gilt und außerhalb der Kontrolle des ursprünglichen Herstellers erfolgt".[921] Die Auswirkungen des erstgenannten Kriteriums hängen von der konkreten Ausgestaltung des Produktsicherheitsrechts ab.[922] Jedenfalls das letztgenannte Kriterium dürfte aber eine

---

[915] Vgl. Erwägungsgrund 10 KI-HaftVO-E (Hervorh. d. Verf.).

[916] Siehe auch *Lutz*, NJW 2015, 119 (120 f.), wonach die Rolle des Halters durch die Einführung automatisierter Fahrzeuge kaum verändert werde.

[917] Art. 12 Abs. 2 KI-HaftVO-E.

[918] Vgl. Art. 12 Abs. 3, 11 KI-HaftVO-E.

[919] Siehe zur Exkulpationsmöglichkeit oben Kapitel 2, B. II. 2. b) cc) sowie noch unten II. 1.

[920] Siehe dazu oben A. II.

[921] Vgl. Art. 7 Abs. 4 ProdHaftRL-neu-E; siehe auch die Änderungen im Verhandlungsmandat des Rates (Ratsdok. Nr. 10694/23), dort wird der Begriff der „wesentlichen Änderung" in einem Art. 4 Abs. 10a bestimmt und für den Fall, dass es an einer einschlägigen produktsicherheitsrechtlichen Regelung fehlt, speziell für die ProdHaftRL-neu definiert.

[922] Vgl. Erwägungsgrund 29 ProdHaftRL-neu-E; *Kapoor/Klindt*, BB 2023, 67 (69); siehe z.B. die Definitionen in Art. 13 Abs. 3 der Verordnung (EU) 2023/988 des Europäischen Parlaments und des Rates v. 10.5.2023 über die allgemeine Produktsicherheit, zur Änderung der Verordnung (EU) Nr. 1025/2012 des Europäischen Parlaments und des Rates und der Richtlinie (EU) 2020/1828 des Europäischen Parlaments und des Rates sowie zur Aufhebung der Richtlinie 2001/95/EG des Europäischen Parlaments und des Rates und der Richtlinie 87/357/EWG des Rates; Art. 3 Nr. 16 der Verordnung (EU) 2023/1230 des Europäischen Parlaments und des Rates v. 14.6.2023 über Maschinen und zur Aufhebung der Richtlinie 2006/42/EG des Europäischen Parlaments und des Rates und der Richtlinie 73/361/EWG

Einschränkung der Haftung gegenüber der geltenden Rechtslage bewirken:[923] Soweit die Änderung durch das Training bzw. das Update mit der Genehmigung des ursprünglichen Entwicklers und damit innerhalb seiner „Kontrolle" durchgeführt wird,[924] dürfte eine Haftung des Trainer-Nutzers bzw. des Update-Entwicklers ausscheiden. Für den Geschädigten können sich hieraus Abgrenzungsschwierigkeiten ergeben.[925] Anders als nach der geltenden Rechtslage können sich diese Akteure außerdem entlasten, wenn sie nachweisen, dass der Fehler sich auf einen Teil des Produkts bezieht, der von der Veränderung nicht betroffen wird.[926] Der Geschädigte muss also möglicherweise mehrere Prozesse gegen verschiedene Beteiligte führen. Hierdurch verliert die Produkthaftung einen Teil ihrer Sicherstellungsfunktion. Wie bereits dargestellt, können die Trainingsdaten wohl als „Komponente" eingeordnet werden.[927] Damit dürften für den Geschädigten aber keine erheblichen Vorteile verbunden sein, welche die genannten Nachteile ausgleichen könnten:[928] Der Hersteller einer Komponente haftet nach dem ProdHaftRL-neu-E nur dann, wenn *diese* fehlerhaft ist und die Fehlerhaftigkeit des Produkts durch die fehlerhafte Komponente verursacht wurde.[929] Der Vorschlag enthält außerdem einen

---

des Rates; Art. 3 Nr. 31 des Vorschlags für eine Verordnung über horizontale Cybersicherheitsanforderungen für Produkte mit digitalen Elementen und zur Änderung der Verordnung (EU) 2019/1020 v. 15.9.2022, COM (2022), 454 final; Art. 3 Nr. 23 i.V.m. Titel III, Kapitel 2 KI-VO-E (siehe auch die Modifikationen in der allgemeinen Ausrichtung des Rates [Ratsdok. Nr. 15698/22] sowie in den Änderungen des Europäischen Parlaments [P9_TA(2023)0236]).

[923] Siehe dazu bereits *Mayrhofer*, RDi 2023, 20 (24 ff.) zum Trainer-Nutzer; anders wohl die Einschätzung bei *Wagner*, JZ 2023, 1 (9), der die Haftung als „harte Rechtsfolge" bezeichnet.

[924] Vgl. die Definition der „Kontrolle des Herstellers" in Art. 4 Abs. 5 ProdHaftRL-neu-E; dazu, dass unklar ist, wann genau eine „Genehmigung" vorliegt, siehe *Dheu/De Bruyne/Ducuing*, CiTiP Working Paper v. 6.10.2022, S. 36. Die Autoren scheinen außerdem Zweifel daran zu haben, ob das Training durch den Nutzer überhaupt eine wesentliche Änderung darstellen kann (S. 34 f.); dafür wohl *Spindler*, CR 2022, 689 (696); in dem Verhandlungsmandat des Rates (Ratsdok. Nr. 10694/23) wird neben der „Genehmigung" („authorises") auch die „Zustimmung" („consents to") des Herstellers angeführt; Erwägungsgrund 15a erhält außerdem Erläuterungen zur „Kontrolle".

[925] Vgl. *Dheu/De Bruyne/Ducuing*, CiTiP Working Paper v. 6.10.2022, S. 35.

[926] Vgl. Art. 10 Abs. 1 lit. g ProdHaftRL-neu-E; zur geltenden Rechtslage siehe oben A. V. 4; nach *Schucht*, InTeR 2023, 71 (78 f.) handelt es sich bei der Vorschrift dagegen um eine bloße Klarstellung.

[927] Siehe dazu vor 1.

[928] Siehe dazu bereits *Mayrhofer*, RDi 2023, 20 (26).

[929] Art. 7 Abs. 1 UAbs. 2 ProdHaftRL-neu-E. Ob insofern die Vermutungen gem. Art. 9 Abs. 2 ProdHaftRL-neu-E, die sich auf die „Fehlerhaftigkeit des *Produkts*" (Hervorh. d. Verf.) beziehen greifen, ist zweifelhaft; im Verhandlungsmandat des Rates (Ratsdok. Nr. 10694/23) ist in Art. 7 Abs. 1 UAbs. 2 klargestellt, dass der Produkthersteller für

Haftungsausschluss für den Fall, dass „die Fehlerhaftigkeit des Produkts auf die Auslegung des Produkts, in das die Komponente integriert wurde, oder die Anweisungen des Herstellers des Produkts an den Hersteller der Komponente zurückgeht".[930]

Nachdem der Hersteller als primärer (materiell) Verantwortlicher identifiziert wurde, stellt sich im Weiteren die Frage des Haftungsregimes. Insofern ist es, wie sogleich gezeigt wird, interessengerecht, die Haftung für Fehler-Gefahren um eine Haftung für „besondere" Gefahren zu erweitern.

2. Haftung für Fehler-Gefahren und besondere Gefahren

Eine Gefährdungshaftung des Herstellers würde dazu führen, dass dieser nicht nur für Fehler seines Produkts, d.h. für zu große oder für durch den Konstruktionsplan „garantierte" Schadensrisiken, sondern für jegliche Produktgefahren einstehen müsste. Die Gerichte müssten die Kosten und Nutzen von Sicherheitsmaßnahmen nicht mehr abwägen; diese Aufgabe fiele auf den Hersteller zurück.[931] Begrenzt würde die Haftung dadurch, dass sich das spezifische Risiko, das Grundlage der Gefährdungshaftung ist, verwirklichen muss.[932] Die Einführung einer allgemeinen Gefährdungshaftung für technische Autonomie ginge jedoch zu weit. Denn technische Autonomie geht nicht generell mit einem „besonderen" Risiko einher (a). Zweckmäßig ist daher ein risikobasierter Ansatz auf Grundlage der bestehenden Haftung für Fehler-Gefahren und einer neuen Haftung für „besondere" Produktgefahren (b).

a) Keine generell „besondere" Gefahr durch technische Autonomie

Die Herstellung autonomer Technologien verursacht grundsätzlich eine unbeherrschbare Gefahr (aa). Allerdings ist diese Gefahr nicht generell „besonders", weder unter dem Gesichtspunkt der Gefahrengröße (bb) noch mit Blick

---

fehlerhafte Komponenten innerhalb seiner „Kontrolle" haftet; Hintergrund dürfte sein, dass der Komponentenbegriff diese Kontrolle nicht mehr voraussetzt (vgl. Fn. 855).

[930] Art. 10 Abs. 1 lit. f ProdHaftRL-neu-E. Hinzu kommt, dass eine Komponente nur vorliegt, wenn der Gegenstand bzw. Dienst „vom Hersteller eines Produkts oder unter Kontrolle des Herstellers in das Produkt integriert oder mit dem Produkt verbunden" wurde (Art. 4 Abs. 3 ProdHaftRL-neu-E; siehe zur „Kontrolle" bereits Fn. 856), so dass auch insofern Abgrenzungsschwierigkeiten zu erwarten sind; im Verhandlungsmandat des Rates (Ratsdok. Nr. 10694/23) ist die Definition der „Komponente" weiter (vgl. Fn. 855).

[931] Vgl. *Eidenmüller*, ZEuP 2017, 765 (772); *Wagner*, VersR 2020, 717 (734), wonach sich die mit der Beschränkung auf fehlerhafte Produkte verbundenen Probleme „auf einen Schlag lösen" ließen, „wenn das Produkthaftungsrecht vom Fehlerbegriff abgekoppelt und zu einer strikten Haftung im eigentlichen Sinne weiterentwickelt würde".

[932] Vgl. *Wagner*, VersR, 2020, 717 (734 f.); *Zech*, Gutachten für den 73. DJT, 2020, A 101 f.; *Sommer*, Haftung für autonome Systeme, 2020, S. 466.

auf eine fehlende Abschätzungssicherheit (cc) oder unter Berücksichtigung des Gedankens der „unnötigen" Gefahr (dd).

aa) Grundsätzlich unbeherrschbare Gefahr durch technische Autonomie

Mitte der 1990er-Jahre wies *Medicus* darauf hin, für elektronische Geräte sei man bisher „leidlich ohne eine Gefährdungshaftung ausgekommen: Wenn diese versagen (etwa eine Verkehrsampel zeigt in den beiden sich kreuzenden Fahrtrichtungen ‚grün') kann man das regelmäßig auf menschliches Versagen zurückführen: etwa bei der Programmierung, dem Aufstellen oder dem Überwachen der Anlage".[933] In der Tat genügt bei herkömmlichen Technologien grundsätzlich die Verschuldens- und Fehlerhaftung, da deren schädliche Auswirkungen für den Hersteller oder Nutzer im Regelfall vermeidbar und vorhersehbar sind.[934]

Technische Agenten unterscheiden sich insofern von herkömmlichen Technologien: Mit ihnen ist, wie im ersten Kapitel ausführlich dargestellt wurde, generell eine unbeherrschbare Gefahr verbunden. Ihr Zweck, insbesondere ihr besonderer Entlastungs- und Innovationseffekt,[935] bedingt es, dass ihr Verhalten nicht vollständig kontrollierbar ist.[936] Regelmäßig lassen sich auch die schädlichen Auswirkungen des Outputs auf die Umgebung nicht durch die Einhaltung der im Verkehr erforderlichen Sorgfalt steuern.[937] Insofern besteht auf Grundlage der Verschuldens- und Fehlerhaftung grundsätzlich eine Haftungslücke,[938] welche durch eine Gefährdungshaftung ausgefüllt werden *könnte*. Wie

---

[933] *Medicus*, JURA 1996, 561 (562 f.).

[934] Vgl. *Wagner*, VersR 2020, 717 (734), wonach analoge Produkte der Kontrolle durch ihren Nutzer unterliegen würden. *Medicus* wies außerdem darauf hin, als „letzter Notbehelf" – wenn also die Verschuldenshaftung *ausnahmsweise* an ihre Grenzen stößt – bleibe „die Annahme eines Aufopferungsanspruchs", *Medicus*, JURA 1996, 561 (563). Die Abgrenzung zwischen Aufopferungs- und Gefährdungshaftung wird unterschiedlich vorgenommen; vgl. etwa *Bauer*, in: FS Ballerstedt, 1975, S. 305 (316); *Larenz/Canaris*, Lehrbuch des Schuldrechts, Bd. II/2, 13. Aufl. 1994, S. 665 ff.; *Deutsch*, in: FS Steffen, 1995, S. 101 (110); *Kupfer/Weiß*, ZfPW 2019, 459 (473).

[935] Siehe dazu oben Kapitel 1, D. I. 2 a).

[936] Siehe dazu oben Kapitel 1, C. II. und III. 3.

[937] Zu Systemen, bei denen zwar nicht der Output, wohl aber dessen schädliche Wirkung kontrollierbar ist, siehe Kapitel 1, C. II. und III. 3., D. I. 2. a) sowie noch unten b) bb).

[938] Siehe nur *Bräutigam/Klindt*, NJW 2015, 1137 (1139); *Horner/Kaulartz*, CR 2016, 7 (12); *Schaub*, JZ 2017, 342 (348); *Zech*, Gutachten für den 73. DJT, 2020, A 77, A 81; *Borges*, in: Law and Technology in a Global Digital Society, 2022, S. 51 (53); *Weingart*, Vertragliche und außervertragliche Haftung für den Einsatz von Softwareagenten, 2022, S. 182; *Spindler*, JZ 2022, 793 (796); *Cappiello*, A european private international law analysis, 2022, S. 87; zu Lücken der Haftung für autonome Systeme vgl. auch *Dötsch*, Außervertragliche Haftung für Künstliche Intelligenz am Beispiel von autonomen Systemen, 2023, S. 309 ff.

erläutert, ist die Unbeherrschbarkeit jedoch kein hinreichender Grund für eine Gefährdungshaftung.[939]

bb) *Gefahrengröße rechtfertigt keine generell strikte Haftung*

Mit technischer Autonomie geht allerdings nicht generell ein *großes* (Rest-)Risiko einher.[940] Technische Agenten verursachen im Allgemeinen nicht häufiger oder höhere Schäden als Menschen oder herkömmliche Technologien.[941] In bestimmten Umgebungen können technische Agenten zwar ein besonders großes Risiko darstellen.[942] Dies liegt dann aber weniger an ihrer Autonomie als an der Umgebung selbst und insbesondere den Rechtsgütern, die ihren Entscheidungen ausgeliefert sind. Im Straßenverkehr sind menschliche und technische Agenten gefährlicher, als wenn sie z.B. eine Maschine steuern, welche lediglich Sachen beschädigen kann.[943] Soweit autonome Technologien andere Systeme nicht nur *ersetzen*, sondern die Möglichkeiten der Menschen *erweitern*, erhöht sich zwar zunächst das Risiko.[944] Insgesamt wird eine Gefahrerhöhung aber auch in diesen Fällen nur dann bewirkt, wenn damit nicht zugleich andere Gefahren reduziert werden. Beispielsweise kann *Predictive Maintenance* einerseits neue Risiken schaffen, andererseits aber auch bestimmte Störfälle von Maschinen verhindern, die bisher nicht verhindert werden konnten. Im Zusammenhang mit menschlicher Autonomie wurde gezeigt, dass auch die durch Arbeitsteilung bewirkte Schaffung von *Schnittstellen* die Risiken erhöhen kann.[945] Dies gilt genauso, möglicherweise sogar noch stärker, für die Vernetzung technischer Agenten – mit anderen Technologien oder mit Menschen.[946] Auch

---

[939] Siehe dazu oben Kapitel 3, A. I. 1.

[940] Vgl. *Kirn/Müller-Hengstenberg*, Rechtliche Risiken autonomer und vernetzter Systeme, 2016, S. 325, wonach technische Agenten nicht „per se" gefährlich seien; zur Beurteilung der Gefahrengröße siehe oben Kapitel 1, D. I. 1.

[941] Vgl. *John*, Haftung für künstliche Intelligenz, 2007, S. 285 f.; *Günther*, Roboter und rechtliche Verantwortung, 2016, S. 239; *Horner/Kaulartz*, CR 2016, 7 (13); *Thöne*, Autonome Systeme und deliktische Haftung, 2020, S. 161 f.; *Veith*, Künstliche Intelligenz, Haftung und Kartellrecht, 2021, S. 134 f.; kritisch zu diesem Argument *Weingart*, Vertragliche und außervertragliche Haftung für den Einsatz von Softwareagenten, 2022, S. 413.

[942] Vgl. *Günther*, Roboter und rechtliche Verantwortung, 2016, S. 239 ff.; *Martini*, JZ 2017, 1017 (1024); *Karner*, in: Liability for Artificial Intelligence, 2019, S. 117 (122); *Müller*, EuZ 2022, A 1 (A 15).

[943] Vgl. zu diesen beiden Szenarien schon *Engel*, CR 1986, 702 (704) mit Blick auf herkömmliche Software; siehe auch *Lohmann*, AJP 2017, 152 (254) zur Unterscheidung anhand der Strukturiertheit des Einsatzbereichs.

[944] Vgl. *Oster*, UFITA 2018, 14 (49) zu KI-Systemen, die zu der „Gefahrenquelle Mensch" hinzutreten; als Beispiel nennt er „Kommunikations-KI".

[945] Siehe oben Kapitel 2, B. I. 2.

[946] Vgl. *Kirn/Müller-Hengstenberg*, MMR 2014, 225 (231) zum Risiko von Missverständnissen; *Spiecker gen. Döhmann*, CR 2016, 698 zur „systemischen Digitalisierung"; *Zech*, Gutachten für den 73. DJT, 2020, A 46 ff. zum Vernetzungsrisiko; *Beckers/Teubner*,

insofern ist allerdings zu beachten, dass die damit einhergehende Spezialisierung die Gefahrerhöhung in der Regel wieder ausgleicht, so dass auch die Vernetzung für sich genommen kein großes Risiko schafft. Mit der Vernetzung sind in aller Regel nur größere Aufklärungsschwierigkeiten und damit Durchsetzungsrisiken verbunden.[947]

Die Beurteilung ändert sich auch nicht, wenn man die *subjektive Risikobewertung* miteinbezieht. Wie dargestellt, kann sich diese von der objektiven Risikobewertung unterscheiden.[948] Diese Diskrepanz rechtfertigt allerdings allenfalls in Ausnahmefällen eine Gefährdungshaftung. Beruht der Unterschied auf *Wertvorstellungen*, ist meist ein Verbot des Risikos angezeigt. Denn dann ist das nicht akzeptierte Risiko auch nicht akzeptabel und nicht dem Grenz-, sondern dem Verbotsbereich zuzuordnen. Dies ist bei autonomen Technologien aber nicht generell, sondern allenfalls in bestimmten Bereichen der Fall.[949] Sofern die Überschätzung auf einem *Wissensdefizit* beruht, geht es bei der Risikoregulierung vor allem darum, Gelassenheit zu schaffen.[950] Hierzu kann eine Gefährdungshaftung grundsätzlich beitragen:[951] Die Erwartung, im Fall der Realisierung eines Risikos Ersatz zu erhalten, kann dazu führen, dass das Risiko von Laien in Kauf genommen und dadurch möglicherweise entsprechend seiner objektiven Größe behandelt wird, denn die Haftung wirkt wie eine Versicherung.[952] Nach *Luttermann* trägt etwa die Gentechnikhaftung (§ 32 GenTG) weniger einer objektiv großen Gefahr als der „Angst vor dem Ungewissen einer jungen Technologie, deren Folgen unklar erscheinen und die daher als ‚gefährlich' empfunden wird" Rechnung.[953] Entsprechend könnte auch eine strenge

---

Three Liability Regimes for Artificial Intelligence: Algorithmic Actants, Hybrids, Crowds, 2022, S. 21 zum Verbunds- und Vernetzungsrisiko.

[947] In diese Richtung auch *Spindler*, JZ 2022, 793 (797).

[948] Siehe oben Kapitel 1, D. I. 1.

[949] Bei einer Befragung im Auftrag des Digitalverbands *Bitkom* aus dem Jahr 2020 gaben ca. 68 % an, dass sie Künstliche Intelligenz als Chance sehen; 44 % gaben an, KI-Anwendungen in *bestimmten* Anwendungsbereichen verbieten zu wollen; vgl. auch die verbotenen Praktiken in Art. 5 KI-VO-E (siehe auch Fn. 278).

[950] Vgl. WBGU-Gutachten 1998, BT-Drs. 14/3285, S. 64 f.; siehe auch S. 17 zu Maßnahmen der Vertrauensbildung.

[951] Zur Steigerung von Technikakzeptanz durch das Haftungsrecht, insbesondere durch eine Gefährdungshaftung, vgl. *Zech*, Gutachten für den 73. DJT, 2020, A 15; siehe auch *Adams*, Ökonomische Analyse der Gefährdungs- und Verschuldenshaftung, 1985, S. 141; *Dietz*, Technische Risiken und Gefährdungshaftung, 2006, S. 242; *Röthel*, in: Innovationsverantwortung, 2009, S. 335 (353); *Hofmann*, CR 2020, 282 (283).

[952] Zu Versicherung als Methode, um Risikoaversion zu begegnen, *Shavell*, Foundations of Economic Analysis of Law, 2004, S. 259; zur Versicherung der Konsumenten durch eine verschuldensunabhängige Produkthaftung siehe *Schäfer/Ott*, Lehrbuch der ökonomischen Analyse des Zivilrechts, 6. Aufl. 2020, S. 407.

[953] *Luttermann*, JZ 1998, 174 (179). Die Beratungen des Reichstags zur Gefährdungshaftung des Betreibers von Eisenbahnen (vgl. § 1 HaftPflG) deuten in eine ähnliche Richtung,

Haftung für technische Agenten die Technikakzeptanz fördern.[954] In diese Richtung geht auch die Entschließung zum KI-HaftVO-E, wonach durch die Haftung auch das „Vertrauen in die neue Technologie gestärkt" werden soll.[955] Allerdings kann eine Haftung für nur subjektiv große Risiken auch den negativen Effekt haben, dass überschätzte Risiken von den Herstellern aus Furcht vor der Haftung gar nicht erst nicht geschaffen werden, obwohl sie objektiv gering sind und die Produkte mit einem großen Nutzen für die Allgemeinheit verbunden ist.[956] Bevor eine Gefährdungshaftung angeordnet wird, ist deshalb an mildere Mittel zur Schaffung von Gelassenheit zu denken,[957] etwa an Informationsmaßnahmen[958]. Nur wenn diese nicht hinreichend wirksam sind, kann die eingriffsintensivere Gefährdungshaftung ein verhältnismäßiges Instrument sein.[959] Dass solche Maßnahmen bei technischen Agenten an ihre Grenzen geraten, ist bislang nicht absehbar.

---

dort wurde angeführt, „daß der Größe der mit dem Eisenbahnbetrieb verbundenen Gefahr und dem *Vertrauen*, mit dem das Publikum auf die Einrichtungen und Anordnungen der Eisenbahnverwaltung sich zu verlassen *genöthigt ist*, das höchste Maß der Verantwortlichkeit auf Seiten des Unternehmers entsprechen müsse (Motive zum RHaftPflG, zitiert nach *Eger*, Das Reichs-Haftpflicht-Gesetz, 3. Aufl. 1886, S. XIV, Hervorh. d. Verf.). In der Literatur wird außerdem angemerkt, der Gesetzgeber reagiere mit Gefährdungshaftungstatbeständen primär auf eine Erwartung des Bürgers, der nicht mehr bereit sei, ein „Unglück" hinzunehmen, vgl. *Rinck*, Gefährdungshaftung, 1959, S. 1 ff.; *Werber*, VersR 1991, 522 (522); ähnlich *Schmidt-Salzer*, VersR 1992, 389 (397); zur Verschärfung der Anspruchshaltung vgl. auch *Mack*, in: Produktverantwortung und Risikoakzeptanz, 1998, S. 25 (25 f.); vgl. aber auch *Martini*, JZ 2017, 1017 (1025), wonach „der Gesetzgeber in der sich immer schneller drehenden digitalen Welt aber auch nicht allein die Furcht vor einem Phänomen zum Leitmotiv seines Handelns machen" solle.

[954] Zur „Technikermöglichung" durch Gefährdungshaftung siehe *Zech*, Gutachten für den 73. DJT, 2020, A 93 f.; *Hofmann*, CR 2020, 2828 (283); *Mühlböck/Taupitz*, AcP 221 (2021), 179 (211); ähnlich *Burchardi*, EuZW 2022, 685 (689) zur Innovationsförderung; siehe auch *Beckers/Teubner*, Three Liability Regimes for Artificial Intelligence: Algorithmic Actants, Hybrids, Crowds, 2022, S. 8, wonach die Bereitschaft der Gesellschaft, die Potenziale von Algorithmen auszuschöpfen, sinken könne, wenn die Geschädigten die Risiken tragen müssen; *Weingart*, Vertragliche und außervertragliche Haftung für den Einsatz von Softwareagenten, 2022, S. 289 f., wo insbesondere die negativen Auswirkungen einer ungeregelten Rechtslage für das Vertrauen betont werden.

[955] Vgl. Nr. 7 der Entschließung zum KI-HaftVO-E.

[956] Vgl. WBGU-Gutachten 1998, BT-Drs. 14/3285, S. 21, 241; siehe auch bereits oben A. III. 2. b) bb).

[957] Siehe auch *Heiderhoff/Gramsch*, ZIP 2020, 1937 (1942), wonach das Ziel, Vertrauen zu schaffen, allein keine Haftung begründen könne.

[958] Zur Vertrauensbildung durch Risikokommunikation siehe etwa *Scherzberg*, ZUR 2005, 1 (5).

[959] Siehe auch *Schäfer/Ott*, Lehrbuch der ökonomischen Analyse des Zivilrechts, 6. Aufl. 2020, S. 407 ff. (zur Produkthaftung), wonach dann, wenn es möglich ist, eine realistische Gefahreneinschätzung durch Information herbeizuführen, eine Korrektur der Einschätzung

cc) Fehlende Abschätzungssicherheit rechtfertigt keine generell strikte Haftung

Die Risiken autonomer Technologien lassen sich, wie dargestellt, nicht vollständig abschätzen.[960] Auch ein schwer abschätzbares Risiko kann grundsätzlich eine Gefährdungshaftung begründen. Ist weder die Schadenshöhe noch die Schadenswahrscheinlichkeit nachweisbar „besonders" hoch, wird die Begründung des Eingriffs in die Freiheiten des Gefährdenden allerdings schwieriger. Mögliche Begründungsstränge für eine Gefährdungshaftung sind insofern das „Vorsorgeprinzip" (1), die Ausübung eines „Innovationsdrucks" (2) und die „Aufopferung" der Geschädigten (3). Jedenfalls im Zusammenhang mit technischer Autonomie führen aber auch diese Aspekte nicht zu einer generell strikten Haftung.

(1) Keine Gefährdungshaftung nach dem „Vorsorgeprinzip"

Das sog. *Vorsorgeprinzip*[961] erlaubt es dem Gesetzgeber, bei Ungewissheiten über Risiken beschränkende Maßnahmen zu treffen, „ohne dass abgewartet werden müsste, dass das Bestehen und die Schwere dieser Risiken vollständig dargelegt werden".[962] Selbstverständlich gilt auch insofern der Verhältnismäßigkeitsgrundsatz,[963] ein staatliches Zurückdrängen der Aktivität ist aber jedenfalls dann gerechtfertigt, wenn im *Worst Case* gravierende Schäden drohen,[964] wenn also das Risiko „zumindest besonders hoch sein *kann*".[965] Das *Worst Case*-Szenario darf indes nicht nur auf Spekulationen beruhen. Es muss zumindest ein Basiswissen über die Wirkzusammenhänge vorhanden sein, das es

---

außerhalb des Haftungsrechts möglich sei, während ansonsten das Haftungsrecht für Sicherheit sorgen müsse.

[960] Zur unterschiedlichen Abschätzungssicherheit bei der Risikobewertung siehe oben Kapitel 1, D. I. 1.

[961] Das Vorsorgeprinzip stammt aus dem Atomrecht, fand dann insbesondere Eingang in das Umwelt- und Lebensmittelrecht und findet heute grundsätzlich in allen Lebensbereichen Anwendung, siehe dazu den Überblick bei *Reus*, Das Recht in der Risikogesellschaft, 2010, S. 47 ff.

[962] EuGH, Urt. v. 9.6.2016 – C-78/16 und C-79/16, StoffR 2016, 293, juris Rn. 47 – „Pesce u.a.".

[963] EuGH, Urt. v. 9.6.2016 – C-78/16 und C-79/16, StoffR 2016, 293, juris Rn. 48 – „Pesce u.a."; siehe auch die Mitteilung der *Europäischen Kommission* über die Anwendbarkeit des Vorsorgeprinzips v. 2.2.2000, KOM (2000) 1 endg.; *Di Fabio*, JURA 1996, 566 (574).

[964] *Engert*, in: Innovationen und Vertragsrecht, 2020, S. 153 (171); vgl. auch die Stellungnahme des *Deutschen Ethikrates*, Biosicherheit – Freiheit und Verantwortung in der Wissenschaft, 7.5.2014, S. 80; Art. 3 Nr. 3 Klimarahmenkonvention (1992): Fälle, „in denen ernsthafte oder nicht wiedergutzumachende Schäden drohen".

[965] *Zech*, JZ 2013, 21 (25) zur Gefährdungshaftung.

erlaubt, Hypothesen über die Risiken zu formulieren.[966] Hypothetische Risiken sind insbesondere Grundlage der Gentechnikhaftung gem. §§ 32 ff. GenTG.[967] Diese Gefährdungshaftung beruht wesentlich auf einem Mangel an Abschätzungssicherheit.[968] Die Analyse des Gentechnikrisikos ist hier vor allem deshalb lohnenswert, weil Parallelen zwischen bestimmten gentechnisch veränderten Organismen und autonomen Technologien bestehen:[969] Die Gentechnik ermöglicht es, Einheiten zu erschaffen, die zwar „natürlich" wachsen, deren Entstehung durch Einflussnahme auf den genetischen Code aber „künstlich" modifiziert wurde.[970] Diese Einheiten können sich in unvorhersehbarer Weise weiterentwickeln.[971] Die technischen Wirkzusammenhänge sind trotz „fester Kopplung"[972] kaum prognostizierbar, denn sie werden von natürlichen Faktoren mitbestimmt.[973] Sehr ähnlich verhält es sich bei technischen Agenten, deren Verhalten maßgeblich von den aus der Umgebung empfangenen Daten und damit der Natur beeinflusst wird.[974]

Es bestehen aber auch Unterschiede, die letztlich dazu führen, dass sich allein aus dem Vorsorgeprinzip keine allgemeine Gefährdungshaftung für technische Agenten herleiten lässt. Im Fall der Gentechnik lassen sich wohl begründete Hypothesen über ein großes Risiko aufstellen: Beispielsweise können aus harmlosen Organismen durch Genmanipulationen gefährliche

---

[966] Vgl. *van den Daele*, in: Rechtliches Risikomanagement, 1999, S. 259 (267); *Di Fabio*, JURA 1996, 566 (572 f.) zur Notwendigkeit, Vorsorgemaßnahmen „nur auf ausreichender wissenschaftlicher Grundlage zu ergreifen"; ähnlich *ders.*, in: Produktverantwortung und Risikoakzeptanz, 1998, S. 99 (115).

[967] Zum Gentechnikrisiko als hypothetisches Risiko siehe *Jungermann/Slovic*, in: Risiko ist ein Konstrukt, 1993, S. 89 (104).

[968] Vgl. Entwurfsbegründung zum GenTG, BT-Drs. 11/5622, S. 33, wonach „das primäre Gefahrenpotential der Veränderung von Erbmaterial" darin liege, dass „sich die Reaktionsweise von in ihrer natürlichen Erbsubstanz veränderten Organismen nach dem heutigen Stand der Wissenschaft nicht mit letzter Sicherheit prognostizieren läßt" und „[v]or allem dieses Risiko […] haftungsrechtlich erfaßt werden" müsse; siehe auch BVerfG, Urt. v. 24.11.2010 – 1 BvF 2/05, BVerfGE 128, 1, juris Rn. 135 – „Gentechnikgesetz" zum „noch nicht endgültig geklärten Erkenntnisstand[…] der Wissenschaft"; *Larenz/Canaris*, Lehrbuch des Schuldrechts, Bd. II/2, 13. Aufl. 1994, S. 607; kritisch und differenzierend *van den Daele*, in: Rechtliches Risikomanagement, 1999, S. 259 (265 ff.).

[969] Vgl. zu einer philosophischen Sicht *Hubig/Harrach*, in: Zur Philosophie informeller Technisierung, 2014, S. 41, wo „Biofakte" und „autonome IT-Systeme" verglichen werden; zum Begriff der „Biofakte" siehe insbesondere *Karafyllis*, in: Biofakte, 2003, S. 11.

[970] *Karafyllis*, in: Biofakte, 2003, S. 11 (16 ff.).

[971] *Hubig/Harrach*, in: Zur Philosophie informeller Technisierung, 2014, S. 41 (48).

[972] Siehe dazu oben Kapitel 1, B. III. 1.

[973] *Hubig/Harrach*, in: Zur Philosophie informeller Technisierung, 2014, S. 41 (48).

[974] Vgl. *Kaminski*, in: Zur Philosophie informeller Technisierung, 2014, S. 58 (78), wonach lernende Maschinen „so in den Anwendungskontext verwoben [seien], dass sie sich mit ihm ändern, indem sie ihn ändern"; zur Datenabhängigkeit siehe auch oben Kapitel 1, C. I. 2.

Krankheitserreger werden, die sich verbreiten und einen hohen Schaden anrichten könnten.[975] Bei technischen Agenten bestehen keine vergleichbaren Hypothesen: Die Perzeptions- und Lernfähigkeit kann zwar dazu führen, dass technische Agenten, auch wenn sie in der Testphase verlässliche Entscheidungen getroffen haben, auf neue Eingangsdaten in einer Weise reagieren, die Schäden verursacht oder unerwünschte Input-Output-Beziehungen entwickeln, die zu schädlichen Entscheidungen führen. Dass die Wahrscheinlichkeit oder die Höhe des Schadens besonders groß sein kann, ergibt sich hieraus allerdings nicht. Im Fall der Gentechnik betreffen die hypothetischen Risiken insbesondere Leben und Gesundheit, so dass hohe Schäden drohen.[976] Bei technischen Agenten sind solche Schäden nur denkbar, wenn sie in entsprechenden Umgebungen zum Einsatz kommen, z.B. im medizinischen Bereich oder im Straßenverkehr.[977] Die Risiken autonomer Technologien sind auch nicht mit anderen technischen Risiken vergleichbar, für die „vorsorglich" eine Gefährdungshaftung angeordnet wurde: Auch über die Risiken der von § 1 UmweltHG erfassten Anlagen besteht oft Ungewissheit.[978] Hier drohen allerdings ebenfalls generell hohe Schäden.[979] Entsprechendes gilt für CCS-Technologien[980] i.S.v. § 29 KSpG.[981] Die Risiken technischer Agenten ähneln eher den Risiken von Nano-Technologien, die „partikel-, anwendungs- und größenspezifisch

---

[975] *Jungermann/Slovic*, in: Risiko ist ein Konstrukt, 1993, S. 89 (104); für eine Differenzierung bei der Risikobewertung auch in der Gentechnik allerdings *van den Daele*, in: Rechtliches Risikomanagement, 1999, S. 259 sowie *Winnacker*, Plädoyer für neue Perspektiven in der Genpolitik, FAZ v. 18.12.2021; vgl. auch den Vorschlag für eine Verordnung des Europäischen Parlaments und des Rates über mit bestimmten neuen genomischen Techniken gewonnene Pflanzen und die aus ihnen gewonnenen Lebens- und Futtermittel sowie zur Änderung der Verordnung (EU) 2017/625 v. 5.7.2023, COM (2023) 411 final.

[976] Vgl. BVerfG, Urt. v. 24.11.2010 – 1 BvF 2/05, BVerfGE 128, 1, juris Rn. 135 – „Gentechnikgesetz".

[977] Vgl. *Spindler*, JZ 2022, 793 (799).

[978] Vgl. Entwurfsbegründung zum UmweltHG, BT-Drs. 11/7104, S. 15, wo auf das „Vorsorgeprinzip" hingewiesen wird.

[979] Die Haftung für unwesentliche und zumutbare Sachschäden wird explizit eingeschränkt (§ 5 UmweltHG).

[980] CCS-Technologien sind Technologien zur Abscheidung, zum Transport und zur dauerhaften Speicherung von Kohlendioxid in tiefen geologischen Gesteinsschichten (Carbon Dioxide Capture and Storage) und sollen der Reduktion von Kohlendioxidemissionen dienen, vgl. Entwurfsbegründung zum KSpG, BT-Drs. 17/5750, S. 1.

[981] Nach der Entwurfsbegründung zum KSpG, BT-Drs. 17/5750, S. 32 sind die CCS-Technologien „bisher auf ihre Wirtschaftlichkeit, technische Machbarkeit und Unbedenklichkeit für die menschliche Gesundheit, Natur und Umwelt noch nicht überprüft worden". Es sind allerdings Hypothesen über große Risiken vorhanden, z.B. kann aufgrund von Leckagen plötzlich Kohlenstoffdioxid austreten und gesundheitsschädliche Wirkungen entfalten, vgl. die Stellungnahme des *Sachverständigenrates für Umweltfragen*, Abscheidung, Transport und Speicherung von Kohlendioxid, 2009, S. 10.

unterschiedlich" sind und für die keine Gefährdungshaftung existiert.[982] Es gibt nicht *das* große Nanorisiko[983] und auch nicht *das* große (hypothetische) Autonomierisiko[984].

(2) Keine Gefährdungshaftung im Interesse eines „Innovationsdrucks"

Können über die *Worst Case*-Szenarien keine Hypothesen aufgestellt werden, schließt dies staatliches Handeln nicht generell aus. Primäres Ziel solchen Handelns muss dann aber die Gewinnung von (Basis-)Risikowissen sein und (noch) nicht die Eindämmung der Aktivität.[985] Eine Gefährdungshaftung bewirkt indes nicht nur eine Reduktion des Aktivitätsniveaus und damit eine Eindämmung,[986] sondern setzt auch Anreize zur *Gefahrerforschung* durch – auch über die im Verkehr erforderliche Sorgfalt hinausgehende – Maßnahmen.[987] Insofern kommt sie auch als Instrument der Wissensgenerierung in Betracht.[988] Sie kann, worauf insbesondere *Blaschczok* hingewiesen hat, einen „Innovationsdruck" erzeugen.[989] Der Gefährdende kann sich, um eine Ersatzpflicht zu verhindern, nicht auf den geltenden Standards ausruhen, sondern muss „zumindest Ausschau nach Neuerungen halten".[990] Auf Grundlage des neuen Wissens

---

[982] *Meyer*, VersR 2010, 869 (873); *Zech* erwägt, solche Technologien – wie auch CCS-Technologien – unter eine von ihm vorgeschlagene Gefährdungshaftung für Innovationen zu fassen, vgl. *Zech*, JZ 2013, 21 (28 f.).

[983] Vgl. *Meyer*, VersR 2010, 869 (873).

[984] Vgl. *Oster*, UFITA 2018, 14 (49).

[985] Zur Möglichkeit, dem Vorsorgeprinzip durch die Schaffung von Anreizen zur Risikoforschung Rechnung zu tragen, vgl. WBGU-Gutachten 1998, BT-Drs. 14/3285, S. 316; zur Notwendigkeit von Risikoforschung siehe auch die Stellungnahme des *Deutschen Ethikrates*, Biosicherheit – Freiheit und Verantwortung in der Wissenschaft, 7.5.2014, S. 81, wonach die „wissenschaftlichen Ressourcen darauf zu richten [seien], die Situation der Ungewissheit durch Verbesserung des Informationsstandes hinsichtlich möglicher Risiken und ihrer Eintrittswahrscheinlichkeit zu überwinden, um auf Basis des erworbenen Wissens sorgfältige Risikoanalysen durchführen zu können" sowie *Scherzberg*, ZUR 2005, 1 (4).

[986] Vgl. speziell zu autonomen Systemen *Horner/Kaulartz*, CR 2016, 7 (13 f.); *Wagner*, in: Zivilrechtliche und rechtsökonomische Probleme des Internet und der künstlichen Intelligenz, 2019, S. 1 (8); *ders.*, VersR 2020, 717 (735).

[987] *Blaschczok*, Gefährdungshaftung und Risikozuweisung, 1993, S. 307 f.; *Röthel*, in: Innovationsverantwortung, 2009, S. 335 (349); *Hoffmann-Riem*, Innovation und Recht – Recht und Innovation, 2016, S. 419; *Zech*, JZ 2013, 21 (25); *ders.*, Gutachten für den 73. DJT, 2020, A 93.

[988] Vgl. WBGU-Gutachten 1998, BT-Drs. 14/3285, S. 316; zur Rechtfertigung staatlicher Eingriffe durch das Ziel der Informationsbeschaffung siehe allgemein *Di Fabio*, JURA 1996, 566 (572).

[989] *Blaschczok*, Gefährdungshaftung und Risikozuweisung, 1993, S. 306 ff.

[990] *Blaschczok*, Gefährdungshaftung und Risikozuweisung, 1993, S. 307 f.; siehe auch *Röthel*, in: Innovationsverantwortung, 2009, S. 335 (349) zu den Anreizen zur Wissensgenerierung durch eine Gefährdungshaftung.

können außerdem neue Gefahrsteuerungsmaßnahmen entwickelt und somit im Interesse der Allgemeinheit Sicherheitsgewinne erzielt werden.

Diese Wirkung einer Gefährdungshaftung setzt allerdings voraus, dass eine Innovationsmöglichkeit besteht und der Gefährdende diese auch erkennen kann.[991] Nur dann erscheint eine Gefährdungshaftung auf Grundlage des „Innovationsdrucks" begründbar. Die Gefahrerforschung muss zwar nicht mit an Sicherheit grenzender Wahrscheinlichkeit erfolgreich sein – dann stellt das Unterlassen regelmäßig bereits eine schadensursächliche Sorgfaltspflichtverletzung dar.[992] Die Möglichkeit der Innovation darf aber auch nicht nur auf Spekulationen beruhen oder völlig ungewiss sein, sondern es müssen zumindest begründete *Hypothesen* hierüber vorliegen. (Nur) unter diesen Voraussetzungen erscheint die Beeinträchtigung der Freiheiten des Herstellers aufgrund des Allgemeininteresses an mehr Wissen und Sicherheit auch dann gerechtfertigt, wenn über das Risiko selbst nur spekuliert werden kann.[993] Damit die Gefährdungshaftung die erhofften Innovationen bewirkt, muss außerdem damit zu rechnen sein, dass aus Sicht des Herstellers der Nutzen der Gefahrerforschung die Kosten übersteigt. Ist es für ihn in Anbetracht der prognostizierten Haftungsrisiken wirtschaftlich sinnvoller, die Aktivität ganz zu unterlassen, kann dies dazu führen, dass auch wünschenswerte Innovationen vollständig unterbleiben.[994] Dass bei autonomen Produkten diese Voraussetzungen vorliegen, ist zweifelhaft. Zwar ist das Entwicklungspotential hoch, gleichzeitig besteht aber auch eine große Ungewissheit über die Erfolge einer Gefahrerforschung; hierüber kann regelmäßig nur spekuliert werden. Eine Haftung dürfte eher von Innovationen abhalten als solche begünstigen;[995] jedenfalls erscheint die Aussicht auf einen Wissens- und Freiheitsgewinn zu vage, um eine generelle Haftung des Herstellers rechtfertigen zu können.

---

[991] Vgl. *Blaschczok*, Gefährdungshaftung und Risikozuweisung, 1993, S. 312; siehe auch *Schäfer/Ott*, Lehrbuch der ökonomischen Analyse des Zivilrechts, 6. Aufl. 2020, S. 425: „Forschungsanreize zu vermitteln, ist daher nur dort sinnvoll, wo die Risikoforschung im Zusammenhang mit der Entwicklung eines Produkts möglich und wirtschaftlich vertretbar erscheint".

[992] Dazu, dass die Möglichkeit, durch die Aufstellung von Sorgfaltspflichten Wissen zu generieren begrenzt ist, siehe etwa *Hoffmann-Riem*, Innovation und Recht – Recht und Innovation, 2016, S. 418 f.

[993] Dazu, dass die Aussicht auf Sicherheitsinnovationen nicht stets eine strenge Haftung rechtfertigt, siehe auch MüKoBGB/*Wagner*, 8. Aufl. 2020, § 1 ProdHaftG Rn. 60 zur Produkthaftung; *Schäfer/Ott*, Lehrbuch der ökonomischen Analyse des Zivilrechts, 6. Aufl. 2020, S. 266 f. zu unbekannten Risiken.

[994] Siehe bereits oben A. III. 2. b) bb) (2) sowie noch unten 3.

[995] Nach einer im Auftrag der Europäischen Kommission durchgeführten repräsentativen Studie ist für 33 % der Unternehmen in der EU das Haftungsrisiko das wichtigste Hindernis bei der Einführung von KI, vgl. *Ipsos/iCite*, European enterprise survey on the use of technologies based on artificial intelligence, Final report, 2020, S. 12, 58 und dazu *Bomhard/Siglmüller*, RDi 2022, 506 (513).

Eine generelle Gefährdungshaftung würde außerdem zwar möglicherweise mehr Anreize schaffen, Wissen zu *generieren*, um Risiken aufzudecken und zu vermeiden. Zweifelhaft ist allerdings, ob sie auch zu mehr *Diffusion* von Wissen führen würde. Denn der Hersteller zieht bei einer Gefährdungshaftung in der Regel keine Vorteile daraus, sein Wissen über konkrete Sicherheitsmaßnahmen mit anderen zu teilen.[996] Die Fehler- und Verschuldenshaftung kann dagegen dazu führen, dass – im Rahmen von Gerichtsverfahren oder um den Soll-Zustand der Produkte durch eine Erhöhung des „Stands von Wissenschaft und Technik" für die Konkurrenz zu verschärfen – außerdem *öffentliche* Informationen nicht nur über das Risiko, sondern auch über mögliche Sicherheitsvorkehrungen generiert werden.[997] Dieser Aspekt wirkt sich gerade bei neuen Technologien, bei denen es an öffentlichem Wissen über solche Vorkehrungen fehlt, aus. Im Zusammenhang mit technischen Agenten, die regelmäßig auf neuen Technologien beruhen, spricht er daher ebenfalls gegen eine generell strikte Haftung.

(3) Keine Gefährdungshaftung aufgrund einer „Aufopferung"

Realisiert sich ein nur befürchtetes oder unbekanntes Risiko, wird es grundsätzlich zum realen Risiko. Dies kann zur Folge haben, dass es künftig ausreichend gesteuert wird und kein Schaden entsteht oder dass im Schadensfall entweder die Verschuldens- oder Fehlerhaftung greift – weil ein Schaden nun vermieden und vorhergesehen werden muss[998] – oder eine vom Gesetzgeber in Reaktion auf den Wissensgewinn eingeführte (spezielle) Gefährdungshaftung. Hierdurch kommt es zwar zu einer Ungleichbehandlung bzw. „Aufopferung", die durch eine (generelle) Gefährdungshaftung für schwer abschätzbare Risiken vermieden hätte werden können:[999] Während die Erst-Betroffenen auf

---

[996] *Schäfer/Ott*, Lehrbuch der ökonomischen Analyse des Zivilrechts, 6. Aufl. 2020, S. 263.

[997] *Schäfer/Ott*, Lehrbuch der ökonomischen Analyse des Zivilrechts, 6. Aufl. 2020, S. 263; *Sommer*, Haftung für autonome Systeme, 2020, S. 448 f., 458 f; a.A. wohl *Hoffmann-Riem*, Innovation und Recht – Recht und Innovation, 2016, S. 419, der davon ausgeht, der Adressat einer Verschuldenshaftung habe ein Interesse daran, Risikowissen „möglichst vor Dritten zu verbergen, damit ihm keine Sorgfaltspflichtverletzung nachweisbar ist"; dazu, dass bei der Gefährdungshaftung „ein wirklich handhabbarer Orientierungspunkt für unternehmerische Vorsorgemaßnahmen" fehlt, siehe *Denga*, CR 2018, 69 (76); dem folgend *Brand*, MedR 2019, 943 (948).

[998] Zur Entwicklungsfähigkeit des Sorgfaltsmaßstabes siehe *Luttermann*, JZ 1998, 174 (180); zur Generierung von Wissen aus Schadensfällen siehe *Ladeur*, in: Karl-Heinz Ladeur: Das Recht der Netzwerkgesellschaft, 2013, S. 393 (406); *Hoffmann-Riem*, in: Offene Rechtswissenschaft, 2010, S. 132 (144); *Gless/Janal*, JR 2016, 561 (566), wonach häufig „erst der Schaden Anlass, etwas […] zu verbessern" gebe; *Wagner*, VersR 2020, 717 (719).

[999] Dazu, dass die Erst-Betroffenen „aufgeopfert" werden, siehe *Röthel*, in: Innovationsverantwortung, 2009, S. 335 (353). Nach *Ladeur* wird durch die Gefährdungshaftung für

ihrem Schaden sitzen bleiben,[1000] erleiden später Betroffene keinen Schaden oder können zumindest Ersatz verlangen. Gewisse „Opfer" zugunsten der Allgemeinheit – zu welcher grundsätzlich auch der Erst-Geschädigte gehört – sind jedoch Teil des allgemeinen Lebensrisikos.[1001] Insofern ist nicht zu vergessen, dass auch der Geschädigte, der keinen Ersatzanspruch hat, nicht völlig schutzlos ist: Das Haftungsrecht wird insbesondere von Systemen kollektiver Risikotragung ergänzt.[1002] Werden Rechtsgüter zu Gunsten der Allgemeinheit oder einem Teil der Allgemeinheit „geopfert", kann es gerechtfertigt sein, diese Allgemeinheit bzw. den betroffenen Teil mittels solcher Systeme in den Ausgleich einzubeziehen.

Anders kann es sich verhalten, wenn das Risiko keinen Interessen der Allgemeinheit – zu welcher auch der Erst-Geschädigte gehört – dient, sondern nur im Interesse des Gefährdenden hingenommen wird.[1003] Insofern ist auf den bereits bei § 833 S. 1 BGB erörterten Begründungsstrang der „unnötigen" Gefahr zu verweisen, der, wie sogleich gezeigt wird, bei autonomen Technologien aber ebenfalls keine allgemeine Gefährdungshaftung begründet.

dd)   Gedanke der „unnötigen" Gefahr rechtfertigt keine generell strikte Haftung

Von autonomen Technologien geht nicht generell eine „unnötige" Gefahr aus.[1004] Vielmehr ist grundsätzlich damit zu rechnen, dass der Einsatz

---

Technologien keine große Gefahr kompensiert, sondern der durch den Unfall gewonnene „Lernerfolg", vgl. *Ladeur,* in: Karl-Heinz Ladeur: Das Recht der Netzwerkgesellschaft, 2013, S. 393 (406); siehe auch *Deutsch,* Allgemeines Haftungsrecht, 2. Aufl. 1996, S. 423, wonach Hintergrund der Gefährdungshaftung (auch) eine „abstrakte Aufopferung" sei.

[1000] Vgl. *Hofmann,* CR 2020, 282 (288).

[1001] Vgl. *Rohe,* AcP 201 (2001), 117 (140), wonach sich risikoaverse Personen Mehrheitsentscheidungen beugen müssten; siehe auch *Marburger,* AcP 192 (1992), 1 (29), wonach derjenige, der „an den Vorzügen der modernen Zivilisation teilhat, sie ganz selbstverständlich und mit vollem Recht für sich in Anspruch nimmt, [...] auf der anderen Seite akzeptieren [müsse], daß deren Risiken in gewissem Umfang auch seinem ganz persönlichen Lebensbereich zugerechnet werden".

[1002] Zum Verhältnis von Gefährdungshaftung und kollektiver Schadenstragung siehe nur *Esser,* Grundlagen und Entwicklung der Gefährdungshaftung, 2. Aufl. 1969, S. 120 ff.; *Weitnauer,* VersR 1970, 585 (598); *Brüggemeier,* Haftungsrecht, 2006, S. 638 f. („,Vergesellschaftung' des Unfallrechts"); siehe auch noch unten II. 2. c).

[1003] Vgl. zu diesem Gedanken etwa *Bälz,* JZ 1992, 57 (60), wonach die Gefährdungshaftung auf „einem unrechtmäßigen Zustand, der einen Ausgleich durch Abschöpfung eines auf Kosten des Betroffenen verwirklichten Vorteils erforderlich macht", beruhe; kritisch zur Umverteilung zugunsten Benachteiligter als Ziel des Haftungsrechts dagegen *Schäfer/Ott,* Lehrbuch der ökonomischen Analyse des Zivilrechts, 6. Aufl. 2020, S. 170 f.

[1004] Siehe zu diesem Begründungsstrang einer Gefährdungshaftung bereits oben Kapitel 3, A. I. 3.

technischer Agenten das „allgemeine Verkehrsrisiko" reduziert[1005] oder zumindest auf andere Weise nützlich ist.[1006] Deshalb lassen sich auch die Gründe der Gefährdungshaftung nach § 833 S. 1 BGB nicht übertragen: Zwar sind tierische und technische Autonomie im Hinblick auf die Unvermeidbarkeit und Unvorhersehbarkeit ihres Verhaltens durchaus vergleichbar.[1007] Anders als die Benutzung eines technischen Agenten, die regelmäßig dazu führt, dass „die Gefahrenquelle Mensch durch eine in den meisten Konstellationen weniger gefährliche Gefahrenquelle ersetzt" wird,[1008] oder sonstige Vorteile für die Gesellschaft geschaffen werden, reduziert die Haltung eines Luxustieres aber keine Gefahren und bewirkt, wie dargestellt, auch keinen Freiheitsgewinn für die Allgemeinheit.[1009] Soweit mit Blick auf eine Produktivitätssteigerung Parallelen zwischen Tieren und technischen Agenten gezogen werden,[1010] geht es um Nutztiere i.S.v. § 833 S. 2 BGB, von denen gerade kein „unnötiges" Risiko ausgeht.[1011]

Zwar kann es technische Agenten geben, deren Vor- und Nachteile ähnlich wie beim Luxustier in der Gesellschaft sehr ungleich verteilt sind, man denke etwa an Spielzeugroboter.[1012] Dies rechtfertigt aber keine *generell* strikte

---

[1005] Vgl. *Spindler*, CR 2015, 766 (775), siehe auch *Thöne*, Autonome Systeme und deliktische Haftung, 2020, S. 13 f.

[1006] Vgl. *Esposito*, Zeitschrift für Soziologie 2017, 249 (253, 257); *Thöne*, Autonome Systeme und deliktische Haftung, 2020, S. 13 f.; *Europäische Kommission*, Weißbuch zur Künstlichen Intelligenz v. 19.2.2020, COM (2020) 65 final, S. 1.

[1007] Vgl. *Spindler*, CR 2015, 766 (775); *Horner/Kaulartz*, InTeR 2016, 22 (24); *Brand*, MedR 2019, 943 (949); *Riehm/Meier*, in: DGRI Jahrbuch 2018, 2019, S. 1 (Rn. 25); *Zech*, Gutachten für den 73. DJT, 2020, A 66 (bei „besonders komplexen Systemen, die auch spontanes Verhalten zeigen können"); *Duffy/Hopkins*, Science & Technology Law Review 2017, 453 (467 ff.) zum U.S.-amerikanischen Recht; siehe auch schon *Lehman-Wilzig*, Futures 1981, 442 (448); kritisch mit Blick auf die Lebendigkeit bzw. die Instinktgetriebenheit *Hanisch*, Haftung für Automation, 2010, S. 202; *Schulz*, Verantwortlichkeit bei autonom agierenden Systemen, 2015, S. 154 f.; *Lohmann*, AJP 2017, 152 (160), *Veith*, Künstliche Intelligenz, Haftung und Kartellrecht, 2021, S. 116; *Weingart*, Vertragliche und außervertragliche Haftung für den Einsatz von Softwareagenten, 2022, S. 327 f.

[1008] *Horner/Kaulartz*, CR 2016, 7 (13); ähnlich *Gomille*, JZ 2016, 76 (76); *Oster*, UFITA 2018, 14 (49).

[1009] Vgl. oben Kapitel 3, A. I. 3.

[1010] Siehe etwa *Hofmann*, Impulse nicht-normativer Ethik für die Ökonomie, 2018, S. 214.

[1011] *Brand*, MedR 2019, 943 (949) befürwortet insofern eine Haftung entsprechend § 833 S. 2 BGB (dazu oben B. III. 2.).

[1012] Dazu, dass solche Roboter Luxustiere künftig ersetzen könnten, siehe *Kühl*, Cozmo: Das Haustier der Zukunft, Zeit Online v. 12.9.2017 zum Spielzeugroboter „Cozmo"; eine § 833 BGB entsprechende Differenzierung erwägt *Veith*, Künstliche Intelligenz, Haftung und Kartellrecht, 2021, S. 117 ff., die allerdings Abgrenzungsschwierigkeiten befürchtet; dagegen etwa *Schulz*, Verantwortlichkeit bei autonom agierenden Systemen, 2015, S. 148; *Wagner*, VersR 2020, 717 (730 f.); *Zech*, Gutachten für den 73. DJT, 2020, A 66.

Haftung für autonome Produkte. Zudem beruht § 833 S. 1 BGB, wie erläutert, auch auf einer zumindest erheblichen Gefahrengröße, die bei solchen technischen Agenten oft nicht gegeben ist. Spielzeugroboter beispielsweise haben typischerweise keine Hardwarekomponenten, mit denen sie beißen, treten, stechen, kratzen oder Krankheiten übertragen können. Außerdem kann ein Tier – anders als ein technischer Agent – nicht nach Belieben zerstört oder deaktiviert werden,[1013] stellt also nicht nur während des eigentlichen Einsatzzeitraums, sondern auch darüber hinaus ein Risiko dar, was die Schadenswahrscheinlichkeit grundsätzlich erhöht.

b) Risikobasierter Ansatz

Die mit autonomen Technologien verbundenen Gefahren rechtfertigen also nicht generell eine Haftung, sondern nur dann, wenn mit ihnen im Einzelfall ein „besonderes" Risiko verbunden ist. Im Zusammenhang mit einer Regulierung von Künstlicher Intelligenz wird häufig und zu Recht ein *risikobasierter Ansatz* ins Spiel gebracht, der eine Differenzierung erlaubt.[1014] Die Haftung für Instruktions- und Konstruktionsfehler[1015] umfasst bereits Risiken im *Verbotsbereich* (aa). Sie ist zu ergänzen um eine Haftung für Risiken im *Grenzbereich* (bb).[1016]

aa) Risiken im Verbotsbereich

Die Bestimmung von Konstruktions- und Instruktionsfehler durch Risiko-Risiko-Vergleiche und insbesondere Kosten-Nutzen-Analysen erlaubt eine Differenzierung zwischen Produkten mit Risiken im Normal- und Grenzbereich und Produkten mit Risiken im Verbotsbereich, was grundsätzlich interessengerecht ist. Zweifellos stellt das Erfordernis, das im Einzelfall erforderliche Sicherheitsniveau zu definieren und dessen Einhaltung zu prüfen, eine Last für die Gerichte dar.[1017] Den Richtern kann es, trotz der Möglichkeit des Rückgriffs

---

[1013] *Birnbacher*, in: Robotik und Gesetzgebung, 2013, S. 263 (307 f.); *Günther*, Roboter und rechtliche Verantwortung, 2016, S. 140.

[1014] Siehe nur Erwägungsgrund 14 KI-VO-E; Nr. 14 der Entschließung zum KI-HaftVO-E; *Europäische Kommission*, Weißbuch zur Künstlichen Intelligenz v. 19.2.2020, COM (2020) 65 final, S. 20; *Hochrangige Expertengruppe für künstliche Intelligenz*, Ethik-Leitlinien für eine vertrauenswürdige KI, 2019, S. 45 sowie die fünfstufige Kritikalitätspyramide in dem Gutachten der *Datenethikkommission der Bundesregierung*, 2019, S. 177 ff.; vgl. auch die die Beschlüsse des 73. DJT, 2022, Zivilrecht, A. III. 7. b., B. III. 13. b., 15. b.

[1015] Zu den Hintergründen des Fabrikationsfehlers siehe oben A. III. 1.

[1016] Zum Verbots- und Grenzbereich siehe oben Kapitel 2, B. I.

[1017] Vgl. dazu und zu den Vorteilen einer Gefährdungshaftung *Eidenmüller*, ZEuP 2017, 765 (772); *Wagner*, in: Zivilrechtliche und rechtsökonomische Probleme des Internet und der künstlichen Intelligenz, 2019, S. 1 (10); siehe auch schon oben Kapitel 2, B. I.

auf Sachverständige, an Informationen fehlen.[1018] Außerdem kann die Notwendigkeit einer richterlichen Abwägung zu Rechtsunsicherheiten für die Parteien führen.[1019] Indes bestehen Möglichkeiten, die Richter und die Parteien zu unterstützen, namentlich durch das Produktsicherheitsrecht.[1020] Schließlich ist nicht zu vergessen, dass auch im Rahmen einer Gefährdungshaftung eine Abwägung – mit den genannten Nachteilen – erforderlich ist, wenn ein Mitverschulden in Rede steht (vgl. § 6 Abs. 1 ProdHaftG).[1021] Ein Verzicht auf den Einwand des Mitverschuldens würde dieses Problem zwar beseitigen, ist aber wenig zweckmäßig: Dies würde zum einen dazu führen, dass für den Geschädigten keine Anreize für Sorgfaltsmaßnahmen bestünden.[1022] Zum anderen erscheint es auch nicht „gerecht", dem sorgfaltswidrig handelnden Geschädigten vollständigen Ersatz zu gewähren.

Wie bereits angedeutet, hält auch der Vorschlag für eine neue ProdHaftRL an der Fehlerhaftung fest. Hinsichtlich des Fehlerbegriffs nimmt er im Wesentlichen Klarstellungen vor.[1023] Was die zeitliche Komponente angeht, wird festgelegt, dass dann, wenn der Hersteller nach der erstmaligen Bereitstellung Kontrolle über das Produkt behält, der Zeitpunkt, „ab dem das Produkt nicht mehr unter Kontrolle des Herstellers steht", bei der Fehlerbestimmung „Berücksichtigung" finden soll.[1024] Die Haftung wird also ausdrücklich dynamisiert.[1025] Die Erwägungsgründe deuten darauf hin, dass es für die Kontrolle entscheidend sein soll, ob der Hersteller weiterhin Updates oder mit der Software verbundene Dienste bereitstellt oder diese genehmigt oder die Bereitstellung durch Dritte auf andere Weise beeinflusst.[1026] Der Zeitraum ist damit wohl

---

[1018] Vgl. *Finsinger/Simon*, in: Haftpflichtrisiken in Unternehmen, 1989, S. 23 (33 f., 40); *Schäfer/Ott*, Lehrbuch der ökonomischen Analyse des Zivilrechts, 6. Aufl. 2020, S. 419 f.

[1019] *Zech*, Gutachten für den 73. DJT, 2020, A 94; *Sommer*, Haftung für autonome Systeme, 2020, S. 459; *Weingart*, Vertragliche und außervertragliche Haftung für den Einsatz von Softwareagenten, 2022, S. 418.

[1020] Siehe dazu oben A. III. 2. c).

[1021] *Shavell*, Foundations of Economic Analysis of Law, 2004, S. 188 f.; *Schäfer/Ott*, Lehrbuch der ökonomischen Analyse des Zivilrechts, 6. Aufl. 2020, S. 292.

[1022] *Shavell*, Foundations of Economic Analysis of Law, 2004, S. 184; *Schäfer/Ott*, Lehrbuch der ökonomischen Analyse des Zivilrechts, 6. Aufl. 2020, S. 292 f.; *Wagner*, in: Zivilrechtliche und rechtsökonomische Probleme des Internet und der künstlichen Intelligenz, 2019, S. 1 (19 f.).

[1023] Vgl. Nr. 5 der Begründung des ProdHaftRL-neu-E; siehe dazu etwa *Spindler*, CR 2022, 689 (692 f.); *Kapoor/Klindt*, BB 2023, 67 (68 f.).

[1024] Art. 6 Abs. 1 lit. e ProdHaftRL-neu-E; dies begrüßend etwa *Spindler*, CR 2022, 689 (693).

[1025] Vgl. *Wagner*, JZ 2023, 1 (6): „Dynamisierung des Fehlerbegriffs".

[1026] Vgl. Erwägungsgrund 37 ProdHaftRL-neu-E zum Ausschlussgrund der Fehlerfreiheit beim Inverkehrbringen (Art. 10 Abs. 1 lit. c). Die in Art. 4 Abs. 5 enthaltene Definition der „Kontrolle des Herstellers" bezieht sich wohl auf Art. 4 Abs. 3 und lässt sich wohl nicht vollständig übertragen, da sie nur Handlungen Dritter erfasst. Im Verhandlungsmandat des

kürzer als nach der hier vorgestellten Auslegung des geltenden Rechts: Ist das Produkt von vornherein nicht Update-fähig oder stellt der Hersteller die Updates ein, besteht keine Pflicht zur Anpassung an veränderte Sicherheitserwartungen.[1027] Allerdings muss der Hersteller das *anfängliche* Sicherheitsniveau durch Updates aufrechterhalten: Die Berufung auf die Fehlerfreiheit beim Inverkehrbringen (vgl. § 1 Abs. 2 Nr. 2 ProdHaftG) wird ihm versagt, wenn der Fehler auf dem Fehlen eines Updates (oder Upgrades)[1028] beruht, das zur Aufrechterhaltung der Sicherheit erforderlich ist.[1029] Der Vorschlag berücksichtigt explizit das Produktsicherheitsrecht:[1030] Dieses soll bei der Bestimmung der Fehlerhaftigkeit „Berücksichtigung" finden.[1031] Verstößt das Produkt gegen „verbindliche Sicherheitsanforderungen des Unionsrechts oder des nationalen

---

Rates (Ratsdok. Nr. 10694/23) wird die Definition in Art. 4 Abs. 5 allerdings insofern erweitert: „Kontrolle" soll danach auch vorliegen, wenn der Hersteller die Möglichkeit hat, Softwareupdates oder -upgrades bereitzustellen.

[1027] Nach *Wagner*, JZ 2023, 1 (6) soll der Zeitpunkt des Kontrollverlusts außerdem „nur insoweit gelten, als es um die Sicherheitseigenschaften des letzten Updates oder Upgrades geht, nicht aber für das Produkt insgesamt". Insbesondere soll die „unveränderte Hardware" weiter am Maßstab, der zum Zeitpunkt des Inverkehrbringens gegolten hat, gemessen werden. Für letzteres spricht, dass der Zeitpunkt des Kontrollverlusts nur „Berücksichtigung" finden muss, vgl. dazu oben A. III. 5. a) sowie noch unten 3. a).

[1028] „Upgrades" unterscheiden sich von „Updates" dadurch, dass sie neue Funktionalitäten mit sich bringen und deshalb in der Regel weiterreichende Veränderungen bewirken (vgl. Leupold/Wiebe/Glossner IT-Recht/*Leupold/Wiesner*, 4. Aufl. 2021, Teil 9.6.4 Rn. 41). Die Regelungen des ProdHaftRL-neu-E nennen regelmäßig „Updates" und „Upgrades", unterscheiden aber in der Sache nicht (vgl. Art. 4 Abs. 5, 6 Abs. 2, 10 Abs. 2).

[1029] Art. 10 Abs. 2 lit. c ProdHaftRL-neu-E. Zur damit einhergehenden Update-Pflicht siehe *Dheu/De Bruyne/Ducuing*, CiTiP Working Paper v. 6.10.2022, S. 34; *Spindler*, CR 2022, 689 (694); *Borges*, DB 2022, 2650 (2653); *Hacker*, arXiv:2211.13960v5, 2023, S. 46; *Wagner*, JZ 2023, 1 (6 f.); vgl. allerdings auch das Verhandlungsmandat des Rates (Ratsdok. Nr. 10694/23), wo in Erwägungsgrund 38 ausgeführt wird, dass die Richtlinie selbst keine Updatepflicht auferlegt. Nach Erwägungsgrund 38 ProdHaftRL-neu-E muss insbesondere auf „sich wandelnde Cybersicherheitsrisiken" reagiert werden. Die Begründung neuer Gefahren in der Umgebung des Produkts scheint damit – anders als hier – nicht als Frage des Soll-Zustands, sondern des Ist-Zustands eingeordnet zu werden (vgl. dazu oben A. III. 5. und V. 2.). Im Verhandlungsmandat des Rates (Ratsdok. Nr. 10694/23) ist außerdem in Art. 10 Abs. 2 lit. d klargestellt, dass bei einer „wesentlichen Änderung" innerhalb der „Kontrolle" des Herstellers eine Berufung auf Art. 10 Abs. 1 lit. c nicht möglich ist (vgl. oben A. II. dazu, dass in diesem Fall grundsätzlich ein neues Produkt in den Verkehr gebracht wird).

[1030] Nach Erwägungsgrund 33 ProdHaftRL-neu-E soll die Vermutung den „engen Zusammenhang zwischen den Produktsicherheitsvorschriften und den Haftungsvorschriften […]" stärken".

[1031] Vgl. Art. 6 Abs. 1 lit. f, g ProdHaftRL-neu-E; zur damit einhergehenden „Flexibilität" nationaler Gerichte bei der Gewichtung von Verstößen siehe *Veldt*, EuCML 2023, 24 (26); ausführlich zum Einfluss des Produktsicherheitsrecht auf die Produkthaftung nach dem ProdHaftRL-neu-E *Schucht*, InTeR 2023, 71.

Rechts, die einen Schutz gegen das Risiko des eingetretenen Schadens bieten sollen", wird außerdem die Fehlerhaftigkeit vermutet.[1032]

bb) Risiken im Grenzbereich

Die Fehlerhaftung sollte *de lege ferenda* allerdings ergänzt werden.[1033] Denn sie erfasst grundsätzlich[1034] nicht die (Rest-)Risiken im Grenzbereich, deren Eingehung zwar an sich erwünscht ist, aber nur in einem gewissen Ausmaß (Effizienzgedanke) und nur, soweit den Geschädigten der Schaden abgenommen wird (Vorteilsgedanke).[1035] Deshalb überzeugt die Idee, in *bestimmten* Bereichen eine strengere Haftung für technische Autonomie vorzusehen.[1036] Der Vorschlag für eine KI-VO und der Vorschlag für eine KI-HaftVO verfolgen berechtigterweise einen *risikobasierten Ansatz*.[1037] Der KI-VO-E teilt die Systeme in vier Kategorien ein: KI-Systeme mit unzulässigem, hohem, begrenztem und minimalem Risiko.[1038] In dem KI-HaftVO-E ist eine Haftung für KI-Systeme mit hohem Risiko vorgesehen.[1039] Der Vorschlag für eine KI-HaftRL, der allerdings keine Gefährdungshaftung normiert, enthält besondere Regelungen für Hochrisiko-KI-Systeme, wobei an die Definition der KI-VO angeknüpft wird.[1040]

Wenig geeignet erscheint im Zusammenhang mit einer Gefährdungshaftung allerdings eine Kategorisierung nach dem Enumerationsprinzip, wie sie in diesen Vorschlägen vorgesehen ist.[1041] Die Einstufung als Hochrisiko-KI ist nach

---

[1032] Art. 9 Abs. 2 lit. b ProdHaftRL-neu-E. Inwieweit bei einem solchen Verstoß eine Widerlegung der Vermutung möglich sein soll (vgl. Art. 9 Abs. 5), ist allerdings fraglich. Nach Erwägungsgrund 24 sollen dagegen Anforderungen von Regulierungsbehörden und von den Wirtschaftsakteuren selbst keine Vermutung der Fehlerhaftigkeit begründen.

[1033] Vgl. auch *Wendehorst*, JETL 2020, 150 (178) zur Idee, ein Element strikter Haftung in die ProdHaftRL einzuführen, anstatt eine neue KI-Haftung zu normieren.

[1034] Zum Fabrikationsfehler siehe oben A. III. 1.

[1035] Zur Steuerung des Aktivitätsniveaus durch die Gefährdungshaftung und zur Verteilung von Vor- und Nachteilen siehe oben Kapitel 2, B. I.

[1036] Siehe etwa *Günther*, Roboter und rechtliche Verantwortung, 2016, S. 241; *Martini*, JZ 2017, 1017 (1024); *Lohmann*, AJP 2017, 152 (161); *Heiderhoff/Gramsch*, ZIP 2020, 1937 (1941); *Wendehorst*, JETL 2020, 150 (171 ff.); *Spindler*, JZ 2022, 793 (799).

[1037] Vgl. Erwägungsgrund 14 KI-VO-E; Nr. 14 der Entschließung zum KI-HaftVO-E.

[1038] Vgl. die Erläuterungen der *Europäischen Kommission*, Künstliche Intelligenz – Exzellenz und Vertrauen (online veröffentlicht) sowie *Müller*, EuZ 2022, A 1 (A 6). Zu den Kategorien der „KI-Systeme mit allgemeinem Verwendungszweck" und der „Basismodelle" siehe oben Kapitel 1, Fn. 76.

[1039] Vgl. Art. 4 KI-HaftVO-E.

[1040] Kritisch zu dieser Anknüpfung *Hacker*, arXiv:2211.13960v5, 2023, S. 11 ff.; *Eichelberger*, DB 2022, 2783 (2784) befürwortet den „Gleichlauf", weist aber auch auf Probleme bei der Definition von KI hin.

[1041] Zum Enumerationsprinzip als Hintergrund der Aufzählung siehe *Wagner*, in: Law by Algorithm, 2021, S. 127 ff. (142 f.); für eine Enumeration wohl auch der Beschluss des

dem KI-VO-E abhängig davon, ob das KI-System bestimmten Harmonisie-
rungsvorschriften und Konformitätsbewertungsverfahren der EU unterfällt[1042]
(z.B. KI-Systeme in Medizinprodukten)[1043] oder in einer Liste, die von der
Kommission durch delegierte Rechtsakte angepasst werden kann, enthalten
ist[1044] (z.B. KI-Systeme im Straßenverkehr)[1045]. Eine generelle Definition des
hohen Risikos enthält der Vorschlag nicht.[1046] Diese Enumeration birgt die Gefahr, dass neuen technischen und gesellschaftlichen Entwicklungen nur mit
Verzögerung Rechnung getragen werden kann.[1047] Außerdem drohen sachwidrige Ungleichbehandlungen. So dürfte eine „intelligente" Heizung als Hochrisiko-KI im Sinne des Kommissionsvorschlags gelten,[1048] nicht aber ein „intelligenter" Kühlschrank, obwohl die Nutzer bei einer Störung in ähnlicher Weise
betroffen sein dürften. Schließlich erlaubt es der Ansatz nur bedingt, die Unterschiede von Systemen innerhalb einer Kategorie zu berücksichtigen. Ein Assistenzsystem in der Medizin, das in nachvollziehbarer Weise eine Diagnose
vorschlägt, die der Arzt überprüfen kann, dürfte weniger gefährlich sein als ein

---

73. DJT, 2022, Zivilrecht, A. III. 7. b., wonach die Gefährdungshaftung des Herstellers
durch „sektorspezifische Spezialregelungen" ausgestaltet werden soll; dazu, dass die Definition der Systeme, für die eine Gefährdungshaftung bestehen soll, schwierig ist, siehe
Dötsch, Außervertragliche Haftung für Künstliche Intelligenz am Beispiel von autonomen
Systemen, 2023, S. 364, die grundsätzlich für Zurückhaltung bei der Einführung einer solchen plädiert.

[1042] Vgl. Art. 6 Abs. 1 i.V.m. Anhang II KI-VO-E.

[1043] Vgl. Art. 6 Abs. 1 i.V.m. Anhang II, Abschnitt A Nr. 11 KI-VO-E i.V.m. der MDR;
Hoffmann, K & R 2021, 369 (371).

[1044] Vgl. Art. 6 Abs. 2, 7 i.V.m. Anhang III KI-VO-E (sog. „stand-alone" KI-Systeme,
vgl. dazu *Spindler*, CR 2021, 361 [366]); siehe auch die Modifikationen in der allgemeinen
Ausrichtung des Rates (Ratsdok. Nr. 15698/22), z.B. die Veränderung der Absätze und die
Ausnahme (dazu sogleich Fn. 1050), sowie die Änderungen des Anhangs III; auch in den
Änderungen des Europäischen Parlaments (P9_TA[2023]0236) werden Art. 6 Abs. 2 KI-
VO-E sowie Anhang III modifiziert.

[1045] Vgl. Art. 6 Abs. 2, 7 i.V.m. Anhang III Nr. 2 lit. a KI-VO-E; dazu, dass viele der
genannten Anwendungen keine Personen- oder Sachschäden verursachen könnten, weshalb
die Aufzählung für das Haftungsrecht ungeeignet sei, *Borges*, CR 2022, 553 (557).

[1046] Vgl. *Cappiello*, AI-systems and non-contractual liability, 2022, S. 78: „more of a
classification rule than a rule prescribing a clear-cut definition"; in den Änderungen des
Europäischen Parlaments (P9_TA[2023]0236) werden allerdings in Art. 3 Nr. 1a und Nr. 1b
das „Risiko" sowie das „erhebliche Risiko" (vgl. dazu sogleich Fn. 1050) definiert.

[1047] Vgl. *Müller*, EuZ 2022, A 1 (A 16); *Spindler*, CR 2022, 689 (700); *Linardatos*, GPR
2022, 58 (62 f.) kritisiert insbesondere die „fast schon inflationäre Verwendung von Geset-
zesverweisen", welche die „Erkennbarkeit und Berechenbarkeit" stark beeinträchtigen würden.

[1048] Vgl. Nr. 2 lit. a des Anhangs III KI-VO-E („Wärme- und Stromversorgung"); in der
allgemeinen Ausrichtung des Rates (Ratsdok. Nr. 15698/22) und in den Änderungen des
Europäischen Parlaments (P9_TA[2023]0236) ist außerdem der Betrieb „kritischer digitaler
Infrastruktur" genannt.

Operationsroboter, der seine Entscheidungen automatisch umsetzt und nur ge-
stoppt werden kann,[1049] wenn sich Anzeichen von Fehlentscheidungen zeigen.[1050]

In dem KI-HaftVO-E wird das hohe Risiko definiert und zwar als „signifi-
kantes Potenzial eines autonom betriebenen KI-Systems, einer oder mehreren
Personen einen Personen- oder Sachschaden auf eine Weise zu verursachen,
die zufällig ist und darüber hinausgeht, was vernünftigerweise erwartet werden
kann".[1051] Eine Generalklausel würde es erlauben, die Risiken des individuellen
Systems in der konkreten Umgebung zu berücksichtigen. Die in dem KI-
HaftVO-E vorgesehene Gefährdungshaftung soll allerdings auf Systeme beschränkt sein, die in einem Anhang, den wiederum die Kommission ausfüllen
soll, genannt sind.[1052] Hierdurch wird zwar Rechtssicherheit geschaffen,[1053] allerdings bestehen dann wiederum die im Zusammenhang mit dem KI-VO-E
genannten Schwierigkeiten.[1054] Gegen eine strenge Haftung nur für bestimmte,
ex ante durch den Gesetzgeber bzw. die Kommission als hochriskant bewertete
Systeme, lassen sich letztlich alle Argumente anführen, die allgemein gegen

---

[1049] Zum Erfordernis der menschlichen Aufsicht über KI-Systeme siehe Art. 14 KI-
HaftVO-E, der allerdings sehr vage formuliert ist; kritisch dazu *Cappiello*, A european private international law analysis, 2022, S. 79 f.

[1050] Vgl. Art. 6 Abs. 1 i.V.m. Anhang II, Abschnitt A Nr. 11 KI-VO-E i.V.m. der MDR;
siehe auch *Hoffmann*, K & R 2021, 369 (371), wonach „nahezu allen Sektoren potentielle
Gefahren innewohnen" würden. Die allgemeine Ausrichtung des Rates (Ratsdok.
Nr. 15698/22) sieht in einem Art. 6 Abs. 3 vor, dass trotz der Nennung in Anhang III kein
Hochrisiko-KI-System vorliegt, wenn „das Ergebnis des Systems [...] in Bezug auf die zu
treffende Maßnahme oder Entscheidung völlig unwesentlich [ist] und [...] daher wahrscheinlich nicht zu einem erheblichen Risiko für Gesundheit, Sicherheit oder Grundrechte"
führt. Als Beispiele genannt werden „KI-Systeme, die für die Übersetzung zu Zwecken der
Information oder der Dokumentenverwaltung verwendet werden" (Erwägungsgrund 32).
Die Abgrenzung erscheint – etwa im hier genannten Beispiel des Diagnosesystems – schwie-
rig. Nach der allgemeinen Ausrichtung des Rates soll die Kommission festlegen, unter wel-
chen Umständen das Ergebnis eines KI-Systems „völlig unwesentlich" ist (Art. 6 Abs. 3
UAbs. 2); kritisch zu diesem Kriterium im Zusammenhang mit der Haftung *Hacker*, ar-
Xiv:2211.13960v5, 2023, S. 19. In den Änderungen des Europäischen Parlaments
(P9_TA[2023]0236) ist in Art. 6 Abs. 2 vorgesehen, dass die unter Anhang III fallenden KI-
Systeme grundsätzlich nur dann Hochrisiko-KI-Systeme sind, wenn sie ein „erhebliches Ri-
siko" darstellen (vgl. Fn. 1046), wofür die Kommission wiederum Leitlinien festlegten soll.

[1051] Art. 3 lit. c KI-HaftVO-E; kritisch *Cappiello*, A european private international law
analysis, 2022, S. 91: „not clear".

[1052] Vgl. Art. 4 Abs. 2 sowie Erwägungsgrund 14 und 17 KI-HaftVO-E; zu möglichen
Anwendungsfällen siehe *Wagner*, in: Law by Algorithm, 2021, S. 127 (143 ff.).

[1053] Vgl. *Borges*, in: Law and Technology in a Global Digital Society, 2022, S. 51 (63);
Zech, Ergänzungsgutachten für den 73. DJT, 2022, A 127: „sinnvoller Kompromiss zwischen Rechtssicherheit und Komplexität".

[1054] Vgl. *Wagner*, in: Law by Algorithm, 2021, S. 127 (143 f., 147); kritisch zur Enumeration auch *Heiss*, EuZW 2021, 932 (933).

das Enumerationsprinzip der Gefährdungshaftung vorgebracht werden: Es drohen *Legal Lags* und ungerechtfertigte Differenzierungen.[1055] Delegierte Rechtsakte können zwar schneller erlassen werden als Gesetze, hierdurch werden die Probleme aber nur entschärft, nicht beseitigt.[1056]

Die Probleme einer Enumeration können überwunden werden, indem es zur Sache des Richters gemacht wird, im Einzelfall zu beurteilen, ob ein „hohes" Risiko bzw., in der klassischen Terminologie der Gefährdungshaftung, ein „besonderes" Risiko vorliegt.[1057] Hierdurch würde eine (kleine) Generalklausel einer Gefährdungshaftung für Produktrisiken geschaffen werden.[1058] Der Unterschied zur Fehlerhaftung besteht im Maßstab der Abwägung: Ein Produkt ist fehlerhaft, wenn mit ihm ein unzulässiges Risiko verbunden ist. Ein „hohes" bzw. „besonderes" Risiko liegt dagegen auch und – entsprechend dem Wesen der Gefährdungshaftung – insbesondere dann vor, wenn das Produkt trotz des Risikos (mit der gewählten Konstruktion und Instruktion) in den Verkehr gebracht werden darf, es aber gerechtfertigt ist, dass Schäden ausgeglichen werden.[1059] Das Risiko wird zwar in Kauf genommen, aber der Betroffene wird mit einem „Schicksalsschlag" nicht „allein gelassen".[1060]

Zur Beurteilung der Besonderheit des Produktrisikos ist zunächst das *Restrisiko* zu identifizieren, d.h. das Risiko, das sich nicht durch die Einhaltung der im Verkehr erforderlichen Sorgfalt steuern lässt. Entscheidend hierfür ist die Vermeidbarkeit und Vorhersehbarkeit eines schädigenden Produktverhaltens,

---

[1055] Siehe dazu oben Kapitel 3, C. II.

[1056] Zur Ausübung der Befugnisübertragung vgl. Art. 73 KI-VO-E, Art. 4 Abs. 3, 13 KI-HaftVO-E.

[1057] In diese Richtung auch der Vorschlag bei *Linardato*s, Autonome und vernetzte Aktanten im Zivilrecht, 2021, S. 345, allerdings mit Blick auf eine Haftung des *Anwenders*, der (subsidiär) haften soll, wenn „mit einem autonomen und vernetzten Aktanten eine besondere Gefahr verbunden" ist und sich diese „spezifische Aktantengefahr" verwirklicht.

[1058] Im Zusammenhang mit einer Haftung für autonome Technologien wird auch auf Projekte einer (großen) Generalklausel einer Gefährdungshaftung hingewiesen, vgl. *Hanisch*, Haftung für Automation, 2010, S. 138 f. zu den *Principles of European Tort Law* (Art. 4:102 PETL); *Lohmann*, AJP 2017, 152 (161) zum schweizerischen Entwurf (Art. 60 Schweizer OR 2020); *Karner*, in: Liability for Artificial Intelligence, 2019, S. 117 (123) zum österreichischen Entwurf (vgl. § 1304 ABGB-E).

[1059] Vgl. auch das Kriterium bei *Hacker*, arXiv:2211.13960v5, 2023, S. 50 f., der für eine Gefährdungshaftung für „Illegitimate-harm, high-risk (and prohibited) AI models" plädiert. „Illegitimate-harm models" sind dabei „AI systems that, from a social perspective, should not cause harm during their correct operation". Gemeint sind aber wohl Schäden, die jedenfalls nicht *ohne Ausgleich* verursacht werden dürfen, denn wenn überhaupt kein Schaden eintreten darf, dürften „prohibited AI-systems" vorliegen, auf welche nach *Hacker* die strikte Haftung zwar anwendbar, aber wohl nicht beschränkt sein soll.

[1060] Vgl. *Graf von Westphalen*, ZIP 2020, 737 (743) mit einem Vergleich von KI-Schäden und Contergan-Fällen.

wofür es auf den Grad an Autonomie und Automatisierung ankommt.[1061] Dieser hängt wiederum von dem Ausmaß an Perzeptions- und Lernfähigkeit ab.[1062] Muss die Entscheidung des technischen Agenten von einem Menschen umgesetzt werden, kann auch die Erklärbarkeit eine Rolle spielen, sofern sie eine Überprüfung der Entscheidung ermöglicht.[1063] Für die anschließend zu bestimmende *Größe* des Restrisikos kommt es auf die drohende Schadenshöhe an, die z.B. bei Medizinprodukten erheblich und bei Maschinen, die nur Sachen schädigen können, gering sein kann. Außerdem ist die Schadenswahrscheinlichkeit zu berücksichtigen, die z.B. bei Systemen, die den Straßenverkehr regeln, etwa „intelligenten" Ampeln, sehr hoch,[1064] bei Arbeitsmaschinen, die nur nachts auf einer verlassenen Baustelle eingesetzt werden, gering sein kann.[1065] Den

---

[1061] Vgl. *Bathaee*, Harvard Journal of Law & Technology 2018, 889 (936 ff.); *Allen*, in: Artificial Intelligence: Law and Regulation, 2022, S. 146 (151), wonach die Strenge der Haftung von dem Grad an Überwachung (und der Transparenz) abhängen soll; siehe auch Art. 3 lit. c KI-HaftVO-E, wonach die Bedeutung des Schadenspotenzial „von der Wechselwirkung zwischen der Schwere des möglichen Schadens, der Frage, inwieweit die Entscheidungsfindung autonom erfolgt, der Wahrscheinlichkeit, dass sich das Risiko verwirklicht, und der Art, in der das KI-System verwendet wird" abhängen soll.

[1062] Vgl. *Lohmann*, AJP 2017, 152 (161), die eine Differenzierung nach der Lern- und Entscheidungsfähigkeit (sowie nach der Strukturiertheit des Einsatzbereichs) erwägt; *Spindler*, JZ 2022, 793 (799), wonach es auf die gefährdeten Rechtsgüter sowie auf das „Charakteristikum des nicht vorhersehbaren Verhaltens infolge von deep machine learning" ankommen soll; vgl. auch den Beschluss des 73. DJT, 2022, Zivilrecht, A. III. 7. b., wonach bei der Gefährdungshaftung des Herstellers „nach dem jeweiligen Autonomie- und Risikograd" differenziert werden sollte.

[1063] Allerdings ist nicht bei allen Systemen, die lediglich Informationen oder Empfehlungen liefern, die Beherrschbarkeit des Risikos in diesem Sinne gegeben. Folgt z.B. der Nutzer einer Entscheidung, die er mangels Erklärbarkeit nicht nachvollziehen und überprüfen kann, verletzt er in der Regel keine Sorgfaltspflicht. Eine generelle Ausnahme für Systeme, bei denen zwischen Output und Schaden eine menschliche Handlung steht, ist daher nicht angezeigt; zum KI-HaftRL-E vgl. noch Fn. 1174.

[1064] Vgl. Anhang III Nr. 2 lit. a KI-VO-E, wo KI-Systeme, die im Betrieb des Straßenverkehrs verwendet werden sollen, als Hochrisiko-KI-Systeme eingeordnet werden (siehe auch die Ausnahme in den Änderungen des Europäischen Parlaments [P9_TA(2023)0236] für Systeme, die „im Rahmen von Harmonisierungs- oder sektorspezifischen Rechtsvorschriften geregelt" werden); zur generell hohen Schadenshäufigkeit im Straßenverkehr siehe nur *Kötz*, AcP 170 (1970), 1 (29).

[1065] Auf die Größe der Gefahr stellt auch der OGH bei der Bildung von Analogien zu den bestehenden Gefährdungshaftungstatbeständen ab (siehe dazu oben Kapitel 3, Fn. 20): Er berücksichtigt „den durch die Gefahrenquelle geschaffenen höheren Wahrscheinlichkeitsgrad des Schadenseintrittes" sowie „die Gefahr des Eintrittes eines außergewöhnlich hohen Schadens", vgl. OGH, Entsch. v. 28.3.1973 – 5 Ob 50/73. Droht ein sehr hoher Schaden, kann die Wahrscheinlichkeit allerdings auch sehr gering sein, vgl. *Hacker*, arXiv:2211.13960v5, 2023, S. 13 f. zur ansonsten entstehenden erheblichen Ungleichbehandlung sowie allgemein Kapitel 1, D. I. 1.

einschlägigen Einsatzbereich bestimmt der Hersteller grundsätzlich selbst.[1066] Ist das System nach seinem Konstruktionsplan in der Lage, mehrerer Aufgaben zu erfüllen, wie es z.B. bei einem allgemeinen Sprachverarbeitungsmodell der Fall sein kann, sollte allerdings nur der konkrete Einsatzbereich berücksichtigt werden; ansonsten würde der Hersteller stets haften.[1067] Bei Risiken, die sich an der Grenze zwischen Normal- und Grenzbereich bewegen, kann auch berücksichtigt werden, inwieweit sie *„unnötig"* sind. „Unnötig" sind die Risiken insbesondere dann, wenn das Produkt nur dem Hersteller und einem begrenzten Kreis von Nutzern Vorteile verschafft. Ähnlich wie bei der Haltung von Luxustieren werden dann Risiken für die Allgemeinheit geschaffen, ohne dass diese von der Aktivität profitiert.[1068] Unter Umständen kann sich die Beurteilung im Laufe der Zeit verändern: Technische Agenten mögen derzeit in vielen Bereichen „noch eine Ausnahmeerscheinung sein, so dass derjenige, der sie in den Verkehr bringt, ein *außergewöhnliches* Risiko schafft".[1069] Da sie die Gesellschaft mehr und mehr durchdringen, ist es allerdings denkbar, dass sie künftig zur „Normalität" werden,[1070] in dem Sinne, dass jeder Mensch ihren (positiven und negativen) Wirkungen in zumindest ähnlicher Weise ausgesetzt ist.

Im Zusammenhang mit der tierischen Autonomie wurde eine (kleine) Generalklausel im Interesse der Rechtssicherheit abgelehnt.[1071] Dort wäre mit einer solchen allerdings auch kein substanzieller Vorteil verbunden, der die Prognoseschwierigkeiten, die eine richterliche Abwägung für Geschädigte und Schädiger mit sich bringt, rechtfertigen könnte. Insbesondere sind – bei entsprechender Auslegung[1072] – *Legal Lags* und Widersprüche trotz der pauschalen Differenzierung zwischen Luxus- und Nutztieren (§ 833 BGB) kaum zu

---

[1066] Ein „naheliegender Fehlgebrauch" durch den Nutzer sowie ein „Missbrauch" durch Dritte bleibt hier – anders als bei der Fehlerhaftung (siehe oben A. III. 2.) – bei der Risikobeurteilung außer Betracht, da es lediglich um generell *unbeherrschbare* Risiken geht.

[1067] Zu sog. „KI-Systemen mit allgemeinem Verwendungszweck" siehe oben Kapitel 1, Fn. 76; für eine Differenzierung bei solchen Systemen nach dem konkreten Anwendungsbereich auch *Hacker*, arXiv:2211.13960v5, 2023, S. 53 (vgl. auch S. 14 f. zu den möglichen Nachteilen einer zu strengen Haftung für solche KI-Systeme). *Hacker* schlägt außerdem eine gesamtschuldnerische Haftung des Anbieters des allgemeinen Modells und des Betreibers der konkreten (Hochrisiko-)Anwendung nach dem Vorbild von Art. 26 DSGVO vor (a.a.O.).

[1068] Zur notwendigen Berücksichtigung einer ungleichen Risikoverteilung vgl. auch *Hacker*, arXiv:2211.13960v5, 2023, S. 13 f.

[1069] *Gless/Weigend*, ZStW 2014, 561 (587).

[1070] *Gless/Weigend*, ZStW 2014, 561 (587); siehe auch *Yuan*, RW 2018, 477 (504); dazu, dass sich das Risiko verändern kann, siehe auch *Dötsch*, Außervertragliche Haftung für Künstliche Intelligenz am Beispiel von autonomen Systemen, 2023, S. 376, die einer Gefährdungshaftung des Herstellers allerdings eher kritisch gegenübersteht.

[1071] Siehe oben Kapitel 3, C. II.; zur Beeinträchtigung der Rechtssicherheit durch eine Generalklausel siehe auch *Wagner*, in: Law by Algorithm, 2021, S. 127 (142); *Borges*, CR 2022, 553 (577).

[1072] Vgl. Kapitel 3, A. I. 3.

befürchten. Im Zusammenhang mit autonomen Technologien überwiegen, vor allem aufgrund der schnellen Veränderungen, dagegen die Vorzüge einer offeneren Regelung.[1073] Zwar bleibt dem Hersteller eines Produkts, das noch nicht Gegenstand gerichtlicher Entscheidungen war, unter Umständen nichts anderes übrig als sich auf eine strikte Haftung einzustellen[1074] und dies kann die genannten negativen Folgen für die Innovationstätigkeit haben.[1075] Gegenüber einer Haftung für sämtliche Produktgefahren bietet der risikobasierte Ansatz aber den Vorteil, dass dem Hersteller zumindest die Möglichkeit eingeräumt wird, die Abwägung des Gerichts zu prognostizieren. Zudem obliegt es dem Hersteller bereits nach der Fehler-Produkthaftung, eine richterliche Abwägung vorherzusagen. Zwar könnte es schwieriger sein, zu prognostizieren, wann eine Gefahr als „zulässig, aber ausgleichspflichtig" eingestuft wird als zu beurteilen, wann eine Gefahr „unzulässig" ist. Ein solches Mehr an Ungewissheit wäre dem Hersteller jedoch zumutbar.[1076] Die richterliche Gefahrbeurteilung kann außerdem öffentliches Risikowissen generieren und dadurch spätere Entscheidungen besser prognostizierbar machen. Eine zu starke Abschreckungswirkung kann durch eine Ausnahme für Entwicklungsrisiken[1077] und eine summenmäßige Begrenzung der Haftung[1078] verhindert werden.

Für mehr Rechtssicherheit kann außerdem auch hier das Produktsicherheitsrecht sorgen.[1079] Das Zusammenspiel von Produkthaftungs- und

---

[1073] Zur allgemeinen Schwierigkeit, Rechtssicherheit und technologische Entwicklung in Einklang zu bringen, siehe nur *Cappiello*, AI-systems and non-contractual liability, 2022, S. 14.

[1074] Nach *Valta/Vasel*, ZRP 2021, 142 (142) ist mit Blick auf den KI-VO-E aufgrund der Abgrenzungsschwierigkeiten zu erwarten, dass „Unternehmer vorsorglich die Konformität für Hochrisikoanwendungen sicherstellen wollen, was Start-ups mit Niedrigrisikoanwendungen unnötig" fordere; ähnlich *Bomhard/Siglmüller*, RDi 2022, 506 (508).

[1075] Siehe insbesondere oben a) cc).

[1076] Siehe auch die Argumentation bei *Kötz*, in: Gutachten und Vorschläge zur Überarbeitung des Schuldrechts, Bd. II, 1981, S. 1779 (1791), wonach bei einer (großen) Generalklausel die Rechtsunsicherheit im Vergleich zur Verschuldenshaftung nicht viel größer wäre.

[1077] Siehe dazu 3.

[1078] Siehe dazu sogleich cc).

[1079] Für ein stärkeres Zusammenspiel von Produktsicherheitsrecht und Produkthaftungsrecht im Kontext von KI siehe etwa *Spindler*, in: Liability for Artificial Intelligence and the Internet of Things, 2019, 125 (142 f.); *Amato*, in: Liability for Artificial Intelligence and the Internet of Things, 2019, S. 77 (94 f.); für die Regulierung autonomer Systeme durch das Produktsicherheitsrecht auch *Sommer*, Haftung für autonome Systeme, 2020, S. 44 ff.; siehe auch *Spindler*, JZ 2022, 793 (800), wonach „Genehmigungsverfahren etc. eine gewisse Sicherheit für die Akteure herbeiführen" könnten; *Lohmann*, AJP 2017, 152 (161), die mit Blick auf „Personal Care Robots" eine Orientierung der Risikobeurteilung an ISO-Normen erwägt; Beschlüsse des 73. DJT, 2022, Zivilrecht, A. I. 3., B. II. 11., wonach Zertifizierungen für die Entkräftung von (einzuführenden) Verschuldensvermutungen berücksichtigt werden sollten; *Hacker*, arXiv:2211.13960v5, 2023, S. 23 f., 55 f., wonach „safe harbours" geschaffen werden sollten; zum U.S.-amerikanischen Recht vgl. *Geisfeld*, California Law

Produktsicherheitsrecht hat das Potenzial, einen „stabilen, aber nicht unbeweglichen Rechtsrahmen" zu schaffen.[1080] Soweit Normen mit Gesetzescharakter regeln, welche Risiken im Normal- und welche im Grenzbereich liegen, ist dies zu berücksichtigen. Der Gesetzgeber kann die Konkretisierung der abstrakten Vorschriften grundsätzlich auch anderen Stellen überlassen, z.B. – wie es im KI-VO-E und im KI-HaftVO-E vorgesehen ist[1081] – der Europäischen Kommission – oder – ähnlich einem Vorschlag von *Sommer*[1082] – einem neuen Gremium. Das Enumerationsprinzip wird also nicht vollständig aufgegeben, sondern abgewandelt: Anders als nach dem KI-HaftVO-E ist es im Grundsatz Sache des Gerichts, das Vorliegen eines „hohen" bzw. „besonderen" Risikos zu beurteilen. Hat der Gesetzgeber, gegebenenfalls mithilfe anderer Stellen, jedoch ein bestimmtes Produkt als (nicht) besonders gefährlich eingestuft, ist dies von den Gerichten zu beachten.[1083] Hierdurch wird verhindert, dass es zu *Legal Lags* kommt, gleichzeitig kann dem Bedürfnis nach Rechtssicherheit zumindest teilweise Rechnung getragen werden. Für technische Normen gilt das zum Produktfehler Gesagte: Mit ihnen kann, je nach gesetzlicher Ausgestaltung, eine Vermutung oder jedenfalls ein Anschein eines normalen oder „besonderen" Risikos verbunden sein.[1084] Denkbar ist es auch, den Herstellern die Möglichkeit einer verbindlichen Risikobewertung *ex ante* durch eine hierfür zuständige Stelle einzuräumen. Ein ähnlicher Ansatz findet sich bereits im GenTG: Die §§ 32 ff. GenTG finden keine Anwendung, wenn Produkte auf Grund einer Zulassung oder Genehmigung in den Verkehr gebracht werden

---

Review 2017, 1611 (1684 ff.); kritisch *Beierle*, Die Produkthaftung im Zeitalter des Internet of Things, 2021, S. 231 f., der die Möglichkeit einer konkreten und rechtzeitigen Normierung bezweifelt; in diese Richtung auch die Ausführungen bei *Weingart*, Vertragliche und außervertragliche Haftung für den Einsatz von Softwareagenten, 2022, S. 250 zu den sog. „Common Criteria Standards", die sich „immer nur auf einen speziellen Anwendungsfall beziehen" würden; zu Schwierigkeiten bei der Standardisierung des Softwareentwicklungsprozesses vgl. bereits *Taeger*, CR 1996, 257 (268) der ausführt, dass dieser Prozess „in der Regel ein individueller Vorgang" sei, „der jeweils nach anderen Kriterien" ablaufe.

[1080] Zu dieser Herausforderung siehe *Cappiello*, AI-systems and non-contractual liability, 2022, S. 15 (Übers. d. Verf.); dazu, dass die Haftung für autonome Systeme „eine Norm, die zwar für Rechtssicherheit sorgt, dabei aber in Bezug auf die komplexe technische Situation ausreichend flexibel ist", erfordere, *Weingart*, Vertragliche und außervertragliche Haftung für den Einsatz von Softwareagenten, 2022, S. 449 (siehe auch bereits S. 295 ff.), die sich aber gegen eine Differenzierung zwischen den autonomen Systemen ausspricht (S. 407 ff.).

[1081] Vgl. Art. 6 Abs. 2, 7 i.V.m. Anhang III KI-VO-E; Art. 4 Abs. 2 KI-HaftVO-E.

[1082] *Sommer*, Haftung für autonome Systeme, 2020, S. 453 ff. zu einer „Kommission für die Sicherheit von autonomen Systemen" als neue Stelle, welche insbesondere Standards für die Produktsicherheit aufstellen kann und vorschlagen soll, wann in ein anderes Modell der Ersatzpflicht (*Sommer* schlägt insofern drei Stufen vor) überzugehen ist.

[1083] Der Gesetzgeber kann dabei z.B. an Erfahrungen in „Reallaboren" („Sand Boxes") anknüpfen. Der KI-VO-E sieht „KI-Reallabore" ausdrücklich vor, Art. 53 KI-VO-E (siehe dazu oben Kapitel 1, Fn. 292).

[1084] Siehe dazu oben A. III. 2. c).

(§ 37 Abs. 2 S. 1 GenTG). Dann greift nur die Produkthaftung nach §§ 1 ff. ProdHaftG.[1085] Die Risikoabwägung – im Rahmen des Zulassungs- oder Genehmigungsverfahrens – hat in diesen Konstellationen ergeben, dass keine besondere Gefahr vorliegt, es bleibt aber die Möglichkeit einer Fehler-Gefahr.[1086] Eine abschließende Kategorisierung kann allerdings nur getroffen werden, soweit sich das Produktrisiko *ex ante* hinreichend prognostizieren lässt.[1087] Bei perzeptionsfähigen Agenten, die im Realbetrieb einer anderen Umgebung ausgesetzt sein können als im „Laborbetrieb", und insbesondere bei weiterlernenden Agenten ist dies häufig nicht möglich. Hier muss das Gericht, unter Berücksichtigung der Erkenntnisse aus dem Schadensfall, die Einordnung vornehmen und kann das Produktsicherheitsrecht allenfalls Leitlinien bereitstellen.[1088]

Die Gefährdungshaftung wird entsprechend den allgemeinen Grundsätzen begrenzt durch die Notwendigkeit der *Gefahrverwirklichung*: Insbesondere besteht keine Haftung bei höherer Gewalt,[1089] z.B. einem *außergewöhnlichen* Naturereignis, das dazu führt, dass eine autonome Verkehrsampel ausfällt,[1090] sowie beim *Handeln auf eigene Gefahr*, wenn also der Betroffene das

---

[1085] Darüber hinaus sehen § 906 Abs. 2 S. 2 BGB, § 36a GenTG eine Aufopferungshaftung vor.

[1086] Vgl. zu dem Zusammenspiel BeckOGK GenTG/*Bleckwenn*, 1.6.2023, § 37 Rn. 7 ff.

[1087] Zum Vorteil einer Risikobeurteilung *ex post* und im Einzelfall vgl. allgemein *Wagner*, in: Zivilrechtliche und rechtsökonomische Probleme des Internet und der künstlichen Intelligenz, 2019, S. 1 (10); siehe auch *Weingart*, Vertragliche und außervertragliche Haftung für den Einsatz von Softwareagenten, 2022, S. 409 (allerdings bezogen auf die Einordnung eines Systems als „autonome Software"), siehe auch schon oben A. III. 2. c) dd).

[1088] Soweit eine (große) Generalklausel einer Gefährdungshaftung vorgeschlagen wird, wird diese in der Regel mit Leitlinien versehen, welche die Einordnung erleichtern sollen (vgl. Art. 5:101 Abs. 2, Abs. 3 PETL, Art. 60 Abs. 2 Schweizer OR 2020); siehe auch *Kötz*, in: Gutachten und Vorschläge zur Überarbeitung des Schuldrechts, Bd. II, 1981, S. 1779 (1791), wonach an die „erprobten Einzeltatbestände" angeknüpft und der Rechtsprechung die Möglichkeit eingeräumt werden könne, „diese Tatbestände ergänzend in der Weise weiterzudenken, daß nunmehr eine Gefährdungshaftung auch bei vergleichbaren, ähnlich großen Wagnissen eingreifen kann"; *Deutsch*, Allgemeines Haftungsrecht, 2. Aufl. 1996, S. 452 f., wonach Regelbeispiele aufgelistet werden könnten.

[1089] Vgl. Art. 4 Abs. 3 KI-HaftVO-E; siehe auch Art. 7:102 Abs. 1 PETL („force majeure", „Verhalten eines Dritten"); Art. 5:302 DCFR („Event beyond control"); speziell zu autonomen Systemen *Schulz*, Verantwortlichkeit bei autonom agierenden Systemen, 2015, S. 365 (zur Gefährdungshaftung des Systemhalters); *Wagner*, VersR, 2020, 717 (734 f.), *Zech*, Gutachten für den 73. DJT, 2020, A 102; bei „höherer Gewalt" ist eine Gefährdungshaftung regelmäßig auch dann ausgeschlossen, wenn dies nicht ausdrücklich geregelt ist, vgl. bereits RG, Urt. v. 11.5.1903 – VI 485/02, RGZ 54, 407 (408) sowie *Deutsch*, NJW 1978, 1998 (1999) zu § 833 S. 1 BGB; *Taupitz/Pfeiffer*, JBl 2010, 88 (90).

[1090] Vgl. zu § 7 Abs. 2 StVG Burmann/Heß/Hühnermann/Jahnke StVG/*Burmann*, 27. Aufl. 2022, § 7 Rn. 14.

„besondere" Produktrisiko bewusst übernommen hat[1091]. Mit Blick auf den letzten Punkt kann eine Parallele zur Tierhalterhaftung gezogen werden: Der Geschädigte muss die „Herrschaft über das [Produkt] und damit die unmittelbare
Einwirkungsmöglichkeit vorwiegend im eigenen Interesse und in Kenntnis der
damit verbundenen besonderen [Gefahr] übernommen" haben.[1092] Dies setzt
insbesondere eine umfassende Aufklärung über das (Rest-)Risiko voraus, die
dem Betroffenen eine echte Wahl ermöglicht. Der Betroffene muss auf die Verwirklichung des Produktrisikos zumindest durch die Aktivierung des Agenten
einwirken können.[1093] Zudem muss „sein eigenes Interesse [...] im Verhältnis
zum [Hersteller] den Gesichtspunkt auf[wiegen], daß dieser den Nutzen des
[Produkts] hat".[1094] Die Produkthaftung geht davon aus, dass der Hersteller im
weiten Sinn wirtschaftlich tätig wird (§ 1 Abs. 2 Nr. 3 ProdHaftG), den Ver-
lusten in Form der Haftungskosten also potenziell Einnahmen gegenüber stehen.[1095] Entsprechendes muss auch für den Geschädigten gelten, so dass der
Haftungsausschluss regelmäßig nur beim Unternehmer-Nutzer greift. Durch
diese Begrenzung der Haftung kann auch das Aktivitätsniveau der Nutzer in
gewisser Weise gesteuert werden:[1096] Zwar müssen sie keine Gefährdungshaftung gegenüber Dritten befürchten, doch bleiben sie beim Handeln auf eigene
Gefahr auf ihren eigenen Schäden sitzen. Daneben greift auch hier der Einwand
des Mitverschuldens (vgl. § 6 Abs. 1 ProdHaftG, § 254 BGB).[1097] Ist der Nutzer

---

[1091] Vgl. dazu auch *John*, Haftung für künstliche Intelligenz, 2007, S. 286.

[1092] Vgl. BGH, Urt. v. 13.11.1973 – VI ZR 152/72, NJW 1974, 234, juris Rn. 16 zu § 833
S. 1 BGB.

[1093] Restriktiver der Bericht der Arbeitsgruppe „Digitaler Neustart" der Konferenz der
Justizministerinnen und Justizminister der Länder v. 15.4.2019, S. 178, wonach die Kontrolle des Nutzers eines autonomen Systems typischerweise nicht stark genug sei, um einen
Haftungsausschluss anzunehmen; wohl auch *Zech*, Gutachten für den 73. DJT, 2020, A 102,
der sich für einen Ausschluss ausspricht, „wenn der Verletzte beim Betrieb des digitalen
autonomen Systems (vgl. § 8 Nr. 2 StVG) und dabei als Unternehmer mit *besonderer Sachkenntnis* tätig war" (Hervorh. d. Verf.).

[1094] Vgl. BGH, Urt. v. 13.11.1973 – VI ZR 152/72, NJW 1974, 234, juris Rn. 16 zu § 833
S. 1 BGB.

[1095] Der ProdHaftRL-neu-E sieht diesen Ausschlussgrund nicht mehr vor, vgl. *Ka-
poor/Klindt*, BB 2023, 67 (70). Eine Einschränkung ergibt sich nun aber aus den Begriffen
„Inverkehrbringen", „Bereitstellung auf dem Markt" sowie „Inbetriebnahme", die von einer
„Geschäftstätigkeit" bzw. „gewerblichen Tätigkeit" ausgehen, vgl. Art. 4 Abs. 8, Abs. 9,
Abs. 10, 10 Abs. 1 ProdHaftRL-neu-E.

[1096] Siehe dazu oben 1.

[1097] Vgl. auch Art. 12 Abs. 2 ProdHaftRL-neu-E. Nach *Weingart*, Vertragliche und außervertragliche Haftung für den Einsatz von Softwareagenten, 2022, S. 409 soll eine Gefährdungshaftung für autonome Software nicht auf eine spezifische Software- oder Autonomiegefahr beschränkt werden, sondern die Begrenzung ausschließlich über das Mitverschulden
nach § 254 BGB geregelt werden.

selbst Hersteller des Agenten, insbesondere weil er ihn weitertrainiert hat, kann ihm insofern auch eine „besondere" Gefahr anzurechnen sein.[1098]

Keine Voraussetzung der Gefährdungshaftung sollte dagegen sein, dass der Schaden in unbeherrschbarer Weise eingetreten ist. Auch insofern gilt das zur Tierhalterhaftung Gesagte.[1099] Zur Eingrenzung der Haftung ist das besonders gefährliche Produkt vielmehr, soweit möglich, mit einem nicht besonders gefährlichen Produkt zu vergleichen. Der Pflegeroboter, der im Seniorenheim Medikamente verabreicht, kann z.B. wegen der Gefahr einer falschen Dosierung mit erheblichen Folgen als besonders gefährlich eingestuft werden. Sein Hersteller haftet dann nicht, wenn er als Wurfgeschoss eingesetzt wird, wohl aber, wenn seine Lernfähigkeit vorsätzlich ausgenutzt wird, z.B. durch die bewusste Einspeisung irreführender Daten.[1100] Auch die Gefährdungshaftung für autonome Technologien hat also eine *Sicherstellungsfunktion*. Der Hersteller haftet gegenüber dem Geschädigten und muss sich an den Dritten wenden.[1101] Der Regress wird dem Hersteller umso leichter fallen, je besser sich die Entscheidungen des Produkts erklären lassen. Wie gesehen, hat er es maßgeblich in der Hand, durch die Verwendung von interpretierbaren Lernalgorithmen, *XAI*-Methoden und *Logging*-Mitteln für mehr Transparenz zu sorgen. Die Sicherstellungsfunktion der Gefährdungshaftung setzt Anreize, solche Maßnahmen tatsächlich zu ergreifen.[1102]

cc) *Zweispurige Produkthaftung und gestaffelte Haftungshöchstgrenzen*

Die Haftung für Risiken autonomer Technologien sollte also zweispurig aufgebaut werden: Einerseits als Haftung für Produkt-Fehler für Produkte, die

---

[1098] Zum (Trainer-)Nutzer als Hersteller eines Agenten siehe oben A. II. 2.; zur Anrechnung der „Betriebsgefahr" siehe nur MüKoBGB/*Oetker*, 9. Aufl. 2022, § 254 Rn. 12 ff.

[1099] Siehe oben Kapitel 3, A. I. 1., *Sommer*, Haftung für autonome Systeme, 2020, S. 467 erwägt einen Ausschluss bei einer Fremdsteuerung entsprechend § 7 Ab. 3 S. 1 StVG, was (entsprechend den Ausführungen zu § 833 S. 1 BGB, siehe oben Kapitel 3, A. I. 1.) sachgerecht erscheint.

[1100] Vgl. *Zech*, Gutachten für den 73. DJT, 2020, A 102; a.A. wohl *Wagner*, VersR, 2020, 717 (734 f.), dessen Haftung für „digitale Gefahren" entfallen soll, soweit der Schaden „durch pflichtwidriges Verhalten eines Dritten verursacht wurde"; nach *Sommer*, Haftung für autonome Systeme, 2020, S. 466 soll das „Substanz- oder Automatisierungsrisiko" nicht zur Gefährdungshaftung führen; siehe auch *Wendehorst*, JETL 2020, 150 (170), wonach etwa der scharfe Griff eines Roboters keine Gefährdungshaftung auslösen soll.

[1101] Der KI-HaftVO-E sieht keinen Haftungsausschluss für den Fall eines pflichtwidrigen Handelns Dritter vor. Für den Betreiber eines KI-Systems ohne hohes Risiko ordnet er sogar eine Sicherstellungshaftung an, vgl. Art. 8 Abs. 3 sowie noch unten II. 1.; vgl. auch Art. 12 Abs. 1 ProdHaftRL-neu-E.

[1102] Zu einer solchen Anreizwirkung einer Haftung vgl. *Günther*, Roboter und rechtliche Verantwortung, 2016, S. 193 f zur Produkthaftung *de lege lata*; *Weingart*, Vertragliche und außervertragliche Haftung für den Einsatz von Softwareagenten, 2022, S. 441 zu der von ihr vorgeschlagenen gesamtschuldnerischen Haftung von Nutzer, Betreiber und Hersteller.

nicht (ohne weitere Sicherheitsmaßnahmen) in den Verkehr gebracht werden dürfen. Andererseits als Haftung für „besondere" Risiken für Produkte, die jedenfalls nur in den Verkehr gebracht werden dürfen, wenn Schäden ausgeglichen werden.[1103]

Die Generalklausel muss dabei in ihrem Wortlaut nicht auf „autonome" Produkte beschränkt werden, sondern kann daran anknüpfen, dass *auch bei Einhaltung der erforderlichen Sorgfalt* ein besonderes Risiko besteht.[1104] Diese Formulierung vermeidet Streitigkeiten um den Autonomiebegriff[1105] und knüpft zugleich an die typischen Auswirkungen von Autonomie (Unvermeidbarkeit und Unvorhersehbarkeit) an.[1106] Bei herkömmlichen Technologien kann durch die Einhaltung der erforderlichen Sorgfalt bei der Herstellung und Nutzung in der Regel eine große Gefahr verhindert werden,[1107] so dass diese Produkte nicht unter die Gefährdungshaftung fallen werden. Die offene Formulierung ermöglicht es aber, (neue) Produkte zu erfassen, die auch ohne „Autonomie" besondere Restrisiken beinhalten. Hierdurch können weitere *Legal Lags* und Widersprüche zu anderen Bereichen vermieden werden.[1108] Umgekehrt können Produkte, die sich zwar autonom verhalten, bei denen aber die *Auswirkungen* der Entscheidungen gut kontrolliert werden können, z.B. weil es sich dabei um nachvollziehbare Empfehlungen handelt, von der strikten Haftung ausgenommen werden.[1109]

Die Haftung ist summenmäßig zu begrenzen: Sind Personenschäden durch ein Produkt oder gleiche Produkte mit demselben Fehler verursacht worden, so haftet der Hersteller *de lege lata* nur bis zu einem Höchstbetrag von 85

[1103] Ähnlich das Modell von *Hacker*, *Hacker*, arXiv:2211.13960v5, 2023, S. 49 ff., wonach für manche Systeme („Illegitimate-harm, high-risk [and prohibited] AI models") strikt, für andere nur bei einem (unter Umständen zu vermutenden) schadensursächlichen Fehler gehaftet werden soll.

[1104] Vgl. auch die Formulierungen in Art. 60 Abs. 2 Schweizer OR 2020; § 1304 Abs. 3 ABGB-E; Art. 5:101 Abs. 2 lit. a, Abs. 3 PETL; Art. 3:206 Abs. 1 lit. a DCFR; § 20 Restat 3d of Torts; Art. 3 lit. c KI-Haft-VO-E. Auch dort ist die Unbeherrschbarkeit allerdings nur notwendige, nicht aber hinreichende Bedingung der Gefährdungshaftung.

[1105] Vgl. zu unterschiedlichen Verständnissen des Begriffes Kapitel 1, A.

[1106] Vgl. auch *Wagner*, JZ 2023, 1 (2): „Haftungsrechtlich entscheidend ist allein, dass sich das System der vollständigen Steuerung und Kontrolle durch seinen Hersteller und seinen Nutzer bzw. Betreiber entzieht."

[1107] Vgl. *Wagner*, VersR 2020, 717 (734).

[1108] Wenig zielführend erscheint auch eine Anknüpfung an eine „Künstliche Intelligenz"; siehe nur *Hacker*, arXiv:2211.13960v5, 2023, S. 11 f. zu den Schwierigkeiten des Begriffs und insbesondere dazu, dass unvorhersehbare und opake konventionelle Software grundsätzlich gleich behandelt werden sollte wie unvorhersehbare und opake Software, die auf ML-Modellen beruht.

[1109] Vgl. dazu Kapitel 1, C. II und III. sowie oben Fn. 1063.

Millionen Euro (§ 10 Abs. 1 ProdHaftG).[1110] Der KI-HaftVO-E sieht für die Haftung des Betreibers von Hochrisiko-KI, abhängig vom betroffenen Interesse, einen Höchstbetrag von zwei Millionen Euro bzw. eine Million Euro vor.[1111] Dagegen enthält der Vorschlag für eine neue ProdHaftRL keine Beschränkungen.[1112] Haftungshöchstbeträge erlauben es, die Haftung besser kalkulierbar und grundsätzlich einfacher versicherbar zu machen.[1113] Die potenziell innovationshemmende Wirkung einer strengeren Haftung kann dadurch begrenzt werden.[1114] Sofern sie die Interessen des Geschädigten hinreichend berücksichtigen und an die Entwicklung der Kaufkraft angepasst werden,[1115] erscheinen Haftungshöchstbeträge als zweckmäßiger „Kompromiss"[1116]. Eine Bewertung der aktuellen Höchstbeträge soll hier nicht erfolgen.[1117] Für Risiken im Verbotsbereich und für Risiken, die der Hersteller „garantiert" – also die Fehler-Risiken i.S.d. Produkthaftung *de lege lata* – sollten jedenfalls höhere Grenzen gelten als für die neue Haftung für „besondere" Gefahren im

---

[1110] Damit wurde von einer Ermächtigung in Art. 16 Abs. 1 ProdHaftRL Gebrauch gemacht. Für Sachschäden sieht § 11 ProdHaftG außerdem eine Selbstbeteiligung vor (vgl. Art. 9 Abs. 1 ProdHaftRL).

[1111] Vgl. Art. 5 KI-HaftVO-E; für Haftungshöchstgrenzen etwa auch *Zech*, Gutachten für den 73. DJT, 2020, A 103; *Sommer*, Haftung für autonome Systeme, 2020, S. 467; *Weingart*, Vertragliche und außervertragliche Haftung für den Einsatz von Softwareagenten, 2022, S. 411 ff.; *Spindler*, JZ 2022, 793 (799).

[1112] Siehe dazu *Spindler*, CR 2022, 689 (699); *Wagner*, JZ 2023, 1 (10).

[1113] Vgl. allgemein *Wagner*, Deliktsrecht, 14. Aufl. 2021, S. 209; *Looschelders*, Schuldrecht, Besonderer Teil, 18. Aufl. 2023, S. 631; zum ProdHaftG *Schlechtriem*, VersR 1986, 1033 (1042); Entwurfsbegründung zum ProdHaftG, BT-Drs. 11/2447, S. 24, wo die Begrenzung als „das erforderliche und ausgewogene Gegenstück zur Ausweitung des Haftungstatbestandes in Form der Gefährdungshaftung" gesehen wird; kritisch allgemein *Kötz*, in: Gutachten und Vorschläge zur Überarbeitung des Schuldrechts, Bd. II, 1981, S. 1779 (1825 ff.); *Röthel*, in: Innovationsverantwortung, 2009, S. 335 (347); zum ProdHaftG *Finsinger/Simon*, in: Haftpflichtrisiken in Unternehmen, 1989, S. 23 (54 f.); MüKoBGB/*Wagner*, 8. Aufl. 2020, § 10 ProdHaftG Rn. 1; nach *Schäfer/Ott*, Lehrbuch der ökonomischen Analyse des Zivilrechts, 6. Aufl. 2020, S. 265 sind Haftungsobergrenzen nur dann sinnvoll, wenn der Schaden nicht versicherbar ist und die Schädiger risikoavers, die Geschädigten dagegen risikoneutral sind und ist dieser Fall eine „lediglich theoretische Möglichkeit", da kaum ein Bereich unfallträchtiger Tätigkeit nicht versicherbar sei.

[1114] Vgl. *Weingart*, Vertragliche und außervertragliche Haftung für den Einsatz von Softwareagenten, 2022, S. 411 ff.; *Spindler*, JZ 2022, 793 (799).

[1115] Vgl. dazu *Kötz*, in: Gutachten und Vorschläge zur Überarbeitung des Schuldrechts, Bd. II, 1981, S. 1779 (1827); *Schulz*, Verantwortlichkeit bei autonom agierenden Systemen, 2015, S. 366.

[1116] BeckOGK GenTG/*Bleckwenn*, 1.6.2023, § 33 Rn. 2; siehe auch schon *Rinck*, Gefährdungshaftung, 1959, S. 23, wonach die Verteilung des Schadens eine „willkommene soziale Note" habe.

[1117] Kritisch zum KI-HaftVO-E *Wagner*, in: Law by Algorithm, 2021, S. 127 (148 f.); *Spindler*, JZ 2022, 793 (803).

Grenzbereich.[1118] Um KMU stärker zu schützen, könnten die Haftungshöchstgrenzen auch an den Umsatz anknüpfen, ähnlich wie bei Bußgeldvorschrif-
ten.[1119]

3. Eingeschränkte Haftung für Entwicklungsrisiken

Durch die weite Auslegung des Begriffs des Inverkehrbringens wird die Haftung für Entwicklungsrisiken bereits *de lege lata* verschärft: Der Hersteller haftet für alle Fehler, die während des Zeit*raums* des Inverkehrbringens erkennbar
werden. Eine generelle Haftung für Entwicklungsrisiken geht dagegen zu
weit.[1120] Und auch die Haftung für besondere Produktgefahren ist grundsätzlich
auf erkennbare Risiken zu beschränken.[1121]

Hierfür spricht vor allem, dass der Haftungsadressat Schadenskosten nur insoweit in seine Kosten-Nutzen-Rechnung einstellen und sein Sorgfalts- und
Aktivitätsniveau in ökonomisch optimaler Weise daran ausrichten kann, als er
diese vorhersehen kann (Effizienzgedanke).[1122] Dass *de lege lata* in manchen
Bereichen dennoch für Entwicklungsrisiken gehaftet wird (vgl. § 37 Abs. 2
S. 1 GenTG[1123], § 84 Abs. 1 AMG i.V.m. § 15 Abs. 1 ProdHaftG[1124]), dürfte
sich damit erklären lassen, dass dort in der Regel jedenfalls die fehlende

---

[1118] Nach MüKoBGB/*Wagner*, 8. Aufl. 2020, § 10 ProdHaftG Rn. 1 spricht die Nähe zur
Verschuldenshaftung bei der (aktuellen) Produkthaftung gegen eine summenmäßige Begrenzung; siehe auch *ders.*, JZ 2023, 1 (10).

[1119] Vgl. etwa Art. 83 Abs. 4, Abs. 6 DSGVO. In diese Richtung gehen auch Vorschläge,
wonach bei der Bemessung der Ersatzpflicht der „Vorteil, der dem schadensstiftenden Unternehmen aus den besseren Chancen erwächst" mitzuberücksichtigen sei, vgl. *Reinhardt*,
Gutachten für den 41. DJT, 1955, S. 233 (279) und daran anknüpfend *Koziol*, in: Prävention
im Umweltrecht, 1988, S. 143 (151); nach *Hacker*, arXiv:2211.13960v5, 2023, S. 54 sollen
KMU gar keiner Gefährdungshaftung unterliegen, sondern nur einer Vermutung des Fehlers,
der Sorgfaltspflichtverletzung und der Kausalität.

[1120] Für eine Abschaffung bei neuen digitalen Technologien siehe etwa *Expert Group
(NTF)*, Liability for AI, 2019, S. 42 f.; *Sommer*, Haftung für autonome Systeme, 2020,
S. 466 f.; Beschluss des 73. DJT, 2022, Zivilrecht, A. I. 5. Die ProdHaftRL stellt es den Mitgliedstaaten frei, die Haftung auch auf Entwicklungsrisiken auszudehnen (Art. 15 Abs. 1
lit. b ProdHaftRL), so dass insofern Änderungen auch auf allein nationaler Ebene möglich
wären; anders Art. 10 Abs. 1 lit. e ProdHaftRL-neu-E (siehe Fn. 1158).

[1121] Dies entspricht auch der Generalklausel der *Principles of European Tort Law*, die
eine „vorhersehbare" Schadensgefahr voraussetzt (Art. 5:101 Abs. 2 lit. a PETL, siehe auch
§ 20 lit. b Restat 3d of Torts); Art. 60 Schweizer OR 2020 und § 1304 ABGB-E enthalten
keine solche Beschränkung.

[1122] *Schäfer/Ott*, Lehrbuch der ökonomischen Analyse des Zivilrechts, 6. Aufl. 2020,
S. 266 f.; dazu, dass die Haftungsrisiken der Hersteller autonomer Systeme vorhersehbar
bleiben müssen, siehe *Ebers*, in: German National Reports on the 21st International Congress
of Comparative Law, 2022, S. 157 (192).

[1123] Nach der Entwurfsbegründung zum GenTG, BT-Drs. 11/5622, S. 36 ist das Entwicklungsrisiko „das eigentliche und primäre Risiko der Gentechnologie".

[1124] Vgl. Entwurfsbegründung zum ProdHaftG, BT-Drs. 11/2447, S. 12.

Abschätzungssicherheit erkennbar ist.[1125] Denn bei einer „erkannten Unerkennbarkeit" kann die Haftung für Entwicklungsrisiken durchaus effizient sein:[1126] Der Hersteller, der über die eigene Ungewissheit Bescheid weiß, wird sich überlegen, ob er versuchen soll, Wissen zu gewinnen.[1127] Eine Haftung für Entwicklungsrisiken schafft insofern starke Anreize für Gefahrerforschungsmaßnahmen[1128] und erzeugt einen „Innovationsdruck".[1129] Bei autonomen Produkten ist regelmäßig ebenfalls bekannt, dass die Risiken sich nicht vollständig abschätzen lassen.[1130] Dem kann allerdings durch die dargestellte einschränkende Auslegung der Entwicklungsrisiko-Klausel Rechnung getragen werden: Für die Haftung genügt ein hypothetisches, generell erkennbares Produktrisiko, welches bei technischen Agenten trotz ihrer Perzeptions- und Lernfähigkeit regelmäßig vorliegt.[1131] Durch die Beibehaltung der Klausel und eine restriktive Auslegung werden Gefahrerforschungsmaßnahmen, etwa in Form von umfassenden Testphasen, gefördert, gleichzeitig werden aber keine zu hohen Anforderungen gestellt.[1132]

[1125] Vgl. *Koziol*, in: Prävention im Umweltrecht, 1988, S. 143 (151); *Schrupkowski*, Die Haftung für Entwicklungsrisiken in Wissenschaft und Technik, 1995, S. 220 f.; in diese Richtung auch *Becker/Rusch*, ZEuP 2000, 90 (104): „Man weiß in diesen Bereichen um die besondere Gefährlichkeit und handelt trotzdem".

[1126] *Schrupkowski*, Die Haftung für Entwicklungsrisiken in Wissenschaft und Technik, 1995, S. 221, wonach dieser Gedanke jedoch auch bei der „massenweisen Konsumgüterproduktion" zu einer Haftung für Entwicklungsrisiken führen müsse.

[1127] Vgl. *Zech*, JZ 2013, 21 (24); siehe auch *Kühn-Gerhard*, Eine ökonomische Betrachtung des zivilrechtlichen Haftungsproblems „Entwicklungsrisiko", 2000, S. 182.

[1128] Siehe nur WBGU-Gutachten 1998, BT-Drs. 14/3285, S. 242; *Kühn-Gerhard*, Eine ökonomische Betrachtung des zivilrechtlichen Haftungsproblems „Entwicklungsrisiko", 2000, S. 337 f.; *Steininger*, Verschärfung der Verschuldenshaftung, 2007, S. 34 f.; *Röthel*, in: Innovationsverantwortung, 2009, S. 335 ff. (349); *Zech*, JZ 2013, 21 (25); *Schäfer/Ott*, Lehrbuch der ökonomischen Analyse des Zivilrechts, 6. Aufl. 2020, S. 424 f.

[1129] Siehe dazu oben 2. a) cc) (2).

[1130] Vgl. auch *Hacker*, arXiv:2211.13960v5, 2023, S. 58: „With AI, however, unforeseeable output, and damage caused by it, is foreseeable in the abstract" (zu seinem Vorschlag einer Fonds-Lösung vgl. Fn. 1150).

[1131] Siehe dazu oben A. V. 3. a) aa); vgl. auch *Expert Group (NTF)*, Liability for AI, 2019, S. 43, wonach der Einwand in „cases where it was predictable that unforeseen developments might occur", nicht greifen soll; *Linardato*s, Autonome und vernetzte Aktanten im Zivilrecht, 2021, S. 282, wonach die Frage, ob aus § 1 Abs. 2 Nr. 5 ProdHaftG mit Blick auf das Autonomierisiko Haftungslücken erwachsen „Frage der korrekten Tatbestandssubsumtion" sei.

[1132] Vgl. *Becker/Rusch*, ZEuP 2000, 90 (104), wonach sich eine Sicherheitsforschung auf Unvorhersehbares „*per definitionem* nicht einstellen" könne; siehe auch zum U.S.-amerikanischen Recht § 20 lit. b Restat 3d of Torts, comment i: „When the defendant sincerely and reasonably believes that its activity is harmless, both the ethical arguments and the safety-incentive arguments in favor of strict liability lose persuasiveness"; § 2 lit. b, c Restat 3d of Torts, Products Liability, comment a: „To hold a manufacturer liable for a risk that was not

Eine Haftung auch für unerkennbare Risiken würde sich voraussichtlich nachteilig auf die Innovationstätigkeit auswirken:[1133] Sie kann zwar vorsichtige, sich schrittweise vollziehende Innovationen begünstigen, behindert aber radikalere Innovationen.[1134] Sie schafft einen Anreiz, eher eine Tätigkeit mit höheren realen oder hypothetischen Risiken beizubehalten als eine Tätigkeit mit nur befürchteten oder unbekannten, möglicherweise aber geringeren Risiken aufzunehmen.[1135] Bei der Einführung von Computern wurde z.B. darüber spekuliert, ob die von den Bildschirmen ausgehenden Strahlungen Krebserkrankungen hervorrufen könnten. Wäre die Herstellung mit einer strikten Haftung verbunden gewesen, hätte dies die technische Entwicklung jedenfalls verzögert.[1136] Gleichzeitig hätte eine Haftung für Entwicklungsrisiken nicht verhindert, dass ein Getränkehersteller Anfang des 20. Jahrhunderts seinen Getränken Kokain beigefügt hat, da damals kein Anlass bestand, die damit verbundenen Risiken zu erforschen.[1137] Entsprechend könnte eine Haftung auch für nur befürchtete und unbekannte Risiken autonomer Systeme z.B. die Einführung von Diagnosesystemen im Medizinbereich oder von Systemen, die einer effizienteren Energieversorgung dienen, ausbremsen, ohne dass damit ein substanzieller Sicherheitsgewinn, z.B. mit Blick auf neue Manipulationsmöglichkeiten, verbunden wäre.

Durch eine Haftung für Entwicklungsrisiken würden voraussichtlich insbesondere kleine und junge Unternehmen belastet: Große und erfahrene Unternehmen haben regelmäßig umfassende Möglichkeiten zur Gefahrerforschung.[1138] Außerdem können sie es sich eher leisten, für die Verwirklichung

---

foreseeable when the product was marketed might foster increased manufacturer investment in safety. But such investment by definition would be a matter of guesswork."

[1133] Vgl. allgemein *Finsinger/Simon*, in: Haftpflichtrisiken in Unternehmen, 1989, S. 23 (37); *Schlechtriem*, in: FS Rittner, 1991, S. 545 (552); *Becker/Rusch*, ZEuP 2000, 90 (105); *Ladeur*, in: Karl-Heinz Ladeur: Das Recht der Netzwerkgesellschaft, 2013, S. 393 (412); *Schäfer/Ott*, Lehrbuch der ökonomischen Analyse des Zivilrechts, 6. Aufl. 2020, S. 425; speziell zu autonomen Systemen *Lohmann*, Automatisierte Fahrzeuge im Lichte des Schweizer Zulassungs- und Haftungsrechts, 2016, S. 345; *Schmon*, IWRZ 2018, 254 (257).

[1134] *Fondazione Rosselli*, Analysis of the Economic Impact of the Development Risk Clause as provided by Directive 85/374/EEC on Liability for Defective Products, 2002, S. 35; siehe auch *Kühn-Gerhard*, Eine ökonomische Betrachtung des zivilrechtlichen Haftungsproblems „Entwicklungsrisiko", 2000, S. 339, wonach Effizienzgesichtspunkte weder zu einer Streichung noch zu einer Beibehaltung der Klausel zwingen würden.

[1135] WBGU-Gutachten 1998, BT-Drs. 14/3285, S. 241.

[1136] *Schäfer/Ott*, Lehrbuch der ökonomischen Analyse des Zivilrechts, 6. Aufl. 2020, S. 425.

[1137] *Schäfer/Ott*, Lehrbuch der ökonomischen Analyse des Zivilrechts, 6. Aufl. 2020, S. 266.

[1138] Vgl. auch *Wagner*, in: Zivilrechtliche und rechtsökonomische Probleme des Internet und der künstlichen Intelligenz, 2019, S. 1 (10), wo die Möglichkeiten der „an der Spitze des technischen Fortschritts stehenden Technologieunternehmen" betont werden.

unbekannter Risiken zu bezahlen: Wie bereits im Zusammenhang mit menschlicher Autonomie angesprochen, fällt es kleinen und jüngeren Unternehmen
meist schwerer, die Haftungskosten auf ihre Kunden zu verteilen als großen
und etablierten Marktteilnehmern.[1139] Unter Umständen müssen sie die Aktivität unterlassen, bis das Risiko ausreichend erforscht ist.[1140] Der Wettbewerbs-
vorteil, den sie dadurch erlangen, dass sie ein neues Produkt auf den Markt
bringen,[1141] kann zwar dafür sprechen, das Experiment zu wagen, allerdings ist
bei Innovationen aufgrund der Ungewissheit auch auf Chancenseite oft auch
dieser Vorteil ungewiss[1142]. Entsprechend wird befürchtet, dass eine Haftung
für Entwicklungsrisiken in bestimmten Branchen zu einer stärker konzentrierten Marktstruktur führen würde.[1143] Die Möglichkeit, Entwicklungsrisiken zu
versichern, schwächt diesen Effekt ab, beseitigt ihn aber nicht: Versicherungsschutz für nur befürchtete und unbekannte Risiken zu erlangen, ist grundsätzlich schwieriger oder zumindest teurer, da auch für die Versicherungsunternehmen erhebliche Ungewissheiten bestehen.[1144] Bereits die Notwendigkeit der
Zahlung einer (höheren) Versicherungsprämie kann sich übermäßig hemmend
auswirken.[1145]

Auch unter Berücksichtigung des Vorteilsgedankens lässt sich eine Haftung
für Entwicklungsrisiken kaum rechtfertigen. Für einen Schadensausgleich auch
bei der Realisierung von Entwicklungsrisiken wird der – bereits im Zusammenhang mit der Beurteilung des generellen Risikos aufgeführte – Gedanke
der „Aufopferung" der Rechtsgüter der Erst-Betroffenen angeführt, auf deren
Kosten ansonsten experimentiert werde und denen deshalb eine Ungleichbehandlung drohe.[1146] Insofern gelten die bereits genannten Erwägungen

---

[1139] Siehe oben Kapitel 2, B. II. 1 b).

[1140] Zu dieser Möglichkeit der Akteure siehe *Zech*, JZ 2013, 21 (24), allerdings mit Blick
auf zwar nicht verlässlich abschätzbare, aber immerhin erkennbare Risiken.

[1141] Vgl. zu diesem Vorteil *Zech*, JZ 2013, 21 (26); *Kühn-Gerhard*, Eine ökonomische
Betrachtung des zivilrechtlichen Haftungsproblems „Entwicklungsrisiko", 2000, S. 338.

[1142] Siehe dazu oben Kapitel 1, D. II. 2.

[1143] *Fondazione Rosselli*, Analysis of the Economic Impact of the Development Risk
Clause as provided by Directive 85/374/EEC on Liability for Defective Products, 2002,
S. 72.

[1144] *Fondazione Rosselli*, Analysis of the Economic Impact of the Development Risk
Clause as provided by Directive 85/374/EEC on Liability for Defective Products, 2002,
S. 71 f. Wirkt sich die Generierung von Wissen nachteilig auf den Versicherungsschutz aus,
führt dies außerdem dazu, dass Forschungen tendenziell unterbleiben, vgl. *Kühn-Gerhard*,
Eine ökonomische Betrachtung des zivilrechtlichen Haftungsproblems „Entwicklungsri-
siko", 2000, S. 338.

[1145] Vgl. *Denga*, CR 2018, 69 (76), wo hervorgehoben hat, dass die Versicherungsprämien
insbesondere „vorsichtige Marktteilnehmer" und „kapitalarme Newcomer" beeinträchtigen
würden.

[1146] *Röthel*, in: Innovationsverantwortung, 2009, S. 335 (353); siehe dazu auch schon
oben 2. a) cc) (3).

entsprechend: Der Aufopferungseffekt ist nicht von der Hand zu weisen.[1147] Indes ist fraglich, ob der Ausgleich zugunsten des Geschädigten durch eine Ersatzpflicht des Herstellers zu erfolgen hat. Die Gefährdungshaftung beruht auf dem Gedanken, dass dem Adressaten eine besonders riskante Aktivität erlaubt wird und er deshalb im Vergleich zur Allgemeinheit besondere Vorteile zieht, die es rechtfertigen, ihm die Schadenskosten aufzuerlegen. Weiß der Hersteller nichts von der Gefahr, nutzt er die mit der Erlaubnis einhergehenden Chancen aber nicht in einer Weise aus, die eine Haftung nach dem Vorteilsgedanken nahe legt.[1148] Er profitiert im Schadensfall zwar regelmäßig von einem Wissensgewinn, dieser kommt aber meist auch der Konkurrenz und der Allgemeinheit zugute.[1149] Insgesamt spricht deshalb mehr dafür, es bei der Einschränkung zu belassen. Der Ausgleich von „Härten" im Einzelfall kann grundsätzlich den von der Allgemeinheit finanzierten Ausgleichssystemen überlassen werden.[1150]

Die vorstehenden Ausführungen betreffen die *inhaltliche* Komponente der Entwicklungsrisiko-Klausel. Sie liefern allerdings keine Argumente dafür, den Hersteller aus seiner Verantwortung zu entlassen, wenn ein Risiko zwar nicht innerhalb des Zeitraums des Inverkehrbringens, aber danach erkennbar wird. *De lege ferenda* ist der Zeitbezug in § 1 Abs. 2 Nr. 5 ProdHaftG zu streichen (a). Außerdem kann für mehr Rechtssicherheit gesorgt werden, indem die Klausel um Vertrauenstatbestände im Produktsicherheitsrecht ergänzt wird (b).

a) Abkehr vom Zeitbezug

Die Entwicklungsrisiko-Klausel ist durch eine Streichung des Zeitbezugs einzuschränken. Nach einem Vorschlag von *Kühn-Gerhard* soll sich der Hersteller nur entlasten können, wenn der „schadensursächliche Fehler bis (!) zu dem Zeitpunkt, an dem der Ersatzanspruch geltend gemacht wird, objektiv nicht

---

[1147] Dazu, dass beim ersten Schadensfall ein Fehler regelmäßig identifiziert und deshalb für die Fehler von anschließend neu in den Verkehr gebrachte Produkte gehaftet wird, siehe auch *Hofmann*, CR 2020, 282 (286).

[1148] *Steininger*, Verschärfung der Verschuldenshaftung, 2007, S. 34 f.; siehe auch § 20 lit. b Restat 3d of Torts, comment i, wonach bei unvorhersehbaren Risiken nicht gesagt werden könne, dass „the defendant is deliberately engaging in risk-creating activity for the sake of the defendant's own advantage". Bei unvorhersehbaren Risiken würden auch die „ethical arguments" der Gefährdungshaftung nicht mehr greifen (vgl. Fn. 1132).

[1149] Vgl. *Ladeur*, in: Karl-Heinz Ladeur: Das Recht der Netzwerkgesellschaft, 2013, S. 393 (412). *Ladeur* erwägt eine genossenschaftliche Haftung (S. 413); zur Generierung von Wissen siehe auch schon oben 2. a) cc) (2) und (3).

[1150] Siehe dazu auch schon oben 2. a) cc) (3) sowie noch unten II. 2. c); für die Errichtung eines Fonds für die Geschädigten, deren Ansprüche an der Entwicklungsrisiko-Klausel scheitern, *Hacker*, arXiv:2211.13960v5, 2023, S. 47 f.

erkennbar war".[1151] Dieser Zeitraum reicht weiter als der Zeitraum des Inverkehrbringens: Auch wenn Sicherheitsaktualisierungen nicht mehr erwartet werden dürfen, muss Gefahrerforschung betrieben werden. Hierfür spricht, dass es dem Hersteller in weiterem Umfang möglich und zumutbar sein kann, bestehende Fehler und besondere Gefahren zu erforschen, als neue Fehler zu vermeiden und neue besondere Gefahren zu beeinflussen.[1152] Im ersten Fall geht es nur darum, zu prüfen, ob das Produkt der früheren Risikobewertung entspricht, im zweiten Fall muss es an veränderte Risikobewertungen angepasst werden. Nach *Kühn-Gerhard* sollen durch die Streichung des Zeitbezugs die *de lege lata* in §§ 823, 276 Abs. 2 BGB angesiedelten nachträglichen Gefahrerforschungspflichten in die Produkthaftung übernommen werde.[1153] An die Erkennbarkeit i.S.d. § 1 Abs. 2 Nr. 5 ProdHaftG werden in sachlicher Hinsicht, wie gesehen, grundsätzlich die gleichen Anforderungen gestellt wie bei §§ 823 Abs. 1, 276 Abs. 2 BGB.[1154] Ein Gleichlauf auch in zeitlicher Hinsicht ist zu begrüßen. Hierfür muss die Entwicklungsrisiko-Klausel allerdings auch berücksichtigen, dass die Anforderungen an den Hersteller hinsichtlich der Gefahrerkennung mit Zeitablauf sinken.[1155] Dieses Ergebnis kann dadurch erreicht werden, dass bei der Beurteilung der Erkennbarkeit der Zeitraum des Inverkehrbringens zwar nicht mehr das Maß aller Dinge ist, aber noch *mit*berücksichtigt wird, ähnlich wie bei der Fehlerbeurteilung.[1156] Eine ewige Haftung des Herstellers kann durch eine Ausschlussfrist (vgl. § 13 ProdHaftG, Art. 11 ProdHaftRL) vermieden werden, die mit Ende des Inverkehrbringens beginnt.[1157]

Der ProdHaftRL-neu-E entspricht diesem Vorschlag nur teilweise: Er enthält, wie die ProdHaftRL, eine Entwicklungsrisiko-Klausel und stellt diese außerdem, anders als die ProdHaftRL, nicht zur Disposition der Mitgliedstaaten.[1158] Maßgeblich ist grundsätzlich – wie bei der Bestimmung des Fehlers –

[1151] *Kühn-Gerhard*, Eine ökonomische Betrachtung des zivilrechtlichen Haftungsproblems „Entwicklungsrisiko", 2000, S. 345, 392. Er schlägt folgende Regelung vor: „Die Ersatzpflicht des Herstellers ist ausgeschlossen, wenn 1.-4. [...] 5. der Fehler nach dem Stand von Wissenschaft und Technik nicht erkannt werden konnte."

[1152] Siehe dazu oben A. V. 3. b).

[1153] Den wesentlichen Unterschied sieht er dann in der Beweislast, *Kühn-Gerhard*, Eine ökonomische Betrachtung des zivilrechtlichen Haftungsproblems „Entwicklungsrisiko", 2000, S. 345, 392; siehe auch *Expert Group (NTF)*, Liability for AI, 2019, S. 44 f., wo eine Aufnahme der Produktbeobachtungspflichten in die europäische Produkthaftung gefordert wird.

[1154] Siehe oben A. V. 3. a) aa).

[1155] Vgl. OLG Karlsruhe, Urt. v. 22.6.1977 – 7 U 123/76, VersR 1978, 550, juris Rn. 29 sowie oben A. V. 3. b).

[1156] Siehe dazu oben A. III. 5. a).

[1157] Siehe oben A. V. 5.

[1158] Vgl. Art. 10 Abs. 1 lit. e ProdHaftRL-neu-E sowie Nr. 5 der Begründung; im Verhandlungsmandat des Rates (Ratsdok. Nr. 10694/23) ist dagegen grundsätzlich eine

der Zeitpunkt, in welchem das Produkt die Kontrolle des Herstellers verlässt.[1159] Über diesen Zeitpunkt hinaus bestehen Gefahrerkennungs- und darauf basierende Reaktionspflichten damit nur nach Maßgabe der Verschuldenshaftung.

b) Ergänzung um Vertrauenstatbestände

Der Entwicklungsrisiko-Klausel kann außerdem durch den Erlass *gesetzlicher Vorschriften*, durch welche die Anforderungen an ein fehlerfreies oder nicht besonders gefährliches Produkt abschließend geregelt werden, Kontur verliehen werden.[1160] Sind die gesetzlichen Anforderungen hinreichend konkret, kann die Einhaltung bereits den Fehler oder das besondere Risikos ausschließen. Werden die konkreten Anforderungen in *technischen Normen* geregelt und hält der Hersteller diese ein, darf er sich im Allgemeinen nicht auf die Haftungsfreiheit verlassen. Ein Entwicklungsrisiko liegt aber jedenfalls dann vor, wenn mit der Einhaltung eine *gesetzliche Konformitätsvermutung* verbunden ist, auch wenn diese widerlegbar ist und somit den Fehler bzw. die besondere Gefahr nicht ausschließt.[1161]

Der Vorschlag für eine KI-VO sieht eine Vermutung der Konformität von *Hochrisiko*-KI-Systemen mit den in der Verordnung geregelten Anforderungen vor, wenn das System mit den harmonisierten Normen oder gemeinsamen Spezifikationen übereinstimmt.[1162] Eine entsprechende Regelung sollte für andere KI-Systeme geschaffen werden. Auch diese müssen bestimmte, wenn auch geringere, Sicherheitsanforderungen erfüllen und auch insofern besteht ein Bedürfnis nach Rechtssicherheit.[1163] Mehr Rechtssicherheit könnte auch durch ein

---

Abweichungsmöglichkeit vorgesehen (Art. 15). Nach Erwägungsgrund 39 ProdHaftRL-neu-E sollen die Anforderungen „nach dem fortgeschrittensten objektiven verfügbaren Kenntnisstand" bestimmt werden.

[1159] Art. 10 Abs. 1 lit. e ProdHaftRL-neu-E; dagegen knüpft die Ausschlussfrist (Art. 14 Abs. 2) nicht daran, sondern an die Inverkehrgabe oder eine wesentliche Änderung an, vgl. dazu *Spindler*, CR 2022, 689 (699); siehe aber auch die Modifikationen im Verhandlungsmandat des Rates (Ratsdok. Nr. 10694/23, Art. 14a Abs. 1); zur Bestimmung des Zeitpunkts siehe oben 2. b) aa).

[1160] Vgl. auch die Einschränkung der Gefährdungshaftung nach Art. 3:206 Abs. 5 lit. b DCFR, wonach eine Person nicht verantwortlich ist, wenn sie „beweist, dass kein Verstoß gegen gesetzliche Regeln zur Kontrolle über die Substanz oder zum Betrieb der Anlage vorliegt"; siehe dazu *von Bar/Clive*, DCFR, Vol. 4, 2009, S. 3543.

[1161] Siehe dazu oben A. V. 3. a) bb).

[1162] Vgl. Art. 40 f. KI-VO-E sowie bereits oben A. III. 2 c) dd); diesen Ansatz begrüßt etwa *Spindler*, CR 2021, 361 (374), der insbesondere hervorhebt, dass dies den Entwicklern auch „ermöglicht, alternativ jenseits von technischen Standards gleichwertige Lösungen zu präsentieren, so dass die nötige Flexibilität erhalten bleibt".

[1163] Nach *Valta/Vasel*, ZRP 2021, 142 (142) ist aufgrund der Abgrenzungsschwierigkeiten zu erwarten, dass „Unternehmer vorsorglich die Konformität für Hochrisikoanwendungen sicherstellen wollen". Der KI-VO-E verpflichtet die Kommission und die

gegenüber dem aktuellen Vorschlag weiterreichendes Zertifizierungsverfahren geschaffen werden, bei dem eine substanzielle Prüfung des autonomen Systems selbst durchgeführt wird und dessen erfolgreicher Abschluss mit der Vermutung der Normkonformität verbunden ist.[1164] Aufgrund des damit verbundenen Aufwands[1165] sollte das Verfahren allerdings freiwillig sein.[1166] Es würde das aktuell vorgesehene, obligatorische, aber weniger weit reichende Konformitätsbewertungsverfahren ergänzen und allen Herstellern von KI-Systemen offenstehen. Zweifellos hätte auch ein solches Verfahren Grenzen; aufgrund der typischen Ungewissheit können regelmäßig nicht alle möglichen Risiken ausgeschlossen oder festgestellt werden.[1167] Auch *de lege ferenda* kann das Produktsicherheitsrecht die richterliche Einzelfallabwägung daher nicht vollständig ersetzen, sondern nur eine unterstützende Funktion wahrnehmen.

4. Beweisfragen

In der Literatur werden verschiedene Möglichkeiten diskutiert, um die mit technischer Autonomie einhergehenden Aufklärungsrisiken *de lege ferenda* angemessener zu verteilen. Erwogen wird z.B. eine Beweislastumkehr hinsichtlich des Fehlers von „Digitalprodukten"[1168] oder eine Fehlervermutung,

---

Mitgliedstaaten zur Förderung und Aufstellung von Verhaltenskodizes, mit denen erreicht werden soll, dass die Anforderungen der Verordnung auf KI-Systeme Anwendung finden, die kein hohes Risiko bergen, vgl. Art. 69 Abs. 1 sowie Erwägungsgrund 81.

[1164] Für eine technische Sicht auf die Bewertung von KI im Rahmen eines möglichen Zertifizierungsverfahrens siehe *Lorani*, in: Innovationssymposium Künstliche Intelligenz Begleitheft, 2021, S. 31.

[1165] Vgl. *Beierle*, Die Produkthaftung im Zeitalter des Internet of Things, 2021, S. 326; speziell zum KI-VO-E siehe *Hoffmann*, K & R 2021, 369 (371) unter Hinweis insbesondere auf KMU; *Strecker*, RDi 2021, 124 (132), wo auch generelle Bedenken gegen technische Normen vorgetragen werden („Interessengeleitetheit, mangelnde kostenfreie Verfügbarkeit und mangelnde demokratische Legitimation"), denen aber möglicherweise durch eine entsprechende Regulierung der Normierungstätigkeit selbst Rechnung getragen werden könnte; vgl. auch die allgemeine Ausrichtung des Rates (Ratsdok. Nr. 15698/22) sowie die Änderungen des Europäischen Parlaments (P9_TA[2023]0236), wo weitere Anforderungen geregelt werden (siehe bereits Fn. 326).

[1166] Vgl. *Martini*, JZ 2017, 1017 (1021), der einen „Algorithmen-TÜV" für nicht-öffentliche Stellen nur dann für erforderlich hält, „wenn Softwareanwendungen in besonders persönlichkeitssensiblen Bereichen zum Einsatz kommen sollen oder wenn schwere Schäden für sonstige wichtige Rechtsgüter drohen"; ähnlich *Sommer*, Haftung für autonome Systeme, 2020, S. 442; vgl. auch *Europäische Kommission*, Weißbuch zur Künstlichen Intelligenz v. 19.2.2020, COM (2020) 65 final, S. 29, wo eine freiwillige Kennzeichnung für KI-Anwendungen *ohne* hohes Risiko befürwortet wird.

[1167] Zu den Grenzen der *ex ante*-Regulierung vgl. *Wagner*, in: Zivilrechtliche und rechtsökonomische Probleme des Internet und der künstlichen Intelligenz, 2019, S. 1 (10) sowie bereits oben 2. b) bb).

[1168] *Wagner*, VersR 2020, 717 (735); siehe auch (zu § 823 Abs. 1 BGB) die Beschlüsse des 73. DJT, 2022, Zivilrecht, A. I. 1. b., wonach ein Fehler vermutet werden soll, wenn ein

wenn sich das System „falsch" verhält.[1169] Vorgeschlagen wird auch, darauf abzustellen, ob sich das Produkt im Zeitpunkt der Schadensverursachung „selbst gesteuert" hat[1170] oder ob ein „Systemzustand" zu einer Schädigung geführt hat.[1171] Die *Expert Group on Liability for New Technologies* hält u.a. bei „unverhältnismäßigen Schwierigkeiten" des Geschädigten eine Beweislastumkehr hinsichtlich des Fehlers für angezeigt.[1172] Nach dem KI-HaftVO-E muss der Betreiber eines KI-Systems, das kein KI-System mit hohem Risiko ist und deshalb nicht der Gefährdungshaftung unterliegt, generell sein fehlendes Verschulden nachweisen.[1173] Die Vorschläge für eine KI-HaftRL und für eine neue ProdHaftRL enthalten mehrere, an unterschiedliche Voraussetzungen anknüpfende, Vermutungen, die sich auf die Sorgfaltspflichtverletzung, den Fehler oder den ursächlichen Zusammenhang beziehen.[1174]

Eine Produkt-Gefährdungshaftung kann gewissen Aufklärungsschwierigkeiten Rechnung tragen:[1175] Liegt nachweisbar ein sehr großes Risiko vor und ist lediglich zweifelhaft, ob dieses durch Konstruktions- und Instruktionsmaßnahmen hätte beherrscht werden müssen (dann Fehler-Gefahr) oder nicht (dann „besondere" Gefahr), muss der Hersteller jedenfalls nach der – mit Blick auf die Höchstgrenzen mitunter weniger weit reichenden – Produkt-Gefährdungshaftung haften. Diese dient insofern auch als *Auffanghaftung*. Zwar erhält der

---

digitales autonomes System einen Schaden verursacht hat, und A. I. 3., wonach die Kausalität eines Fehlers für die Rechtsgutsverletzung vermutet werden soll; nach *Hacker*, arXiv:2211.13960v5, 2023, S. 52 f. sollen bei sog. „Legitimate-harm, high-risk AI models", für die keine Gefährdungshaftung gelten soll (vgl. oben Fn. 1059), generell der Fehler, die Sorgfaltspflichtverletzung und die Kausalität vermutet werden. Dasselbe soll grundsätzlich für „non-high-risk AI" gelten (S. 54).

[1169] *Borges*, CR 2022, 553 (559); ähnlich *ders.*, in: Law and Technology in a Global Digital Society, 2022, S. 51 (67 f.); siehe auch *Gless/Janal*, JR 2016, 561 (574): „gesetzliche Vermutung, dass ein verkehrswidriges Verhalten des autonomen Fahrzeugs auf einen Produktfehler des Steuerungssystems zurückzuführen ist"; *Dötsch*, Außervertragliche Haftung für Künstliche Intelligenz am Beispiel von autonomen Systemen, 2023, S. 382: Vermutung für einen Produktfehler bzw. Sorgfaltspflichtverstoß im Fall eines „Fehlverhaltens".

[1170] Vgl. Leupold/Wiebe/Glossner IT-Recht/*Leupold/Wiesner*, 4. Aufl. 2021, Teil 9.6.4 Rn. 101.

[1171] *Zech*, Gutachten für den 73. DJT, 2020, A 60.

[1172] *Expert Group (NTF)*, Liability for AI, 2019, S. 42 ff.: „disproportionate difficulties or costs".

[1173] Vgl. Art. 8 Abs. 2 KI-HaftVO-E.

[1174] Vgl. Art. 3 Abs. 5, 4 KI-HaftRL-E; Art. 9 ProdHaftRL-neu-E. Nach Erwägungsgrund 15 KI-HaftRL-E soll die KI-HaftRL allerdings nicht die Fälle abdecken, in denen das System lediglich „Informationen oder Entscheidungsgrundlagen zur Verfügung stellte, die von der betreffenden handelnden Person berücksichtigt wurden", hier würden keine besonderen Aufklärungsschwierigkeiten bestehen, kritisch zu Recht *Hacker*, arXiv:2211.13960v5, 2023, S. 18 f.

[1175] Vgl. *Weingart*, Vertragliche und außervertragliche Haftung für den Einsatz von Softwareagenten, 2022, S. 437 ff.

Geschädigte in *non liquet*-Fällen dann mitunter keinen vollständigen Ersatz. Dies ist allerdings nicht unbillig, sondern erscheint als eine zweckmäßige Verteilung der Fehlentscheidungsrisiken.

Schwierigkeiten bleiben, wenn das Produktrisiko *nachweisbar* nicht „besonders" groß ist, etwa weil das System in einem Bereich agiert, in dem nur geringe Schäden drohen, das Risiko aber möglicherweise dennoch durch Maßnahmen des Herstellers verhindert hätte werden müssen. Die Gefährdungshaftung scheidet dann aus; in Betracht kommt lediglich die Fehlerhaftung. Selbst wenn der Fehler feststeht, kann aus den genannten Gründen die *Fehler-Kausalität* zweifelhaft sein.[1176] Ist das Produktrisiko nachweislich „besonders", kann außerdem ungewiss sein, ob sich dieses Risiko *verwirklicht* hat. Da der Gefahrzusammenhang nicht eng zu verstehen ist,[1177] dürfte dieses Problem indes nur dann relevant werden, wenn, insbesondere aufgrund von starken Vernetzungseffekten, nicht klar ist, ob der Agent überhaupt an der Schadensentstehung mitgewirkt hat, was seltener der Fall sein dürfte.[1178]

Die (zu kodifizierende) Beweislastverteilung nach Fehlentscheidungsrisiken kann weiterer Schwierigkeiten begegnen. Sie berücksichtigt auch die vorgeschlagenen Kriterien: Bei „Digitalprodukten" und im Fall eines „falschen" Verhaltens, einer „Selbststeuerung" oder eines „Systemzustands" ist die Wahrscheinlichkeit eines schadensursächlichen Fehlers regelmäßig größer. Das Kriterium der Beweismöglichkeiten berücksichtigt außerdem die Schwierigkeiten des Geschädigten. Diese Beweislastregel führt allerdings, wie dargestellt, nicht weiter, wenn der Hersteller nicht zugleich bessere Beweismöglichkeiten hat. Insofern ist zu differenzieren: Die beiderseitigen Beweisschwierigkeiten können zunächst daraus resultieren, dass es an den für die Aufklärung erforderlichen Transparenzmaßnahmen fehlt. Oft kann der Hersteller des Agenten allerdings für Transparenz sorgen, z.B. indem er einen interpretierbaren Algorithmus wählt, *XAI*-Methoden verwendet, die Entwicklung dokumentiert und eine Protokollierung der Entscheidungen des Agenten während der Einsatzphase ermöglicht.[1179] Insofern spricht viel dafür, dem Hersteller entsprechende Pflichten aufzuerlegen, deren Verletzung zu einer Beweislastumkehr führt, und gleichzeitig dem Geschädigten einen Auskunftsanspruch einzuräumen (a). Was die übrigen, nicht mit zumutbaren Mitteln zu verhindernden

---

[1176] Siehe oben A. VI.

[1177] Siehe oben 2. b) bb).

[1178] Vgl. *Weingart*, Vertragliche und außervertragliche Haftung für den Einsatz von Softwareagenten, 2022, S. 435; ähnlich *Wendehorst*, JETL 2020, 150 (161); dazu, dass sich die („natürliche") Verursachung des Schadens durch das System in der Regel feststellen lässt, siehe auch *Zech*, Gutachten für den 73. DJT, 2020, A 102 sowie *Yuan*, RW 2018, 477 (493).

[1179] Siehe auch oben A. VI. 2 b) zu der nur begrenzten und außerdem *de lege lata* auf die Produzentenhaftung beschränkten Möglichkeit, eine Beweislastumkehr durch eine Fortführung der Rechtsprechung zu den Befunderhebungs- und Befundsicherungspflichten vorzunehmen.

Aufklärungsschwierigkeiten angeht, ist eine Verteilung der Beweislast ange-bracht: Während Zweifel über das generelle Sicherheitsniveau (Fehler bzw. besondere Gefahr) weiterhin zu Lasten des Geschädigten gehen sollten, ist hin-sichtlich der Fehler-Kausalität bzw. der Gefahrverwirklichung eine Beweis-lastumkehr zu Lasten des Herstellers dann angemessen, wenn dieses Tatbe-standsmerkmal mit überwiegender Wahrscheinlichkeit vorliegt (b).

a) Beweislastumkehr bei „Transparenzfehlern" und Auskunftsanspruch des Geschädigten

Die *Expert Group on Liability for New Technologies* schlägt auch eine Ver-pflichtung der Hersteller vor, Technologien im Rahmen des Möglichen und Zumutbaren[1180] mit *Logging*-Mitteln auszustatten. Die Verletzung dieser Pflicht soll eine *Beweislastumkehr* zu Lasten des Herstellers auslösen, bezogen auf das Tatbestandsmerkmal, das mangels Datenerfassung und -speicherung nicht festgestellt werden kann.[1181] Dieser Gedanke überzeugt.[1182] *Logging by Design* hat zwar technische und rechtliche Grenzen.[1183] Soweit dem Hersteller solche Maßnahmen jedoch möglich und zumutbar sind, sollte ein starker An-reiz geschaffen werden, diese auch vorzunehmen.[1184] Hierdurch können *non li-quet*-Situationen und damit Fehlentscheidungen verhindert werden. Dasselbe sollte allerdings auch dann gelten, wenn der Hersteller die Vorgänge in der *Entwicklungsphase* nicht dokumentiert hat oder sich für einen nicht interpre-tierbaren Lernalgorithmus (und gegen *XAI*-Methoden) entschieden hat, mit der Folge, dass der Agent eine *Black Box* ist, welche sich auch *ex post* nicht öffnen lässt.[1185] Eine solche Regel ermöglicht einen Ausgleich zwischen dem Wunsch

---

[1180] Vgl. *Expert Group (NTF)*, Liability for AI, 2019, S. 47: „ if such information is typ-ically essential for establishing whether a risk of the technology materialised, and if logging is appropriate and proportionate, taking into account, in particular, the technical feasibility and the costs of logging, the availability of alternative means of gathering such information, the type and magnitude of the risks posed by the technology, and any adverse implications logging may have on the rights of others".

[1181] *Expert Group (NTF)*, Liability for AI, 2019, S. 47 f.; für eine Pflicht auch *Gless/Janal*, JR 2016, 561 (573); *Schaub*, JZ 2017, 342 (344 f.); *Sommer*, Haftung für auto-nome Systeme, 2020, S. 443 ff.; *Thöne*, Autonome Systeme und deliktische Haftung, 2020, S. 253, der sich allerdings gegen die Beschränkung der *Expert Group* ausspricht (Fn. 46); *Spindler*, JZ 2022, 793 (800).

[1182] Dazu, dass sich Beweissicherungs- und Dokumentationspflichten ohne gesetzliche Grundlage kaum begründen lassen, siehe oben A. VI. 1.

[1183] Siehe dazu oben Kapitel 1, C. III. 3.

[1184] Vgl. auch *Eichelberger*, DB 2022, 2783 (2786) zur Anreizwirkung von Art. 3 Abs. 5 KI-HaftRL-E.

[1185] Vgl. auch *Bathaee*, Harvard Journal of Law & Technology 2018, 889 (937), wonach jedenfalls bei einer geringen menschlichen Aufsicht der Hersteller die Risiken, die aus der Intransparenz folgen, tragen sollte.

nach Transparenz einerseits und Innovationsoffenheit andererseits:[1186] Aufgrund der Begrenzung der Pflichten auf das Mögliche und Zumutbare wird der Hersteller nicht überstrapaziert. Die Beweislastumkehr greift außerdem nur dann, wenn gerade der „Transparenzfehler"[1187] die Unaufklärbarkeit des Tatbestandsmerkmals verursacht hat. Dies ist nicht der Fall, wenn die Aufklärung auch bei Vornahme der Transparenzmaßnahmen gescheitert wäre, z.B. weil das Produkt zerstört wurde.[1188]

Der Vorschlag für eine KI-HaftRL enthält keine entsprechende Regelung: Er sieht zwar vor, dass die Gerichte befugt sind, unter bestimmten Voraussetzungen die Offenlegung von Beweismitteln durch den Hersteller[1189] anzuordnen. Kommt der Hersteller einer solchen Anordnung nicht nach, vermutet das Gericht außerdem eine Sorgfaltspflichtverletzung.[1190] Hierbei geht es aber nur um die dem Hersteller „vorliegenden" Beweismittel.[1191] Ob der Hersteller durch Transparenzmaßnahmen Beweismittel beschaffen hätte können, ist irrelevant.[1192] Werden Transparenzpflichten verletzt, kann nach dem KI-HaftRL-E allenfalls der ursächliche Zusammenhang zwischen *dieser* Pflichtverletzung

---

[1186] Zur innovationshemmenden Wirkung einer strikten Haftung für „black-box AI" vgl. *Bathaee*, Harvard Journal of Law & Technology 2018, 889 (931 f.); vgl. auch *Sommer*, Haftung für autonome Systeme, 2020, S. 444: keine Transparenz „um jeden Preis"; *Hacker/Krestel/Grundmann/Naumann*, Artificial Intelligence and Law 2020, 415 (421 f.) zum Erfordernis der Abwägung von Kosten und Nutzen unerklärbarer Modelle.

[1187] Auch hier geht es nicht um eine Pflichtverletzung des Herstellers als Individuum, sondern um das Unternehmen als Ganzes, siehe dazu oben A. III. 2.

[1188] Zu einem solchen Fall siehe LG Verden, Urt. v. 10.12.2007 – 8 O 27/07, VersR 2009, 1129, juris Rn. 38, wo die deshalb zweifelhafte Ursächlichkeit aber trotzdem festgestellt werden konnte.

[1189] Verpflichtet werden der Anbieter, die Person, die den Pflichten des Anbieters unterliegt, und der Nutzer. Der Hersteller ist regelmäßig Anbieter i.S.v. Art. 3 Nr. 2 KI-VO-E oder unterliegt jedenfalls gem. Art. 24, 28 Abs. 1 KI-VO-E dessen Pflichten; vgl. *Dheu/De Bruyne/Ducuing*, CiTiP Working Paper v. 6.10.2022, S. 21 f., wo auch auf die Unklarheiten bei der Rollenzuweisung hingewiesen wird; *Wagner*, JZ 2023, 123 (124); siehe auch schon Fn. 13.

[1190] Vgl. Art. 3 KI-HaftRL-E.

[1191] Vgl. Art. 3 Abs. 1 KI-HaftRL-E.

[1192] Art. 3 Abs. 3 KI-HaftRL-E sieht lediglich vor, dass die Gerichte befugt sind, auf Antrag eines Klägers spezifische Maßnahmen zur Sicherung der angeforderten Beweismittel anzuordnen, vgl. dazu *Bomhard/Siglmüller*, RDi 2022, 506 (510); dazu, dass es „gleichwohl nicht ratsam" ist, einem „Zugangsbegehren dadurch zu entgehen, dass von vornherein keine oder nicht alle nach dem KI-VO-E aufzeichnungs- bzw. dokumentationspflichtigen Informationen aufgezeichnet bzw. dokumentiert werden", siehe *Eichelberger*, DB 2022, 2783 (2786), der u.a. auf das drohende Bußgeld (Art. 71 KI-VO-E) hinweist. *Eichelberger* plädiert dafür, die Offenlegung auf Informationen zu beschränken, zu deren Aufzeichnung oder Dokumentation der Betroffene nach der KI-VO verpflichtet war.

und dem Output des KI-Systems vermutet werden.[1193] Wie dargestellt, spielt die Transparenz für die Schadensgefahr eines Produkts jedoch häufig keine Rolle,[1194] so dass sich eine solche Vermutung leicht widerlegen lässt. Die Vermutung einer *anderen*, die Schadensgefahr betreffenden, Sorgfaltspflichtverletzung sieht der KI-HaftRL-E nicht vor. Der Vorschlag für eine neue ProdHaftRL enthält ähnliche Offenlegungspflichten und eine daran anknüpfende Beweislastumkehr für den Fehler.[1195] Er sieht aber ebenfalls keine Beweislastumkehr infolge von „Transparenzfehlern" vor.[1196]

[1193] Vgl. Art. 4 Abs. 1, Abs. 2 lit. b KI-HaftRL-E, wobei allerdings Art. 4 Abs. 1 lit. a KI-HaftRL-E voraussetzt, dass eine „Sorgfaltspflicht, deren unmittelbarer Zweck darin besteht, den eingetretenen Schaden zu verhindern" verletzt wurde, was bei Transparenzpflichten zweifelhaft sein kann; siehe aber auch *Eichelberger*, DB 2022, 2783 (2787 f.), wonach es bei Hochrisiko-KI-Systemen im Fall der Verletzung von Anforderungen nach Art. 4 Abs. 2, Abs. 3 KI-HaftRL-E darauf nicht ankomme; vgl. auch die Forderung bei *Hacker*, arXiv:2211.13960v5, 2023, S. 60, wonach auch die Verletzung von Transparenzpflichten (konkret: Art. 11 KI-VO-E) eine Kausalitätsvermutung auslösen sollte; siehe auch S. 29, wo ausgeführt wird, dass Art. 3 KI-HaftRL-E, Art. 8 ProdHaftRL-neu-E (vgl. vor und mit Fn. 1195) auch Fälle erfassen sollten, in denen die Information dem Gegner zwar nicht zur Verfügung steht, aber zur Verfügung stehen *sollte*. Dies würde dann wohl auch für die Vermutungen in Art. 3 Abs. 5 KI-HaftRL-E, Art. 9 Abs. 2 lit. a ProdHaftRL-neu-E gelten (vgl. auch *Hacker*, a.a.O., S. 42, allerdings nur für den Verstoß gegen eine „order to preserve").

[1194] Siehe oben A. III. 3. und 4.

[1195] Art. 8, 9 Abs. 2 lit. a ProdHaftRL-neu-E; siehe auch die Modifikationen im Verhandlungsmandat des Rates (Ratsdok. Nr. 10694/23); dort ist u.a. nicht mehr davon die Rede, dass die Gerichte die Offenlegung „anordnen", sondern davon, dass der Beklagte hierzu „verpflichtet" ist („required"), was der Konzeption der Auskunftsansprüche nach § 84a AMG, § 35 GenTG, §§ 8 f. UmweltHG entspricht, die ebenfalls keine gerichtliche Anordnung voraussetzen.

[1196] Art. 9 Abs. 2 lit. b ProdHaftRL-neu-E verlangt ebenfalls den Verstoß gegen Sicherheitsanforderungen, „die einen Schutz gegen das Risiko des eingetretenen Schadens bieten sollen" und Art. 9 Abs. 5 erlaubt eine Widerlegung der Vermutung. Nach Art. 9 Abs. 2 lit. c soll die Fehlerhaftigkeit außerdem vermutet werden, wenn „der Schaden durch eine offensichtliche Funktionsstörung des Produkts" verursacht wurde. In diesen Fällen kann ein Fehler aber in der Regel schlicht festgestellt werden, vgl. Erwägungsgrund 33, wo ausgeführt wird, es sei „unverhältnismäßig […], vom Kläger den Nachweis der Fehlerhaftigkeit zu verlangen, wenn die Umstände derart sind, dass ihr Vorliegen unstreitig ist" und als Beispiel eine „Glasflasche, die bei normaler Verwendung platzt" genannt wird (dazu, dass in diesen Fällen der Fehler grundsätzlich feststeht, siehe oben A. VI. 2. b]); siehe auch *Wagner*, JZ 2023, 1 (9), wonach die Regelung auf „digitale Fabrikationsfehler" ziele; anders wohl *Borges*, DB 2022, 2650 (2654), wonach bereits bei einem „fehlerhaften Verhalten des Systems, etwa dem Fahrfehler eines automatisierten Fahrzeugs" die Vermutung eingreife (in diese Richtung auch *Hacker*, arXiv:2211.13960v5, 2023, S. 41, 43). Ein Fehl*verhalten* begründet bei technischen Agenten aber nicht stets eine „Funktionsstörung" (siehe dazu oben A. III. 2. sowie Kapitel 1, C. I.). Es kann allerdings die Wahrscheinlichkeit eines Fehlers erhöhen (siehe oben A. VI. 2. a]).

Die Ermittlung der Transparenzpflichten und eines Verstoßes kann für die Gerichte schwierig sein. Durch gesetzliche Vorschriften und technische Normen können die Pflichten zwar konkretisiert werden.[1197] Das Produktsicherheitsrecht kann aber auch insofern nicht alles regeln, insbesondere nicht jeden *Trade-off* zwischen Erklärbarkeit und Leistungsfähigkeit.[1198] Hier ist, auch für Experten, noch vieles unklar.[1199] Dementsprechend muss auch die Frage, wer im Fall eines *non liquet* hinsichtlich des Verstoßes gegen Transparenzpflichten die Beweislast trägt, beantwortet werden: Mit Blick auf die Fehlentscheidungsrisiken spricht jedenfalls das Kriterium der Folgen für eine Beweislast des Herstellers: *De facto* führt eine solche „doppelte Beweislastumkehr" im Fall von „doppelten Beweisschwierigkeiten" – hinsichtlich der originären Haftungsvoraussetzung *und* hinsichtlich des Transparenzfehlers – zu einer *strikten Haftung des Herstellers für Intransparenz*. Eine solche Haftung ist dem Hersteller allerdings zuzumuten: Das „Transparenzproblem" weist eine Parallele zum „Fabrikationsproblem" auf. Hintergrund der Haftung für Fabrikationsfehler ist, wie erläutert, zum einen, dass sich der Hersteller durch seine Entscheidung für eine bestimmte Konstruktion selbst einen Standard auferlegt hat, für den er einstehen muss, zum anderen aber auch, dass die Gerichte kaum in der Lage sind, das optimale Sorgfaltsniveau bei der Fabrikation festzulegen.[1200] Ähnliches gilt für die Transparenz: Der Hersteller hat sich in der Regel *bewusst für eine intransparente Konstruktion entschieden*.[1201] Außerdem dürfte er besser als die Gerichte beurteilen können, welche Transparenzmaßnahmen mit welchen Kosten vorgenommen werden können. Er muss deshalb im Zweifel selbst den *Trade-off* zwischen Sicherheit und Erklärbarkeit lösen und unter Umständen eine strenge Haftung in Kauf nehmen.[1202]

Soweit der Hersteller über Informationen verfügt, die der Geschädigte benötigt, um festzustellen, ob ein Ersatzanspruch besteht, ist dem Geschädigten

---

[1197] Siehe etwa Art. 11 ff. KI-VO-E zu Dokumentations-, Aufzeichnungs- und Transparenzpflichten.

[1198] Siehe zu diesem *Trade-off* oben Kapitel 1, C. III. 3.

[1199] Vgl. *Linardatos*, GPR 2022, 58 (65 f.); siehe auch die sehr abstrakt gehaltenen Ausführungen zur Auflösung von Zielkonflikten bei *Fraunhofer IAIS*, Leitfaden zur Gestaltung vertrauenswürdiger Künstlicher Intelligenz, 2021, S. 161 f.

[1200] Siehe dazu oben A. III. 1.

[1201] Vgl. *Thöne*, Autonome Systeme und deliktische Haftung, 2020, S. 258, der darauf hinweist, dass die „Ursache mangelnder Nachvollziehbarkeit (und damit auch der Beweisbarkeit) im Wesen des autonomen Systems, welches ganz maßgeblich durch den Hersteller (sowie nachfolgend auch den Nutzer) bestimmt wird" liege; siehe auch *Buiten*, in: Regulierung für Algorithmen und Künstliche Intelligenz, 2021, S. 149 (167), wonach „erst eine transparente ML ein differenziertes Haftungssystem" zulasse (siehe auch S. 168 speziell zur Produkthaftung); *Hacker*, arXiv:2211.13960v5, 2023, S. 59, wonach der Anspruchsgegner die Folgen für seine Entscheidung für ein „Black Box"-Modell tragen solle.

[1202] In diese Richtung auch *Weingart*, Vertragliche und außervertragliche Haftung für den Einsatz von Softwareagenten, 2022, S. 195 f.

außerdem ein *Auskunftsanspruch* einzuräumen, den er auch schon vor der gerichtlichen Geltendmachung seiner Ansprüche durchsetzen kann. Nur so kann gewährleistet werden, dass der Geschädigte bereits vor Einleitung eines Prozesses[1203] seine Erfolgschancen abschätzen und z.B. entscheiden kann, ob er den Hersteller oder den Nutzer – oder gar niemanden – verklagt.[1204] Nicht nur mit Blick auf die Informationen aus der Entwicklungsphase, sondern auch was den Zugriff auf die während der Einsatzphase vom System gespeicherten Daten angeht, ist der Nutzer in der Regel auf die Mitwirkung des Herstellers angewiesen.[1205] Als Modelle können – ähnlich wie bei der Sicherstellungshaftung – § 84a AMG, § 35 GenTG, §§ 8 f. UmweltHG dienen. Ähnlich wie bei der Sicherstellungshaftung muss auch hier der Hersteller nicht derjenige sein, gegen den sich der Schadensersatzanspruch letztlich richtet.[1206] Der Vorschlag für eine KI-HaftRL und der Vorschlag für eine neue ProdHaftRL sehen, wie bereits angedeutet, vor, dass die Gerichte – unter bestimmten Voraussetzungen – die Offenlegung von Beweismitteln anordnen können.[1207] Allerdings umfasst nur erstere auch den „potenziellen Kläger", der noch keinen Anspruch gerichtlich geltend gemacht hat, sondern die Geltendmachung erst erwägt.[1208]

Auf Rechtsfolgenseite stellt sich die Frage, wie die Auskunft zu erteilen ist. Für den Geschädigten (Laie) ist es regelmäßig kaum möglich, die von dem Hersteller (Experte) generierten Daten auszuwerten, ohne sich eines – teuren – Sachverständigen zu bedienen.[1209] Eine Verpflichtung zur „laienverständlichen Aufbereitung" würde allerdings die Gefahr bergen, dass Informationen verkürzt wiedergegeben werden, und würde den Hersteller auch über Gebühr

---

[1203] Zu den Möglichkeiten *im* Prozess siehe etwa *Sosnitza*, CR 2016, 764 (770); *Thöne*, Autonome Systeme und deliktische Haftung, 2020, S. 251 ff.

[1204] Vgl. *Thöne*, Autonome Systeme und deliktische Haftung, 2020, S. 254; Erwägungsgrund 17 KI-HaftRL-E; für einen Auskunftsanspruch etwa auch *Gless/Janal*, JR 2016, 561 (573); *Sommer*, Haftung für autonome Systeme, 2020, S. 443 f.; kritisch *Dötsch*, Außervertragliche Haftung für Künstliche Intelligenz am Beispiel von autonomen Systemen, 2023, S. 392.

[1205] *Sosnitza*, CR 2016, 764 (770); siehe auch *Thöne*, Autonome Systeme und deliktische Haftung, 2020, S. 253 f.

[1206] Siehe auch die Pflicht des Fahrzeughalters zur Übermittlung von Daten gem. § 63a Abs. 3 StVG und dazu *Thöne*, Autonome Systeme und deliktische Haftung, 2020, S. 254.

[1207] Vgl. Art. 3 KI-HaftRL-E, Art. 8 ProdHaftRL-neu-E; siehe dazu *Spindler*, CR 2022, 689 (696 f., 702); *Bomhard/Siglmüller*, RDi 2022, 506 (508 f.).

[1208] Vgl. Art. 3, 2 Abs. 7 KI-HaftRL-E einerseits und Art. 8 ProdHaftRL-neu-E andererseits; kritisch zu der Einschränkung in dem ProdHaftRL-neu-E etwa *Hacker*, arXiv:2211.13960v5, 2023, S. 27; kritisch dazu, dass Art. 3 Abs. 1 KI-HaftRL-E an den potenziellen Kläger andere Anforderungen zu stellen scheint als an den Kläger *Bomhard/Siglmüller*, RDi 2022, 506 (509 f.); a.A. wohl *Eichelberger*, DB 2022, 2783 (2786).

[1209] Vgl. *Hacker*, arXiv:2211.13960v5, 2023, S. 28, 39, 42 f.; *Dheu/De Bruyne/Ducuing*, CiTiP Working Paper v. 6.10.2022, S. 20.

belasten.[1210] Das Problem könnte entschärft werden, indem den Geschädigten staatliche Unterstützung bei der Suche nach und der Finanzierung von Experten gewährt wird.[1211]

b) *Kausalitätsvermutung auf Grundlage der überwiegenden Wahrscheinlichkeit*

§ 6 UmweltHG und § 84 Abs. 2 AMG sehen eine Vermutung der Verwirklichung der besonderen Gefahr vor, welche an die „Eignung" anknüpft. Wie gesehen, sind dabei konkrete Wahrscheinlichkeitsbetrachtungen anzustellen. Solche sind wegen § 34 Abs. 2 GenTG regelmäßig auch bei der Vermutung im Gentechnikrecht erforderlich.[1212] Von manchen Autoren wird erwogen, ähnliche Regelungen bei autonomen Technologien vorzusehen.[1213] Im Zusammenhang mit den genannten Vermutungen wird allerdings auch darauf hingewiesen, diese würden die Haftung an die Grenze zu einer „Verdachtshaftung" rücken.[1214] Grundsätzlich ist eine Kausalitätsvermutung zielführend. Sie ist aber, mit Blick auf diese Bedenken, auch begründungs- und konkretisierungsbedürftig:

Die *Expert Group on Liability for New Technologies* schlägt eine Lösung vor, die sehr stark differenziert und z.B. die Wahrscheinlichkeit, das Informationsgefälle zwischen Anspruchsteller und Anspruchsgegner sowie die Art und die Größe des Schadens einbezieht.[1215] Eine solche Regelung hat das Potenzial, für Einzelfallgerechtigkeit zu sorgen, allerdings sind damit auch erhebliche Rechtsunsicherheiten verbunden,[1216] insbesondere, wenn man davon ausgeht,

---

[1210] Vgl. zu § 84a AMG BeckOGK AMG/*Franzki*, 1.4.2023, § 84a Rn. 22 f.; in diese Richtung auch *Bomhard/Siglmüller*, RDi 2022, 506 (509) zum „Analyserisiko" bei Art. 3 KI-HaftRL-E.

[1211] Vgl. *Hacker*, arXiv:2211.13960v5, 2023, S. 43.

[1212] Siehe dazu auch schon oben Kapitel 2, A. II. 1. c) bb) (1).

[1213] Vgl. *Zech*, Gutachten für den 73. DJT, 2020, A 102: Orientierung an § 34 GenTG; dem folgend *Sommer*, Haftung für autonome Systeme, 2020, S. 46; wohl auch *Spindler*, JZ 2022, 793 (799 f.): Orientierung an §§ 6 f. UmweltHG (siehe aber auch *ders.*, CR 2015, 766 [776]); *Hacker*, arXiv:2211.13960v5, 2023, S. 54 schlägt bei Verbrauchern – die allerdings regelmäßig nicht Hersteller, sondern Nutzer sind – eine verschuldensabhängige Haftung mit Kausalitätsvermutung vor (zu seinen Vorschlägen für Unternehmer vgl. Fn. 903, 1059, 1119, 1168).

[1214] Vgl. *Hager*, NJW 1991, 134 (137); BeckOGK UmweltHG/*Nitsch*, 1.5.2023, § 6 Rn. 34; *Rein*, Die Zweckmäßigkeit der arzneimittelrechtlichen Gefährdungshaftung, 2021, S. 184, 194 f.; ähnlich *Rehbinder*, NuR 1989 149 (160) zu § 22 Abs. 1 S. 2 WHG a.F.; *Deutsch*, NJW 1992, 73 (77) zu der dadurch begründeten „außerordentlich strikten Haftung"; vgl. auch zu Art. 9 Abs. 4 ProdHaftRL-neu-E *Handorn*, MPR 2023, 16 (22).

[1215] Vgl. *Expert Group (NTF)*, Liability for AI, 2019, S. 49 ff.

[1216] *Thöne*, Autonome Systeme und deliktische Haftung, 2020, S. 259 f. Fn. 84.

dass sich die Parameter – anders als die Kriterien der Beweislastumkehr nach Fehlentscheidungsrisiken[1217] – gegenseitig kompensieren können.

Der KI-HaftRL-E enthält für die *Verschuldenshaftung* eine Vermutung des ursächlichen Zusammenhangs zwischen dem Verschulden und „dem vom KI-System hervorgebrachten Ergebnis" (Output), wenn gegen eine „Sorgfaltspflicht" verstoßen wurde, „nach vernünftigem Ermessen davon ausgegangen werden" kann, dass das Verschulden den Output des KI-Systems hervorgebracht hat und der Kläger nachgewiesen hat, dass der Output „zu dem Schaden geführt hat".[1218] Diese drei Kriterien sind wenig überzeugend: Der Begriff der „Sorgfaltspflicht" bezeichnet einen „im nationalen Recht oder im Unionsrecht festgelegten Verhaltensmaßstab",[1219] wobei nicht ganz klar ist, ob dieser *gesetzlich* normiert sein muss.[1220] Jedenfalls greift die Vermutung zu Lasten von *Anbietern von Hochrisiko-KI-Systemen* nur dann, wenn bestimmte Anforderungen der KI-VO verletzt wurden.[1221] Diese Beschränkung erschwert es, auf neue Entwicklungen und damit verbundene, gesetzlich noch nicht normierte, Sorgfaltspflichten zu reagieren. Das Kriterium des „vernünftigen Ermessens" führt zu Rechtsunsicherheit.[1222] Es erscheint zwar möglich, es durch

---

[1217] Dazu, dass diese zu kodifizieren ist, ihre Wirkungen aber beschränkt sind, siehe bereits oben vor a).

[1218] Art. 4 Abs. 1 KI-HaftRL-E; dem „Ergebnis" gleichgestellt ist die „Tatsache, dass das KI-System kein Ergebnis hervorgebracht hat"; kritisch dazu, dass nach dem Wortlaut die Pflichten, die sich darauf beziehen, dass ein bestimmtes Verhalten an den Tag gelegt werden muss, *nachdem* ein KI-System einen bestimmten Output hervorgebracht hat, namentlich Pflichten zur *Korrektur* des Outputs, nicht erfasst sind, *Hacker*, arXiv:2211.13960v5, 2023, S. 36 ff.; kritisch zur Gleichstellung des fehlenden KI-Ergebnisses mit dem Ergebnis *Bomhard/Siglmüller*, RDi 2022, 506 (513); siehe aber auch *Wagner*, JZ 2023, 123 (126), wonach es sich um eine „ebenso zielgerichtete wie maßvolle Regelung" handle.

[1219] Art. 2 Abs. 9 KI-HaftRL-E; kritisch zur Verwendung des Begriffs der „Sorgfaltspflicht" („duty of care") *Dheu/De Bruyne/Ducuing*, CiTiP Working Paper v. 6.10.2022, S. 18 ff., wo insbesondere auf die unterschiedlichen Verschuldenskonzepte in den Mitgliedstaaten und auf das unklare Verhältnis zum Begriff „Verschulden" („fault", vgl. Art. 4 Abs. 1 KI-HaftRL-E) hingewiesen wird; siehe dazu auch *Wagner*, JZ 2023, 123 (125); zur deutschen Rechtslage vgl. *Bomhard/Siglmüller*, RDi 2022, 506 (510 f.) sowie die Ausführungen oben Kapitel 2, A.

[1220] Gegen eine solche Einschränkung *Hacker*, arXiv:2211.13960v5, 2023, S. 34; wohl auch *Dheu/De Bruyne/Ducuing*, CiTiP Working Paper v. 6.10.2022, S. 18, wo auf die Notwendigkeit der Bestimmung der Sorgfaltspflichten durch die Gerichte hingewiesen wird.

[1221] Art. 4 Abs. 2 KI-HaftRL-E. Dasselbe gilt für Personen, die nach der KI-VO Anbietern gleichgestellt sind; dies begrüßend *Bomhard/Siglmüller*, RDi 2022, 506 (511), die auf die damit verbundene Rechtssicherheit hinweisen und einen Katalog auch für Nicht-Hochrisiko-KI-Systeme fordern; kritisch zur Beschränkung der Pflichten dagegen *Wagner*, JZ 2023, 123 (126): „irritierend".

[1222] Vgl. *Dheu/De Bruyne/Ducuing*, CiTiP Working Paper v. 6.10.2022, S. 17, auch zu einer hieraus möglicherweise resultierenden Fragmentierung innerhalb der EU; kritisch auch

Wahrscheinlichkeitsüberlegungen auszufüllen; welcher Grad an Wahrscheinlichkeit erforderlich wäre, bleibt aber offen.[1223] Dass der Kläger den Kausalzusammenhang zwischen dem Output und dem Schaden beweisen muss, dürfte in vielen Fällen kein Problem darstellen.[1224] Vernetzungseffekte können jedoch auch diesen Nachweis schwierig machen.[1225] Zielführender wäre es, die „natürliche" Kausalität des Outputs für den Schaden als *ein* Kriterium bei der Wahrscheinlichkeitsabschätzung zu berücksichtigen: Ist sie feststellbar, würde dies die Anwendung der Vermutung erleichtern, ist dies nicht der Fall, wäre die Vermutung aber nicht von vornherein ausgeschlossen. Voraussetzung der Vermutung nach dem KI-HaftRL-E sind außerdem Beweisschwierigkeiten des Geschädigten, wobei bei Hochrisiko-KI-Systemen die Anforderungen geringer sind.[1226] Auch dieses Kriterium scheint mehr Rechtsunsicherheiten mit sich zu bringen als zweckmäßige Begrenzungen, da die Vermutung für den Geschädigten, der den Sachverhalt ohne wesentlichen Aufwand aufklären kann, gar nicht erst relevant sein dürfte.[1227]

Der ProdHaftRL-neu-E enthält eine Vermutung der Fehler-Kausalität, wenn „der entstandene Schaden von der dem betreffenden Fehler typischerweise entsprechenden Art ist".[1228] Dies erinnert an den Anscheinsbeweis.[1229] Möglich

---

Ammann, DB 47/2022, M 4 (M 5); in Erwägungsgrund 25 KI-HaftRL-E wird das Kriterium kaum weiter definiert, es werden lediglich Beispiele genannt.

[1223] In der englischsprachigen Version wird in Art. 4 Abs. 1 lit. b KI-HaftRL-E darauf abgestellt, ob es für „reasonably likely" erachtet werden kann, dass das Verschulden den Output des KI-Systems beeinflusst hat; für eine Wahrscheinlichkeitsbetrachtung auch *Bomhard/Siglmüller*, RDi 2022, 506 (511), die daraus allerdings folgern, dass es sich nicht um eine Vermutungsregel, sondern um eine Beweismaßabsenkung handle (zu diesem Problem siehe oben Kapitel 2, A. II. 1. c] bb] [1]).

[1224] Vgl. *Hacker*, arXiv:2211.13960v5, 2023, S. 35; kritisch *Bomhard/Siglmüller*, RDi 2022, 506 (512).

[1225] Dazu, dass es wohl auf das Ergebnis des einzelnen „KI-Systems" ankommt, siehe *Bomhard/Siglmüller*, RDi 2022, 506 (511), die auch auf die aus dem Begriff folgenden Unsicherheiten hinweisen.

[1226] Bei Hochrisiko-KI-Systemen gilt die Vermutung nicht, „wenn der Beklagte nachweist, dass der Kläger zu vertretbaren Bedingungen auf ausreichende Beweismittel und Fachkenntnisse zugreifen kann, um den ursächlichen Zusammenhang" nachzuweisen (Art. 4 Abs. 4 KI-HaftRL-E); bei anderen Systemen gilt die Vermutung nur, wenn es für den Kläger „übermäßig schwierig ist, den ursächlichen Zusammenhang" nachzuweisen (Art. 4 Abs. 5 KI-Haft-RL-E); kritisch zu der Unterscheidung *Hacker*, arXiv:2211.13960v5, 2023, S. 37.

[1227] Vgl. etwa *Hacker*, arXiv:2211.13960v5, 2023, S. 39, wo verschiedene Möglichkeiten der Interpretation von Art. 4 Abs. 4 KI-Haft-RL-E aufgezeigt werden.

[1228] Art. 9 Abs. 3 ProdHaftRL-neu-E.

[1229] Vgl. auch *Wagner*, JZ 2023, 1 (10): „eigenwillige Paraphrasierung der Voraussetzungen des Anscheinsbeweises"; *Hacker*, arXiv:2211.13960v5, 2023, S. 41 zieht eine Parallele zu einer „tatsächlichen Vermutung", welche nach dem BGH grundsätzlich „im Bereich der Beweiswürdigung zu berücksichtigen ist", vgl. BGH, Urt. v. 19.1.2001 – V ZR 437/99, BGHZ 146, 298, juris Rn. 17 (auch zitiert bei *Hacker*, a.a.O.).

erscheint allerdings auch eine Interpretation als Beweislastregel nach – allerdings wiederum nicht näher bestimmten – Wahrscheinlichkeiten. Außerdem werden nach dem ProdHaftRL-neu-E sowohl Fehler als auch Fehler-Kausalität vermutet, wenn es für den Kläger „aufgrund der technischen oder wissenschaftlichen Komplexität übermäßig schwierig ist", diese Tatbestandsmerkmale nachzuweisen, „das Produkt zum Schaden beigetragen hat" und das Vorliegen des Fehlers bzw. der Fehler-Kausalität „wahrscheinlich" ist.[1230] Auch diese Vermutung überzeugt nur bedingt: Mit Blick auf den Fehler geht es zu weit, dem Hersteller, der keine Transparenzpflichten verletzt hat und keine besseren Beweismöglichkeiten hat, das Aufklärungsrisiko aufzuerlegen.[1231] Mit Blick auf die Fehler-Kausalität erscheint es dagegen wiederum ausreichend, an Wahrscheinlichkeitsüberlegungen anzuknüpfen.[1232] Für den Beitrag des Produkts zum Schaden gilt das zur Kausalität des Outputs Gesagte: Dieser kann als *ein* Kriterium bei der Wahrscheinlichkeitsbeurteilung berücksichtigt werden. Sinnvoll erscheint allerdings die in dem Kriterium der „technischen oder wissenschaftlichen Komplexität" angelegte Begrenzung der Vermutung auf *bestimmte* Beweisprobleme, soweit dadurch sichergestellt wird, dass die Schwierigkeiten auf die Entscheidung des Herstellers für eine bestimmte Konstruktion zurückzuführen sind.[1233]

[1230] Art. 9 Abs. 4 ProdHaftRL-neu-E; siehe auch die Modifikationen im Verhandlungsmandat des Rates (Ratsdok. Nr. 10694/23), wo insbesondere die Voraussetzung, dass das „Produkt zum Schaden beigetragen hat" nicht mehr auftaucht und das Erfordernis der „übermäßigen Schwierigkeiten" modifiziert wird (siehe auch sogleich Fn. 1233); dazu, dass die Vermutungsregeln in der KI-HaftRL und der ProdHaftRL-neu angeglichen werden sollten, siehe *Hacker*, arXiv:2211.13960v5, 2023, S. 43 f.

[1231] Der ProdHaftRL-neu-E scheint die besseren Beweismöglichkeiten generell zu unterstellen, vgl. Erwägungsgrund 34 ProdHaftRL-neu-E: „Da die Hersteller über Fachwissen verfügen und besser informiert sind als die geschädigte Person, sollte es ihnen obliegen, die Vermutung zu widerlegen"; nach *Wagner*, JZ 2023, 1 (10) bedarf es neben Art. 9 Abs. 2 ProdHaftRL-neu-E „keiner weiteren Fehlervermutung, um komplexen Fallgestaltungen Rechnung zu tragen".

[1232] *Wagner*, JZ 2023, 1 (10) spricht sich für eine Interpretation als *Beweismaß*reduktion auf die überwiegende Wahrscheinlichkeit aus (in diese Richtung auch Erwägungsgrund 34 ProdHaftRL-neu-E i.d.F. des Verhandlungsmandates des Rates [Ratsdok. Nr. 10694/23]) und bezweifelt außerdem die Notwendigkeit dieser Regelung; kritisch dazu, dass Art. 9 Abs. 4 ProdHaftRL-neu-E viele unbestimmte Rechtsbegriffen enthält, *Handorn*, MPR 2023, 16 (22).

[1233] Zu diesem Gedanken siehe bereits oben a). Zur Bestimmung der „technischen oder wissenschaftlichen Komplexität" i.S.d. ProdHaftRL-neu-E siehe Erwägungsgrund 34 und dazu *Hacker*, arXiv:2211.13960v5, 2023, S. 41 f. „The list is fairly comprehensive and convicing"; siehe aber auch *Dheu/De Bruyne/Ducuing*, CiTiP Working Paper v. 6.10.2022, S. 33, wo darauf hingewiesen wird, dass Beweisschwierigkeiten des Geschädigten auch auf einer organisatorischen Komplexität oder auf einer Informationsasymmetrie beruhen könnten. Im Verhandlungsmandat des Rates (Ratsdok. Nr. 10694/23) ist die Vermutung nicht auf Fälle der „technischen oder wissenschaftlichen Komplexität" beschränkt, diese erscheinen

Die soeben angestellten Erwägungen deuten bereits darauf hin, dass eine Beweislastverteilung allein nach *Wahrscheinlichkeiten* eine Lösung sein kann, die ausreichend Rechtssicherheit einerseits und Flexibilität andererseits erlaubt. Eine solche Beweislastverteilung ist zum Schutz des Geschädigten geboten und dem Hersteller zumutbar, wenn die Beweisschwierigkeiten, wie es im ProdHaftRL-neu-E anklingt, aus der *Konstruktion des Produkts*, für die sich der Hersteller entschieden hat, resultieren. Hiervon werden insbesondere zwei Konstellationen erfasst, in denen mangels besserer Beweismöglichkeiten des Herstellers die zu kodifizierende Beweislastverteilung nach Fehlentscheidungen keine Beweislastumkehr erlaubt:

An den besseren Beweismöglichkeiten des Herstellers fehlt es vor allem dann, wenn der Agent eine *Black Box* ist, die sich auch *ex post* nicht öffnen lässt. Insofern lässt sich – ähnlich wie beim Fabrikations- und Transparenzfehler – der Gedanke der *bewussten Entscheidung für eine bestimmte Konstruktion* anführen: Die Schwierigkeiten resultieren hier daraus, dass der Hersteller sich zwar nicht pflichtwidrig, aber doch bewusst für die *Black Box* und die damit einhergehende Intransparenz entschieden hat.[1234] Daneben kann auch die *Vernetzung* mit anderen Agenten die Beweismöglichkeiten vereiteln. Auf die Vernetzungen des Agenten während seines Einsatzes hat der Hersteller nur begrenzt Einfluss. Dennoch trifft er auch diesbezüglich eine Konstruktionsentscheidung: Die Situation nähert sich insofern Fällen der Umwelthaftung, wo insbesondere unklar sein kann, welche von mehreren Emittenten einen Schaden (mit-)verursacht haben.[1235] Mit Blick auf § 22 Abs. 1 S. 2, Abs. 2 S. 1 Hs. 2 WHG a.F. (entspricht § 89 Abs. 1 S. 2, Abs. 2 S. 2 WHG n.F.) nahm der BGH an, eine Haftung aufgrund einer bloßen Eignung zur (Mit-)Verursachung trage dem Umstand Rechnung, dass „Schmutzstoffe, die in das Wasser gelangen, sich darin in der Regel sogleich mit anderen bereits im Wasser befindlichen schädlichen Stoffen vermischen und sich alsdann nicht mehr von anderen Schadensbeiträgen unterscheiden lassen".[1236] Ganz ähnlich liegt die Situation bei emittierenden Anlagen (§ 6 UmweltHG), Arzneimitteln (§ 84 Abs. 2 AMG), gentechnisch veränderter Organismen (§ 34 GenTG) und eben auch bei vernetzten technischen Agenten. Der Hersteller eines technischen Agenten entscheidet sich zwar möglicherweise nicht für eine bestimmte Vernetzung, aber zumindest für eine bestimmte Agentenkonstruktion mit bestimmten

---

nur als Beispiele für übermäßige Schwierigkeiten des Klägers (vgl. Art. 9 Abs. 4 lit. a: „in particular").

[1234] Siehe dazu soeben a).

[1235] Siehe nur BGH, Urt. v. 13.2.1976 – V ZR 55/74, BGHZ 66, 70, juris Rn. 13 ff. – „Bohrlochsprengung"; den Vergleich zieht etwa auch *Weingart*, Vertragliche und außervertragliche Haftung für den Einsatz von Softwareagenten, 2022, S. 188.

[1236] BGH, Urt. v. 22.11.1971 – III ZR 112/69, BGHZ 57, 257, juris Rn. 24 – „Hühnergülle".

Vernetzungsmöglichkeiten. Er wird dadurch Teil einer „Gefahrengemein-schaft"[1237] in dem Sinne, dass er „im Hinblick auf ein erwartbares entsprechen-des Verhalten anderer"[1238] damit rechnen muss, dass der Agent mit anderen Agenten zusammenwirkt.[1239]

Liegen konstruktionsbedingte Aufklärungsschwierigkeiten vor, sollte es im Interesse der Verringerung von Fehlentscheidungsrisiken für die Vermutung erforderlich und ausreichend sein, dass die Kausalität *überwiegend* wahr-scheinlich ist.[1240] Für die Beurteilung kann auf die im Zusammenhang mit der Beweislastverteilung nach Fehlentscheidungsrisiken *de lege lata* erläuterten Kriterien zurückgegriffen werden.[1241] Das im geltenden Recht verbreitete, aber eher unbestimmte Merkmal der „Eignung" (§ 6 Abs. 1 UmweltHG, § 84 Abs. 2 AMG)[1242] wird insofern durch eine besser handhabbare Voraussetzung abge-löst. Zudem wird die Vermutungsgrundlage hierdurch im Vergleich zu § 84 Abs. 2 S. 1 AMG, § 6 Abs. 1 UmweltHG, § 34 Abs. 1 GenTG, wo wohl jeden-falls keine *überwiegende* Wahrscheinlichkeit verlangt wird, tendenziell

---

[1237] Vgl. zum Umweltrecht *Diederichsen*, in: FS Schmidt, 1976, S. 1 (18); Land-mann/Rohmer UmweltR/*Hager*/*Rehbinder*, 100. EL, Januar 2023, § 7 UmweltHG Rn. 21.

[1238] Vgl. zum Emittenten *Rehbinder*, NuR 1989, 149 (160); siehe auch *Deutsch*, JZ 1972, 104 (105), nach dessen Verständnis auch § 830 Abs. 1 S. 2 BGB auf dem Zurechnungsgrund der „Erkennbarkeit fremder Beteiligung" basiert.

[1239] In BGH, Urt. v. 11.1.1994 – VI ZR 41/93, NJW 1994, 932, juris Rn. 28 – „Kindertee II" scheint der BGH eine „Gefahrengemeinschaft" der Hersteller von Kindertee zu vernei-nen. Anders als bei Tee ist es aber bei technischen Agenten Teil ihres *Zwecks*, mit anderen Agenten zusammenzuwirken und ist die Vernetzung für den Hersteller mit Vorteilen (bei der Vermarktung) verbunden.

[1240] So im Ergebnis auch *Sommer*, Haftung für autonome Systeme, 2020, S. 460, 466; siehe auch *Martini*, JZ 2017, 1017 (1024) für eine Beweislast des „Anbieters", wenn der Geschädigte „Tatsachen vorträgt, die mit überwiegender Wahrscheinlichkeit darauf schlie-ßen lassen, dass unzulässige Parameter Eingang in die Entscheidung gefunden haben".

[1241] Siehe dazu oben A. V. 2. c).

[1242] Dazu, dass dieses einen „sehr großen Wahrscheinlichkeitsbereich" abdeckt, siehe *Rein*, Die Zweckmäßigkeit der arzneimittelrechtlichen Gefährdungshaftung, 2021, S. 185.

eingeschränkt,[1243] jedenfalls aber präzisiert,[1244] so dass eine bloße „Verdachtshaftung" des Herstellers vermieden wird.[1245]

Bringen mehrere Hersteller fehlerhafte oder besonders gefährliche Agenten in den Verkehr, kann der Hersteller nach § 5 S. 2 ProdHaftG, § 426 Abs. 1 S. 2, Abs. 2 BGB Regress nehmen, wenn auch die Risiken dieser Agenten mit überwiegender Wahrscheinlichkeit den Schaden (mit-)verursacht haben. Diese Aussicht auf Regress schafft einen weiteren Anreiz dafür, das eigene System transparent zu gestalten und zwar auch mit Blick auf die Schnittstellen.[1246] Lassen sich die Verursachungsbeiträge auch im Regressprozess nicht näher bestimmen, muss der Schaden geteilt werden.[1247] Dieser Mechanismus schafft

---

[1243] Vgl. zu § 6 UmweltHG Landmann/Rohmer UmweltR/*Hager/Rehbinder*, 100. EL, Januar 2023, § 6 UmweltHG Rn. 15: ernstliche Wahrscheinlichkeit (siehe aber auch Rn. 22: hohe Wahrscheinlichkeit); Staudinger BGB/*Kohler*, 2017, § 6 UmweltHG Rn. 12: substantiierte Wahrscheinlichkeit; zu § 84 Abs. 2 S. 1 AMG siehe OLG Karlsruhe, Urt. v. 25.6.2021 – 4 U 19/19, PharmR 2021, 553, juris Rn. 36 – „Yasminelle": „plausibler Zusammenhang" (a.A. *Rein*, Die Zweckmäßigkeit der arzneimittelrechtlichen Gefährdungshaftung, 2021, S. 186: Wahrscheinlichkeit von 70 %); § 34 Abs. 1 GenTG setzt gar keine Eignung voraus.

[1244] Die Folgen der Weite der Vermutungsgrundlagen wird durch Ausschlussgründe relativiert, die teilweise ebenfalls an die bloße „Eignung" (§ 7 UmweltHG, § 84 Abs. 2 AMG) oder jedenfalls an einen geringeren Wahrscheinlichkeitsgrad (§ 34 Abs. 2 GenTG und dazu BeckOGK GenTG/*Bleckwenn*, 1.6.2023, § 34 Rn. 12) anknüpfen (vgl. etwa LG Waldshut-Tiengen, Urt. v. 20.12.2018 – 1 O 73/12, PharmR 2019, 75, juris Rn. 61– „Yasminelle", wonach die Vermutung nach § 84 Abs. 2 S. 1 AMG auch dann ausgeschlossen sei, wenn die Ursächlichkeit des Arzneimittels wahrscheinlicher ist als die des anderen Umstandes). Die Beweislast für das Vorliegen dieser Ausschlussgründe trägt allerdings der Anspruchsgegner. Ihr Anwendungsbereich ist außerdem beschränkt (vgl. etwa § 84 Abs. 2 S. 3 AMG sowie die Sonderregel für mehrere Anlagen in § 7 Abs. 2 UmweltHG). Die Normierung von Ausschlussgründen ist nicht erforderlich, wenn man von vornherein eine überwiegende Wahrscheinlichkeit verlangt; zu den Unklarheiten über die Funktionsweise der Ausschlussgründe siehe nur *Rein*, Die Zweckmäßigkeit der arzneimittelrechtlichen Gefährdungshaftung, 2021, S. 182 ff.

[1245] Siehe auch *Rehbinder*, NuR 1989, 149 (159), der mit Blick auf Umweltschäden eine „extrem opferfreundliche Anknüpfung an die bloße Schadenseignung" kritisiert und sich für eine Reduktion der Beweislast des Geschädigten „(nur) auf den Nachweis der überwiegenden Wahrscheinlichkeit der Kausalität" ausspricht, was der hier vorgeschlagenen Lösung entspricht. Umgekehrt können Ausschlussgründe, die an das Eignungskriterium anknüpfen, den Geschädigten zu stark benachteiligen, vgl. *Rein*, Die Zweckmäßigkeit der arzneimittelrechtlichen Gefährdungshaftung, 2021, S. 197.

[1246] Vgl. *Weingart*, Vertragliche und außervertragliche Haftung für den Einsatz von Softwareagenten, 2022, S. 441; *Sommer*, Haftung für autonome Systeme, 2020, S. 475 ff.; kritisch zur Möglichkeit, das Vernetzungsrisiko mittels Transparenzmaßnahmen zu lösen, *Beckers/Teubner*, Three Liability Regimes for Artificial Intelligence: Algorithmic Actants, Hybrids, Crowds, 2022, S. 123 f.

[1247] Vgl. *Weingart*, Vertragliche und außervertragliche Haftung für den Einsatz von Softwareagenten, 2022, S. 440 f. zu der von ihr vorgeschlagenen Lösung einer

zweifellos die Gefahr, dass der Geschädigte sich bei mehreren – mit überwiegender Wahrscheinlichkeit beteiligten – Agenten stets an den haftungspotenten und greifbaren Hersteller wendet.[1248] Dies ist dem Hersteller, der die Durchsetzungsrisiken durch die Ausgestaltung der Vernetzung beeinflussen kann und aus der Vernetzung außerdem Vorteile zieht, jedoch zuzumuten.[1249]

II. Erweiterung der Nutzerhaftung

Die Einführung einer Generalklausel für eine Produkt-Gefährdungshaftung, die Einschränkung der Entwicklungsrisiko-Klausel sowie die genannten beweisrechtlichen Regelungen bewirken eine interessengerechte Verschärfung der Herstellerhaftung. Diese hat auch Auswirkung auf die Haftung des Nutzers: Denn die bereits im Zusammenhang mit der Haftung für fremde menschliche Autonomie vorgeschlagene Sicherstellungshaftung findet auch auf das Nutzer-Hersteller-Verhältnis Anwendung und kann ausgedehnt werden auf die produkthaftungsrechtlichen Ansprüche (1.). Eine hierüber hinausgehende (materielle) Nutzerhaftung ist dagegen nicht „zweckmäßig".[1250] Das auch von der erweiterten Produkthaftung nicht abdeckte „Technisierungsrisiko" ist vielmehr Teil des allgemeinen Lebensrisikos und insofern dem „persönlichen Lebensbereich" des Geschädigten zuzuordnen (2.).[1251]

1. Erweiterte Sicherstellungshaftung für Ersatzansprüche gegen den Hersteller

Der Nutzer einer Technologie delegiert, wie erläutert, Gefahrsteuerungszuständigkeiten an den Hersteller.[1252] Damit trifft ihn, sofern er als Unternehmer agiert, *de lege ferenda* die im Zusammenhang mit menschlicher Autonomie entwickelte Sicherstellungshaftung.[1253] Aufgrund der Akzessorietät dieser Bürgenhaftung führt die Verschärfung der Herstellerhaftung somit auch zur Erweiterung der Haftung des Unternehmer-Nutzers.[1254] Der Nutzer kann sich nach

---

gesamtschuldnerischen Haftung auch der Nutzer, Betreiber und Hersteller *mehrerer* beteiligter Softwareagenten.

[1248] Vgl. dazu *Beckers/Teubner*, Three Liability Regimes for Artificial Intelligence: Algorithmic Actants, Hybrids, Crowds, 2022, S. 124.

[1249] Vgl. *Weingart*, Vertragliche und außervertragliche Haftung für den Einsatz von Softwareagenten, 2022, S. 442 zu der von ihr vorgeschlagenen gesamtschuldnerischen Haftung (vgl. Fn. 1247).

[1250] Vgl. zu diesem Kriterium *Thöne*, Autonome Systeme und deliktische Haftung, 2020, S. 149 sowie oben vor I.

[1251] Vgl. zu diesem Kriterium *Marburger*, AcP 192 (1992), 1 (29) sowie oben vor I.

[1252] Siehe dazu oben B. IV.

[1253] Siehe oben Kapitel 2, B. II.

[1254] Die Sicherstellungsfunktion der Nutzerhaftung klingt (mit Blick auf die Verletzung von *Logging*-Pflichten) auch an bei der *Expert Group (NTF)*, Liability for AI, 2019, S. 47: „If and to the extent that, as a result of the presumption under [22], the operator were obliged

dem vorgeschlagenen Modell allerdings in der Regel entlasten, da es sich bei dem Hersteller meist um einen selbständigen Gehilfen handelt. Hierfür muss er, wie erläutert, nachweisen, dass er bei der Sicherstellung der Identifizierbarkeit, Greifbarkeit und Haftungspotenz des Herstellers die im Verkehr erforderliche Sorgfalt beachtet hat.[1255] Insbesondere was das Identifizierungsrisiko angeht, können die Sicherstellungspflichten des Nutzers durch das Produktsicherheitsrecht weiter spezifiziert werden. Jedenfalls muss er die von den Herstellern angebotenen technischen Möglichkeiten ausnutzen.

Der Gedanke einer Sicherstellungshaftung des Nutzers klingt auch im Vorschlag des Europäischen Parlaments für eine KI-HaftVO an. Dieser sieht für den Betreiber eines KI-Systems ohne hohes Risiko (nur) eine Haftung für vermutetes Verschulden vor. Allerdings ist auch geregelt, dass dann, wenn „der Personen- oder Sachschaden von einem Dritten verursacht [wurde], der das KI-System in seiner Funktionsweise oder seinen Auswirkungen verändert hat, […] der Betreiber dennoch für die Entrichtung der Entschädigung [haftet], wenn der Dritte nicht ausfindig gemacht werden kann oder zahlungsunfähig ist".[1256] Diese Sicherstellungshaftung reicht weiter als die hier vorgeschlagene, da nicht nur der Hersteller und sonstige Delegationsempfänger, sondern alle Dritten erfasst sind und eine Exkulpation nicht möglich ist.[1257]

Der Vorschlag für eine KI-HaftRL folgt diesem Ansatz nicht. Er erstreckt allerdings die im Zusammenhang mit der Herstellerhaftung erläuterten Offenlegungspflichten und die hieran geknüpfte Beweislastumkehr auch auf die Nutzerseite.[1258] Dasselbe gilt für die Vermutung eines ursächlichen Zusammenhangs im Fall eines Verschuldens.[1259] Indes sollte eine solche Kausalitätsvermutung (weiterhin) nur unter den Voraussetzungen der besseren

---

to compensate the damage, the operator should have a recourse claim against the producer who failed to equip the technology with logging facilities."

[1255] Siehe oben Kapitel 2, B. II. 2. d) cc).

[1256] Art. 8 Abs. 3 KI-HaftVO-E.

[1257] Dass gegen den Dritten ein Anspruch bestehen muss, ist nicht explizit geregelt, ergibt sich aber wohl daraus, dass die Tatsache, dass der Dritte nicht ausfindig gemacht werden kann oder zahlungsfähig ist, nur dann für den Geschädigten von Bedeutung ist.

[1258] Art. 3 KI-HaftRL-E.

[1259] Art. 4 KI-HaftRL-E; bei Hochrisiko-KI-Systemen kann die Sorgfaltspflichtverletzung insbesondere aus der Verletzung bestimmter Vorschriften der geplanten KI-VO folgen (Art. 4 Abs. 3 KI-HaftRL-E). Anders als bei Anbietern (und gleichgestellten) Personen kann die Sorgfaltspflichtverletzung aber nicht „nur" durch die Verletzung der genannten Vorschriften festgestellt werden (vgl. Art. 4 Abs. 2 KI-HaftRL-E sowie *Dheu/De Bruyne/Ducuing*, CiTiP Working Paper v. 6.10.2022, S. 11); nach Art. 4 Abs. 6 KI-HaftRL-E gilt die Vermutung gegenüber einem „Beklagten, der das KI-System im Rahmen einer persönlichen nicht beruflichen Tätigkeit verwendet" jedoch „nur, wenn der Beklagte die Betriebsbedingungen des KI-Systems wesentlich verändert hat oder wenn er verpflichtet und in der Lage war, die Betriebsbedingungen des KI-Systems festzulegen, und dies unterlassen hat".

Beweismöglichkeiten des Nutzers und der überwiegenden Wahrscheinlichkeit der Ursächlichkeit der Pflichtverletzung des Nutzers gelten. Der Nutzer hat insbesondere keinen dem Hersteller vergleichbaren Einfluss auf die Transparenz und Vernetzungsfähigkeit des Produkts, so dass der Gedanke der bewussten Konstruktionsentscheidung insofern nicht zum Tragen kommt.[1260]

Soweit der Nutzer Ansprüche nach der (reformierten) EU-Produkthaftung absichert, ist für seine Haftung eine unionsrechtliche Rechtsgrundlage erforderlich. Wie dargestellt, regelt nach dem EuGH die ProdHaftRL verbindlich, wer die Haftung übernehmen muss.[1261] Der Vorschlag für eine neue ProdHaftRL erstreckt die Haftung des Importeurs (vgl. § 4 Abs. 2 ProdHaftG) auf den „Bevollmächtigten" des Herstellers und (subsidiär) auf den „Fulfilment-Dienstleister".[1262] Außerdem gilt die Lieferantenhaftung (vgl. § 4 Abs. 3 ProdHaftG) unter bestimmten Umständen auch für Online-Plattformen.[1263] Zumindest ergänzend sollte aus den genannten Gründen eine generelle Sicherstellungshaftung des Unternehmer-Nutzers eingeführt werden. Der EuGH hat zwar auch rechtspolitische Bedenken gegen eine über die ProdHaftRL hinausgehende Haftung anderer Beteiligter geäußert. Diese können allerdings entkräftet werden: Nach dem EuGH würde eine Ausweitung zu einer starken Verteuerung der Produkte und zu einer zahlenmäßigen Zunahme der Klagen führen, da auch der zusätzlich Betroffene sich versichern müsste und die Haftungssubjekte versuchen würden, Regress zu nehmen.[1264] Diese Effekte werden allerdings dadurch abgeschwächt, dass der Nutzer sich entlasten kann.[1265] Kann der Geschädigte gegen den Hersteller vorgehen, wird er dies tun, denn dann verspricht ein Vorgehen gegen den Nutzer mangels Verletzung einer Sicherstellungspflicht wenig Erfolg. Mehrfachprozesse dürften also die Ausnahme bleiben. Der Geschädigte kann sich nach dem hier vorgestellten Modell auch nicht, was mit Blick auf den KI-HaftVO-E zu Bedenken gegeben wird, „immer europäische Schuldner aussuchen, um eine Vollstreckung z. B. in China zu vermeiden",[1266] sondern nur dann, wenn eine solche Vollstreckung

---

[1260] Siehe dazu oben I. 4. b).

[1261] EuGH, Urt. v. 10.1.2006 – C-402/03, Slg 2006, I-199-243, juris Rn. 30 – „Skov/Bilka".

[1262] Art. 7 Abs. 2, Abs. 3, 4 Abs. 14 ProdHaftRL-neu-E.

[1263] Art. 7 Abs. 5, Abs. 6, 4 Abs. 17 ProdHaftRL-neu-E.

[1264] EuGH, Urt. v. 10.1.2006 – C-402/03, Slg 2006, I-199-243, juris Rn. 28 – „Skov/Bilka".

[1265] Siehe dazu oben Kapitel 2, B. II. 2. d) cc); nach *Borges*, CR 2022, 583 (561) ist der Regress grundsätzlich mit geringen Transaktionskosten zu bewältigen; *Borges* schlägt allerdings eine Schadensteilung zwischen Betreiber und Hersteller vor.

[1266] Zu diesen Bedenken gegen eine Haftung „aller Beteiligten" siehe die Stellungnahme des *Deutschen Anwaltvereins* zur Öffentlichen Konsultation der EU-Kommission zur Anpassung der Haftungsregeln an das digitale Zeitalter und an die Entwicklungen im Bereich der künstlichen Intelligenz, Nr. 11/2022, S. 5.

im konkreten Fall aussichtslos erscheint und der Nutzer sich nicht entlasten kann. Das Modell des KI-HaftVO-E geht insofern zu weit: Ihm liegt, wie gesehen, der Gedanke zugrunde, dass der Betreiber die „erste sichtbare Ansprechstelle" ist.[1267] Dies ist richtig, der Betreiber bzw. Nutzer muss den Geschädigten, wenn er in diesem Sinne angesprochen wird, aber an den materiell verantwortlichen Hersteller verweisen dürfen. Nur wenn er dies nicht möchte oder aufgrund der (vermuteten) Verletzung von Sicherstellungspflichten nicht kann, erfordert der Schutz des Rechtsverkehrs vor der Undurchsetzbarkeit der Produkt- und Produzentenhaftung[1268] eine Haftung auch des Nutzers.

Die Sicherstellungshaftung hat insbesondere dann Vorteile, wenn ein Nutzer ein System aus mehreren Agenten verwendet, die von unterschiedlichen Herstellern stammen. Steht fest, dass *irgendein* Hersteller für sein Produkt haftet, obliegt es dem Nutzer, den materiell Verantwortlichen zu identifizieren oder sich bezüglich aller in Betracht kommenden Personen zu entlasten.[1269] Nicht gelöst wird durch die Sicherstellungshaftung das Problem, dass die Produkte, die zusammenwirken, nicht nur verschiedenen Herstellern, sondern auch unterschiedlichen *Nutzern* zuzuordnen sein können und sich nicht aufklären lässt, welche Produktrisken (mit überwiegender Wahrscheinlichkeit) an dem konkreten Schaden mitgewirkt haben.[1270] Technische Agenten sind zunehmend Teil von immer offeneren Systemen.[1271] Zwischen den Nutzern bestehen dann meist allenfalls Kooperationsbeziehungen, so dass sie nicht für die Ansprüche des Geschädigten gegen die jeweils anderen Nutzer oder Hersteller der Agenten haften. Denkbar sind insofern Modelle der Kollektivhaftung, die hier jedoch nicht weiter untersucht werden sollen.[1272] Es spricht jedenfalls viel für die Forderung *Wagner*s, zunächst die weitere Entwicklung abzuwarten, „bevor überflüssige Institutionen geschaffen oder Kinder mit dem Bade ausgeschüttet werden".[1273] Das Zusammenspiel von Fehler- und Gefährdungshaftung des Herstellers, Sicherstellungshaftung des Nutzers und neuen Beweislastregeln kann

---

[1267] Vgl. Nr. 10 der Entschließung zum KI-HaftVO-E.

[1268] Die dänische Regierung brachte in der Rechtssache *Skov/Bilka* vor, dass die restriktive Auslegung der Richtlinie in Dänemark ein Absinken des Verbraucherschutzes herbeiführen könnte, vgl. EuGH, Urt. v. 10.1.2006 – C-402/03, Slg 2006, I-199-243, juris Rn. 44 – „Skov/Bilka".

[1269] Siehe dazu oben Kapitel 2, A. III. 2. b) dd).

[1270] Dieses Problem würde auch eine gesamtschuldnerische (Gefährdungs-)Haftung von Nutzer und Hersteller nicht vollständig lösen, solange diese die Kausalität des genutzten bzw. hergestellten Systems voraussetzt, vgl. zu einem solchen Ansatz *Weingart*, Vertragliche und außervertragliche Haftung für den Einsatz von Softwareagenten, 2022, S. 417 ff. Siehe aber auch oben vor und mit Fn. 1178 dazu, dass sich die „natürliche" Kausalität in der Regel feststellen lässt.

[1271] Siehe dazu oben Kapitel 1, C. V.

[1272] Siehe oben Einleitung, A.

[1273] *Wagner*, VersR 2020, 717 (741); siehe auch *Hofmann*, CR 2020, 282 (287), wonach die Produkthaftung „hinreichendes Entwicklungspotential" habe.

bereits dafür sorgen, dass, wie es *Heiderhoff* und *Gramsch* berechtigterweise fordern, „ein wirklich dichtes ‚Haftungsnetz' entsteht"[1274]. Gewisse verbleibende Schwierigkeiten bei der *Durchsetzung* gehören – wie auch sonst – zum allgemeinen Lebensrisiko.[1275]

2. Technisierungsrisiko als allgemeines Lebensrisiko

Es bleibt allerdings auch hinsichtlich der *Schadensrisiken* eine Lücke in diesem „Haftungsnetz": Nicht abgedeckt ist das Risiko, dass ein technischer Agent, der *generell* fehlerfrei und nicht besonders gefährlich ist, im *konkreten* Fall – in einer für den Nutzer unvermeidbaren bzw. unvorhersehbaren Weise – einen Schaden verursacht, den ein Mensch, ein Tier oder ein anderes System nicht verursacht hätte. Dieses *Technisierungsrisiko* (a) ist jedoch als Teil des allgemeinen Lebensrisikos grundsätzlich hinzunehmen, jedenfalls aber nicht dem Nutzer aufzuerlegen. Weder der Wunsch nach einer Gleichbehandlung von Geschäftsherren und Techniknutzern (b) noch das Interesse an einer Gleichbehandlung aller Geschädigten (c) rechtfertigen eine weiterreichende materielle Haftung des Nutzers.

a) Das Technisierungsrisiko

Das Technisierungsrisiko lässt sich anhand von drei Kategorien von Fehlentscheidungen beschreiben, die *Hacker* herausgearbeitet hat: Es existieren Fehlentscheidungen, die nur ein technischer Agent, nicht aber ein Mensch (bei Beachtung der erforderlichen Sorgfalt) trifft (Kategorie 1), Fehlentscheidungen, die sowohl technische Agenten als auch Menschen treffen (Kategorie 2) und Fehlentscheidungen, die nur Menschen treffen (Kategorie 3).[1276] Von dem Einsatz des technischen Agenten profitieren diejenigen, die den Schaden, den ein Mensch nicht hätte verhindern können und damit grundsätzlich auch nicht hätte ersetzen müssen, gar nicht erst erleiden (Kategorie 3). Diejenigen, die einen Schaden erleiden, den ein Mensch, nicht aber der technische Agent vermeiden hätte können (Kategorie 1), bleiben dagegen auf ihren Kosten sitzen, wenn die Haftung für technische Agenten ausschließlich an das *generelle* Sicherheitsniveau geknüpft ist.[1277] Sie stehen schlechter als bei einer Schädigung durch einen menschlichen Gehilfen.[1278] Angenommen, ein technischer Agent ist in der

---

[1274] *Heiderhoff/Gramsch*, ZIP 2020, 1937 (1941).

[1275] Vgl. *Franz*, Qualitätssicherungsvereinbarungen und Produkthaftung, 1995, S. 133 f; *Deutsch*, VersR 1993, 1041 (1042); OLG Brandenburg, Urt. v. 7.7.2020 – 6 U 127/18, juris Rn. 74.

[1276] *Hacker*, RW 2018, 243 (363), der von „Fehler Typen" spricht.

[1277] *Hacker*, RW 2018, 243 (263).

[1278] Vgl. *Chagal-Feferkorn*, Journal of Law, Technology and Policy 2018, 111 (122 ff.).

Lage, in 92,4 % der Fälle einen Tumor korrekt zu erkennen.[1279] Damit ist er möglicherweise zuverlässiger als ein Arzt, was sich positiv für alle Patienten auswirkt, deren Tumor ein Arzt nicht erkannt hätte (Kategorie 3). Unter den verbleibenden Fällen (7,6 %) können sich aber Patienten finden, die von einem Menschen eine richtige Diagnose erhalten hätten (Kategorie 1). Diese laufen Gefahr, einen Schaden zu erleiden, der – wenn der Agent nicht fehlerhaft und nicht besonders gefährlich ist – auch nicht ersetzt wird. Theoretisch ist Ähnliches denkbar beim Ersatz von Tieren durch technische Agenten, wobei hier, wie dargestellt, die Funktionsäquivalenz seltener gegeben ist.[1280] Eine weitere Ungleichbehandlung folgt aus den Unterschieden verschiedener technischer Agenten. Erinnert sei an System A (weniger *False Negatives*) und System B (weniger *False Positives*).[1281] Beide können fehlerfrei und nicht besonders gefährlich sein. Die Entscheidung des Nutzers für das System A oder B führt aber dazu, dass bestimmte Interessen – nämlich die der Betroffenen, die von dem jeweils anderen System nicht geschädigt worden wären – beeinträchtigt werden. Diese Ungleichbehandlung erscheint indes weniger problematisch als die Ersetzung eines Menschen durch eine Technik, solange die Entscheidung für die Technik – in Form von System A *oder* B – auch für die geschädigten Betroffenen zu einer Erhöhung der Sicherheit gegenüber menschlichem Verhalten führt, System A und B also beide jedenfalls sicherer sind als ein Mensch. Das Sicherheitsniveau wird dann für alle verbessert, wenn auch nicht in gleicher Weise.

Die Entscheidung für den Einsatz eines bestimmten technischen Agenten anstelle eines Menschen oder einer anderen Technologie (oder auch eines Tieres) trifft der Nutzer, nicht der Hersteller. Letzterer sorgt nur dafür, dass der Nutzer überhaupt eine Wahl hat. Das Technisierungsrisiko kann damit – anders als das Produktrisiko – allenfalls dem Nutzer auferlegt werden, indem seine Haftung erweitert wird. *Hanisch* erwägt z.B. eine Haftung des Roboterbetreibers für „maschinelles Versagen" bzw. „Fehlverhalten":[1282] „Wer einen Roboter betreibt, haftet für Schäden, die durch diesen verursacht werden, soweit der Roboter einen Fehler gemacht hat und auch ein Mensch für diesen Fehler haften würde."[1283] *Beckers* und *Teubner* schlagen eine Haftung für fremdes Fehlverhalten ähnlich § 278 BGB vor, wobei der an den Agenten anzulegende Maßstab nicht nur dem eines Menschen entsprechen, sondern auch weiterreichende Fähigkeiten der Technik berücksichtigen soll.[1284] Zwei Argumente könnten für

---

[1279] Vgl. zu einem solchen System *Liu/Gadepalli/Norouzi/Dahl/Kohlberger/Boyko/Venugopalan/Timofeev/Nelson/Corrado/Hipp/Peng/Stumpe*, arXiv:1703.02442v2, 2017, S. 6.

[1280] Siehe dazu oben A. III. 2. b) aa) (1).

[1281] Siehe dazu oben A. III. 2. b) aa) (2).

[1282] *Hanisch*, in: Robotik im Kontext von Recht und Moral, 2014, S. 27 (46).

[1283] *Hanisch*, in: Robotik im Kontext von Recht und Moral, 2014, S. 27 (54).

[1284] *Beckers/Teubner*, Three Liability Regimes for Artificial Intelligence: Algorithmic Actants, Hybrids, Crowds, 2022, S. 79 ff.

eine Haftung für Technisierungsrisiken sprechen, die im Ergebnis aber beide nicht durchgreifen: Die Gleichbehandlung des Geschäftsherrn eines menschlichen Gehilfen und des Nutzers eines technischen Gehilfen sowie die Gleichbehandlung des von einem menschlichen Gehilfen Geschädigten und des von einem technischen Gehilfen Geschädigten.

b) Ungleichbehandlung von Geschäftsherren und Nutzern rechtfertigt keine strengere Haftung

Im Grundsatz zu Recht wird die Gleichbehandlung des Geschäftsherrn und des Nutzers verlangt.[1285] Hieraus folgt aber außerhalb von Sonderverbindungen[1286] keine Haftung des Nutzers für Fehlverhalten des technischen Gehilfen.

Mit Blick auf die Haftung *de lege lata* legt der Gleichstellungsgedanke zunächst nur eine Beweislastumkehr entsprechend § 831 BGB nahe,[1287] die aber aus den genannten Gründen abzulehnen ist.[1288] Die neue Sicherstellungshaftung erweitert allerdings *de lege ferenda* die Haftung des Nutzers für fremde menschliche Autonomie und es könnte argumentiert werden, dass gerade dann, wenn der „Gehilfe" nicht nur aus tatsächlichen Gründen, sondern aus rechtlichen Gründen, mangels Rechtssubjektivität des technischen Agenten, nicht in Anspruch genommen werden kann, ein Bedürfnis für eine Haftung des „Geschäftsherrn" besteht. So wurde etwa im römischen Recht für das Verschulden von nicht rechtsfähigen Sklaven gehaftet.[1289] Indes existiert bei Schädigungen

---

[1285] Vgl. *Expert Group (NTF)*, Liability for AI, 2019, S. 45: „requirement of equivalence"; *Beckers/Teubner*, Three Liability Regimes for Artificial Intelligence: Algorithmic Actants, Hybrids, Crowds, 2022, S. 7; *Karner*, in: Liability for Artificial Intelligence, 2019, S. 117 (120); differenzierend *Bathaee*, Harvard Journal of Law & Technology 2018, 889 (935 f.); vgl. auch § 1306 Abs. 4 ABGB-E.

[1286] Im Vertragsrecht wird *de lege lata* die analoge Anwendung von § 278 BGB auf autonome Systeme diskutiert: Dafür etwa *Wulf/Burgenmeister*, CR 2015, 404 (407); *Hacker*, RW 2018, 243 (252 f.); *Sommer*, Haftung für autonome Systeme, 2020, S. 127 ff.; *Linardatos*, Autonome und vernetzte Aktanten im Zivilrecht, 2021, S. 193 ff.; siehe auch den Beschluss des 73. DJT, 2022, Zivilrecht, B. I. 8.; dagegen etwa *Müller-Hengstenberg/Kirn*, MMR 2014, 307 (311); *Schulz*, Verantwortlichkeit bei autonom agierenden Systemen, 2015, S. 140 f.; *Günther*, Roboter und rechtliche Verantwortung, 2016, S. 84 (der allerdings eine Analogie bei weiterem technischen Fortschritt nicht ausschließt); *Horner/Kaulartz*, CR 2016, 7 (7 f.); *Klingbeil*, JZ 2019, 718 (723 ff.); zur Gleichstellung von menschlichen und technischen Gehilfen im Vertragsrecht siehe auch schon *Schwörbel*, Automation als Rechtstatsache des bürgerlichen Rechts, 1970, S. 108; *Wolf*, JuS 1989, 899 (901 f.); *Brunner*, Zum Risiko von Computerfehlleistungen bei der Abwicklung von Verträgen, 1970, S. 97 ff.; vgl. auch § 1305 Abs. 3 ABGB-E; zur Staatshaftung siehe nur *Klingbeil*, a.a.O., S. 724.

[1287] Vgl. *Hacker*, RW 2018, 243 (265 ff.); *Zech*, Gutachten für den 73. DJT, 2020, A 76 ff.; *Haagen*, Verantwortung für Künstliche Intelligenz, 2021, S. 361.

[1288] Siehe dazu oben B. III. 1.

[1289] Vgl. *Harke*, in: Intelligente Agenten und das Recht, 2016, S. 97, siehe insbesondere S. 110, wo darauf hingewiesen wird, dass „der Eigentümer für ihm gänzlich unzurechenbare

durch einen Sklaven – ähnlich wie bei einem Tier – kein Hersteller, der für das *generelle* Risiko verantwortlich gemacht werden kann.[1290] Die Haftungslücke ist deshalb ungleich größer. Der Eigentümer des Sklaven haftete außerdem nicht persönlich für das fremde Verhalten, vielmehr traf ihn eine Art „dingliche" Haftung: Er konnte sich durch die Auslieferung des Sklaven befreien und die Haftung folgte dem Sklaven, erlosch also im Fall des Todes und ging mit einer Veräußerung auf den neuen Eigentümer über.[1291] Dieses Modell erscheint für technische Agenten wenig praktikabel.[1292] Zudem ginge eine Haftung des Nutzers für das Fehlverhalten des technischen Agenten mangels Regressmöglichkeit über eine bloß formelle Haftung hinaus, so dass wiederum eine Ungleichbehandlung zwischen dem Geschäftsherrn und dem Nutzer entstehen würde – nun zu Lasten des Nutzers.[1293] Hierfür fehlt es an einem ausreichenden Grund. Ein solcher folgt, wie sogleich gezeigt wird, auch nicht aus einer Ungleichbehandlung der Geschädigten.

c) Ungleichbehandlung der Geschädigten rechtfertigt keine strengere Haftung

Das vorgestellte Haftungskonzept kann dazu führen, dass diejenigen, die durch einen Menschen geschädigt werden, Ersatz verlangen können, wohingegen diejenigen, die in gleicher Weise durch einen technischen Agenten geschädigt werden, den Schaden hinnehmen müssen.[1294] Durch die generalisierende Betrachtung wird Kategorie 1 im Interesse von Kategorie 3 „aufgeopfert".[1295] Diese Ungleichbehandlung ist allerdings grundsätzlich gerechtfertigt. Eine Haftung für sämtliche Technisierungsrisiken würde den Fortschritt in der Sicherheitstechnologie voraussichtlich stark ausbremsen: Würde der Nutzer für

---

Schäden lediglich deshalb einzustehen [hatte], weil er das einzig denkbare Zuordnungssubjekt der Haftung ist".

[1290] Vgl. zu diesem Unterschied zwischen Maschine und Tier *Horner/Kaulartz*, CR 2016, 7 (14); *Grützmacher*, CR 2016, 695 (698).

[1291] *Harke*, in: Intelligente Agenten und das Recht, 2016, S. 97 (98 f.).

[1292] *Harke*, in: Intelligente Agenten und das Recht, 2016, S. 97 (116 f.); *Dötsch*, Außervertragliche Haftung für Künstliche Intelligenz am Beispiel von autonomen Systemen, 2023, S. 358; kritisch zur Übertragbarkeit auch schon *Lehman-Wilzig*, Futures 1981, 442 (449 f.), wonach die Anwendung der für Sklaven konzipierten Regeln die Möglichkeit einer gewissen „Bestrafung" von KI-Systemen voraussetze.

[1293] Vgl. *Wagner*, in: Zivilrechtliche und rechtsökonomische Probleme des Internet und der künstlichen Intelligenz, 2019, S. 1 (23), wonach eine strenge Haftung einen „Bruch" zwischen der Haftung für menschliche Gehilfen und der Haftung für technische „Gehilfen" bewirken würde (allerdings zur geltenden Rechtslage); siehe auch *Dötsch*, Außervertragliche Haftung für Künstliche Intelligenz am Beispiel von autonomen Systemen, 2023, S. 368; a.A. Leupold/Wiebe/Glossner IT-Recht/*Leupold/Wiesner*, 4. Aufl. 2021, Teil 9.6.4 Rn. 109.

[1294] Vgl. *Chagal-Feferkorn*, Journal of Law, Technology and Policy 2018, 111 (122 ff.).

[1295] Zur ähnlichen Diskussion über die „Aufopferung" der Erstgeschädigten bei einer Haftung nur für *vorhersehbare* Risiken siehe oben I. 3.

sämtliche Schäden haften, die ein Mensch oder eine andere Technologie vermieden hätte, bestünde wenig Anreiz dafür, ein System zu verwenden, welches
zwar insgesamt sicherer ist als ein Mensch oder eine andere Technologie, dies
allerdings nur um den Preis, dass es in bestimmten (Ausnahme-)Fällen hinter
der Sicherheit der herkömmlichen Systeme zurückbleibt.[1296] Hierdurch würde
man wiederum Rechtsgüter „aufopfern", nämlich die Rechtsgüter derjenigen,
die von dem Einsatz des neuen Agenten profitieren würden (vgl. Kategorie 3).
Es würde der *Status Quo* zementiert.[1297] Der Rechtsverkehr hat indes keinen
Anspruch auf den unveränderten Erhalt dieses Zustandes.[1298] In der Regel wird
der Einzelne im Laufe seines Lebens nicht nur „Opfer" neuer Technologien,
sondern ist zugleich Nutznießer.[1299] Risiken, bei denen aufgrund ihrer Größe
und aufgrund des fehlenden Nutzens für die Allgemeinheit erhebliche Ungleichbehandlungen zu befürchten sind, fallen in den Grenzbereich und führen
daher nach dem hier vorgeschlagenen Modell zu einer Produkt-Gefährdungshaftung.[1300] Risiken im Normalbereich sind dagegen hinzunehmen. Sie sind
grundsätzlich Teil des allgemeinen Lebensrisikos.[1301] Sollten unzumutbare
Härten im Einzelfall auftreten, kann diesen durch nachträgliche staatliche Zu-
wendungen, z.B. mittels der Einrichtung von Entschädigungsfonds, Rechnung

---

[1296] *Hacker*, RW 2018, 243 (263).

[1297] Vgl. auch *Blaschczok*, Gefährdungshaftung und Risikozuweisung, 1993, S. 59 dazu,
dass durch eine Gefährdungshaftung für neue Technologien „Haftungsrecht [...] – ganz unabhängig von der Gefährlichkeit der neueren Aktivität – zur Bewahrung des bisherigen Ge-
fahrenstatus instrumentalisiert" werde, siehe auch S. 83.

[1298] Zur (grundsätzlich unzulässigen) *Verschlechterung* des *Status Quo* siehe oben A. III.
2. bb) (2).

[1299] Vgl. *Borges*, in: Liability for Artificial Intelligence and the Internet of Things, 2019,
S. 145 (162), der darauf hinweist, dass die Gesellschaft als Ganze von den mit autonomen
Systemen einhergehenden Transformationsprozessen profitiert.

[1300] Dafür, Lücken der Verschuldenshaftung nicht durch eine „Assistenzhaftung", sondern durch eine Gefährdungshaftung abzudecken, *Spindler*, JZ 2022, 793 (796); ähnlich bereits *Zech*, Gutachten für den 73. DJT, 2020, A 80 f.

[1301] Dazu, dass es nicht Aufgabe des Gesetzgebers sein kann, ein „allgemeines Lebensrisiko durch einen Haftungstatbestand vollends auszugleichen", siehe *Horner/Kaulartz*, CR
2016, 7 (14); vgl. auch *Dötsch*, Außervertragliche Haftung für Künstliche Intelligenz am
Beispiel von autonomen Systemen, 2023, S. 305 ff.; zum „allgemeinen Lebensrisiko" im
Zusammenhang mit technischen Agenten bzw. Technologien im Allgemeinen siehe etwa
Rempe, InTeR 2016, 17 (19); *Kirn/Müller-Hengstenberg*, Rechtliche Risiken autonomer und
vernetzter Systeme, 2016, S. 245 (zum Nutzer oder Kunden eines Softwareagenten, siehe
auch S. 326, 332); *Denga*, CR 2018, 69 (72); *Zech*, Gutachten für den 73. DJT, 2020, A 96
(zum pflichtgemäßen Einsatz bekannter und einfacher Maschinen); generell gegen eine Einordnung des Risikos von Softwareagenten als allgemeines Lebensrisiko *Weingart*, Vertragliche und außervertragliche Haftung für den Einsatz von Softwareagenten, 2022, S. 286 ff.,
315 f.

getragen werden.[1302] Damit würde auch die Allgemeinheit, die von den technischen Agenten grundsätzlich profitiert (Kategorie 3), in den Ausgleich einbezogen.[1303] Zur Entschädigung von Contergan-Opfern und von Personen, die durch Blutprodukte mit HIV infiziert wurden, wurden beispielsweise Stiftungen errichtet, an denen sich die involvierten Unternehmen ebenfalls beteiligten.[1304] Solche Lösungen sind auch mit Blick auf die „Opfer" von autonomen Technologien, welche durch das grundsätzlich dichte „Haftungsnetz" fallen, möglich.

D. Zusammenfassung von Kapitel 4

Verursacht technische Autonomie einen Schaden, kommen als Haftungssubjekte der *Hersteller* und der *Nutzer* in Betracht, wobei sich die Rollen überschneiden können. *De lege lata* haften beide Seiten grundsätzlich nach §§ 823 ff. BGB und der Hersteller außerdem nach dem auf der ProdHaftRL beruhenden ProdHaftG.

Technische Agenten sind als Produkt i.S.v. § 2 ProdHaftG zu qualifizieren und zwar auch dann, wenn es sich um unverkörperte Softwareagenten handelt. Entscheidend für die Abgrenzung von Produkten und sonstigen Leistungen ist das Vorliegen einer *Fabrikations- und Konstruktionsentscheidung*. Danach kann auch die Bereitstellung eines Updates, nicht aber die bloße Lieferung von

---

[1302] Vgl. etwa *Hanisch*, in: Robotik im Kontext von Recht und Moral, 2014, S. 27 (43): Fondslösung, „wenn ein Schädiger nicht ermittelbar ist, es aber auch nicht hinnehmbar ist, dem Geschädigten seinen Schaden nicht zu ersetzen"; *Borges*, in: Liability for Artificial Intelligence and the Internet of Things, 2019, S. 145 (163): Kompensationsfonds als Möglichkeit, Haftungslücken zu schließen; *Sommer*, Haftung für autonome Systeme, 2020, S. 468 f.: subsidiäre Ersatzpflicht eines Ausfallhaftungsfonds, wenn der Geschädigte keinen Schadensersatzanspruch hat oder seinen Anspruch nicht durchsetzen kann; *Expert Group (NTF)*, Liability for AI, 2019, S. 62 f.: Entschädigung für die Opfer von Cyberkriminalität nach dem Vorbild der Richtlinie 2004/80/EG des Rates v. 29.4.2004 zur Entschädigung der Opfer von Straftaten; Erwägungsgrund 22 KI-HaftVO-E: Besondere Entschädigungsfonds in „Ausnahmefällen".

[1303] Vgl. *Hanisch*, Haftung für Automation, 2010, S. 183, wonach, wenn der Staat bestimmte Risiken zulasse, auch die Allgemeinheit einen Teil des Risikos tragen müsse; *Hartmann*, in: KI & Recht kompakt, 2020, S. 29 (108), wonach die Abfederung des allgemeinen Lebensrisikos „zur Aufgabe des Staates erkoren" und „nicht den Unternehmen aufgebürdet werden" sollte.

[1304] Vgl. das HIVHG sowie das ContStiG; siehe dazu *Hanisch*, Haftung für Automation, 2010, S. 182. Damit wurde gerade den Grenzen des Haftungsrechts Rechnung getragen, vgl. Entwurfsbegründung zum HIVHG, BT-Drs. 13/1298, S. 8; vgl. dazu auch *Brüggemeier*, Haftungsrecht, 2006, S. 191 f.; kritisch zu solchen Lösungen *Röthel*, in: Innovationsverantwortung, 2009, S. 335 (356) (mit Blick auf die „Zuweisung von Innovationsrisiken auf die Erstgeschädigten"; dazu oben I. 3.).

Trainingsdaten und „rohen" Lernalgorithmen die Produkthaftung begründen. Hersteller i.S.v. § 4 Abs. 1 S. 1 ProdHaftG kann neben dem Entwickler u.a. auch der *Trainer-Nutzer* sein, da auch dieser eine Fabrikations- und Konstruktionsentscheidungen trifft.

Die Ermittlung des Fehlers i.S.v. § 3 ProdHaftG kann die Gerichte bei technischen Agenten vor Herausforderungen stellen: Der „Bauplan" wird hier insbesondere durch den (Lern-)Algorithmus und die Trainingsdaten bestimmt. Ob eine Abweichung des Produkts hiervon vorliegt (Fabrikationsfehler) und ob die Konstruktion ausreichend sicher ist (Konstruktionsfehler), ist aufgrund der offenen Gestaltung des Bauplans und der Vielzahl an Parametern häufig schwierig zu bestimmen. Die Perzeptions- und Lernfähigkeit sowie der *Black Box*-Effekt und die Vernetzung können zu *Ungewissheiten* über das Produktrisiko und dessen Zulässigkeit führen, die sich auch nicht durch eine Fortführung der Rechtsprechung zum „Fehlerverdacht" überwinden lassen. Der Hersteller muss über Ungewissheiten über das Produktrisiko zumindest aufklären (Instruktionsfehler). Die Fehlerfeststellung kann außerdem durch das Produktsicherheitsrecht erleichtert werden, sofern es – durch ein Zusammenspiel von gesetzlichen Vorschriften, technischen Normen und Zulassungen oder Zertifizierungen – zwingende, abschließende und hinreichend konkrete Anforderungen vorsieht. Schwierigkeiten bereitet allerdings auch die Feststellung der Fehler-Kausalität (§ 1 Abs. 1 ProdHaftG), welche voraussetzt, dass sich das generelle Sicherheitsdefizit des Produkts auch im konkreten Fall ausgewirkt hat.

(Autonome) Softwareprodukte zeichnen sich im Vergleich zu herkömmlichen Produkten durch eine größere Anpassungsfähigkeit auch während ihres Einsatzes aus. Dem ist dadurch Rechnung zu tragen, dass das Inverkehrbringen, welches grundsätzlich maßgeblich für den einzuhaltenden Sicherheitsstandard ist (§ 3 Abs. 1 lit. c, Abs. 2 ProdHaftG), nicht als Zeitpunkt, sondern als *Zeitraum* verstanden wird. Dieser Zeitraum beginnt mit der erstmaligen Bereitstellung und endet, wenn der Rechtsverkehr keine Anpassung des Produkts an den jeweiligen Sicherheitsstandard mehr erwarten darf. Jedenfalls aus § 823 Abs. 1 BGB ergibt sich eine Pflicht des Herstellers, einem veränderten Sicherheitsstandard Rechnung zu tragen – gegebenenfalls auch durch Updates.

Für die Ausschlussgründe nach § 1 Abs. 2 Nr. 1 ProdHaftG (Fehlendes Inverkehrbringen) und § 1 Abs. 2 Nr. 2 ProdHaftG (Fehlerfreiheit beim Inverkehrbringen) kommt es auf den *Beginn* des Inverkehrbringens an. Dagegen ist für den Ausschluss nach § 1 Abs. 2 Nr. 5 ProdHaftG (Entwicklungsrisiko), genauso wie für die Bestimmung des Fehlers, der gesamte Zeitraum des Inverkehrbringens bis zu dessen *Ende* maßgeblich. Auf der Grundlage von § 823 Abs. 1 BGB kommt eine in zeitlicher Hinsicht noch weiterreichende Haftung in Betracht. Bei Produkten, die perzeptionsfähig sind und während des Einsatzes weiterlernen können, genügt es für die Erkennbarkeit des Risikos i.S.v. § 1 Abs. 2 Nr. 5 ProdHaftG, dass die Umwelteinflüsse, denen das System ausgesetzt ist, und die Möglichkeit, dass diese sein Verhalten bestimmen, erkennbar sind. Das Produktsicherheitsrecht kann allerdings – wiederum durch ein Zusammenwirken von gesetzlichen Vorschriften, technischen Normen und Zulassungen oder Zertifizierungen – Vertrauenstatbestände schaffen, auf die sich der Hersteller verlassen darf. Die Haftungsausschlüsse nach § 1 Abs. 3 ProdHaftG (Teilprodukte) werden insbesondere dann relevant, wenn der Agent nachträglich ein Update erhält oder durch Erfahrung weiterlernt. Grundsätzlich handelt es sich bei dem ursprünglichen Agenten und dem Update bzw. dem Lernfortschritt um jeweils selbständige, sich ergänzende (End-)Produkte. Bewirkt das Update bzw. der Lernfortschritt jedoch eine *wesentliche Veränderung der Sicherheitseigenschaften* des ursprünglichen Agenten, ist der veränderte Agent als (End-)Gesamtprodukt, der ursprüngliche Agent als Teilprodukt zu qualifizieren. Die Hersteller haften dann grundsätzlich als Gesamtschuldner (§§ 4 Abs. 1 S. 1, 5 S. 1 ProdHaftG), sofern sich der Teilprodukthersteller nicht gem. § 1 Abs. 3 ProdHaftG entlasten kann. Für die zeitliche Grenze der Haftung nach § 13 ProdHaftG kommt es wiederum auf das *Ende* des Inverkehrbringens an.

Aufgrund der Schwierigkeiten bei der Beurteilung des generellen Sicherheitsniveaus des technischen Agenten und der Feststellung des konkreten Schadenshergangs spielt die Beweislastverteilung eine wesentliche Rolle für die Haftung des Herstellers: Bei der Produkthaftung kann von der in § 1 Abs. 4 ProdHaftG geregelten Beweislastverteilung richterrechtlich grundsätzlich nicht abgewichen werden. Im Rahmen von § 823 Abs. 1 BGB kann die Beweislastumkehr der Rechtsprechung zu Lasten des Herstellers allerdings ausgeweitet werden: Eine solche ist nicht nur gerechtfertigt, wenn nachweislich schon bei Beginn des Inverkehrbringens ein schadensursächlicher Fehler vorlag. Vielmehr ist eine Beweislastumkehr hinsichtlich der schadensursächlichen Pflichtverletzung nach den Grundsätzen der *Beweislastverteilung nach Fehlentscheidungsrisiken* auch dann möglich, wenn das Produktrisiko erst *später* vermeidbar und erkennbar wird. Außerdem kann die Rechtsprechung des BGH zu den *Befunderhebungs- und Befundsicherungspflichten* auf autonome Produkte insoweit übertragen werden, als bei der Verletzung von Test- und Überwachungspflichten die schadensursächliche Pflichtverletzung in der Regel vermutet werden kann. Unter Umständen können die Fehlentscheidungsrisiken auch für eine Beweislastumkehr jedenfalls hinsichtlich des *Pflichtwidrigkeitszusammenhangs* sprechen. Insbesondere die durch einen *Black Box*-Effekt des Systems und eine Vernetzung bewirkten Aufklärungsschwierigkeiten werden dadurch allerdings nicht vollständig bewältigt. Denn insofern fehlt es häufig an den hierfür erforderlichen besseren Beweismöglichkeiten des Herstellers.

Der Nutzer haftet *de lege lata* insbesondere nach § 823 Abs. 1 BGB. Die technische Autonomie führt allerdings dazu, dass er das Risiko oft nicht vermeiden und vorhersehen kann. Aufgrund der Perzeptions- oder Lernfähigkeit, dem *Black Box*-Effekt oder der Vernetzung kann außerdem *Ungewissheit* über das Vorliegen einer schadensursächlichen Pflichtverletzung bestehen. Eine generelle Beweislastumkehr, etwa in Analogie zu §§ 831 Abs. 1 S. 2, 832 Abs. 1 S. 2, 833 S. 2, 836 ff. BGB, zu Lasten des Nutzers ist allerdings abzulehnen; vielmehr ist im Einzelfall zu prüfen, ob eine *Beweislastumkehr nach Fehlentscheidungsrisiken* in Betracht kommt. Maßgeblich hierfür sind insbesondere die (verbleibenden) Kontrollmöglichkeiten des Nutzers. Der Nutzer haftet außerdem nach *§ 823 Abs. 1 BGB i.V.m. dem Rechtsverfolgungs- bzw. Rechtsfortsetzungsgedanken*, wenn er Sicherstellungspflichten verletzt hat und deshalb die Ansprüche des Geschädigten gegen den Hersteller nach § 823 Abs. 1 BGB nicht durchsetzbar sind. Zwischen Nutzer und Hersteller liegt eine Delegationsbeziehung vor.

De lege ferenda ist eine strengere materielle Haftung des Herstellers gerechtfertigt. Der Hersteller beeinflusst das Produktrisiko autonomer Systeme am stärksten und zieht aus der riskanten Aktivität erhebliche Vorteile. Allerdings liegt nicht immer eine „besondere" Gefahr vor. Deshalb sollte keine generelle Gefährdungshaftung, sondern eine *Generalklausel einer Haftung für Produktrisiken* im Grenzbereich zwischen dem Normal- und dem Verbotsbereich eingeführt werden, die ergänzend neben die bisherige Fehler-Haftung tritt (risikobasierter Ansatz). Daneben ist der Zeitbezug der Entwicklungsrisiko-Klausel zu streichen. Außerdem sollte eine Beweislastumkehr im Fall der Verletzung von Transparenzpflichten („*Transparenzfehler*") eingeführt werden. Bei konstruktionsbedingten Beweisschwierigkeiten sollte hinsichtlich der *Fehler-Kausalität* bzw. des *Gefahrzusammenhangs* ebenfalls eine Beweislastumkehr erfolgen, wenn das Tatbestandsmerkmal überwiegend wahrscheinlich ist.

Eine strengere Haftung des Nutzers ist de *lege ferenda* nur insoweit gerechtfertigt, als er die Ansprüche des Geschädigten gegen den Hersteller nach Maßgabe der im Zusammenhang mit menschlicher Autonomie vorgeschlagenen Sicherstellungshaftung absichern muss. Diese Sicherstellungshaftung sollte außerdem auf *Ansprüche aus der vereinheitlichten Produkthaftung* erstreckt werden, wobei hierfür eine unionsrechtliche Regelung erforderlich ist. Da es sich bei dem Hersteller regelmäßig um einen selbständigen Unternehmer handelt, kann der Nutzer sich grundsätzlich exkulpieren. Die verbleibenden Durchsetzungsschwierigkeiten sind Teil des allgemeinen Lebensrisikos des Geschädigten. Zum allgemeinen Lebensrisiko gehören auch die *Technisierungsrisiken*, welche aus der Ersetzung eines Menschen bzw. einer herkömmlichen Technologie durch einen technischen Agenten resultieren. Diese werden durch die erweiterte Produkthaftung und die Sicherstellungshaftung nicht abgedeckt, sondern sind grundsätzlich dem Geschädigten zuzuweisen. Auch im Zusammenhang mit autonomen Technologien bleibt es also dabei, dass absolute Sicherheit nicht erwartet werden kann.

Zusammenfassung

A. Multidisziplinäre Grundlagen

I. Autonomie bedeutet im Wesentlichen *Unabhängigkeit*. Autonome Systeme (Agenten) sind in der Lage, unabhängig von anderen Systemen Entscheidungen zu treffen und dadurch einen *Output* zu generieren. Diese Unabhängigkeit erhalten sie zum einen durch Perzeptionsfähigkeit, zum anderen durch Lernfähigkeit. Die Perzeptionsfähigkeit betrifft den *Input* eines Systems: Autonome Systeme sind in der Lage, ihre Umgebung selbst wahrzunehmen und hieraus Schlussfolgerungen zu ziehen. Die Lernfähigkeit betrifft die *Input-Output-Beziehung*: Autonome Systeme können ihre Verhaltensregeln selbst entwickeln und verändern, indem sie Konsequenzen aus Erfahrungen ableiten. Dabei existieren verschiedene Grade von Unabhängigkeit: Die genannten Fähigkeiten sind bei verschiedenen Agenten unterschiedlich ausgeprägt.

II. Autonome Systeme sind insbesondere Menschen, Tiere und bestimmte Technologien. Während Menschen und Tiere über eine „natürliche" und sehr weit reichende Autonomie verfügen, ist die technische Autonomie eine „künstliche". Anders als herkömmliche Technologien sind technische Agenten regelmäßig nicht auf explizite Eingaben ihres Nutzers angewiesen, sondern erhalten den Input direkt aus ihrer Umgebung. Sie nehmen die Daten mittels Sensoren selbständig wahr und generieren hieraus Informationen (Perzeptionsfähigkeit). Außerdem ist ihre Input-Output-Beziehung meist nicht unveränderlich programmiert, sondern entwickelt sich während eines Trainings (Lernfähigkeit). Die Agenten erhalten Beispieldaten und generieren ausgehend davon Verhaltensregeln. Es existieren verschiedene Arten des sog. Maschinellen Lernens (überwachtes, unüberwachtes und verstärkendes Lernen) sowie verschiedene Lernmethoden (z.B. Entscheidungsbäume, künstliche neuronale Netze und genetische Algorithmen). Außerdem kann unterschieden werden zwischen Systemen, deren Lernfortschritt nach der Entwicklungsphase „eingefroren" wird, und solchen, die auch noch in der Einsatzphase, d.h. beim Nutzer, weiterlernen.

III. Der Output autonomer Systeme beeinflusst die Umgebung und kann schädliche Auswirkungen auf andere Systeme haben. Dann stellt sich die Haftungsfrage. Die Entscheidungen autonomer Systeme können *fehlerhaft* sein. Hintergrund ist häufig, dass die Agenten Heuristiken verwenden und ihre Entscheidungen auf Scheinkausalitäten beruhen. Entscheidend für die Leistungsfähigkeit lernfähiger Systeme ist die Qualität und Quantität der Trainingsdaten. Typische Fehlerursachen sind deshalb *Biases* bereits in den Trainingsdaten, *Overfitting* und *Data Leakage*. Das mitunter schädliche Verhalten autonomer Systeme ist für andere Systeme häufig *nicht vollständig vermeidbar*: Die Unabhängigkeit führt in der Regel zu einer Reduktion der Kontrollmöglichkeiten. Die Kontrollierbarkeit ist auch abhängig von der *Vorhersehbarkeit*, die bei autonomen Systemen typischerweise ebenfalls stark eingeschränkt ist: Welchen Input das System verarbeiten wird und welche Input-Output-Beziehungen es anwenden wird, ist *ex ante* häufig nicht erkennbar. Autonome Systeme sind oft *Black Boxes*. Die Möglichkeit der Einsicht in das Systeminnere ist begrenzt, selbst für Experten, und auch Rückschlüsse aus Beobachtungen erlauben nur eine eingeschränkte Prognose. Dabei bestehen Unterschiede zwischen den Systemen: Menschen und Tiere haben grundsätzlich einen größeren Möglichkeitsraum als technische Agenten. Menschen können aber befragt werden und es existieren ein gefestigtes Basiswissen über die Wirkzusammenhänge sowie eine große Menge an Erfahrungen. Bei Tieren ist jedenfalls letzteres vorhanden. Technische Agenten unterscheiden sich hinsichtlich der Möglichkeit der Einsicht und der Rückschlüsse aus Beobachtungen in Abhängigkeit von ihrer Konstruktion. Bei vielen Systeme ist das konkrete Verhalten jedoch kaum prognostizierbar. Sind sie in der Lage weiterzulernen, kann – anders als bei herkömmlichen Technologien – insbesondere nicht darauf vertraut werden, dass in identischen Situationen die identischen Entscheidungen getroffen werden. Die Perzeptionsfähigkeit und die Lernfähigkeit sowie der *Black Box*-Effekt führen außerdem dazu, dass ihr Verhalten häufig auch *ex post* nicht *erklärbar* ist in dem Sinne, dass die Gründe der Entscheidung ermittelt werden können. Autonome Systeme sind oft mit anderen Systemen *vernetzt*, etwa in Organisationen und Netzwerken. Diese Vernetzung beeinflusst die genannten Effekte von Autonomie.

IV. Autonomes Verhalten ist mit Risiken und Chancen verbunden. Die Größe eines *Risikos* lässt sich in der Regel nicht exakt berechnen, sondern nur abschätzen. Je nachdem wie hoch die Abschätzungssicherheit ist, kann man von realen, hypothetischen, nur vermuteten oder unbekannten Risiken sprechen. Unterschiedliche Informationen und Wertvorstellungen können außerdem dazu führen, dass Risiken von Laien (subjektiv) anders beurteilt werden als von Experten (objektiv). Risiken können sich auf Schäden (i.e.S.) beziehen (Schadensrisiken), aber auch auf andere negative Ereignisse, insbesondere auf die Undurchsetzbarkeit von Ansprüchen (Durchsetzungsrisiken). Die Undurchsetzbarkeit kann daraus resultieren, dass der Sachverhalt nicht aufklärbar ist oder der Schuldner nicht greifbar oder nicht haftungspotent ist, wobei die letzten beiden Aspekte nur bei fremder menschlicher Autonomie eine Rolle spielen. Die *Schadensrisiken* autonomer Systeme sind in gewisser Weise unbeherrschbar. Die Abschätzungssicherheit ist aufgrund der Unvorhersehbarkeit des Verhaltens typischerweise gering. Allerdings sind die Schadensrisiken nicht generell (objektiv oder subjektiv) groß; vielmehr hängt die Risikogröße von der Funktion und dem Einsatzbereich der Agenten ab. Die *Durchsetzungsrisiken*, die beim Einsatz fremder Autonomie entstehen, sind meist ebenfalls nicht vollständig beherrschbar. In der Regel sind sie sehr groß oder zumindest erheblich: Die Perzeptions- und Lernfähigkeit sowie der *Black Box*-Effekt und die Vernetzung erschweren jedenfalls die Aufklärbarkeit. Die *Chancen*, die mit fremder Autonomie verbunden sind, bestehen insbesondere in der dadurch möglichen Entlastung und der Aussicht auf Innovationen, folgen also gerade auch aus der Unvermeidbarkeit und Unvorhersehbarkeit des Verhaltens.

B. Haftung für menschliche Autonomie

I. Der Geschäftsherr, der einen Gehilfen einsetzt, haftet außerhalb von Sonderverbindungen *de lege lata* im Allgemeinen nur für eigenes Verschulden. Die *Zuständigkeit für eine Gefahr* kann grundsätzlich delegiert werden, entweder an einen unselbständigen Gehilfen (intraorganisationale Arbeitsteilung) oder an einen selbständigen Gehilfen (interorganisationale Arbeitsteilung). Die Delegation einer Zuständigkeit an einen anderen ist abzugrenzen von der Wahrnehmung einer eigenen Zuständigkeit durch einen anderen: § 31 BGB sieht beim Handeln von Organmitgliedern eines Verbands eine Verhaltenszurechnung vor. Die Norm dient allein der haftungsrechtlichen Gleichstellung von Verbänden und natürlichen Personen. Entgegen der Rechtsprechung des BGH ist sie deshalb nicht auf „Repräsentanten" auszudehnen, die grundsätzlich von § 831 BGB erfasst sind. Auch eine Erstreckung auf natürliche Personen ist abzulehnen. Delegationsbeziehungen sind außerdem abzugrenzen von Kooperationsbeziehungen, bei denen mehrere Personen nebeneinander ihre jeweiligen Gefahrsteuerungszuständigkeiten wahrnehmen und dabei kooperieren müssen und die nicht Gegenstand dieser Untersuchung waren. Um die Haftung zu verschärfen, wurden vom BGH und in der Literatur Delegationsverbote entwickelt. Solche lassen sich allerdings auf dem Boden des geltenden Rechts nicht überzeugend begründen.

II. Der Delegierende erhält durch die Delegation eine Zuständigkeit für das Risiko „Gehilfe" und muss dieses nach Maßgabe von §§ 831, 823 BGB steuern. Bei der intraorganisationalen Arbeitsteilung enthält § 831 Abs. 1 S. 2 BGB eine Beweislastumkehr zu Lasten des Geschäftsherrn, welche, wie auch § 836 Abs. 1 S. 2 BGB, auf das Ziel der *Verringerung von Fehlentscheidungsrisiken* gestützt werden kann. Aus diesem Ziel lassen sich drei Kriterien ableiten, die eine Beweislastregel beachten muss, nämlich die *Beweismöglichkeiten*, die *Wahrscheinlichkeit*, dass eine Partei im Unrecht ist, und die *Schwere der Folgen* einer möglichen Fehlentscheidung für die Partei, wobei diese Schwere generalisierend und psychologisch-normativ zu bestimmen ist. Mithilfe dieser – auf Heuristiken basierenden – Regel kann die Vermutungsgrundlage nach § 831 Abs. 1 S. 1 BGB sachgerecht ausgelegt werden. Insbesondere kann begründet werden, warum ein Verhalten des Verrichtungsgehilfen erforderlich ist, das, als Verhalten des Geschäftsherrn gedacht, pflichtwidrig ist. Im Rahmen von § 823 Abs. 1 BGB kommt bei der intraorganisationalen Arbeitsteilung regelmäßig eine *richterrechtliche Beweislastumkehr nach Fehlentscheidungsrisiken* in Betracht. Eine solche ist hinsichtlich Pflichtverletzung und Pflichtwidrigkeitszusammenhang gerechtfertigt, wenn der Anspruchsgegner erstens die besseren Beweismöglichkeiten hat als der Geschädigte, es zweitens wahrscheinlicher ist, dass der Schaden auf einem pflichtwidrigen Verhalten des Anspruchsgegners beruht, als dass er unabhängig von einer Pflichtverletzung desselben entstanden ist und drittens die Folgen einer Fehlentscheidung für den Anspruchsgegner nicht unzumutbar sind. Bei der interorganisationalen Arbeitsteilung sind die Gefahrsteuerungspflichten nach § 823 Abs. 1 BGB regelmäßig weniger intensiv; der Vertrauensgrundsatz kommt hier stärker zum Tragen. Eine Beweislastumkehr nach Fehlentscheidungsrisiken ist hier daher mangels überwiegender Wahrscheinlichkeit im Regelfall nicht gerechtfertigt.

III. Dieses Haftungsregime schützt den Geschädigten grundsätzlich hinreichend vor dem *Schadensrisiko*: Sowohl der Delegierende als auch der Delegationsempfänger müssen die im Verkehr erforderliche Sorgfalt aufwenden und haften, wenn sie eine Gefahrsteuerungspflicht verletzen und dadurch ein Schaden verursacht wird. Indes erhöht sich durch die Delegation typischerweise das *Durchsetzungsrisiko*: Für den Geschädigten ist es häufig nicht aufklärbar, wer sorgfaltswidrig gehandelt hat. Mitunter ist der Delegationsempfänger auch schlechter greifbar als der Delegierende oder weniger haftungspotent. Hiervor wird der Geschädigte im Allgemeinen kaum geschützt. Bereits *de lege lata* kann aber – über die Beweislastumkehrungen hinaus – ein gewisser Schutz erreicht werden. Zum einen kann der *allgemeine Auskunftsanspruch aus § 242 BGB*, der herkömmlicherweise nur innerhalb von Sonderverbindungen besteht, erweitert werden auf das Verhältnis zwischen dem Geschädigten und dem Delegierenden. Zum anderen lässt sich aus §§ 823 Abs. 1, 276 Abs. 2 BGB die haftungsbewehrte Verpflichtung des Delegierenden ableiten, das Durchsetzungsrisiko zu steuern. Teil der von § 823 Abs. 1 BGB geschützten Rechtsgüter sind nach dem *Rechtsverfolgungs- bzw. Rechtsfortsetzungsgedanken* auch die Schadensersatzansprüche, die entstehen, wenn die geschützten Rechtsgüter in haftungsbegründender Weise verletzt werden, z.B. auch durch einen Delegationsempfänger. Der Delegierende muss die Rechtsgüter auch insofern schützen. Er muss also die möglichen und zumutbaren Maßnahmen ergreifen, um das Durchsetzungsrisiko zu vermeiden und vorherzusehen. Verletzt er solche Sicherstellungspflichten und kann der Geschädigte deshalb nicht gegen den Delegationsempfänger vorgehen, haftet der Delegierende selbst. Seine Haftung ist somit grundsätzlich *subsidiär* und *akzessorisch*. Regelmäßig bestehen weiterreichende Pflichten, wenn es sich bei dem Delegationsempfänger um einen unselbständigen Gehilfen handelt. Hier ist, anders als bei der interorganisationalen Arbeitsteilung, häufig auch hinsichtlich der Verletzung von Sicherstellungspflichten eine *richterrechtliche Beweislastumkehr nach Fehlentscheidungsrisiken* möglich. *De lege lata* hat die Sicherstellungshaftung allerdings auch beachtliche Grenzen: Zum einen aufgrund des Verschuldenserfordernisses, zum anderen können für den Geschädigten Ungewissheiten darüber bestehen, wann von einer Undurchsetzbarkeit seiner Ansprüche gegen den Delegierenden auszugehen ist.

IV.   *De lege ferenda* ist deshalb eine gesetzliche Klarstellung und eine Erweiterung des Schutzes des Geschädigten vor den Durchsetzungsrisiken angezeigt. Zunächst kann der Auskunftsanspruch kodifiziert werden. Daneben ist eine weiterreichende Haftung des Delegierenden interessengerecht. Die Nutzung fremder menschlicher Autonomie durch den Geschäftsherrn rechtfertigt allerdings keine Gefährdungshaftung: Sie führt nicht zu einem unbeherrschbaren Schadensrisiko, welches grundsätzlich Voraussetzung einer Gefährdungshaftung ist. Vielmehr können und müssen die Delegierenden und die Delegationsempfänger die Gefahren, für die sie zuständig sind, durch Einhaltung der im Verkehr erforderlichen Sorgfalt, insbesondere auch mit Blick auf die Schnittstellen zwischen den Personen, hinreichend steuern. Die Arbeitsteilung begründet vielmehr ein *„ besonderes "* *Durchsetzungsrisiko*, das eine strengere Sicherstellungshaftung rechtfertigt, und zwar grundsätzlich unabhängig von der konkreten Organisation und Aktivität. Zu diesem Risiko hat der *Unternehmer*, der Zuständigkeiten delegiert, auch eine „besondere" Beziehung. Für den Verbraucher gilt dies nicht in vergleichbarer Weise; diesem ist eine Verschärfung der Haftung nicht zumutbar. Durch eine Sicherstellungshaftung wird der Delegierende zu einem „Sicherungsgeber", welcher die Ersatzansprüche des Geschädigten gegen den Delegationsempfänger absichert. Die Ausgestaltung der Haftung kann sich folglich am Kreditsicherungsrecht orientieren. Sachgemäß ist insofern eine *gesetzliche selbstschuldnerische Bürgschaft*, die weitgehend *akzessorisch* und *nicht subsidiär* ist. Diese Bürgenhaftung des Delegierenden setzt voraus, dass ein Gehilfe sich bei der Wahrnehmung einer übertragenen Gefahrsteuerungszuständigkeit schadensersatzpflichtig gemacht hat. Die Haftung ist zu ergänzen um eine *Beweislastumkehr*: Liegt ein Fehler des Outputs der Organisation des Unternehmers vor, wird vermutet, dass der Unternehmer oder ein unselbständiger Gehilfe den Schaden pflichtwidrig verursacht hat. Bei *selbständigen Gehilfen* greift diese Beweislastumkehr nicht. Insofern ist die Sicherstellungshaftung außerdem einzuschränken: Dem Delegierenden muss es erlaubt sein, sich durch den Nachweis, dass die Undurchsetzbarkeit nicht auf einer Verletzung seiner Sicherstellungspflichten (§ 276 Abs. 2 BGB) beruht, zu entlasten.

C. Haftung für tierische Autonomie

I.   Die *de lege lata* bestehende Gefährdungshaftung (nur) des Halters von Luxustieren, also des Halters von Nicht-Haustieren und Luxus-Haustieren, nach § 833 S. 1 BGB ist grundsätzlich gerechtfertigt: Die Tiergefahr ist ein unbeherrschbares Risiko in dem Sinne, dass es durch die Anwendung der im Verkehr erforderlichen Sorgfalt nicht vollständig gesteuert werden kann. „Besonders" ist dieses Risiko bei Nicht-Haustieren, weil es *sehr groß* ist, bei Luxus-Haustieren, weil es zumindest *erheblich* und außerdem *„unnötig"* ist. Die Haltung eines Luxus-Haustiers dient, anders als die Haltung eines Nutztiers, nur den individuellen Interessen des Halters und nicht (auch) den Interessen der Allgemeinheit. Die Differenzierung lässt sich indes nur rechtfertigen, wenn § 833 S. 2 BGB so ausgelegt wird, dass er nicht nur die kommerzielle Tierhaltung, sondern – entgegen der Rechtsprechung des BGH – auch die Haltung von Tieren aus ideellen, aber gemeinwohlfördernden Gründen umfasst. Der Tierhalter hat eine „besondere" Beziehung zu dem Risiko des Tieres: Er kann die Verwirklichung des Risikos am besten verhindern oder zumindest die Folgen der Verwirklichung am besten tragen und profitiert außerdem in besonderer Weise von dem Risiko.

II. Der Halter von Nutztieren haftet *de lege lata* nach § 833 S. 2 BGB für vermutetes Verschulden. Für die Beweislastumkehr zu Lasten des Halters spricht, dass dieser häufig die besseren Beweismöglichkeiten hat und insbesondere, dass die Folgen von Fehlentscheidungen für ihn bei normativer Betrachtung weniger schwer wiegen als für den Geschädigten. Letzteres folgt daraus, dass er eine „besondere" Beziehung zu einem immerhin erheblichen Risiko unterhält, also „beinahe" Gründe für eine Gefährdungshaftung vorliegen.

III. *De lege ferenda* ist klarzustellen, dass § 833 S. 2 BGB auch auf ideelle, aber gemeinwohlfördernde Zwecke der Tierhaltung Anwendung findet. Mit dieser Maßgabe ist an der geltenden Differenzierung festzuhalten. Eine Einheitslösung in Form einer Gefährdungshaftung würde für Nutztierhalter zu weit gehen. Umgekehrt würde eine einheitliche Haftung für vermutetes Verschulden für Luxustierhalter nicht weit genug reichen. Eine (kleine) Generalklausel für besonders gefährliche Tiere würde zwar eine noch stärkere Differenzierung ermöglichen. Sie wäre aber mit Rechtsunsicherheiten verbunden, die nicht durch überwiegende Vorteile gerechtfertigt wären. Voraussichtlich würden infolge einer uneinheitlichen Beurteilung durch verschiedene Gerichte mehr sachgrundlose Ungleichbehandlungen geschaffen als vermieden.

D. Haftung für technische Autonomie

I. Der Hersteller eines technischen Agenten haftet *de lege lata* nach dem ProdHaftG, das auf der ProdHaftRL beruht, sowie nach §§ 823 ff. BGB. Technische Agenten sind als Produkte i.S.v. § 2 ProdHaftG einzuordnen, und zwar auch dann, wenn es sich um nicht verkörperte Softwareagenten handelt. Entscheidend für die Produkteigenschaft ist nicht die Körperlichkeit, sondern ob die Gegenstände auf einer *Fabrikations- und Konstruktionsentscheidung* beruhen, was bei Softwareagenten der Fall ist. Trainingsdaten und „rohe" Lernalgorithmen sind nach diesem Maßstab allerdings keine Produkte, sondern sonstige

Leistungen. Hersteller i.S.v. § 4 Abs. 1 S. 1 ProdHaftG ist primär der Entwickler, der den Agenten programmiert und trainiert. Allerdings kann auch der *Nutzer* zum Hersteller werden, wenn er den Agenten (weiter)trainiert. Hersteller ist auch derjenige, der ein *Update* bereitstellt.

II.   Die Lern- und Perzeptionsfähigkeit sowie der *Black Box*-Effekt und die Vernetzung autonomer Systeme können es schwer bis unmöglich machen, festzustellen, ob das Produkt fehlerhaft i.S.v. § 3 ProdHaftG ist, weil es von dem Konstruktionsplan des Herstellers abweicht (Fabrikationsfehler) oder ein Sicherheitsdefizit aufweist, das durch Konstruktions- oder Instruktionsmaßnahmen hätte vermieden werden können und müssen (Konstruktions- und Instruktionsfehler). Zum einen ist der Konstruktionsplan oft sehr offen gestaltet und ist das damit verbundene Sicherheitsniveau abhängig von einer Vielzahl von Einflussfaktoren. Zum anderen fehlt es mitunter an einer Dokumentation über die Vorgänge in der Entwicklungs- und Einsatzphase oder können die Risiken aufgrund der Intransparenz oder Vernetzung des Systems nicht mit ausreichender Gewissheit eingeschätzt werden. Ein fehlerbegründender „Gefahrenverdacht" liegt nur in Ausnahmefällen vor; eine Ausweitung der hierzu ergangenen Rechtsprechung auf die mit technischer Autonomie typischerweise verbundene Ungewissheit scheitert an der fehlenden Kausalität dieser Ungewissheit für einen Schaden. Auch die Bestimmung der Fehler-Kausalität nach § 1 Abs. 1 S. 1 ProdHaftG kann Schwierigkeiten bereiten: Das generelle Sicherheitsdefizit muss sich auch im konkreten Fall verwirklicht haben, was sich aufgrund der Perzeptions- und Lernfähigkeit sowie dem *Black Box*-Effekt und der Vernetzung nicht immer feststellen lässt.

III. Die Gerichte können durch das Produktsicherheitsrechts unterstützt werden, was allerdings wiederum die Normgeber vor Herausforderungen stellt. Ein Verstoß gegen eine *gesetzliche Vorschrift*, welche die Anforderungen an die Produktsicherheit zwingend und konkret regelt, führt zur Fehlerhaftigkeit. Bei einem Verstoß gegen *technische Normen* spricht regelmäßig ein Anschein für die Fehlerhaftigkeit. Die Einhaltung von gesetzlichen Vorschriften entlastet den Hersteller nur dann, wenn diese die Anforderungen (inhaltlich und zeitlich) vollständig und konkret regeln, was selten der Fall ist. Erfolgt die Konkretisierung durch technische Normen, ist zu unterscheiden: Begründet deren Einhaltung eine *gesetzliche Vermutung* für die Gesetzeskonformität, gilt diese auch im Zivilverfahren. Sie ist allerdings in der Regel widerleglich. Ohne eine gesetzliche Vermutung spricht ein Anschein gegen die Fehlerhaftigkeit. Eine unterlassene *Zulassung oder*

Zertifizierung begründet in der Regel keinen schadensursächlichen Fehler. Ist mit der erhaltenen Zulassung oder Zertifizierung die Vermutung der Normkonformität verbunden, ist allerdings auch diese zugunsten des Herstellers zu beachten.

IV. Die Dynamik autonomer Produkte verlangt eine Neubestimmung der zeitlichen Komponente der i.S.v. § 3 ProdHaftG erforderlichen Sicherheit (§ 3 Abs. 1 lit. c, Abs. 2 ProdHaftG): Das hierfür maßgebliche „Inverkehrbringen" ist als *Zeitraum* zu verstehen, der mit dem erstmaligen Bereitstellen des Produkts beginnt und endet, wenn nicht mehr berechtigterweise erwartet werden kann, dass der Hersteller das Produkt an Veränderungen des Sicherheitsstandards anpasst. Während dieses Zeitraums muss der Hersteller grundsätzlich für Fehlerfreiheit sorgen, gegebenenfalls auch durch Updates. Jedenfalls folgen aus § 823 Abs. 1 BGB nachträgliche haftungsbewehrte Pflichten.

V. Für die Frage, ob die Haftung mangels Inverkehrbringens des Produkts ausgeschlossen ist (§ 1 Abs. 2 Nr. 1 ProdHaftG), kommt es auf den *Beginn* des Inverkehrbringens an. Dasselbe gilt für den Ausschlussgrund der Fehlerfreiheit beim Inverkehrbringen (§ 1 Abs. 2 Nr. 2 ProdHaftG). Hier geht es nicht um eine Veränderung des Sicherheitsstandards, sondern des tatsächlichen Zustands des Agenten. Auch durch Updates oder durch ein Training während der Einsatzphase kann ein Produkt in den Verkehr gebracht werden. Ausgeschlossen ist die Haftung auch im Fall der Entwicklungsrisiken (§ 1 Abs. 2 Nr. 5 ProdHaftG). Dazu gehören *unbekannte* und *nur befürchtete* Risiken, nicht aber hypothetische. Bei perzeptions- und lernfähigen Produkten genügt es für die Erkennbarkeit des Fehlers, dass die Umwelteinflüsse, die das Produktverhalten beeinflussen, erkennbar sind. Auch die Erkennbarkeit wird durch das *Produktsicherheitsrecht* mitbestimmt: Der Hersteller darf sich in gewisser Weise hierauf verlassen. Insbesondere kann er bei Einhaltung technischer Normen auf eine gesetzliche Vermutung der Gesetzeskonformität vertrauen, selbst wenn diese widerlegbar ist. Ähnliches gilt für Zulassungen und Zertifizierungen. Bei dieser Auslegung der Entwicklungsrisiko-Klausel kann über das Produktsicherheitsrecht Rechtssicherheit für den Hersteller geschaffen werden. In zeitlicher Hinsicht kommt es für die Erkennbarkeit auf den gesamten Zeitraum des Inverkehrbringens bis zu dessen *Ende* an. Gem. § 823 Abs. 1 BGB kann der Hersteller auch noch länger haften.

VI. Der Ausschlussgrund zugunsten der Teilprodukthersteller nach § 1 Abs. 3 ProdHaftG wird bei technischen Agenten u.a. relevant, wenn das Produkt nachträglich ein Update erhält oder weitertrainiert wird. Insofern ist zu unterscheiden: Werden die *Sicherheitseigenschaften wesentlich verändert*, stellt der veränderte Agent ein neues (Gesamt-)Endprodukt dar, der ursprüngliche Agent ist ein Teilprodukt. Ansonsten handelt es sich bei dem ursprünglichen Agenten und bei dem Update bzw. dem Lernfortschritt um selbständige Endprodukte. Nur im ersten Fall haften der *Entwickler des ursprünglichen Agenten* und der *Update-Entwickler* bzw. der *Trainer-Nutzer* gesamtschuldnerisch nach §§ 4 Abs. 1 S. 1, 5 S. 1 ProdHaftG und stellt sich die Frage des Haftungsausschlusses nach § 1 Abs. 3 ProdHaftG zugunsten des ursprünglichen Entwicklers. Im zweiten Fall haftet jeder von vornherein nur für die seinem Produkt anhaftenden, vom Geschädigten nachzuweisenden, schadensursächlichen Fehler.

VII.   Die Beweislastverteilung bei der Produkthaftung ist in § 1 Abs. 4 ProdHaftG abschließend geregelt, so dass richterrechtliche Beweislastumkehrungen grundsätzlich nicht möglich sind. Die Beweislast kann den Geschädigten vor Schwierigkeiten stellen und die Haftung leer laufen lassen. Im Rahmen von § 823 Abs. 1 BGB kann die Rechtsprechung zur Produzentenhaftung, mit Blick auf das Ziel einer *Verringerung von Fehlentscheidungsrisiken*, grundsätzlich weitergeführt werden. Zunächst kann sie auf Fehler, die erst *nach Beginn, aber noch vor Ende des Inverkehrbringens* entstanden oder erkennbar geworden sind, ausgedehnt werden. Im Fall von pflichtwidrig unterlassenen Test- oder Überwachungsmaßnahmen kommt ebenfalls eine Beweislastumkehr in Betracht, angelehnt an die Rechtsprechung zu den *Befunderhebungs- und Befundsicherungspflichten*. Nach Maßgabe der Fehlentscheidungsrisiken kann es außerdem gerechtfertigt sein, dem Hersteller, der pflichtwidrig gehandelt hat, jedenfalls die Beweislast für den *Pflichtwidrigkeitszusammenhang* aufzuerlegen.

VIII. Der Nutzer haftet, sofern er nicht zugleich Hersteller ist, *de lege lata* grundsätzlich nur nach §§ 823 ff. BGB. Bei der Feststellung der Gefahrsteuerungspflichtverletzung und des Pflichtwidrigkeitszusammenhangs bestehen ähnliche Schwierigkeiten wie bei der Herstellerhaftung. Auch insofern kommt allerdings eine Beweislastumkehr zu Lasten des Nutzers in Betracht. Zwar sind generelle Analogien zu den §§ 831 Abs. 1 S. 2, 833 S. 2, 836 ff. BGB abzulehnen, jedoch ist im Einzelfall eine *Beweislastumkehr nach Fehlentscheidungsrisiken* möglich. Für die Wahrscheinlichkeitsbetrachtung kommt es dabei insbesondere auf die trotz der Autonomie vorhandenen Kontrollmöglichkeiten des Nutzers an. Die Beweislastumkehr kann, ähnlich wie beim Hersteller, auch nur den Pflichtwidrigkeitszusammenhang erfassen.

IX. Den Nutzer trifft *de lege lata* außerdem die *verschuldensabhängige Sicherstellungshaftung.* Zwar ist der technische Agent selbst mangels Rechtsfähigkeit kein Gehilfe des Nutzers, auf den Zuständigkeiten übertragen werden könne, allerdings ist dessen *Hersteller* ein solcher Gehilfe. Der Nutzer delegiert Gefahrsteuerungszuständigkeiten an den Hersteller, in der Regel im Wege der interorganisationalen Arbeitsteilung. Insofern kann der Nutzer auch in Anspruch genommen werden, wenn er eine Sicherstellungspflicht verletzt hat und der Geschädigte deshalb seine Ansprüche gegen den Hersteller aus § 823 Abs. 1 BGB nicht durchsetzen kann. Außerdem besteht nach § 242 BGB eine Auskunftspflicht. Hinsichtlich der Ansprüche gegen den Hersteller aus §§ 1 ff. ProdHaftG lässt sich eine allgemeine Sicherstellungshaftung aufgrund der abschließenden Regelungen der Anspruchsgegner in Art. 3 ProdHaftRL dagegen auf nationaler Ebene nicht begründen.

X. *De lege ferenda* sollten die genannten Auslegungsgrundsätze gesetzlich klargestellt werden. Darüber hinaus ist eine *strengere materielle Haftung des Herstellers* angezeigt. Dieser erscheint – insbesondere auch im Vergleich zum Nutzer – als *cheapest cost avoider* und *insurer* (Effizienzgedanke) und zieht einen weitreichenden Nutzen aus der Produktion, welcher die Haftungskosten kompensieren kann (Vorteilsgedanke). Technische Autonomie begründet ein unbeherrschbares Risiko. Allerdings ist dieses Risiko nicht generell groß bzw. „unnötig", so dass eine Gefährdungshaftung für alle autonomen Technologien zu weit reichen würde. Überzeugend ist daher der auch in den Vorschlägen der Europäischen Kommission und des Europäischen Parlaments zum Ausdruck kommende *risikobasierte Ansatz.* Neben die geltende Fehler-Haftung, die insbesondere Risiken im Verbotsbereich abdeckt, sollte eine *Generalklausel für „besonders" gefährliche Produkte* treten, um so auch Risiken im Grenzbereich zu erfassen. Die betroffenen Systeme sind nicht im Wege der Enumeration abschließend aufzuzählen, vielmehr ist es grundsätzlich den Gerichten zu überlassen, ein Risiko als „besonders" einzustufen. Gesetzliche Vorschriften und technische Normen können allerdings bei der Konkretisierung helfen. Hieraus ergibt sich eine zweispurige Produkthaftung, die durch unterschiedliche Höchstgrenzen beschränkt werden sollte. Daneben ist die *Entwicklungsrisiko-Klausel einzuschränken,* indem der Zeitbezug vollständig gestrichen wird. Mehr Rechtssicherheit kann auch insofern durch das Produktsicherheitsrecht geschaffen werden, das Vermutungen vorsehen kann, auf die sich der Hersteller verlassen darf. Schließlich ist das Beweisrecht zu ergänzen: Verletzt der

Hersteller *Transparenzpflichten* – die sich auf die Entwicklungs- und auf die Einsatzphase beziehen können (*Logging by Design*) – trifft ihn die Beweislast hinsichtlich des Tatbestandsmerkmals, dessen Feststellung vereitelt wurde. Außerdem gehen konstruktionsbedingte Aufklärungsschwierigkeiten hinsichtlich der *Fehler-Kausalität* bzw. der *Verwirklichung des besonderen Produktrisikos* zu Lasten des Herstellers, wenn die überwiegende Wahrscheinlichkeit für die Ursächlichkeit des Fehlers bzw. der besonderen Gefahr für den Schaden spricht.

XI. Die Nutzerhaftung ist *de lege ferenda* insofern zu erweitern, als auch hinsichtlich des Herstellers, an den der Nutzer Zuständigkeiten delegiert, den Unternehmer-Nutzer die im Zusammenhang mit menschlicher Autonomie vorgeschlagene *selbstschuldnerische Bürgenhaftung* trifft. Die Haftung sollte ausgeweitet werden auf produkthaftungsrechtliche Ansprüche, wofür allerdings eine unionsrechtliche Grundlage erforderlich ist. Sofern es sich bei dem Hersteller – wie in der Regel – um einen selbständigen Unternehmer handelt, kann sich der Nutzer jedoch entlasten. Eine noch weiterreichende (materielle) Haftung des Nutzers ist abzulehnen. Insbesondere ist das *Technisierungsrisiko* grundsätzlich vom Geschädigten zu tragen. Dabei handelt es sich um das Risiko, das daraus resultiert, dass ein technischer Agent zwar generell sicherer sein kann als ein Mensch oder eine andere Technologie, im Einzelfall aber Fehler machen kann, die anderen Systemen nicht unterlaufen wären. Weder die Gleichbehandlung von Nutzern und Geschäftsherren noch die Gleichbehandlung aller Geschädigter erfordert eine Haftung des Nutzers für solche Risiken, die eine Zementierung des *Status Quo* begünstigen würde. Härtefällen kann im Einzelfall durch staatliche Entschädigungen, finanziert durch die Allgemeinheit oder einen Teil der Allgemeinheit, begegnet werden. Eine absolute Sicherheit und eine lückenlose Haftung können auch im Zusammenhang mit autonomen Technologien nicht verlangt werden.

Literaturverzeichnis

66. Deutscher Juristentag, Beschlüsse: Neue Perspektiven im Schadensersatzrechts – Kommerzialisierung, Strafschadensersatz, Kollektivschaden, in: Ständige Deputation des Deutschen Juristentages (Hrsg.), Verhandlungen des 62. Deutschen Juristentages, Band II: Sitzungsberichte, 1. Halbband: Referate und Beschlüsse, Teil L: Abteilung Zivilrecht, Stuttgart 2006, S. L89–L92.

73. Deutscher Juristentag, Die Beschlüsse, 2022 (online veröffentlicht unter https://djt.de/wp-content/uploads/2022/09/Beschluesse.pdf, abrufbar am 15.7.2023).

Abel, Jörg/Hirsch-Kreinsen, Hartmut/Wienzek, Tobias, Akzeptanz von Industrie 4.0., Abschlussbericht zu einer explorativen empirischen Studie über die deutsche Industrie, 2019 (online veröffentlicht unter https://www.acatech.de/publikation/abschlussbericht-akzeptanz-in-der-industrie-4-0/, abrufbar am 15.7.2023).

Acig, Bülent, Anwendung neuronaler Netze in der Finanzwirtschaft, Kaiserslautern 2001.

Adams, Michael, Ökonomische Analyse der Gefährdungs- und Verschuldenshaftung, Heidelberg 1985.

Allen, Jason, Agency and liability, in: Kerrigan, Charles (Hrsg.), Artificial Intelligence: Law and regulation, Cheltenham u.a. 2022, S. 146–162.

Ammann, Thorsten, Haftung für Künstliche Intelligenz, DB 45/2022, S. M4–M5.

Angyan, Johannes, Juristische Personen als Besorgungsgehilfen – 1. Teil, JBl 2016, S. 289–300.

Arbeitsgruppe „Digitaler Neustart" der Konferenz der Justizministerinnen und Justizminister der Länder, Berichte v. 1.10.2018 und 15.4.2019 (online veröffentlicht unter https://www.justiz.nrw/JM/schwerpunkte/digitaler_neustart/zt_fortsetzung_arbeitsgruppe_teil_2/2019-04-15-Berichte_Apr_19_Okt_18_Druckfassung.pdf, abrufbar am 15.7.2023).

Arbeitsgruppe für ein neues österreichisches Schadenersatzrecht, Diskussionsentwurf der beim Bundesministerium für Justiz eingerichteten Arbeitsgruppe für ein neues österreichisches Schadenersatzrecht – Vorläufige Endfassung (Ende Juni 2007), JBl 2008, S. 365–372.

Arlt, Hans-Jürgen/Schulz, Jürgen, Die Entscheidung, Wiesbaden 2019.

Armbrüster, Christian, Verantwortungsverlagerungen und Versicherungsschutz – Das Beispiel des automatisierten Fahrens, in: Gless, Sabine/Seelmann, Kurt (Hrsg.), Intelligente Agenten und das Recht, Baden-Baden 2016, S. 205–224.f

Bahner, J. Elin/Hüper, Anke-Dorothea/Manzey, Dietrich, Misuse of automated decision aids: Complacency, automation bias and the impact of training experience, International Journal of Human-Computer Studies 2008, S. 688–699.

Ball, Matthew/Callaghan, Vic, Explorations of Autonomy, in: 2012 Eighth International Conference on Intelligent Environments, Washington D.C. 2012, S. 114–121.

Balluch, Martin, Autonomie bei Hunden, in: Wirth, Sven/Laue, Anett/Kurth, Markus/Dornenzweig, Katharina/Bossert, Leonie/Balgar, Karsten (Hrsg.), Das Handeln der Tiere, Bielefeld 2015, S. 203–225.

Bälz, Ulrich, Ersatz oder Ausgleich?, JZ 1992, S. 57–72.

Bar, Christian von, Verkehrspflichten, Köln 1980.

ders., Deliktsrecht, in: Bundesminister der Justiz (Hrsg.), Gutachten und Vorschläge zur Überarbeitung des Schuldrechts, Band II, Köln 1981, S. 1681–1778.

ders., Entwicklungen und Entwicklungstendenzen im Recht der Verkehrs(sicherungs)pflichten, JuS 1988, S. 169–174.

ders., Die Grenzen der Haftung des Produzenten, in: von Bar, Christian (Hrsg.), Produktverantwortung und Risikoakzeptanz, München 1998, S. 29–47.

Bar, Christian von/Clive, Eric (Hrsg.), Principles, Definitions and Model Rules of European Private Law – Draft Common Frame of Reference (DCFR), Volume 4, München 2009 (zitiert: *von Bar/Clive*, DCFR).

Bathaee, Yavar, The Artificial Intelligence Black Box and the Failure of Intent and Causation, Harvard Journal of Law & Technology 2018, S. 889–938.

Bauberger, Stefan, Welche KI?, München 2020.

Bauer, Marianne, Erweiterung der Gefährdungshaftung durch Gesetzesanalogie, in: Flume, Werner/Raisch, Peter/Steindorff, Ernst (Hrsg.), Beiträge zum Zivil- und Wirtschaftsrecht: Festschrift für Kurt Ballerstedt zum 70. Geburtstag am 24. Dezember 1975, Berlin 1975, S. 305–326.

Becker, Christoph, Schutz von Forderungen durch das Deliktsrecht?, AcP 196 (1996), S. 439–490.

Becker, Joachim, Autofahren ist wie ein Spiel mit vielen Spielern, SZ v. 3.9.2018 (online veröffentlicht unter https://www.sueddeutsche.de/auto/autonomes-fahren-autofahren-ist-wie-ein-spiel-mit-vielen-spielern-1.4106731, abrufbar am 15.7.2023).

Becker, Maximilian, Schnittstellenhaftung, KSzW 2015, S. 114–123.

Becker, Ulrich/Rusch, Konrad, Das Problem des Entwicklungsrisikos und der state of the art defense im deutschen, französischen und US-amerikanischen Recht, ZEuP 2000, S. 90–105.

Beckers, Anna, Globale Wertschöpfungsketten: Theorie und Dogmatik unternehmensbezogener Pflichten, ZfPW 2021, S. 220–251.

Beckers, Anna/Teubner, Gunther, Three Liability Regimes for Artificial Intelligence: Algorithmic Actants, Hybrids, Crowds, London 2022.

beck-online.GROSSKOMMENTAR zum Zivilrecht, hrsg. v. Gsell, Beate/Krüger, Wolfgang/Lorenz, Stephan/Reymann, Christoph.

– AMG – Arzneimittelgesetz, München 2023 (zitiert: BeckOGK AMG/*Bearbeiter*).

– BGB – Bürgerliches Gesetzbuch, München 2023 (zitiert: BeckOGK BGB/Bearbeiter).

– BJagdG – Bundesjagdgesetz, München 2023 (zitiert: BeckOGK BJagdG/Bearbeiter).

– GenTG – Gentechnikgesetz, München 2023 (zitiert: BeckOGK GenTG/*Bearbeiter*).

– HPflG – Haftpflichtgesetz, München 2023 (zitiert: BeckOGK HPflG/*Bearbeiter*).

– ProdHaftG – Produkthaftungsgesetz, München 2023 (zitiert: BeckOGK ProdHaftG/*Bearbeiter*).

– StVG – Straßenverkehrsgesetz, München 2022 (zitiert: BeckOGK StVG/*Bearbeiter)*

– UmweltHG – Umwelthaftungsgesetz, München 2023 (zitiert: BeckOGK UmweltHG/Bearbeiter).

– WHG – Wasserhaushaltsgesetz, München 2023 (zitiert: BeckOGK WHG/*Bearbeiter*).

beck-online.GROSSKOMMENTAR zum SGB, SGB IV – Gesetzliche Rentenversicherung, hrsg. v. Deinert, Olaf/Körner, Anne/Knickrehm, Sabine/Krasney, Martin/Mutschler, Bernd/Rolfs, Christian, München 2023 (zitiert: BeckOGK SGB IV/*Bearbeiter*).

Beck'scher Online-Kommentar zum Arbeitsrecht, hrsg. v. Rolfs, Christian/Giesen, Richard/Meßling, Miriam/Udsching, Peter, 68. Edition, München 2023 (zitiert: BeckOK ArbR/*Bearbeiter*).

Beck'scher Online-Kommentar zum Bürgerlichen Gesetzbuch, hrsg. v. Hau, Wolfgang/Poseck, Roman, 66. Edition, München 2023 (zitiert: BeckOK BGB/*Bearbeiter*).

Beck'scher Online-Kommentar zum Handelsgesetzbuch, hrsg. v. Häublein, Martin/Hoffmann-Theinert, 39. Edition, München 2023 (zitiert: BeckOK HGB/*Bearbeiter*).

Beierle, *Benedikt*, Die Produkthaftung im Zeitalter des Internet of Things, Baden-Baden 2021.

Beierle, *Christoph/Kern-Isberner*, *Gabriele*, Methoden wissensbasierter Systeme: Grundlagen, Algorithmen, Anwendungen, 6. Aufl., Wiesbaden 2019.

Bekey, *George*, Autonomous robots, Cambridge u.a. 2005.

Bender, *Rolf*, Das Beweismaß, in: Grunsky, Wolfgang/Stürner, Rolf/Walter, Gerhard/Wolf, Manfred (Hrsg.), Festschrift für Fritz Baur, Tübingen 1981, S. 247–271.

Bender, Rolf/Nack, Armin/Treuer, Wolf-Dieter (Begr. und Fortgef.)/Häcker, Robert/Schwarz, Volker (Bearb.), Tatsachenfeststellung vor Gericht, 5. Aufl., München 2021 (zitiert: Bender/Häcker/Schwarz Tatsachenfeststellung/*Bearbeiter*).

Bennani-Baiti, *B./Baltzer*, *B.A.T.*, Künstliche Intelligenz in der Mammadiagnostik: Gestern, heute und morgen, Der Radiologe 2020, S. 56–63.

Besch, *Volker*, Produkthaftung für fehlerhafte Arzneimittel, Baden-Baden 2000.

Betsch, *Tilmann/Funke*, *Joachim/Plessner*, *Henning*, Denken – Urteilen, Entscheiden, Problemlösen, Berlin u.a. 2011.

Beuthien, *Volker*, Gibt es eine organschaftliche Stellvertretung?, NJW 1999, S. 1142–1146.

Beuth, *Patrick*, Wie gut ist der weltbeste Chatbot wirklich?, Spiegel Online v. 7.12.2022 (online veröffentlicht unter https://www.spiegel.de/netzwelt/web/chatgpt-wie-gut-ist-der-weltbeste-chatbot-wirklich-a-91cc9d19-5415-47e4-98c8-d6f878023269, abrufbar am 15.7.2023).

Bindokat, *Heinz*, Mehrerlei Unrecht?, JZ 1958, S. 553–558.

Bird, *Jon/Layzell*, *Paul*; The evolved radio and its implications for modelling the evolution of novel sensors, in: Proceedings of the 2002 Congress on Evolutionary Computation, CEC '02, 2002, S. 1836–1841.

Birnbacher, *Dieter*, Ethik und Robotik – Wie weit trägt die Analogie der Tierethik?, in: Hilgendorf, Eric/Günther, Jan-Philipp (Hrsg.), Robotik und Gesetzgebung, Baden-Baden 2013, S. 263–321.

Bitkom Research, Künstliche Intelligenz, 2020 (online veröffentlicht unter https://www.bitkom.org/sites/default/files/2020-09/bitkom-charts-kunstliche-intelligenz-28-09-2020_final.pdf, abrufbar am 15.7.2023).

Blaschczok, *Andreas*, Gefährdungshaftung und Risikozuweisung, Köln 1993.

ders., Kommentar zu Claus Ott/Hans-Bernd Schäfer: Anreiz- und Abschreckungsfunktion im Zivilrecht, in: Ott, Claus (Hrsg.), Die Präventivwirkung zivil- und strafrechtlicher Sanktionen, Tübingen 1999, S. 156–168.

Blomeyer, *Arwed*, Die Umkehr der Beweislast, AcP 158 (1959/1960), S. 97–106.

Boden, *Margaret*, Autonomy and Artificiality, in: Boden, Margaret (Hrsg.), The philosophy of artificial life, Oxford u.a., 1996, S. 95–108.

Bodungen, *Benjamin von*, Zivilrechtliche Haftung beim Einsatz künstlicher Intelligenz im autonomen Straßenverkehr von morgen, SVR 2020, S. 1–6.

Böhmer, Emil, Die in Sondergesetzen ausnahmsweise angeordnete Verursachungshaftung darf nicht auf andere Tatbestände ausgedehnt werden, JR 1971, S. 183–185.

Böhm, Markus/Hein, Andreas/Hermes, Sebastian/Lurz, Martin/Poszler, Franziska/Ritter, Ann-Carolin/Soto Setzke, David/Weking, Jörg/Welpe, Isabell M./Kremar, Helmut, Die Rolle von Startups im Innovationssystem, Studie im Auftrag der Expertenkommission Forschung und Innovation (EFI), Studien zum deutschen Innovationssystem Nr. 12-2019 (online veröffentlicht unter https://www.e-fi.de/fileadmin/Assets/Studien/2019/Stu-DIS_12_2019.pdf, abrufbar am 15.7.2023).

Bomhard, David/Merkle, Marieke, Europäische KI-Verordnung, RDi 2021, S. 276–283.

Bomhard, David/Siglmüller, Jonas, Europäische KI-Haftungsrichtlinie, RDi 2022, S. 506–513.

Bovermann, Philipp, Diese App redet mit dem Nutzer wie mit einem engen Freund, SZ v. 25.11.2017 (online veröffentlicht unter https://www.sueddeutsche.de/digital/replika-diese-app-redet-mit-dem-nutzer-wie-mit-einem-engen-freund-1.3759880, abrufbar am 15.7.2023).

Borges, Georg, Rechtliche Rahmenbedingungen für autonome Systeme, NJW 2018, S. 977–982.

ders., Der Entwurf einer neuen Produkthaftungsrichtlinie, DB 2022, S. 2650–2654.

ders., Haftung für KI-Systeme, CR 2022, S. 553–561.

ders., Liability for Autonomous Systems, in: Borges, Georg/Sorge, Christoph (Hrsg.), Law and Technology in a Global Digital Society, Cham 2022, S. 51–73.

Borghetti, Jean-Sébastien, Liability for Agents and Agents' Liability – Statement by Country Reporters: France, in: Koziol, Helmut (Hrsg.), Comparative stimulations for developing tort law, Wien 2015, S. 154–156.

ders., How can Artificial Intelligence be Defective?, in: Lohsse, Sebastian/Schulze, Reiner/Staudenmayer, Dirk (Hrsg.), Liability for Artificial Intelligence and the Internet of Things, Baden-Baden 2019, S. 63–76.

Bostrom, Nick, Superintelligenz, 3. Aufl., Berlin 2018.

Botta, Jonas, Die Förderung innovativer KI-Systeme in der EU, ZfDR 2022, S. 391–412.

Brand, Oliver, Haftung und Versicherung beim Einsatz von Robotik in Medizin und Pflege, MedR 2019, S. 943–950.

Brandstetter, Thomas, Not without a reason, Max Planck Research 3/2021, S. 25–31.

Bräuer, Juliane, Klüger als wir denken: Wozu Tiere fähig sind, Berlin u.a. 2014.

Bräutigam, Peter/Klindt, Thomas, Industrie 4.0, das Internet der Dinge und das Recht, NJW 2015, S. 1137–1142.

Brinkmann, Moritz, Das Beweismaß im Zivilprozess aus rechtsvergleichender Sicht, Köln u.a. 2005.

Broemel, Roland/Trute, Hans-Heinrich, Alles nur Datenschutz? – Zur rechtlichen Regulierung algorithmenbasierter Wissensgenerierung, Berliner Debatte Initial 2016, S. 50–65.

Broßmann, Michael/Mödinger, Wilfried, Praxisguide Wissensmanagement, Berlin u.a. 2011.

Brown, Tom/Mann, Benjamin/Ryder, Nick/Subbiah, Melanie/Kaplan, Jared/Dhariwal, Prafulla/Neelakantan, Arvind/Shyam, Pranav/Sastry, Girish/Askell, Amanda/Agarwal, Sandhini/Herbert-Voss, Ariel/Krueger, Gretchen/Henighan, Tom/Child, Rewon/Ramesh, Aditya/Ziegler, Daniel/Wu, Jeffrey/Winter, Clemens/Hesse, Christopher/Chen, Mark/Sigler, Eric/Litwin, Mateusz/Gray, Scott/Chess, Benjamin/Clark, Jack/Berner, Christopher/McCandlish, Sam/Radford, Alec/Sutskever, Ilya/Amodei, Dario, Language Models are Few-Shot Learners, arXiv:2005.14165v4, 2020.

Brox, Hans (Begr.)/Walker, Wolf-Dietrich (Fortgef.), Besonderes Schuldrecht, 47. Aufl., München 2023.

Brüggemeier, Gert, Produzentenhaftung nach § 823 Abs. 1 BGB – Bestandsaufnahme und Perspektiven weiterer judizieller Rechtsentwicklung, WM 1982, S. 1294–1309.

ders., Produzentenhaftung für Inhaber von Restaurants?, VersR 1983, S. 116.

ders., Organisationshaftung, AcP 191 (1991), S. 33–68.

ders., Haftungsrecht, Berlin u.a. 2006.

Brüggemeier, Gert/Reich, Norbert, Die EG-Produkthaftungs-Richtlinie 1985 und ihr Verhältnis zur Produzentenhaftung nach § 823 Abs. 1 BGB, WM 1986, S. 149–155.

Brunner, Manfred, Zum Risiko von Computerfehlleistungen bei der Abwicklung von Verträgen, 1970 (Dissertation zur Erlangung des akademischen Grades eines Doktors der Rechte, vorgelegt der Rechtswissenschaftlichen Fakultät der Christian-Albrecht-Universität zu Kiel).

Buck-Heeb, Petra/Dieckmann, Andreas, Die Fahrerhaftung nach § 18 I StVG bei (teil-)automatisiertem Fahren, NZV 2019, S. 113–119.

Buiten, Miriam, Chancen und Grenzen „erklärbarer Algorithmen" im Rahmen von Haftungsprozessen, in: Zimmer, Daniel (Hrsg.), Regulierung für Algorithmen und Künstliche Intelligenz, Baden-Baden 2021, S. 149–174.

Bumke, Christian, Autonomie im Recht in: Bumke, Christian/Röthel, Anne (Hrsg.), Autonomie im Recht, Tübingen 2017, S. 3–44.

Bundesministerium der Justiz (BMJ), Referentenentwurf eines Gesetzes zur Änderung und Ergänzung schadensrechtlicher Vorschriften, Band I: Wortlaut, Karlsruhe 1967.

Bundesministerium der Justiz (BMJ), Referentenentwurf eines Gesetzes zur Änderung und Ergänzung schadensrechtlicher Vorschriften, Band II: Begründung, Karlsruhe 1967.

Bundesrechtsanwaltskammer, Stellungnahme zum Verordnungsentwurf zur Festlegung von harmonisierten Regeln für künstliche Intelligenz, Stellungnahme Nr. 52/2021, August 2021 (online veröffentlicht unter https://www.brak.de/fileadmin/05_zur_rechtspolitik/stellungnahmen-pdf/stellungnahmen-europa/2021/august/stellungnahme-der-brak-2021-52.pdf, abrufbar am 15.7.2023).

Bundesregierung der Bundesrepublik Deutschland, So wird „Pepper" zum Helfer im Seniorenheim, bundesregierung.de v. 6.8.2018 (online veröffentlicht unter https://www.bundesregierung.de/breg-de/aktuelles/so-wird-pepper-zum-helfer-im-seniorenheim-1504690, abrufbar am 15.7.2023).

Bundesregierung der Bundesrepublik Deutschland, Stellungnahme zum Weißbuch zur Künstlichen Intelligenz, 2020 (online veröffentlicht unter https://www.ki-strategie-deutschland.de/files/downloads/Stellungnahme_BReg_Weissbuch_KI.pdf, abrufbar am 15.7.2023).

Burchardi, Sophie, Risikotragung für KI-Systeme, EuZW 2022, S. 685–692.

Bürger, Sebastian, Begrenzung der Nachunternehmerhaftung im Baugewerbe, NZS 2018, S. 691–693.

Burmann, Michael/Heß, Rainer/Hühnermann, Katrin/Jahnke, Jürgen/Wimber, Kristina, Straßenverkehrsrecht, 27. Aufl., München 2022 (zitiert: Burmann/Heß/Hühnermann/Jahnke StVG/Bearbeiter).

Burton, Simon, Autonomes Fahren – Komplexe Systeme sind eine Herausforderung für die Sicherheit, Fraunhofer IKS v. 14.10.2021 (online veröffentlicht unter https://safe-intelligence.fraunhofer.de/artikel/autonomes-fahren-2?utm_source=website, abrufbar am 15.7.2023).

Bydlinski, Franz, Probleme der Schadensverursachung nach deutschem und österreichischem Recht, Stuttgart 1964.

ders., Aktuelle Streitfragen um die alternative Kausalität, in: Sandrock, Otto (Hrsg.), Festschrift für Günther Beitzke zum 70. Geburtstag am 26. April 1979, Berlin 1979, S. 3–34.

ders., System und Prinzipien des Privatrechts, Wien 1996.

Caemmerer, Ernst von, Wandlungen des Deliktsrechts, Karlsruhe 1964.

ders., Reform der Gefährdungshaftung, in: Leser, Hans (Hrsg.), Ernst von Caemmerer: Gesammelte Schriften, Band III: 1968–1982, zum 75. Geburtstag am 17. Januar 1983, Tübingen 1983, S. 239–260.

ders., Reformprobleme der Haftung für Hilfspersonen, in: Leser, Hans (Hrsg.), Ernst von Caemmerer: Gesammelte Schriften, Band III: 1968–1982, zum 75. Geburtstag am 17. Januar 1983, Tübingen 1983, S. 284–313.

Cahn, Andreas, Produkthaftung für verkörperte geistige Leistungen, NJW 1996, S. 2899–2905.

Calabresi, Guido, The Costs of Accidents, New Haven u.a. 1970.

Canaris, Claus-Wilhelm, Kreditkündigung und Kreditverweigerung gegenüber sanierungsbedürftigen Bankkunden, ZHR 1979, S. 113–138.

ders., Grundstrukturen des deutschen Deliktsrechts, VersR 2005, S. 577–584.

Cappiello, Benedetta, AI-systems and non-contractual liability, Turin 2022.

Chagal-Feferkorn, Karni, The reasonable Algorithm, Journal of Law, Technology and Policy 2018, S. 111–147.

dies., Am I an Algorithm or a Product? When Products Liability Should Apply to Algorithmic Decision-Makers, Stanford Law Review 2019, S. 61–114.

Chunarkar-Patil, Pritee/Bhosale, Akshanda, Big data analytics, Open Access Journal of Science 2018, S. 326–335.

Clausen, Uwe/Klingner, Matthias, Automatisiertes Fahren, in: Neugebauer, Reimund (Hrsg.), Digitalisierung, Berlin u.a. 2018, S. 385–411.

Coleman, Flynn, A human algorithm, Berkeley 2019.

Cormen, Thomas/Leiserson, Charles/Rivest, Ronald/Stein, Clifford, Algorithmen – Eine Einführung, 4. Aufl., München 2013.

Crawford, Kate, Atlas of AI, New Haven u.a. 2021.

Cursi, Maria Floriana, Modelle objektiver Haftung im Deliktsrecht: Das schwerwiegende Erbe des römischen Rechts, Zeitschrift der Savigny-Stiftung für Rechtsgeschichte: Romanistische Abteilung 132 (2015), S. 362–407.

Daase, Christopher/Kessler, Oliver, Knowns and Unknowns in the „War on Terror": Uncertainty and the Political Construction of Danger, Security Dialogue 2007, S. 411–434.

Daele, Wolfgang van den, Von rechtlicher Risikovorsorge zu politischer Planung – Begründungen für Innovationskontrollen in einer partizipativen Technikfolgenabschätzung zu gentechnisch erzeugten herbizidresistenten Pflanzen, in: Bora, Alfons (Hrsg.), Rechtliches Risikomanagement, Berlin 1999, S. 259–291.

Datenethikkommission der Bundesregierung, Gutachten, 2019 (online veröffentlicht unter https://www.bmi.bund.de/SharedDocs/downloads/DE/publikationen/themen/it-digitalpolitik/gutachten-datenethikkommission.html, abrufbar am 15.7.2023).

Datenschutzkonferenz, Kurzpapier Nr. 18, Risiko für die Rechte und Freiheiten natürlicher Personen, 26.4.2018 (online veröffentlicht unter https://www.datenschutzkonferenz-online.de/media/kp/dsk_kpnr_18.pdf, abrufbar am 15.7.2023).

Debus, Alfred, Strategien zum Umgang mit sagenhaften Risikotypen, insbesondere am Beispiel der Kernenergie, in: Debus, Alfred/Scharrer, Jörg (Hrsg.), Risiko im Recht, Baden-Baden 2011, S. 11–36.

Decken, Ada von der, Bei den „Animal-AI-Olympics" treten Algorithmen an, Deutschlandfunk v. 29.5.2019 unter https://www.deutschlandfunk.de/kuenstliche-intelligenz-bei-den-animal-ai-olympics-treten-100.html, abrufbar am 15.7.2023).

Denga, Michael, Deliktische Haftung für Künstliche Intelligenz, CR 2018, S. 69–78.

Dennett, Daniel, The Intentional Stance, Cambridge 1987.

ders., Intentional Systems Theory, in: McLaughlin, Brian/Beckermann, Ansgar/Walter, Sven (Hrsg.), The Oxford Handbook of Philosophy of Mind, Oxford 2009, S. 339–350.

Deutsch, Erwin, Fahrlässigkeit und erforderliche Sorgfalt, Köln u.a. 1963.

ders., Methode und Konzept der Gefährdungshaftung, VersR 1971, S. 1–6.

ders., Das Verhältnis von Mittäterschaft und Alternativtäterschaft im Zivilrecht, JZ 1972, S. 105–107.

ders., Der Reiter auf dem Pferd und der Fußgänger unter dem Pferd, NJW 1978, S. 1998–2002.

ders., Die Haftung des Tierhalters, JuS 1987, S. 673–681.

ders., Der Zurechnungsgrund der Produzentenhaftung, VersR 1988, S. 1197–1201.

ders., Gefährdungshaftung für Mikroorganismen im Labor, NJW 1990, S. 751–752.

ders., Das neue System der Gefährdungshaftungen: Gefährdungshaftung, erweiterte Gefährdungshaftung und Kausal-Vermutungshaftung, NJW 1992, S. 73–77.

ders., Das „allgemeine Lebensrisiko" als negativer Zurechnungsgrund, VersR 1993, S. 1041–1046.

ders., Zivilrechtliche Haftung aus Aufopferung, in: Deutsch, Erwin/Klingmüller, Ernst/Kullmann, Hans Josef (Hrsg.), Festschrift für Erich Steffen zum 65. Geburtstag am 28. Mai 1995, Berlin u.a. 1995, S. 101–120.

ders., Allgemeines Haftungsrecht, 2. Aufl., Köln u.a. 1996.

ders., Die Fahrlässigkeit im neuen Schuldrecht, AcP 202 (2002), S. 889–911.

Deutsche Presse-Agentur (dpa), Log4j Warnstufe Rot: Wettlauf um Sicherheitslücke in Server-Software, WirtschaftsWoche v. 13.12.2021 (online veröffentlicht unter https://www.wiwo.de/technologie/digitale-welt/log4j-warnstufe-rot-wettlauf-um-sicherheitsluecke-in-server-software/27887824.html, abrufbar am 15.7.2023).

dies. „Angreifer haben den Fuß in der Tür": Über drei Millionen PCs in Deutschland mit unsicherem Windows-System, Tagesspiegel v. 15.1.2022 (online veröffentlicht unter https://www.tagesspiegel.de/wirtschaft/uber-drei-millionen-pcs-in-deutschland-mit-unsicherem-windows-system-5417356.html, abrufbar am 15.7.2023).

Deutscher Ethikrat, Biosicherheit – Freiheit und Verantwortung in der Wissenschaft, Stellungnahme v. 7.5.2014 (online veröffentlicht unter https://www.ethikrat.org/fileadmin/Publikationen/Stellungnahmen/deutsch/stellungnahme-biosicherheit.pdf, abrufbar am 15.7.2023).

ders., Vulnerabilität und Resilienz in der Krise – Ethische Kriterien für Entscheidungen in einer Pandemie, Stellungnahme v. 4.4.2022 (online veröffentlicht unter https://www.ethikrat.org/fileadmin/Publikationen/Stellungnahmen/deutsch/stellungnahme-vulnerabilitaet-und-resilienz-in-der-krise.pdf, abrufbar am 15.7.2023).

Deutsches Institut für Normung, DIN SPEC 13266:2020-04, Leitfaden für die Entwicklung von Deep-Learning-Bilderkennungssystemen, Berlin 2020.

Deutsches Institut für Normung/Deutsche Kommission Elektrotechnik, Elektronik Informationstechnik in DIN und VDE, Deutsche Normungsroadmap Künstliche Intelligenz, Ausgabe 2, 2022 (online veröffentlicht unter https://www.din.de/resource/blob/891106/57b7d46a1d2514a183a6ad2de89782ab/deutsche-normungsroadmap-kuenstliche-intelligenz-ausgabe-2--data.pdf, abrufbar am 15.7.2023).

Dhami, Mandeep/Ayton, Peter, Bailing and jailing the fast and frugal way, Journal of Behavioral Decision Making 2001, S. 141–168.

Dheu, Orian/De Bruyne, Jan/Ducuing, Charlotte, The European Commission's Approach To Extra-Contractual Liability and AI – A First Analysis and Evaluation of the Two

Proposals, CiTiP Working Paper v. 6.10.2022 (online veröffentlicht unter https://papers.ssrn.com/sol3/papers.cfm?abstract_id=4239792, abrufbar am 15.7.2023).

Diederichsen, Uwe, Zur Rechtsnatur und systematischen Stellung von Beweislast und Anscheinsbeweis, VersR 1966, S. 211–222.

ders., Zum Entlastungsbeweis für Verrichtungsgehilfen, ZRP 1968, S. 60–61.

ders., Zivilrechtliche Probleme des Umweltschutzes, in: Reichert-Facilides, Fritz/Rittner, Fritz/Sasse, Jürgen (Hrsg.), Festschrift für Reimer Schmidt, Karlsruhe 1976, S. 1–19.

Dietz, Florian, Technische Risiken und Gefährdungshaftung, Köln 2006.

Dördelmann, Philipp, Tierhalterhaftung bei Schädigungen durch Mikroorganismen, VersR 2018, S. 1234–1240.

Dötsch, Tina, Außervertragliche Haftung für Künstliche Intelligenz am Beispiel von autonomen Systemen, Wiesbaden 2023.

Doukoff, Norman, Grundlagen des Anscheinsbeweises, SVR 2015, S. 245–253.

Drexl, Josef, Die wirtschaftliche Selbstbestimmung des Verbrauchers, Tübingen 1998.

Droste, Johannes, Produktbeobachtungspflichten der Automobilhersteller bei Software in Zeiten vernetzten Fahrens, CCZ 2015, S. 105–110.

Droste, Wiebke, Intelligente Medizinprodukte: Verantwortlichkeit des Herstellers und ärztliche Sorgfaltspflichten, MPR 2018, S. 109–120.

Droste-Franke, Bert/Gethmann, Carl Friedrich, Technischer Fortschritt und Ethik, Unikate 2013, S. 101–108.

Dubischar, Roland, Grundsätze der Beweislastverteilung im Zivil- und Verwaltungsprozeß, JuS 1971, S. 385–394.

Duffy, Sophia/Hopkins, Jamie Patrick, Sit, Stay, Drive: The Future of Autonomous Car Liability, Science & Technology Law Review 2017, S. 453–480.

Dürig, Günter (Begr.)/Herzog, Roman/Scholz, Rupert/Herdegen, Matthias/Klein, Hans (Hrsg.), Grundgesetz, Loseblattsammlung, 100. Ergänzungslieferung, Stand: Januar 2023, München 2023 (zitiert: Dürig/Herzog/Scholz GG/*Bearbeiter*).

Eberl-Borges, Christina, Tierhalterhaftung bei therapeutischen Reitpferden, LMK 2012, 332118.

Ebers, Martin, Standardisierung Künstlicher Intelligenz und KI-Verordnungsvorschlag, RDi 2021, S. 588–597.

ders., Civil Liability for Autonomous Vehicles, in: Schmidt-Kessel, Martin (Hrsg.), German National Reports on the 21ˢᵗ International Congress of Comparative Law, Tübingen 2022, S. 157–203.

Ebert, Andreas/Spiecker gen. Döhmann, Indra, Der Kommissionsentwurf für eine KI-Verordnung der EU, NVwZ 2021, S. 1188–1193.

Ebert, Ina, KI und Versicherung, in: Ebers, Martin/Heinze, Christian/Krügel, Tina/Steinrötter, Björn (Hrsg.), Künstliche Intelligenz und Robotik, München 2020, S. 529–541.

Eger, Georg, Das Reichs-Haftpflicht-Gesetz, 3. Aufl., Breslau 1886.

ders., Das Reichs-Haftpflicht-Gesetz, 7. Aufl., Hannover 1912.

Ehmann, Eugen/Selmayr, Martin (Hrsg.), Datenschutz-Grundverordnung, 2. Aufl., München 2018 (zitiert: Ehmann/Selmayr DS-GVO/*Bearbeiter*).

Eichelberger, Jan, Zivilrechtliche Haftung für KI und smarte Robotik, in: Ebers, Martin/Heinze, Christian/Krügel, Tina/Steinrötter, Björn (Hrsg.), Künstliche Intelligenz und Robotik, München 2020, S. 172–199.

ders., Der Vorschlag einer „Richtlinie über KI-Haftung", DB 2022, S. 2783–2789.

Eidenmüller, Horst, The Rise of Robots and the Law of Humans, ZEuP 2017, S. 756–777.

Engel, Friedrich-Wilhelm, Produzentenhaftung für Software, CR 1986, S. 702–708.

Engert, Andreas, In dubio pro libertate – zum Optionswert rechtlicher Experimente, in: Grundmann, Stefan/Möslein, Florian (Hrsg.), Innovationen und Vertragsrecht, Tübingen 2020, S. 153–185.

Ernst, Christian, Die Gefährdung der individuellen Selbstentfaltung durch den privaten Einsatz von Algorithmen, in: Klafki, Anika/Würkert, Felix/Winter, Tina (Hrsg.), Digitalisierung und Recht, Hamburg 2017, S. 63–81.

Ernst, Hartmut/Schmidt, Jochen/Beneken, Gerd Hinrich, Grundkurs Informatik, 7. Aufl., Wiesbaden 2020.

Ertel, Wolfgang, Grundkurs Künstliche Intelligenz, 5. Aufl., Wiesbaden 2021.

Esposito, Elena, Artificial Communication? The Production of Contingency by Algorithms, Zeitschrift für Soziologie 2017, S. 249–265.

Esser, Josef, Die Zweispurigkeit unseres Haftpflichtrechts, JZ 1953, S. 129–134.

ders., Schuldrecht, 2. Aufl., Karlsruhe 1960.

ders., Grundlagen und Entwicklung der Gefährdungshaftung, 2. Aufl., München 1969.

ders., Schuldrecht, Band II: Besonderer Teil, 3. Aufl., Karlsruhe 1969.

Esser, Josef (Begr.)/*Schmidt, Eike* (Fortgef.), Schuldrecht, Band I: Allgemeiner Teil, Teilband 1, 8. Aufl., Heidelberg 1995.

Esser, Josef (Begr.)/*Weyers, Hans-Leo* (Fortgef.), Schuldrecht, Band II: Besonderer Teil, Teilband 2: Gesetzliche Schuldverhältnisse, 8. Aufl., Heidelberg 2000.

Etzkorn, Philipp, Bedeutung der „Entwicklungslücke" bei selbstlernenden Systemen, MMR 2020, S. 360–365.

Europäische Kommission, Antwort auf die schriftliche Anfrage Nr. 706/88 v. 15.11.1988, ABl. EG v. 8.5.1989, Nr. C 114/42.

dies., Bericht der Kommission an den Rat, das Europäische Parlament und den Europäischen Wirtschafts- und Sozialausschuss – Dritter Bericht über die Anwendung der Richtlinie des Rates zur Angleichung der Rechts- und Verwaltungsvorschriften der Mitgliedstaaten über die Haftung für fehlerhafte Produkte v. 14.9.2009, KOM (2006) 496 endg.

dies., Künstliche Intelligenz – Exzellenz und Vertrauen, commission.europa.eu (online veröffentlicht unter https://ec.europa.eu/info/strategy/priorities-2019-2024/europe-fit-digital-age/excellence-trust-artificial-intelligence_de, abrufbar am 15.7.2023).

dies., Leitfaden für die Umsetzung der Produktvorschriften der EU 2016 („Blue Guide") v. 26.7.2016, ABl. EU v. 26.7.2016, Nr. C 272.

dies., Mitteilung über die Anwendbarkeit des Vorsorgeprinzips v. 2.2.2000, KOM (2000) 1 endg.

dies., Weißbuch zur Künstlichen Intelligenz v. 19.2.2020, COM (2020) 65 final.

Europäisches Parlament, Entschließung mit Empfehlungen an die Kommission zu zivilrechtlichen Regelungen im Bereich Robotik v. 16.2.2017, 2015/2103(INL).

Expert Group on Liability and New Technologies – New Technologies Formation, Liability for Artificial Intelligence and other emerging digital technologies, 2019 (online veröffentlicht unter https://www.europarl.europa.eu/meetdocs/2014_2019/plmrep/COMMITTEES/JURI/DV/2020/01-09/AI-report_EN.pdf, abrufbar am 15.7.2023) (zitiert: *Expert Group (NTF)*, Liability for AI).

Eykholt, Kevi/Evtimov, Ivan/Fernandes, Earlence/Li, Bo/Rahmati, Amir/Xiao, Chaowei/Prakash, Atul/Kohno, Tadayoshi/Song, Dawn, Robust Physical-World Attacks on Deep Learning Visual Classification, in: 2018 IEEE/CVF Conference on Computer Vision and Pattern Recognition, 2018, S. 1625–1634.

Eymann, Torsten, Digitale Geschäftsagenten, Berlin u.a. 2003.

Fabio, Udo Di, Risikoentscheidungen im Rechtsstaat, Tübingen 1994.

ders., Gefahr, Vorsorge, Risiko: Die Gefahrenabwehr unter dem Einfluß des Vorsorgeprinzips, JURA 1996, S. 566–574.

Fabricius, Fritz, Zur Dogmatik des „sonstigen Rechts" gemäß § 823 Abs. I BGB, AcP 160 (1961), S. 273–336.

Fervers, Matthias, Die Bindung Dritter an Prozessergebnisse, Tübingen 2022.

Fikentscher, Wolfgang, Schuldrecht, 6. Aufl., Berlin u.a. 1976.

Filthaut, Werner (Begr.)/Piontek, Sascha/Kayser, Alke (Fortgef.), Haftpflichtgesetz, 10. Aufl., München 2019 (zitiert: Filthaut/Piontek/Kayser HPflG/*Bearbeiter*).

Finkelmeier, Max, Anmerkung zu EuGH, Urt. v. 10.6.2021 – C-65/20, NJW 2021, S. 2017.

Finsinger, Jörg/Simon, Jürgen, Eine ökonomische Bewertung der EG-Produkthaftungsrichtlinie, des Produkthaftungsgesetzes und der Umwelthaftung, in: Müller, Wolfgang (Hrsg.), Haftpflichtrisiken in Unternehmen, Wiesbaden 1989, S. 23–72.

Firat, Burak, Die deliktische Gehilfenhaftung gemäß § 831 BGB, Wiesbaden 2021.

Fischel, Werner, Psyche und Leistung der Tiere, Berlin 1938.

Flach, Peter, ROC Analysis, in: Sammut, Claude/Webb, Geoffrey (Hrsg.), Encyclopedia of Machine Learning and Data Mining, 2. Aufl., New York 2017, S. 1109–1116.

Floridi, Luciano, On the Morality of Artificial Agents, in: Anderson, Michael/Anderson, Susan Leigh (Hrsg.), Machine ethics, Cambridge u.a. 2011, S. 184–212.

Foerste, Ulrich, Anmerkung zu BGH, Urt. v. 7.6.1988 – VI ZR 91/87, VersR 1988, S. 958–961.

ders., Die Produkthaftung für Druckwerke, NJW 1991, S. 1433–1439.

ders., Anmerkung zu BGH, Urt. v. 9.5.1995 – VI ZR 158/94, JZ 1995, S. 1063–1064.

Foerster, Heinz von, Zukunft der Wahrnehmung: Wahrnehmung der Zukunft, in: Schmidt, Siegfrid (Hrsg.), Heinz von Foerster: Wissen und Gewissen, Frankfurt a.M. 1993, S. 194–210.

ders., Understanding Understanding, New York 2003.

Foerster, Max, Automatisierung und Verantwortung im Zivilrecht, ZfPW 2019, S. 418–435.

Fondazione Rosselli, Analysis of the Economic Impact of the Development Risk Clause as provided by Directive 85/374/EEC on Liability for Defective Products, Study for the European Commission, 2002, Ref. Ares (2014) 3310430 – 07/10/2014 (online veröffentlicht unter https://ec.europa.eu/docsroom/documents/7104/attachments/1/translations/en/renditions/pdf, abrufbar am 15.7.2023).

Fraenkel, Michael, Tatbestand und Zurechnung bei § 823 Abs. 1 BGB, Berlin 1979.

Franz, Birgit, Qualitätssicherungsvereinbarungen und Produkthaftung, Baden-Baden 1995.

Fraunhofer IAIS, Leitfaden zur Gestaltung vertrauenswürdiger Künstlicher Intelligenz, 2021 (online veröffentlicht unter https://www.iais.fraunhofer.de/content/dam/iais/fb/Kuenstliche_intelligenz/ki-pruefkatalog/202107_KI-Pruefkatalog.pdf, abrufbar am 15.7.2023).

Fraunhofer-Gesellschaft, Maschinelles Lernen – Kompetenzen, Anwendungen und Forschungsbedarf, 2018 (online veröffentlicht unter https://www.bigdata-ai.fraunhofer.de/content/dam/bigdata/de/documents/Publikationen/Fraunhofer_Studie_ML_201809.pdf, abrufbar am 15.7.2023).

Freund, Ronald/Haustein, Thomas/Kasparick, Martin/Mahler, Kim/Schulz-Zander, Julius/Thiele, Lars/Wiegand, Thomas/Weiler, Richard, 5G-Datentransport mit Höchstgeschwindigkeit, in: Neugebauer, Reimund (Hrsg.), Digitalisierung, Berlin u.a. 2018, S. 89–111.

Friedl, Markus, Beweislastverteilung unter Berücksichtigung des Effizienzkriteriums, Frankfurt a.M. u.a. 2003.

Froböse, *Rolf*, Wichtige Entdeckungen basieren auf Zufällen, WELT v. 11.7.2008 (online veröffentlicht unter https://www.welt.de/wissenschaft/article2203948/Wichtige-Entde-ckungen-basieren-auf-Zufaellen.html, abrufbar am 15.7.2023).

Froesch, *Daniel*, Managerhaftung – Risikominimierung durch Delegation?, DB 2009, S. 722–726.

Fuchs, *Maximilian*, Arbeitsteilung und Haftung, JZ 1994, S. 533–540.

Fry, *Hannah*, Hello World, München 2019.

Gabrielczyk, *Sonia*, Produkthaftungsrechtliche Verantwortung bei Mix and Match, MPR 2017, S. 121–126.

Garin, *Christophe*, L'application des règles relatives à la responsabilité du fait des produits défectueux et à la sécurité générale des produits aux biens immatériel, Journal des Sociétés 02/2013, S. 16–20.

Gebauer, *Martin*, Hypothetische Kausalität und Haftungsgrund, Tübingen 2007.

Gebauer, *Martin*, Pflichtwidrigkeitszusammenhang und Reserveursache, LMK 2008, 256489.

Geese, *Natalie*, Autonom handelnde Individuen, Kooperationspartner_innen, Natur- oder Kulturwesen?, in: Wirth, Sven/Laue, Anett/Kurth, Markus/Dornenzweig, Katharina/Bos-sert, Leonie/Balgar, Karsten (Hrsg.), Das Handeln der Tiere, Bielefeld 2015, S. 227–244.

Geigel, Der Haftpflichtprozess, hrsg. v. Haag, Kurt, 28. Aufl., München 2020 (zitiert: Geigel Haftpflichtprozess/*Bearbeiter*).

Geiger, *Andreas*, Anmerkung zu EuGH, Urt. v. 10.5.2001 – C-203/99, EuZW 2011, S. 381–382.

Geisendörfer, *Ulrich*, Offene Fragen des Richtlinienvorschlages der EG-Kommission zur Haftung bei Dienstleistungen, VersR 1991, S. 1317–1318.

Geistfeld, *Mark*, A Roadmap for Autonomous Vehicles: State Tort Liability, Automobile Insurance, and Federal Safety Regulation, California Law Review 2017, S. 1611–1694.

Gesamtverband der Versicherer (GDV), Allgemeine Versicherungsbedingungen für die Pri-vathaftpflichtversicherung (AVB PHV), Musterbedingungen, Stand: Mai 2020 (online veröffentlicht unter https://www.gdv.de/re-source/blob/6242/7eafbb431499ac246bfdfd5feadc2aaa/09-avb-fuer-dieprivathaft-pflichtversicherung-avb-phv-gdv-2020-data.pdf, abrufbar am 15.7.2023).

ders., Allgemeine Versicherungsbedingungen für die Betriebs- und Berufshaftpflichtversi-cherung (AVB BHV), Musterbedingungen, Stand: September 2021 (online veröffentlicht unter https://www.gdv.de/resource/blob/6240/51b568b00e5a1cfde4b342c48a1fb256/02-avb-betriebs-und-berufshaftpflichtversicherung-2020-data.pdf, abrufbar am 15.7.2023).

Gesellschaft für Informatik, Technische und rechtliche Betrachtungen algorithmische Ent-scheidungsverfahren. Studien und Gutachten im Auftrag des Sachverständigenrats für Verbraucherfragen, Berlin 2018 (online veröffentlicht unter https://gi.de/filead-min/GI/Allgemein/PDF/GI_Studie_Algorithmenregulierung.pdf, abrufbar am 15.7.2023).

Gesmann-Nuissl, *Dagmar*, Rechtsprechungsreport „Innovations- und Technikrecht", InTeR 2021, S. 165–189.

Giddens, *Anthony*, Konsequenzen der Moderne, Frankfurt a.M. 1996.

ders., Die Konstitution der Gesellschaft: Grundzüge einer Theorie der Strukturierung, 3. Aufl., Frankfurt a.M. u.a. 1997.

Gigerenzer, *Gert*, Rationalität, Heuristiken und Evolution, in: Gerhardt, Volker (Hrsg.), Evolution: Theorie, Formen und Konsequenzen eines Paradigmas in Natur, Technik und Kultur, Berlin 2011, S. 195–206.

Gless, *Sabine/Janal*, *Ruth*, Hochautomatisiertes und autonomes Autofahren – Risiko und rechtliche Verantwortung, JR 2016, S. 561–575.

Gless, *Sabine/Weigend*, *Thomas*, Intelligente Agenten und das Strafrecht, ZStW 2014, S. 561–591.

Goasduff, *Laurence*, The 4 Trends That Prevail on the Gartner Hype Cycle for AI, 2021, gartner.com v. 22.9.2021 (online veröffentlicht unter https://www.gartner.com/en/artic-les/the-4-trends-that-prevail-on-the-gartner-hype-cycle-for-ai-2021, abrufbar am 15.7.2023).

Gomille, *Christian*, Herstellerhaftung für automatisierte Fahrzeuge, JZ 2016, S. 76–82.

Görz, *Günther/Schneeberger*, *Josef/Schmid*, *Ute*, Handbuch der Künstlichen Intelligenz, 5. Aufl., München 2014.

Graevenitz, *Albrecht von*, „Zwei mal Zwei ist Grün" – Mensch und KI im Vergleich, ZRP 2018, S. 238–241.

Graff, *Bernd*, Rassistischer Chat-Roboter: Mit falschen Werten bombardiert, SZ v. 3.4.2016 (online veröffentlicht unter https://www.sueddeutsche.de/digital/microsoft-programm-tay-rassistischer-chat-roboter-mit-falschen-werten-bombardiert-1.2928421, abrufbar am 15.7.2023).

Gräns, *Minna*, Das Risiko materiell fehlerhafter Urteile, Berlin 2002.

Gransche, *Bruno/Shala*, *Erduana/Hubig*, *Christoph/Alpsancar*, *Suzana/Harrach*, *Sebastian*, Wandel von Autonomie und Kontrolle durch neue Mensch-Technik-Interaktionen, Stutt-gart 2014.

Greco, *Luís*, Richterliche Macht ohne richterliche Verantwortung: Warum es den Roboter-Richter nicht geben darf, RW 2020, S. 29–62.

Green, *Michael*, Liability for Agents and Agents' Liability – Statement by Country Report-ers: United States of America, in: Koziol, Helmut (Hrsg.), Comparative stimulations for developing tort law, Wien 2015, S. 173–176.

Griss, Irmgard/Kathrein, Georg/Koziol, Helmut (Hrsg.), Entwurf eines neuen Schadenser-satzrechts, Wien u.a. 2006.

Grolik, *Sven/Stockheim*, *Tim/Wendt*, *Oliver/Albayrak*, *Sahin/Fricke*, *Stefan*, Dispositive Supply-Web-Koordination durch Multiagentensysteme, Wirtschaftsinformatik 2001, S. 143–155.

Groupe de recherche européen sur la responsabilité civile et l'assurance (GRERCA), La responsabilité du fait des produits défectueux: quelle évolution possible, Recueil Dalloz 2012, S. 1872.

Gruber, *Malte-Christian*, Zumutung und Zumutbarkeit von Verantwortung in Mensch-Ma-schine-Assoziationen, in: Hilgendorf, Eric/Günther, Jan-Philipp (Hrsg.), Robotik und Gesetzgebung, Baden-Baden 2013, S. 123–161.

Grunsky, *Wolfgang*, Grundlagen des Verfahrensrechts, 2. Aufl., Bielefeld 1974.

Grützmacher, *Malte*, Die deliktische Haftung für autonome Systeme – Industrie 4.0 als Her-ausforderung für das bestehende Recht, CR 2016, 695–698.

ders., Die zivilrechtliche Haftung für KI nach dem Entwurf der geplanten KI-VO, CR 2021, S. 433–444.

Gsell, *Beate*, Substanzverletzung und Herstellung, Tübingen 2003.

Günther, *Andreas*, Produkthaftung für Informationsgüter, Köln 2001.

Günther, *Jan-Philipp*, Roboter und rechtliche Verantwortung, München 2016.

Gutmann, *Mathias/Rathgeber*, *Benjamin/Syed*, *Tareq*, Autonome Systeme und evolutionäre Robotik: neues Paradigma oder Missverständnis?, in: Maring, Matthias (Hrsg.), Fallstu-dien zur Ethik in Wissenschaft, Wirtschaft, Technik und Gesellschaft, Karlsruhe 2011, S. 185–197.

Haagen, *Christian*, Verantwortung für Künstliche Intelligenz, Baden-Baden 2021.

Haase, *Richard*, Zur Schadenszufügung „durch ein Tier" (§ 833 BGB), JR 1973, S. 10–13.

Habersack, *Mathias/Ehrl*, *Max*, Verantwortlichkeit inländischer Unternehmen für Menschenrechtsverletzungen durch ausländische Zulieferer – *de lege lata* und *de lege ferenda*, AcP 219 (2019), S. 155–210.

Hacker, *Philipp*, Verhaltens- und Wissenszurechnung beim Einsatz von Künstlicher Intelligenz, RW 2018, S. 243–288.

ders., Europäische und nationale Regulierung von Künstlicher Intelligenz, NJW 2022, S. 2142–2147.

ders., The European AI Liability Directives – Critique of a Half-Hearted Approach and Lessons for the Future, Working Paper (this version: 20 January 2023), arXiv:2211.13960v5, 2023.

ders., Die Regulierung von ChatGPT et al. – ein europäisches Trauerspiel, GRUR 2023, S. 289.

Hacker, *Philipp/Krestel*, *Ralf/Grundmann*, *Stefan/Naumann*, *Felix*, Explainable AI under contract and tort law: legal incentives and technical challenges, Artificial Intelligence and Law 2020, S. 415–439.

Hager, *Günter*, Das neue Umwelthaftungsgesetz, NJW 1991, S. 134–143.

Hager, *Johannes*, Der Schutz der Ehre im Zivilrecht, AcP 196 (1996), S. 168–218.

ders., Die Kausalität bei Massenschäden, in: Heldrich, Andreas/Prölss, Jürgen/Koller, Ingo/Langenbucher, Katja/Grigoleit, Hans Christoph/Hager, Johannes/Hey, Felix Christopher/Neuner, Jörg/Petersen, Jens/Singer, Reinhard (Hrsg.), Festschrift für Claus-Wilhelm Canaris zum 70. Geburtstag, Band I, München 2007, S. 403–420.

Haider, *Tom*, Sichere Künstliche Intelligenz als Technologie für den Klimaschutz, in: Proll, Uwe (Hrsg.), Innovationssymposium Künstliche Intelligenz Begleitheft, Bonn u.a. 2021, S. 24–25.

Hanau, *Peter*, Die Kausalität der Pflichtwidrigkeit, Göttingen 1971.

Handkommentar zur Zivilprozessordnung, hrsg. v. Saenger, Ingo, 9. Aufl., Baden-Baden 2021 (zitiert: HK ZPO/*Bearbeiter*).

Handorn, *Boris*, Die geplante Revision des europäischen Produkthaftungsrechts (auch) für Medizinprodukte, MPR 2023, S. 16-24.

Hanisch, *Jochen*, Haftung für Automation, Göttingen 2010.

ders., Zivilrechtliche Haftungskonzepte für Robotik, in: Hilgendorf, Eric (Hrsg.), Robotik im Kontext von Recht und Moral, Baden-Baden 2014, S. 27–61.

Hänisch, *Till*, Grundlagen Industrie 4.0, in: Andelfinger, Volker/Hänisch, Till (Hrsg.), Industrie 4.0, Wiesbaden 2017, S. 9–31.

Harke, *Jan Dirk*, Sklavenhalterhaftung in Rom, in: Gless, Sabine/Seelmann, Kurt (Hrsg.), Intelligente Agenten und das Recht, Baden-Baden 2016, S. 97–118.

Hartmann, *Matthias*, Künstliche Intelligenz im Zivilrecht, in: Hartmann, Matthias (Hrsg.), KI & Recht kompakt, Berlin u.a. 2020, S. 29–116.

Hay, *Peter*, U.S.-amerikanisches Recht, 7. Aufl., München 2020.

Heiderhoff, *Bettina/Gramsch*, *Kilian*, Klassische Haftungsregimes und autonome Systeme – genügt „functional equivalence" oder bedarf es eigenständiger Maßstäbe?, ZIP 2020, S. 1937–1943.

Heinze, *Meinhard*, Zur Verteilung des Schadensrisikos bei unselbständiger Arbeit, NZA 1986, S. 545–554.

Heiss, *Stefan*, Europäische Haftungsregeln für Künstliche Intelligenz, EuZW 2021, S. 932–938.

Helle, Katrin, Intelligente Medizinprodukte: Ist der geltende Rechtsrahmen noch aktuell?, MedR 2020, S. 993–1000.

Helm, Johann Georg, Rechtsfortbildung und Reform bei der Haftung für Verrichtungsgehilfen, AcP 166 (1966), S. 389–408.

Henssler, Martin/Strohn, Lutz (Hrsg.), Gesellschaftsrecht, 5. Aufl., München 2021 (zitiert: Henssler/Strohn GesR/*Bearbeiter*).

Hey, Tim, Die außervertragliche Haftung des Herstellers autonomer Fahrzeuge bei Unfällen im Straßenverkehr, Wiesbaden 2019.

Heyerdahl, Anne, Risk assessment without the risk? A controversy about security and risk in Norway, Journal of Risk Research 2022, S. 252–267.

Hildebrandt, Mireille, Smart technologies and the end(s) of law, Cheltenham u.a. 2016.

Hilgendorf, Eric, Bedingungen gelingender Interdisziplinarität – am Beispiel der Rechtswissenschaft, JZ 2010, S. 913–922.

ders., Können Roboter schuldhaft handeln?, in: Beck, Susanne (Hrsg.), Jenseits von Mensch und Maschine, Baden-Baden 2012, S. 119–132.

ders., „Die Schuld ist immer zweifellos"? – Offene Fragen bei Tatsachenfeststellung und Beweis mit Hilfe „intelligenter" Maschinen, in: Fischer, Thomas (Hrsg.), Beweis, Baden-Baden 2019, S. 229–253.

ders., Gefahr und Risiko im (Straf-)Recht. Klärungsvorschläge aus interdisziplinärer Perspektive, in: Fischer, Thomas/Hilgendorf, Eric (Hrsg.), Gefahr, Baden-Baden 2020, S. 9–27.

Hilgendorf, Eric/Roth-Isigkeit, David, Die neue Verordnung der EU zur Künstlichen Intelligenz, München 2023 (zitiert: Hilgendorf/Roth-Isigkeit KI-VO/*Bearbeiter*).

Hitzler, Pascal/Eberhart, Aaron/Ebrahimi, Monireh/Sarker, Md Kamruzzaman/Zhou, Lu, Neuro-symbolic approaches in artificial intelligence, National science review 2022, nwac035.

Hochrangige Expertengruppe für künstliche Intelligenz, Eine Definition der KI: Wichtigste Fähigkeiten und Wissenschaftsgebiete, 2018 (online veröffentlicht unter https://elektro.at/wp-content/uploads/2019/10/EU_Definition-KI.pdf, abrufbar am 15.7.2023).

dies., Ethik-Leitlinien für eine vertrauenswürdige KI, 2019 (online veröffentlicht unter https://op.europa.eu/de/publication-detail/-/publication/d3988569-0434-11ea-8c1f-01aa75ed71a1, abrufbar am 15.7.2023).

Hoffmann, Hanna, Regulierung der Künstlichen Intelligenz, K & R 2021, S. 369–374.

Hoffmann, Richard, Die Haftung des Schuldners für seine Gehülfen, Halle 1902.

Hoffmann-Riem, Wolfgang, Wissen als Risiko – Unwissen als Chance, in: Hoffmann-Riem, Wolfgang (Hrsg.), Offene Rechtswissenschaft, Tübingen 2010, S. 132–152.

ders., Innovation und Recht – Recht und Innovation, Tübingen 2016.

Hofmann, Franz, Der Einfluss von Digitalisierung und künstlicher Intelligenz auf das Haftungsrecht, CR 2020, S. 282–288.

Hofmann, Georg Rainer, Impulse nicht-normativer Ethik für die Ökonomie, Baden-Baden 2018.

Hofstadter, Douglas, Gödel, Escher, Bach, 7. Aufl., München 2000.

Hohloch, Gerhard, Grundfälle zur Gastwirtshaftung, JuS 1984, S. 357–362.

Hollmann, Herrmann, Die EG-Produkthaftungsrichtlinie (I), DB 1985, S. 2389–2395.

Horner, Susanne/Kaulartz, Markus, Haftung 4.0., CR 2016, S. 7–14.

dies., Haftung 4.0., InTeR 2016, S. 22–27.

Hornkohl, Lena/Wern, Charlotte, Schadensersatz gegen Schuldnermehrheiten nach der DSGVO, EuZW 2022, S. 994–999.

Huber, *Michael*, Das Beweismaß im Zivilprozess, Köln u.a. 1983.

Huber, *Ulrich*, Zivilrechtliche Fahrlässigkeit, in: Forsthoff, Ernst/Weber, Werner/Wieacker, Franz (Hrsg.), Festschrift für Ernst Rudolf Huber zum 70. Geburtstag am 8. Juni 1973, Göttingen 1973, S. 253–289.

Hubig, *Christoph*, Das Risiko des Risikos, Universitas 1994, S. 310–318.

Hubig, *Christoph/Harrach*, *Sebastian*, in: Kaminski, Andreas/Gelhard, Andreas (Hrsg.), Zur Philosophie informeller Technisierung, Darmstadt 2014, S. 41–57.

Hüllermeier, *Eyke/Waegeman*, *Willem*, Aleatoric and epistemic uncertainty in machine learning: an introduction to concepts and methods, Machine Learning 2021, S. 457–506.

Hume, *David*, An Enquiry Concerning Human Understanding/Eine Untersuchung über den menschlichen Verstand, Stuttgart 2016.

Humphreys, *Paul*, The philosophical novelty of computer simulation methods, Synthese 2009, S. 615–626.

Husserl, *Edmund*, Die Ursprungserklärung des neuzeitlichen Gegensatzes zwischen physikalischem Objektivismus und transzendentalen Subjektivismus, in: Biemel Walter (Hrsg.), Edmund Husserl: Die Krisis der europäischen Wissenschaften und die transzendentale Phänomenologie, Den Haag 1954, S. 18–104.

Iba, *Hitoshi*, Evolutionary Approach to Machine Learning and Deep Neural Networks, Singapur 2018.

International Organization for Standardization/International Electrotechnical Commission, ISO/IEC TR 24028: 2020, Information technology — Artificial intelligence — Overview of trustworthiness in artificial intelligence, Genf 2020.

Ipsos/iCite, European enterprise survey on the use of technologies based on artificial intelligence, Final Report, 2020 (online veröffentlicht unter https://op.europa.eu/de/publication-detail/-/publication/f089bbae-f0b0-11ea-991b-01aa75ed71a1, abrufbar am 15.7.2023).

Jahr, *Günther*, Schadensersatz wegen deliktischer Nutzungsentziehung – zu Grundlagen des Rechtsgüterschutzes und des Schadensersatzrechts, AcP 183 (1983), S. 725–794.

Jakobs, *Horst Heinrich*, Über die Notwendigkeit einer Reform der Geschäftsherrenhaftung, VersR 1969, S. 1061–1071.

Janal, *Ruth*, Die deliktische Haftung beim Einsatz von Robotern – Lehren aus der Haftung für Sachen und Gehilfen, in: Gless, Sabine/Seelmann, Kurt (Hrsg.), Intelligente Agenten und das Recht, Baden-Baden 2016, S. 141–162.

Jansen, *Nils*, Das Problem der Rechtswidrigkeit bei § 823 Abs. 1 BGB, AcP 202 (2002), S. 517–554.

ders., Die Struktur des Haftungsrechts, Tübingen 2003.

Jauernig, Bürgerliches Gesetzbuch, hrsg. v. Stürner, Rolf, 18. Aufl., München 2021 (zitiert: Jauernig BGB/*Bearbeiter*).

Jaun, *Manuel*, Haftung für Sorgfaltspflichtverletzung, Bern 2007.

Jhering, *Rudolf von*, Das Schuldmoment im römischen Privatrecht, Giessen 1867.

Joggerst, *Laura/Wendt*, *Janine*, Die Weiterentwicklung der Produkthaftungsrichtlinie, InTeR 2021, S. 13–17.

John, *Robert*, Haftung für künstliche Intelligenz, Hamburg 2007.

Jolls, *Christine/Sunstein*, *Cass/Thaler*, *Richard*, A Behavioral Approach to Law and Economics, Stanford Law Review 1998, S. 1471–1550.

Jumper, *John/Evans*, *Richard/Pritzel*, *Alexander/Green*, *Tim/Figurnov*, *Michael/Ronneberger*, *Olaf/Tunyasuvunakool*, *Kathryn/Bates*, *Russ/Židek*, *Augustin/Potapenko*, *Anna/Bridgland*, *Alex/Meyer*, *Clemens/Kohl*, *Simon/Ballard*, *Andrew/Cowie*, *Andrew/Romera-Paredes*, *Bernardino/Nikolov*, *Stanislav/Jain*,

Rishub/Adler, Jonas/Back, Trevor/Petersen, Stig/Reiman, David/Clancy, Ellen/Zielinski, Michal/Steinegger, Martin/Pacholska, Michalina/Berghammer, Tamas/Bodenstein, Sebastian/Silver, David/Vinyals, Oriol/Senior, Andrew/Kavukcuoglu, Koray/Kohli, Pushmeet/Hassabis, Demis, Highly accurate protein structure prediction with AlphaFold, Nature 2021, S. 583–589.

Jung, Jakob, Google: KI ersetzt menschliche Entwickler beim Chip-Design, ZDNet v. 14.6.2021 (online veröffentlicht unter https://www.zdnet.de/88395247/google-ki-ersetzt-menschliche-entwickler-beim-chip-design, abrufbar am 15.7.2023).

Jung, Thomas, Der Risikobegriff in Wissenschaft und Gesellschaft, Bundesgesundheitsblatt – Gesundheitsforschung – Gesundheitsschutz 2003, S. 542–548.

Jungermann, Helmut/Slovic, Paul, Charakteristika individueller Risikowahrnehmung, in: Bayerische Rück (Hrsg.), Risiko ist ein Konstrukt, München 1993, S. 89–107.

juris Praxiskommentar BGB, Band 2.3: Schuldrecht, §§ 631 bis 853, hrsg. v. Herberger, Maximilian/Martinek, Michael/Rüßmann, Helmut/Weth, Stephan/Würdinger, Markus, 10. Aufl., Saarbrücken 2023 (zitiert: jurisPK-BGB/*Bearbeiter*).

juris Praxiskommentar Straßenverkehrsrecht, hrsg. v. Freymann, Hans-Peter/Wellner, Wolfgang, 2. Aufl., Saarbrücken 2022 (zitiert: jurisPK-Straßenverkehrsrecht/*Bearbeiter*).

Käde, Lisa/Maltzan, Stephanie von, Die Erklärbarkeit von Künstlicher Intelligenz (KI), CR 2020, S. 66–72.

Kahneman, Daniel, Schnelles Denken, langsames Denken, München 2012.

Kahneman, Daniel/Knetsch, Jack/Thaler, Richard, Anomalies: The Endowment Effect, Loss Aversion, and Status Quo Bias, Journal of Economic Perspectives 1991, S. 193–206.

Kahneman, Daniel/Rosenfield, Andrew/Gandhi, Linnea/Blaser, Tom, NOISE: How to overcome the high, hidden cost of inconsistent decision making, Harvard Business Review 10/2016, S. 38–46.

Kahneman, Daniel/Sibony, Olivier/Sunstein, Cass, Noise: Was unsere Entscheidungen verzerrt – und wie wir sie verbessern können, München 2021.

Kalra, Nidhi/Paddock, Susan, Driving to Safety: How Many Miles of Driving Would It Take to Demonstrate Autonomous Vehicle Reliability?, RAND 2016 (online veröffentlicht unter https://www.rand.org/pubs/research_reports/RR1478.html, abrufbar am 15.7.2023).

Kaminski, Andreas, Technik als Erwartung, Bielefeld 2010.

ders., Edmund Husserl: Die Krisis der europäischen Wissenschaften und die transzendentale Phänomenologie. Eine Einleitung in die phänomenologische Philosophie, in: Hubig, Christoph/Huning, Alois/Ropohl, Günter (Hrsg.), Nachdenken über Technik, 3. Aufl., Berlin 2013, S. 186–192.

ders., Einleitung, in: Kaminski, Andreas/Gelhard, Andreas (Hrsg.), Zur Philosophie informeller Technisierung, Darmstadt 2014, S. 7–20.

ders., Lernende Maschinen: naturalisiert, transklassisch, nichttrivial?, in: Kaminski, Andreas/Gelhard, Andreas (Hrsg.), Zur Philosophie informeller Technisierung, Darmstadt 2014, S. 58–81.

ders., Der Erfolg der Modellierung und das Ende der Modelle, in: Brenneis, Andreas/Honer, Oliver/Keesser, Sina/Ripper, Annette/Vetter-Schultheiß, Silke (Hrsg.), Technik – Macht – Raum, Wiesbaden 2018, S. 317–333.

ders., Entscheiden, in: Heßler, Martina/Liggieri, Kevin (Hrsg.), Technikanthropologie, Baden-Baden 2018, S. 493–501.

ders., Gründe geben. Maschinelles Lernen als Problem der Moralfähigkeit von Entscheidungen, in: Wiegerling, Klaus/Nerurkar, Michael/Wadephul, Christian (Hrsg.), Datafizierung und Big Data, Wiesbaden 2020, S. 151–174.

Kant, Immanuel, Grundlegung zur Metaphysik der Sitten, Berlin 1870 (herausgegeben und erläutert von Julius von Kirchmann).

Kaplan, Jerry, Künstliche Intelligenz: Eine Einführung, Frechen 2017.

Kapoor, Arun/Klindt, Thomas, Verschärfung der Produkthaftung in Europa: Der Vorschlag der neuen Produkthaftungsrichtlinie, BB 2023, S. 67–71.

Karafyllis, Nicole, Das Wesen der Biofakte, in: Karafyllis, Nicole. (Hrsg.), Biofakte, Paderborn 2003, S. 11–26.

Karner, Ernst, Liability for Robotics: Current Rules, Challenges and the Need for Innovative Concepts, in: Lohsse, Sebastian/Schulze, Reiner/Staudenmayer, Dirk (Hrsg.), Liability for Artificial Intelligence and the Internet of Things, Baden-Baden 2019, S. 117–124.

Kasparov, Garry, Chess, a Drosophila of reasoning, Science 2018, S. 1087.

Kathrein, Georg, Haftung für Körper-, Freiheits- und Ehrverletzungen, für Sachbeschädigungen und für mangelhafte Wege, in: Griss, Irmgard/Kathrein, Georg/Koziol, Helmut (Hrsg.), Entwurf eines neuen Schadensersatzrechts, Wien u.a. 2006, S. 95–108.

Katzenmeier, Christian/Voigt, Tobias, ProdHaftG, 7. Aufl., Berlin 2020.

Katzenmeier, Christian, Beweismaßreduzierung und probabilistische Proportionalhaftung, ZZP 117 (2004), S. 187–216.

Kaufman, Shachar/Rosset, Saharon/Perlich, Claudia, Leakage in data mining, in: KDD '11: Proceedings of the 17th ACM SIGKDD International Conference on Knowledge Discovery and Data Mining, New York 2011, S. 556–563.

Kaulartz, Markus/Braegelmann, Tom, Einführung, in: Kaulartz, Markus/Braegelmann, Tom (Hrsg.), Rechtshandbuch Artificial Intelligence und Machine Learning, München 2020, S. 1–14.

Kegel, Gerhard, Der Individualanscheinsbeweis und die Verteilung der Beweislast nach überwiegender Wahrscheinlichkeit, in: Biedenkopf, Kurt Hans/Coing, Helmut/Mestmäcker, Ernst-Joachim (Hrsg.), Das Unternehmen in der Rechtsordnung – Festgabe für Heinrich Kronstein aus Anlass seines 70. Geburtstages am 12. September 1967, Karlsruhe 1967, S. 321–344.

Kelle, Udo, Empirisch begründete Theoriebildung, Weinheim 1994.

Kiesel, Dagmar/Ferrari, Cleophea (Hrsg.), Willensfreiheit, Frankfurt a.M. 2019.

Kipper, Jens, Künstliche Intelligenz – Fluch oder Segen?, Berlin 2020.

Kirn, Stefan/Müller-Hengstenberg, Claus-Dieter, Intelligente (Software-)Agenten: Von der Automatisierung zur Autonomie? – Verselbstständigung technischer Systeme, MMR 2014, S. 225–232.

dies., Rechtliche Risiken autonomer und vernetzter Systeme, Berlin u.a. 2016.

Kirste, Moritz/Schürholz, Markus, Einleitung: Entwicklungswege zur KI, in: Wittpahl, Volker (Hrsg.), Künstliche Intelligenz, Berlin u.a. 2019, S. 21–35.

Kirste, Stephan, Voraussetzungen von Interdisziplinarität in den Rechtswissenschaften, in: Kirste, Stephan (Hrsg.), Interdisziplinarität in den Rechtswissenschaften, Berlin 2016, S. 35–85.

Klami, Hannu Tapani/Sorvettula, Johanna/Hatakka, Minna, Truth and Law: Is, Ought and Reasoning, ARSP 1989, S. 429–446.

Kleindiek, Detlef, Deliktshaftung und juristische Person, Tübingen 1997.

Kleiner, Cornelius, Die elektronische Person, Baden-Baden 2020.

Kleinewefers, Herbert/Wilts, Walter, Die Beweislast für die Ursächlichkeit ärztlicher Kunstfehler, VersR 1967, S. 617–625.

Klindt, Thomas (Hrsg.), Produktsicherheitsrecht, 3. Aufl., München 2021 (zitiert: Klindt ProdSG/*Bearbeiter*).

Klingbeil, Stefan, Schuldnerhaftung für Roboterversagen, JZ 2019, S. 718–725.

Knauer, Jana, Produkthaftungsrechtliche Verantwortung des Betreibers von aufbereiteten Medizinprodukten?, MPR 2016, S. 37–42.

Knetsch, Jonas, Haftungsrecht und Entschädigungsfonds, Tübingen 2012.

Knight, Frank, Risk, uncertainty and profit, 7. Aufl., London u.a. 1948.

Knobbe-Keuk, Brigitte, Vermögensschaden und Interesse, Bonn 1972.

Knobloch, Tobias, Quasi-Experimente, Freiburg 2011.

Koban, Anton, Die gesetzliche Bürgschaft der §§ 571 und 1251 des Bürgerlichen Gesetzbuches für das Deutsche Reich, Innsbruck 1905.

Koch, Bernhard, Produkthaftung für Daten, in: Schurr, Francesco/Umlauft, Manfred (Hrsg.), Festschrift für Bernhard Eccher, Wien 2017, S. 551–570.

ders., Product Liability 2.0., in: Lohsse, Sebastian/Schulze, Reiner/Staudenmayer, Dirk (Hrsg.), Liability for Artificial Intelligence and the Internet of Things, Baden-Baden 2019, S. 99–116.

Koch, Peter, Zur Neuregelung der Gastwirtshaftung, VersR 1966, S. 705–713.

Koch, Robert, Folgen der „Boston-Scientific"-Urteile des EuGH vom 5.3.2015 (VersR 2015, 900) und des BGH vom 9.6.2015 (VersR 2015, 1038) für die Produkthaftung und die Betriebs- und Produkthaftpflichtversicherung, VersR 2015, S. 1467–1476.

Koch, Sören, Genetische Algorithmen für das Order Batching-Problem in manuellen Kommissioniersystemen, Wiesbaden 2014.

Kohler, Jürgen, Duldungspflichtabhängige Aufopferungshaftung als Grenze der Umweltgefährdungshaftung, NuR 2011, S. 7–18.

Koller, Ingo, Transportrecht, 11. Aufl., München 2023.

Köller, Norbert/Nissen, Kai/Rieß, Michael/Sadorf, Erwin, Probabilistische Schlussfolgerungen in Schriftgutachten, München 2004.

König, Michael, Software (Computerprogramme) als Sache und deren Erwerb als Sachkauf, NJW 1993, S. 3122–3124.

Konzen, Horst, Normtatsachen und Erfahrungssätze bei der Rechtsanwendung im Zivilprozess, in: Schilken, Eberhard/Becker-Eberhard, Ekkehard/Gerhardt, Walter (Hrsg.), Festschrift für Hans Friedhelm Gaul zum 70. Geburtstag, Bielefeld 1997, S. 335–356.

Kort, Michael, Produkteigenschaft medizinischer Software, CR 1990, S. 171–176.

Kossen, Jannik/Müller, Maike Elisa, Verzerrung-Varianz-Dilemma, in: Kersting, Kristian/Lampert, Christoph/Rothkopf, Constantin (Hrsg.), Wie Maschinen lernen, Wiesbaden 2019, S. 119–123.

Kötz, Hein, Haftung für besondere Gefahr, AcP 170 (1970), S. 1–41.

ders., Gefährdungshaftung, in: Bundesminister der Justiz (Hrsg.), Gutachten und Vorschläge zur Überarbeitung des Schuldrechts, Band II, Köln 1981, S. 1779–1834.

ders., Ziele des Haftungsrechts, in: Baur, Jürgen/Hopt, Klaus/Mailänder, Peter (Hrsg.), Festschrift für Ernst Steindorff zum 70. Geburtstag am 13. März 1990, Berlin u.a. 1990, S. 643–666.

ders., Deliktshaftung für selbständige Unternehmer, ZEuP 2017, S. 283–309.

Koziol, Helmut, Umfassende Gefährdungshaftung durch Analogie?, in: Baltl, Hermann (Hrsg.), Festschrift für Walter Wilburg zum 70. Geburtstag, Graz 1975, S. 173–186.

ders., Bewegliches System und Gefährdungshaftung, in: Bydlinski, Franz/Krejci, Heinz/Schilcher, Bernd/Steininger, Victoria (Hrsg.), Das Bewegliche System im geltenden und künftigen Recht, Wien u.a. 1986, S. 51–61.

ders., Erlaubte Risiken und Gefährdungshaftung, in: Nicklisch, Fritz (Hrsg.), Prävention im Umweltrecht, Heidelberg 1988, S. 143–153.

ders., Rechtmäßiges Alternativverhalten – Auflockerung starrer Lösungsansätze, in: Ahrens, Hans-Jürgen/von Bar, Christian/Fischer, Gerfried/Spickhoff, Andreas/Taupitz, Jochen (Hrsg.), Festschrift für Erwin Deutsch zum 70. Geburtstag, Köln u.a. 1999, S. 179–187.

ders., Die „Principles of European Tort Law" der „European Group on Tort Law", ZEuP 2004, S. 234–259.

ders., Grundfragen des Schadensersatzrechts, Wien 2010.

ders., Liability for Agents and Agents' Liability – Concluding Remarks, in: Koziol, Helmut (Hrsg.), Comparative stimulations for developing tort law, Wien 2015, S. 182–195.

ders., Limitations of Liability and Lawful Alternative Conduct – Comparative Stimulations, in: Koziol, Helmut (Hrsg.), Comparative stimulations for developing tort law, Wien 2015, S. 199–208.

ders., Auf dem Weg zur Europäischen Union und zur Rechtsvergleichung, ZEuP 2019, S. 518–534.

ders., Die Sicherstellungshaftung – eine weitere Spur im Haftungsrecht?, AcP 219 (2019), S. 376–419.

Krauskopf, Soziale Krankenversicherung, Pflegeversicherung, Loseblattsammlung, hrsg. v. Wagner, Regine/Knittel, Stefan, 117. Ergänzungslieferung, Stand: Dezember 2022 (zitiert: Krauskopf SGB IV/*Bearbeiter*).

Krebs, Peter/Jung, Stefanie/Aedtner, Katja/Schultes, Marion, Das modulare System der Netzwerkaktivitäten, KSzW 2015, S. 15–29.

Kreutzer, Ralf/Sirrenberg, Marie, Künstliche Intelligenz verstehen, Wiesbaden 2019.

Ksepka, Daniel, Die Evolution des Vogelgehirns, Spektrum.de v. 16.8.2022 (online veröffentlicht unter https://www.spektrum.de/news/zoologie-die-evolution-des-vogelgehirns/2048829, abrufbar am 15.7.2023).

Kügel, Wilfried/Müller, Rolf-Georg/Hofmann, Hans-Peter (Hrsg.), Arzneimittelgesetz, 3. Aufl., München 2022 (zitiert: Kügel/Müller/Hofmann AMG/*Bearbeiter*).

Kühl, Eike, Cozmo: Das Haustier der Zukunft, Zeit Online v. 12.9.2017 (online veröffentlicht unter https://www.zeit.de/digital/mobil/2017-09/cozmo-roboter-anki-spielzeug-kuenstliche-intelligenz?utm_referrer=https%3A%2F%2Fwww.google.com%2F, abrufbar am 15.7.2023).

Kühn-Gerhard, Frank, Eine ökonomische Betrachtung des zivilrechtlichen Haftungsproblems „Entwicklungsrisiko", Berlin u.a. 2000.

Kullmann, Hans Josef, Zwischenbetriebliche Arbeitsteilung bei der Produzentenhaftung, in: Kullmann, Hans Josef/Pfister, Bernhard (Hrsg.), Produzentenhaftung, Loseblattsammlung, 9. Ergänzungslieferung, Stand: I/1984, Berlin 1984, Kza. 3250.

ders., Die Rechtsprechung des BGH zum Produkthaftpflichtrecht in den Jahren 1989/90, NJW 1991, S. 675–683.

Kupfer, Tim/Weiß, Johannes, Das Prinzip der Begünstigtenhaftung im deutschen Privatrecht, ZfPW 2019, S. 459–487.

Kupisch, Berthold, Die Haftung für Verrichtungsgehilfen (§ 831 BGB), JuS 1984, S. 250–256.

Kurth, Markus/Dornenzweig, Katharina/Wirth, Sven, Handeln nichtmenschliche Tiere?, in: Wirth, Sven/Laue, Anett/Kurth, Markus/Dornenzweig, Katharina/Bossert, Leonie/Balgar, Karsten (Hrsg.), Das Handeln der Tiere, Bielefeld 2015, S. 7–42.

Kuth, [Vorname nicht genannt], Anmerkung zu OLG Bamberg, Urt. v. 16.10.1947 – U 46/47, NJW 1949, S. 226.

Kütük-Markendorf, Merih Erdem/Essers, David, Zivilrechtliche Haftung des Herstellers beim autonomen Fahren, MMR 2016, S. 22–26.

Ladeur, Karl-Heinz, Das Umweltrecht der Wissensgesellschaft, Berlin 1995.

ders., Der Staat der „Gesellschaft der Netzwerke", in: Vesting, Thomas/Augsberg, Ino (Hrsg.), Karl-Heinz Ladeur: Das Recht der Netzwerkgesellschaft, Tübingen 2013, S. 333–361.

ders., Die rechtliche Steuerung von Entwicklungsrisiken zwischen zivilrechtlicher Produkthaftung und administrativer Sicherheitskontrolle, in: Vesting, Thomas/Augsberg, Ino (Hrsg.), Karl-Heinz Ladeur: Das Recht der Netzwerkgesellschaft, Tübingen 2013, S. 393–416.

ders., Kommunikation über Risiken im Rechtssystem, in: Vesting, Thomas/Augsberg, Ino (Hrsg.), Karl-Heinz Ladeur: Das Recht der Netzwerkgesellschaft, Tübingen 2013, S. 455–476.

ders., Recht – Wissen – Kultur, Berlin 2016.

Lahno, Bernd, On the Emotional Character of Trust, Ethical Theory and Moral Practice 1991, S. 171–189.

Lämmel, Uwe/Cleve, Jürgen, Künstliche Intelligenz, 5. Aufl., München 2020.

Landes, William/Posner, Richard, A Positive Economic Analysis of Products Liability, Journal of Legal Studies 1985, S. 535–567.

Landmann/Rohmer, Umweltrecht, Band I, Loseblattsammlung, hrsg. v. Beckmann, Martin/Durner, Wolfgang/Mann, Thomas/Röckinghausen, Marc, 98. Ergänzungslieferung, Stand: Januar 2023, München 2023(zitiert: Landmann/Rohmer UmweltR/*Bearbeiter*).

Landscheidt, Christoph, Das neue Produkthaftungsrecht, 2. Aufl., Herne u.a. 1992.

Lange, Hermann/Schiemann, Gottfried, Schadensersatz, 3. Aufl., Tübingen 2003.

Langheid, Theo/Wandt, Manfred (Hrsg.), Münchener Kommentar zum Versicherungsvertragsgesetz, Band 2: §§ 100–216 VVG, 2. Aufl., München 2017 (zitiert: MüKoVVG/*Bearbeiter*).

Larenz, Karl, Die Prinzipien der Schadenszurechnung, JuS 1965, S. 373–379.

ders., Zur Beweislastverteilung nach Gefahrenbereichen, in: Caemmerer, Ernst von/Fischer, Robert/Nüßgens, Karl/Schmidt, Reimer (Hrsg.), Festschrift für Fritz Hauß zum 70. Geburtstag, Karlsruhe 1978, S. 225–239.

ders., Lehrbuch des Schuldrechts, Band I, Allgemeiner Teil, 14. Aufl., München 1987.

Larenz, Karl (Begr.)/*Canaris, Claus-Wilhelm* (Fortgef.), Lehrbuch des Schuldrechts, Band II, Besonderer Teil, Halbband 2, 13. Aufl., München 1994.

Larson, Erik, The myth of artificial intelligence, Cambridge u.a. 2021.

Latour, Bruno, Die Hoffnung der Pandora, Frankfurt a.M. 2000.

Laumen, Hans-Willi, Die Beweislastumkehr für die haftungsbegründende Kausalität bei groben Pflichtverletzungen, MDR 2017, S. 797–799.

Lavesson, Niklas, Evaluation and Analysis of Supervised Learning Algorithms and Classifiers, Karlskrona 2016.

Lehmann, Michael, Produkt- und Produzentenhaftung für Software, NJW 1992, S. 1721–1725.

Lehmann, Sven/Auer, Tim-Bastian, Die Tierhalterhaftung nur bei intrinsisch verwirklichter spezifischer Tiergefahr – eine negative Typenkorrektur, VersR 2011, S. 846–850.

Lehman-Wilzig, Sam, Frankenstein Unbound: Towards a legal definition of Artificial Intelligence, Future 1981, S. 442–457.

Leipold, Dieter, Beweislastregeln und gesetzliche Vermutungen insbesondere bei Verweisungen zwischen verschiedenen Rechtsgebieten, Berlin 1966.

ders., Beweismaß und Beweislast im Zivilprozess, Berlin u.a. 1985.

Lemhöfer, Bernt, Die überholende Kausalität und das Gesetz, JuS 1966, S. 337–350.

Lenz, Barbara/Fraedrich, Eva, Neue Mobilitätskonzepte und autonomes Fahren: Potenziale der Veränderung, in: Maurer, Markus/Gerdes, Christian/Lenz, Barbara/Winner, Hermann (Hrsg.), Autonomes Fahren, Berlin u.a. 2015, S. 175–195.

Leonhard, Marc, Die Haftung des Abfallerzeugers, in: Werner, Olaf/Häberle, Peter/Kitagawa, Zentaro/Saenger, Ingo (Hrsg.), Brücken für die Rechtsvergleichung – Festschrift für Hans G. Leser zum 70. Geburtstag, Tübingen 1998, S. 370–396.

Lepa, Manfred, Die Beweiswürdigung – ihr Verhältnis zur Beweislastverteilung und ihre Regeln, DRiZ 1966, S. 112–114.

Leupold, Andreas/Wiebe, Andreas/Glossner, Silke (Hrsg.), IT-Recht, 4. Aufl. 2021 (zitiert: Leupold/Wiebe/Glossner IT-Recht/*Bearbeiter*).

Lieb, Manfred, Anmerkung zu BGH, Urt. v. 3.6.1975 – VI ZR 192/73, JZ 1976, S. 526–528.

Linardatos, Dimitros, Künstliche Intelligenz und Verantwortung, ZIP 2019, S. 504–509.

ders., Autonome und vernetzte Aktanten im Zivilrecht, Tübingen 2021.

ders., Auf dem Weg zu einer europäischen KI-Verordnung – ein (kritischer) Blick auf den aktuellen Kommissionsentwurf, GPR 2022, S. 58–70.

Liu, Yun/Gadepalli, Krishna/Norouzi, Mohammad/Dahl, George/Kohlberger, Timo/Boyko, Aleksey/Venugopalan, Subhashini/Timofeev, Aleksei/Nelson, Philip/Corrado, Greg/Hipp, Jason/Peng, Lily/Stumpe, Martin, Detecting Cancer Metastases on Gigapixel Pathology Images, arXiv:1703.02442v2, 2017.

Löbbecke, Marc, Die Zurechnung des Entwicklungsrisikos im Umweltrecht, Berlin 2006.

Lohmann, Melinda, Automatisierte Fahrzeuge im Lichte des Schweizer Zulassungs- und Haftungsrechts, Baden-Baden 2016.

dies., Roboter als Wundertüten – eine zivilrechtliche Haftungsanalyse, AJP 2017, S. 152–162.

Lohmann, Melinda/Preßler, Theresa, Die Rechtsfigur des Erfüllungsgehilfen im digitalen Zeitalter, RDi 2021, S. 538–547.

Looschelders, Dirk, Schuldrecht, Allgemeiner Teil, 20. Aufl., München 2022.

ders., Schuldrecht, Besonderer Teil, 18. Aufl., München 2023.

Lorani, Alexander, Genau hingeschaut – Herausforderungen der KI-Bewertung im Sicherheitsbereich, in: Proll, Uwe (Hrsg.), Innovationssymposium Künstliche Intelligenz Begleitheft, Bonn u.a. 2021, S. 31–32.

Lorenz, Konrad, Die Naturwissenschaft vom Menschen: eine Einführung in die vergleichende Verhaltensforschung, München 1992 (herausgegeben von Agnes von Cranach).

Lorenz, Wolfgang, Die Gefährdungshaftung des Tierhalters nach § 833 Satz 1 BGB, Berlin 1992.

Lüderitz, Alexander, Gefährdung und Schuld im Produkthaftpflichtrecht – Versuch einer Synthese, in: Eyrich, Heinz/Odersky, Walter/Säcker, Franz Jürgen (Hrsg.), Festschrift für Kurt Rebmann zum 65. Geburtstag, München 1989, S. 755–769.

Luhmann, Niklas, Rechtssoziologie, 3. Aufl., Opladen 1987.

ders., Das Recht der Gesellschaft, Frankfurt a.M. 1993.

Luhmann, Niklas, Funktionen und Folgen formaler Organisation, 4. Aufl., Berlin 1995.

ders., Die Gesellschaft der Gesellschaft, Frankfurt a.M. 1998.

ders., Organisation und Entscheidung, Opladen u.a. 2000.

ders., Soziologie des Risikos, Berlin 2003.

Lutter, Marcus, Zur persönlichen Haftung des Geschäftsführers aus deliktischen Schäden im Unternehmen, ZHR 1993, S. 464–482.

Luttermann, Claus, Gentechnik und zivilrechtliches Haftungssystem, JZ 1998, S. 174–181.

Lutz, Lennart, Autonome Fahrzeuge als rechtliche Herausforderung, NJW 2015, S. 119–124.

ders., Haftung am Beispiel automatisierter Fahrzeuge, in: Hartmann, Matthias (Hrsg.), KI & Recht kompakt, Berlin u.a. 2020, S. 117–142.

Maassen, Bernhard, Beweismaßprobleme im Schadensersatzprozeß, Köln u.a. 1975.

Mack, Alexander, Die Verschärfung der Arzneimittelhaftung – Entwicklungen und Gefahren aus Sicht der Haftpflichtversicherer, in: von Bar, Christian (Hrsg.), Produktverantwortung und Risikoakzeptanz, München 1998, S. 25–28.

Mahlmann, Matthias, Rechtsphilosophie und Rechtstheorie, 7. Aufl., Baden-Baden 2023.

Mann, Thomas, „Technisch möglich" als Rechtsbegriff im Umweltrecht, UPR 1995, S. 180–185.

Manzeschke, Arne, Auswirkungen neuer Technisierung auf das Arzt-Patient-Verhältnis am Beispiel digitaler Operationstechniken, in: Klinke, Sebastian/Kadmon, Martina (Hrsg.), Ärztliche Tätigkeit im 21. Jahrhundert – Profession oder Dienstleistung, Berlin 2018, S. 289–310.

Marburger, Peter, Die Regeln der Technik im Recht, Köln 1979.

ders., Die haftungs- und versicherungsrechtliche Bedeutung technischer Regeln, VersR 1983, S. 597–608.

ders., Grundsatzfragen des Haftungsrechts unter dem Einfluß der gesetzlichen Regelungen zur Produzenten- und zur Umwelthaftung, AcP 192 (1992), S. 1–34.

ders., Produktsicherheit und Produkthaftung, in: Ahrens, Hans-Jürgen/von Bar, Christian/Fischer, Gerfried/Spickhoff, Andreas/Taupitz, Jochen (Hrsg.), Festschrift für Erwin Deutsch zum 70. Geburtstag, Köln u.a. 1999, S. 271–289.

Markoff, John, Modest Debut of Atlas May Foreshadow Age of „Robo Sapiens", New York Times v. 11.7.2013 (online veröffentlicht unter https://www.ny-times.com/2013/07/12/science/modest-debut-of-atlas-may-foreshadow-age-of-robo-sapiens.html?pagewanted=all, abrufbar am 15.7.2023).

Marly, Jochen, Die Qualifizierung der Computerprogramme als Sache nach § 90 BGB, BB 1991, 432–436.

Martín-Casals, Miquel, Causation and Scope of Liability in the Internet of Things (IoT), in: Lohsse, Sebastian/Schulze, Reiner/Staudenmayer, Dirk (Hrsg.), Liability for Artificial Intelligence and the Internet of Things, Baden-Baden 2019, S. 201–228.

Martinek, Michael, Repräsentantenhaftung, Berlin 1979.

Martini, Mario, Algorithmen als Herausforderung für die Rechtsordnung, JZ 2017, S. 1017–1025.

Matusche-Beckmann, Annemarie, Das Organisationsverschulden, Tübingen 2001.

Mayer, Kurt, Das neue Produkthaftungsrecht, VersR 1990, S. 691–702.

Mayrhofer, Ann-Kristin, Produkthaftungsrechtliche Verantwortlichkeit des „Trainer-Nutzers" von KI-Systemen, RDi 2023, S. 20–26.

McCann, Bryan/Keskar, Nitish Shirish/Xiong, Caiming/Socher, Richard, The Natural Language Decathlon: Multitask Learning as Question Answering, arXiv:1806.08730v1, 2018.

Medicus, Dieter, Die Forderung als „sonstiges Recht" nach § 823 Abs. 1 BGB?, in: Deutsch, Erwin/Klingmüller, Ernst/Kullmann, Hans Josef (Hrsg.), Festschrift für Erich Steffen zum 65. Geburtstag am 28. Mai 1995, Berlin u.a. 1995, S. 333–345.

ders., Gefährdungshaftung im Zivilrecht, JURA 1996, S. 561–566.

ders., Zum Anwendungsbereich der Übernehmerhaftung nach § 831 Abs. 2 BGB, in: Ahrens, Hans-Jürgen/von Bar, Christian/Fischer, Gerfried/Spickhoff, Andreas/Taupitz, Jochen (Hrsg.), Festschrift für Erwin Deutsch zum 70. Geburtstag, Köln u.a. 1999, S. 291–304.

Mertens, Hans-Joachim, Der Begriff des Vermögensschadens im Bürgerlichen Recht, Stuttgart 1967.

ders., Verkehrspflichten und Deliktsrecht – Gedanken zu einer Dogmatik der Verkehrspflichtverletzung, VersR 1980, S. 397–408.

Mertens, Hans-Joachim/Mertens, Georg, Zur deliktischen Haftung von GmbH-Geschäftsführern, JZ 1980, S. 488–490.

Meyer, Matthias, Nanomaterialien im Produkthaftungsrecht, VersR 2010, S. 869–876.

Meyer, Oliver/Harland, Hanno, Haftung für softwarebezogene Fehlfunktionen technischer Geräte am Beispiel von Fahrerassistenzsystemen, CR 2007, S. 689–695.

Meyer, Stephan, Künstliche Intelligenz und die Rolle des Rechts für Innovation, ZRP 2018, S. 233–238.

Mildred, Mark, The development risk defence, in: Fairgrieve, Duncan (Hrsg.), The development risk defence, Cambridge 2005, S. 167–191.

Ming Ting, Kai, Precision and Recall, in: Sammut, Claude/Webb, Geoffrey (Hrsg.), Encyclopedia of Machine Learning and Data Mining, 2. Aufl., New York 2017, S. 990–991.

ders., Sensitivity and Specificity, in: Sammut, Claude/Webb, Geoffrey (Hrsg.), Encyclopedia of Machine Learning and Data Mining, 2. Aufl., New York 2017, S. 1152.

Moelle, Henning/Dockhorn, Ilka, Anmerkung zu EuGH, Urt. v. 5.3.2015 – C-503/13, C-504/13, NJW 2015, S. 1165.

Molitoris, Michael/Klindt, Thomas, Die Entwicklung im Produkthaftungs- und Produktsicherheitsrecht, NJW 2012, S. 1489–1495.

Möller-Klapperich, Julia, ChatGPT und Co. – aus der Perspektive der Rechtswissenschaft, NJ 2023, S. 144–149.

Möllers, Thomas, Juristische Methodenlehre, 5. Aufl., München 2023.

Morton, Adam, Folk psychology, in: McLaughlin, Brian/Beckermann, Ansgar/Walter, Sven (Hrsg.), The Oxford Handbook of Philosophy of Mind, Oxford 2009, S. 713–726.

Möslein, Florian, Digitalisierung im Gesellschaftsrecht: Unternehmensleitung durch Algorithmen und künstliche Intelligenz?, ZIP 2018, S. 204–212.

Motive zu dem Entwurfe eines Bürgerlichen Gesetzbuches für das Deutsche Recht, Band I: Allgemeiner Teil, Amtliche Ausgabe, Berlin u.a. 1888 (zitiert: Motive I).

Motive zu dem Entwurfe eines Bürgerlichen Gesetzbuches für das Deutsche Recht, Band II: Recht der Schuldverhältnisse, Amtliche Ausgabe, Berlin u.a. 1888 (zitiert: Motive II).

Mrasek-Robor, Heike, Technisches Risiko und Gewaltenteilung, 1997 (Dissertation zur Erlangung des akademischen Grades eines Doktors der Rechtswissenschaft, vorgelegt der Fakultät für Rechtswissenschaft der Universität Bielefeld).

Mugdan, Benno (Hrsg.), Die gesammten Materialien zum Bürgerlichen Gesetzbuch für das Deutsche Reich, Band II: Recht der Schuldverhältnisse, Berlin 1899 (zitiert: Mugdan II).

Mühlböck, Luisa/Taupitz, Jochen, Haftung für Schäden durch KI in der Medizin, AcP 221 (2021), S. 179–218.

Müller, Anne-Kathrin, Software als „Gegenstand" der Produkthaftung, Baden-Baden 2019.

Müller, Angela, Der Artificial Intelligence Act der EU: Ein risikobasierter Ansatz zur Regulierung von Künstlicher Intelligenz – mit Auswirkungen auf die Schweiz, EuZ 2022, A 1–A 25.

Müller, Jürgen, Einführung, in: Müller, Jürgen (Hrsg.), Verteilte Künstliche Intelligenz, Mannheim u.a. 1993, S. 9–21.

Müller, Roland/Lenz, Hans-Joachim, Business Intelligence, Berlin u.a. 2013.

Müller, Stefan, Innovationsrecht – Konturen einer Rechtsmaterie, InTeR 2013, S. 58–71.

Müller, Wolfgang, Risiko und Ungewißheit, in: Wittmann, Waldemar/Kern, Werner/Köhler, Richard/Küpper, Hans-Ulrich/von Wysocki, Klaus (Hrsg.), Handwörterbuch der Betriebswirtschaft, Teilband 3: R-Z, 5. Aufl., Stuttgart 1993, Kza. 3814–3825.

Müller-Hengstenberg, Claus, Computersoftware ist keine Sache, NJW 1994, S. 3128–3134.

Müller-Hengstenberg, Claus-Dieter/Kirn, Stefan, Intelligente (Software-)Agenten: Eine neue Herausforderung unseres Rechtssystems, MMR 2014, S. 307–313.

Müller-Waldeck, Roland, Wie gut kann die KI eine Diagnose stellen?, Ärztliches Journal 2020.

Münchener Kommentar zum Bürgerlichen Gesetzbuch, hrsg. v. Rebmann, Kurt/Säcker, Franz Jürgen/Rixecker, Roland, Band 5: Schuldrecht, Besonderer Teil III, §§ 705–853, PartGG, ProdHaftG, 3. Aufl., München 1997 (zitiert: MüKoBGB/*Bearbeiter*).

Münchener Kommentar zum Bürgerlichen Gesetzbuch, hrsg. v. Säcker, Franz Jürgen/Rixecker, Roland/Oetker, Hartmut/Limperg, Bettina (zitiert: MüKoBGB/*Bearbeiter*).

–　Band 1: Allgemeiner Teil, §§ 1–240, AllgPersönlR, ProstG, AGG, 9. Aufl., München 2021.

–　Band 2: Schuldrecht, Allgemeiner Teil I, §§ 241–310, 9. Aufl., München 2022.

–　Band 3: Schuldrecht, Allgemeiner Teil II, §§ 311–432, 9. Aufl., München 2022.

–　Band 5: Schuldrecht, Besonderer Teil II, §§ 535–630h, BetrKV, HeizkostenV, WärmeLV, FZG, TzBfG, KSchG, MiLoG, 9. Aufl., München 2023.

–　Band 6: Schuldrecht, Besonderer Teil III, §§ 631–704, 9. Aufl., München 2023.

–　Band 7: Schuldrecht, Besonderer Teil IV, §§ 705–853, PartGG, ProdHaftG, 8. Aufl., München 2020.

Münchener Kommentar zum Handelsgesetzbuch, hrsg. v. Schmidt, Karsten (zitiert: MüKoHGB/*Bearbeiter*).

–　Band 5: §§ 343–406, CISG, 4. Aufl., München 2018.

–　Band 6: Bankvertragsrecht, 4. Aufl., München 2019.

Münchener Kommentar zum Handelsgesetzbuch, hrsg. v. Drescher, Ingo/Fleischer, Holger/Schmidt, Karsten (zitiert: MüKoHGB/*Bearbeiter*).

–　Band 5: §§ 343–406, CISG, 5. Aufl., München 2021.

–　Band 7: §§ 407–619, Transportrecht, 5. Aufl., München 2023.

Münchener Kommentar zum Strafgesetzbuch, Band 5: §§ 263–358, hrsg. v. Erb, Volker/Schäfer, Jürgen, 4. Aufl., München 2022 (zitiert: MüKoStGB/*Bearbeiter*).

Münchener Kommentar zur Zivilprozessordnung, Band 1: §§ 1–354, hrsg. v. Krüger, Wolfgang/Rauscher, Thomas, 6. Aufl., München 2020 (zitiert: MüKoZPO/*Bearbeiter*).

Münzberg, Wolfgang, Verhalten und Erfolg als Grundlagen der Rechtswidrigkeit und Haftung, Frankfurt a.M. 1966.

Musielak, Hans-Joachim, Die Grundlagen der Beweislast im Zivilprozeß, Berlin u.a. 1975.

ders., Beweislastverteilung nach Gefahrenbereichen – Eine kritische Betrachtung der Gefahrenkreistheorie des Bundesgerichtshofs, AcP 176 (1976), S. 465–486.

ders., Die sog. tatsächliche Vermutung, JA 2010, S. 561–566.

Musielak, Hans-Joachim/Stadler, Max, Grundfragen des Beweisrechts, München 1984.

Musielak, Hans-Joachim/Voit, Wolfgang (Hrsg.), Zivilprozessordnung, 20. Aufl., München 2023 (zitiert: Musielak/Voit ZPO/*Bearbeiter*).

Nack, Armin, Der Indizienbeweis, MDR 1986, S. 366–371.

Nagano, Fumihiro, Liability for Agents and Agents' Liability – Statement by Country Reporters: Japan, in: Koziol, Helmut (Hrsg.), Comparative stimulations for developing tort law, Wien 2015, S. 176–181.

Nagel, Thomas, What is it like to be a bat?, The Philosophical Review 1974, S. 435–450.

Nefzger, Emil, „Das Problem ist Uber", Spiegel Online v. 23.3.2018 (online veröffentlicht unter https://www.spiegel.de/auto/aktuell/uber-unfall-die-software-war-laut-fu-berlin-professor-schuld-a-1199607.html, abrufbar am 15.7.2023).

Neumann, Ulfrid, Zur Veränderung von Verantwortungsstrukturen unter den Bedingungen des wissenschaftlich-technischen Fortschritts, in: Neumann, Ulfrid, Recht als Struktur und Argumentation, Baden-Baden 2008, S. 188–202.

Neuner, Robert, Interesse und Vermögensschaden, AcP 133 (1931), S. 277–314.

Neutze, Sebastian, Das zivilrechtliche Haftungssystem für Überträge und Einträge gentechnisch veränderter Organismen, Baden-Baden 2012.

Nexus Institut für Kooperationsmanagement und interdisziplinäre Forschung/Digitale Gesellschaft, Digitale Gesellschaft: smart & sicher, Zusammenfassung der Studienergebnisse, IT-Sicherheit aus Sicht von Nutzer/innen und Expert/innen, 2017 (online veröffentlicht unter https://www.bsi.bund.de/SharedDocs/Downloads/DE/BSI/SuSi_Digitale-Gesellschaft/Zusammenfassung_Ergebnisse_SuSi.pdf?__blob=publicationFile&v=1, abrufbar am 15.7.2023).

Nicklisch, Fritz, Funktion und Bedeutung technischer Standards in der Rechtsordnung, BB 1983, S. 261–269.

Nida-Rümelin, Julian/Schulenburg, Johann, Risiko, in: Grunwald, Armin/Hillerbrand, Rafaela (Hrsg.), Handbuch Technikethik, 2. Aufl., Stuttgart 2021, S. 24–28.

Nida-Rümelin, Julian/Weidenfeld, Nathalie, Die Realität des Risikos, München 2021.

Nipperdey, Hans Carl, Rechtswidrigkeit, Sozialadäquanz, Fahrlässigkeit, Schuld im Zivilrecht, NJW 1957, S. 1777–1782.

ders., Tatbestandsaufbau und Systematik der deliktischen Grundtatbestände, NJW 1967, S. 1985–1994.

Nissenbaum, Helen, Accountability in a computerized society, Science and Engineering Ethics 1996, S. 25–42.

Nitschke, Manfred, Die Anwendbarkeit des im § 31 BGB enthaltenen Rechtsgedanken auf alle Unternehmensträger, NJW 1969, S. 1737–1742.

Noack, Ulrich, Organisationspflichten und -strukturen kraft Digitalisierung, ZHR 2019, S. 105–144.

O'Neil, Cathy, Angriff der Algorithmen, München 2016.

OECD, Recommendation of the Council on Artificial Intelligence, adopted on 22.5.2019, 2022, OECD/LEGAL/0449.

Oechsler, Jürgen, Produkthaftung beim 3D-Druck, NJW 2018, S. 1569–1572.

ders., Die Haftungsverantwortung für selbstlernende KI-Systeme, NJW 2022, S. 2713–2716.

Oertmann, Paul, Recht der Schuldverhältnisse, 3. und 4. Aufl., Berlin 1910.

Oestmann, Peter, Die Ermittlung von Verkehrssitten und Handelsbräuchen im Zivilprozeß, JZ 2003, S. 285–290.

Oetker, Hartmut (Hrsg.), Handelsgesetzbuch, 7. Aufl., München 2021 (zitiert: Oetker HGB/*Bearbeiter*).

Okrent, David, Comment on Societal Risk, Science 1980, S. 372–375.

Oliphant, Ken, Liability for Agents and Agents' Liability – Statement by Country Reporters: England and the Commonwealth, in: Koziol, Helmut (Hrsg.), Comparative stimulations for developing tort law, Wien 2015, S. 172–173.

Omlor, Sebastian, Methodik 4.0 für ein KI-Deliktsrecht, InTeR 2020, S. 221–225.

Oster, Jan, Haftung für Persönlichkeitsrechtsverletzungen durch Künstliche Intelligenz, UFITA 2018, S. 14–52.

ders., „Information" und „Daten" als Ordnungsbegriffe des Rechts der Digitalisierung, JZ 2021, S. 167–175.

Owen, David, „Strict" Products Liability in America and Europe, in: Ahrens, Hans-Jürgen/von Bar, Christian/Fischer, Gerfried/Spickhoff, Andreas/Taupitz, Jochen (Hrsg.), Festschrift für Erwin Deutsch zum 70. Geburtstag, Köln u.a. 1999, S. 305–315.

Panezi, Argyri, AI: An ecosystem approach to manage risk and uncertainty, in: García Mexía, Pedro/Pérez Bes, Francisco (Hrsg.) Artificial Intelligence and the Law, Madrid 2021, S. 231–255.

Paschke, Marian; Köhlbrandt, Helge, Beseitigung von Industrieabfällen durch Spezialunternehmen, NuR 1993, S. 256–263.

Pasternack, Peer/Beer, Andreas, Die externe Kommunikation der Wissenschaft in der bisherigen Corona-Krise (2020/2021), 2022 (Arbeitsbericht 118 am Institut für Hochschulforschung [HoF] an der Martin-Luther-Universität Halle-Wittenberg, online veröffentlicht unter https://www.hof.uni-halle.de/publikation/kommunikation-der-wissenschaft-in-corona-krise/, abrufbar am 15.7.2023).

Pearl, Judea, Causality, 2. Aufl., Cambridge u.a. 2009.

Pearl, Judea/Mackenzie, Dana, The book of why, New York 2018.

Pehm, Julian, Systeme der Unfallhaftung beim automatisierten Verkehr, IWRZ 2018, S. 259–265.

Penzlin, Heinz, Das Phänomen Leben: Grundfragen der Theoretischen Biologie, 2. Aufl., Berlin u.a. 2016.

Perrow, Charles, Normale Katastrophen, 2. Aufl., Frankfurt a.M. u.a. 1992.

Peters, [Vorname nicht genannt], Die Beweislast, MDR 1949, S. 66–70.

Pfungst, Oskar, Das Pferd des Herrn von Osten (Der kluge Hans), Leipzig 1907.

Picker, Ulrike, Wer haftet für die EEG-Umlage?, GRUR 2021, S. 313–316.

Pieper, Annemarie, Autonomie, in: Korff, Wilhelm/Beck, Ludwig/Mikat, Paul (Hrsg.), Lexikon der Bioethik, Band 1: A-F, Gütersloh 1998, S. 289–293.

Pieper, Fritz-Ulli/Gehrmann, Mareike, Künstliche Intelligenz – Wer haftet?, LR 2019, S. 123–128.

Pietschmann, Stefan, Bei Abweichung schrillt der Alarm, Digital Business Cloud 05/2021, S. 20–21.

Pohlmann, Rosemarie, Autonomie, in: Ritter, Joachim (Hrsg.), Historisches Wörterbuch der Philosophie, Band 1: A-C, S. 701–719.

Poretschkin, Maximilian/Mock, Michael/Wrobel, Stefan, Zur Systematischen Bewertung der Vertrauenswürdigkeit von KI-Systemen, in: Zimmer, Daniel (Hrsg.), Regulierung für Algorithmen und Künstliche Intelligenz, Baden-Baden 2021, S. 175–202.

Principles of European Tort Law, hrsg. v. European Group on Tort Law, Wien 2005 (zitiert: PETL/*Bearbeiter*).

Produkthaftungshandbuch, hrsg. v. Foerste, Ulrich/Graf von Westphalen, Friedrich, 3. Aufl., München 2012 (zitiert: Produkthaftungshandbuch/*Bearbeiter*).

Prölss, Jürgen, Beweiserleichterungen im Schadensersatzprozeß, Karlsruhe 1966.

ders., Die Haftung für fremdes Verhalten ohne eigene Tatbestandsverwirklichung im Privatrecht, 1979 (Habilitationsschrift, vorgelegt der Juristischen Fakultät der Ludwig-Maximilians-Universität München).

Protokolle der Kommission für die zweite Leistung des Entwurfs des Bürgerlichen Gesetzbuches, Band II: Recht der Schuldverhältnisse Abschn. II, T. 2–20, Abschn. III, IV., Berlin 1898 (zitiert: Protokolle II, Bd. II).

Protokolle der Kommission für die zweite Lesung des Entwurfs des Bürgerlichen Gesetzbuches, Band I: Allgemeiner Teil und Recht der Schuldverhältnisse Abschn. I, Abschn. II Tit I, Berlin 1897 (zitiert: Protokolle II, Bd. I).

Prütting, Hans, Gegenwartsprobleme der Beweislast, München 1983.

Rademacher, Timo, Predictive Policing im deutschen Polizeirecht, AöR 142 (2017), S. 366–417.

Radford, Alec/Wu, Jeffrey/Child, Rewon/Luan, David/Amodei, Dario/Sutskever, Ilya, Language Models are Unsupervised Multitask Learners, 2019 (online veröffentlicht unter https://cdn.openai.com/better-language-models/language_models_are_unsupervised_multitask_learners.pdf, abrufbar am 15.7.2023).

Rammert, Werner, Verteilte Intelligenz im Verkehrssystem: Interaktivitäten zwischen Fahrer, Fahrzeug und Umwelt, Zeitschrift für wirtschaftlichen Fabrikbetrieb 2002, S. 404–408.

ders., Technik – Handeln – Wissen, 2. Aufl., Wiesbaden 2016.

Randler, Christoph, Verhaltensbiologie, Stuttgart 2018.

Ransiek, Andreas, Strafrecht im Unternehmen und Konzern, ZGR 1999, S. 613–658.

Rathmann, Joachim, Kausalität in der Systemtheorie: Ein Problemaufriss, in: Egner, Heike/Ratter, Beate/Dikau, Richard (Hrsg.), Umwelt als System – System als Umwelt?, München 2008, S. 55–71.

Raue, Benjamin, Haftung für unsichere Software, NJW 2017, S. 1841–1846.

Rauer, Valentin, Distribuierte Handlungsträgerschaft. Verantwortungsdiffusion als Problem der Digitalisierung sozialen Handelns, in: Daase, Christopher/Junk, Julian/Kroll, Stefan/Rauer, Valentin (Hrsg.), Politik und Verantwortung, Baden-Baden 2017, S. 436–453.

Rehbinder, Eckard, Fortentwicklung des Umwelthaftungsrechts in der Bundesrepublik Deutschland, NuR 1989, S. 149–163.

Reich, Norbert, Anmerkung zu EuGH, Urt. v. 5.3.2015 – C-503/13, C-504/13, EuZW 2015, S. 320–321.

Reichwald, Julian/Pfisterer, Dennis, Autonomie und Intelligenz im Internet der Dinge, CR 2016, S. 208–212.

Rein, Johannes, Die Zweckmäßigkeit der arzneimittelrechtlichen Gefährdungshaftung, Baden-Baden 2021.

Reinecke, Gerhard, Die Beweislastverteilung im Bürgerlichen Recht und im Arbeitsrecht als rechtspolitische Regelungsaufgabe, Berlin u.a. 1976.

ders., Die gerichtliche Feststellung des Inhalts mündlich geschlossener Verträge, JZ 1977, S. 159–165.

Reinhardt, Michael, Die Umkehr der Beweislast aus verfassungsrechtlicher Sicht, NJW 1994, S. 93–99.

Reinhardt, Rudolf, Empfiehlt es sich, die verschiedenen Pflichten des Staates zur Entschädigungsleistung aus der Wahrnehmung von Hoheitsrechten nach Grund, Inhalt und Geltendmachung gesetzlich zu regeln?, in: Ständige Deputation des Deutschen Juristentages (Hrsg.), Verhandlungen des 41. Deutschen Juristentages, Band I: Gutachten, 1. Halbband, Tübingen 1955, S. 233–292 (zitiert: *Reinhardt*, Gutachten für den 41. DJT).

Reintjes, Dominik, Google dringt ins Auto vor und ist kaum aufzuhalten, WirtschaftsWoche v. 19.10.2018 (online veröffentlicht unter https://www.wiwo.de/unternehmen/auto/ android-auto-google-dringt-ins-auto-vor-und-ist-kaum-aufzuhalten/23187632.html, abrufbar am 15.7.2023).

Reischauer, Rudolf/Spielbüchler, Karl/Welser, Rudolf (Hrsg.), Reform des Schadensersatzrechts, Band III, Vorschläge eines Arbeitskreises, Wien 2008 (zitiert: *Reischauer/Spielbüchler/Welser*, Reform des Schadensersatzrechts).

Rempe, Christoph, Smart Products in Haftung und Regress, InTeR 2016, S. 17–21.

Restatement of the Law Third, Agency, hrsg. v. American Law Institute (zitiert: Restat 3d of Agency).
- Band 1: §§ 1.01 to 5.04, St. Paul 2006.
- Band 2: §§ 6.01 to 8.15, St. Paul 2006.

Restatement of the Law Third, Torts: Liability for Physical and Emotional Harm, hrsg. v. American Law Institute (zitiert: Restat 3d of Torts).
- Band 1: §§ 1 to 36, St. Paul 2010.
- Band 2: §§ 37 to 65, St. Paul 2012.

Restatement of the Law Third, Torts: Products Liability, hrsg. v. American Law Institute, St. Paul 1998 (zitiert: Restat 3d of Torts, Products Liability).

Reuber, Klaus, Die haftungsrechtliche Gleichbehandlung von Unternehmensträgern, Berlin 1990.

Reus, Katharina, Das Recht in der Risikogesellschaft, Berlin 2010.

Reusch, Philipp, Mobile Updates – Updatability, Update-Pflicht und produkthaftungsrechtlicher Rahmen, BB 2019, S. 904–909.

Reusch, Philipp, KI und Software im Kontext von Produkthaftung und Produktsicherheit, RDi 2023, S. 152–159.

ders., Produkthaftung, in: Kaulartz, Markus/Braegelmann, Tom (Hrsg.), Rechtshandbuch Artificial Intelligence und Machine Learning, München 2020, S. 77–153.

Rey, Günter Daniel/Wender, Karl, Neuronale Netze, 3. Aufl., Bern 2018.

Rich, Elaine, Artificial Intelligence, New York 1983.

Riehm, Thomas, Abwägungsentscheidungen in der praktischen Rechtsanwendung, München 2006.

ders., Von Drohnen, Google-Cars und Software-Agenten – Rechtliche Herausforderungen autonomer Systeme, ITRB 2014, S. 113–115.

ders., Nein zur ePerson!, RDi 2020, S. 42–48.

Riehm, Thomas/Meier, Stanislaus, Künstliche Intelligenz im Zivilrecht, in: Fischer, Veronika/Hoppen, Peter/Wimmers, Jörg (Hrsg.), DGRI Jahrbuch 2018, Köln 2019, S. 1–36.

dies., Rechtliche Durchsetzung von Anforderungen an die IT-Sicherheit, MMR 2020, S. 571–575.

Rimscha, Markus von, Algorithmen kompakt und verständlich, 4. Aufl., Wiesbaden 2017.

Rinck, Gerd, Gefährdungshaftung, Göttingen 1959.

Rockstroh, Sebastian/Kunkel, Hanno, IT-Sicherheit in Produktionsumgebungen – Verantwortlichkeit von Herstellern für Schwachstellen in ihren Industriekomponenten, MMR 2017, S. 77–82.

Rohe, Mathias, Gründe und Grenzen deliktischer Haftung – die Ordnungsaufgabe des Deliktsrechts (einschließlich der Haftung ohne Verschulden) in rechtsvergleichender Betrachtung, AcP 201 (2001), S. 117–164.

Rolland, Walter, Produkthaftungsrecht, Köln 1990.

Ropohl, Günther, Allgemeine Technologie: Eine Systemtheorie der Technik, 3. Aufl., Karlsruhe 2009.

Rosenberg, Leo, Die Beweislast auf der Grundlage des Bürgerlichen Gesetzbuchs und der Zivilprozessordnung, 5. Aufl., München u.a. 1965.

Röthel, Anne, Normkonkretisierung im Privatrecht, Tübingen 2004.

dies., Zuweisung von Innovationsverantwortung durch Haftungsregeln, in: Eifert, Martin/Hoffmann-Riem, Wolfgang (Hrsg.), Innovationsverantwortung, Berlin 2009, S. 335–356.

Rümelin, *Max*, Die Gründe der Schadenszurechnung und die Stellung des deutschen bürgerlichen Gesetzbuchs zur objektiven Schadensersatzpflicht, Freiburg 1986.

Russell, *Stuart*/*Norvig*, *Peter*, Artificial Intelligence: A modern approach, 4. Aufl., Harlow 2021.

Rüßmann, *Helmut*, Allgemeine Beweislehre und Denkgesetze, RuP 1982, S. 62–69.

Rüthers, Bernd/*Fischer, Christian*/*Birk, Axel*, Rechtstheorie und Juristische Methodenlehre, 12. Aufl., München 2022.

Sachverständigenrat für Umweltfragen, Abscheidung, Transport und Speicherung von Kohlendioxid, 2009 (online veröffentlicht unter https://www.umweltrat.de/SharedDocs/Downloads/DE/04_Stellungnahmen/2008_2012/2009_05_AS_13_Stellung_Abscheidung_Transport_und_Speicherung_von_Kohlendioxid.html, abrufbar am 15.7.2023).

Sack, *Rolf*, Das Verhältnis der Produkthaftungsrichtlinie der EG zum nationalen Produkthaftungsrecht, VersR 1988, S. 439–452.

Samek, *Wojciech*/*Müller*, *Klaus-Robert*, Towards Explainable Artificial Intelligence, in: Samek, Wojciech/Montavon, Grégoire/Vedaldi, Andrea/Hansen, Lars Kai/Müller, Klaus-Robert (Hrsg.), Explainable AI: Interpreting, Explaining and Visualizing Deep Learning, Cham 2019, S. 5–22.

Sammut, Claude/Webb, Geoffrey (Hrsg.), Encyclopedia of Machine Learning and Data Mining, 2. Aufl., New York 2017.

Sandberg, *Berit*, Wissenschaftliches Arbeiten von Abbildung bis Zitat, 3. Aufl., Berlin u.a. 2017.

Sass, *Wolfgang*, Der „Mangel-Beweis" durch Sachverständige und die Symptomtheorie des BGH, DS 2010, S. 132–139.

Schäfer, *Hans-Bernd*/*Ott*, *Claus*, Lehrbuch der ökonomischen Analyse des Zivilrechts, 6. Aufl., Berlin u.a. 2020, korrigierte Publikation 2021.

Schaub, *Renate*, Interaktion von Mensch und Maschine, JZ 2017, S. 342–349.

Scherzberg, *Arno*, Risikosteuerung durch Verwaltungsrecht: Ermöglichung oder Begrenzung von Innovationen?, in: Vereinigung der Deutschen Staatsrechtslehrer (Hrsg.), Staatsrechtslehre und die Veränderung ihres Gegenstandes, Berlin 2004, S. 214–343.

ders., Risikomanagement vor der WTO, ZUR 2005, S. 1–8.

Schirmer, *Jan-Erik*, Rechtsfähige Roboter?, JZ 2016, S. 660–666.

Schlechtriem, *Peter*, Angleichung der Produktehaftung in der EG – Zur Richtlinie des Rates der Europäischen Gemeinschaft vom 25.7.1985, VersR 1986, S. 1033–1043.

ders., Dogma und Sachfrage – Überlegungen zum Fehlerbegriff des Produkthaftungsgesetzes, in: Löwisch, Manfred/Schmidt-Leithoff, Christian/Burkhard, Schmiedel (Hrsg.), Beiträge zum Handels- und Wirtschaftsrecht – Festschrift für Fritz Rittner zum 70. Geburtstag, München 1991, S. 545–559.

Schmid, *Bastian*, Von den Aufgaben der Tierpsychologie, Berlin 1921.

Schmidt, *Eike*, Zur Dogmatik des § 278 BGB, AcP 170 (1970), S. 502–533.

Schmidt-Futterer, Mietrecht, hrsg. v. Börstinghaus, Ulf, 15. Aufl., München 2021 (zitiert: Schmidt-Futterer MietR/*Bearbeiter*).

Schmidt-Salzer, *Joachim*, Die EG-Richtlinie Produkthaftung, BB 1986, S. 1103–1111.

ders., Der Fehler-Begriff der EG-Richtlinie Produkthaftung, BB 1988, S. 349–356.

ders., Umwelthaftpflicht und Umwelthaftpflichtversicherung (IV): Umwelthaftung in der westlichen Industriegesellschaft – Deutschland und Westeuropa, VersR 1992, S. 389–399.

ders., Verschuldensprinzip, Verursachungsprinzip und Beweislastumkehr im Wandel der Zeitströmungen, in: Deutsch, Erwin/Klingmüller, Ernst/Kullmann, Hans Josef (Hrsg.),

Festschrift für Erich Steffen zum 65. Geburtstag am 28. Mai 1995, Berlin u.a. 1995, S. 429–450.

Schmidt-Salzer, Joachim/Hollmann, Hermann (Hrsg.), Kommentar EG-Richtlinie Produkthaftung, Band 1: Deutschland, Heidelberg 1986 (zitiert: Schmidt-Salzer/Hollmann ProdHaftRL, Bd. I/*Bearbeiter*).

Schmon, Christoph, Product Liability of Emerging Digital Technologies, IWRZ 2018, S. 254–259.

Schneider, Björn, Menschenrechtsbezogene Verkehrspflichten in der Lieferkette und ihr problematisches Verhältnis zu vertraglichen Haftungsgrundlagen, NZG 2019, S. 1369–1379.

Schönke, Adolf (Begr.)/Schröder, Horst (Fortgef.), Strafgesetzbuch, 30. Aufl., München 2019 (Gesamtredaktion: Eser, Albin) (zitiert: Schönke/Schröder StGB/*Bearbeiter*).

Schrader, Paul, Herstellerhaftung nach dem StVG-ÄndG 2017, DAR 2018, S. 314–320.

ders., Neujustierung der Gefährdungs- und Verschuldenshaftung bei der Fahrzeugautomatisierung, DAR 2022, S. 9–13.

Schricker, Gerhard, Verlagsrecht, 3. Aufl., München 2001.

Schröder, Tim, Aktuelle Projektpraxis, in: Kaulartz, Markus/Braegelmann, Tom (Hrsg.), Rechtshandbuch Artificial Intelligence und Machine Learning, München 2020, S. 52–58.

Schroeter, Ulrich, Untersuchungspflicht und Vertretenmüssen des Händlers bei der Lieferung sachmangelhafter Ware, JZ 2010, S. 495–499.

Schrupkowski, Reiner, Die Haftung für Entwicklungsrisiken in Wissenschaft und Technik, Basel 1995.

Schucht, Carsten, Rechtsfallen im Produktrecht, BB 2016, S. 456–460.

ders., 30 Jahre New Approach im europäischen Produktsicherheitsrecht – prägendes Steuerungsmodell oder leere Hülle?, EuZW 2017, S. 46–51.

ders., Der Einfluss des Produktsicherheits- auf das Produkthaftungsrecht – eine Analyse anhand des Entwurfs einer EU-Produkthaftungsrichtlinie, InTeR 2023, S. 71–79.

Schuhr, Jahn, Willensfreiheit, Roboter und Auswahlaxiom, in: Beck, Susanne (Hrsg.), Jenseits von Mensch und Maschine, Baden-Baden 2012, S. 43–76.

Schulin, Bertram, Der natürliche, vorrechtliche Kausalitätsbegriff im zivilen Schadensersatzrecht, Berlin 1976.

Schulz, Thomas, Verantwortlichkeit bei autonom agierenden Systemen, Baden-Baden 2015.

Schulz-Schaeffer, Ingo, Vergesellschaftung und Vergemeinschaftung künstlicher Agenten, Hamburg 2000.

Schürnbrand, Jan, Organschaft im Recht der privaten Verbände, Tübingen 2012.

Schwab, Karl Heinz, Zur Abkehr moderner Beweislastlehren von der Normentheorie, in: Frisch, Wolfgang/Schmid, Werner (Hrsg.), Festschrift für Hans-Jürgen Bruns zum 70. Geburtstag, Köln u.a. 1978, S. 505–519.

Schwab, Martin, Die Vermutung aufklärungsrichtigen Verhaltens bei mehreren hypothetischen Entscheidungsmöglichkeiten, NJW 2012, S. 3274–3277.

ders., Wissenszurechnung in arbeitsteiligen Organisationen, JuS 2017, S. 481–490.

Schwartz, Jacob, Betriebsgefahr und Unabwendbarkeit bei selbstfahrenden Fahrzeugen, InTeR 2021, S. 77–83.

Schweizer Obligationenrecht 2020: Entwurf für einen neuen allgemeinen Teil, hrsg. v. Huguenin, Claire/Hilty, Reto, Zürich u.a. 2013 (zitiert: Schweizer OR 2020/*Bearbeiter*).

Schwemmer, Sophia, Dezentrale (autonome) Organisationen, AcP 221 (2021), S. 555–595.

Schwörbel, Dieter Herbert, Automation als Rechtstatsache des bürgerlichen Rechts, 1970 (Dissertation zur Erlangung des Grades eines Doktors der Rechte, vorgelegt der Rechtswissenschaftlichen Fakultät für Rechtswissenschaft der Universität Hamburg).

Searle, *John*, Minds, Brains, and Programs, The Behavioral and Brain Sciences 1980, S. 417–457.

Seehafer, *Astrid/Kohler*, *Joel*, Künstliche Intelligenz: Updates für das Produkthaftungs-recht?, EuZW 2020, S. 213–218.

Seiler, *Hermann*, Tierhalterhaftung, Tiergefahr und Rechtswidrigkeit, in: Bettermann, Karl August/Löwisch, Manfred/Hansjörg, Ott/Schmidt, Karsten (Hrsg.), Festschrift für Albrecht Zeuner zum siebzigsten Geburtstag, Tübingen 1994, S. 279–293.

Seufert, *Julia*, Wer fährt – Mensch oder Maschine?, NZV 2022, S. 319–329.

Shala, *Erduana*, Die Autonomie des Menschen und der Maschine, 2014 (Magisterarbeit, eingereicht am Karlsruher Institut für Technologie, online veröffentlicht unter https://www.researchgate.net/publication/271200105_Die_Autonomie_des_Men-schen_und_der_Maschine_-_gegenwartige_Definitionen_von_Autonomie_zwi-schen_philosophischem_Hintergrund_und_technologischer_Umsetzbarkeit_Redi-gierte_Version_der_Magisterarbeit_Karls, abrufbar am 15.7.2023).

Shanthini, *A./Vinodhini*, *G./Chandrasekaran*, *R. M./Supraja*, *P.*, A taxonomy on impact of label noise and feature noise using machine learning techniques, Soft Computing 2019, S. 8597–8607.

Shavell, *Steven*, Foundations of Economic Analysis of Law, Cambridge u.a. 2004.

Simons, *Kennth*, The Restatement Third of Torts and Traditional Strict Liability: Robust Rationales, Slender Doctrines, Wake Forest Law Review 2009, S. 1355–1381.

Smith, *Jada*, Was ist ein Over-the-Air-Update?, Computerwoche v. 16.7.2022 (online ver-öffentlicht unter https://www.computerwoche.de/a/was-ist-ein-over-the-air-up-date,3551551, abrufbar am 15.7.2023).

Söder, *Joachim*, Risikomanagement in der Gefahrgutlogistik, Wiesbaden 1996.

Soergel, Theodor (Begr.), Bürgerliches Gesetzbuch, Band 12: Schuldrecht 10, §§ 823–853 BGB, Produkthaftungsgesetz, Umwelthaftungsgesetz, 13. Aufl., Stuttgart 2005 (Redaktion: Spickhoff, Andreas) (zitiert: Soergel BGB/*Bearbeiter*).

Sommer, *Martin*, Haftung für autonome Systeme, Baden-Baden 2020.

Sopra Steria Next/FAZ-Institut, Branchenkompass Manufacturing 2020, Digitale Services im Mittelstand (online veröffentlicht unter https://www.soprasteria.de/docs/librariespro-vider2/sopra-steria-de/publikationen/studien/bk-manufacturing-2020-ex-pose.pdf?sfvrsn=fb580bdc_10, abrufbar am 15.7.2023).

Sosnitza, *Olaf*, Das Internet der Dinge – Herausforderung oder gewohntes Terrain für das Zivilrecht?, CR 2016, S. 764–772.

Spiecker gen. Döhmann, *Indra*, Zur Zukunft systemischer Digitalisierung – Erste Gedanken zur Haftungs- und Verantwortungszuschreibung bei informationstechnischen Systemen, CR 2016, S. 698–704.

Spindler, *Gerald*, Unternehmensorganisationspflichten, 2001, Köln u.a. 2001.

ders., Kausalität im Zivil- und Wirtschaftsrecht, AcP 208 (2008), S. 283–344.

ders., Roboter, Automation, künstliche Intelligenz, selbst-steuernde Kfz – Braucht das Recht neue Haftungskategorien?, CR 2015, S. 766–776.

ders., Der Vorschlag der EU-Kommission für eine Verordnung zur Regulierung der Künst-lichen Intelligenz (KI-VO-E): Ansatz, Instrumente, Qualität und Kontext, CR 2021, S. 361–364.

ders., Umsetzung der Richtlinie über digitale Inhalte in das BGB – Schwerpunkt 1: Anwen-dungsbereich und Mangelbegriff, MMR 2021, S. 451–457.

ders., Die Vorschläge der EU-Kommission zu einer neuen Produkthaftung und zur Haftung von Herstellern und Betreibern Künstlicher Intelligenz, CR 2022, S. 689–704.

ders., Neue Haftungsregelungen für autonome Systeme?, JZ 2022, S. 793–852.

Spindler, Gerald/Seidel, Andreas, Wissenszurechnung und Digitalisierung, in: Spindler, Gerald/Wilsing, Hans-Ulrich/Butzke, Volker (Hrsg.), Unternehmen, Kapitalmarkt, Finanzierung –Festschrift für Reinhard Marsch-Barner zum 75. Geburtstag, München 2018, S. 549–557.

Statista, Anzahl der Personen in Deutschland, die eine private Haftpflichtversicherung (ohne Kfz) im Haushalt besitzen, von 2018 bis 2022 (online veröffentlicht unter https://de.statista.com/statistik/daten/studie/266307/umfrage/versicherungen-besitz-einer-privaten-haftpflichtversicherung-in-deutschland/#:~:text=Im%20Jahr%202022%20gab%20es,anderes%2 0eine%20solche%20Versicherung%20besa%C3%9F, abrufbar am 15.7.2023).

Staudenmayer, Dirk, Haftung für Künstliche Intelligenz, NJW 2023, S. 894-901.

Staudinger, Julius von (Begr.), Kommentar zum Bürgerlichen Gesetzbuch (zitiert: Staudinger BGB/*Bearbeiter*).

– Buch 1: Allgemeiner Teil: §§ 21–79, Neubearbeitung, Berlin 2019 (Redaktion: Herbert Roth).

– Buch 2: Recht der Schuldverhältnisse, §§ 249–254 (Schadensersatzrecht), Neubearbeitung, Berlin 2021 (Redaktion: Herresthal, Carsten).

– Buch 2: Recht der Schuldverhältnisse, §§ 255–304 (Leistungsstörungsrecht 1), Neubearbeitung, Berlin 2019 (Redaktion: Löwisch, Manfred).

– Buch 2: Recht der Schuldverhältnisse, §§ 765–778 (Bürgschaft), Neubearbeitung, Berlin 2020 (Redaktion: Herrler, Sebastian).

– Buch 2: Recht der Schuldverhältnisse, §§ 823 A–D (Rechtsgüter und Rechte; Persönlichkeitsrecht; Gewerbebetrieb), Neubearbeitung, Berlin 2017 (Redaktion: Mansel, Heinz-Peter).

– Buch 2: Recht der Schuldverhältnisse, §§ 823 E–I, 824, 825 (Verkehrspflichten, deliktische Produkthaftung, Verletzung eines Schutzgesetzes, Arzthaftungsrecht), Neubearbeitung, Berlin 2021 (Redaktion: Mansel, Heinz-Peter).

– Buch 2: Recht der Schuldverhältnisse, §§ 826–829; ProdHaftG (Vorsätzliche sittenwidrige Schädigung, Unzurechnungsfähigkeit und Produkthaftung), Neubearbeitung, Berlin 2021 (Redaktion: Hager, Johannes).

– Buch 2: Recht der Schuldverhältnisse, §§ 830–838 (Haftung mehrerer Schädiger, Tierhalter-, Gebäudehaftung), Neubearbeitung, Berlin 2022 (Redaktion: Hager, Johannes).

– Buch 2: Recht der Schuldverhältnisse, Umwelthaftungsrecht – Grundlagen und Sondergesetze (UmweltHG, AtomG, BBergG, BImSchG, GenTG, HaftPflG, KSpG, WHG), Neubearbeitung, Berlin 2017 (Redaktion: Herrler, Sebastian).

Steege, Hans, Auswirkungen von künstlicher Intelligenz auf die Produzentenhaftung in Verkehr und Mobilität – Zum Thema des Plenarvortrags auf dem 59. Deutschen Verkehrsgerichtstag, NZV 2021, S. 6–13.

ders., Organisationspflichten und Organisationsverschulden, Baden-Baden 2022.

ders., Technikregulierung – der Umgang mit Risiken im Recht, NZV 2022, S. 257–263.

Steels, Luc, When are robots intelligent autonomous agents?, Robotics and Autonomous Systems 1995, S. 3–9.

Steffen, Erich, Beweislasten für den Arzt und den Produzenten aus ihren Aufgaben zur Befundsicherung, in: Pfeiffer, Gerd/Kummer, Joachim/Scheuch, Silke (Hrsg.), Festschrift für Hans Erich Brandner zum 70. Geburtstag, Köln 1996, S. 327–340.

Stein/Jonas, Zivilprozessordnung, Band 4: §§ 271–327, hrsg. v. Bork, Reinhard/Roth, Herbert, 23. Aufl., Tübingen 2018 (zitiert: Stein/Jonas ZPO/*Bearbeiter*).

Steininger, Barbara, Verschärfung der Verschuldenshaftung, Wien 2007.

Stiemerling, Oliver, Technische Grundlagen, in: Kaulartz, Markus/Braegelmann, Tom (Hrsg.), Rechtshandbuch Artificial Intelligence und Machine Learning, München 2020, S. 15–31.

Stokes, Jonathan/Yang, Kevin/Swanson, Kyle/Jin, Wengong/Cubillos-Ruiz, Andres/Donghia, Nina/MacNair, Craig/French, Shawn/Carfrae, Lindsey/Bloom-Ackermann, Zohar/Tran, Victoria/Chiappino-Pepe, Anush/Badran, Ahmed H./Andrews, Ian W./Chory, Emma/Church, George/Brown, Eric/Jaakkola, Tommi/Barzilay, Regina/Collins, James, A Deep Learning Approach to Antibiotic Discovery, Cell 2020, S. 688–702.e13.

Stoll, Hans, Zum Rechtfertigungsgrund des verkehrsrichtigen Verhaltens, JZ 1958, S. 137–143.

ders., Haftungsverlagerung durch beweisrechtliche Mittel, AcP 176 (1976), S. 145–196.

Strecker, Michael, Bausteine einer Regulierung algorithmischer Systeme inkl. Künstlicher Intelligenz, RDi 2021, S. 124–134.

Strohal, Emil (Hrsg.), Planck's Kommentar zum Bürgerlichen Gesetzbuch, Band II, Hälfte 2, 4. Aufl., 1914, Berlin 1914 (zitiert: Planck BGB/*Bearbeiter*).

Strübing, Jörg, Pragmatistische Wissenschafts- und Technikforschung, Frankfurt a.M. 2005.

Stürner, Rolf, Die Aufklärungspflicht der Parteien des Zivilprozesses, Tübingen 1976.

Taeger, Jürgen, Außervertragliche Haftung für fehlerhafte Computerprogramme, Tübingen 1995.

ders., Produkt- und Produzentenhaftung bei Schäden durch fehlerhafte Computerprogramme, CR 1996, S. 257–271.

Taschner, Hans Claudius, Die künftige Produzentenhaftung in Deutschland, NJW 1986, S. 611–616.

Taschner, Hans Claudius/Frietsch, Edwin, Produkthaftungsgesetz und EG-Produkthaftungsrichtlinie, 2. Aufl., München 1990.

Taupitz, Jochen, Ökonomische Analyse und Haftungsrecht – Eine Zwischenbilanz, AcP 196 (1996), S. 114–167.

ders., Produktverkehrsfähigkeit – nationales Haftungsrecht – europäische Normung, in: von Bar, Christian (Hrsg.), Produktverantwortung und Risikoakzeptanz, München 1998, S. 119–151.

Taupitz, Jochen/Pfeiffer, Christian, Der Entwurf und der Gegenentwurf für ein neues österreichisches Schadensersatzrecht – eine kritische Analyse, JBl 2010, S. 88–104.

Terré, François/Simler, Philippe/Lequette, Yves/Chénedé, François, Droit civil – Les obligations, 13. Aufl., Paris 2022.

Teubner, Gunther, „Verbund", „Verband" oder „Verkehr"? – Zur Außenhaftung von Franchising-Systemen, ZHR 1990, S. 295–324.

ders., Das Recht hybrider Netzwerke, ZHR 2001, S. 550–575.

ders., Netzwerk als Vertragsverbund, Baden-Baden 2004.

ders., Digitale Rechtssubjekte?, AcP 218 (2018), S. 155–205.

Thaler, Richard, From Homo Economicus to Homo Sapiens, Journal of Economic Perspectives 2016, S. 133–141.

ders., Misbehaving, München 2018.

Thompson, Dennis, Moral Responsibility of Public Officials: The Problem of Many Hands, The American Political Science Review 1980, S. 905–916.

Thöne, Meik, Autonome Systeme und deliktische Haftung, Tübingen 2020.

Timke, Jan, Erhöhtes Ausfallrisiko von Medizinprodukten als Produktfehler, NJW 2015, S. 3060–3064.

Turing, Alan, Computing Machinery and Intelligence, Mind 1950, S. 433–460.

Tutt, Andrew, An FDA for Algorithms, Administrative Law Review 2017, S. 69–123.

TÜV Süd, Artificial Intelligence in Medical Devices, White paper, 2021.

Tversky, Amos/Kahneman, Daniel, Judgment under Uncertainty: Heuristics and Biases, Science 1974, S. 1124–1131.

Ulmer, Peter, Die deliktische Haftung aus der Übernahme von Handlungspflichten, JZ 1969, S. 163–174.

Unger, Joseph, Handeln auf eigene Gefahr, 2. Aufl., Jena 1893.

Valta, Matthias/Vasel, Johann Justus, Kommissionsvorschlag für eine Verordnung über Künstliche Intelligenz, ZRP 2021, S. 142–145.

Veil, Rüdiger, Gesellschafterhaftung wegen existenzvernichtenden Eingriffs und materieller Unterkapitalisierung, NJW 2008, S. 3264–3266.

Veith, Charlotte, Künstliche Intelligenz, Haftung und Kartellrecht, Baden-Baden 2021.

Veldt, Gitta, The New Product Liability Proposal – Fit for the Digital Age or in Need of Shaping Up?, EuCML 2023, S. 24–31.

Verein Deutscher Ingenieure, VDI 3780 – Technikbewertung: Begriffe und Grundlagen, Berlin 2000.

Verein Deutscher Ingenieure/Verband der Elektrotechnik, Elektronik, Informationstechnik, VDI/VDE 2653 – Agentensysteme in der Automatisierungstechnik, Düsseldorf 2018.

Vieweg, Klaus, Technik und Recht, in: Vieweg, Klaus/Haarmann, Wilhelm (Hrsg.), Festgabe für Rudolf Lukes zum 75. Geburtstag, Köln u.a. 2000, S. 199–213.

ders., Produkthaftungsrecht, in: Schulte, Martin/Schröder, Rainer (Hrsg.), Handbuch des Technikrechts, 2. Aufl., Berlin u.a. 2011, S. 337–383.

Vollmer, Gerhard, Was sind und warum gelten Naturgesetze?, Philosophia naturalis 2000, S. 205–239.

Vollmer, Lothar, Haftungsbefreiende Übertragung von Verkehrssicherungspflichten, JZ 1977, S. 371–376.

Wach, Adolf, Die Beweislast nach dem Bürgerlichen Gesetzbuche, ZZP 29 (1901), S. 359–393.

Wachenfeld, Walther/Winner, Hermann, Die Freigabe des autonomen Fahrens, in: Maurer, Markus/Gerdes, Christian/Lenz, Barbara/Winner, Hermann (Hrsg.), Autonomes Fahren, Berlin u.a. 2015, S. 439–464.

dies., Lernen autonome Fahrzeuge?, in: Maurer, Markus/Gerdes, Christian/Lenz, Barbara/Winner, Hermann (Hrsg.), Autonomes Fahren, Berlin u.a. 2015, S. 465–488.

Wachter, Sandra/Mittelstadt, Brent/Russell, Chris, Counterfactual Explanations Without Opening the Black Box: Automated Decisions and the GDPR, Harvard Journal of Law & Technology, 2018, S. 841–887.

Wacke, Andreas, Die adjektizischen Klagen im Überblick, Zeitschrift der Savigny-Stiftung für Rechtsgeschichte: Romanistische Abteilung 111 (1994), S. 280–362.

Wagner, Gerhard, Das neue Produktsicherheitsgesetz: Öffentlich-rechtliche Produktverantwortung und zivilrechtliche Folgen (Teil II), BB 1997, S. 2541–2546.

ders., Der Fehlerverdacht als Produktfehler, JZ 2016, S. 292–303.

ders., Produkthaftung für autonome Systeme, AcP 217 (2017), S. 707–765.

ders., Robot Liability, in: Lohsse, Sebastian/Schulze, Reiner/Staudenmayer, Dirk (Hrsg.), Liability for Artificial Intelligence and the Internet of Things, Baden-Baden 2019, S. 27–62.

ders., Roboter als Haftungssubjekte? Konturen eines Haftungsrechts für autonome Systeme, in: Faust, Florian/Schäfer, Hans-Bernd (Hrsg.), Zivilrechtliche und rechtsökonomische Probleme des Internet und der künstlichen Intelligenz, Tübingen 2019, S. 1–39.

ders., Verantwortlichkeit im Zeichen digitaler Techniken, VersR 2020, S. 717–741.

ders., Deliktsrecht, 14. Aufl., München 2021.

ders., Liability for Artificial Intelligence: A Proposal of the European Parliament, in: Eidenmüller, Horst/Wagner, Gerhard (Hrsg.), Law by Algorithm, Tübingen 2021, S. 127–155.

ders., Produkthaftung für das digitale Zeitalter – ein Paukenschlag aus Brüssel, JZ 2023, S. 1–11.

ders., Die Richtlinie über KI-Haftung: Viel Rauch, wenig Feuer, JZ 2023, S. 123–134.

Wagner, Gerhard/Bronny, Carsten, Insolvenzverschleppungshaftung des Geschäftsführers für Insolvenzgeld, ZInsO 2009, S. 622–628.

Wagner, Jens, Legal Tech und Legal Robots in Unternehmen und den sie beratenden Kanzleien – Teil 2: Folgen für die Pflichten von Vorstandsmitgliedern bzw. Geschäftsführern und Aufsichtsräten, BB 2018, S. 1097–1105.

Wahrendorf, Volker, Die Prinzipien der Beweislast im Haftungsrecht, Köln u.a. 1976.

Walter, Sven (Hrsg.), Grundkurs Willensfreiheit, Paderborn 2018.

Warnke, Martin, Informatik, 2. Aufl., München 1991.

Webb, Geoffrey, Evaluation of Learning Algorithms, in: Sammut, Claude/Webb, Geoffrey (Hrsg.), Encyclopedia of Machine Learning and Data Mining, 2. Aufl., New York 2017, S. 415–416.

Weber, Max, Ueber einige Kategorien der verstehenden Soziologie, in: Winckelmann, Johannes (Hrsg.), Max Weber: Gesammelte Aufsätze zur Wissenschaftslehre, Tübingen 1982, S. 427–474.

ders., Wissenschaft als Beruf, in: Bormuth, Matthias (Hrsg.), Max Weber: Wissenschaft als Beruf, Berlin 2018, S. 37–94.

Weingart, Rowena Angelica, Vertragliche und außervertragliche Haftung für den Einsatz von Softwareagenten, Baden-Baden 2022.

Wendehorst, Christiane, Strict Liability for AI and other Emerging Technologies, JETL 2020, S. 150–180.

Weiß, Gerhard/Jakob, Ralf, Agentenorientierte Softwareentwicklung, Berlin 2005.

Weitnauer, [Vorname nicht genannt], Die Kanalisierung der Haftung im Versicherungsrecht, DB 1961, S. 666–668.

Weitnauer, Hermann, Aktuelle Fragen des Haftungsrechts, VersR 1970, S. 585–598.

Weizenbaum, Joseph, ELIZA – A Computer Program For the Study of Natural Language Communication Between Man and Machine, Communications of the ACM 1966, S. 36–45.

Wessling, Ewald, Individuum und Information, Tübingen 1991.

Westermann, Harm Peter/Grunewald, Barbara/Maier-Reimer, Georg (Hrsg.), Erman, BGB, 16. Aufl., Köln 2020 (zitiert: Erman BGB/*Bearbeiter*).

Westphalen, Friedrich Graf von, Produkt- oder Produzentenhaftung?, ZIP 1986, S. 139.

ders., Disruptive Technology Creates Disrupted Law, ZIP 2020, S. 737–745.

Weyer, Johannes, Die Kooperation menschlicher Akteure und nicht-menschlicher Agenten, in: Berger, Wilhelm/Getzinger, Günter (Hrsg.), Das Tätigsein der Dinge, München 2009, S. 61–92.

Wieacker, Franz, Rechtswidrigkeit und Fahrlässigkeit im Bürgerlichen Recht, JZ 1957, S. 535–537.

Wiebe, Gerhard, IT-sicherheitsbezogene Pflichten von Herstellern smarter Produkte, InTeR 2021, S. 66–70.

Wieckhorst, Thomas, Bisherige Produzentenhaftung, EG-Produkthaftungsrichtlinie und das neue Produkthaftungsgesetz, JuS 1990, S. 86–94.

ders., Vom Produzentenfehler zum Produktfehler des § 3 ProdHaftG, VersR 1995, S. 1005–1015.

Wilburg, Max, Haftung für Gehilfen, Wien u.a. 1931.

Wilburg, Walter, Zur Lehre von der Vorteilsausgleichung, in: Schultze, Alfred/Siber, Heinrich (Hrsg.), Jherings Jahrbücher, Band 82, Jena 1932, S. 51–148.

ders., Die Elemente des Schadensrechts, Marburg a.d. Lahn 1941.

Wilhelmi, Rüdiger, Risikoschutz durch Privatrecht, Tübingen 2009.

Will, Michael, Quellen erhöhter Gefahr, München 1980.

Wilmowsky, Peter von, Die Haftung des Abfallerzeugers, NuR 1991, S. 253–267.

Winkle, Thomas, Sicherheitspotenzial automatisierter Fahrzeuge: Erkenntnisse aus der Unfallforschung, in: Maurer, Markus/Gerdes, Christian/Lenz, Barbara/Winner, Hermann (Hrsg.), Autonomes Fahren, Berlin u.a. 2015, S. 351–376.

Winnacker, Ernst-Ludwig, Plädoyer für neue Perspektiven in der Genpolitik, FAZ v. 18.12.2021.

Wischmeyer, Thomas, Artificial Intelligence and Transparency: Opening the Black Box, in: Wischmeyer, Thomas/Rademacher, Timo (Hrsg.), Regulating Artificial Intelligence, Cham 2020, S. 75–101.

Wischmeyer, Thomas, Regulierung intelligenter Systeme, AöR 143 (2018), S. 1–66.

Wissenschaftlicher Beirat der Bundesregierung Globale Umweltveränderungen, Welt im Wandel: Strategien zur Bewältigung globaler Umweltrisiken, Jahresgutachten 1998, BT-Drs. 14/3285 (zitiert: WBGU-Gutachten 1998).

Wolf, Manfred, Schuldnerhaftung für Automatenversagen, JuS 1989, S. 899–902.

Wooldridge, Michael, Intelligent Agents, in: Weiß, Gerhard (Hrsg.), Multiagent Systems, 2. Aufl., Cambridge u.a. 2013, S. 3–50.

World Health Organization (WHO), Radiation: Electromagnetic fields, who.int v. 4.8.2016 (online veröffentlicht unter https://www.who.int/news-room/questions-and-answers/item/radiation-electromagnetic-fields, abrufbar am 15.7.2023).

Wulf, Markus/Burgenmeister, Clemens, Industrie 4.0 in der Logistik – Rechtliche Hürden beim Einsatz neuer Vernetzungs-Technologien, CR 2015, S. 404–412.

Wüstenberg, Dirk, Autonome Fahrzeuge im Personen- und Güterverkehr, RdTW 2021, S. 330–333.

Yaida, Sho, Die neuronalen Netze verstehen, FAZ v. 5.12.2021.

Yuan, Tianyu, Lernende Roboter und Fahrlässigkeitsdelikt, RW 2018, S. 477–504.

Zech, Herbert, Information als Schutzgegenstand, Tübingen 2012.

ders., Gefährdungshaftung und neue Technologien, JZ 2013, S. 21–29.

ders., Zivilrechtliche Haftung für den Einsatz von Robotern – Zuweisung von Automatisierungs- und Autonomierisiken, in: Gless, Sabine/Seelmann, Kurt (Hrsg.), Intelligente Agenten und das Recht, Baden-Baden 2016, S. 163–204.

ders., Künstliche Intelligenz und Haftungsfragen, ZfPW 2019, S. 198–219.

ders., Liability for Autonomous Systems: Tackling Specific Risks of Modern IT, in: Lohsse, Sebastian/Schulze, Reiner/Staudenmayer, Dirk (Hrsg.), Liability for Artificial Intelligence and the Internet of Things, Baden-Baden 2019, S. 187–200.

ders., Entscheidungen digitaler autonomer Systeme: Empfehlen sich Regelungen zu Verantwortung und Haftung?, in: Ständige Deputation des Deutschen Juristentages (Hrsg.), Verhandlungen des 73. Deutschen Juristentages, Band I: Gutachten, München 2020, S. A 1–A 112 (zitiert: Zech, Gutachten für den 73. DJT).

ders., Empfehlen sich Regelungen zu Verantwortung und Haftung?, Der Verordnungsvorschlag des Europäischen Parlaments, in: Ständige Deputation des Deutschen Juristentages (Hrsg.), Verhandlungen des 73. Deutschen Juristentages, Band I: Gutachten,

Ergänzungen, München 2022, S. A 113–132 (zitiert: *Zech*, Ergänzungsgutachten für den 73. DJT).

ders., Haftung für Trainingsdaten Künstlicher Intelligenz, NJW 2022, S. 502–507.

Zetzsche, Dirk, Corporate Technologies – Zur Digitalisierung im Aktienrecht, AG 2019, S. 1–17.

Zezschwitz, Friedrich von, Das Gewissen als Gegenstand des Beweises, JZ 1970, S. 233–240.

Ziemke, Tom, Adaptive Behavior in Autonomous Agents, Presence 1996, S. 564–587.

Zippelius, Reinhold, Die Rechtswidrigkeit von Handlung und Erfolg, AcP 157 (1958/59), S. 390–398.

Zöllner, Wolfgang, Gefährdungshaftung wohin?, in: Bernat, Erwin/Böhler, Elisabeth/Weilinger, Arthur (Hrsg.), Festschrift Heinz Krejci zum 60. Geburtstag, Zweiter Band, Recht der Wirtschaft, Wien 2001, S. 1355–1369.

Zwick, Michael, Risikoakzeptanz und Gefahrenverhalten, in: Fischer, Thomas/Hilgendorf, Eric (Hrsg.), Gefahr, Baden-Baden 2020, S. 29–53.

Sachregister

Studien zum Privatrecht

Die Schriftenreihe *Studien zum Privatrecht* (StudPriv) als Äquivalent zur renommierten Reihe *Jus Privatum* bietet herausragenden Dissertationen aus dem Bereich des Privatrechts eine ansprechende Plattform und deckt sämtliche Fächer des Privatrechts ab: das Bürgerliche Recht, das Handels- und Gesellschaftsrecht, das Wirtschaftsrecht, das Arbeitsrecht und das Verfahrensrecht. Fächerübergreifende und fachgebietsübergreifende Themenstellungen sind dabei nicht ausgeschlossen, solange der Schwerpunkt der Arbeit im Privatrecht einschließlich seiner europarechtlichen beziehungsweise internationalrechtlichen Bezüge zu finden ist. Um die hohe Qualität der in dieser Reihe veröffentlichten Dissertationen zu gewährleisten, werden nur Arbeiten zur Veröffentlichung in Betracht gezogen, die in beiden Gutachten uneingeschränkt mit summa cum laude bewertet wurden.

ISSN: 1867-4275
Zitiervorschlag: StudPriv

Alle lieferbaren Bände finden Sie unter *www.mohrsiebeck.com/studpriv*

Mohr Siebeck
www.mohrsiebeck.com